THE NIV APPLICATION COMMENTARY

NIV 적용주석

존 N. 오스월트

이사야

솔로몬

NIV 적용주석 시리즈 – 이사야

2015년 4월 3일 초판 1쇄 발행
2021년 8월 8일 초판 2쇄 발행

지은이 | 존 N. 오스월트
옮긴이 | 장세훈 · 김홍련
펴낸이 | 박영호
펴낸곳 | 도서출판 솔로몬

주소 | 서울시 동작구 사당로 170
전화 | 599-1482
팩스 | 592-2104
직영서점 | 596-5225

등록일 | 1990년 7월 31일
등록번호 | 제 16-24호

ISBN 978-89-8255-531-2 94230
ISBN 978-89-8255-449-0(세트)

THE NIV APPLICATION COMMENTARY

JOHN N. OSWALT

NIV ISAIAH

From biblical text... to contemporary life

이 시리즈는 성경의 영원한 메시지를 이 시대에 말하기를 추구하는 목사와 교사들을 위한 필수적인 도구가 될 것을 약속한다.

-빌리 그레이엄

NIV 적용주석 시리즈는 내가 바라는 사역의 열정과 동일한 목표-하나님의 말씀의 온전한 영향을 느낄 수 있도록, 메시지를 현대의 청중들에게 전하는 것-를 공유하고 있다.

-빌 하이벨스, 윌로우 크릭 교회

NIV 적용주석은 '하나님의 말씀을 행하는 자들'을 양육하는 데 헌신하고 있는 목사와 여타 사람들을 위한 탁월한 자료다.

-릭 워렌, 새들백 교회

이 주석 시리즈는 진부하지 않다. 그것은 새로운 시대의 신선함으로, 친구의 포옹처럼 직접적으로 들려지고 전달될 수 있도록, 오래된 강력한 하나님의 말씀을 현재로 가져오는 일을 제대로 해내고 있다.

-유진 피터슨, 리젠트 대학

해석의 실타래에서 제대로 된 적용을 얻기 원한다면, NIV 적용주석은 바로 당신을 위한 것이다! 이 시리즈는 원 의미와 현대적 의미에서 탁월하다. 나는 이 주석을 전적으로 추천한다.

-하워드 핸드릭슨, 달라스 신학교

NIV 적용주석 시리즈는 이전에 학자들이 다루지 않았던 것을 과감하게 다룬다-목사와 교사들이 매일 직면하는 성경적 적용의 실제적 세계로 나아간다. 이것이 바로 좋은 주석 시리즈가 가져야 하는 모든 것이다.

-레잇 앤더슨, 우드데일 교회 목사

이것은 21세기의 설교 주석이다.

–조지 브루샤바르, 베델 대학의 신학교 총장

성경의 세계에서 도시 중심가로 적절히 순회하는 주석이 드디어 나왔다.

–켄트 휴 박사, 일리노이주 휘튼 대학교회 목사

NIV 적용주석은 성경이 무엇을 의미하고, 그것을 어떻게 적용해야 하는지, 또 어떻게 반응해야 하는지를 알기 원하는 독자들에게 크게 봉사한다.

–스튜어트 브리스코, 엘름브룩 교회 목사

NIV 적용주석 시리즈는 하나님의 말씀을 설교하고 가르치는 모든 이들에게 매우 탁월한 도움이 될 것을 약속한다.

–J. I. 패커, 리젠트 대학

NIV 적용주석은 NIV 성경에 기반한 철저하고 권위 있는 주석의 긴급한 필요를 충족시킨다. 이 시리즈를 모든 복음주의 공동체의 노서관과 서재에서 곧 발견하게 될 것이다.

–제임스 케네디 박사, 코랄 리지 장로교회 담임목사

차례

시리즈 서문 …9

편집자 서문 …15

저사 서분 …19

약어표 …21

서론 …25

이사야서의 개요 …83

참고 문헌 …85

이사야서 본문 …89

시리즈 서문

NIV 적용주석 시리즈는 독특하다. 대부분의 주석들은 우리들이 사는 이 세상에서 성경의 세계로 거슬러 올라가는 여행을 한다. 이 주석들은 우리를 성경의 세계와 분리시키는 시간, 문화, 언어 그리고 지형의 장벽을 넘어설 수 있게 한다. 하지만 그것들은 과거로의 편도 티켓만을 제공할 뿐이고, 돌아오는 여행은 우리들이 알아서 할 수 있다고 가정한다. 이런 주석들이 성경의 각 권이나 구절의 '원 의미'를 설명하지만 '현대적 의미'를 탐구하는 데는 우리에게 거의 아무런 도움을 주지 못한다. 이런 주석들이 제공하는 정보가 가치가 있기는 하지만, 단지 절반의 임무를 다하고 있을 뿐이다.

최근에 몇몇 주석들이 다소 현대적인 적용을 주석의 목표 중 하나로 포함시켰다. 하지만 그 적용이 자주 피상적이며 도덕적인 데서 그치고 있다. 또 다른 주석집들은 주석이라기보다는 인쇄된 설교처럼 들린다.

NIV 적용주석 시리즈의 주된 목표는 고대의 메시지를 현대의 정황으로 가져오는 어려우면서도 중요한 임무를 가지고서 여러분을 돕는 것이다. 이 시리즈가 완성된 하나의 책으로서 적용에 초점을 맞추지만 저자들은 성경 구절의 원 의미에서 현대적 의미로 나아가는 '과정'을 통해서 독자들이 스스로 생각할 수 있도록 돕는다. 본 시리즈는 주석서이지 대중적인 강해서는 아니다. 이것은 참고서적이지 경건 서적은 아니다.

본 주석은 '원 의미', '상황잇기' 그리고 '현대적 의미'라는 세 항목으로 시리즈의 목표를 이룰 수 있도록 구성되었다.

원 의미

이 항목은 원래의 배경에서 성경의 의미를 이해하도록 돕는다. 여기서는 간결한 형태로 전통적인 주해의 모든 요소들을 논한다. 성경 본문의 역사적, 문학적, 문화적 배경들이 여기에 포함된다. 주석 시리즈의 저자들은 문법과 구문론 그리고 성경 단어들의 의미와 관련한 문제들을 논한다. 시리즈 저자들은 성경구절들의 주요한 개념들을 탐구하고, 성경의 저자들이 이 개념을 어떻게 발전시키는가를 연구한다.

이 항목을 읽고 나면 '원 청중'이 갖고 있었던 문제와 의문, 그리고 관심을 이해하게 되고, 성경의 저자들이 어떻게 이런 이슈들에 대처했는지를 알게 될 것이다. 이런 이해가 오늘날 성경 본문의 합법적인 적용을 행할 수 있는 기초를 제공해준다.

상황잇기

이 항목은 성경의 세계와 오늘날의 세계를 잇는 다리를 놓는다. 즉 성경 본문의 시간적인 측면과 초시간적 측면에 초점을 맞춤으로써 원래의 배경과 현대의 배경을 서로 연결시켜 준다.

하나님의 말씀은 시간적이다. 성경의 저자들은 구체적인 상황과 문제 그리고 질문들에 대해 이야기하였다. 여호수아의 저자는 진노하시는 전사이신 하나님의 손에 난공불락의 도성으로 보였던 여리고의 함락을 이야기함으로써 원 독자들의 용기를 북돋아 주었다(수 6장). 바울은 할례의 결과에 대해서 그리고 율법으로 의롭다함을 얻으려는 위험성을 갈라디아인들에게 경고하였다(갈 5:2-5). 히브리서의 저자는 그리스도가 모세, 아론계열의 제사장들, 그리고 구약성경의 희생제사보다도 우월하시다는 것을 독자들에게 확증하려고 애썼다. 요한은 초기 영지주의의 형태를 가르쳤던 자들의 "영을 시험해 볼" 것을 독자들에게 촉구했다(요일 4:1-6). 이와 같은 경우에 성경의 시간적인 본질이 추상적이 아니라 '구체적'인 상황에서 우리로 하여금 하나님의 말씀을 들을 수 있게 해준다.

하지만 성경의 시간적인 본질은 몇 가지 문제를 낳을 수 있다. 지금 우리의 상황과 난제와 의문들이 성경의 사람들이 직면했던 것들과 항상 직접적으로 연관이 있을 수는 없다. 따라서 성경 시대의 사람들에게 주어진 하나님의 말씀이 항상 우리와 연관이 있어 보이지는 않는다. 예를 들어, 할례가 칭의의 필수적인 요소라고 주장하면서 지금 당신보고 할례를 받으라고 언제 누가 그렇게 주장하였던가? 그리스도가 아론계열의 제사장보다 우월하다는 것에 오늘날 얼마나 많은 사람들이 관심을 쏟고 있는가? 초기 영지주의를 드러내도록 의도된 "실험"이 현대 문화에서 얼마나 가치가 있겠는가?

다행히도 성경은 시간적일 뿐만 아니라 '초시간적'이다. 하나님이 원 청중들에게 말씀하셨던 것처럼 성경 말씀을 통해서 지금 우리에게도 여전히 말씀하신다.

우리는 성경의 사람들과 공통된 인간성을 공유하고 있기 때문에 성경 시대의 사람들이 직면했던 문제들과 하나님이 그들에게 주셨던 해결책 속에서 '보편적인 특징'을 발견한다. 성경의 초시간적인 본질이 모든 문화의 모든 시간에 능력으로 말씀한다.

성경이 시간적이면서도 초시간적인 측면을 갖고 있음을 인식하지 못하는 사람들은 여러 가지 문제에 직면할 수 있다. 예를 들어, 히브리서와 갈라디아서 또는 신명기와 같은 시간적인 성경책으로 인해 지루함을 느낀 사람들은 오늘날 그런 책들이 의미 없어 보이기 때문에 다시는 그것을 읽지 않으려고 할 수 있다. 한편으로 성경의 초시간적인 본질을 확신하고 있지만 시간적인 요소를 분별하지 못하는 사람들은 멜기세덱의 반차를 좇은 제사장에 대해서 "열변을 토하지만" 청중들은 잠을 자고 있고, 설상가상으로 구약성경의 거룩한 전쟁을 오늘날의 하나님의 대적자들에게 물리적인 방식으로 적용하려고 시도할 것이다.

따라서 이 항목의 목적은 성경의 시간적인 본문에서 무엇이 초시간적인지(또는 무엇이 초시간적이 아닌지)를 여러분들이 식별하도록 돕는데 있다. 예를 들어, 구약의 거룩한 전쟁(성전, 聖戰)은 신약의 영적인 전쟁과 어떻게 관련이 있는가? 바울의 주요한 관심이 (그가 갈 5:6에서 말하고 있는 것처럼) 할례가 아니라면, 그는 무엇에 관심이 있는가? 아론계의 세자장직이나 멜기세덱에 대한 논의가 오늘날 우리와 관련이 없어 보인다면, 오늘날 이 구절에 담겨진 가치는 무엇인가? 1세기의 특정 이단을 분별하기 위해 맞추어진 실험으로 오늘날의 "영을 검증"하려면, 어떤 성경적 검증이 더 적합할 것인가?

하지만 이 항목은 성경 본문에서 어떤 것이 초시간적인지를 밝힐 뿐 아니라 초시간적인 것을 발견하는 방법을 알 수 있도록 돕는다. 주석 시리즈의 저자들은 본문에 함축되어 있는 것들을 명시적으로 밝힌다. 그들은 통상적으로 직관적인 과정을 취하여 논리적이고 정리된 방식으로 그것을 설명한다. 할례가 바울의 주요한 관심사가 아님을 우리는 어떻게 알 수 있는가? 성경 원문이나 배경의 어떤 단서가 바울의 진정한 관심이 더 깊은 차원에 속한 것임을 깨닫게 하는가?

물론 우리들과 원 독자들간의 역사적인 거리가 상당히 있는 구절들은 더 많은 취급을 요할 것이다. 하지만 역사적인 거리가 그리 길지 않거나 겉으로 보기에 거의 존재하지 않는 구절들은 덜 주의를 기울여도 될 것이다.

마지막으로 덧붙여 말하고 싶은 것은 이 항목이 성경 본문의 '현대적 의미'를 논의하기 위한 방식을 준비하고 있기 때문에 이 항목과 뒤이어지는 '현대적 의미'

항목간에는 분명한 단절이나 예리한 구분은 주어지지 않는다. 하지만 두 항목들을 종합해서 읽을 때, 여러분들은 성경의 세계에서 오늘의 세계로 이동하는 강력한 감정을 체험하게 될 것이다.

현대적 의미

이 항목은 성경이 처음 작성되었을 때에 그러했던 것처럼 오늘날에도 성경의 메시지가 권능으로 역사하도록 만들어 준다. 당신이 예루살렘, 에베소, 또는 고린도에 대해 배운 것을 시카고, 로스앤젤레스, 또는 런던에서 오늘날 필요한 것들에 어떻게 적용할 수 있는가? 본래 헬라어, 히브리어, 아람어로 전해진 메시지를 우리 자신의 언어로 어떻게 명료하게 전달할 수 있는가? 본래 다른 시대와 문화에 전해진 영원한 진리를 취하여, 유사하지만 다른 필요를 갖고 있는 문화의 사람들에게 어떻게 적용할 수 있는가?

이런 목표를 이루기 위해서 이 항목은 몇 가지 핵심적인 영역에서 도움을 준다.

(1) 이 항목은 원 청중들이 직면했던 상황과 문제 또는 의문들에 상응하는 현대적인 문제들을 식별하도록 돕는다. 현대의 상황이 원 청중들이 직면했던 상황과 좀처럼 일치하지 않기 때문에, 당신의 적용이 연관성이 있으려면 유추적인 상황들을 찾아야 한다.

(2) 이 항목은 성경 본문을 오늘날 적용할 수 있는 다양한 배경들을 탐구한다. 개인적인 적용을 살피기도 하지만, 개인적인 관심을 넘어서서 대체로 사회와 문화에 대해 생각하도록 고무시킨다.

(3) 이 항목은 성경본문을 적용하는 데서 발생할 수 있는 문제나 난관들을 환기시킨다. 그리고 어떤 본문이 적용할 수 있는 다양한 합리적 방식들이 있다면 (즉, 기독교인들이 서로 일치하지 않는 영역이 있다면), 본 시리즈의 저자들은 독자들이 이런 다양한 견해들에 관심을 갖고, 스스로 이런 이슈들에 참여하도록 돕는다.

이런 목표를 추구하는 본 시리즈의 기고자들은 두 가지 극단을 피하였다. 하나는 이 주석이 얼마 지나지 않아 구식이 되지 않도록 너무 구체적인 적용을 피하는 것이고, 다른 하나는 현대인의 삶과 문화와 연관짓지 못하는 아주 일반적인 방식으로 성경 본문의 의미를 논하는 것을 삼가는 것이다.

무엇보다도 본 주석 시리즈의 기고자들은 이 주석이 도덕책이나 설교집이 되지 않도록 상당한 노력을 기울였다. NIV 적용 주석 시리즈는 바로 써먹을 수 있는 설교 자료집을 제공하려 했다기보다는 당신이 하나님의 말씀을 능력으로 전달할 수 있도록 돕는 도구, 개념, 그리고 통찰을 제공하려 했다. 당신으로 하여금 이 목표를 이룰 수만 있게 한다면, 우리는 이 시리즈의 목적을 이룬 셈이다.

편집자 서문

현대 독자들이 겪는 어려움 가운데 하나는 이사야의 지혜를 21세기의 복잡한 삶에 적용하는 일이다. 그것은 항상 이사야가 그 당시의 누군가와 이야기를 하고 있는 것처럼 보이기 때문이다. 이 점에 대해 설명해 보겠다.

아모스의 아들 이사야는, 분열된 이스라엘과 그 주변 이웃 나라들의 멸망과 축복의 비전에 관하여 수많은 시간을 저술 작업에 할애하였다. NIV 편집자들이 이사야서 전체에 배치한 표제들 가운데 몇 가지를 살펴보면, "반역하는 민족"(1장), "예루살렘과 유다의 심판"(3장), "화와 심판"(5장), "주님의 도구 아시리아"(8장) 등이 있다. 이런 표제들은 이사야서 66장까지 계속해서 소개되고 있다.

특히 당신이 다른 사람들의 문제점을 듣기 좋아한다면, 분명 이와 같은 심판의 주제들은 흥미로울 것이다. 그러나 주님을 무시하는 이스라엘의 말과 행동이 우리와 무슨 관련이 있는지를 파악하기란 어려운 일이다. 존 오스월트(John Oswalt)가 저술한 이 이사야서 주석의 가장 큰 장점 가운데 하나는 이사야서를 어떻게 읽어야 하는지를 제시하고 있다는 점이다. 이것은 단순히 다른 사람들의 문제를 기록한 책으로 읽기보다는, 그것이 우리와 어떻게 직접적으로 연관되어 있는지를 깨닫게 해준다. 달리 말하면, 비록 이사야가 부도덕한 국내외 정책을 펴고 있는 한 나라에 대해 경고하고 있는 것처럼 보인다 하더라도, 더 깊은 차원에서 보면 그 경고와 심판은 당신과 나를 향한 것이다.

그렇다면 하나님의 메시지를 우리에게 가장 잘 전달하기 위해 이 책을 어떤 방식으로 읽어야 하는가?

(1) 이사야 말씀을 통해 우리에게 말씀하시는 하나님의 음성을 듣고자 기대하라. 이런 태도는 우리의 믿음을 성경 읽기로 이끌어 준다. 비록 이사야는 이스라엘을 향해 "너희는 바위틈에 들어가며 진토에 숨어 여호와의 위엄과 그 광대하심의 영광을 피하라"(사 2:10)고 말하지만, 실제로 우리가 배낭을 메고 콜로라도의 로키 산맥으로 올라갈 필요는 없을 것이다. 그러나 그와 같은 경고에는 나를 위한 메

시지가 있다는 것을 기대할 필요가 있다.

(2) 이 메시지가 이야기식 산문체 형식이 아닌, 환상, 예언, 은유와 암시적 형식으로 전달되고 있음을 인식하라. 이사야는 직설적으로 말하는 선지자가 아니었다. 그는 시적인 선지자였다. 당신의 성경 본문에 펼쳐진 그 형식을 주목해 보라. 그것은 시처럼 보인다. 다른 성경에서 볼 수 있는 이야기체 형식은 이사야서에서 겨우 소수에 불과하다.

이와 같은 작품을 이해하기 위해, 우리는 왜 시의 형식으로 저술하고자 했는지를 생각할 필요가 있다. 가장 중요한 이유는 이런 형식이 우리의 문화 속에서 듣기 힘든 지혜를 가장 잘 전달해 주기 때문이다.

(3) 이사야서에는 어떤 미묘한 전환(subtle shift)이 일어나고 있음을 주목해 보라. 이와 같은 전환은 우리로 하여금 이사야의 환상들을, 단지 이스라엘 민족에게 직접 선포된 신탁으로만 이해하는 것을 막는다. 이 같은 전환을 이해하기 위해 어느 정도 역사를 염두에 둘 필요가 있다. 이스라엘을 포함한 이사야 시대 대부분의 사람들은 단일신론자들(henotheists)이었다. 그들은 신들을, 종족의 신들로 생각하였다. 각각의 종족에게는 그들 자체의 신들이 있었다. 그 신들이 실재하는지에 대한 질문은 중요치 않았다(그들이 실재한다고 추론되었다). '어느 신이 가장 강력한가'라는 질문이야말로 실제적인 것이었다.

이와 같이 신을 이해하는 방식을, 오늘날 이뤄지는 방식과 비교해 보라. 우리들 가운데 대부분은 하나님이 강하다고 추론한다. 우리의 초점은 하나님과 그룹 간의 관계가 아닌, 하나님과 개개인과의 관계에 있다. 그 결과 현대의 여러 이사야서 주석가들은, 이사야서에 나타난 미묘한 전환으로 종족신 개념이 개개인의 신 개념으로 전환되고 있다고 믿는다. 어쩌면 그럴지도 모른다. 하지만 우리가 구약 전체에서 궁극적으로 취하게 되는 신 개념은 단일신론이 아닌, 유일신론이다. 즉 하나님은 개개인에 관심을 기울이시는 의로우신 하나님이다.

그러나 이사야서에서는 진정한 신 개념으로의 전환이 나타난다. 즉 이사야서에서는 부족의 하나님 혹은 개개인의 하나님이라는 개념이 만유의 주님이라는 개념으로 전환된다.

> 여호와께서 이같이 말씀하시되
> 하늘은 나의 보좌요
> 땅은 나의 발등상이니…

나의 손이 이 모든 것을 지어서
다 이루었느니라(사 66:1-2).

하나님은 온 만물을 다스리신다. 주님께 영광을 올려 드리며… 주님, 당신의 기뻐하심을 바라보기 원하나이다!

테리 머크

저자 서문

특별히 현대적 적용에 초점을 맞춘 두 번째 이사야서 주석을 집필하게 된 것은 내게 대단한 특권이었다. 이 집필 작업은 처음 예상한 것보다 더 고된 일이었으며, 독자들은 이 주석서가 얼마나 성공적으로 집필되었는지를 판단해 보아야 할 것이다. 그럼에도 이것은 내게 유익한 작업이었으며, 선지자 이사야와 그의 원대한 성취에 대해 한층 더 심오한 이해를 갖게 해주었다. 이사야서가 2700년 전 처음 기록되었을 때, 이사야 선지자는 오늘날 현대의 상황에 적용 가능한 책을 저술하였다. 그는 세상에 그의 흔적－그리고 더 중요한 하나님의 흔적－을 남겨 두었으며, 그 흔적은 종말 때까지 계속 지속될 것이다.

이런 말을 하면서도 내가 얼마나 그 책에 담긴 깊이를 피상적으로 다루어 왔는지 종종 인식하게 된다. 선지자의 말씀 속에 담긴 경이로움을 어렴풋이나마 감지하며 단지 부분적으로나마 그것들을 표현할 수 있었지만, 이것도 심히 부족할 따름이다. 그러나 나는 그 경이로움을 나타내고자 했고 또한 그렇게 할 수 있었다. 그리고 이 성취의 결과를 하나님께 돌리며 그분께 감사드리는 바이다.

대부분의 집필이 완성된 그 기간을 연구 휴가로 허락해 준 웨슬리 성경 신학교(Wesley Biblical Seminary)에 감사를 표하고 싶다. 또한 원고를 주의 깊게 읽고 소중한 제안을 해준 테리 머크(Terry Muck)와 앤드류 디어맨(Andrew Dearman)에게 감사하고 싶다. 존더반 출판사의 편집을 맡은 잭 쿠하섹(Jack Kuhatschek)과 벌린 버브루그(Verlyn Verbrugge) 역시 나를 성실히 도와주었다.

그리고 내 기도 동역자들－샘 비버스(Sam Biebers), 스튜어트 켈로그(Stuart Kellogg), 다니엘 코엔(Daniel Koehn), 케이스 메기히(Keith Megehee), 제임스 울헤터(James Wolheter)－이 있었다. 그들의 기도는 이 집필 작업을 감당하도록 이끌어 주었다.

끝으로 내 아내요 생의 동반자인 카렌(Karen)에게 감사한다. 그녀의 끊임없는 사랑, 격려 그리고 돌봄이 없었다면 그 어떤 것도 결코 성취할 수 없었을 것이다.

약어표

AB	Anchor Bible
ABD	*Anchor Bible Dictionary*. D. N. Freedman et al., eds. 6 vols. NEW York: Doubleday, 1992.
ANET	*Ancient Near Eastern Texts Relating to the Old Testament*. J. B. Pritchard, ed., 3d ed. Princeton: Princeton Uni. Press, 1969.
BAR	*Biblical Archaeology Review*
BDB	F. Brown, S. R. Driver, and C. A. Briggs, *A Hebrew and English Lexicon of the Old Testament*. Oxford: Clarendon, 1959 reprint.
BHS	*Biblia Hebraica Stuttgartensia*
BKAT	Biblischer Kommentar: Altes Testament
BST	The Bible Speaks Today
BZAW	Beihefte zur Zeitschrift für die alttestamentliche Wissenschaft
CB	The Bible in Contemporary English
CBC	Cambridge Bible Commentary
CBQ	*Catholic Biblical Quarterly*
ConBOT	Coniectania biblica, Old Testament
ETL	*Ephemerides theologicae lovanienses*
EvQ	*Evangelical Quarterly*
FAT	Forshungen zum Alten Testament
FOTL	Forms of the Old Testament Literature
HKAT	Handkommentar zum Alten Testament
ICC	International Critical Commentary
Int	*Interpretation*
ITC	International Theological Commentary
JB	Jerusalem Bible
JBL	*Journal of Biblical Literature*
JETS	*Journal of the Evangelical Theological Society*

JPS	Jewish Publication Society
JSOT	*Journal for the Study of the Old Testament*
JSOTSup	Journal for the Study of the Old Testament Supplement Series
LXX	Septuagint
MT	Masoretic Text
NASB	New American Standard Bible
NCBC	New Century Bible Commentary
NDBT	*New Dictionary of Biblical Theology*. T. D. Alexander and B. Rosner, eds. Leicester, Eng.: Inter-Varsity Press, 2000.
NICOT	New International Commentary on the Old Testament
NIDOTTE	*New International Dictionary of Old Testament Theology and Exegesis*. W. VanGemeren et. al., eds. Grand Rapids: Zondervan, 1997.
NIV	New International Version
NIVAC	The NIV Application Commentary
NLT	New Living Translation
NRSV	New Revised Standard Version
OBT	Overtures to Biblical Theology
OTL	Old Testament Library
POT	De Prediking van het Oude Testament
REB	Revised English Bible
RSV	Revised Standard Version
SBLDS	Society of Biblical Literature Dissertation Series
SBLMS	Society of Biblical Literature Monograph Series
SBLSP	Society of Biblical Literature Seminar Papers
SJT	*Scottish Journal of Theology*
SOTMS	Society for Old Testament Study Monograph Series
ST	*Studia theologica*
TDNT	*Theological Dictionary of the New Testament*. G. Kittel and G. Friedrich, eds. Trans. G. W. Bromiley. 10 vols. Grand Rapids: Eerdmans, 1964-1976.
TDOT	*Theological Dictionary of the Old Testament*. G. Botterweck and H. Ringgren, eds. Tr. D. Green et al. Grand Rapids: Eerdmans, 1974-.

TLOT	*Theological Lexicon of the Old Testament*. E. Jenni and C. Westermann, eds. Trans. M. Biddle. 3 vols. Peabody, Mass.: Hendrickson, 1997.
TOTC	Tyndale Old Testament Commentaries
VT	*Vetus Testamentum*
VTSup	Vetus Testamentum Supplement Series
WBC	Word Biblical Commentary
WTJ	*Westminster Theological Journal*
ZAW	*Zeitschrift für die alttestamentliche Wissenschaft*
ZBK	Züricher Bibelkommentare

서론

세월이 흘러오면서 이사야는 "선지자 중의 왕자"(the prince of the prophets)로 알려져 왔다. 이러한 호칭을 붙인 이유 중 하나는 이 선지자가 왕족의 일원이었을 가능성이 있기 때문이다. 비록 이에 대한 명백한 증거는 없지만, 그가 왕들을 쉽게 만날 수 있는 혜택을 누렸다는 점은 이를 뒷받침해 준다. 그러나 이 호칭을 쓰게 된 실제적인 근거는 이사야의 이름으로 알려진 책의 본질에 있다. 이 책에는 성경의 다른 대부분의 책들과 구별되는 장엄함이 있다. 이 책은 비할 데 없는 원대한 신학, 즉 창조에서부터 새 하늘과 새 땅까지, 그리고 철저한 멸망에서부터 영광스런 구속에 이르는 모든 여정을 담고 있다.

그와 동시에 이사야서는 신관(神觀)도 내포하고 있다. 하나님은 반역한 백성들을 향해 멸망을 선포하시는 엄한 심판자이시지만, 동시에 소망 없이 절망에 빠진 백성들을 버리지 않으실 자비의 구속자이시다. 이러한 사상들은 하나씩 순서대로 나타나지도 않고 곧이어 뒤따라 등장하지도 않는다. 오히려 이들은 기교적 방식들을 통해 서로 엮여 있는바, 이런 기법은 이사야 2000년 이후에 등장한 교향곡의 음악 형식을 엿보여 준다. 모티브들은 등장했다가 사라지며 또다시 등장한다. 이와 같은 방식은 사려 깊은 독자들로 하여금 저자와 함께 능동적인 대화에 계속 참여하도록 이끌어 준다.

이런 치밀한 구성과 아울러, 어떤 문체는 격조 높은 풍과 서정적인 풍을 이리저리 넘나드는 형식을 취한다. 6장과 40장은 매우 다르지만 흔치 않는 간결한 단어들을 서로 공유하고 있으며, 이런 특징은 이 장들을 두드러지게 부각한다. 52:13-53:12은 다른 문학 형식을 띤다. 그러나 이 단락은 아름다움과 힘의 조화를 바탕으로 하는 형식의 한 예가 된다.

여러모로 이사야서는 성경의 축소판이다. 성경과 같이 크게 두 단락으로 구분될 뿐만 아니라, 첫째 단락의 주제가 심판이며, 둘째 단락의 주제가 희망이라는 점도 성경과 같다. 그밖에도 이사야서에는 성경의 모든 주제들이 발견되고 있다. 비록 '시내 산 언약'이 명시적으로 언급되지는 않지만 모든 곳에서 전제되고 있다. '시내 산 언약'은 반역과 그 죄목의 근거가 되며, 하나님과 이스라엘 사이에 전제된 관계의 본질적인 기반이 된다. 다윗 언약이 언급되며, 그것은 메시아 약속들의 초석이 된다. 만약 다윗의 가문이 실패한다 해도 하나님의 약속은 실패하지 않는다. 이사야서에는 "하나님의 유일성 대 우상들"에 관한 모든 질문이 성경의 어느 다른 본문들보다도 더욱 철저하게 탐구되고 있다. 그리고 이사야서에는 다윗과 같은 메시아의 영광과 고난 받는 종의 수치가 함께 다루어지고 있으며, 이러한 방식은 신약에 그려진 그리스도의 모습을 이해하는 데 도움을 준다. 그러므로 이사야가 실제 왕족이든 아니든 간에, 하나님의 섭리 가운데 펼친 그의 사역, 원대한 비전 그리고 강렬한 표현은 실로 그를 선지자 중의 왕자로서 구별하고 있다.

역사적 배경

이사야서는 고상한 품격과 아울러, 몇 가지 난해한 문제점도 드러난다. 그중 하나는 이 책이 적어도 둘 혹은 아마도 세 가지 다른 배경 속에서 전달된 것처럼 보인다는 점이다. 그중 첫 배경은 주전 740년에서 주전 700년에 이르는 이사야 당시의 시대이다. 그러나 40-55장은 주전 585년에서 540년 기간 동안 바빌론 포로 시대에 유다 포로민들에게 전달된 것처럼 보인다. 그리고 비록 전반부 두 단락들보다 증거는 덜 명확하지만, 56-66장은 주전 539년 바빌론 포로귀환 이후의 유다 상황들을 반영하고 있는 듯하다.

언뜻 이런 서로 다른 시대적 배경은 이상해 보인다. 성경의 어느 다른 책도 이처럼 이상해 보이지는 않다. 성경의 몇몇 책들은 미래에 대하여(about) 말하기는 하지만, 그 어느 본문도 이사야처럼 직접 미래를 향해서(후대 사람들에게-옮긴이) 말하고 있지는 않는 것 같다. 이런 이유로 학계는 대체로 이사야서를 다른 저자들 몇 명의 산물로 간주한다. 즉 후반부 두 단락의 저자들(40-55장과 56-66장의 저자들-옮긴이)은 그들이 살던 시대에 저술한 것으로 이해된다. 이 책을 하나의 혼합 구성체(a composite)로 보는 것이 불가능하다고 볼 수는 없으나, 이 책 자체는 시종일관 오직 한 저자만을 언급하며 다른 가상의 저자들의 삶의 정황이나 장소에 관한 실마리를 제공하지 않음으로써, 그와 같은 결론을 피하기 위해 온갖 노력을 다하고 있는 것처럼 보인다(저작권과 연도에 관한 이후의 논의를 참조하라). 만약 예언적 능력을 부여받는 것이 가능하다면, 이사야가 미래의 독자들에게 그의 메시지를 전달하기 위해 미래의 상황에 관한 전반적인 개요를 충분히 숙지했다고 보는 것은 문제가 되지 않는다.[1]

그러나 만약 우리가 이사야서 전체의 저자를 이사야로 인정한다면, 왜 그는 당대 사람들뿐만 아니라 후대 사람들을 위해 이 책을 기록했는가? 이사야서 자체가 이에 대해 어떤 설명도 제시하지 않기 때문에, 우리는 명확한 대답을 내놓을 수 없다. 그러나 그럴듯한 대답을 얻을 수는 있다. 6-39장에서, 이사야는 세상 열방을 향한 하나님의 절대적인 주권에 대한 포괄적인 환상을 부여받는다. 모든 역사는 하나님의 수중에 있으며, 그분은 열방의 손아귀에서 그분을 의지하는 자들을 구원하실 수 있다. 이것은 37:36-38에 소개된, 산헤립에서 해방된 예루살렘의 구원을 통해 가장 극적으로 입증되었다. 그렇지만 이사야는 유다가 바빌론인들 앞에서 하나님을 의지하지 않을 것이며, 바빌론이 하나님의 도성을 황폐시키고 그의 백성들을 약속의 땅에서 바빌론으로 옮겨 버릴 그 미래의 시대를 미리 바라볼 수 있게 된다. 그러면 어떻게 되는가? 미래의 사건들은 이사야가 당대에 받은 메시지를 무효화하지는 않을까?

더욱이 이사야는 비록 포로귀환이 이루어지겠지만[이사야의 아들 스알야숩("오직 남은 자는 돌아올 것이다")의 이름을 통해 예고됨], 그것은 예루살렘 파멸 이전의 상황과는 매우 다를 것임을 알고 있다. 유다는 거대한 페르시아 제국 속에서 단지 침체될 것이다. 유다는 왕도, 군대도, 독립도 얻지 못할 것이며, 그들의 두드러진 신앙은 아시리아인들과 바빌론인들의 노골적인 적대감보다 훨씬 더 교활한 위험, 즉 혼합주의에 직면하게 될 것이다. 이 혼합주의적 관점은 유다로 하여금 그들의 하나님을 단지 모든 종교들이 숭배하는 보편적 신(a universal deity)의 국지적 표현(a local manifestation) 가운데 하나로 이해하도록 북돋았다.

비록 원 계시가 주어졌을 때의 환경 및 상황들과 매우 다르다 할지라도, 하나님은 자신이 여전히 열방과 그 신들보다 뛰어나심(40:15-24을 보라)을 그의 백성들(과 우리들)에게 보여 주시기 위해 그 백성들의 미래를 볼 수 있는 능력을 이사야에게 허락해 주실 수 있는가? 예루살렘이 바빌론의 손아귀에서 구원받지 못한다

1. 특별히 부각되는 한 가지 예외, 즉 구원자를 가리키는 고레스를 제외하고는, 40-66장에서 구체적인 역사적 묘사가 거의 나타나지 않고 있음은 의미심장하다. 이것은 역사적인 이사야가 미래에 관한 구체적인 지식이 아닌 일반적인 사상을 가지고 40-66장을 기록했다는 사실과 일치되고 있다. 만약 40-66장이 그와 같은 실제적인 시대에 기록되었다면, 우리는 이사야가 이 장들을 기록했다는 인상을 부각하기 위해 후대의 편집자들이 그 구체적인 내용들을 제거했다고 믿어야 한다.

해도 하나님은 바빌론의 주(Lord)이신가? 그렇다! 하나님이 유다의 죄 때문에 약속의 땅에서 유다를 쫓아내셨다 해도 그는 여전히 유다의 주(Lord)이신가? 그렇다! 유다 자체가 더는 한 민족이 되지 못한다 해도, 유다의 하나님은 열방의 주이신가? 그렇다! 만약 이 책이 39장에서 끝났다면, 우리 독자들은 불완전한 하나님의 모습을 갖게 되었을 것이다. 우리는 진정한 역사의 주인 되시는 하나님의 주 되심이 역사적 사건을 다스릴 뿐만 아니라, 역사적 사건에 반응하는 그분의 능력—하나님의 원 계획은 이러한 방식을 통해 변함없이 계속될 수 있다—을 통해서 더 분명히 드러난다는 점을 아마 깨닫지 못했을 것이다. 그는 역사의 왕이시다. 또한 그는 역사의 구속자이시다.[2]

주전 740–700년

주전 900년에서 609년까지 아시리아 민족은 정치적으로나 군사적으로 볼 때 고대 근동 지역에서 가장 두드러진 독보적 세력이었다. 메소포타미아의 티그리스 강(Tigris River) 중류에 본거지를 마련한 그들은 사방으로 그들의 세력을 확장해 나갔다. 그러나 그들은 특별히 바빌론과 남메소포타미아의 다른 도시 국가들이 위치한 남쪽 방향과 서쪽 방향으로, 그리고 이집트가 위치한 남쪽 방향으로 확장해 나갔다. 지중해 동부 연안의 소수 민족들은 이집트로 세력 확장에 방해거리가 되었다. 서부는 바다였고 동부는 사막이었기 때문에 아시리아는 궁극적인 목적지인 이집트에 도달하기 위해 이 국가들을 통과해야 했다.

더욱이 이 소수 민족들은 농경, 천연자원, 무역을 통해 부를 축척함으로써 그들 스스로 윤택한 삶을 영위하였다. 아시리아의 위협을 인식한 소수 민족들은 주전 853년 북시리아의 카르카르 시(the city of Qarqart)에서 아시리아와 맞서기 위해 동맹을 체결한다.[3] 전투의 결과는 확정되지 않은 것 같다. 아시리아 왕 살마네세르(Shalmaneser)의 남부 침략은 지체되는 것처럼 보였으나, 그의 통치 25년간 계속 남부를 압박했기 때문에 결코 멈추지 않았다. 그의 왕위를 직접 이어받은 두 계승자들은 동일한 침략적 정책을 지속했다.

---

2. 왜 후대의 저자들이 더 많은 관점들을 추가하기 위해 그 "스승"의 작품을 보충할 수 없었는지에 대한 선험적 이유는 없다. 그러나 이러한 이론의 유일한 난제는 다음과 같다. 만약 이 후대 저자들이 그런 보충 작업을 했다면, 자신들이 그런 보충 작업을 하지 않았다고 믿게끔 하면서 작품을 소개했다는 것이다. 그들은 마치 이사야서가 이사야 선지자의 작품인 것처럼 보이려고 노력했다는 것이다.

3. *ANET*, 278-279를 보라.

이 모든 것들은 주전 885년에서 785년 사이의 1세기 동안 이스라엘과 유다의 왕들에게 막대한 압박을 가져다주었다. 그들은 수많은 시간과 재물을 아시리아의 위협을 처리하는 데 바쳤다. 그러나 주전 782년 초부터 세 명의 아시리아 왕들은 덜 공격적이었다.[4] 그들 중 셋째 왕은 주전 745년에 사망했다. 이것은 주전 745년 이전의 40년 기간 동안 유다와 이스라엘이 휴식 기간을 누리게 되었음을 의미했다. 이 휴식 기간과 동시에, 또는 아마도 이 휴식 기간 때문에, 이 두 민족은 평상시의 길고도 안정된 통치를 영위하게 되었다. 이스라엘은 여로보암 2세가 주전 793년에서 753년까지 통치하였으며, 반면에 유다는 웃시야(아사랴)가 주전 792년에서 740년까지 통치하였다.[5] 방어보다는 재산 축적에 시간과 자원들을 쏟을 수 있었기 때문에, 이 두 민족은 솔로몬 시대 이후 여느 시대와 다른, 부와 번영의 시대를 경험하게 되었다.

그러나 주전 745년 새 아시리아 왕조의 즉위와 함께, 이 모든 것들은 완전히 끝나고 말았다. 이 사람, 디글랏-빌레셀 3세(왕하 15:29; 15:19에는 불[Pul]로 불림)는 130년 후 아시리아 제국이 완전히 사라질 때까지 줄기차게 진행되던 아시리아 침략의 새 시대를 열었다. 모든 것들이 갑작스레 변했다. 아모스와 호세아가 일찍이 선포했고 그때에는 당치도 않아 보이던 이스라엘의 임박한 심판에 대한 예언들이 선혀 근거 없어 보이지 않았다. 의심할 나위 없이, 주전 753년 여로보암 2세의 죽음, 곧이어 발생한 그의 아들의 암살, 잇따른 왕위 계승의 혼란은 임박한 파멸을 감지하게 하였다. 이스라엘 왕국에는 주전 752년에서 740년까지 12년간 적어도 두 명의 왕이 통치했던 것 같다. 장군 베가(Pekah)는 주전 740년에 완전한 통치권을 장악할 때까지 트랜스요르단(Transordan) 지역을 통치하고 있었다.

비록 불안한 북이스라엘과 같은 혼란은 발생하지 않았다 해도, 그 당시 유다에서도 왕권에 변화가 있었다. 주전 740년 웃시야의 아들 요담은 웃시야의 왕위를 계승하였다. 그는 아마도 웃시야 사망 전 10년 동안 그 부친을 대신하여 통치했던 것 같다.[6] 비록 왕위가 한층 더 안정됨에도 불구하고, 유다는 빠져드는 위기 속에서 헤어 나올 수 없었다. 주전 740년에 이스라엘에 속한 갈릴리 해안의 북부 지역

---

4. 요나의 사역이 이것과 무슨 연관성이 있는지를 살피는 일은 흥미롭다.
5. 이 연도에 관해서는, E. H. Merrill, *Kingdom of Priests*(Grand Rapids: Baker, 1987), 320을 보라. 약간의 차이를 나타내는 다른 자료로는, J. Bright, *A History of Israel*, 4th, ed. (Philadelphia: Westminster, 2000)을 참조하라.
6. Merill, *Kingdom of Priests*, 377을 보라.

이 침략당했으며, 시리아에 남겨진 것은 수도인 다마스쿠스뿐이었다.

이 거대한 침략을 막기 위해 필사적인 방법들을 모색하던 이스라엘과 시리아는 또 다른 동맹을 구상해 내었다(왕하 16:5-6; 사 7:1). 지중해 연안의 소국가들은 독자적으로는 아시리아를 대항할 만한 힘이 없었다. 그러나 그들이 서로 합친다면 적어도 100년간 카르카르(Qarqar)에서 이룩했던 번영은 성취할 수 있었다. 이때(주전 735년)에 유다의 친아시리아파는 요담에게, 대행 통치권을 아하스에게 넘겨 주라고 강요한 것 같다.

아하스가 친아시리아파의 앞잡이든 아니든 간에, 반아시리아 동맹 가입 요청은 그를 곤경에 빠뜨렸다. 만약 반아시리아적 입장이 효과를 거두지 못하면, 이와 같은 태도는 심각한 결과를 초래하게 된다. 아시리아인들이 평소에 어떤 성격이었든지 그들은 대적들을 무자비하게 다루었다. 그들의 군대는 옛 고대 근동 국가들보다 한층 더 수준 높은 조직력과 군사력을 보여 주었으며, 그들의 정책은 언제나 용의주도했다. 그들을 대항하는 자들에게는 관용을 베풀지 않았다. 그 이유는 단순했다. 관용 같은 것은 사람들이 위험을 무릅쓰고 저항하게 하는 자극제가 될 수 있었기 때문이다. 아시리아에 대적하다 실패하는 것은 아시리아인들이 생각할 수 있는, 그리고 그들의 힘으로 행사할 수 있을 만큼의 참혹한 파멸과 공포에 시달려야 함을 의미했다. 아시리아에 대항하는 것은 타격만 큰 시간 낭비였다. 따라서 아시리아의 대적자들이 앞서 대항한 자들의 사례들을 바라보면서 항복하기로 결심한다면, 그것은 최상의 일이었다.

그러므로 유다의 아하스 왕은 심사숙고해야 했다. 만약 그가 이스라엘의 베가와 다마스쿠스의 르신과 뜻을 같이 한다면, 그는 고문당하며 가능한 서서히 고통 속에서 죽어갈 것이다. 그의 도시는 총체적으로 파멸되고 그의 백성은 아시리아 제국으로 흩어질 것이다. 만약 그가 그 동맹에 가입하지 않는다면 이스라엘과 시리아는 그를 공격할 것이다. 그리고 만약 이 동맹군들이 성공한다면, 그들은 아하스를 폐위하고 그들의 정책을 따르는 다른 누군가(7:6에 따르면 그는 "다브엘의 아들"로 소개된다)를 왕위에 올릴 것이다. 그렇지만 또 다른 선택이 남아 있다. 그는 적극적으로 아시리아인들과 운명을 같이하여 그들의 속국으로서 자신을 도와달라고 간청할 수 있다.

후자의 선택이 아하스가 취한 방법이다. 그는 디글랏 빌레셀에게 거대한 보화를 보내어 그의 두 대적들(반[反]아시리아 동맹국-옮긴이)에게서 지켜 달라고 간청한다(왕하 16:7-9). 비록 이 시점에서 이와 같은 상황이 마치 세 쥐들이 고양이와 싸우는데 그중 한 마리가 고양이에게 도와 달라고 간청하는 꼴과 같아 보인다 해도, 우리는 아하스의 정치적 선택권이 제한적이었음을 기억해야 한다. 그럼에도 불구하고 아하스는 하나님을 고려하지 않은 것 같다. 역설적이게도 성경에 나타난 기사에는 아시리아가 개입하기 전에 예루살렘을 점령하려던 베가와 르신의 시도가 이미 실패했음을 보여 준다. 만약 아하스가 하나님의 계획과 약속을 고려했더라면, 그는 스스로 막대한 보화를 절약할 수도 있었을 것이다.

여하튼 디글랏 빌레셀은 아하스의 재물을 사용하여 주전 732년에 다마스쿠스를 점령하였다. 이 요새가 더는 그에게 위험하지 않았기 때문에, 아시리아 정복자는 줄기차게 북이스라엘과 블레셋 도성들이 있는 남부 해안 지역으로 압박을 가하였다. 베가의 왕위를 계승한 북이스라엘의 왕 호세아는 아시리아에 승복하고 그들에게 조공을 바쳤다(왕하 17:3-4). 그러나 예상대로 호세아는 이러한 무거운 짐에 지쳐 버리고 말았다. 이집트의 원조를 기대한 호세아는 주전 726년 혹은 725년에 조공 바치는 일을 그만두었다. 이것은 디글랏 빌레셀의 계승자 살마네세르(Shalmaneser)의 통치 초기에 일어났으며, 속국들이 통치의 초창기 시절에 반역하는 일은 꽤 흔한 현상이었다. 속국들은 등극한 새 왕이 너무 많은 업무 때문에 반역을 처리할 만한 겨를이 없을 거라고 생각했다. 만약 호세아가 이러한 희망을 가졌다면, 그것은 헛된 것이었다. 왜냐하면 살마네세르는 사마리아를 성공적으로 포위했으며, 주전 722년 그가 사망하던 해에 그곳을 점령해 버렸기 때문이다.

그때 유다에서는 세 번째 대행 통치가 있었던 것 같다. 그 당시 반아시리아 당파가 득세하였고 아하스의 아들 히스기야를 아하스보다 우위에 두었다.[7] 사마리아가 몰락할 당시 히스기야는 16세였으며, 그는 추방되지 않고 남아 있던 이스라엘인들과 친선 회복을 도모하고자 한 것 같다(대하 30:1-11). 아마도 아시리아의 위협은 유다 백성들에게 절실한 문제로 다가왔으며, 아하스의 영향은 쇠퇴한 것

---

7. 열왕기하 18:1과 2절 사이에는 모순이 발생한다. 이 문제는 본문 수정 없이는 해결이 불가능한 것처럼 보인다. 만약 히스기야가 호세아 3년에 통치하기 시작했다면(1절), 그때는 주전 729년일 것이다. 그렇지만 2절은 히스기야가 25세 때 통치를 시작했다고 말한다. 주전 729년에 그의 부친 아하스가 24세 혹은 25세였기 때문에, 그것은 불가능하다. 아마도 2절은 아하스가 죽고 히스기야가 단독으로 왕좌에 오른 주전 516년을 가리키고 있는 것 같다. 이 문제에 대한 그리고 이와 관련된 사항에 대한 유익한 논의로는, Merrill, *Kingdom of Priests*, 402-5를 보라. J. Bright(*A History of Israel*, 278)와 같은 다른 학자들은 단지 히스기야가 주전 715년에 그의 통치를 시작했다고 추론한다. 비록 이런 견해가 여기서 취하는 설명과는 다른 방식으로 이 문제를 해결하고 있지만, 분열 왕국의 연대기를 가장 잘 다루고 있는 연구서로는, E. R. Thiele, *The Mysterious Numbers of the Hebrew Kings*, 3d ed. (Grand Rapids: Zondervan, 1983)을 꼽는다.

같다. 여하튼 히스기야가 처음부터 추구한 정책은, 유다는 하나님을 의지하며 아시리아에게 항복하지 않는다는 태도를 재천명하는 것이었다.

물론 앞서 살펴보았듯이 이것은 큰 위험을 무릅쓴 행동이었다. 이제 사르곤 2세의 통치하에 있던 아시리아는 사마리아를 함락한 후 남부 지역을 더욱 압박하였고, 침략당하지 않고 무사히 지내던 지중해 연안의 블레셋 도시들을 공격하였다. 결국 주전 715년에 마지막 도시가 멸망당하고 말았다. 그렇지만 사르곤은 그후 십년간 반역과 북부 변방의 침입으로 고통을 겪었기 때문에 곧장 이집트로 진격할 수는 없었다. 그리고 특별한 경우를 제외하고는 남부 지역의 습격은 그에게 유리하게 작용할 수 없었다. 이 기간 동안 히스기야는 종교 개혁을 단행하고 나라를 요새화할 수 있었다. 또 이사야서를 통해 분명히 드러나듯이, 히스기야의 모사에게서 유다가 이집트와 동맹을 맺어야 한다는 압박이 있었음은 짐작할 만한 일이다. 이집트도 이러한 동맹을 맺도록 강하게 독촉했다. 히스기야의 모사들은 모두 아시리아 침략의 징조를 읽을 수 있었다. 조만간 아시리아가 그들의 문을 두드릴 것이며, 오직 유다, 블레셋의 남은 자들, 모압과 에돔만이 그 궁극적인 결말 앞에 이미 남겨져 있었다.

주전 705년에 사르곤은 마침내 전쟁터에서 사망한 것 같다. 그의 왕위는 그의 아들 산헤립을 통해 계승되었다. 산헤립은 얼마 지나지 않아 바빌론의 반역(703년)에 직면하였다. 이 반역의 지도자는 남메소포타미아의 갈대아 출신 마르둑-아팔-이딘나(Marduk-apal-idinna, 성경에 나오는 므로닥발라단, 사 39:1)였다. 므로닥발라단은 다른 국가들에게 그와 함께 연합하여 아시리아 제국에 대항할 것을 설득하고자 했기 때문에, 이사야 39장에 기술된 사건들은 이 반역이 일어나기 전에 발생한 것 같다. 이것이 옳은 해석이든 아니든 간에, 히스기야는 일찍이 주전 703년 혹은 702년에 파디(Padi)로 알려진 블레셋 군주를 생포하여 그를 예루살렘에 감금함으로써, 이웃 국가들로 하여금 공개적인 반역에 참여하도록 이끌었다.

바빌론을 상대해 온 산헤립은 그의 관심을 서부 지역으로 돌렸으며, 바이런(Byron)의 표현에 나타나듯이 "가축을 덮치는 이리처럼 쳐들어 내려왔다."[8] 그는 아시리아에 맞설 수 있을 것이라는 헛된 꿈에 젖어 있던 동맹군들에게 힘든 현실을 인식시켜 주었다. 기대한 이집트의 원조는 물거품이 되었고, 주도적이던 블레

8. George Gordon, Lord Byron, "The Destruction of Sennacherib," *Bristish Poetry and Prose*, ed. P. Lieder, R. Lovett, and R. Root(New York : Houghton Mifflin, 1928), 774.

셋의 도성 에크론(Ekron)은 함락되었으며, 유다의 성읍들과 요새들(전체 가운데 마흔네 개의 요새들)은 함락되어 파괴되고 말았다. 오직 예루살렘 남서부의 라기스와 예루살렘만이 살아남았다. 히스기야는 파디에게서 돌아서서 산헤립에게 많은 예물을 보냈다. 아마도 그는 산헤립이 진정되어 본토로 돌아갈 것이라고 기대한 것 같다.

그렇지만 일은 히스기야의 희망대로 진행되지 않았다. 산헤립은 라기스를 멸망시켰으며, 이것은 반역의 도성 예루살렘이 자진으로든 혹은 무력으로든 간에 그에게 성문을 열 때까지는 본토로 돌아가지 않을 것임을 분명히 보여 주었다. 산헤립은 그 밖의 다른 일을 도모할 만한 형편이 되지 못했다. 그에게는 군사적인 문제가 있었다. 산헤립은 자신의 공급선을 차단시킬 수 있는 곳에 후방 적군의 근거지를 놔두고서 이집트를 계속 공격할 수는 없었다. 그러나 더욱 중요한 것은 정치적인 문제였다. 히스기야는 반역의 선두주자였고, 아시리아는 반역의 우두머리들을 살려 둘 수 없었다. 만약 그렇게 되면 골칫거리들이 끝나지 않을 것이다. 그러기에 예루살렘은 망해야 하며 히스기야는 죽어야 했다.

실제로 이러한 일은 발생하지 않았다. 산헤립은 그 이유를 우리에게 말하지 않는다. 그의 연보(annals)에서 산헤립은 자신이 히스기야를 "새장에 갇힌 새처럼" 가두어 버렸고, 히스기야가 자신에게 거대한 조공을 바쳤으며 해마다 그런 조공을 바치기로 동의했다고 허풍만 늘어놓을 뿐이다. 이처럼 산헤립은 본토로 돌아갔으며, 그의 기록과는 달리 20년 후 그의 아들들의 손에 사망할 때까지 서부 방향으로 재침략을 도모하지 못했다. 아시리아가 거의 200년간 심혈을 기울여 목표로 삼아 온 이집트의 문은 여전히 열려 있었고, 산헤립은 그 문을 통과할 만한 아무런 시도도 하지 못했다. 대신에 라기스의 약탈물로 그의 궁전을 채우는 데 만족했다. 목표를 이루지 못한 산헤립은 결국 최선이 아닌, 차선의 결과만을 얻었을 뿐이다. 그 다음 어떤 일이 발생했는가? 성경은 우리에게 이사야 37:36-37을 통해 그 해답을 제시한다. 어느 날 밤 거대한 아시리아 군대 대부분은 "여호와의 천사"의 손에 죽음을 당했으며, 산헤립은 본토의 더욱 긴급한 일을 처리하고자 회군을 결심하고야 말았다.[9]

---

9. (열왕기하 기사와 유사한) 이사야서에는 아시리아 군대의 멸망 다음에 즉각적으로 산헤립의 죽음이 뒤따라오기 때문에, 그리고 어떤 다른 이슈들 때문에, (특히 J. Bright와 같은) 어떤 학자들은 성경 기사가 주전 701년과 687년에 두 차례에 걸쳐 발생한 아시리아의 공격을 함께 결합시키고 있다고 주장해 왔다. 이 이론을 옹호하는 가장 최근의 연구로는, W. Shea, "Jerusalem under Siege, Did Sennacherib Attack

주전 625-540년

아시리아 제국은 마침내 산헤립의 계승자 에살핫돈(Esarhaddon)의 통치 아래 숙원이었던 이집트 정복을 이룩하였다. 에살핫돈의 아들 아수르보니팔(Ashurbanipal)이 주전 668년에 왕위에 올랐을 때, 아시리아는 권세와 영광이 그 절정에 이르렀다. 그러나 주전 627년 아수르보니팔 사망 후 20년이 채 지나지 않아 아시리아 제국이 멸망하고 만다. 그 다음 무슨 일이 일어났는가? 수많은 요소들이 결부되어 있지만, 그중 가장 주요한 요소는 바빌론의 부활이다. 아시리아와 바빌론은 항상 긴장 관계에 있었으며, 바빌론은 정기적으로 아시리아에서 벗어나고자 시도했다. 200년간 아시리아는 언제나 바빌론을 통치할 수 있었으나, 아수르보니팔의 사망과 함께 그 통치권은 다시 회복되지 못했다.

아이러니컬하게도 아시리아는 아수르보니팔 통치 기간에 바빌론의 대적 엘람(Elam)을 결정적으로 패배시킴으로써, 바빌론의 성공에 일익을 감당하였다. 여하튼 아수르보니팔의 계승을 둘러싼 격변의 시기에, 나보폴라사르(Nabopolassar)로 칭하는 갈대아 출신 장군이 바빌론의 보좌에 올라 아시리아를 쫓아내려고 하였다. 그는 십 년 안에 그 목적을 성공적으로 이룩하였고 아시리아 본토까지 전투를 수행하였다. 그는 이 당시 메데(Mede)에서 원조를 받았으며, 그 조공들은 아직도 메소포타미아 동북부의 자그로스(Zagros) 산에 남아 있다. 아시리아는 오랫동안 메대의 호전적인 특성을 강렬하게 표현한 바 있다.

아시리아의 종말의 시작은 주전 614년 도성 아수르(Ashur)의 함락과 멸망으로 찾아왔다. 그후 주전 612년에는 생각지도 못한 일이 발생했다. 아시리아의 성읍들 가운데 가장 위대한 도성 니느웨가 단지 3개월간 포위당한 후 무너지고 말았다. 아시리아 군주는 한때 막강했던 아시리아 군대의 남은 병사들과 함께 서방으로 도망쳤다. 하란(Haran)에 처음 도착한 그들은 그곳에서 추방당했으며, 오늘날 시리아 북유브라데의 갈케미쉬(Carchemish)가 있는 서부 방향으로 더욱더 도망쳤다. 거기서 그들은 새로운 이집트 파라오 네코(Neco)와 연합하였다. 아마도 네코는 자신과 바빌론 사이의 완충제로서 힘없는 아시리아를 그대로 살려 두고자 한 것 같다. 그러나 주전 605년 이제 나보폴라사르의 아들 느부갓네살의 인도를 받은 바빌

Twice?" *BAR* 25(Nov.-Dec. 1999): 36-44, 64을 보라. 689-686년에 관해 알려진 아시리아 연대 사료는 없다. 그러므로 이 이론은 그런 방향으로 검증될 수 없다. 그렇지만 성경 기사는 그 자체의 입장을 견지할 수 있다(37:36-38에 대한 내 설명을 참조하라).

론 군대는 아시리아와 이집트 군대를 멸망시키기 위해 마지막 타격을 가하였다.

느부갓네살은 계속해서 여세를 몰아 곧바로 남쪽으로 행군했으며, 메소포타미아를 통치하기 위해 해안 지역을 장악하였다. 짧은 시간이나마 이집트의 통치를 승인했던 주변 통치자들은 재빨리 입장을 바꾸었다. 그들 가운데 유다 왕 여호야김이 있었다. 주전 609년 네코가 여호야김의 형제 여호야긴을 축출했을 때, 네코는 여호야김을 보좌에 등극시켰다(왕하 23:33-35). 그러나 여호야김이 선행 군주를 향해 느낀 충성이 무엇이었던 간에, 느부갓네살이 도착했을 때 그 충성은 사라지고 말았다. 여호야김은 항복하여 정기적인 조공 헌납을 승인하였고, 성전 보물들뿐만 아니라 인질들도 볼모로 느부갓네살에게 내주었으며, 그들 가운데는 다니엘, 하나냐, 미사엘, 아사랴가 있었다(단 1:1-6).

그러나 느부갓네살에 대한 여호야김의 충성은 네코에 대한 충성만큼이나 일시적이었다. 단지 3년이 지난 후 여호야김은 자신이 세운 준엄한 계약을 파기했다. 아마도 느부갓네살의 다른 책무들이 멀리 떨어진 유다의 일보다는 더 중요하리라는 기대를 품은 것 같다.[10] 그러나 느부갓네살과 같은 원기 왕성한 통치자에게는 그런 일이 있을 수 없었다. 첫째, 느부갓네살은 주변 지역의 여러 무리들을 보내어 여호야김을 괴롭혔다(왕하 24:2; 렘 35:11). 그 다음 바빌론 군대를 보냈고, 그 군대는 주전 598년에 도착하였다. 여호야김이 사망한 때가 바로 그해였다(왕하 24:6). 바로 이 시점에서 동시에 그가 사망한 것은 믿기 어려운 일이다. 특별히 그의 아들 여호야긴이 고작 열여덟 살이었고 단지 3개월 후 도성을 넘겨 주었기 때문에 더욱 그러했다. 그러나 성경은 의문스런 호기심을 충족시켜 주지는 않는다. 여하튼 이때 느부갓네살은 여호야긴과 대다수의 왕족들과 아울러 다른 지도자들과 기술자들도 포로로 사로잡아 갔다. 바빌론 왕은 여호야긴을, 시드기야로 개명한 그의 숙부 맛다니야로 교체했다.

만약 예레미야서에 여호야김이 무정한 눈빛을 지닌 기회주의자로 그려지고 있다면, 시드기야는 자신에 대해 확고한 신념을 갖지 못한 채 모든 편들을 기쁘게 하려는 부질없는 자로 묘사된다. 심지어 성경의 기자들조차 그를 적법한 왕으로 간주하지 않았다. 요나의 설교에 회개로 반응한 아시리아의 사례를 통해서 볼 때, 비록 유다의 영적인 상태가 심각했다 하더라도 진정으로 회개했다면, 심지어 시드기

10. 또한 601년 이집트 변방의 전투에서 Neco를 쳐부수지 못한 느부갓네살의 실패가 여호야김에게 반역을 북돋았을 가능성도 있다. J. Bright, *A History of Israel*, 327을 보라.

야 시대만큼 늦은 때라도 회개했다면, 예루살렘 도성은 생존했을 것이며 역사는 분명 매우 다르게 전개되었을 것이다. 그러나 시드기야가 요시아의 아들이기는 했지만 그는 요시아와는 달랐다. 비록 그가 모든 위대한 선지자들이 제기한, 그리고 예레미야가 바로 그 당시에 선포한 이슈들을 깨달았다 하더라도, 그에게는 이런 이슈들을 제기할 만한 열의가 없었다. 만약 그랬다면 그의 인기는 떨어졌을 것이다.

그 때문에 시드기야는 개인적으로 예레미야에게 조언을 청했으나 공개적으로는 그를 지지할 의향이 없었다. 백성들은 멸망을 확증할 행동들과 처신으로 점점 더 깊이 표류하였다. 125년 전 하나님이 이사야에게 주신 백성들에 대한 영상들, 즉 보지 못하는 눈, 듣지 못하는 귀, 완악한 마음에 대한 영상들은 심판과 함께 실현되고 말았다. 소경 됨의 한 단면으로서, 그들은 예루살렘 도성이 멸망당할 것임을 믿을 수 없었다. 어쨌든 그들에게는 희생 제물을 드리는 성전이 있었다. 또 만약 하나님이 자신을 하나님으로 선포하신 그분이라면, 어떻게 그 하나님이 이스라엘 조상들과 맺은 자신의 약속들을 파기할 수 있겠는가? 유다 백성들은 불의와 부패, 폭력을 계속 자행하면서 하나님이 그들을 기뻐하시며 그들을 바빌론의 위협에서 곧 구원하실 것이라고 말하는 거짓 선지자들을 믿었다.

이러한 상황 속에서 바빌론에 조공을 바치기 위해 세금을 계속 거둔다면 백성들 가운데 반란이 일어날 것을 두려워한 시드기야는, 이집트가 도와줄 것이라고 단정하는 모사들에게 귀를 기울이면서, 그의 형제 여호야김이 앞서 행한 바와 같이 바빌론에 반역을 도모하기로 결심하였다. 혹자는 그가 행하고 있는 일에 따르는 위험을 실로 깨닫고 있었는지 의구심을 가질 것이다. 이전의 아시리아와 같이 바빌론도 유다 백성들에게 세 번의 기회를 허락해 주었다. 만약 첫 번째 항복 후 두 번의 반역이 발생한다면, 그 결과는 완전한 멸망뿐이었다. 이것은 예루살렘의 두 번째 반역이었다. 그 결과는 분명 예상할 수 있었다. 문제는 단지 바빌론 군대가 얼마나 빨리 도착할 것인지 그리고 얼마 동안 예루살렘 도성이 보전될 수 있는지 하는 것이었다.

바빌론은 주전 588년에 예루살렘을 포위했다. 그리고 예루살렘 도성은 2년간 보전될 수 있었다. 그러나 하나님의 기적이 없이는 어쩔 수 없듯이 이 도성은 결국 주전 586년 7월에 무너지고 말았다. 25년 전 니느웨의 멸망이 아시리아인들에게는 감히 상상도 못할 일이었던 것처럼, 예루살렘의 멸망도 유다 백성들에게는 더욱 상상치 못할 일이었다. 하나님은 실패하셨는가? 그들은 하나님의 위대하심에 대해 거짓을 믿었는가? 하나님의 약속들은 헛된 것이었나? 그들의 죄악은 하나님께 너무 큰 것이었나?

이 모든 질문들, 심지어 이보다 더한 질문들이 포로로 잡혀가는 유다 백성 마음속에 가득 찼을 것이다. 많은 이들은 그들이 한때 믿었던 모든 것들이 거짓으로 드러났다고 여기면서 더 쓰라린 절망에 휩싸였다. 그러나 여러 도처에는 희망을 포기하지 않은 자들이 있었다. 우리는 그들이 거룩한 두루마리 사본들을 다소 몰래 들여왔기 때문에 희망을 포기하지 않았음을 알게 된다. 이 두루마리들 가운데는 이사야서도 있었으며 오경과 다른 선지서 문헌들도 있었다. 급격히 변한 새로운 환경으로 눈을 뜨게 되고, 이사야서의 두루마리를 열어 40-55장을 읽는다는 것은, 포로된 이들에게 실로 흥분된 일이었을 것이다. 그곳에서 그들은 이사야가 성령의 영감 아래 그들의 모든 의문들을 예상하였고, 그들이 이전에는 결코 이해하지 못했던 해답들을 그들에게 제시했음을 깨달았다. 그들은 희망을 포기할 이유가 없었다. 하나님은 좌절하지 않으셨다. 하나님은 그들을 저버리지 않으셨다. 바빌론 신들은 하나님보다 뛰어나지 않았다.

아시리아와는 다소 다르게 포로된 백성들을 다룬 바빌론의 접근 방식이 이러한 희망의 부활을 고무시키는 데 도움을 주었다. 아시리아는 민족의 계층을 아시리아 제국의 여러 도처로 분산하여 민족을 분열시키고자 했으나(왕하 17:6), 바빌론은 이들을 한 곳에 정착하도록 허락해주었다. 그래서 유다 백성들은 텔 아비브(Tel Abib)라 불리는 곳에 있는 커바르 강(Kebar River) 근처의 중앙 바빌론에 다 함께 거하게 되었다(겔 1:1; 3:15을 보라). 그리하여 신실한 자들은 성경 연구, 특히 선지서 연구를 통해 믿음이 흔들리는 자들을 격려할 수 있었다. 선지자들이 그들의 현 상황을 서로 다른 구체적 관점들을 통해 미리 예견했음을 깨닫게 되었을 때, 그들은 분명 선지자들이 그 밖에 본 것들에 눈길을 돌렸을 것이다. 거기서 그들은 선지자들이 단지 바빌론 유수를 예견했을 뿐만 아니라 이전에 결코 일어나지 않았던 그 무엇—민족의 포로귀환—을 예고했음을 발견하였다.

물론 많은 사람들은 그처럼 불가능한 일을 믿을 수 없었다. 그러나 그와 동일한 일을 말하고 있는 동시대 사람 에스겔의 이야기를 들었을 때, 그들의 의심은 분명 흔들렸다. 그들은 하나님이 새 일을 행하실 수 있다는 진리를 납득할 수 없었다. 그들은 하나님이 예루살렘의 멸망을 허락할 수 없다고 생각했으며, 그 멸망을 허락하셨을 때는 하나님이 좌절하여 옛 약속들이 파기되었다고 확신했다. 하나님이 정결케 된 남은 자와 함께 옛 약속을 지키기 위해(4:2-6) 예루살렘의 멸망을 계획하셨다는 것은 "생각 밖의 일"(thinking outside the box)이었다. 그리고 에스겔과 이사야를 통해서 볼 때, 포로기 전 백성들에 비해 대부분의 포로된 백성들은 분명 그런 생각을 할 수 없었을 것이다. 본래 이방종교(paganism)는 그러한 "갇힌 생각"(boxed thinking)을 고무시킨다. 신들은 의인화된 자연적, 사회적, 심리적 힘(forces)이다. 그 신들은 흔히 발생하는 무질서의 세상을 정신적인 질서 상태(mental order)로 변형시키려는 인간 사고의 산물이라고 할 수 있다. 특히 이교도 사상가들은 새롭고 독창적인 것은 찾지 않는다. 그러한 것들은 질서를 만들어 내지 못하는 기형에 불과하다. 오히려 그들은 항상 존재하는 순환적 주기들과 패턴들을 찾는다. 이교도들은 이전에 그들이 결코 가 보지 못한 길로 나아가기를 원치 않는다. 그러한 길은 혼란의 상태에 있는 것이다. 이러한 이교도적 사고는 이사야, 예레미야, 에스겔에 등장하는 신들에 대한 신랄한 풍자의 근거가 된다. 이 같은 신들과 이러한 사고방식은 삶을 통제하려는 인간의 시도라고 할 수 있다. 이러한 것들이 어떤 유익을 줄 수 있는가? 피조물이 피조물에서 피조물을 구원할 수 있는가? 그럴 수는 없다. 구원하시는 하나님은 좋으신 하나님이시다. 그는 특정한 방식으로 피조물을 지으셨으나, 결코 그러한 방식에 제한받지는 않으신다. 오직 자신의 일관된 성품으로만 제한받으신다. 하나님은 일관된 성품을 지니셨지만 우리는 그것을 결코 예측할 수 없다. 두려움에 사로잡힌 인류는 우리의 조그마한 세상을 극도로 통제하려고 한다. 이러한 영상은 우리를 놀라게 한다. 그것은 익숙한 것에서 떠나 보이지 않는 팔에 자신을 내던지는 것과 마찬가지다. 그렇지만 하나님의 말씀에 기초한 믿음과, 우리가 내맡길 수 있는 팔이 그 말씀에 있음을 체험한 선조들의 증거는 우리 스스로 상상해 낼 수 있는 그 무엇보다도 더 견고하고 충실한 것이다.

포로가 된 유다 백성들 가운데 어떤 이들은 그들이 성경에서 읽은 것을 믿었고, 새로운 환경에 안주하여 그 방식을 수용하고픈 유혹을 거절하였다. 그들은 옛 약속을 포기하지 않았다. 영적으로 말하자면 그들은 계속 떠날 채비를 하고 있었다. 이러한 태도와 행동은 다니엘과 그의 동료들에게서 발견되는바, 이보다 더 나은 예는 없을 것이다. 그들은 바벨론 문화와 종교에 동화되기를 거부했으며, 자신을 성찰하기 위해 성경을 바라보았다. 그들의 이 같은 행동은, 다니엘이 자신이 읽은 예레미야서의 내용에 근거하여 포로귀환을 위해 간구하고 있음을 발견할 때 분명히 드러난다(단 9:1-19). 결과적으로 이사야가 예언한바, 동방에서 온 고레스(41:2; 44:28-45:6)가 나타났을 때, 믿음의 유다 백성들은 놀라지 않았다. 다니엘과 같이 그들은 성경을 세밀히 읽었고 바빌론 유수가 70년 이상 지속되지 않을 것임을 깨달았다. 그리하여 귀향을 허락하는 고레스의 칙령이 선포되었을 때, 그들은 귀환을 준비하고 있었다.

성경을 연구하는 학생들에게 신바빌론 제국은 매우 거대해 보인다. 왜냐하면 이 제국은 예루살렘과 유다 백성들의 역사 속에 매우 중추적 역할을 감당했기 때문이다. 그러나 실제적으로 이 제국은 아시리아와 페르시아 제국을 잇는 짤막한 막간(interlude)에 불과하다. 대개 이 막간은 "원맨쇼"로 이루어졌다. 이 원맨쇼의 장본인은 느부갓네살이었다. 그가 43년을 통치한 후 주전 562년에 그 장면에서 사라져 갈 때, 이미 그의 사역을 무너뜨릴 바람이 불어오고 있었다. 어떤 관점에서 볼 때, 신바빌론 제국은 오직 메데(Medes)가 한숨 돌리고 새 파트너인 페르시아와 합병하는 동안에만 존재했다고 할 수 있다. 메데와, 움만-만다(Umman-Manda)라는 한 동맹 국가가 아시리아 제국 북부 지역을 통치하고 있었다. 그들은 고레스라 이름하는 반(半)메디아인(a half-Median)의 통치 아래 있던 페르시아를 물리치지 못했기 때문에 고레스와 그 세력을 규합하였다. 고레스는 결핍된 지도력을 응집시키는 능력을 보여 주었고, 주전 547년까지 그의 통치를 굳건히 하였다. 이 시점에서 고레스는 그의 북쪽 근거지에서 바빌론 본토 남부 지역으로 이동하기 시작했다.

느부갓네살의 사망 후 첫 70년 동안, 그의 자손들 중 세 명 이상이 보좌에 올랐다가 이런 저런 이유로 왕위에서 내려앉게 되었다. 이 모든 상황 가운데 등장한 사람이 바로 나보니더스라 칭하는 바빌론 관리였다. 그는 주전 555년부터 주전 539년 바빌론 멸망 때까지 통치하였다. 그에 관한 자료는 다소 단편적이므로 그에 대한 역사가들의 평가는 매우 다양하다. 어떤 이들은 그를 제국의 위기를 방치한 학자이자 골동품 애호가로 본다. 다른 이들은 난해한 실제들(unmanageable realities)에 사로잡힌 대담하고도 혁신적인 사상가로 보기도 한다.[11] 여하튼 우리는 나보니더스가 바빌론의 몇몇 주요 신들을 취하여 바빌론을 떠나 테마의 오아시스에서 10년간 거주하였다는 사실을 알고 있다. 그는 벨사살(Belshazzar)이라 불리는 자에게 바빌론의 통치 대행직을 위임하였다.[12]

나보니더스의 태만에서 비롯되었든 혹은 그가 최선을 다했음에도 불구하고 진

11. 이런 관점에 대해서는, H. W. F. Saggs, *The Greatness That Was Babylon* (New York: Hawthorne, 1962), 145-52를 보라.

12. 다니엘 5장을 보라. 그리고 다니엘을 그 나라의 세 번째 치리자로 삼고자 하는 벨사살의 제안을 참조하라(5:7).

행되었든 간에, 고레스는 더욱 강성해져갔다. 마침내 그가 주전 539년에 바빌론 도시 앞에 나타났을 때, 그 도시는 거의 반항조차 하지 못한 채 그 앞에 무너지고 말았다. 고레스가 행한 첫째 일 가운데 하나는 그토록 귀환을 염원하던 포로된 백성들을 고향으로 귀환시키며, 손상된 성전의 재건축을 위해 왕실의 국고(royal treasury) 지원을 선포한 것이다.[13] 유다 백성들은 이미 포로귀환을 준비하고 있었으며, 그중 50,000명 정도는 주전 537년경에 예루살렘을 향한 먼 여정 길에 오른 것 같다(스 2:64을 보라).

주전 540-500년

비록 선지자들의 약속으로 유다 백성은 포로기를 견뎌낼 수 있었지만, 또한 그 선지자들의 예언으로 포로귀환을 계속 지탱하기가 어려웠을 수도 있다. 이 선지자들의 예언은 미래 사건들—이러한 미래 예언들은 예수를 통해 계속 이어진다—을 모두 조망하는 방식을 취했다.[14] 이와 같이 메시아 시대와 하나님 나라 건설에 대한 예언들은 포로귀환에 관한 예언을 뒤따랐다.[15] 하나님은 포로기와 포로귀환을 통해 그의 신실하심을 나타내셨기 때문에, 이제 귀환한 백성들은 세상의 모든 열방들이 그들의 보물을 들고 예루살렘으로 몰려오는 것을 바라보게 되었다. 분명 여호야긴의 후손은 유다에서 이스라엘의 왕좌에 오를 것이며, 거기서 그는 의와 화평으로 세상을 통치할 것이다. 분명 예루살렘은 곧 세계의 중심지가 되려고 했다.

그렇지만 이러한 일들은 일어나지 않았다. 유다의 환경은 포로기 이전보다 나은 것이 없었다. 사실상 실제 상황은 더 악화되었다. 포로기 이전에는 적어도 그들만의 왕과 정부와 군대를 거느린, 외관상의 독립을 유지할 수 있었다. 심지어 화려한 황금 장식들이 벗겨진 솔로몬 성전조차도 인상적인 건축물이었으며, 이 세상에서 적합한 하나님의 궁전이었다. 그러나 지금은 어떠한가? 그들에게는 왕도 없고 완전한 독립을 성취하지도 못했다. 그들은 사마리아에 행정 중심지가 위치한, 페르시아 제국의 하위 구역에 지나지 않았다. 예루살렘은 황폐되었으며, 이 도시를 건설할 만한 재물도 없었고 도시 건설에 대한 열의도 없었다. 여호와의 성전 지대

13. 바빌론 동편 지역에서 이루어진 그와 같은 고레스의 치적에 관한 기록을 살펴보려면, *ANET*, 316을 보라. 고레스 칙령 문헌은 대하 36:23에 간략한 형식으로 소개되며, 더욱더 긴 형식은 스 1:2-4에 나온다. 우리가 아는 바대로 유다 백성은 자발적으로 귀환한 유일한 백성이다.
14. 마 24장; 막 13장; 눅 21장에서 주후 70년의 성전 파괴는 곧이어 세상의 종말을 수반하는 듯이 보인다.
15. 예를 들면, 사 10-11장을 보라.

가 놓일 때 기뻐하는 소리는, 과거 성전의 영광을 기억하던 자들의 통곡 소리로 말미암아 그 소리조차 분별해 내기 힘들었다(스 3:12). 그들의 기대에 비해 결과가 너무도 실망스런 나머지, 학개와 스가랴 선지자가 주전 520년에 백성들로 하여금 성전 건축에 착수하도록 납득시킬 때까지 이 새 성전의 지대는 16년간 그대로 방치되었다. 재건축 작업은 착공한 지 20년이 지난 후, 그리고 옛 성전이 소화된 후 70년이 지나서야 비로소 주전 516년에 완료되었다.

무적의 페르시아는 세계 곳곳에서 최상의 권력으로 군림하였다. 우크라이나(Ukraine)와 벨로루시(Belo-Russia)가 히틀러를 환영한 만큼이나, 바빌론은 고레스를 구원자로 환영하였다. 그러나 고레스는 자신이 훨씬 더 환영받기에 합당한 자임을 입증해 보였다. 그의 포로귀환 선포는 하나의 요행수(fluke)가 아니었다. 오히려 그것은 신제국 정책을 표방한 것으로서, 고레스는 이러한 새로운 정책을 통해 공포정치 대신에 법과 공평과 관용을 내세웠다. 그 결과 고대 근동 지역에는 200년간 놀라운 평화가 이루어졌다. 비록 페르시아에 막중한 세금을 바치지 못하면 또다시 보복이 닥쳐왔지만, 조직적인 반란은 거의 없었다.

아시리아와 바빌론이 몰락한 것은 대체로 그 국가 안에서 발생한 분쟁과 반역 때문이었다. 페르시아에는 그런 일이 발생하지는 않았으나 법과 공평을 추구하려던 페르시아 정책은 거대한 관료정치로 낭비가 심했고, 그 제국이 쌓아올린 엄청난 부는 세계를 정복한 원래의 활력과 힘을 약화시켰다. 결과적으로 주전 333년, 먹이에 굶주리던 헬라인들이 현재 터키의 중앙에 있는 이슈(Issue)라는 곳에서 거의 세 차례에 걸쳐 페르시아 군대를 만나 전투를 벌였을 때, 페르시아인들은 결코 회복할 수 없는 패배의 아픔을 겪었다. 이집트로 이어지는 모든 지중해의 동부 연안 도로들을 확보한 알렉산더 대제—그는 이집트에서 파라오로 등극하였다—는 또다시 다리오 3세를 무너뜨렸고, 주전 331년에 바빌론, 수사(Susa), 페르세폴리스(Persepolis)를 점령하였으며, 페르세폴리스를 완전히 불태워 버렸다.

만약 유대인들이 페르시아의 통치 아래 있는 백성으로서 자신들의 정체성을 어떻게 규정해야 하는지 고심했다면, 그들은 또한 그들의 신앙을 규정하는 데 고심했을 것이다. 전역사에 걸쳐 유대인들은 여호와를, 다른 신들과 경쟁하며 그들을 대적하시는 분으로 생각해 왔다. 그것은 둘 중에 하나를 선택해야 함을 의미했다. 엘리야는 "바알과 여호와 중 누가 하나님인지 오늘 우리는 그것을 보게 될 것이다"(왕상 18:22-24 참조)라고 말한바 있다. 동일한 상황이 바빌론에서도 계속되었다. 그들 역시 다음에서 하나를 선택해야 했다. 여호와는 하나님인가, 아니면 벨과

느보가 하나님인가?(46:1-5)

그러나 페르시아인들은 외교정책을 다르게 취했듯이 종교정책도 다르게 취하였다. 이제 혼합종교가 그 시대를 지배하였다. 더는 "나의 신 대 너희의 신"이라는 대결 구도는 존재하지 않는다. 이제 "신(the divine)은 많은 양상(faces)을 띠고 있다." 당신에게 그 신은 이것처럼 보이지만, 내게는 그 신이 그것처럼 보인다. 그러나 우리는 모두 다 동일한 신적 실재를 보고 있는 것이다. 여러모로 이 같은 혼합주의는 "이것 아니면 투쟁"이라는 옛 대결 구도보다 성경에 기초한 신앙에 더욱 심각한 위협을 초래하였다. 이제 여호와와 바알-샤마임(Baal-Shamyim, "하늘의 주재", 헬라신 제우스에 대한 고대 근동의 호칭)을 동시에 섬길 수 있게 되었다. 이제 분리와 고립이라는 낙인을 뗄 수 있다. 그와 동시에 중요한 점은 옳은 방식으로 숭배하든 아니든 간에 그것에 대해 더는 염려할 이유가 없다는 것이다.

만약 모든 남신들과 여신들이 한 신적 실재(one divine essence)의 여러 양상(manifestations)이라는 페르시아의 전제가 옳았다면, 모든 혼합주의적 사고는 멋진 이론이 되었을 것이다. 그러나 물론 그 전제는 틀린 것이다. 실로 이교도의 남신들과 여신들은 근본적으로 동일한 신을 이해하는 다양한 표현이었는지 모른다. 그러나 그렇게 신을 이해하는 것은 성경에 나타난 것과 동일하지 않다. 앞서 살펴보았듯이 모든 이교도의 남신들과 여신들은 피조물의 의지를 인격화한 것에 불과하다. 이 모든 이교도의 신을 이해하는 것은 만물 가운데 근본적인 연속성이 존재한다는 전제에 기초하고 있다. 그러므로 신은 피조물을 비추어 볼 때 설명될 수 있다. 마치 피조물이 다수이듯이 신들도 그러하다. 마치 피조물이 끊임없는 주기적 순환 속에서 기능하듯이 신들도 그러하다. 마치 피조물이 결정되어 있듯이 신들도 그러하다. 마치 피조물이 성행위의 결과이듯이 신들도 그러하다. 마치 피조물이 질서와 혼란 사이의 끊임없는 투쟁을 나타내 주듯이 신들도 그러하다.

그러나 성경의 전제는 정반대다. 성경의 전제는 창조주와 피조물 사이의 근본적인 불연속성과 아울러 초월성을 단정한다. 그러므로 창조주는 어느 피조물의 형태를 통해 대변될 수 없다. 그는 다수가 아닌 한 분이다. 그는 주기적 순환을 통해 일하기보다는 목적에 따라 행동하신다. 그의 행위는 결정되어 있기보다는 철저하게 자유롭다. 그는 성과 무관하며 성행위를 통해 일하시지 않는다. 그는 질서와 무질서를 모두 포함하는 윤리적 중립 상태에 있지 않다. 오히려 그는 매우 윤리적이다. 이교도가 바알을 보고 유대인이 여호와를 보는 것을, 같은 동전의 양면을 보는 것에 불과하다고 말하는 것은 근본적인 성경의 종교관을 깨닫지 못하는 것이다.

정치적 요소들과 영적인 요소들을 모두 고려해 볼 때, 성전 건립 완성을 위해 필요한 에너지를 모두 분출한 후에 이전의 무기력과 무관심으로 다시 돌아가게 된 것은 놀라운 일이 아니다. 분명 백성들은 이제 "패러다임의 전환"(paradigm shift)이라 불리는 것과 씨름했을 것이다. 그들에게 왕도 나라도 없는 상황에서 모든 시대정신은 철저한 유일신론 사상을 낡아빠진 에너지 낭비라고 말할 때, 어떻게 그들은 하나님의 유일성을 철저하게 계속 견지할 수 있었는가?

이러한 문제들과 아울러, 이사야 56-66장은 그 외에도 다른 이슈들이 있음을 분명히 보여 준다. 윤리적인 의는 정말로 필수적인 것이었나? 그들은 자신들의 의 때문에 바빌론에서 구원받은 것이 아니라, 은혜로 그의 백성들과 맺은 언약을 지키시는 하나님의 의 때문에 구원받았다. 그런데 우리는 정기적으로 실패할 때마다 왜 윤리적 의를 시도하는가? 하나님과 우리의 관계를 보증해 주는 것은 언약 백성이라는 상속권이었다. 그러므로 이교도의 예배와 참예배 사이의 구별이 더욱더 흐려질 때, 당신을 하나님의 백성으로 만들어 주는 것은 오직 계보뿐이라고 말하기가 더 수월했을 것이다.

이 시점에서 이사야 40-55장에 등장하는 주님의 유일성에 관한 강력한 논증들이 유다 백성들에게 중요했다는 점은 의심의 여지가 없다. 다시 말하면 이사야는 미래를 자극하는 것이야말로, 자신이 6-39상에서 열방을 다스리는 여호와께서 주이심에 관해 말한 것을 견고히 하는 것으로 이해했을 것이며, 그는 그러한 메시지를 전하도록 감동 받았다. 더욱이 56-66장은 6-39장과 부합하면서도 새로운 상황에 비추어 더 구체적인 논의를 전달하는 방식으로 예배, 윤리, 초민족주의에 대한 문제들을 다룬다.

선지자는 새 메시아 왕국에 대한 약속들을 재확증하며, 이전의 약속들이 여전히 진리를 견지하고 있음을 강조한다. 그러나 선지자가 옛 약속과 새 약속을 구분하는 것은 이교도들을 막기 위해서가 아니라 오히려 그들을 어둠에서 불러내는 특별하고도 일관된 메시지를 전달하기 위해서다. 하나님은 비(非)유다인들을 미워하시지 않는다. 그가 미워하시는 것은 그들을 파멸로 이끄는 거짓된 종교이다. 더욱이 이사야는 유다의 혈통에는 성스러운 것이 없음을 명백히 한다. 이교적 종교에 탐닉하여 언약의 윤리를 저버린 유다 백성은 비(非)유다 백성처럼 여호와께 가증스러운 존재에 불과하다.

포로귀환에 관한 이사야 56-66장의 메시지와 그 적실성은 명백히 드러나는 반면, 포로기 후 선지자들의 몇몇 독특한 특징들은 잘 나타나지 않는다. 그중 대표적인 것은 에스겔, 학개, 스가랴, 말라기 외에도 역대기, 에스라 및 느헤미야에 부각되는 성전과 바른 제사의 중요성을 꼽을 수 있다. 폴 핸슨(Paul Hanson)은 이러한 차이점을 설명하는 하나의 해석 방식을 제시한다. 핸슨의 해석 방식에 따르면, 앞서 열거한 포로기 후 문서들은 에스겔 추종자들의 문헌인 반면, "제2 이사야"(Deutero-Isaiah)의 추종자들은 제도에 참 관심이 없는 환상가이자 종말의 하나님의 보편적 왕국을 고대하던 원시 묵시가들(proto-apocalyptists)이었다.[16] 그렇지만 성경의 그 어디에도 그러한 대립적인 그룹들에 대한 암시가 나타나지 않기 때문에, 또 다른 해석을 고려할 필요가 있다. 다른 해석에 따르면, 56-66장은 주전 540-500년에 기록된 것이 아니며, 주전 540-500년 당시 사람들에게 대단히 중요했던 이와 같은 이슈는 저자가 저술할 당시에는 고려되지 않았다.

저작권과 연도

앞서 언급한 바와 같이, 이사야서는 웃시야, 요담, 아하스, 히스기야의 통치 때, 즉 주전 8세기 후반기 때에 이사야가 환상을 받았다고 말하면서, 예루살렘의 "아모스의 아들 이사야" 외에는 다른 저자를 언급하지 않는다. 이와 같은 저작권은 이사야서에 2회 등장한다(1:1; 2:1). 많은 이들은 1:1이 전체 이사야서에 적용되는 반면, 2:1은 구체적으로 2-5장에 적용된다고 믿는다. 이것은 주후 18세기 동안 견지되어 온 교회의 해석이었다. 그러나 18세기에 이르러 계몽주의 학자들은 모든 진리는 인간 이성의 잣대 아래 귀속되어야 한다고 주장하기 시작했다. 당연히 학자들은 39장 이후에 역사적 언급들이 부재한 현상들을 오랫동안 주목하였고 1-39장과 40-66장 사이의 어휘와 단어의 분명한 차이점을 주시하였다. 그들은 또한 페르시아 제국 고레스 왕의 출생 100년 전에 그의 이름이 언급된 것과 40-66장이 포로기 백성들에게 전달되었다는 점을 지적하였다. 그러나 이러한 논의는 독일 학자 되덜라인(J. C. Döderlein)을 통해 계속 이어졌으며, 1775년에 저술된 그의 작품은 이사야서가 서로 다른 두 작품의 합본으로 구성되었을 것이라는 주장이 출판을 통해 최초로 제기된 것이라고 할 수 있다.[17]

에이크혼(J. G. Eichhorn)은 이러한 사상을 더욱 확대, 발전시켜서 40-66장의 모

16. Paul D. Hason, *The Dawn of Apocalyptic* (Philadelphia: Fortress, 1975).
17. J. C. Döderlein, *Esaias* (Altdorfi, 1775).

든 내용을 이사야가 아닌 다른 누군가가 기록했다고 단언하였다.[18] 이러한 견해는 점차 유럽에서 더욱 인기를 끌었으며, 게세니우스(Gesenius)와 같은 저명한 학자의 지지를 받았다.[19] 그렇지만 전통적인 견해도 지지를 잃지 않았다. 스티어(R. Stier),[20] 델리취(F. Delitzsch),[21] 미국 출신의 알렉산더(J. A. Alexander)[22]와 같은 저명한 학자들은 이사야서의 단일 저작설을 강력하게 주장하였다. 이 학자들과 다른 학자들의 영향으로 19세기 후반에 논쟁이 적절히 이루어졌다.

그렇지만 1892년 버나드 둠(Bernard Duhm)의 주석이 등장하면서 이 모든 분위기는 변했다.[23] 벨하우젠이 오경의 비평 작업들을 다룬 것처럼 둠은 다양한 이사야서의 저작권 이론들을 취하여 그것들을 하나의 흥미로운 접근으로 통합했다. 둠은 이사야서에 둘이 아닌 세 명의 저자가 있는데, 1-39장의 큰 부분은 원(原)이사야(Proto-Isaiah)의 저작이고, 40-55장은 제2 이사야(Deutero-Isaiah)의 저작이며, 56-66장은 제3 이사야(Trito-Isaiah)의 저작이라고 주장하였다. 다른 여러 이론들과 아울러, 둠의 주석서에 제시된 이러한 제안은 위의 여러 이론들이 직면한 다양한 문제들을 해결해 주는 듯이 보였다. 그 결과 이사야서의 복수 저작권 개념은 학계에서 폭넓게 수용되었다.

그러나 만약 누군가가 둠의 작품이 이사야서 저작권의 문제를 해결해 준다고 보았다면, 잘못 생각한 것이다. 헤르만 궁켈(Hermann Gunkel)로 알려진 둠의 동시대 학자는 고대 문헌의 구성에 관한 새로운 이론을 제기하였다. 그의 이론은 그림(Grimm) 형제들을 포함한 수많은 연구가들이 조사한 독일 민속 문헌(German folk literature)의 기원에 관한 이론에 근거하고 있다. 이 이론은, 민속 문헌이 단일 저자들의 저술이 아니라 공동체의 산물이며, 이전의 기나긴 구두 전승 역사를 지니고, 그 문헌이 문학 단위로 특별한 기능을 하는 데는 특별한 문학적 형식이 필요하다고 주장했다. 비록 궁켈은 구약 학자였으나 그의 구약 양식 비평적 적용 방식은 처음에는 그다지 많은 호응을 얻지 못했다. 이 이론은 신약 연구에 널리 사용되기 시작한 이후에 비로소 1920년대와 1930년대 구약 연구에 적용되기 시작했다.

---

18. J. G. Eichhorn, *Einleitung in das Alttestament*, 3 vols. (Leipzig: Weidmanns, 1780-1787).
19. W. Gesenius, *Philologisch-kritischer under historischer Kommentar über der Prophet Jesaia* (Leipzig: Vogel, 1821).
20. R. Stier, *Isaias, nicht Pseudo-Isaias* (Barmen: Langewiesche, 1850).
21. Franz Delitzsch, *Kommentar über das Buch Jesaja*, 4th ed. (Leipzig: Dörffliling & Franke, 1889).
22. J. A. Alexander, *Commentary on the Prophecies of Isaiah* (New York: Scribners, 1846).
23. B. Duhm, *Das Buch Jesaja* (Göttingen: Vandenhoeck & Ruprecht, 1892).

양식 비평의 영향 가운데 하나는 책들을 더 작은 소단락들로 구분하여 그 책들의 실제 저작권에 대한 회의를 증폭시킨 것이다. 이러한 결과는 분명 이사야서 연구에도 나타났다. 40-55장은 영적이며 뛰어난 가상의 "제2 이사야"의 저작으로 계속 이해된 반면, 56-66장의 자료들이 포로기 후 시대 한 공동체의 작품으로 간주됨으로써 "제3 이사야"라는 인물은 56-66장에서 완전히 사라지고 말았다. "원(原) 이사야" 혹은 "제1 이사야"의 경우에도 그의 작품은 대체로 6-12장과 28-31장으로 제한된다. 1-39장의 나머지 부분은 "이사야 문집"을 구성하는 데 다양한 관점들이 반영된 하나의 혼합적인 모음집에 불과하다. 이러한 모음집이 구성된 과정은 대체로 주전 740년부터 진행되어 하스모니안 시대(주전 165년)까지 계속 되었을 것으로 추정되었다. 어떻게 이러한 과정이 진행될 수 있었는지를 설명하기 위해 "이사야 학파"라는 가설이 생겨났다. 이 가설에 따르면 "제1 이사야"의 제자들은 스승의 작품에 자료를 첨가하고 확대하는 과정을 시작했다. 이러한 과정은 세대를 걸쳐 대대로 진행되었고 500년 이상 계속되었다. 이 제자들의 이름이 나타나지 않는 이유는 두 가지다. (1) 그들은 자신들이 말한 것이 정말로 스승이 말한 것과 다르다고 생각하지 않았다. (2) "제2 이사야"와는 달리 그들의 작품은 개인들의 작품이 아닌 공동체의 작품이었다.[24]

이 가설에 대해 수많은 반론을 제기할 수 있다. 무엇보다도 이 가설을 지지할 만한 객관적인 증거가 없음을 지적해야 한다. 우리가 가진 가장 오래된 본문은 쿰란 사본의 이사야서 두루마리(1QIsa^{a})다. 이 두루마리의 연도는 대체로 주전 1세기 초반으로 본다. 철자의 차이가 나타나는 소수의 부분들과 몇 본문 비평적 이슈를 제외하고는 이 두루마리 본문은 천 년 후의 히브리어 사본에 발견되는 본문과 동일하다. 분명 이 사해사본은 그 형태에 이르는 어떤 복잡한 편집 과정에 대한 암시를 보여 주지 않은 채 오랫동안 완전한 표준 형태로 존재해 왔다. 흥미롭게도 사해사본의 현 이사야 39장은 단지 밑에서 둘째 줄에서 끝난다. 만약 서기관들이 "제1 이사야"와 "제2 이사야"가 분리된다고 생각했다면 마지막 두 줄을 공백으로 비우고 현재의 40장 맨 처음부터 시작하는 편이 쉬웠을 것이다. 그러나 그들은 그

---

24. 이와 같은 가설의 과정을 간략하게 요약해 주며 이사야 자료들의 원시기에 대한 제안을 제시하는, W. L. Holladay, *Isaiah: Scroll of a Prophetic Heritage*(Grand Rapids: Eerdmans, 1978)를 보라. 56-66장의 논의를 생략한 채 동일한 연장선상에서 다루고 있는 더욱 최근의 연구서로는, H. Williamson, *The Book Called Isaiah: Deutero-Isaiah's Role in Composition and Redaction*(Oxford: Clarendon, 1994)을 보라.

렇게 하지 않았다. 그들은 이 마지막 두 줄을 40장의 시작으로 사용했다.

이 이론에 반대하는 또 다른 논증은 이 이론이 의존하는 "이사야 학파"가 전례도 증거도 없다는 점이다. 분명 이사야는 그의 저작들을 인봉하여 훗날의 세대를 위해 그것들을 제자들에게 전달해 주는 것에 관하여 말한다(8:16). 그러나 그렇다고 해서 이사야가 그의 제자들에게 전달해 준 내용이, 그 제자들과 그들의 15세대 후손들이 현재의 66권으로 발전시킨 수십 장의 내용들과 동일하다고 주장할 수는 없다. 이러한 주장은, 예수가 단지 한 책의 서너 면을 채울 수 있을 만큼의 어록과 행동들을 남겨두셨는데, 실제로 주후 500년에 마가복음의 현재 형태가 완성될 때까지 그의 예상되는 어록과 행동들을 추가하고 확대해 500년간 예수의 어록과 행동들을 필사해 왔다고 주장하는 것과 같다. 하지만 이러한 생각은 믿을 만한 것이 못 된다.

그러나 이사야서의 복수 저작설을 반박하는 또 다른 논증을 제기해야 한다. 그것은 이 가설이 일치된 결과를 도출해 낼 수 없었다는 점이다. 앞서 살펴본 할러데이(Holladay)의 작품은 이사야서의 구성 과정이 어떻게 이루어졌는지를 설명하는 한 예가 된다. 하지만 학자들은 그의 구체적인 논증 가운데 여러 부분에 동의하지 않을 것이다. 비록 성경학 연구가 엄밀한 과학이 되는 것과는 거리가 있지만, 만약 어떤 방법론이 옳다면 다른 학자들에게도 본질적으로 동일한 결과를 가져다주어야 한다는 점에서는 여전히 과학적이라고 할 수 있다. 그러나 실제로 이사야서 연구는 그렇지 못하다. 양식 비평과 이사야서의 복수 저작설을 모두 견지하는 두 해석가들은 한 특정한 단락의 기록 연도에 관하여 논의할 때 입장에 따라 300년이나 차이가 난다.[25] 그들은 이 특정한 단락과 그 주변 단락들과의 문학적 연관성에 관하여 논의할 때 동의하지 못한다. 더군다나 더 예측할 만한 결과를 도출해 내지 못하는 방법론은 문제가 있다.

끝으로, 왜 가상의 저자들(the supposed authors)이 그들의 독자들로 하여금 이사야서 전체가 주전 8세기 아모스의 아들 이사야의 저작이라고 믿도록 이끌어 주는지를 물어보아야 한다. 왜냐하면 분명 이사야가 전체 이사야서를 저술했기 때문이다. 이사야서 첫 부분의 표제는 다른 어떤 가능성도 제시하지 않는다. 그들은 주전 700년대의 사람 이사야가 몇 백 년 후에 그의 백성들에게 일어날 일들을 보

25. 예를 들면, O. Kaiser, *Isaiah 13-39*, trans. J. Bowden(OTL; Philadelphia: Westminster, 1974)과 H. Wildberger, *Jesaja*, 3 vols. (HKAT; Neukirchen-Vluyn: Neukirchener, 1982)를 보라.

았으며, 그 시대뿐만 아니라 훗날의 미래 시대를 알려 주는 원대한 신학적 구조를 품고 있었다는 사실을, 우리가 믿기를 원한다. 우리가 41-48장에 나타난 다른 신들보다 뛰어난 하나님의 유일성에 관한 주요한 논증에서, 하나님이 특별히 미래를 예언할 수 있지만 우상과 같은 존재들은 미래를 예언할 수도 없고 그렇게 하지도 않았다는 점을 깨닫게 될 때, 이와 같은 결론은 더욱 강화된다. 그러나 만약 이 가상의 기자들이 그들이 선포한 것들을 아모스의 아들 이사야가 결코 예언하지 못했다고 주장한다면, 어떻게 이러한 유일신론적 논증이 그들에게 신학적 신빙성을 가져다 줄 수 있겠는가? 그렇게 되면 그들은 거짓 증거를 꾸며낸 셈이 된다. 왜냐하면 여호와는 미래를 예고할 수 없는 우상과 다름없는 분이 되고 말기 때문이다. 만약 우리가 이러한 가설을 수용한다면, 선지자 중의 대가인 이사야의 원대한 신학은 사실상 거짓이라는 기초 위에 세워진 꼴이 된다.[26]

그러나 만약 우리가 이 이론을 수용하지 않는다면, 우리는 복수 저작설을 야기한 본문의 자료들을 어떻게 설명해야 하는가? 그러한 몇몇 본문 자료들은 다음과 같다. 일반적으로 미래 시대의 이슈를 보여 주면서 미래의 청중을 향해 선포된 메시지로 보이는 형식들, 여러 단락들 간의 어휘와 단어의 차이, 다른 신학적 초점들, 어떤 명백한 개요의 결핍 등등.

그럼 이제 뒷부분의 이슈들부터 논의를 시작하자. 고대 문헌은 헬라 수사학자들이 필수적이라고 단언한 그런 류의 통일성으로 규정되지 않았다. 오히려 고대 문헌들은 개별 에피소드들을 다 함께 묶어 놓은 문헌으로 이해되었다. 이러한 형식으로 구성된 전통적인 예는 수메르/아카디아의 길가메시(Gilgamesh) 서사시와 헬라의 『오디세이』(*Odyssey*)에서 찾아볼 수 있다. 이것은 옛 구전 역사(an oral prehistory)를 지닌 문헌의 특징이라고 말할 수 있다.

이것이 사실이든 아니든 간에, 똑같은 특징들이 성경에서도 발견된다. 창세기~열왕기하는 일반적인 역대기적 구성을 보여 주지만, 창세기~신명기는 단일 주제를 강조하는 것처럼 보이며, 신명기~열왕기하는 또 다른 주제와 연관이 있어 보인다. 그러므로 위의 책들을 통해 하나의 논리적인 개요를 찾기란 어려운 일이다.[27] 이러한 특징은 영역본에서 대선지서와 소선지서로 알려진 성경 본문에서 더

---

26. 복수 저작권 이론에 대한 더 구체적인 비평으로는, R. K. Harrison, *Introduction to the Old Testament* (Grand Rapids: Eerdmans, 1970), 764-78을 보라. 또한 다른 학자들의 토론으로는, J. Oswalt, *The Book of Isaiah, Chapters 1-39*(NICOT: Grand Rapids: Eerdmans, 1986), 17-29와 *The Book of Isaiah, Chapters 40-66*(NICOT: Grand Rapids: Eerdmans), 3-12을 보라.

욱 분명히 드러난다. 이들 몇몇 선지서들 가운데 사상적 연결 단위들을 증명하는 것은 가능하며, 여러 경우에 독자들은 다양한 관점들을 통해 그러한 증명작업에 동의할 것이다. 예를 들면, 아모스 1-2장은 열방을 향한 심판을 구성하는 반면 3-6장은 이스라엘을 향한 메시지를, 7-9장은 이스라엘의 멸망과 회복의 비전을 보여 준다. 그렇지만 아모스의 사상 가운데 하나의 논리적 발전 과정을 발견하기란 사실상 불가능하다.

이러한 사실은 규모가 거대한 예레미야에도 해당된다. 심지어 예레미야의 사상적 연결 단위들과 그 범위에 관해서도 일치점을 찾지 못한다. 1장의 소명, 30-32장의 소망적 선언, 46-51장의 열방을 향한 신탁을 제외하고는, 학자들마다 예레미야의 다른 연결 단위들에 관해서는 동의하지 못하고 있다. 그러므로 이사야서의 상황도 특별히 다르지 않다. 다른 모든 선지서들(가능한 에스겔은 예외로 접어 두더라도)과 같이, 이사야서의 본문 자료는 먼저 구두로 전달됐으며, 그 다음 선지자나 혹은 제자들이 그것을 수집했을 것이다. 그리하여 그 본문 자료는 일종의 선지자의 작품집이 된다. 때때로 선지자의 일생에 관한 기록들이 그가 선포한 내용들과 결합된다. 이러한 다양한 내용들이 심지어 선지자의 일생 기간에 유포되었음은 가능한 일이다.

또한 복음서도 그러한 가능성을 증명해 주는 듯하다. 이러한 가능성은 마소라 본문과 70인경에 서로 다르게 기록된 예레미야 사본에서도 나타난다. 예수님의 경우를 들자면, 기독교 공동체에게 예수님은 중요한 분이므로 그의 일생과 사역을 기록한 권위 있는 책(versions) 네 권은 보전 되어야 했다. 그러나 유다 공동체는 분명 예레미야의 두 사본 중 하나만을 권위 있는 사본으로 급히 받아들인 반면, 나머지 다른 사본은 거부하였다. 예레미야의 사역 가운데 일어난 예루살렘의 멸망과 공동체의 분열은 이 책의 형성 과정을 중단시켰고 우리에게 현재의 다른 두 사본을 남겨 주었다. 이와 같은 히브리 예언 작품의 일반적인 특징들을 고려해 볼 때, 이사야서의 다소 복잡한 특징이 반드시 복수 저작설을 가리킨다고 말할 수는 없다.

앞서 제기된, 아직 다루지 못한 세 가지 이슈들—다른 청중에게 전달함, 다른

---

27. 복음서에도 그와 동일한 특징이 있음을 참조하라. 종종 사람들은 헬라 세계에는 그와 같은 책들이 없었다는 점에 주목한다. 아마도 그것은 그 책들이 헬라 이전 세계에서 유래한 문학 형식을 모방하고 있기 때문이다.

단어와 어휘, 다른 신학적 초점—은 하나의 집합적인 것으로서 다 함께 다루어져야 한다. 앞서 살펴본 역사적 배경에서, 이사야서의 다른 부분들은 다른 청중을 향해 전달된 듯이 보인다. 이것이야말로 왜 다른 부분들 속에 다른 신학적 강조점들이 있는지를 설명해 준다. 다른 상황들에는 다른 강조점들이 필요하며, 다른 강조점들에는 다른 언어들이 필요하다. 그러므로 다음과 같은 질문이 반드시 제기되어야 한다. 한 인간이 (성령님의 영감 아래) 후대 사람들에게(사람들에 대해서가 아니라) 말하는 것이 가능했겠는가?

앞서 언급했다시피, 내가 보기에 다른 청중과 신학에는 이사야에게 주어진 원대한 환상이 부득이 필요하였다. 이사야는 배역하며 교만하며 부패한 족속이 이스라엘의 하나님이 일으킨 메소포타미아의 홍수에 휩쓸려 가는 영상을 보았다(6:1-8:22; 9:8-10:4). 그렇지만 그는 또한 의와 희망의 왕국에서 회복된 하나님의 남은 백성들을 인도할 이새의 후손을 보았다(9:1-7; 10:5-11:16). 이사야는 하나님을 신뢰하지 않아 멸망당했지만(8:6-8) 믿음 속에서 희망을 안고 살아갈 구원받은 백성(12:1-6)을 보았다. 이 환상의 범위는 하나님이 이사야에게 말씀하신, 그리고 이사야가 무시되고 거절당하던 그 당시로 제한될 수 없다. 만약 이 환상에 궁극적인 관련성이 있다면, 그것은 후대 자손들과 관련되어야 한다.

만약 후대 자손들이 그들의 조상이 끝내 신뢰하지 않은 그 하나님을 신뢰하려면, 비록 우리가 그분을 거절하여 그 대가를 경험하고 철저한 절망에 처해 있다 할지라도, 그 후손들은 하나님이 여전히 신뢰받을 만한 분임을 깨닫는 것이 절실히 필요하다. 더욱이 다시 믿음으로 구원받았을 때 하나님을 향한 신뢰가 의로운 삶으로 나타나지 않는다면, 우리는 그 신뢰가 무익하다는 점을 깨달아야 한다. 만약 이사야서가 39장에서 중단되었다면, 포로기 백성들의 믿음을 북돋아 주며 포로기 후에 변화된 상황이 포로기 전 신앙과 어떻게 조화될 수 있는지를 보여 주는 이사야서의 효력은 발휘될 수 없었을 것이다.

그러나 40장 이후의 주목할 만한 표현의 차이는 어떠한가? 40장 이후의 표현은 정말 다르며, 그에 대해서는 의문의 여지가 없다. 히브리 문체는 더욱 간결하고 더욱더 서정적이다. 40장 이전에 일반적이었던 몇몇 단어들은 40장 이후에는 거의 나타나지 않거나 전혀 등장하지 않는다. 그러한 차이점들이 매우 두드러지기 때문에, 래드데이(Yehuda Radday)는 컴퓨터 연구 작업에 근거하여 동일 저자가 7-39장과의 결론이 40-55장을 함께 기록할 수 없다는 결론에 도달하였다.[28] 만약 우리가, 래드데이 단일 저작에 나타나는 차이들과 그 가능한 범위에 대해 증명되지 않은 불충분한 가설에 근거한다고 주장한다면, 그와 같은 주목할 만한 차이들은 어떻게 설명해야 하는가?

다음에 소개될 이론은 가설임이 틀림없다. 그러나 수많은 복수 저작설과 다를 바 없다. 주전 701년이 지난 어느 날—아마도 10년 혹은 그 이후의 어느 날, 므낫세가 왕좌에 올랐을 때, 히스기야의 개혁이 지속되지 못할 것임은 분명했고 노년의 선지자는 미래의 환상을 보게 된다. 그의 환상은 자신이 일생 동안 가르치고 믿어온 것들이 미래와 연결될 것임을 보여 준다. 이 환상은 신학적으로 볼 때 구체적이지만, 역사적으로 볼 때는 개괄적이다. 그 환상은 이사야가 역사를 통해 그리고 그의 심령을 통해 선포한 이스라엘의 거룩한 자, 뛰어나신 창조주-구속자의 승리의 환상이다. 이 환상은 몇몇 미래의 역사적 정황들 속에 엉성하게 위치하고 있다. 그러나 이 환상은 어떤 특정한 역사적 정황의 특정한 제약에서 자유롭다. 나는 본문의 자료들이 이사야의 일생 중에 생겨났다고 이해하며, 이러한 이해가 그 자료의 차이를 설명해 줄 수 있을 것이라 믿는다.

만약 복수 저작설을 초래한 의문들에 대해 대답할 수 있다면, 우리는 또한 단일 저작설을 지지하는 분명한 증거가 존재하는지 질문해 보아야 한다. 그 증거는 존재한다. 더욱 흥미로운 증거 가운데 하나는 "이스라엘의 거룩한 자"라는 표현이 전체 이사야서에 두루 퍼져 있다는 점이다. 이 표현은 오직 구약에서 31회 등장한다. 그중 적어도 25회가 이사야서에 등장한다. 그 중 1-39장에서 12회 등장하며, 40-55장에서 13회 등장한다.[29] 29:23의 "야곱의 거룩한 자"라는 표현까지 포함한다면, 그 분포도는 더욱 현저하다. 만약 우리가 복수 저작설을 받아들인다면, 우리는 스승이 선호하던 표현이 그의 후대 자료 속에 충분히 나타나고 있음을 확신시키려는 후대 편집자들의 시도를 가정해야 할 것이다.[30]

---

28. Y. Radday, *The Unity of Isaiah in the Light of Statistical Linguistics*(Hildesheim: Gerstenberg, 1973). 이사야서를 통일체로 결론짓는 또 다른 컴퓨터 통계 연구로는, L. L. Adams and A. C. Rincher, "The Popular Critical View of the Isaiah Problem in the Light of Statistical Style Analsis," *Computer Studies* (1973): 149-57을 보라.

29. 이 호칭은 이사야 외 다른 본문에서 6회 등장하는데 그중 하나는 이사야 37장과 유사한 왕하 19장에 등장하며, 나머지 5회는 시편에서 3회, 예레미야에서 2회 등장한다.

30. 다른 대안으로 만약 우리가 "신명기적 이사야"가 1-39장을 구성했다는 윌리암슨의 가설을 받아들인다면, 우리는 이 표현이 신명기적 이사야에서 유래하며 그가 전 자료들을 재기술하고 배열할 때 이 표현을 포함시켰다고 생각할 것이다. 그러나 만약 이 표현이 6장에 기록된 거룩한 자에 대한 이사야의 경험에서 유래하지 않았다면 이 표현은 어디서 유래하는 것인가? 그것은 추론적인 계승자에서 유래한 것이 아닌, 이사야에서 유래하였다.

어떤 단어는 1-39장에만 등장하고 40-66장에는 나타나지 않는 수많은 사례들이 있는 반면, 1-39장과 40-66장에는 나타나지만 다른 구약 본문에는 등장하지 않는 수많은 표현들도 있다. 게다가 혹자는 누군가 스승의 용어들을 연구하여 그의 독특한 단어들을 후대 자료의 이곳저곳에 삽입했을 거라고 추론해야 할 것이다. 이런 경우는 특별히 어떤 흔치 않은 단어가 1-39장과 40-66장에 단지 한두 번 등장할 때 해당된다. 복수 저작설에 따르면, 이러한 현상은 우연히 발생한 것이다. 그러나 그것은 가능성 없는 주장이다.[31] 우리는 누군가 단일 저작설의 환상을 만들어 내기 위해 한 곳에서 발견된 단어를 후대의 추가 자료에 의도적으로 사용했다고 가정해야 할 것이다.

또 다른 단일 저작권의 증거는 포로기와 포로기 후 시대에 관한 구체적인 역사적 언급이 없음을 꼽을 수 있다. 이사야서를 에스겔 혹은 말라기와 비교해 볼 때, 이러한 차이점은 분명해진다. 히브리 선지자들은 그들의 신탁을 구체적인 사건과 정황에 근거를 두는 전형적인 형태를 취하고 이러한 특징이 현재 이사야 6-39장에 나타나지만, 40-66장에는 그러한 자료가 거의 없다.

이에 대해 진실일 가능성이 있는 세 가지 설명이 제시된다. (1) 저자는 이러한 역사적인 정보를 알지 못했다. (2) 저자는 그 정보를 알았지만 그것을 포함시키지 않았다. (3) 저자는 원래 그 정보를 포함시켰으나 그 정보는 어떤 이유로 소멸되었다. 만약 그 자료의 저자가 이사야였다면, 그러한 사실은 쉽게 설명될 수 있다. 이사야는 포로기와 포로기 전 시대의 일반적인 상황들을 알고 있었다. 그러나 구원자 고레스라는 이름의 놀라운 사실을 제외하고는 다른 구체적인 정보들을 알지 못했다. 한편으로는 만약 저자가 사건들의 시간대 속에서 저술하였고 고레스의 경우와 같은 구체적인 정보를 알고 있었다면, 나머지 그의 저술들을 비역사적이라고 할 만한 뚜렷한 이유는 존재하지 않는다. 다른 한편으로는 만약 구체적인 정보가 원래 있었으나 고레스에 대한 언급을 제외하곤 모두 감추어졌다면, 우리는 또다시 편집자들의 역할을 생각해야 한다. 그 편집자들은 예루살렘의 이사야가 전체 이사야서의 저자가 아님을 알고 있지만, 우리가 그렇게 믿기를 원한다.[32]

40-66장에는 예상되는 구체적인 역사적 설명들 없이, 8세기 정황에 대한 몇몇

31. 이러한 사례에 대한 연구로는, Margalioth, *The Indivisible Isaiah: Evidence for the Single Authorship of the Prophetic Book*(New York: Yeshiva Univ. Press, 1964)을 보라.

32. B. Childs는 이사야서의 통일성을 더 잘 보여 주기 위해 원래의 상세한 내용들이 제거되었다고 본다. 그의 *Introduction to the Old Testament As Scripture*(Philadelphia: Fortress, 1979), 325-30을 보라.

암시들만 나타날 뿐이다.[33] 그 당시 혼합 종교적 상황에도 불구하고 합당한 제사의 회복에 대한 강조가 예상되지만, 그 대신에 포로기 전 선지자들을 규정하는 형식주의에 대한 비난이 나타난다. 게다가 우상에 대한 공격적인 태도는 에스겔과 그의 계승자들보다 예레미야와 그의 계승자들과 더욱 비슷하다.[34] 포로기 후 문헌의 특징이 되는 제사장직과 그 정결에 대한 관심은 40-66장에는 발견되지 않는다. 이러한 특징의 부재를 설명하기 위해 포로기 이후에 존재했던 반제의적 집단(an anticultic group)을 상정하는 것은 가능하지만, 그러한 가정은 40-66장이 포로기 후 시대에 기록되었다고 단정 지을 때만 필요하다. 그런 선험적 전제를 제외하곤, 이런 집단에 대한 증거는 포로기 후 문헌으로 알려진 성경 본문들 속에는 나타나지 않는다. 오히려 40-66장은 포로기 이전에 잘 기록되었으며, 포로기와 포로기 후에 경험에서 나오는 신학적 이슈들을 다루면서도 그것이 8세기의 맥락에서 기인한다는 것이 훨씬 온전한 설명이다.

이 단락을 마무리하면서, 우리는 하나님이 이사야서와 같은 통일된 신학 작품을 만들기 위해 복수 저자들을 사용하시지 않은 근본적인 이유에 대해 말할 필요가 없다. 그는 하나님이시며, 자신이 원하는 것을 하실 수 있다. 그러나 문제는 이사야서 그 자체가 무엇을 선언하느냐이다. 내게는 이사야서가 무엇을 선언하고 있는지 분명해 보인다. 이사야서는 한 사람, 즉 주전 7-8세기에 살던 아모스의 아들 이사야를 통해 주어진 것이라고 주장한다. 그는 미래를 볼 수 있는 은사를 하나님께 받았으며, 이사야서는 이러한 방식을 통해 이스라엘의 여호와가 그저 신들 가운데 하나에 불과하지 않음을 끊임없이 강조하고 있다. 미래를 구체적으로 예고하는 여호와의 능력은, 여호와께서 피조물의 힘(the forces of creation)을 인격화한 구현체가 아니라 피조물의 창조주이심을 보여 주는 궁극적인 증거가 되었다. 즉 여호와는 피조물을 지으셨고, 그 피조물을 계속해서 주관하셨으며, 마침내 피조물을 구속하실 것이다.

모든 복수 저작설은 궁극적으로 이러한 신학적 논점을 배제한다. 왜냐하면 이 가설들의 근본적인 논리는 하나님이 아모스의 아들 이사야를 감동시킬 수 없었다고 보기 때문이다. 내가 보기에, 우리는 이 두 가지 저작설(단일 저작설과 복수 저

33. J. B. Payne, "The Eighth Century Background of Isaiah 40-66," *WTJ* 29(1967): 179-90; 30(1968): 50-58, 185-203을 보라.

34. R. Vasholz, "Isaiah Against 'the Gods': A Case for Unity," *WTJ* 42(1980): 389-94.

작설-옮긴이)을 모두 견지할 수 없다. 만약 우리가 이사야서의 신학적 선언들이 사실이라고 결론 내린다면, 우리는 이사야서 저작권의 결론과 그 의의를 회피할 수 없다. 만약 이사야보다 훨씬 후대의 한 그룹이 이사야서를 기록했다고 결론짓는다면, 우리는 다음과 같은 이론을 받아들여야 할 것이다. 즉 이 후대의 그룹은 자신이 말한 바가 사실이 아님을 알았지만 그것이 사실처럼 여겨져야 한다고 믿었으며, 독자들이 그렇게 믿도록 이사야서의 기원을 그렇게 설명하려 했다는 것이다. 그런 책은 아마도 영적인 신학 책이 될 수도 있으며, 역사 신학자들은 여기에 흥미를 느낄지도 모른다. 그러나 2700년 후 이 책을 읽는 우리들은 그것에 전혀 흥미를 느끼지 못한다.[35]

이사야서의 중심 주제들

앞서 살펴본 바와 같이 이사야서의 주제들은 환상적인 조화를 이루며 등장과 재등장을 거듭하기 때문에, 이사야서는 현대의 교향곡과도 같아 보인다. 이와 같은 이사야서의 특징은 주제들뿐만 아니라 수많은 예언의 상징적 비유들을 통해서도 나타난다. 주제들을 더욱 구체적으로 다루기에 앞서, 몇몇 비유들을 지금 언급해 볼 필요가 있다. 이와 같은 예언의 상징적 비유들은 다음과 같다. 나무,[36] 대로,[37] 깃발,[38] 광야,[39] 동산과 비옥한 토지,[40] 자녀,[41] 빛과 어두움.[42] 이런 비유적 표현에서 알 수 있듯이, 상징적 비유들은 이사야서 전체에 걸쳐 등장한다. 주의 깊은 독자들은 이런 상징적 비유를 대할 때 이전의 비유를 상기하면서도 그것과 연

35. 이런 방식을 견지하는 학자는 R. P. Carroll이다. 그의 책, *When Prophecy Failed: Cognitive Dissonance in the Prophetic Traditions of the Old Testament*(New York: Seabury, 1979)를 보라. Carroll은 신명기적 이사야가 포로귀환을 예고했으나 결코 발생하지 않아서 실패했다고 말한다. 만약 40-66장의 말씀이 주전 553년이 아닌 주전 690년에 선포되었다면, 전반적인 표현이 포로귀환 이후의 가까운 미래로 제한되지 않는다고 이해하는 편이 훨씬 더 수월하다.

36. 1:29-30; 2:13; 6:13; 10:33-34; 29:17; 32:15, 19; 37:24; 44:14, 23; 55:12; 57:5; 60:13; 61:3을 보라.

37. 2:3; 7:3; 11:16; 19:23; 35:8; 40:3; 49:9, 11; 57:10, 14; 59:7-8; 62:10을 보라.

38. 5:26; 11:10-12; 13:2; 18:3; 30:17; 49:22; 62:10을 보라.

39. 5:6; 6:11-12; 32:14; 34:13-17; 41:18-19; 43:20; 48:21; 50:2; 64:10을 보라.

40. 29:17; 32:15; 35:1-7; 41:18-19; 51:3; 65:3, 10; 66:17을 보라.

41. 1:4; 3:12; 9:6; 11:8; 26:17; 37:3; 49:19-21; 54:1-3; 66:7-12을 보라.

42. 2:5; 5:20, 30; 8:22; 9:2; 26:19; 29:18; 30:26; 42:6-7, 16; 45:7; 49:9; 51:10; 58:8, 10; 59:9-10; 60:1-3, 19-20을 보라.

관된, 그러나 그것을 확대해 나가는 저자의 기법을 깨달으며 발견의 기쁨과 즐거움을 느낀다.[43] 상징적 비유와 마찬가지로, 주제에서도 상반된 개념이 짝을 이루는 것이 반복되는 특징이다. 예를 들면, 심판과 희망, 종과 왕국, 신뢰와 반역, 교만과 겸손과 같은 개념들이다. 다른 중요한 주제로는 여호와의 유일성, 의, 열방을 꼽을 수 있다.[44]

심판과 희망

이사야서 시작부터 이 두 주제가 상호 교체(interchange)되고 있다. 이와 같은 상호 교체는 1장에서 먼저 등장한다. 여기서 1:1-15의 비난은 진정한 회개를 전제로 한 회복의 약속으로 교체된다(1:16-20). 이러한 상호 교체는 1:21-27에서 다시 등장한다. 즉 1:21-24은 지도자들의 타락과 뒤따르는 멸망을 구체적으로 소개하는 반면, 1:25-27은 그 멸망의 목적이 정화에 있음을 우리에게 알려 준다. 결국 1장은 처음과 같이 비난으로 끝을 맺는다(1:28-31). 더 큰 맥락에서 볼 때, 이와 같은 상호 교체는 서론부(1-5장)를 통해 계속 이어진다. 즉 1장은 주로 심판 선언을, 2:1-5은 희망의 약속을 언급하고, 2:6-4:1은 심판 선언으로 다시 돌아가며, 4:2-6은 희망의 약속을, 5:1-30은 임박한 멸망의 선포를 보여 준다. 이러한 패턴은 이사야서 전체에 걸쳐 계속 반복된다. 즉 7-39장은 주로 심판을 강조하되, 희망에 대한 강조는 다소 미약하다. 반면에 40-66장의 주요 강조점은 희망에 있으며, 심판의 강조는 부차적이다.

서론부에 전개되고 있듯이 이와 같은 상호 교체의 논점은 무엇인가? 이사야의 논점은 이러하다. 만약 이스라엘 민족을 위한 희망이 있다면, 그것은 오직 심판을 통해서 주어진다. 분명 1장에서 암시되고 있듯이, 하나님을 향해 진실로 돌아선다면, 심판은 면할 수 있을 것이다. 그렇지만 이사야의 예언에서 분명히 드러났듯이, 이 백성이 진정으로 회개할 가능성은 없었다. 그러므로 만약 그들이 선명하게 빛

---

43. 복수 저작권 이론을 옹호하는 자들은 후대 편집자들이 의식적으로 "이사야 전승"의 이전 요소들을 암시해 주고 있다고 추론하면서, 이런 현상을 간본문성(intertextuality)의 한 예로 설명한다. 예를 들면, B. Sommer, *A Prophet Reads Scripture: Allusion in Isaiah 40-66*(Stanford, Calif.: Stanford Univ. Press, 1998)을 보라.

44. 이 주제들을 폭넓게 다루고 있는 연구로는, J. Oswalt, "Key Themes in the Book of Isaiah: Their Relevance for Christian Theology," in *The Newell Lectureships*, ed. T. Dwyer(Anderson, Ind.: Warner, 1996), 3:13-90, 202-11을 보라. 또한 "Isaiah: Theology of," in *NIDOTTE*, 4:725-32; idem, "Isaiah," in *NDBT*, 217-22를 보라.

나는 등불(4:2-6)이 되어 그들로 말미암아 열방이 축복을 받을 거라는 희망(아브라함의 약속과 2:1-5과 같이)이 아직 남아 있다면, 그것은 오직 심판을 통해서 주어질 것이다.

유다 백성이 이런 개념을 이해하기란 분명 힘들었을 것이다. 그들은 심판과 희망 중 어느 하나만을 생각하는 고착된 개념을 지니고 있었다. 여하튼 하나님은 그들과 모든 것을 약속하셨다. 그들은 하나님의 선택받은 백성이었으나, 그 밖의 사람들은 그렇지 않았다. 그들은 하나님의 거룩한 도성과 성전의 수호자였다. 만약 심판이 몇몇 선지자들이 말한 방식－도성과 성전의 파괴, 심지어 일부 백성들의 파멸－으로 찾아온다면, 하나님이 하신 모든 약속은 쓸모없게 될 것이다. 그들의 유일한 희망은 심판을 모면하는 것이었다. 여기서 이사야는 이 모든 것에 대해 단호히 "그것은 아니야"라고 말했다. 하나님의 약속은 오직 불을 통해 실현될 것이다. 마치 이사야의 부정한 입술이 숯불로 정결케 된 후에야 비로소 그의 백성을 향해 하나님의 거룩을 선포하는 데 사용될 수 있었듯이(6장), 설사 이스라엘 민족이 열방을 향해 하나님의 약속을 선포할 수 있었다 할지라도, 그들의 부정한 입술은 심판이라는 정화의 불로 정결케 되어야 했다.

이사야서에서 명확히 나타나듯이, 이사야 시대 백성이 심판 배후에 놓여 있는 희망을 믿지 못했다면, 포로기 시대 백성이 심판 이후의 희망을 믿는 것도 어려웠을 것이다. 포로기 백성은 견디기 힘든 고초를 겪었다. 그들의 눈으로 볼 수 있는 모든 것들을 상실하였다. 하나님이 그들을 버리셨든지 아니면 그들이 바벨론 신들에게 멸망당한 것이다. 거룩한 도성과 성전은 영원히 사라졌다. 제사장직은 더럽혀졌으며, 결코 정화될 수 없었다. 이교도들이 항상 있었던 것 이외에 다른 무엇을 상상하는 것을 어려워한 것만큼이나 유다 백성도 그러했다. 그들은 하나님이 창조적이시기 때문에 옛 약속을 준행하시기 위해 완전히 새로운 무엇을 하실 수 있다고 상상할 수 없었다.

그러므로 선지자는 하나님이 그들을 위해 행하실 것이라는 말씀을 믿고 구속과 회복에 대한 그분의 약속에 귀 기울이도록 계속해서 그들을 촉구해야 한다. 그들의 조상들과 같이, 이스라엘 백성도 심판이 결코 하나님이 의도하신 최종 단어가 아니며, 하나님이 심판을 통해 영원한 희망을 가져다주시려 한다는 것을 믿을 수 없었다.

심판과 희망의 메시지가 포로기 후 청중에게 전달될 때, 그 메시지는 세 번째 전환을 맞이한다. 여기서 회복된 유다 백성이 실현된 희망으로 심판의 가능성을 배제한다면 그것은 위험할 수도 있다. 자신들의 노력이나 공로로 회복된 것이 아니기 때문에, 그들이 제의적 준수와 사회적 죄악을 병행하며 살면서도 하나님의 복을 계속 경험할 수 있다고 믿는다면, 그것은 심각한 문제가 될 것이다. 여기서 선지자는 그것이 사실이 아님을 그 백성에게 말해 주어야 한다. 그렇다! 하나님이 그들을 회복시키셨다. 또한 그들이 하나님 왕국의 성취를 경험하고 있음도 옳다. 그러나 그것이 심판의 가능성을 제거하지는 못한다. 실제로 순종하는 이방인이나 고자가 죄악으로 살아가는 순혈통의 유다인보다 하나님 나라의 자녀로 더 합당하다. 그렇다! 심판은 하나님이 의도하신 최후의 말은 아니다. 그러나 백성들이 회개하고 성령의 능력으로 거룩하게 살지 않는다면, 심판은 하나님이 하시는 최후의 말이 될 것이다.

종의 사역과 왕국

앞서 언급한 대로, 서론부의 장들은 독자들에게 딜레마를 보여 준다. 1장, 2:6-4:1, 5장에 묘사되고 있는, 교만하며 배역하며 부패하며 결국 파멸로 치닫는 이스라엘이 어떻게 2:1-5과 4:2-6에 묘사된 정결하며 순종적이며 풍성한 하나님 말씀의 보고가 될 수 있는가? 이사야는 이러한 딜레마에 대한 해결책으로 자신의 경험을 제시하고 있는 듯하다. 마치 자신의 부정한 입술이 정결케 되어서 하나님의 말씀을 열방에게 선포할 수 있었던 것처럼, 열방의 부정한 입술들도 정결케 되어 민족들에게 하나님의 말씀을 전할 수 있었다. 이스라엘은 그러한 역할을 성취하기 위해 하나님의 종이 될 수 있었다.

이것은 40-66장에 명백히 드러난다. 그러나 1-39장에는 암시적으로 나타난다. 6장에서 하나님의 사역을 향한 이사야의 위임의 시작은 하나님과 그 자신에 관한 환상으로 이루어진다. 이 환상은 이사야의 상태를 분명하게 보여 준다. 그와 같은 정확한 묘사가 없다면 궁극적인 정화의 희망은 존재하지 않는다. 똑같은 일이 7-39장에서 이스라엘에게 일어난다. 여기서 하나님의 영광과 위대하심을 보여 주는 환상이 이스라엘 민족에게 주어진다. 이 환상은 하나님이 신뢰할 만한 분임을 강조한다. 이 환상은 종으로 사역하는 데 필수적인 근거가 된다. 우리가 모든 면에서 그 주인을 신뢰할 수 없다면, 우리에게 교만을 버리고 종의 수건을 들 수 있는 희망은 존재하지 않는다.

종의 사역과 왕국 간의 관계를 통해 얻게 되는 첫 교훈은 7-12장에 나오는 종 되신 왕(the servant-king)의 영상을 통해 주어진다. 7-12장은 주전 735년의 아시리아 위기를 다루고 있다. 여기서 유다는 그 이웃 국가들 즉 이스라엘과 시리아뿐만 아니라, 결국 거대한 아시리아 제국의 위협을 받게 된다. 압박과 지배와 공포에 대한 환상들이 다각도로 펼쳐진다. 유다의 다윗 가문은 두려움에 휩싸이며, 바람에 흩날리는 나뭇잎처럼 요동하게 된다. 유다는 무엇이 필요하다고 느끼고 있는가? 어느 누구보다도 더 강력하고 잔혹하며 무자비한 왕이 필요한가? 그러나 이사야가 전해 준 환상은 어떤 것인가? 그것은 한 아기에 관한 환상이다(9:6). 이사야는 지혜롭고 지각을 갖춘 의로운 아기 왕을 본다. 이 아기는 어느 누구도 상함이 없고 멸망치 않는 왕국을 일으킬 것이다(11:9; 또한 65:25을 보라). 세상의 잔혹함과 억압에 대해 하나님은 더 잔인하고 억압적인 방식으로 해결하시지 않는다. 오히려 종의 노래(Servant Songs)의 마지막 부분으로 알려진 52:13-53:12에 나타나듯이, 잔혹함과 억압은 그 자신에게 돌리시고 대신 사랑으로 되돌려 주신다. 이것이야말로 최고의 능력이다. 이와 유사한 종 되신 왕의 개념은 16:5과 32:1-5에서도 나타난다.

아하스와 히스기야 두 왕조는 7-39장에서 대조되고 있으며, 이러한 방식은 이상적인 종 되신 왕의 개념을 더욱 분명히 한다. 7-8장에서 아하스는 하나님의 계획과 그의 방식에 순종하기를 거절하는 반면, 그를 구원하리라 믿는 세상의 권세를 의지하는 자로 그려진다. 그 결과는 멸망이다. 이와 대조적으로 36-38장은 하나님께 순종하며 그의 백성에게 이처럼 순종하도록 촉구하는 히스기야를 보여 준다. 그 결과는 유다 민족과 히스기야에게 모두 구원을 가져다준다. 경건한 말을 하면서도 종의 자세를 취하지 않은 아하스는 히스기야와 대조된다. 히스기야의 기도는 모든 관심을 주님의 이름과 영광에 집중시키고 있다(37:16-20). 그러므로 7-39장에서는 그의 종들을 보살필 능력이 있으시며, 측은한 심정으로 실제로 그렇게 행하시는 하나님을 묘사하고 있다.

왕이신 종(The kingly servant)은 특별히 40-55장에서 묘사되고 있다. 그가 왕이라는 점은 그의 역할에 나타나 있다. 42:1과 49:6은 이 여호와의 종(Servant of the Lord)이 9-11장, 16장, 32장에 소개된 메시아와 관련된 모든 사역을 친히 행할 것임을 분명히 보여 준다. 그는 열방에게 공의와 구원을 가져다줄 것이다. 그렇지만 그가 어떻게 그 일을 행할 것인가? 그는 화려한 의복과 왕적 특권을 버림으로써 그 사역을 수행할 것이다. 그는 잔혹함과 학대를 당할 것이다. 그는 낙담하며 절망할 것이다. 그는 마침내 그의 생명을 드릴 것이다. 그는 이스라엘과 세상의 종이 될 것이다. 이렇게 행함으로써, 그는 실제 이스라엘 민족이 원래 선택받은 종이 되도록 이끌어 주는 이상적인 이스라엘이 될 것이다(49:3). 그는 이스라엘이 심판의 불길에서 벗어나 소명을 성취하도록 이끌어 주는 동기와 수단이 된다.

종의 사역의 동기는 이스라엘이 멸망하여 버림 받은 후 그들을 회복하시려는 하나님의 값없는 은혜와, 다른 신들을 대항해 소송할 때 그들을 자신의 증인으로 세우시려는(예를 들면, 43:8-13) 그분의 자발적인 뜻에 있다. 그들을 버리지 않으시는 이와 같은 은혜는 7-39장에 충분히 강조되고 설명된, 그 신뢰를 일으키는 동기를 제공해 준다. 그러나 하나님은 어떻게 이 일을 하실 수 있는가? 어떻게 하나님은 죄악된 이스라엘을 다시 받아들일 수 있는가? 어떻게 죄악된 이스라엘이 종 된 이스라엘이 될 수 있는가? 그 길은 바로 그 종(the Servant)에게 있다. 그 종은 대속적 죽음을 통해 사랑과 공의를 모두 충족할 수 있는 길을 마련해 준다(53:10-11).

그러나 왕의 사역은 1-55장에서 자세히 묘사되지 않는다. 이 종들(Servants)이 그들의 땅으로 회복될 때 어떻게 될 것인가? 그들을 포로로 내쫓은 것은 바빌론의 힘이 아니었다. 그것은 그들의 죄와 불의가 편만했기 때문이다. 그러한 죄악된 행위에 대해 무엇이 필요한가? 왕 같은 종의 죽음은 죄를 용서하는 힘이 있지 않은가? 거룩한 자의 종들은 죄악된 삶을 계속할 수 있는가? 이러한 질문에 대한 해답들은 종의 사역의 특징에 대해 이야기하는 56-66장에 나타난다. 한편, 여기서 하나님은 은혜가 불의한 삶을 정당화할 수 없음을 분명히 하신다. 하나님은 그의 종들이 의롭게 살아가기를 기대하신다. 그러나 다른 한편으로, 그 종은 하나님이 요구하시는 대로 의롭게 살지 못하는 그들의 무능함을 고백한다. 그들은 세상이 갈구하는 빛을 비출 수 없다.

그렇다면 무엇이 필요한가? 또 다시 해답은 그 종에게 있다. 그러나 여기서 그 종은 전능한 전사로 등장한다(59:15b-21; 63:1-6). 그가 멸망시킬 원수들은 더는 잔혹한 민족들이 아니다. 바빌론은 사라졌고, 페르시아는 하나님의 약속을 위협하는 요소가 아니다. 아니 오히려 그 전사가 진노하며 공격할 원수는 종들의 마음속에 도사리고 있는 죄이다. 그의 사역으로 하나님의 빛이 그의 백성들을 비추며, 2:1-5에 예고된 바와 같이 그 빛은 모든 열방을 비춘다(60-62장). 흥미롭게도 전사를 다루는 두 단락의 중간, 즉 60-62장의 중심부와 56-66장의 중심부에서 우리는 성령으로 기름부음 받는 종에 대한 개념을 하나 더 발견하게 된다(61:1-3). 여기서 그는 무서운 전사가 아니다. 오히려 위로와 평화를 전하는 자이다. 달리 말하면 종은 그의 본성(nature)인 반면, 전사는 그의 사역(roles) 가운데 하나다. 그럼에도 불구하고, 그는 자신의 사역이 사람들을 "의의 나무"로 만드는 것임을 분명히 한다

(61:3). 조용한 설득으로 하든 혹은 놀라운 영광으로 하든 간에, 그의 목적은 하나님의 종들을 하나님과 같이 되도록 이끄는 데 있다.[45]

신뢰와 반역

앞서 언급한 바와 같이 7-39장의 주요 주제는 신뢰이다. 흥미롭게도 희망과 연관되어 있는 40-66장의 주요 주제는 반역이다.[46] 이 두 단락의 연관성은 1장에서 드러난다. 여기서 백성들은 적어도 5회에 걸쳐 반역자들로 소개된다(1:2, 5, 20, 23, 28). 그들은 분명 1:19-20에서 두 행위의 상반된 결과에 대해 듣게 된다—즐겨 순종하라, 그러면 땅의 최상의 것을 먹을 것이다. 그러나 만약 반역하면 칼에 삼킴을 당할 것이다.

1장 이후에 반역에 해당하는 구체적인 단어들이 곳곳에 등장한다(3:8; 24:20; 30:1; 31:6; 36:5). 그러나 그중 제일 마지막 단어는 가장 두드러진다. 아시리아의 장군이 항복을 요구하며 예루살렘 성벽 바깥에 서 있다. 아시리아 왕을 대변하는 그는 "네가 이제 누구를 의뢰하고 나를 반역하느냐?"라고 말한다. 우리는 열방을 의지하며 참된 주님을 반역할 수도 있고, 아니면 주님을 신뢰하며 약속을 보장해 주지 못하는 모든 거짓된 동맹을 거절할 수도 있다.

7-39장은 이와 같은 방식으로 신뢰라는 주제를 발전시키고 있다. 7-12장과 36-39장은 각 단락의 시작과 끝 부분에서 서로 대조를 이룬다. 7장에서 이사야는 아하스에게 타민족들보다 하나님을 신뢰할 것을 촉구한다. 이사야는 아시리아가 유다를 파멸시킬 것이며, 그 멸망 후 하나님이 다윗 왕조의 인도 아래 그의 백성을 다시 회복할 것이라고 말한다. 그러므로 하나님이 진정으로 신뢰할 만한 분이라는 사실이 입증될 것이다(12:1-3을 보라). 13-35장은 하나님과 열방들 중에 누가 뛰어난지를 진단한다. 13-35장은 다양한 방식을 통해 열방보다 뛰어나신 여호와가 주이심을 선언한다. 결론을 장식하는 34-35장은 우리가 열방을 신뢰하면 광야의 삶으로 마감하겠지만, 우리가 하나님께로 향하면 그분은 광야조차도 장미와 같이 피게 하신다는 것을 보여 준다.

---

45. 더 구체적인 토론을 살펴보려면, J. Oswalt, "Righteousness in Isaiah: A Study of the Function of Chapters 56-66 in the Present Structure of the Book," in *Writing and Reading the Scroll of Isaiah*, ed. C. Broyles and Evans(Leiden: Brill, 1997), 1:177-92를 보라.
46. 반역을 의미하는 단어들은 여기서 대략 20회 등장한다(이사야 전체에는 31회 등장한다). 다양한 히브리어 용어들이 사용되고 있다. 사용된 히브리어 어근 가운데는 *pšʿ*, *mrh*, *mrd*, *srr*와 *srh*가 있다.

이와 같은 교훈들이 전달된 후, 아하스의 아들 히스기야가 다시 시험대 위에 오른다. 이제 아하스에게 전달된 이사야의 예언은 현실로 이루어졌다. 즉 아시리아는 유다 땅을 파괴하여 곧 예루살렘을 취함으로써 그 임무를 완성할 것이다. 히스기야는 그의 부친이 실패한 그 시험을 통과할 것인가? 대답은 "그렇다, 그러나"이다. 히스기야는 아시리아 침략의 위기 속에서 당당히 맞서며 하나님을 신뢰하여 승리한다. 또한 그가 치명적인 병을 앓을 때, 하나님께 구하여 결국 치료받는다. 그러나 히스기야가 회복된 후 바빌론에서 축하 사절단이 왔을 때 훨씬 더 힘든 위기가 찾아온다(39장). 그때 히스기야는 하나님께 영광을 돌리는 대신 그의 부와 군사력을 과시하여 실패하고 만다. 아하스에 관한 내용은 불신으로 시작하여 기쁨으로 끝나는 반면, 히스기야에 관한 내용은 신뢰로 시작하지만 바빌론 침략을 예고하는 이사야의 예언과 함께 슬픔으로 마무리된다.

무슨 일이 일어났는가? 요지는 다음과 같다. 히스기야는 앞서 전달된 교훈들에 대한 긍정적인 실례를 제공해 주었다—하나님은 신뢰할 만한 분이다. 동시에 그는 미래의 불길한 징조를 보여 주는 부정적인 실례를 제공해 준다—신뢰는 한때의 만병통치약이 아닌 생명의 길이다. 다양한 한계 상황에서 유다 백성은 하나님께 돌아갔다. 그러나 하나님을 신뢰하는 삶의 패턴이 그들의 삶에 정착되지는 않았다. 그러므로 7-39장은 순리적으로 그 진리를 가르쳐 준다. 신뢰에 관해 언급되어야 할 것들은 모두 언급되었으며, 그 진리는 충분히 강조되었다. 그렇지만 그 교훈은 지속적인 삶의 방식으로 적용되지 않았다. 히스기야는 이 두 요지를 잘 보여 준다.

실로 주님의 종들이 생명의 길을 신뢰하며 교만을 버리고 삶을 바꾸는 믿음에 집중하게 하는 것은 무엇인가? 이에 대한 자세한 내용은 12:1-3에 이미 언급되어 있다. 하나님이 마땅히 받아야 할 죄의 대가에서 백성을 구원하실 때 그들은 하나님을 신뢰함으로써 그분께 돌아갈 것이다. 그러나 그들이 실제로 그렇게 할 것인가? 그들이 계속해서 반역하는 것은 아닌가? 40-66장의 요지가 바로 이것이며, 반역과 관련된 언급들이 20회나 등장한다. 하나님은 그들의 반역을 용서하셨으며 그 반역에서 돌이켜 하나님을 신뢰하는 자들을 계속해서 용서하실 것이다.

그러나 그들은 돌이킬 것인가? 그들의 조상들은 반역했으며, 그들도 반역자들이다. 죄의 문제는 단지 잘못된 행위에 있을 뿐만 아니라 만유의 주님과의 관계와, 그분에 대한 사고방식에 있다. 만약 우리가 순종과 신뢰로 그에게 순종한다면, 모든 하늘의 보화는 우리 것이 된다. 그러나 만약 우리가 그렇게 하지 않는다면, 그 날에 하나님을 신뢰하는 자들은 계속해서 반역하는 우리의 파멸을 목도하게 될 것이다(66:24). 그러므로 이사야서는 그 시작과 동일한 논조로 끝을 맺는다—창조주-구속자를 신뢰함으로써 그에게 모두 맡기는 것은 지혜의 극치지만, 그분께 반역하는 것은 어리석음의 극치다.

교만과 겸손

한 쌍을 이루는 이 주제는 앞의 주제와 매우 밀접하게 연관되어 있다. 하나님을 신뢰하며 순종하지 않는 근본적인 이유는 인간의 교만 때문이다. 그리고 하나님 대신에 열방을 의지하는 근본적인 이유는 열방의 권세와 영광 때문이다. 그러나 인간의 교만, 권세, 영광은 모두 환상에 불과하다. 권세와 영광은 참권세와 참영광의 원천이 되시는 오직 한 분에게서 나온다. 이사야가 첫 환상에서 들은 바와 같이 "온 땅은 그의 영광으로 가득하다." 이사야의 말에 따르면, 세상에 어떤 영광이 존재한다면 그것은 세상의 창조주에게서 나온 것이다. 그러므로 인간이 그러한 영광과 행위를 선물이 아닌 자신의 것인 양 착각하여 그것들을 자신의 것으로 돌리는 것은 거짓된 삶을 영위하는 것이다. 그리고 모든 거짓말과 같이 이런 거짓된 삶은 필연적으로 거짓된 자의 정체를 드러내 준다. 이와 같은 주제는 2:6-4:1에 나타나는바, 이사야서에서 이 주제를 이보다 더 강력하게 피력하고 있는 본문은 없다. 여기서 선지자는 자신을 높이는 모든 시도들이 어떻게 실패하는지 보여 준다. 자신을 높이는 노력은 사실상 겸손을 낳게 될 것이다. 실로 이것은 사실이다. 우리는 우리를 주관하시는 창조주의 존재를 부인함으로써 우리 자신을 우주 가운데 가장 의미 있는 존재로 여긴다. 만약 우리가 우주 가운데 가장 의미 있는 존재들이라면, 우주에는 의미가 존재하지 않는다. 이런 현상은 서구의 계몽주의에 해당되는 이야기다. 우리는 19세기에 인간 이성을 보좌에 올려놓았으며, 20세기에 이르러 그것은 우리들을 잔학한 침략, 죽음의 전투장, 환각의 마약 탐닉으로 이끌고 말았다. 이사야가 "그날에 눈이 높은 자가 낮아지며 교만한 자가 굴복되고 여호와께서 홀로 높임을 받으시리라"(2:11; 참조. 2:17), 그리고 "너희는 인생을 의지하지 말라 그의 호흡은 코에 있나니 수에 칠 가치가 어디 있느뇨?"(2:22)라고 외칠 때 그는 이와 같은 일들을 2500년 전에 바라보았다.

이러한 주제들은 이사야서 전체에 반복해서 나타난다. 하나님만이 높으시고 올리움을 받으시며, 그 밖의 다른 것들은 낮아질 것이다. 이런 관점에서 볼 때 우상숭배는 가차없이 조롱당한다. 인간이 하나님을 자신의 형상으로 만들어 자신을 높이려는 시도는 매우 우스운 일이다. 실로 그런 시도는 인간을 가치 없는 존재로 만들 뿐이다(41:24; 44:9). 이와 반대로, 하나님은 존재의 진리를 깨닫고 하나님 앞에서 스스로 자신을 즐거이 낮추는 자를 흔쾌히 높이신다. 이에 대한 모형은 죽기까지 자신을 낮추신 그 종(the Servant)에게서 찾을 수 있다. 하나님은 그를 자신처럼 높이 올리움을 받는 자로 선언하신다(52:13; 참조. 6:1). 이와 마찬가지로 57:15은 주께서 겸손하고 낮은 자들과 함께 높고 거룩한 처소에 거하신다고 말한다. 다른 주제들과 마찬가지로 이 주제는 56-66장에서 그 절정에 이른다. 56-66장에서 의식적 종교와 경건한 행동을 통해 자신을 높이려는 자들은 수치를 당하게 되나, 낮은 곳에 임하는 자들, 하나님의 언약과 그 온전한 의미를 겸허하게 따르고자 순종하는 자들은 칭찬과 위로를 받는다(특히 65:11-16을 보라).

여호와의 유일성

이 주제를 이사야만큼 강도 높게 다루는 성경 본문은 없다. 시작부터 끝까지 하나님이 열방의 신들과 비교될 수 있다는 사상은 조롱을 당한다. 다른 신은 없다. 이미 언급했다시피 이런 논점은 2장에서 처음으로 제시되고 있다. 2장에서 그와 같은 신들을 경배하는 행위는 박쥐와 두더지를 숭배하는 것과 같은 행위로 소개된다. 이것은 한 인간을 땅의 암석과 굴로 격하하는 행위이다. 대체로 우상숭배가 산꼭대기와 같은 높은 곳에서 자행되었기 때문에, 이러한 묘사는 매우 신랄한 표현이었을 것이다. 그러나 앞의 주제에서 지적했다시피 높이 올림을 받으실 분은 오직 주님뿐이다.

이와 같은 우상에 대한 공격은 이사야서 전체에 계속 나타난다. 19장에서 이집트의 지혜는 우상숭배 때문에 더럽혀진다. 히스기야와 산헤립 사이의 갈등 속에서 핵심 이슈는 아시리아 제왕이 마치 다른 열방의 신들을 다루듯이 여호와를 다룰 수 있느냐는 문제로 집약된다. 히스기야는 논점이 유다가 압제자의 손아귀에서 탈출할 수 있는지에 있는 것이 아니라 유다의 하나님이 이교도의 신들과 다른지에 있다는 것을 올바로 깨닫는다. 결론적으로 대답은 분명하다. 여호와는 다른 신들과 같지 않다. 오히려 산헤립을 유다로 불러들였으며 그를 다시 본국으로 돌려보낼 수 있는 분이다.

그러나 주님이 바벨론의 느부갓네살과 같은 다른 압제자에게서 그의 백성을 구원하지 않는 날이 온다면 어떻게 되는가? 그것은 7-39장 전체에 제시된 논점을 반증하는 것 아닌가? 그것은 하나님이 어떤 신들보다는 뛰어나지만 모든 신들보다 뛰어난 것은 아님을 보여 주는 것 아닌가? 이사야는 그러한 질문들을 예상하면서 점진적으로 그에 대답하고 있다. 그는 주님을 법정에 바빌론 신들을 호출하여 자신들이 신임을 증명하라고 요청하시는 분으로 소개한다. 주님은 그 신들에게 옛 사건들에 대해, 그 사건들이 어떻게 미래에 이루어질 것인지 설명하라고 도전한다. 주님은 더욱 신랄한 논조로 그 신들이 미래 사건을 구체적이고도 정확하게 예고했는지를 나타내 보이라고 촉구한다. 또 포로기 유다 백성은 하나님이 포로기를 예고하고 구원자의 이름을 알려 주며 포로귀환을 예고함으로써 실로 그와 같은 일을 행하셨음을 증거할 하나님의 증인이 될 것이다.

여기서 그 논점은 심오하다. 신들(the gods)은 우주계의 일부에 불과하기 때문에 그들이 이런 일을 행할 가능성은 없다. 그러므로 이들은 우주계가 어디에서 와서 어디로 가는지 알지 못한다. 그들은 역사적 사건들의 일부이기 때문에 그 역사적 사건들을 예고할 수 없다. 그러나 만약 그러한 체계의 일부가 아닌 창조주가 계신다면, 그는 창조의 목적과 그 창조 과정의 궁극적 결말이 무엇인지를 계시할 수 있다. 더욱이 그는 역사에 개입하심으로써 역사의 발전 과정을 주관하실 수 있다. 이것이야말로 이사야가 선포한 것이다. 이스라엘의 하나님은 역사의 주시요, 유일하신 만유의 창조주이시다. 이와 동일한 무수한 논점들이 24-27장에 제시되고 있다. 그러나 여기서는 더 시적이되 덜 교훈적인 방식으로 표현되고 있다.

그 모든 논점들은 하나님을 저버리고 열방의 영광에 빠져 드는 것이 어리석은 짓임을 보여 준다. 오히려 하나님의 종들은 하나님께 신실하게 순종하며 유일하신 하나님의 영광을 열방에게 선포하도록 부름 받는다. 왜냐하면 하나님은 유일하신 창조주이실 뿐만 아니라 유일한 구속자이시기 때문이다. 피조물이 그 길을 잃어버리고 자신의 영광을 구하여 결국 파멸을 자초할 때, 이들을 구속할 수 있는 분은 피조물의 유일한 창조주이시다. 인간의 사고로 창안된 어떤 사상이나 형태도 우리를 구원할 수 없다. 그런 방식을 취할 때, 그런 생각은 웃음거리가 된다. 모래늪에 빠진 사람이 그의 발을 들어 자신을 구원할 수 있는가? 물론 그럴 수 없다. 반드시 외부에서 도움을 받아야 한다. 그렇지 않으면 희망이 없다. 이사야는 우리가 만유의 창조주를 인정한다면, 그분이 우리 자신과 의지에서 우리를 구원하실 수 있는 영원한 사랑의 하나님이 되심을 선포한다.

열방

우리는 다른 주제들과 관련하여 열방과 관련된 사항들을 구체적으로 살펴본 바 있다. 그러나 열방은 주목할 만한 충분한 가치가 있는 중요한 주제이다. 다른 주제들과 마찬가지로, 이사야는 그 밖의 구약 본문에 나타난 열방에 관한 많은 내용들을 이사야서라는 한 권의 책 안에 모두 끌어 온다. 그 때문에 다른 본문에 나타나지 않는 통전적인 접근법(a wholistic treatment)이 나타난다.

이사야는 시작부터 이스라엘이 열방에 대해 책임을 지고 있다고 주장한다. 열방은 하나님의 백성을 통해 창조주의 계획과 방식을 배워야 한다. 이러한 교훈이 이사야서 서두인 2장에 위치하고 있음은 그 중요성을 강조하는 것이며, 이 주제가 마지막 장에도 등장하고 있음은 그 중요성을 한층 더 강조하는 셈이다. 여기서 남은 자들 중 몇은 온 땅에 충만한 하나님의 영광을 세상 열방에 전하도록 보냄을 받을 것이며, 그 열방 가운데 어떤 이들은 하나님에 대한 신뢰와 헌신으로 그분을 경배할 것이다. 이것은 25장에 그려진 영상과도 같다. 여기서 온 열방은 하나님이 예비하신 축제에 초대받으며, 하나님은 죽음의 장막을 모든 이들의 얼굴에서 벗기실 것이다(25:6-8). 열방의 반응은 12:1-3에 기록된 구속받은 이스라엘의 반응과 매우 흡사하다—"이는 우리의 하나님시라 우리가 그를 기다렸으니 그가 우리를 구원하시리로다 이는 여호와시라 우리가 그를 기다렸으니 우리는 그 구원을 기뻐하며 즐거워하리라"(25:9).

그러나 선포된 임무가 성취될 때까지 많은 실패가 발생한다. 하나님을 신뢰하는 대신 이스라엘은 열방을 신뢰한다. 이스라엘은 거대한 제국의 영광을 보며 하나님의 영광을 잊어버린다. 그 결과 그들이 신뢰하던 바로 그 열방에게 멸망을 당한다(8:5-10). 우리가 하나님 대신 신뢰하는 것은 우리를 반드시 저버린다. 그러나 하나님은 열방 위에 뛰어나신 주재이시다. 선지자가 40장에서 말한 바와 같이 선지자에게 열방의 무게는 저울 위에 있는 먼지보다 못하다. 그들은 물통에 있는 물 한 방울보다도 못하다. 이스라엘의 하나님이 열방 위에 뛰어나신 주재이기 때문에 모든 열방은 그의 심판대 앞으로 나아올 것이다(13-23장; 47장). 이사야는 수사적 방식을 통해 이스라엘에게, 왜 그들이 이스라엘의 하나님께 모든 전말을 밝혀야 하는 열방의 위협을 받게 되는지를 묻는다. 더욱이 열방이 이스라엘의 하나님을 그들의 유일한 구세주로 바라보아야 하는 이때, 어떻게 이스라엘은 그 열방이 자신들을 구원할 것이라 생각할 수 있는가? 그들은 하나님의 영을 소유할 수 있는데, 왜 이집트의 말들과 병거를 의지하는가?(31:1-3)

열방을 의지하기를 거절하여 그들의 포로가 된 유다 백성은 결국 하나님을 의지하게 될 것이다. 그들이 하나님을 의지할 때, 하나님이 그들을 열방에서 구원하실 수 있음을 깨닫게 될 것이다. 심지어 거대한 바빌론조차도 그들을 점령하지 못할 것이다. 그들은 기쁨의 외침과 함께 본국으로 귀환할 것이다. 열방은 그들을 놓아줄 뿐만 아니라 본국으로 인도해 줄 것이다. 그때 열방은 이스라엘의 하나님을 경배하러 나아올 것이다(60:14). 예루살렘의 유일한 하나님을 경배하지 않는 민족들은 하나님의 백성을 섬기게 될 것이다. 탁상의 방향이 완전히 바뀔 것이다. 이제 이전의 주인은 종이 될 것이며, 이전의 종은 주인이 될 것이다.

그렇지만 이것이 이스라엘과 열방의 관계에 대한 최종적인 이야기가 아님은 분명하다. 하나님은 모든 이들의 얼굴에서 죽음의 장막을 벗기시고자 한다. 그러므로 이스라엘의 임무는 하나님의 영광과 구원의 능력을 온 세상에 선포하여 그분의 뜻을 실현하는 것이다(12:4-5; 66:19-23).

의

보통 "의로운"(*ṣdq*)으로 번역되는 히브리어 어근의 남성과 여성 명사 형태는 이사야서에 61회 등장한다(참조. 예레미야에는 12회, 에스겔에는 22회). 분명 저자에게 이 단어는 중요한 개념이다. 더욱이 이 용어는 이사야서 전체에 골고루 퍼져 있다. 이것은 이 용어가 이사야서에 담겨 있는 세 가지 신학적 강조점과 관련되어 있기 때문에 중요하다는 것을 의미한다. 다른 몇몇 주제들과 마찬가지로 이 주제는 1장 21절과 27절 사이에 3차례 등장하면서 특별히 부각되고 있다. 이 논점은 이사야서 전반부 전체에 계속 나타난다. 하나님은 그분의 백성이 의롭게 살기를 기대하신다. 그들이 그렇게 살지 않는다면, 그들을 다듬어 그렇게 살도록 하기 위해 심판이 그들 위에 임하게 될 것이다(1:21, 26, 27).

이 히브리어 어근(*ṣdq*)을 지닌 다섯 단어들이 32-33장에 등장한다. 여기서 의는 성령이 내리는 메시아 왕국을 특징지을 것이다. 33:14-16에 나타난 의는 법정적 혹은 사법적 의가 아닌, 구체적인 행동을 의미하는 의가 분명하기 때문에, 이 구절은 특별히 지시하는 바가 있다.

> 우리 중에 누가 삼키는 불과 함께 거하겠으며
> 우리 중에 누가 영영히 타는 것과 함께 거하리요 하도다
> 오직 의롭게 행하는 자
> 정직히 말하는 자
> 토색한 재물을 가증히 여기는 자
> 손을 흔들어 뇌물을 받지 아니하는 자

귀를 막아 피흘리려는 꾀를 듣지 아니하는 자
눈을 감아 악을 보지 아니하는 자
그는 높은 곳에 거하리니….

그렇지만 이사야 시대와 그 이후의 백성들은 이런 기준에 부합하지 못했다. 그 결과는 하나님이 예고하신바 멸망이었다. 그러나 이런 결과는 멸망을 경험하는 이들에게 다음과 같은 답변 없는 질문을 남긴다. "만약 우리가 의로운 백성이 되는데 실패하여 하나님의 공의로운 심판이 우리에게 임했다면, 어떻게 우리에게 희망이 존재할 수 있는가?" 이사야서 전반부의 몇몇 다른 주제들과 마찬가지로, 하나님은 이사야를 감동시켜서 미래의 독자들이 품게 될 그 질문을 여기서 미리 던져보게 하신 것 같다.

40-55장에서 "의"는 극적인 전환점을 맞이한다. 이제 백성의 의가 아니라 하나님의 의에 초점이 맞추어진다. 의롭지 못한 백성이 어떻게 하나님이 약속하신 지속적인 복을 고대할 수 있는가? 그것은 오직 하나님의 의를 통해서만 이루어진다. 그러나 포로 된 백성과 관련해서 볼 때, 무엇이 하나님의 의인가? 여기서 성경에 나타난 "의"(righteousness)라는 단어는 "공의"(justice)라는 의미 이상임을 인식하는 것이 중요하다. 하나님은 포로 된 백성을 바빌론의 손아귀에서 구출하심으로써 그 백성을 공평하게 다루셨다. 이스라엘 백성은 하나님과 맺은 그들의 엄숙한 언약을 재차 파기하였다. 오래 전에 모세는 그러한 언약 파기로 말미암아 그들이 유일하게 의지했던 하나님의 땅에서 쫓겨나게 될 것임을 경고한바 있다. 만약 의가 공의와 다를 바 없다면, 그들과 하나님의 관계는 끝나버렸을 것이다.

그러나 의는 공의 그 이상이다. 그것은 "의로운" 방식으로 행하는 것이다. 자비로 행하시는 하나님께 "의로운" 방식은 무엇인가? 그것은 그의 백성이 그에게 성실하지 않을 때에도 그들에게 자비를 베풀며 성실히 행하는 것이며, 더는 그렇게 해야 할 합당한 이유가 없음에도 불구하고 그의 약속을 지키시는 것이다. 그러므로 의로우신 하나님은 그의 백성을 포로 상태로 내버려두실 수 없다. 그 백성이 구원받기에 합당한 자들이었는가? 아니다. 그들은 하나님이 강권적으로 그들을 구원하실 만큼 의롭게 살며 변화되었는가? 결코 아니다. 에스겔은 에스겔 36장에서 이 점을 분명히 밝힌다. 에스겔은 그들이 구원받기에 합당하기 때문에 하나님이 그들을 구원하시는 것이 아님을 밝히고 있다(겔 36:22; 46:12). 그들은 오직 하나님의 의로 구원받게 될 것이다.[47] 그들은 의로운 종을 통해 그들에게 나타날 하나님의 의 때문에 의로운 자로 인정받을 것이다(53:11). 그들에게 유일한 필수 조건은 하나님의 약속을 믿고 하나님의 구원의 손길을 받아들이는 것이다.

그러나 하나님의 종들의 삶에 이것이 의미하는 바는 무엇인가? 앞서 상세히 살펴본 결과에 따르면 다음과 같은 극적인 결론에 도달할 수 있다—내 행위로 하나님의 의의 기준에 도달하는 것은 불가능하다. 내가 하나님과 관계를 유지하기 위해 내 행위에 의존한다면 실패할 것이며 내 앞에는 오직 심판과 멸망이 있을 뿐이다. 하나님은 오직 자신의 의를 나타내셔서 심판에서 우리를 구원하셨다. 그러므로 내 삶이 의롭든 혹은 그렇지 않든 간에 그것은 정말로 중요한 문제가 아니다. 나는 의로운 삶을 견지해야 하며 그것을 지향하며 살아야 한다. 그러나 나는 그것을 성취할 수 없으며 궁극적으로 그것이 중요하지 않다는 점을 언제나 깨닫게 된다. 로마서에 친숙한 사람들은 바울이 로마서 6-8장에서 공격하고 있는 그 근거가 바로 여기에 있음을 알 것이다. 바울이 도달한 결론은 이사야서에 발견되는 결론과 매우 흡사하다.

56-66장에는 1-39장과 40-55장에 각각 나타나는 의의 두 용법이 흥미롭게 혼합되어 있다. 한편으로 선지자는 종의 행동에 대한 하나님의 기준들이 첫 단락에 제시된 것과 다르지 않음을 명백한 논조로 밝힌다. 하나님의 종들은 하나님처럼 윤리적 삶을 실천해야 한다. 56:1을 보라—"공평을 지키며 의를 행하라." 이것은 법정적 혹은 사법적 의가 아니다. 여기서 우리는 우리의 행위에도 불구하고 의로운 자들로 여김을 받는다. 더욱이, 여기에 의문이 계속 남는다면 선지자가 후속 절들에서 사용한 충격적인 실례들은 그러한 의문들을 즉시 떨치게 한다(56:3-8). 누가 진정한 하나님의 종인가? 하나님의 은혜로 구원받아 그들에게 전가된 의를 드러내는 아브라함의 회복된 자손들인가? 아니다. 여기에 나타난 하나님의 진정한 종은 하나님의 언약에 순종하며 살아가는 이방인 혹은 고자다. 토라(Torah, 율법—옮긴이) 규정상 아마도 성전에조차도 들어가지 못했던 이방인들과 고자들이 언약에 참여하게 된다. 여기서 선지자는 그의 논점을 강조하기 위해 분명 충격적인 방법을 사용하고 있다. 종의 표지는 하나님의 의와 같은 의의 삶(a life of righteousness)이다(롬 6장을 보라).

47. "하나님의 의"가 그의 구원을 통해 표현되며, 종종 구원의 동의어로 간주되기 때문에(예를 들면, 51:5), 어떤 현대 역본(예를 들면, RSV, NRSV)은 실제로 40-55장에 나오는 "의"를 "구원" 혹은 "신원"과 같은 단어로 해석한다.

그러나 우리는 잘 알려진 불가항력적 힘과 연약한 존재 사이에 놓여 있다. 하나님은 우리에게 의로운 자가 되기를 요구하신다. 그러나 우리의 경험은 우리가 그의 기준에 맞는 의로운 자가 될 수 없음을 보여 준다. 이와 같은 극렬한 딜레마는 56:9-59:15a와 63:7-65:16에 두 차례 등장한다. 이 두 단락에서 선지자는 백성들의 목소리와 탄식을, 그들에게 요구된 바를 계속해서 행할 수 없는 그들의 무능력에 대한 소리로 취급한다. 그들은 하나님의 의의 빛을 열방에 비추지 못해 스스로 어둠에서 헤매고 있다(특히 59:9-15a를 보라). 여기서 우리는 로마서 7장의 불가항력적 상태를 연상케 된다. 바울은 의를 행하지 못하는 무능함을 고백하는 독자의 탄식을 이곳에서 동일한 방식으로 취급하고 있다.

그렇다면 그들은 어떻게 될 것인가? 주님의 종들은 하나님의 의를 이루어야 한다고 늘 생각하면서도, 하나님이 싫어하시는 바로 그 일들을 언제나 행하여 낙담하며 살아야 하는가? 결코 그렇지 않다. 여기서 이사야는 1-39장과 40-66장의 논점들을 교묘한 기법으로 함께 조화시키고 있다. 어떻게 우리는 1-39장에서 요구하는 의를 성취할 수 있는가? 그것은 바로 40-66장에 계시된 하나님의 의를 통해서 성취할 수 있다. 하나님은 스스로 죄의 원수를 물리치시며 우리가 세상 앞에서 의롭게 살아가도록 이끌어 주실 것이다. 분명컨대 우리는 스스로 이렇게 살 수 없으며, 그렇게 하려 한다면 쉽게 교만과 오만에 빠질 것이다. 그러나 겸허하게 자신의 연약함을 인정하고 자신을 그리스도 안에서 하나님의 공급하심에 맡기는 자는 하나님이 요구하시는 모습으로 살아갈 수가 있을 것이다. 여기서 우리는 로마서 8장으로 나아가게 된다.

앞서 언급했다시피 마지막 원수를 멸망시키려 오시는 분은 거룩한 전사이시다(59:15b-21; 63:1-6). 그는 홀로 이 일을 수행하셔야 한다. 그를 도와줄 자는 없다. 그러나 그의 이 같은 사역은 자신의 의를 나타내는 방식이 된다. 이제 주님의 빛이 그의 종들을 통해 세상을 비출 수 있게 된다(61:1-62:12). 특히 63:1-6에서는 열방의 멸망을, 전사의 승리를 보여 주는 상징으로 사용한다. 역사적 문학적 맥락은 이것이 비유적 표현임을 분명히 밝혀 준다. 역사적으로 볼 때 이 본문은 이미 열방에서 구원받은 포로귀환자들에게 전달된다. 구체적인 대상인 에돔은 이미 멸망했고 그 당시 유다를 위협하지 못한다. 그러므로 원수는 그들이 아니다. 원수는 종들로 하여금 하나님이 계획하신 빛의 사자(light-bearers)로서 살지 못하도록 막는 죄악된 행위이다.

이 단락의 문학적 구조(56-66장)는 이 점을 더욱 강조해 준다. 이 구조는 잘 알려진 교차병행 형식(a chiastic format)으로 구성된다. 즉 이 단락의 시작과 끝은 서로 병행을 이루며, 그 다음 단락들도 안쪽으로 서로 내적 병행을 이루고, 이러한 병행 구조는 계속 진행되면서 그 중심에서 절정을 이룬다. 이러한 경우에 바깥의 단락들은 신앙이 신실한 이방인들에 관하여 말하고 있다(56:3-8; 66:18-24). 그 다음 안쪽의 단락들은 의를 행하지 못하는 하나님의 백성의 무능함을 다루고 있고(56:9-59:15a; 63:7-66:17), 그 다음 단락은 원수를 물리치는 거룩한 전사의 승리의 선언을 담고 있다(59:15b-21; 63:1-6). 그 다음은 세상을 향한 예루살렘의 빛(60:1-22; 61:4-62:12)을, 최절정의 단락(61:1-3)은 메시아, 즉 그를 따르는 자들을 구원하며 그들의 원수들을 무찌르고 그리하여 그들이 "그의 영광을 보이는… 의의 나무"가 되도록 해주는 종 되신 왕의 모습을 보여 준다.

이사야서의 현대적 적실성

성경의 모든 책들과 마찬가지로 이사야서는 모든 시대와 상황에 맞는 놀라운 적실성을 지니고 있다. 성경이 하나님의 계시라는 증거들 가운데 하나는 이와 같은 시간을 초월하는 적실성의 절묘한 조화에 있다. 다양한 문화와 경제적 상황, 다양한 시대에 속한 사람들은 이 적실성을 취하여 그것이 그들에게 직접적으로 말하고 있음을 발견한다. 분명 어떤 책들은 더욱 엄격한 시간과 배경을 통해서 말할 것이다. 다른 책들은 다른 시간과 배경을 통해서 말할 것이다. 그러나 그 책들이 가져다주는 전체적인 감동은 언제나 놀랍다.

이사야서는 그 넓이와 깊이 때문에 "단일 이슈"를 다루는 책들로 여겨지는 오바댜나 나훔과 같은 책들보다 훨씬 더 시간적으로 적실성을 지닌다. 이사야는 모든 이들을 위한 그 무엇을 지니고 있다. 어떤 한 사람에게 이야기하지 않은 것이 다른 사람에게 더욱 의미가 있을 수 있으며, 어떤 이에게 한때 대충 다루어졌던 것이 다른 이에게 부각될 수도 있다. 여기서 나는 이사야서에 나타난, 현 시대에 특별한 의미를 지닌다고 믿는 것들을 제시하고자 한다.

여호와의 유일성

나는 이 개념이 우리 시대에 가장 의미 있는 개념임을 의심치 않는다. 우리는 배타적인 태도를 용납할 수 없는 죄처럼 여기는 시대에 살고 있다. 포용이 이 시대의 통례이며, 절대적 진리의 가능성을 주장하는 자들을 용납치 않는 태도가 인정될 뿐만 아니라 고무되고 있다. 혼합주의는 모든 종교가 개별 숭배자들의 개인적 기호의 표현으로서 동일한 근거를 지니고 있다고 이해하기 때문에 권장되고 있다. 이 혼합주의에 감추어져 있는 것은, 그것이 의식적으로든 무의식적으로든 간에 인간의 삶에 중대한 영향을 미치는 하나의 세계관을 채택하고 있다는 것이다.

사실상 실재(reality)에 관해 생각하는 무수한 방식들은 모두 단지 두 가지 범주로 분류될 수 있다. 궁극적 실재는 심리적-사회적-물리적 세계에서 분리될 수 없는, 이 세계의 본질적 일부이든지, 아니면 그 세계와는 다른, 그것에서 분리된 것이다. 고대 세계에 한 종교를 제외한 모든 종교들과, 현대 세계에 세 종교를 제외한 모든 종교들(과 철학들)은 첫째 범주에 해당된다. "신"(god)이 무엇이든 간에 "하나님"(God)은 우리가 아는 대로 세상(world)이며 그 밖에 다른 것은 없다. 이러한 관점은 어떤 의의를 지니는가? 우리는 궁극적인 실재를 이 세상과 비교하면서 설명하고 있기 때문에, 이러한 관점의 의의들은 주변 세상의 것들과 놀랄 만큼 흡사하다. 그러한 의의들 가운데 몇은 다음과 같다.

1. 삶의 궁극적 의미는 없다. 우리는 우연히 생겨난 존재이다. 그러므로 인간은 궁극적으로 가치가 없다.
2. 삶에는 목적이 없다. 우리는 무에서 왔으며 무로 돌아간다. 유일한 법칙은 가능한 최대한의 시간 속에서 생존해 나가는 것이다.
3. 파괴적인 세력(악)과 건설적인 세력(선) 간의 투쟁은 영원하며 불가피하다.
4. 윤리는 항상 상대적이다. 항속적인 유일한 "선"은 최대의 안락, 쾌락 및 안전이다.
5. 이기주의가 최상이다.
6. 앞에 열거된 관점에서 볼 때, 권력의 습득과 사용이 가장 중요하다.
7. 물리적 통제를 벗어난 영적인 힘의 요소가 있기 때문에, 우리는 그 힘을 향해 나아가는 "영적인" 길을 발견해야 한다. 전 우주가 연결되어 있기 때문에, 정확한 기술을 사용함으로써 그러한 영적인 힘과 동일시되며 그 힘을 임의로 소유하는 것이 가능하다.
8. 인간의 행위는 대체로 인간의 통제 혹은 지각의 범위 밖에 있는 힘으로 결정된다. 더욱이 그 행위를 기록하는 유일한 근거는 개인적인 이익에 있다. 그러기에 실재의 사건에 대한 주의 깊은 관심은 무의미하다. 그러므로 인간의 행위를 이해하기 위해 역사를 기록하는 것은 헛되고 무의미하다.

고대 세계 가운데 위의 모든 세계관을 조직적으로 일관되게 부인하는 유일한 사람들이 있었다. 그들은 바로 이스라엘 백성이었다. 때때로 어떤 사람들은 위의 내용들 가운데 한둘은 부인했을 것이다. 그러나 그들은 필연적으로 전체 체계 안으로 빨려 들어가고 말았다. 하지만 이스라엘 백성은 그렇지 않았다. 그들 역시 실재를 바라보는 이러한 방식에서 강력한 유혹을 느꼈으며, 계속해서 위의 방식들 가운데 하나 혹은 다른 것을 받아들였다. 그러나 비록 포로기 후에 이러한 세계관과 대립되는 사상이 그들에게 부차적인 것이 되기는 했지만, 그들은 그럴 때마다 언제나 다시 부름을 받았다. 그렇다면 이것과 정반대의 사상들은 무엇인가?

1. 우리는 선하시고 변치 않으시는 하나님의 형상으로서 그의 주권 아래 그의 세계를 관리할 청지기로 창조되었다. 그러므로 인간의 삶은 궁극적인 가치가 있다.
2. 우리는 하나님의 성품을 공유하도록 부름을 받는다. 그렇지만 우리는 그렇게 하지 않을 선택권이 있다. 그러므로 생의 궁극적 목적을 지향하거나 그것에서 후퇴하는 것은 가능하다.
3. 창조주는 좋으신 분이다. 그 안에는 투쟁이 없다. 악은 우주의 실재가 아니라 단지 그 좋으신 분이 우리의 삶 속에 없는 상태를 말한다.
4. 창조주의 성품은 윤리의 절대적 기준이며, 모든 행위는 그에 따라 판단받을 것이다.
5. 자신의 이기심을 하나님의 다스림에 양도하는 것은 인간이 할 수 있는 가장 유익한 일이다.
6. 하나님과 함께 올바른 자리에 있는 것은 인간이 할 수 있는 가장 중요한 일이다.
7. 순종하며 복종하는 관계에서 벗어나, 기술을 사용하여 영적인 힘을 얻으려는 시도는 엄격히 금지된다.
8. 인간의 행위는 일관적인 기준에 따라 평가될 수 있다. 더욱이 그 행위를 정확성과 신뢰를 바탕으로 기록하는 것은 가능하다. 그러므로 역사를 기록하는 것은 인간의 행위를 이해하는 중요한 열쇠가 된다.

왜 히브리인들은 홀로 서구 문화의 기초가 된 이러한 사상들을 엄격하게 견지했는가? 그것은 그들이 실재에 대해 동시대 사람들과 다른 관점을 견지했기 때문이다. 오직 그들만이 하나님은 세상이 아니라고 믿었다. 오직 그들만이 신, 인간, 자연이 모두 나뉘지 않는 한 통일체의 일부가 아니라고 믿었다. 그러한 관점을 이사야서보다 더 잘 표현하고 있는 성경 본문은 없다. 이러한 사상을 나타내는 전문적인 용어는 초월성(transcendence)이다. 하나님이 모든 사물 배후의 궁극적 실재라면, 그와 같은 실재는 오직 하나다. 자신의 뜻과 목적을 나타내는 세상을 창조한 유일한 실재가 있다면, 궁극적인 순종을 다른 것에 양도하는 것은 궁극적인 파멸이 된다.

그런 존재를 창조된 존재가 조정할 수 없다. 심지어 그렇게 생각하는 것조차 우스운 일이다. 그렇다면 우리는 자신의 필요를 충족하기 위해 어떻게 그의 능력을 획득할 수 있는가? 대답은 다음과 같다. 우리는 그럴 수 없다. 우리는 그분이 정말로 진실하고 선하시며 우리가 그분께 소중한 존재임을 믿으면서 자신의 필요 충족을 그의 손에 맡겨야 한다. 우리의 첫 조상 때부터 이것은 인류의 걸림돌(the sticking point)이 되어 왔다. 우리는 연약한 자신을 창조주의 손에 맡기기를 두려워한다. 우리는 첫 반역자가 말한 거짓을 믿는다—'하나님은 너희를 위하는 자가 아니야. 그는 자신의 이기심을 충족하기 위해 너를 사용하길 원해'. 하나님께 자신을 양도하기를 두려워하는 우리는 어리석게도 자신을 위한 힘을 획득할 수 있으며 하나님께 자신을 의탁하지 말라는 거짓말을 믿으면서 우리의 형상으로 신들을 만들어 낸다.

서구 세계를 존속시키려면, 우리는 자신의 영적인 뿌리를 성경에서 찾아야 한다. 성경의 어디에도 이사야만큼 그러한 뿌리를 더욱 명확하게 제시하는 책은 없다. 우리는 '포괄적' 세계관(inclusive worldview)이 우리 인간의 가치를 이해하는 데 도움이 되지 못한다는 것을 상기해 볼 필요가 있다. 분명 죄악된 '배타주의'는 교만과 다를 바 없다. 그것은 성경적인 신앙이 아니다. 오히려 인간의 가치에 대한 유일한 근거는 우리가 모두 한 분 창조자의 형상을 공유하고 있다는 성경적 이해에 있다. 난잡한 혼합주의를 수용하는 것은 세상의 잘못을 바로잡는 것과는 거리가 멀다. 그것은 옳고 그름의 근거를 잃어버리는 것이다. 이런 세상에서 옳은 것은, 오직 큰 소리로 외치고 가장 큰 충격을 가할 수 있는 인간의 의지뿐이다. 그것은 희망의 길이 아니다.

그러나 어떤 이들의 생각처럼, 서구 정신을 추구하려던 싸움이 이미 상실되었다고 가정해 보라. 그렇다면 현대 크리스천이 이사야의 진리를 아는 것은 배나 필요한 것이다. 우리가 '완고하고' '폐쇄적인' 자로 불려질 때, 우리는 의식적으로 자신이 그런 자가 아님을 깨달아야 한다. 이러한 신앙을 견지하는 것이 희생을 초래하고 불편을 가져다 줄 때, 왜 우리가 그러한 신앙을 어떤 방식으로든 견지해야 하는지 깨달아야 한다. 우리는 이에 대한 가장 좋은 근거들을 이사야서에서 발견한다.

종의 직분

우리는 성경적 세계관이 거부되어, 신분과 지위와 권력을 절대적 선으로 추구하는 시대에 살고 있다. 교육의 주요 역할은 지식의 습득이 아닌 자존감의 향상이 되었다. 그러나 앞서 논증한 바와 같이 무엇보다도 인간이 비성경적 세계관을 통해 아무런 의미를 갖지 못한다는 것은 아이러니컬하다. 비성경적 세계관에 따르면, 우리는 전기 화학적 작용으로 우연히 생겨났다. 그러므로 우리가 우리 자신을 초월적인 창조주에게서 분리하면 할수록 우리는 더욱 의미 없는 존재가 된다. 카뮈, 사르트르, 카프카를 통해 분명히 나타나듯이, 그 결과는 절망의 소용돌이에 휩쓸려 나락으로 떨어질 뿐이다. 우리가 스스로 하나님에게서 분리되어 자신을 높일수록 우리는 점점 더 비참해질 뿐이다.

이사야는 우리에게 의미 있는 길이 교만이 아닌 겸손을 통해서이며, 다른 사람에게 섬김을 요구하는 것이 아닌 다른 이를 섬기는 것이라고 말하는바, 그 말에 귀 기울일 필요가 있다. 실로 사도 바울이 말한 '그리스도의 마음'의 원형을 이사야에서 찾아낼 필요가 있다. 이러한 '마음' 혹은 태도는 대부분 두려움에 찬, 아담과 하와의 후손들인 우리들에게 전적으로 낯선 것이다. 우리는 상실, 불안, 고통에 대해 너무 두려운 나머지 대개 그것들을 피하려고 무언가를 혹은 누군가를 희생시킬 것이다. 그렇지만 이사야가 우리에게 보여 주듯이 진정한 권력으로 나아가는 길은 무력을 통해서이다.

만약 우리가 그것을 믿는다면, 우리는 이사야의 가르침에 집중할 필요가 있다. 우리는 영원한 그 무엇을 위해 인간의 영광에 의존하는 어리석음에 대해 다시 상기해 보아야 한다. 우리는 하나님이 신뢰할 수 있는 분임을 다시 들을 필요가 있다. 그를 향한 신뢰는 우리의 어리석은 교만을 버리기에 충분하다. 우리는 유일하신 우주의 창조주, 공의로운 재판장, 배신당한 아버지께서 자신이 홀로 하나님이심을 세상에 증거하기 위해 우리를 버리지 않으시고 택하셨다는 깨달음을 통해 깊이 고무될 필요가 있다. 우리는 세상 앞에 펼쳐진 그의 영광이 너무도 소중하기에 우리 안에 있는 그의 성품을 새롭게 하는 길을 발견하는 것이 그에게 가치 있는 일임을 다시 깨달아야 한다.

그들의 사고방식을 잘못된 모범에 맞춰 고쳐 버리는 현대 크리스천들은 실로 이사야의 종의 관점으로 그 견해를 수정할 필요가 있다. 십자가는 헬라인에게 여전히 어리석은 것이다. 이기는 것이 지는 것인가? 지는 것이 이기는 것인가? 죽는 것이 사는 것인가? 사는 것이 죽는 것인가? 올라가는 것이 떨어지는 것인가? 떨어지는 것이 올라가는 것인가? 가장 낮은 곳에 임하는 것이 왕과 함께 앉는 것인가? 가장 높은 곳을 취하는 것이 티끌 속에 앉는 것인가? 말도 안 된다! 그렇지만 그리스도 안에서 하나님을 발견한 우리들이 깨닫는 바와 같이 이 모든 것들은 전적으로 진리이다. 그러나 우리가 의식적으로 우리의 생각을 이런 종의 관점에 집중시키지 못한다면 우리는 어떻게 그것을 믿을 수 있겠는가? 우리가 그렇게 하지 않는다면, 우리는 자동적으로 실재에 대해 다르게 이해할 것이다.

역사의 주

단순히 하나의 형이상학적 의미로 여겨지는 초월성은 심각한 약점을 지니고 있다. 왜냐하면 이 개념은 아마도 공자나 아리스토텔레스를 제외하곤 철학자들에 의해 거의 주의 깊게 고찰되지 못했기 때문이다. 먼저, 심리적, 사회적, 물리적 우주에서 전적으로 떨어진 그 무엇은 우주와 접촉하지 않으며 교통할 수도 없다. 그러므로 초월성은 흥미롭게 보이며 아마도 유용한 정신적 구성 개념처럼 보인다. 그러나 그것은 일상생활과 아무런 관련이 없다.

헬라인들과 공자는 이러한 초월적 요소의 활동과 본질을 반영하는 삶의 규범적 존재를 가정하면서 이와 다른 한 길을 모색하였다. 아리스토텔레스는 그 존재를 "부동의 동자"(the Unmoved Mover)로, 공자는 그것을 "도"(Tao) 혹은 "길"(Way)로 불렀다. 모든 이들이 거짓말을 하고 훔치는 문화는 왜 오랫동안 지속될 수 없는가? 그것은 모든 문화 배후에 하나의 초월적-원인론적인 힘이 존재하기 때문이 아닌가? 이러한 논증은 그리스에서보다 중국에서 더 설득력 있게 제시된 것 같다. 왜냐하면 "도"를 따르는 것은 중국의 거대한 역사에 하나의 주요한 문화적 힘이 되었기 때문이다. 반면에 그리스에서 이러한 사고방식은 로마 시대 초기에 거의 사멸되었다. 그러나 중국에서조차도 도는 잘못된 무언가를 바로잡기 위해 세상의 삶 속에 개입한다는 의미는 내포하지 않는다.

이것은 초월에 대한 또 다른 심각한 약점을 강조해 준다—필연적인 원(原)동인(the originating force)의 비인격성. 인간의 인격성의 특징 가운데 하나는 일시성이다. 우리의 기분은 벌새처럼 왔다 갔다 한다. 우리의 감정과 심지어 우리의 신념조차도 그와 같이 일시적으로 변한다. 분명 이러한 요소는 모든 만물에 퍼져 있으며, 모든 만물의 기초를 이룬다. 더욱이 그 원동인은 우리의 반응과는 아무런 관련이 없다. 원동인은 모든 만물을 결정하지만, 다른 무엇으로 결정되지는 않는다. 이 모든 이론은 또 다른 날의 생존을 위해 일상의 업무에 사로잡혀 있는 대부분의 사람들에게 너무 지나치게 미묘하고 사색적이다.

다른 세계관 즉, 연속성의 세계관은 만물의 존재 방식을 이해하는 데 훨씬 더 유익하고 실제적인 길을 제공해 주는 듯하다. 여기서 우주의 동인은 우리 인간과 유사한 인격성을 갖는다. 그러나 신화에 대한 연구는 그 동인이 단지 친밀성과 인격성이라는 환상의 탈을 쓴 동인 그 자체에 불과하다는 사실을 확신시켜 준다. 이 동인은 그 환상의 탈 배후에서 마치 난해하고 준엄한 "부동의 동자"와 같이 존재한다. 인간의 인격성이라는 탈이 그 동인에게 가져다주는 것은 바람직하지 못한 변덕과 독단이라는 요소이다.

그렇다면 우리는 분명 연속성의 세계관도 아니며 앞서 묘사된 그런 유의 초월성도 아닌 성경적 관점에 어떻게 도달할 수 있는가? 우리가 히브리인들에게 그들이 어디서 하나님에 관한 그들의 사상을 얻게 되었는지를 묻는다면, 그들은 자신들이 그것을 이 세상의 세계관에서 추정하거나 논리적 추론을 통해 얻은 것이 아니라고 우리들에게 말할 것이다. 대신에 그들은 자신들의 경험 속에 간섭하시고 그들의 행동에 대해 독특한 계시를 보여 주시며, 그들에게 복종과 순종을 요청하시는 하나님에 대하여 우리에게 말할 것이다. 그들은 자신들의 선택과 그 선택의 결과를 통해 상호 영향을 주고받는, 복잡한 다면적 인격성을 계시하시는 하나님에 대하여 우리에게 말할 것이다.

하나님이 실로 초월적이시라면, 어떻게 하나님을 발견할 수 있는가? 그 대답은, 우리는 할 수 없다는 것이다. 신약에서 말하듯이 "누구도 하늘에 올라간 자는 없다"(요 3:13). 이런 관점에서는 철학자들이 옳다. 그러나 철학자들의 논리가 너무 제한적이지 않는지 생각해 보라. 초월자가 그의 타자성(otherness)을 견지할 수 있으면서도 언제 어느 곳에서도 세상과 상호 교류할 수 있다고 생각해 보라. 인간의 문제는 우리의 것이지 그의 것이 아니라고 생각해 보라. 전적으로 인격적이면서도 완전한 일관성을 갖는 것이 가능하다고 생각해 보라. 다른 사람들과 심오하고도 신실하게 상호 교류하면서도 자신의 초월적 존재성에서 결코 벗어나지 않는 것이 가능하다고 생각해 보라. 이것은 인식에 대한 질문을 전적으로 수정한다.

이와 같은 존재가 원한다면, 그는 어떻게 해서든 우리가 이해할 수 있는 표현으로 바꾸어 자신을 알리면서 우리에게 다가올 수 있다. 우주를 말씀으로 창조하신 자에게, 이와 같은 전달 표현은 그다지 어려운 일이 아닐 것이다. 그러나 그는 어떤 언어를 사용해야 하는가? 자연의 언어를 사용해야 하는가? 어떻게 그럴 수 있는가? 어떻게 자연이 인격적 특성(personhood)을 전달할 수 있는가? 어떻게 자연이 의도된 뜻을 전달할 수 있는가? 어떻게 자연이 양도와 순종의 필요성을 전달할 수 있는가? 어떻게 자연이 사랑과 헌신의 관계를 수반하는 윤리적 순수함을 전달할 수 있는가? 하나님이 선택하신 언어는 상호 관계를 맺는 인간의 언어였다. 우리는 그 언어를 역사라고 부른다. 왜 역사에 관한 광범위한 작품들 가운데 가장 오래된 실례들이 히브리 성경에 발견되고 있는가?[48] 그것은 하나님이 자신을 이 역사의 무대를 통해 알리고자 하셨기 때문이다. 인간이 관계를 맺고 선택하고 결정하는 역사의 무대를 통해, 하나님은 자신의 본성과 성품과 실재의 본질을 그의 백성에게 알려 주셨다.

히브리인들은 역사를 기술한 그들의 창조 이야기가 특별한 인식을 무시한다고 보지 않는다. 오히려 그들은 하나님이 단지 그들에게 간섭하셨고 그들로 하여금 선택하도록 부르셨으며 그러한 다양한 선택의 결과가 어떤 것인지를 말해 주셨다고 우리에게 말할 것이다. 그들이 그러한 결과들을 깨닫게 될 때 그들이 자신에게 다음과 같이 말했을 것이라고 상상할 수 있다. "이것을 기록하는 것이 좋을 거야. 그래야 우리가 다시 이 길로 들어설 때 동일한 실수를 또다시 범하지 않지." 그것이야말로 하나님이 정말 원하시던 바이다. 어떻게 하나님은 유일신론과 같은 난해한 진리를 그들에게 가르치실 수 있었는가? 특히 더욱 뛰어난 그들의 모든 이웃 나라들이 다신론자였던 때에 어떻게 그런 진리를 가르치실 수 있었는가? 하나님은 히브리인들을 한 역사적 언약 관계 속으로 부르실 수 있었다. 이 언약 관계의 첫 규정은 그들이 반드시 하나님만을 경배해야 한다는 것이었다. 어떻게 하나님은 그들에게 더 복잡한 개념 즉, 그분이 이 세상의 일부가 아니라는 개념을 가르치실 수 있었는가? 그분은 히브리인들이 우상을 만들거나 섬겨서는 안 된다는 언약을 세울 수 있었다. 어떻게 하나님은 절대적 윤리들이 있다는 것을 그들에게 가르치

48. 오늘날 히브리 역사의 기록이 단지 주전 4세기 혹은 3세기에서 유래되었으며, 그때에 헬라 역사가인 Thucydides와 Herodotus가 동일한 목적으로 저술 작업을 하고 있었다고 보는 견해가 유행하고 있다. 그렇지만 히브리 본문의 명백한 선언들의 가치를 떨어뜨릴 만한 객관적인 증거는 없다.

실 수 있었는가? 하나님은 그들에게 유일하신 초월적 신의 성품을 견지하도록 요구하심으로 그것을 가르치실 수 있었다. 그러므로 히브리인들의 역사적 경험은 그들이 하나님을 아는 지식의 기초가 되었다.

이 모든 것들은 우리를 위해 이사야서에 묘사되고 있다. 이사야서에서 우리는 이스라엘의 경험 속에 역사하시는 하나님의 진리를 보게 된다. 종교는 신비로운 의식에 관한 것이 아니다. 오히려 그것은 아시리아의 위협에 대해 무엇을 할 수 있는지에 관한 것이다. 그것은 가난한 자와 학대받는 자들을 어떻게 대우할 것인지에 관한 것이다. 그것은 당신 자신과 하나님을 외국 사절단에 어떻게 나타내는지에 관한 것이다. 그것은 대개 어리석은 선택으로 빚어진 생의 실패가 닥쳐올 때, 어떻게 계속 처신해야 하는지에 관한 것이다. 종교는 일상생활 속에서 드러나는 윤리에 관한 것이다. 이런 진리는 언제나 상실될 수 있는 위험에 처해 있으며, 특히 서구 세계가 점차적으로 기독교적 정신에서 떠나 이교도의 바다 속으로 표류하는 이 시점에서는 더욱 그렇다.

역사에 대한 연구는 우리 주변에서 점차 사라져 가고 있다. 왜 그런가? 이와 같은 연구를 하려면, 진정한 선택이 가능하고, 가치 있는 목표를 향한 진정한 발전이 이루어지며, 그런 선택과 발전을 전반적으로 평가하고 판단하는 유일한 규범이 존재한다고 반드시 믿어야 하기 때문이다. 이러한 믿음—성경의 초월성은 이러한 믿음의 유일한 근거가 된다—이 없다면, 과거를 공부해야 할 이유는 상실된다. 이제 유일하게 중요한 것은 나 자신이다. 어떤 죽은 노인들이 무엇을 했는지 누가 신경을 쓰겠는가? 그들에게 배우는 것은 미친 짓이다. 우리는 모두 해야 하는 바를 행할 뿐이다. 과거는 지나갔다. 미래는 오늘의 연장일 뿐이며 아마도 더 나아질 것이 없을 것이다.

그러므로 이런 경향들을 어떻게 대처할 수 있는가? 이사야의 강력한 진리의 처방은 모든 역사와 우리의 개별 역사 속에서 일하시는 하나님이 계신다는 것이다. 우리는 이스라엘이 그랬던 것처럼 일상생활의 경험 속에서 그분을 알 수 있다. 우리는 그분을 이와 같은 방식을 알게 됨으로써 우리 자신을 회복할 수 있으며, 아마도 우리의 문화도 회복할 수 있을 것이다. 우리의 현 실제 속에서 인간의 선택은 중요시되며, 우리는 어디론가 향하고 있으며, 초월하신 하나님은 우리로 하여금 그와 함께 동행하도록 부르고 계신다.

실현된 의

구약의 맥락 속에서 신약을 공부하는 중요한 가치 가운데 하나는 구약을 통해 잘못을 교정받을 수 있다는 점이다. 오늘날 교회는 구약을 무시하여 신약을 오해하는 많은 약점들을 지니고 있다. 예를 들어, 구약을 전적으로 무시하면, 단지 현대 복음주의 교회의 극단적인 개인주의와 이기주의에 빠져 들 가능성이 있다. 분명 구약만을 단독으로 읽어서는 안 된다. 그렇게 하는 것은 독단적인 신약의 독자들이 빠지는 나락의 정반대로 빠져 드는 것이다. 우리가 구약만을 읽게 될 때 우리는 분명히 존재하는 하나님의 사랑을 쉽게 놓쳐 버려, 하나님을 단지 엄격하고 준엄한 심판자로 보게 된다. 그러나 구약과 신약을 함께 읽을 때, 전체적이고도 가치 있는 진리를 접하게 된다.

이사야는 구약의 많은 가르침을 요약해 주기 때문에, 특히 균형 잡힌 신학을 얻는 데 도움이 된다. 오늘날 절대적으로 균형이 필요한 영역 가운데 하나는 실현된 의(realized righteousness)라는 것이다. 현대 복음주의 신학은 위험하게도 한쪽으로 치우쳐 왔다. 이런 현상은 특히 미국 대중의 삶 속에 뚜렷이 드러난다. 복음주의가 미국의 기독교 신앙의 유력한 표현 방식이 되어 온 반면, 대중의 도덕은 붕괴되었다. 이것은 단지 우연의 일치인가? 유감스럽게도 나는 그렇게 생각하지 않는다. 소위 주류를 이루는 교회들의 개인 구원 개념의 상실과, 거룩 운동의 의식적 성향에 대해 반동한 20세기 초반의 복음주의 신학은 점차 '전가된(imputed) 의' 개념을 강조하게 되었다. 즉 하나님은 우리가 그리스도의 십자가 구속의 사역을 받아들였기 때문에 우리를 의롭다 칭하신다. 우리가 선한 일을 행함으로써 공로를 쌓을 수 있다고 보는 '행함(works)의 의' 개념에 대한 강한 반동이었다. 이러한 복음주의적 이해는 놀라운 자유를 가져다준다. 우리는 우리의 행동이 하나님과 교제하기에 충분할 만큼 선한지에 대해 염려하지 않아도 된다. 하나님의 아들을 통해 영원한 생명을 받았기 때문에 우리가 단지 그의 의로운 자임을 알 수 있다. 이것은 실로 복음이다.

그러나 "주격적인 의"(subjective righteousness, 하나님의 주권으로 구원을 믿음–옮긴이)에 대한 지나친 강조는 "목적격적인 의"(objective righteousness, 구원받는 인간의 행위에 책임이 따름–옮긴이)의 근원을 잘라 버리는 문제를 낳는다. 크리스천은 그들의 실제적인 행위들이 종말에 별로 중요치 않다고 쉽사리 여길 수 있다. 만약 이것이 크리스천의 잘못된 안전 개념과 짝을 이루게 되면, 그 결과는 치명적일 수 있다. 우리는 하나님이 우리를 의롭게 보시고 우리가 구원을 결코 잃지 않을 것이라는 사실에 안도하면서, 본질적으로는 의식적으로 죄를 짓고 살아갈 수 있다. 그러므로 우리는 '중생한 크리스천'이라 주장하면서도 명백히 부도덕하게 살며 참회와 회개도 하지 않는 삶의 최고봉에 서 있는 사람들을 본다. 우리는 그러한 행위에 대한 이사야의 통렬한 비난을 참으로 들어야 한다. 하나님의 백성은 반드시 하나님의 삶을 보여 주어야 한다. 그렇지 않으면 하나님의 백성으로 부름 받은 권리를 포기해야 한다.

언제나 그랬듯이 진리는 양면성을 지니고 있다. 이사야는 능숙하게 이 점을 분명히 밝혀 준다. 한편으로 우리는 하나님이 우리에게 요구하시는 기준에 맞는 의로운 자들이 될 수 없다. 우리는 실패할 운명에 처해 있으며 그 실패에 따른 정죄를 받을 운명에 놓여 있다. 우리는 스스로 하나님께 나아갈 수 없다. 선한 히스기야의 실패가 이 점을 강조해 준다. 우리가 하나님과 교제하게 된다면, 그것은 오직 하나님의 은혜에 근거해야 한다. 하나님이 포로된 유다 백성에게 위로와 은혜의 말씀으로 찾아오셨듯이, 그분은 우리를 버리지 않으시며 그의 종을 통해 아버지이신 그분과 생명의 교제에 들어갈 수 있는 회복의 길을 마련해 주셨음을 확신시키시며 반드시 우리에게 찾아오신다. 이것이 바로 놓쳐서는 안 될 진리의 한 면이다.

그러나 똑같이 놓쳐서는 안 될 또 다른 진리가 있다. 이 진리는 구원의 전체 목적과 관련이 있다. 왜 하나님은 우리를 그와 함께 교제하도록 이끄시는가? 신약만의 잘못된 해석에 기초하는 불완전한 관점은 우리가 구세주를 영원히 찬양하며 단순히 시간을 보낼 수 있다고 말할 것이다. 이것은 인간과 하나님의 모든 관점에서 볼 때 매우 이기적인 그림이다. 우리가 구약과 신약을 함께 읽을 때 분명히 드러나듯이 그것은 신약의 가르침이 아니다. 하나님은 그분의 원래 목적을 우리에게 실현하시기 위해 우리를 하나님과 교제하도록 부르신다. 그 목적은 무엇인가? 그것은 우리가 그의 성품에 참여하는 것이다. 이것은 언약을 통해 명백히 드러난다. 언약을 주신 하나님의 목적은 하나님이 거룩하듯이 그 백성이 거룩해지는 데 있다. 그러한 거룩은 의식적인 것(cultic thing)이 아닌 세상과 다른 사람들을 다루는 방식이다.

앞서 논의했다시피 이사야는 56-66장에서 강력한 방식으로 이 같은 점을 제시하고 있다. 56-66장에서 이사야는 1-39장에 제시된 의를 위한 요구와 40-55장에 나오는 자유로운 은혜의 제공을 종합한다. 56-66장에서 이사야는 바울이 그의 서신에서 하는 바와 같이, 그 은혜가 무엇을 위한 것이었는지 묻는다. 이 은혜는 하나님의 백성이 그들의 선택받음을 즐거워하면서, 이기적이고도 뒤틀린 종교적 관습에 치중하라고 주신 것이었나? 물론 그렇지 않다. 그것은 하나님의 백성이 공의롭고 의롭게 살아감으로써 등잔이 되어 열방에 하나님의 빛을 비추는 등불이 되기 위함이었다.

그러나 오랜 실패의 역사를 고려해 볼 때 어떻게 그것이 가능한가? 무엇보다도 그것은 당신을 하나님과 교제하도록 회복하신 그 동일한 은혜를 통해서 가능하다. 하나님으로부터 요구하신다. 그러나 하나님은 또한 공급하신다. 분명 이사야는 영적으로 성공했다는 교만한 주장을 높이고 있지는 않다. 또한 하나님과 크리스천의 교제가 오직 하나님의 은혜에만 근거하고 있다고 주장하지도 않는다. 그러나 성령의 의가 크리스천을 통해 흘러나오지 못한다면, 그 크리스천은 하나님의 은혜로 이루어지는 대부분의 몫을 놓칠 것이라고 말한다.

이사야서의 개요

- I. 서론: 하나님의 종들, 지금 그리고 그 다음(1:1-5:30)
  - A. 하나님의 비난, 고소, 약속(1:1-31)
  - B. 문제: 현재의 이스라엘 대 미래의 이스라엘(2:1-4:6)
    - 1. 야곱의 집의 운명(2:1-5)
    - 2. 버림 받은 야곱의 집(2:6-4:1)
    - 3. 회복된 이스라엘(4:2-6)
  - C. 들 포도밭의 소출(5:1-30)
- II. 종의 사역으로 부르심(6:1-13)
- III. 종의 사역의 근거—신뢰에 대한 교훈들(7:1-39:8)
  - A. 하나님인가 아시리아인가? 신뢰하지 말라(7:1-12:6)
    - 1. 자녀들, 하나님의 현존의 징조들(7:1-9:7)
    - 2. 하나님의 기준에 의한 평가(9:8-10:4)
    - 3. 회복을 위한 희망(10:5-11:16)
    - 4. 신뢰의 찬가(12:1-6)
  - B. 하나님: 열방의 주인(13:1-35:10)
    - 1. 열방을 향한 하나님의 심판(13:1-23:18)
    - 2. 열방을 향한 하나님의 승리(24:1-27:13)
    - 3. 열방을 신뢰하는 어리석음(28:1-33:24)
    - 4. 하나님을 신뢰할 것인가, 열방을 신뢰할 것인가: 결과들(34:1-35:10)
  - C. 하나님인가, 아시리아인가? 신뢰(36:1-39:8)
    - 1. 아시리아의 위협(36:1-37:38)
    - 2. 신뢰에 대한 인간의 한계(38:1-39:8)
- IV. 종의 소명(40:1-55:13)
  - A. 서론: 종의 주인(40:1-31)

- B. 종의 사역 동기: 은혜(41:1-48:22)
  1. 주님의 종들: 그의 증인들(41:1-44:22)
  2. 주님은 그의 종들을 구원하신다(44:23-46:13)
  3. 주님의 증거(47:1-48:22)
- C. 종의 사역 방식: 대속(49:1-55:13)
  1. 화해의 기대(49:1-52:12)
  2. 화해의 방식에 대한 계시(52:13-53:12)
  3. 화해에로 초청(54:1-55:13)

V. 종의 표지들: 하나님의 성품(56:1-66:24)

- A. 인간의 무능력(56:1-59:21)
  1. 겸손과 거룩(56:1-57:21)
  2. 의와 의식(58:1-59:21)
- B. 주님은 너를 영화롭게 하셨다(60:1-62:12)
- C. 하나님의 능력(63:1-66:24)
  1. 이스라엘의 성실함: 주님의 성실하심(63:1-65:16)
  2. 최후 심판(65:17-66:24)

참고 문헌

주석류

Achtemeier, E. *The Community and Message of Isaiah 56-66: A Theological Commentary*. Minneapolis: Augsburg, 1982.

Alexander, J. A. *Commentary on the Prophecies of Isaiah*. New York: Scribners, 1846.

Beuken, W. A. M. *Jesaja II-III*. POT. 4 vols. Nijkerk: Callenbach, 1979-89.

Calvin, John. *Commentary on the Book of the Prophet Isaiah*. Trans. W. Pringle. 4 vols. Grand Rapids: Eerdmans, 1948 reprint.

Cheyne, T. K. *The Prophecies of Isaiah*. 3d ed. 2 vols. New York: Whittaker, 1895.

Childs, Brevard S. *Isaiah*. OTL. Louisville: Westminster John Knox, 2001.

Clements, Ronald E. *Isaiah 1-39*. NCBC. Grand Rapids: Eerdmans, 1980.

Delitzsch, Franz. *Commentary on Isaiah*. Trans. James Denney. 3d ed. 2 vols. New York: Funk & Wagnalls, n. d.

Duhm, Bernard. *Das Buch Jesaja*. BKAT. Göttingen: Vandenhoeck & Ruprecht, 1892.

Fohrer, Georg. *Das Buch Jesaja*. ZBK. 2 vols. Zürich: Zwingli, 1960-67.

Gray, George B. *A Critical and Exegetical Commentary on the Book of Isaiah I-XXVII*. ICC. Edinburgh: T. & T. Clark, 1912.

Hanson, Paul D. *Isaiah 40-66*. Louisville: John Knox, 1995.

Kaiser, Otto. *Isaiah 1-12: A Commentary*. Trans. J. Bowden. OTL. 2d ed. Philadelphia: Westminster, 1983.

_______. *Isaiah 13-39: A Commentary*. Trans. J. Bowden. OTL. Philadelphia: Westminster, 1974.

Kissane, E. J. *The Book of Isaiah*. Dublin: Browne & Nolan, 1926.

Knight, G. A. F. *The New Israel: A Commentary on Isaiah 55-66*. ITC. Grand Rapids: Eerdmans, 1985.

_______. *Servant Theology: A Commentary on Isaiah 40-55*. Grand Rapids Eerdmans, 1984.

Leupold, H. *Exposition of Isaiah*. 2 vols. Grand Rapids: Baker, 1963-71.

Mackenzie, John. *Second Isaiah*. AB 20. Garden City, N. Y.: Doubleday, 1968.

Motyer, J. Alec. *The Prophecy of Isaiah: An Introduction and Commentary*. Downers Grove, Ill.: InterVarsity Press, 1993.

_______. *Isaiah: An Introduction and Commentary*. TOTC. Downers Grove, Ill.: InterVasrsity Press, 1999.

Muilenberg, James. "The Book of Isaiah: Chapters 40-66." Pages 381-772 in *The Interpreter's Bible*, vol. 5. Nashville: Abingdon, 1956.

Oswalt, John N. *The Book of Isaiah: Chapters 1-39*. NICOT. Grand Rapids: Eerdmans, 1986.

_______. *The Book of Isaiah: Chapters 40-66*. NICOT. Grand Rapids: Eerdmans, 1998.

Pieper, A. *Isaiah II: An Exposition of Isaiah 40-66*. Trans. E. Kowalke. Milwaukee: Northwestern, 1979.

Scott, R. B. Y. "Introduction and Exegesis of the Book of Isaiah, Chapters 1-39." Pages 156-381 in *The Interpreter's Bible*, vol. 5. Nashville: Abingdon, 1956.

Seitz, Christopher. *Isaiah 1-39*. Louisville: John Knox, 1993.

Skinner, John. *The Book of the Prophet Isaiah*. CBC. Cambridge: Cambridge Univ. Press, 1925.

Smith, G. Adam. *The Book of Isaiah*. 2 vol. Rev. ed. Expositor's Bible. London: Hodder & Stoughton, 1927.

Watts, John D. W. *Isaiah 1-33*. WBC 24. Waco, Tex.: Word, 1985.

________. *Isaiah 34-66*. WBC 25. Waco, Tex.: Word, 1987.

Westermann, Claus. *Isaiah 40-66, A Commentary*. Trans. D. Stalker. OTL. Philadelphia: Westminster, 1969.

Whybray, R. N. *Isaiah 40-66*. NCBC. Grand Rapids: Eerdmans, 1975.

Wildberger, Hans, *Isaiah 1-12, A Continental Commentary*. Trans. T. Trapp. Minneapolis : Fortress, 1990.

_______. *Isaiah 13-27, A Continental Commentary*. Trans. T. Trapp. Minneapolis : Fortress, 1997.

Young, E. J. *The Book of Isaiah*. 3 vol. NICOT. Grand Rapids : Eerdmans, 1964-1972.

이사야 연구서들

Allis, Oswald T. *The Unity of Isaiah : A Study in Prophecy*. Philadelphia : Presbyterian & Reformed, 1950.

Broyles, Craig C., and Craig A. Evans, eds. *Writing and Reading the Scroll of Isaiah : Studies of an Interpretive Tradition*. 2 vols. Leiden : Brill, 1997.

Clements, R. E. *Isaiah and the Deliverance of Jerusalem : A Study in the Interpretation of Prophecy in the Old Testament*. JSOTSup 13. Sheffield : JSOT Press, 1980.

Clifford, R. J. *Fair Spoken and Persuading : An Interpretation of Second Isaiah*. New York : Paulist, 1984.

Conrad, Edgar W. *Reading Isaiah*. OBT. Philadelphia : Fortress, 1991.

Darr, Katheryn Pfisterer, *Isaiah's Vision and the Family of God*. Louisville : Westminster John Knox, 1994.

Erlandsson, S. *The Burden of Babylon : A Study of Isaiah 13:2-14:23*. ConBOT 4. Lund : Gleerup, 1970.

Gowan, D. *When Man Becomes God : Humanism and Hubris in the Old Testament*. Pittsburgh : Pickwick, 1975.

Hanson, Paul D. *The Dawn of Apocalyptic*. Philadelphia : Fortress, 1975.

Hayes, John H., and S. A. Irvine. *Isaiah, the Eighth Century Prophet : His Times and His Preaching*. Nashville : Abingdon, 1987.

Johnson, Dan G. *From Chaos to Restoration : An Integrative Reading of Isaiah 24-27*. JSOTSup 61. Sheffield : JSOT Press, 1988.

Margalioth (Margulies), Ruth. *The Indivisible Isaiah : Evidence for the Single Authorship of the Prophetic Book*. New York : Yeshiva Univ. Press, 1964.

Melugin, Roy. *The Formation of Isaiah 40-55*. BZAW 141. Berlin: de Gruyter, 1976.

Mettinger, T. N. D. *A Farewell to the Servant Songs: A Critical Examination of an Exegetical Maxim*. Scriptura Minora 13. Lund: Gleerup, 1983.

Miscall, Peter. *Isaiah*. Sheffield: JSOT Press, 1993.

North, Christopher R. *The Suffering Servant in Deutero-Isaiah: An Historical and Critical Study*. Oxford: Oxford Univ. Press, 1948.

Oswalt, John N. "Key Themes in the Book of Isaiah: Their Relevance for Christian Theology." Pages 1-90 in *Newell Lectureships*, vol. 3. Ed. T. Dwyer. Anderson, Ind.: Warner, 1996.

Seitz, Christopher, ed. *Zion's Final Destiny: The Development of the Book of Isaiah: A Reassessment of Isaiah 36-39*. Minneapolis: Fortress, 1991.

______, ed. *Reading and Preaching the Book of Isaiah*. Philadelphia: Fortress, 1988.

Staton, Cecil P., ed. *Interpreting Isaiah for Preaching and Teaching*. Greenville, S.C.: Smyth & Helwys, 1991.

Vermeylen, J. *Du Prophète Isaïe à l' apocalyptique: Isaïe i-xxxv, miroir d'un demi-millénaire d'expérience religieuse in Israël*. Paris: Ledoffre, 1977.

Webb, Barry. *The Message of Isaiah: On Eagles' Wings*. BST. Leicester: nter-Vasrsity Press, 1996.

Wolf, Herbert M. *Interpreting Isaiah: The Suffering and Glory of the Messiah*. Grand Rapids: Zondervan, 1985.

이사야 1:1-9

1 유다 왕 웃시야와 요담과 아하스와 히스기야 시대에 아모스의 아들 이사야가 유다와 예루살렘에 관하여 본 계시라
2 하늘이여 들으라 땅이여 귀를 기울이라 여호와께서 말씀하시기를 내가 자식을 양육하였거늘 그들이 나를 거역하였도다
3 소는 그 임자를 알고 나귀는 그 주인의 구유를 알건마는 이스라엘은 알지 못하고 나의 백성은 깨닫지 못하는도다 하셨도다
4 슬프다 범죄한 나라요 허물 진 백성이요 행악의 종자요 행위가 부패한 자식이로다 그들이 여호와를 버리며 이스라엘의 거룩하신 이를 만홀히 여겨 멀리하고 물러갔도다
5 너희가 어찌하여 매를 더 맞으려고 패역을 거듭하느냐 온 머리는 병들었고 온 마음은 피곤하였으며
6 발바닥에서 머리까지 성한 곳이 없이 상한 것과 터진 것과 새로 맞은 흔적뿐이거늘 그것을 짜며 싸매며 기름으로 부드럽게 함을 받지 못하였도다
7 너희의 땅은 황폐하였고 너희의 성읍들은 불에 탔고 너희의 토지는 너희 목전에서 이방인에게 삼켜졌으며 이방인에게 파괴됨 같이 황폐하였고
8 딸 시온은 포도원의 망대 같이, 참외밭의 원두막 같이, 에워 싸인 성읍 같이 겨우 남았도다
9 만군의 여호와께서 우리를 위하여 생존자를 조금 남겨 두지 아니하셨더면 우리가 소돔 같고 고모라 같았으리로다

원 의미

이사야서의 첫 아홉 절은 저자와 본문 구성의 시기를 소개하며 유다 백성을 향한 하나님과 이사야의 비난을 요약해 준다. 이 구절들 자체는 이 책과 서론 단락(1-5장)의 시작을 알려 준다. 많은 주석가들은 1-5장이 완결된 전체 본문의 분명한 목적을 전달하기 위해 이 책의 나머지 부분 다음에 편집된 것으로 믿는다.[1] 보기 드물게 선지자의 소명이 6장에 위치하고 있음은 이러한 주장을 상당히

1. 간결하게 설명해 주는 D. R. Jones, "The Tradition of the Oracles of Isaiah of Jerusalem," *ZAW* 69 (1955): 226-46을 보라.

지지해 주는 듯하다. 그렇지만 만약 4:2에 나오는 "여호와의 싹"이 메시아를 가리키지 않는다면 1-5장에는 메시아라는 주제가 나타나지 않아, 이 장들이 의도적으로 책의 서론으로서 편집되었다는 이론에 대해서는 의문이 제기될 것이다. 그것은 이 책의 모든 것을 요약하려는 시도가 아닌, 심판-희망의 주요 주제를 소개하기 위해 다소의 단편들이 선별되었다고 보는 것이 더 적절한 것 같다.

1절은 후속 내용의 저자와 그 저자가 저술한 시간대를 소개한다. 우리는 이 책에서 언급된 것처럼, 이사야가 아모스의 아들이라는 사실 외에 아무것도 알지 못한다. 그러나 이사야가 쉽게 왕들에게 접근할 수 있었다는 점은 아마도 그가 왕족에 속한 자였음을 시사해 준다.[2] 언급된 네 왕들의 연도는 대략 주전 690년에서 주전 590년에 이른다. 그러나 6장은 이사야의 사역이 단지 주전 640년쯤 웃시야 왕 말년에 시작되었음을 분명히 밝히고 있다. 유다 전통에 따르면, 이사야는 므낫세에게 죽음을 당했다고 전해지지만 이를 독자적으로 확증해 줄 만한 증거는 없다.[3]

그 다음에는 유다를 황폐케 만든 반역(2절)과 타락(4절)에 대한 비난이 등장한다. 이사야는 오직 하나님의 자비하심으로 그 땅이 계속 생존하고 있다고 결론짓는다(9절). 2절은 공식적인 형식을 띤 표현으로 시작한다. 여기서 하나님은 하늘과 땅을 법정 증인으로 호출하신다. 이것은 신명기 4:26을 연상시킨다. 여기서 모세는 만약 이스라엘 백성이 죄를 고집한다면 그들이 약속의 땅에서 쫓겨날 것이라는 언약의 증인으로서 하늘과 땅을 부른다. 그러므로 순종적인 자연은 하나님이 반역한 인간에 대해 말씀하시는 것을 증거하기 위해 부름 받는다.

이와 같은 "순종하고 응답하는 자연"이라는 주제는 3절에서도 계속된다. 여기서 이스라엘은 적어도 주인이 누군지는 알고 있는 소와 나귀보다 못한 몰지각한 자들로 소개된다. 심지어 이스라엘은 그들의 좋은 주인을 떠나 매를 맞는데도 계속해서 그에게 등을 돌리고 있다(5절).

1:5-8에서 이사야는 이스라엘 민족의 영적인 상태를 묘사하기 위해 두 가지 회화적인 비유를 사용한다. 첫 비유(5-6절)는 내버려진 멍들고 상처 난 몸에 관한 것이며, 둘째 비유(8절)는 추수 밭에 버려진 오두막(상직막)에 관한 것이다. 수확하

2. 이 이론의 역사에 관해서는 J. Alexander, *The Prophecies of Isaiah* (Grand Rapids: Zondervan, 1975), 10을 보라.
3. 연도와 저작권, 편집 구성에 관한 더 구체적인 논의로는, 본서의 서론을 참조하라.

는 일꾼들은 떠나고 겨울바람은 이 오두막을 짓기 위해 사용된 남은 것들을 날려 버렸다. 이스라엘은 바로 이와 같은 처지에 있다. 이런 상황에도 이스라엘은 2와 2를 합하여 4를 만들어 내지 못하고 있는 것 같다. 만약 그들이 단지 주님께로 돌아온다면, 주님은 이전에 그들에게 보이신 축복을 기쁜 마음으로 회복해 주실 것이다. 그러나 그들 주변에 일어나는 심판의 징후에도 불구하고 그들은 돌아오지 않을 것이며, 이것은 그들의 반역이 얼마나 심각한지를 보여 준다.

상황잇기

실제적으로 이 단락은 반역과 무지에 관한 것이다. 반역은 정해진 결과를 초래하며, 어떤 행위와 그 결과의 연관성을 깨닫는데 실패하게 한다. 반역(*pešaʿ*)은 본질적으로 한계를 인정하지 못하고 거부하는 것이다. 그러나 "이스라엘의 거룩한 자"는 어떤 근거로 그러한 한계를 세우시는가?(4절) 이 단락에는 네 가지 근거들이 언급되거나 암시되어 있다.

(1) 오직 거룩하신 한 분(the Holy One)이 존재한다. 고대 세계에서 "거룩"은 신성에 속하는 것으로 규정되었다. 이사야에게 거룩한 분으로 규정될 수 있는 분은 오직 한 분뿐이었다. 이스라엘의 이웃 이교도 국가들이 숭배한 것들은 분명 거룩한 것이 아니었다. 실제로 그것들은 가증스런 것이었다(44:19). 그러므로 만약 우주에 오직 유일한 진짜 신이 있다면, 그 신은 분명 나머지 우주의 한계를 설정할 권리를 갖고 있다.

(2) 그 거룩한 분은 창조주(the Creator)이시다. 그는 땅과 하늘의 한계를 설정하시는 분이다. 그런 분께 인간의 한계를 설정할 권리가 없겠는가?

(3) 그것은 언약의 주님(the covenant Lord)께서 소유하신 권리이다. 하나님은 인간과 함께 언약 관계 속으로 들어오셨다. 그분은 자신을 우리에게 헌신하셨으며 우리로 하여금 그에게 헌신하도록 요청하신다.

(4) 하나님 아버지(the Father)께서 지니신 권리가 있다. 인간은 하나님께 단지 객체나 주체가 아니다. 우리는 하나님이 사랑하시며 돌보시는 그분의 자녀이다(1:2). 만약 하나님이 한계를 설정하신다면, 그것은 궁극적으로 사랑으로 세운 것이다. 만약 우리가 하나님이 설정하신 한계를 반역한다면 그것은 유일하신 하나님, 홀로 계신 창조자, 언약의 주, 하늘의 아버지에 대한 반역이다.

반역은 결과를 초래한다. 영적인 선택의 결과는 육체적인 선택의 결과만큼이나 분명하다. 마치 멍들고 상한 몸을 그대로 내버려 둔다면 죽게 되는 것처럼, 기대어

지은 지붕이 계속 지탱하지 못하면 무너지는 것처럼, 만약 우리가 우주의 창조자를 반역하여 그분의 길을 거절한다면 영적인 타락과 죽음이 뒤따라올 것이다. 우리는 지성을 지닌 존재로서 이런 이치를 깨달아야 한다. 짐승은 그들에게 무엇이 최상인지를 알고 있는 듯하다. 그러나 인간은 그렇지 못하다.

현대적 의미

우리 인간은 흥미로운 존재다. 우리가 범죄로 해를 입을 때 우리는 즉각적인 심판을 원한다. 그러나 우리가 범죄할 때는 전적인 자비를 원한다. 우리는 결과가 우리에게 유리할 때 그것을 요구하지만, 그렇지 못할 때에는 회피하려 한다. 그 외에도 우리는 대개 육체적 행위의 불가피한 결과들은 부인하지 못하면서도 영적인 행위의 유사한 결과들은 인정하지 않는다. 우리는 중력의 "법칙" 때문에 감정이 상하지는 않는다. 우리는 만약 우리가 40층 빌딩에서 뛰어내리면 우리 자신에게 돌이킬 수 없는 손상을 가져다준다는 사실이 우리의 본질적인 자유를 다소 침해했다고 느끼지는 않는다. 그렇지만 만약 누군가가 영적인 세계에도 유사한 "법들"이 존재한다고 용기 있게 주장한다면, 그러한 사람은 마치 심히 악한 자처럼 취급될 것이다.

인간의 자유가 지나치게 남용될 때 분명 비극적인 결과를 초래함에도 불구하고 현대 세계에서는 그것이 절대적인 선이 되어 왔다. 연구 자료에 따르면 청소년 범죄의 공통 요인은 아버지의 부재에 있다. 그렇지만 남성들은 언제나 그리고 어디서나 자녀들을 문제없이 기를 수 있다고 계속 상상한다. 또한 어른들은 원치 않는 결과(임신을 의미함-옮긴이)를 피할 수 있기 때문에 그들 마음대로 성 관계를 가질 수 있다고 상상한다. 우리 가운데 어떤 이들은 삶의 우선순위에 영향을 미치는 것들을 배제한 채 끝없이 물질만을 추구할 수 있다고 상상한다.

그러나 이사야는 우리에게 영적 행위의 기준이 존재하며 그것은 마치 물리적 세계의 기준과도 같이 필수적인 것임을 말해 준다. 그 기준들은 우주의 창조자에 의해 세워졌고 결코 파기되지 않으며, 단지 반대에 부딪힐 뿐이다. 오늘날 크리스천들은 자신과 자녀 둘 다를 위해 이 진리를 회복해야 한다. 우리는 영적인 기준을 싫어하는 사회 속에서 살아가며, 이러한 성향은 모든 이들에게 발견될 정도로 너무 고질적이고 만연되어 있다. 우리는 이런 성향을 깨닫지 못한 채 그것에 동화될 위험에 빠져 있으며 우리의 자녀들은 더욱 그러하다. 우리는 거룩하신 자가 중력의 법칙보다 더 독단적인 방식으로 결혼 정절의 법칙을 만들어 내지 않았음을 몇 번이고 자신에게 말해야 한다. 이 두 법칙은 단지 그분이 원하시는 우리의 역할 방식을 설명해 줄 뿐이다.

철도 기관차가 선로 위에 머무르는 데 필요한 것은 철도의 기본 법칙을 위반하는 것에 있지 않다. 그것은 가능한 한 기관차가 작동되는 환경을 설정하는 데 있다. 우리는 이와 같은 기본적인 삶의 계산 능력을 회복해야 한다. 예를 들면, 왜 모든 조직 사회는 거짓말을 금하는가? 어떤 이유에서건 간에 모든 이들이 거짓말을 하는 사회는 더는 존재할 수 없기 때문이다. 그렇다면 왜 그런가? 그것은 이런 현상이 육체적, 감정적, 영적인 필요를 보전하고 있는 창조의 본질을 반영한다는 것을 논증하고 있지 않은가? 그렇지만 우리 사회는 자신을 절대적 선으로 만족하면서 다음과 같이 말한다. "오, 모든 사람들은 한때 잠시 거짓말을 합니다. 너무 인색하지 마세요." 그러나 우리는 이사야가 다음과 같이 말하는 것을 듣는다. "왜 당신은 그 큰 벽에 계속 부딪치고자 하는가? 하나님은 천상의 흥을 깨는 분이기 때문에 거짓말을 금하는 것이 아니라 단지 그분이 그런 방식으로 세상을 창조하셨기 때문에 그렇다."

이것은 하나님에 대한 성경적 교리가 필요함을 강조해 준다. 우주 가운데 그의 본질(거룩한 자)과 본성(아버지)과 행동(창조자)과 교제(언약의 주)를 통해 우리의 생을 규정하시는 분이 존재하는가? 만약 그렇다면, 반역은 스스로 결정하려는 우리의 권리를 선언하는 것일 뿐만 아니라 우리 존재의 본질에 어긋나는 범죄이다. 그러나 우리는 이것이 행동을 결정하는 프로그램을 생각 없이 따르는 로봇으로 우리를 격하시키는 것은 아닌가라고 반문한다. 하지만 그 대답은 분명 그렇지 않다는 것이다. 성경에, 특히 이사야서에 명백히 드러난 하나님의 성품을 고려해 볼 때, 반역 외의 다른 선택은 기계적인 순종이 아니다. 왜냐하면 하나님은 우리에게 모든 행동들을 명령하시지 않기 때문이다. 하나님은 단지 우리에게 고통을 주는, 우리가 넘어서는 안 되는 외부 한계를 설정하셨을 뿐이다. 마치 중력의 법칙이 우리를 지각없는 로봇으로 만들지 않는 것처럼, 도둑질을 금하는 법칙도 우리를 그렇게 만들지 않는다.

흥미롭게도, 미국의 어떤 주들은 그들의 법률에 남편과 아내 사이에 어떤 성적 지위(sexual positions)가 합법적인지를 규정하는 조항들을 여전히 소유하고 있다. 성경에는 그러한 법률 조항이 없다. 창조주 아버지께서 당신에게 규정하신 전반적인 한계 속에서 창조적으로 살아 보라. 그러면 건강과 결실과 기쁨을 누리게 될 것이다.

이사야 1:10-20

10 너희 소돔의 관원들아 여호와의 말씀을 들을
지어다 너희 고모라의 백성아 우리 하나님의
법에 귀를 기울일지어다
11 여호와께서 말씀하시되 너희의 무수한 제물
이 내게 무엇이 유익하뇨 나는 숫양의 번제
와 살진 짐승의 기름에 배불렀고 나는 수송
아지나 어린 양이나 숫염소의 피를 기뻐하지
아니하노라
12 너희가 내 앞에 보이러 오니 이것을 누가 너
희에게 요구하였느냐 내 마당만 밟을 뿐이
니라
13 헛된 제물을 다시 가져오지 말라 분향은 내
가 가증히 여기는 바요 월삭과 안식일과 대
회로 모이는 것도 그러하니 성회와 아울러
악을 행하는 것을 내가 견디지 못하겠노라
14 내 마음이 너희의 월삭과 정한 절기를 싫어
하나니 그것이 내게 무거운 짐이라 내가 지
기에 곤비하였느니라
15 너희가 손을 펼 때에 내가 내 눈을 너희에게
서 가리고 너희가 많이 기도할지라도 내가
듣지 아니하리니 이는 너희의 손에 피가 가
득함이라
16 너희는 스스로 씻으며 스스로 깨끗하게 하여
내 목전에서 너희 악한 행실을 버리며 행악
을 그치고
17 선행을 배우며 정의를 구하며 학대 받는 자
를 도와 주며 고아를 위하여 신원하며 과부
를 위하여 변호하라 하셨느니라
18 여호와께서 말씀하시되 오라 우리가 서로 변
론하자 너희의 죄가 주홍 같을지라도 눈과
같이 희어질 것이요 진홍 같이 붉을지라도
양털 같이 희게 되리라
19 너희가 즐겨 순종하면 땅의 아름다운 소산을
먹을 것이요
20 너희가 거절하여 배반하면 칼에 삼켜지리라
여호와의 입의 말씀이니라

원 의미

하나님에게서 멀어진 이스라엘의 상태를 다루고 있는 이사야는 두 가지의 길, 즉 잘못된 길과 올바른 길을 제시하면서 그의 첫 임무를 수행해 나간다. 외식적인 제사 의식의 잘못된 길이 1:10-15에 묘사되고 있고, 회개와 변화된 삶의 올바른 길이 1:16-17에 묘사되고 있다. 끝으로 이 두 갈림길이 1:18-20에 요약되고 있다. 만약 우리가 올바른 길을 선택한다면, 우리는 축복을 누리게 될 것이다. 그러나 만약 우리가 잘못된 길을 선택한다면, 우리는 멸망당할 것이다.

이사야서의 흥미로운 특징 가운데 하나는 그 전환에 있다. 복수 저작설을 옹호하는 자들에게 이런 특징은 후대 편집자의 작업을 보여 주는 하나의 표시로 이해될 것이다. 그러나 이와 같은 특징은 한 사상을 다른 사상에 연결하고자 하는 저자의 일관된 의도를 암시할 수도 있다. 이런 경우에 9절과 10절에 나오는 소돔과 고모라의 용법은 이와 같은 연결점을 보여 준다. 9절에서 저자는 오직 하나님의 자비로 말미암아 이스라엘과 유다가 소돔과 고모라처럼 멸망되지 않았음을 말하고 있다. 10절에서 저자는 백성을 "소돔의 관원들"과 "고모라의 백성"이라고 부르면서 비교를 강화하고 있다. 만약 이스라엘 백성이 하나님의 선민이기 때문에 심판에서 벗어날 수 있다고 생각한다면, 그들은 다시 생각해야 한다. 만약 그들의 행동이 세상 사람들과 다를 바 없다면, 그들의 운명도 다를 바 없을 것이다.

그러나 이스라엘 백성은 하나님이 알려 주신 대로 희생 제사를 드리기 때문에 호의적인 대우를 받을 자격이 있다고 생각한다. 그들은 자신들이 모든 제사 의식을 더 주의 깊게 수행한다면 하나님이 도래할 심판을 돌이킬 것이며 그들에게 축복을 가져다줄 것이라고 믿는다. 하지만 11-15절에서 하나님은 그와 같은 생각에 대해 빗발치는 경멸의 말씀으로 응답하신다. 하나님은 더는 제사를 원치 않으시며 그것을 기뻐하지 않으신다(11절). 12절은 하나의 수사적 질문을 던지고 있다. 이 질문의 대답은 하나님이 그분 앞에 나아오라고 그들에게 결코 요구하시지 않았다는 것이다. 그들의 봉헌은 헛된 것이며, 그들의 분향은 가증스럽고, 그들의 제사는 악할 뿐이다(13절). 실로 이 모든 것들은 하나님이 견디기에 너무 무거운 짐이었다(14절). 하나님은 심지어 그들을 쳐다 보시지도 않기 때문에 그들은 손을 들고 기도하기를 멈춰야 하며 그들 홀로 자신의 기도를 듣게 될 것이다. 만약 하나님의 백성이 만연되고 있는 종교의식을 문제의 해결책으로 삼으려 한다면, 그들은 막다른 길에 들어선 것이다.

왜 그런가? 그 실마리가 15절에 나타난다—"너희의 손에 피가 가득함이니라." 이 표현은 다소 이중적인 의미를 지닌다. 그들의 손은 희생제물의 피로 가득하다. 그러나 그들은 또한 죄 없는 자의 피로 가득하다. 그들은 죄 없는 자들을 학대하거나 그런 범죄에 연루되어 왔다. 하나님은 그들의 기도에 경건한 삶이 부합하지 않기 때문에 그 기도를 듣지 않으실 것이다. 그들은 주변 사람들에게 파멸과 재앙을 가져다준 장본인임에도 불구하고 하나님이 자신들에게 복주시기를 원한다.

이것은 16-17절에 명백히 나타난다. 제사법이 소개되는 언약은 이웃에 대한 윤리적 실천을 요구하는 언약과 동일한 것이다. 하나를 취하고 다른 하나를 버리는 것은 불가능하다. 우리는 악행을 계속 저지르면서 제사 의식이 그 악행의 심판에서 자신을 구원해 줄 거라고 기대할 수 없다. 하나님이 원하시는 바는 옳고 정당한 행위이다. 특히 학대받는 자, 고아, 과부와 같은 약자 편에 서서 그들을 위해 옳고 정당한 행위를 실천해야 한다. 여기에 주님을 아는 자가 누구인지를 보여 주는 진정한 증거가 있다. 누구든지 제사 의식을 수행할 수 있다. 그러나 하나님처럼 행하는 사람은 변화된 삶으로 하나님과 교제하는 자이다. 그리고 그것이야말로 하나님이 원하시는 바이다.

18절에서 독자는 하나님과 변론하도록 요청받는다. 하나님은 우리에게 최대한 생각해서 행동하라고 도전하신다. 만약 한 행동 방식(반역과 완악함)이 멸망을 초래하지만(20절), 또 다른 행동 방식(순종과 변화된 삶)은 용서와 회복(18절)과 삶의 모든 축복(19절)까지 가져다준다면, 어떤 선택이 가장 현명하겠는가? 심지어 소와 나귀조차도 이것을 판단할 수 있을 듯하다(1:3).

상황잇기

우리는 이제 예배 때에 희생 제물을 바치지 않으며, 우리 중 대부분은 분향을 드리지 않기 때문에, 언뜻 보기에 1:10-15의 적실성은 현대 독자들에게 제한되어 보인다. 그렇지만 이 단락이 말하고 있는 바는 현대 독자들과 매우 관련이 있다. 이 단락은 자신의 이익을 위해 하나님을 조정하는 수단으로 종교적 행위를 사용하는 인간의 성향을 보여 준다. 이런 인간의 성향은 세계 곳곳에서 제사 의식의 기능으로 나타난다. 왜냐하면 사람들은 때때로 의식적이든 무의식적이든 간에 이러한 제사 의식을 수행함으로써 하나님이 어떤 것들을 하시도록 강요할 수 있다고 믿기 때문이다.

이것은 연속성의 세계관(the worldview of continuity) 속에 잘 드러난다. 즉 인간 세계에서 행해진 행동들은 필연적으로 하늘과 자연 세계에 반드시 연결된다는 것이다. 이것은 의식적 종교(ritualistic religion)의 커다란 매력이 된다. 이런 종교는 종교 숭배자들로 하여금 통제를 받으면서 자신이 추구하는 이익을 획득할 수 있다고 생각하게 한다. 이와 같은 종교적 행위는 분명 히브리인에게 매력적인 것이었다. 반대로, 특히 우리보다 약한 사람들을 공의롭고 올바른 방식으로 대우하는 것은 종교적 효력이 전혀 없는 것처럼 보인다. 이런 경우에 하나님은 우리에게 빚지지도 않으시며, 이런 태도는 하나님을 조정할 능력도 없어 보인다. 아마도 우리는 하나님께 호의를 얻을 수 있을는지 모른다. 그러나 그것은 하나님의 진노를 진정시킬 만한 근거로서는 불확실하다. 필요한 것은, 우리를 단지 그분께 내어 맡기며 그분의 말씀을 지키기 위해 그분을 신뢰하는 것뿐이다. 사람들이 이러한 태도를 수용하기란 두려운 일이다.

그러나 이것이야말로 바로 하나님의 초월성의 결과이다. 하나님은 인간의 활동으로 조정될 수 없다. 우리는 어떤 기계적 방식을 통해 하나님으로 하여금 어떤 것을 하도록 강요할 수 없다. 그분은 이 세상의 간섭을 받지 않으시며, 그분께 무엇을 하도록 강요하는 것은 있을 수 없는 일이다. 그러나 어떻게 그리고 왜 가난한 자를 공정하고 올바르게 대우하는 것이 하나님과 동행하는 데 중요한가? 그것은 하나님이 이스라엘과 맺은 언약을 통해 그런 삶을 요구하셨기 때문이다. 만약 그들이 언약의 주님이 베푸신 복을 경험하고자 한다면, 또 다른 사람을 윤리적 방식으로 대우해야 했다.

왜 그런가? 그것은 이런 삶이 그분의 본성과 성품을 나타내 주는 그분의 뜻이었기 때문이다. 만약 하나님의 백성이 그분과 함께 동행하기를 원했다면, 그들은 기꺼이 하나님처럼 행동해야 했다. 여기에 현대 독자들을 위한 연결점이 있다. 돌판에 새겨진 옛 언약처럼, 우리 마음에 새겨진 새 언약은 우리에게 하나님의 성품에 참여하도록 요청한다. 하나님은 우리에게 은혜를 베푸신다. 우리는 그분께 은혜를 베풀어 달라고 강요할 수 없다. 그러나 만약 우리가 은혜를 받고자 한다면, 우리는 그것을 위해 올바른 관계 속으로 들어가야 한다. 만약 우리가 그분의 길로 가기를 거절한다면, 우리는 은혜를 받을 수 없다.

그렇지만 희생 제사 역시 언약의 한 요구 조건이 아니었는가? 이 질문은 "예"와 "아니요"로 답할 수 있다. 언약의 요구 사항들은 출애굽기 20-23장에 언급되어 있다. 출애굽기 20-23장에서 예배와 희생 제사에 관한 진술들은 전반적으로 다루어지고 있는 반면, 윤리적 요구들은 상세히 서술되고 있다.[1] 소위 "희생 제사 안내문"(Manual of Sacrifice)은 오직 성막 단락(출 25-40장) 이후에 등장하며, 여기에 묘사된 대부분의 희생 제사(레 1-7장)는 비고의적인 죄와 연관되어 있다. 이와 같은 배열과 내용은 중요하다. 제사 제도는 하나님의 은혜를 얻으려는 목적을 위해 주어진 것이 아니다. 그것은 하나님의 은혜를 받아들이고 언약을 준수하며 그분의 임재를 누리는 자들이, 온전한 삶에 미치지 못하고 무의식적인 잘못을 범함에도

1. 언약 요구 조건을 요약해 주는 십계명 속에, 제사에 관한 내용이 전혀 나타나지 않음을 주목해 보라. 그나마 유일하게 밀접한 계명은 안식일에 관한 제4계명이다.

불구하고 계속해서 바르게 살도록 해주는 수단으로서 주어진 것이다. 의도적으로 하나님의 언약을 파기하는 행위를 가리기 위해 제사를 사용하려는 시도는 언약 전체를 심히 위반하는 행위다.

종교적 행위는 마음의 상태를 보여주는 표시였다. 만약 마음이 하나님 앞에서 순종과 복종의 자세를 취하지 않는다면, 세상의 모든 제사는 아무것도 성취하지 못할 것이다. 시편 51편은 구약 본문 가운데 이 점에 대해 가장 분명하게 진술하고 있다. 시편 51편에서 우리는 하나님이 제사를 원치 않으시다는 것을 알게 된다. 오히려 하나님이 원하시는 제사는 상하고 참회하는 마음의 제사이다. 그렇다면 왜 하나님은 제사를 요구하셨는가? 그것은 인간에게 영적인 실재들을 상징해 주는 수단이 필요했기 때문이다. 상징을 실재의 위치에 두려는 시도는 죄이다.

현대적 의미

오늘날 우리도 이스라엘 백성처럼 하나님을 조정하기 위해 종교적 행위를 사용하는 죄악을 범하고 있다. 우리가 정기적으로 교회에 나가고, 성경을 읽고, 기도하며, 십일조를 하고, 학대하는 죄를 범치 않을 때, 하나님이 우리에게 무언가 빚지고 있다고 생각하기가 얼마나 쉬운가. 더욱이 우리가 이 모든 일들을 했을 때, 하나님이 우리에게 이 이상의 것을 기대할 수 없을 거라고 생각하기가 얼마나 쉬운가. 이런 것들을 전혀 하지 않는 우리 주변의 모든 이교도를 바라보라. 하나님은 우리 같은 신실한 종들을 두신 것에 감사하셔야 한다고 우리는 생각한다. 그러므로 우리가 그분을 위해 이 모든 일을 했기 때문에, 우리는 어려움이 찾아올 때 그분을 불공평하다고 비난하면서 화를 낸다.

사실상, 이런 행위들이 진정한 성경적 신앙으로 대체되기가 쉽다. 구약과 신약이 보여 주듯이 진정한 성경적 신앙은 우리가 다른 이들을 대우하는 방식에서 드러나는 복종과 순종에 있다. 요한복음 13:35에 나오는 예수님의 말씀은 물론 모든 것을 함축하지는 않는다. 그럼에도 불구하고 그 의미는 분명하다—"너희가 서로 사랑하면 이로써 모든 사람이 너희가 내 제자인 줄 알리라." 그것은 우리의 종교적 행위가 아닌 우리의 사랑을 통해 성취된다. 바울은 고린도전서 13장에서 동일한 논점을 피력한다. 바울이 갈라디아서 5:22-23에서 성령의 열매를 묘사할 때 전적으로 관계적 표현으로 묘사하고 있음을 역시 주목해 보라.

이스라엘과 마찬가지로, 우리의 예배와 종교적 활동의 목적은 더 깊은 실재들을 나타내는 것이다. 이 상징들과 실재들 사이에 반드시 연관성이 있는 것은 아니다. 그러나 이런 실재들과 우리의 윤리적 행위들 사이에는 직접적인 연관성이 있다. 우리는 매우 종교적일 수도 있지만, 자신을 위해 살아갈 수도 있다. 우리는 순종할 수 있지만, 반역과 다를 바 없는 이기적인 모습으로 살 수도 있다.

이와 반대로, 인간은 성경에 나와 있는 하나님의 사랑과 은혜에 자신을 맡기지 않으면, 다른 사람들 특히 받은 것을 결코 갚지 않는 자들과의 관계 속에서 변함없는 성실과 긍휼과 자기 부인을 행하는 것은 힘든 일이다. 이런 방식으로 살면서 신앙관을 피력하지 않는 사람들을 만나 보면, 대부분의 경우 그런 행동의 배후에는 이전 세대의 기독교적 유산이 있다. 그러나 요점은 다음과 같다. 하나님은, 만약 우리가 그분의 은혜를 체험한다면 우리 속에 있는 그분의 생명의 증거를 반드시 드러내야 한다고 말씀하신다. 삶이 변화되지 않은 채 행하는 종교적이며 의식적인 활동은 그런 증거가 아니다.

이사야 1:21-31

21 신실하던 성읍이 어찌하여 창기가 되었는고
정의가 거기에 충만하였고 공의가 그 가운데
에 거하였더니 이제는 살인자들뿐이로다
22 네 은은 찌꺼기가 되었고 네 포도주에는 물
이 섞였도다
23 네 고관들은 패역하여 도둑과 짝하며 다 뇌
물을 사랑하며 예물을 구하며 고아를 위하여
신원하지 아니하며 과부의 송사를 수리하지
아니하는도다
24 그러므로 주 만군의 여호와 이스라엘의 전능
자가 말씀하시되 슬프다 내가 장차 내 대적
에게 보응하여 내 마음을 편하게 하겠고 내
원수에게 보복하리라
25 내가 또 내 손을 네게 돌려 네 찌꺼기를 잿물
로 씻듯이 녹여 청결하게 하며 네 혼잡물을
다 제하여 버리고
26 내가 네 재판관들을 처음과 같이, 네 모사들
을 본래와 같이 회복할 것이라 그리한 후에
야 네가 의의 성읍이라, 신실한 고을이라 불
리리라 하셨나니
27 시온은 정의로 구속함을 받고 그 돌아온 자
들은 공의로 구속함을받으리라
28 그러나 패역한 자와 죄인은 함께 패망하고
여호와를 버린 자도 멸망할 것이라
29 너희가 기뻐하던 상수리나무로 말미암아 너
희가 부끄러움을 당할 것이요 너희가 택한
동산으로 말미암아 수치를 당할 것이며
30 너희는 잎사귀 마른 상수리나무 같을 것이요
물 없는 동산 같으리니
31 강한 자는 삼오라기 같고 그의 행위는 불티
같아서 함께 탈 것이나 끌 사람이 없으리라

원 의미

앞에서 회개를 촉구한 선지자는 이제 현재 상태에 대한 묘사(1:21-24)와 회개가 결여된 상태의 결말(1:25-31)을 제시한다. 그는 도래할 심판이 민족 전체를 정화하고 갱신하는 효과를 가져다주지만 죄인들 각각은 거기서 잘못된 위안을 삼아서는 안 된다고 말하면서, 심판에 대한 올바른 관점을 제공한다. 만약 그들이 회개하지 않는다면, 그들은 맹렬히 불타게 될 것이다.

선지자는 주님이 의도하신 것과 실제로 그가 본 것을 잇따라 대조하면서 현재의 상황을 묘사하고 있다. 주님은 신실함을 의도하셨으나 음란을 보셨고, 의를 의도하셨으나 살인을 보셨다. 그분은 은 대신에 불순물을 보셨다. 순전한 포도주 대신에 맛없는 희석물을 보셨다. 지도자 대신에 반역자를, 약자의 변호자 대신에 뇌물을 취하는 자를 보셨다. 여기서, 앞서 제시된 진정한 종교에 대한 정의가 동일하게 나타난다. 진정한 종교는 하나님께 신실해야 하며, 그것은 다른 사람들을 올바르고 공평하게 대우함으로써 증명된다. 진정한 종교는 자기중심적 원리에 희석되지 않는 순수한 경건에 있다. 권위를 지닌 자들은 자신이 부를 축적할 수 있는 특별한 지위에 있는 자가 아니라, 약자를 돌봄으로써 하나님께 책임을 다해야 하는 자임을 깨달아야 한다.

분명 하나님의 백성은 자신을 특별한 위치에 있는 자로 보았다. 하나님은 그들을 택하셨고 복을 약속하셨다. 실로 하나님은 그들에게 복을 주셨다. 그들은 노예 상태에서 벗어나 고대 세계에 주목할 만한 제국 가운데 하나가 되었다. 그들은 하나님의 율법, 성전, 도성, 땅을 소유하였다. 하나님은 그들을 모든 대적들에게서 보호하기 위해 특별한 관심을 나타내셨다. 이사야가 하나님의 백성이 그분의 기뻐하는 자들이 아닌, 보복을 당하게 될 원수들이라고 말할 때, 그것은 분명 정곡을 찌르는 신랄한 표현이었다(1:24).

그러나 하나님의 심판은 그분이 의도하신 최후의 단어가 결코 아니다.[1] 비록 이스라엘 민족이 당장 하나님의 원수가 된다 해도, 그것은 그들을 향한 하나님의 궁극적인 의도를 바꾸지는 못한다. 그러므로 하나님은 이스라엘을 멸망시키기보다는, 그들을 정화하고자 하신다. 은이 용광로에서 녹아 버리듯이, 하나님은 "이스라엘의 모든 부정함을 제거"하시기 위해 그들을 녹이고자 하신다. 바빌론 유수의 불길은 처참하고 고통스러울 것이다. 그러나 백성을 그 운명에 넘기시는 하나님은 그들을 버리시지 않는다. 오히려 한때 이스라엘이 알고 있던 본래의 모습으로 이스라엘 지도자들을 회복하시기 위해 그 불길을 사용하실 것이다. 그리하여 예루살렘은 실로 하나님의 목적을 성취하며 "의의 성읍, 신실한 고을"이 될 수 있을 것이다(1:26).

27절은 "공평"과 "의"의 흥미로운 두 용법을 보여 준다. 한편으로, 하나님의 공평과 의는 시온의 궁극적인 구원을 이룰 것이다. 그러나 다른 한편으로, 그 공평과 의는 백성이 자신들의 부정하고 불의한 행동들을 회개했으며, 하나님을 본받고자 하는 그들의 뜻을 재확언했기 때문에 유효한 것이다.

이 구절은 이사야서의 두드러진 주제 중 하나인 "여인 시온"을 소개하고 있다.

---

1. 더 많은 논의를 위해, 서론의 중심주제 단락에 나오는 "심판과 희망" 부분을 참조하라.

비록 셈어 계통의 표현 관습상 도시들은 여성형으로 정의되지만, 그보다 더 많은 용례들이 이사야서에 나타나는 것 같다. 시온은 여러 방면에서 여호와의 아내로 표현된다. 그와 동일한 이미지가 호세아(예를 들면, 호 2:1-2 등)와 에스겔(예를 들면, 겔 16:8-19 등)에서 발견된다. 여호와는 이 여인과 약혼했으며 답례로 성실과 충성을 기대하신다. 그러나 슬프게도 상황은 그렇지 못하다. 시온은 남편에게서 등을 돌렸으며, 자신을 음란한 여인으로 만들었다. 그녀는 다른 나라들과 동맹했으며, 또한 그 나라들이 섬기는 신들과 연합하고 말았다. 그럼에도 불구하고 신부를 향한 하나님의 사랑은 변치 않으셨다. 그분은 신부를 다시 돌이키기 위한 길을 모색하신다(49:15-21; 66:7-11; 참조. 호 2:14, 19-20).

이사야의 특징 가운데 하나는 그의 구원 신탁(神託)이 아무리 가능성이 있다 해도, 그것이 청중에게 결코 거짓된 위로를 전달하지 못하게 한다는 점이다. 좋은 소식은 오직 근본적인 전환을 시도하는 자가 받는다. 미래의 희망에 대한 확실성은 계속적인 반역을 정당화하지 못한다. 이 단락에서 언급하듯이 반역을 계속 고집하는 자들은 멸망당할 것이다(1:28). 주님과 맺은 언약을 버린 자들에게는 희망이 없을 것이다.

이와 같은 반역자들의 상태와 행동들은 나무 이미지를 통해 설명되는바, 이것은 이사야가 선호하는 이미지들 가운데 하나로서 여기에 처음 등장하고 있다. 때때로 선지자가 그와 같은 회화적 요소들을 문자적으로 사용할 때와 상징적으로 사용할 때를 분별하기란 어려운 일이다. 예를 들면, 1:29은 우상숭배하는 반역자들의 실제 행위들을 묘사하고 있는 듯하다. 종종 우상숭배의 처소들은 나무숲에 위치하였다. 그러나 1:30-31은 분명히 상징적이다.

교만한 반역자들은 자신을 높이 솟은 나무로 생각했을지 모른다. 그러나 만약 그렇다면, 그들은 물 없는 나무다. 사실상 이런 나무들은 불붙기 쉬워서 불이 점화되면 순식간에 타서 없어진다. 이것은 1:29이 상징적인 표현임을 암시해 주는바, 여기서 숲과 동산은 인간의 교만과 영광을 상징한다. 여하튼 요지는 시온을 향한 미래의 약속이 회개하지 않는 자들에게는 위로가 되지 않는다는 것이다.

상황잇기

만약 우리가 이 열한 절의 메시지에 대해 묻는다면, 세 가지 사상이 강조되어야 할 것이다.

(1) 진정한 종교의 본질이다. 이에 대한 이사야의 관점은 신명기, 미가 혹은 야고보서에 예견되는 것과 매우 동일하

다. 신명기 10:12-13은 우리에게 "네 하나님 여호와를 경외하여 그 모든 도를 행하고 그를 사랑하며 마음을 다하고 성품을 다하여 네 하나님 여호와를 섬기고…네게 명하는 여호와의 명령과 규례를 지키라"고 명한다. 미가 6:8은 그것이 "공의를 행하며 인자를 사랑하며 겸손히 네 하나님과 함께 행하는 것"이라고 말한다. 야고보서 1:27에서 저자는 우리에게 "고아와 과부를 그 환난 중에 돌아보고 또 자기를 지켜 세속에 물들지 말라"고 요청한다.

달리 말하면 진정한 종교는 다음과 같은 두 요소를 포함한다. 감정적인 것과 의지적인 것, 관계적인 것과 행위적인 것. 우리는 하나님과 사랑의 교제를 반드시 맺어야 한다. 이런 교제는 세상에서 우리를 구별해 주며, 특히 약자들을 향한 관심과 함께 우리의 삶의 방식을 바꿔 준다. 그러므로 이런 요소들은 진정한 종교가 법정적인 관점으로 이해될 수 없음을 보여 준다.

(2) 하나님은 당연한 심판조차도 긍정적인 결과로 이어지기를 원하신다. 하나님은 결코 심판을 궁극적인 것으로 보시지 않는다. 시편 30:5은 다음과 같이 말한다. "그 노염은 잠깐이요 그 은총은 평생이로다." 하나님의 공평이 다음과 같은 올가미와 같다면 우리는 하나님을 섬기지 않는다. "잘못을 행하면 그에 대한 보응을 받아라. 그러면 그것으로 끝나는 것이다." 그러나 하나님의 공의는 그런 것이 아니다. 만약 하나님이 마침내 그의 백성에게 심판을 허락하신다면(그리고 얼마나 오랫동안 그 심판을 연기해 오셨는지를 바라본다면), 그 심판의 불길은 멸망시키기보다는 정화하고 정결케 하기 위함이다. 결국 이것은 타락한 유다의 유일한 희망이었다. 만약 그들이 계속해서 자신들의 죄악을 방관한다면, 그들은 또 하나의 이교도로 전락하게 될 것이다. 만약 그들이 열방의 빛을 전할 하나님의 백성이라면, 그 불길을 피할 수 없다.

(3) 이사야는 거짓된 안전의 위험을 나타내 보여 준다. 이 반복적인 주제는 여기에 처음 등장한다. 분명 이 선지자는 자신이 미래의 좋은 일들을 예언할 때 백성이 긴장을 늦추고, 처참한 현재의 행동에 관심을 가질 필요가 없다는 결론에 도달할까봐 염려하고 있다. 이것이야말로 거짓 선지자와 참선지자의 차이이다. 거짓 선지자는 모든 것이 잘되고 있으며 현재의 죄악을 문제 삼을 필요가 없다고 믿게 함으로써 청중을 안심시킨다. 격려의 사역이 활개를 친다. 참선지자는 그의 백성이 듣기 싫어하는 것을 말해 줌으로써 그들을 부족함 없이 돌보는 자이다. 그래서 이사야는 백성을 향해, 하나님이 아브라함 자손과 맺은 언약을 지키실 것이며 그 언약이 이 땅에서 없어지지 않게 하실 것이라는 사실이, 이스라엘 개개인에게 보증

이 되지는 않는다고 계속해서 말한다. 그들은 지금 죄를 회개해야 한다. 그렇지 않으면 언약에 참여하지 못할 것이다.

현대적 의미

수많은 현대 복음주의 신학은 19세기 후반과 20세기 초반에 등장한 소위 "사회적 복음"에 대한 반대 입장을 취한다. 이 사회적 "복음"—우리는 개인의 경건보다는 죄악된 사회 구조의 변화에 더 많은 관심을 기울여야 한다—은 대부분 개인의 거룩과 영적인 체험을 지나치게 집착하던 19세기 후반의 열광적 신앙관에 대한 반동이었다. 1920년대와 1930년대에 이 사회적 복음은 최고의 전성기를 누렸으며, 근본주의자들은 사회 개혁에 필요한 모든 것은 개인을 구원하는 거라고 말하면서 이에 대응하였다.

칼 헨리(Carl F. H. Henry)는 대표작 『현대 근본주의의 불안한 의식』(*The Uneasy Conscience of Modern Fundamentalism*)에서 복음주의 진영이 지나친 반응을 보인다고 믿은 자신의 의견을 피력한 바 있다.[2] 하지만 이 책은 이제 출판된 지 50년 이상이 되었고 우리는 그 메시지를 다시 들을 필요가 있다. 한 그룹을 이루는 복음주의자들은 이제 하류층에서 벗어나 대개는 중류층에, 어떤 이들은 상류층에 속해 있다.[3] 그렇지만 약자들과 상심한 자들을 돕고자 하는 시도와, 우리 사회에 공평과 의를 든든히 세우고자 하는 노력은 뒤쳐져 왔다.

부흥 운동의 연구가 에드윈 오르(J. Edwin Orr)는 1970년대 후반 에즈버르 신학교에서 행한 강연에서, 1970년대의 "예수 운동"이 정말로 부흥으로 분류될 수 있는지 에 대해 의구심을 갖게 되었다고 말했다. 그 이유는 다른 모든 부흥들이 즉각적인 사회 개혁을 수반한 반면, 이 부흥 운동에서는 그러한 증거를 보지 못했기 때문이다. 안타깝게도 그후 20년 동안 그의 염려는 더욱 확실해졌다. 단지 소수의 예외가 있지만, 1980년대와 1990년대의 복음주의 교회는 그 시대의 중요한 이슈들을 다루지 못했다. 오히려 우리는 부와 쾌락과 안락에 빠져 든 사회의 중심에 서 있었다. 말콤 머거리지(Malcolm Muggeridge)는 이런 현상을 "가다라인의 광란"(the Gadarene plunge, 마태복음 8:28에 나오는 귀신들린 가다라 지방 사람—옮긴이)이라고 칭한 바 있다.

---

2. C. F. H. Henry, *The Uneasy Conscience of Modern Fundamentalism* (Grand Rapids: Eerdmans, 1947).
3. M. Hamilton, "We're in the Money," *Christianity Today* 44(June 12, 2000): 36-43.

여기서 우리는 어떤 자세를 취해야 하는가? 거의 200년 동안 기독교계는 서구, 특히 미국의 유력한 세력으로 군림하였다. 이제 우리는 교회가 사회를 변화시키지 못하는 세력으로 점차 변질되고 있음을 본다. 심지어 그 정체성을 유지할 만한 능력조차 상실해 가고 있다. 우리는 어떤 태도로 대처해야 하는가? 분명 이사야는 우리가 자신의 힘과 영향력을 키우려고 애써서는 안 된다고 말할 것이다. 우리는 손을 비틀면서 "모든 것을 잃었다"라고 울부짖어도 안 된다. 오히려 우리는 안쪽으로는 우리 자신의 삶을, 바깥쪽으로는 버림 받은 상실한 세계를 바라보아야 하며, 하나님의 의도는 우리를 상하게 하는 것이 아님을 확신하되, 그분은 우리의 모든 관계 속에서 정결과 무욕(selflessness)과 사랑을 요구하신다는 것을 인식해야 한다.

물론 우리는 교회가 계속 생존할 것임을 인식하면서 담대하고 헌신적으로 살아야 한다. 더욱이 우리는 어려움을 당할 때 낙망해서는 안 된다. 우리가 그런 어려움을 당할 만한 존재인지 혹은 그렇지 않든 간에 하나님의 선하신 목적은 우리를 멸망시키기보다는 정화하는 데 있다. 그러나 우리는 또한 잘못된 확신 속에서 살아서도 안 된다. "죄를 짓는 영혼은 죽을 것이다"라는 성경의 말씀은 여전히 진리이다. 우리는 성령께서 우리를 정결케 하시도록 내어놓아야 하며, 다른 사람들을 섬김으로 우리 자신을 버려야 한다.

이사야 2:1-5

1 아모스의 아들 이사야가 받은 바 유다와 예
루살렘에 관한 말씀이라
2 말일에 여호와의 전의 산이 모든 산 꼭대기
에 굳게 설 것이요 모든 작은 산 위에 뛰어나
리니 만방이 그리로 모여들 것이라
3 많은 백성이 가며 이르기를 오라 우리가 여호
와의 산에 오르며 야곱의 하나님의 전에 이르
자 그가 그의 길을 우리에게 가르치실 것이라
우리가 그 길로 행하리라 하리니 이는 율법이
시온에서부터 나올 것이요 여호와의 말씀이
예루살렘에서부터 나올 것임이니라
4 그가 열방 사이에 판단하시며 많은 백성을
판결하시리니 무리가 그들의 칼을 쳐서 보습
을 만들고 그들의 창을 쳐서 낫을 만들 것이
며 이 나라와 저 나라가 다시는 칼을 들고 서
로 치지 아니하며 다시는 전쟁을 연습하지
아니하리라
5 야곱 족속아 오라 우리가 여호와의 빛에 행
하자

원 의미

1장의 냉혹한 결말과 논조 이후에 등장하는 이 구절들은 충격으로 다가온다. 이들은 동산에서 우상을 숭배하는 완악하고 패역한 이스라엘에 대해 말하지 않는다. 오히려 주님의 도를 배우기 위해 "주님의 산"—즉, 시온에 있는 그의 처소, 그의 성전—으로 향하는 온 열방을 본다. 그들은 하나님의 법(torah, NIV "Law")과 말씀이 그곳에서 나오기 때문에 그곳을 향해 나간다.

2:1에서 왜 두 번째 표제가 소개되는지 분명치 않다. 많은 사람들은 1:1의 표제는 이사야를 이사야서 전체의 저자로 소개하는 반면, 2:1의 표제는 이사야를 구체적으로 2-5장의 저자로 소개하고 있다고 믿는다.[1] 2:2-4이 미가 4:1-3과 동일하기 때문에 이것은 더욱 흥미롭다. 그리고 2:2-4은 미가의 맥락보다 더 자연스럽게 조

1. "이사야가 본 말씀"이라는 히브리어 표현은 이어지는 모든 말씀들이 이사야에서 유래한다는 사실을 말하지는 않는다. 그러나 그것은 이사야가 그 표현을 현재의 형태 속에 두었음을 강조해 준다.

화되고 있는 것 같다. 아마도 이 자료는 독립적으로 존재했을 것이고 이사야와 미가 두 선지자가 그 자료를 사용한 것 같다.[2]

예루살렘 성전이 높은 산꼭대기에 위치했지만, 그 지역에서 가장 높은 산은 아니었다. 심지어 주변에 있던 감람산은 그보다 더 높았다. 이 구절에서 이렇게 성전과 관련된 "산"이 반복되고 있는데, 그 중요성은 무엇인가? 아마도 산은 고대근동의 신앙관, 즉 신들이 높은 산에 거한다는 신념과 관련이 있을 것이다. 그래서 제우스(Zeus)는 그리스의 올림푸스 산, 바알은 북시리아의 카시우스 산(Mount Cassius)에 거한다고 생각했다. 이 본문은 시온이 가장 높은 산은 아닐지라도 유일하신 참하나님이 거하시는 바로 그 산이라는 점을 말하고 있는 것이다. 인류는 이 산에서 하나님을 찾아야 한다.

그들이 이곳에서 하나님을 찾아야 하는 이유는 하나님이 이곳에서 그분의 법도를 인간에게 알려 주셨기 때문이다. 더욱이 이 법도는 인간이 준수해야 하는 그 법도이다. 하나님은 말씀을 통해 법도에 따라 사는 가르침(토라, *torah*)을 전달해 주신다. 그러므로 열방은 권세나 신과의 신비적 연합을 추구하기 위해 예루살렘으로 나아오지 않는다. 오히려 창조주가 의도한 피조물의 삶의 방식을 배우기 위해 나아온다.

열방이 하나님의 법도를 행할 때 그들은 하나님의 주권(lordship)에 복종할 것이다. 히브리어의 "판단"(*šapat*, 2:4)이라는 개념은 이와 비교되는 영어의 개념보다 범위가 더 넓다. 영어에서 이 개념은 주로 법 규례의 시행 혹은 집행과 관련이 있다. 물론 이것도 히브리 개념의 일부이지만, 히브리 개념에는 그 범위가 훨씬 더 넓다. 히브리어에서 "판단"이라는 개념은 세상의 통치 즉 통치 질서의 확립을 포함한다. 그러므로 예상컨대 하나님 말씀은 열방 가운데 조화를 가져다 줄 것이다. 세계의 질서를 세우신 그분은 이제 그 질서를 실행에 옮길 것이며, 하나님께 순종하는 개개인들이 그들의 필요를 충족하기 위해 더는 폭력에 의지하지 않아도 되듯이 열방도 그럴 것이다.

어떤 이들은 이사야가 예루살렘을 향한 순례 여행이 발생하리라고 예상한 그때에 대해 물어본다. 그러나 그것은 잘못된 질문인 듯하다. 아마도 이사야는 이스라엘에게 계시된 보편적 진리의 중요성에 관하여 단지 신학적 논점을 제시하고 있을 뿐이다. 그는 하나의 특정한 사건을 염두에 두지는 않았을 것 같다. 오히려 그는

2. 이런 이슈에 관한 더 충분한 논의를 위해, Oswalt, *Isaiah 1-39*, 113-14를 참조하라.

토라의 메시지가 여러 가지 방식으로 세계 주변에 영향을 미칠 수 있으며 또 그렇게 될 것임을 미리 바라보았다.

이렇게 하시는 분은 그 어떤 신도 아닌 "야곱의 하나님"이시다(2:3). 그분은 어떤 특정한 사람들의 역사적 맥락 속에서 자신을 계시하신 하나님이시다. 하나님은 이 세상에 자신을 알리고 구원하시기 위해 자신을 낮추셔서 그들의 삶 속에 구체적으로 개입하셨다. 만약 그것이 사실이라면 야곱의 족속(2:5)이 주님의 빛 가운데서 행해야 할 이유는 더 확실하다. 그러므로 이사야는 또 다른 호소를 통해 이스라엘 백성이 받은 진리—그들에게 위임된 사명—에 따라 살아야 한다고 말한다. 만약 그것이 사실이라면 이방인들조차도 언젠가 하나님의 법도를 구할 것이며 그 법을 행하게 될 것이다. 분명 하나님의 택함 받은 백성은 지금 그 법도에 따라 살아야 한다.

상황잇기

이스라엘의 종교가 "선교적인 종교"(missionary religion)인가라는 논의가 종종 있지만, 이 단락(2:1-5)은 어떻든 이스라엘의 종교가 보편적 종교임을 보여 준다. 성경의 기자들은 주님이 바알 혹은 그모스와 동등한 지역의 신이었다고 믿지 않았다. 그들은 주님이 전 세계의 하나님이라고 믿었다. 비록 이 단락은 히브리인들이 이방인들을 향해 적극적으로 나아가야 함을 구체적으로 보여 주지 않지만, 이 단락을 사용하는 미가와 이사야는 토라를 통해 나타난 하나님의 법도가 단지 이스라엘을 위한 법도가 아닌, 모든 백성을 위한 법도임을 믿었으며 그 점을 분명히 밝히고 있다. 언약의 윤리적 기준들은 온 세상의 기준이 된다. 왜냐하면 시온의 하나님은 세상의 창조주시며 그의 성품은 이 세상 속에서 확립되기 때문이다. 이와 같은 기준에 따라 사는 것은 육체와 관계를 건강하게 해줄 것이며, 그 때문에 사람들은 이 기준에 관심을 갖게 될 것이다. 만약 모든 사람들이 공적(public life)이든 사적(private life)이든 간에 그들의 삶에서 이런 기준을 따른다면, 전쟁은 종식될 것이다.

현대적 의미

이와 같은 단락을 다룰 때에 두 가지 위험성이 존재한다. 한 가지 위험성은 이 단락을 너무 심각하게 받아들이는 것이며, 또 다른 것은 이 단락을 충분히 심각하게 받아들이지 않는 것이다. 이 단락을 너무 심각하게 받아들이는 위험성은 우리가 여기 이곳에 그런 사회를 만들려고 시도하는 것이다. 그리하여 수세기 동안 싸움이 없는 유토피아 사회를 만들려는 시도들이 있었다. 그러나 이런 시도가 실패할 때 우리는 단순히 그 약속들을 "천년왕국"에 속한 것으로 치부하는 위험에 빠질 수 있다. 그리하여 그런 약속들이 실제적인 방식을 통해 지금 성취되고 있음을 깨달아야 할 자신의 책임을 잊어버린다.

그렇다면 이런 양극단 사이의 중도적 입장은 무엇인가? 무엇보다도 먼저 우리는 성경적 신앙의 보편적인 특성을 놓치지 말아야 한다. 오늘날 우리는 이사야 시대에서 빙돌아서 다시 제자리로 왔다. 이사야 시대에 모든 열방이 언젠가 이스라엘의 하나님을 경배할 거라고 말하는 것은 대단한 용기가 필요했다. 세상에는 큰 신들이 많이 있었다. 어떻게 이 작은 유다 백성이 감히 그들의 하나님이 유일한 참 신이시며 모든 이들이 그를 경배하며 그의 길로 행할 거라고 선포할 수 있겠는가? 그러나 그들은 실로 그러한 사실을 선포하였다. 그들의 신실함으로 말미암아 19세기 말엽까지 하나님 곧 주 예수 그리스도의 아버지의 복된 소식이 그 세대를 통해 온 세상에 전파되는 것은 결코 불가능해 보이지 않았다.

그러나 바로 20세기가 도래했을 때, 기독교 국가인 유럽과 미국은 두 차례의 세계대전을 통해 서로 파괴하는 처참한 광경을 연출하였다. 지금 우리가 살고 있는 곳에서 이스라엘의 하나님이 온 세상의 하나님이라는 생각은 많은 사람들에게 교만한 것처럼 보인다. 그리고 보편적인 윤리적 기준이 있다는 생각은 감히 생각조차 할 수 없다. 크리스천은 이런 사고에 너무 많이 물들어 버렸다. 우리는 교만하고 극단적인 자로 보이기를 원치 않는다. 그 결과, 해외 선교를 평생의 소명으로 여기고 헌신하는 젊은이들의 숫자가 놀랍게 줄어들었으며, 선교 사역을 위한 재정적 후원도 역시 줄어들었다.

그렇다면 우리는 무엇을 해야 하는가? (1) 우리는 다음과 같은 언약의 진리를 재확인해야 한다. 하나님은 온 세상의 하나님이시다. 더욱이 그는 온 세상의 유일하신 하나님이다. 우리는 세상이 우리의 신앙을 규정하도록 허용해서는 안 된다. 나무를 볼 수 있는 사람들이 나무에 대한 소경의 잘못된 인식을 교정해 주는 것은 교만이 아니다. 하나님의 계시를 받은 자들이 계시를 받지 않은 자에게 생명의 참 본질이 무엇인지를 말해 주는 것도 교만이 아니다.

(2) 이사야가 그의 백성에게 간청한 것처럼, 우리는 하나님의 방식을 우리의 삶 속에 실천해야 한다. 우리는 은혜와 비폭력의 삶을 시작해야 한다. 우리는 가난하고 연약한 자들을 향해 손길을 뻗치기 시작해야 한다. 우리는 부와 권력을 향한 욕

망을 포기해야 한다. 테레사 수녀는 훌륭한 본보기가 된다. 그녀는 켈커타에 밀려드는 죄악을 막을 수 있었는가? 사망률을 돌이킬 수 있었는가? 유토피아를 세울 수 있었는가? 이 모든 질문에 대한 대답은 "아니요"이다. 그렇지만 그녀는 자신의 생애 동안 신실했으며, 그녀 때문에 세상의 많은 사람들은 그녀의 하나님이 어떻게 행하시는지 주의 깊게 살펴보고픈 마음을 갖게 되었다.

이사야 2:6-4:1

6 주께서 주의 백성 야곱 족속을 버리셨음은
그들에게 동방 풍속이 가득하며 그들이 블레
셋 사람들 같이 점을 치며 이방인과 더불어
손을 잡아 언약하였음이라
7 그 땅에는 은금이 가득하고 보화가 무한하며
그 땅에는 마필이 가득하고 병거가 무수하며
8 그 땅에는 우상도 가득하므로 그들이 자기
손으로 짓고 자기 손가락으로 만든 것을 경
배하여
9 천한 자도 절하며 귀한 자도 굴복하오니 그
들을 용서하지 마옵소서
10 너희는 바위 틈에 들어가며 진토에 숨어 여
호와의 위엄과 그 광대하심의 영광을 피하라
11 그날에 눈이 높은 자기 낮아지며 교만한 자
가 굴복되고 여호와께서 홀로 높임을 받으시
리라
12 대저 만군의 여호와의 날이 모든 교만한 자
와 거만한 자와 자고한 자에게 임하리니 그
들이 낮아지리라
13 또 레바논의 높고 높은 모든 백향목과 바산
의 모든 상수리나무와
14 모든 높은 산과 모든 솟아 오른 작은 언덕과
15 모든 높은 망대와 모든 견고한 성벽과
16 다시스의 모든 배와 모든 아름다운 조각물에
임하리니
17 그날에 자고한 자는 굴복되며 교만한 자는
낮아지고 여호와께서 홀로 높임을 받으실 것
이요
18 우상들은 온전히 없어질 것이며
19 사람들이 암혈과 토굴로 들어가서 여호와
께서 땅을 진동시키려고 일어나실 때에 그
의 위엄과 그 광대하심의 영광을 피할 것
이라
20 사람이 자기를 위하여 경배하려고 만들었던
은 우상과 금 우상을 그날에 두더지와 박쥐
에게 던지고
21 암혈과 험악한 바위 틈에 들어가서 여호와께
서 땅을 진동시키려고 일어나실 때에 그의
위엄과 그 광대하심의 영광을 피하리라
22 너희는 인생을 의지하지 말라 그의 호흡은
코에 있나니 셈할 가치가 어디 있느냐

3:1 보라 주 만군의 여호와께서 예루살렘과 유다
가 의뢰하며 의지하는 것을 제하여 버리시되
곧 그가 의지하는 모든 양식과 그가 의지하
는 모든 물과
2 용사와 전사와 재판관과 선지자와 복술자와
장로와
3 오십부장과 귀인과 모사와 정교한 장인과 능
란한 요술자를 그리하실 것이며
4 그가 또 소년들을 그들의 고관으로 삼으시며
아이들이 그들을 다스리게 하시리니
5 백성이 서로 학대하며 각기 이웃을 잔해하며
아이가 노인에게, 비천한 자가 존귀한 자에
게 교만할 것이며
6 혹시 사람이 자기 아버지 집에서 자기의 형
제를 붙잡고 말하기를 네게는 겉옷이 있으니
너는 우리의 통치자가 되어 이 폐허를 네 손
아래에 두라 할 것이면
7 그날에 그가 소리를 높여 이르기를 나는 고
치는 자가 되지 아니하겠노라 내 집에는 양
식도 없고 의복도 없으니 너희는 나를 백성
의 통치자로 삼지 말라 하리라
8 예루살렘이 멸망하였고 유다가 엎드러졌음
은 그들의 언어와 행위가 여호와를 거역하여
그의 영광의 눈을 범하였음이라

9 그들의 안색이 불리하게 증거하며 그들의 죄를 말해 주고 숨기지 못함이 소돔과 같으니 그들의 영혼에 화가 있을진저 그들이 재앙을 자취하였도다
10 너희는 의인에게 복이 있으리라 말하라 그들은 그들의 행위의 열매를 먹을 것임이요
11 악인에게는 화가 있으리니 이는 그의 손으로 행한 대로 그가 보응을 받을 것임이니라
12 내 백성을 학대하는 자는 아이요 다스리는 자는 여자들이라 내 백성이여 네 인도자들이 너를 유혹하여 네가 다닐 길을 어지럽히느니라
13 여호와께서 변론하러 일어나시며 백성들을 심판하려고 서시도다
14 여호와께서 자기 백성의 장로들과 고관들을 심문하러 오시리니 포도원을 삼킨 자는 너희이며 가난한 자에게서 탈취한 물건이 너희의 집에 있도다
15 어찌하여 너희가 내 백성을 짓밟으며 가난한 자의 얼굴에 맷돌질하느냐 주 만군의 여호와 내가 말하였느니라 하시도다
16 여호와께서 또 말씀하시되 시온의 딸들이 교만하여 늘인 목, 정을 통하는 눈으로 다니며 아기작거려 걸으며 발로는 쟁쟁한 소리를 낸다 하시도다
17 그러므로 주께서 시온의 딸들의 정수리에 딱지가 생기게 하시며 여호와께서 그들의 하체가 드러나게 하시리라
18 주께서 그날에 그들이 장식한 발목 고리와 머리의 망사와 반달 장식과
19 귀 고리와 팔목 고리와 얼굴 가리개와
20 화관과 발목 사슬과 띠와 향합과 호신부와
21 반지와 코 고리와
22 예복과 겉옷과 목도리와 손 주머니와
23 손 거울과 세마포 옷과 머리 수건과 너울을 제하시리니
24 그때에 썩은 냄새가 향기를 대신하고 노끈이 띠를 대신하고 대머리가 숱한 머리털을 대신하고 굵은 베 옷이 화려한 옷을 대신하고 수치스러운 흔적이 아름다움을 대신할 것이며
25 너희의 장정은 칼에, 너희의 용사는 전란에 망할 것이며
26 그 성문은 슬퍼하며 곡할 것이요 시온은 황폐하여 땅에 앉으리라

4:1 그날에 일곱 여자가 한 남자를 붙잡고 말하기를 우리가 우리 떡을 먹으며 우리 옷을 입으리니 다만 당신의 이름으로 우리를 부르게 하여 우리가 수치를 면하게 하라 하리라

원 의미

1장 이후의 2:1-5보다 더 갑작스럽게 출현한 이 구절들은 2:1-5의 희망적 관점에서 급진적인 전환을 이룬다. 1장의 결론부에 나타나듯이, 미래의 희망을 낙관하는 잘못된 안전 의식 때문에 백성들이 현재의 죄악을 결코 대처하지 못함을 심히 염려하고 있다. 미래가 보장하는 좋은 것들이 무엇이든 간에 현재의 모습은 실로 어둡다. 불길한 현재의 중심부에는 인간의 교만이 도사리고 있다. 그리고 그것은 2:6-4:1의 주제가 된다.[1]

그러나 단지 교만이 그 주제는 아니다. 교만은 필연적으로 굴욕을 초래한다. 이

스라엘과 유다는 인간의 권력과 영광의 유혹에 사로잡혀 결국 유일하신 참영광의 창조주를 저버렸기 때문에, 비참한 굴욕을 당하게 될 운명에 처한다. 이 주제는 세 단락을 통해 전달된다. 첫째 단락(2:6-22)은 원칙에 대한 전반적인 진술을 소개한다. 둘째 단락(3:1-15)은 이 원리의 구체적인 실례들을 보여 주며, 셋째 단락(3:16-4:1)은 더 구체적인 실례들을 제시한다.

원칙에 대한 전반적인 진술(2:6-22)

11절과 17절에 나타나는 후렴 반복구는 이 단락을 규정한다. 이 두 후렴 반복구에는 표현상의 차이는 약간 있지만,[2] 똑같이 중요하다. 인간이 "높아지는 것"[3]은 유일하신 영광의 하나님의 관점에서 볼 때 불가능한 일이다. 하나님 홀로 "높이 들리움을 받으신다"(6:1). 그리고 우리 자신의 영광을 추구하려는 어떠한 시도도 실패로 돌아간다. 2장은 다음과 같은 냉엄한 결론으로 마무리 짓는다. 모든 인간이 단지 사라질 하나의 호흡에 불과한데, 왜 인간을 궁극적으로 의지하는가?

6-10절은 2:5과 극명한 대조를 이루며 시작한다. "야곱의 족속"은 주님의 길로 행하도록 부름 받았다. 왜냐하면 모든 세상의 열방이 주님의 길을 찾고자 하는 날이 도래할 것이기 때문이다. 그러나 여기서 이사야는, 그들이 진정한 하나님의 법도로 충만하기보다는 인간의 지혜(6절), 인간의 부와 권력(7절), 인간이 만든 우상(8절)으로 가득했으므로 하나님이 "야곱의 족속"을 버리셨다고 말한다.[4] 오직 하나님께만 존재하는 진정한 우주의 영광을 거스르고는 한순간도 제대로 서있을 수 없다. 그러므로 그런 것들을 의지하는 자들은 결과적으로 굴욕을 당할 수밖에 없다(9-11절).

6절의 셋째 구절은 야곱의 족속에 가득한 "동방 풍속"이 무엇인지 구체적으로

---

1. 하나의 공통 주제가 있다는 사실은 이 단락이 원래 개별적으로 묶인 소단위들로 구성되었을 가능성을 배제하지 않는다. 가장 최근의 논의로는, B. Childs, *Isaiah* (OTL; Louisville: Westminster John Knox, 2001), 28-37과 C. Seitz, *Isaiah 1-39* (Louisville: John Knox, 1993), 40을 보라.
2. 이 동사들은 첫 두 문장 다음에서 전환되하며, "눈"이라는 표현은 17절의 첫 문장에서는 나타나지 않는다.
3. 여기서 교만에 해당하는 두 히브리어 단어들은 "높은, 우뚝 솟은"(*gbh, rwm*)이라는 의미를 지닌 어근에서 파생된 것이다.
4. 6절은 히브리어 키(*ki*)로 시작하는데, 이것은 5절과의 인과관계를 암시해 준다(cf. NASB, "행하라…왜냐하면…버리셨다"), 그러나 이 접속사는 "정말로"라는 의미의 강조형이 될 수도 있으며, NIV는 이런 식으로 해석하는 듯하다.

밝히지 않는다. 그러나 넷째 구절에 등장하는 "술객"은 "미신적 관습"을 암시해 준다. 동방은 지혜와 학문의 기원으로 이해되었다("동방"과 "고대"라는 단어는 동일한 어근인 *qdm*에서 파생되었다). 의심할 나위 없이 메소포타미아의 복잡한 종교 사상은 간결하고 간소한 야훼 종교(religion of Yahweh)에 비해 엄청난 매력을 갖고 있었다.

이스라엘 백성은 세상의 지식뿐만 아니라 세상의 가치인 부와 권력으로 자신들을 채웠다. 이사야 시대에 "말들"과 "병거들"은 가장 막강한 전투 무기였다. 왕이 큰 병거를 소유하고 있다는 것은 그의 부와 힘을 나타내 주는 것이었다. 이런 이유로 하나님은 신명기 17:16에서 병력 증강을 금하셨으며, 솔로몬의 불순종이 어째서 그리도 심각했는지(왕상 10:28)를 말해 주고 있다.

인간의 지혜와 가치를 중요시하는 것은 인간의 자기 숭배를 초래하며, 그것은 인간의 관점에서 신을 착상해 내는 우상숭배를 낳는다. 이사야는 이사야서 전체를 통해 인간의 손으로 만든 신들을 섬기는 우상숭배를 조롱하며, 인간의 손으로 만든 그것이 어떻게 우리를 돌볼 수가 있는지(17:8; 30:22; 40:18-20; 44:9-10; 46:5-7)에 대해 거듭 의문을 제기한다. 창조주 대신에 피조물을 신뢰하며 자신을 하나님의 자리에 올려 놓는 시도는, 진정한 하나님이 계시될 때 단지 굴욕만 당할 뿐이다.

9절 말미의 "그들을 용서하지 마옵소서"라는 비밀스런 요청은 다른 방식으로 이해될 수 있다. 이 표현은 모든 악한 것들로 가득한 이 백성에게 너무 관대해서는 안 된다고 하나님께 부르짖는 이사야의 외침일 수도 있다. 그러나 이것은 다른 사람들을 향해 그의 동료들이 자기 교만의 심판에서 너무 쉽게 빠져나오지 못하도록 간구하는 요청일 수도 있다.[5]

12-18절은 하나님과 피조물 가운데 모든 "높은" 것들을 서로 대조하면서 "하나님의 유일한 영광"이라는 주제를 확대해 나간다. 12-18절은 나무들(13절), 산들(14절), 요새들(15절), 큰 돛대를 단 배들(16절)을 소개한다. 모든 피조물 가운데 그 어느 것도 주님과 비교할 수 없다. 하나님은 전적으로 또 다른 존재의 질서이시다. 그렇다면 단지 인간에 불과한 존재와 그런 인간이 만든 신들이 어떻게 하나님께 맞설 수 있겠는가?(17-18절)

이 모든 논의들은 19-22절에서 비판적 결론에 도달한다. 선지자는 인간의 손으

5. Oswalt, *Isaiah 1-39*, 124를 보라.

로 만든 우상들과 거룩한 것으로 여겨지는 인간의 정신들이 참으로 거룩한 그분이 계시될 때 버림 받을 거라고 선포한다. 이것들은 단순히 버림 받는 것이 아니라, 가장 불결한 짐승인 "두더지"와 "박쥐"에게 버려질 것이다. 자신을 나무 혹은 산처럼 높이려 한 자들은 반석 밑으로 들어가게 될 것이며, 실로 높으신 그분(눅 23:30)에게서 피하기 위해 가장 낮은 토굴을 찾게 될 것이다. 이 단락에서 정반대 결과들은 절정에 이른다. 인간을 거룩하게 만들려는 우리의 시도는 결국 우리를 부정하게 만든다. 그리고 자신에게 의미를 부여하려는 우리의 시도는 우리를 무의미하게 만든다. 왜 이스라엘 백성은 살아계신 하나님을 신뢰할 수 있는 그때에 가치 없고 부정한 것을 신뢰하려 하는가?

인간의 교만에 대한 실례(3:1-15)

이 단락은 유다의 지도자들을 바라보면서 굴욕을 초래할 교만을 설명한다. 여기에 원래 독립된 몇몇 단편 자료들이 함께 편집되었을 가능성이 있으나(1-4절, 5-7절, 8-15절), 시작과 끝 구절에 나타나는 하나님에 대한 동일한 호칭("만군의 여호와"[1, 15절])과 지도자들에 대한 지속적인 관심은 이 단락이 우연히 구성된 것이 아님을 강조해 준다. 이 단락은 하나님을 떠나 유다가 의지하던 것들이 제거될 거라는 선언과 함께 시작한다. 그들이 의지하던 것들은 양식과 물(1절) 뿐만 아니라 (주어진 공간의 규모에 근거해 볼 때) 이보다 더 중요한 "용사"(2절)부터 "요술자"(3절)에 이르는 큰 지도자들도 포함될 것이다. 유다는 이들을 의지했다. 그들은 단지 호흡에 불과한 인간을 의지하였으며(2:22), 이제 그 지도자들은 지도력을 박탈당할 것이다. 그것은 이 지도자들을 신뢰하는 것이 잘못되었기 때문일 뿐만 아니라, 그 지도자들이 자신의 책임을 다하지 못했기 때문이기도 하다(3:13-15).

유다 백성은 위대한 사람들을 우상화하였다. 그들은 어떻든 간에 이런 사람들이 자신들을 어려움에서 구원해 줄 거라고 믿었다. 그러나 하나님은 그 백성의 잘못된 안전을 빼앗아 버리실 것이다(3:1-3). 위대한 사람들 대신에 겨우 "아이"(boys)에 불과한 자들이 그들의 지도자가 될 것이다(3:4). 백성은 공정한 방식으로 그 나라를 통치할 성숙된 혹은 도덕적인 권위자를 보지 못할 것이다. 그 결과 마지막 질서의 흔적들을 무너뜨릴 폭력과 함께 무질서가 도래할 것이다(3:5).

아마도 이사야는 여기서 한 국가가 멸망당하고 그 지도자들과 장인들이 포로가 된 이후의 전형적인 상황을 염두에 두고 있는 것 같다. 이런 상황은 예레미야 40-42장에 묘사된 상황과 흡사하다. 3:6-7의 짤막한 장면은 바빌론 유수의 연관성을 한층 더 강화한다. 타고난 지도력으로 이 멸망의 무리를 다스릴 만한 자들은 아무도 남아 있지 않기 때문에, (직책의 견장으로서) 심지어 의복을 입는 것은 필연적으로 지도자로서 임무를 맡는 것으로 간주될 것이다. 그러나 그런 사람은 그 직책을 맡지 않을 것이다. 선지자의 말처럼, 이것은 위대한 사람들을 너무 높이 추앙한 탓에 우리가 얼마나 굴욕적인 상태로 전락하게 되는지를 보여 준다.

3:8-9은 2:6-22과의 연관성을 강조해 준다. 이스라엘 백성은 "그 영광의 눈"(NIV "his glorious presence")을 무시했다. 이 '하나님의 영광의 눈'은 우리에게 바로 2:11에 나오는 "교만한 자들의 눈"을 상기시킨다. 이 세상보다 높은 것은 오직 하나님의 눈이며, 우리의 눈을 높여서 그를 무시하는 태도는 어리석은 짓이다. 궁극적으로 그것은 "소돔"과 "고모라"의 죄를 범하는 짓이다. 그들의 죄는 성적인 범죄뿐만 아니라 자신들을 위해 옳고 그름을 판단하는 그들의 고집이었다. 그와 같은 교만은 "재난"을 가져올 뿐이다.

10-11절은 하나님과의 관계와 관련된 그 원인과 결과의 본질을 강조해 준다. 하나님은 자신의 심판을 임의대로 행하시지 않는다. 만약 "화"가 악인들에게 임한다면, 의인들은 "그것이 악인들에게 당연한 것"임을 깨달을 필요가 있다. 물리적 세계에서와 같이 영적인 세계에서도 마찬가지다. 우리는 정해진 한계 안에서 일하도록 지음 받았다. 만약 우리가 그렇게 한다면, 우리는 아마도 긍정적인 결과를 기대할 것이다. 만약 우리가 그 한계 밖에서 살기를 원한다면, 우리는 부정적인 결과가 뒤따라오더라도 놀라서는 안 된다.

12-15절은 유다 백성이 우상화한 그 지도자들에게 임할 심판을 상술하고 있다. 왜 그들은 해임되어야 하는가? 왜 그들은 포로로 잡혀가야 하는가? 왜 그들의 민족은 굴욕을 당해야 하는가? 대답은 간단하다. 그들은 결코 위대한 사람들이 아니다. 아마도 그들은 그렇게 보일지 모른다. 그리고 백성은 그들을 마치 위대한 사람들처럼 칭송할는지 모른다. 그러나 그들의 행위는 그럴 만한 자격이 없음을 분명히 보여 준다. 그들은 "아이들"과 "부녀들"과 같은 자들이다. 이스라엘 사회에 속한 이 두 부류의 사람들(아이와 부녀)은 지도력을 발휘할 만한 훈련이나 신분을 갖지 못한 자들이다. 백성의 장로들은 가난한 자들의 얼굴을 진흙 속에서 뭉개며 그들을 학대한다. 유다 민족은 자신들이 주님의 포도밭임을 거부하는 것을 넘어서

소유를 위한 탐욕과 권력을 위한 욕망으로 그 밭을 황폐시켰다.

인간의 교만에 대한 또 다른 실례(3:16-4:1)

인간의 교만에 관한 이 셋째 단락은 그중에 가장 회화적이다. 주석가들 대부분은 이 단락의 전달 대상이 유다와 예루살렘의 부유한 여인들이라고 믿는다.[6] 아마도 이 단락의 대상이 원래 이런 여인들이었을지 모른다. 그러나 이 본문의 맥락에서 볼 때, 나는 이런 표현이 유다 민족 전체를 상징하기 위해 사용되고 있다고 믿는다.[7] 4:4에 등장하는 "시온의 여인(문자적으로는 시온의 딸들)"이라는 용법과 3:25-26에서 시온이 인격화되는 표현 방식은 그 결론을 강화한다. 유다 민족은 외모와 인상에 모든 관심을 두는 아름답고 오만한 여인으로 비유된다. 시온은 모든 종류의 의복과 장식으로 채우며 자신을 높이고자 했다. 그녀는 가리개와 부채 뒷면에서 애인이 될 만한 자들을 흘겨본다.

또다시 선지자는 가장 강한 논조로 대조적인 표현을 보여 준다. 교만한 머리는 엎드러져 수치를 당할 것이며, 아름다운 머리카락은 깎여 고름이 나는 상처가 드러날 것이다(3:17). 모든 아름다운 의복들은 벗겨질 것이며 노끈과 굵은 베옷 조각으로 대체될 것이다(3:24). 이 도성은 철저한 궁핍의 상태로 전락할 것이다.

4:1에서 선지자는 굴욕에 대한 마지막 실례를 회화적으로 보여 준다. 유다 사회에서 여인에게 가족이 없다는 것은 대단한 수치였다. 그렇지만 이사야는 많은 남성들이 재앙으로 죽거나 전쟁터에서 사망하여 아버지와 남편이 주변에 충분치 못할 그날을 미리 바라본다. 일곱 여인들은 철저한 굴욕 가운데 한 남자에게 어떤 책임도 지우지 않을 테니 남편이라고만 부르게 해 달라고 애원할 것이다. 결국 인간의 교만은 이렇게 꺾이고 만다.

---

6. 예를 들면, R. E. Clements, *Isaiah 1-39*(NCBC: Grand Rapids: Eerdmans, 1980), 50을 보라.
7. 16절과 17절의 "시온의 여인들"은 문자적으로는 "시온의 딸들"이다. 이 "시온의 딸들"이라는 표현은 오직 4:4과 아가 3:11에만 나타난다. 단수형인 "시온의 딸"은 이사야뿐만 아니라(1:8; 10:32; 16:1; 37:22; 52:2; 62:11), 예레미야, 예레미야애가, 미가, 스바냐와 스가랴에서 예루살렘 그 자체를 의미하기 위해 사용된다. 더욱이 도성을 둘러싼 촌락들은 때때로 그 도성의 "딸들"로 언급된다(렘 49:2-3을 보라. 여기서 랍바를 둘러싼 촌락들은 그 "딸들"로 불리며, 예레미야는 랍바의 "딸들"이 황폐화될 것이라고 말한다).

상황잇기

이 단락의 기본적 의미가 현대 정황에 적용되도록 해석할 필요는 거의 없다. 중심 이슈는 부, 교육, 정치적 힘, 군사적 힘, 혹은 무엇이든지 간에 수많은 방법으로 자신을 높이려는 인간의 본성에 있다. 우리가 실재(reality)를 대면할 때, 우리는 한순간에 사라질 호흡에 불과하다는 것을 깨닫게 된다(2:22). 그러나 우리의 일시적 유한성보다도 더 심각한 문제가 있다. 그것은 우리의 죄이다. 우리는 그것을 죄라고 부르기를 원치 않는다. 우리는 '실수', '약점', '실패' 혹은 다른 완화된 표현을 선호할 것이다. 그러나 실상 인간들 대부분은 자신들의 잠재적 가능성에 미치지 못함을 전반적으로 인식하고 있다.

공립학교 교육 과정이 학생들의 잘못된 높은 자존감을 낮추기 위해 고안되지 않았음은 흥미로운 일이다. 하지만 실패와 무가치에 대한 인식은 우리에게 모두 각인되어 있는 듯하다. 물론 창세기 3장의 기사가 사실이라면, 이것은 예상할 수 있는 일이다. 우리는 삶의 의미와 불변의 참근원에서 멀어져 있으며, 그 첫 세대의 비극을 되풀이하는 운명에 처해 있다. 그러나 인간은 창조주께 회개하러 나아가거나 우주의 재판장의 용서를 구하기보다는(2:9) 오히려 여기에 묘사된 모든 수단을 동원하여 스스로 발전하려 한다. 이 모든 시도들이 안고 있는 문제점은 그것들이 약속하는 바를 성취할 수 없다는 것이다. 자신에게 중요한 의미를 부여하려는 모든 시도들은 우리가 근본적으로 유한하다는 사실로 무력하게 된다.

현대의 우상. 우리는 여기에 나오는 우상숭배에 대한 비난이 현재 서구 세계에 살고 있는 우리들에게 거의 적실성이 없다는 생각을 하게 된다. 그렇지만 우리는 우상숭배가 종교적 행위 이전에 마음의 상태(a state of mind)임을 기억해야 한다. 이런 마음의 상태는 스스로 이 세상을 조종함으로써 안전을 보장할 수 있다고 믿는다. 이런 생각은 다음과 같은 두 전제에 의존한다. 내 안전의 보장은 삶에 가장 중요한 목표이며, 그 안전은 이 세상의 힘을 통해 유지될 수 있다.

이 모든 전제들은 피조물을 최우선으로 삼기 때문에 거짓된 것이다. 그 전제들은 피조물을 홀로 계신 창조주의 자리에 올려놓는다. 가장 중요한 목표는 홀로 우리의 안전을 보장해 주실 수 있는 창조주와 올바른 관계를 맺는 것이다. 지난 200년간 서구에 속한 우리는 이런 전제들을 믿어왔지만 피조물에는 영적인 요소가 없다고 주장해 왔다. 우리는 우리의 안전을 지키기 위해 조정해야 하는 힘들이 생명 없는 물질이라고 믿어 왔다. 그러나 이런 신념은 우리를 우상숭배자로 만들었고 전대의 이교도 우상숭배자들보다 나을 바가 없었다. 우리는 피조물을 높은 자리에 올려놓았으며, 우리 자신과 이성의 힘을 그 중심에 두었다. 우리는 우리 자신이 궁극적인 존재이며, 우리 자신과 우리의 목표를 성취하는 것보다 더 중요한 것은 없다고 말해 왔다.

그렇지만 100년 전에 상상할 수 없으리만큼 자연의 힘을 정복해 온 우리는 우리가 기대하던 방식으로 우리의 안전을 여전히 보장하지 못했음을 깨닫고 있다. 우리는 실재(reality)가 단지 육체적이고 물질적인 것 이상의 무엇임을 깨닫고 있다. 그러나 우리는 그 영적인 실재에 복종하기를 원치 않는다. 그리하여 우리는 그 실재를 스스로 통제할 수 있다고 느끼기 위해 우리 자신의 관점으로 그 실재를 상상하고 있다. 이것은 오천 년 전 고대 근동의 백성들이 하던 것과 다를 바 없다. 우리 자신을 우주의 중심에 놓고 그 우주를 상상하려고 시도하는 것은 우상숭배자가 되는 것이다.

인간 지도자들에 대한 우상화. 마치 우상숭배가 인간의 필요 충족을 세상의 최우선으로 삼고자하는 시도의 당연한 귀결이듯이, 인간 지도자들에 대한 우상화도 마찬가지이다. 이런 우상화의 한 양상은 투영이라는 것이다. 스스로 위대해지기를 원하는 우리는, 우리가 최종 목표라고 생각하는 바를 성취한 자들을 동경한다. 그러나 또 다른 양상은 우리 스스로 부, 쾌락, 안락, 권력의 목표를 성취할 수 없다는 인식에서 발생한다. 그러한 목표가 성취되려면, 어떤 정치적 질서나 안정이 반드시 있어야 한다. 그러므로 우리는 그러한 조건들을 보장해 줄 수 있는 자처럼 보이는 강력한 지도자들을 칭송한다. 그 결말은 예측할 만하다. 권력이 있고 추종을 받는 인간은 그보다 더 많은 것을 원한다. 결코 만족이 있을 수 없다.

그 다음 단계로서 그 지도자가 자신과 그의 욕망을 모든 일의 목적으로 삼을 때 억압이 수반된다. 마지막 단계로서 백성들은 그 지도자를 제거할 필요성에 직면한다. 다시 이것에는 두 양상이 있다. 억압에서 벗어나고자 하는 욕망과, 우리를 위한 하나님으로 기대했던 그 존재가 우리를 실망시켰음을 인식한다. 우리는 그를 불가능한 위치에 올려놓았다. 그는 결코 우리가 요구하는 것들을 충족해 줄 수 없다. 그러므로 그는 반드시 제거되어야 한다.

현대적 의미

궁극적인 실재. 어떤 이들은 오늘날 우리의 지적 재앙의 기원이, 실재를 자연과 은혜, 혹은 자연과 초자연으로 구분한 아퀴나스에게까지 소급된다고 주장한다.[8] 이런 지적 재앙은 하나님을 물질적, 물리적 세계에서 분리하여 정상적인 역사에서 제거한 결과였다. 그때부터 하나님은 점점 더 사물의 주변으로 물러나시게 되었다. 18세기에 인간의 이성은 의지할 만한 최후의 수단으로 고양되었다. 만약 어떤 것이 합리적이지 않다면, 그것은 존재하지 않는 것이다. 임마누엘 칸트는 진정한 가치는 이성을 초월한다고 주장하면서 하나님의 자리를 찾으려 했으나, 단지 의미를 모두 주관적으로 만들어 사실(fact)과 의미(meaning)를 분리해 버렸다. 이러한 주장 때문에, 결국 니체는 하나님에 대한 모든 개념은 삶의 진정한 의미 즉 권력을 추구하는 의지를 혼란시키고 오염시키기 때문에, 그런 개념은 무익할 뿐만 아니라 해롭다고 선언하였다.

이와 같은 모든 유럽 사조의 움직임은 하나의 방향으로 집약되었다. 즉 인간과 그들의 욕망과 목표를 궁극적 실재(reality)로 만드는 것이었다. 일단 하나님이 존재한다 하더라도, 그는 보통 인류의 삶을 영위하는 데 필요한 모든 것들에서 제거된다. 그러나 이런 사고 유형의 종말은 이미 고대 근동 종교들을 통해 드러난 바 있다. 만약 우주 바깥에 실재가 없다면, 모든 실재는 우리의 경험으로 규정될 것이다. 그것은, 실재란 이 세상에서 유추하여 이해된다는 것을 의미한다. 그 신들은 모든 면에서 좀 더 큰 인간들에 불과하다. 그들은 우리보다 더 낫지만 우리보다 더 나쁘다. 그들은 우리보다 더 관대하지만 우리보다 더 소심하다. 그들은 우리보다 더 훈련되어 있지만 우리보다 더 방탕하다. 인간은 실재의 척도이다. 이와 같은 고대 이방 종교 사상이 낳은 결과는 무엇이었나? 인간은 스스로 무가치한 자들이 되고 말았다. 인류는 진정한 의미 혹은 진정한 가치를 결여한 보조적 존재에 불과했으며, 개개인들은 아무것도 아닌 셈이다.

이와 동일한 현상이 서구 사상에도 일어났다. 만약 모든 실재가 인간의 관점에서 규정된다면, 만약 우리가 존재의 최고 질서라면, 실재는 무의미한 것이다. 왜냐하면 우리는 자신에게 아무 의미도 갖지 못하기 때문이다. 제1차 세계대전 이후 등장하여 마침내 대중적인 사고에 뿌리를 내린 실존주의 운동은 그것을 가장 분명하게 보여 준다. 이 세계 대재앙이 닥치기 전, 생명 없는 자연이 점점 더 고등한 형태로 발전하며, 그중 인류가 가장 고등한 형태로 등장할 거라는 주장은 가능했다. 이것은 마르크스와 엥겔스 사상의 핵심 개념이었다. 이들은 생산 수단이 대중들 사이에 강권적으로 재분배된다면, 인류의 진정한 평등이 필연적으로 발생할 거라고 주장했다.

8. 예를 들면, F. Schaeffer, *Escape From Reason* (Downers Grove, Ill.: InterVarsity Press, 1968)을 보라.

그러나 제1차 세계대전의 이프로(Ypres)와 솜(Somme) 전투 이후, 인류의 필연적인 발전이라는 개념은 웃음거리가 되고 말았다. 과학과 인간 이성의 사용이 유럽의 모든 젊은 세대를 사로잡았을 때, 인류의 필연적인 발전이라는 개념은 단지 러시아의 통치자들과 같은 가장 가혹한 인간 독재자들 아래서만 유지될 수 있었다. 더 개방적인 서구 유럽에서 제1차 세계대전은 다음과 같은 논리적 결과를 낳았다. 존재에는 의미가 없다. 인간은 존재의 모든 것이다. 그리고 인간은 아무것도 아니다. 그러나 삶의 끔찍한 아이러니는, 우리 인간이 삶을 위해 우리 자신을 초월한 그 무엇을 소유해야 한다는 것이다. 그리하여 실존주의 철학자들은 의미가 존재하지 않음을 알고 있으면서도 우리 자신의 의미 형태를 서로 창조해야 한다고 주장했다. 물론 이것은 어느 누구도 그 의미 체계를 삶의 의미라고 주장할 수 없음을 뜻한다. 그런 것은 존재하지 않는다. 그러므로 비록 오늘날 거리의 사람들이 자신의 사상에 대한 철학적 근거를 설명할 수 없다 할지라도, 여전히 이러한 실존주의가 이 시대를 지배해 왔음은 명백하다.

진정한 겸손. 이것이야말로 정말 이사야가 이 단락에서 말하고자 하는 바이다. 인간으로서 우리는 우리 자신을 위해 만물의 주인이신 하나님의 자리를 침범하려고 했다. 우리는 개인의 필요를 충족하는 것이 궁극적이라고 말해 왔으며, 니체와 같이 그것을 성취하는 유일한 길은 자신을 위해 권력을 얻는 것이라고 이해했다. 그러나 그러한 길은 불행이다. 만약 우리가 세상에서 가장 위대한 존재가 된다면, 세상은 의미가 없으며 죽음이 모든 것을 지배한다. 우리가 무엇을 성취하든 그 죽음은 막다른 길에 서서 잘난 체하는 우리를 비웃는다. 왜 우리는 인간에게 관심을 집중하려 하는가? 한 작은 생물학적 원형질에 불과한 인간이 무슨 가치가 있는가? 우리 자신을 높이려는 시도를 통해, 결국 인간은 자신을 아무것도 아닌 존재로 하락시켰다. 사도 바울도 로마서 1:21-32에서 증거하듯이 이 같은 점을 분명히 인식하였다—우리는 감사함으로 하나님께 순종하기를 거절함으로써, 우리의 정욕을 숭배하며 땅에 속한 짐승의 형상으로 하나님을 표현하려고 한다.

그렇다면 우리 인간은 어떻게 해야 했는가? 비록 여기에 명백히 언급되어 있지는 않으나, 이 시점에서 그것을 언급하는 것은 여전히 적절하다. 우리는 그와 정반대로 행해야 했다. 우리는 우리의 필요가 아닌, 창조주와의 관계가 최우선임을 인정해야 했다. 우리는 그분이 만물의 주이심을 인식하면서 우리의 필요를 그분께 맡겨야 했다. 우리는 그분이 궁극적으로 예수 그리스도를 통해 우리의 시공간에 들어오셔서 그 시공간에 의미를 부여해 주셨음을 깨달아야 했다. 더욱이 우리는 하나님이 우리의 형상을 취하심으로써 인간에게 궁극적인 가치를 부여해 주셨음을 인정해야 한다.

그러므로 만약 자신을 돌보기 위해 스스로 하나님이 되려는 시도보다는 오히려 우리가 하나님께 순종하며 그분이 우리를 돌보시도록 맡긴다면, 우리는 하나님의 아들과 딸의 위치로 높임을 받게 될 것이다. 우리가 그의 자리를 취하려 할 때 아무것도 아닌 존재가 된다. 그러나 그분 홀로 높임을 받도록 함으로써 우리는 이 세상의 왕자와 공주가 된다. 이것이야말로 베드로가 베드로전서 5:6에서 의미하던 바이다—"하나님의 능하신 손 아래서 겸손하라 때가 되면 너희를 높이시리라."

이 시점에서 겸손의 참의미에 대해 생각해 보는 것이 중요하다. 우리는 종종 겸손을 "자신에 대해 나쁘게 느끼는 감정"으로 혹은 최소한 그런 척하는 태도로 생각할 때가 많다. 그러기에 우리는 흔히 "그릇된 겸손"이라는 표현을 쓴다. 그러나 본 단락이 분명히 밝혀 주듯이 그것은 겸손과는 전혀 상관이 없다. '자기 높임'의 반대는 '자기 비하'가 아니다. 이런 자기 비하는 동정을 얻으려는 것에 불과하며, 이것은 다른 사람들이 우리에게 좋은 말을 하도록 유도하려는 것이다. 그것은 겸손이 아니다. 참겸손은 자신을 하나님의 자리에 올려놓기를 거절하는 것이다. 참겸손은 자신이 하나님의 자녀임을 아는 것이고, 자신의 위치를 하나님의 섭리 안에서 아는 것이며, 하나님의 관점으로 자신의 가치를 아는 것이다. 이와 같은 것들을 알게 됨으로써, 우리는 자신에게 관심을 집중시키지 않아도 된다.

참겸손은 자기를 잊는 것(self-forgetfulness)이다. 참겸손은 하나님이 주신 임무를 수행할 수 있는 능력을 말한다. 참겸손은 다른 사람들이 우리를 어떻게 평가하는지에 상관없이 그분의 사랑과 평가에 확고히 서는 것이다. 참겸손은 다른 사람들과 비교하여 자신을 좋게 평가함으로써 말없이 혹은 소리 내어 그들을 업신여기기보다는 그들을 칭송의 대상으로 보는 능력을 말한다. 잘 알려진 표현으로 바꾸어 말하면 "겸손은 하나님이 존재하심을 아는 것이며, 당신이 하나님이 아님을 아는 것이다!"

지도자들에 대한 올바른 접근. 이 단락이 전달하는 셋째 관심사는 지도자들에 대한 올바른 접근이다. 앞서 언급했다시피 인간의 성향은 제일 먼저 인간 지도자들을 우상화하는 것이다. 그것은 우리에게 필요한 속성들을 지도자들에게 부여하여 그 지도자들을 높은 곳에 올려놓는 것이다. 우리는 그 지도자들을 통해 우리가 소유하고자 하는 것과 우리가 되고자 하는 것을 본다. 그리고 우리는 하나님만이 우리들에게 주실 수 있는 것들(의미, 가치, 안전)을 그 지도자들이 제공해 주기를 기대한다.

이것은 분명 실패의 길이다. 우리가 지도자들을 이런 식으로 다룰 때, 우리는 그 지도자들을 불가능한 자리에 두는 것이다. 우리는 그들에게 우리를 위해 하나님이 되어 달라고 요구하고 있으며, 그것은 그들에게 전혀 불가능한 일이다. 그러므로 그 다음 일어날 일은 뻔하다. 실패할 수밖에 없는 그 지도자들이 결국 실패할 때, 우리는 그들을 향해 그들의 목숨을 요구한다. 그 지도자들이 우리를 위해 하나님이 되어 주기를 기대해 온 우리는 그들이 완전한 지도자가 되지 못한 것을 용납지 못한다. 이어지는 가혹한 비판은 또 다른 한 유형이 된다. 우리는 그 '위대한' 지도자들을 무시하면서 우리 자신을 높인다.

이와 같은 아첨과 비판의 반복 아래, 우리의 지도자들은 대체로 무너지고 만다. 이와 같은 파멸은 종종 두 가지 중 하나의 방식을 통해 나타나며, 이 두 방식들은 서로 긴밀히 연결되어 있다. 하나는 억압의 방식이다. 아첨을 믿으면서도 비판으로 괴로워하는 그들은 힘의 길을 선택한다. 그들은 추종자들을 향해 그들(추종자들)이 가야할 길을 명령할 권리가 있다고 주장한다. 그리고 그들은 지도자로서 자신의 목적을 위해 추종자들을 사용할 수 있는 권리를 행사한다. 만약 백성들이 그것을 좋아하지 않는다면, 그것은 심히 불쾌한 일이다. 마침내 그들은 다음과 같이 말한다. "결국, 나는 그들에게 너무 많은 것을 주었어!"

또 다른 하나는 도덕적 파멸이다. 이런 도덕적 파멸의 침식 과정은 더욱 파악하기 힘들다. 지도자는 추종자들의 필요를 성실히 충족하고자 하지만 그 요구에 부응하는 것이 불가능함을 점차 절감하게 된다. 긴장이 고조된다. 그리고 이 긴장이 비현실적인 아첨과 결부될 때, 그것은 멸망의 배경을 마련해 준다. 이런 멸망의 배경에는 성욕, 돈, 혹은 물질 남용과 같은 요소들이 자리 잡고 있지만 멸망하고 만다.

성경적인 지도자의 길은 무엇인가, 특히 여기서는 어떻게 묘사되고 있는가? 분명히 나타나듯이 성경적인 지도자의 길은 지도자와 추종자가 모두 관련된 상호 교통적 관계이다. (1) 하나님의 백성은 그들 자신과 그들의 필요를 하나님께 맡겨야 한다. 그들은 오직 하나님만이 제공해 주실 수 있는 것을 어떤 인간—자신이든, 다른 사람이든 간에—에게 기대하는 것을 중단해야 한다. (2) 그들은 자신의 지도자들이 오류에 빠지기 쉬운 자들임을 인정해야 한다. 여기서 내가 의미하는 오류는 도덕적인 오류가 아니라, 지도자로서 직무 수행에 수반되는 오류를 말한다. 하나님의 백성은 자신의 지도자들이 사람으로서 그리고 크리스천으로서 모두 귀감이 되었으면 하고 기대한다. 그러나 그들에게는 그 지도자들을 향해 자신들의 삶 가운데 하나님의 자리를 차지하라고 요구할 권리가 없다. (3) 그들은 어떤 인간에게도 극찬을 보내서는 안 된다. 그것은 오직 하나님께만 돌려야 한다. 만약 지도자들이 그들의 직무에 충실한다면, 그들을 존경해야 한다. 그러나 그들을 숭배해서는 안 된다. (4) 그들은 어떤 지도자의 끊임없는 비판 정신이 다른 비판에 순응치 못하는 기질을 나타내 준다는 점을 깨달아야 한다. 다른 사람을 멸시하려는 시도는 분명 내면적으로 자신을 높이고자 함을 암시한다.

지도자들은 사람들이 보내는 지나친 찬사를 결코 믿어서는 안 된다. 여기서 그런 피상적인 찬사를 내면이 아닌 외면적으로 어떻게 반응할 것인가 하는 것은 그렇게 중요치 않다. 다시 말하지만 우리 자신의 영적인 상태가 중요하다. 만약 당신이 스스로 오류를 범할 수 있음을 알고, 당신에게 하나님이 얼마나 필요한지를 깨닫게 된다면, 그리고 만약 당신이 진정으로 당신의 운명을 하나님께 내어 맡긴다면, 당신은 종말의 그날에 하나님께 미소 지으며 모든 찬사를 올려 드릴 수 있을 것이다.

동시에 이러한 상태라면, 비판은 당신을 무너뜨리지 못할 것이다. 당신은 자신이 아닌 하나님을 기쁘게 하기 위해 이 자리에 있음을 깨닫는다. 그러므로 가혹한 비판이 상처를 준다 할지라도, 당신은 그 비판을 딱 잘라 거절하거나 그것을 마음에 깊이 담아 두지 않고, 다소 객관적인 눈으로 그 비판을 바라볼 수 있게 될 것이다. 무엇보다도 당신은 모세가 출애굽기 32:11에서 말한 것처럼, 혹은 바울이 고린도전서 3:5-9에서 말한 것처럼, 비판하는 사람들이 당신의 백성이 아닌 하나님의 백성임을 알아야 한다. 당신은 당신의 목적을 위해 그 양 떼를 이용해서는 안 된다. 오히려 선한 목자처럼 당신은 그 양 떼 가운데서 하나님의 목적을 이루기 위해 당신의 생명을 바쳐야 한다(요 10:10-11). 결국 지도자에게 던지는 질문은 지도받는 자에게 던지는 질문과 동일하다. "누가 나의 필요를 채워 주는가?" 만약 우리가 진정으로 자신의 필요를 하나님께 내어 맡긴다면, 우리는 육신의 정욕과 안목의 정욕과 이생의 자랑(요일 2:16)을 충족하려는 유혹에 맞서 철저히 무장될 것이다.

이사야 4:2-6

2 그날에 여호와의 싹이 아름답고 영화로울 것
이요 그 땅의 소산은 이스라엘의 피난한 자
를 위하여 영화롭고 아름다울 것이며
3 시온에 남아 있는 자, 예루살렘에 머물러 있
는 자 곧 예루살렘 안에 생존한 자 중 기록된
모든 사람은 거룩하다 칭함을 얻으리니
4 이는 주께서 심판하는 영과 소멸하는 영으로
시온의 딸들의 더러움을 씻기시며 예루살렘의
피를 그 중에서 청결하게 하실 때가 됨이라
5 여호와께서 거하시는 온 시온 산과 모든 집
회 위에 낮이면 구름과 연기, 밤이면 화염의
빛을 만드시고 그 모든 영광 위에 덮개를 두
시며
6 또 초막이 있어서 낮에는 더위를 피하는 그
늘을 지으며 또 풍우를 피하여 숨는 곳이 되
리라

원 의미

1장에서 2:1-5로 진행될 때와 마찬가지로, 여기서 부정적인 2:6-4:1과 훨씬 더 긍정적인 4:2-6 사이에도 급격한 변환은 나타나지 않는다. 실제로 4:1과 4:2이 미래를 가리키는 "그날에"라는 표현으로 시작하고 있음은 이 두 단락의 대조를 강화한다. 4:1에서 예루살렘은 치욕을 당하기 때문에 미래는 어둡게 그려진다. 그러나 4:2에서 하나님은 황폐한 땅이 풍요로워지며 피와 타락으로 얼룩진 장소가 정화될 것임을 약속하시므로 미래는 밝게 그려지고 있다. 하나님은 그분의 백성을 죄의 심판에 내버려두기를 원치 않으신다.

해석가들은 "여호와의 싹"(4:2)이라는 표현의 의미에 대하여 의견이 서로 다르다. 어떤 해석가들은 예레미야 23:5; 33:15과 스가랴 3:8; 6:12과 같이 이 표현이 메시아를 가리킨다고 해석한다.[1] 다른 해석가들은 4:2의 전후 문맥은 그것이 땅

1. J. A. Motyer, *The Prophecy of Isaiah: An Introduction and Commentary*(Downer Grove, Ill.: InterVarsity Press, 1993), 65; E. J. Young, *The Book of Isaiah*, 3 vols. (NICOT: Grand Rapids: Eerdmans, 1964-1972), 1:173-75를 보라.

자체를 언급하고 있음을 시사한다고 주장한다.[2] 그렇지만 4:2-6의 전체 문맥은 지나친 문자적 해석을 반대하는 듯이 보인다. 분명 종말론적인 논조가 있으며, 그것은 이 표현을 종말론적 관점에서 이해하도록 요청하고 있다.[3] 여기서 묘사된 정화와 정결은 오직 메시아 약속의 성취의 맥락에서만 발생할 수 있다.

이 단락에 나오는 약속들은 심판을 대신하는 것이 아니라, 그 심판을 통해 드러나는 것이다. "피난한 자"(4:2)들은 심판의 "불길"(4:4)이 임한 후 생존한 자들이다. 맹렬한 불길(NIV "spirit of fire") 이후에 세 가지 결과가 나타난다. (1) 백성은 "거룩"하게 될 것이다(4:3). 그들은 오직 하나님께만 속할 것이며 그들의 주인의 성품을 나타낼 것이다(출 19:6; 레 22:32을 보라). (2) 그들의 더러움과 핏자국 곧 쌓인 그들의 죄악은 씻겨질 것이다(4:4). (3) 그들은 위협이 아닌 축복으로 하나님의 임재를 경험하게 될 것이다(4:5). 하나님은 그의 임재("영광")를 통해, 그 백성이 우상을 통해 얻고자 했던 안전을 제공해 줄 것이다. "낮의 구름"과 "밤의 불" 같은 영상은 출애굽기에 사용된 영상을 연상케 한다(출 40:38). 요약하자면 이사야는 메시아 왕국을, 출애굽기가 제시하려 하던 것으로 복귀하는 의미로 이해한다.[4]

상황잇기

2:22-4:1 이후에 나타나는 갑작스런 전환을 어떻게 보아야 하는가? 적어도 그것은 심판이 하나님의 궁극적인 목적이 아님을 강조하고 있다. 비록 죄악에 따른 심판을 분명 피할 수 없다 해도, 하나님은 그러한 심판을 통해 우리를 이끌어 내시어, 우리를 완전히 멸망케 할 심판이 없는 다른 곳으로 인도하신다. 심판의 목적은 멸망케 하는 것이 아니라 정화하는 데 있다. 유일한 이슈는, 그 심판이 정결케 한다고 간주하는 자들 가운데 우리가 속할 것인가 하는 것이다.

이 단락은 또한 그의 백성을 향해 변치 않으시는 하나님의 목적의 본질에 대해 이야기한다. 출애굽을 기점으로 하여, 하나님의 궁극적인 목적은 분명 그의 백성 가운데 거하는 것이며, 단지 그들 사이에 거하는 것이 아니라 그들 안에 거하는 것이다. 하나님은 우리가 그토록 갈구하는 안전과 안락과 평안을 주시고자 하신다. 그러므로 출애굽기는 홍해 도하(the crossing of the Red Sea)와 언약 체결이 아닌, 성막에 충만한 하나님의 영광의 시간에 그 절정을 이룬다(출 40:38).

---

2. Clements, *Isaiah 1-39*, 59를 보라. 또한 Calvin을 참조하라.
3. Childs, *Isaiah*, 35-36; Seitz, *Isaiah 1-39*, 42을 보라.
4. 에스겔은 동일한 관점을 견지한다(예를 들면, 겔 36:27-28을 보라).

그렇지만 만약 하나님이 우리 가운데 거하신다면, 실로 우리 안에 거한다면, 두 가지 요소가 반드시 있어야 한다. (1) 쌓여진 과거의 죄악에서 우리를 씻어줄 수단이 있어야 한다. 하나님은 오염된 성전에 거하실 수 없다. 레위기 1-9장이 언급하는 것이 바로 이 점이다. (2) 어떻든 간에 하나님의 성품은 반드시 우리를 통해 나타나야 한다. 아모스의 말처럼, 두 사람의 의견이 일치하지 못하면 함께 동행할 수 없다(암 3:3). 이것이야말로 레위기 10-27장이 말하는 바이다.

현대적 의미

기독교를 종종 일확천금의 길로 설명하는 이 시대에, 우리는 이사야의 명쾌한 교훈을 들을 필요가 있다. 우리에게 어려움이 닥쳐올 때, 우리는 아주 쉽게 하나님이 우리를 버렸다거나 사탄이 우리를 억압하고 있다고 믿는다. 많은 경우에 그 재난은 하나님의 심판이다. 우리는 안락과 쾌락과 안전을 바라는 정욕으로 죄악을 범하였다. 그리고 우리는 지금 그 심판을 경험하고 있다. 그러나 하나님은 우리에게 그런 심판을 하시는 잔인한 분이 아니며, 우리를 불길로 던지시는 분이 아니다. 오히려 그분은 우리 안에 거하시기 위해 이것 외에는 우리를 이끌 다른 방도가 없으신 사랑의 하나님이다.

실제로 하나님은 우리가 행복한지 혹은 그렇지 않은지에는 그다지 관심이 없으시다. 그러나 하나님은 우리가 거룩한지에는 매우 관심이 많으시다.[5] 우리는 멸망으로 가는 중에도 행복할 수 있다. 그러나 만약 우리가 거룩하다면, 그것은 거룩한 분이 그의 성전인 우리의 마음에 거하기 때문이다. 그러므로 우리는 재난을 거시적 관점으로 보아야 하며, 여호와의 싹 예수께서 우리를 아버지와 함께 거하는 성막으로 삼기 위해 우리를 불로 태우시는 그 목적을 물어 보아야 한다.

우리는 안락과 즐거움과 안전이 부차적 산물일 뿐 그것이 목적이 아님을 깨달아야 한다. 만약 우리가 그러한 것들을 최우선으로 삼는다면, 우리는 우상숭배자가 될 것이며, 심지어 그것들을 붙잡고자 해도 놓쳐 버릴 것이다. 그러나 만약 우리가 하나님의 임재와 그의 성품을 최우선으로 삼는다면, 안락과 즐거움과 안전은 모르는 사이에 우리에게 임할 것이다. 그러나 하나님은 그것들을 그분이 원하시는 때에 그분이 원하시는 장소에서 주실 것이며, 우리는 그분이 우리의 모든 필요임을 알기 때문에 그것만으로도 충분하다. 다른 모든 것들은 받을 수도 있고 잃을 수

5. O. Chambers, *My Utmost for His Highest*(New York: Dodd, Mead, 1957), 245.

도 있다. 우리는 이런 방식으로 살 수 있다. 왜냐하면 우리는 하나님이 우리를 파멸시키기보다는, 오히려 불길 속에서도 우리를 위해 좋은 일을 하시고자 열망하는 분임을 알고 있기 때문이다.

이사야 5:1-30

1 나는 내가 사랑하는 자를 위하여 노래하되
내가 사랑하는 자의 포도원을 노래하리라 내
가 사랑하는 자에게 포도원이 있음이여 심히
기름진 산에로다
2 땅을 파서 돌을 제하고 극상품 포도나무를
심었도다 그 중에 망대를 세웠고 또 그 안에
술틀을 팠도다 좋은 포도 맺기를 바랐더니
들포도를 맺었도다
3 예루살렘 주민과 유다 사람들아 구하노니 이
제 나와 내 포도원 사이에서 사리를 판단하라
4 내가 내 포도원을 위하여 행한 것 외에 무엇
을 더할 것이 있으랴 내가 좋은 포도 맺기를
기다렸거늘 들포도를 맺음은 어찌 됨인고
5 이제 내가 내 포도원에 어떻게 행할지를 너
희에게 이르리라 내가 그 울타리를 걷어 먹
힘을 당하게 하며 그 담을 헐어 짓밟히게 할
것이요
6 내가 그것을 황폐하게 하리니 다시는 가지를
자름이나 북을 돋우지 못하여 찔레와 가시가
날 것이며 내가 또 구름에게 명하여 그 위에
비를 내리지 못하게 하리라 하셨으니
7 무릇 만군의 여호와의 포도원은 이스라엘 족
속이요 그가 기뻐하시는 나무는 유다 사람이
라 그들에게 정의를 바라셨더니 도리어 포학
이요 그들에게 공의를 바라셨더니 도리어 부
르짖음이었도다
8 가옥에 가옥을 이으며 전토에 전토를 더하여
빈 틈이 없도록 하고 이 땅 가운데에서 홀로
거주하려 하는 자들은 화 있을진저
9 만군의 여호와께서 내 귀에 말씀하시되 정녕
히 허다한 가옥이 황폐하리니 크고 아름다울
지라도 거주할 자가 없을 것이며
10 열흘 갈이 포도원에 겨우 포도주 한 바트가
나겠고 한 호멜의 종자를 뿌려도 간신히 한
에바가 나리라 하시도다
11 아침에 일찍이 일어나 독주를 마시며 밤이
깊도록 포도주에 취하는 자들은 화 있을
진저
12 그들이 연회에는 수금과 비파와 소고와 피리
와 포도주를 갖추었어도 여호와께서 행하시
는 일에 관심을 두지 아니하며 그의 손으로
하신 일을 보지 아니하는도다
13 그러므로 내 백성이 무지함으로 말미암아 사
로잡힐 것이요 그들의 귀한 자는 굶주릴 것
이요 무리는 목마를 것이라
14 그러므로 스올이 욕심을 크게 내어 한량 없
이 그 입을 벌린즉 그들의 호화로움과 그들
의 많은 무리와 그들의 떠드는 것과 그 중에
서 즐거워하는 자가 거기에 빠질 것이라
15 여느 사람은 구푸리고 존귀한 자는 낮아지고
오만한 자의 눈도 낮아질 것이로되
16 오직 만군의 여호와는 정의로우시므로 높임
을 받으시며 거룩하신 하나님은 공의로우시
므로 거룩하다 일컬음을 받으시리니
17 그때에는 어린 양들이 자기 초장에 있는 것
같이 풀을 먹을 것이요 유리하는 자들이 부
자의 버려진 밭에서 먹으리라
18 거짓으로 끈을 삼아 죄악을 끌며 수레 줄로
함 같이 죄악을 끄는 자는 화 있을진저
19 그들이 이르기를 그는 자기의 일을 속속히
이루어 우리에게 보게 할 것이며 이스라엘의
거룩한 이는 자기의 계획을 속히 이루어 우
리가 알게 할 것이라 하는도다

20 악을 선하다 하며 선을 악하다 하며 흑암으
로 광명을 삼으며 광명으로 흑암을 삼으며
쓴 것으로 단 것을 삼으며 단 것으로 쓴 것을
삼는 자들은 화 있을진저
21 스스로 지혜롭다 하며 스스로 명철하다 하는
자들은 화 있을진저
22 포도주를 마시기에 용감하며 독주를 잘 빚는
자들은 화 있을진저
23 그들은 뇌물로 말미암아 악인을 의롭다 하고
의인에게서 그 공의를 빼앗는도다
24 이로 말미암아 불꽃이 그루터기를 삼킴 같이,
마른 풀이 불 속에 떨어짐 같이 그들의 뿌리
가 썩겠고 꽃이 티끌처럼 날리리니 그들이
만군의 여호와의 율법을 버리며 이스라엘의
거룩하신 이의 말씀을 멸시하였음이라
25 그러므로 여호와께서 자기 백성에게 노를 발
하시고 그들 위에 손을 들어 그들을 치신지
라 산들은 진동하며 그들의 시체는 거리 가
운데에 분토 같이 되었도다 그럴지라도 그의
노가 돌아서지 아니하였고 그의 손이 여전히
펼쳐져 있느니라
26 또 그가 기치를 세우시고 먼 나라들을 불러
땅 끝에서부터 자기에게로 오게 하실 것이라
보라 그들이 빨리 달려올 것이로되
27 그 중에 곤핍하여 넘어지는 자도 없을 것이
며 조는 자나 자는 자도 없을 것이며 그들의
허리띠는 풀리지 아니하며 그들의 들메끈은
끊어지지 아니하며
28 그들의 화살은 날카롭고 모든 활은 당겨졌으
며 그들의 말굽은 부싯돌 같고 병거 바퀴는
회오리바람 같을 것이며
29 그들의 부르짖음은 암사자 같을 것이요 그들
의 소리지름은 어린 사자들과 같을 것이라
그들이 부르짖으며 먹이를 움켜 가져가 버려
도 건질 자가 없으리로다
30 그날에 그들이 바다 물결 소리 같이 백성을
향하여 부르짖으리니 사람이 그 땅을 바라보
면 흑암과 고난이 있고 빛은 구름에 가려서
어두우리라

원 의미

5장에서 이사야는 서론을 마무리 짓는다. 또다시 논조는 희망에서 심판으로 전환되지만 급격한 전환은 나타나지 않는다. 미래의 희망이 현실화되면 될수록, 또다시 이사야는 그의 독자들이 근본적인 행동의 변화를 제외하곤 그 희망이 오직 심판의 불길을 통해서만 성취된다는 점을 잘 인식하기를 원한다. 5장은 분명히 세 단락으로 나뉜다. (1) 첫 단락은 또 다른 회화적 묘사, 즉 농부의 세심한 작업에도 불구하고 오직 들포도를 맺는 한 포도원의 예를 소개한다(5:1-6). (2) 그 다음 단락은 이 비유를 설명한다. 여기서 이스라엘은 포도원, 하나님은 농부, 들포도는 이스라엘의 죄악된 행위를 가리킨다(5:7-24). (3) 결론 단락(5:25-30)은 마치 들짐승들이 무익한 포도밭을 황폐케 하기 위해 부름 받았듯이, 적대적인 민족들이 이스라엘을 멸망시키기 위해 부름 받게 된다고 말한다.

포도원(5:1-6)

이사야서 전체에 걸쳐 이사야는 그의 논점을 확실히 부각하기 위해 예를 든다. 우리는 이미 1장에서 상처 입은 몸, 내버려진 집과 같은, 수많은 간략한 예들을 살펴본 바 있다. 우리는 또한 3:16-4:1에서 이보다 더 긴 예를 살펴본 바 있다. 이 단락에서 예루살렘은 아름답고 거만한 여인에 비유되고 있다. 어떤 면에서 볼 때, 저자는 여기서 하나의 강력한 이미지를 통해 자신이 말한 모든 것을 요약해 주고 있다. 유다 지역에서 포도는 가장 잘 자라는 수확물이었기 때문에, 이 포도원의 비유는 이사야의 메시지를 듣는 유다 청중에게 특별히 신랄한 비판이 되었을 것이다.

그러나 이 비유가 분명히 밝혀 주듯이, 포도 수확에는 수많은 준비 과정과 보살핌이 필요하다. 먼저 땅에 있는 다른 식물들과 돌들을 제거해야 한다(2절). 이런 식물들과 돌들은 그 당시 유다의 산 중턱에 많이 있었다. 이것은 일년 내내 해야 할 작업이다. 반드시 가장 좋은 포도나무들을 구입하여 조심스럽게 심는다. 그 다음 한 해 동안 제거된 돌들은 열매를 약탈하는 짐승과 사람을 감시하기 위해 담장과 망대로 건축된다. 끝으로 삼 년이 되던 해에 앞서 수고한 모든 것들이 열매를 맺는다.

우리는 유다의 농부들이 좋은 수확물을 기대했으리라 쉽게 상상할 수 있다. 또한 이 농부들이 애써 수고했는데도 단지 들포도만 맺혔다는 소식을 접할 때 그들의 분노를 상상해 보는 것은 가능한 일이다(2절). 그러므로 이사야가 담을 헐고 들짐승을 보내며, 심지어 그 포도원에 비를 내리지 못하도록 기도하겠다고 선포할 때(5-6절) 우리는 "좋아, 그렇게 해봐!"라고 외치는 청중을 상상할 수 있을 것이다.

포도원에 대한 설명(5:7-24)

그러나 예수님에게서 악한 청지기의 비유를 듣던 종교 지도자들과 같이(눅 20:9-19) 청중은 이사야가 그들에 대해 말하고 있음을 갑자기 깨닫게 된다—"만군의 여호와의 포도원은 이스라엘 족속이다." 이어지는 후속 구절에서 이사야는 그의 청중에게 그 들포도가 무엇인지를 말해 준다. 7절에서 일반적인 진술로 시작하여 8-24절에 등장하는 일련의 "화"(woe)를 통해 구체적인 진술을 제시한다. 7절에는 영어 역본에 나타나지 않는 히브리어 단어의 기교적 표현이 두 차례 등장한다.

"포학"(bloodshed, *mišpaḥ*)이라는 히브리어 단어는 "공평"(justice, *mišpaṭ*)이라는 단어와 발음이 비슷하며, "부르짖음"(cries, *ṣᵉʿaqah*)이라는 단어는 "의로움"(righteousness, *ṣᵉdaqah*)이라는 단어와 발음이 유사하다. 그러므로 시인은 예상한 것과 실제로 얻게 된 것 사이의 대조를 강조하고 있다.

다섯 가지 구체적인 행동들은 8-24절에서 정죄를 받고 있는바, 각각의 행위들은 "화"라는 단어와 함께 소개되고 있다. 이 "화"라는 단어는 장례식과 관련된 단어이다. 비록 고어에 속하지만 약간 더 현대적인 기법으로는 "아아!"(alas)라는 표현이다. "화"는 슬픔, 후회, 분노를 말하는 단어이다. 죽음이 앞에 놓여 있으며, 더 큰 비극은 이렇게 탄식을 해봐도 결코 소용이 없다는 것이다. 화는 백성의 죄악을 묘사하고 있으며, 그들의 죄악은 시내산 언약을 통해 하나님이 그의 백성에게 요구하신 삶의 방식과 관련이 있다. 이와 같은 죄악은 탐심(8-10절), 방종(11-17절), 냉소(18, 19절), 도덕적 타락(20, 21절), 사회적 불의(22-24절)를 포함하고 있다.

비록 25-30절에서 5장의 전체 결론(여기서 이런 행동들의 결과가 열거되고 있다)이 제시되지만, 몇몇 화가 언급된 단락들은 그 죄악된 행동의 심판에 대해 진술한다. 그 중 가장 두드러진 표현은 13-17절에서 나타나지만, 또한 9-10절과 24절에도 등장한다. 분명 백성들은 하나님과 맺은 관계 때문에 마치 자신이 이런 죄악된 길에서 살 수 있으며 여전히 그 심판에서 벗어날 수 있다고 생각한다. 그러나 이사야는 그것이 어리석은 생각이라고 말한다. 삶에는 결과가 따른다. 마치 들포도를 맺은 포도원이 파괴되듯이, 이스라엘도 그렇게 될 것이다.

탐욕. 8절에 소개된 탐욕이라는 특별한 단어는 더 큰 가옥과 더 많은 토지에 욕심을 내는 탐욕을 말한다. 부자는 더욱더 많은 토지를 매입하며, 적어도 혼자 거대한 부동산을 확보할 때까지 전 지주의 토지를 하나씩 빼앗아 그를 농노로 만들어 버린다. 이와 같은 부류의 죄악은 특히 하나님께 범죄가 된다. 왜냐하면 하나님은 언약을 통해 땅의 소유권을 갖고 계셨으며, 그의 종들에게 양도의 형식으로 그 땅을 하사하셨기 때문이다. 이와 같이 양도받은 토지는 마음대로 처분할 수 있는 절대적 소유물이 아니라, 항상 각각의 가족들을 통해 계속 보전되어야 했다.[1] 이것은 하나님께 더욱 의존케 할 뿐만 아니라 소규모 토지 소유주의 재산과 생계 수단을 보장해 주었다.

9절과 10절에서, 하나님은 범죄에 합당한 심판을 선언하신다. 부자가 다른 사

1. 또한 레 25:23-30; 민 27:1-11을 보라.

람들의 소유를 탈취했듯이 그는 빼앗김을 당할 것이며, 그가 획득한 모든 토지는 거의 아무것도 생산치 못할 것이다. 5장 전체의 분위기가 그러하듯이 이런 심판은 분명 바빌론 유수를 염두에 두고 있다.

자기 탐닉. "들포도"의 최대 관심사는 자기 탐닉에 있다(11-17절). 이 단락의 많은 부분은 이런 행위에 대한 심판 선언을 다루고 있다. 여기서 진정한 이슈는 어디에 관심을 두느냐이다. 분명 성경의 하나님은 육체적 즐거움을 반대하시지 않는다. 이사야 자신도 역사의 최종 장면을, 하나님이 온 땅의 모든 백성을 위해 예비하신 대축제로 묘사하고 있다(25:6). 이런 사상은 어린양 혼인 잔치가 나오는 신약에서도 계속 이어진다(계 19:7-9). 그러므로 이것은 모든 육체적 즐거움을 억압하는 공격이 아니다. 오히려 그것은 마치 이런 육체적 즐거움이 중요한 것인 양 생각하며 그것들에 관심을 쏟는 태도를 공격하고 있는 것이다. 그들은 최우선의 관심을 하나님과 그의 "행하심"(12절)에 두기보다는, 모두 없어져 버릴 것들에 관심을 쏟고 있다.

또다시 범죄에 상응하는 심판이 있다. 이와 같이 부유하고 고귀한 자들은 삼킬 것에만 집착했기 때문에, 그날에 그들은 먹을 것을 찾지 못할 것이다(13절). 마치 그들이 더 많이 취하기 위해 그들의 입을 더 크게 벌린 것처럼, 사망이 그들을 모두 빨아들일 때까지 그 입을 더욱 크게 벌릴 것이다.[2] 이것은 부유하고 힘센 자들을 염두에 두고 있음이 분명하다. 왜냐하면 직접적으로 2:6-22을 연상시키는 15-16절이 교만한 자의 치욕에 대해 말하기 때문이다. 한편 여기서 하나님의 위대하심과 거룩하심은 그의 공평과 의를 통해 드러나고 있다. 17절은 한 때 "부자"를 위해 많은 양식을 제공해 주었으나, 이제는 "황무한" 그 부자의 연회장에서 급히 식물을 먹고 있는 양들에 대해 묘사하고 있다.

냉소주의. 선지자는 탐욕과 자기 탐닉과 같은 더 "육적인" 죄악에서 나아가, 이런 육적 죄악을 선행하거나 뒤따르는 근본적인 태도들을 언급한다. 그중 첫 번째 태도는 하나님께 감히 행동을 실행해 보라고 비웃는 냉소주의다(18-19절). "거짓의 끈"이라는 말의 의미는 분명치 않다. 그러나 그 전반적인 의미는 분명하다. 이 표현은 죄악을 즐거워하며 그 죄악을 더 적극적으로 행할 수 있는 길을 모색하는

2. 여기서 "무덤"으로 번역된 히브리어 단어는 *šᵉʾôl*(영어로 종종 "Sheol"로 번역됨)은 지하세계를 가리킨다. 구약은 사후세계에 대한 충분히 발전된 관점을 제시하지 않는다. 대체로 이 단어는 보상의 장소라기보다는, 죽은 자의 영혼들이 존재하는 어둡고 먼지가 많은 곳으로 이해된다(참조. 사 14:9-11). E. Merrill, "שְׁאוֹל," *NIDOTTE*, 4:6-7을 보라.

자들을 가리킨다. 이들은 만약 그런 행동들이 그렇게 나쁘다면 위대하신 하나님, 즉 이사야가 줄곧 선포한 "이스라엘의 거룩한 자"가 그에 대한 어떤 행동을 취하면 될 것이 아닌가 하고 주장한다. 그러면서 그들은 어떻게 해서든 계속 자신을 만족시키고자 한다.

도덕적 타락. 네 번째 화(20-21절)는 이 상황을 한 단계 더 심각하게 취급한다. 이제 죄를 판단하는 일은 단지 하나님께 도전하는 것만이 아니다. 오히려 어떤 이들은 죄와 같은 것은 없으며, 이전에 틀렸다고 하던 것은 사실상 옳은 것이고, 옳다고 여겨지던 것은 실제로 틀린 것이라고 선포한다. 그런 사람들은 하나님을 상황에서 완전히 제거해 버린다. 그들은 아주 지혜로워 자신의 도덕 체계를 만들어 낼 수 있다. 이상하게도 이런 새 도덕 체계는 하나님의 기준과 정반대다. 이것은 단지 고르고 선택하는 문제가 아닌, 옳고 그른 것으로 선언되던 것과는 명백한 반대 형태이다. 이와 같은 현상은 스스로 도덕적 관례를 선택할 수 있는 권리에 대한 주장뿐만 아니라 도덕적 권위에 대한 반역을 시사해 준다.

사회적 불의. 다섯 번째 화(22-24절)는 다시 실천의 문제로 돌아오며, 그렇게 함으로써 모든 죄들을 함께 연결한다. 선지자는 중요하지 않은 일(술 마시기)에 열중하여 중요한 일(정의)을 소홀히 여기는 자들을 비꼬며 말한다. 유다의 고귀함은 그 참된 목적을 추구하지 않고 오히려 수치스런 행동으로 전락하고 말았다. 유다 백성은 약자를 변호하는 자들에게 상을 주지 않고, 테이블 아래로 쓰러질 때까지 가장 독한 술을 마실 수 있는 자들에게 상을 베푼다. 그들은 중대한 일은 하찮게 여기고, 하찮은 일은 중요하게 여긴다.

이것은 우연이 아니다. 만약 자신의 생의 목표가 자신을 돌보는 것이라면, 그것을 위해 자신의 욕망을 채우고 정의를 오용하는 것은 수학만큼이나 합리적인 태도이다. 그렇다면 그들에게 어떤 일이 발생했는가? 이 백성은 시공간을 초월해 계시는 그분, "거룩"하다 일컬음을 받기에 합당하신 만유 안에 계시는 그분, 자기를 낮추어 언약을 통해 자신을 이스라엘에게 내어 주신 그분의 가르침(torah, NIV "law")을 멸시하였다(24b절). 다시 말하자면, 이 백성은 그런 가르침을 주실 만한 위치에 있는 만유의 하나님의 가르침을 멸시한 것이다. 인간이 지닌 유일한 불변성은 초월하신 창조주와 관련되어 있다. 만약 인간이 하나님을 멸시하여 불 속에 타 들어가는 마른 풀처럼 날아간다 해도, 그것은 그들에게 놀라운 일이 아닐 것이다(24a절).

적대적인 열방을 불러옴(5:25-30)

5장의 결론이 되는 이 구절들은 선행 구절에 나타난 바빌론 유수의 암시를 부각하며 그것을 선명히 드러내 준다. 포도원은 탐욕과 자기 탐닉과 냉소주의와 도덕적 타락과 사회적 불의라는 들포도를 맺었다. 그리고 담들을 헐며 그 무익한 포도 잎사귀를 벗기고 그것을 짓밟아 뭉개 버릴 짐승들을 부르는 일만 남아 있다.

이사야는 심판이 도래하는 것이 메소포타미아의 아시리아와 바빌론의 힘이 너무 강력하기 때문만은 아니라는 것을 분명히 밝힌다. 어떤 점에서 이 국가들의 강대함과 힘은 그 심판과 상관이 없다. 이스라엘이 반드시 고려해야 할 것은 이러한 군사적 정치적 힘이 아니다. 그들이 고려해야 할 것은 하나님의 성품이다.

이사야는 이와 같은 논점을 강조하기 위해 반복구를 사용한다. 이 반복구는 9:8-10:4에서 다시 사용될 것이다—"(이 모든 것들로 말미암아) 그 노가 돌아서지 아니하였고 그 손이 오히려 펴졌느니라"(5:25절 후반부). 왜 이와 같은 강대한 세력들이 도래하는가? 단지 이 국가들의 제국주의적 야심 때문인가? 아니다. 그들은 하나님의 손에 놓인 도구들이며, 지속적인 언약 파괴에 상응하는 하나님의 심판을 수행하기 위해 사용된다. 그들은 하나님의 신호인 "깃발"을 보고 달려온다. 그들은 말 잘 듣는 개들처럼 하나님의 "부르는 소리"(whistle)에 반응한다(5:26).

5:27-29에서 이사야는 위기감과 충격을 자아내기 위해 짧은 2행 대구법을 사용한다. 거대한 군대가 멈출 수 없는 속도로 다가온다. 모든 무기들은 하나님의 원수가 된 이 백성과 맞서 사용될 것이며, 모든 것이 완료된 상태이다(1:24). 이 백성은 빛이 무엇이고 어둠이 무엇인지를 말할 수 있는 권리가 있다고 주장했다. 빛이 어둠이 될 때, 이제 그들의 주장은 어리석은 짓으로 취급될 것이다(동일한 사상이 나오는 8:20-22을 보라).

상황잇기

이야기의 위력. 우리는 5장에서 이야기로 잘 전달되는 예(illustration)의 위력을 발견하게 된다. 그런 위력은 우리를 진정시킨다. 누군가가 우리에게 어떤 논지를 전달하고자 한다면, 우리는 이 사상을 우리에게 적용하기 곤란한 점들에 대해 생각하면서 이미 경계심을 품게 된다. 그러나 우리는 이야기를 대할 때 그런 경계심을 누그러뜨리며 쉽게 그 이야기를 체험하게 된다. 때때로 결코 알지 못했던 사상들을 수용하도록 설득당하는 자신을 발견하게 된다. 이것은 나단이 다윗에게 가난한 자와 그의 어린 양 한 마리에 대해 이야기할 때 일어난다(삼하 12:1-6). 부당한 부도덕 행위를 정당화하려는 다윗의 모든 시도들은 한순간에 헛수고가 되고 말았다. 예수께서 악한 청지기에 대한 이야기를 말씀하실 때, 유대인 종교 지도자들도 똑같은 일을 경험하였다. 그들은 계속 전개될 논의가 있음을 깨닫기도 전에 그 논증의 논리를 무의식적으로 인정하게 되었다.

여기서 요지는, 우리가 우리 자신의 소유물이 아니라는 점이다. 우리는 누군가의 작품이다. 만약 그렇다면 그 누군가가 우리를 만들 때 우리를 위해 어떤 목적을 염두에 두었을 것이다. 그리고 만약 그것이 사실이라면, 그는 자신의 작품이 자신의 계획대로 그 결과를 가져다주리라 기대할 권리가 있다. 만약 그의 작품이 그렇지 못할 때, 그는 자신이 원하는 대로 그 작품을 다룰 권리가 있다. 여기서 실제적인 이슈는, 우리가 우리 자신의 작품이 아닌 누군가의 작품이라는 점이다.

히브리인들은 공식적으로 이 점을 인정했으나 실제적으로는 많은 사람들이 그렇지 않은 것처럼 행동했다. 그래서 이사야는 그들로 하여금 그들이 서 있는 불합리한 위치를 깨닫도록 유도하고 있다. 만약 하나님이 계시며 그분이 만유의 유일한 창조주라면, 특히 자신이 그의 목적과 성품을 상호 언약을 통해 우리들에게 계시하셨다면, 그분은 우리가 그 목적과 성품에 부합하는 삶을 살아가기를 기대할 권리가 있으시다.

육체적인 죄와 영적인 죄. 이사야가 이스라엘의 삶 가운데 "들포도"라는 표현에 해당하는 것으로 본 특정한 행위들은 의미심장해 보인다. 그들은 사회적 불의로 시작해서 그것으로 끝맺는다. 아마도 우리가 서로 대하는 방식은 하나님과 우리의 관계를 보여 주는 가장 중요한 암시가 되며, 이것은 언약의 놀라운 진리이다. 이와 같은 진리는 십계명에서 찾아볼 수 있다. 이 십계명에서 오직 네 계명만이 뚜렷한 "종교적인" 행위들과 관련이 있고, 나머지 여섯 계명은 하나님과 맺은 관계와 연관성이 있는 행위들이다. 하지만 고대 근동 세계에서는 아무도 이런 행위들을 신과의 관계 속에서 보지는 않았을 것이다. 그러나 하나님께 그런 행위들은 하나님과 맺은 관계와 연관성이 있다. 만약 우리가 그분과 관계를 맺는다면, 우리는 인간의 생명, 소유, 명예 및 결혼이 침해당할 수 없는 것임을 깨닫고, 존중을 바탕으로 서로 공정하게 대우해야 한다. 이는 하나님이 인격체이시며 그분이 인격체들을 이런 방식으로 다루시기 때문이다. 만약 우리가 그와 관계를 맺는다면, 우리는 반드시 그분처럼 행동해야 한다.

그러나 자원이 제한된 세상에서 어떻게 그런 것이 가능할 수 있는가? 그것은 오직 우리가 공평하시고 자애로우신 하늘의 아버지께 우리의 필요를 맡길 때만 가능하다. 그러므로 여기서 규정되는 모든 죄악들은 우리 외에 우리 존재의 한계를 설정할 권리가 있는 분이 존재한다는 점을 인정하지 못하는 것과 관련이 있다. 그것은 더 많은 것을 갈망하는 단순한 탐욕에서 시작한다. 이 탐욕은 우리의 욕망이 근본적으로 만족될 수 없으며 그 욕망을 통제할 수 있는 유일한 길은 멈추고자 하는 의식적인 결단에 있음을 깨닫지 못하는 것과 연결된다. 이것은 자기 탐닉과 직접적인 연관성이 있다. 만약 정말로 우리의 갈망보다 더 우위에 계신 분이 없다면, 누가 충분하다는 말을 할 수 있겠는가? 그렇다면 안락과 쾌락과 안전은 절대적인 선(absolute goods)이 되며, 이것을 증진하는 듯 보이는 요소들은 무엇이든지 부정적으로 언급될 수 없다.

그러나 탐욕과 자기 탐닉과 같은 다소 무의식적인 죄악들(육적인 죄)은 더욱 깊이 뿌리박힌 마음의 죄(영적인 죄)에서 발생한다. 이런 육적 죄악들은 탐욕과 자기 탐닉을 통해 구체화된다. '나의 필요는 모두 중요해. 그리고 내가 적절하다고 판단할 때 내게는 그 필요를 충족할 절대적 권리가 있어.' 하나님에 대한 냉소적 태도는 내가 원하는 바와 하나님의 계시된 뜻 사이에 갈등이 존재할 때 생겨난다. 만약 내 필요와 나 자신을 하나님께 지금 바로 맡기지 않는다면, 그 다음 단계는 하나님에 대한 냉소가 뒤따른다. "만약 하나님이 내가 지금 하고 있는 것을 좋아하시지 않는다면, 그가 이것을 중단하시는지 지켜보자."

마찬가지로 그 다음 단계가 필연적으로 뒤따라온다. 그것은 내가 스스로 옳고 그름을 결정할 권리가 있다는 주장이다. 나 자신보다 나의 필요를 더 잘 아는 이는 없다. 그러므로 만약 소위 말하는 하나님의 뜻이 내게 필요하다고 느끼는 것과 대립된다면, 그의 뜻은 분명 잘못된 것이다. 그것은 결코 하나님의 뜻이 아니라, 나를 좌절시키기 위해 권력을 사용하는 다른 사람들의 뜻이다. 만약 형상을 만들 수 있는 인간의 능력과 그 타락에 대한 성경의 이해가 옳다면(창 6:5), 인간이 자신의 도덕 체계를 만들 때, 그것은 성경에 규정된 하나님의 도덕 체계와 정반대의 도덕 체계라는 점은 그리 놀라운 일이 아니다. 인간은 선을 악으로, 악을 선으로 부를 수 있는 권리를 주장한다.

5:22-23에서 자기 탐닉과 사회적 불의가 직접적으로 연결되고 있음은 어떤 중요한 연관성을 증명한다. 사회적 공의는, 어떤 이들이 자신의 필요를 충족하는 것이 다른 사람의 기본적인 필요를 충족하는 것보다 부차적인 것이라고 결심할 때에야 비로소 존재할 수 있다. 이런 사회적 공의는 하나님이 그들의 필요를 채우시기

원하며 그들보다 더 잘 그들의 필요를 채우실 수 있는 분임을 그들 스스로 깨달을 때까지 결코 일어나지 않을 것이다. 더욱이 그들은 자신을 포도원의 건축자이신 하나님의 뜻에 맡겨야 한다. 하나님은 사람들을 절대 가치가 있는 존재로 보시며, 그분께 속한 자들은 이와 동일한 관점으로 사람들을 바라봐야 한다.

삶의 이치. 이 단락이 강조하는 또 다른 진리는 삶의 이치에 있다. 이사야서에서 이 개념은 여기서만 부각되지는 않는다. 특히 이 주제는 1-39장에 걸쳐 나타나고 있다. 그러나 여기서 이 사상을 알아보는 것은 중요한 일이다. 앞서 언급했다시피 우리 인간들은 인과관계에 대해 두드러지게 왜곡된 관점을 지니고 있다. 우리는 그 인과관계가 우리에게 유리하게 작용한다고 판단될 때 그 법칙이 엄격히 준수되기를 원한다. 그러나 그것이 우리에게 불리하게 작용할 때 그 법칙에 대해 분노한다. 만약 우리가 순종하면 우리는 축복을 기대한다. 그러나 만약 우리가 불순종하면 용서를 기대한다.

이사야는 이와 같은 이스라엘의 생각을 깨뜨리려고 애쓰고 있다. 우리는 자연의 법칙을 깨뜨릴 수 없으며, 그 법칙을 깨뜨린 결과를 피할 수 없다. 또한 우리는 영적인 법칙을 깨뜨린 그 결과를 피할 수도 없다. 우리는 정해진 방식으로 살도록 창조되었다. 그리고 만약 우리가 그런 방식으로 살지 않는다면, 그 결과는 뻔하다. 진정한 회개에는 자비가 주어지는가? 물론 그렇다. 그러나 동일한 죄악을 지속적으로 반복하는 사람은 진정으로 회개한 자인가? 이스라엘 백성은 계속 불순종하며 살면서도, 값비싼 제사의식으로 자비를 얻는 것을 일반적인 규범처럼 여겼다(1장과 그 해설을 보라). 이사야는 그것이 올바른 길이 아님을 말하고 있다.

역사의 주이심. 이 단락의 마지막 진리는 하나님이 역사의 주인(lordship)이시다는 것이다. 우리가 피상적인 기독교 문화 속에서 말로만 이것을 인정하며 살아가기란 쉬운 일이다. 그렇지만 이사야와 다른 선지자들에게 이 사상은 실로 혁신적이었다. 지중해 연안의 작은 두 나라, 이스라엘과 유다의 하나님은 대제국들의 신들과 싸워서 최고의 신으로 등극하지 않으셨다. 그랬다면 그것은 충분히 놀라운 일이었을 것이다(그리고 그것은 거짓 선지자들이 주장하던 바이다). 그러나 오히려 참선지자들은 여호와께서 이미 그런 타국가들의 주인이시며(그러므로 그들의 신들은 신이 아니다), 그분의 백성을 징계하시기 위해 이 국가들을 사용하고 계신다고 주장했다. 이스라엘과 유다의 크기와 환경을 아시리아와 바빌론과 상대적으로 비교해 볼 때, 이런 사상은 엄청난 신앙의 도약이었다. 그렇지만 이런 신앙으로 말미암아 예고된 멸망이 도래했을 때 믿음의 백성은 좌절치 않고 이 모든 일의 배후에 여호와께서 계신다는 것을 깨달으며 살아갈 수 있었다.

현대적 의미

세계관의 위기. 오늘날 교회는 거대한 위기에 봉착해 있다. 그것은 세계관의 위기이다. 프란시스 쉐퍼에서 찰스 콜슨[3]에 이르기까지 여러 사상가들은 그런 위기의 도래를 경고한 바 있으며, 그 위기는 지금 우리에게 닥쳐오고 말았다. 그 이슈는 오늘날 새롭게 부각되고 있지만 이전에도 있었다. 이 위기와 관련된 질문은 다음과 같다. '나 자신과 내가 부여하는 의미 외에 어떤 의미가 존재하는가?' 우리 문화는 그렇지 않다는 합의된 결론에 도달하였다.

이와 같은 결론을 암시하는 사상들은 모두 우리 주변을 둘러싸고 있으며, 심오한 의미를 전달하고 있다. 우리는 고대인들처럼 거짓말과 절도가 표준화된 문화는 존속될 수 없음을 분명히 깨닫고 있다. 그래서 우리는 말로는 그런 행동들을 금지한다. 그렇지만 실제로 약간의 현명한 거짓말과 절도는 나의 필요를 충족하는 데 도움이 될 수 있다. 그래서 모든 사회는 말과 행동을 다르게 한다. 200년 동안 기독교 윤리가 미국을 지배해 왔다. 그래서 우리는 토지법이 창조주와 구세주의 법을 분명히 대변한다고 믿었기 때문에 그 법을 준수해 왔다. 우리는 우리 자신 외의 그 무엇에게 헌신하였으며, 심지어 아무도 보지 않을 때나 그것이 편리하지 않을 때에도 그 법에 순종하였다. 우리는 대개 법을 준수하는 사람들이 되었고, 다른 나라에서 온 사람들은 아직도 그 점에 대해서 말하고 있다.

그러나 이 모든 것은 급격히 변하고 있다. 우리는 나 자신 외에 하나님이 존재하며 그분께 순종해야 한다는 사상을 상실하였다. 그 결과, 우리는 점차 토지법을 선택적으로 준수하고 있다. 우리는 생각건대 개개인에게 이익이 될 만한 법규들과 강제적인 법조항들만 준수한다. 그러나 우리는 최대한의 법 테두리 안에서 개인의 이익을 추구하는 데 어려움을 느낀다. 그래서 우리는 점차 법을 지키지 않는 자들이 되어 간다. 왜냐하면 한 국가의 백성들이 법을 준수하기를 원치 않는다면, 그들로 하여금 법을 준수하도록 만드는 충분한 효력이 이 세상에 존재하지 않기 때문이다. 비참하게도 우리는 우리 조상들이 선택하여 얻은 그 혜택을 누리고 있다는 것, 우리가 선택하고 있는 그 길이 그런 혜택을 소멸시키고 있음을 깨닫지 못한다.

3. F. Schaeffer, *The God Who Is There*(Chicago: InterVarsity Press, 1968); C. Colson, *Kingdoms in Conflict*(Grand Rapids: Zondervan, 1987).

지금 우리가 누리고 있는 안락과 쾌락과 안전은 하나님께 순종하며 자발적으로 자신의 이익을 타인의 이익 때문에 제한하던 사람들 덕에 얻은 것인데, 우리는 무엇을 하든 우리 자신을 위해 더 많은 안락과 쾌락과 안전을 확보할 수 있다고 생각한다.

교회를 향한 도전은 이런 유의 사고가 우리 가운데 은밀히 침투하고 있다는 것이다. 연구 자료에 따르면, 십대 그리스도인들은 대개 비그리스도인들처럼 남을 속이는 경향이 있다. 또 그중 반 이상은 절대적인 도덕 기준이 존재하지 않는다고 생각한다.[4] 복음주의자들 가운데 이혼율은 이제 국가 기준치를 초과하고 있다.[5] 도대체 무슨 일이 일어났는가? 우리는 결코 변치 않는 성품을 갖고 계시며 인간을 그의 형상으로 창조하신 창조주가 존재한다는 사상을 서서히 놓치고 있는 것이다. 우리는 이 창조주가 그의 우주 속에 자연의 법칙처럼 불변적인 어떤 영적인 원리들을 세워 놓았다는 생각을 놓치고 있다.

어떻게 이런 일이 일어났는가? 그것은 우리가 성경의 권위에 대한 개념을 놓치고 있기 때문이다.[6] 결국 지식을 얻는 데는 두 가지 길만 존재할 뿐이다. 자신의 경험을 통해 알거나 아니면 우리의 경험 밖에서 정보를 얻는 것이다. 만약 하나님이 우주와 다른 분이라면, 우리는 결코 자신의 경험을 통해 그를 발견할 수 없을 것이다. 우리가 발견하는 모든 것은 우리 자신뿐이다. 그러므로 만약 하나님이 우리를 통해 자신을 알리고자 하신다면, 그분은 자신을 우리에게 계시하셔야 할 것이다. 하나님이 자신을 계시하셨다고 생각할 만한 근거는 무엇인가? 이 세상에서 성경만이 유일한 근거가 된다.

지면이 제한되어 있으므로, 여기서 이런 주장을 뒷받침하는 모든 논증들을 다룰 만한 여유는 없다. 그러나 한 가지 예를 고찰해 보자. 구약은 철저한 교리로서 유일신론의 기원을 내포하고 있다("여호와의 유일성" 부분의 서론을 참조하라). 이 세상에는 세 종류의 유일신론적 종교—기독교, 유대교, 이슬람교—가 있으며, 모두 다 바로 그 단일 출처('구약'을 말함—옮긴이)로 소급된다. 다른 많은 교리들도 이와 마찬가지다. 이스라엘 백성이 우리들게 전해준 바로 그 계시를 제외하면, 그 교리에 대한 충분한 설명은 있을 수 없다.

---

4. J. McDowell and B. Hostetler, *Right From Wrong*(Dallas: Word, 1994): 8-9.
5. G. Barna, *Boiling Point: It Only Takes One Degree*(Venture, Calif.: Regal, 2001), 42.
6. Donal Bloesch, "What ever Happened To God," *Christianity Today* 45(Feb. 5, 2001): 54.

지금 서구의 교회는 위기에 봉착해 있다. 물론 교회는 살아남을 것이다. 그것은 정해진 일이다. 그러나 서구의 교회는 살아남을 것인가? 만약 우리가 성경의 권위를 놓쳐 버린다면, 서구의 교회는 살아남지 못할 것이다. 우리의 유일한 존재의 이유는 바로 거기에 있다. 왜 탐욕이 잘못된 것인가? 왜 자기 탐닉이 잘못된 것인가? 왜 자신의 도덕 법규를 만들어 내는 것이 잘못된 것인가? 왜 가난한 자에게 공의를 베풀지 않는 것이 잘못된 것인가? 결국 대답은 한 가지뿐이다. 만유의 한 분 하나님이 그렇게 말씀하시기 때문에 그것들은 잘못된 것이다. 그것은 하나님이 행하신 방법이 아니며 그런 방식으로 살도록 우리를 만드시지 않았기 때문에, 그것들은 잘못된 것이다.

그 외 다른 어떤 논증도 충분치 못하다. 모든 실용주의적 논증들도 미흡하다. 왜 나는 내가 할 수 있는 모든 것을 붙들어서는 안 되는가? 광고방송들은 인생은 짧기 때문에 자신을 위해 할 수 있는 모든 것을 다 하라고 내게 말한다. 당신은 오직 한 번뿐인 인생을 살며, 그 인생의 빛은 사라진다. 왜 내가 거짓말하면 안 되는가? 거짓말은 대부분 진실보다 더 나은 것을 제공해 준다. 당신은 누구에게 어떤 거짓말을 했는지를 기억해야 하기 때문에, 거짓말은 인생에 다소 긴장감을 준다. 그러나 누구도 인생이 쉽다고는 말하지 않았다. 약자들도 "권리"를 갖고 있기 때문에, 우리는 그들을 돌보려고 한다. 그러나 그러한 "권리"가 우리의 편리나 비용과 상충될 때, 그것은 무시된다.

결국 도덕적 행위에 대한 권위가 우리 자신의 배후에 존재하지 않는다면, 잘못된 것이 올바른 것이 되며, 올바른 것이 잘못된 것이 된다. 우리는 이런 현상을 우리 사회 안에서 목도한다. 그러므로 동성연애 행위가 잘못이라고 주장하는 것은 증오나 두려움을 불러일으킨다. 사람들은 "핵가족"(the nuclear family)이 편집증과 우울증을 일으키는 주요 원인들 가운데 하나로 간주한다.[7] 자기희생은 어리석은 짓이며, 만약 가식이 아니라면 부부로서 성실은 진부한 것이다.

그러므로 교회의 의무는 하나님의 계시의 권위에 대한 우리의 헌신을 재확인하고 그것을 강화하는 데 있다. 만약 우리가 이런 이슈에 대해 타협한다면, 우리는 존재의 이유를 상실할 것이다. 실로 소금은 그 맛을 잃을 것이며(마 5:13), 우리는

7. 텔레비전 프로그램에서 가족상이 쇠퇴하고 있음을 보는 것은 흥미로운 일이다. *Ozzie and Harriet*, *Leave It to Beaver*, *All in the Family*, *The Simpsons*, *Seinfeld* 그리고 *Friends*로 이어지는 프로그램 속에서 가족은 궁극적으로 사라진다.

예수께서 경고하신 그 필연적인 결말(버림 당함)에 직면할 것이다.

순종과 희생. 이 모든 논의의 근본적인 쟁점은 순종에 있다. 헨리 프랭크포트(Henri Frankfort)는 그의 책 『철학 이전에』(*Before Philosophy*)에서 히브리인들이 이교도의 자연 신화를 하나님의 뜻이라는 신화로 대체시켰다고 말한다.[8] 우리는 신화(기본적으로 그가 말하는 신화는 "종교적 체계"를 의미한다)라는 용어에 대한 그의 정의와 용법에 대해 그와 논의를 벌일 수도 있겠지만, 그의 관찰은 예리하다. 이스라엘 주위에 있는 사람들의 종교는 반복되는 자연의 순환 속에서 삶의 의미를 바라보았다. 이 자연의 순환 속에는 목적도 없고 목표도 없으며, 오직 힘의 실행만 존재한다. 그러나 이스라엘 백성은 반복되는 그 순환 주기 바깥에 인류를 향한 하나님의 목적이 있으며, 그 목적은 그들이 살아가야 할 삶의 방식과 관련이 있다고 이해했다. 사도 바울은 잘 알려진 로마서 12:1-2의 개막 구절에서 이와 동일한 논점을 제시한다.

> 그러므로 형제들아 내가 하나님의 모든 자비하심으로 너희를 권하노니 너희 몸을 하나님이 기뻐하시는 거룩한 산 제사로 드리라 이는 너희의 드릴 영적 예배니라 너희는 이 세대를 본받지 말고 오직 마음을 새롭게 함으로 변화를 받아 하나님의 선하시고 기뻐하시고 온전하신 뜻이 무엇인지 분별하도록 하라.

하나님은 그의 백성들을 향한 계획적인 뜻을 갖고 계신다. 하나님은 백성들이 어떤 정해진 방식으로 살아가기를 원하시며, 이런 삶의 방식은 그들이 처신하는 방법에 영향을 미치는 영적인 결단으로 시작된다. 이런 영적인 결단은 희생 즉 의식적으로 하나님을 위해 무언가를 포기하는 것을 수반하며, 그들로 하여금 세상의 삶의 방식과 정반대로 살아가도록 이끌어 준다. 바울이 여기서 말하는 바는 구약 전반에서 발견되는 것과 동일하다. 바울의 다른 점은 이제 완전히 새로운 희생의 동기가 계시되었다는 것이다—하나님은 우리를 위한 놀라운 희생 제사를 자신의 아들을 통해 나타내셨다.

그러나 실제로 우리는 무엇을 희생해야 하는가? 우리는 하나님을 위해 무엇을 포기해야 하는가? 창세기 2장은 그 점을 명백히 밝혀 준다. 우리는 두 가지를 포기해야 한다. 우리를 위해 옳고 그름을 결정하려는 권리와 우리를 위해 자신의 필요

8. H. Frankfort, *Before Philosophy* (Chicago: Univ. of Chicago Press, 1949), 244.

를 충족하려는 권리가 바로 그것이다. 우리의 첫 조상이 그것을 포기하지 않아서, 바울이 말하는 '이 세상 방식'(the pattern of this world)이 굳게 세워지고 말았다. 이 세상 방식은 어떻게 하든 내 욕망을 충족하여 나 자신을 즐겁게 하며, 나를 위해 옳고 그름을 결정하려는 삶의 방식을 말한다. 우리는 이런 결정으로 우리의 만족을 대부분 충족할 수 있으리라 믿는다.

이와 반대로, 우리는 아브라함과 요셉의 족장 이야기를 통해 또 다른 방식을 발견한다(창 12-50장). 만약 우리가 우리의 필요를 충족하는 일을 하나님께 맡긴다면, 우리는 더는 욕심에 사로잡힌 이기적인 자들이 되지 않을 것이다. 우리는 조카를 위해 제일 좋은 땅을 자발적으로 양보하는 아브라함을 본다(창 13:5-12). 그리고 우리는 엄청난 유혹에서 순결을 지키고자 하며(창 39:8-9), 그의 형제들과 달리 형제를 미워하지 않는(창 50:17-21) 요셉을 본다. 여기에는 탐욕, 자기 탐닉, 냉소, 도덕적 타락, 사회적 불의에 대한 승리가 나타난다. 우리는 하나님의 뜻에 순종하며 그의 뜻대로 행할 때, 하나님이 우리가 할 수 있는 것보다 더 나은 방식으로 우리의 필요를 가장 좋은 것으로 채워 주실 것을 깨달아 우리의 삶을 그에게 맡기게 된다.

그렇지만 우리가 이런 방식으로 살아갈 때 결과를 당장 보려고 애쓰지 않도록 주의해야 한다. 예를 들면, 이사야는 하나님의 뜻에 불순종하여 생긴 필연적 결과에 대해 이야기한 바 있다. 그러나 이스라엘의 포로 유배는 이사야 시대에 발생한 반면, 유다의 포로 유배는 또다시 150년이 지나는 동안 실제로 일어나지 않았다. 이사야의 말을 듣는 누군가가, 만약 그와 같은 죄에 대해 필연적인 심판이 있다면 그런 심판이 어디서 발생했는가라고 반문하기 쉬웠을 것이다. 실제로, 5:18-19에 언급된 이 사람들도 그런 질문을 했을 것이다.

시편 73편의 기자는 '왜 악인이 항상 번창하는가'라는 의문이 들 때 이와 유사한 일을 경험한 것 같다. 예수의 곡식과 가라지 비유와 마찬가지로, 이 경우에 대답은 거시적 관점을 취하는 것이다. 그러므로 시편 73편에서 기자는 거시적 관점으로 하나님의 관점에서 악인의 최종 운명(시 73:15-17)을 바라봄으로써 하나님의 백성 신분을 저버리지 않았다(하나님의 도덕 법칙을 부인하는 것)고 말한다. 예수는 가라지가 분리되어 불 속으로 던져질 마지막 추수 때까지 그 가라지가 자라도록 허용할 거라고 말씀하셨다(마 13:24-30). 이것은 시편 73편과 동일한 말씀이다.[9] 죄에는 심판의 결과가 따른다. 그러나 그 심판은 우리의 시간이 아닌 하나님의 시간에 집행된다. 그러므로 만약 우리가 하나님의 뜻 안에서 살고자 한다면 우리는 자신의 필요를 하나님께 맡겨야 할 뿐만 아니라, 그 심판의 결과들이 확정되어 있으나 그분의 시간 안에서 이루어짐을 확신하면서 그 결과를 하나님께 맡겨야 한다.

9. 또한 말 3:14-4:6을 보라.

이사야 6:1-13

1 웃시야 왕이 죽던 해에 내가 본즉 주께서 높
이 들린 보좌에 앉으셨는데 그의 옷자락은
성전에 가득하였고
2 스랍들이 모시고 섰는데 각기 여섯 날개가
있어 그 둘로는 자기의 얼굴을 가리었고
그 둘로는 자기의 발을 가리었고 그 둘로는
날며
3 서로 불러 이르되 거룩하다 거룩하다 거룩하
다 만군의 여호와여 그의 영광이 온 땅에 충
만하도다 하더라
4 이같이 화답하는 자의 소리로 말미암아 문지
방의 터가 요동하며 성전에 연기가 충만한
지라
5 그때에 내가 말하되 화로다 나여 망하게
되었도다 나는 입술이 부정한 사람이요 나
는 입술이 부정한 백성 중에 거주하면서 만
군의 여호와이신 왕을 뵈었음이로다 하였
더라
6 그때에 그 스랍 중의 하나가 부젓가락으로
제단에서 집은 바 핀 숯을 손에 가지고 내게
로 날아와서
7 그것을 내 입술에 대며 이르되 보라 이것이
네 입에 닿았으니 네 악이 제하여졌고 네 죄
가 사하여졌느니라 하더라
8 내가 또 주의 목소리를 들으니 주께서 이르
시되 내가 누구를 보내며 누가 우리를 위하
여 갈꼬 하시니 그때에 내가 이르되 내가 여
기 있나이다 나를 보내소서 하였더니
9 여호와께서 이르시되 가서 이 백성에게 이르
기를 너희가 듣기는 들어도 깨닫지 못할 것
이요 보기는 보아도 알지 못하리라 하여
10 이 백성의 마음을 둔하게 하며 그들의 귀가
막히고 그들의 눈이 감기게 하라 염려하건대
그들이 눈으로 보고 귀로 듣고 마음으로 깨
닫고 다시 돌아와 고침을 받을까 하노라 하
시기로
11 내가 이르되 주여 어느 때까지니이까 하였더
니 주께서 대답하시되 성읍들은 황폐하여 주
민이 없으며 가옥들에는 사람이 없고 이 토
지는 황폐하게 되며
12 여호와께서 사람들을 멀리 옮기셔서 이 땅
가운데에 황폐한 곳이 많을 때까지니라
13 그 중에 십분의 일이 아직 남아 있을지라도
이것도 황폐하게 될 것이나 밤나무와 상수
리나무가 베임을 당하여도 그 그루터기는
남아 있는 것 같이 거룩한 씨가 이 땅의 그
루터기니라 하시더라

원 의미

서론(저작권과 연도 부분)에서 언급했다시피, 나는 이사야서의 첫 여섯 장들이 연대기순으로 기록되지 않았다고 믿는다. 오히려 이런 순서로 배열된 것은 이사야가 신학적 논점을 제시하기 위해서 그런 것 같다. 만약 "입술이 부정한 백성"(6:5)이 "입술이 부정한" 그 사람(이사야를 말함-옮긴이)과 동일한 체험을 할 수 있다면, 이사야가 1-5장에서 보여 주는 이스라엘의 딜레마는 해결될 수 있다. 그 딜레마는 다음과 같다. 현재 하나님의 교훈을 멸시함으로써 타락과 배역에 빠진 이스라엘이 어떻게 깨끗하고 순종적인 이스라엘—온 열방은 이스라엘에게 그 교훈을 배울 것이다—로 변화될 수 있는가? 이사야는 그의 소명 기사를 이례적인 곳에 배치함으로써 이 기사를 하나의 모형으로 취하고 있다. 마치 자신이 하나님의 메시지를 그의 백성에게 전달할 수 있었던 것처럼, 이스라엘도 동일한 과정을 통해 하나님의 메시지를 이 세상에 전달하게 될 것이다.

이 소명 기사는 한 단어도 버릴 것이 없는, 빈틈없는 구성으로 짜여져 있다. 이 기사는 하나님의 환상(6:1-4)으로 시작한다. 여기서 하나님의 위엄, 초월과 거룩이 강조되고 있다. 그 다음 이사야는 하나님에게서 단절되어 망하게 되었다고 외치면서 환상을 통해 깨달은 자기 인식을 드러내고 있다(6:5). 그는 하나님에게서 단절된 것이 유한성 때문이 아닌, 도덕적 타락 때문에 발생했음을 인식한다. 그리고 이사야는 그러한 타락이 자신에게 계시된 그 하나님과 공존할 수 없음을 깨닫는다. 그러나 놀랍게도 하나님을 섬기는 스랍 중 하나가 제단 숯불을 가지고 선지자에게 나아오기 때문에, 이사야가 멸망당하는 것은 하나님의 뜻이 아니다. 이 스랍은 그 숯불을 이사야의 입술에 대며 이사야를 거룩하다고 선포한다(6:6-7). 그 즉시 '누가 나를 위해 메시지를 전할 것인가'라고 질문하는 하나님의 음성만이 들려온다.

입술이 정화되어 기뻐하던 이사야는 그 사역을 감당코자 하며(6:8), 하나님은 충격적인 임무를 맡기신다. 이사야는 백성들의 마음을 둔하게 하며 그들이 고침 받지 못하도록 가로막을 것이다(6:9-10). 이사야가 하나님께 어느 때까지 이런 식으로 메시지를 전해야 하는지를 물을 때(6:11 상반절), 하나님의 응답은 훨씬 더 놀랍다. 이사야는 온 이스라엘 민족이 다 타 버린 그루터기 밭처럼 될 때까지 메시지를 선포해야 한다(6:11 하반절-13절). 그러나 13절 마지막 부분에 등장하는 "거룩한 씨가 이 땅의 그루터기니라"는 표현은 이해하기 어려운, 희미한(enigmatic glimpse) 희망을 보여 주고 있다.

이 단락은 해석상의 수많은 이슈들을 내포하고 있으며, 우리는 여기서 이 이슈들을 단지 간략하게 살펴볼 것이다.[1] 먼저 우리는 이사야의 체험에 대한 연대 설정이 우연일 수 없다는 점에 주목해야 한다. 그렇다면 이사야의 소명이 웃시야 왕이 죽던 해에 주어진다는 것은 왜 중요한 일인가? 내가 생각하기에 그것은 웃시야의 죽음으로 유다에 절망적인 상황이 발생하기 때문이다.

그 연도는 대략 주전 740년이다. 그때 아시리아의 황제 디글랏 빌레셀 3세는 스스로 두려움의 대상이 되는 군사적 정복자로 분명 자리 매김 하였다. 그러나 강력한 웃시야 왕이 보좌에 앉아 있는 한(심지어 그는 자신의 아들 요담과 함께 명예직을 수행하였다) 유다에게 그런 위협의 임박성은 희박한 것처럼 보였다. 그러나 웃시야가 무대에서 사라졌을 때, 위험한 상황은 더는 간과될 수 없다. 요담은 강력한 왕이 아니었으며, 요담의 아들 아하스는 이미 정부(政府)의 친아시리아파의 통제 아래 있었던 것 같다. 이런 상황에서 무슨 일이 이루어질 수 있겠는가? 이사야의 환상은 그의 도덕적 범위에 새로운 방향을 제시해 주었다. 왕은 죽었는가? 이 세상의 왕은 누구인가? "만군의 여호와이신 왕을 뵈었음이로다!"(6:5).[2]

앞서 살펴본 바와 같이, 하나님을 묘사하기 위해 사용된 이미지와 언어는 그의 위엄("보좌에 앉으셨는데"), 초월("높이 들린", "그의 옷자락은 성전에 가득하였고", "집에 연기가 충만한지라"), 거룩("거룩하다 거룩하다 거룩하다")을 강조하고 있다. 고대 근동에서 "거룩하다"라는 말은 특별히 널리 사용되지 않았으며, 이 단어가 사용될 때 그것은 특별히 부각되지는 않는다. 그것은 일반적인 의미와는 달리, 어떤 것이 신을 규정하며, 어떤 것이 신에게 속한 것인지를 암시해 줄 뿐이다. 그것은 도덕적 의미를 함축하지 않으며, 신들의 다양한 도덕적 행동들을 고려해 볼 때 그런 의미를 함축할 수도 없었다.

그러나 히브리인들에게 거룩이라는 개념은 명백히 다르다. 출애굽기 3:5을 시작으로 출애굽기 19:6을 거쳐 구약성경 전반에 800번 이상 등장하는 "거룩하다"라는 단어는 이스라엘의 하나님을 묘사할 때 특별히 부각된다. 이는 이스라엘 백성이 실로 이 세계와는 다른 유일하신 한 분이 계시다는 것을 깨달았으며, 그의 성

1. 더 충분한 논의를 위해 Oswalt, *Isaiah 1-39*, 170-91을 보라.
2. "전능하신 주님"(NIV "the Lord Almighty"이나 개역성경은 "만군의 여호와"로 번역됨. 여기 설명은 NIV를 전제로 한 것임-옮긴이)이라는 호칭은 몇몇 다른 선지자들뿐만 아니라 이사야가 선호하는 호칭이다. 문자적으로 이 호칭은 "만군의 주님"이라는 뜻이며, 여호와께서 거대한 천상 군대의 지휘자임을 의미한다. 그러므로 이 호칭은 하나님의 비교 불가능한 능력에 대해 말하고 있다(왕하 6:17을 보라).

품이 그를 우리 인간들과 구별되도록 해준다는 것을 깨달았기 때문이다.

이런 이유로 주님을 전적으로 거룩한 자("거룩하다"의 3회 반복은 최상급의 표현이다)로 묘사하는 스랍의 외침을 들었을 때 이사야는 자신에게는 소망이 없다는 것을 알고 있었다. 그는 자신의 성품이 거룩한 자의 성품과 전적으로 다르다는 것을 깨달았다. 만약 "부정함"이 도덕적 의미를 함축하고 있는가라고 의문을 제기한다면(결국 제단과 제의 용기들도 역시 "부정"할 수 있었다) 제단 숯불이 이사야의 입술에 닿은 후 이사야의 "악"이 제하여졌고 그의 "죄가 사하여졌다"고 선언하는 스랍의 선포를 들을 때, 그런 의문들은 사라진다.

그러나 왜 이사야는 그의 입술이 부정하다고 말하는가? 왜 그의 마음이 부정하다고 말하지 않는가? 이에 대해 두 가지 해석이 가능하다. (1) 아마도 그 입술은 실로 마음속에 있는 바를 보여 주는 증거가 된다.[3] 이사야의 생애 동안 실제로 드러난 바는, 이사야가 그의 마음에 대해 무엇을 말하든 간에 그것이 부정하다는 것이다. 야고보는 "혀"에 대해 이런 방식으로 설명하며(약 3:9-12) 예수님도 "입"을 이와 같은 방식으로 설명한다(마 15:18). (2) 그러나 이와 관련된 또 다른 해석이 가능하다. 스랍의 찬란한 외침을 들은 이사야는 다른 이들을 제쳐 놓은 채, 대부분 자신의 목적을 추구하며 자신을 높이기 위해 사용된 그의 입술이 결코 거룩한 예배에 사용될 수 없음을 깨닫는다. 이런 해석은 "입술"을 위임의 개념과 밀접하게 연결하고 있으며, 첫째 해석의 가능성을 어느 정도 내포하는 한, 가장 그럴듯한 해석인 것 같다.

이사야는 자신의 상황이 아주 가망 없어서 정결케 해 달라고 혹은 구원해 달라고 요구할 만한 상황이 아니라고 본다. 그러나 여기서 그는 하나님의 은혜를 과소평가하고 있다. 하나님은 그를 멸하시기 위해 이런 환상을 주시지 않았다. 하나님은 범죄한 입술을 제거하시기 위해 제단 숯불을 가져오신 것이 아니다. 오히려 하나님은 이사야로 하여금 하나님과 이사야 자신에 대한 진리를 발견하고 은혜로 주어지는 정화의 불길을 공급받아 그의 참된 소명에 참여하도록 하기 위해, 그의 일생 가운데 이런 놀라운 일들을 허락하신다.

하나님의 질문의 논조는 설명해 볼 만한 가치가 있다. 이사야 6장은 직접적인 부르심이 없는 선지자적 소명의 유일한 예가 된다. 왜 그런지 뚜렷한 설명은 없다. 아마도 선발된 자가 아닌 자원하는 자를 위임하는 일은 매우 어려웠던 것 같다. 그

3. 여기서 전문적으로 사용된 문학적 장치는 환유법이다. 이것은 한 일부가 전체를 의미할 때 사용된다.

러나 참선지자들 가운데 어느 누구도 쉽게 위임받지는 않았다. 여하튼 하나님의 은혜에 대한 이사야의 체험은 분명 그로 하여금 거룩한 만유의 주권자를 위해 헌신하도록 이끌어 주고 있다.[4]

그러나 이 위임의 놀라운 특성을 주목해 보라. 하나님은 실로 그의 백성이 고침받기를 원하시지 않는가? 하나님은 그들을 멸망시키고자 작정하셨는가? 이런 생각은 분명 이사야서 전체를 잘못 이해한 것이다. 하나님은 분명 그의 백성을 고치기 원하시며, 그렇게 하기로 약속하신다. 2장과 4장의 약속들은 이 점을 분명히 밝힌다. 그러나 약속은 그뿐이 아니다. 그 약속들은 이사야서 전체에 나타난 다른 약속들을 대변해 준다.

그렇다면 6:9-10은 무엇을 뜻하는가? 아마도 논점은 이러할 것이다. 이사야가 거짓 선지자들 가운데 선택받았다고 가정해 보라. 이사야가 백성의 죄를 직접적으로 다루지 않는 확신과 격려의 메시지를 설파했다고 가정해 보라. 아마도 그는 수많은 추종자들을 얻었을 것이다. 이 추종자들은 "고침"을 받았을 것이며, 그들의 삶 속에서 하나님을 위한 "공간"을 더 많이 확보해야 한다고 확신했을 것이다. 그러나 이와 같은 피상적인 "치유"(healing)가 오랫동안 국가의 운명에 영향을 미칠 수 있겠는가? 단지 해로운 영향만 끼칠 뿐이다. 또한 우리는 이사야가 결코 그런 방식으로 메시지를 전하지 않았을 거라고 확신할 수 있다. 오히려 이미 완악해진 세대와 후손들의 심령을 고려해 볼 때, 이사야는 그들이 하나님에게서 더 멀어지게 하는 메시지를 전하도록 부름 받는다. 그러나 어떤 이들은 돌이킬 것이며, 그중 신실한 이사야의 추종자들은 바빌론 유수의 맹렬한 불길이 임하여 마침내 말씀을 들으려는 세대가 등장할 때까지 이사야의 말씀을 보전할 것이다. 그리하여 참된 치유가 일어나며, 약속된 메시아가 도래할 배경이 마련될 것이다. 그러므로 이사야의 소명(calling)은 세상에서 말하는 성공을 위한 것이 아닌, 신실함을 위한 것이다. 이사야가 그 어려운 사명을 받아들였기 때문에, 우리는 2500년이 지난 지금도 여전히 그의 책을 읽고 있는 것이다.

또 이와 같은 이해는 이 단락 마지막 부분의 모호한 문장을 해석하는 데 빛을

---

4. 6:8의 "우리"는 천상 회의를 가리키는 듯하다(렘 23:18-22을 보라). 그렇지만 이것을 이방 종교에 나오는 "신들의 회의"와 구별하는 것은 중요한 일이다. 이 신들의 회의에서 모든 남신과 여신은 다 함께 결정을 내린다. 최고의 신은 "그 모임"을 주관하지만, 그의 희망사항은 그리 자주 기각 되지는 않는다. 이것은 성경의 그림이 아니다. 이사야서에 나오는 스랍들처럼 욥 1:6에서 "하나님의 아들들"로 불리는 천사들은 하나님으로 불리는 그 유일하신 분의 명령에 따르기 위해 존재할 뿐이다.

던져 준다. 이 백성을 치유할 유일한 희망은 완전한 멸망을 통해 주어진다. 모든 것을 잃어버릴 때, 실낱 같은 희망이 생겨난다. 그 밖에 다른 길은 없다. 만약 이 백성이 현재의 상태를 계속 방치해 둔다면, 정말로 희망은 없다. 그들의 종교는 이미 반이교도화 되었고, 그들이 이것을 계속 방관한다면, 그들은 결국 완전히 이교도화 될 것이며 모든 계시는 무효가 될 것이다.

그러나 하나님은 그의 계시나 그의 백성이 그렇게 되도록 방관치 않으신다. 그러므로 무서우리 만치 혹독한 정화 작업이 반드시 있어야 한다. 그러나 이후에 숲이 파괴되고 남아 있는 그루터기들조차 불타 버렸을 때, 그중 한 그루터기가 여전히 살아남게 될 것이다. "거룩한 씨"가 무엇을 가리키는지 두 가지 해석이 가능하다. 그중 하나는 이 거룩한 씨가 메시아를 가리킨다고 본다. 창세기 3:15과 22:18의 약속은 이런 방향으로 해석하도록 이끌고 있다. 또 이사야서에서 나무의 일부분이 메시아를 가리키기 위해 사용되고 있음은 이 점을 더욱 뒷받침해 준다("싹" [*ṣemaḥ*, 4:2]; "싹"[*ḥoṭer*], "가지"[*neṣer*, 11:1]). 그렇지만 11:1의 "이새의 줄기"에서 '줄기'로 번역된 히브리어는 6:13의 *maṣṣebah*(그루터기) 대신에 *gēzaʿ*(뿌리)로 되어 있다. 이 같은 점은 우리로 하여금 메시아의 의미가 분명 함축되어 있다고 말하지 못하게 한다. 또 다른 가능한 해석은 조금 더 그럴듯해 보인다. 이 해석에 따르면, 이 거룩한 씨는 하나님의 백성 즉, 남은 자를 가리킨다. 창세기에서 "씨"가 아브라함의 자손을 가리킬 때 반복적으로 사용되고 있음은 이런 생각을 뒷받침해 준다. 여하튼 이 민족이 어떤 식으로든 살아남을 것이라는 희망은 존재하고 있다.

상황잇기

이 단락의 전체 메시지를 오늘날 우리에게 쉽게 이해시키려면 약간의 해석 작업을 필요로 한다. 그렇지만 몇 가지 논점들은 여기서 반드시 다루어질 필요가 있다. (1) 사건의 형태가 중요하다. 하나님의 종이 되는 과정은 가망 없는 우리 상황을 인식하는 데서 시작된다. 이런 과정은 하나님의 성품과 본질을 충분히 인식하는 가운데 계속 진행된다. 이 과정은 필연적으로 하나님과 우리 사이에 놓여 있는, 넘을 수 없는 한계—우리 죄의 한계—를 처절히 인식하는 단계에 이른다. 그러나 그런 인식은 우리를 깨끗케 하시는 하나님의 믿어지지 않는 값없는 은혜를 깨닫고, 그 은혜를 받아들이도록 이끌어 준다. 그리하여 우리는 마침내 하나님의 마음을 깨달아 그분을 위해 우리 자신을 바치려고 준비한다. 그러나 그 은혜의 체험은 사람들에게 칭송을 받거나 우리 자신의 꿈을 성취하기 위해 필요한 것이 아니다. 그것은 어디서 부름을 받든지 하나님의 부르심에 성실하게 응답하기 위함이다. 6장의 수많은 설교들은 8절의 "내가 여기 있나이다 나를 보내소서"라는 표현에 지나치게 집중한다. 우리는 6장 전체의 의미에 충실하기 위해 전체 메시지를 선포해야 한다.

(2) 둘째 이슈는 "그 옷자락은 성전에 가득하였고"(6:1)라는 말의 의미에 있다. 만약 그의 옷자락이 성전에 가득하다면, 그의 보좌가 얼마나 크겠는가? 그 보좌에 앉아 계신 분은 얼마나 크시겠는가? 달리 말하면 말로는 하나님의 위대하심을 설명하지 못한다. 인간의 말은 그의 옷자락보다 높을 수 없다. 이것은 출애굽기 24장에 나오는 장로들의 말과 유사하다. 여기서 장로들은 하나님과 함께 산에서 거행된 그 축제에서 돌아와 다음과 같이 말한다—"그 발 아래에는 청옥을 편 듯하고 하늘같이 청명하더라"(출 24:10). 인간의 말은 "청옥을 편 듯하고"라는 표현에서 멈춘다. 하나님은 완전히 우리의 범주를 벗어나 계신다. 하나님을 피조 세계의 관점에서 묘사하려는 시도는 언제나 실패할 뿐이다. 그렇기 때문에 하나님은 자신을 우리의 관점으로 풀어 주셔야 하며, 우리와 같은 존재—예수 그리스도—로서 우리에게 다가오셔야 한다.

(3) 성경 전반에 걸쳐 불은 하나님에 대한 상징으로 나타난다. 창세기 3장의 화염검은 접근 불가능한 하나님의 거룩을 상징하며, 이는 범죄한 아담과 하와가 이전의 단순한 교제로 돌아가려는 시도를 영원히 가로막았다. 시내산에서 가시떨기나무는 불이 붙어 있었지만 타지는 않았다. 이후에 산 위에 강림한 불길이 있었다. 나답과 아비후를 덮쳐 그들을 삼켜 버린 것은 불이었다(레 10:1). 기드온의 횃불이 있었고, 하늘에서 내려와 갈멜산 엘리야의 제단을 불태워 버린 것은 불이었다. 불은 파괴적이지만 깨끗이 정화한다. 불은 무섭지만 매혹적이다. 불은 질량을 에너지로 바꾼다. 불에 타면 검은 것이 남지만, 그런 과정을 통해 빛이 만들어진다.

이런 맥락에서 볼 때 아마도 "스랍"이라는 말은 "불타는 자"(burning one)라는 의미를 함축하고 있는 것 같다.[5] 하나님을 섬기는 그들은 바로 불타는 자들이었다. 그러므로 숯불이 이사야의 입술에 닿은 것은 매우 적절한 것이다. 단지 이것은 죄를 그의 생애 가운데서 태워야 한다거나, 하나님의 말씀을 전하기 위해 사용될 도구인 입술에 불로 태울 불순물이 있었다는 것만을 뜻하지 않는다. 오히려 그것은

5. R. Wakely, "שׂרף," *NIDOTT*, 3:1290.

하나님 그 자체, 바로 그 인격체와의 만남을 의미한다. 그러므로 이사야가 이후에 "우리 중에 누가 삼키는 불과 함께 거하리요?"(10:16; 30:27; 33:14)라고 질문하는 것은 결코 놀라운 일이 아니다.

분명 그 숯불이 제단에서 왔다는 것은 이사야에게 그리 중요한 이슈는 아니었을 것이다. 아마도 그 제단은 지성소 앞에 놓여 있는 분향단이었을 것이다. 그러나 우리가 알고 있는바 신약에 나타난 하나님의 은혜의 방편에서 볼 때, 희생 제단에서 어린양의 살을 태우던 그 숯불의 조각이 이사야의 입술에 닿았다고 생각해 본다면, 그것은 실로 흥미로운 일이다.

현대적 의미

하나님을 보는 것과 하나님을 섬기는 것. 우리가 어떻게 해서든 자신의 마지막 순간까지 하나님을 섬길 수 있다고 생각하는 것은 어리석은 일이다. 우리의 문제를 풀기 위한 인간의 해결책에 어떤 희망이 있다고 생각하는 한, 하나님을 진정으로 볼 기회는 거의 없다. 먼저 하나님이 누구이신지에 대한 충분한 이해가 없이는, 우리들 중 어느 누구도 살아 계시는 하나님의 종이 될 희망은 없다. 내가 나의 문제를 해결할 수 있다고 생각하는 한(물론 하나님께 약간의 도움은 받지만) 나는 주권자가 되며 그는 종이 된다.

이것은 창세기 28장과 32장 사이에 등장하는 야곱의 상황을 보여 준다. 그렇다. 야곱은 꿈에서 하나님을 보았으며, 하나님의 초월하심과 내재하심을 감지했다. 그러나 하나님은 단지 야곱의 계획에 딸린 부속물에 불과했다. 오직 야곱이 창세기 32장에서 자신의 한계에 직면했을 때, 그는 하나님이 부속물이 아닌 그의 유일한 희망임을 깨닫는다. 하나님과 대면한 야곱은 그의 운명에 맞서기 위해 가족의 앞장을 설 수 있었고, 에서의 얼굴을 볼 때 원수요 경쟁자의 얼굴이 아닌 "하나님의 얼굴"을 볼 수 있었다(창 33:10).

오직 우리가 자신의 한계에 직면할 때만, 우리는 하나님을 볼 준비가 되어 있다. 이와 같은 하나님과의 만남은 참된 봉사에 단연 필수적이다. 수년 전 J. B. 필립스(J. B. Phillips)는 『당신의 하나님은 너무 작아요』(*Your God Is Too Small*)[6]라는 영향력 있는 소책자를 저술하였다. 이 책 제목이 모든 것을 말해 주고 있다. 필립스는, 특히 친밀하고 인격적인 하나님과 맺는 관계의 실제를 올바로 강조하는 복

6. J. B. Phillips, *Your God Is Too Small*(New York: Macmillan, 1962).

음주의자들이 오직 자신들을 섬기기 위해 존재하는 하나님을 만들어 냄으로써 위험에 처해 있다고 주장했다. 이 책이 출판된 지 50년이 지난 지금, 상황은 필립스가 우려한 주장대로 전개되었다. 우리는 일을 망칠 때, 하나님을 하늘에 있는 우리의 "좋은 친구" 혹은 "오, 아가야, 괜찮아"라고 말하는 앞 못 보는 노쇠한 할아버지로 여겨왔다. 그러기에 우리의 예배 대다수는 궁극적으로 우리에 관한 예배이며, 그 속에서 단지 열광적인 찬양에 몰입되어, 텔레비전에 나오는 자신을 상상해 볼 때 느끼는 그런 좋은 감정을 맛볼 뿐이다.

그 결과 하나님의 은혜는 실로 값싼 은혜가 되고 만다. 그는 우리에게 무엇을 갚아야 할 빚진 자가 된다. 왜냐하면 하나님은 우리가 모두 가끔씩 일을 그르칠 수밖에 없는 선량한 자들임을 알고 있기 때문이다. 실로 우리는 불타는 하나님의 거룩을 바라볼 필요가 있다. 실로 우리는 알려진 온 우주만물보다 더 크신 존재("그 영광이 온 땅에 충만하도다"[6:3]라는 표현의 한 가지 의미)를 인식하며 그 존재 아래서 깨어질 필요가 있다. 실로 우리는 죄가 존재할 수 없는, 도덕적으로 완전한 하나님의 현존과 대면할 필요가 있다. 베이비 붐 세대(2차대전 후부터 60년대 중반에 태어난 세대-옮긴이)와 X세대가 이런 체험을 위해 그저 가만히 앉아만 있으면 되는가? 과거 어느 세대가 그런 체험을 했는가? 우리는 이사야와 같이 될 것인가 아니면 거짓 선지자들 중 한 사람이 될 것인가?

부분적으로 이 질문에 대한 대답은 우리 자신이 그와 같은 하나님의 체험을 경험했는지에 달려 있다. 우리는 이사야가 한 그런 체험을 기대해야 하는가? 물론 아니다. 하나님은 대단히 창조적이시며 동일한 것을 반복하기를 원치 않으신다. 그러나 우리가 예상할 수 있듯이, 하나님은 우리가 이사야처럼 하나님의 진리와 대면하기를 원하신다.

우리가 그런 방식으로 하나님을 만날 때, 우리는 하나님이 우리에게 빚진 것이 없음을 깨닫게 될 것이다. 우리는 원래 일을 그르칠 수 있는 불행한 성향을 지닌, 좋지 않은 사람들이다. 우리는 교만하고 거만하며 자기중심적이며 강퍅하며 잔인하며 폭력적인 반역자들이다. 우리 속에 있는 죄악과 죄성의 오염은 가장 미소한 원자세포에까지 퍼져 있다. 우리는 단지 "일을 망치는 것"이 아니다. 우리는 "죄"를 짓는다(6:7). 즉 우리는 의식적으로든 무의식적으로든 하나님이 그의 피조물을 위해 정해 놓으신 그 목표물에 미치지 못한다. 그러므로 이 죄(*ḥaṭṭ'ah*)는 죄의 원인("죄악", 53:6; "불의"[iniquity], 61:8)과 결과("악"[guilt], 6:7)인 내면의 뒤틀림(*'awon*)으로 발생하는 것이다. 우리에게는 하나님의 사랑을 요구할 만한 "권리"가 없으며, 건초더미처럼 불타는 용광로에서 살 권리만 있을 뿐이다. 이 "권리들"은 의문의 여지가 없다. 이 두 권리들은 결코 완전히 양립할 수 없다.

우리가 스스로 이렇게 이해할 때까지 우리는 하나님의 은혜—그의 변치 않는, 값없는 사랑—를 다음과 같은 상투적인 말로 취급할 가능성이 크다. "물론 하나님은 나를 사랑하셔. 그것이 그분의 일이야." 아니다. 그것이 그의 일은 아니다. 그것은 예상할 수 없고 기대할 수 없는, 실로 필요치 않는 우주의 경이로움이다. 만약 우리가 하나님과 우리 자신을 있는 그대로 본다면, 이사야처럼 감히 생명의 연장을 요구하지는 않을 것이다. 분명 하나님을 만난 자의 생명이 연장된다는 것은 불가능한 일이다. 그렇지만 하나님을 영원히 찬양하는 것조차 불가능한 것은 아니다. 하나님은 그의 거룩과 사랑을 만족시킬 수 있는, 생각 자체만으로도 놀라운 길을 발견하셨다.

분명 이사야는 그의 모든 생애 가운데 이런 경이로움에서 결코 벗어날 수 없었으며, 우리도 역시 결코 그럴 수 없을 것이다. 그렇다면 그런 기적의 길은 무엇인가? 그 숯불이 어떤 제단에서 왔든지 간에 우리는 그 길이 바로 십자가였음을 깨닫게 된다. 하나님의 죽으심은 우리의 생명 길이 된다. 여기서 6장과 53장의 연관성이 명백히 드러난다. 어떻게 하나님은 어떻게 해서든지 그의 백성을 자신에게 돌이키려는 그런 일을 하실 수가 있는가! 그렇다. 하나님의 백성은 그들의 죄 때문에 두 배로 고통을 받았다(40:2). 그러나 그것은 무엇을 성취하는가? 심판은 관계를 회복하는가? 아니다. 그것은 단지 공의를 만족시킬 뿐이다. 죄에 대해 진정으로 유일한 심판은 사망이다. 그렇다면 어떻게 하나님은 그의 백성이 이 땅에서 모조리 전멸당하지 않게 하실 수 있는가? 대답은 자신의 아버지와 자기 자신과 사랑하는 자들을 위해 자신의 생명을 바치는 그 종에게 있다. 이 이야기는 너무 오래되어 우리들 중 어떤 이에게는 지루한 이야기는 아닌가? 우리는 종종 하나님이 우리에게 너무 많은 것을 요구하신다고 생각하지는 않는가? 이 이야기는 우리가 이해하는 그리스도의 사역에 대해 어떻게 말하고 있는가?

만약 우리가 이사야처럼 하나님의 은혜의 기적을 체험한다면, 우리는 하나님을 섬기는 일에 강요받지 않을 것이다. 어떤 사람이 항상 복음 전도자가 되기를 원하지만 하나님이 이 사람을 치아 교정 의사가 되도록 강요하신다는 말을 누구에게 들어 본 적이 있는가? 나는 그런 말을 들어본 적이 없다. 그러나 우리는 큰소리로 밀치는 바람에 어쩔 수 없이 주님의 사역을 떠맡을 수밖에 없었노라고 말하는 많은 사람들의 이야기를 들어 본 적이 있다. 왜 이런 일이 생기는가? 내가 짐작하기로, 그것은 죄 용서함을 받고 새 생명을 누리는 경이로움을 결코 맛보지 못한 채 성장했기 때문이다.

우리 그리스도인의 소명. 그렇다면 하나님의 종은 무엇을 위해 부름 받는가? 우리는 이 시대의 "성공 지향적 복음"(prosperity gospel)과 맞서기 위해 6장의 강력한 처방 약이 필요하다. 참선지자들 가운데 누가 부유하고 안락한 생활을 했는가? 예수 그리스도께서 이 땅에 계실 때 기거하신 궁전이 어디에 있었는가? 사도들 가운데 누가 그의 침대에서 죽음을 맞이할 수 있었는가? 예수와 사도와 선지자들을 따르는 현대인이 그들의 기독교를 마치 주식 투자처럼 말할 수 있다는 데 놀라움을 금치 못한다. 예수는 그의 제자들을 부르실 때 그들의 재산을 취하여 자신을 따르라고 명하시지 않았다. 또한 주 예수의 아버지는 돈을 기부하며 따르는 수만 명의 추종자들과 함께 전 세계에서 성공을 누리게 하시려고 이사야를 부르지 않았다.

오늘날 호화로운 예배당과 사치스런 자가용과 주식 투자에서 떠나 그리스도를 위해 희생하며 살면서 그리스도의 십자가를 부여잡을 그리스도인이 어디에 있는가? 스포츠와 오락을 멈추고 오히려 재능 있는 크리켓(영국의 국기로, 11명씩 이루어진 두 팀이 공격과 수비를 번갈아 하면서, 방망이로 공을 쳐 위켓이라는 세워둔 막내기를 쓰러뜨려 승부를 겨룸. 야구와 비슷-옮긴이) 선수 씨 티 스터드(C. T. Studd)와 같이 거룩한 하나님의 상하고 버림 받은 이들—하나님은 이들을 사랑하셔서 그들을 위해 죽으셨다—을 위해 보잘것없는 사람이 되기로 결심할 젊은이들이 어디에 있는가?[7] 물론 오늘날도 그와 같은 사람들이 있으며 주님의 재림 때까지 있을 것이다. 그러나 국교가 기독교인 미국에서는 그런 이들이 충분치 않다. 불이 우리의 입술에 닿지 않았기 때문에, 우리는 사탕을 더 좋아할 수 있다. 또한 불이 우리의 입술에 닿지 않았기 때문에, 우리는 황금의 입술을 가진 연설가가 될 수도 있다. 그러나 태워진 그리스도의 희생이 우리에게 주어졌으므로, 우리는 은혜로우신 하나님과 장차 그리스도의 희생에 귀 기울일 자들을 위해 우리의 삶을 내어놓을 것이다.

그것이야말로 사도들을 규정한 신실함이었다. 많은 이들이 신약에 가장 많이 인용되는 이사야의 내용이 6:9-10임을 발견하는 것은 놀라운 일이 아니다. 이 단락은 이사야의 선포로 말미암아 귀먹고 눈멀고 완악해지는 백성에 관한 내용이

7. J. Erskine, *Millionaire for God: The Story of C. T. Studd* (London: Lutterworth, 1968).

다.[8] 분명 사도들은 자신들의 경험을 이해하는 데 이사야의 경험이 도움이 된다는 점을 발견하였다. 그들이 예수를 더 강력하게 선포하면 할수록, 그 백성들은 그리스도에게서 더 멀리 떠나버린 것 같다. 그들이 회개를 더 강력하게 요청하면 할수록, 유대인들은 더 완강하게 들으려 하지 않았다. 이런 점에서 볼 때 사도들은 실패자들이다.

그러나 이것이 그들을 낙망시키지는 않았다. 그들은 자신들이 받은 그 은혜를 알고 있었고, 그들의 삶 가운데 부르신 하나님의 부르심을 알고 있었다. 그러기에 그들은 이사야와 같이 하나님의 진리를 선포하기 위해 "때를 얻든지 못 얻든지" (딤후 4:2) 늘 준비되어 있었으며, 말씀을 들어야 하는 자들이 듣게 될 것이라 확신하고 있었다. 또한 이것은 현대를 살아가는 하나님의 종들의 사명이기도 하다.

8. 마 13:14-15; 막 4:12; 눅 8:10; 요 12:40; 행 28:26-27.

이사야 7:1-25

1 웃시야의 손자요 요담의 아들인 유다의 아하
스 왕 때에 아람의 르신 왕과 르말리야의 아
들 이스라엘의 베가 왕이 올라와서 예루살렘
을 쳤으나 능히 이기지 못하니라
2 어떤 사람이 다윗의 집에 알려 이르되 아람
이 에브라임과 동맹하였다 하였으므로 왕의
마음과 그의 백성의 마음이 숲이 바람에 흔
들림 같이 흔들렸더라
3 그때에 여호와께서 이사야에게 이르시되 너
와 네 아들 스알야숩은 윗못 수도 끝 세탁자
의 밭 큰 길에 나가서 아하스를 만나
4 그에게 이르기를 너는 삼가며 조용하라 르신
과 아람과 르말리야의 아들이 심히 노할지라
도 이들은 연기 나는 두 부시깽이 그루터기
에 불과하니 두려워하지 말며 낙심하지 말라
5 아람과 에브라임과 르말리야의 아들이 악한
꾀로 너를 대적하여 이르기를
6 우리가 올라가 유다를 쳐서 그것을 쓰러뜨
리고 우리를 위하여 그것을 무너뜨리고 다
브엘의 아들을 그 중에 세워 왕으로 삼자 하
였으나
7 주 여호와의 말씀이 그 일은 서지 못하며 이
루어지지 못하리라
8 대저 아람의 머리는 다메섹이요 다메섹의 머
리는 르신이며 육십오년 내에 에브라임이 패
망하여 다시는 나라를 이루지 못할 것이며
9 에브라임의 머리는 사마리아요 사마리아의
머리는 르말리야의 아들이니라 만일 너희가
굳게 믿지 아니하면 너희는 굳게 서지 못하
리라 하시니라
10 여호와께서 또 아하스에게 말씀하여 이르
시되
11 너는 네 하나님 여호와께 한 징조를 구하되
깊은 데에서든지 높은 데에서든지 구하라 하
시니
12 아하스가 이르되 나는 구하지 아니하겠나이
다 나는 여호와를 시험하지 아니하겠나이다
한지라
13 이사야가 이르되 다윗의 집이여 원하건대 들
을지어다 너희가 사람을 괴롭히고서 그것을
작은 일로 여겨 또 나의 하나님을 괴롭히려
하느냐
14 그러므로 주께서 친히 징조를 너희에게 주
실 것이라 보라 처녀가 잉태하여 아들을
낳을 것이요 그의 이름을 임마누엘이라 하
리라
15 그가 악을 버리며 선을 택할 줄 알 때가 되면
엉긴 젖과 꿀을 먹을 것이라
16 대저 이 아이가 악을 버리며 선을 택할 줄 알
기 전에 네가 미워하는 두 왕의 땅이 황폐하
게 되리라
17 여호와께서 에브라임이 유다를 떠날 때부터
당하여 보지 못한 날을 너와 네 백성과 네 아
버지 집에 임하게 하시리니 곧 앗수르 왕이
오는 날이니라
18 그날에는 여호와께서 애굽 하수에서 먼 곳의
파리와 앗수르 땅의 벌을 부르시리니
19 다 와서 거친 골짜기와 바위 틈과 가시나무
울타리와 모든 초장에 앉으리라
20 그날에는 주께서 하수 저쪽에서 세내어 온
삭도 곧 앗수르 왕으로 네 백성의 머리 털과
발 털을 미실 것이요 수염도 깎으시리라
21 그날에는 사람이 한 어린 암소와 두 양을 기
르리니

22 그것들이 내는 젖이 많으므로 엉긴 젖을 먹
을 것이라 그 땅 가운데에 남아 있는 자는 엉
긴 젖과 꿀을 먹으리라
23 그날에는 천 그루에 은 천 개의 가치가 있는
포도나무가 있던 곳마다 찔레와 가시가 날
것이라
24 온 땅에 찔레와 가시가 있으므로 화살과 활
을 가지고 그리로 갈 것이요
25 보습으로 갈던 모든 산에도 찔레와 가시 때
문에 두려워서 그리로 가지 못할 것이요 그
땅은 소를 풀어 놓으며 양이 밟는 곳이 되
리라

원 의미

이사야 7-12장의 구조. 이사야서의 가장 난해한 특징 가운데 하나는 과도기적 전환 단락들이 선행 단락에 포함되는지 아니면 후속 단락에 포함되는지를 결정하는 일이다. 6장의 경우가 이에 해당된다. 어떤 관점에서 6장은 1-5장의 필연적인 결론이며, 1-5장에 암시된 질문들에 해답을 제시하고 있다. 그러나 또 다른 관점에서 6장은 다음 단락(7-12장)뿐만 아니라 전체 단락(7-39장)의 서막이 된다.

서론에서 언급했다시피 7-39장은 '인간의 국가들 대신 하나님을 신뢰함'이라는 주제로 연결되고 있다. 구체적인 역사적 상황 속에서 하나님 신뢰하기를 거절한 결과들을 논의하고 있는 7-12장은, 그 다음의 관련된 역사적 상황 속에서 하나님의 신뢰성이 강조되는 36-39장과 직접적으로 비교한다. 선지자는 그의 백성에게 자신에게 임한 하나님의 환상을 알려 주고자 한다. 이 하나님의 환상은 모든 진실한 종의 사역의 기초가 된다. 하나님 곧 이스라엘의 거룩한 자는 신뢰받기에 충분하리 만치 위대하시고 지혜로우시며 뛰어나신 분이다. 만약 이스라엘이 여호와의 환상을 깨달을 수만 있다면, 그들에게는 희망이 있을 것이다. 그러나 주님의 예고대로 이사야의 메시지(하나님의 환상)는 귀머거리와 소경과 같은 이스라엘 백성의 귀와 눈으로는 깨달을 수 없는 것이다. 그렇지만 이사야는 신실하며, 이후의 모든 역사는 그의 성실함(faithfulness)의 수혜자라고 볼 수 있다.

7-12장에서 이사야의 메시지를 통해 예고된 이스라엘의 버림받음은 임박해 있다. 아하스 왕은 북이스라엘과 아람의 공격에서 자신을 구하기 위해 위험을 무릅쓰고 하나님을 신뢰하기보다는, 궁극적으로 그의 원수가 될 아시리아를 의지하고자 한다. 이런 아하스의 태도에 대해 이사야는 임마누엘—하나님이 우리와 함께하시다—의 징조를 주면서 응답한다(7:14-15). 아하스가 그 징조를 수용하든 안 하

든 간에 하나님은 이스라엘과 함께하시며, 만약 이스라엘이 하나님을 거절하면 그 징조는 좋은 소식이 되지 못한다. 그러므로 7:16-8:22에서 선지자는 초월하신 하나님을 당신의 삶의 방식에서 제외하고 당신의 가장 나쁜 원수를 신뢰하여 받을 비극적인 결말에 대해 말하고 있다.

그렇다. 이미 자주 언급된 바와 같이, 하나님의 궁극적인 목적은 파멸이 아니다. 만약 두렵고 혼란스러워 하는 인간들이 어둠을 스스로 자초했다 해도(8:21-22) 하나님이 그런 어둠을 허락하셨다 해도, 하나님은 그들을 그 어둠에 내버려두기를 원치 않으신다. 그러므로 9장에서 선지자는 아시리아의 침략이 시작된 바로 그 곳—갈릴리—에서 하나님의 빛이 비칠 거라고 선포한다. 그것은 공평과 화평으로 다스릴 다윗의 후손 즉, 아기 왕(a child-king)의 빛이다. 그러므로 하나님을 신뢰해야 할 두 가지 이유가 있다. (1) 하나님과 같은 이는 없다. (2) 우리가 하나님을 신뢰하지 않고 반역한 댓가를 치룰 때, 하나님은 자비로 구원하시기 위해 다가오신다. 분명 그와 같은 하나님은 신뢰받으시기에 합당하신 분이다(12:1-3을 보라).

그리하여 9:8-10:4에 언급된 바와 같이, 유다가 관계를 맺어야 할 대상은 이스라엘도 시리아도, 심지어 아시리아도 아니다. 유다가 관계를 맺어야 할 대상은 거룩하신 하나님이다. 우리는 거룩하신 하나님의 어떤 부분과 관계를 맺어야 하는가? 그의 능력이나 그의 주권 혹은 역사를 향한 그의 뜻과 관계를 맺어야 하는가? 이런 것들은 아니다. 우리가 관계를 맺어야 할 것은 오히려 하나님의 도덕적 성품이다. 만약 우리가 그분의 도덕적 성품을 지키며 살지 않는다면, 우리는 그의 뜻과 보호하심에서 벗어나게 된다. 그러나 만약 우리가 그와 맺은 순종적인 언약적 관계 안에서 살아간다면, 우리는 두려워할 이유가 없다.

이것이야말로 10:5-34의 주제다. 결국 아시리아는 두려움의 대상이 될 수 없다. 왜냐하면 그 거대한 제국은 단지 유다와 언약을 맺으신 주님의 손안에 있는 한낱 도구에 불과하기 때문이다. 아시리아는 거만하게 자신이 그들의 운명을 다스린다고 생각했을 것이다. 그러나 아시리아는 그들의 운명을 다스리지 못한다. 하나님이 그들을 거대한 수목처럼 잘라 버릴 때가 도래할 것이다. 그 다음 하나님은 9:1-7에 약속된 왕국을 세우실 것이다. 거기에 성령으로 충만한 메시아가 "평화로운 왕국"을 다스릴 것이며, 그곳에는 어느 누구도 상함이나 해를 당하지 않을 것이고(11:1-16), 사방으로 흩어진 모든 자들이 돌아올 것이다(11:12).

12장은 이 모든 약속들이 하나님의 신뢰성에 관하여 의미하는 바를 반추하고 있다. 그의 백성을 최종적으로 파멸시키기보다는, 그들을 구원하여 참된 다윗 왕조의 왕국에서 다시 일으켜 세우실 하나님은 신뢰할 만한 분이다. 더욱이 그의 영광스런 위업은 온 세상에 알려질 것이다.

7:1-8:22은 사상적으로 연결되는 7-12장의 첫 단락이 된다. 7:1-8:22은 하나님을 신뢰하기를 거부하고 아시리아에 도움을 청한 아하스의 임박한 비극적인 결말을 다루고 있다. 이 단락은 7:1-25과 8:1-22로 더 세분해서 나눌 수 있을 것이다. 7장은 신뢰를 요구하는 이사야(1-9절)와 임마누엘의 징조(10-25절)를 보여 준다. 8장은 아하스의 잘못된 선택이 끼친 영향들을 더욱 구체적으로 소개하고 있다.

신뢰에로의 요청(7:1-9)

비록 우리는 7:1-9에 묘사된 사건들의 정확한 연도를 알 수는 없지만, 아마도 주전 735년에 발생한 것 같다. 그때는 732년의 다마스쿠스의 정복이 일어나기 3년 전이며, 722년의 사마리아 멸망이 일어나기 13년 전이었다(7:15과 8:4의 해설을 참조하라). 우리는 왜 시리아와 북이스라엘이 유다를 침공했는지 구체적인 이유를 알지 못한다. 그렇지만 아마도 그들은 유다를 강제적으로 반아시리아 동맹에 가입시키고자 한 것 같다. 히스기야도 705년에 산헤립에 대한 반역을 주도했을 때 블레셋에 이와 비슷한 일을 했다.[1] 아마도 아하스가 이미 아시리아와 동맹을 맺고 있었을 가능성도 있다. 그리고 시리아와 북이스라엘은 이와 같은 아하스의 동맹 가입을 심판하고자 했을 수도 있다. (왕하 16:7에서 아하스는 디글랏 빌레셀에게 도움을 청할 때 자신을 그의 "종이요 신하"로 칭하고 있다.)

여하튼 주변의 두 나라는 아하스를 폐위하고 다브엘의 아들이라 칭하는 자(7:6)를 왕위에 세우기 위해 유다를 침공하고 있다. 아하스와 그의 신하들이 너무 두려워한 나머지 자신들을 "바람에 흔들리는 삼림"(7:2)처럼 여겼음은 그리 놀라운 일이 아니다.

"윗못 수도 끝 세탁자의 밭 큰 길"(7:3)의 정확한 위치는 알려지지 않고 있다. 분명 그것은 바로 성벽 바깥의 매우 가까운 곳에 위치했기 때문에, 성벽 위에 있던 자들은 이곳에 서서 큰 소리로 말하는 것을 들을 수 있었다. 34년이 지난 후 아시리아의 장관이 서서 도성의 항복을 요구하던 곳도 이와 동일한 장소이기 때문에(36:2, 11-15), 우리는 이런 사실을 알 수 있다. 아하스는 임박한 적군의 포위에 대

1. *ANET*, 287b를 보라.

비하여 도성의 물 공급 상태를 철저히 점검하고 있는 듯하다. 성벽으로 잘 방어된 도성을 깨뜨리는 일은 간단하지 않지만, 만약 그 도성의 물 공급을 중단한다면 그 도성을 함락하는 일은 가능했을 것이다. 아하스는 그런 일이 발생하기를 분명 원치 않았다.

7-11장 전반에 걸쳐 아이들은 중요한 인물로 등장하며, 7-8장에서는 특히 그러하다. 7-8장에는 세 아이들이 등장하는데, 그 이름들은 이사야가 예언하는 바를 상징한다. 적어도 이들 중 두 아이는 이사야의 자식이다. 여기서 이사야는 아하스와 대면할 때 그의 첫 아이를 데리고 나타난다(7:3). 이 아이의 이름은 스알야숩이며, '오직 남은 자가 돌아올 것이라'는 뜻이 있다. 우리는 하나님이 이사야에게 오직 미래의 희망이 남은 자에게 있다는 깨달음을 허락하신 그때, 즉 6장의 소명을 체험한 후에 이 아이가 태어났는지에 대해서는 확신하지 못한다.

여하튼 이사야가 그의 아들을 아하스에게 소개했다면, 그 대화는 상당히 냉혹한 통보로 끝나버렸을 것이다. 그렇지만 희망은 언제나 하나님과 함께한다. 먼 미래가 어떠하든 간에, 그것은 아하스의 선택을 조정하지 않는다. 아하스는 그의 시대에 신실하게 살고 행동할 수도 있으며, 그렇게 함으로써 자신의 생애와 그의 왕국의 통치 기간에 하나님의 복을 경험할 수도 있다. 이것이야말로 이사야가 아하스에게 찾아와 간청하고 있는 바이다.

선지자는 아하스에게 그의 두려움을 언급하면서 두려워 말라고 말한다(7:4-9). 선지자는 4절에서 이런 두려움을 알려 줄 때 적어도 네 가지 다른 단어들을 사용한다. 아하스는 그의 감정 가운데("종용하라", keep calm) 계속 자신을 살피며("삼가며", be careful) "두려워해서는"(be afraid) 안 된다. 두려움 때문에 생각과 의지와 행동의 중심부인 마음이 약해져서는 안 된다("낙심하다", lose heart). 아하스가 공포에 떨지 말아야 하는 것은 다마스쿠스의 르신과 사마리아의 베가[2]가 정말로 위협적인 존재는 아니기 때문이다. 그들은 허세를 부리지만 아무것도 해낼 수 없다(7:1). 그들은 야영장의 모닥불이 꺼진 뒤 불 가에 남아 있는 다 타버린 통나무 끄트머리와 같은 존재이다. 이런 통나무는 "연기를 계속 피우지만" 그곳에는 참 불길이 없다. 그러므로 아하스는 그들을 두려워할 이유가 없다.

결국 중요한 것은 르신과 베가의 말이 아니다(7:5-6). 오직 중요한 것은 "주 여

2. 베가가 종종 "르말리야의 아들"로 불린다는 사실은 베가가 이스라엘의 왕좌를 찬탈했음을 강조해 주는 표현방식인 듯하다. 그의 부친 르말리야는 그 이전에 왕이 아니었다.

호와"(Sovereign LORD)의 말씀이다. 여호와는 이들의 위협이 무위로 돌아갈 거라고 말씀하신다. 실제로 북이스라엘 왕국(여기서는 북 왕국의 주도적인 지파 "에브라임"으로 상징되고 있다)은 "육십오 년" 이내에 멸망하여 심지어 하나의 족속을 이루지도 못한다. 이 육십오 년이 무엇을 가리키는지는 명확치 않다. 아마도 한 인간의 생애 기간(약 주전 670년까지) 안에 발생한 이스라엘의 유배(722년 초기)와, 다른 지역에서 온 무리들의 유입으로 북이스라엘 왕국의 본토에 남아 있던 자들의 혈통적 유산이 완전히 뒤섞인 듯하다(이것이 바로 신약에 나오는 사마리아이다). 그들은 주도적인 왕국이 되지 못하고, 하나의 족속을 이루지도 못한다.

이사야는 히브리어 단어 기법을 사용하는 격언적 도전을 제시하면서 하나님을 신뢰하고 적을 두려워하지 말라는 요청을 마무리 짓는다. 그는 "확고부동한"의 의미를 지닌 히브리어 어근(ʾ*mn*)의 두 형태를 사용한다. 그는 "만일 너희가 믿지(ʾ*mn*) 아니하면, 정녕히 굳게 서지(ʾ*mn*) 못하리라." 다시 말하면 "만약 너희가 견고하지 못하면 너희는 견고해 질 수 없다."[3] NIV는 이 같은 의미를 잘 표현하고 있다. 만약 아하스가 하나님과, 그분이 선지자를 통해 하신 말씀을 신뢰하지 않는다면, 그는 두려워할 수밖에 없을 것이다. 그러나 만약 그가 하나님을 굳게 믿는다면 임박한 상황이 절망적이라 할지라도, 고요한 확신 속에서 굳게 설 수 있을 것이다.

임마누엘의 징조(7:10-25)

하나님은 아하스의 믿음을 촉진하시기 위해 징조를 제시하시면서 그에게 한걸음 더 나아가신다. 이 징조는 아하스가 좋아할 만한 중요한 징조가 될 수 있다. 이 징조의 중요성은 하늘 만큼 높고 지하 만큼 깊다. 달리 말하면 하나님은 아하스를 향해 자신을 신뢰하는 믿음으로 과감하게 도약하기를 요청하신다. 어떤 면에서 볼 때 이것은 아하스의 마지막 기회이다. 만약 아하스가 이 시점에서 그 요구를 받아들였다면, 아하스와 그의 민족의 이야기가 어떻게 달라졌을지는 아무도 모를 일이다. 이것은 징조 제안의 극단적인 성격을 밝혀 주는 하나의 설명이 된다. 하나님은 유다 왕을 믿음의 길로 인도하기 위해 "모든 방해거리를 떼어 내고" 계신다.

---

3. 이 두 동사가 복수형임을 주목하라. 이것은 믿으라고 요청받는 자가 아하스 한 사람만이 아님을 암시하고 있다. 7:13이 "다윗의 가문"을 향해 전달되고 있다는 사실은 이사야가 전체 왕조의 심판을 선포하고 있음을 암시하고 있다.

그러나 아하스는 그 요구를 거절한다(7:12). 아하스는 미칠 듯이 경건에 호소하며 그 징조를 거절한다. 아하스는 하나님께 징조를 구하는 것이 율법으로 금지된 하나님을 시험하는 것(민 14:22; 신 6:16)이라고 말한다. 그러나 율법에 언급된 그 시험은 하나님의 약속을 믿지 않는 것을 말한다. 하나님의 계명에 순종하며 그의 약속을 믿는 것은 광야에서의 반역 행위와는 다르다. 이스라엘 백성은 광야에서 하나님의 선하심을 의심했으며, 하나님이 그 말씀하신 바를 실행하도록 만들고 말았다. 아하스의 가장된 경건은 불신과 똑같은 탈을 쓰고 있다.

낙담한 이사야는 아하스에게 대답할 때, 이 점을 분명히 깨닫게 된다(7:13). 아하스는 디글랏 블레셀에게 거대한 조공을 바침으로써 이미 그의 백성의 "인내"를 시험한 바 있다(왕하 16:8). 이제 그는 하나님의 인내를 시험하고 있다. 백성들은 얼마나 오랫동안 친아시리아 왕에 대해 인내해야 하는지 의문을 품게 된다. 그러나 문제는 완전히 다른 차원으로 이동한다. 하나님은 얼마나 오랫동안 그 왕에 대해 인내해야 하는지 의문을 품으신다. 그런 왕은 실로 살얼음을 밟고 있는 것과 같다.

그래서 하나님은 어쨌든 아하스에게 징조를 주시겠다고 말씀하신다. 마태는 이사야가 제시한 이 징조(7:14)가 그리스도를 통해 성취된다고 보았기 때문에(마 1:23), 이 징조는 끊임없는 논쟁을 불러일으켰다. 만약 이 징조가 이런 관점으로 해석되지 않는다면, 그런 논쟁을 불러일으킬 만한 요소는 거의 없다. 표면적으로 볼 때, 이 징조는 다음과 같은 내용일 것이다. 즉 징조가 주어질 때 잉태된 한 아이가 열두 살이 되기도 전에, 다윗 가문을 위협하던 두 나라는 멸망당할 것이다(7:16).

그렇지만 이 징조 자체에는 세 가지 요소가 있다. 이 요소들은 이와 같은 직선적인 해석에 대해 몇 가지 의문을 제기한다. (1) 하나님 자신이 아하스에게 놀라운 징조를 요구하라고 강권하신다. 표면적으로 볼 때, 하나님이 실제로 주신 그 징조에 대해서는 그리 놀라울 것이 없다. (2) 둘째 특이한 특징은 이 아이의 어미를 소개하는 데 사용된 단어의 선택에 있다. 여기서 사용된 단어는 "여인"(woman, *ʾiššah*) 혹은 "여자"(girl, *naʿarah*)를 뜻하는 전형적인 단어가 아니다. 오히려 "결혼할 적령기에 있는 젊은 여자"(*ʿalmah*)를 뜻하는, 비교적 보기 드문 단어가 사용되고 있다. 70인경에서 이 단어를 "처녀"(virgin, *parthenos*로 번역하고 있음을 발견할 때, 그 신비는 더욱 깊어진다. (3) 끝으로 그 아이의 이름이 다소 이상하다. 왜냐하면 언급된 다른 두 아이들의 이름(스알야숩[7:3]; 마헬살랄하스바스[8:3])은 직접적인 적실성이 있지만 이 아이의 이름은 역사적 정황과의 직접적인 적실성이 분명치 않기 때문이다. 이 아이(임마누엘을 말함–옮긴이)에 대한 언급은 또 다른 기이함을 부각한다. 이 아이의 잉태, 출생, 이름을 묘사하는 동사들은 7:14에 나오는 동사들과 동일하다.

모든 것을 종합하면 이 모든 요소들은 이 징조 속에 보이는 것 이상의 것이 있으며, 어떤 현대 해석가들의 지적처럼, 단지 마태가 자신의 의도를 가지고 고대의 본문을 잘못 사용한 것이 아님을 시사해 준다.[4] 나는 처음 주어진 그 징조가 하나의 의미(meaning)를 갖고 있으나 두 가지 의의(significance)를 지니고 있다고 믿는다. 그 의미는 하나님이 우리와 함께하시며 우리는 다른 사람들이 우리들에게 행하는 일을 두려워할 이유가 없다는 것이다. 그 첫째 의의는 아하스 당대를 위한 것이다. 하나님이 유다와 함께하시기 때문에, 아하스는 아시리아에게 갈 필요가 없다.

그러나 이런 생각은 단지 감상에 불과한 것인가? 이것은 단지 신학적 선언에 불과한 것인가 아니면 사실에 근거한 것인가? 하나님은 정말로 우리와 함께하시는가? 이 질문에 대한 대답은 "그렇다"이다. 하나님은 우리들 가운데 우리와 함께 거하시기 위해 오셨다. 이것이 어떻게 성취되었는가? 하나님은 그 아이에게 인간의 아비가 아닌, 인간의 어미를 허락하심으로써 그 일을 성취하셨다. "*ʿalmah*"라는 모호한 단어가 사용되고 있음은 바로 이 때문이다. 그 첫째 의의로서, 징조가 선언되던 당시 그 어미의 처녀성은 모두 의도된 것이다. 그러기에 "처녀"에 해당하는 대표적인 단어(*bᵉtulah*)가 사용되지 않고 있다. 이 자체만으로도 지나친 관심을 불러일으켰을 것이다. 그렇지만 이 징조의 진정한 의의가 성취되려면, 출생 당시 어미의 처녀성은 실로 중요한 것이다. 그러므로 "여인" 혹은 "여자"에 해당하는 일반적인 단어들은 사용될 수 없다.[5]

*ʿalmah*가 정관사를 취한다는 사실은 이사야가 한 특정한 여인을 소개하고 있음을 암시하고 있다. 어떤 이들은 이 여인이 히스기야의 모친이 될 아하스의 아내라고 해석해 왔다.[6] 그러나 이런 해석은 두 가지 문제점을 안고 있다. 먼저, 히스기

4. G. Gray, *A Critical and Exegetical Commentary on the Book of Isaiah I-XXVII*(ICC: Edinburgh: T. & T. Clark, 1912), 133-36을 참조하라.

5. 이 이슈에 대한 더 충분한 논의를 위해 Oswalt, *Isaiah 1-39*, 209-13을 보라. "임마누엘"과 "마헬살랄하스바스"가 동일 인물이라는 견해에 관해서는 8:1-3의 주석을 참조하라.

6. Watts, *Isaiah 1-33*(WBC 24: Waco, Tex.: Word, 1985), 1012를 보라.

야가 왕위를 계승한 때를 주전 726년으로 본다면, 히스기야가 주전 734년과 같이 늦게(왕위를 계승한 때에 미루어 너무 짧은 시간 전에-옮긴이) 태어난다는 것은 불가능한 일이다. 또 다른 문제점은 *'almah*라는 단어 자체의 용법에 있다. 만약 왕비나 궁궐 여인들을 가리키고자 했다면, 굳이 이 단어를 사용할 이유는 없었을 것이다. 이런 여인들은 이미 결혼한 자들이며, 이 단어는 그 어디에서도 이미 결혼한 여인을 뜻하기 위해 사용되지는 않은 것 같다. 내가 보기에 더 가능성 있는 또 다른 해석은, 이사야가 가리키는 젊은 여인을 군중 가운데 서 있는 자신과 곧 결혼할 여인으로 본다.[7]

여하튼, 곧 잉태될 이 아이가 "악을 버리고 선을 택할"(7:15-16) 수 있기 전에 시리아와 이스라엘은 멸망을 당할 것이다. 이 표현은 판단할 수 있는 나이, 즉 소년이 "율법의 아들"(son fo the commandment)이 된 때[8]를 가리킨다고 보는 것이 가장 바람직한 듯하다. 비록 그 나이를 12살로 본다 하더라도, 성경에는 나이에 대한 정확한 진술이 없다. 앞서 언급했다시피 이런 해석은 이 단락에 기록된 아하스와의 대면이 주전 735년에 발생했음을 시사해 준다. 즉 사마리아가 몰락하고 북이스라엘 왕국이 완전히 멸망하기 12 혹은 13년 전을 가리킨다.

"버터와 꿀"(7:15, 22)이라는 두 단어의 의미에 관하여 해석가들의 주장은 나뉜다. 어떤 이들은 7:22의 맥락이 농경지의 파괴와 인구 감소를 암시하기 때문에 이 표현이 궁핍한 상태를 가리킨다고 이해한다. 달리 말하면 먹을 수 있는 식량은 약간의 버터와 꿀만 남게 될 것이다. 그렇지만 7:23-25이 농경적 재난을 묘사하고 있다 하더라도, 이 표현은 반어적 뉘앙스를 지니고 있는 듯하다. 대체로 버터와 꿀은 왕가의 음식이었다. 그러나 이사야는 아시리아의 침략 후 겨우 소수만 그 땅에 남겨질 것이며 그런 상황 중에도 그들이 왕들처럼 양식을 먹을 수 있을 거라고 말하고 있는 듯하다(7:21-22).

이런 관점에서 볼 때 징조는 두 가지 의미를 지닌다. 한편으로 이 젊은 소년은 유다가 시리아나 북이스라엘을 더는 두려워할 이유가 없는 그날을 보게 될 것이다. 그 나라들은 사라질 것이다. 그러나 또 다른 한편으로는 그 나라들이 더 지독한 나라 즉 사납게 날뛰는 아시리아로 대체될 것이다(7:17, 20). 솔로몬 왕국이 분열된 지 거의 200년 동안 지중해 동부 연안에는 주목할 만한 정치적 변화가 일어

7. 만약 이런 해석이 옳다면, 이사야는 이때 스알야숩의 어미가 죽고 난 뒤 홀아비였을 것이다.
8. 창 2:17; 신 1:39; 사 5:20을 보라.

나지 않았다. 그러나 아시리아가 대략 50년 안에 각 민족들을 차례로 쓸어 버릴 때(7:17), 이제 모든 것은 극적인 변화를 맞이하게 된다.

그러므로 이 아이는 하나님이 두 가지 방식으로 유다와 함께하신다는 징조가 된다. 하나는 긍정적인 방식이며, 다른 하나는 부정적인 방식이다. 하나님이 유다와 함께하시기 때문에, 그들은 이 두 작은 국가들을 두려워할 필요가 없다. 그러나 그들이 하나님을 신뢰하기를 거절하고 도리어 최악의 원수인 아시리아를 신뢰했기 때문에, 그들은 그것이 얼마나 잘못된 착각이었는지를 발견하게 될 것이다. 두려움 때문에 그들의 삶과 계획에서 하나님을 배제하는 것은 더 심각한 두려움의 희생이 되는 것이다. 아하스는 하나님이 아닌 아시리아를 의지했으며, 그것은 어리석은 행동이었다. 모든 결정을 내릴 때 하나님의 현존을 반드시 고려해야 한다. 아하스가 하나님 대신 다른 것을 의지함으로 말미암아, 하나님은 아하스가 의지하던 그 나라로 하여금 아하스를 침략하게 하실 것이며, 그리하여 아하스는 하나님이 우리와 함께하심을 깨닫게 될 것이다(7:18-19).

상황잇기

거시적 관점과 근시적 관점. 이 단락의 구절들은 거시적 관점(하나님의 관점)과 근시적 관점(우리의 관점)의 차이점에 대해 이야기하고 있다. 근시적 관점은 아하스가 그런 것처럼 항상 우리를 두려움과 불안으로 몰아넣는다. 아하스는 임박한 위험만 볼 수 있었기 때문에, 훨씬 더 큰 위험이 될 아시리아를 신뢰하면서 해결책을 찾아야 했다. 만약 아하스가 그 문제에 관한 하나님의 관점에 귀를 기울였다면, 자신이 취한 극단적인 판단이 불필요한 것임을 알았을 것이다. 아하스는 이사야의 권고(예를 들면, 하나님을 신뢰하고 하나님의 관점으로 사태를 바라보라는 것)를 거절했기 때문에, 두려움에 사로잡혀 잘못된 결정을 내리고 말았다. 그렇지만 확고한 신뢰에서 나오는 평정에서 내린 결정은 사려 깊은 타당한 결정이 될 수 있다.

경건과 믿음. 아하스의 경우는 하나의 심오한 진리를 보여 준다. 경건은 믿음과 동일하지 않다. 경건은 종교의 외형인 반면, 하나님에 대한 신뢰는 종교의 본질이다. 아하스는 그 본질을 취하지 않으며, 오히려 외형적인 것을 치장함으로 그것을 가리려 한다. 예수는 바리새인들에게 그와 동일한 죄목으로 정죄하신다. 바리새인들은 십일조를 했고 기도도 했으며 가난한 자를 구제하기도 했으나, 이 모든 것은 과시에 불과했다. 그들은 스스로 경건하다고 생각하며 자신을 경배하고 있었다.

참된 경건은 하나님을 향한 신뢰를 수반한다. 어떤 행위들은 하나님께 전적으로 맡긴 삶을 반영해 준다. 우리가 하나님을 신뢰한다고 말하면서도 그의 계명에 불순종하는 것은 모순이다. 실로 하나님을 진정으로 신뢰하면서도 경건의 증거가 결여될 수는 있다. 그러나 하나님을 진정으로 신뢰하지 않으면서 참된 경건을 견지하는 것은 불가능한 일이다.

표면적으로 볼 때, 임마누엘 징조는 기이해 보인다. 이 징조는 수년이 지난 짧은 기간 안에 성취되지 않았다. 그리고 700년간의 오랜 기간 속에서도 성취되지 않았다. 우리는 이사야서와 구약에서 하나님이 제시한 대부분의 징조들이 믿음을 유발하기 위해 의도된 것이 아님을 주목해 보아야 한다. 즉 이런 징조들은 믿음 없는 자들을 당장에 믿도록 해주는 어떤 초자연적인 사역이 아니었다. 오히려 이 징조들은 과거의 믿음이 옳았는지를 확증해 주는, 대체로 미래에 발생할 사건들과 관련이 있었다.

믿음은 언제나 믿음인 것이다. 그것은 모르는 곳으로 다가서는 발걸음이다. 그것을 지지할 만한 증거는 있을 것이다. 그러나 우리가 위험을 무릅쓰지 않고 '믿음'의 발걸음을 내디딜 수 있는 앞선 증거(advance proof)는 결코 있을 수 없다. 그것은 믿음이 아니다.

이것이 바로 예수 시대의 종교 지도자들이 안고 있던 문제점이었다. 그들은 출애굽의 징조가 믿음을 유발한다고 이해했기 때문에, 믿음이 없는 곳에 믿음을 유발하는 '징조'를 원했다. 그러나 실제로 출애굽의 징조는 믿음을 유발하지 않았다. 출애굽의 징조를 목도한 전 세대가 광야에서 죽었다는 점을 주목해 보라. 이것은 약속의 땅으로 나아가 그 땅을 소유할 수 있는 믿음을 갖지 못했음을 입증해 준다. 징조는 믿음을 확증해 준다. 그러나 그 징조가 믿음을 유발하지는 않는다. 그런 연유로 예수는 오직 그의 부활의 "징조"만을 허락하신다(마 12:39; 요 2:19). 이전에 믿지 않던 사람들에게, 부활은 단지 이해하기에 난처한 것이었다. 그러나 자신을 예수께 맡긴 제자들과 같은 이들에게, 부활은 그들의 믿음에 대한 놀라운 확증이었다.

예언의 진정성. 임마누엘 예언 가운데 문제가 되는 이슈 중 하나는 예언의 진정성에 있다. 현대 성경 신학자들의 공론은, 성경 기자들이 일반적인 지각을 지닌 현대인들보다 더 미래를 예견할 수는 없다는 것이다. 이것은 두 가지를 의미한다. (1) 미래를 예고한다고 주장하는 문헌들은 실제로 예고된 그 사건 때나 혹은 그 이후에 기록된 것이다. 그리고 (2) 그들이 살던 시대의 사건을 통해 예언의 성취를 본

후대의 기자들은 실제로 미래 사건을 언급하지 않은 고대 문헌들을 단순히 창조적으로 만들어 낸 것이다.

가장 큰 문제점은, 이런 관점이 성경의 주장들에 정면으로 도전한다는 것이다. 이런 신념을 고수하는 어떤 이들은 성경에는 계시적 가치가 없다는 점에 의견 일치를 보이며 그것을 인정하고 있다. 그러나 그런 주장을 받아들이면서도 여전히 성경이 기독교에 권위를 지니고 있다고 말하는 이들을 어떻게 보아야 하는가? 그들이 말하는 권위란 무엇인가? 거짓된 주장과 잘못된 이해의 권위가 아닌가? 여기에 여유 있는 중도적 주장은 존재하지 않는다. 나는 나중에 이사야가 쐐기를 박은 여호와의 비교불가성에 대한 논의를 주석할 때 이에 대해 더 구체적인 논증을 전개할 것이다(특히 43:8-13에 대한 해설을 참조하라). 여기서는 이렇게 말하는 것으로도 충분하다. 즉 만약 7:14이 메시아를 의도하지 않았다면, 나사렛 예수를 구약의 약속된 메시아로 본 마태의 주장은 잘못된 것이다. 만약 그렇다면, 예수의 정체에 대한 대부분의 신약의 주장은 폐기되어야 한다.

동시에 우리는 증거가 말하는 것 이상을 말해서는 안 된다. 이사야가 장차 하나님이 육신을 입어 "우리와 함께하신다"는 임마누엘의 예언이 문자적으로 성취될 것이라고 기대했다고 말하는 것은, 이사야가 예수 그리스도의 삶에 대한 충분한 이해를 갖고 있었다고 말하는 것은 아니다. 실제로 이사야가 자신에게 직접적으로 계시된 것들을 제쳐 놓는다면, 아마도 그는 메시아에 대해 많은 잘못된 기대들을 갖고 있었을 것이다. 그러므로 이사야서가 도래할 다윗 자손에 대한 많은 예언들—이 예언들은 구체적으로 주어졌으며 신약의 기자들에 의해 정당하게 해석되었다—을 포함하고 있다는 말은 구약 선지자들이 하나의 완전한 그림을 갖고 있었다는 말이 아니다. 이것이야말로 베드로가 베드로전서 1:10-12에서 제시한 논점이다. 즉 선지자들은 주후 1세기 독자들이 목격한 것을 보고 싶어 했을 것이다.

하나님이 사람들과 함께하신다는 개념은 구약에서 두드러진 개념이다. 에덴동산(창 3:8)에서, 이삭(창 26:28), 요셉(창 39:2-3), 성막(출 40:38), 기드온(삿 6:12-13), 다윗(삼상 18:12, 14), 아사(대하 15:9), 히스기야(왕하 18:7), 에스라(스 1:3)에 이르기까지, 백성과 함께하시는 하나님의 임재는 구약의 경험의 중심이 된다. 하나님은 힘이나 원리가 아닌 인격체이시다. 그리고 인격체로서의 하나님은 그의 피조물들과 인격적으로 함께하시기를 원하신다. 하나님의 임재는 보호와 성취와 유지를 의미한다. 하나님이 우리와 함께하지 않을 때, 그 결과는 재앙이다(민

14:43). 그러나 만약 그가 우리와 함께하신다면, 우리의 삶은 단지 인내해야 하는 것이 아니라 승리를 누리는 것이다. 하나님의 임재는 단순한 은유적 표현(metaphor)이 아니다. 이것은 실재이다. 하나님은 스스로 육신의 몸을 입으셨고, 그 육신을 통해 우리의 죄를 스스로 짊어지셨다. 그러므로 육신을 입으신 하나님은 "임마누엘" — "하나님이 우리와 함께하신다" — 이라 불려야 할 것이다.

현대적 의미

결정해야 할 시점. 우리는 좋은 결정을 내리기 더욱 힘든 시대에 살고 있다. 30년 전 스웨덴의 경제학자 스태판 린더(Staffan Linder)는 서구 사람들이 점점 더 풍요해지며 그 때문에 더 많은 것을 소비하므로, 증대할 수 없는 고정된 필수품 즉 시간이 더 소중해질 거라고 예고한 바 있다.[9] 그러므로 시간이 걸리는 일들, 즉 관계를 세우는 일, 사랑하는 일, 아이를 양육하는 일, 노인을 돌보는 일은 근본적으로 능률화되어야 하며, 특히 아이를 양육하고 노인을 돌보는 일은 사회에서 가장 비생산적인(가장 값어치가 없는) 요소가 된다. 그의 예고는 무서울 정도로 그 선견지명을 입증해 주었다.

린더는 결정하는 일에 관해서도 동일하게 관찰하였다. 잘못된 것을 고치는 것보다 새로운 것을 만드는 것이 더 싸게(시간이 덜 소비됨) 여겨지는 사회 속에서 린더는 우리가 단지 성급하게 결정할 것이며, 잘못된 결정에 따른 결과들은 팽개쳐 버릴 거라고 말했다. 실로 우리는 오늘날 유행하고 있는 낙태를 목격하고 있다. 우리는 상대방을 서로 알기 위해 많은 시간을 보내고 있는가? 우리는 하나님이 우리에게 인도해 준 그 사람을 위해 우리의 성을 신중하게 지키고 있는가? 물론 아니다. 그것은 시간을 너무 지체하는 것이다. 이상형을 발견할 거라 기대하면서 상대를 바꿔가며 단지 그들의 침실 속으로 들어가 보라. 임신? 그런 것은 그저 팽개쳐 버려라.

분명 결정을 빨리 내릴 수 있는 일들도 있다. 신중히 결정하라는 것은 결정을 내리지 않고 가만히 있으라는 말은 아니다. 우리는 대안의 장점을 논의하는 데 시간을 너무 지체하여 결코 아무 일도 하지 못할 수 있다. 그러나 신중히 결정하라는 것은, 우리의 삶의 방향을 지시하시는 하나님의 가르침을 살피는 시간을 투자할 만큼 가치 있는 시간처럼 여기라는 것이다. 결정을 서두르는 것은 잘못된 동기

9. Staffan Linder, *The Harried Leisure Class* (New York: Columbia, 1970).

들—자기 권력 강화, 공포, 흥분, 탐욕—로 결정을 내릴 수 있는 위험을 무릅쓰는 것이다.

우리는 아하스가 구하지 않은 하나님의 말씀을 구할 필요가 있다. 우리는 성경, 경건한 장로들의 권고, 환경의 현상, 우리 자신의 마음 속에서 하나님의 말씀을 찾을 필요가 있다. 우리가 어떠하든지 반드시 피해야 할 것은 아하스가 한 행동이다. 즉 우리가 원하는 것을 미리 결정하고 난 뒤, 하나님께 우리가 원하는 것을 복주실 수 없는지 묻는 것이다. 우리는 가능한 마음을 비우고 일의 과정의 시작부터 하나님께 나아가 그의 뜻을 물어볼 필요가 있다. 우리가 어떤 일에 대해 그의 말씀으로 확신을 갖게 될 때, 우리는 깨끗한 양심, 대담한 용기, 확신에 찬 발걸음으로 더 전진할 수 있다. 만약 우리가 하나님을 신뢰하며 살아간다면, 비록 우리에게 미래를 말해 줄 수 있는 선지자가 없다 하더라도, 우리는 이사야가 아하스에게 권고한 방심치 않는 평정(watchful quietness) 속에서 살아갈 수 있으며, 감정으로 내린 반사적 결정이 아닌 사려 깊은 결정을 내릴 수 있으며, 논리적으로 반응하게 될 것이다.

경건과 믿음. 아하스는 믿음 없는 경건의 실제적인 위험을 보여 준다. 믿음 없는 경건은 경건의 모양은 취하나(딤후 3:5) 그 관계의 본질은 놓쳐 버린다. 경건은 최종적인 결과(the end product)가 아닌 부차적인 결과(the by-product)이다. 교회에 나가는 것은 좋은 일인가? 매일의 경건은 좋은 일인가? 정욕, 탐욕, 빙종을 피하는 것은 좋은 일인가? 절도 있고 해를 끼치지 않는 말씨는 좋은 것인가? 정기적으로 그리스도를 위해 상당한 돈을 기부하는 것은 좋은 일인가? 사람들과의 모든 관계 속에서 성실한 것은 좋은 일인가? 이런 질문들에 대한 대답은 "물론 그렇다"이다. 그러나 이런 것들이 하나님을 신뢰하는 믿음인가? 그 대답은 "그렇지 않다"이다.

실제로 이런 것들은 하나님에 대한 믿음으로 심각하게 대체될 수 있다. 만약 내가 영원하고 거룩하신 하나님 앞에 서기 위해 이런 것들을 의지한다면, 나는 모래 위에 집을 짓고 있는 것이다(마 7:26-27). 하나님을 믿는 신앙은 임마누엘—"하나님이 우리와 함께하신다"—을 통해 우리에게 입증하신 하나님의 사랑에 우리의 온 영혼을 철저하게 내어 맡기는 것이다. 만약 우리가 그와 같은 믿음의 관계를 통해 신실하게 살아간다면, 우리는 위에 열거된 모든 것들을 실천하게 될 것이다. 그러나 아하스의 경우와 같이, 그런 행동들은 임마누엘과 맺은 관계를 나타내 주는 것이지, 임마누엘 그 자체로 대체될 수는 없다.

동시에 이런 유의 행동들은 하나님 안에 나타난 삶의 열매이다. 만약 그런 행동들이 나타나지 않는다면, 다시 말해서 내가 하나님의 백성과 함께 예배드리기를 갈망하지 않는다면, 나의 입술이 경박하고 추잡하다면, 내가 해로운 습관에 지배당하고 있다면, 내가 나 자신을 위해 먼저 돈을 쓴 뒤 하나님께는 부스러기만 던져준다면, 나를 지켜보는 자들은 정말 내가 하나님을 알고 있는지 의아해할 것이다. 그러므로 경건과 믿음은 서로 공존한다. 그러나 뿌리는 철저한 믿음이며, 경건은 단지 열매에 불과하다.

하나님이 우리와 함께하심. "하나님이 우리와 함께하심"은 오늘날 우리에게 어떤 의미가 있는가? 성경에서 인용된 하나님의 본성 때문에 "하나님이 우리와 함께하심"은 성경 전체 중에 가장 심오한 진리 가운데 하나라고 할 수 있다. 고대 근동에서 신들 중 하나가 어떤 이와 함께한다는 것은 그리 큰 일이 아니었다. 여하튼 신들은 우주 체계의 일부였다. 마치 공기가 우주 만물과 "함께하듯이" 신들도 이와 마찬가지였다. 그러나 성경의 하나님은 우주의 일부가 아니다. 그는 그 우주 체계에서 벗어나 계신다. 이것이야말로 헬라 철학자들이 씨름하던 문제였다. 만약 그러한 존재가 있다면, 필연적으로 그 존재는 반드시 그 피조물에게서 완전히 구별되어야 한다. 만약 그가 피조물과 관련을 맺으면, 피조물이 그에게 영향을 미치려 할 것이고 그것은 불가능한 일이기 때문에, 그는 피조물과 아무런 관련을 맺지 않을 수도 있었을 것이다.

성경은 우리에게 이 문제를 해결해 주지 않는다. 성경은 단순히 그것이 문제가 아니라고 선언한다. 하나님은 우리와 전적으로 다른 분이다. 그러나 전능하시며 선하시며 그의 피조물을 돌보시는 이 지고하신 분은 그의 피조물과 완전한 인격적 관계를 맺을 수 있으시다. 구약 전반에 걸쳐 볼 때, 이것은 사실이었다. 구약에서 하나님이 어떤 이와 함께하신다는 말은 그 사람이 하나님의 영(the Spirit of God)으로 충만하다는 말과 거의 같은 뜻이다(창 39:23; 41:38-39를 보라). 분명 하나님의 영은 중개자이며, 우리는 그를 통해 우리의 삶 가운데 거하시는 하나님의 임재를 경험한다.

그러나 그리스도의 도래와 함께 하나님의 "함께하심"이라는 실제는 새로운 양상을 띠게 되었다. 성육신 이전에는 하나님이 오직 우리 곁에(alongside) 계실 수 있다는 인식이 있었다. 구약 시대에는 하나님의 함께하심이 약간의 선별된 경우로 제한되었으나, 이제 그는 우리 모두 안에(in) 거하실 수가 있다. 예수께서 성령이 제자들과 함께하시며 그들 안에 거할 거라고 말씀하셨을 때(요 14:17) 예수가 염두에 둔 것이 바로 이것이다. 그의 성전은 더 이상 진영(camp)의 중심이 아닌, 인간의 마음 그 자체 속에 있다. 이것은 우리가 두려움 없이 살아갈 수 있음을 의미한다. 만약 하나님이 성령의 능력을 통해 우리 안에 계신다면, 과거의 죄를 비난하는 정죄의 화살이나 현재의 유혹의 세력도 우리를 좌절케 할 수 없다. 만약 하나님이 우리를 위해 계신다면, 누가 우리를 대적할 수 있겠는가?(시 56:9; 롬 8:31) 만약 하나님이 우리와 함께하신다면, 우리는 서로 관계 속에서, 그리고 이 세상과의 관계 속에서 분명 온전해질 수 있을 것이다. 사망은 그리스도의 십자가의 능력을 이길 수 없다.

비록 그리스도가 오지 않으셨다 해도 "하나님이 우리와 함께하심"은 위대한 진리가 될 것이다. 그러나 그것은 단지 고대해야 할 부분적인 진리에 불과할 것이다. 인간의 경험에서 피할 수 없는 가장 유일한 실재 즉 사망은 항상 존재할 것이다. 불멸하시고 공의로우신 하나님은 이 사망에 참여하거나 그것을 제거하실 수는 없으실 것이다. 그러나 그리스도 안에 있는 하나님은 언제나 우리와 함께 동행하셨다. 그는 사망의 무덤에까지 우리와 동행하셨다. 그리고 우리와 동행하신 그분은 우리를 그 무덤에서 이끌어 내실 수 있다. 임마누엘!

이사야 8:1-22

1 여호와께서 내게 이르시되 너는 큰 서판을
가지고 그 위에 통용 문자로 마헬살랄하스바
스라 쓰라
2 내가 진실한 증인 제사장 우리야와 여베레기
야의 아들 스가랴를 불러 증언하게 하리라
하시더니
3 내가 내 아내를 가까이 하매 그가 임신하여
아들을 낳은지라 여호와께서 내게 이르시되
그의 이름을 마헬살랄하스바스라 하라
4 이는 이 아이가 내 아빠, 내 엄마라 부를 줄
알기 전에 다메섹의 재물과 사마리아의 노략
물이 앗수르 왕 앞에 옮겨질 것임이라 하시
니라
5 여호와께서 다시 내게 말씀하여 이르시되
6 이 백성이 천천히 흐르는 실로아 물을 버리
고 르신과 르말리야의 아들을 기뻐하느니라
7 그러므로 주 내가 흉용하고 창일한 큰 하수
곧 앗수르 왕과 그의 모든 위력으로 그들을
뒤덮을 것이라 그 모든 골짜기에 차고 모든
언덕에 넘쳐
8 흘러 유다에 들어와서 가득하여 목에까지 미
치리라 임마누엘이여 그가 펴는 날개가 네
땅에 가득하리라 하셨느니라
9 너희 민족들아 함성을 질러 보아라 그러나
끝내 패망하리라 너희 먼 나라 백성들아 들
을지니라 너희 허리를 동이라 그러나 끝내
패망하리라 너희 허리에 띠를 띠라 그러나
끝내 패망하리라
10 너희는 함께 계획하라 그러나 끝내 이루지
못하리라 말을 해 보아라 끝내 시행되지 못
하리라 이는 하나님이 우리와 함께 계심이
니라
11 여호와께서 강한 손으로 내게 알려 주시며
이 백성의 길로 가지 말 것을 내게 깨우쳐 이
르시되
12 이 백성이 반역자가 있다고 말하여도 너희는
그 모든 말을 따라 반역자가 있다고 하지 말
며 그들이 두려워하는 것을 너희는 두려워하
지 말며 놀라지 말고
13 만군의 여호와 그를 너희가 거룩하다 하고 그
를 너희가 두려워하며 무서워할 자로 삼으라
14 그가 성소가 되시리라 그러나 이스라엘의 두
집에는 걸림돌과 걸려 넘어지는 반석이 되실
것이며 예루살렘 주민에게는 함정과 올무가
되시리니
15 많은 사람들이 그로 말미암아 걸려 넘어질
것이며 부러질 것이며 덫에 걸려 잡힐 것이
니라
16 너는 증거의 말씀을 싸매며 율법을 내 제자
들 가운데에서 봉함하라
17 이제 야곱의 집에 대하여 얼굴을 가리시는
여호와를 나는 기다리며 그를 바라보리라
18 보라 나와 및 여호와께서 내게 주신 자녀들
이 이스라엘 중에 징조와 예표가 되었나니
이는 시온 산에 계신 만군의 여호와께로 말
미암은 것이니라
19 어떤 사람이 너희에게 말하기를 주절거리며
속살거리는 신접한 자와 마술사에게 물으라
하거든 백성이 자기 하나님께 구할 것이 아
니냐 산 자를 위하여 죽은 자에게 구하겠느
냐 하라
20 마땅히 율법과 증거의 말씀을 따를지니 그들
이 말하는 바가 이 말씀에 맞지 아니하면 그
들이 정녕 아침 빛을 보지 못하고

21 이 땅으로 헤매며 곤고하며 굶주릴 것이라
그가 굶주릴 때에 격분하여 자기의 왕과 자
기의 하나님을 저주할 것이며 위를 쳐다보
거나

22 땅을 굽어보아도 환난과 흑암과 고통의 흑암
뿐이리니 그들이 심한 흑암 가운데로 쫓겨
들어가리라

원 의미

이 장(8장)은 7장에 소개된 임마누엘의 징조와 그 함축적 의미가 계속 나타난다. 이후에 논의되겠지만, 여기서 소개되는 이사야의 아들 마헬살랄하스바스를 임마누엘 징조의 첫 성취로 생각하는 것은 충분한 이유가 있다. 그는 왕과 백성들이 하나님의 임재를 간과했을 때 발생하는 부정적인 영향을 상징한다. 이 장은 두 단락으로 나뉜다. 첫 단락에 속하는 8:1-10은 아기 출생의 환경들을 소개하며, 그 이름의 중요성을 설명하고 있다. 둘째 단락(8:11-22)은 백성들의 눈먼 상태에 대한 이사야의 예상되는 반응(11-18절)과 눈먼 상태의 징후와 그 결과(19-22절)를 더욱 구체적으로 다루고 있다.

아이의 출생과 이름의 중요한 의미(8:1-10)

"큰 서판"에 "통용 문자"[1]로 이름을 쓰는 구체적인 취지는 분명치 않지만, 증거의 관점에서 볼 때, 일반적인 취지는 분명해 보인다. 이사야는 아이가 예언의 증거로서 잉태되기도 전에 그 이름을 기록한다. 이 일은 이사야가 마헬살랄하스바스의 모친과 결혼하기 전에 발생한 것 같다.[2] 이교도의 신들은 인간처럼 시간에 갇혀 있기 때문에 미래를 말할 수 없다. 그러나 하나님은 시간을 초월해 계시며 사건이 일어나기 전에 일어날 일을 선포하실 수 있다.

8:3의 표현(그녀가 잉태하여 아들을 낳았다)은 동사의 변화를 제외하곤 7:14

1. 문자 그대로 "사람의 필적".
2. 만약 마헬살랄하스바스를 임마누엘 징조의 첫 성취로 보는 해석이 옳다면, 7:14에 언급된 "결혼 적령기의 젊은 여인"(7:10-25의 주석을 보라)은 아직 이사야와 결혼한 상태가 아니며, 스알야숩의 어미가 아니다(7:3). 아마도 그 아이의 어미는 사망한 것 같다. Oswalt, *Isaiah 1-39*, 219-23과 여기에 실린 참고문헌을 참조하라.

의 표현과 흡사하다. 이것은 두 구절이 동일한 사건을 가리키고 있음을 암시해 준다. 더욱이 징조의 본질도 7:15-17에 나오는 것과 동일하다(그녀는 잉태할 것이며 아들을 낳을 것이다). 이 아이가 일정한 나이에 이르기 전에, 아하스가 심히 두려워하는 두 나라는 아하스와 그의 나라를 해치지 못할 정도로 나약해질 것이다. 이 구절(7:15-17)이 임마누엘을 가리키는 8절, 10절과 결합하면, 내가 보기에 마헬살랄하스바스를, 임마누엘 징조의 첫 성취로 볼 만한 확고한 근거가 있을 수도 있다.

만약 그렇다면, 이 아이는 다마스쿠스와 사마리아가 침략당하기 전까지 분명 말을 하지 못할 것이다. 만약 아하스와 이사야의 대면이 대략 주전 735년에 일어났다면(7:1, 15에 대한 주해를 보라) 이런 징조의 표현은 주전 732년 다마스쿠스의 멸망과 거의 같은 시기에, 에브라임과 므낫세를 제외한 전체 북이스라엘의 대부분 지역에 임한 파멸을 가리키고 있다. 또 르신과 베가는 주전 732년에 사망한 것 같다. 그러므로 이 징조가 주전 735년에 주어졌다면, 이 아이는 대략 주전 734년에 태어났을 것이며, 그 징조가 성취되던 주전 732년까지는 분명하게 말하지 못했을 것이다.

6-10절은 이사야(와 하나님)의 역사관을 요약해 준다. 열방은 하나님의 명령에 따라 오기도 하고 가기도 하며, 하나님의 계획이 그의 백성을 통해 이루어지도록 봉사한다. 하나님은 이스라엘과 함께하신다. 그러므로 만약 이스라엘이 하나님의 동행을 믿지 않고 살아간다면, 비극적인 결말을 맞이하게 될 것이다(6-8절). 동시에 열방은 자신들이 이스라엘의 거룩한 자의 손에 놓인 도구에 불과하다는 것을 결코 잊어서는 안 된다. 만약 그들이 땅을 정복하려는 목적을 이루기 위해 하나님의 백성을 멸망시킬 수 있다고 생각한다면, 그것은 잘못 생각한 것이다. 왜냐하면 이 땅의 열방이 무엇을 하든지 간에 하나님이 그의 백성과 함께하시며, 그들을 통해 그분의 목적을 이루실 것이기 때문이다(9-10절).

이미 언급했다시피, 이 임마누엘 징조의 성취는 주로 부정적인 측면을 지닌다. 이스라엘과 유다가 살아 계신 하나님의 임재를 거절했기 때문에 "속히 약탈당하며 급히 멸망당할 것이다."[3] 이것은 시리아와 북이스라엘뿐만 아니라 유다에게도 해당된다. 그들은 "창일한 큰 하수"(유스라테스 강, 8:7) 곧 아시리아 편에 서서 "천천히 흐르는 실로아 물"(8:6)이신 주님을 거절하였다. 그리하여 그들은 넘쳐나는 강물(아시리아를 말함–옮긴이)에 빠져 죽게 될 것이다(8:7-8). "르신과 르말리

3. 이것이 바로 마헬살랄하스바스의 의미이다(NIV 본문을 참조하라).

야의 아들을 기뻐하나니"(8:6)라는 말의 의미는 분명치 않다. 왜냐하면 7장은 이 두 왕들을 심히 두려워하는 것에 대해 이야기하고 있기 때문이다. 아마도 문맥에서 볼 때 이 표현은, 유다 백성이 적대적인 두 나라를 파멸시킬 아시리아와의 성공적인 동맹을 기뻐한다는 것을 의미하는 듯하다.

그러나 이와 같이 기뻐하는 일은 일시적일 뿐이다. 비록 하나님의 도움이 단지 샘물에 불과한 반면 아시리아는 거대한 강물처럼 보인다 할지라도, 그 강물은 속히 "그 모든 곬에 차고 모든 언덕에 넘치고" 그 범람한 물결은 유다의 사방 끝까지 미치게 될 것이다. 물론 이러한 일은 30년 후 아시리아 왕 산헤립이 유다를 대적할 때 실제로 발생한다(36-37장). 아시리아와의 동맹은 나치 독일과의 동맹과 같다. 히틀러가 동맹을 맺은 러시아를 정복하기 위해 1941년에 침공한 것처럼, 아시리아는 유다를 집어삼킬 그날만을 고대하고 있었다.

그러나 아시리아가 덮치게 될 그곳은 누구의 땅인가? 아시리아의 땅인가? 아니다. 그 땅은 임마누엘의 땅이다(8:8). 여기서 징조의 다른 면이 부각된다. 비록 하나님의 임재로 말미암아 그 땅이 속히 파멸을 당한다 해도, 그 땅이 여전히 "하나님이 함께하시는" 임마누엘의 땅이라는 사실은 변경할 수 없다. 이사야는 8:9-10에서 강력한 시적 표현을 통해 이 같은 사실의 함축적 의미를 전달하고 있다. 이사야는 우리가 생각하는 사건의 정상적인 결과를 바꿈으로써 우리에게 충격을 주고 있다. 왜 우리는 "훤화하거나"(전투의 함성을 외치거나) 혹은 "허리를 동이고"(전쟁을 준비하고) 있는가? 물론 그것은 대적을 분쇄하기 위해서다. 그러나 이사야는 함성을 지르고 전쟁을 준비한 자들이 분쇄될 거라고 말한다. 왜 우리는 "함께 도모하고"(전략을 짜고) "말을 내는가?"(계획을 세우는가) 확실한 성공을 위해서다. 그러나 이사야는 그 전략과 계획이 실패로 돌아갈 거라고 말한다. 왜 그런가? 그것은 열방이 아하스가 행한 것처럼 작지만 중대한 요소 즉 "하나님이 우리와 함께하신다"는 것을 무시했기 때문이다.

백성들의 눈멂과 그 결과들(8:11-22)

이 모든 일에 대해 이사야는 어떻게 반응해야 할 것인가? 이사야는 그의 주변에서 맴돌고 있는 음모들에 대해 어떻게 반응해야 하는가? 의심할 나위 없이, 주전 735년의 예루살렘은 끓는 단지와 같았다. 다시 소생하고 있는 아시리아만 걱정거리가 아니었다. 더 가까이 당면한 문제는 시리아와 북이스라엘의 문제였다. 모든 사람들은 실제로 어떤 일이 발생할 것인지 가설을 세웠을 것이며, 어떻게 대처해야 하는지 견해를 갖고 있었을 것이다.

이와 같은 소용돌이 속에서 하나님은 이사야에게 다가오셔서 구체적인 지침을 허락하신다. 먼저, 이사야는 하나님에 대한 초점을 놓쳐서는 안 된다. 이사야는 최근의 "맹약"(음모, conspiracy)에 휩쓸려서는 안 되며, 두려움의 덫에 빠져서도 안 된다. 그의 동시대 사람들과는 달리, 이사야는 "실제로 무엇이 일어날 것인가"를 설명하려고 근거 없는 상상을 하면서 시간을 낭비해서는 안 된다. 이런 근거 없는 예측은 걷잡을 수 없는 사건들을 두려워함으로 생겨난다. 오히려 이사야는 우리의 운명을 쥐고 있는 하나님을 섬기고 그분을 기쁘시게 하는 데 초점을 두어야 한다. 여기서 8:12-13에 나오는 "두려움"이라는 말에 집중해 보는 것은 중요한 일이다. 미지에 대한 두려움은 부정하지만,[4] "여호와에 대한 두려움"은 정결하다(시 19:9를 보라). "여호와에 대한 두려움"은 실로 "거룩한 자"로 칭함을 받을 수 있는 유일하신 분의 방식을 배우고, 그 방식에 순종하는 데 최우선의 관심을 기울이는 삶의 방식을 말한다(8:13).

하나님은 이사야에게 만약 그가 하나님께 올바른 초점을 둔다면, 하나님이 그를 위한 "피할 곳"이 될 거라고 말씀하신다(8:14). 온 주변에 어떤 일이 발생한다 하더라도, 모든 일에 오직 하나님에게만 초점을 두고 그분을 기쁘시게 한다면 하나님은 안전과 신뢰의 처소가 될 것이다. 그 거룩한 분은 거룩한 처소("피할 곳", sanctuary, *miqdaš*)를 마련해 주실 것이며, 하나님께 초점을 둔 그 사람은 그곳에서 평안을 누릴 것이다. 그러나 자신의 삶 속에서 하나님을 그 중심에 모시기를 거절한 자들은 피난처의 반석이 아닌, 길가에 "거치는 돌"이 될 것이다(8:14).

여기서 우리는 "하나님이 우리와 함께하신다"의 이중적 의미에 다시 도달한다. 하나님의 임재는 인간의 삶 가운데 피할 수 없는 사실이다. 우리는 어떤 방식으로든 그를 대면할 것이다. 하나님을 위해 자리를 내어드리는 자들은 그분이 모든 것을 주관하심을 깨닫게 된다. 하나님을 무시하는 자들은 뒤틀려진 그들의 삶을 발견하게 되며, 그 이유를 깨닫지 못한다. 그들은 자신의 삶의 방식에 가장 중요한 요소를 내팽개쳐 버렸다. 그러므로 모든 것들이 항상 균형을 이루지 못할 것이다. 주 하나님은 거할 피난처도 되고 거치는 돌이 되기도 한다. 이스라엘과 유다는 후

4. 임박한 공포의 엄습 아래 오금이 저려 오는 그런 상황을 생각해 보라.

자의 길을 선택하였다. 하나님에 대해 오직 의식에만 관심을 두던 그들은 닥쳐오는 모든 새로운 두려움의 포로가 되고 만다. 두려움의 포로가 됨으로써, 그들은 모두 잘못된 결정을 내리게 된다.

그렇다면 이러한 상황 속에서 이사야는 무엇을 해야 하는가? 그는 그저 낙담하면서 포기해야 하는가? 아니면 그가 말하는 바를 전혀 깨닫지 못하는 백성들을 위해 계속 일해야 하는가? 대답은 중도적인 입장이다(8:16-17). 이사야는 하나님의 말씀을 선포하는 것을 포기해서는 안 된다. 그러나 이사야는 그의 말씀을 "싸맬"(bind up) 그의 제자들을 위해 특별히 일해야 한다. 이 싸맬 말씀은 하나님이 그의 얼굴을 백성에게 더는 숨기지 않는 그날을 위한 말씀이다. 여기서 이사야는 자신이 백성에게 요청하는 바로 그 일의 모델이 된다. 비록 이사야는 자신이 보기를 원하는 그 결과들을 보지 못하지만, 여전히 하나님과 그분의 부르심에 신실할 것이며, 하나님이 그의 방식과 시간을 통해 약속을 성취하실 것임을 신뢰할 것이다.

여기서 이사야서와 그 밖의 다른 구약 본문에 나오는 "기다림"과 "바라봄"(신뢰[trust], 8:17) 사이의 유사한 관련성에 주목해 보는 것은 중요한 일이다. 진정한 신뢰는 언제나 기다림의 요소를 포함한다. 진정한 신뢰는 우리가 볼 수 없는 그 결과들을 믿는 것을 의미한다. 지금 내가 원하는 결과를 얻으려는 결심은 불신의 두드러진 표시이다.

8:19-22에서 우리는 백성이 하나님을 신뢰하고 그분께 순종하기를 거부할 때 어떤 일이 발생하는지를 깨닫는다. 그들은 율법과 선지자를 통해 받은 하나님의 말씀을 가지고 있다. 그렇지만 그들은 하나님의 말씀을 찾지 않는다. 오히려 그들은 죽은 자들을 찾는다. 그들은 "신접한 자와 마술사"에게 나아간다. 기괴하고도 신비스런 주문들은 서로 거룩한 방식으로 대우하라는 하나님의 준엄한 명령보다 훨씬 더 흥미롭다. 그 결과는 "환난과 흑암"(8:22)이며 그것은 놀라운 일이 아니다. 피조세계가 피조물에게 삶의 의미와 운명에 대해 무엇을 말할 수 있는가? 철학자가 말했듯이 삶은 그저 짧고 잔인할 뿐이다. 자연("땅", 8:22)이나 정치("왕", 8:21)나 종교("자기의 하나님", 8:21)도 흑암 속에서 빛을 던져 줄 수는 없다.

상황잇기

속임과 거짓된 희망. 1-10절은 이 세상에 있는 외형들이 기만적일 수 있음을 보여 준다. 비록 하나님의 도움이 종종 세상이 가져다주는 것과 비교해 볼 때 지극히 작아 보이더라도, 우리는 속아서는 안 된다. 결국에는 작아 보이는 것이 크게 보이는 것을 무너뜨린다(8:9-10). 이 단락에서 반복되는 진리는, 하나님의 약함이 인간의 강함보다 더 위대하다는 점이다. 그러므로 하나님은 신뢰할 만한 분이시며, 우리는 세상 열방의 덧없는 영광에 속아서는 안 된다. 그런 영광은 모두 우리의 상상보다 더 빨리 사라져 버릴 것이다.

또 이 단락은 거짓된 희망의 필연적인 실패에 대해 말해 준다. 인간은 신뢰할 수 있는 능력을 지닌 존재로 창조되었다. 그러나 그런 능력의 목적은 시간을 초월해 계시는, 변치 않는 그분께 궁극적으로 속하기 위함이었다. 만약 우리가 이렇게 하나님을 신뢰한다면, 우리는 하나님보다 못한 자들이 우리를 곧잘 실망시키지만 그런 일이 일어나더라도 모든 것을 잃어버리지 않을 것임을 알기 때문에, 그들을 신뢰할 수 있을 것이다. 그러나 우리가 하나님을 신뢰하는 대신 피조물에 궁극적인 지위를 부여할 때, 우리는 실망할 수밖에 없다. 우리가 피조물을 하나님의 자리에 둘 때, 그 피조물은 반드시 실망시킨다. 왜냐하면 우리는 그 피조물이 이룰 수 없는 것들을 요구하기 때문이다.

하나님께 대한 초점. 인간은 문제를 설명할 만한 자료를 갖지 못할 때, 그 문제를 설명할 중요한 필요를 느낀다. 그래서 우리는 종종 관계자들 편에 서 있는, 잘못된 동기들로 나오는 설명들을 만들어 낸다. 우리는 모의를 만들어 내는 과정 속에서, 그 모의에 너무 집착하여 정확한 자료가 나타날 때조차도 그 자료보다 우리의 이론들을 믿는다. 이사야는 그의 백성—그리고 우리—을 향해 종종 우리의 잘못된 사건 설명에 초점을 두지 말고 하나님께 초점을 맞추라고 요청한다. 우리는 정확한 설명을 제시하기 위해 필요한 모든 정보들을 갖고 있지는 않다. 그러나 우리는 하나님을 기쁘시게 하는 데 필요한 정보들은 모두 가지고 있다. 그러므로 이사야는 우리가 아는 것에 초점을 두고, 혼자서 충분히 잘 알지 못하는 것은 남겨 놓으라고 말한다.

종종 사람들은 "여호와에 대한 두려움"은 현대 그리스도인에게 필요 없는 구약 개념이라고 주장한다. 여하튼 요한일서 4:18은 "온전한 사랑이 두려움을 내어 쫓는다"고 말한다. 달리 말하면, 만약 당신이 하나님을 두려워한다면 당신이 하나님을 정말로 사랑하지 않는 것임에 틀림없다. 그러나 우리는 예수께서 이사야와 거의 동일한 말씀을 하고 계심을 기억해야 한다—"몸은 죽여도 영혼은 능히 죽이지 못하는 자들을 두려워하지 말고 오직 몸과 영혼을 능히 지옥에 멸하시는 자를 두려워하라"(마 10:28). 그렇다면 어떤 것이 여호와를 올바로 두려워하는 것인가? 여호와를 두려워함(개역성경에는 "여호와를 경외함"으로 소개됨-옮긴이)은 온전한 경외심으로 그 거룩한 분께 순종함을 말한다. 이 거룩한 분은 단지 우리를 무력화하기 위해 쳐다보시지 않는다. 오히려 그분은 우리를 사랑하시고 우리를 위해 그 자신을 내어주신 분이다. 여호와를 두려워함은, 그분과의 관계야말로 우리의 운명을 결정할 삶의 유일한 요소임을 충분히 깨닫고, 우리의 삶 가운데 그분을 기쁘시게 하는 일을 최우선의 관심사로 삼는 것을 말한다.

하나님은 어떤 방식으로든 우리의 삶 가운데 힘이 되신다. 그분은 부정적인 힘이 되실 수도 있고 긍정적인 힘이 되실 수도 있다. 그는 피할 수 있는 분이 아니다. 그는 우리가 세상의 모든 어려움에서 안전히 거할 성소가 되실 수도 있고, 우리를 넘어뜨리는 돌이 되실 수도 있다. 그분이 삶에서 배제된다면, 그 삶은 올바로 진행되지 않는다. 관계도 이루어지지 않는다. 웃음도 없다. 일도 진행되지 않는다. 흥분도 없다. 이것이야말로 창세기 3:16-19의 논점이라고 할 수 있다. 잔인한 하나님이 모든 일에 아담과 하와를 좌절케 하시려고 결심했기 때문에 그런 것은 아니다. 오히려 삶은 하나님을 그 중심에 모시고 그분과 함께 기능하도록 만들어졌다. 우리가 그분을 그 중심에서 내려놓고 우리 자신을 그 중심에 둘 때, 삶은 쉽게 진행되지 않는다.

이사야는 예수께서 제시하신 것과 같은 하나의 중요한 사역의 원리를 보여준다. 그는 대중과 정치 지도자들을 향해 멈추지 않고 그의 메시지를 전하면서도, 그의 메시지를 받아들이며 그것을 후대 자손에게 성실히 전해 줄 수 있는 소수의 제자들을 위해 집중적으로 사역하였다.[5] 이런 방식을 통해 이사야는 그 민족 앞에서 하나님의 요구를 준수하고 그의 추종자들과 연합하고자 하는 이들을 찾으면서 성공을 바라보는 것만으로 만족하였다. 현대의 청년 사역은 이런 모델을 택하여 그것을 성공적으로 사용하고 있다.

미래를 통제함. 8:19-22의 메시지는 자명하다. 만약 하나님이 삶의 방식에서 배제된다면, 마치 우리 자신이 삶을 통제한다고 느낄 만한 다른 수단들에 호소해야

5. 이와 같은 이사야의 모범은 Robert Coleman의 고전적인 작품, *The Master Plan of Evangelism*(Old Tappan, N. J.: Revell, 1956)속에 그 현대적 관점으로 가장 잘 소개된 것 같다. 또한 Allan Coppedge, *The Biblical Principles of Discipleship*(Grand Rapids: Zondervan, 1989)도 참조하라.

한다. 우리는 미래를 알고 미래를 통제하고픈 욕구를 깊이 느끼게 된다. 만약 성경의 창조주 하나님이 거부된다면, 우리는 다른 수단들을 찾아야 할 것이다. 종종 그 수단은 죽은 자들이다. 이 죽은 자들은 그들의 후손에 관심이 있으며 영의 세계를 출입할 수 있다고 보았다. 그러나 실제로 이 죽은 자들은 아무것도 알지 못하며, 이런 영매주의자들의 의식이 고객들을 붙들기 위해 요술과 신비한 예식과 신들림에 의지할 때, 그 결과는 두려움과 미신의 더 깊은 암흑으로 빠져들 뿐이다.

현대적 의미

최고의 능력. 우리는 이 시대에 하나님 대신 인간의 영광을 신뢰하는 무수한 증거들을 목도해 왔다. 1875년에 대영제국이 단지 75년 만에 분리되어 몰락할 거라고 누가 믿을 수 있었겠는가? 대영제국은 하나님보다 더 영원한 것 같았다. 그러나 빅토리아 여왕의 50주년을 기념하기 위해 시를 지어 달라는 부탁을 받은 시인 키플링(Laureate Rudyard Kipling)은 대영제국의 실체를 분명히 보았고, "퇴장"(Recessional)이라는 제목 아래 어두운 시 한편을 지었다. 그중 한 소절은 다음과 같다.

멀리서 부름 받은 우리 해군들은
해변 모래 언덕 위에서 사라지며
땅 끝은 불길에 쓰러집니다.
보세요! 지난날 우리의 모든 화려함을,
그것은 니느웨와 두로의 영광이 아닌가요?
열방의 재판자는 우리를 살려 두십니다
잊지 말라고-잊지 말라고 말입니다.

그리고 마지막 소절은 다음과 같다.

악취나는 터널과 철 조각을 신뢰하는
이교도의 마음 때문에
모든 찬란한 먼지는 티끌 위에 쌓입니다.
스스로 지키면서 당신에게 지켜 달라고 요청하지 않겠습니다
극도의 교만과 어리석은 말에 대해

주님, 당신의 백성을 긍휼히 여기소서![6]

키플링은 하나님은 영원하지만 대영제국은 영원하지 않음을 올바로 깨달았다. 오늘날 세계 최고이자 가장 막강한 힘을 지닌 미국에서 어느 누가 키플링처럼 현실을 바라볼 수 있겠는가?

최근에, 레이건 대통령이 "악의 제국"이라고 적절히 이름 붙인 강대국 소련이 10년 만에 기초 생필품 생산을 위해 서구 투자를 끌어들이고자 고투하는 상태의 작은 국가들로 축소되리라고 누가 1980년에 예상할 수 있었겠는가? 거의 짓밟힌 러시아 도시들의 길거리에서 서구의 젊은 그리스도인들이 성경을 나누어줄 때, 무신론자로 훈련받은 사람들이 성경책 한 권을 얻기 위해 달려드는 광경을 누가 상상할 수 있었겠는가? 하나님은 지금도 "천천히 흐르는 실로아 물"이시다. 그러나 그 물은 인간 통치의 모든 강물보다도 더 강력하다.

역사와 우리의 삶 가운데 역사하시는 하나님. 현대인의 관심을 사로잡은 소위 "역사의 음모설"(케네디 암살 사건)이라는 사건을 주목해 보는 것은 흥미로운 일이다. 이 음모설은 케네디 대통령의 암살과 관련된 것이다. 실제로 어떤 사람들은 무엇이 발생했는지를 정확하게 알고 있는 듯하지만, 이 사건을 아는 또 다른 사람들은 그것과 다르게 알고 있다. 대학 학장직에 있으면서 경험한 사실은, 많은 사람들이 단순한 진리보다 어떤 사건에 대한 왜곡된 설명을 선호한다는 것이다.

그리나 이사야는 우리로 하여금 "실제로 무엇이 일어났는가"에 관심을 빼앗기지 말라고 요청한다. 이사야는 우리에게 하나님이 역사 가운데 일하시며, 하나님의 뜻대로 부르심을 입은 자들을 위해 모든 것이 합력하여 선을 이루도록 우리가 하나님께 맡길 수 있음을 믿어야 한다고 촉구한다(롬 8:28). 우리는 누가 실제로 이 일을 했는지 혹은 왜 그랬는지에 대해 염려할 이유가 없다. 이것은 우리가 최근 사건들에 관심을 가져서는 안 된다는 말이 아니다. 오히려 그것은 우리가 이런 사건들과 그 원인들 그리고 그 결과들에 집착하여 우리 마음을 허비해서는 안 된다는 것을 말하고 있다. 우리는 하나님을 기쁘시게 하는 일에 초점을 맞추어야 한다. 그렇게 할 때 우리는 그분과 함께 평안의 확신으로 살아갈 수 있게 된다.

하나님을 두려워함. 오늘날 우리는 하나님을 두려워함에 관하여 많이 듣지 않는

6. Rudyard Kipling, "Recessional," *British Poetry and Prose*, ed. P. Lieder, R. Lovett, and R. Root(New York: Houghton Mifflin, 1928), 1341.

다. "필굿"(feel-good)세대(고통 없는 좋은 것만을 추구하는 세대-옮긴이)에서 우리는 자신이 무엇을 하든 하나님이 우리를 사랑하시며, 그분은 결코 우리를 떠나거나 버리지 않을 것이라는 말을 듣기 원한다. 물론 이런 생각은 실로 진실이다. 그리고 이런 것들을 배제한다면, 우리가 선포할 수 있는 복음은 없을 것이다. 그렇지만 종종 이런 진리에서 파생되는 결과는 실로 비진리이다. 즉 하나님의 사랑은 무조건적이며 하나님은 우리를 버리시지 않을 것이기 때문에, 우리가 어떻게 행동하는지는 원래 중요치 않다는 것이다. 물론 우리가 생각하기에 최선을 다할 필요는 있다. 그러나 우리는 항상 죄를 범하기 때문에, 우리 자신에 대해 너무 많은 것을 기대할 필요는 없다. 이런 생각은 이사야의 관점과 얼마나 멀리 떨어져 있는가? 하나님은 그의 백성에게 아시리아와 시리아와 이스라엘 백성이 무엇을 할 것인지에 집착하지 말고, 하나님이 무엇을 하실 것인지에 관심을 가지라고 말씀하신다.

이것은 단지 구약의 어떤 법률적 개념이 아니다. 앞서 살펴보았듯이 예수께서도 거의 동일한 말씀을 재현하신다. 이것은 하나님이 우리의 삶의 방식을 싫어하시기 때문에 그분이 갑자기 우리를 죽이실 거라는 무서운 공포 속에서 살아야 한다는 말이 아니다. 계속해서 예수께서는 하나님이 돌보시는 참새나 백합화보다 우리가 더 귀하다고 말씀하신다. 그렇다면 "여호와를 두려워함"이란 우리에게 무엇을 의미하는가? 그것은 우리의 우선순위를 다시 조정해야 함을 의미한다. 어떻게 우리 자신을 기쁘게 할 것인지를 묻는 대신에, 우리가 어떻게 하나님을 기쁘시게 할 수 있는지를 물어야 한다. 우리 자신을 어떻게 돌볼 것인지를 생각하며 우리의 시간을 허비하는 대신, 어떻게 우리가 그분의 삶을 잘 살아갈 수 있는지—그분은 우리를 향해 자신이 거룩하듯 우리도 거룩하라고 요청하셨다(벧전 1:15-16)—를 물어야 한다. 만약 우리가 이 중요한 일에 관심을 기울인다면, 우리는 하나님이 우리 스스로 할 수 있는 것보다 훨씬 더 나은 방식으로 우리를 돌보신다는 것을 믿을 수 있을 것이다.

테네시 주 채터누가(Chattanooga)의 제1장로교회의 목사 벤 헤이든(Ben Hayden) 박사는 군대의 상륙정(landing craft)을 만드는 회사의 한 사원에 대한 이야기를 들려준다. 젊은 정부 감사관은 탁자 밑으로 감사관에게 사례를 하는 것이 관행이었음을 알려 주었다. 이 사원은 그 감사관에게 "젊은이, 나는 그렇게 할 수 없습니다. 당신은 내가 하나님을 두려워한다는 것과 그런 것이 옳지 않다는 것을 알 겁니다"라고 말했다. 그 감사관은 만약 자신에게 사례를 하면 예산안보다 훨씬 더 싼값으로 함선을 만들 수 있게 해주겠다고 말하면서 그 뜻을 굽히지 않았다. 그러나 그 사원 역시 뜻을 굽히지 않았다. 며칠 후 그 감사관은 전 함선들을 불량품으로 퇴짜를 놓았다. 그리고 그는 그 사원에게 사례를 지불하든지 아니면 회사를 망하게 하든지 결단하라고 말했다. 그 사원은 "젊은이, 나는 하나님을 두려워합니다. 그리고 그것은 내가 당신을 두려워하지 않는다는 것을 의미합니다"라고 대답했다. 결국 그 회사는 거의 파산할 지경이 되었으나 마지막 순간에 다른 나라에서 주문을 받게 되어 살아날 수 있었다. 이 나라는 퇴짜 맞은 함선들을 보고 그 재질에 무척 감탄했다. 만약 우리가 하나님을 두려워하면, 우리는 그분 외에 어느 것도 두려워할 이유가 없다.

그러므로 하나님은 우리의 피난처가 되실 수도 있고 우리를 계속 넘어뜨리는 거치는 돌이 되실 수도 있다. 이것은 말라기 4장에 묘사된 태양과 같은 것이다. 하나님은 마지막 날에 냉혹한 중동의 태양처럼 우리 위에 떠오르실 것이다. 그러나 우리에게 미치는 그의 영향은 우리의 상태로 결정될 것이다. 그것은 동일한 태양이지만, 그 뜨거움은 그루터기와 몸의 상처에 매우 상반된 두 방식으로 영향을 미친다. 태양은 그루터기의 마지막 남은 물기를 빨아들여 결국 그 생명을 앗아간다. 그러나 동일한 그 태양은 상처에 감염된 것을 빨아들여 그 상처의 치유와 회복을 가속화한다. 태양은 변하지 않았다. 단지 태양 광선의 상황들이 다른 것이다. 그것은 우리에게도 동일하다. 하나님은 변하시지 않는다. 그분은 어떤 사람은 사랑하고 어떤 사람은 미워하시는 분이 아니다. 그는 모든 이들을 사랑하시며 누구도 잃은 바 되기를 원치 않으신다(마 18:14; 벧후 3:9).[7] 우리가 어떻게 하나님을 경험하는지는 우리에게 달려 있다. 만약 우리가 그분께 초점을 맞춘다면, 그리고 성령의 능력을 통해 살아 있는 그분의 생명에 초점을 맞춘다면, 우리는 결국 세상의 그 무엇도 우리의 평강을 저해할 수 없음을 깨닫게 될 것이다.

이와 같은 평강의 체험은 인디언들을 회심케 하려고 미국으로 향하던 성공회 선교사 존 웨슬리(John Wesley)에게 자신이 회심하지 않았음을 깨닫게 해주었다. 웨슬리는 미국으로 향하던 배 위에서 큰 폭풍을 만났다. 무서움에 떨며 놀란 웨슬리는 그 배 위에 탄 모라비안 선교사들이 온전히 평화로운 상태에서 예배와 기도를 계속 드리고 있는 것을 목격했다. 그가 나중에 그 모라비안 선교사들에게 두렵지 않았냐고 질문하자, 그들은 자신들의 생명이 하나님의 손에 있음을 알았고, 어

---

7. 말 1:2-3은 야곱과 에서의 영원한 운명에 대해 말하고 있는 것이 아니다. 선지자는 이스라엘과 에돔에 대한 하나님의 서로 다른 반응에 대해 말하고 있는 것이다.

떤 결과에도 그분을 의지했음을 웨슬리에게 확실히 말해 주었다. 이것은 수천 년 전 사드락, 메삭, 아벳느고의 이야기를 연상케 한다(단 3:16-18). 하나님을 우리의 삶 가운데 올바른 자리에 모셔라. 그러면 하나님은 우리의 견고한 피난처가 되실 것이다.

그러나 만약 우리가 그를 올바른 자리에 모시지 않는다면, 그것은 단지 우리가 그분의 안전한 복을 누리지 못함을 뜻하지 않는다. 오히려 우리의 삶 속에서 그분을 무시하는 것은, 우리가 하는 모든 일에 그분이 진정 방해거리가 된다는 것을 의미한다. 현대 문화 속에서 하나님의 부재에 대한 탄식은 통상적인 일이다. 고도를 기다리며(Waiting for Godot)라는 연극은 슬픔을 유발하는 효과와 함께 삶의 평범함과 무의미함을 보여 준다. 이 연극에서 한 배우는 "고도"가 결코 하지 못하는 것을 보여 주기 위해 계속해서 "고도"를 기다리고 있다. 극작가 사무엘 베케트(Samuel Beckett)는 "고도"를 기다리는 어리석고 무의미한 짓을 그만두고, 그저 고도를 가만히 기다리기보다는 홀로 삶의 단편들을 함께 엮어 보려고 노력해야 함을 말하고자 하는 것 같다. 그러나 베케트는 삶이 그렇게 단순하지 않다는 것을 깨닫지 못하는 것 같다. 하나님을 원하지만 그분을 발견하지 못하는 것이 아니다. 오히려 우리는 하나님을 효과적으로 배제할 수 있는 실재의 한 모형을 만들어 내었다.

그러나 우리는 하나님 아버지를 그분의 세계에서 배제할 수 없다. 그러므로 하나님이 우리 영혼 속에 만들어 놓은 빈 공간을, 소유, 쾌락, 오락, 일, 권력으로 채우려 할 때, 우리는 계속 하나님께 걸려 넘어진다. 우리는 이렇게 넘어지면서도 피조물로 하여금 우리를 섬기게 하며, 우리의 삶 가운데 하나님의 자리를 채우려고 한다. 그러나 어느 피조물도 하나님의 자리를 채울 수 없다. 어느 인간관계도 그렇게 할 수 없다. 우리가 어떤 사람에게 완전한 충성을 바치라고 요구할 때, 그것은 불가능한 일이다. 쾌락도 그렇게 할 수 없다. 우리가 어떤 사람에게 완전한 즐거움을 달라고 요구할 때, 그것은 불가능한 일이다. 일도 그렇게 할 수 없다. 우리가 일을 통해 완전한 성취를 얻으려 할 때, 그것은 불가능한 일이다. 우리는 무엇을 하고 있는가? 우리는 하나님께 걸려 넘어지고 있는 것이다.

아마도 어떤 사람은 이렇게 말할 것이다. "이봐, 만약 내가 텔레비전이 보여 주는 것(하나님 없는 인생이 잘 진행됨을 의미함-옮긴이)의 절반도 믿지 않지만 어떤 사람들은 인생을 꽤나 잘 꾸려 가는 것 같아." 아마 그럴 수도 있을 것이다. 그러나 하나님 없이도 인생을 꽤나 잘 꾸려 나간다 해도, 그 인생의 종착점에서 무엇이 우리에게 손짓하며 서 있는가? 그것은 결코 피할 수 없는 삶의 실재, 곧 죽음이다. 죽음은 하나님 없는 세상의 모든 것들을 비웃는다. 결국 죽음은 하나님 없이 인생을 살아 보려는 우리의 모든 시도를 비웃는다(시 73:13-20; 전 9:3). 그러므로 선택은 우리의 몫이다. 하나님은 우리의 피난처가 되실 것인가, 아니면 우리를 넘어뜨리는 돌이 되실 것인가?

만족의 비결. 오늘날 서구에 속한 많은 사람들은 하나님을 넘어뜨리는 돌로 선택해 왔다. 우리는 '이성의 승리'라는 말을 수용해 왔다. 이런 사고는 인생에 육체적, 물리적인 것을 제외하곤 아무것도 없다고 본다. 이성이 그 능력 밖에서 말하고 있는 것은 신경 쓰지 말라. 우리는 그것을 받아들였다. 우리는 영적인 세계의 실재를 버리고, 어떤 책의 제목처럼 마치 "벌거벗은 원숭이"[8]와 같은 기능을 하고자 노력해 왔다.

그러나 고도로 발달한 사회에 살고 있는 서구인들에게 이상한 일이 발생하였다. 놀라운 육체적, 물질적 풍요가 우리에게 더 많은 행복과 만족을 가져다주지 못함을 깨달았다. 오히려 이상하게도 무엇을 잃어버렸음을 깨닫게 되었다. 물론 그것은 하나님이다. 그러나 우리는 유행에 뒤떨어진 우리 조상의 하나님께로 돌아가지 않았다. 오히려 우리는 훨씬 더 "현대적"이고 "과학적"인 것들—점, 비술, 여신—로 방향을 돌렸다. 가장 놀라운 일은 지나치게 교육을 받아 기적을 좀처럼 믿지 않는 우리가 미신과 이교도 관습의 잡동사니들은 재빨리 받아들인다는 점이다. 그리하여 우리는 온 주변에 나타나는 영적 어둠이 급속히 확산되는 데 놀라워한다. 하나님은 넘어뜨리는 돌이 되셨다. 그리고 우리는 그에게 넘어지고 있다. 남아 있는 유일한 질문은, 우리가 마침내 깨달을 때까지 얼마만큼 하나님이 우리를 넘어뜨릴 것인가 하는 것이다.

8. Desmond Morris, *The Naked Ape* (New York: McGraw Hill, 1967).

이사야 9:1-7

1 전에 고통 받던 자들에게는 흑암이 없으리로
다 옛적에는 여호와께서 스불론 땅과 납달리
땅이 멸시를 당하게 하셨더니 후에는 해변
길과 요단 저쪽 이방의 갈릴리를 영화롭게
하셨느니라
2 흑암에 행하던 백성이 큰 빛을 보고 사망의
그늘진 땅에 거주하던 자에게 빛이 비치도다
3 주께서 이 나라를 창성하게 하시며 그 즐거
움을 더하게 하셨으므로 추수하는 즐거움과
탈취물을 나눌 때의 즐거움 같이 그들이 주
앞에서 즐거워하오니
4 이는 그들이 무겁게 멘 멍에와 그들의 어깨
의 채찍과 그 압제자의 막대기를 주께서 꺾
으시되 미디안의 날과 같이 하셨음이니이다
5 어지러이 싸우는 군인들의 신과 피 묻은 겉
옷이 불에 섶 같이 살라지리니
6 이는 한 아기가 우리에게 났고 한 아들을 우
리에게 주신 바 되었는데 그의 어깨에는 정
사를 메었고 그의 이름은 기묘자라, 모사라,
전능하신 하나님이라, 영존하시는 아버지라,
평강의 왕이라 할 것임이라
7 그 정사와 평강의 더함이 무궁하며 또 다윗
의 왕좌와 그의 나라에 군림하여 그 나라를
굳게 세우고 지금 이후로 영원히 정의와 공
의로 그것을 보존하실 것이라 만군의 여호와
의 열심이 이를 이루시리라

원 의미

하나님의 방식보다 그들의 방식을 선택하며, 하나님보다 인간의 영광을 신뢰하는 이스라엘 민족은 스스로 어둠 속에 빠지고 말았다. 그들은 보호막에 거하며 불기둥과 구름 기둥으로 인도함을 받기보다는(4:5-6), 혼란과 어둠 속에서 그들이 의지하는 그 열방의 먹이가 된다. 그러나 하나님은 그들을 그곳에 내버려두시지 않는다. 하나님은 아시리아 정복이 시작된 바로 그곳에서 빛이 비칠 것임을 약속하신다. 이스라엘 백성은 이런 약속을 받을 만한 일을 하지 않았다. 그것은 오직 하나님의 은혜이다.

아시리아 정복은 "스불론"과 "납달리" 지역에서 시작되었다. 이 지역은 이스르엘 골짜기(Jezreel Valley)에서부터 헤르몬 산기슭 북방으로까지 뻗어 있었다. 이

지역의 주요 장소는 오늘날 훌레 골짜기(Huleh Valley)로 알려진 곳이다. 요단 강은 갈릴리 바다로 이동하기 전에 이 골짜기를 통과한다. 이곳은 풍부한 농경지역일 뿐만 아니라 메소포타미아와 이집트를 잇는 주요 무역 통로("바닷길")가 지나는 곳이었다. 그러므로 왜 이곳이 정복 대상의 제1순위였는지를 쉽게 알 수 있다. 그러나 하나님은 아시리아보다 더 위대하시며, 이 백성이 정복의 슬픔과 절망을 경험한 것처럼, 또한 승리의 기쁨과 환희를 경험할 거라고 약속하신다(9:3-5). 기드온이 이스르엘 골짜기에서 미디안을 물리쳤듯이(삿 7장), 하나님은 같은 장소에서 이스라엘의 대적들을 물리치실 것이다.

그러나 하나님은 어떻게 이런 위대한 위업을 이루실 것인가? 그것은 아이의 탄생을 통해서이다(9:6). 다른 여러 장에서와 마찬가지로, 세 번째 등장하는 이 아이의 출생은 놀라운 징조로 채워져 있다. 7:14에서 아이의 출생은 유다가 시리아와 북이스라엘에게서 구원받기 위해 아시리아를 신뢰할 필요가 없다는 징조였다. 이제 이 출생은 그 메시지를 또 다른 단계로 옮겨 준다. 하나님은 재난에서 궁극적인 승리를 가져다주실 것이다. 출생의 반복과 세 징조들의 의미에 나타난 밀접한 연관성은 이 징조들이 임마누엘을 나타내 준다는 것을 강조한다.[1] 마헬살랄하스바스는 그 징조의 가까운 성취였으며, 이 아이는 궁극적인 성취가 된다. 하나님은 이스라엘과 그 다윗의 가문에 그의 약속을 지키실 것이다(9:7).

그렇다면 이 아이는 누구인가? 주어진 그 칭호들은 이 아이가 히스기야와 같은 인간이 아님을 강력하게 주장한다. 북이스라엘 왕이나 유다 왕은 "전능하신 하나님"과 결코 동일시되지 않았다.[2] 분명 여기서 언급되는 이 사람은 다윗의 인간 후손들이 결코 성취하지 못한 공평과 의로 하나님의 백성을 다스릴 약속된 메시아이다.[3] 더욱이 이 메시아가 가져다줄 통치와 사회적, 인격적 통합("평강", *šalom*)[4]은 영원할 것이다(9:7). 이 메시아는 히스기야도 아니고 다윗의 다른 어떤 인간 자손도 아니다.

---

1. 이 징조와 임마누엘과의 연관성에 관한 더 많은 논의를 위해서는 Young, *Isaiah, 1-18*, 329-31을 보라.
2. 이 칭호에 대한 논의를 위해서는 Motyer, *The Prophecy of Isaiah*, 102-5를 보라.
3. 비록 차일즈(*Isaiah*, 80-81)는 이 단락이 원래 다른 역사적 맥락을 갖고 있다는 점을 인정하지만, 그 현재적 맥락 속에서 메시아적 방식으로 이해되어야 한다고 주장한다.
4. 영어의 "평화"(peace)라는 말은 샬롬(*šalom*)이라는 의미를 단지 부분적으로 반영해 줄 뿐이다. 이 단어는 분열된 것을 다시 이전의 상태로 돌려놓는 것과 관련이 있다. 그러므로 이 단어는 단지 적개심의 부재 상태보다 그 이상의 의미를 말해 준다. Philip J. Nel, "שלם," *NIDOTTE*, 4:130-35을 보라.

상황잇기

이 단락은 하나님의 성품과 목적, 임마누엘의 궁극적인 의미에 관한 몇 가지 중요한 것들을 가르친다. (1) 이 단락은 먼저 하나님의 은혜에 대해 가르친다. 만약 하나님이 어떤 인간이나 민족을 "낮추셨다면", 그렇게 하신 궁극적인 목적은 그들을 "영화롭게" 하기 위함이다(9:1). 하나님은 우리를 낮추신다. 이는 우리의 죄악을 고려해 볼 때 그것이야말로 그분이 우리를 일으킬 수 있는 유일한 길이기 때문이다. 하나님은 단지 멸망시키기를 원치 않으신다. 어떤 경우에는 그것이 최후의 결과가 된다. 그러나 하나님이 멸망을 원하시기 때문에 그런 것은 아니다. 하나님은 자신의 백성뿐만 아니라 모든 사람들을 위해(25:6-9) 빛, 기쁨, 풍요, 자유, 반목의 중단을 원하신다(9:2-5).

(2) 이 단락은 또한 메시아의 본질에 관한 몇 가지 놀라운 점들을 가르친다. 우리는 이사야가 하나님께 자신이 영감 받은 그 내용이 무엇을 의미하는지 물어보았을 것을 상상할 수 있다. 본문은 메시아가 아이로서 도래할 것이라고 우리에게 말한다. 하나님은 이 교만하고 잔혹한 세상의 억압과 반목에 대한 응답으로 대적을 깨뜨릴 무장된 용사로 오시지 않는다. 비록 여기서 그가 어떻게 도래하는지 소개되고 있지 않지만, 그는 백성의 "무겁게 멘 멍에"를 깨뜨려 버릴 것이며, 대적보다 더 큰 압제자가 되지 않을 것이다.

(3) 비록 본문은 이 메시아가 누구의 아들인지는 말하지 않지만, 그가 아들일 거라고 말한다. 그는 전능하신 하나님이 되시겠지만 다윗의 보좌에서 다스릴 것이다. 비록 다윗의 보좌가 예루살렘에 있지만, 그의 빛은 갈릴리에서 비칠 것이다(참조. 마 4:14-16). 초월하신 자 곧 만군의 주님이 이 세상 일에 적극적으로 개입하셔서("열심", zeal) 이 일을 이루실 것이기 때문에, 이것은 우연한 사건이 될 수 없다. 종합하면 이와 같은 (메시아의 도래와 관련된) 다양한 표현들은 해명이 불가능해 보인다. 그러나 이 표현들은 해명되었으며 우리는 어떻게 해명되었는지를 알고 있다.

현대적 의미

이 단락에서 "하나님이 우리와 함께하심"은 신학과 역사적 사실에 근거를 두고 있다. 만약 하나님이 귀신이나 괴물이라면, 하나님이 우리의 삶 속에 함께하신다는 말은 끝없는 공포를 자아낼 것이다. 하나님이 괴물이 아닌, 단지 무자비한 공의의 하나님이셨더라도, 만약 우리가 실수나 잘못이나 죄를 범치 않고 살아갈 수 없다면, 그의 임재는 우리에게 복이 되지 못할 것이다. 그러나 복음은, 우리와 함께하시는 하나님이 우리의 어둠을 빛으로, 우리의 갈등을 샬롬으로, 우리의 상실을 풍요로, 우리의 절망을 기쁨으로 바꾸시기 원하신다는 것을 말하고 있다. 뜨거운 열망을 품고 하늘 천사들의 선두에 좌정하신 그분은 모든 사람들에게 좋은 일을 하시고자 열망하신다. 만약 이와 같은 하나님이 우리와 함께하신다면, 그것은 영원토록 좋은 소식이다.

그러나 그분은 어떻게 우리와 함께하실 수 있는가? 만약 그가 초월하신 분이라면, 그가 도덕적으로 완전하시다면, 그가 무한하시다면, 그가 영원하시다면, 어떻게 그분이 피조물이며 죄를 지으며 유한하며 죽을 수밖에 없는 우리들과 함께하실 수 있는가? 분명 그분은 단지 비유적 방식으로 우리와 함께하실 수 있을 것이다. 왜냐하면 넘어야 할 장애물이 너무 커서 도저히 그 장애물을 넘을 수 없기 때문이다. 만약 이것이 그 표현("하나님이 우리와 함께하신다"는 표현)의 의미라면, 그것은 매우 공허한 것이다. 그러나 이 단락은 역사상 가장 놀라운 사건의 무대를 마련해 준다. 초월자가 피조물이 되며, 도덕적으로 완전하신 분이 죄인과 같은 경험을 하고,[5] 무한하신 분이 유한한 자가 되며, 불멸하신 분이 죽음을 경험한다.[6] 그분은 우리와 함께하신다!

동정녀의 몸에서 태어난 그 "아기"는 다윗의 자손이다. 그러나 그분은 또한 하나님의 아들이다. 대부분 그분의 사역은 갈릴리에서 이루어졌지만, 예루살렘의 십자가 위에 "좌정하셨다." 그분은 스스로 이 세상의 죄와 억압, 공포와 비극을 짊어지심으로써, 의와 자유, 희망과 성취를 다시 가져다주셨다. 실제로 표면상 모순처럼 보이는 9:1-7의 표현은 예수 그리스도를 통해 설명될 수 있으며, 그 외 다른 설명 방식을 생각하기란 어려운 일이다. 이 성경 단락의 현대적 의의는 다음과 같다. 우리는 아기 왕이 우리를 통치하시도록 허락해 왔는가? 오직 우리가 그분의 통치를 받는다면, 우리는 임마누엘("하나님이 우리와 함께하심")의 은택을 깨달을 수 있을 것이다. 우리는 빛, 영광, 즐거움, 풍요, 연합을 이룰 수 없다. 이런 것들은 하나님이 다른 어떤 방식으로든 우리에게 제공해 주실 것이다.

---

5. 나는 그가 죄를 범했음을 의미하지 않는다. 신약은 그가 죄를 범하지 않았음을 분명히 밝힌다(고후 5:21; 히 4:15). 그러나 객체가 아닌(not objectively) 주체로서(subjectively) 그는 범죄한 자의 경험을 친히 담당하셨다(사 53:6; 막 15:33).
6. 그리스도의 죽음을 "사망의 그늘진 땅"과 연결하려는 충동을 받지만(9:2), 히브리어 *salmawet*는 죽음에 대한 직접적인 의미를 거의 함축하지 않는 것 같다(참고로 NIV는 "어둠의 땅"이라고 번역한다. 또 James D. Price, "צלל," *NIDOTTE*, 3:809을 보라).

이사야 9:8-10:4

8 주께서 야곱에게 말씀을 보내시며 그것을 이
스라엘에게 임하게 하셨은즉
9 모든 백성 곧 에브라임과 사마리아 주민이
알 것이어늘 그들이 교만하고 완악한 마음으
로 말하기를
10 벽돌이 무너졌으나 우리는 다듬은 돌로 쌓고
뽕나무들이 찍혔으나 우리는 백향목으로 그
것을 대신하리라 하는도다
11 그러므로 여호와께서 르신의 대적들을 일으
켜 그를 치게 하시며 그의 원수들을 격동시
키시리니
12 앞에는 아람 사람이요 뒤에는 블레셋 사람이
라 그들이 모두 입을 벌려 이스라엘을 삼키
리라 그럴지라도 여호와의 진노가 돌아서지
아니하며 그의 손이 여전히 펴져 있으리라
13 그리하여도 그 백성이 자기들을 치시는 이에
게로 돌아오지 아니하며 만군의 여호와를 찾
지 아니하도다
14 그러므로 여호와께서 하루 사이에 이스라엘
중에서 머리와 꼬리와 종려나무 가지와 갈대
를 끊으시리니
15 그 머리는 곧 장로와 존귀한 자요 그 꼬리는
곧 거짓말을 가르치는 선지자라
16 백성을 인도하는 자가 그들을 미혹하니 인도
를 받는 자들이 멸망을 당하는도다
17 이 백성이 모두 경건하지 아니하며 악을 행
하며 모든 입으로 망령되이 말하니 그러므로
주께서 그들의 장정들을 기뻐하지 아니하시
며 그들의 고아와 과부를 긍휼히 여기지 아
니하시리라 그럴지라도 여호와의 진노가 돌
아서지 아니하며 그의 손이 여전히 펴져 있
으리라
18 대저 악행은 불 타오르는 것 같으니 곧 찔레
와 가시를 삼키며 빽빽한 수풀을 살라 연기
가 위로 올라가게 함과 같은 것이라
19 만군의 여호와의 진노로 말미암아 이 땅이
불타리니 백성은 불에 섶과 같을 것이라 사
람이 자기의 형제를 아끼지 아니하며
20 오른쪽으로 움킬지라도 주리고 왼쪽으로 먹
을지라도 배부르지 못하여 각각 자기 팔의
고기를 먹을 것이며
21 므낫세는 에브라임을, 에브라임은 므낫세
를 먹을 것이요 또 그들이 합하여 유다를
치리라 그럴지라도 여호와의 진노가 돌아
서지 아니하며 그의 손이 여전히 펴져 있으
리라

10:1 불의한 법령을 만들며 불의한 말을 기록
하며
2 가난한 자를 불공평하게 판결하여 가난한
내 백성의 권리를 박탈하며 과부에게 토색
하고 고아의 것을 약탈하는 자는 화 있을
진저
3 벌하시는 날과 멀리서 오는 환난 때에 너희
가 어떻게 하려느냐 누구에게로 도망하여
도움을 구하겠으며 너희의 영화를 어느 곳
에 두려느냐
4 포로 된 자 아래에 구푸리며 죽임을 당한 자
아래에 엎드러질 따름이니라 그럴지라도 여
호와의 진노가 돌아서지 아니하며 그의 손
이 여전히 펴져 있으리라

원 의미

소위 "임마누엘의 책"이라 불리는 부분은 9:7과 함께 마무리되지만, 신뢰를 거절한 아하스에 대한 신학적 반추는 끝나지 않는다. 1-5장 전체에 나타나듯이, 이사야는 그의 청중을 향해 아름다운 미래의 약속에서 돌아와 더 냉혹한 현재의 실재를 바라보도록 촉구한다. 여기서 이사야는 유다 백성에게 아시리아가 아닌, 이스라엘의 거룩한 자를 의지해야 함을 상기시키려고 애쓰고 있다. 아시리아는 유다의 마지막 운명을 결정하지 못할 것이다. 오히려 여호와께서 그렇게 하실 것이다. 그러므로 그들은 반드시 그분과의 관계에 관심을 기울여야 한다.

선지자는 9:8-10:4에서 이러한 논점을 처음으로 피력한다. 여기서 이사야는 유다 백성의 재난이 아시리아의 강대함 때문이 아니라, 그들에게 임한 하나님의 심판의 손길 때문에 발생한다는 것을 유다 백성에게 지적한다. 또 이것은 아시리아의 임무가 끝날 것이며, 하나님의 손이 지나친 교만에 사로잡힌 아시리아를 대적하실 것임을 의미하기도 한다(10:5-34). 선지자는 역사 가운데 하나님이 주이심을 강조하면서 역사의 종말에 일어날 사건들, 즉 메시아 왕국에 대한 논의로 방향을 돌린다(11:1-16). 그후 12장에서 아름다운 두 찬양시가 뒤따라오며, 이 두 찬양시는 신뢰받기에 합당하신 하나님에 대한 찬양으로 끝을 맺는다.

9:8-10:4은 네 연(stanzas)으로 이루어진다. 각각의 연은 이미 5:25에서 본 그 반복구로 끝을 맺는다—"그럴지라도 여호와의 노가 쉬지 아니하며 그 손이 여전히 펴지리라."[1] 아시리아의 진노가 아닌, 여호와의 진노에 대처해야 한다. 1장에서와 마찬가지로, 하나님이 이스라엘을 향해 제기하는 네 죄목들은 윤리적 행위와 그 배경이 되는 언약과 관련이 있다.

첫째 죄목(9:8-12)은 교만이다. 이스라엘 백성은 그들의 언약의 주님께 겸손히 순종하기보다는, 오히려 자신을 높이고자 한다. 2:6-4:1에서와 같이 그들은 결과적으로 굴욕을 당할 것이다. 둘째 죄목(9:13-17)은 주님께 다시 돌아가는 대신, 위대한 사람들에게 아첨하는 행위이다. 그러므로 온 민족은 고통을 당할 것이다. 셋째 죄목(9:18-21)은 형제애의 결핍이다. 언약의 주님을 저버린 여러 지파들은 서로 학살하는데, 이는 사사기의 마지막 세 장을 연상케 한다. 마지막 죄목(10:1-4)

---

1. 비평학자들은 9:8-10:4과 5장의 몇몇 부분들이 원래 동일한 시에서 비롯되었음을 입증하고자 시도해 왔다. 그러나 Motyer가 설득력 있게 지적하다시피, 지금까지 제시된 수많은 제안들 가운데 합의점이 이루어지지 않고 있다(*Prophecy of Isaiah*, 112). 한 작가가 그가 선호하는 주제를 다른 방식으로 그리고 다른 장소에서 사용했다고 보는 것이 가장 바람직한 듯하다.

은 모든 사람들이 자신만을 추구하는 사회 속에서 나타나는, 피할 수 없는 사회적 불의를 묘사하고 있다.

아시리아의 침략은 이런 이유로 일어난다. 이런 죄악들을 고치면 역사는 바뀔 것이다. 그러나 그렇게 하지 못하면, 비록 아시리아가 더는 역사의 무대에 서지 못한다 할지라도, 하나님은 그의 백성에게 또 다른 심판을 허락하실 것이다.

교만(9:8-12)

이 첫째 죄목은 특히 북이스라엘 왕국에 집중되고 있다. 그 당시 북이스라엘 왕국은 10년 정도 남은 마지막 운명을 다하고 있었다. 그렇지만 이 북이스라엘 백성은 절망적인 현실을 직시하지 못한 채 자신들이 현재의 어려움에서 벗어날 수 있다고 주장한다. 회개와 자백과 겸손한 죄의 고백을 요청한 아모스와 호세아의 메시지는 닫힌 귓가에 떨어질 뿐이었다. 북이스라엘의 옛 언약의 주, 여호와는 "르신의 대적"(아시리아인)과 이스라엘의 옛 동맹국 "아람 사람"(시리아인)과 이스라엘의 영원한 원수인 블레셋을 불러서 북이스라엘을 공격하게 하실 것이다.

"그 손은 여전히 펴지리라"는 표현은 둘 중 하나의 방식으로 이해될 수 있다. 이것은 재판관이 심판을 집행하기 위해 손을 드는 재판 장면을 상징해 줄 수도 있다. 그러나 고대 근동 지역에서(분명 이집트에서 시작된 것 같다), 왕이 높이 든 손에 철퇴를 쥐고 있는 것은 일반적으로 그의 원수들을 쳐부순다는 것을 나타냈다. 여기서 이 표현은 이러한 의도에 더 부합되고 있는 것 같다. 이스라엘(과 유다)은 하나님의 원수가 되었다(참조. 1:24).

고위 지도자들을 높임(9:13-17)

영광의 참근원이 되시는 하나님이 버림받으시면, 그 자리는 당연히 인간 지도자들로 대체된다. 이 지도자들은 어떻게 해서든 초인적인 것들을 이루어 낼 수 있는 자들로 칭송을 받는다. 그러나 너무 많은 요구로 말미암아 그들은 불가피하게 실패하고 만다. 하나님은 3장을 연상케 하는 표현을 통해 그와 같은 이스라엘과 유다의 거짓 지도자들을 멸하실 거라고 말씀하신다. "머리와 꼬리…종려가지와 갈대"라는 표현은 19:15에도 등장하는데, 여기서 이 표현은 이집트의 지도자들을 가리킨다. 이것은 '앞에서 뒤로, 위에서 아래로'라는 말과 같이, 전체(totality)를 말하는 격언적 표현 방식이었을 것이다.

이 지도자들이 누구인지, 그들이 사회적 정치적 지도자들인지 아니면 영적인 지도자들인지는 중요치 않다(9:15). 그들은 모두 전멸될 것이다. 그들의 지도력이 그 땅을 심히 타락케 하여, 힘 있는 자("장정")건 힘없는 자("고아와 과부")건 간에 어느 누구도 하나님의 특별한 은혜를 요구할 만한 처지에 있지 못할 것이다.

형제애의 결핍(9:18-21)

선행 연에서와 마찬가지로, 이 연에서도 주님의 진노는 진행 중인 특별한 죄로 멸망을 가속화한다. 여기서 죄로 말미암은 사회 구조의 붕괴는 그 땅을 불태우며(9:18), 하나님의 의로운 심판은 불붙는 이물질에 불길을 더 일으킨다(9:19). 조공을 요구하는 아시리아의 엄청난 압력이 더욱더 커질 때, 모든 사람들은 목숨을 건지려고 서로 앞을 다투어 빼앗는다. 만약 이웃이나 형제를 약탈해야 한다면, 그렇게 할 수밖에 없다.

마침내 마지막 포위 공격이 시작될 때, 자식("자기 팔")을 먹는다는 것은 더는 비유가 아닌 문자 그대로 끔찍한 사실이 된다(9:20). 자신이 스스로 다스리는 세상에서는 아무도 안전하지 못하다. 북이스라엘 왕국에서 가장 유력한 두 지파는 에브라임과 므낫세였다. 여기서 그들은 서로 파괴하며, 그런 와중에도 베가처럼(7:1) 남쪽의 형제 지파인 유다를 공격한다(9:21).

사회적 불의(10:1-4)

인간의 교만, 인간 지도자들에 대한 칭송, 다양한 사회적 요인으로 상호 파괴가 난무하는 세상에서, 사회적 공의는 그 공의를 보장받을 수 없는 약자와 빈자와 함께 점점 더 중요치 않는 요소가 된다. 이것이야말로 마지막 연에서 묘사되고 있는 바이다. 가난한 자들을 억압하고 자신을 부요케 하려고 의도적으로 법률을 사용하는 자들에게, 하나님의 특별한 진노가 마련되어 있다(10:1-2). 그러나 하나님은 대적이 쳐들어올 때 모든 영화(riches)가 아무런 도움도 되지 못할 거라고 말씀하신다. "영화"가 부자들을 포로에서 구원해 줄 수 없을 것이다.

상황잇기

교만. 인간의 교만의 문제는 계속되고 있다. 교만은 인간의 죄 가운데 가장 깊고 심각한 것이다. 교만은 우월감을 지닌 자들의 문제일 뿐 아니라 낮은 자존감(low self-esteem)을 지닌 자들의 문제이기도 하다. 실제로 낮은 자존감을 지닌 자들의 경우에, 그것은 더 심각한 문제가 될 수도 있다. 자신을 좋게 보려고 지나치게 집착하는 자기몰두(self-absorption)는 거만한 눈으로 다른 사람을 무시하는 것보다 더 심각한 문제가 된다.

이런 문제는 바로 이 단락에서 발견할 수 있다. 이스라엘은 심각한 재난에 빠져 있다. 그들은 많은 영토를 이미 잃어버렸다. 그들은 상당한 파멸을 경험하였다. 그러나 자신을 좋게 바라보는 그들은 "회복될 수 있다"고 스스로 안심시킨다. 이것은 백성들로 하여금 자신의 현재를 평가하고 겸손히 하나님께 돌이켜 그분의 도움과 힘과 지도를 받지 못하도록 방해하는 교만이다.

지도자들을 칭송함. 9:13-17은 백성들이, 하나님이 주이심을 인정하지 못할 때 일어나는 정치적 사회적 삶의 결과들에 대해 다루고 있다. 그들은 오직 하나님만이 제공해 줄 수 있는 안전과 삶의 의미를 지도자들이 제공해 줄 거라 기대한다. 더욱이 이 지도자들은 백성들의 칭송을 믿는다. 그러므로 지도자들은 대중이 좋아하지 않는 필요한 말보다는, 그들이 듣기 원하는 것만을 말하면서 자신의 입지와 권력을 챙긴다.

이기심. 하나님을 인정하지 않음으로 말미암는 더 큰 결과는 참혹한 이기심이 낳은 사회적 붕괴이다(9:18-21). 개개인이 자신의 이익을 챙길 때, 그들은 그 이익을 친척이든 아니든 간에 자신의 인척관계와 먼저 연결시킨다. 그리하여 인척 관계자들은 가장 중요한 모든 백성들의 이익에는 더 관심을 두지 않는다. 오히려 그들은 이익을 더욱 제한적인 관점으로 이해한다. 즉 그들에게 이익은 그들이 원하는 것으로 제한된다. 더 넓은 하나님의 관점에서 보지 못하고 다른 모든 계층들을, 가능한 축소되어야 할 위협적인 존재로 본다.

사회적 불의. 결국 개인의 이익을 위한 사회적 불의는 자신을 망가뜨리는 일이다. 성취된 이익들은 단지 일시적일 뿐이며, 그 이익을 취한 자들은 곧 빼앗기게 될 것이다. 왜 그런가? 이는 하나님이 재정적 후원을 할 수 있느냐에 따라 가치를 평가하는 것이 아니라, 사람 그 자체로 가치를 평가하시기 때문이다. 사람들은 단지 탁자 위에 있는 계산기가 아니다. 그리고 이런 방식으로 사람을 이용하려는 시도는 하나님이 창조하신 그 실재에 반(反)하는 것이다. 분명, 사회의 약자나 다소 불행한 자들을 탄압하며 수년 동안 그들에게 이익을 취하는 것은 가능할는지 모른다. 어쨌든 예루살렘의 함락은 이 메시지가 선포된 지 125년이 더 지나도 발생하지 않았다. 그럼에도 이 단락에 따르면 조만간 심판이 임할 것이다.

현대적 의미

하나님의 진노. 우리가 하나님의 진노에 대해 생각할 때, 몇 가지 사항들을 피해야 한다. (1) 우리는 다음과 같은 생각을 피해야 한다—"오! 그것은 단지 구약의 이해일 뿐입니다. 우리는 이제 더 나은 것을 알고 있지요. 예수님 이래로 우리는 하나님이 실로 사랑의 하나님이심을 알고 있습니다." ⓐ 이런 생각은 교회가 구약의 권위를 주장할 때, 그것은 구약이 신약과 동일하게 영감 받았음을 증거해 준다는 사실을 깨닫지 못한 것이다. ⓑ 하나님의 진노와 사랑은 구약과 신약에서 모두 발견된다. 예수님 그분도 특별히 몇 가지 경우에 몹시 진노하셨다. ⓒ 우리가 만약 하나님이 긍정적인 방식을 통해 그의 피조물과 적극적인 관계를 맺는다는 점을 인정하며 그것을 사랑이라고 부른다면, 우리는 하나님이 "진노"로 알려진 부정적인 방식을 통해 똑같이 피조물에 적극적으로 개입하신다는 점을 인정해야 한다. 이 두 용어는 같은 현상의 두 측면을 보여 준다.

(2) 우리는 우리가 고통당할 때마다 하나님이 우리에게 진노하고 계신다는 생각을 피해야 한다. 만약 만취한 운전자가 곁길로 벗어나 내 아이를 치어 죽인다면, 그것은 하나님이 나에게 진노하고 계신다는 신호가 아니다.

(3) 끝으로 우리는 성경에 나타난 하나님의 진노가 단순히 인과법칙의 본질—이것은 우리가 예상하는 불쾌한 결과들과 흡사한 것이다—을 보여 주는 은유에 불과하다는 생각도 피해야 한다. 가령 중력을 취하면 그 힘만큼 떨어지는 것이 법칙이다. 당신이 23층 빌딩에서 뛰어내려 땅에 떨어진 것은, 그 땅이 당신에게 진노하기 때문이 아니다. 하나님의 진노를 단지 이와 같은 인과법칙으로 축소하려는 시도의 문제점은 하나님을 그 피조물과 맺은 인격적인 관계—이런 관계는 성경적 체험의 매우 중요한 핵심이 된다—에서 배제한다는 점이다.

진리는 위에 언급한 세 의견 중 각각 어떤 부분들을 포함한다. 하나님의 사랑과 하나님의 진노는 차이가 있다. 하나님은 사랑이시다. 그리고 그는 진노하시는 분이다. 즉 하나님의 사랑은 그분 존재 자체의 일부분이다. 그러므로 하나님은 즉시 노여워하시는 폭군이 아니다. 구약의 하나님에 대한 일관된 묘사에 따르면, 하나님은 자비가 충만하시며 노하기를 더디하시는 분이다(출 34:6; 민 14:18; 느 9:17;

시 86:15 등). 동시에 하나님은 마치 선하고 충실한 아버지가 그의 자녀들이 한 일에 대해 지극히 깊히 염려하듯이, 우리가 한 일에 대해 심히 염려하시는 분이다. 그러므로 하나님은 백성들이 자신의 잠재력을 파괴하고 주변 사람들의 존재(personhood)를 모독할 때 분명 진노하신다.

더욱이 어떤 면에서 영적인 세계는 마치 물리적 세계와 같다. 우리가 지음 받은 그 방식과 완전히 부합하는 분명한 행동들이 있다. 그런 행동들은 풍요와 만족으로 인도할 것이다. 그리고 파멸로 이끄는 다른 행동들도 있다. 만약 우리가 의식적으로든 무의식적으로든 그런 파멸의 행동들을 선택할 때, 끔직한 결과들이 나타난다. 그것은 어떤 변덕스러운 괴물 신이 "나는 너희들을 죽여 버릴 테야!"라고 말했기 때문이 아니라, 단지 우리가 피조물의 한계를 침범했기 때문이다.

그렇다면 하나님은 진노하시는가? 그렇다. 하나님은 진노하신다. 그러나 그의 진노는 타락한 인간의 자기중심적인 진노가 아니다. 그것은 하급 종속자들에게 자유를 허락지 않는 오만한 천상의 왕의 불같은 노여움이 아니다. 그것은 자신의 예술품을 지켜보던 한 예술가가 자신의 원래의 꿈이 무너지고 그 창조물의 본질이 파괴될 때 나타내는 애끓는 반응이다.

자존심과 교만. '그리 나쁘지 않는 자존심'과 교만 혹은 '건전한 자부심'과 허영심을 구별하는 한계선은 어디인가? 그 대답은 믿을 수 없을 만큼 간단하다. 그것은 "자존심" 혹은 "자부심"이 어디에 근거하고 있는지에 달려 있다. 현대 사회의 제안처럼 자신을 우리 세계의 중심에 올려놓는다면, 그것은 치명적인 것이다. 그런 시도는 교만이나 자만과 다를 바 없다. 왜냐하면 우리는 자신을 존재의 근거로 삼으려 하기 때문이며, 그런 시도는 하나님이 만드신 이 세상에서는 불가능하기 때문이다. "나는 중요한 사람이야. 왜냐하면 내가 그렇게 말하기 때문이지."라고 말하는 것은 우스꽝스러운 일이다.

"나는 할 수 있다고 생각해, 나는 할 수 있다고 생각해"라고 말하는 것은 무엇을 할 수 있는 능력을 창조해 내지 못한다. 우리 자신은 완전하지 않다. 오직 우리를 하나님의 사랑에 맡기며, 평강의 왕이 우리를 위해 자신의 생명과 죽음을 바칠 만큼 우리 자신이 가치 있음을 깨닫게 될 때, 우리는 실로 자신이 얼마나 가치 있는 존재인지를 발견하게 될 것이다. 오직 우리가 우리 속에 선한 것이 없음을 인정할 때(롬 7:18), 우리는 다음과 같이 말하도록 이끄는 내면적 원천을 깨닫게 될 것이다. "내게 능력 주시는 자 안에서 내가 모든 것을 할 수 있느니라"(빌 4:13).

지도자들에 대한 주의. 만약 지도자들이 하나님을 의존해야 함을 계속 인정하지 않는다면, 흉악한 성향이 드러나게 된다. 지도자들은 타락한 인간들이 추켜세우는 아부를 믿을 것이다. 그리하여 그들은 자신이 탁월한 능력을 행사할 수 있는 위치에 서 있다고 믿기 시작할 것이다. 곧바로 그들은 백성을 위해 다스리는 것이 아니라, 자신을 위해 다스린다. 그들의 행위들은 어떻게 자신의 권력을 최대한 유지할 것인지에 맞춰진다. 그들은 자신의 권력에 위험이 될 만한 올바른 태도는 취하려 하지 않는다. 오히려 그들은 군중 앞에서 백성들이 어디로 가야 하는지를 결정함으로써 대중의 여론에 따라 통치한다. 그 결과 지도자들은 백성을 "미혹케" 하며, 그들의 인도를 받는 자들은 "멸망을 당한다"(참조. 9:16).

사랑. 요한복음 13:35에 나오는 예수님의 말씀은 그 충격적인 효력을 발휘하고 있다. 예수의 제자임을 보여 주는 뚜렷한 표지는 무엇인가? 그것은 건전한 교리, 복음주의적 열정 혹은 기쁨으로 드리는 예배인가? 아니다. 그 어느 것도 제자의 표지는 아니다. "너희가 서로 사랑하면 이로써 모든 사람이 너희가 내 제자인 줄 알리라." 제자도의 뚜렷한 표지는 서로 사랑하는 것이다. 모든 신약 기자들은 이런 가르침을 선택하고 있다—바울("너희가 친히 하나님의 가르침을 받아 서로 사랑함이라", 살전 4:9), 요한("사랑하는 자들아 우리가 서로 사랑하자 사랑은 하나님께 속한 것이니", 요일 4:7), 베드로("형제를 사랑하며", 벧전 2:17).

부정적으로 말하면, 바울은 여기 이사야의 경고와 다를 바 없는 메시지를 전한다. "만일 서로 물고 먹으면 피차 멸망할까 조심하라"(갈 5:15). 예수 그리스도의 교회에 관한 믿기 어려운 일들 가운데 하나는 "교회의 싸움"이다. 이것은 격론의 불일치가 결코 옳지 않음을 말하는 것이 아니다. 이단이 퍼질 때, 진리를 위해 반드시 싸워야 한다. 선지자들 자신이 이에 대한 증거가 된다. 그러나 슬프게도 대부분의 "교회의 싸움"은 성경의 신앙과 아무런 관련이 없다. 그 싸움은 스타일, 장식, 습관과 관련된 이슈에 대해 "내 방식 외에 다른 방식은 없다"는 식의 태도와 종종 연관성이 있다. 이런 태도는 내 의지를 그리스도께 의탁하지 못함을 명백히 보여 준다. 그리스도께서 우리를 사랑하듯이 서로 사랑하는 것은, 당신을 위해 내 방식을 십자가에 못 박는 것이다. 그 외에 "서로 물고 먹는 것"을 피할 수 있는 다른 방도는 없다.

사회적 불의. 우리 가운데 많은 이들이 사회적 불의를 대할 때 직면하는 문제들 가운데 하나는, 우리가 그런 불의에 직접 개입되어 있음을 인식하지 못한다는 데 있다. 우리는 과부의 저당물을 잡아 처분하지는 않는다. 우리는 고아들에게 임금도 주지 않고 일을 시키지는 않는다. 우리는 하찮은 원고의 고소를 무마시키기 위해 악덕 변호사에게 뇌물을 받지 않는다. 그렇다면 우리는 10:4과 같은 본문에 대해 어떻게 반응해야 하는가?

(1) 첫째, 우리는 우리보다 더 약한 자들을 억압해서는 안 된다는 점을 명심해야 한다. 나의 학생들에게는 어떠한가? 나는 교수로서 그들보다 더 힘 있는 자리에 있다. 어떤 면에서 나는 나 자신의 이익을 위해 그들을 이용하고 있지는 않는가? 집안일에 대해서는 어떠한가? 나는 집안의 잔디를 깎거나 청소하거나 아이를 돌봐 주는 사람들의 임금을 착취하지는 않는가? 나는 관대한 편인가? 직장에서 내가 관리하는 직원들에 대해서는 어떠한가? 그들은 나 때문에 유익을 얻는다고 느끼는가? (2) 나는 억압으로 이익을 취하는 기관들에 연루되어 있지 않는가? 잘못된 최저 임금의 기준은 무엇인가? (3) 긍정적인 관점에서 볼 때, 우리 각자는 우리가 사는 곳의 불의를 알리기 위해 무엇을 할 수 있는지를 물어볼 필요가 있다. 그것으로는 충분치 못할는지 모른다. 하지만 그것으로도 어떤 의미가 있을 것이다. 없는 것보다는 낫지 않겠는가!

이사야 10:5-34

5 앗수르 사람은 화 있을진저 그는 내 진노의
막대기요 그 손의 몽둥이는 내 분노라
6 내가 그를 보내어 경건하지 아니한 나라를 치
게 하며 내가 그에게 명령하여 나를 노하게 한
백성을 쳐서 탈취하며 노략하게 하며 또 그들
을 길거리의 진흙 같이 짓밟게 하려 하거니와
7 그의 뜻은 이같지 아니하며 그의 마음의 생
각도 이같지 아니하고 다만 그의 마음은 허
다한 나라를 파괴하며 멸절하려 하는도다
8 그가 이르기를 내 고관들은 다 왕들이 아니냐
9 갈로는 갈그미스와 같지 아니하며 하맛은 아
르밧과 같지 아니하며 사마리아는 다메섹과
같지 아니하냐
10 내 손이 이미 우상을 섬기는 나라들에 미쳤
나니 그들이 조각한 신상들이 예루살렘과 사
마리아의 신상들보다 뛰어났느니라
11 내가 사마리아와 그의 우상들에게 행함 같이
예루살렘과 그의 우상들에게 행하지 못하겠
느냐 하는도다
12 그러므로 주께서 주의 일을 시온 산과 예루
살렘에 다 행하신 후에 앗수르 왕의 완악한
마음의 열매와 높은 눈의 자랑을 벌하시리라
13 그의 말에 나는 내 손의 힘과 내 지혜로 이
일을 행하였나니 나는 총명한 자라 열국의
경계선을 걷어치웠고 그들의 재물을 약탈하
였으며 또 용감한 자처럼 위에 거주한 자들
을 낮추었으며
14 내 손으로 열국의 재물을 얻은 것은 새의 보
금자리를 얻음 같고 온 세계를 얻은 것은 내
버린 알을 주움 같았으나 날개를 치거나 입
을 벌리거나 지저귀는 것이 하나도 없었다
하는도다
15 도끼가 어찌 찍는 자에게 스스로 자랑하겠으
며 톱이 어찌 켜는 자에게 스스로 큰 체하겠
느냐 이는 막대기가 자기를 드는 자를 움직
이려 하며 몽둥이가 나무 아닌 사람을 들려
함과 같음이로다
16 그러므로 주 만군의 여호와께서 살진 자를
파리하게 하시며 그의 영화 아래에 불이 붙
는 것 같이 맹렬히 타게 하실 것이라
17 이스라엘의 빛은 불이 되고 그의 거룩하신
이는 불꽃이 되실 것이니라 하루 사이에 그
의 가시와 찔레가 소멸되며
18 그의 숲과 기름진 밭의 영광이 전부 소멸되
리니 병자가 점점 쇠약하여 감 같을 것이라
19 그의 숲에 남은 나무의 수가 희소하여 아이
라도 능히 계수할 수 있으리라
20 그날에 이스라엘의 남은 자와 야곱 족속의
피난한 자들이 다시는 자기를 친 자를 의지
하지 아니하고 이스라엘의 거룩하신 이 여호
와를 진실하게 의지하리니
21 남은 자 곧 야곱의 남은 자가 능하신 하나님
께로 돌아올 것이라
22 이스라엘이여 네 백성이 바다의 모래 같을지
라도 남은 자만 돌아오리니 넘치는 공의로
파멸이 작정되었음이라
23 이미 작정된 파멸을 주 만군의 여호와께서
온 세계 중에 끝까지 행하시리라
24 그러므로 주 만군의 여호와께서 이르시되 시
온에 거주하는 내 백성들아 앗수르가 애굽이
한 것처럼 막대기로 너를 때리며 몽둥이를
들어 너를 칠지라도 그를 두려워하지 말라
25 내가 오래지 아니하여 네게는 분을 그치고
그들은 내 진노로 멸하리라 하시도다

26 만군의 여호와께서 채찍을 들어 그를 치시되
오렙 바위에서 미디안을 쳐죽이신 것 같이
하실 것이며 막대기를 드시되 바다를 향하여
애굽에서 하신 것 같이 하실 것이라
27 그날에 그의 무거운 짐이 네 어깨에서 떠나
고 그의 멍에가 네 목에서 벗어지되 기름진
까닭에 멍에가 부러지리라
28 그가 아얏에 이르러 미그론을 지나 믹마스에
그의 장비를 두고
29 산을 넘어 게바에서 유숙하매 라마는 떨고
사울의 기브아는 도망하도다
30 딸 갈림아 큰 소리로 외칠지어다 라이사야
자세히 들을지어다 가련하다 너 아나돗이여
31 맛메나는 피난하며 게빔 주민은 도망하도다
32 아직 이날에 그가 놉에서 쉬고 딸 시온 산 곧
예루살렘 산을 향하여 그 손을 흔들리로다
33 보라 주 만군의 여호와께서 혁혁한 위력으로
그 가지를 꺾으시리니 그 장대한 자가 찍힐
것이요 그 높은 자가 낮아질 것이며
34 쇠로 그 빽빽한 숲을 베시리니 레바논이 권
능 있는 자에게 베임을 당하리라

원 의미

만약 이스라엘 백성이 열방이 아닌 주님과 관계를 맺어야 한다는 것을 인식한다면, 그들의 운명이 열방과의 관계가 아닌 언약의 순종으로 결정된다는 것을 깨닫는다면, 하나님은 열방 가운데 버리신 그들을 열방에서 구원하실 것이다. 이 단락은 다채로운 효과를 통해 이 같은 논점을 제시하고 있다.

사회적 불의를 다루는 선행 연 10:1-4은 "아이고!"(woe!)라는 장례식의 탄식으로 시작한 바 있다. 5절은 같은 단어로 시작하지만 이스라엘과 유다의 죄를 심판하기 위해 하나님이 사용하신 도구 곧 아시리아로 관심을 돌린다. 이것은 다음과 같은 두 가지 사실을 보여 주고자 하시는 하나님의 방식이다. (1) 아시리아를 이용하는 약속된 멸망은 일시적일 뿐 영원하지 않다. 하나님은 아시리아로 하여금 그의 백성을 함부로 다루게 하셔서 파멸시키시지는 않을 것이다. (2) 아시리아는 스스로 일하지는 않을 것이다. 아시리아는 그렇게 생각할는지 모르지만 그렇지 않다. 대아시리아 제국은 단지 하나님의 허용 아래 일할 뿐이다. 아시리아는 단지 하나님의 목적을 이룰 뿐이다. 만약 그 목적이 이루어진다면, 아시리아는 다른 여느 민족처럼 동일한 도덕적 판단을 받을 것이다. 이는 아시리아가 하나님의 도구였다는 것이 창조주에 대한 책임을 다하지 않고도 살 수 있음을 의미하는 것은 아니기 때문이다. 실제로 그들은 자신의 존재가 그들의 손으로 지은 작품이라고 주장하면서 그 책임을 부인한다. 그러므로 그들은 하나님의 피조 세계에 치명적인 영향을 끼친, 피조물의 교만을 보여 주는 또 다른 모습이라고 할 수 있다(2:6-4:1; 13-14절을 보라).

아시리아를 향한 메시지(10:5-19)

아시리아는 하나님의 높이 든 손에(9:12, 17, 21; 10:4) 쥐여 있는 "막대기"이며, "한(불경건한, godless)[1] 나라"를 심판하기 위해 올림을 받는다. 유다와 이스라엘을 하나님의 대적으로 비난하는 책망과 마찬가지로(1:24-25; 10:3), 이 단어('불경건한')는 많은 이들에게 불공평한 것처럼 보였을 것이다. 분명 아시리아 사람들은 "불경건하고" 타락한 자들이다. 그러나 이스라엘 백성은 언약을 받았다. 그리고 아시리아 사람들은 그렇지 않았다. 하나님의 백성은 그들에게 계시된 진리를 더 잘 알고 있지만 그 진리에서 돌이켜 그들의 길로 빠져 들고 만다. 아시리아 사람들은 작고 천박한 이스라엘과 유다의 하나님이신 그분 손에 있는 도구에 불과하다는 생각을 분명 무시할 것이다. 그들의 존재 "목적"("그 마음에…하려", 10:7)은 여호와께 순종하는 것이 아니라, 가능한 많은 민족들을 정복하고 "파괴"하는 것이다. 달리 말하면 그들은 삶에 어떠한 목적을 인정치 않으며, 단지 그들의 힘만을 받아들일 뿐이다.

이런 사상은 10:8-11에서 아시리아 왕의 입술에서 나오는 말을 통해 나타나고 있다. 이 표현은 37:10-13을 연상케 한다. 이 왕은 자신이 모든 신들을 포함한 세상의 만물들보다 뛰어나다고 말하면서 어떤 양심의 가책도 받지 않는다. 그는 너무 위대하여 그의 "방백들"조차도 다른 나라 왕들과 동일하다. 그는 실로 왕 중의 왕이다.

10:9에서 처음에 언급된 네 도성들은 시리아 북서쪽에 위치한 네 요새들 곧 "다마스쿠스"의 전초기지였다. 그러나 이 독재 왕은 그 도성들이 요새이든 아니든 간에 그것들을 모두 파괴하였다고 말한다. 다마스쿠스도 사마리아도 그의 손아귀에서 벗어나지 못했다. 더욱이 사마리아와 예루살렘에 있는 우상들보다 더 뛰어난

---

1. 동사 *ḥnp*는 "더럽히다"(to profane) 혹은 "그르치다"(to pervert)는 의미를 지닌다(예를 들면, 민 35:33; 사 24:5을 보라). 그러므로 "불경건"이라는 말은 이 동사의 명사형으로 가장 바람직한 번역이라고는 볼 수 없을 것이다. "외식"(hypocrite) 혹은 "외식하는"(hypocritical)이라고 번역하는 KJV의 입장(70인경의 번역에 근거함)은 어떤 면에서 적절해 보인다. 여기 말고 다른 곳에서도 "그릇된"이라는 말이 더 적절해 보인다. R. E. Averbeck, "חנף," *NIDOTTE*, 2:206-9을 보라.

우상들조차도 아시리아 왕에게서 그 영토를 지킬 수 없었고, 사실상 아시리아 왕이 사마리아와 그 신들을 이미 사로잡았는데, 이 왕이 자신을 예루살렘의 하나님의 하인으로 생각할 이유가 어디 있겠는가? 그는 예루살렘의 하나님보다 뛰어나며 자신이 원하는 대로 예루살렘을 다룰 것이다.

그러나 이사야가 지적하다시피, 아시리아 왕은 예루살렘의 하나님보다 뛰어나지 않다. 그가 어떤 생각을 하더라도, 그는 오직 하나의 임무를 띠고 예루살렘을 공격할 것이다. 즉 그는 하나님이 "시온 산에"(against) 행하실 그 "일"을 수행할 것이다. 예루살렘의 심판이 완료되면, 그때에 아시리아의 심판이 시작될 것이다(10:12). 그 심판은 아시리아의 교만 때문에 임할 것이다. 이런 교만은 아시리아 왕의 또 다른 말을 통해 나타난다(10:13-14). 이 구절에서 "손"이 부각되고 있음은 주목해 볼 만하다. 이 왕은 자신이 하나님의 손에 있는 도구임을 깨닫지 못한다. 오히려 그는 자신의 "손"이 열방과 그 재물을 사로잡았으며, "내어 버린 알"의 보금자리던 열방을 약탈하였다고 자랑한다. 심지어 감히 어느 누구도 그의 약탈에 저항하기 위해 "날개"를 펼쳐 들지 못했다.

그러나 이와 같이 그들이 생각한다 해도, 아시리아는 독자적으로 행동하지 않는다. 그들은 여호와의 손에 있는 도구에 불과하다. 10:15에는 두 비유가 사용되고 있다. 첫째 비유는 나무를 가공하는 도구들 곧 "도끼"와 "톱"과 관련이 있는 반면, 둘째 비유는 전쟁 혹은 탄압을 위한 도구들 곧 "막대기"와 "몽둥이"와 연관성이 있다. 하나님은 유다의 교만한 "삼림"(6:13)을 잘라 버리실 것이며, 아시리아는 그 임무를 성취하기 위해 하나님의 손에 있는 "도끼"라고 말씀하셨다. 하나님은 또 죄로 말미암아 그의 백성을 심판하실 것이며(5:25), 아시리아는 그 심판의 도구라고 말씀하셨다.[2] 그러나 아시리아는 그 심판이 궁극적인 것이 아님을 인정치 않으며, 어리석게도 그 심판이 자체적으로 수행된다고 생각한다.

아시리아는 이 진리를 인정하지 않기 때문에, 하나님은 그 도구를 멸망시키실 것이다. 한때 이스라엘에게 임한(6:11-12) 거룩하신 하나님의 "불"(10:16)은 그들보다 뛰어나신 분이 계신다는 것을 인정하지 않는 자들에게 임할 것이다. 이스라엘이 그들의 참"빛"이신 분께 돌이켜 그 빛을 인정할 때, 이 참빛은 그들이 아닌 그들의 대적을 향해 불붙을 것이다. 밭과 숲이라는 은유는 소멸될 영광이라는 개념을 전달하기 위해 다시 사용되고 있다(10:17-19). 아시리아의 하찮은 것("형극"

2. 한 쌍을 이루는 "몽둥이"와 "막대기"라는 동일 단어를 살펴보려면, 사 9:4과 10:24을 보라.

[thorns]와 "질려"[briers])뿐만 아니라 가장 대단한 것("삼림과 기름진 밭")도 불로 소멸될 것이며, 모두다 단 "하루 사이에" 그렇게 될 것이다. 이것은 주전 701년 아시리아 군대의 멸망을 가리킨다고 보는 것이 가장 유력하다(37:36-37장을 보라). 18만 5천 명이 한 밤에 전멸했을 때("파리하게"[a wasting disease], 10:16) 급히 본토로 떠나는 산헤립에게 남겨진 군사는 "희소"했다("그 삼림에 남은 나무" 10:19).[3]

남은 자는 살아남을 것이다(10:20-23)

"그날에"라는 표현은 미래에 이루어질 하나님의 심판과 혹은 회복을 가리키는 말이다.[4] 그러므로 이 표현이 주전 701년이나 아시리아가 완전히 멸망당한 주전 620-609년을 직접적으로 가리킨다고 볼 필요는 없다. 오히려 여기서 이 표현은 열방을 이용한 모든 심판이 끝나고 정화된 하나님 백성 중 "남은 자"(4:2-6을 보라)가 회복될 그 미래에 대해 이야기하고 있다.

선지자는 다음과 같은 두 가지를 지적하기 위해 그의 아들 스알야숩("오직 남은 자가 돌아올 것이라")의 이름을 사용한다. (1) 그는 아시리아(와 이후 바빌론)가 대단히 위대하더라도, 그들이 하나님의 백성을 파멸시킬 수 없음을 그의 청중에게 확신시키려 한다. 여하튼 그들은 단지 하나님의 손에 놓인 도구에 불과하며, 하나님이 허락하신 것 이상을 행할 수 없다. 하나님은 은혜로우시며 긍휼하시기 때문에, 남은 자는 살아남을 것이다.

(2) 그렇지만 오직 남은 자만 살아남을 것이다. 그리고 선지자는 "남은 자"라는 단어를 계속 사용하면서 이 점을 강조하고 있다. 이 단락(10:5-34)에 잘 드러나고 있듯이, 이사야는 거짓된 기대를 경고하고자 애쓰고 있다. 어느 누구도 생존에 먼저 일어날 끔찍한 심판을 잊어버리고 미래의 생존에 초점을 맞추어서는 안 된다. 그러므로 이사야는 비록 모두 멸망되지 않겠지만, 그 멸망은 철저할 것이라는 점을 그의 청중에게 역설하고 있다. 그 멸망은 실로 "작정"되었다(10:22).

그러나 어떤 면에서 볼 때 남은 자들은 적어도 그 전대의 백성들과는 다를 것이다. 그들은 "이스라엘의 거룩하신 자"를 의지하기에 앞서, 더는 그들의 최악의 원

---

3. 이 단락(7:1-12:6)의 "아이"에 대한 또 다른 언급이 10:19에서 소개되고 있음을 주목하라.
4. R. Hiers, "Day of the Lord," *ABD*, 2:82-83.

수들을 "의뢰하거나"(10:20) 신뢰하지 않을 것이다. 소수의 남은 자들이 포로생활에서 그 땅으로 돌아올 그날에 그들은 이사야 7-39장이 강조하는, 신뢰에 대한 교훈을 깨닫게 될 것이다.[5]

그의 백성을 주님이 보호하심(10:24-34)

아시리아가 심판받을 것이며 이스라엘의 남은 자들이 살아남을 거라는 사실을 생각하면, 유다의 백성은 아시리아를 두려워하며 살아서는 안 된다(10:24). 그들의 외교 정책과 영적인 관점은 그 거대한 세력의 제의나 위협으로 형성되어서는 안 된다. 아시리아를 사용하시는 하나님의 목적이 완료될 때, 아시리아는 그 무대에서 사라질 것이며, 유다는 이 사실을 염두에 두고 그들의 계획을 세워야 한다. 이전에 이사야가 아하스에게 말했다시피 위급한 조치는 필요치 않다. 하나님의 시간 계획표 속에서 "불구에"(very soon, 10:25)라는 말이 암시하는 바는 알기 어렵지만, 이것이 앞서 언급된 아시리아 군대의 멸망과 유다를 향한 아시리아의 심각한 위협이 제거됨을 가리킨다고 결론 내리는 편이 나을 것이다.

10:26에서 선지자는 거대한 위협에서 그의 백성을 보호하시는 주님의 능력을 확증해 주는, 과거의 두 경험으로 관심을 돌린다. 오렙이 이끌던 무수한 미디안 군대든(삿 7:25) 출애굽 당시 세계 최강 이집트의 병거 군대든(출 14:26; 15:4) 간에 "전능하신 주님"("만군의 여호와")의 능력과 견줄 만한 세력은 없었다. 그렇기 때문에 아시리아 왕이 자랑하기 위해 정복한 백성들의 목에 채워 놓은 억압의 무거운 "멍에"가 "부러질" 것이다(10:27).

이와 같이 자랑하는 거만한 태도의 예는 사라곤 2세의 연대기 편에 등장한다. 여기서 사라곤 2세는 "나는 그들에게 나의 주 아수르의 멍에를 채웠다"고 말한다.[6] 10:27의 마지막 어구의 올바른 해석에 대해 의문점들이 제기된다. 왜냐하면 그 히브리어의 의미가 모호하며, 역본들은 서로 다른 수많은 해석을 제시하기 때문이다.[7] 만약 그 히브리어가 정확하다면, 그 개념은 소가 잘 사육되어 그 목에 기

5. 남은 자에 대한 연구를 살펴보려면, G. Hasel, *The History and Theology of the Remnant Idea from Genesis to Isaiah*, 2d ed. (Berrien Springs, Mich.: Andrews Univ. Press, 1975)을 보라.

6. *ANET*, 285b.

7. 70인경은 "너의 어깨에서 부러졌다", 탈굼역은 "열방이 메시아 앞에서 멸망당할 것이다", 시리아 역은 "너의 강함 때문에 부러졌다"로 해석한다.

름기가 많이 끼어, 목에 메여 있던 멍에를 부러뜨린다는 의미이다.

28-34절은 수많은 학문적 토론을 야기했다. 주로 학자들은 이 구절이 실제 역사적 사건을 묘사하는지의 여부에 대해 토론하였다. 산헤립이 예루살렘을 두 번 침공했다고 믿는 학자들은 이 구절이 아시리아가 두 번째 예루살렘을 침공할 때(대략 주전 687년) 경유한 경로들을 묘사한다고 주장한다.[8] 그렇지만 두 번 침공했다는 가설은 뒷받침할 만한 증거가 없기 때문에 단지 가설에 불과하다. 더욱이 큰 군대가 여기에 묘사된 경로를 실제로 사용했다고 보기란 힘들다. 이것은 주요 경로가 아니며, 작은 군대가 다니기에는 힘들어서 오직 큰 군대에만 허락되었을 것이다. 그러므로 이 본문 자료는 또 다른 이사야의 그림언어(word pictures)로 이해하는 편이 더 나을 듯하다.[9]

처음에 언급된 마을 "아얏"은 예루살렘의 북쪽방향으로 대략 15마일 떨어져 있으며, "놉"은 북쪽으로 예루살렘을 바라다보는 스코푸스 산의 경사진 면에 위치하고 있다. 여기 묘사된 경로는 예루살렘 북부에서 시작하여 오히려 산맥 남쪽으로 내려오는 정상적인 경로와는 다르다. 아마도 적군의 막을 수 없는 접근을 나타내고자 그런 것 같다. 이 경로가 험하고 장애물이 많다는 것은 중요치 않다. 그들은 이 경로로 온다! 그들은 이틀도 채 되기 전에 그 험한 지형을 통과했으며, 운명을 다한 그 도성을 공격할 것이다. 이것은 아시리아에 대한 은유이다. 해미다 그들은 다가왔다. 그 무엇도 그들을 멈출 수 없다. 유다는 그들과 화친을 맺거나 아니면 침략을 당해야 한다.

그러나 이사야는 그의 청중에게 그들이 또 다른 실재를 바라보아야 한다고 말한다. 아시리아가 자신의 도끼로 유다의 나무를 넘어뜨릴 것이라고 믿고 있을 그때에, 유다의 하나님은 그 도끼를 도끼로 치신다. 그때에 레바논 산들만큼 거대한 산림들이 땅에 쓰러진다.[10] 인간의 교만은 참된 "전능자"([ʾ*addir*, Mighty One],

---

8. J. Bright, *A History of Israel*, 3d ed. (Philadelphia: Westminster, 1981), 286-88, 298-309를 보라; W. Shea, "Jerusalem Under Siege: Did Sennacherib Attack Twice?" *BAR* 25/6(Nov.-Dec. 1999): 36-44, 64; M. Cogan, "Sennacherib's Siege of Jerusalem: Once or Twice?" *BAR* 27/1(Jan.-Feb. 2001): 40-45, 69을 보라.
9. 또한 Childs, *Isaiah*; Motyer, *Prophecy of Isaiah*를 보라.
10. 이와 같은 특별한 이미지의 사용, 아시리아의 교만을 보여 주는 또 다른 의식적인 기법임을 암시해 준다. 그들의 왕들은 군대의 대로를 만들고 화려한 궁정을 짓기 위해 얼마나 많은 레바논 숲을 베어 왔는지를 자랑스럽게 이야기했다. 이제 그들 자신이 베임을 당하게 될 것이다. 또한 겔 31장을 보라. 여기 31장 전체는 아시리아를, 거대한 레바논의 목재로 비유하고 있다.

10:13에서 아시리아 왕이 자신을 일컬은 이와 유사한 단어인 "용감한 자"[ʾ*abbir*, a mighty one]를 참고하라) 앞에 서 있을 수 없다. 유다는 이 참된 전능자를 의지해야만 하며, 이 전능자의 손에 있는 도끼를 의지해서는 안 된다.

상황잇기

5-19절. 이 구절들은 역사 가운데 하나님이 주이심과 참된 관점을 유지할 필요성에 관한 내용을 담고 있다. 각 역사의 실체를 정확하게 말해 줄 영감의 선지자들을 볼 수 없는 현대의 정황에서 이런 내용은 더욱 다루기 힘들다. 그러나 그 중심 메시지는 조금도 변하지 않는다. 어느 나라도 스스로 서지 못한다. 모든 나라는 하나님의 지배를 받으며, 모든 나라는 하나님의 궁극적 목적을 수행하고 있다.

이런 사상은 열방에 대한 의미를 내포하고 있다. 한 나라가 하나님보다 더 뛰어나며 자신의 원대로 할 수 있다고 믿을 때마다, 우리는 그 나라의 종말이 곧 도래할 것임을 확신하게 된다. 그러나 이런 사상은 크리스천 개개인에 대한 합의점도 제시하고 있다. 우리는 열방의 권세와 영광으로 말미암아 그들을 두려워해서는 안 되며, 궁극적으로 그들을 신뢰해서도 안 된다. 하나님은 열방보다 뛰어나시며, 우리가 두려워하고 신뢰해야 할 분이시다.

또 이 단락은 인간의 교만의 본질을 묘사한다. 여기서 아시리아 왕은 자신의 필요를 얻기 위해 그의 신들에게 호소하지 않는다. 그는 자신이 모든 대적들의 신들보다 뛰어나다고 느낀다. 결국 이방 종교는 인간의 필요를 위해 존재한다. 이것은 입술로는 그 신들을 섬길는지 모르나 실제로는 인간 자아(human ego)가 제일 중요함을 의미한다. 그러므로 이것은 어떤 희생을 치르더라도 유지되어야 한다. 그리고 본질적으로 신들은 단지 이 자아(ego)를 위해 고안해 낸 장치에 불과하다. 만약 어떤 신이 필요한 바를 이루어내지 못하면, 그 신은 쉽게 버려질 수 있으며, 새로운 신이 그 자리에 들어선다. 이 구절에 적어도 13회 등장하는 1인칭 대명사의 반복은 이 점을 강조해 준다. 그렇다면 다음과 같은 질문이 제기된다. 내가 내 중심에 있는가? 아니면 다른 어떤 것이 내 중심에 있는가?

끝으로 우리는, 하나님이 우리를 통해 하신 일에 대해 공로를 돌리지 않는 태도를 조심해야 한다. 모세가 약속의 땅에 들어가지 못한 것도 이 죄 때문이다—"너희가 나를 믿지 아니하고 이스라엘 자손의 목전에 나의 거룩함을 나타내지 아니한 고로 너희는 이 총회를 내가 그들에게 준 땅으로 인도하여 들이지 못하리라"(민 20:12). 모세가 한 일이 무엇인가? 그것은 단지 돌을 향해 명하는 대신 그 돌을 친

것뿐이다. 모세는 히브리 백성들로 하여금 모세 자신에게 능력이 있으며 그들의 물을 공급해 주는 마술 지팡이를 믿도록 이끌고 말았다—"패역한 너희여 들으라 우리가 너희를 위하여 이 반석에서 물을 내랴?"(민 20:10). 하나님 홀로 초월적인 능력과 끝없는 사랑으로 모든 인류의 필요를 채워 주시는 거룩한 분임을 분명히 보여 주기보다는, 그 도끼(하나님의 도구에 불과한 모세를 가리킴-옮긴이)는 스스로 도끼질을 할 수 있는 척하였다.

만약 모세가 이 백성들을 신발을 적시지 않고 요단 강을 건너 약속의 땅으로 인도했다면, 그들은 일 년 이내에 모세를 경배했을 것이다. 하나님은 모세를 약속의 땅에 들어가지 못하도록 하는 것 외에는 다른 방도가 없었다.

20-23절. 우리의 눈앞에서 심판과 희망의 두 강조점을 계속 견지하기란 어려운 일이다. 이 두 개념의 균형을 맞추려는 이사야의 지속적인 노력은 이 점을 상기시킨다. 만약 심판에 대해서만 듣는다면, 백성들은 상심하여 포기하려 할 것이다. 그러나 확고한 희망에 대해서만 듣는다면, 매일의 순종과 책임을 "그만 두려(let up) 할" 것이다. 그러므로 이 구절의 본문은 남은 자의 귀환의 확실성과 관련이 있는 반면, 선지자는 그의 독자들에게 오직 남은 자만이 돌아올 것이며 이것이 심판을 배제하기보다는 심판을 뒤따를 것임을 상기시키고자 애쓰고 있다. 베드로의 말대로 심판은 하나님의 집에서 시작된다(벧전 4:17).

이 구절의 둘째 중요한 논점은 "남은 자" 사상이다. 창세기에서부터 나타나듯이, 소수는 신앙을 견지하는 반면 다수는 멸망으로 향한다는 사상을 성경은 묘사하고 있다. 이 같은 점은 노아 홍수 때의 노아 가족을 통해 분명히 나타나며, 바벨탑 이후의 아브라함 가족을 통해 암시되고 있다. 또한 소돔과 고모라의 사건을 통해 분명히 나타난다. 약속의 땅에 들어간 자들의 수는 이집트에 남아 있던 자들의 수만큼 많다. 이와 같은 기하학적인 증가를 고려해 볼 때, 당연히 거대한 족속을 기대할 수 있었을 것이다. 사실상 제2세대는 남은 자이다. 신앙은 이스라엘의 역사를 계속 거치면서, 제사장이 깊이 타락했을 때 등장한 소년 사무엘이나 이스라엘 전 군대가 한 거인 앞에서 겁먹고 있을 때 등장한 소년 다윗과 같은, 한 가느다란 끈으로 아슬아슬하게 유지되어 온 듯하다. 달리 말하면, 성경의 신앙이 공동체의 신앙임에도 불구하고, 그것은 다수의 신앙이 아니다. 즉 신실함은 언제나 목적과 책임을 수반하며, 종종 소수에게로 귀착된다.

우리가 간과해서는 안 될 또 다른 논점은 신뢰의 문제이다. 왜 우리는 유다가 아시리아를 신뢰한 것처럼 잘못된 것들을 신뢰하려 하는가? 분명 유다의 상황 속에서 나올 수 있는 대답은, 그것밖에 할 수 없었다는 것이다. 그 상황은 절망적이었다. 이스라엘과 시리아는 진을 치고 다윗 왕조를 제거하고자 했을 것이다. 어떤 자구책이 있어야 했다. 더욱이 아시리아도 등장하였고, 유다는 아시리아와도 대면해야 했다. 아마도 직접적인 해결 방법은 이 거대한 아시리아의 비위를 맞추며 이 두 주변 국가들을 처리하는 것이다. 하나님을 신뢰하는 것? 그것은 언제나 막연해 보였다. 나아가 그것은 내 방식으로 일을 처리하고자 하는 내 능력을 포기하면서 시작한다. 여기에 확고한 논점이 있다. 포기. 우리는 우리 자신의 방식과 우리의 절실한 필요를 판단하려는 우리 자신의 평가를 포기하려 하지 않는다.

24-34절. 여기서 두 가지 논점을 강조할 필요가 있다. 첫째 강조해야 할 논점은 기억의 중요성이다. 이사야는 백성에게 그들이 과거에 경험한 두 가지 위대한 구원—이집트와 미디안에게서의 구원(24, 26절)—을 상기시킨다. 교훈은 분명하다. 만약 하나님이 그들을 거대한 권세에서 구원하실 수 있다면, 그분은 또한 그들을 아시리아에게서 구원하실 수 있다. 하나님은 우리가 과거의 분명한 원리들 곧 보편적 의의를 지니는 원리들을 깨닫기 원하신다. 그것은 과거에 대한 이교도적 접근과는 다르다. 이교도적 접근은 지금 현재에 초점을 맞추며, 과거는 대개 의식적인 방식을 통해서만 사용된다. 즉 누군가가 (과거와 같이) 현재 똑같은 일을 한다면, 일어난 모든 좋은 일들은 다시 재현될 것이다. 그러나 이것은 성경의 방식이 아니다. 하나님은 좀처럼 같은 일을 두 번씩 하시지 않는다. 그러니 우리가 과거에서 배울 수 있는 원리들이 있다. 아마도 과거는 동일한 종류의 문제가 발생하는 새로운 상황에 적용될 수도 있을 것이다. 이것이야말로 이사야가 요청하고 있는 바이다—옛 진리의 관점에 비추어 결정한 새로운 선택들.

둘째 진리는, 인간의 권세는 하나님의 권세에 필적할 수 없다는 것이다. 게다가 이 진리는 현재를 초월하는 하나의 관점을 요청하고 있다. 한편으로 이 진리는 하나님이 어느 인간 나라보다 위대하시다는 것을 선포하고 있다. 다른 한편으로 이 진리는 우리의 행동을 이런 사상 위에 기초하도록 이끌어 준다. 그러기 위해 우리는 과거의 증거뿐만 아니라 우리 자신의 개인적 경험에 집중할 수 있어야 한다. 하나님의 위대하심과 선하심에 대한 자신의 경험은, 하나님이 어떤 인간 나라의 교만도 허락지 않을 것이며 특히 이런 교만에 빠진 나라가 그 교만으로 다른 나라들을 무난히 파멸시킬 수 있다고 믿을 때 그것을 허락지 않을 것임을 확증해 준다고 이사야는 말한다. 심지어 열방 가운데 가장 위대한 나라에도 심판이 있으며, 모든 나라들이 그 사실을 잘 기억할 것이다.

현대적 의미

역사를 지배하시는 하나님의 주이심(Lordship)과 인간의 교만. 우리가 오늘날 열방을 다스리시는 하나님이 열방의 주이심을 생각할 때, 우리는 자연히 하나님이 지난 10년간 러시아 제국을 겸손케 만드신 방식에 대해 생각한다. "종교는 백성들의 아편"이라는 마르크스의 유명한 문구는 그의 계승자들—그들의 정권은 하나님의 개념을 삶에서 배제하려는 공적인 시도에 기초하고 있다—을 늘 따라다녔다. 한 러시아 관리가 내 친구에게 이야기한 다음과 같은 말은 그 결과를 말해 준다. "우리는 바로 그 악의 얼굴을 물끄러미 바라보았다. 그리고 그것은 우리의 마음을 마비시켜 버렸다." 하나님의 자리를 대신하려는 어느 나라도 살아남을 수 없다.

그러나 우리의 삶 가운데 결코 간과할 수 없는 선례가 있다. 그것은 나치 독일이다. 여기서 이사야가 말하는 바가 현대의 모습과 유사한 점은 우리를 놀라게 하지만, 많은 사람들은 그 문제를 끄집어내고 싶어하지 않는다. 그러나 실제로 홀로코스트(Holocaust)[11]는 바벨론 유수의 현대판 형태(a modern parallel)로 이해될 수 있을는지 모른다. 그러므로 지금도 거대한 권세는 하나님의 백성을 멸망시키고자 노린다. 아시리아와 바벨론의 경우, 오직 하나님이 그의 백성의 불신을 심판하시고 연단하시는 출처로서 이 제국들을 허용하셨기 때문에 그들은 번성할 수 있었다. 아마도 나치 독일의 경우도 그러하지 않은가? 비록 나치 독일이 하나님의 손에 있는 도구였다 하더라도, 그들은 분명 자신을 그런 식으로 보지는 않았다. 바벨론과 아시리아처럼, 그들은 마음대로 파괴할 수 있는 자신의 힘으로 스스로 뛰어나다고 보았다. 그러나 아시리아와 바벨론과 같이, 그들은 처참하게 멸망당했으며, 하나님의 백성인 유대인은 살아남았을 뿐만 아니라 번창하였다. 어느 나라도 하나님보다 뛰어나다고 치켜세울 수 없고, 또한 살아남을 수도 없다.

미국은 이런 교훈을 깨달을 수 있을까? 오늘날 이 세상에서 하나님이 우리를 통해 하시고자 하는 것은 무엇인가? 우리는 그것을 깨닫기 위해 진지하게 노력해야 하지 않겠는가? 만약 그것을 깨닫는다면, 우리는 끔찍한 교만의 위기를 인식하고 겸손함으로 우리의 임무를 수행해야 하지 않겠는가? 이런 관점에서 볼 때, 서구 기독교 국가의 역사는 고무적이지 못하다. 서구 기독교 국가들은 차례로 하나님을 의지한다고 선언하면서 세력을 다져 왔지만, 자신을 최고로 여김으로써 추한

11. 홀로코스트(Holocaust)라는 말은 대개 "완전히 타버린 제물"이라는 뜻의 히브리어를 영어로 번역한 말이다. 오늘날 유대인은 자신을, 세상의 죄를 위해 제물로 바쳐진 자로 이해한다.

꼴로 역사의 무대에서 사라지고 말았다.

크리스천은 이것에서 무엇을 깨달아야 하는가? 분명 우리는 어느 나라도 하나님이 아님을 깨달아야 한다. 세상 나라는 하나님의 손에 있는 도구가 될 수는 있다. 그러나 그것은 단지 도구에 불과하다. 이 나라가 하나님의 자리를 침범하기 시작하자마자 곧바로, 그것은 멸망의 징조가 된다. 그러므로 우리는 우리나라를 사랑하고 그것에 대해 감사할 수도 있다. 그러나 "좋든 나쁘든 내 나라야"라는 생각은 결코 우리가 취해야 할 태도가 아니다.

교만은 나라들과 개개인에게 모두 궁극적인 원수이다. 이런 교만의 성향은 자신을 삶의 원천이자 목적으로 강조한다. 바울이 로마서 1:21에서 말하고 있는 바가 바로 이것이다—"하나님을 알되 하나님으로 영화롭게도 아니하며 감사치도 아니하고." 우리는 자신을 하나님의 자리에 두면서 실재의 역전 현상(a reversal of reality)을 뒷받침하는 종교 체계를 만들어 낸다. 결국은 자기 숭배의 행위로서 피조물 숭배로 나타난다. 하나님은 우리의 형상으로 만들어지며, 그 인간 형상을 뒷받침하기 위해 필요에 따라 바뀔 수도 있다. 그러기에 세속주의는 오늘날 그와 같은 매력을 지니고 있다. 세속주의는 경배하는 대상을 위해 자신에게서 벗어나야 하는 (자기 숭배 행위를 포기해야 하는-옮긴이) 부담을 덜어 주는 듯하다. 그러나 이것은 또한 세속주의의 궁극적인 몰락이다. 우리는 자신에게 어떤 의미를 부여하기 위해 자신에게서 벗어나 외부의 어떤 존재를 경배해야 한다. 그러므로 포기를 요청하는 하나님을 이미 거절해 온 현대인들이 신비적인 의식에 빠져 들고 있음은 전혀 새로운 일이 아니다.

우리의 삶 속에 나타난 하나님의 사역을 우리의 공로로 삼는 것은 매우 쉽다. 방금 언급했다시피, 우리가 지속적인 감사의 자세로 생활하지 않는다면, 결국 이방종교에 빠져 들고 만다. 이것은 성공한 자들과 성공하지 못한 자들에게 모두 문제가 된다. 성공한 자들은 그들의 능력과 성취를 당연하게 여긴다. 아마 모세에게도 이런 문제가 일어난 것 같다. 그는 위기의 순간에도 계속 쓰임 받았으며, 무의식적으로 자신의 능력이 자신의 것이라고 생각했을는지 모른다. 그는 자신이 단지 하나님의 손에 있는 도구에 불과함을 잊어버렸다. 그는 감사를 잊어버렸다.

더군다나 자신을 성공했다고 보지 않는 자들에게도 이런 문제는 동일하다. 왜 실패에 대해 감사해야 하는가? 실제로 우리는 모두 결과가 어떻든 간에 하나님을 섬기는 도구이다. 그렇지만 무엇을 위해 기도하여 그것이 일어날 때, 우리는 그저 "음! 이루어졌군" 이라고 말하기 쉽다. 그리고 이런 태도는 우리를 통해 일하시는 하나님을 그 결과의 증거로 보기보다는, 우리가 어떤 노력을 했고 그런 대가를 받을 만한 자격이 있다는 인상을 심어 준다.

성도의 견인(堅忍 the security of the believer). 복음주의 교회의 가장 중대한 이슈들 가운데 하나는 성도의 견인이다. 칼빈주의 신학에 더 많은 영향을 받은 교회들은 이전에 필수적인 가르침이던 칼빈(calvin)의 네 교리를 거절해 왔지만, "영원한 견인"(eternal security)은 여전히 가르치고 있는 실정이다. 천국에 대한 확신 때문에, 성결한 삶이 너무 간과되고 있다. 반대로, 알미니우스(Arminius)에 더 많은 영향을 입은 교회들은 "영원한 불확실성"(eternal insecurity)을 가르쳐 왔다. 그들에 따르면, 성도의 영원한 신분은 가장 최근에 지은 죄를 회개했는지의 여부에 따라 결정된다. 이런 성향은 구세주와의 관계보다는 자신의 행위에 초점을 두고 있다.

이런 이슈들은 이 단락에서 강조하고 있는 바로 그 이슈들인 듯하다. 한편으로 이사야는 이스라엘 민족의 미래가 보증되어 있음을 백성에게 확신시켜 주고자 한다. 이스라엘은 살아남을 것이다. 메소포타미아 사람들은 그들의 살인적인 욕구를 충족하지 못할 것이다. 이것은 이스라엘 백성이 확신에 찬 삶을 살 수 있음을 의미한다. 그들은 이런 결과를 보증받기 위해 하나님을 향한 신뢰를 포기해서는 안 된다. 그렇지만 미래에 대한 확신으로 현재의 행위가 심판을 가져다주지 않을 거라고 생각해서는 안 된다. 이스라엘 민족의 미래가 보증되어 있다는 것은 이스라엘 개개인이 심판과 상관없이 죄를 지을 수 있다는 것을 의미하지 않는다.

이것은 두 가지 의의를 지닌다. (1) 첫째는 교회와 상관이 있다. 교회는 살아남을 것이다. 교회는 그리스도의 신부이며, 그런 점에서 그리스도인은 두려워할 이유가 없다. 어떤 사람은 "나는 성경의 마지막 장까지 다 읽었어! 우리는 드디어 해냈어!"라고 말한다. 그러나 이것은 교회와 관련된 모든 개개인들이 천국의 자리를 보장받을 수 있음을 의미하지 않는다. 만약 우리가 그리스도 안에 "남은"(remaining, "신실히 거하는"[abiding]) 자임을 보여 주는 삶을 살지 않는다면, 우리는 불 속으로 내던져져 불살라질 것이다(요 15:5-6).

(2) 개개인에 대한 의의도 있다. 만약 우리가 그리스도와 인격적인 관계를 맺는다면, 우리는 그리스도께서 우리를 지키신다는 것을 알 수 있다(요 10:28-29). 우리는 마치 그 관계를 계속 유지하는 것이 우리의 행위에 달려 있다고 보고 항상 불안한 상태에서 살아갈 이유는 없다. 그리스도와 맺는 관계는 행위에 달려 있지 않다. 그것은 우리의 지속적인 믿음에 달려 있다. 그리고 그리스도는 그런 지속적인

믿음이 가능하도록 해주실 것이다. 그러나 우리의 믿음에 대한 개념에는 위험이 도사리고 있다. 많은 이들에게 그리스도에 대한 믿음은 대개 확고한 개념에 대한 동의를 의미한다. 즉 그것은 심적인 단련과 같은 것이다. 그러나 그것은 진실이 아니다. 그리스도에 대한 신앙은 본래 삶의 한 방식이다. 만약 나 자신과 내 욕망과 내 방식을 중심에 두며 살 수 있다고 생각한다면, 단지 어린 고등학교 시절 수양회 때 그리스도를 영접했고 지금 정기적으로 교회에 출석하기 때문에 영생을 얻을 것이라 기대한다면, 나는 착각에 사로잡혀 있을 뿐만 아니라 버림을 당하게 된다. 사도 바울이 "내가 내 몸을 쳐 복종하게 함은 내가 남에게 전파한 후에 자기가 도리어 버림이 될까 두려워함이로라"(고전 9:27)고 말한 것을 기억한다면, 우리 중 어느 누구도 마치 개인의 거룩을 실재(reality)가 아닌 하나의 지위(position)로 여기면서 살 수는 없을 것이다.

남은 자들. '남은 자' 사상은 그 당시 교회의 상태에 따라 유행하기도 하고 그렇지 못하기도 한다. 교회가 강건하고 앞으로 전진해 나갈 때, 하나님 나라의 도래가 이루어지고 있다는 생각이 강조되었다. 그러나 교회가 박해를 당하고 위축되거나 성장하지 못할 때, '남은 자' 신학이 더 대중화되는 경향이 있었다. 어떤 점에서 두 강조점은 언제나 필요하다. 성장하고 힘이 있어 보일 때, 우리는 밀보다 겨를 더 생산하지는 않는지, 또한 심각한 가뭄에도 견딜 수 있는 열매를 맺고 있는지를 물어볼 필요가 있다. 동시에 '남은 자'는 상황이 어려울 때 자신들이 멸하지 않는 하나님 나라의 대리자임을 기억해야 한다.

"남은 자 사상의 정서"에는 서로 밀접히 관련된 두 가지 큰 위험이 도사리고 있다. (1) 첫째 위험은 이 사상이 '개토화'(소수화를 시도하는 것-옮긴이)로 이해될 수도 있다는 점이다. 즉 자신을 의로운 남은 자로 믿는 사람들은 자신의 의를 통해 안전한 보호막으로 피해 버릴 것이며, 그 때문에 예수께서 우리에게 명하신 세상의 빛과 소금의 역할을 중단해 버릴 것이다(마 5:13-16). (2) 둘째는 자기 연민의 위험이다. 우리는 "비굴한"(hang-dog) 감정을 취한다. 우리는 언제나 하나님의 노력에 대한 반응으로서 자신을 딱하게 여긴다. 그러나 만약 하나님의 약속을 확신하며 인간의 능력이 아닌 하나님을 의지한다면, 우리는 감히 평온한 확신과 겸손한 기쁨으로 살아갈 수 있을 것이다.

구(舊) 동구권 국가들의 크리스천들은 이런 진리의 훌륭한 본보기가 된다. 그들은 대립을 자극하려고 노력하지 않았지만, 그것을 피하려고 하지도 않았다. 그들은 심지어 자신을 그들의 원수로 여기는 사람들까지 포함한, 모든 이들을 사랑하면서 하나님 앞에서 그들의 삶을 살았다. 국가는 이들을 고립시키려고 노력했다. 그러나 그것은 결코 성공하지 못했다. 그들은 진실로 남은 자들이었지만, 남은 자 사상의 정서에 압도당하지 않았다.

기억. 성경에서 기억은 중요한 자리를 차지한다. 부분적으로 볼 때, 성경에 나타난 인간의 역사가 중요하기 때문에 그렇다. 세상의 신성한 책들 가운데 오직 성경만이 하나님이 인간과의 지속적인 관계를 통해 자신을 계시하셨다고 선언한다. 그러므로 이와 같은 관계를 정직하고 정확하게 구체적으로 기록하는 것, 그리고 그런 관계의 의미에 대한 영감된 해석들을 기록하는 것은 가장 중요한 일이었다. 그러기에 기억과 관련된 말들은 신명기와 같은 책에서는 매우 중요한 것들이다(예를 들면, 신 4:10; 5:15; 7:18). 하나님은 이스라엘의 경험을 통해 무엇을 하셨으며, 이런 경험은 인간(과 하나님의) 존재의 핵심 진리를 강조해 주었다. 하나님은 각각의 격언들을 통해 자신을 계시하지 않으셨다. 오히려 그분은 일상생활이라는 순수한 요소를 통해 계시하셨다. 그분은 단지 자신이 의존할 만하다고 말하지 않으셨다. 그분은 그것을 보여 주셨다. 실제로 그분은 (아브라함 이야기에 나타나듯이) 말하기에 앞서 그것을 보여 주셨다. 그러므로 하나님이 그의 백성들에게 믿으라고 요청할 때, 그런 요청을 뒷받침할 만한 삶의 증거가 있었다.

이것은 우리에게 동일한 진리가 된다. 만약 우리가 스트레스의 어려움과 실제적인 박해의 시간 속에서 신앙을 지키고자 한다면, 우리는 견고한 기억을 견지해야 한다. 첫째, 우리는 하나님의 거룩한 역사를 기억해야 한다. 우리가 '성경 이야기들'을 우리 자녀들에게 가르치는 것은 우연이 아니다. 하나님은 빼앗긴 모든 인류의 삶을 위해 그것을 계획하셨고, 우리 자신의 삶을 해석하는 방식을 알려 주는 성경을 우리에게 주셨다. 이스라엘 백성과 같이, 우리는 출애굽과 가나안 정복과 사사기의 비극을 기억해야 한다. 이런 사건들도 역시 우리의 역사이다. 그 밖에도 우리는 우리 주님의 삶과 죽음과 부활을 기억할 수 있으며, 교회를 세우는 감동의 이야기들도 기억할 수 있을 것이다.

그 다음 우리 개인의 역사도 있다. 우리는 영적인 치매에 사로잡힐 수 없다. 우리는 자신과 우리의 가족들에게 하나님이 우리의 삶에 개입하시며 필요를 공급하시며 삶을 인도하시며 유지하셨음을 다시 설명해 줄 필요가 있다. 우리의 영적인 기억이 변치 않을 때, 우리의 영적인 정체성도 변치 않는다. 영적인 자기 정체성이 안전할 때, 우리는 온전한 확신을 갖고 우리를 향해 덤비는 다양한 아시리아들을 응시할 수 있으며, 하나님이 우리를 연단시키고 우리의 잘못을 고치기 원하시는 교훈들을 깨달을 수 있다. 또한 우리를 향해 덤비는 세력들의 정해진 종말의 운명을 바라볼 수 있을 것이다.

1970년대에 루마니아 목사인 요세프 트손(Tson)은 마르크스주의의 약속이 실패로 돌아갔음을 모두 낱낱이 열거하는 한 미국방송을 듣게 되었다. 그리고 그는 실현된 기독교 신앙의 약속들에 대해 즉시 생각하였다. 그는 그 당시 공산주의가 존재할 수 없음을 알았으며 자신과 다른 크리스천들이 그 붕괴의 날을 준비하기 시작해야 한다고 말했다. 우리는 그런 비전에 놀라워할 것이다. 그러나 실제로 트손은 기억을 지닌 사람이었다. 그 기억 때문에 다른 사람들이 볼 수 없던 미래를 볼 수 있었다.

이사야 11:1-16

1 이새의 줄기에서 한 싹이 나며 그 뿌리에서
한 가지가 나서 결실할 것이요
2 그의 위에 여호와의 영 곧 지혜와 총명의 영
이요 모략과 재능의 영이요 지식과 여호와를
경외하는 영이 강림하시리니
3 그가 여호와를 경외함으로 즐거움을 삼을 것
이며 그의 눈에 보이는 대로 심판하지 아니
하며 그의 귀에 들리는 대로 판단하지 아니
하며
4 공의로 가난한 자를 심판하며 정직으로 세상
의 겸손한 자를 판단할 것이며 그의 입의 막
대기로 세상을 치며 그의 입술의 기운으로
악인을 죽일 것이며
5 공의로 그의 허리띠를 삼으며 성실로 그의
몸의 띠를 삼으리라
6 그때에 이리가 어린 양과 함께 살며 표범이
어린 염소와 함께 누우며 송아지와 어린 사
자와 살진 짐승이 함께 있어 어린 아이에게
끌리며
7 암소와 곰이 함께 먹으며 그것들의 새끼가
함께 엎드리며 사자가 소처럼 풀을 먹을 것
이며
8 젖 먹는 아이가 독사의 구멍에서 장난하며
젖 뗀 어린 아이가 독사의 굴에 손을 넣을 것
이라
9 내 거룩한 산 모든 곳에서 해 됨도 없고 상함
도 없을 것이니 이는 물이 바다를 덮음 같이
여호와를 아는 지식이 세상에 충만할 것임이
니라
10 그날에 이새의 뿌리에서 한 싹이 나서 만민
의 기치로 설 것이요 열방이 그에게로 돌아
오리니 그가 거한 곳이 영화로우리라
11 그날에 주께서 다시 그의 손을 펴사 그의 남
은 백성을 앗수르와 애굽과 바드로스와 구스
와 엘람과 시날과 하맛과 바다 섬들에서 돌
아오게 하실 것이라
12 여호와께서 열방을 향하여 기치를 세우시고
이스라엘의 쫓긴 자들을 모으시며 땅 사방에
서 유다의 흩어진 자들을 모으시리니
13 에브라임의 질투는 없어지고 유다를 괴롭게
하던 자들은 끊어지며 에브라임은 유다를 질
투하지 아니하며 유다는 에브라임을 괴롭게
하지 아니할 것이요
14 그들이 서쪽으로 블레셋 사람들의 어깨에 날
아 앉고 함께 동방 백성을 노략하며 에돔과
모압에 손을 대며 암몬 자손을 자기에게 복
종시키리라
15 여호와께서 애굽 해만을 말리시고 그의 손을
유브라데 하수 위에 흔들어 뜨거운 바람을
일으켜 그 하수를 쳐 일곱 갈래로 나누어 신
을 신고 건너가게 하실 것이라
16 그의 남아 있는 백성 곧 앗수르에서 남은 자
들을 위하여 큰 길이 있게 하시되 이스라엘
이 애굽 땅에서 나오던 날과 같게 하시리라

원 의미

신뢰받기 합당하신 하나님의 성품에 대한 최종적인 증거가 여기에 등장한다. 비록 아하스라는 인물로 대변되는 다윗의 가문이 북이스라엘과 시리아의 공격으로 초래된 위기 속에서 주님을 신뢰하지 못하며, 결국 유다 민족에 재난을 가져다주었지만, 하나님께 그 재난은 궁극적인 것이 아니다. 오히려 9:1-7에 간략히 약속되어 있다시피, 하나님은 어느 날 그의 백성을 다스리시기 위해 이새의 가문의 참자손을 보내실 것이다. 자신의 왕국을 지킬 수 있는 힘에 의존하는 겁 많은 목자들과는 달리, 하나님의 영으로 충만한 이 자손은 공평과 정의로 다스릴 것이며, 진정한 샬롬(*šalom*)을 가져다줄 것이다.

도래할 이새의 자손(11:1-9)

왜 여기서 메시아는 더 직접적으로 이새의 아들 다윗의 계보에 속한 자로 소개되지 않고, 단지 이새의 계보에 속한 자로 소개되고 있는가? 그 강조점은 첫 다윗이 그랬듯이 아마도 이 새 다윗이 신기원(a new beginning)으로서 등장한다는 것이다.[1] 혹은 예루살렘 왕조를 넘어 베들레헴 왕조의 비천한 기원을 가리키고 있는 듯하다.[2] 여하튼 그것은 현 다윗 왕조의 대리자들과의 확고한 불연속성을 강조해주고 있다. 도래할 그 자손은 지금 철저히 더럽혀진 다윗 왕조의 또 하나의 자손에 불과한 자가 아니다. 오히려 그는 그 왕조의 뿌리에서 솟아날 것이다.

이사야서 초반부에서 주도적인 기능을 해 온 숲 이미지는 여기서도 계속 나타난다. 선지자는 6장에서 예언된 바와 같이, 철저히 베임을 당해 불태워질 이스라엘의 교만의 숲을 바라본다. 이곳에서는 거대한 아시리아의 숲도 번성하였다. 그러나 이제 이 아시리아의 숲도 베임을 당하고 말았다(10장에서 예고된 바 있다). 6:13에 암시되어 있다시피, 이 다 타 버린 그루터기에서 "한 가지"가 원 "뿌리"에서 올라올 것이다.[3] 비록 다윗의 교만의 나무는 베임을 당하여 불태워졌지만, 원 뿌리에는 여전히 생명이 남아 있다. 이 생명은 궁극적으로 하나님의 신실하심에 있다(참조. 삼하 7장).

1. Motyer, *Prophecy of Isaiah*, 121을 보라.
2. Watts, *Isaiah 1-33*, 171; 또한 Childs, *Isaiah*, 102를 보라.
3. *ḥoter*("싹")는 오직 이 단락과 잠 14:3에만 나타나는 반면, *neṣer*("가지")는 이 단락과 14:19; 60:21; 단 11:7에만 나타난다. 이 두 단어는 특별히 메시아와 관련이 있는 것은 아니다.

이 이새의 자손은 이전의 여러 자손들을 특징짓던 것과는 다른 영으로 통치할 것이다. 그것은 주님의 영(the spirit of the Lord)이다. 구약 전반에 걸쳐 어떤 사람이 대체로 인간을 특징짓는 것과는 다른 종류의 능력과 동기로 특징지워질 때, 바로 이와 같은 표현이 사용된다. 이런 표현은 요셉(창 41:38)에서부터 브살렐(출 31:3)과 옷니엘(삿 3:10)과 다윗(삼상 16:13)을 거쳐 미가(미 3:8)와 다른 선지자들에게까지 확대되어 나타난다. 하나님의 백성은 주님의 성령을 통해 하나님과의 언약을 궁극적으로 지킬 수 있을 것이다(겔 36:27). 그러므로 메시아는 타락한 인간의 영에서 나오는 힘과 동기가 아닌, 하나님의 생기와 호흡으로 다스릴 것이다.

그 결과 그의 통치는 "지혜", "총명", "모략", "재능", "지식", "여호와를 경외함"으로 규정될 것이다. 하나님의 백성들 가운데 결여된 이 모든 특징들(1:3)은 하나님이 진실로 거하는 곳에서 발견된다(잠 9:10; 사 33:6). 이와 같은 진정한 지각은 어떤 사실에 대한 지식적인 이해가 아닌, 진실한 그분을 경험하는 지식에서 오는 지혜와 같은 것이다. 11:2-3에서 "여호와를 경외함"이라는 말이 반복되고 있음은 이 점을 강조한다. 유다를 다스렸던 수많은 다윗 왕들과 이스라엘의 모든 왕들의 문제점은, 그들이 하나님께 순종하며 그분을 즐겁게 하고 영화롭게 하는 일—여호와를 경외함이라는 말이 의미하는 바가 이것이다—에 주된 관심을 갖지 않았다는 것이다. 오히려 그들의 주된 관심사는 자신의 권력을 유지하는 데 있었다. 이 통치자는 그들과는 다르다. 11:3-5은 이 통치자가 어떻게 다른지를 분명히 보여준다. 그는 외모나 겉모양으로 "심판"하시지 않을 것이다. 자신에게 유리하게 작용할 만한 결과를 근거로 "판단"하시지 않을 것이다. 부자나 강자의 편에 치우치지 않을 것이다. 오히려 공의로운 자의 변치 않는 기준에 따라 공의[4]에 관심을 기울일 것이다. 그가 시행할 "공의"(justice)[5]는 창조주가 만든 삶의 규칙과 관련이 있다. 그 결과 "겸손한 자"(the poor)와 "빈핍한 자"(the needy)는 더는 부자에게 불이익을 당하지 않을 것이다. 만약 강자들이 "악인"들 가운데 있다면, 그의 심판을 피할 수 없을 것이다. 그의 말씀은 어떤 왕들이 자신의 뜻을 집행하기 위해 흔드는 가장 큰 막대기보다 더 강력할 것이다. 그리고 그의 입술의 "기운"(breath,

4. "의"(*ṣedeq*)는 올바른 행실을 말하며, 그 행실을 판단하는 절대적인 기준을 암시해 준다.
5. "공의"(justice, 말 그대로 하면, "정직과 함께": 어근 *yšr*에서 파생된 *mišor*)는 "바른 길, 곧은 길"을 뜻한다. 히브리적 관점에서 볼 때, 정의는 법적인 공평 그 이상의 의미를 지닌다. 그것은 모든 만물을 올바로 다스리는 신적인 질서를 말한다.

ruaḥ, "영"[spirit])은 "악인"의 판결을 선고할 뿐만 아니라 사실상 그들을 멸망시킬 것이다.

어떻게 이런 일이 가능한가? 이 통치자의 중심에 "공의"와 "성실"이 있기 때문이다. 영역(英譯)본들은 11:5에 사용된 이미지를 모호하게 하는 경향이 있다. 그러나 이런 특징들은 메시아의 가장 친숙한 의복들 곧 그의 속옷을 말해 준다. 당신이 모든 겉옷들을 벗어 버릴 때 무엇을 발견하는가? 모든 일에 언제나 정직한 것이 정직이요, 모든 일에 진실한 것이 하나님의 세계의 진실이다. 그런 왕이 신뢰받을 수 있는가? 그는 필수 불가결한 개인적 권위를 지닐 수 있는가? 반드시 그래야 한다!

이런 지도력으로 말미암아 평화가 도래할 것이다—반목이 사라질 뿐만 아니라 이전에 분열된 것들이 연합될 것이다. 11:6-9에서 이런 논점을 전달하기 위해 사용되는 이미지는 세기가 지나면서 사상가들과 예술가들을 사로잡아 왔다. 이사야는 공격적이고 무력한 상태와 정반대인 조화를 이루며 서로 함께 살아가는 모습을 묘사하고 있다. 늑대들, 표범들, 사자들, 곰들이 양들, 염소들, 송아지와 암소들과 더불어 살아간다. 아마도 그중 가장 충격적인 이미지는 치명적인 독사의 굴에서 놀고 있는 어린아이의 이미지일 것이다.

이 이미지를 문자적으로 받아들여야 하는가? 많은 사람들은 그렇게 믿어 왔으며, 이런 것들이 요한계시록 20:1-6에 예고된 메시아의 천년왕국의 특성으로 이해해 왔다. 만약 그렇다면 여기에서 언급된 사자는 "소처럼 풀"(11:7)을 씹지도 소화도 시키지 못하기 때문에, 그 세계는 진실로 새 하늘과 새 땅이 될 것이다(65:17을 보라). 다른 사람들은 이 이미지가 인간 본성에 이와 동일한 극적인 변화가 일어날 것임을 말해 준다고 주장해 왔다. 즉 우리의 삶에서 매우 큰 비중을 차지하던 침략성과 잔인성이 영원히 변화될 것이다(11:9). 이 후자의 변화는 이미 부분적으로 발생하였으며, 우리는 기쁨으로 궁극적인 성취를 고대할 것이다. 이런 성취 방식은 11:9의 마지막 부분에 언급되고 있다. "물이 바다를 덮음같이 여호와를 아는 지식이 세상에 충만할 것임이니라."

이 구절에서 우리는 11:2의 첫 주제 즉 참된 지식의 주제로 돌아간다. 영적으로 말하면, 구유가 어디 있는지 알지 못할 정도로 너무 어리석은 이스라엘(1:2-3)은 실재에 대한 참지식을 소유할 것이며 그 지식에 따라 행할 수 있을 것이다. 히브리어 표현은 정보 축적의 지식과 개인적 경험의 지식 사이를 구분하지 않는다. 히브리인들에게 모든 참지식은 경험에 근거한다. 그러므로 선지자가 여기서 "여호와를 아는 지식"에 대해 이야기할 때, 그는 무엇보다도 주님에 관한 지식이 아닌 주님과 가깝고 친밀한 관계에서 나오는, 실재를 바라보는 통찰력에 관해 말하고 있는 것이다. 메시아는 모든 사람들로 하여금 하나님을 친밀하게 알 수 있도록 해주실 것이다.[6]

깃발로서의 메시아(11:10-16)

앞서 하나님이 대적의 나라를 불러 그의 백성을 심판하시기 위해 기를 세우신 것처럼(5:26), 지금 메시아는 열방을 자신(2:1-5을 보라)에게로 부르는 "기호"(11:10, 12)로 소개된다. 이런 표현은 그의 백성을 본국으로 회복하려는 하나님의 목적을 나타내 준다. 11:11에 언급된 장소들은 이런 귀환의 보편적 특성을 강조해 준다. 그들은 먼 남쪽("구스")과 먼 서쪽("엘람")과 먼 북쪽("아시리아")과 먼 서쪽("바다 섬들")에서 올 것이다. 11:12의 "땅 사방"이라는 표현은 동일한 사상을 나타내 준다. 이 땅에서 하나님의 "손"이 미치지 못하는 곳은 아무 데도 없다.[7]

11:11의 "다시"라는 표현의 정확한 의미는 명확치 않다. 아마도 처음은 출애굽을 뜻하는 것 같다. 그러므로 바빌론 포로귀환은 제2의 출애굽과 같은 것이다. 그러나 전 세계적으로 흩어진 분포도는 주전 722년과 586년 사이에 발생한 흩어짐보다 더 확대되었다. 그리고 주전 538년의 귀환은 단지 바빌론에서의 귀환이었을 뿐, 이런 다른 지역에서의 귀환이 아니었다. 이것은 우리로 하여금 "다시"라는 표현이 제2의 포로귀환을 가리킨다고 생각하게 한다.[8] 이 열방에게서의 귀환이 60-61장—주전 538년 귀환 이후의 백성에게 전달된 것으로 보임—에 다시 묘사되고 있다는 점은 이와 같은 해석을 더욱 뒷받침해 준다.

7-12장에서는 유다를 향한 북이스라엘(여기서 북이스라엘의 주요 지파인 "에브라임"과 동일시됨[11:13])의 침략으로 시작하고 있다. 이제 선지자는 솔로몬 사후의 분열로 돌아가 심지어 더욱 심해진 적개심(삼하 2:1-11을 보라)이 영원히 치유받게 될 그날을 미리 그려 본다. 그리스도 시대에 사마리아와 유다의 분열은

6. 또한 53:11을 참조하라. 이 구절은 고난의 종의 "지식"이 "많은 사람들을 의롭게 할" 것이라고 말한다.
7. 열방의 재물을 모으기 위해 자신의 손이 열방의 "보금자리"에 까지 미친다고 자랑하는 아시리아의 왕을 주목해 보라(10:13-14).
8. Young, *The Book of Isaiah*, 1:395-96; Motyer, *Prophecy of Isaiah*, 125-26을 보라.

이런 적개심 연속의 일환이었던 것이다. 그리스도께서 어떤 사마리아인들을 자신에게 이끌었을 때(요 4장) 그분은 이 간격을 이어주는 시발점이 되었다. 우리는 그리스도의 나라가 완전히 실현될 때 이 간격이 최종적으로 이어질 것임을 고대하고 있다.

이스라엘의 연합된 백성은 서로 싸우지 않고, 역사적으로 요단 동편의 적대적인 나라들—북부의 암몬, 중부의 모압, 남부의 에돔—에 대항하여 효과적인 공격을 감행할 수 있을 것이다(11:14). 이 민족들의 백성은 더는 이스라엘 백성을 마음대로 공격할 수 없을 것이다.

한편, 11:15에서 선지자가 문자적으로 이 표현들을 어떻게 해석하도록 의도하고 있는지는 분명치 않으나, 그 논점은 분명하다. 남쪽("애굽 해고", 예를 들면, "수에즈 만")이든 북쪽("유브라데 하수")이든 그곳에서 돌아오는 백성에게 큰 장애물은 없을 것이다. 출애굽기를 연상시키는 표현을 통해, 이사야는 물을 말리는 바람(참조. 출 14:21)과 신발을 적시지 않고 강을 건너는 사건(참조. 수 3:17)에 대해 이야기한다. 11:16은 이사야서에서 "대로" 모티브를 처음 사용하면서 평안한 귀환의 이미지를 계속 사용하고 있다.[9] 여기서 출애굽의 암시가 명백히 드러나며, 출애굽 백성이 광야를 지나 대로를 사용한 것은 아니기 때문에 이 표현은 분명 상징적인 것이다.

상황잇기

1-9절. 이 구절은 하나님 왕국의 특징들에 대해 이야기하고 있다. 하나님은 그의 약속을 지키신다. 그러나 언제나 우리가 기대하는 방식으로 그 약속을 지키시지는 않는다. 신약 시대의 유대인들이 확신한 바에 따르면, 이스라엘을 다스릴 다윗 자손의 약속은 말 그대로 정치적, 군사적 지도자가 그들을 다스릴 것이며 그들의 정치적, 군사적 원수들을 물리칠 것임을 의미했다. 그러므로 하나님이 또 다른 방식으로 그의 약속을 지키실 때, 그들은 변화를 맞이하는 데 어려움을 겪었다. 우리는 이곳과 다른 여러 곳에서 사용된 표현 양식을 볼 때, 아마도 그들이 메시아 왕국의 영적인 측면에 더 강조점을 두어야 했다고 말할 수 있을 것이다. 그렇지만 그들은 자신을 "겸손한 자들"(11:4)로 보았고, 메시아가 "악인"(11:4) 즉 그들의 압제자들을 입술에서 나오는 불길로 멸망시킬 때 자신을

9. 또한 19:23; 35:8; 40:3; 62:10, 이 모든 단락들은 구속과 회복의 맥락 속에 위치하고 있다.

신원해 줄 것이라고 믿었기 때문에, 우리는 그들에 대해 너무 가혹하게 말할 수는 없다.

그러나 이것은 어떻게 이 예언들이 성취되는지를 정확하게 알 수 있다는 지나친 확신을 삼가며 좀 더 겸손한 자세로 예언을 읽어야 하는 현대 독자에게 교훈을 던져 준다. 특히 우리는 예언의 기계적인 성취보다는, 그 영적인 교훈들에 더 많은 관심을 기울이면서 예언을 읽어야 한다. 그러므로 이 단락은 여호와를 경외하는 참지식의 근거와, 하나님의 말씀의 능력과, 인류의 공격적이고 억압적인 본성이 치유될 거라는 희망에 대해 말하고 있다.

10-16절. 하나님 백성의 고국귀환에 대한 이 예언은 방금 언급한 것과 정반대의 성향에 대해 이야기한다. 만약 우리가 예언들을 너무 문자적으로 해석하지 않도록 주의해야 한다면, 우리는 또한 문자적인 성취의 여지도 남겨 두어야 한다. 수세기 동안 교회는 자신을 이스라엘 백성의 영적인 후손으로 이해했으며, 모든 약속들이 교회를 통해 영적으로 성취된다고 보았다. 그러므로 유대인들이 19세기 후반에 이스라엘로 돌아오기 시작하여 제2차 세계대전 후 그 귀환이 쇄도하였을 때, 많은 크리스천들은 놀라움에 사로잡혔다. 한편 로마서 9-11장에 나오는 버림받지 않은 옛 가지에 대한 바울의 분명한 진술을 알고 있었다면 크리스천들이 이 사건을 그렇게 놀라워하지는 않았을 거라고 말하기란 매우 쉬운 일이다. 일어나지 않은 미래의 일보다는 지금까지 일어난 일에 대해 말하는 것이 언제나 훨씬 더 쉬운 일이다. 그러므로 어떤 특정한 단락에는 오직 영적인 의미만 있을 뿐이라는 단조로운 주장은 의심해 보아야 한다.

현대적 의미

천년왕국. 내가 보기에 그리스도의 실제적인 재림이 존재하듯이, 또한 그리스도께서 통치하실 실제적인 새 하늘과 새 땅도 분명히 존재한다. 11장은 바로 이 왕국을 고대하고 있다. 명백한 성경의 증언을 제쳐 두고라도 내가 믿는 바로는, 창조의 원리는 하나님의 피조물들이 원래 의도된 창조 그 자체를 경험할 그때를 요청하고 있다. 요한계시록 20:1-5에 나타나듯이, 그 통치가 문자적인 천년인지 아닌지에 대해서는 그리 확신하지 못한다. 왜냐하면 히브리 수 개념에서 "천"보다 큰 것은 "만"(참조. 삼상 18:7)밖에 없을 정도로 '천'이라는 수가 매우 큰 수를 가리키기 때문이다. 오늘날 우리는 "백만"과 "억"에 대해 이야기할는지 모른다. 그러므로 이 그리스도의 통치는 창조의 그 원리가 성취될 때까지 오랫동안 이루어질 것이다.

여기에 묘사된 왕국에 교회가 상징적으로라도 이루어낼 만한 것들은 점차 줄어들 것 같다. 만약 기독교 '국가들'이 비기독교 국가들보다 조금 더 개화되고 인도주의적이었다고 주장할는지 모르지만, 인류 역사상 두 가지 큰 오점 곧 제1차 세계대전과 제2차 세계대전의 중심 혹은 기원이 기독교 유럽 국가들이었음은 여전한 사실이다. 인간의 침략과 억압은 기독교 성경의 관점에서 너무 자주 정당화되어왔다. 그러므로 우리는 "나의 거룩한 산 모든 곳에서 해됨도 없고 상함도 없을" (11:9) 그날을 아직도 고대하고 있다. 그리고 우리는 이런 날을 가져다줄 (우리가 아닌) 어떤 권세를 고대하고 있다.

현재의 왕국. 그러나 크리스천들이 그저 팔짱만 끼고 앉아서, 하나님이 갑작스레 나타나 이 혼란에서 우리를 구원하시려 오실 것임을 기다리고만 있는 것은 변명거리가 되지 못한다. 분명 그리스도의 왕국은 도래했으나 아직 완성되지 않았다.[10] 어떤 관점에서 볼 때 나는 그리스도의 왕국이 아직 도래하지 않았음에 대해 이야기해 왔다. 그러나 또 다른 관점에서 볼 때, 이 왕국은 이미 도래하였다. 성령은 모든 크리스천들에게 충만히 거할 수 있으며, 우리로 하여금 개개인의 행위를 바꾸는 방식을 통해 하나님을 알도록 인도해 줄 것이다. 비록 낙관적인 교회의 시대보다 인류의 죄악된 본성이 훨씬 더 치명적이라 하더라도, 그리스도께서 죽으셔서 우리로 하여금 모든 일에 전적으로 참여할 수 있게 해주셨기 때문에, 우리가 모든 일에 참여하지 못하는 것은 정당화될 수 없다.

우리는 지속적으로 생각과 행동이 변화됨으로써 하나님을 알 수가 있다. 그리고 그러한 변화는 긍정적인 방식으로 우리의 교제에 영향을 미칠 수 있다. 그리스도께서 약자를 위해서는 정직함을, 가난한 자를 위해서는 공의로움을 구하듯이, 우리도 그리스도와 함께 그런 일에 참여할 수 있다. 우리는 그리스도께서 우리가 할 수 있는 것보다 더 나은 것을 공급해 주심을 알고 있기에, 자신을 위한 "권리들"과 자신을 위해 적극적으로 주장할 필요성을 포기할 수 있다(엡 3:20-21; 빌 4:19).

오늘날 우리는 유대인들이 세계 도처에서 이스라엘로 몰려왔을 때, 이 장에 나타난 약속 부분의 성취가 시작되는 것을 보게 되었다. 더욱이, 고대의 암몬과 모

---

10. 이런 이론으로는 O. Cullmann, *Christ and Time: The Primitive Christian Conception of Time and History*, trans. F. Filson(Philadelphia: Westminster, 1964)을 보라.

압과 에돔을 둘러싸고 있는 요르단 국가가 이스라엘과 평화를 이루고 있음은 흥미로운 일이다. 확신컨대, 대부분의 현대 이스라엘인들은 그들의 귀환을 하나님의 공로로 돌리지 않는다. 이것은 그들에게 대단히 위험한 자세이다. 그렇지만 분명 하나님은 그의 백성을 향한 당신의 계획을 끝마치지 않으셨다. 그리고 우리는 하나님이 실로 그의 약속을 어떻게 성취하실지 흥분 속에서 바라보며 고대할 것이다.

이사야 12:1-6

1 그날에 네가 말하기를 여호와여 주께서 전에
는 내게 노하셨사오나 이제는 주의 진노가
돌아섰고 또 주께서 나를 안위하시오니 내가
주께 감사하겠나이다 할 것이니라
2 보라 하나님은 나의 구원이시라 내가 신뢰하
고 두려움이 없으리니 주 여호와는 나의 힘
이시며 나의 노래시며 나의 구원이심이라
3 그러므로 너희가 기쁨으로 구원의 우물들에
서 물을 길으리로다
4 그날에 너희가 또 말하기를 여호와께 감사하
라 그의 이름을 부르며 그의 행하심을 만국
중에 선포하며 그의 이름이 높다 하라
5 여호와를 찬송할 것은 극히 아름다운 일을
하셨음이니 이를 온 땅에 알게 할지어다
6 시온의 주민아 소리 높여 부르라 이스라엘의
거룩하신 이가 너희 중에서 크심이니라 할
것이니라

원 의미

두 부분으로 된 이 아름다운 시는 7-39장의 첫 세부 단락을 마무리 짓는다. 이사야는 자신에게 계시하신 이스라엘의 거룩한 자를 신뢰하라고 아하스에게 도전하였다. 아하스가 이 초청과 하나님이 그의 백성과 함께하심을 보여 주는 징조의 제안을 거절했을 때, 이사야는 아하스가 하나님 대신 신뢰한 그 나라―아시리아―가 유다를 향해 쳐들어와 유다를 멸망시킬 거라고 선포하였다. 그러나 실로 하나님이 신뢰받기에 합당하심을 강조하는 선지자는, 유다 자신이 초래한 어둠 가운데 하나님이 빛을 비추실 거라고 선언하였다. 이 빛은 "하나님이 우리와 함께하심"을 보여 주는 다윗 자손의 형태로 나타난다. 더욱이 이스라엘이 아시리아가 아닌 하나님이 이스라엘의 운명을 통제하신다는 사실을 직시했다면, 하나님은 교만한 아시리아를 파멸시키고 그의 백성뿐만 아니라 온 열방의 대리자들과 함께 거하게 될 평화의 메시아 왕국으로 인도함으로써 그 사실을 입증하셨을 것이다. 그런 하나님은 신뢰받기에 합당하신 분인가? 분명 그렇다!

우리는 이에 대한 응답을 12:1-6에서 발견한다. 그는 하나님이라는 이유만으로도 신뢰받아 마땅하신 분이시다. 그러나 그분이 의로운 진노에서 백성을 "안위"(comfort)하거나 격려(encouragement)로 돌이키셨음을 깨닫게 될 때, 하나님은 더욱더 신뢰받아 마땅한 분이시다. 홍해에서와 마찬가지로 백성들은 그들이 하나님에 대해 깨닫게 된 것을 말할 수 있을 것이다—그는 "힘"이시며 "노래"시며 "구원"이심이라. 누가 그와 같은 하나님을 이처럼 신뢰하지 않겠는가? "구원의 우물들에서 물"을 길어 올린다는 것은 하나님이 베푸신 구원의 효력에 참여하는 것뿐 아니라, 시편 116:13-14에 분명히 나타나듯이 순종과 증거를 통해 구원의 의의를 유지하며 살아가는 것을 의미한다.

도입부에 소개된 희망의 요소들(2:1-5; 4:2-6)을 통해 고대하던 바와 같이, 구속과 구원의 즉각적인 결과들(12:1-3)은 열방을 향한 증거가 된다(12:4-6). 동일한 현상이 선지자 자신의 소명에 축소되어 나타난다. 이사야는 씻음 받은 상태를 기뻐하기 위해 씻음 받은 것이 아니라, 백성들에게 하나님의 말씀을 선포하기 위해서 씻음 받았다.

4절은 크리스천의 행동 방향인 감사, 기도, 증거를 간략하게 제시한다. 증거는 하나님의 "행하심"과 다음과 같은 명백한 결론을 포함한다. 그분만큼 높고 거룩한 성품("이름")을 지닌 자는 없다. 증거는 노래의 형식을 띤다. 거룩하신 분이 행하신 이와 같은 일들은 시무룩한 얼굴로 선포될 수 없다. 이런 일들은 "온 세계"에 칭송되어야 한다(5절).

상황잇기

12장은 복음주의 신학으로 가득 차 있다. 하나님은 구원을 일으키시는 분이다. 이스라엘을 향한 하나님의 은혜를 얻기 위해 이스라엘이 행한 것은 아무것도 없다. 만약 화목이 필요했다면, 그것은 하나님에게서 와야 했다. 신뢰(믿음)는 화목을 일으키기보다는, 선포된 그 화목에 대한 반응이다. 이처럼 신뢰(믿음)는 최적의 유일한 반응이다. 하나님이 자신의 공의를 충족시키셔서 우리로 하여금 그를 신뢰하도록 초청할 때, 그밖에 우리가 할 수 있는 일이란 무엇인가?

이것은 우리의 반응이 궁극적으로 찬양을 통해 나타나야 함을 의미한다. 노래만큼 인간의 전 영혼을 사로잡는 표현 양식은 없다. 더욱이 시온의 노래는 홍해에서 흘러나와 모든 크리스천이 모여들 "유리 바다"(참조. 계 15:2)까지 계속 이어질 것이다.

책을 가지시고
　　그 인봉을 떼기에 합당하시도다
일찍 죽임을 당하사
　　각 족속과 방언과 백성과 나라 가운데서
사람들을 피로 사서 하나님께 드리시고
　　저희로 우리 하나님 앞에서
나라와 제사장을 삼으셨으니
　　저희가 땅에서 왕 노릇 하리로다 하더라(계 5:9-10).

현대적 의미

오늘날 12장에 관하여 생각하는 크리스천들은 그리스도의 사역을 돕기보다는 그 사역을 반영해 줄 수 있다. 바울은 "하나님께서 그리스도 안에 계시사 세상을 자기와 화목하게 하시며"(고후 5:19)라고 말한다. 그의 말은 그것이 전부라는 것이다. 하나님은 십자가의 사역을 통해 우리를 자신과 화목하게 하셨다. 원래 화목은 양면적이다. 그러나 이 경우에는 해당되지 않는다. 우리가 협상하는 방식으로 하나님께 제시할 수 있는 것은 아무것도 없다. 우리는 하나님과 멀어져 생명에서 분리된 죄인들로 정죄당하였다(요 3:18; 엡 4:18, 골 1:21). 그러나 그리스도께서 우리를 대신하여 죽으심으로써, 하나님은 자신의 공의를 충족하실 수 있는 방법을 발견하셨다. 하나님은 우리에게 심판이 아닌 격려를 베푸시기 위해 찾아오셨다.

흠정역에서 성령을 "위로자"(Comforter)로 칭하고 있음은 우연이 아니다. 불행하게도 "위로"(comport, 개역성경은 "안위"로 번역함-옮긴이)라는 단어의 효과가 너무 약화되어 우리는 이제 이 단어를 현대 번역체로 사용할 수 없게 되었다. 그러나 원래 "위로"라는 말은 성령 하나님이 우리를 위해 하시는 바로 그 일을 말한다. 성령 하나님은 우리가 심판자 앞에 서서 우리 자신이 용서받았음을 알도록 인도해 주시기 위해 오셨다. 그분은 우리가 또다시 실패했을 때 모든 것을 잃어버린 것이 아님을 말씀하시려고 오셨다. 그분은 우리가 비웃는 세상을 향해 사랑과 꿋꿋함으로 서 있도록 이끌어 주시기 위해 오셨다. 이런 일은 우리 안에서 이루어지지 않는다. 오히려 그리스도의 십자가와 부활의 능력 안에서 이루어진다.

인디언 법이 논쟁거리가 된 1940년대 후반에 개종을 금지하는 법 조항이 제안되었다는 이야기를 들은 바 있다. 그러나 크리스천이 아닌 한 법률가가 의문을 제기하며 이 법 조항이 헌법과 모순 된다고 말하였다. 사람들이 그에게 그 이유를 물었을 때, 그는 헌법이 이미 종교의 자유를 보장하는 조항을 채택했음을 지적했으며, 크리스천들은 회심자들을 얻고자 노력해야 한다고 말했다. 회심자들을 얻고자 하는 노력은 그들 종교의 일부였다. 결국 개종을 금지하려는 조항은 무산되었다. 그러나 이런 시도만이 기독교의 특징은 아니다. 성경에 나타난 모든 종교들도 이런 특징을 보여 준다(회심자를 찾고자 하는 바리새인의 열심에 대한 예수의 평가를 주목하라, 마 23:15). 만약 하나님이 이 세상의 유일한 창조주라면, 그리고 우리가 스스로 이 하나님에게서 분리됐다면, 하나님은 우리가 다시 원래 상태로 돌아갈 수 있는 길을 찾아내셨다. 그것은 창조된 온 세계가 들어야 하는 소식이다. 어떻게 우리가 조용히 침묵할 수 있겠는가?

이사야 13:1-22

1 아모스의 아들 이사야가 바벨론에 대하여 받
은 경고라
2 너희는 민둥산 위에 기치를 세우고 소리를
높여 그들을 부르며 손을 흔들어 그들을 존
귀한 자의 문에 들어가게 하라
3 내가 거룩하게 구별한 자들에게 명령하고 나
의 위엄을 기뻐하는 용사들을 불러 나의 노
여움을 전하게 하였느니라
4 산에서 무리의 소리가 남이여 많은 백성의
소리 같으니 곧 열국 민족이 함께 모여 떠드
는 소리라 만군의 여호와께서 싸움을 위하여
군대를 검열하심이로다
5 무리가 먼 나라에서, 하늘 끝에서 왔음이여
곧 여호와와 그의 진노의 병기라 온 땅을 멸
하려 함이로다
6 너희는 애곡할지어다 여호와의 날이 가까웠
으니 전능자에게서 멸망이 임할 것임이로다
7 그러므로 모든 손의 힘이 풀리고 각 사람의
마음이 녹을 것이라
8 그들이 놀라며 괴로움과 슬픔에 사로잡혀 해
산이 임박한 여자 같이 고통하며 서로 보고
놀라며 얼굴이 불꽃 같으리로다
9 보라 여호와의 날 곧 잔혹히 분냄과 맹렬히
노하는 날이 이르러 땅을 황폐하게 하며 그
중에서 죄인들을 멸하리니
10 하늘의 별들과 별 무리가 그 빛을 내지 아니
하며 해가 돋아도 어두우며 달이 그 빛을 비
추지 아니할 것이로다
11 내가 세상의 악과 악인의 죄를 벌하며 교만
한 자의 오만을 끊으며 강포한 자의 거만을
낮출 것이며
12 내가 사람을 순금보다 희소하게 하며 인생을
오빌의 금보다 희귀하게 하리로다
13 그러므로 나 만군의 여호와가 분하여 맹렬히
노하는 날에 하늘을 진동시키며 땅을 흔들어
그 자리에서 떠나게 하리니
14 그들이 쫓긴 노루나 모으는 자 없는 양 같이
각기 자기 동족에게로 돌아가며 각기 본향으
로 도망할 것이나
15 만나는 자마다 창에 찔리겠고 잡히는 자마다
칼에 엎드러지겠고
16 그들의 어린 아이들은 그들의 목전에서 메어
침을 당하겠고 그들의 집은 노략을 당하겠고
그들의 아내는 욕을 당하리라
17 보라 은을 돌아보지 아니하며 금을 기뻐하지
아니하는 메대 사람을 내가 충동하여 그들을
치게 하리니
18 메대 사람이 활로 청년을 쏘아 죽이며 태의
열매를 긍휼히 여기지 아니하며 아이를 애석
하게 보지 아니하리라
19 열국의 영광이요 갈대아 사람의 자랑하는 노
리개가 된 바벨론이 하나님께 멸망 당한 소
돔과 고모라 같이 되리니
20 그곳에 거주할 자가 없겠고 거처할 사람이
대대에 없을 것이며 아라비아 사람도 거기에
장막을 치지 아니하며 목자들도 그곳에 그들
의 양 떼를 쉬게 하지 아니할 것이요
21 오직 들짐승들이 거기에 엎드리고 부르짖는
짐승이 그들의 가옥에 가득하며 타조가 거기
에 깃들이며 들양이 거기에서 뛸 것이요
22 그의 궁성에는 승냥이가 부르짖을 것이요
화려하던 궁전에는 들개가 울 것이라 그
의 때가 가까우며 그의 날이 오래지 아니하
리라

원 의미

서론에서 언급했다시피 7-12장과 36-39장은 유다의 두 왕 곧 아하스와 히스기야가 나라의 심각한 군사적, 정치적 위협에 직면하여 하나님에 대한 신뢰의 문제를 접근할 때 그들의 서로 다른 접근 방식을 다루는 '받침대'(bookends) 역할을 하고 있다. 그러나 7-12장과 36-39장 사이에는 어떤 내용들이 있는가? 우리는 그것을 '신뢰에 대한 강의들'이라고 말할 수 있을 것이다. 이것은 한 학생이 7-12장에서 신뢰에 대한 시험에서 낙제했음을 말해 준다. 그러므로 이 학생은 36장에서 다시 시험을 치르기에 앞서 학습지도가 필요하다. 이런 학습지도는 세 과정으로 나뉜다. 13-23장; 24-27장; 28-33장 그리고 결론에 해당하는 34-35장. 이 학습 과정의 몇몇 과목들은 다음과 같다.

- 열방이 하나님의 심판 아래 놓여 있을 때, 왜 열방을 신뢰하는가?(13-23장)
- 모든 역사가 우리 하나님의 손에 있을 때, 왜 열방을 신뢰하는가?(24-27장)
- 하나님의 성령 대신에 혈과 육을 신뢰하도록 조언하는 이들은 어리석은 자들이다(28-35장).

만약 이런 강의들이 전달되었다면, 다시 시험을 치를 때가 올 것이다. 그러나 선지자가 예언했다시피, 시험을 다시 치를 때에는 그 위험이 훨씬 더할 것이다. 다윗 왕조의 생존뿐만 아니라 바로 국가의 생존이 걸려 있다.

13-23장의 본문은 몇몇 선지서에서 발견되는 유형들과 어울린다(특히 렘 46-51장; 겔 25-32장을 보라. 또한 단일 신탁으로 구성되어 있는 오바댜와 나훔도 참조하라. 오바댜는 에돔에 대한 신탁, 나훔은 아시리아에 대한 신탁으로 구성되어 있다.) 일반적으로 이 신탁들은, 단지 하나님이 불순종의 이스라엘과 유다를 심판하기 위해 이방 민족들을 그의 도구로 사용하고자 선택했다는 그 이유만으로, 이 민족들이 그들의 죄에 대한 심판에서 벗어나지 못할 것임을 말해 주는 하나님의 선언 방식이다. 이스라엘은 연단의 심판 이후에 회복될 것이다. 그러나 이방 가운데 어떤 민족들은 지상에서 사라질 것이다.

내가 이미 말했다시피, 열방에 대한 신탁들은 열방을 신뢰하는 어리석음을 강조하기 위해 이사야서의 이 위치에 배열되었다. 아하스는 이렇게 열방을 신뢰하였고, 히스기야는 그와 같은 유혹을 받게 될 것이다. 또한 열방에 대한 신탁들은 11장에 나오는 회복의 약속들과 그 확실성을 강조하기 위해 이 자리에 위치하고 있는 듯하다. 하나님이 분명 열방을 심판하시기 때문에 열방은 그들의 포로들을 붙잡아 두지 못할 것이다. 심판의 대상이 될 특별한 나라들은 다음과 같다—바벨론(13:1-14:23; 21:1-10[그리고 아시리아, 14:24-27]), 블레셋(14:28-32), 모압(15:1-16:14), 다마스쿠스(시리아, 17:1-14), 구스(누비아와 에티오피아, 18:1-7), 이집트(19:1-20:6), 두마(에돔? 21:11-12), 아라비아(21:13-17), 예루살렘(유다, 22:1-25), 두로(23:1-18). 이런 특별한 선별 혹은 배열에는 명확한 이유가 없다. 그러나 학자들은 그 이유를 찾기 위해 가치 있는 시도를 해 왔다.[1] 가장 그럴듯한 이유로서 혹자는 이것이 고대 근동 세계의 전 민족들(암몬만 빠짐) 즉 동방의 거대 상업 제국인 바벨론에서 시작하여 서방의 거대 상업 제국인 두로까지 포함하는, 일종의 포괄적인 목록이라고 말한다.

바벨론에 대한 경고(13:1)

이 첫 신탁(13-14장)이 이사야 시대에 세계 강국이 아닌 바벨론과 함께 시작하고 있다는 사실은 종종 이사야서의 후대성을 입증하는 증거로 제시된다. 이런 주장에 따르면, 유다가 아시리아가 아닌 바벨론에게 멸망당했음을 깨달은 이사야서의 후대 편집자들은 이 신탁을 이 위치에 삽입했다. 그러나 13장의 개막 구절은 그런 주장을 정확하게 반박하기 위해 구성된 것처럼 보인다. 우리는 이 구절에서 어떤 후대의 편집자가 아닌, "아모스의 아들 이사야"가 바벨론에 대한 신탁을 보았음을 깨닫게 된다. 이 진술은 사실이 아니면 거짓일 것이다. 만약 그것이 거짓이라면, 신학적 선포를 포함한 이 책(이사야서)에 소개된 다른 것들의 진실성도 모두 의심의 대상이 된다.[2] 이 단락의 마지막 장(39장)은 이사야가 궁극적으로 유다를 멸망시킬 바벨론을 분명 대적으로 이해했음을 보여 준다.

만약 이사야가 바벨론을 유다의 실제 원수로 충분히 알고 있었다고 인정한다면, 이 신탁이 하나님의 영감으로 기록되었다고 믿는 것은 그리 지나친 일이 아니다. 왜냐하면 이 신탁이 실제 바벨론의 많은 특징들을 내포하고 있기 때문이다.[3]

1. 배열과 관련된 해석들을 살펴보려면, Motye, *Prophecy of Isaiah*, 131-34를 보라.
2. Childs, *Isaiah*, 124. 그는 본문이 "편집적 전략"을 암시하고 있다고 말하면서 저작권을 간단히 처리해 버린다. 이런 입장은 제기되는 진정성과 완전성에 대한 질문에 해답을 주지 못한다.
3. 이런 논점에 관하여, S. Erlandsson, *The Burden of Babylon: A Study of Isaiah 13:2-14:23*(Lund: Gleerup, 1970)을 보라. 자이츠는 이런 견해를 하나의 가능성으로 받아들인다. 그러나 이 본문이 후대에

심지어 아시리아 제국 시대에도 바빌론은 메소포타미아 유역과 전 고대 근동 지역에서 문화와 문명의 중심지였다. 그러므로 인간의 권세와 영광에 대한 일련의 심판들을 바빌론 신탁과 함께 시작하는 것은 적절해 보인다.[4]

21:1-10의 다른 바빌론 신탁과 비교해 볼 때, 13-14장은 훨씬 더 보편적인 운치를 풍기고 있다. 하늘의 별들과 별자리(별 떨기)는 그 빛을 잃게 되며(13:10), 온 세상은 그 오만과 교만 때문에 심판을 받는다(13:11).[5] 그리고 "하늘"과 "땅"은 흔들리며 진동한다. 비록 아시리아의 사르곤 2세가 특정한 통치자로서 모형을 제시해왔지만(14:16-21의 설명을 보라), 바빌론의 왕(14장)은 분명 이보다 훨씬 더 특별하다. 분명 이 인물은 모든 피조물의 교만을 대변해 준다. 즉 그는 자신이 세상의 통치를 위해 하나님과 견줄 수 있다고 믿는다. 그러므로 이 신탁의 도입부(13:1)는 온 피조물의 교만과 영광을 상징하기 위해 바빌론을 사용하고 있으며, 피조물들이 가장 강대하고 높아질 때라도 주 하나님이 그 모든 것들을 티끌로 돌아가게 하시기 때문에 그런 피조물들을 신뢰할 만한 이유가 없다고 주장한다.

도래할 심판의 무서움(13:2-8)

이 구절들은 도래할 심판의 무서움을 강조한다. 하나님이 원수를 심판하시기 위해 여러 민족들을 부르는 신호를 알리는 "깃발"(banner, 개역성경 "기호")이 또다시 세워진다(13:2; 5:26을 보라). 그러나 이 군대는 "하늘 끝"에서 온다(13:5). 이것은 단지 역사적 심판이 아닌, 종말의 심판이다. 더욱이 누가 이런 심판을 불러일으키는지에 대해서는 의문의 여지가 없다. 그는 "나", "만군의 여호와"(NIV "the Lord Almighty",[6] "전능자"[7]이시다. 세상 열방 가운데 가장 강대하고 영화로운 나라조차도, 그 이름을 예루살렘에 두신 하나님께 상대가 되지 못한다. 하나님

더 추가되었다고 말한다(Seitz, *Isaiah 1-39*, 131-32).

4. 아시리아 "신탁"(14:24-27)이 바빌론 신탁 안에서 어떤 특별한 표제도 없이 포함되어 있음을 주목해 보라. 이것은 여기에 나타난 "바빌론"이 고대 메소포타미아의 모든 문명을 대표하고 있음을 암시해 준다.
5. 또한 13:5, 9을 보라. 여기서 NIV는 "온 나라"(the whole country)와 "땅"(the land)으로 번역한다. 두 경우 가운데 특히 후자의 경우에 나는 "세상"(earth)이 더 나은 번역이라고 생각한다.
6. 말 그대로 "만군의 여호와"(Yahweh of hosts, 개역성경과 NIV 번역이 다름. 여기 설명은 NIV를 전제로 함-옮긴이).
7. *šadday*.

께 불어오는 강력한 폭풍은 없으며, 단지 피곤한 손과 녹은 마음만 있을 뿐이다(13:7). 또한 어떤 거만한 모습도 없으며, 단지 수치와 치욕의 상기된 얼굴만 있을 뿐이다(13:8).

교만의 죄(13:9-13)

이사야서의 첫 부분에서 보았다시피, 피조물의 모든 죄 가운데 가장 큰 것은 교만이다. 바로 그 자신의 존재를 위해 자애로운 창조주의 지속적인 은혜를 의지하는 자들은 자신이 궁극적인 존재인양 행동하기 때문에, 그것은 상상할 수 없으리만큼 심각한, 하나님을 향한 최악의 범죄이다. 종종 이방인은 인간을 신격화할 때, 인간의 형상으로 만든 신들이 곧 별이라는 허구적 이야기를 통해 인간 그 자체를 표현하고자 한다. 사실상 이사야의 말대로 진실은 그 반대이다. 별들은 피조물에 대한 우리의 주권을 보증해 주는 존재가 아니라 전능자의 충성된 종들이며, 그 전능자가 반역한 세상을 심판할 때 그 격변에서 벗어나지 못할 것이다. 그는 별들을 어둡게 하며 그 별들을 뒤흔들어 놓을 것이다(13:10, 13).

권력의 몰락(13:14-22)

비록 이 표현은 두드러지게 보편적인 논조를 여전히 띠고 있지만, 이사야는 이제 더욱더 역사적인 논조를 취하고 있다. 14-15절은 모든 고대 제국들이 맺은 도시 국가 연맹의 붕괴를 묘사하고 있다. 중앙의 권력이 붕괴하기 시작하면 모든 도시들은 재빨리 본국 중심으로 바뀌며, 모든 사람들은 조금이라도 보호를 받기 위해 "본향"으로 서둘러 돌아간다. 그러나 가장 강한 남자들도 그의 아내와 자녀 혹은 재산을 구할 수 없기 때문에, 실제로 보호받을 수 있는 길은 없을 것이다(13:16).

"메데"는 티그리스 강 서편의 자그로스 산맥(오늘날의 이란) 출신의 용맹한 사람들이었다. 그들은 잇따라 아시리아, 바빌론, 페르시아와 동맹을 체결했기 때문에 통치보다 싸움을 더 좋아한 것 같다. 오직 알렉산더 지휘 아래 있던 헬라인만이 그들의 상대가 되었고, 심지어 헬라인조차도 메데인에 대해 말할 때 그들을 두려운 존재로 보았다. 여기서(13:7) 이사야는 예언적 영감을 통해 메데가 먼저 바빌론과 합류하여 아시리아를 멸망시키고, 그 다음 페르시아와 합류하여 바빌론을 휩쓸어 버림으로써 메소포타미아의 권세를 재현할 것임을 미리 알게 된다. 강한 자("청년")건 약한 자("태의 열매"[infants], "아이"[children], 13:18)건 그들에게 어떤 구명(救命)도 기대치 못할 것이며, 그리하여 바빌론의 멸망이 이루어질 것이다(13:19-22).

비록 메데-페르시아의 바빌론 정복이 바빌론의 즉각적인 멸망을 의미하지는 않지만, 그것은 멸망의 시작을 의미하였다. 페르시아인은 두 개의 수도가 있었는데, 하나는 페르시아의 수사(Susa)에, 또 다른 하나는 메디아의 에크바타나(Ecbatana)에 있었다. 한편 알렉산더의 후계자들은 그들의 수도를 시리아의 안디옥에 세웠다. 그러므로 가장 거대했던 고대의 도시(바빌론)는 천천히 역사의 뒤안길로 사라졌고, 심지어 주후 18세기에 이르러 그 위치도 알 수 없게 되었다. 이 도시에 "시랑"과 "들개"가 출현할 거라는 이사야의 예언(13:22)은 철저하리 만큼 실현되었다. 그 도시가 세상의 영광이었는가? 창가에 앉아 있는 부엉이들과 담을 뛰어넘는 염소들의 울음소리를 들어 보라.

상황잇기

표면적으로 볼 때, 이사야는 승산이 없는(uneven) 싸움을 걸고 있는 것처럼 보인다. 작고 조그마한 예루살렘의 하나님이 거대한 바빌론에 무엇을 하실 수 있는가? 물론 이사야는 바빌론의 통치자들이 알지 못하는 어떤 것을 알고 있다. 이스라엘의 거룩한 자는 온 세상의 유일하신 하나님, 창조주, 우주를 존속케 하시는 분이다. 그렇다. 이것은 승산이 없는 싸움이다. 그러나 바빌론인들이 생각하는 것과는 정반대인(오히려 바빌론에게 승산이 없는-옮긴이) 싸움이다.

이사야가 죽은 후 수년이 지나 바빌론의 권세가 절정에 도달했을 때, 포로 된 유다 백성의 하나님은 바빌론 제왕 가운데 가장 강력하던 느부갓네살을 초라하게 만들어 소와 같이 풀을 뜯게 하셨다(단 4:24-35). 이런 경험을 끝마칠 즈음에 고백한 느부갓네살의 말은 그때나 지금이나 진실이다(단 4:34b-35).

그 권세는 영원한 권세요
    그 나라는 대대에 이르리로다
땅의 모든 거민을
    없는 것같이 여기시며
하늘의 군사에게든지

땅의 거민에게든지
그는 자기 뜻대로 행하시나니
누가 그의 손을 금하든지
혹시 이르기를 네가 무엇을 하느냐 할 자가 없도다.

우주의 창조주와 유지자(Sustainer)의 영광과 비교해 볼 때, 세상이 보여 줄 수 있는 바빌론의 가장 위대한 영광은 단지 티끌과 재에 불과하다.

계시를 받은 자 요한은 느부갓네살이 죽은 후 6세기가 지났을 때 바로 그와 동일한 것에 대해 이야기한 바 있다. 요한은 로마를 당대의 바빌론으로 묘사했는데, 세상의 높은 자들이 찾아오는 화려한 음녀와 같았다. 그렇지만 여기(13장) 바빌론을 묘사하기 위해 사용된 표현과 23장의 두로를 묘사하기 위해 사용된 표현을 결합시킴으로써, 선지자(요한)는 바빌론의 부와 권세가 헛될 거라고 기록한다.

무너졌도다 무너졌도다 큰 성 바벨론이여
귀신의 처소와
각종 더러운 영의 모이는 곳과
각종 더럽고 가증한 새의 모이는 곳이 되었도다
그 음행의 진노의 포도주를 인하여
만국이 무너졌으며
또 땅의 왕들이 그로 더불어 음행하였으며
땅의 상고들도 그 사치의 세력을 인하여 치부하였도다 하더라.…
화 있도다 화 있도다
큰 성, 견고한 성 바벨론이여
일시간에 네 심판이 이르렀다 하리로다(계 18:2-3, 10).

오늘날 고대 로마의 모든 잔재들은 깊은 멸망을 쌓아 가고 있다. "영원한 로마"는 천 년도 버티지 못했다. 더욱 최근에 "태양이 결코 지지 않는" 나라로서 전 세계에 뻗어 나간 대영제국에 대해, 키플링은 더욱더 선견지명이 있는 표현으로 말한 바 있다. 그는 말하기를 "지난날 우리의 부는 모두 니느웨와 두로의 부와 같은 것이다."[8]

현대적 의미

우리는 모두 이 세상의 영광에 흔들리기 너무 쉽다. 우리는 인기 영화배우들의 매력을 본다. 우리는 부가 가져다주는 권력을 본다. 우리는 항공모함과 대륙간 탄도 미사일을 본다. 그리고 "아! 이것이 현실이구나"라고 생각한다. 그러나 그곳에는 영광이 거할 자리가 없다. 이사야는 "온 땅에 그의 영광이 충만하도다!"라고 올바르게 찬양하는 스랍들의 소리를 들은 바 있다.

가장 매력적이고 유력한 도시임이 틀림없는 뉴욕이 오늘 오후에 핵 공격을 당했다고 상상해 보라. 그 모든 매력과 힘은 한순간에 어떤 가치를 지니겠는가? 정말로 아무런 가치도 없을 것이다. 이사야는 핵 기술에 관하여 아무것도 아는 바가 없다. 그러나 그는 세상에서 가장 강력한 핵폭발보다 더 강력한 하나님을 알고 있다. 말씀으로 명령하시고 '대폭발'을 일으키신 분께 소량의 우라늄 융합은 얼마나 가소로운 일인가?

그렇지만 우리는 모두 고대 히브리 백성처럼 하나님 앞에서 그분 외에 다른 모든 것들을 계속 신뢰하려고 한다. 우리는 마치 혈과 육 곧 육신의 일이 우리에게 의미와 가치를 가져다줄 수 있다고 보고 그것들에 온 마음을 다 바친다. 실제로 그것들은 우리의 상상보다 더 빨리 지나가 버린다. 어린 시절에는 하루하루가 계속 진행되어 영원히 그런 것처럼 보인다. 그리고 12월이 지나면 해가 바뀐다. 이렇게 해가 지나면 시간은 순식간에 흘러가기 시작하며, 우리는 우리가 중요하게 생각한 것들이 신속히 사라지는 것을 보기 시작한다.

그러므로 지혜는 다음과 같이 묻는다. 인간 성취의 절망 속에서도 여전히 남아 있는 것은 무엇인가? 그것은 교묘함과 억압으로 쌓아 올린 인간의 작품들이 아니다. 더욱 멋진 우리의 예술과 문화의 작품들조차도 아니다. 비록 이런 작품들이 그 창조자들보다 더 오래 잔존할는지 모르지만, 결국에는 우리만큼 덧없는 것들에 불과하다. 언젠가 가장 멋진 대성당은 솔로몬의 성전처럼 무너지고 말 것이다. 언젠가 모나리자는 티끌처럼 산산조각이 날 것이다. 만약 우리가 우리의 힘을 신뢰한다면, 우리보다 더 강력한 힘을 지닌 누군가가 나타날 것이다. 만약 우리가 우리 자신의 머리를 신뢰한다면, 우리보다 더 영특한 누군가가 나타날 것이다. 만약 우리가 우리 자신의 창조 능력을 신뢰한다면, 우리보다 더 창조적인 누군가가 나타날 것이다. 만약 우리가 우리의 동맹들을 신뢰한다면, 언젠가 그 동맹들은 우리보

8. Kipling의 시, "Recessional"의 일부.

다 더 강력한 적 앞에서 도망칠 것이며, 심지어 우리의 적군이 될 것이다.

이런 끝없는 수난의 실타래는 어디에서 비롯된 것인가? 그것은 우리 자신이 스스로 존재하지도, 믿을 수 있는 존재도 아니라는 사실에서 비롯된다. 그러므로 코의 호흡에 의지하는 인간을 신뢰하는 것은 어리석은 짓이다(2:22). 오히려 우리는 없어지지 않는 영원자를 바라보아야 한다. 우리는 우리의 조국을 사랑하며, 이 조국의 멸망을 알려 주는 우리 주변의 뚜렷한 징조들을 바라보며 가슴 아파할는지 모른다. 그러나 만약 우리가 우리의 희망을 이 조국의 영원한 회복과 번영에 둔다면, 그것은 헛된 희망에 불과하다. 물론 하나님은 우리에게 회복을 허락하실 수도 있으며, 그런 세월을 보낼 수도 있을 것이다. 그러나 종말은 피할 수 없다. 언젠가 베일 뒤에서 그 베일을 땅에 벗어 던질 자를 신뢰하지 않고 왜 그 베일을 신뢰하는가?

또다시 그리스도의 말씀이 뇌리에 떠오른다—"그러므로 누구든지 나의 이 말을 듣고 행하는 자는 그 집을 반석 위에 지은 지혜로운 사람 같으리니"(마 7:24). 만약 우리가 하나님을 신뢰하고 그분의 본성과 목적을 깨닫기 위해 우리의 삶을 바친다면, 어떤 어려움이 엄습해 온다 하더라도 이 믿음의 삶은 계속 지속될 것이다. 나라들은 분명 무너질 것이다. 그러나 우리는 견고히 서 있을 수 있다. 사도 베드로는 이에 대해 다음과 같이 말한 바 있다.

> 그러므로 형제들아 더욱 힘써 너희 부르심과 택하심을 굳게 하라 너희가 이것을 행한즉 언제든지 실족지 아니하리라 이같이 하면 우리 주 곧 구주 예수 그리스도의 영원한 나라에 들어감을 넉넉히 너희에게 주시리라(벧후 1:10-11).

비록 사도 베드로는 우리의 부르심과 택하심에 대해 말하고 있지만, 이것은 베드로후서 1:8-9에서 언급된 "이런 것" 즉, 믿음, 덕, 지식, 절제, 인내, 경건, 형제 우애, 사랑을 가리킨다고 볼 수 있다. 이런 것은 바로 하나님의 성품이기 때문에 계속 지속될 것이다. 만약 우리가 그의 은혜에 대한 반응으로서 그를 따르기 위해 우리의 삶을 헌신한다면, 우리도 역시 계속 지속될 것이다(요 12:25-26).

이사야 14:1-27

1 여호와께서 야곱을 긍휼히 여기시며 이스라
엘을 다시 택하여 그들의 땅에 두시리니 나
그네 된 자가 야곱 족속과 연합하여 그들에
게 예속될 것이며
2 민족들이 그들을 데리고 그들의 본토에 돌아
오리니 이스라엘 족속이 여호와의 땅에서 그
들을 얻어 노비로 삼겠고 전에 자기를 사로
잡던 자들을 사로잡고 자기를 압제하던 자들
을 주관하리라
3 여호와께서 너를 슬픔과 곤고와 및 네가 수
고하는 고역에서 놓으시고 안식을 주시는
날에
4 너는 바벨론 왕에 대하여 이 노래를 지어 이
르기를 압제하던 자가 어찌 그리 그쳤으며
강포한 성이 어찌 그리 폐하였는고
5 여호와께서 악인의 몽둥이와 통치자의 규를
꺾으셨도다
6 그들이 분내어 여러 민족을 치되 치기를 마
지아니하였고 노하여 열방을 억압하여도 그
억압을 막을 자 없었더니
7 이제는 온 땅이 조용하고 평온하니 무리가
소리 높여 노래하는도다
8 향나무와 레바논의 백향목도 너로 말미암아
기뻐하여 이르기를 네가 넘어져 있은즉 올라
와서 우리를 베어 버릴 자 없다 하는도다
9 아래의 스올이 너로 말미암아 소동하여 네가
오는 것을 영접하되 그것이 세상의 모든 영
웅을 너로 말미암아 움직이게 하며 열방의
모든 왕을 그들의 왕좌에서 일어서게 하므로
10 그들은 다 네게 말하여 이르기를 너도 우리
같이 연약하게 되었느냐 너도 우리 같이 되
었느냐 하리로다
11 네 영화가 스올에 떨어졌음이여 네 비파 소
리까지로다 구더기가 네 아래에 깔림이여 지
렁이가 너를 덮었도다
12 너 아침의 아들 계명성이여 어찌 그리 하늘
에서 떨어졌으며 너 열국을 엎은 자여 어찌
그리 땅에 찍혔는고
13 네가 네 마음에 이르기를 내가 하늘에 올라
하나님의 뭇 별 위에 내 자리를 높이리라 내
가 북극 집회의 산 위에 앉으리라
14 가장 높은 구름에 올라가 지극히 높은 이와
같아지리라 하는도다
15 그러나 이제 네가 스올 곧 구덩이 맨 밑에 떨
어짐을 당하리로다
16 너를 보는 이가 주목하여 너를 자세히 살펴
보며 말하기를 이 사람이 땅을 진동시키며
열국을 놀라게 하며
17 세계를 황무하게 하며 성읍을 파괴하며 그에
게 사로잡힌 자들을 집으로 놓아 보내지 아
니하던 자가 아니냐 하리로다
18 열방의 모든 왕들은 모두 각각 자기 집에서
영광 중에 자건마는
19 오직 너는 자기 무덤에서 내쫓겼으니 가증한
나무 가지 같고 칼에 찔려 돌구덩이에 떨어진
주검들에 둘러싸였으니 밟힌 시체와 같도다
20 네가 네 땅을 망하게 하였고 네 백성을 죽였
으므로 그들과 함께 안장되지 못하나니 악을
행하는 자들의 후손은 영원히 이름이 불려지
지 아니하리로다 할지니라
21 너희는 그들의 조상들의 죄악으로 말미암아
그의 자손 도륙하기를 준비하여 그들이 일어
나 땅을 차지하여 성읍들로 세상을 가득하게
하지 못하게 하라

22 만군의 여호와께서 말씀하시되 내가 일어나
그들을 쳐서 이름과 남은 자와 아들과 후손
을 바벨론에서 끊으리라 나 여호와의 말이
니라
23 내가 또 그것이 고슴도치의 굴혈과 물 웅덩
이가 되게 하고 또 멸망의 빗자루로 청소하
리라 나 만군의 여호와의 말이니라 하시니라
24 만군의 여호와께서 맹세하여 이르시되 내가
생각한 것이 반드시 되며 내가 경영한 것을
반드시 이루리라
25 내가 앗수르를 나의 땅에서 파하며 나의 산
에서 그것을 짓밟으리니 그때에 그의 멍에가
이스라엘에게서 떠나고 그의 짐이 그들의 어
깨에서 벗어질 것이라
26 이것이 온 세계를 향하여 정한 경영이며 이
것이 열방을 향하여 편 손이라 하셨나니
27 만군의 여호와께서 경영하셨은즉 누가 능히
그것을 폐하며 그의 손을 펴셨은즉 누가 능
히 그것을 돌이키랴

원 의미

14장은 바벨론을 수단으로 사용하면서 피조물의 교만에 대한 전반적인 심판 선언을 계속 보여 준다. 여기서 이스라엘을 향한 위로의 말씀을 전달한 후(1-4a절), 이사야는 소위 '바벨론 왕'의 몰락에 초점을 둔다(4b-21절). 그 다음 바벨론 단락은 메소포타미아 강대국들을 향해 일하시는 하나님에 관한 진술로 마무리를 짓는다(22-27절).

오랫동안 이 단락을 연구해 온 학자들은 여기에 묘사된 왕이 어떤 인간적인 왕보다 훨씬 더 초월적인 존재라는 점을 인식해 왔다. "두로 왕"의 몰락이 논의되고 있는 에스겔 28장과 마찬가지로,[1] 이 단락의 표현은 단지 한 인간에 관한 묘사보다 훨씬 더 포괄적이고 의미심장하다. 그리하여 어떤 교부들은 이 단락과 에스겔 28장이 원래 사탄에 대해 이야기하고 있다고 이해했다(특히 14:12-15을 보라). 존 밀턴(John Milton)은 이런 해석을 그의 서사시 『실낙원』(*Paradise Lost*)에 적용한 바 있다. 그렇지만 위대한 종교개혁 주석가인 루터와 칼빈은 이 단락이 천사가 아닌 인간의 교만을 논의하고 있다고 주장하면서 후자의 해석을 지지하지 않는다. 특히 요한계시록 12:8-9이 시간 이전의 사건들에 대해 말하기보다는 종말의 사건을 논의하고 있다면, 우리는 실제로 성경에서 사탄의 기원에 대해 거의 아는 바가 없다. 예수는 사탄의 떨어짐을 보았다고 말씀하신다(눅 10:18). 그러나 우리는 그

1. 또한 겔 32을 보라. 여기서 지옥에 도달한 파라오의 이미지는 이 단락과 많은 유사성을 보여 주고 있다.

밖에 다른 정보를 거의 알고 있지 않다.

일반적으로 14:4b-21의 시는 가장 멋진 히브리어 표현 가운데 하나로 손꼽힌다. 네 연(聯)으로 구성된 이 시는 죽은 이를 애도하는 '탄식의 노래'로 되어 있으며, 전형적인 장송곡 운율과 어휘들을 담고 있다. 첫째 연(4b-8절)은 멸망에 대한 온 땅의 반응을, 둘째 연(9-11절)은 지하세계(개역성경에는 "음부"로 번역됨-옮긴이)의 반응을, 셋째 연(12-15절)은 하늘의 관점을 고찰하며, 마지막 연(16-21절)은 온 땅에서 죽음을 맞이하는 자들의 비극적인 운명을 다시 상고한다. 그러나 이 시는 전형적인 탄식시가 아니다. 탄식시와는 거리가 멀다. 이것은 탄식시를 모방한 신랄한 풍자시이다. 이 시는 폭군의 죽음에 대한 애도를 표하기보다는 오히려 즐거움과 만족을 표하고 있다. 죽음은 폭군의 교만과 그 억압적인 야망을 평정하기 때문에 환영받고 있다.

이스라엘을 향한 약속의 말씀들(14:1-4a)

13장의 바빌론 멸망 선언과 14장의 바빌론 왕 멸망 선언 사이에, 이스라엘을 향한 약속의 말씀들이 소개되고 있다. 만약 하나님의 거절하심과 준엄한 심판이 야곱의 자손들의 미래에 놓여 있나 할지라도, 그것들이 하나님의 최종적인 말씀은 아니다. 미래를 더 멀리 내다보면, 이보다 더 큰 실재들 곧 하나님의 "긍휼"과 (자신의 백성으로 다시 삼겠다는) 하나님의 재확증이 놓여 있다. 만약 어느날 땅이 그들을 토해 내친다면(참조. 레 18:28) 그 이후에 하나님이 한 번 더 "(그들을) 자기 고토에 두실"(Settle them in their own land) 또 다른 날이 올 것이다. 선지자는 메소포타미아 사람들의 권세가 너무 막강하여 하나님이 그들을 중단시키실 수 없기 때문에 멸망이 도래하는 것은 아님을 재차 강조한다. 그런 권세들은 단지 하나님의 손에 있는 도구에 불과하다. 만약 그들의 임무가 끝나면, 그들 역시 심판을 맞이하게 될 것이다. 반면에 이스라엘은 모든 약속대로 회복될 것이다.

이스라엘은 열방의 성가신 통제에서 벗어날 뿐만 아니라, 열방은 (2:2-5에 나타난 것과 같이) 이스라엘의 동반자가 되거나 아니면 이스라엘의 통치 아래 들어갈 것이다(14:1b-2). 비록 폭군의 압제가 영원한 것처럼 보인다 해도, 이스라엘은 그 통치가 매우 제한되어 있고 어느 날 전세가 완전히 뒤바뀌게 될 것임을 기억해야 한다. 포로 된 유다 백성이 이사야가 예고한 고레스의 출현과 바빌론 폭군의 멸망의 때가 임했음을 깨달았을 때, 그들은 실로 흥분을 감추지 못했을 것이다. 그때 그들은 이사야의 노래를 예언이 아닌, 실제로 노래할 수 있었다. 그들 가운데 신실한 자들은 담대한 희망을 갖고 이 노래를 은밀히 불렀을 것이다. 그러나 14:3-4a의 약속대로 그들은 이 노래를 공개적으로 부를 수 있게 되었다.

온 땅의 백성들을 향한 안식(14:4b-8)

이 전형적인 탄식시는 먼저 땅의 거민들이 사망한 자들의 소식으로 얼마나 큰 충격을 받고 있는지를 말하고 있는 듯하다. 그러나 여기서 시인은 압제자의 몽둥이(5-6절)가 꺾여 땅의 백성들이 "평안"(rest, 7절)을 누리게 되는 그날을 고대하며 감사의 메시지를 전한다. 주님은 "몽둥이를 꺾으셨다." 이 얼마나 좋은 소식인가! 주전 855년과 555년 사이에, 우리는 포악한 메소포타미아 군대가 얼마나 많이 이스라엘과 유다를 황폐케 했는지 헤아리지 못할 것이다. 그런 맹렬한 공격이 끝났음을 안다는 것은 얼마나 좋은 소식인가!

그런 공포의 통치가 종식되었음을 알고 기뻐하는 것은 유독 인간만이 아니다. 나무를 포함한 온 피조물이 기뻐한다(8절). 여기서 이사야는 자신들의 전쟁과 아름다운 궁전과 성전을 위해 레바논의 거대한 수목들을 베어 버린 교만한 아시리아 왕에 대한 기록들을 의식하고 있는 듯하다. 인간의 교만은 인간과 자연을, 교만을 계속 쌓아 올리기 위한 먹이로 바라본다. 그러므로 교만의 멸망 소식이 선포될 때, 자연조차도 안노의 한숨을 내쉰다.

음부의 세계(14:9-11)

이제 영상은 땅에서 음부(*šᵉʾol*,[2] NIV "the grave")로 이동한다. 폭군의 죽음으로 온 땅에 평안과 안정이 찾아온 반면, 음부는 몹시 소동한다. 모든 왕들은 그들의 보좌에 좌정해 있었다. 이제 그들은 자리에서 일어나 목을 내밀고 이 신참(죽어서 음부로 내려간 폭군을 말함-옮긴이)을 흘낏 쳐다본다. 그는 이 왕들을 냉정하게 이런 먼지투성이의 불쾌한 곳으로 보낸 자이다. 그런 그가 이제 그들과 함께하게 되었다. 결국 그는 이제 그 왕들보다 강한 자가 아니다. 그는 그 왕들처럼 그의 죽음을 피할 수 없다.

---

2. 이 용어를 구약의 맥락에서 논의하는, Oswalt, *Isaiah 1-39*, 318, 각주 15를 보라.

11절은 반어와 풍자의 대표적인 표현이다. 우리는 "하프"(개역성경은 "비파"로 번역함-옮긴이)와 그 외 다른 악기들의 아름다운 음악과 화려한 행렬(pomp, 개역성경은 "영화"로 번역함-옮긴이)과 아울러, 호화롭게 장식된 관이 운반되는 장례식을 연상한다. 우리는 이런 장례식을 "아름답다"고 말한다. 그러나 본문의 영상은 갑작스럽게 전환된다. 모든 영상은 여전히 암울하다. 그리고 우리는 아름다운 관과 그 장식품이 단지 무수한 "구더기들"로 가득함을 보게 된다. 인간의 겉치레는 사망과 썩음의 암담한 실재와는 참 어울리지 않는 모습이다.

하늘에서 온 메시지(14:12-15)

이때 영상은 다시 하늘로 이동한다. 이 세상의 황제가 드높은 교만을 통해 추구하고자 한 것은 무엇인가? 사실상 그는 거룩한 자의 지위를 차지하고자 했다. 이 표현은 인간과 신의 교만에 대한 흥미로운 몇몇 고대 이야기들의 뉘앙스를 함축하고 있다. 그리고 학자들은 선지자가 사용한 것으로 추측되는 원래의 시를 추적하기 위해 수많은 노력을 기울여 왔다. 성경의 어떤 내용도 독창적일 수 있다는 생각에 학문적인 반감이 있는 듯하다. 그렇지만 이와 같은 학문적 연구가 결정적인 것은 아니다. 그리고 이런 학문적 연구는, 마치 이사야가 그의 독특한 신학적 논점을 제시하기 위해 그의 청중에게 익숙한 수많은 주제들을 취하여 그것들을 함께 엮어서 새로운 창작을 만들어낸 것처럼 이해한다.[3]

13-14절에 나오는 자기중심적인 이 교만한 자는 자신이 할 일에 대해 다음과 같은 네 가지 자랑을 늘어놓는다. 그는 뭇 별 위에서 다스릴 것이다. 그는 신들의 대왕이 다스리는 가장 높은 산꼭대기에 앉을 것이다. 그는 가장 높은 하늘에("가장 높은 구름에") 오를 것이다. 그리고 그는 하나님과 동등시될 것이다.[4] 이사야는 우리가 자신을 이 세상에서 가장 중요한 것으로 삼을 때 하나님의 자리를 빼앗게 된다는 점을 깨닫는다. 그러나 자신을 하나님과 동일시하는 이 사람은 사망의 조롱을 당한다. 사망은 이 사람을 한순간에 그 허영의 "높은 곳"(heights, 13절,

3. 이와 같은 주장에 대한 간략한 평가로는, Childs, *Isaiah*, 126을 보라. 또한 Oswalt, *Isaiah 1-39*, 321-22를 보라.

4. 가나안 신화에서 신들의 왕은 "엘"(El)이라 불린다. 이 단어는 13절에서 "하나님"으로 번역된다. 14절의 "지극히 높은 자"로 번역된 "엘욘"(Elyon)이라는 단어는 그밖에도 종종 같은 신화에 나오는 바알 신의 이름을 가리킨다.

개역성경에서는 "북극"으로 번역함-옮긴이)에서 "구덩이의 맨 밑"(15절)으로 던져 버린다.

몰락하는 왕의 비극(14:16-21)

이 시의 마지막 연은 이 거대한 사람의 비극을 응시한다. 그는 수치스런 죽음을 당하며 자손이 끊어진다는 소식을 듣는다. 원래의 시는 20a절에서 끝나며, 20b-21절은 후대에 추가된 것처럼 보인다. 왜냐하면 이 자료의 삽입으로 말미암아 이 마지막 연이 첫 두 연보다 더욱 길어지기 때문이다. 그러나 문학적 대칭에 대한 서구적 사고는 히브리적 사고와는 분명 다르다.

13장 서두의 첫 논의에서 언급했다시피, 여기서도 전달 대상은 단일 인물이 아니다. 이 "바벨론 왕"은 세상을 다스린 모든 교만한 폭군들의 합성물이다. 그렇지만 더욱더 교만하고 포악한 왕들 가운데 한 사람은 주전 721년에서 705년까지 통치한 아시리아의 사르곤 2세였다. 우리가 분명히 말할 수는 없지만, 이 왕은 전장에서 사망한 바로 그 아시리아 황제인 것 같다. 우리는 그가 죽은 후 어떤 성경 기자가 말한 "대대적인 배신과 반역"이 발생했으며, 사르곤의 아들 산헤립이 이것을 평정하기 위해 수많은 세월을 보냈다는 것을 알고 있다.[5] 또 산헤립이 그의 자식들에게 살해되며, 그의 자식들도 왕위 찬탈자 에살핫돈에게 살육당하게 됨은 흥미로운 일이나. 그러므로 사르곤과 산헤립 모두 이 구절(14:16-21)의 모형을 제시해 주는 듯하다.

16-20절에서는 구덩이 안의 다른 시체 더미 가운데 누워 있는 폭군의 찢어진 송장을 응시하는 사람들을 보여 준다(특히 19절을 보라). 이것은 전쟁터의 죽음을 방불케 한다. 장엄한 죽음과 명예로운 장례식 대신에, 시체는 급한 철수 때문에 전쟁터에 버려진다. 그러나 우리는 이것이 역사적 이야기가 아니라, 인간의 교만에 관한 시라는 사실을 상기할 필요가 있다. 그러므로 모든 내용을 조화시키려고 너무 무리해서는 안 된다. 논점은 가장 으스대는 교만이 결국 철저하게 낮아진다는 것이다. 이 왕은 하나님과 동등하지 못할 뿐만 아니라, 자신이 죽인 다른 왕들에게도 필적하지 못한다. 이 왕들은 적어도 자신의 무덤은 갖고 있다. 그러나 교만한 왕에게는 무덤조차 없다. 낙태된 아이가 버려지듯이, 이 교만한 왕

5. A. L. Oppenheim, *Ancient Mesopotamia* (Chicago: Univ. of Chicago Press, 1964), 169.

도 버림받을 것이다.[6]

이 교만한 왕에게는 버젓한 장례식조차 없을 것이며, 그의 왕조는 지속되지도 못할 것이다. 20b-21절은, 이 압제자에게 그의 이름을 간직해 줄 후사조차 없을 것이라는 희망을 피력하고 있다. 이만큼 그의 멸망은 철저하다. 그에게는 돌로 된 기념비도 없고, 살아 있는 기념비도 없다. 그에 대한 기억조차도 지워진다. 그의 교만이 다른 사람들의 땅뿐만 아니라(17절), 자신의 땅까지도 파멸시켰기 때문에(20절), 이와 같은 그의 멸망은 매우 합당하다. 이것이야말로 자신이 하나님의 보좌에 앉게 될 것이라고 말하는 교만한 왕의 최후이다. 이것은 확실하고도 철저한 멸망이다.

결론(14:22-27)

두 부분으로 된 "바벨론"과 그 왕에 대한 신탁의 결론 역시 두 부분으로 이루어진다. 첫째 부분(22-23절)은 좀 더 전반적인 반면, 24-27절은 구체적인 예를 보여 준다. 2:6-4:1에서 보았듯이 이런 형식은 이사야서 구성의 두드러진 특징이 된다.

14:22-23에 나타나듯이, 뒤따르는 구절의 사상은 계속 이어지고 확장된다. 바벨론 왕의 후손은 끊어지고 그에 대한 기억들은 사라질 것이며, 바벨론 역시 그렇게 될 것이다. 13장에 대한 주석에서 언급했다시피, 바벨론 도성은 완전히 잊혀질 것이며 밤의 짐승들이 거하는 습지가 될 뿐이다.

14:24-27에서 선지자는 도래할 아시리아의 몰락을, 이와 같은 바벨론 멸망의 구체적인 예로서 제시한다. 여기서 "신탁"(oracle) 형식이 서두에 나타나지 않음은 이 단락(24-27절)이 분리된 아시리아 신탁이 아니라, 바벨론 신탁의 결론으로 이해되어야 함을 암시한다.[7] 아시리아는 "바벨론"의 통치 아래 종속되는 모든 메소포타미아 권세들을 대변해 준다. 이 메소포타미아의 권세자들은 자신을 최고로 높였고 결국 구덩이 속으로 들어가게 된다. 하나님의 "생각한 것"(plan)과 "경영한 것"(purpose, 14:24, 26-27)과 맞서 자신을 높이는 인간이나 나라는 스스로 멸망

6. "버림 받은 가지"(rejected branch, 19절, 개역성경과 NIV 번역이 다름. 여기 설명은 NIV를 전제로 한 것임-옮긴이)는 문자적으로는 "가증한 가지"라는 의미이다. 이것은 분명 상징적인 표현이다. 고대의 두 역본은 이 표현을 "유산"으로 번역한다.

7. Childs, Seitz 그리고 다른 이들이 이와 같은 의견을 취한다.

으로 향한다.[8] 25절은 주전 701년 유다에서 몰살당한 산헤립 군대의 멸망을 가리키고 있는 듯하다(37:36에 묘사되어 있는 바와 같다). 막강한 아시리아 군대가 예루살렘을 향해 어떤 교만한 계획을 세우든지 간에(10:7), 그것은 하나님의 계획에 비하면 아무것도 아니다.

상황잇기

교만. 우리가 인간의 교만을 생각할 때, 무엇보다도 우리는 인간의 모든 뜻(will)을 생각하게 된다. 인간의 뜻은 타락하였으며, 다음과 같이 예수님의 말씀(막 14:36)을 역으로 바꾼다—"아버지의 원대로 마옵시고 내 원대로 하옵소서." 인간의 교만이란 이 세상에서 자신을 하나님의 자리에 올려놓으려는 시도가 아니고 무엇이겠는가? 14:13-14에서 "나"라는 대명사가 다섯 차례(NIV "I", 13절에 3번, 14절에 2번 나온다-옮긴이) 등장하고 있음을 주목해 보라. 교만은 나 자신과 내 뜻을 피조물의 중심에 위치시키는 것이다.

최근 이런 교만을 가장 효과적으로 묘사하고 있는 작품 가운데 하나는 C. S. 루이스(C. S. Lewis)의 나니아 나라 이야기(Narnia Series)에 나오는 『마법사의 조카』(*The Magician's Nephew*)라는 책이다. 교만에 대한 첫 묘사는 자신에게 철저히 초점을 맞추는 마술사와 그가 시도하려는 것을 통해 나타난다. 그의 조카 디그비(Digby)는 단지 삼촌의 마술 연구를 위한 볼모에 불과했다. 그러나 디그비와 그의 친구 질(Jill)이 마술을 통해 찬(Charn) 제국에 도착할 때 영상은 더욱 음산해진다. 이 세계는 완전히 죽어 있는 공허한 곳처럼 보인다. 그렇지만 이곳은 한때 위대한 문화와 문명의 장소였다. 이 아이들은 무너진 거대한 궁전과 좌정해 있는 동상들로 가득한 긴 방으로 들어간다. 최초의 동상들은 열정적이고 친근해 보인다. 그러나 아이들이 동상을 따라 점점 내려갈 때, 각각의 동상들이 이전 것보다 더욱 크고 높으며 더욱 무서운 모습으로 나타나고 있음을 주목한다.

끝으로 그들은 마지막 동상 앞에 도착한다. 이것은 나머지 모든 동상들보다도 더 웅대하고 무서운, 거대한 왕비의 동상이다. 이 방 중심에는 수정 종(crystal bell)이 있는 탁자가 있다. 디그비는 질의 충고와는 달리, 그 종을 울리고 싶은 충동을 억누를 수 없었다. 그가 그 종을 울릴 때, 마지막 동상을 제외한 나머지 모든 동상들은 산산이 부서진다. 그리고 왕비 제이디스(Jadis)는 당당한 모습으로 살아나서

8. 또한 하나님의 계획에 관해서는 19:12; 22:11; 23:8-9; 25:1; 37:26; 46:10-11; 48:14; 55:11을 보라.

아이들 앞에 선다. 그녀는 단지 한 아이가 자신을 죽음에서 불러낸 사실을 알고서 실망한다. 그리고 아이들이 왜 이곳에 왔는지 그들 스스로 알지 못한다는 사실을 알고 경멸감을 느낀다.

그래서 그녀는 아이들에게 찬 제국의 이야기를 들려준다. 찬의 기나긴 왕들과 왕비들의 계보는 왕좌를 얻고자 분투한 제이디스와 그 언니에게까지 내려온다. 그들의 세계는 전쟁으로 황폐화되었고, 결국 제이디스 언니가 승리하였으며, 제이디스는 굴복해야 했다. 그러나 그녀는 거절하였다. 그녀는 찬 제국의 모든 사람들을 즉각적으로 죽여 버리되, 언젠가 그녀를 되살려 홀로 이 죽음의 세계를 통치하도록 해주는 비밀의 단어를 알고 있었다. 그녀는 언니에게 복종하기보다는 그 단어를 발설하고자 하였다. 그 단어는 교만이며, 우리는 존 밀턴의 『실낙원』에서 사탄의 입에 있는 그 말들을 생각할 것이다—"천국에서 봉사하는 것보다 지옥에서 다스리는 것이 더 낫다."

이런 진리들을 효과적으로 반영해 주는 또 다른 사례는 셸리(Shelley)의 14행 시, '오지만디아스'(Ozymandias)에서 발견된다. 이른바 이 시는 누비아 광야(Nubian Desert)에 있는 대이집트의 파라오 람세스(Pharaoh Ramesses)의 쓰러진 동상을 바라보며 작시된 것이다. 그 마지막 연은 다음과 같다.

> 내 이름은 만왕의 왕 오지만디아스(OzyMandias)이다.
> 나의 작품들을 보라, 오! 웅장함과 절망감!
> 그 밖에는 아무것도 없구나.
> 그 거대한 작품들이 무너지고 한없이 닳아서 썩어갈 때
> 쓸쓸한 모래만이 멀리서 흩날리는구나.[9]

이 시는 교만의 파괴적 본성뿐만 아니라 그 어리석음도 반영해 주기 때문에, 교만에 대한 이사야의 평가를 멋지게 잘 요약해 주고 있다. 죽을 수밖에 없는 인간이 어떻게 하나님의 행세를 할 수 있다고 생각할 수 있는가? 죽을 수밖에 없는 인간들은 언젠가 피할 수 없는 부패와 파멸에 굴복하여 그들이 성취한 모든 것들을 남겨 두고 떠나게 될 때, 그들의 보잘것없는 행위에 영원한 가치를 부여할 수 있다고

9. P. Shelley, "Ozymandias," *British Poetry and Prose*, ed. P. Lieder, R. Lovett, and R. Root(New York: Houghton Mifflin, 1928), 813.

생각한다. 죽음은 교만한 자에게 파멸이지만 압제 받는 자에게는 희망이다. 그러므로 죽음은 평등하게 만들어준다.

데니스 위버(Dennis Weaver)가 주연한 영화 '추적'(*The Chase*)은 이와 같은 '죽음의 구원'이라는 메시지를 강력한 방식으로 요약해 준다. 이 영화는 큰 트레일러 화물차를 추월하다 우연히 그 화물차의 앞을 가로막게 된 한 자동차 운전자에 대해 이야기하고 있다. 이 영화에서는 이유가 나타나지 않지만, 이 화물차 운전자는 난폭해져서 자신의 화물차로 위버와 충돌 사고를 일으키려 한다. 이런 충돌은 아마도 위버를 죽음으로 몰아넣을 것이다. 그는 위버가 탄 자동차의 후미와 여러 번 충돌하여 위버를 수차례 도로 밖으로 몰아내려 한다. 그러나 그의 차는 소형차이기 때문에 도망치는 것이 불가능해 보인다. 그는 일단 도망쳐서 그 미친 사람이 지나갈 때까지 길가 식당에 머물러 있다가, 그 트럭이 자신을 기다리는지를 확인하기 위해 그 식당에서 나온다.

마침내 위버는 처절한 절망감을 안고 자갈로 뒤덮인 산 중턱의 길로 방향을 돌린다. 그는 이것이 막다른 길일 수 있으나 그 밖에 갈 만한 다른 길이 없음을 깨닫는다. 그는 U자형으로 미끄러져 거의 통제력을 상실하여, 바로 그 트럭이 의도한 바대로, 절벽 아래로 떨어져 절벽 밑바닥에 부딪혀 충돌할 지경에 이른다. 위버의 차는 미끄러져 내려오다 속도가 느려지면서 천천히 정지한다. 그는 어쩐지 그 괴물 같은 인간이 이 절벽의 나락으로 다시 달려올 것만 같은 큰 두려움을 느끼면서, 그 차에서 나와 절벽 끝에서 조심스럽게 걸어 올라간다. 그러나 그 괴물 같은 인간은 나타나지 않는다. 그리고 마지막 장면에서 완전히 지쳐 버린 위버는, 자갈이 끔찍한 절벽 밑으로 떨어지고 있는 그 나락 끝에 앉아서 탄식과 웃음이 교차하는 소리를 내뱉는다. 인간의 억척스런 교만은 죽음(죽음에 대한 공포를 인식함-옮긴이)으로 결국 종말을 고하게 된다.

하나님의 계획과 목적. 지금 언급하고 있는 이 단락에는 또 하나의 중요한 사상이 있다. 그것은 바로 하나님의 계획과 목적이라는 개념이다(14:24-27). 여기서 또 다시 대조법이 집중적으로 드러난다. 아시리아 왕에게는 그의 계획이 있었으나, 그것이 하나님의 계획은 아니었다(참조. 10:6-8). 이런 주제는 잠언 19:21을 연상케 한다—"사람의 마음에는 많은 계획이 있어도 오직 여호와의 뜻이 완전히 서리라." 이 주제는 우리로 하여금 이 단락의 서두에 진술된 사상(인간의 뜻)으로 다시 돌아가게 한다. 인간 개인의 뜻을 높이는 행위가 실로 어리석은 것은, 우리 각자를 향한 계획과 목적이 하나님께 있기 때문이다.

이것은 우리를 위해 계획된 광대한 천국의 처소에 대해 큰 청사진을 말하는 것이 아니다. 이것은 또한 우리 각자가 하나님의 계획을 올바로 이해할 수 있는 기회가 단 한 번뿐이며 만약 그것을 이해하는 데 실패하면 최상의 삶을 살지 못한다는 것을 의미하지도 않는다. 청사진의 이미지는 어떤 면에서는 유용하다. 그러나 그것은 단지 이미지에 불과하며 그래서 심각한 한계점을 지니고 있다. 하나님은 실로 창조적이시기 때문에 그의 궁극적인 전술 목표를 수정하지 않으면서도 전술 계획을 계속적으로 바꾸실 수 있는 분이다. 논점은, 창조주가 목적을 갖고 있기 때문에 그의 뜻에 맞서 우리의 의지를 높이는 행위는 전적으로 어리석은 짓이라는 것이다. 그런 삶의 방식은 좌절과 위험과 끝없는 상실을 가져다준다.

현대적 의미

교만과 인간의 뜻. 오늘날 전대미문의 가장 심한 학살을 자행한 두 사람, 즉 아돌프 히틀러(Adolf Hitler)와 요제프 스탈린(Joseph Stalin)보다 '바빌론 왕'의 이미지를 더 잘 대변해 줄 수 있는 자는 누구인가? 그들은 각자 전 세계를 통합할 제국을 남기고자 했다. 이와 같은 큰 교만 때문에, 그들 각자는 이 교만한 환상에 장애물로 보이는 모든 개개인을 제거하는 것이 전적으로 옳다고 믿었다. 이들은 세상 뿐만 아니라 자신의 왕국까지도 망하게 했으며(20절), 이 목표를 성취하기 위해 필요하다면 파괴도 서슴지 않았다. 종국에 이 극악무도한 자들이 죽었을 때 그들에게 억압받던 세상 사람들은 실로 안도의 한숨을 내쉬었다. 그들의 교만은 티끌로 돌아갔으며,[10] 특히 그들의 잔인무도함은 더는 세상에 존재하지 않았다.

이 두 사람은 독일 철학자 니체(Friedrich Nietzsche)의 영향을 받았다. 니체는 기독교가 사람들을 나약하게 만든다고 보았기 때문에 기독교를 경멸하였다. 그에 따르면, 기독교는 호전적이며 잔인하며 무례한 남성의 특성을, 수동적이며 유순하며 민감한 여성의 미덕으로 대치시켜 버렸다. 그의 주장으로는, 기독교는 이렇게 함으로써 남성에게 위대함의 필수적인 요소 즉 힘의 의지를 빼앗아 버렸다. 니체 철학의 끔찍한 결실은 러시아 혁명과 제2차 세계대전을 통해 발견될 수 있다. 니체는 인류가 그 끔찍한 전성시대를 계속 굳혀 나가기를 원했다. 그러나 사실상 니체가 한 일은 단지 죄를 낭만적으로 만든 것뿐이었다. 그러나 죄는 궁극적으로 낭

10. 특히 히틀러의 수치스런 죽음은 사 14:16-20a와 놀라운 유사성을 보여 준다.

만적일 수 없다. 사도 바울의 말대로(롬 6:21, 23) 죄의 유일한 결과는 죽음이며, 죽음은 '로미오와 줄리엣'(Romeo and Juliet)과는 달리 낭만적이지 않다. 죽음은 단지 우울하고 무서울 뿐이다.

특히 제2차 세계대전의 끔찍한 죽음 영상들은 이 점을 분명히 밝혀 준다. 아우슈비츠(Auschwitz)의 수척한 시체 더미들에 대한 영상이든 혹은 타라와(Tarawa, 키리바시 공화국의 수도로 제2차 세계대전 초기에 일본군이 점령했으나 1943년 11월 미군이 반격하여 탈환하였다-옮긴이) 모래 해변 위에 드러누워 있는 미군들의 시체 위를 기어 다니는 구더기들의 영상이든 간에, 우리는 죽음 그 자체를 목격해 왔다. 그리고 죽음에는 낭만적인 것이 없다.

니체는 또 기독교와 성(性)을 오해하였다. 친절, 온유, 인내, 관용은 실로 여성의 성품이 아니다. 분명 이런 미덕들은 여성보다 남성에게 다소 다르게 나타날 수도 있을 것이다. 그러나 이런 미덕들이 남성보다 여성의 선천적인 성품이라고 볼 수는 없다. 실제로 오늘날 우리는 여성들이 원한다면 그들이 남성보다 더 잔인하고 공격적이며 상스러울 수 있음을 목도하고 있다. 만약 죄가 낭만적이지 않다면, 성의 차이도 특별하지 않다. 조작된 수동성은 여성적이지도 기독교적이지도 않다. 그것은 외관상 나약하게 보이려는 죄악된 표현이며, 상대적으로 볼 때 남성만큼이나 여성에게도 나타나는 현상이다.

그러나 만약 조작된 수동성이 나약함에 대한 응답이 아니라면, 그에 대한 응답은 무엇인가? 니체에 따르면, 그 응답은 압제자보다 더 공격적이고 완전한 의지력의 힘을 붙드는 것이며, 이것이 실패할 때 죽음을 노리는 자들을 향해 완강히 소리치며 대항하다가 모퉁이에서 죽음을 맞이하는 것을 의미한다. 결핵으로 죽어 가던 윌리엄 어니스트 헨리(William Ernest Henley)는 이런 상황 속에서도 한 편의 시를 쓰기 위해 펜을 들었다. 이것은 모든 시대의 대학생들이 애호하는 시로서 그 첫 두 연은 다음과 같다.

나를 뒤덮는 밤 가운데서도
극단으로 치닫는 심연의 어둠 속에서도
나는 정복당하지 않는 내 영혼때문에
무슨 신이든 간에 그에게 감사한다.

어려운 상황에 빠지더라도

나는 위축되지도 홀로 울부짖지도 않았다.
운을 바라는 삶 가운데
내 머리는 피로 물들어 가지만 굽혀지지는 않는다.[11]

니체와 헨리의 비극은 그들이 완전히 틀렸다는 데 있다. 힘의 의지, 정복당하지 않는 영혼, 이런 것들은 인류의 모든 문제의 근본을 이루고 있다. 14장이 설득력 있게 말하고 있듯이, 교만은 죽이는 일을 한다. 교만은 그 의지에 어긋나는 자들을 죽인다. 그리고 교만은 마치 죽음의 소용돌이에 빠져 들어가 그곳에서 홀로 고립되듯이, 결국 그 자신을 죽여 버리고 만다.

이것이야말로 우리가 알고 싶지 않은 인간 존재의 실제이다. 그 이유는 무엇인가? 그 이유를 설명하는 수천 가지의 이론들이 제시될 수 있다. 그러나 그 이유에 대한 가장 간결한 설명은 창조주께서 우리에게 전해 주신 그 계시에 있다. 즉 그 이유에 대한 해답은, 창조주는 궁극적인 근원자인 반면, 우리는 그렇지 못하다는 데 있다. 마치 높은 빌딩에서 뛰어내리면 어떤 결과가 초래되는지 예상할 수 있듯이, 우리 자신을 궁극적인 근원자로 만들려는 어떤 시도도 실패로 돌아간다. 우리는 오직 하나님의 영광만을 비추기 위해 지어졌다. 만약 거울이 "아니야, 나는 나 자신을 비출 거야"라고 말하며 모든 음영을 제거하고 빛을 없애버린다면, 거울이 아무것도 비추지 못함은 그리 놀라운 일이 아니다. 이 거울은 피조물의 한계를 어기고 말았다. 그렇다면 우리 인간들이 "나는 오직 나 자신을 위해서만 살 거야"라고 말한다면, 우리의 삶이 지속될 수 없음을 발견하는 것은 그리 놀라운 일이 아니다.

우리의 뜻(will)을 그리스도께 의탁함. 이것은 나약함에 대한 응답으로서 우리 자신의 힘을 붙들거나 그것이 실패할 때 완강히 몸부림치면서 죽음을 맞이하는 것을 뜻하지 않는다. 오히려 이것은 심지어 우리의 나약함조차도 우리 하늘 아버지께 의탁하며, 그 안에서 "모든 것을 할 수 있는"(빌 4:13) 능력을 발견하는 것이다. 여기서 말하는 능력이란 압제자라도 미워하지 않는 능력이다. 여기서 말하는 능력이란 희생당한 자들이 그 고통에 파묻히지 않고 자신의 슬픔을 관용과 용서와 사랑의 절정으로 승화시키는 자신의 정체성을 발견하는 능력이다. 여기서 말하는 능력

11. W. Henley, "Invictus," *The Best Loved Poems of the American People*, ed. H. Felleman(Garden City, N.Y.: Garden City Books, 1936), 73.

이란 부당한 취급에도 불구하고 자애와 헌신으로 그 문제를 극복하는 능력이다.

그러나 어떻게 이런 일이 가능한가? 어떻게 우리는 자신의 나약함을 정말로 의탁할 수 있는가? 우리는 "내 원(will)대로 마옵시고 아버지의 원대로 하옵소서"라는 그리스도의 말씀 속에 그것을 발견한다. 하나님과 인간의 문제는 뜻(will)의 문제이다. 그리고 크리스천들이 의식적으로 자신의 뜻을 그들의 주님이신 그리스도께 의탁할 때까지, 혹은 바울의 말대로 "그리스도와 함께 십자가에 못 박힐 때까지"(갈 2:20), 그들의 교만은 계속해서 그들을 패배시킬 것이다. 여기서 바울은 그리스도께 의탁하는 것이 그리스도와 함께 죽는 것과 관련이 있음을 분명히 밝힌다. 우리는 매일 일어날 때마다 오늘 하루 우리의 의지를 그리스도께 의탁하기 원하고 있는지를 묻지 않는다. 이것을 매일 점검하는 삶은 급진적이고 극단적인 결정이 될 수도 있다. 물론 그리스도께 의탁함과 그 의의는 매일의 삶 속에서 나타나야 한다. 그러나 그 의의는 매일 내리는 새로운 결정은 아니다. 또 그리스도께 의탁함은 우리 자신을 위해 사는 것을 뜻하지도 않는다. 오히려 그것은 성령께서 그 일을 하시도록 허락함을 말한다.

그러나 어떤 이는 "그러나 분명 약간의 자존감은 좋은 것이야. 항상 '오! 나는 전적으로 무가치해'라고 말하면서 돌아다닐 수는 없어"라고 말할 것이다. 그렇지만 현대에 "자존감"(self-esteem)을 북돋으려는 대다수의 노력들은 자기중심성(self-centeredness)을 북돋는 이 사회의 영향력에 대응하는 데 실패하고 말았다. 부모가 자신의 필요와 욕망에 점차 초점을 맞출 때, 자녀들은 무가치하게 방치되고 말았다. 자녀들의 지각은 매우 예민하기 때문에, 자신들이 부모에게 어떤 가치가 있는지를 알 수 있다. 부모는 그 자녀들에게 비싼 장난감을 쏟아 붓고 매일 '질적인 시간'—이런 명칭은 잘못된 것이다—이라는 미명하에 몇 분만을 그들에게 할애할 수 있을지 모른다. 그러나 아이는 단지 자신이 부모의 소유물 가운데 하나—심지어 귀찮은 존재—에 불과함을 깨닫는다. 아이는 그 가족에 진정한 공헌을 하지 못하며, 그 사실을 깨닫게 된다.

사회는 이런 위기를 대처하기 위해 어떤 노력을 기울이는가? 사회는 부모들로 하여금 자신의 필요와 욕망을 자제하고 자녀를 가족에 결속하기 위해 더 많은 시간을 할애하라고 격려하고 있는가? 결코 그렇지 않다! 대신 사회는 자녀들에게 스스로 "나는 가치 있는 존재야"라고 말하도록 권하고 있다. 누구에게 가치 있는 존재란 말인가? 오직 계산적인 사람들에게는 아니다. 오히려 우리는 자기중심성의 오염과 그 영향으로 더 강한 자기중심적 삶에 직면하고 있다. 타락한 세상에서, 개인의 가치의 비밀을 발견하는 유일한 희망은 우리가 하늘 아버지께 얼마나 가치 있는 존재인지를 발견하는 것이다. 그분은 우리를 위해 죽으셨다. 그는 우리를 사랑하실 뿐만 아니라, 우리를 좋아하신다! 이와 같은 이해에서 생겨나는 가치에 대한 인식은, 귀먹은 세상을 향해 "나는 대단한 사람이야"라고 외치는 교만하고 고독한 자기사랑과 가장 거리가 먼 것이다.

사도 바울은 잘 알려진 로마서 12:1-2에서 내가 지금 말하고 있는 바를 잘 요약해 준다.

> 그러므로 형제들아 내가 하나님의 모든 자비하심으로 너희를 권하노니 너희 몸을 하나님이 기뻐하시는 거룩한 산 제사로 드리라 이는 너희의 드릴 영적 예배니라 너희는 이 세대를 본받지 말고 오직 마음을 새롭게 함으로 변화를 받아 하나님의 선하시고 기뻐하시고 온전하신 뜻이 무엇인지 분별하도록 하라.

그리스도의 희생과 성령의 은사는 우리로 하여금 어떤 정해진 방향을 바라보도록 이끌어 준다. 이러한 방향은 다음과 같은 세 가지 국면들을 통해 나타난다. 첫째, 우리의 몸을 희생제사로 하나님께 바치는 삶은 세상과는 다른 변화된 삶의 방식의 표현이 될 것이며, 목적한 바대로 하나님의 완전한 의지를 경험하게 된다. 둘째, 의탁하는 삶은 생명으로 인도한다. 셋째, 교만은 죽음으로 인도한다.

이사야 14:28-32

28 아하스 왕이 죽던 해에 이 경고가 임하니라
29 블레셋 온 땅이여 너를 치던 막대기가 부러
졌다고 기뻐하지 말라 뱀의 뿌리에서는 독사
가 나겠고 그의 열매는 날아다니는 불뱀이
되리라
30 가난한 자의 장자는 먹겠고 궁핍한 자는 평안
히 누우려니와 내가 네 뿌리를 기근으로 죽일
것이요 네게 남은 자는 살륙을 당하리라
31 성문이여 슬피 울지어다 성읍이여 부르짖을
지어다 너 블레셋이여 다 소멸되리로다 대저
연기가 북방에서 오는데 그 대열에서 벗어난
자가 없느니라
32 그 나라 사신들에게 어떻게 대답하겠느냐 여
호와께서 시온을 세우셨으니 그의 백성의 곤
고한 자들이 그 안에서 피난하리라 할 것이
니라

원 의미

비록 아하스의 통치 종식과 히스기야의 통치 시작의 연대는 열왕기하 18장의 모순 된 연도 설정으로 복잡하게 얽혀 있지만, 아마도 아하스는 주전 716년에 사망했으며, 히스기야는 그 다음에 통치를 시작했든지 아니면 몇 년간의 대행 통치를 한 뒤 완전한 권좌에 등극한 것으로 보인다.[1] 그러나 이 신탁의 의미가 아하스의 죽음과 관련이 있는지는 분명치 않다. 아마도 블레셋의 심판을 해석하는 데 그 연도는 중요하지 않을 수 있다. 그러나 이사야서에서 연도 소개가 오직 세 차례(6:1; 이 본문; 20:1) 제시되기 때문에 꼭 그런 것은 아닌 것 같다.

그럼에도 아하스와의 연관성은 불명확하다. 만약 아하스가 블레셋에 위협이 되

1. 왕하 18:1, 9-10은 주전 727년에 시작된 히스기야의 통치를 북이스라엘 멸망 이전에 놓는다. 그렇지만 13절은 분명 주전 701년으로 소급될 수 있는 산헤립의 공격이 히스기야 14년에 발생했다고 말한다. 아마도 히스기야는 주전 716년 때까지 그의 부친 아하스와 함께 섭정 통치(co-regency)를 수행한 것 같다. 그러나 그 밖의 열왕기 본문에서는 이 섭정통치의 첫 해를, 히스기야 통치의 첫 해로 계산한다. 그러므로 우리가 예상하건데 18:13은 산헤립의 공격이 히스기야 26년에 발생했음을 말하고 있는 듯하다. 이 문제에 관한 더 충분한 논의를 위해, E. Thiele, *The Mysterious Numbers of the Hebrew Kings*, 3d ed. (Grand Rapids: Zondervan, 1983), 132-40을 보라.

었다면, 그를 블레셋을 공격한 부러진 막대기로 보는 것이 자연스러울 것이다. 그러나 사실은 그렇지 않다. 만약 그렇다면 사실은 정반대였다. 역대하 28:18은 아하스가 블레셋에 여러 성읍을 빼앗겼음을 말해 주고 있다. 이때 블레셋이 아시리아를 향해 반역을 시도했고, 아시리아 즉, "치던 막대기가 부러졌음"으로 새로운 왕 히스기야에게 이 반역에 동참할 것을 촉구했기 때문에, 연대는 중요한 것 같다. 주전 715년에 아시리아의 사르곤은 주전 721년의 왕위 계승 이후 전 제국의 통치권을 되찾고자 계속 애를 쓰고 있었다. 그리고 블레셋은 이와 같은 오랜 기간의 갈등을, 제국의 쇠퇴의 징조로 이해한 것 같다. 만약 그것이 옳다면, 이사야는 재빨리 이 블레셋 족속들이 그런 잘못된 생각에서 깨어나도록 하고 있다. 실제로 아시리아의 막강한 전성시대는 아직도 초반 단계였고 60년 동안 지속적으로 발전되어 나갈 것이다. 모세의 막대기처럼, 이 "막대기"는 "뱀"으로 바뀔 것이며, 이 뱀은 치명적인 "독사"를 낳을 것이다(14:29).

30절과 32절은 블레셋이 그들의 반역에 유다를 개입시키고 있다는 주장을 강화한다. 이런 블레셋의 제안에 대해, 이사야는 주님이 블레셋의 도움 없이도 유다를 지켜줄 거라고 응답한다. 여기서 또다시 신뢰의 이슈가 부각된다. 유다는 열방을 신뢰할 것인가, 아니면 주님을 신뢰할 것인가? 유다는 블레셋과 동맹을 체결할 필요가 없다. 왜냐하면 유다 백성은 하나님의 양 무리이며 하나님이 그들을 돌보실 것이기 때문이다(14:30; 또한 40:11을 보라). 실제로 거대한 블레셋은 "북방에서 오는 연기"로 소멸될 것이다(14:31). 이 연기는 해안을 따라 남쪽으로 내려오는 아시리아 군대를 가리킨다. "여호와께서 시온을 세우셨으니" 곧 멸망당할 주변 국가들과 동맹을 맺는 것은 불필요한 일이다.

상황잇기

여기서 이슈는 실패할 수밖에 없는 것들에 의존하는 어리석음에 있다. 주님의 도움은 종종 너무 막연해 보이는 반면, 물질적이고 육체적인 것들은 실제적인 것처럼 보인다. 옛 시대의 선지자들은 표면상 강하게 보이나 실상은 약한 것을 제대로 파악하도록 이끌어 준 바, 오늘날 우리도 그와 같은 선지자들이 필요하다.

현대적 의미

오늘날 교회는 종종 유다의 입장에 처한다. 우리는 사방에 둘러싸인 듯한 느낌을 받으며, 그리하여 동맹을 시도한다. 불행하게도 우리가 체결하고자 하는 그 동맹들은 우리보다 더 나약하며, 유다의 원수가 된 블레셋처럼 어떤 경우에는 실로 우리의 원수가 되기도 한다. 우리는 커다란 새 시설이 필요하다고 느낀다. 또한 우리는 자금 모금을 위해 전문가를 찾을 필요가 있다고 느낀다. 그러나 이런 사람은 가장 냉소적이고 조작적인 세상의 방식을 단지 "영성"이라는 외적인 겉모습으로 치장해 왔을 뿐이다.

그렇지만 세상의 모든 제도들이 사라질 때 "시온"은 살아남을 것이다. "출애굽의 경우"(to spoil the Egyptians)처럼, 최상의 결과를 위해 세상을 공격하는(raid) 것은 나쁜 일인가? 그렇지는 않다. 그러나 이런 시도를 해 온 교회의 역사는 실로 유감스러운 일이다. 우리는 종종 이런 "최상의 결과들"이 실제적으로 교회가 뜻하는 바와 전혀 다른 이해를 낳고 있음을 발견한다. 이런 접근 방식은 다음과 같은 난해한 억설에 근거하고 있다—"하나님은 스스로 돕는 자를 돕는다." 비스마르크 백작은 "하나님은 거대한 사람들의 편에 서 있다"고 말한 것으로 전해진다. 이것이야말로 세상이 말하는 바이다. 성경은 "너는 마음을 다하여 여호와를 의뢰하고 네 명철을 의지하지 말라"(잠 3:5)고 말씀한다. 이것이야말로 이사야가 말하고 있는 것이다.

이사야 15:1-16:14

1 모압에 관한 경고라 하룻밤에 모압알이 망하
여 황폐할 것이며 하룻밤에 모압기르가 망하
여 황폐할 것이라
2 그들은바잇과 디본 산당에 올라가서 울며 모
압은 느보와 메드바를 위하여 통곡하는도다
그들이 각각 머리카락을 밀고 각각 수염을
깎았으며
3 거리에서는 굵은 베로 몸을 동였으며 지붕과
넓은 곳에서는 각기 애통하여 심히 울며
4 헤스본과 엘르알레는 부르짖으며 그들의 소
리는 야하스까지 들리니 그러므로 모압의 군
사들이 크게 부르짖으며 그들의 혼이 속에서
떠는도다
5 내 마음이 모압을 위하여 부르짖는도다 그
피난민들은 소알과 에글랏슬리시야까지 이
르고 울며 루힛 비탈길로 올라가며 호로나임
길에서 패망을 울부짖으니
6 니므림 물이 마르고 풀이 시들었으며 연한
풀이 말라 청청한 것이 없음이로다
7 그러므로 그들이 얻은 재물과 쌓았던 것을
가지고 버드나무 시내를 건너리니
8 이는 곡성이 모압 사방에 둘렸고 슬피 부르
짖음이 에글라임에 이르며 부르짖음이 브엘
엘림에 미치며
9 디몬 물에는 피가 가득함이로다 그럴지라
도 내가 디몬에 재앙을 더 내리되 모압에 도
피한 자와 그 땅에 남은 자에게 사자를 보내
리라

16:1 너희는 이 땅 통치자에게 어린 양들을 드리
되 셀라에서부터 광야를 지나 딸 시온 산으
로 보낼지니라
2 모압의 딸들은 아르논 나루에서 떠다니는 새
같고 보금자리에서 흩어진 새 새끼 같을 것
이라
3 너는 방도를 베풀며 공의로 판결하며 대낮에
밤 같이 그늘을 지으며 쫓겨난 자들을 숨기
며 도망한 자들을 발각되게 하지 말며
4 나의 쫓겨난 자들이 너와 함께 있게 하되 너
모압은 멸절하는 자 앞에서 그들에게 피할
곳이 되라 대저 토색하는 자가 망하였고 멸
절하는 자가 그쳤고 압제하는 자가 이 땅에
서 멸절하였으며
5 다윗의 장막에 인자함으로 왕위가 굳게 설
것이요 그 위에 앉을 자는 충실함으로 판결
하며 정의를 구하며 공의를 신속히 행하리라
6 우리가 모압의 교만을 들었나니 심히 교만하
도다 그가 거만하며 교만하며 분노함도 들었
거니와 그의 자랑이 헛되도다
7 그러므로 모압이 모압을 위하여 통곡하되 다
통곡하며 길하레셋 건포도 떡을 위하여 그들
이 슬퍼하며 심히 근심하리니
8 이는 헤스본의 밭과 십마의 포도나무가 말랐
음이라 전에는 그 가지가 야셀에 미쳐 광야에
이르고 그 싹이 자라서 바다를 건넜더니 이제
열국의 주권자들이 그 좋은 가지를 꺾었도다
9 그러므로 내가 야셀의 울음처럼 십마의 포도
나무를 위하여 울리라 헤스본이여, 엘르알레
여, 내 눈물로 너를 적시리니 너의 여름 실과,
네 농작물에 즐거운 소리가 그쳤음이라
10 즐거움과 기쁨이 기름진 밭에서 떠났고 포도
원에는 노래와 즐거운 소리가 없어지겠고 틀
에는 포도를 밟을 사람이 없으리니 이는 내
가 즐거운 소리를 그치게 하였음이라

11 이러므로 내 마음이 모압을 위하여 수금 같이 소리를 발하며 내 창자가 길하레셋을 위하여 그러하도다
12 모압이 그 산당에서 피곤하도록 봉사하며 자기 성소에 나아가서 기도할지라도 소용없으리로다
13 이는 여호와께서 오래 전부터 모압을 들어 하신 말씀이거니와
14 이제 여호와께서 말씀하여 이르시되 품꾼의 정한 해와 같이 삼 년 내에 모압의 영화와 그 큰 무리가 능욕을 당할지라 그 남은 수가 심히 적어 보잘것없이 되리라 하시도다

원 의미

표면적으로 볼 때 모압에 대한 신탁은 바빌론과 그 왕에 대한 신탁과는 매우 다른 논조를 취한다. 비록 바빌론 왕 신탁이 탄식의 형태를 취하지만, 유다와 이스라엘을 향해 선포하는 선지자가 그 교만한 압제자의 멸망을 기뻐했음은 의심의 여지가 없다. 그러나 여기서 선지자는 도래할 모압의 멸망을 실로 슬퍼하고 있는 듯하다.[1] 아마도 그것은 유다와 모압과의 매우 밀접한 관계 때문인 것 같다. 룻기는 이런 관계를 분명히 보여 준다. 나오미와 엘리멜렉은 유다에 기근이 임했을 때 아무런 문제없이 모압에 거할 수 있었으며, 보아스도 여호와를 예배하는 종교로 개종한 모압 여인 룻과 결혼했을 때 어떤 가책도 느끼지 않은 것 같다.

여하튼 이사야 15장에는 슬피 움, 부르짖음, 통곡과 같은 단어가 적어도 12회 등장하고 있다(2, 3, 4, 5, 8절). 그중 대부분은 자신에게 도래할 죽음과 멸망을 슬퍼하는 모압에 대해 이야기하고 있다. 한 가지 예외가 5절에 나타나는데, 여기서 이사야는 "내 마음이 모압을 위하여 부르짖는도다"라고 말한다. 만약 이것이 풍자가 아니라면, 선지자는 모압이 당할 끔찍한 고통을 동정하고 있는 것이다.[2] 비록 15장만큼 강조되지는 않지만, 16장에서도 동일한 패턴이 나타난다. 모압의 통곡이 16:7에 언급되고 있는 반면, 16:9에는 "내가 야셀의 울음처럼 울리라", 16:11에는

1. 대안적인 해석으로는, B. Jones, *Howling over Moab: Irony and Rhetoric in Isaiah 15-16*(SBLDS 157; Atlanta: Scholars Press, 1996)을 보라. 존스는 이 단락에 나오는 슬픔의 탄식이 14장의 탄식과 같이 풍자적이라고 생각한다.
2. 25:10-12에 나오는 모압의 심판 선언에 어떠한 동정도 나타나지 않음을 주목하라. 그러므로 만약 이 해석이 옳다면 이와 같은 생각이 결코 불변하는 것은 아니다.

"나의 마음이 모압을 위하여…소리를 발하며"라는 표현을 소개하고 있다. 10절에 하나님에 대한 언급이 나오기 때문에, 여기에 나오는 이 사람은 하나님으로 여겨진다.

모압 길(Kir)을 제외하면(15:1) 15:1-4에 언급된 성읍들과 마을들은 갓과 르우벤 지파의 지역인 모압 북부에 위치하고 있다(민 32:34-38). 북부의 알(Ar)과 남부의 길(Kir)[3]에 대한 15:1의 언급은 어떤 정해진 포괄적인 범위를 보여 주고 있으며, 이 절이 전체의 서론으로서 가능하도록 이끌어 준다. 8절에 나오는 모압 북부 인근 지역의 에글라임과 남부 인근 지역의 브엘엘림도 이와 유사한 짝을 이루고 있는 듯하다. 그렇지만 이 두 지역은 15:1의 지역보다는 훨씬 덜 부각되고 있다.

비록 15:5-8에 언급된 몇몇 성읍들은 알 수 없지만, 알려진 성읍들은 모압 남부 지역, 즉 아르논 강(Arnon River) 남쪽에 위치하고 있다. 약탈을 일삼는 한 군대가 다마스쿠스에서 대왕의 도로를 통해 남쪽으로 진격하며 내려오는 상황 앞에서, 이와 같은 북에서 남으로의 이동은 남쪽으로 향하는 모압의 특징적인 이동 상황을 보여 준다. 모압의 신들은 무기력하며(15:2), 군인들도 속수무책이다(15:4). 만약 15:6을 비유로 해석하지 않는다면, 다음과 같이 이해될 수 있다. 즉 "귀인들"(NIV "fugitives" 15:5)이 사해 남단의 "니므림 물가"에 이르렀을 때 음료를 발견치 못하며 그들이 목양하던 양 무리—모압의 "재물"(15:7)—도 발견치 못하기 때문에, 자연 역시 아무런 도움을 주지 못한다. 그러므로 남쪽의 "버드나무 시내"(Ravine of Poplars)로 계속 더 내려가는 길 외에는 다른 방도가 없었다. 이곳은 모압과 에돔 사이의 접경을 이루고 있던 제레드 강(Zered River)을 가리키는 듯하다.

15:9의 "디몬"(Dimon)은 그 위치가 불명확하기 때문에 어려움을 던져 준다. 반면에 디본(Dibon, 참조. 15:2)은 매우 잘 알려진 정치적, 종교적 중심지였다. 성 제롬(st. Jerome)은 의도적이든 비의도적이든 간에 "디본"(Dibon)의 순음 'b'이 'm'으로 교체되었다는 이론을 처음으로 제기했다. "피"(blood)를 뜻하는 히브리어가 *dam*이라는 사실은 이와 같은 상호 교체 현상을 설명해 줄 수 있을 것이다. 만약 이런 해석이 옳다면, 디본 즉, 피의 도성은 부분적으로 모압을 상징하고 있다. 9절의 논점은 분명하다. 결국 모압의 어느 처소도 하나님의 심판을 피할 수 없다.

만약 15장에 암시된 남쪽으로의 이동이 옳다면, 도망자들이 에돔에 은신처를 찾

---

3. 아마도 Kir Hareseth일 것이다(16:7, 11을 보라).

고자 했음은 자연스러운 일이었을 것이다. 그러나 실제로는 그렇지 않았다. 선지자는 모압의 유일한 희망이 주님과, 주님께서 약속하신 메시아에게 있다는 것을 알고 있다. 또다시 우리는 열방을 향한 이 예언의 기능을 상기하게 된다. 이스라엘과 유다는 아시리아의 위협에 직면하여 열방을 의뢰해야 하는가? 열방의 유일한 희망이 이스라엘과 유다의 희망이신 예루살렘의 그 하나님이신데, 어째서 유다는 열방을 의뢰하는가?

16:1-4a는 도움을 구하는 피난민들의 외침을 보여 준다. 1절은 아마도 서로 주고받는 조언처럼 보인다. 전대의 모압인들은 이스라엘 왕들에게 어린 양들을 바쳐야 했다(왕하 3:4). 그러므로 예루살렘의 왕("딸 시온 산")에게 "어린 양들"을 예물로 바친다는 것은 자연스러운 생각이었을 것이다. 성경에 나타난 그 당시 시대에 사해의 수면은 매우 낮았기 때문에, 사해 남단을 가로질러 유다의 "광야"를 거쳐 예루살렘으로 전진하는 것은 가능한 일이었다. 여하튼 "도망한 자"들은 약탈을 일삼는 원수 즉, "멸절하는 자"에게서 도망쳐 유다로 피해 자신을 숨겨달라고 간청한다(16:3).

16:4b-5에서 이사야는 모압뿐만 아니라 온 세상이 궁극적으로 의지해야 할 자에 관하여 말할 수 있는 기회를 포착한다. 이 간략한 진술은 11:1-16뿐만 아니라 9:1-7을 연상케 한다. 비록 모압이 아시리아에게서 도피한 그때부터 오랜 시간이 지난 뒤에 나타나겠지만, 이 "한 사람"은 "다윗의 장막"에서 등장한 것이며, 억압과 멸망과 침략을 종식시킬 것이다. 그의 보좌는 연약한 기초 위에 세워지기보다는, 이스라엘의 거룩한 자의 주요 특징이 되는 "인자"와 "충실함"의 확고한 기초 위에 세워질 것이다.[4] 그 결과, 그의 통치는 "공평"과 "의"로 특징지워질 것이다.[5] 유다와 모압은 이 사람을 볼 때까지 생존하지 못할 것이다. 그럼에도 유다와 모압에 속한 사람들은 그 당시에 이 다윗 후손을 보내시겠다고 약속하신 그 하나님을 신뢰할 수는 있다.

이사야서에 이미 수차례 시도한 바와 같이, 이사야는 또다시 다음과 같은 유사한 패턴을 따른다. 즉 선지자는 어둠의 시간 속에서 백성들이 신뢰하며 살아갈 수 있는 기초를 제공한 밝은 미래의 희망을 바라본 뒤, 냉혹한 현재의 실재로 다시 돌

---

4. 여기서 히브리어 단어는 *ḥesed*와 *ʾemet*인데, 견고한 하나님의 약속과 값없는 사랑의 본질을 강조하는 신학적 내용을 담고 있다.
5. 여기서 히브리어 단어는 *mišpaṭ*과 *ṣedeq*인데, 참된 질서와 올바른 행위라는 의미를 함축하고 있다.

아온다(16:6-13). 겸손히 하나님을 신뢰치 않은 모압은 "교만"(6절)과 우상숭배(12절)로 특징지워진다. 모압은 자신과 자신의 형상으로 만든 신들을 신뢰한다. 그러므로 지금까지 이 책을 읽어온 사람이라면 누구나 그 결과를 예측할 수 있을 것이다—굴욕, 고갈, 상실. 자신을 높이고자 하는 자들은 단지 자신의 멸망을 확증할 뿐이며, 자신을 위해 이 세상의 힘들을 조정하려는 자들은 단지 자신을 쓸데없이 소모할 뿐이다.

모압은 무성하게 뻗은 포도나무와 같았다. 모압은 암몬 땅 야셀(Jazer)과 동부 "광야"의 가장자리와 서부의 "바다"(사해[the Dead Sea]) 주변까지 걸쳐 북쪽으로 널리 뻗어 있었다. 그러나 이제 이 아름다운 포도나무는 짓밟히며 부러진다. 풍성한 수확에 뒤따르는 기쁨과 즐거움의 소리는 잠잠하여(9절) 사라지고 말았다(10절). 그 소리들은 탄식과 애통으로 바뀌었다.

16:14에서 선지자는 하나의 시험을 감행한다. 선지자는 고용된 종이 그의 남은 노동 기간을 철저히 계산하듯이 선포된 그 말씀이 3년 안에 성취될 거라고 주장한다. 주전 715년에 모압은 아시리아에게 커다란 침략을 당했다. 그러므로 이 예언의 말씀은 주전 718년에 처음으로 선포되었을 것이다. 여하튼 선지자는 단지 대략적으로 말하고 있는 것이 아니다. 그는 역사의 주인이신 진리의 하나님을 대변하고 있는 것이다. 그리고 선지자는 자신과 하나님의 명예를 걸고 자신이 선포한 예언이 성취될 것임을 담대히 선언하고 있다.

상황잇기

20세기는 우리에게 이런 도피의 경험에 대해 수많은 사례들을 제시하고 있다. 예를 들면, 찬란한 유럽의 도시에서 나온 사람들 혹은 베트남의 불탄 마을에서 뿔뿔이 흩어진 사람들의 경우가 그렇다. 사진은 그 실재를 더욱 생동감 넘치게 해준다. 나는 특히 사진 세 장이 생각난다.

첫째 사진은 프랑스 북부의 격전지에서 도망치는 긴 행렬의 도피자들 가운데 있는 한 여인의 사진이다. 그녀는 옷가지, 등, 한두 권의 책, 너절한 잡동사니들로 채운 유모차를 끌고 있다. 그녀의 얼굴은 거의 표정이 없으나 실로 눈물이 그녀의 눈에서 흘러내리고 있다.

둘째 사진도 프랑스 북부의 사진이다. 이 사진은 외관상으로 볼 때 길가에 버려진 여러 종류의 끝없는 자동차들을 보여 주고 있다. 분명 사람들이 전쟁에 휘말려 있음을 보여 준다. 그들은 생명을 위해 모든 것을 내버려 두고 도망쳐 버린 것이다. 사치스런 고급 승용차와 짐마차들, 수레를 끌다 죽은 말들이 쓰러져 있다. 우유 운반 트럭과 어린이 운송 차량들도 있다. 자전거와 견인차들도 있다. 옷가지, 책들, 그림들, 모피 가죽들, 장신구들과, 우리가 열심히 얻고자 한 모든 것들은 땅바닥에 흩어져 아마도 군인들에게 탈취될 것이다. 우리의 삶의 단편들이었던 이 모든 것들은 상실되고 말았다.

셋째 사진은 1930년대 러시아 시베리아 대초원의 마을 사람들에 관한 사진이다. 머리 위의 하늘은 어둡고 험악하다. 주변에는 지평선까지 이어지는 공허한 대평원이 펼쳐지고 있다. 지평선 너머에 높이 치솟은 검은 연기 기둥이 보인다. 가방에 있는 옷들을 제외하곤, 마을 사람들의 집과 모든 소유품은 그 연기 속으로 휩쓸려 간다. 그들의 얼굴은 고뇌와 심한 공포로 차 있다. 그들은 죽기 위해 이 공허한 곳으로 내버려졌으며, 조만간 죽게 될 것이다.

현대적 의미

유럽의 세련된 문화이든 시베리아 대초원 마을의 투박한 문화이든 간에, 우리의 성취에는 아무런 희망이 없다. 우리의 성취는 우리를 난폭한 인간의 잔인함에서 구원할 수 없다. 비록 우리의 삶이 평화롭다 할지라도, 남겨 놓은 모든 소유를 뒤에 오는 이들에게 탈취 당하는 도피자들처럼, 잔혹한 죽음은 결국 우리를 모두 이와 같은 자들로 만들 것이다.

우리는 자신이 이룩한 일에 대해 당연히 자랑스럽게 여길는지 모른다. 그러나 만약 그것이 우리의 영원한 희망의 근거라면, 우리의 희망은 실로 하찮은 것이다. 아마도 이집트의 피라미드는 종말의 때까지 잔존할 것이다. 그러나 이 피라미드는 그 건축자들에 관하여 무엇을 말하고 있는가? 아무런 말도 없다. 우리는 피라미드를 계획한 정보, 건축을 위한 조직력과 수고, 막대한 인력에 무척 놀란다. 그러나 그 밖에 아무것도 없다. 비록 쿠푸(Khufu)가 대피라미드에 안장되었지만, 미라가 된 그의 몸을 포함하여 그가 영원히 존속시키고자 한 것들은 모두 제거되고 말았다. 무덤에는 텅 빈 거대한 관뿐이다. 쿠푸는 그의 모든 소유를 남겨 두고 영원의 길로 향하는 한 도피자에 불과하다.

우리도 마찬가지다. 우리의 성취는 고대 이집트인들이 달성한 성취에 훨씬 미치지 못한다. 우리가 그 길에 들어설 때, 우리 뒤에는 무엇이 남아 있겠는가? 모든 것들이 남아 있을 것이다. 그리고 그것들은 사방에 부는 바람에 흩어질 것이다. 가정이든 직장이든 삶의 애착이든 간에, 우리의 환경을 지배하려는 모든 노력들은 결국 고갈된 채로 끝날 뿐이다. 이사야서 후반부에서 이사야는 "왜 배부르게 못할 것을 위하여 수고하느냐?"(55:2)라고 강력하게 말한다. 모압처럼 우리는 잘못된 방향으로 우리의 희망을 고대하는 경향이 있다. 세상이 산산조각날 때, 남아 있는 것은 없고 오직 탄식뿐이다. 모든 것들이 사라질 것이다.

그러나 모압은 최후의 순간에 올바른 행동을 취한다. 그들은 에돔이 아닌 유다에게로 향한다. 그것은 단지 임시방편이었는가? 그들은 어떤 이유에서든 간에 유다가 에돔보다 더 나은 방어위치를 구축하고 있음을 알고 있었는가? 아니면 그보다 더한 이유가 있었는가? 그들은 유다의 하나님 여호와가 그모스와 몰렉과는 다른 존재임을 알고 있었는가? 그들은 여호와가 그의 백성과, 그 백성과 연합한 자들을 구원할 능력과 은혜를 베푸는 분임을 알고 있었는가? 16장의 나머지 내용을 고려해 볼 때, 아마도 모압이 그처럼 심오하게 이해했다고 볼 수는 없을 것이다.

오늘날도 동일한 상황이 나타난다. 많은 사람들은 자신을 부족하다고 여기고 그 때문에 교회로 향한다. 그들은 자신의 자녀들이 "도덕적 훈련"을 받게 되기를 원한다. 그들은 행복하고 만족스러워 보이는 사람들에 대한 어린 시절의 희미한 기억들을 갖고 있을 것이다. 삶은 그들에게 파괴적인 충격을 안겨다 주었을 것이다. 그리고 그들에게는 아무 데도 갈 곳이 없다. 그저 "교회로 가는 편이 좋은 것 같아"라고 생각할 것이다. 이유가 어떻든 간에 이사야가 모압에게 한마디 던진 것처럼 오늘날 교회도 이 "도망한 자들"에게 오직 유일한 한마디를 전해야 한다. 우리는 그들의 필요를 채워 주기 위해 프로그램을 제시할 수도 있다. 우리는 그들이 다시 재기하도록 도울 수도 있다. 우리는 교육하고 지도할 수도 있다. 그러나 결국 최종적인 유일한 희망은 16:5의 그 "사람"에게서 발견된다. 그는 바로 예수 그리스도이시다. 참된 자유와 공의는 오직 그분의 왕국에서만 존재한다.

왜냐하면 그의 왕국이 언제나 영원하기 때문이다. 이 세상에서 오직 확실한 것은 죽음과 상실뿐이다. 그러나 우리는 이 세상에 나타나는 선과 빛과 풍요를 통해, 죽음과 상실이 궁극적으로 의도된 실재가 아니라는 그 약속을 바라본다. 그러므로 만약 우리가 사람들의 부서진 삶의 파편들을 다시 회복하도록 도와주고, 그것이 우리가 한 모든 일이라면, 우리가 한 일은 단지 며칠 혹은 몇 년간 그 궁극적인 상실을 지연시킨 것에 불과하다. 그러나 만약 우리가 그들을 천국의 보좌로 인도하며, 그들로 하여금 온 땅의 기초가 되는 죽음 당하신 어린양 앞에 엎드려 절하도록 도울 수 있다면, 우리는 그들에게 모든 상실에서 벗어날 수 있는 확실한 보증을 제공할 수 있을 것이다.

희망은 우리의 성취에 있는 것이 아니라 그분의 성취에 달려 있다. 그 어린양은 오류와 억압을 초래한 우리의 교만과 우상숭배의 심판을 그 자신이 짊어지심으로써 공의와 자유의 문제들을 영원히 해결해 주셨다. 끝이 없어 보이는 세상의 눈물과 상실 대신에, 그는 기쁨과 풍요를 가져다주셨다. 만약 우리가 영광으로 보좌에 앉으신 그분을 바라볼 그날을 고대한다면, 우리는 지금 이 세상 속에서도 확신과 평안의 삶을 계속 이어갈 수 있을 것이다.

이사야 17:1-11

1 다메섹에 관한 경고라 보라 다메섹이 장차
성읍을 이루지 못하고 무너진 무더기가 될
것이라
2 아로엘의 성읍들이 버림을 당하리니 양 무리
를 치는 곳이 되어 양이 눕되 놀라게 할 자가
없을 것이며
3 에브라임의 요새와 다메섹 나라와 아람의 남
은 자가 멸절하여 이스라엘 자손의 영광 같
이 되리라 만군의 여호와의 말씀이니라
4 그날에 야곱의 영광이 쇠하고 그의 살진 몸
이 파리하리니
5 마치 추수하는 자가 곡식을 거두어 가지고
그의 손으로 이삭을 벤 것 같고 르바임 골짜
기에서 이삭을 주운 것 같으리라
6 그러나 그 안에 주울 것이 남으리니 감람나
무를 흔들 때에 가장 높은 가지 꼭대기에 과
일 두세 개가 남음 같겠고 무성한 나무의 가
장 먼 가지에 네다섯 개가 남음 같으리라 이
스라엘의 하나님 여호와의 말씀이니라
7 그날에 사람이 자기를 지으신 이를 바라보겠
으며 그의 눈이 이스라엘의 거룩하신 이를
뵙겠고
8 자기 손으로 만든 제단을 바라보지 아니하며
자기 손가락으로 지은 아세라나 태양상을 보
지 아니할 것이며
9 그날에 그 견고한 성읍들이 옛적에 이스라
엘 자손 앞에서 버린 바 된 수풀 속의 처소
와 작은 산 꼭대기의 처소 같아서 황폐하
리니
10 이는 네가 네 구원의 하나님을 잊어버리며
네 능력의 반석을 마음에 두지 아니한 까닭
이라 그러므로 네가 기뻐하는 나무를 심으며
이방의 나무 가지도 이종하는도다
11 네가 심는 날에 울타리를 두르고 아침에 네
씨가 잘 발육하도록 하였으나 근심과 심한
슬픔의 날에 농작물이 없어지리라

원 의미

다음과 같은 두 가지 큰 이유로 17장과 18장의 본문의 구조에 관한 상당한 논쟁이 제기되어 왔다. (1) 18장에 서두에는 신탁 문구(oracle formula)가 없다. 이 단락에서 특정한 민족들을 향해 선포된 다른 모든 심판들은 그 민족의 이름과 함께 "~에 관한 신탁(oracle)[1]"(개역성경은 "경고"라고 번역됨-옮긴이)이라

1. 히브리어는 *maśśā'*이며, "짐"(burden)이라는 뜻이다.

는 말로 시작한다. 그러나 18장은 "슬프다 구스(에티오피아)의 강 건너편 날개 치는 소리 나는 땅이여"라는 말로 시작한다. (2) 더욱이 17:12과 18:7 사이의 본문들은 한 특정한 민족의 심판을 다루지는 않는 것 같다. 오히려 이 본문들은 온 열방에 대한 하나님의 주권을 말하고 있다. 17:12이 18:1과 같이 "슬프다"라는 말로 시작하고 있음은 17:12-18:7이 (비록 원래는 분리된 자료들이었다 할지라도) 단일 단락을 이루고 있다는 생각을 더욱 뒷받침해 준다.

비록 17:1-11이 "다마스쿠스에 관한 신탁"으로 구별된다 할지라도, 이 구절이 대부분 이스라엘에 전달된 것은 왜 17:12-18:7이 그 신탁에 추가되었는지를 설명해 주고 있는 듯하다. 총체적인 신앙과 신뢰의 위기를 촉진한 것은 유다를 향한 북이스라엘과 아람의 공격이었다. 유다가 하나님 대신에 세상 열방의 도움을 기대했기 때문에, 유다가 의지한 열방의 심판에 관한 전반적인 이슈는 13-23장에서 논의되고 있다. 그러므로 선지자는 아람과 다마스쿠스에 대한 언급을 통해, 13-23장에 드러난 폭넓은 진리를 보완할 수 있는 좋은 기회로 삼고 있는 듯하다. 세상의 모든 열방은 여호와께 속해 있다. 그러므로 유다는 그들을 두려워하지도 말고 신뢰해서도 안 된다.[2]

17:1-3은 아람(시리아)의 몰락에 대해 이야기한다. 아람은 그 수도인 다마스쿠스(1절)와 아람 통치의 최남단 지역인 모압의 아르논 강에 위치한 아로엘(Aroer, 2절)이라는 도시로 대변된다. 이 도시들은 몰락하여 "양 무리"를 치는 곳으로 버려질 것이다. 독자는 3절에 언급된 "에브라임"이라는 표현과, 아람의 영광이 이스라엘의 영광처럼 쇠할 것이라는 진술을 통해, 메시지의 대상이 이스라엘로 옮겨질 것임을 미리 예측하게 된다.

"야곱"의 영광이 쇠함은 남은 단락(17:4-11)의 주요 주제가 된다. 이 단락은 이스라엘의 운명을, 추수 밭 혹은 과수원과 계속 비교하면서 시작한다(4-6절). 추수 밭에 겨우 몇몇 줄기만 남아 있듯이 혹은 시들었거나 덜 자란 과실만이 나무에 남아 있듯이, 한때 교만했던 모든 이스라엘 가운데 오직 남은 자만이 있을 것이다. 이사야의 아들 스알야숩의 아름에 나타난 바와 같이(7:1-3에 대한 주석을 보라) 남은 자 사상은 양극단의 관점을 제시한다. 이스라엘 민족 대부분은 거의 잔존하

---

2. 차일즈(*Isaiah*, 135-36)는 스위니(*Isaiah 1-39* [FOTL 16: Grand Rapids Eerdmans, 1996], 252-65)가 17장과 18장에 대해 잘 이해하고 있다고 말한다. 그러나 차일즈나 스위니는 이 단락의 사상적 통일성을 성공적으로 설명하지 못하고 있다. 내 판단으로는, 다양한 사상들이 어떻게 다 함께 조화를 이룰 수 있는지를 설명하는 모티어(*Prophecy of Isaiah*, 155-63)의 입장이 훨씬 더 성공적인 설명이라고 할 수 있다.

지 못하지만, 약간의 무리가 남을 것이다.

그러므로 17:7-8은 이스라엘이 심판으로 정화되며 우상에서 돌이킬 그 미래의 날에 대해 이야기하고 있다.[3] 주요 강조점은 그들의 "손가락으로 지은" 우상 대신(8절) 그들을 "지으신 자"를 경배함(7절)에 있다. 우상숭배는 실재를 뒤엎는 행위이다. 왜 우리는 자신이 제작한 것을 숭배하는가? 왜 우리는 우리를 지으신 그분을 경배하지 않는가?[4] 이 구절(17:7-8)에 따르면, 남은 자들이 결국 우상숭배를 버리고 돌아올 때, 그날이 도래할 것이다. 물론 이런 일은 그리스도의 시대에 당시 대부분의 유대인들이 열광적으로 반우상숭배를 지향할 때에 발생하였다.

17:9-11에서 이사야는 그의 친숙한 패턴을 한 번 더 나타내 보여 준다. 그렇다. 인간이 우상숭배로 피조물을 신뢰하는 행위들이 장차 단념될 거라는 희망이 있다. 그러나 그때와 현재 사이에는 무시무시한 심판의 실재가 도사리고 있다. 아람의 성읍들과 같이, 이스라엘의 성읍들은 버려지고 황폐화될 것이다(9절). 왜 그런가? 이는 그들이 구원과 안식처를 제공해 주시는 유일한 희망이신 "하나님을 잊어버렸기" 때문이다(10절). 그들은 자신을 이집트에서 구출하여 그들이 살고 있는 이 좋은 땅을 허락해 주신 그분을 신뢰하기보다는, 그들 자신의 힘과 간사한 꾀를 의지한다.

17:10b-11은(5:1-7과 같이) 농부들에게 친숙한 이미지를 통해 이 점을 다시 한 번 더 나타내고자 한다. 그들은 자신의 힘으로 할 수 있는 모든 것들을 이룩하였다. 그들은 최상의 수입 포도나무를 구매하였다(10b절). 아마도 이것은 이방 나라들과의 동맹을 암시해 준다. 그러나 그들이 싹을 틔워 한 날에 열매를 맺도록 식물들을 가꿀 수 있는 능숙한 농부들이라 할지라도(그러나 열매 맺는 것은 농부가 할 수 없는 일이다) 그 추수는 쓸모없을 것이다. 심판은 도래할 것이며, 인간의 숙련된 솜씨로 그 심판을 돌이킬 수는 없다. 인간의 최상의 노력은 인간의 문제를 해결하기에는 부족하다. 언젠가 이스라엘의 남은 자는 이 사실을 깨닫게 될 것이다.

---

3. "아세라"(Asherah poles)는 아마도 포플라 나무숲을 가리키는 듯하다. 이것들은 가나안의 풍요의 여신들을 경배하는 데 사용되었다. 최근 고고학적 증거들은 여호와 경배의 배교 형태로서 이 여신들이 여호와의 짝으로 숭배되었음을 보여 준다.
4. 이 주제는 이사야서에 자주 등장하는 주제이다(2:8; 40:19; 44:9-11을 보라).

상황잇기

인간의 노력에 기초하는 종교가 종종 매혹적인 성적 유혹에 빠져 들고 있음은 놀라운 일이다. 이런 현상은 가나안과 에베소와 로마에서도 똑같이 있었으며, 오늘날에도 역시 마찬가지이다. 우리가 수확한 것은 질병과 퇴폐와 타락이다.

그러나 만약 우리가 이 문제에 대해 좀 더 면밀히 고찰해 본다면, 그것은 그리 놀라운 일이 아닐 것이다. 만약 우리가 창조주를 향한 경배를 거절한다면, 우리에게 남아 있는 유일한 길은 자신의 오래된 필요를 채우기 위해 외부의 어떤 것을 경배하는 것밖에 없다. 우리는 자신이 만든 것을 경배해야만 한다. 그러나 우상을 제작하는 창조성(creativity)은 어디서 오는가? 궁극적으로 우리는 자신 속에 있는 창조적 힘을 숭배한다. 그리고 단지 어떤 개념으로서 창조성은 너무 추상적이고 자극적이지 못하기 때문에, 그리고 초월자를 경배하기 위해 지어진 우리가 종교적 신비로움을 배제한 채 살 수 없기 때문에, 성(sexuality)의 신비로움이 우리의 삶을 다스리게 된다.

이 단락이 가르쳐주는 또 다른 진리는 이사야서에서 계속 반복해서 등장한다. 그렇다. 도래할 심판은 혹독할 것이다. 그러나 하나님의 심판 목적은 민족의 멸망이 아니라 그 민족의 정화에 있다. 남은 자들이 등장할 것이며, 그 남은 자들은 멸망의 교훈을 깨닫게 될 것이다. 그들은 재난에 대한 자신의 책임을 깨닫게 될 것이며, 자신의 기술과 창조성으로 만든 우상들이 아닌 하나님을 바라보며 그분께로 다시 돌아갈 것이다. 그들은 하나님이 그들을 저버리신 것이 아니라, 자신을 구원하려는 노력이 그들을 그 지경에 처하게 했음을 깨닫게 될 것이다.

현대적 의미

오늘날 유행성 음란매체는 현대 상황 속에 나타난 옛 시대의 문제를 보여 주고 있다. 우리는 우리의 창조주와 그분의 가르침—그분은 자신이 필요를 채워 주시기 때문에 우리의 필요를 위탁하라고 말씀하신다—을 잊어버린 채, 방종에 빠지고 훈련을 받지 않으며, 정상적이고 평범한 방식 속에서 자극받지 못한다. 그리하여 우리의 성 관계는 점차 더욱 이상하고 파괴적으로 변질되어 정상적이고 건강한 성 경험이 불가능한 지경에 이르게 된다. 우리는 제일 중요한 타인의 사적인 권리를 침해하는 여인네들의 비판적 소리에만 관심을 기울이는 대중매체의 목소리를 듣는다.

물리적 환경오염과 싸우기 위해 수백만 달러가 조성될 수는 있지만, 이보다 훨씬 더 심각한 영적인 환경오염은 이 오염을 막으려는 영향력 있는 목소리들 못지않게 신속히 확산되고 있음은 참으로 비극이다. 젊은 남자들과 함께 일하는 사람들은 우리 주변에 무슨 일이 일어나고 있는지를 알 수 있으며, 우리 사회에 성폭력이 기하학적으로 늘어나고 있다는 사실에 전혀 놀라지 않을 것이다. “자유로운 표현”이 우리 모든 사회의 병폐를 해결해 줄 거라는 생각은 하나님을 잊은 결과이다. 비록 자신의 견해가 틀리거나 잘못되었다 하더라도, 어떤 면에서 사람은 자신의 의견을 표현할 수 있는 권리를 갖고 있다. 또 다른 측면에서 볼 때, 사람은 사회의 구조를 파괴하면서 큰 행운을 잡기 위해 이런 잘못된 ‘견해들’을 약자들에게 내어 팔 수 있는 권리도 갖고 있다.

선지자의 말을 바꾸어 말하면, 우리는 아마도 최상의 디지털 기술을 받아들여 최상의 전문 촬영 기술을 사용할 수 있을 것이다. 어느 날 우리는 인터넷 사이트를 보유하며 만 명의 방문객을 볼 수 있을 것이다. 아마도 수백만 달러를 벌어들일지도 모른다. 그러나 “그런 수확들은 불치의 질병으로 고통 받는 나날에는 아무런 의미가 없을 것이다.” 사람들은 밖을 향해 공을 들일 만한 목표를 달성하고자 그들의 욕망을 북돋기 때문에, 우리 사회는 진정한 결실을 가져다주기보다는 전적으로 사회 그 자체를 만족시키려다 결국 결실도 보지 못하고 말 것이다.

이사야 17:12-18:7

12 슬프다 많은 민족이 소동하였으되 바다 파도
가 치는 소리 같이 그들이 소동하였고 열방
이 충돌하였으되 큰 물이 몰려옴 같이 그들
도 충돌하였도다
13 열방이 충돌하기를 많은 물이 몰려옴과 같이
하나 주께서 그들을 꾸짖으시리니 그들이 멀
리 도망함이 산에서 겨가 바람 앞에 흩어짐
같겠고 폭풍 앞에 떠도는 티끌 같을 것이라
14 보라 저녁에 두려움을 당하고 아침이 오기
전에 그들이 없어졌나니 이는 우리를 노략한
자들의 몫이요 우리를 강탈한 자들의 보응이
니라

18:1 슬프다 구스의 강 건너편 날개 치는 소리 나
는 땅이여
2 갈대 배를 물에 띄우고 그 사자를 수로로 보
내며 이르기를 민첩한 사절들아 너희는 강들
이 흘러 나누인 나라로 가되 장대하고 준수
한 백성 곧 시초부터 두려움이 되며 강성하
여 대적을 밟는 백성에게로 가라 하는도다
3 세상의 모든 거민, 지상에 사는 너희여 산들
위에 기치를 세우거든 너희는 보고 나팔을
불거든 너희는 들을지니라
4 여호와께서 내게 이르시되 내가 나의 처소에
서 조용히 감찰함이 쬐이는 일광 같고 가을
더위에 운무 같도다
5 추수하기 전에 꽃이 떨어지고 포도가 맺혀
익어갈 때에 내가 낫으로 그 연한 가지를 베
며 퍼진 가지를 찍어 버려서
6 산의 독수리들과 땅의 들짐승들에게 던져 주
리니 산의 독수리들이 그것으로 여름을 지내
며 땅의 들짐승들이 다 그것으로 겨울을 지
내리라 하셨음이라
7 그때에 강들이 흘러 나누인 나라의 장대하고
준수한 백성 곧 시초부터 두려움이 되며 강
성하여 대적을 밟는 백성이 만군의 여호와께
드릴 예물을 가지고 만군의 여호와의 이름을
두신 곳 시온 산에 이르리라

원 의미

모티어가 올바로 지적하다시피, 17:12-14과 18:1-7의 원배경이 무엇이든 간에 이 단락들은 여기서 "실로 누가 세상을 다스리며, 결국 누구의 목적이 성취될 것인가?"[1]라는 주제를 전달하는 기능을 다 함께 수행하고 있다. 17:12-14에

1. Motyer, *Prophecy of Isaiah*, 160.

따르면, 격노한 열방을 두려워할 이유가 없다. 왜냐하면 그 열방은 곧 사라질 것이기 때문이다. 18:1-3은 이집트의 에티오피아 왕의 사절단이 반(反)아시리아 동맹에 유다를 끌어들이기 위해 파견되기보다는, 에티오피아 백성에게 가서 하나님이 말씀하신 바를 전해야 한다고 말한다. 하나님의 직접적인 메시지는 18:4-7에 나타난다. 비록 열방이 바다의 성난 물결처럼 격노할지라도, 하나님은 잠잠히 기다리시다가 적당한 때에 행동을 취하여 압제하는 민족들을 꺾으시며 그들의 시체를 산 위에 내버려 두실 것이다.

열방의 소동(17:12-14)

선지자는 시편 46편을 연상시키는 표현을 통해 열방을 격노한 바다에 비유한다. 파도가 무서운 힘으로 부딪히며 큰 소리로 뛰논다. 그리고 파도는 결국 우리가 타협해야 할 궁극적인 실재인 듯이 보인다. 그러나 사실은 그렇지 않다. 시편 2편의 말대로, 하늘 보좌에 좌정하신 그분이야말로 궁극적인 실재이다. 그의 숨결 앞에, 열방은 조그마한 "겨"와 들판에 굴러다니는 "회전초"(tumbleweed, 개역성경은 "티끌"로 번역함-옮긴이)에 지나지 않는다(17:13; 또한 11:4도 보라). 그들은 낮에 갑자기 밤을 맞이할 것이며, 더는 아침을 기대하지 못할 것이다(17:14).

달리 말하면, 이사야는 그의 백성들로 하여금 외적인 실재를 넘어서 그분의 실새 사제에 집중하도록 애쓰고 있다. 열방은 하나님의 백성을 노략하고 약탈할 계획을 세울 수 있을는지 모른다. 그러나 그들이 무엇을 생각하든 자신의 운명을 다스릴 수는 없다(참조. 14:24-27).

구스에게 보내는 사자들(18:1-3)

주전 740년경 에티오피아의 피안키(Piankhy, 또한 피예[Piye]로도 알려짐)가 전대의 리비아 통치자들에게 이집트를 위임받았다. 그는 자신의 후계자 샤바코(Shabako, 715-702)와 함께 이집트의 국사에 새로운 활력을 가져다주었다. 대체로 이 두 사람은 사르곤과 산헤립이 촉발한 아시리아의 위협에 맞서기 위해 여러 주변 국가들과 동맹을 체결하고자 했다.[2] 우리는 장대하고 준수해 보이는 에티오피아의 사자들 때문에 발생한 예루살렘의 소동을 상상할 수 있을 것이다.[3] 이 사자들은 "갈대배"를 이용하여 지중해 연안으로 올라왔다(18:2). 그러나 이사야의 말에 따르면, 오히려 이 사자들은 세상의 참통치자를 조심하라는 말을 전하기 위해 에티오피아[4]로 가야 한다. 그의 전투 깃발이 세워지고 전투 나팔이 울릴 때, 그들은 경각심을 가져야 한다(18:3).

하나님의 메시지(18:4-7)

군대의 행군이나 사자들의 왕래와 비교해 볼 때, 하나님의 활동은 종종 주목을 끌지 못하는 듯하다. 그러나 선지자는 능숙한 방식으로, 어떤 것이 주목을 끌지 못함이 나약함을 의미하지는 않는다는 사실을 그의 청중에게 상기시킨다.

선지자는 그의 논점을 제시하기 위해 태양과 이슬(18:4)이라는 두 비유를 사용한다. 태양과 이슬은 나팔소리 혹은 거창한 행렬과 함께 임하지 않는다. 태양과 이슬은 단지 나타날 수밖에 없는 불가피한 것들이다. 하나님도 이와 같다. 그분은 추수 때에 포도밭의 열매 맺지 못한 가지처럼 대적들을 베어 버리실 것이다(18:5-6). 그분은 실재이시지만, 그 대적들은 실재가 아니다. 그러므로 유다 백성은 에티오피아에 도움을 요청하기 위해 막대한 예물을 바치기보다는, 에티오피아가 예루살렘의 하나님께 예물을 바치게 될 그날이 도래할 것임을 기억해야 한다(18:7; 참조. 2:1-3; 60:10-14).

상황잇기

지상의 싸움 한 가운데서, 하나님이 실로 좌정해 계신다고 믿기란 힘든 일이다. 예를 들면, 현대에 이사야가 1942년 봄, 런던 거리에 서서 그 당시 전 세계의 절반을 지배하던 독일과 일본이 3년 후 완전히 힘을 잃게 될 것이라는 말을 했다고 상상해 보라. 그는 아마도 비웃음거리가 되었을 것이다. 그렇지만 그는 완전히 옳았다. 그들(독일과 일본)의 활동력, 지략, 군사적 힘은 강했지만, 그들은 전멸되고 말았다. 하나님은 변하시지도 않고 쇠하시지도 않는 유일한 실재이시다. 하나님은 우리가 반드시 순종해야 할 분이시다.

---

2. 이 시기의 이집트 역사에 대한 가장 최근의 의견에 대해서는, I. Shaw, ed., *The Oxford History of Ancient Egypt*(Oxford: Oxford Univ. Press, 2000), 352-68을 보라.
3. 피안키가 남부 이집트와 누비아 전역을 통치했음을 주목해 보라.
4. "날개치는 소리 나는 땅"은 아마도 나일 강 남부의 습지에서 발견되는 많은 곤충들을 가리키는 듯하다.

현대적 의미

시편 2:1-4에서 우리는 다음과 같은 표현을 읽는다.

> 어찌하여 열방이 분노하며
> 민족들이 허사를 경영하는고
> 세상의 군왕들이 나서며
> 관원들이 서로 꾀하여
> 여호와와
> 그 기름 받은 자를 대적하며
> 우리가 그 맨 것을 끊고
> 그 결박을 벗어 버리자 하도다
> 하늘에 계신 자가 웃으심이여
> 주께서 저희를 비웃으시리로다.

아마도 세상 열방은 자신을 절대적 권력의 자리에 올려놓기 위해 여러 과감한 수단을 취할 수 있을 것이다. 그러나 하나님은 그 절대적 권력을 자신을 위해 지켜 오셨다. 그러므로 열방의 모든 노력들은 자동차의 좌석에서 벗어나려고 안간힘을 쓰는 두 살배기 아이의 노력처럼 헛된 것이다. 이것은 아이에게 심각한 반항이다. 어른들이 볼 때, 그것은 단지 우스꽝스러운 일에 불과하다. 시편 46:6은 이와 유사한 논점을 제시하고 있다—"이방이 훤화하며 왕국이 동하였더니 저가 소리를 발하시매 땅이 녹았도다."

피조물은 궁극적인 실재가 아니다. 오직 창조주만이 궁극적인 실재이다. 아마도 우리는 뜨겁게 격노하는 세상의 열방을 보게 될 것이다. 우리는 왕국들이 쓰러질 때 염려한다. 그러나 시편 기자와 이사야는 우리로 하여금 열방의 모든 권세가 파생적인 것임을 유념하도록 이끌어 준다. 그들이 무엇을 하든 간에 삶의 기본적인 조건들은 변하지 않는다. 그러나 하나님은 이러한 삶의 조건들을 정하신 분이다. 말씀으로 우주를 창조하신 그분은 말씀으로 간단히 세상의 존재를 물리치실 수 있다(참조. 11:4; 계 19:15). 이것이야말로 진정한 권세이다. 세상의 열방은 이런 권세를 그저 꿈으로 동경할 수밖에 없다(참조. 40:15-17).

에티오피아 사람들이 전능하신 주님께 예물을 바치러 예루살렘으로 올 것이라는 예언을 생각할 때(18:7) 우리는 사도행전 8:26-39에서 이사야 53장에 대한 기독교적 해석을 접하게 되어, 믿음의 사람이 된 에티오피아 내시를 떠올리게 된다.

그는 그리스도의 출생 이전과 그 이후에 예루살렘의 하나님께 예물을 바친 다른 모든 열방을 대표하고 있다. 이사야는 그의 거시적 관점을 통해 그 시대의 다른 백성들이 단지 실재라고 상상한 것 배후의 참실재를 보았다.

이사야 19:1-20:6

1 애굽에 관한 경고라 보라 여호와께서 빠른 구름을 타고 애굽에 임하시리니 애굽의 우상들이 그 앞에서 떨겠고 애굽인의 마음이 그 속에서 녹으리로다
2 내가 애굽인을 격동하여 애굽인을 치리니 그들이 각기 형제를 치며 각기 이웃을 칠 것이요 성읍이 성읍을 치며 나라가 나라를 칠 것이며
3 애굽인의 정신이 그 속에서 쇠약할 것이요 그의 계획을 내가 깨뜨리리니 그들이 우상과 마술사와 신접한 자와 요술객에게 물으리로다
4 내가 애굽인을 잔인한 주인의 손에 붙이리니 포학한 왕이 그들을 다스리리라 주 만군의 여호와의 말씀이니라
5 바닷물이 없어지겠고 강이 잦아서 마르겠고
6 강들에서는 악취가 나겠고 애굽의 강물은 줄어들고 마르므로 갈대와 부들이 시들겠으며
7 나일 가까운 곳 나일 언덕의 초장과 나일 강 가까운 곡식 밭이 다 말라서 날려가 없어질 것이며
8 어부들은 탄식하며 나일 강에 낚시를 던지는 자마다 슬퍼하며 물 위에 그물을 치는 자는 피곤할 것이며
9 세마포를 만드는 자와 베 짜는 자들이 수치를 당할 것이며
10 그의 기둥이 부서지고 품꾼들이 다 마음에 근심하리라
11 소안의 방백은 어리석었고 바로의 가장 지혜로운 모사의 책략은 우둔하여졌으니 너희가 어떻게 바로에게 이르기를 나는 지혜로운 자들의 자손이라 나는 옛 왕들의 후예라 할 수 있으랴
12 너의 지혜로운 자가 어디 있느냐 그들이 만군의 여호와께서 애굽에 대하여 정하신 뜻을 알 것이요 곧 네게 말할 것이니라
13 소안의 방백들은 어리석었고 놉의 방백들은 미혹되었도다 그들은 애굽 종족들의 모퉁잇돌이거늘 애굽을 그릇 가게 하였도다
14 여호와께서 그 가운데 어지러운 마음을 섞으셨으므로 그들이 애굽을 매사에 잘못 가게 함이 취한 자가 토하면서 비틀거림 같게 하였으니
15 애굽에서 머리나 꼬리며 종려나무 가지나 갈대가 아무 할 일이 없으리라
16 그날에 애굽이 부녀와 같을 것이라 그들이 만군의 여호와께서 흔드시는 손이 그들 위에 흔들림으로 말미암아 떨며 두려워할 것이며
17 유다의 땅은 애굽의 두려움이 되리니 이는 만군의 여호와께서 애굽에 대하여 정하신 계획으로 말미암음이라 그 소문을 듣는 자마다 떨리라
18 그날에 애굽 땅에 가나안 방언을 말하며 만군의 여호와를 가리켜 맹세하는 다섯 성읍이 있을 것이며 그 중 하나를 멸망의 성읍이라 칭하리라
19 그날에 애굽 땅 중앙에는 여호와를 위하여 제단이 있겠고 그 변경에는 여호와를 위하여 기둥이 있을 것이요
20 이것이 애굽 땅에서 만군의 여호와를 위하여 징조와 증거가 되리니 이는 그들이 그 압박하는 자들로 말미암아 여호와께 부르짖겠고 여호와께서는 그들에게 한 구원자이자 보호자를 보내사 그들을 건지실 것임이라

21 여호와께서 자기를 애굽에 알게 하시리니 그
날에 애굽이 여호와를 알고 제물과 예물을
그에게 드리고 경배할 것이요 여호와께 서원
하고 그대로 행하리라
22 여호와께서 애굽을 치실지라도 치시고는 고
치실 것이므로 그들이 여호와께로 돌아올
것이라 여호와께서 그들의 간구함을 들으시
고 그들을 고쳐 주시리라
23 그날에 애굽에서 앗수르로 통하는 대로가
있어 앗수르 사람은 애굽으로 가겠고 애굽
사람은 앗수르로 갈 것이며 애굽 사람이 앗
수르 사람과 함께 경배하리라
24 그날에 이스라엘이 애굽 및 앗수르와 더불어
셋이 세계 중에 복이 되리니
25 이는 만군의 여호와께서 복 주시며 이르시되
내 백성 애굽이여, 내 손으로 지은 앗수르여,
나의 기업 이스라엘이여, 복이 있을지어다
하실 것임이라

20:1 앗수르의 사르곤 왕이 다르단을 아스돗으로
보내매 그가 와서 아스돗을 쳐서 취하던 해
니라
2 그때에 여호와께서 아모스의 아들 이사야에
게 말씀하여 이르시되 갈지어다 네 허리에서
베를 끄르고 네 발에서 신을 벗을지니라 하
시매 그가 그대로 하여 벗은 몸과 벗은 발로
다니니라
3 여호와께서 이르시되 나의 종 이사야가 삼
년 동안 벗은 몸과 벗은 발로 다니며 애굽
과 구스에 대하여 징조와 예표가 되었느
니라
4 이와 같이 애굽의 포로와 구스의 사로잡힌
자가 앗수르 왕에게 끌려갈 때에 젊은 자나
늙은 자가 다 벗은 몸과 벗은 발로 볼기까지
드러내어 애굽의 수치를 보이리니
5 그들이 바라던 구스와 자랑하던 애굽으로
말미암아 그들이 놀라고 부끄러워할 것
이라
6 그날에 이 해변 주민이 말하기를 우리가 믿
던 나라 곧 우리가 앗수르 왕에게서 벗어나
기를 바라고 달려가서 도움을 구하던 나라
가 이같이 되었은즉 우리가 어찌 능히 피하
리요 하리라

원 의미

이집트에 관한 이 신탁은 세 부분으로 나뉜다. 첫째 부분(19:1-15)은 이집트의 멸망을 예고하는 바, 역사적으로 이집트가 의지하던 거대한 예물들이 도래할 심판에서 이집트를 구원할 수 없음을 보여 준다. 둘째 부분(19:16-25)은 심판 후 어느 날, 이집트가 이스라엘의 하나님을 어떻게 경배하는지에 대해 말하고 있다. 셋째 부분(20:1-6)은 형식의 변화는 없지만 현재의 이집트로 되돌아가 그 멸망의 확실성을 보여 준다. 여기서 이 단락에 반복되는 주제는 명백하다. 이집트는 자신을 구원할 수 없으며 언젠가 지금 이스라엘이 신뢰하기를 두려워하는 바로 그 하나님께 경배할 것이다.[1] 이러한데 어찌 우리가 이집트를 의지하겠는가?

이집트의 멸망 예고(19:1-15)

이 첫째 시는 거의 동일한 길이의 세 연(1-4절, 5-10절, 11-15절)으로 나뉜다. 각 연들은 이집트 사람들이 신뢰하고자 하는 서로 다른 대상들—이집트의 신들, 나일 강(이집트의 강), 이집트의 전설적인 지혜—의 특징을 다루고 있다. 이런 것들은 이집트 사람들을 수치와 절망에 빠뜨릴 뿐이다.

19:1-4. 성경의 기자들은 여러 곳에서 구름을 탄 주님을 묘사하기 위해 가나안 비의 신 바알의 이미지를 사용한다(예를 들면, 신 33:26; 시 68:4; 104:3[NIV를 참조하면 더욱 분명히 알 수 있다-옮긴이]). 그렇다면 여기서 이집트 사람들이 두려워할 자는 북방에서 오는 아시리아 군대가 아니다. 오히려 구름을 타고 임하시는 하나님이다(19:1). 하나님과 비교해 볼 때, 수많은 이집트의 우상들(19:1, 3)은 그저 무기력할 뿐이다.

분명 이집트는 고대 근동 민족들 가운데 다신론이 가장 만연해 있던 나라였다. 이집트의 신들의 숫자는 현대 힌두교와 필적할 만하다. 그러나 다신론과 관련된 제의적 의식을 수반하는 이런 신들은 살아 계신 하나님 앞에는 무기력할 뿐이다. 이 신들은 역사상 이집트의 중앙 정부가 몰락하여 무정부 상태가 발생하여도 그것을 막아낼 수 없다(19:2). 이집트 사람들은 모든 종류의 변화를 싫어하는 질서 정연한 백성이었다. 그 결과 급격한 변화가 닥쳐왔을 때 그의 "정신이 그 속에서 쇠약하며"(19:3), 질서는 급속히 붕괴되고 말았다. 에티오피아의 피안키부터 아시리아의 아수보니팔에 이르기까지 19:4의 "잔인한 군주"의 정체를 규명하려는 여러 가능한 설명들이 제시된 바 있다. 그러나 논점은 이 사람이 오직 이스라엘의 하나님 여호와의 허용하에 통치한다는 것이다.

19:5-10. 이집트 사람들은 그들의 땅을 "나일 강의 선물"이라고 불렀다. 실제로 그것은 사실이다. 나일 강이 아니었다면, 이집트는 사하라 사막의 동부 지역에 불과했을 것이다. 수세기 동안 나일 강은 한 치의 오차도 없이 그 땅에 관계용수와 새 토지를 만들어 주었다. 이런 물과 비옥함으로 그 땅은 이집트에 풍성한 수확을 안겨다 주었으며, 그 때문에 고도의 문화 발전에 필수적인 여가 활동(leisure)을 가능케 해주었다. 이런 농경의 중요성 외에도, 나일 강은 상업과 군사 대로의 경로가 되었다. 그러므로 이집트와 나일 강은 분리될 수 없다.

---

1. 이런 맥락에서 이 점을 더욱 논의한 연구로는, Oswalt, *Isaiah 1-39*, 366-86을 보라.

그러나 이사야는 나일 강처럼 신뢰할 만한 자연을 의지하는 것은 어리석다고 말한다. 이사야는 이 강에 의존하던 모든 활동들(농업[19:7], 어업[19:8], 직조업[19:9-10])과 함께, 그 거대한 강이 말라 없어질 그날을 바라본다.

19:11-15. 이집트는 고대 근동 세계 가운데, 난잡한 종교와 거대한 강보다도 지혜와 문화로 더 유명했다. 그러나 이사야는 이 모든 것들이 하나님의 계획 앞에 아무런 도움이 되지 못할 거라고 말한다. 비록 연관성을 증명할 수는 없지만, 이집트의 모사꾼들이 주님의 "정하신 뜻"을 바로에게 설명하지 못함은 요셉의 이야기를 암시하는 것 같다(19:12). 그들이 주님의 계획을 말할 수 없기 때문에, 이사야는 어떻게 그들을 "지혜로운 자"라고 부를 수 있는지 의문을 품는다(19:11).

19:14의 표현은 28장에 나타나는 표현과 유사하다. 28장에서 선지자는 유다 지도자들을 향해 그들의 어리석은 조언을 비난한다(참조. 28:7-8). 19:15은 그 땅의 리더십을 묘사하고 있는 9:14과 동일한 표현을 사용하고 있다. 여기서 "머리나 꼬리나 종려나무 가지나 갈대"는 영어로 '머리끝에서 발끝까지'(top to bottom)라는 의미로서 전체를 상징한다. 이집트의 전 모사꾼들은 이스라엘의 하나님이 그들과 그 땅에 행하실 일들을 분별하는 데 무기력할 뿐이다.

장차 하나님을 경배할 이집트(19:16-25)

이집트를 신뢰해서는 안 되는 부정적인 이유뿐만 아니라, 이집트를 신뢰하는 것이 어리석을 수밖에 없는 긍정적인 이유도 존재한다. 이집트 사람들은 어느 날 유다의 하나님께로 돌이킬 것이다! 여기서 각각의 서로 다른 산문체는 "그날에"(in that day, 19:16, 18, 19, 23)라는 표현으로 시작한다. 이 표현은 어떤 구체적인 24시간을 가리키기보다는 좀 더 전반적인 미래를 가리킨다. 이와 동일한 좋은 영어 표현은 "그때에"(at that time)라는 표현이다.[2]

미래의 사건들이 정해진 때에 하나님의 섭리 안에서 발생할 것이며, 그것은 이집트의 관점을 영원히 바꿀 것이다. 이집트 사람들은 심판의 하나님을 향한 두려움에서 벗어나 지금 유다가 신뢰하기를 주저하는 그 구원의 하나님을 신뢰할 것이

2. *yom*에 대한 논의로는, *Theological Lexicon of the Old Testament*, ed. E Jenni and C. Westermann, trans. M. Biddle(Peabody, Mass.: Hendrickson, 1997), 2:526-39을 보라. 이 단어는 실제로 각각의 셋째와 넷째 진술(19:21, 24) 속에 두 차례 등장한다. 그러므로 이 10개의 절에는 적어도 6회 이상 등장하는 셈이다.

다. 이 모든 사건들이 동일한 시간에 혹은 여기 소개된 순서대로 발생할 것이라고 믿을 필요는 없다. 단지 선지자는 미래의 사건들이, 선지자가 유다에게 전해 준 충고를 입증할 것임을 말하고 있다.

선행 구절의 산문 형식을 취하는 16-17절은 "그날에"라는 표현으로 전환을 이루고 있는 반면, 그 메시지는 19:1-15의 메시지와 더 흡사하다. 또다시 이사야는 하나님의 "정하신 뜻"(19:12, 17)을 강조한다. "정하신 뜻"(plan), "모사", "모략"(19:11)과 같은 모든 표현들은 히브리어 어근 *y'ṣ*을 공유하고 있다. 그러므로 이것은 바로의 지혜롭지 못한 모사꾼들이 전해 준 어리석은 "계획"(plan)을 나타내는 의도적인 단어 기법을 보여 주는 것 같다. 어리석은 모략으로 이집트 사람들은 유다의 하나님이 행하실 때 공포에 빠져들 것이다. 유다의 하나님이 행하시기 때문에, 유다의 그 이름은 이집트 백성을 놀라게 할 것이다.

하나님의 궁극적인 목적이 그의 백성의 파멸에 있지 않듯이, 이집트 백성들의 파멸 역시 그분의 궁극적인 목적은 아니다. 19:18-25은, 그분의 궁극적인 목적이 이집트가 이스라엘과 아시리아와 함께 여호와를 경배하도록 이끄는 데 있음을 보여준다. 이것은 구약 종교의 진정한 보편적 특성을 보여 주는 놀라운 사상이다. 비록 유다는 여러 방면으로 이집트와 아시리아와 같은 숙적들을 무찌르고 승리하겠지만, 그것은 이야기의 마지막이 아니다. 2장(그리고 미 4장)에 처음 나타났듯이 히브리 선지자들의 궁극적인 비전에 따르면, 이스라엘은 열방의 복이 되어 그들을 진실하신 한 분 하나님께로 인도할 것이다. 모든 백성들이 다 함께 하나님을 경배할 것이다(또한 25:6-9을 보라).

이집트의 희망은 세 단계로 나타나고 있다. (1) 몇몇 성읍들[3]은 히브리어("가나안 방언")로 말할 것이며, 주님과의 연합을 맹세할 것이다(19:18). 만약 여러 학자들이 수용한 수정이 옳다면,[4] 다섯 성읍 가운데 하나는 태양신 레(Re)의 제의적 본거지인 그 성읍을 가리킬 것이다.

---

3. 5라는 숫자의 의미는 명확치 않다. Motyer(*Prophecy of Isaiah*, 168)는 이 숫자가 17:6과 30:17에서 "소수"라는 개념을 표현하기 위해 사용되고 있다고 본다. H. Wildberger(*Isaiah 13-27: A Continental Commentary*, trans. T. Trappe[Minneapolis: Fortress, 1997], 270-71)는 가능한 해석들을 구체적으로 논의한 뒤, 저자가 포로기 후에 기록했으며 두드러진 유대인들의 거처인 이 다섯 도시에 대해 알고 있었다고 결론짓는다.

4. 대부분 마소라 역본들은 이것을 *'ir haheres*(멸망의 도시)라고 소개한다. 그러나 MSS, 1QIsa[a]와 같은 몇몇 히브리 역본들과 다른 역본들은 이것을 *'ir haḥeres*(태양의 도시), 즉 헬리오폴리스(Heliopolis, NIV 본문을 참조하라)로 해석한다.

(2) 주님은 이집트의 중앙 "제단"과 변경의 "기둥"에서 경배를 받으실 것이다(19:19). 아마도 이사야는 여기서 단지 하나의 제단과 기념비를 염두에 두지는 않았을 것이다. 오히려 이것들은 수많은 예배 중심 처소를 상징하고 있다. 아브라함(창 12:8)과 야곱(28:18)이 한 것처럼, 제단을 쌓거나 기념비를 세우는 것은 하나님의 임재를 인정하고 그의 돌보심에 감사하는 방식이었다.

19:20-22의 표현은 이집트가 이스라엘처럼 주님과 동일한 교제에 참여하게 될 것임을 강조하기 위해 의도적으로 선별된 것 같다. 이집트는 동일한 하나님이 연단하시는 대상이 될 것이며("압박하는 자들", 20절; "치실 것"[plague], 22절), 동일한 하나님의 구원을 경험하게 될 것이다("구원자", 20절; "고쳐 주시다", 22절). 하나님은 이집트 사람들에게 자신을 계시하실 것이며, 그들은 하나님을 "인정"(acknowledge, 문자적으로는 "알다"[know])할 것이다.

(3) 이집트를 향한 하나님의 긍정적인 계획을 보여 주는 마지막 표현은 이전의 두 계획보다도 훨씬 더 충격적이다. 그분은 단지 이집트와 이스라엘을 아시리아의 압제자들에게서 구원하실 뿐만 아니라, 세 나라를 다 함께 주님의 보편적 예배에 참여케 하실 것이다. 이집트와 아시리아는 서로 공격하기 위해 혹은 약삭빠른 무역거래를 방해하기 위해 국경을 넘나들기보다는, 이스라엘의 하나님을 경배하기 위해 국경을 오갈 것이다.[5] 이스라엘은 북동부(아시리아)와 남서부(이집트)의 두 극단 사이에서, 하나님이 아브라함에게 그 자손을 위해 약속하신 바를 성취할 것이다(창 12:3). 그들은 세상의 복이 될 것이며, 하나님의 복은 이런 방식을 통해 온 백성들에게 주어질 것이다. 이스라엘의 선택은 이런 방식을 통해 모든 이들에게 확대될 것이다("나의 백성 애굽이여 나의 손으로 지은 앗수르여", 19:25).

이집트에 임할 멸망의 확실성(20:1-6)

이 마지막 단락은 이사야 예언의 공통적인 두 특징을 나타내준다. 즉 이사야 예언의 한 특징은 먼 미래에 대한 희망적 약속과 가까운 미래에 도래할 심판이 서로 교차한다는 점이며, 또 다른 특징은 은유를 통해 더욱더 효과적인 논증 형식을 취한다는 점이다. 이사야는 이집트의 도래할 멸망과 추방을 몸으로 연출하라는 부름

5. "대로"(highway)라는 주제가 또다시 등장한다(참조. 11:16; 33:8; 35:8; 40:3; 49:11; 62:10). 이 주제는 분열과 소외가 제거됨을 나타내 준다. 아시리아와 이집트를 잇는 큰 대로가 있었다. 그러나 이것은 큰 건축물이 아닌 화해에 대해서 말하고 있는 것이다.

을 받는다. 왜 유다는 아시리아로부터 그들을 지켜주겠다고 약속하지만 정작 아시리아에게 곧 멸망당할 이집트를 신뢰하려 하는가?

이사야가 삼 년간 완전히 벗은 몸으로 있었는지에 대해서는 확실치 않다. "벗다"(NIV "stripped")에 해당하는 히브리어는 완전한 노출 혹은 단지 엉덩이가 드러나는 옷을 입었을 때처럼 부분적인 노출을 의미할 수 있다(20:4). 유다 공동체가 오랫동안 완전한 노출을 허용했으리라고는 상상하기 어렵다. 물론 강제적으로 금지된 행동들이 선지자들에게는 허용되었을 수도 있다. 여하튼 이사야는 아시리아가 이집트 포로들의 옷을 벗기고 그들을 포로로 데려갈 때 일어날 일들을 몸으로 연출하고 있다. 이집트는 아스돗처럼 자신을 신뢰하던 자들을 실망시킬 뿐만 아니라 자신조차 구원하지 못할 것이다.[6]

이사야의 상징적인 연출 행위는 오직 여기에만 기록되어 있지만, 다른 선지자들 특히 에스겔의 경우에는 더욱더 흔하게 나타난다(겔 4:1-17; 5:1-4; 12:1-20; 또한 호 1-3장을 보라). 이러한 행동들은 상징과 실재의 연관성에 관한 히브리인들의 독특한 이해를 반영해 준다. 만물의 연속성(혹은 연관성-옮긴이)을 믿는 이교도의 관점에서 볼 때(서론을 참조하라), 상징과 실재는 동일하다. 그러므로 상징으로 나타난 것은 반드시 실재로 나타난다. 무엇을 행동으로 연출하는 것은 그것을 성취하는 것이다. 반대로 현대 사상을 형성시킨 헬라의 철학적 사고에 따르면, 상징과 실재 사이에는 필연적인 연관성이 존재하지 않는다. 상징은 의사소통에 도움이 되는 어떤 방식을 통해 자유롭게 변경될 수 있지만, 실재는 어떤 방식으로도 영향을 받지 않는다.

성경적 이해는 이런 양극단의 어딘가에 위치하고 있다. 상징은 실재와 동일시되지 않지만, 그것은 실재의 "성질을 띠고" 있다. 그러므로 어떤 상징들은 주어진 실재를 묘사하고 일깨우는 매우 강력한 능력을 지니고 있다. 그러나 동시에 선지자는 상징적 행위를 연출하기 때문에, 동일한 실재가 반드시 발생하는 것은 결코 아니다. 상징은 일깨우는 능력(evocative power)을 지니고 있지만, 원인을 나타내는 능력(causal power)을 지니고 있는 것은 아니다. 초월의 법칙은 인과율적인 이해를 끊임없이 깨뜨려 왔다.

---

6. 여기서 묘사된 사건들은 주전 714년과 711년에 발생했다. 이집트인들은 아스돗 사람들이 아시리아를 대적하도록 설득하였다. 그러나 아시리아는 그 도시를 재탈환했으며, 그 왕이 이집트로 도피했을 때 이집트인들은 그를 아시리아에 내어주었다. 이 사건에 대한 더 구체적인 논의로는, Oswalt, *Isaiah 1-39*, 382-84를 보라.

이 단락의 마지막 두 절에 등장하는 "신뢰"(trust, "바라던", 5절; "믿던", 6절-옮긴이)라는 단어의 반복은 우리에게 이 단락(13-23장) 전체의 중심 이슈가 여호와 대신 열방을 신뢰하는 그릇된 믿음이라는 주제를 통해 계속 전개되고 있음을 상기시켜 준다.

상황잇기

이 단락은 다음과 같은 세 가지 이슈들과 관련이 있다—세상의 모든 만물이 삶의 완전한 의미를 충분히 가져다주지 못하는 무능함, 온 세상을 구원하시려는 하나님의 의도, 모든 거짓된 희망의 불가피한 실패.

세상 만물의 무능함. 삶의 의미를 가져다준다고 믿기 쉬운 세 가지 요소는 다음과 같다—인간의 지혜, 자연 환경, 영적인 세계. 각각의 요소들은 피조물에 기초를 두고 있으며, 그것으로 인해 철저히 제한되어 있다. 그러나 초월하신 창조주의 존재 가능성을 거절한다면, 이런 요소들은 최고의 것이 될 것이다. 영적인 세계와 자연 환경이 어떻게 연결되어 있는지를 추측하기 위해 인간이 지닌 최상의 지성을 동원할 때, 이 세 요소들은 본질상 우상숭배라는 하나의 요소로 결합된다. 특히 이런 상호 연관성을 상상해 볼 때, 이와 같은 요소들을 통제하는 인간의 다스림은 극대화된다. 그리하여 우리는 우상숭배가 안전과 쾌락과 안락을 우리에게 최대한 안겨다 줄 것이라고 생각한다.

그러나 결국 이러한 인간의 통치는 연속성(혹은 연관성)의 세계관이 옳을 때만 가능할 뿐이다. 이 관점에 따르면, 존재하는 모든 만물들은 상대의 일부로서 서로 속해 있다. 그러므로 인간 세계에서 이루어지는 일들은 마귀의 방해만 없다면 자동적으로 천상과 자연세계에 그대로 재현된다. 성경은 우리에게 이런 사고가 거짓된 전제임을 말해 준다. 하나님은 세상이 아니다. 그리고 여기서 이루어지는 일은 자동적으로 그분께 영향을 미치지 않는다. 더욱이 인간세계와 자연세계 사이에는 단절이 있다. 인간은 말하는 능력을 지닌 원숭이가 아니다. 우리는 유일무이한 피조물이다.

그러므로 만약 창조주가 삶의 의미를 우리에게 계시하지 않으신다면, 삶의 의미를 찾거나 창조해 내는 것은 우리의 능력 밖에 있다. 진리가 불분명하다면, 우리의 능력은 분명 잘못된 방향 즉, 연속성의 방향으로 우리를 인도할 것이다. 그러므로 이사야의 말대로, 우리의 지혜는 어리석게 되고 자연이 온통 우리를 사로잡으며 영적인 세계는 우리를 돕지 못하고 그저 상처만 주는, 공포와 전율을 가져다주는 자들로 점점 가득할 것이다.

온 세상의 구원. 만약 조그마한 유다가 그들의 하나님이 온 세상 가운데 유일하신 하나님임을 주장하고 있다는 사실이 놀랍다면, 여기서 그들이 온 세상을 향한 하나님의 구원 계획을 믿고 있다는 사실은 훨씬 더 놀라운 일이다. 자신의 신이 다른 신들보다 뛰어나다고 믿은 타민족들은 대개 그들의 신이 온 세상을 다스리며, 그의 백성에게 만물을 다스리는 통치권을 준다고 보았다. 그러므로 그와 같은 경향이 구약에 나타나고 있음은 그리 놀라운 일이 아니다. 만약 우리에게 그런 성향이 없다면 그것이야말로 더 놀라운 일이다. 이런 태도는 당시의 정서의 일부분에 불과했다.

그러나 하나님 통치의 궁극적인 목적이 지배가 아닌 구원이라는 생각은 참으로 놀랍다. 이러한 관점은 히브리인에게 주어진 하나님의 계시와 일치된다. 온 세상의 유일하신 하나님은 이기적이고 인색한 다른 신들과는 다른 분이시다. 그는 자애롭고 은혜로우신 분이다. 그분은 유일하신 하나님이시기 때문에, 모든 회개하는 자들, 심지어 이집트인과 아시리아인조차도 그의 백성처럼 대우하실 것이다.

실패로 돌아갈 거짓된 희망. 잊혀지지 않는 1970년대의 인기 가요였던 '그것이 전부인가요?'(Is That All There Is)라는 노래는 이 단락의 세 주제를 예시해 준다. 이 노래를 부르는 그 가수는 사랑, 자유 그리고 성취에 대한 기대를 노래한다. 그러나 그녀는 언제나 "그것이 전부인가요?"라고 말하면서 그 실재에 대해 실망을 토로한다. 결국 그녀는 자살을 고려하지만 그것을 실행하는 데 두려움을 느낀다. 왜냐하면 단지 "그것이 전부인가요?"라는 말만 한 번 더 내뱉으면서 생을 끝마치는 것은 아닌지 두렵기 때문이다.

여하튼 이 세상의 실재는 대개 우리의 기대에 미치지 못한다. 왜 그런가? 파스칼의 말대로, 우리들 각자의 내면 속에는 하나님이 만들어 놓은 빈 공간이 존재한다. 그리고 그 빈 공간에 하나님 외에 다른 것을 채우려고 한다면, 그 결과는 언제나 실망뿐이다.[7] 그러나 그 빈 공간을 올바로 채워 놓는다면, 우리는 세상의 것들로 그 공간을 채우려는 시도를 중단할 것이며, 이 세상의 것들을 그 제한된 범위 안에서 즐길 수 있을 것이다. 배움을 통해, 자연을 통해, 영적인 체험을 통해 큰 기쁨을 누리게 된다. 그러나 그것은 이 세상의 것들을 궁극적인 것으로 삼지 않을 때만 가능하다.

---

7. B. Pascal, *Pascal's Pensées*, trans. W. Trotter(New York: Dutton, 1958), 113.

현대적 의미

예언의 성취. 이 단락은 예언의 성취에 대해 말하기 용이한 곳이다. 우리는 이집트(와 다른 열방)에 관한 이사야 예언의 문자적 성취를 얼마만큼 예상해야 하는가? 먼저 몇 가지 중요한 요소들을 살펴보자.

(1) 만약 자신을 역사 속에서 계시하시는 초월적인 하나님이 존재한다면, 미래를 예고하는 진정한 예언의 가능성은 인정되어야 한다.[8] 현대의 대부분 학자들은 획일성(uniformity)의 전제에 근거하여 그와 같은 가능성을 부인한다. 획일성은 오늘날 발생하는 일이 언제나 그런 방식으로 발생해 왔음을 전제한다. 그리고 우리는 현재에 일어나고 있는 사건의 과정과 그 관점에 비추어 과거를 해석한다. 그 예로서, 고고학의 빙하시대 연도를 주목해 보라. 여러 빙하시대의 침전물은 특히 유럽에서는 탐지될 수 있다. 연도 측정 방식은 빙하가 오늘날과 같은 속도로 항상 증가하고 수축해 왔다는 전제에 근거하여 발전되어 왔다. 흥미롭게도, 점차 증가하는 수많은 과학자들은 현재 지구의 갑작스런 대변동 시기의 가능성을 받아들이지만, 획일성의 이론을 믿는 학자들의 신념을 바꿀 만한 일은 거의 일어나지 않았다고 생각한다.

획일성이 예언에 적용될 때, 그 결과는 분명하다. 오늘날 실로 미래를 아는 자가 있는가? 없다. 미래를 본다고 주장하는 자들은 많다. 그러나 그런 자들과 그들의 예언을 세밀히 조사해 보면, 그 결과는 언제나 실망을 안겨다 준다. 이런 예언들은 완전히 틀리거나 정말 중대한 사건들을 미리 맞추지 못한다(점술가들은 소련이 붕괴되기 몇 달 전에 무엇을 미리 예언했는가?). 또 이런 예언들은 그 의미를 파악하기에 너무 모호하다. 단지 사람들은 일이 발생한 이후에만 그 일을 알 수 있다. 그러므로 획일성은 언제나 발생해 온 방식을 말한다. 성경의 선지자들은 오늘날의 사람들과 다를 바 없는 자들로 생각되었다. 현대의 사건들은 "선지자들"이라는 개념을 상상하게 하며, 이 "선지자들"은 실제 사건이 발생하기 전에 하나님이 그 사건을 예고하신 것처럼 이해시키고자 한다.

그러나 성경은 획일성과는 다른 전제에 기초하고 있다. 만약 성경이 옳다면 구원의 역사는 존재한다. 하나님은 세상 속에서 놀라운 그의 사역을 수행하셨다. 그는 이 구원의 역사 기간에 놀라운 방식으로 간섭하시어 자신을 세상에 알리셨다. 이 자기 계시의 절정은 예수 그리스도 안에서 이루어졌다. 그러므로 예수의 생애,

8. 이 점에 관해서는 41-45장의 주석에서 더 논의될 것이다.

죽음과 부활을 해석하는 권위적인 책들(신약을 의미함-옮긴이)은 자기 계시 과정의 절정이라고 할 수 있다. 하나님의 자기 계시가 현재에 일어나는 형태와 다르게 존재하지는 않았다고 말하는 것은, 성경의 주장 그 자체와 성경의 형성 과정을 불신하는 것이다. 만약 하나님과, 그분이 자신을 계시하신 방식을 가르치고 있는 성경의 진리를 인정한다면, 미래를 예고하는 진정한 예언은 반드시 가능한 일로 간주되어야 한다. 이것은 "가나안 방언"을 말하는 이 다섯 성읍의 표현을, 저술 당시에 이집트에 존재했던, 포로기 후 유다 공동체를 가리키는 것으로 간단히 처리할 수 없음을 의미한다.

(2) 둘째 요소는 상반된 목적과 관련되어 있다. 이 요소는 예언의 목적을 이해하는 것과 연관되어 있다. 예언은 그것을 듣는 자가 미래 사건에 대한 계획을 미리 세우도록 주어진 것이 아니다. 이것이야말로 이교도 예언이 추구하던 바이다. 성경적 예언은 다르다. 성경에서 예언이 어떤 맥락에 등장할 때, 그 맥락은 그 예언의 의의를 과감하게 바꾼다. 성경적 예언은 언약을 통해 계시된 하나님께 순종하라는 요청이다. 이와 같은 새로운 맥락에서, 예언은 두 가지 목적을 지닌다. 순종을 요구하는 하나님이 실로 만물을 알고 계시며 섬김 받기에 합당하신 우주의 하나님이심을 입증하는 것, 그리고 이 하나님의 손에 모든 미래가 달려 있기 때문에 예언을 듣는 자들이 하나님께 순종하도록 그늘에게 신뢰를 심어 주는 것이다.

그러므로 성경의 예언에 대한 현대인의 지나친 집착은 예언이 존재하는 목적과는 거리가 멀다. 이와 같은 현상은 도덕적 순종과 사회적 정의보다는, 영적 엘리트 의식과 교만을 북돋는다. 또 이런 현상은 "위험한 상황"(slipperiness)을 촉진한다. 30년간 성경의 예언을 "해석"하거나 시간이 지남에 따라 그 해석을 재수정해 온 사람들을 흥미롭게 관찰해 보았다. 군중의 관심을 계속 끌어들이는 그들의 능력은 주로 예언 해석자의 편리한 상상력과, 쉽사리 잘 속는 여러 크리스천들의 어리석음을 보여 준다. 실제로 성경의 자료는 너무 복잡하기 때문에, 상상력이 뛰어나며 부지런한 학생들은 어떤 각본에 따른 그럴듯한 경우들을 만들어 낼 수 있다.

(3) 이 후자의 논지는 셋째 요소의 필요성을 확립한다. 성경의 예언이 어떻게 성취될 것인지를 미리 규정하려는 시도는 위험하다. 예를 들면, 미가 5:2을 읽는 어떤 독자가, 메시아가 베들레헴에서 태어나서 성장할 것이라고 말하는 것은 당연하게 여길 수 있을 것이다. 이것은 다음과 같은 나다니엘의 진술과는 다소 거리가 있어 보인다—"나사렛에서 무슨 선한 것이 날 수 있느냐?"(요 1:46). 만약 예수가 나사렛 출신이라면 어떻게 예수가 메시아가 될 수 있는가? 모든 사람들은 메시아가

베들레헴 출신임을 알고 있다. 성경의 예언이 틀린 것인가? 아니다. 그러나 이 예언은 우리가 기대하는 방식으로 성취되지 않았다. 이것은 우리가 어떻게 성경의 예언이 성취될 것이며 어떻게 그것이 문자적으로 성취될 것인지에 대해 개방적이면서도 비확정적인 태도를 취해야 함을 의미한다.

그렇다면 우리는 어떤 점에서 장차 히브리어를 공용어로 사용하는 이집트의 다섯 성읍이 나타날 것을 기대해야 하는가? 우리는 살아 계신 하나님의 제단이 그곳에 세워지며, 텔아비브(TelAviv)를 거쳐 카이로와 바그다드까지 이르는 대로가 놓일 것이라고 기대해야 하는가? 이 모든 질문에 대한 내 대답은 "모른다"이다. 그리고 당신은 이런 질문에 대해 잘 안다고 말하는 사람을 의심해 보아야 한다.

이 단락에 기록된 약속들은 성취될 것인가? 그렇다. 이 약속들은 성취될 것이다. 실제로 어떤 면에서 볼 때 이 약속들은 이미 성취되었다. 처음 오백 년간 이집트는 기독교의 주요 중심지 가운데 하나였다. 이집트와 메소포타미아의 크리스천은 성경의 하나님을 경배하기 위해 예루살렘으로 여행을 하였다. 더욱더 문자적인 성취는 아직 이루어지지 않았다. 그러나 우리는 두 가지 극단적인 태도를 조심해야 한다. 우리는 자신이 규정한 혹은 자신의 공동체의 규정에 따른 "문자적" 성취만이 유일한 것이라고 말해서는 안 된다. 다른 한편으로, 우리는 이와 같은 예언의 영적인 가르침만이 중요하다고 말해서도 안 된다. 만약 하나님이 하나님이시라면, 역사는 여전히 원하는 바대로 행하시는 그분의 무대가 된다.

세계관의 갈등. 19-20장에 나타난 이 신탁은 두 세계관—성경의 세계관과 이교도의 세계관—의 갈등을 부각시켜준다. 수년 동안 서구에 속한 우리는 세 가지 세계관, 곧 초월적 세계관, 이교도의 세계관, 비종교적 세계관이 존재한다고 주장해왔다. 우리는 영적인 세계를 무시한 채 진정 기계적인 삶의 관점을 견지할 수 있다고 주장해 왔다. 그러나 고대 이집트와 메소포타미아 사람들은 우리보다 종교의식을 더 열렬히 준수하는 자들이었다. 그들은 존재 가운데 무시될 수 없는 영적인 요소가 있다고 이해했다. 그들의 유일한 이슈는 어떻게 그 영적인 세계와 관계를 맺는지에 있다. 이교도의 관점은 마술적 기교와 의식을 통해 영적인 세계와 관계를 맺을 수 있다고 말한다. 그러나 이와 같은 관점은 수많은 치명적 결과를 초래한다. 서구에 속한 우리가 이런 관점에 빠져들 때, 그런 결과들은 점점 더 선명하게 나타난다.

로마서 1장에 나타난 바울의 관점은 개진될 수 없다. 바울은 하나님이 인간의 손에 조정되실 수 없으며, 인간을 초월해 계신다는 사실을 인정하지 않는 자들에게 피할 수 없는 혼란이 찾아온다는 것을 강조한다. 만약 우리가 하나님이 세상을 초월해 계신다는 것을 부인한다면, 유일한 대안은 세상이 곧 신이라고 믿는 것이다. 결국 이런 관점은 세상에는 목적이나 목표가 존재하지 않으며, 우리가 결코 존재의 순환을 초월할 수 없음을 의미한다. 개개인은 더는 중요하지 않으며, 공리주의야말로 유일한 지혜가 된다—"만약 그것이 잘되고 있다면, 그것은 좋은 것이다." 권력 외에는 도덕이 존재하지 않으며 구원은 곧 자아실현(self-actualization)이다. 우리가 자신의 배경 혹은 환경을 초월할 수 있다는 생각은 어처구니없고 악한 것이다.

반대로, 초월적 존재는 과거의 상태에서 벗어나 잠재력을 실현할 수 있는 밝고 새로운 시대로 나아갈 수 있는 세상에 대해 이야기한다. 우리는 과거에 고착되어 있지 않으며, 과거의 실수를 반복하는 운명을 타고나지도 않았다. 세상이 아닌 하나님께 의탁하며 신뢰함으로써 우리는 세상을 이겨낼 수 있다(참조. 요일 5:4-5). 우리는 어떻게 살아야하는지 알 수 있을 뿐만 아니라, 그 삶을 살기 위해 하나님께 의탁하여 은혜를 발견할 수 있다. 자연을 숭배하고 인간을 신성시하는 이교도의 지혜는 실패하였고 실패를 거듭할 것이다. 그러나 시공간을 초월하면서도 어디에나 임재하시는 하나님은 바다 이 끝에서 저 끝까지 경배를 받으실 것이다.

하나님께 나아옴. 초월적 관점의 상실이 낳은 결과 가운데 하나는, 모든 길이 하나님께 이른다는 주장이다. 물론 세상이 신이라면 그리고 신적 자기 계시와 같은 것이 존재하지 않는다면, 그것은 분명 사실이다. 그러나 이런 두 전제는 실로 잘못된 것이다. 성경은 세상에서 가장 포괄적인 사상을 보여 주는 책이다. 그러나 성경은 가장 배타적인 책임을 보여 주는 차별성을 부각하고 있다. 이집트 사람들은 하나님을 발견할 수 있는가? 그들은 하나님의 발 앞에 엎드려 경배할 수 있는가? 혹은 하나님은 이스라엘 백성의 독점적인 소유인가? 아니다. 하나님은 이스라엘의 소유가 아니다. 복음서의 "누구든지 (내게) 오는 자들"이라는 표현은 기쁘고 즐거운 진리를 말해 준다. 그리스도는 모든 도처의 모든 사람들을 위해 죽으셨다. 그분은 "아무도 멸망치 않기를 원하신다"(벧후 3:9).

그러나 어떻게 그들이 하나님께로 나아오는가? 여기서 문제는 바로 그것이다. 그들은 자신의 길로 나아오는가 아니면 하나님의 길로 나아오는가? 오늘날 크리스천 공동체는 너무 배타적이면 안 된다는 잘못된 열망으로 선교의 열정을 상실하고 있는 심각한 위험에 처해 있다. '아니요'라고 말하지 못하는 관용적 사회는 관용없는 태도(intolerance)를 유일한 죄악으로 여기기 때문에, 크리스천은 통상 죄인으로 불려지며, 우리는 그것을 좋아하지 않는다.

그러나 잘못된 관용은 치명적이다. 전기는 얼마나 독점적인가? 완전히 독점적이다. 당신은 전기를 사용할 때 그 조건에 맞게 사용하든지 아니면 죽게 될 것이다. 그렇다면 전기는 저주인가? 물론 아니다. 그것은 놀라운 축복이다. 그러나 그 축복은 조건에 맞게 사용할 때만 그렇다. 하나님도 이와 같다. 우리는 그분의 조건에 따라 그분과 관계를 맺는다. 그리고 그분은 은혜 안에서 그와 같은 조건들을 알도록 허락해 주셨다. 이것이야말로 모든 제사 제도를 통해 가르쳐 주고자 한 바이다. 하나님은 우리 가운데 거하시고자 하신다. 그러나 우리의 죄악된 성품과 그의 거룩한 성품을 고려해 볼 때, 만약 하나님이 어떤 길을 예비하시고 그 길을 우리에게 알려주시면서 우리가 그 길로 행하는 것은 원치 않으신다면, 그것은 불가능한 일이다.

만약 당신이 노출된 전기선을 집으려고 달려가는 어린아이를 보았을 때 그것을 막을 수 있는 유일한 길이 그 아이를 걸어서 넘어뜨리는 것이라면, 당신은 그렇게 할 것인가? 물론 그럴 것이다. 그러나 참으로 인내심 없는 무정한 행동이 아닌가! 그 아이는 어떠한 상처도 원치 않는다. 그렇다면 결국 전기에 대한 이러한 행동은 단지 자신의 협소한 생각에서 비롯된 것이다. 그러나 나는 이 비유의 의미가 분명하다고 생각한다. 모든 것들은 성경의 진리에 달려 있다. 만약 하나님이 초월하시고 거룩하시지 않다면, 만약 하나님이 단지 세상이라면, 우리에게는 구원이 없다. 우리는 무에서 와서 다시 무로 돌아갈 뿐이다. 옳고 그름도 없다. 소위 도덕이라는 것도 단지 힘의 정책에 불과하다. 그러나 만약 하나님이 초월하시고 거룩하시다면, 만약 하나님이 우리에게 영생을 주시기 위해 우리와 관계를 맺기 원하신다면, 그리고 만약 우리가 오직 그분의 조건을 통해 그분과 관계를 맺을 수 있다면, 크리스천은 새로운 열심과 기쁨을 갖고 세상 속으로 들어가야 할 것이다.

이 후자의 진리는 우리로 하여금, 왜 하나님이 3년간 나체 혹은 반나체로 그의 백성들 가운데서 살아야 하는 그런 창피스런 일을 이사야에게 요구하셨는지를 이해하는 데 도움을 준다. 신실한 종에게 그와 같은 일을 요구하시는 하나님에 대해 우리는 감정이 상한다. 에스겔에게도 이와 동일한 일들이 나타난다. 그는 거름으로 불을 피워 음식을 만든 것처럼, 여러 가지 창피스런 일을 연출하도록 부름받았다. 왜 하나님은 이런 것을 위해 부르시는가? 분명 그와 같은 극단적인 행동을 취하는 것은 필요하지 않았다.

그 모든 것은 전적으로 당신이 얼마나 하나님과 그분의 말씀을 진지하게 받아들이고 있는지에 달려 있다. 유다 백성들 특히 히스기야가 이집트를 의지하기보다는 오히려 하나님을 향한 신뢰를 깨닫는 것이 얼마나 중요했는가? 그것은 이사야의 품위보다도 더 중요하지 않았는가? 하나님을 향한 순종의 여부는 개인의 기호의 문제였는가? 아니면 그것은 유다의 생사를 좌우하는 문제였는가? 분명 그것은 유다의 생사를 좌우하는 문제였다. 그리고 이사야가 하나님께 신실하고자 했기 때문에, 히스기야는 하나님을 신뢰하였고 유다의 수명은 115년이나 연장되었다고 볼 수 있을 것이다.

나는 내 주변 사람들의 상태를 얼마나 진지하게 다루고 있는가? 만약 우리가 그렇게 한다면, 어리석고 다소 "미친 사람"으로 취급된다는 것을 충분히 고려해야 하지 않겠는가? 물론 자기 자신을 위한 기괴한 행동은 덕스럽지 못하다. 그런 행동은 복음에 손상을 끼칠 것이다. 그러나 우리 모든 크리스천은 가장 강력한 방법을 통해 가능한 복음이 잘 선포되도록 준비하고 있어야 한다.

이사야 21:1-17

1 해변 광야에 관한 경고라 적병이 광야에서,
두려운 땅에서 네겝 회오리바람 같이 몰려
왔도다
2 혹독한 묵시가 내게 보였도다 속이는 자
는 속이고 약탈하는 자는 약탈하도다 엘
람이여 올라가고 메대여 에워싸라 그의
모든 탄식을 내가 그치게 하였노라 하시
도다
3 이러므로 나의 요통이 심하여 해산이 임박
한 여인의 고통 같은 고통이 나를 엄습하였
으므로 내가 괴로워서 듣지 못하며 놀라서
보지 못하도다
4 내 마음이 어지럽고 두려움이 나를 놀라게
하며 희망의 서광이 변하여 내게 떨림이 되
도다
5 그들이 식탁을 베풀고 파수꾼을 세우고 먹
고 마시도다 너희 고관들아 일어나 방패에
기름을 바를지어다
6 주께서 내게 이르시되 가서 파수꾼을 세우
고 그가 보는 것을 보고하게 하되
7 마병대가 쌍쌍이 오는 것과 나귀 떼와 낙타
떼를 보거든 귀 기울여 자세히 들으라 하셨
더니
8 파수꾼이 사자 같이 부르짖기를 주여 내가
낮에 늘 망대에 서 있었고 밤이 새도록 파수
하는 곳에 있었더니
9 보소서 마병대가 쌍쌍이 오나이다 하니 그
가 대답하여 이르시되 함락되었도다 함락
되었도다 바벨론이여 그들이 조각한 신상
들이 다 부서져 땅에 떨어졌도다 하시도다
10 내가 짓밟은 너여, 내가 타작한 너여, 내가
이스라엘의 하나님 만군의 여호와께 들은
대로 너희에게 전하였노라
11 두마에 관한 경고라 사람이 세일에서 나를
부르되 파수꾼이여 밤이 어떻게 되었느냐
파수꾼이여 밤이 어떻게 되었느냐
12 파수꾼이 이르되 아침이 오나니 밤도 오리
라 네가 물으려거든 물으라 너희는 돌아올
지니라 하더라
13 아라비아에 관한 경고라 드단 대상들이여
너희가 아라비아 수풀에서 유숙하리라
14 데마 땅의 주민들아 물을 가져다가 목마른
자에게 주고 떡을 가지고 도피하는 자를 영
접하라
15 그들이 칼날을 피하며 뺀 칼과 당긴 활과 전
쟁의 어려움에서 도망하였음이니라
16 주께서 이같이 내게 이르시되 품꾼의 정한
기한 같이 일 년 내에 게달의 영광이 다 쇠
멸하리니
17 게달 자손 중 활 가진 용사의 남은 수가 적
으리라 하시니라 이스라엘의 하나님 여호와
의 말씀이니라

원 의미

열방 신탁에 관한 장(13-23장)의 서두에서 언급했다시피 여기에 어떤 의도된 순서가 있는지 발견하기란 어렵다. 하지만 어떤 분류작업을 추론하는 것은 가능해 보인다. 우리는 바빌론과 아시리아라는 메소포타미아의 강국으로 시작하여(13-14장) 이웃나라인 블레셋, 모압, 아람 및 이스라엘로 이동해 왔다(14-17장). 18장은 막간의 형식으로 에티오피아가 온 열방을 다스리는 여호와의 주되심을 강조하기 위해 사용되었고, 그 다음 이집트를 향한 신탁이 소개되었다(19-20장).

그러나 그 나머지 장들은 어떻게 보아야 하는가? 어떤 학자들은 21-22장에 나타나는 네 가지 신탁들을 다함께 고찰해 보아야 한다고 믿는다.[1] 그러나 그런 이유에 대한 학자들의 견해는 서로 다르다. 대부분의 학자들은 여기서 분명 선지자는 발생한 사건을 목도하며 그것을 슬퍼하고 있다고 해석한다. 또한 많은 학자들은 첫째, 둘째, 넷째 신탁의 모호한 표제에 주목한다. 나는 첫째 신탁은 바빌론을, 둘째, 셋째, 넷째 신탁은 모두 바빌론에게 멸망당할 아라비아를 가리킨다고 제안해 왔다.[2]

해변 광야(21:1-10)

이 신탁의 표제는 모호하다. 문자적으로는 "해변 광야의 괴로움"이라는 제목이 된다. 분명 이 표제의 표현은 모순적이다. 광야는 물기가 없으며, 해변은 물기가 마르지 않는다. 그렇다면 저자가 전달하고자 하는 바는 무엇인가? 9절은 이 신탁의 대상이 바빌론임을 시사해 준다. 그렇다면 왜 이와 같이 모호한 표제를 사용하는가? 더욱이 만약 그 대상이 바빌론이라면, 여기서 소개되고 있는 멸망은 무엇을 말하는가? 이전에 메대는 바빌론의 대적이 아닌 동맹국이었기 때문에, 엘람과 메대에 관한 언급(21:2)은 주전 540년의 멸망을 암시해 준다. 그렇지만 이 단락(13-23장)의 전반적인 시대는 이사야 시대와 밀접한 사건들과 연관되어 있어 보인다. 그렇다면 아마도 선지자는 당대의 가까운 시대에서 시작하여 페르시아 정복 시대

1. Delitzsch(*Commentary on Isaiah*, trans. J. Denney, 3d ed., 2 vols. New York: Funk & Wagnall, e.d.], 343-44)와 Seitz(*Isaiah 1-39*, 157-59)와 같은 다양한 학자들이 이런 입장을 취한다. 또한 Motyer(*Prophecy of Isaiah*, 171-72)도 분위기를 고려하여 23장을 포함한다.
2. Oswalt, *Isaiah 1-39*, 388-90.

에 그 절정을 이루는 여러 가지 멸망의 사건들을 다함께 조망하고 있는 것이다. 이 모든 것은 바벨론을 신뢰한 어리석음을 강조하기 위함이다.

그러나 이런 해석은 여전히 표제에 대한 해결되지 않는 의문을 남겨 둔다. 가장 그럴듯한 해석은 이 표제가 메소포타미아 최남단의 해안에 위치한 므로닥발라단(39:1)의 고향을 가리킨다는 것이다. 이 위대한 바벨론의 반역자는 유다에게 도움을 줄 만한 처지인가? 광야의 조건에도 불구하고 도울 수 있다면 가능한 일이다.[3]

1-2절은 갑작스러운 멸망에 대해 묘사하고 있다. 유다의 남방 회리바람같이 멸망이 임할 것이다. 아시리아처럼 바벨론의 권세는 배반과 약탈로 점철될 것이다. 그러나 판세가 바뀔 때가 올 것이다. "엘람"과 "메대"는 때때로 바벨론의 동맹국이었지만, 여러 면에서 바벨론과 맞서기도 했다. 권력과 자기 이익이 삶의 주요 원리가 될 때 이런 현상은 항상 나타난다. 그리고 이사야는 이런 원리를 기초로 둔 사람들이 오직 비극을 초래하게 됨을 깨닫는다.

아마도 21:3-4에서 이사야의 슬픔을 가장 잘 표현한 것은, 이사야가 바벨론을 신뢰하다가 결국 실패하여 멸망당하는 자들을 향해 애도하고 있는 것이다(참조. 22:4). 그러나 또한 이사야는 고문당하며 포로로 끌려가는 이들의 슬픔을 대신 경험하고 있는지도 모른다. 그들은 전쟁과 싸움이 종식될 그날을 고대한다. 그러나 여명이 사라지듯 그 전쟁의 날이 종식될 때, 그것은 전쟁에서의 휴식이 아니라 공포의 밤으로 인도할 멸망의 서광이 된다(21:4). 그들은 지금 바벨론이 아시리아에게서 자신들을 구원해 줄 거라고 믿고 있지만, 이런 일이 일어나기도 전에 바벨론은 그들을 파괴할 압제자가 될 것이다.

5절은 다니엘 5장의 장면을 연상시켜 준다. 여기서 벨사살은 대적이 문 앞에 있음에도 불구하고 바벨론에서 잔치를 벌이고 있다. 이 잔치 장면은 급히 전투를 준비하는 장면으로 바로 전환된다. 그러나 그것은 너무 때늦은 준비이다.

바벨론 몰락의 메시지와 함께 21:6-9의 장면은 매우 분명하지만, 반복적으로 언급되는 마병대와 나귀 떼의 구체적인 의미는 분명치 않다. 아마도 그것은 전투에서 진 군사들 가운데 남은 자들의 도피를 암시해 주는 듯하다. 그들은 전투에 패했을 때 마병대와 나귀 떼와 함께 후퇴했던 것 같다. 이후의 에스겔처럼(겔 3:17; 33:1-7) 이사야는 만약 백성들이 하나님께 계속 불순종한다면 그 이후에 초래될

3. *yam*(해변)은 원문의 변조 혹은 "광야"라는 말의 원형 남성 복수 어미일 가능성이 있다. 이 단어는 70인경에는 없다(그러나 벌게이트와 시리아 역본에는 나타난다).

사태를 미리 경고하는 파수꾼이 되어야 한다. 바벨론의 우상들은 바벨론 내부조차도 구원할 수 없다. 그렇다면 어떻게 이 우상들이 자신을 신뢰하는 바벨론 외부의 사람들까지 구원할 수 있겠는가?

10절은 이러한 사상을 계속 진행해 나간다. 유다 백성들은 타작 마당의 곡식과도 같다. 소들은 타작 기구를 끌면서 곡식 주변을 돌아다닌다. 껍질과 줄기가 뭉개지면서 알곡이 분리된다. 키질하는 기구는 모든 겨를 바람으로 공중에 날려 버린다. 분명 이것은 유다 백성들의 생각을 반영해 준다. 그들은 아시리아의 타작 기구에 뭉개져 왔다. 그러기에 바벨론은 어떤 희망을 던져 줄 것처럼 보인다. 그러나 파수꾼 이사야는 그릇된 희망을 예견한다. 바벨론은 세상의 다른 민족들처럼 그들에게 도움을 주지 못할 것이다.

두마를 향한 신탁(21:11-12)

두 절로 된 이 신탁은 모호해 보인다. 그 메시지는 에돔과 관련이 있는 듯하다("세일", 21:11). 그러나 이 신탁은 아라비아 오아시스 두마에게 전달되고 있다. 이 지역은 예루살렘 남동부에서 483킬로미터 가량 떨어진 곳에 위치하였다.[4] 이 오아시스는 바벨론에서 에돔과 이집트를 가로지르는 동서 무역로와, 홍해에서 팔미라(Palmyra)까지 연결된 남·북 대로의 교차 지역이었다. 분명 바벨론의 운명은 두마에게, 그리고 훨씬 더 서부에 위치한 에돔에게 큰 관심거리였다. 세 번째 신탁이 분명 아라비아인들과 데마의 다른 큰 오아시스와 관련이 있다고 생각해 볼 때, 이 신탁은 두마와 관련이 있다고 보는 것이 가장 바람직해 보인다.

그러나 이 신탁의 메시지는 무엇인가? 아마도 이 신탁은 에돔 사람들조차 동쪽에서 일어날 일들을 알아보기 위해 유다의 파수꾼 이사야에게 향할 것임을 말해 준다. 하나님 때문에 이사야는 일반 "예언자"들에게는 불가능한 방법을 통해 미래를 볼 수 있기 때문이다. 그러나 만약 이사야가 이런 방식으로 미래를 예언했다면, 이 메시지는 다소 모호할 것이다. 21:4에서, 화자는 서광을 갈구함에도 불구하고 구원이 이루어지지 않음을 인정한다. 이제 선지자는 새벽이 지나면 곧이어 밤이

4. 70인경에는 "이두메"(에돔)라는 표제를 쓰고 있기 때문에, 상황은 더욱 복잡해진다. 어떤 이들은 "두마"를 에돔의 철자가 변경된 것으로 이해한다. 그러나 왜 그런 현상이 일어났는지 명확치 않다. 이런 문제에 대한 철저한 논의로는 Wildberger, *Isaiah 13-27*, 328-29, 331-37을 보라.

뒤따라오기 때문에 새벽을 기다려도 구원을 바라볼 수 없다고 말하는 듯하다. 이것은 아시리아의 밤이 끝나지만 곧이어 바벨론의 밤이 뒤따라올 것임을 말해 주는 듯하다. 또한 이것은 주전 701년에 발생할 산헤립의 멸망("서광")과, 이어서 주전 689년에 발생한 유다가 신뢰하고 있는 바벨론의 잇따른 멸망("밤")에 대해 말하고 있는 듯하다.

아라비아에 관한 신탁(21:13-17)

21-22장에서 계속해서 소개되는 네 신탁 가운데 셋째 신탁만이 유일하게 명확한 표제를 갖고 있다. 이 신탁은 바벨론과 유다 사이의 광야에 거한 아라비아 사람들에게 전달되고 있다. "데마"의 오아시스는 홍해 길에서 두마 남쪽으로부터 약 322킬로미터 떨어진 곳에 위치하였으며, 드단은 데마 남쪽으로부터 약 145킬로미터 떨어진 곳에 위치하였다. 이 두 지역은 게달로 알려진 아라비아 북서 지역에 위치하였다(21:16). 데마는 중요한 곳이었다. 왜냐하면 바벨론의 마지막 왕이 대부분의 통치기간 동안 이곳을 본거지로 삼았기 때문이다. 그가 이곳에 있는 동안, 그의 아들 벨사살은 바벨론의 대행통치자로 있었다.

21:14에 언급된 "도피하는 자들"이 누구인지는 분명치 않다. 아마도 도시가 파괴될 때 그곳에서 도망치는 바벨론 사람들인 것 같다. 혹은 남부 메소포타미아에서 확산된 큰 재난에서 벗어나 남쪽으로 피신해 온 두마의 도피자들일 수도 있다. 그러나 21:16-17은 게달이 그 재난을 피할 수 없음을 분명히 하고 있다. 일 년 안에 전쟁이 그들을 덮칠 것이며, 그들의 군사들은 감소할 것이다. 이스라엘의 하나님이 말씀하셨기에 이 모든 일들은 확실하다.

상황잇기

우리 시대에 기만적 동맹의 전형적인 실패상을 보여 주는 실례는 러시아와 독일을 꼽을 수 있다. 히틀러가 제1차 세계대전에서 느낀 가장 큰 두려움 가운데 하나는 두 개의 전투를 수행하는 것이었다. 서쪽에서 전투를 수행하면서도 동쪽 측면의 안전을 고려한 히틀러는 러시아와 동맹을 도모했지만, 실로 가장 회의적인 동맹 가운데 하나였다. 히틀러는 언젠가 러시아를 침공하리라 생각했지만, 러시아와 불가침 조약을 체결하였다. 스탈린은 점차 증가하는 독일 전투 무기를 두려워했기에, 국경지역에 독일군의 진격을 효과적으로 차단한 것을 기뻐하였다.

이 두 약탈자들은 거짓과 부정으로 자신의 제국을 건설했으며, 이제 그들은 '상호 이해와 신뢰'를 선언하였던 것이다. 스탈린은 히틀러가 체코슬로바키아에서 모든 약속을 깨뜨린 후에도 히틀러를 어떤 사람인지 알지 못했을 뿐만 아니라, 히틀러를 자신과 같은 정신을 소유한 인물로 이해했다는 것은 놀라운 일이다. 아마도 스탈린은 (1937-1938년의 숙청 이후) 그 나라에서 세력을 축적한 장군들의 거대한 세력 규합을 두려워하여, 히틀러와 동맹을 피할 수 없을 거라고 생각했다.

여하튼 히틀러는 서쪽이 안전하다고 느꼈을 때, 벨로러시아(Byelo-Russia)와 우크라이나의 들판을 집어삼키고자 했다. 위축된 스탈린은 우랄산맥에 숨어서 화평을 요청하였다. 그러나 만약 스탈린이 히틀러를 오해했다면, 히틀러 역시 스탈린을 잘못 알고 있었다. 히틀러는 자신이 한 마리 불독(bulldog)을 걷어찼다는 것을 알지 못했다. 이전에 동방정교회 사제였던 스탈린은 놀라운 끈기와 완강함으로 20년 간 절대 권력을 추구해 왔으며, 그의 이같은 성격은 독소 전쟁(The Great Patriotic War)을 수행하도록 만들었다. 히틀러와 스탈린은 자신들의 이익을 위해 다른 이웃 나라들을 사용하였다. 그러나 결국 이 두 나라는 실패하고 말았다.

이것이야말로 본문에서 그려지는 영상이다. 자신의 제국을 건설하기 위해 속이고 배신한 자는 누구든지 결국 그런 속임과 배신으로 말미암아 쓰러지는 제국의 멸망을 목도할 것이다. 바벨론을 신뢰한 것은 자기를 기만하는 행위였다.

현대적 의미

약속과 이기심. 이 세 신탁은 하나님의 주권, 인간의 권력을 의지하는 어리석음, 인간의 약속이 보여 주는 변덕스러움에 대해 이야기하고 있다. 오늘날의 크리스천은 항상 이런 진리를 스스로 일깨워야 한다. 우리는 자신의 관점으로 이런 진리들을 생각해 보아야 한다. 사람들은 우리들을 의존하고 있는가? 왜 그런가? 바벨론과 같이 우리는 '자신의 아젠다'(Agenda, 의사일정 예정표-옮긴이)에 사람들을 끌어들이기 위해 그들에게 약속하지는 않는가? 우리는 오직 자신의 이익을 위해 그들을 사용하는 데에만 관심을 두지 않는가? 우리는 지킬 수 없거나 지키려는 마음이 없는 약속을 하고 있지는 않는가?

이 모든 질문들은 심각한 것이다. 이것들이 심각한 이유 중 하나는 인간의 이기심이 자극시키는 자기 기만의 엄청난 영향력 때문이다. 우리 자신을 챙기려는 욕구는, 그것을 훌륭하게 끝내려는 이유로 의심스러운 행동들을 쉽게 정당화한다. 부모들은 아이들에게 약속할 수 있으며, 배우자들은 상대에게 헌신을 다짐할 수 있으며, 크리스천은 다른 크리스천에게 약속을 할 수 있다. 이 모든 약속들은 언제나 우리 자신의 이기심을 부축이는 장치에 불과하다. 내 자녀의 성장에 대하여 상관하지 않는다. 단지 그의 징징거리는 잔소리로부터 평온을 원하거나 나에 대해 좋게 생각하기를 원한다. 아름다운 결혼식이든, 다른 사람을 독점하는 것이든, 경쟁에서 쟁취한 만족감이든 간에 내가 이런 것들을 원할 때, 나는 죽을 때까지 사랑하며 존경하며 소중히 여길 거라고 약속한다. 나는 교회의 일원으로서 신실할 것임을 약속하지만, 더 큰 흥밋거리를 방해하지 않는 범위에서만 가능하다. 그 결과, 나 자신을 부인하며 그 약속을 지켜야 할 때, 바빌론의 약속처럼 이런 약속들은 언제나 무익한 것이 되고 만다. 내가 약속한 이유는 자신의 이익 때문이었다. 약속 준수가 나의 이기심과 충돌하는 한, 그 결과는 뻔하다.

동시에 우리는 다른 사람들이 우리들에게 한 약속에 대해서는 실질적으로 접근한다. 많은 경우에 있어서 우리를 향한 다른 사람들의 약속은 그들에 대한 우리의 약속만큼이나 이기적일 것이다. 만약 인간의 약속이나 인간의 제도가 궁극적인 안전을 기대한다면, 실망할 마음의 준비를 해야 한다. 그 이유는 이기심의 문제뿐만 아니라 인간의 한계 때문이다. 만약 인간의 막강한 무기가 우리 자신을 위해 사용된다면, 더 막강한 무기가 우리를 대항하기 위해 사용될 것이다. 인류는 자신이 기대하는 궁극적인 안전을 제공받지 못한다. 그 결과 실망감뿐만 아니라 종종 냉소와 분노가 찾아온다.

이런 경우에 있어서 해결책은 무엇인가? 우리는 타인과의 관계에서 어떻게 신실할 수 있는가? 우리는 깨어진 신뢰로 인한 분노에서 어떻게 피할 수 있는가? 우리는 자신의 이기심을 전능하신 하나님의 손에 맡겨야만 한다. 우리는 하나님만이 제공해 줄 수 있는 것들을 다른 사람이 공급해 줄 것이라 믿어서는 안 된다. 우리는 자기 편으로 필요를 채우려는 시도를 중단해야 한다. 우리는 자기 자신을 신뢰하는 태도를 버리고 하나님을 신뢰해야 한다.

만약 하나님이 실로 신실하심을 알고 우리의 이기심을 그의 손에 내어 맡긴다면, 우리는 스스로를 신뢰할 수 있을 것이다. 우리의 약속들은 무엇을 얻기 위한 약속보다는 진정으로 무엇을 주기 위한 약속이 될 것이다. 인간의 특성을 고려해 볼 때 다른 사람들은 우리의 약속을 이용하겠지만, 우리는 그들의 삶의 방식에 의존하지 않는 삶의 원천을 알고 있기에 언제나 그 약속에 신실할 수 있다. 기독교의 수세기 역사 가운데 나타난 아름다운 성자들의 비밀이 여기에 있다. 그들은 깨어진 약속 혹은 신뢰에 직면했을 때 결코 실망하지 않았을까? 물론 그들도 실망했다.

아마도 그들은 아낌없는 친절로 봉사했기 때문에, 우리 같은 사람들보다 더 많이 실망했을 것이다. 그러나 자신의 중심을 인간에게 두지 않고 하나님께 두었다. 즉 만약 누군가 그들의 다리를 꺾는다면, 그들은 날 수 있는 날개로 인하여 여전히 노래를 부를 수 있었을 것이다.

이 모든 것은 21:17의 마지막 절에 나타난 하나님의 주권에 달려 있다. 만약 자신과 그의 뜻을 인간에게 계시할 수 있는 전능하신 하나님이 존재한다면, 고통과 불확실성 속에서도 우리가 의지할 수 있는 하나님은 존재한다. 더욱이 그 하나님이 자애롭고 신실하시며 좋으신 분이라면, 우리는 자신을 그분께 위탁함으로써 최종적인 상실 혹은 죽음을 두려워할 필요가 없다. 그러나 모든 것은 하나님의 계시의 확실성에 달려 있다. 만약 하나님이 능력이나 성품에 있어서 성경에 선포된 하나님보다 열등하다면, 우리에게는 희망이 없다. 그러나 성경 말씀과 성자들의 증거는 일치한다. 우주의 유일하신 거룩한 그분은 전능하시고 사랑이 무한하신 분이다. 우리는 그분을 신뢰할 수 있다(참조. 마 6:26-30; 롬 5:8).

이것이야말로 이사야가 그의 동료들에게 들려 주고자 했던 메시지이다. 하나님은 신실하지만, 인간은 그렇지 못하다. 인간은 당신을 실망시킬 것이다. 그러므로 만약 당신이 세상 열방을 의뢰하기 위해 하나님을 향한 신뢰를 포기한다면, 실망할 준비를 하기 바란다(21:3-4; 참조. 시 56:1-4). 그러나 만약 당신이 하나님을 신뢰한다면, 당신을 실망시키는 자들에게조차 신실할 수 있을 것이다. 왜냐하면 당신은 그리스도처럼 누구도 알지 못하는 먹을 "양식"이 있기 때문이다(요 4:32-34).

이사야 22:1-25

1 환상의 골짜기에 관한 경고라 네가 지붕에
올라감은 어찌함인고
2 소란하며 떠들던 성, 즐거워하던 고을이여
너의 죽임을 당한 자들은 칼에 죽은 것도 아
니요 전쟁에 사망한 것도 아니라
3 너의 관원들도 다 함께 도망하였다가 활을
버리고 결박을 당하였고 너의 멀리 도망한
자들도 발견되어 다 함께 결박을 당하였도다
4 그러므로 내가 말하노니 돌이켜 나를 보지
말지어다 나는 슬피 통곡하겠노라 내 딸 백
성이 패망하였음으로 말미암아 나를 위로하
려고 힘쓰지 말지니라
5 환상의 골짜기에 주 만군의 여호와께로부터
이르는 소란과 밟힘과 혼란의 날이여 성벽
의 무너뜨림과 산악에 사무쳐 부르짖는 소
리로다
6 엘람사람은 화살통을 메었고 병거 탄 자와
마병이 함께 하였고 기르사람은 방패를 드러
냈으니
7 병거는 네 아름다운 골짜기에 가득하였고 마
병은 성문에 정렬되었도다
8 그가 유다에게 덮였던 것을 벗기매 그날에야
네가 수풀 곳간의 병기를 바라보았고
9 너희가 다윗 성의 무너진 곳이 많은 것도 보
며 너희가 아랫못의 물도 모으며
10 또 예루살렘의 가옥을 계수하며 그 가옥을
헐어 성벽을 견고하게도 하며
11 너희가 또 옛 못의 물을 위하여 두 성벽 사이
에 저수지를 만들었느니라 그러나 너희가 이
를 행하신 이를 앙망하지 아니하였고 이 일
을 옛적부터 경영하신 이를 공경하지 아니하
였느니라
12 그날에 주 만군의 여호와께서 명령하사 통곡
하며 애곡하며 머리 털을 뜯으며 굵은 베를
띠라 하셨거늘
13 너희가 기뻐하며 즐거워하여 소를 죽이고 양
을 잡아 고기를 먹고 포도주를 마시면서 내
일 죽으리니 먹고 마시자 하는도다
14 만군의 여호와께서 친히 내 귀에 들려 이르
시되 진실로 이 죄악은 너희가 죽기까지 용
서하지 못하리라 하셨느니라 주 만군의 여호
와의 말씀이니라
15 주 만군의 여호와께서 이르시되 너는 가서
그 국고를 맡고 왕궁 맡은 자 셉나를 보고
이르기를
16 네가 여기와 무슨 관계가 있느냐 여기에 누
가 있기에 여기서 너를 위하여 묘실을 팠
느냐 높은 곳에 자기를 위하여 묘실을 팠
고 반석에 자기를 위하여 처소를 쪼아내었
도다
17 나 여호와가 너를 단단히 결박하고 장사 같
이 세게 던지되
18 반드시 너를 모질게 감싸서 공 같이 광막한
곳에 던질 것이라 주인의 집에 수치를 끼치
는 너여 네가 그곳에서 죽겠고 네 영광의 수
레도 거기에 있으리라
19 내가 너를 네 관직에서 쫓아내며 네 지위에
서 낮추리니
20 그날에 내가 힐기야의 아들 내 종 엘리아김
을 불러
21 네 옷을 그에게 입히며 네 띠를 그에게 띠워
힘 있게 하고 네 정권을 그의 손에 맡기리니
그가 예루살렘 주민과 유다의 집의 아버지
가 될 것이며

22 내가 또 다윗의 집의 열쇠를 그의 어깨에 두
리니 그가 열면 닫을 자가 없겠고 닫으면 열
자가 없으리라
23 못이 단단한 곳에 박힘 같이 그를 견고하게
하리니 그가 그의 아버지 집에 영광의 보좌
가 될 것이요
24 그의 아버지 집의 모든 영광이 그 위에 걸리
리니 그 후손과 족속 되는 각 작은 그릇 곧
종지로부터 모든 항아리까지니라
25 만군의 여호와께서 이르시되 그날에는 단단
한 곳에 박혔던 못이 삭으리니 그 못이 부러
져 떨어지므로 그 위에 걸린 물건이 부서지
리라 하셨다 하라 나 여호와의 말이니라

원 의미

이 신탁은 21:1의 "해변 광야에 관한" 신탁으로 시작된 일련의 신탁들 가운데 네 번째 신탁에 해당되는 것으로 보인다. 그중 다른 두 신탁들과 같이 이 신탁의 표제도 모호하다. 또한 이 신탁은 곧 발생할 일을 미리 슬퍼하는 선지자의 애도인 특징이 있다(21:3-4; 22:4, 12). 이와 같은 두 가지 유사성과 두 번째와 세 번째 신탁이 바빌론의 멸망과 관련이 있음을 고려해 볼 때, 이 신탁 또한 그와 같은 방식으로 연결되고 있음이 분명하다. 유다는 아시리아와 맞설 수 있는 바빌론의 도움을 기뻐하고 있다. 그러나 이사야는 바빌론이 도움을 주지 못할 뿐만 아니라 결국 유다를 멸망시킬 장본인임을 알고 있기 때문에 슬피 울며 탄식한다.

이상 골짜기(22:1-14)

이 신탁의 이상한 표제("이상 골짜기")는 21:1에 나오는 바빌론을 향한 신탁의 표제를 연상시켜 준다. 바빌론의 신탁과 같이, 이 신탁은 모순된 사상을 통해 그 논지를 강조하고 있는 듯하다. 골짜기라는 장소는 사물을 멀리 내다볼 수 없는 곳이다. 실제로 골짜기는 정반대의 위치이다—당신은 골짜기에서는 아무것도 볼 수 없다. 이 신탁의 나머지 부분에서 분명히 드러나듯이, 이 신탁은 예루살렘에게 전달되고 있다. 그렇다면 왜 이 신탁은 이토록 이상하게 묘사되고 있는가? 아마도 선지자는 이상이 결핍된 유다 백성들을 비난하고 있는 것 같다. 유다 백성들은 하나님과 그의 도를 알고 있다고 주장한다. 그러나 그들의 행위는 그렇지 못함을 보여 주는 것 같다. 그들은 선명히 볼 수 있는 산꼭대기에 올라서기보다는 골짜기 아래에 있으며, 모든 실재를 바라보는 관점과 그 실재의 의미를 놓치고 있다. 사실상 그들은 본문에서 심판을 선고받는 이방 민족들과 같은 민족이 되고 만다.

여기에서 언급된 사건들에 관하여 학자들은 명확한 설명을 제시하지 못하고 있다. 방어를 강화하라는 표현(22:8-11)은 주전 701년의 산헤립 침략 혹은 주전 588년에 시작된 예루살렘의 마지막 포위를 암시해 준다. 그렇지만 즐거워하고 기뻐한다는 표현(22:2, 13)은 이 두 사건을 연결시키는 데 어려움이 있다. 또한 엘리아김(셉나가 아님)은 주전 701년에 총리("궁을 차지한 자", 22:15)로 있었다. 이것은 또 다른 해석을 가능하게 한다. 즉 주전 711년 블레셋 도시 아스돗을 공격한 사르곤의 침략을 암시해 준다(참조. 20:1). 이것은 유다에게 끔찍한 사건임에 틀림없었고, 수비를 강화하도록 자극했을 것이다. 그러나 아시리아는 또 다른 블레셋의 도시 아제카(Azekah)를 취한 후 물러났다. 그것은 아마도 즐거운 시간을 가져다 주었을 것이다. 또한 그 당시 히스기야를 방문한 바빌론 사신들의 반역을 고무시켰던 것과 일치하는 듯하다(38-39장에 나타난 사건들의 연도에 관해서는 38장의 주석을 참조하라).

"이상 골짜기"에 거하는 모든 사람들은 단기적 구원만을 바라볼 뿐이다(22:1-2). 그들은 선지자와 같은 거시적 관점으로 바라보지 못한다. 즉 그들은 예루살렘이 멸망하기 바로 전에 시드기야 왕이 그의 호위병들과 함께 예루살렘에서 도망치다 여리고 근처에서 생포될 날을 바라보지 못한다. 때문에 이 백성들은 아시리아의 위협이 잠시 주춤하던 짧은 기간 동안 즐거워하고 있는 것이다. 하지만 선지자는 이 모든 것들이 125년 이후에 모두 끝날 것임을 알고 있으며, 그 사실로 인해 슬피 울며 탄식한다(22:4). 그는 이 백성들이 보지 못하는 것을 보고 있다.

5-7절은 아마도 먼 미래에 대한, 즉 공격해 오는 군대들이 동부 기드론 골짜기와 남부 힌놈 골짜기로부터 예루살렘 주변을 포위해 올 그날에 대한 이사야의 관점을 계속 제시하고 있다. 이 바빌론 군사들 가운데 "엘람"과 "기르"(아마도 메디아) 출신의 용병들도 있을 것이다. 그때에 "이상 골짜기"에 더는 즐거움이 없고 오직 "소란"과 "공포"만 있을 뿐이다.[1]

21:8-14에서 선지자는 "이상 골짜기"를 향해 그의 선언을 제시하고 있다. 8, 9절 그리고 11절에서 "본다"라는 동사가 반복해서 등장하고 있음을 주목해 보라. 이 구절은 영원한 실재보다는 일시적인 실재들을 바라보았음을 보여 준다. 8-12절에

1. 2-7절에 대한 이와 같은 이해는 나의 입장이 변화되었음을 보여 준다. 이전에 나는 *Isaiah 1-39*, 410에서 이 본문이 가장 최근의 과거와 모두 관련이 있다고 주장한 바 있다.

서 반복해서 등장하는 "너희"는 누구인지 분명치 않다. 아마도 히스기야라고 볼 수 있다. 왜냐하면 우리는 히스기야가 예루살렘 성벽을 강화시켰고 기혼의 샘물을 예루살렘 저수지로 끌어들이기 위해 유명한 터널을 만들었다는 것을 알고 있기 때문이다(대하 32:1-5). 비록 그렇더라도 여기서는 그의 이름이 언급되지 않고 있다. 더욱이 우리는 계속되는 2인칭 동사의 첫 동사가 단수형인 반면(22:8),[2] 나머지 동사는 복수형(22:9-11)임을 주목해 보아야만 한다. 아마도 논점은 그릇된 우선순위의 책임이 히스기야 한 사람에게만 있는 것이 아니라, 대부분의 백성들과 셉나와 같은 궁중 모사꾼들(22:15-19)에게도 있다는 것이다. 셉나는 도래할 재난의 실질적인 원인에 관해서는 전혀 관심을 기울이지 않았다. 열왕기서와 역대기서는 히스기야만이 올바른 우선순위를 견지하고 있었음을 말해 준다(왕하 18:1-8; 대하 29:1-31:21).

예루살렘은 오직 하나님의 은혜와 권세로 말미암아 유다의 수도로 존재한다(22:11). 하나님은 다윗에게 이 도시를 허락하신 분일 뿐만 아니라(삼하 5:6-10), 그의 백성들에게 이스라엘 온 땅을 허락하신 분이기도 하다(수 1:2 등등) 이스라엘이 그들의 힘으로 그 도시 혹은 그 땅을 취하지 않았기 때문에, 그것들을 지킬 수 있다는 생각은 어리석은 일이다. 그 땅은 언약의 주님에게서 받은 언약의 선물이다. 그러므로 위험과 위협에 직면할 때 그들이 해야 할 가장 중요한 일은 자신이 언약의 주님의 뜻 안에서 일하고 있으며 그분과의 관계가 변함이 없으므로 약속된 언약의 축복을 계속해서 받아 누릴 수 있음을 확신하는 것이다.

그러나 실제로 그들은 그렇게 행하지 않는다. 그들은 인간의 일이야말로 자신이 행할 수 있는 가장 중요한 일인양 행하고 있다. 예를 들면, 그들은 성벽을 견고케 하며 공격을 당하는 곳에 군대가 쉽게 돌진할 수 있도록 성벽 안에 있는 가옥을 헐어 버린다(22:10).

실제로 하나님과 유다와의 관계는 무난해 보인다. 그들은 자신들이 북이스라엘처럼 타락하지 않은 것에 대해 스스로 기뻐하고 있다. 그리하여 북이스라엘이 멸망할 때 자신들의 공로로 인해 그들이 생존하게 되었다고 믿는다. 그러나 이사야와 다른 선지자들은 북이스라엘을 비극적으로 만들었던 일들이 유다에서도 똑 같이 발생할 것임을 분명히 알고 있다. 더욱이 사태가 호전되지 않는다면, 유다는 북이스라엘처럼 타락할 것이며, 그들과 같은 길을 걷게 될 것이다. 결국 주전 580년

2. 70인경은 나머지 것과 마찬가지로 복수형으로 본다.

에 종말이 이루어질 때, 에스겔은 유다와 북이스라엘을 두 음란한 자매로 취급하였으며, 유다를 북이스라엘보다 더 심판 받아 마땅한 자들로 보았다(겔 23장).

이와 같은 이유 때문에 하나님은 슬퍼하며 탄식하라고 명하신다(22:12). 지금은 스스로 자축하며 잔치를 벌일 때가 아니다. 깊이 회개하며 하나님께 자비를 간구할 때이다. 자신을 성찰하며 하나님의 길에서 벗어난 길을 바로잡을 때이다. 만약 그들이 이러한 시간을 통해 이런 교훈들을 깨닫게 된다면, 유다에게는 희망이 남아 있다.

그러나 본문이 암시하는 바, 그들은 이런 교훈들에 관심도 없고 주의도 기울이지 않는다. 이 백성들이 그들의 죄에 대해 슬퍼하지도 탄식하지도 않기 때문에, 선지자가 그 백성을 대신하여 슬퍼하며 탄식한다(22:4). 선지자는 죄의 고백과 회개와 하나님의 자비 외에는 유다 민족의 죄악을 속함 받을 길이 없음을 깨닫게 되며(22:14) 그로 인해 그는 깊은 슬픔에 빠진다. 요나서에서 명백히 드러나듯이 죄의 고백과 회개가 있는 곳에는 언제나 자비도 주어진다. 그러나 겸손히 하나님께로 돌이키지 않는다면, 하나님은 그런 죄악된 상태에 대해 자비를 허락하시지 않는다.

두 사람에 대한 영상(22:15 25)

앞서 살펴보았듯이 이사야서 특징 가운데 하나는 회화적 표현이다. 우리는 먼저 3장에서 그리고 이후에 20장에서 이런 특징을 살펴본 바 있다. 선지자의 강론 이후에 그의 논점은 앞서 언급했던 내용들을 구체적인 영상을 통해 강화하고 있다. 여기서 영상은 두 부분으로 나누어지며, 서로 다른 두 인물들과 관련이 있다. 첫째 영상(22:15-19)은 부정적인 반면, 둘째 영상(22:20-25)은 좀 더 긍정적이다.

36장에 분명히 드러나듯이 아시리아의 랍사게에게 보내진 사신(셉나)은 "궁정 맡은 자"(히브리어로 궁정 책임자)이다. 이 직위의 책임은 광범위하다. 실제로 이 직위를 "총리"와 유사한 직분으로 생각할 수도 있다.[3] 그러므로 셉나는 영적으로든 물질적으로든 국가의 안녕을 도모해야 할 중책을 맡고 있다. 그러나 그의 우선순위는 잘못되어 있다. 그는 국가의 유익을 위해 자신을 부인하기보다는, 자신을

3. S. Layton, "The Steward in Ancient Israel: A Study of the Hebrew(*ʿašer*) *ʿal-hab-bayit* in Its Near Eastern Setting," *JBL* 109(1990): 633-49를 보라.

위해 멋진 반석으로 된 묘실을 건축하고 있다. 국가를 위해 자신의 생명을 바침으로써 자신을 희생하기보다는, 자신의 죽음이 기억될 수 있도록 애를 쓰고 있다. 그는 다른 사람들의 삶에 대해 생각해야 함에도 불구하고, 오로지 자신의 죽음에 대해 관심을 기울이고 있다.

옛 예루살렘의 낮은 곳—그 당시 예루살렘 도성의 중심부였다—건너편에 있는 기드론 골짜기 동쪽 언덕에는 돌로 깎아 만든 멋진 묘실들이 있다. 우리는 그 일이 어떻게 진행되었는지 살펴보기 위해 '영광의 수레'를 타고 다니는 총리—이것은 총리의 '특권' 중 하나였다—를 생각하기 쉽다. 멋진 묘실은 미래의 모든 후손들에게 셉나가 얼마나 중요하고 의미 있는 존재였는지를 보여 줄 것이다. 그러나 셉나가 그 묘실이 있는 곳에 도착할 때 반갑지 않은 방문자, 선지자 이사야를 발견한다. 이사야는 셉나가 중요하고 의미 있는 자라기보다는 주인의 집에 "수치를 끼치는 자"라고 말한다(22:18). 셉나는 모든 사람들 앞에서 기억되기보다는 누더기처럼 버림 받게 될 것이다(22:17-18). 우리는 셉나의 궁극적인 운명을 알지 못한다. 그러나 "광막한 지경"(22:18)이라는 표현은 셉나가 아시리아의 포로로 사망하지 않았을까 추측하게 한다.

간략히 말하자면, 셉나의 직위는 빼앗길 것이며 그 직위는 다른 이에게 주어질 것이다(22:19-25을 보라). 우리는 셉나와 같은 이에게 중요한 것은 형식적인 것이었음을 상상할 수 있다. 그러므로 그의 관직 옷을 벗겨("옷", "띠", 22:21) 그것을 다른 이에게 넘겨 준다는 것은 실로 치욕적인 일일 것이다. 우리는 여기서 2:6-4:1의 자신을 높이고자 하는 자들에게 임할 피할 수 없는 굴욕을 생각하지 않을 수 없다. 22:22에 나타난 "열쇠"가 비유인지 아닌지는 분명치 않다. 아마도 이것은 직분을 상징하는 표시일 것이다. 아니면 그 궁전의 실제 열쇠였을 것이다. 여하튼 이 표현은 왕과 함께 할 자와 그렇지 못한 자가 누구인지를 결정할 절대적인 권위를 상징해 준다. 단지 자신에게만 관심을 기울이는 셉나와는 달리, 엘리아김은 자기 책임 아래 있는 백성들에게 관심을 기울일 것이며, 그들에게 "아비"와 같이 행할 것이다(22:21). 다시 말해 엘리아김은 자신보다는 백성들의 안녕에 관심을 기울일 것이며, 자신이 아닌 그들을 위해 일할 것이다. "다윗 집"이라는 표현 또한 중요한 의미를 지닌다. 이 표현은 "집"(예를 들면, 궁전)이라는 말의 상징성 때문에, 엘리아김의 관심사가 단지 일시적인 사건과 관련있지 않음을 암시해 준다. 오히려 그의 관심사는 좀 더 큰 영적인 문제, 즉 다윗의 "집", 곧 궁전과 관련이 있는 것이다.

그러나 신실하게 책임을 다하며 성실한 자에게는 위험이 닥칠 수가 있다. 이런 위험은 22:23-25에서 나타나고 있다. 이와 같은 사람은 매우 신뢰할 만하기 때문에 사람들은 그들을 많이 의지한다. 사람들은 좋고 단단한 벽에 박힌 못과 같은 자에게 열중한다. 우리는 약하거나 부러지기 쉬운 못에는 관심을 두지 않는다. 그러나 우리가 강하고 신뢰할 만한 자에게는 우리의 모든 것을 의지한다. 이처럼 본문은 엘리아김의 집(family)이 그에게 특별한 짐이 될 것임을 보여 준다(22:23-24). 지금도 이것은 고대 근동 문화의 한 특징이다. 만약 가족 중 한 명이 "좋은 일"을 하면, 그 사람이 나머지 가족을 돌보며 그들을 위한 자리를 마련해야 한다. 심지어 변변치 못하거나 의존적인 자들에게도 그렇게 해야 한다.

그러나 안타깝게도 대부분은 종종 그러한 중압감을 계속 이겨내지 못한다. 이것이야말로 이사야가 엘리아김에 대해 예고하고 있는 바이다. 결국 엘리아김은 이러한 중압감 속에 쓰러질 것이며, 그를 의지하던 모든 이들은 무너지고 말 것이다(22:25). 이와 같은 일은 전적으로 예상할 만한 상황 속에서 일어날 것이다. 그 백성들은 하나님의 원천을 거부했으며, 대신에 인간을 신뢰하고 있다. 대다수의 인간들은 신뢰를 저버린다. 즉 누군가가 신뢰할 만하다고 판명되면, 단지 그에게 짐이 부가될 뿐이다. 그러나 인간은 주님을 의지하지 않고서는 어떤 일을 이룰 수 없다(시 37:3-6). 심지어 최고의 사람들조차도 그런 상황 속에서는 넘어지고 말 것이다.

상황잇기

1945년 4월 베를린의 마지막 밤은 환락과 파티의 밤이었다고 말한다. 베를린 필하모니 오케스트라는 바그너의 '신들의 황혼'(*The Twilight of the Gods*)을 연주하였다. '우리는 내일 죽기 때문에 (오늘) 먹고 마시자'는 전반적인 분위기가 감싸고 있었다. 신성로마제국의 천 년의 통치를 가져다 줄 것이라는 국가 사회주의(National Socialism)의 부푼 약속들은 먼지와 재 속으로 사라지고 말았다. 동쪽으로 얼마 떨어지지 않은 오데르 강(Oder River) 부근에는 러시아 군대가 주둔해 있었고, 서쪽에는 의기양양한 수만 명의 동맹군들이 독일군을 에워싸고 있었다. 그 전쟁은 진 것이었다. 그러나 참회하거나 자기 성찰을 하기보다는 애써 현실을 인위적으로 감추려 할 뿐이었다.

어떤 면에서 볼 때, 이런 반응은 놀랍지 않다. 거기에 무슨 회개가 있는가? 제1차 세계대전 중 독일군은 군복 벨트에 "하나님이 우리와 함께하신다"(Gott Mit

Uns)라는 문구를 새겨 넣어 적어도 하나님을 신뢰하는 것처럼 보이고자 했다. 그러나 히틀러의 군대는 그런 겉치레조차 하지 않았다. 히틀러의 군대는 니체가 남자를 늙은 여자로 전락시켰다고 비난한 기독교의 하나님을 거부했으며 옛 스칸디나비아와 독일의 전설에 나오는 가혹한 신들을 부활시키고자 했다. 그들의 진정한 신은 단지 무력이었다. 이제 잔인한 운명이 그들을 향해 다가왔다. 몹시 잔인한 무력의 신은 그들의 대적들 앞에 꼬리 치며 그 자취를 감추고 말았다. 여기에 무슨 회개가 있겠는가?

먼저 5억으로 추산되는 사망자가 발생하였고, 그중 6백만 명은 유대인이다. 유럽의 문화와 정신은 무너졌고, 회복에 몸부림치는 힘든 지경에 이르렀다. 루터의 국가 독일은 유다처럼 "이상 골짜기"—영광스러운 과거의 영적인 통찰력은 상실되었고, 진실을 발견할 수 있다는 주장은 조롱거리가 된 곳—가 되고 말았다.

현대적 의미

계획과 우선순위. 본문은 우선순위에 관한 내용이다. 어떤 미래를 예비하거나 자신을 돌보기 위해 힘과 능력을 사용하는 것은 잘못된 일이 아니다. 잠언에 분명히 드러나듯이, 게으르고 부주의한 자들은 어리석은 자들이다. 그들은 고난의 때를 충분히 준비하지 못했기에 고난의 시간이 임할 때 무기력하다. 반대로, 지혜로운 자들은 자신의 삶에 대해 주의 깊게 계획을 세우며 그 계획을 실천에 옮긴다. 잠언 24:30-34; 27:23-27을 보라.

> 내가 증왕에 게으른 자의 밭과
>   지혜 없는 자의 포도원을 지나며 본 즉
> 가시덤불이 퍼졌으며
>   거친 풀이 지면에 덮였고
> 돌담이 무너졌기로
>   내가 보고 생각이 깊었고
> 내가 보고 훈계를 받았었노라
>   네가 좀 더 자자, 좀 더 졸자,
> 손을 모으고 좀 더 눕자 하니
>   네 빈궁이 강도같이 오며
>   곤핍이 군사같이 이르리라

네 양 떼의 형편을 부지런히 살피며
　네 소 떼에 마음을 두라
대저 재물은 영영히 있지 못하나니
　면류관이 어찌 대대에 있으랴
풀을 벤 후에는 새로 움이 돋나니
　산에서 꼴을 거둘 것이니라
어린 양의 털은 네 옷이 되며
　염소는 밭을 사는 값이 되며
염소의 젖은 넉넉하여
　너와 네 집 사람의 식물이 되며
　네 여종의 먹을 것이 되느니라.[4]

그렇다면 본문에서 문제는 무엇인가? 문제는 그들이 세워 놓은 계획과 준비가 하나님의 인도와 복을 먼저 구하지 않은 채 이루어졌다는 것이다. 또한 잠언도 우리의 모든 계획의 결과가 하나님의 손에 놓여 있음을 강조하고 있다. "사람이 마음으로 자기의 길을 계획할지라도 그 걸음을 인도하시는 자는 여호와시니라"(잠 16:9), "싸울 날을 위하여 마병을 예비하거니와 이김은 여호와께 있느니라"(21:31).[5] 얼마나 심각하게 우리의 계획을 세우기에 앞서 하나님의 계획하심을 구하는가? 얼마나 쉽게 우리의 방식대로 일을 정해 놓은 후에 하나님의 복을 구하고 있는가!

그러나 더욱 중요한 것은 자신의 계획과 준비에 초점을 두기보다는 주님과의 관계에 더 많은 관심을 기울여야 하지 않을까? 이것이야말로 이사야 시대의 문제요, 여전히 우리 시대의 문제이다. 그 계획들이 좋았더라도 그 계획을 세운 백성들이 이기적으로 언약을 파기하는 자들이 될 때 어떻게 하나님이 그들을 축복할 수 있겠는가! 누가복음 12:16-21의 예수의 비유에 등장하는 부자 농부의 문제가 바로 이것이다. 그는 삶의 중요한 문제에 관심을 기울이지 않는다.

---

4. 또한 잠 10:4; 12:11, 24, 27; 14:1, 23; 15:22; 18:9; 19:15; 20:4, 18; 21:5; 22:29; 24:3-4; 31:12-29을 보라.
5. 또한 잠 16:1; 19:21; 21:2을 보라.

또 내가 내 영혼에게 이르되 영혼아 여러 해 쓸 물건을 많이 쌓아 두었으니
평안히 쉬고 먹고 마시고 즐거워하자 하리라 하되
하나님은 이르시되 어리석은 자여 오늘 밤에 네 영혼을 도로 찾으리니
그러면 네 예비한 것이 뉘 것이 되겠느냐 하셨으니
자기를 위하여 재물을 쌓아 두고
하나님께 대하여 부요치 못한 자가 이와 같으니라(눅 12:19-21).

이사야 시대에 이것은 지도자들의 문제였다. 유다의 지도자들은 자신의 죄에 대해 염려해야 할 때에 성벽과 급수(給水)에 대해 염려하고 있었다. 시설 확충을 계획하는 것이 교회의 영적인 무감각을 다루는 것보다 얼마나 더 수월한가! 과격한 유물론에 맞서 대항하는 것보다 포스트모더니즘의 항목을 하나 더 추가하는 것이 더 수월하지 않은가! 그러므로 교회가 커지고 크리스천의 숫자는 늘어나게 될지는 몰라도 더욱더 하나님에게서 멀어지고 있다. 우리는 유다 백성들 혹은 부자 농부와 같이 흥청망청 계속해서 잔치를 벌이며 자신이 받은 복을 즐거워 하는 '살진 행복의 사람들'로, 다른 크리스천을 향해 침울한 얼굴과 시무룩한 태도를 보인다고 비난하지만, 주께서 우리를 향해 말씀하시는 "너 어리석은 자여!"라는 책망은 결코 듣지 못한다.

셉나이기보다 엘리아김이 된다는 것은 무엇을 의미하는가? 무엇보다도 그것은 우리 자신을 자기 손에 맡기지 않음을 의미한다. 이것이야말로 다윗과 사울 혹은 예수와 유다의 차이점이다. 후자의 두 인물은 언제나 자신만을 살피는 자들이었다. 이들은 자신의 이미지, 다른 사람들이 자신에 대해 어떻게 생각할 것인지, 자신의 필요를 어떻게 채울 것인지, 사람들이 자신을 어떻게 기억할 것인지에 대해 걱정하였다. 이런 것들은 전자의 두 인물이 가장 나중에 생각했던 것들이다.

천국에 들어가려면 어린아이와 같이 되어야 한다고 예수께서 말씀하실 때, 예수께서 천국에 합당치 못한 어린아이의 요소들이 많이 있다는 것을 염두에 두고 계셨다고 믿는다(마 18:3-4). 아이들은 무지하며 미성숙하다. 그들은 협소하고 이기적이다. 그리고 당신이 부모라면 그들이 결백하지 않음을 알 것이다. 그러나 대체로 아이들은 자의식이 강하지 않다. 그들은 자신이 다른 사람들에게 어떻게 보일까 하고 걱정하지 않는다. 그들에게 신분은 아무런 의미가 없다. 그러나 우리가 자라가면서, 그것은 얼마나 빠르게 변하는가! 우리는 실재가 아닌 외형(image)에 열중하게 된다. 우리는 인정받는 것(approval)이라든지 직책(position)이라는 것의

필요성에 집착하게 된다. 그리고 우리는 종종 잘못된 사람들의 인정과 무의미한 직책에 집착한다.

이것이야말로 셉나의 문제였다. 그는 지상에서 왕 다음으로 가장 높은 위치에 올랐다. 그리고 자신의 기념비를 세우기 위해 그 직위를 사용하였다. 실로 중요하지 않은 일에 심혈을 기울였으며, 그 결과 그에 대해 기억되는 것은 이사야 22장에 나타나는 수치스러운 기억뿐이다. 오직 하나님의 인정하심에 관심을 기울이며 전적인 자기희생을 이루어내지 못한다면, 우리 역시 그런 길로 빠져들 수 있다. 루이스(C. S. Lewis)는 '영광의 무게'(The Weight of Glory)라는 설교에서 말하기를 우리가 하나님에 대해 어떻게 생각하는지는 그리 중요치 않다. 오히려 하나님이 우리에 대해 어떻게 생각하는지가 언제나 중요한 것이다.[6]

우리가 바라본 엘리아김과 같은 이들이 바로 이런 자들이다. 그리스도처럼 엘리아김은 자신의 번영보다는 다른 이들의 번영에 더 많은 관심을 기울인다. 그리스도처럼 그의 가장 큰 즐거움은 백성들이 하나님의 보좌에 들어가도록 이끌어 주는 것이다. 그는 궁궐의 더러운 음모 속에서도 책임을 다하며 신실하며 성실을 다할 수 있도록 하나님의 은혜를 구한다. 그는 자신의 필요보다는 타인의 필요에 관심을 기울인다. 그로 인해 너무나 감당하기 힘든 짐을 어깨에 짊어진다. 그러나 그는 자신이 필요한 자임을 입증하기 위해서라기보다는 다른 이들이 이런 짐을 지는 것을 원치 않기 때문에 이 짐을 짊어진다.

그러나 엘리아김의 경우와 같이 그런 짐들은 결국 우리를 약화시킬 것이다. 분명 건강은 나빠질 것이다. 그것은 우리가 자신의 몸을 남용했기 때문이 아니라, 다른 사람들보다 다소 몸이 약하기 때문이다. 그러나 몸의 건강이 나빠져 무거운 짐을 지지 못하는 상황 속에서도, 우리의 영적인 건강은 밝고 강건해질 수 있을 것이다. 만약 우리가 그런 짐들을 주인께 의탁하는 방법을 깨닫게 된다면, 다른 이들을 위해 짐을 짊어져야 하는 우리의 사명 때문에 넘어지지는 않을 것이다.

이것이야말로 그리스도께서 우리 각자에게 부여하신 기회이다. 우리는 엘리아김이 될 것인지 아니면 셉나가 될 것인지를 선택할 것이다. 우리는 일시적인 것 아니면 영원한 것에 초점을 둘 것이다. 만약 우리가 일시적인 것에 초점을 둔다면, 우리 자신과 모든 일들은 일시에 사라져 버릴 것이다. 만약 우리가 영원한 것을 선택한다면, 일시적인 우리의 일들은 결코 상실되지 않을 것이다(롬 8:13). 더욱이

6. C. S. Lewis, *The Weight of Glory*(Grand Rapids: Eerdmans, 1949), 10.

엘리아김과 그를 따르는 자들처럼 우리는 천국에 들어가지 못하는 자들을 위해 천국의 문을 열 수 있는 권위를 부여받았다(마 16:19; 참조. 계 3:7). 더 놀라운 사실은 그릇된 길로 천국에 들어가려고 하는 자들에게 그 천국의 문을 닫을 권위 또한 부여받았다는 점이다. 권세는 존재한다. 그러나 그것은 오직 권세와 그 모든 권세의 덫을 끊어 버릴 때에 주어진다.

이사야 23:1-18

1 두로에 관한 경고라 다시스의 배들아 너희는
슬피 부르짖을지어다 두로가 황무하여 집이
없고 들어갈 곳도 없음이요 이 소식이깃딤
땅에서부터 그들에게 전파되었음이라
2 바다에 왕래하는 시돈 상인들로 말미암아 부
요하게 된 너희 해변 주민들아 잠잠하라
3 시홀의 곡식 곧 나일의 추수를 큰 물로 수송
하여 들였으니 열국의 시장이 되었도다
4 시돈이여 너는 부끄러워할지어다 대저 바다
곧 바다의 요새가 말하기를 나는 산고를 겪
지 못하였으며 출산하지 못하였으며 청년들
을 양육하지도 못하였으며 처녀들을 생육하
지도 못하였다 하였음이라
5 그 소식이 애굽에 이르면 그들이 두로의 소
식으로 말미암아 고통 받으리로다
6 너희는 다시스로 건너갈지어다 해변 주민아
너희는 슬피 부르짖을지어다
7 이것이 옛날에 건설된 너희 희락의 성 곧 그
백성이 자기 발로 먼 지방까지 가서 머물던
성읍이냐
8 면류관을 씌우던 자요 그 상인들은 고관들이
요 그 무역상들은 세상에 존귀한 자들이었던
두로에 대하여 누가 이 일을 정하였느냐
9 만군의 여호와께서 그것을 정하신 것이라
모든 누리던 영화를 욕되게 하시며 세상의
모든 교만하던 자가 멸시를 받게 하려 하심
이라
10 딸 다시스여 나일 같이 너희 땅에 넘칠지어
다 너를 속박함이 다시는 없으리라
11 여호와께서 바다 위에 그의 손을 펴사 열방
을 흔드시며 여호와께서 가나안에 대하여 명
령을 내려 그 견고한 성들을 무너뜨리게 하
시고
12 이르시되 너 학대 받은 처녀 딸 시돈아 네게
다시는 희락이 없으리니 일어나 깃딤으로 건
너가라 거기에서도 네가 평안을 얻지 못하리
라 하셨느니라
13 갈대아 사람의 땅을 보라 그 백성이 없어졌
나니 곧 앗수르 사람이 그곳을 들짐승이 사
는 곳이 되게 하였으되 그들이 망대를 세우
고 궁전을 헐어 황무하게 하였느니라
14 다시스의 배들아 너희는 슬피 부르짖으라 너
희의 견고한 성이 파괴되었느니라
15 그날부터 두로가 한 왕의 연한 같이 칠십 년
동안 잊어버린 바 되었다가 칠십 년이 찬 후
에 두로는 기생의 노래 같이 될 것이라
16 잊어버린 바 되었던 너 음녀여 수금을 가지
고 성읍에 두루 다니며 기묘한 곡조로 많은
노래를 불러서 너를 다시 기억하게 하라 하
였느니라
17 칠십 년이 찬 후에 여호와께서 두로를 돌보
시리니 그가 다시 값을 받고 지면에 있는 열
방과 음란을 행할 것이며
18 그 무역한 것과 이익을 거룩히 여호와께 돌
리고 간직하거나 쌓아 두지 아니하리니 그
무역한 것이 여호와 앞에 사는 자가 배불리
먹을 양식, 잘 입을 옷감이 되리라

원 의미

이제 우리는 이사야의 열방 신탁(13-23장) 가운데 마지막 신탁을 접하게 된다. 서두에 말했다시피, 이 신탁들은 이사야서의 현 구조에 두 가지 목적을 보여 준다. (1) 11장에서 이사야는 하나님의 뜻보다는 열방을 계속 의지하던 유다가 결국 멸망당하여 열방의 포로로 잡혀 가지만 하나님이 언젠가 그 백성들을 포로에서 구속해 주실 것임을 약속하고 있다. 이런 약속을 통해 제기되는 문제는 과연 하나님이 그런 일을 하실 수 있는 분이냐 하는 점이다. 열방을 향한 신탁들은 이스라엘의 하나님이 각 열방의 미래를 알고 계시며, 궁극적으로 그 열방이 하나님께 책임을 다할 것임을 강조한다. 우상의 경우에 잘 나타나듯이, 하나님이 열방의 손에 있는 것이 아니라 그들이 하나님의 손에 있는 것이다. 그러므로 하나님은 언제든지 그의 백성을 구원하실 수 있다.

(2) 또한 열방의 신탁을 보여 주는 본문은 "신뢰에 대한 교훈들"이라고 명명한 세부 단락(13-35장)의 서론 역할을 한다. 본문에서, 이사야는 히스기야와 그의 세대들에게 열방을 의뢰하는 어리석음과 하나님을 의뢰하는 위대한 지혜를 보여 주고자 한다. 세부 단락의 첫 부분에 해당하는 열방의 신탁들은 다음과 같은 질문을 던진다. "왜 모든 열방이 주님께 순복하며 그중 어떤 족속은 역사의 종말이 임하기 전 주님께 믿음으로 나아갈 때에 주 대신에 열방을 의뢰하는가?"

마지막 신탁은 예루살렘 북서 방향으로 약 160킬로미터 가량 떨어진 지중해 동부 연안에 위치한 거대한 페니키아 항구 도시인 두로에게 전달된다. 첫 신탁의 대상인 바빌론이 고대 근동의 동부 지역의 거대한 무역 대국이었다면, 두로는 서부의 무역 대국이었다. 오늘날 레바논 지역에 해당하는 곳에서 거칠게 살았던 페니키아인들은 그들의 지형에 따라 해양 민족이 될 수밖에 없었다. 레바논 산맥은 해안과 함께 나란히 뻗어나가며, 산맥의 줄기는 오른쪽으로 해안 끝까지 이어진다. 이것은 육로로 동쪽에서 서쪽으로, 그리고 북쪽에서 남쪽으로 이동이 어렵다는 것을 말해 준다.

그러나 이런 지형은 산맥의 지류에 의해 만들어진 연안에 멋진 항구가 있음을 말해 준다. 우리가 고대 근동 시대에 레바논 산맥이 숲으로 덮여 있었음을 기억한다면, 어떻게 페니키아인들이 목재가 부족했던 이집트나 다른 고대 국가와 목재 운송 거래를 시작하게 되었는지 쉽게 알 수 있을 것이다. 거기에서 페니키아인들이 장악하기 시작한 지중해의 지배력은 거침없어 보였다. 우리는 주전 3세기와 2세기에 로마와 주도권을 위해 싸운 카르타고(Carthage)가 페니키아의 식민지였음을 기억한다. 두로의 북쪽으로부터 40킬로미터 가량 떨어진 곳에 위치한 시돈은 페니키아의 또 다른 중요한 항구 도시였다. 이 두 도시는 무역을 장악하기 위해 서로 힘 겨루기를 하고 있었다. 이 신탁은 두로에게 임할 심판 가운데 시돈도 포함하고 있는 듯하다(23:2, 4, 12). 이스라엘과 가장 가까이 위치한 두로는 무역에 있어서 이스라엘에게 매우 중요한 나라였다.[1]

두로의 멸망(23:1-14)

이사야는 서방에서 고향으로 향하는 상선들에 대한 표현과 함께 두로의 파멸에 대한 논의를 시작한다. 비록 많은 학자들이 "다시스"를 스페인의 타테수스(Tartessus)[2]로 보지만, 그 정확한 위치는 알 수 없다. 두로의 배들이 '키프로스'(cyprus)에 정착해 있을 때, 돌아갈 고향 항구가 사라지고 말았다는 소식을 접한다. 2절에 나오는 "해변 거민들"이란 표현은 두로가 주요 도시와 해안 섬, 그리고 그 사이에 있는 항구로 구성되었음을 말해 준다. 3절은 두로가 이집트의 곡물을 운송했음을 말해 준다. 나일 강 유역(아마도 델타 줄기 가운데 하나인 '시호르', shihor)은 거대한 곡식을 제공해 주었지만, 이집트가 그 곡물을 팔지 못한다면 그것은 무익한 것이었다. 곡물을 운송하기 위해서는 페니키아인들에게 의존할 수밖에 없었다. 수백 년이 지나 로마인들이 그토록 이집트를 통치하고자 했던 이유 가운데 하나는 그들이 믿을 만한 곡물 수확처를 확보하기 위함이었다.

4절에서 가나안의 바다의 신 얌(Yam)은 아이를 잃은 부모처럼 울부짖는다. 그의 가장 소중한 두로는 사라졌으며, 결코 그런 자식을 다시 두지 못할 것이라 생각한다. 그 소식이 이집트에 이르면(5절), 이집트인들도 통곡할 것이다. 왜냐하면 무역 동반자를 잃었을 뿐만 아니라 그들과 다른 메소포타미아 정복자들 사이에 놓여 있었던 한 국가의 사라짐으로 공포의 시대가 더욱 가까이 도래할 것임을 알고 있었기 때문이다.

6-12절은 페니키아의 식민지 다시스를 향해 전달된다. 주님은 그들에게 발생한 일들이 무엇을 의미하는지 생각해 보라고 요청하신다. 두로는 부와 쾌락의 장소였

1. H. Katzenstein and D. Edwards, "Tyre," *ABD*, 6:686-92를 보라.

2. 이 배들은 또한 왕상 10:22; 22:48; 시 48:7; 사 2:16; 60:9; 겔 27:25; 욘 1:3과 관련된다. 이 배들은 원래 금광 운반선이었을 것이다(셈어 *ršš*는 "주조하다"는 의미이다). 그러나 결국 이 이름은 큰 상선을 가리키는 용도로 쓰이게 되었다.

던 "희락의 성"(23:7)이었다. 또한 두로는 다시스를 낳았고 지금 우리가 알지 못하는 더 많은 식민지를 소유했을 "고대에 건설된" 도성이었다(23:7). 이 식민지들은 매우 강대하고 부요하여 각각의 왕을 두었으며, 이 왕들은 본 도성에 의해 통제받았다. 두로의 상인들은 심히 부요하여 장사꾼보다는 귀족의 일부로 간주되었다(23:8).

그렇지만 이사야는 이 모든 것들이 급히 중단될 그날을 바라본다. 더는 이집트의 곡물을 접할 수 없기 때문에(23:10) 희락은 멈출 것이며(23:12), 다시스는 홀로 존재할 것이다.[3] 이와 같은 끔찍한 재난의 도래는 무엇을 설명하는 것일까? 그 대답은 반복해서 다음과 같은 이사야의 두 가지 주요 주제, 즉 여호와의 계획[4]과 교만한 자들의 낮아짐[5]에서 찾을 수 있다. 두로는 우연히 아시리아, 바빌론 혹은 그리스와 같은 뛰어난 강대국에 의해 멸망당하는 것이 아니요, 이스라엘의 거룩한 자의 영원한 계획에 따라 멸망당할 것이다.

그 밖의 다른 곳에서 언급했다시피, 이것은 선지자의 입장에서 볼 때에 놀라운 믿음을 필요로 한다. 이와 같은 이상한 주장을 지지할 만한 증거는 거의 없어 보인다. 그렇지만 하나님이 그것을 말씀하셨다. 그것만으로도 이사야에게는 충분했다. 하나님의 계획과 목적은 임의적인 것이 아니다. 단지 두로를 싫어하셔서 멸망시키고자 작정하신 것이 아니다. 오히려 다른 모든 이방 국가들(유다도 포함됨, 참조. 22장)과 같이, 창조주에 대적하여 자신을 스스로 높이고자 했기 때문이다(23:9). 두로는 인간이 자신의 영적인 필요를 채울 수 있으며 인간의 형상으로 신을 만들 수 있다는 거짓을 선포하였다.[6] 결국 교만은 인류를 파멸시키며, 하나님의 손길은 모든 교만에 미치신다(또한 5:25; 9:12, 17, 21; 10:4을 보라).

차일즈(Childs)가 지적하다시피, 23:13의 두 번째와 세 번째 문장에 대한 RSV(와 NRSV)의 해석은 흥미롭다—"이 사람들은 아시리아 사람들이 아니었다." 즉 선지자(혹은 차일즈의 입장에 따르면 후대의 편집자)는 두로가 이사야 시대의

3. 히브리어 본문에서 10절의 의미는 명확치 않다. 문자적으로 번역하면 다음과 같다. "다시스의 딸이여, 나일과 같이 너의 땅으로 가라. 더 이상 권세는 없다." NIV역본은 70인경에 기초한다. 그 의미는 다음과 같다. "두로의 압박이 사라지면서, 식민지들은 그들이 원하는 바를 할 수 있을 것이다"(Motyer, *Prophecy of Isaiah*, 191을 보라).

4. 5:26; 9:11; 10:6; 14:26; 19:12; 37:26; 41:2; 45:1; 46:10-11을 보라.

5. 2:11, 17; 4:2; 5:15-16; 13:19; 14:12-20; 28:1-6; 60:15을 보라.

6. 두로의 왕이 겔 28:1-19에서 이와 흡사한 표현으로 묘사되고 있으며, 또한 사 14장의 바빌론 왕과 유사하게 묘사되고 있음에 주목하라.

아시리아인들이나 느부갓네살이 통치하던 후대의 바빌론 사람들에 의해 멸망당한 것이 아니라고 지적한다. 그렇지만 이런 해석은 문법적으로 옹호될 수 없으며, NIV와 다른 몇몇 현대 번역본들의 해석이 옳다. 여기서 독자는 바빌론의 운명과 앞으로 도래할 두로의 운명을 비교하도록 초청받는다.[7] 사르곤(sargon)은 주전 710년에 바빌론 도성에 엄청난 파멸을 가져다 주었으며, 주전 689년에 산헤립은 그보다 더 큰 파멸을 안겨 주었다. 그러므로 열방 신탁의 시작과 끝을 장식하는 바빌론 두 도시는 여기서 함께 다루어진다. 이 두 도시는 하나님의 계획된 심판을 피할 수 없을 것이다.

주님께로 향하는 두로(23:15-18)

앞서 살펴본 이집트와 같이(19:18-25) 이사야는 두로가 주님께 돌아올 날을 미리 바라본다. 이 메시지는 내용과 그 형식에 있어서 선행 구절들과 구별된다. 비록 두로의 이익(18절)이 주님께 드려질 것이라는 전반적인 논점은 매우 분명하지만, 어떤 논점들은 불명확하다. 예를 들면, 23:15에 나오는 70년이라는 기간이 무엇을 뜻하는지는 확실치 않다.[8] 70이라는 숫자가 완전성을 가리키기 때문에, 아마도 심판의 무한성을 말하는 것 같다. 여하튼 심판의 때가 지닌 후, 주님은 두로로 하여금 옛 영광을 다시 찾도록 허락하실 것이다. 두로는 또 다시 이익을 남기기 위해 세상의 상인들과 장사를 할 것이다(23:17).

주석가들은 음란으로 벌어들인 이익을 주님께 드린다는 개념을 해석함에 있어 어려움을 겪어 왔다. 왜냐하면 그것은 신명기 23:18에서 특별히 금하고 있기 때문이다. 다양한 해설들이 제시되었으나, 그 어떤 것도 이 문제를 완전히 해결해 주지 못한다. 아마도 선지자는 그 밖의 다른 곳에서와 마찬가지로, 매춘을 무역을 상징하는 표현으로 사용하고 있는 것 같다. 그러나 무역이 본질상 죄악된 것은 아니요, 그 이익은 떳떳하게 주님께 드려질 것이다. 여하튼 논점은 분명하다. 주께서 두로의 운명을 손에 쥐고 있는데 왜 주님보다도 두로를 두려워하거나 혹은 신뢰하려고 하는가?

---

7. Childs, *Isaiah*, 168-69.

8. Motyer(*Prophecy of Isaiah*, 193)는 이 기간을, 산헤립과 느부갓네살의 등장한 사이의 기간을 가리키는 것으로 본다. 다른 해석들을 살펴보려면, Oswalt, *Isaiah 1-39*, 435-36을 보라.

상황잇기

23장은 본 도성이 멸망당할 때 그 식민지와 백성들이 겪게 되는 낙담에 대해 말하고 있다. 우리는 대영제국의 붕괴 후, 영 연방의 몇몇 국가들이 그들 자신만의 길을 찾고자 고투하는 모습을 떠올릴 수 있다. 그들의 이해 관계와 무역은 대체로 본국(영국을 일컬음–옮긴이)에 의해 조정되었다. 그리고 제2차 세계대전의 종식과 함께 그 영향력이 분산됨에 따라, 수많은 옛 식민지들은 통치가 다르게 재편되는 새로운 세계에서 고투하게 되었다.

한층 더 개인적인 차원에서 볼 때, 우리는 심리학자들이 '상호의존성'(codependency)이라고 명명한 관계의 파괴적 본성을 발견할 수 있다. 예를 들면, 한 알코올 중독자 남편을 둔 아내를 생각해 보자. 모든 문제는 이 남편에게 있었다고 여겨진다. 그녀는 술을 끊지 못하는 남편에 대해 계속 참아야 했기 때문에, 오랫동안 고통 속에서 지내던 불쌍한 사람이었다. 그렇지만 우리는 남편의 사망 후에 여자가 남편과 같은 남자와 결혼했다는 것을 발견할 때 놀라지 않을 수 없다. 이게 무슨 일인가? 사실상 그녀는 남편을 알코올중독에서 구해내 술을 끊게 하는 삶을 자신의 정체성의 의미로 보았기 때문에 이러한 남편의 무너진 삶에 의존해 있었던 것이다. 어떤 점에서 볼 때, 남편의 무너진 삶은 그녀로 하여금 학대받고 무시당함으로써 자신의 존재의 필요성을 뒷받침해 주었기 때문에, 그녀는 남편이 스스로 책임을 느끼고, 어렵지만 그 중독을 극복할 수 있는 필수적인 단계에 들어서는 것을 원치 않았다. 궁극적으로 하나님보다 다른 것을 의존하는 것은 결국 파괴적인 것이다. 심지어 이런 태도는 의존적이지 않은 것처럼 보일 수도 있다.

현대적 의미

부에 대한 청지기직. 바빌론은 영광과 군사적 힘을 사모한 반면, 두로는 돈과 그 돈으로 얻을 수 있는 사치와 권세를 사모하였다. 극작가의 말대로 "다이아몬드는 여자에게 가장 좋은 친구이다." 두로는 아마도 이런 생각을 연상시켜 줄 것이다. 돈의 이상한 점은 결코 만족이 없다는 것이다. 얼마나 벌어들이든지 간에 우리는 언제나 더 많은 것을 원한다. 대부분 돈 자체를 사랑한다고는 말하지 않을 것이다. 이것은 한두 개의 더러운 방에서 거듭 계속해서 금화를 세고 있는 『사일러스 마너』(*Silas Marner*)[9]를 연상시켜 준다. 분명 이것은 근사한 그림이 아니다. 그러나 돈과, 우리가 그 돈으로 살 수 있다고 생각하는 것들을 분리하기란 어려운 일이다. 정말 만족할 만한 집은 얼마나 커야 하는가? 얼마나 많은 자동차가 있어야 하는가? 얼마나 많은 텔레비전이 있어야 하는가? 얼마나 많은 옷이 있어야 하는가? 안락한 노후를 위해 얼마나 많을 것들을 필요로 하는가? 적당이라는 개념은 이 시대에서 사라지고 말았다. 우리는 무엇을 추구하고 있는가? 안락, 쾌락, 안전이야말로 처음부터 인간이 추구해 왔던 것들이다. 무엇이 이런 것들을 가져다 주는가? 돈이다. 더 많은 돈, 돈은 더 많을수록 좋은 것이다.

달리 말하자면, 우리는 두로와 거의 다를 바 없다. 우리는 개인적으로든, 국가적으로든 자신을 부와 연결시켜 왔다. 마가복음 10:24-25에서 부자가 천국에 들어가는 것이 얼마나 어려운지에 대해 경고하시는 예수님의 말씀을 우리는 잊어버리거나 무시해 왔다.

> 제자들이 그 말씀에 놀라는지라 예수께서 다시 대답하여 가라사대 얘들아 하나님의 나라에 들어가기가 어떻게 어려운지 약대가 바늘귀로 나가는 것이 부자가 하나님의 나라에 들어가는 것보다 쉬우니라 하신대.

부자가 하나님 나라에 들어가는 것이 왜 그토록 힘든 일인가? 그것은 부자들이 하나님 외 다른 것을 신뢰의 대상으로 삼고 있기 때문이다. 부자들은 다른 나라에 충성을 다한다. 이런 일은 모두 무의식적으로 일어날 수 있다. 우리는 하나님의 종으로 태어난다. 그러나 하나님이 우리를 재물로 축복할 때 우리는 너무도 쉽게 다른 나라로 빠져, 우리를 돌보시는 하나님을 더는 신뢰하지 않는다. 이제 우리는 우리가 소유한 돈을 신뢰한다. 이 돈은 우리를 모든 고통과 불안과 불안정함에서 지켜 줄 것이다. 복음서에 등장하는 부자 청년에게 말씀하신 것처럼 하나님이 우리들에게 그것을 포기하라고 명하실 때, 우리는 포기하지 못한다.

그러나 돈은 우리의 것이 아니라 주님의 것이다. 여기에 치명적인 오류가 있다. 우리는 수입의 십분의 일을 바치면서 자신을 실로 관대한 자로 여긴다. 그러나 존 웨슬리는 돈에 대한 설교에서 이것을 올바로 지적한다. 그는 우리가 본말을 전도시켰다고 말했다. 웨슬리는 그리스도인들에게 있어서 모든 돈은 하나님의 것이라

---

9. 옮긴이-『사일러스 마너』는 영국 소설가 G. 엘리엇의 중편소설로, 친구에게 배신당한 이후 신과 인간에 대한 신뢰를 잃고 홀로 돈을 모으는 데에만 기쁨을 얻던 직조공이 미아(迷兒)를 키우게 되면서 사회에 적응해 가는 내용이다.

고 말했다. 오직 문제는 우리가 자신을 위해 얼마만큼 하나님의 돈을 사용하는지이다.[10] 두로 사람들이 깨달아야 했던 것처럼, 그들의 돈은 그들의 것이 아니었다. 그들보다 더 강한 자는 누구든지 그 돈을 취할 수 있다. 그들은 그것을 막을 도리가 없다. 두로의 부는 이스라엘의 하나님에게서 온 선물이었다. 결국 그들이 할 수 있는 최선의 일은 그들에게 부를 허락하신 분께 먼저 그 부를 다시 돌려 드리는 것이다.

웨슬리는 부의 청지기직에 관한 영원한 권고를 제시하고 있다. 비록 여러 가지 금욕적 성향을 지니고 있다 하더라도 웨슬리는 금욕주의자는 아니었다. 그는 인간은 성실과 근면과 형제애가 허락하는 만큼의 부를 쌓아야 한다고 믿었다. 그러나 이러한 부는 자신이나 자신의 가족의 멋대로 헛되이 낭비되어서는 안 된다. 오히려 이 부는 우리를 통해 그리고 우리 주변의 사람들을 통해 하나님 나라를 확장하는 데 사용되어야 한다. 이와 같은 근거에 기초하여, 웨슬리는 우리의 지침이 되는 네 가지 원리들을 제시한 바 있다.

(1) 나는 재정을 지출할 때, 내 신분에 맞게 행동하고 있는가? (다시 말하면) 소유주가 아닌 주님의 물건을 관리하는 청지기로서 행동하고 있는가?
(2) 나는 주님의 말씀에 순종하면서 이 일을 행하고 있는가? 어떤 성경말씀을 통해 내가 그렇게 행하기를 요구하시는가?
(3) 이런 행동, 지출을 예수 그리스도를 통해 하나님께 드리는 희생 제물로 올려 드릴 수 있는가?
(4) 부활의 심판 때에 바로 이 일로 말미암아 보상을 받을 것이라고 믿을 만한 근거가 있는가?[11]

물론, 이런 원리들은 우리를 속박하는 굴레가 될 수도 있다. 그러나 미국 크리스천들은 돈과 신앙과의 관계에 있어서 협소한 견해는 거의 취하지 않는다. 우리는 다른 측면에서 더 많은 실수를 범하고 있는 것 같다. 우리는 할 수 있는 한 모든 것을 얻고자 한다. 그러나 우리가 그 돈을 대부분 자신을 위해 사용할 때, 상심한 세상으로 인해 마음 아파하시는 거룩한 하나님은 진노할 수밖에 없다. 만약 우리

10. J. Wesley, *The Standard Sermons of John Wesley* (London: Epworth, 1964), 2:326.
11. Ibid., 325.

가 두로의 교훈을 깨닫는다면, 우리는 부에서 해방되는 법을 깨닫게 되며 하나님을 향한 신뢰의 실재를 다시 배우게 된다. 두로 사람들과 같이, 우리는 하나님을 위해 일하고 있으며 우리의 모든 돈은 "주님을 위해 구별된 것"임을 깨달아야 한다(23:18).

이사야 24:1-23

1 보라 여호와께서 땅을 공허하게 하시며 황
폐하게 하시며 지면을 뒤집어엎으시고 그
주민을 흩으시리니
2 백성과 제사장이 같을 것이며 종과 상전이
같을 것이며 여종과 여주인이 같을 것이며
사는 자와 파는 자가 같을 것이며 빌려 주는
자와 빌리는 자가 같을 것이며 이자를 받는
자와 이자를 내는 자가 같을 것이라
3 땅이 온전히 공허하게 되고 온전히 황무하
게 되리라 여호와께서 이 말씀을 하셨느
니라
4 땅이 슬퍼하고 쇠잔하며 세계가 쇠약하고
쇠잔하며 세상 백성 중에 높은 자가 쇠약
하며
5 땅이 또한 그 주민 아래서 더럽게 되었으니
이는 그들이 율법을 범하며 율례를 어기며
영원한 언약을 깨뜨렸음이라
6 그러므로 저주가 땅을 삼켰고 그 중에 사는
자들이 정죄함을 당하였고 땅의 주민이 불
타서 남은 자가 적도다
7 새 포도즙이 슬퍼하고 포도나무가 쇠잔하며
마음이 즐겁던 자가 다 탄식하며
8 소고 치는 기쁨이 그치고 즐거워하는 자의
소리가 끊어지고 수금 타는 기쁨이 그쳤
으며
9 노래하면서 포도주를 마시지 못하고 독주는
그 마시는 자에게 쓰게 될 것이라
10 약탈을 당한 성읍이 허물어지고 집마다 닫
혀서 들어가는 자가 없으며
11 포도주가 없으므로 거리에서 부르짖으며 모
든 즐거움이 사라졌으며 땅의 기쁨이 소멸
되었도다
12 성읍이 황무하고 성문이 파괴되었느니라
13 세계 민족 중에 이러한 일이 있으리니 곧 감
람나무를 흔듦 같고 포도를 거둔 후에 그 남
은 것을 주움 같을 것이니라
14 무리가 소리를 높여 부를 것이며 여호와의
위엄으로 말미암아 바다에서부터 크게 외치
리니
15 그러므로 너희가 동방에서 여호와를 영화
롭게 하며 바다 모든 섬에서 이스라엘의
하나님 여호와의 이름을 영화롭게 할 것
이라
16 땅 끝에서부터 노래하는 소리가 우리에게
들리기를 의로우신 이에게 영광을 돌리세
하도다 그러나 나는 이르기를 나는 쇠잔하
였고 나는 쇠잔하였으니 내게 화가 있도다
배신자들은 배신하고 배신자들이 크게 배신
하였도다
17 땅의 주민아 두려움과 함정과 올무가 네게
이르렀나니
18 두려운 소리로 말미암아 도망하는 자는 함
정에 빠지겠고 함정 속에서 올라오는 자는
올무에 걸리리니 이는 위에 있는 문이 열리
고 땅의 기초가 진동함이라
19 땅이 깨지고 깨지며 땅이 갈라지고 갈라지
며 땅이 흔들리고 흔들리며
20 땅이 취한 자 같이 비틀비틀하며 원두막 같
이 흔들리며 그 위의 죄악이 중하므로 떨어
져서 다시는 일어나지 못하리라
21 그날에 여호와께서 높은 데에서 높은 군대
를 벌하시며 땅에서 땅의 왕들을 벌하시
리니

22 그들이 죄수가 깊은 옥에 모임 같이 모이게 되고 옥에 갇혔다가 여러 날 후에 형벌을 받을 것이라

23 그때에 달이 수치를 당하고 해가 부끄러워하리니 이는 만군의 여호와께서 시온 산과 예루살렘에서 왕이 되시고 그 장로들 앞에서 영광을 나타내실 것임이라

원 의미

우리는 이제 구체적인 열방 신탁에서 시·공간을 다스리는 여호와의 통치와 신뢰받기에 합당하신 그의 성품에 대한 좀 더 전반적인 논의로 관심을 옮겨갈 것이다. 이런 전반적인 논의는 24장에서 27장으로 확대된다. 13-23장에서 열방은 그 반대편에 서 있는 주님과 함께 등장하는 주연으로 이해될 수 있을 것이다. 그러므로 우리는 열방이 어쨌든 역사의 사건들에 대한 시초가 된다는 생각을 가질 수 있다. 24-27장은 이런 생각을 바꿔 준다. 하나님은 역사의 무대 위에 선 전능하신 배우이시다. 모든 일들은 그로 말미암아 이루어지며, 모든 만물은 결국 그에게로 돌아갈 것이다. 그는 시간을 창조하셨으며, 시간의 종말을 가져다 주실 것이다.

특히 24-27장이 종말에 초점을 두기 때문에, 이 장들은 때때로 '이사야의 묵시록'이라고 불린다. 그렇지만 중기 유대 묵시록인 다니엘과 요한계시록과 비교해 볼 때, 이 본문은 묵시 장르로 분류될 수 없다. 본문에는 묵시의 특징을 보여 주는 환상적인 영상, 색깔, 숫자들이 나타나지 않는다. 대체로 본문은 묵시 이전의 양식으로 볼 수 있을 것이다. 본문은 분명 마지막 일을 다루고 있는 종말론적인 내용이다. 그러나 이 본문은 신비적인 영상이나 그 영상의 의미를 깨닫는 데 필요한 특별한 계시를 보여 주지 않는다.[1]

24-27장 전체에 반복해서 등장하는 두 가지 요소가 있다. 또한 이 반복에는 뚜렷한 대조가 나타난다. (1) 첫 번째 반복되는 요소는 찬양과 노래들이다. 무정한 자들의 침묵의 노래(24:8-9; 25:5)와 구속받은 자들의 환희의 찬양(24:14, 16; 26:1, 19; 27:2) 사이의 대조가 나타난다. 또 다른 반복되는 요소는 도성이다. 멸망당하는 무정한 자들의 성(24:10, 12; 25:2-3, 12; 27:10)과 구속받고 안전에 거할 하나

1. J. Oswalt, "Recent Studies in Old Testament Apocalyptic," in *The Face of Old Testament Studies*, ed. D. Baker and B. Arnold(Grand Rapids: Baker, 1999), 369-90을 보라.

님의 성(26:1, 또한 "이 산"으로 소개됨, 참조. 25:6, 7, 10; 27:13)과의 대조가 나타난다. 사상적 흐름은 "세상"의 멸망(24장)에서 하나님 백성의 회복에 대한 약속으로 옮겨 간다(27장). 이 양극 사이에는 극적인 선포가 나타난다. 즉 하나님의 구원은 그의 백성들뿐만 아니라 그에게로 돌아올 온 열방을 위한 것이다(25장). 26장은 하나님을 신뢰할 것을 선언하며, 연약한 백성을 구원해 달라는 기도를 소개한다.[2]

6장과 같이, 24장은 앞 단락 혹은 뒷 단락의 일부로 이해될 수 있다. 이런 관점에서 볼 때, 24장은 놀라운 전환점을 마련해 주는 본문이다. 24장은 13-23장에서 자세히 설명된 내용을 다음과 같이 정리한다. "온 세상은 하나님의 심판 아래 놓여 있다." 전 세계에 초점을 두면서 시작하고 있는 13-14장은 이런 사상을 더욱 뒷받침해 준다. 실로, 만약 25-27장이 24장을 뒤따르지 않았다면, 24장이 13-23장의 결론으로 의도되었음은 의심할 여지가 없을 것이다. 그렇지만 25-27장이 뒤따르고 있기에, 24장을 선행 장들과 함께 하나의 단락에 포함시키는 것은 더욱 어렵다. 이미 언급했다시피, 주님의 사역을 중심으로 강조하는 것과 아울러 "도성"과 "노래"의 반복은 24장을 25-27장과 연결시켜 준다. 그러나 24-27장 전체 본문은 온 세상을 배경으로 하는 맥락 속에 13-23장을 위치시키기 위해 그 자리에 삽입되었다고 인식하는 편이 바람직해 보인다.[3]

세상의 멸망(24:1-13)

다음과 같은 24장의 초점이 "세상"의 멸망이라는 데 대해서는 의심할 여지가 있을 수 없다. "세상"이라는 단어는 24:1-23에서 적어도 16회 이상 등장한다.[4] 누가 이 멸망을 가져다 줄 것인지에 대해서도 의심할 여지가 없다. 그는 주님이시다

2. 비평학자들은 이 장들의 연도, 저작권 혹은 편집 구성에 관하여 일치된 의견을 보이지 않는다. 이 문제에 관한 철저한 연구로는, Wildberger, *Isaiah 13-27*, 439-67을 보라. 또한 Oswalt, *Isaiah 1-39*, 441-43을 보라.

3. 수많은 학자들은 동일한 저자가 13-23장과 24-27장을 기록하지 않았으나 편집자의 의도에 따라 일련의 순서로 구성되었다고 보며, Seitz(*Isaiah 1-39*, 172-75)는 이런 학자들을 대변하고 있다. Motyer는 24-27장을 통일시켜 주는 복잡한 교차 대구법을 발전시켰다. 그러나 이 구조는 다소 너무 복잡한 감이 있다(*Prophecy of Isaiah*, 194-95).

4. Watts(*Isaiah 1-33*, 320-21)는 이 장이 아시리아 군대에 의한 이스라엘의 멸망을 가리키고 있기 때문에, *ʾeres*가 시종일관 "땅"으로 번역되어야 한다고 주장한다. 그러나 이 단락의 구조에 대한 그의 독특한 이해방식과는 달리, 혹자는 그와 같은 해석을 자연스럽게 생각하지 않는다.

(24:1, 3, 21). 1-3절은 심판의 우주적 성격을 강조한다. 모든 사람들이 심판 아래 놓일 것이며, 어느 누구도 그 심판에서 벗어날 수 없다. 2절에서 짝을 이루고 있는 표현들, 즉 "백성"과 "제사장" 혹은 "비자"와 "가모"는 이런 심판의 성격을 확증해 준다. 성, 계급, 직분 여하를 막론하고 세상을 향한 하나님의 심판을 피할 수 있는 길은 없을 것이다.[5]

그러나 왜 이런 심판이 도래하는가? 하나님이 불쾌하셔서 그런 것인가 아니면 하나님이 능력을 과시할 필요가 있어서 그런 것인가? 둘 다 아니다. 오히려 이 심판은 세상의 거민들이 선택한 결과이다. 4-13절은 이와 같은 점을 진술하기 위해 초반에 사용했던 익숙한 이미지 가운데 하나인 포도나무 비유를 사용한다(참조. 5:1-7; 16:8-10; 27:2-6). 세상은 포도나무처럼(24:7) "쇠잔"하며 "쇠약"해진다(24:4). 포도주와 관련된 모든 축제와 새로운 첫 포도주를 만드는 일은 침묵에 잠긴다. 왜 그런가? 그것은 세상의 거민들이 생명의 "율법을 어겼기 때문이다." 그들은 "영원한 언약"을 파기하였다(24:5).

언뜻 보기에 이런 표현은 이상해 보인다. "율법", "계명", "언약"이라는 표현은 이스라엘과 관련되어 있는 것 같다. 그러나 여기서 이런 표현은 이스라엘이 아닌 세상과 관련되어 있다. 논점은 무엇인가? 어떻게 세상의 거민들이 이스라엘에게만 계시되었던 계명에 대해 책임을 질 수 있는가? 사실상 이사야는 로마서 1장의 바울처럼 시내 산 언약 외에 창조주 하나님이 인간의 양심에 대해 기록하신 계율이 있다고 주장한다. 그러므로 하나님은 무지가 죄를 정당화한다는 주장을 받아들이시지 않을 것이다.

여기서 암시되고 있는 바는 인간이 현재의 행동보다 더 나은 행동을 할 수 있다는 것을 충분히 알고 있다는 점이다. 인간의 행동에 대한 보편적인 기준들이 있다. 만약 우리가 그 기준들을 깨뜨린다면, 우리는 스스로 멸망을 초래하게 된다. 여기서 언급되는 "언약"이란 말은 창세기 9:1-17에서 피에 대한 금지 계명과 함께 나타나는 노아의 언약을 가리키는 듯하다. 여기서 또 다시 창조주와 피조물 간의 언약이 소개되며, 이런 언약은 특별 계시에 의존하지 않는다. 오히려 이 언약은 보편적인 인간의 유산으로서 대대에 걸쳐 이어져 내려 왔다.

그러므로 심판은 수메르 홍수 신화(sumerian flood story)와 같이 인간이 시끄

5. 14:4-21과 같이, 이 장은 히브리 시의 좋은 예가 된다. 특히 히브리 시의 특징을 보여 주는 두운과 요운은 주목해 볼 만하다.

러워 신들이 심판을 결정해서 임하는 것도 아니요, 다른 신화의 경우와 같이 신이 사소한 모욕감에 격분해서 일어나는 것도 아니다. 멸망은 인간이 피조물의 한계를 깨뜨렸기 때문에 임할 것이다. 이스라엘의 하나님은 온 열방의 창조주이시며, 온 열방은 그에게 책임을 다해야 하며, 하나님은 오직 자신에게만 책임을 지신다. 언약의 특징 가운데 하나는 언약 당사자들이 그 언약을 지키지 못하는 자에 대한 저주를 선언하는 관습이 있다. 이런 저주가 바로 세상 거민들에게 발생한 것이다. 세상 거민들은 "저주" 아래 있으며, 그들의 행위에 대해 정죄를 받고 있다(24:6).

그 뿌리로부터 잘려 나간 포도나무처럼 쇠잔해진 세상의 "도성"(24:10, 12)은 침묵과 황폐함에 묻힌다. 술로 고취된 인위적이고 강압적인 흥겨움(24:7, 9, 11)은 무서운 심판과 멸망의 실재 앞에 연기처럼 사라진다. 어떤 해석가들은 여기서 한 특정한 도시(예를 들면, 예루살렘 혹은 바빌론)가 의도적으로 소개되고 있다고 주장하지만, 아마도 그런 것은 아닌 듯하다. 오히려 "도시"라는 이미지에 온 세상이 취급되고 있다.[6] 그 이유는 쉽게 파악될 수 있다. 도시는 부, 황홀함, 흥분, 쾌락, 음모, 권력을 제공해 주기에 인간은 이것을 위해 자신의 영혼을 팔아 버리기 쉽다. 그러나 세상의 도시가 막강하고 매혹적일수록 모든 수확이 빼앗기며, 사람들이 자신의 소유라고 생각했던 모든 부가 하나도 남아 있지 않을 추수의 때가 도래할 것이다(24:13).

극적인 대조(24:14-18a)

본문에는 14-16a절과 16b-18a절이 극적인 대조를 이루고 있기 때문에 다소 모호한 면이 있다. 이 두 부분은 본문에서 그 자체의 정당성을 확보하고 있다. 그러나 이 두 부분의 병치구조는 문제를 초래한다. 첫째 부분(14-16a절)은 주님의 "영광"과 "위엄"으로 인하여 땅 끝에서부터 "기쁨"의 외침으로 가득하게 됨을 말하고 있다. 이것은 하나님의 의로운 심판에 대한 반응으로 볼 수 없다(참조. 30:29-33). 그러나 이후에 즉각적으로 정체불명의 "나"(선지자?)가 뒤따라온다. 그는 세상을 특징짓는 "배반"과 "공포" 때문에 자신은 쇠잔하였다고 항변한다.

우리는 이런 문제를 어떻게 풀어야 하는가? 수많은 제안들과 여러 번역본의 다른 해석들은 그 어떤 교리적 접근도 금한다. 그러나 내가 생각하기에 첫째 부분은

6. 예를 들면, Seitz, *Isaiah 1-39*, 174-75를 보라.

세상의 악한 도시로부터 억압받았던 자들의 기쁨의 외침을 보여 준다고 보는 편이 가장 바람직하다. 그들은 이야기의 마지막을 기쁨으로 목도하고 있다. 그러나 선지자는 현재의 어두운 실재에서 재빨리 이동할 수 없다. 그는 궁극적인 해결책이 있기 전에 발생할 모든 공포를 바라본다. 그는 이런 공포에 의해 고통받는다. 우리는 그 밖의 이사야서 본문, 특히 1장의 서두와 마지막에서 이런 특징을 살펴본 바 있다. 선지자는 미래에 대한 기쁨의 약속들이 무서운 현실을 감추도록 내버려두지 않는다. 이런 현재의 실재들은 약속이 성취되기에 앞서 반드시 먼저 다루어져야만 한다.[7]

하나님께 속한 모든 피조물(24:18b-23)

24:18b-20의 영상은 창세기 6장의 홍수에 대한 묘사를 연상시킨다. 하늘이 열리고 큰 폭우가 쏟아져 세상은 말 그대로 홍수 아래서 산산히 부서진다. 영구적인 것처럼 보이던 견고한 땅은 흔들리며 "요동"치며 "진동"을 일으킨다. 그러나 여기서 물(홍수)은 단지 이미지에 불과하다. 이 땅을 덮치는 참 파괴력은 이 땅의 "반역의 죄악"이다(24:20). 다시 말하면, 이사야서 서두에서 나타나듯이 문제는 하나님께 반역하는 인간의 문제임이 분명하다. 우리는 영광의 주님께 복종하기를 거부한다. 주께서 우리를 창조하실 때, 그분은 우리 존재의 한계를 정하셨다. 그러나 우리는 그와 같은 한계를 인정하기를 거부한다. 그 결과, 피조물 그 자체가 파괴되며(창 3:17-19) 결국 회복을 필요로 하게 된다(65:17).

24:21-23은 이러한 주제를 땅에서 모든 피조물로 확대시킨다. 고대 세계의 사람들은 "하늘의 군대"(24:21, NIV "powers in the heavens") 즉 별, 태양, 달을 신으로 간주하였다. 그러나 이스라엘의 하나님은 이와 같은 것들은 신이 아니라고 주장하신다. 그들은 땅의 왕들과 같이 하나님의 능력과 그의 창조 율법에 복종할 뿐이다(참조. 40:26). 만약 하나님이 원하신다면, 그들의 빛을 빼앗아 그들을 어두운 감옥에 가두실 수도 있다(24:22). 그들의 빛은 영원하지 않다. 그들의 빛은 하

7. 이것은 D. Johnson, *From Chaos to Restoration: An Integrative Reading of Isaiah 24-27*(JSOTSup 61; Sheffield, JSOT Press, 1988)의 입장과 흡사하다. Motyer, *Prophecy of Isaiah*, 202는 이런 입장에 반대한다. 그는 선지자가 거짓된 환락에 참여하기를 거절했던 22:4과는 달리, 이 단락이야말로 오로지 이사야가 확신할 수 있는 참된 찬양이라고 이해한다. 나는 이것이 문제라고 믿지 않는다. 오히려 그것은 이미 앞서 언급되었던 논점(미래의 기쁨으로 인해 현재의 실재를 희석화하지 않는 것)이다.

나님이 말씀하실 때 생겨났다(창 1:3, 14-19). 하나님은 그 빛을 쉽게 다시 끄실 수 있다. 영원하신 창조자 "권능의 주님"의 빛과 비교해 볼 때, 이 피조물들의 빛은 부끄럽기 그지없다(24:23; 참조 욜 2:31; 마 24:29; 계 6:12-13).

24장의 마지막 절은 25장으로의 전환점을 마련해 준다. 신적인 권세이든 인간의 권세이든 간에 자신의 주권을 선포하는 모든 피조물의 권세들은 무너지고 만다. 오직 유일하신 그분만이 우주의 왕으로 불려지실 자격이 있다. 그분이 통치하실 보좌는 어디에 있는가? 어떤 먼 행성에 있는가? 아니다. 그분은 "시온 산"에서 통치하실 것이며, "예루살렘"의 "장로들", 곧 그밖의 이사야서에서 정죄를 받고 있는 이들(1:23; 3:14; 9:15)은 신하로서 왕을 섬길 것이다(참조. 계 4:4, 9-11). 그러므로 우리는 다음 장에 나타날 희망으로의 전환을 예측하게 된다.

상황잇기

고대 근동의 우주론과 현대의 우주론. 고대 근동의 이교도들에게 있어서 우주는 불변한다. 하늘과 땅은 우리의 기원이 되는 근원이며 영원히 존재한다. 모든 생명은 기원을 갖고 있기 때문에, 하늘과 땅은 그 기원이 되었다. 그러나 하늘과 땅은 혼돈의 세계에서 영원히 존재해 왔으며, 이런 혼돈의 세계는 영원한 요소를 지니고 있었다. 진보 혹은 발전이라는 개념은 가나안 사람들과 다른 히브리 이웃 국가들에게는 낯선 개념이었다. 물론 변화는 있지만, 그런 변화는 언제나 반복되는 그 자체이다. 그러므로 인간은 유아기, 유년기, 성인기로 계속 변하지만, 그밖에 다른 변화를 겪지는 않는다. 자연과 신들도 이와 마찬가지이다. 변화는 오직 영원한 순환, 즉 동일한 일들이 계속 반복되는 것이다.

그러므로 고대 근동인들은 우주가 그 존재를 멈출 때, 혹은 급진적으로 변화할 때에 대해서는 생각할 수 없었다. 즉 고대 근동인들이 신을 상상하고자 할 때 먼저 자연의 체계로 설명하였다. 우주와 그 특징들은 신들이 누구인지, 어떤 모습인지를 결정해 주었다. 아마도 분명 신들은 이 세상의 반영체였을 것이다. 그러나 세상의 특징이 신의 성격과 그 특징을 규정하였다.

실재에 대한 현대의 개념은 그리 다르지 않다. 실로 우리는 우주를 비인격화했으나, 우리 주변의 의미심장한 목소리들을 고려해 볼 때 과연 얼마나 이런 입장을 오랫동안 유지할 수 있을까 의문스럽다. 교회를 포함한 주변에서 자연의 '영적'인 측면을 다시 회복시킬 필요가 있다고 주장한다. 그러나 비인격화를 제외하고는 현대의 개념들은 5000년 전 메소포타미아 계곡 하류의 고대 수메르인들의 개념에서 그리 많이 진보한 것으로 보여지진 않는다. 많은 사람들은 고대 수메르인들처럼 물질이 처음의 '획일적인'(혼돈의) 형태로 항상 존재해 왔고, 물질이 영혼보다 먼저 있었으며 영혼이 물질로부터 생겨났으며, 우주가 영원하다고 믿는다.

지난 세기 대부분에 걸쳐 우주론자들은 우주가 정상적인 상태를 유지한다고 믿었다. 이런 상태에는 진정한 변화가 일어나지 않는다. 최근에 많은 학자들은 미세 천체망원경을 통해 수메르인들이 옳았다고 결론 내렸다. 우리의 현 우주는 기원이 있으며, 그 시기는 영원한 물질이 중요한 덩어리와 만나 '빅뱅'이란 대폭발을 일으킬 때였다. 그 기원이 발생한 이래로 우주는 계속 변화되어 왔다. 그러나 사려 깊은 고대 근동인들처럼 사람들은 그밖의 다른 변화는 없다고 믿는다. 우주는 어떤 정해진 방향을 향해 팽창하다가 다시 수축하며, 마치 인간처럼 또 다시 이런 일을 반복한다.

아마도 이것은 그때나 지금이나 성경의 주장이 얼마나 급진적인지를 깨닫는 데 도움을 줄 것이다. 성경의 하나님은 계속되는 순환적 우주에 의해 결정되시기보다는 우주를 결정하시는 분이다. 세상이 그의 특성을 결정하기보다는 그분이 세상의 기준을 세우시며, 이런 기준은 세상이 세울 수 없는 것이다. 이것은 정말로 중요하다. 그런 기준은 어디서 오는가? 그런 기준은 세상에서 오지 않는다. 왜냐하면 세상은 하나님이 요구하시는 방식으로 살지 않기 때문이다. 성경적 종교의 방향은 이 땅을 창조하신 그분의 계시라고 볼 수 있는가? 나는 성경 외에는 이런 현상에 대해 만족스럽게 설명할 수 있는 것이 없다고 믿는다.

그러므로 하나님이 이 땅을 파멸시킬 수 있으며, 태양과 달과 별들을 어두운 감옥에 가둘 수 있다는 생각은 고대 세계에서는 충격적인 개념이었다. 하나님이 끝없는 시간의 순환을 중단시키실 수 있으며 이전에 결코 일어나지 않았던 새로운 일을 행하실 수 있다는 사상은 감히 생각조차 할 수 없는 일이었다. 이 사상은 이 땅의 가장 위대한 사상가들이 알고 있다고 생각한 모든 소중한 진리에 대항하였다. 그러나 그런 성경적 계시야말로 이사야가 여기서 증거하고 있는 바이다.

현대적 의미

이 땅의 무대 위에 막이 내림. 24장의 진리는 여전히 우주론자들이 확신하는 것에 대해 정면으로 도전한다. 저명한 천문학자 칼 세이건(Carl Sagan)이 암으로 죽어갈 때, 크리스천들은 그에게 편지를 써서 그를 위해 기도했다. 그는 이런 크리스천들의 관심에 감사한다고 친절하게 받아들였으나 물리적인 우주를 초월한 존재는 없다고 주장했다. 경험과 지식의 한계를 초월한 실재가 있다고 믿는 것은 우리들에게 너무 힘든 일이다. 그렇지만 그것이야말로 성경이 실제로 말하고자 하는 바이다. 성경은 우주가 존재하기 전에 하나님이 존재하셨으며, 그분이 먼저 세우신 계획의 일환으로서 우주를 창조하셨다고 주장한다. ("하나님이 보시기에 좋았더라"는 반복구는 그 결과가 계획과 일치함을 전제하고 있다.) 더욱이 하나님은 이 땅을 관리하기 위한 계획을 세우셨다. 그분의 거룩한 성품을 공유한 인간들은 이 땅을 경작해야 했으며, 그로 인해 이 땅은 잠재된 최상의 복에 도달할 수 있었다. 비록 이 계획이 변경된 것은 아니지만, 지금은 죄가 침입했으며 계속해서 그 계획을 좌절시키고 있다. 그러므로 현재의 이 땅 자체는 하나님의 성품과 본질을 명백히 보여 주지 못한다. 하나님은 본질과 성품에 있어서 이 땅과는 다른 분이시다.

이에 대한 증거를 고대와 현대의 모든 문명의 법전에서 발견할 수 있다. 두 가지 예로, 왜 모든 문명은 거짓과 도둑질을 금지하느냐이다. 어떤 이들은 "음, 그 이유는 분명하죠! 모든 이들이 거짓말을 하고 도둑질을 한다면 문명은 존재할 수 없습니다. 누구든지 존재할 수도 있겠지요. 그러나 조화로운 문명은 아닐 겁니다."라고 말한다. 그러나 이것이야말로 내가 말하고자 하는 논점이다. 모든 사람들이 거짓말을 하고 도둑질을 하는 곳에는 왜 문명이 존재할 수 없는가? 거짓말과 도둑질이 우리의 정상적인 행동양식이 아니기 때문에 그런 것이 아니다. 이유는 그 반대이다. 누구든지 아이에게 거짓말 혹은 도둑질을 가르치지 말아야 했기 때문이다. 우리가 해야 하는 것은 우리 자녀들에게 진리를 말하고 더불어 살아가도록 가르치는 일이다. 다른 사람의 소유를 인정하고 존중하는 자세는 조화로운 사회 조직을 위해 필수적인 것이지만, 그것이 자연스럽게 이루어지는 일이 아니라면, 우리는 그런 자세들이 우리의 본성이 아닌, 우리를 창조하신 그분의 본성에 의해 결정된다고 결론내릴 수 있지 않을까? 우리의 존재를 초월하신 분이 계시며, 그의 성품은 우리의 성품의 반영체가 아니다.[8]

그러므로 원래의 목적에서 멀리 이탈해 버린 피조물에 대해 하나님은 무엇을 행하실 것인가? 그는 이 세상을 파괴한 뒤 다시 새롭게 시작하실 수 있다. 그러나 예수님의 가라지와 알곡 비유(마 13:24-30)는 그것이 하나님의 뜻이나 의도가 아님을 분명히 보여 준다. 그의 공의와 자비는 함께 역사한다. 그는 알곡이 자라서

8. 이 논의에 대해 더 살펴보려면, C. S. Lewis, *The Abolition of Man* (Macmillan: New York, 1947)을 보라.

익을 때까지 가라지를 제거하지 않을 것이다.

우리는 또한 창세기 15장에서 아브라함에게 선포하시는 하나님의 말씀을 생각할 수 있을 것이다. 그는 "아모리 족속의 죄악이 관영할 때까지"(창 15:16) 가나안 땅을 아브라함의 자손들에게 허락하지 않을 것이다. 가나안 족속의 죄악이 돌이킬 수 없는 지경에 이르기 전에 그 족속을 멸망시키는 것은 공평하지 못한 일이다. 인류에 의해 오염된 온 세상과 우주도 이와 마찬가지로 이해될 수 있을 것이다. 하나님은 죄악과 불의가 극치에 도달할 때까지 이 세상을 멸망시키시지 않을 것이다. 우리는 20세기 공포의 일들을 목도할 때, 더는 이런 공포의 일들이 얼마나 오래 지속될 것인지, 만약 지난 세기의 죄악들이 극치에 도달하지 않았다면 미래의 죄악은 어떠할 것인지 의문을 품게 될 것이다.

그러나 우리는 종말이 이르는 그날까지 계속해서 24장의 교훈들을 깨달을 필요가 있다. 특히 우리가 점차 늙어 감에 따라 점점 이 세상은 변함없을 거라고 믿게 될 것이다. 물론 우리는 믿음의 말씀들을 큰소리로 외칠 것이며 그 진리를 믿는다고 우리 자신에게 말할 것이다. 그러나 우리는 가면 갈수록 마치 이 세상이 우리의 참된 본향이며 하나님을 분명히 보여 준다는 듯이 행동한다. 아이들에게는 이런 문제가 없다. 워즈워스(Wordsworth)는 다음과 같이 표현한다.

우리의 출생은 다만 잠드는 것이요 망각이다
우리와 함께 떠오르는 영혼, 우리의 생명의 별은
어디에선가 지고 난 후에
저 멀리에서 떠오른다
전적으로 망각한 상태나
완전히 벌거벗은 것이 아니라
영광의 구름을 이끌며 우리는 나온다
우리의 본향인 하나님으로부터
어린 시절 천국은 우리 주위에 있다.[9]

어린 아이는 보이지 않는 것을 믿는 데 어려움을 느끼지 못한다. 그것은 우연한 것이 아니다. 그들은 육체적으로 성장하면서 자신의 영혼을 제한한다. 그러나 현

9. William Wordsworth, "Ode: Intimations of Immortality."

세대는 그런 생각을 전적으로 배척한다. 현 세대는 물질이 영혼보다 우선한다고 확신한다. 만약 우리가 성경을 믿는다면 우리는 워즈워스가 옳았음을 깨달을 것이며, 그런 잘못된 확신—바울은 이런 확신을 "육체"(*sarx*)라는 다용도적 표현으로 묘사한 바 있다—과 맞서기 위해 모든 힘을 다해 노력해야만 한다. *Sarx*는 두 가지 태도를 포함한다. (1) 육체적 욕망을 만족시키는 것은 실로 삶에 있어서 중요한 것이다. (2) 오직 자신만이 자신의 욕망을 충족시킬 수 있으며, 그럴 만한 절대적인 권리를 갖고 있다.

이와 같은 두 요소들은 모두 *sarx*이다.[10] 바울은 이런 두 가지 태도를 다룰 수 있는 유일한 길은 사망뿐이라고 한다(골 3:5). 우리는 단호한 태도로 그리고 매일 자기부정을 통해 *sarx*에 대해 죽어야만 한다. 개인의 일상생활 예배와 같은 단순한 요소는 이 세상과 세상 물질들이 영원하지 않다는 진리를 계속 지향하는 데 큰 도움을 준다. 오직 하나님만이 영원하시다. 그분은 언젠가 이 세상의 무대 위에 그 막을 내리실 것이다. 그날이 임할 때에 준비하는 것은 너무 늦을 것이다. 우리는 매일매일 준비하는 자인가, 결코 준비하지 않는 자인가?

10. *sarx*가 이와 같은 방식으로 사용될 때 NIV는 현대 독자들을 위한 가치 있는 의미전달을 시도한다. NIV는 종종 이 단어를 "죄악된 본성"(참조. 롬 8:5)으로 해석한다. 그러나 나는 이런 번역이 *sarx*가 나타내고자 하는 의미를 종종 모호하게 만들지는 않는지 걱정이 된다. 그러나 이에 대한 좋은 대안들도 그리 많지 않다.

이사야 25:1-12

1 여호와여 주는 나의 하나님이시라 내가 주를 높이고 주의 이름을 찬송하오리니 주는 기사를 옛적에 정하신 뜻대로 성실함과 진실함으로 행하셨음이라
2 주께서 성읍을 돌무더기로 만드시며 견고한 성읍을 황폐하게 하시며 외인의 궁성을 성읍이 되지 못하게 하사 영원히 건설되지 못하게 하셨으므로
3 강한 민족이 주를 영화롭게 하며 포학한 나라들의 성읍이 주를 경외하리이다
4 주는 포학자의 기세가 성벽을 치는 폭풍과 같을 때에 빈궁한 자의 요새이시며 환난 당한 가난한 자의 요새이시며 폭풍 중의 피난처시며 폭양을 피하는 그늘이 되셨사오니
5 마른 땅에 폭양을 제함 같이 주께서 이방인의 소란을 그치게 하시며 폭양을 구름으로 가림 같이 포학한 자의 노래를 낮추시리이다
6 만군의 여호와께서 이 산에서 만민을 위하여 기름진 것과 오래 저장하였던 포도주로 연회를 베푸시리니 곧 골수가 가득한 기름진 것과 오래 저장하였던 맑은 포도주로 하실 것이며
7 또 이 산에서 모든 민족의 얼굴을 가린 가리개와 열방 위에 덮인 덮개를 제하시며
8 사망을 영원히 멸하실 것이라 주 여호와께서 모든 얼굴에서 눈물을 씻기시며 자기 백성의 수치를 온 천하에서 제하시리라 여호와께서 이같이 말씀하셨느니라
9 그날에 말하기를 이는 우리의 하나님이시라 우리가 그를 기다렸으니 그가 우리를 구원하시리로다 이는 여호와시라 우리가 그를 기다렸으니 우리는 그의 구원을 기뻐하며 즐거워하리라 할 것이며
10 여호와의 손이 이 산에 나타나시리니 모압이 거름물 속에서 초개가 밟힘 같이 자기 처소에서 밟힐 것인즉
11 그가 헤엄치는 자가 헤엄치려고 손을 폄 같이 그 속에서 그의 손을 펼 것이나 여호와께서 그의 교만으로 인하여 그 손이 능숙함에도 불구하고 그를 누르실 것이라
12 네 성벽의 높은 요새를 헐어 땅에 내리시되 진토에 미치게 하시리라

원 의미

앞서 살펴본 바와 같이 결코 이사야서는 심판과 멸망이 하나님이 의도하신 마지막 말씀이 아님을 분명히 보여 준다. 오히려 하나님의 의도는 그와 같은 가혹한 말씀이 더 밝은 희망과 구속의 말씀을 위한 길을 마련해 주는 데 있다. 24장과 25장의 경우가 바로 이에 해당된다. 우리는 파괴된 도시의 침묵에서 주께서 베

푸신 즐거움의 잔치로 이동한다.

먼저, 찬양의 분위기는 구속받은 이스라엘에게서 기대할 수 있는 것과 흡사하다. 이스라엘의 하나님은 그의 약속에 신실했으며 "성실함과 진실함으로 행하셨다"(25:1). 그분은 악인과 압제자의 "성읍"을 완전히 멸망시키셨으며(25:2) 그러므로 "포학한 자의 노래"로부터 피할 수 있는 "빈궁한 자와 빈핍한 자의 보장"[1]이 되셨다(25:4-5). 그러나 25:3은 이런 서술에 중요한 의미가 있음을 암시해 준다. 대관식 축제의 하객들은 "강한 민족"과 "포학한 나라들"에게 벗어나 그들의 구원을 즐거워 하는 하나님의 백성을 뜻하는 것만은 아니다. 실제로 하나님의 백성을 대표하는 하객들은 잔치에 참여할 뿐만 아니라 주님을 존경하고 경외한다. 구속과 구원은 이스라엘뿐만 아니라 믿음과 겸손으로 하나님께 돌아오는 모든 백성들을 위한 것이다.

이 주제는 25:6-9에서 발전되고 있다. 하나님이 악인의 멸망을 기뻐한다는 의미는 나타나지 않는다(참조. 겔 18:23; 33:11). 그분은 안도의 한숨과 함께 손을 닦으시면서 "끝장내고 나니 기쁘군"이라고 말씀하시지 않는다. 만약 심판과 멸망이 공의의 이름으로 결국 피할 수 없는 일이라 하더라도, 그것은 하나님이 원하시는 일이 아니다. 오히려 하나님은 "만민"이 그의 잔치에 참여하기를 원하신다(25:6). "모든"이라는 말이 25:7-8에서 적어도 네 번 이상 등장하는 것을 볼 때 그것은 단지 우연이 아님을 말해 준다. 저자는 이 땅의 우리 모두가 이 축제에 초대받았다는 사실을 알기를 원한다.

이것은 어떤 축제인가? 종종 왕은 특별한 선언을 하고자 할 때 큰 잔치를 베푼다. 여기서 묘사된 축제는 바로 이런 경우에 해당된다. 하객들 앞에 최고의 음식들(25:6)이 마련된 이 큰 잔치에서 잔치 주인은 새로운 통치체제를 선언한다. 아담과 하와 이래로 이 땅을 주관해 왔던 "사망"은 두려움에 빠져 삼키움을 당할 것이다. "온 열방"을 덮친 죽음의 "장막"이 제거될 것이며(25:7), 얼굴에 얼룩진 눈물들은 닦여질 것이다(25:8). 더는 한 분 하나님을 믿는 자("그의 백성들")와 믿지 않는 자 간의 분열은 존재하지 않을 것이다. 오히려 우상숭배자들에게 잘못 인식되어 온 하나님을 올바로 믿는 신앙이야말로 참된 진리가 된다(25:8). 이스라엘의

1. 여러 경우에 있어서, "빈궁한(가난한)"과 "빈핍한(약한)"이라는 이 두 단어는 "교만한"과 "풍족한"이라는 말과 대조된다. 그러므로 이 단어가 경제적 혹은 물질적 필요와 연될 때, 그것은 겸손과 의존의 태도에 관해 말하고 있는 것이다. 또한 11:4; 14:30; 32:7; 41:17; 참조. 시 40:17; 109:22; 마 5:3을 보라.

거룩한 자는 온 땅의 한 분 하나님이시다. 그분이 이 세상의 통치가 끝났다고 궁극적으로 선포하실 때, 그분의 유일한 주권은 선명하게 드러날 것이다.

9절은 또다시 7-39장의 전체 주제, 즉 신뢰받기에 합당하신 하나님의 성품을 강조한다. 입술이 부정한 민족(참조. 6:5)이 입술이 부정한 선지자와 같이 희망과 구속의 메시지를 이 세상에 증거해야 한다면, 그들은 궁극적으로 신뢰받기에 합당하신 하나님의 성품에 대한 계시를 갖고 있어야만 한다. 그렇다면 시온 산의 대축제에서 "그들", 즉 이스라엘뿐만 아니라 구속받은 모든 백성들은 무슨 말을 할 것인가? "분명 이분은 우리의 하나님이시며, 우리는 그분을 신뢰했고[2] 그분은 우리를 구원하셨다"라고 말할 것이다. 달리 말하자면, 그들은 하나님이 신뢰받기에 합당하시기 때문에 그분을 찬양할 것이다.

이 땅에 아무것도 없을 때조차도 하나님은 신뢰받을 수 있었다. 만약 우리가 하나님 대신에 인간의 열방을 신뢰한다면, 그 열방은 우리에게 달려와 우리를 멸망시킬 것이다. 하지만 왜 우리는 먼저 그들을 신뢰해야 하는가? 그들은 모두 하나님께 속한 자들이며, 하나님의 심판대에서 심판을 받을 것이다. 만약 그렇다면, 그들은 우리를 구원할 수 없다. 그들의 유일한 희망도 오직 우리와 같이 신뢰받기에 합당하신 하나님을 신뢰하는 것이다.

그러나 본문의 사상은 영광스런 표현으로 끝나지 않는다. 오히려 본문의 사상은 엄청난 대조로 전환된다. 이런 대조적인 전환이 너무나 놀랍기 때문에, 어떤 해석가들은 이 부분이 본문에 속하지 않는다고 주장한다.[3] 그렇지만 그것은 우리가 이사야서에서 이미 여러 번 살펴보았던 특징(최근의 본문 24:14-16)과 부합한다. 즉 선지자는 미래의 영광스러운 약속에서 돌이켜 현재의 냉혹한 실재로 돌아오는 경향을 보여 준다. 더욱이 우리는 생생한 묘사로 논점을 설명하는 선지자의 전달방식을 살펴본 바 있다. 이 본문 또한 마찬가지이다.

만약 이와 같다면, 본문에서 제시된 논점은 무엇인가? 그것은 출애굽기 34:6-7

---

2. 여기서 히브리어는 *qwh*인데 문자적으로는 "기다리는 것"을 뜻한다. 그러나 이 기다림은 단지 시간을 체크하는 것을 의미하지 않는다. 오히려 그것은 문제를 직접 해결하기 위해 먼저 서두르지 않는 것을 말하며, 하나님이 그의 시간에 그분의 방식대로 문제를 해결해 주실 것이라고 확신하면서 고대하는 것을 말한다. Jenni and Westermann, *Theological Lexicon of the Old Testament*, 3:1126-32을 보라.

3. Wildberger, *Isaiah 13-27*, 455, 538-41을 보라. 그는 25:9-10a가 집중적으로 이스라엘의 구원에 대해서 이야기하고 있으며, 모압에 의해 깊은 상처를 받았던 후대의 사람이 25:10b-12을 삽입하여 시온과 모압 간의 차이점을 보여 주고자 했다고 믿는다. 또한 Watts(*Isaiah 1-33*, 334-35)는 이 단락이 하나님의 중대한 관심사에서 배제되는 예루살렘의 하찮음을 보여 주는 한 실례로서 작용하고 있다고 믿는다.

의 논점과 유사하다.

여호와로라 여호와로라 자비롭고 은혜롭고 노하기를 더디하고 인자와 진실이 많은 하나님이로라 인자를 천 대까지 베풀며 악과 과실과 죄를 용서하나 형벌받을 자는 결단코 면죄하지 않고 아비의 악을 자손 삼사 대까지 보응하리라

그렇다. 하나님은 자비하시고 은혜로우시며 노하기를 더디하시며 속히 용서하시는 분이다. 그러나 어느 누구도 그런 은혜에 근거하여 방탕한 삶을 살면서 하나님이 그것을 개념치 않을 것이라 여겨서는 안 된다. 죄는 심판받을 것이며, 그 참혹한 결과는 즉시 축소되지 않을 것이다.

이것이야말로 여기서 제시된 논점이다. 그렇다. 하나님은 온 열방의 백성들에게 구원을 베푸시고자 하신다. 그분은 자신이 선택한 그의 백성들뿐만 아니라 온 백성들로부터 사망의 장막을 제거하시려고 하신다. 그러나 그러기 위해서는 한 가지 자격조건이 있다. 이와 같은 구원의 은혜는 자신이나 다른 피조물을 신뢰하기를 포기하는 자들에게 주어진다. 그런 은혜는 "교만한 자세를 고집하는 자"들(25:11) 혹은 자신의 원대한 성취를 신뢰하는 자들(25:12)에게는 주어지지 않는다. 하나님의 복이 모든 이들에게 주어지는 큰 축제가 종말의 특징이라면, 하나님을 신뢰하고자 돌아오기를 거부하는 자들에게 임할 끔찍한 멸망도 종말의 특징일 것이다. 멸망은 하나님이 의도하신 마지막 단어가 아니다. 그러나 우리는 우리 자신의 선택으로 멸망을 그분의 마지막 단어로 만들어 버린다.[4]

25:10b-11의 표현은 난해하다. 그러므로 어떤 이미지들은 분명하게 파악하기가 불가능하다. 그렇지만 전반적인 묘사는 분명하다. 사망의 장막이 그의 얼굴에서 없어지기는커녕 궁극적인 실재(ultimate reality)에 대항하는 사람들을 상징하는 모압은 헛간의 거름물에 엎드러질 것이다.[5] 만약 "그[하나님]의 아래"(under him)로 번역하는 NIV의 해석이 옳다면,[6] 하나님을 신뢰하는 자들과 그것을 거부하는 자들과의 대조는 더욱 선명하게 드러난다. 전자는 그들에게 복주시는 하나님의 손길을 경험하는 반면(25:10a), 후자는 그분의 발 아래 "밟힐 것이다"(25:10b). 그들은 거름물에서 헤엄치며 "그들의 손을 뻗을" 것이다. 이와 같은 노력에도 불

---

4. Seitz(*Isaiah 1-39*, 191-92)는 이와 같은 생각을 설득력 있게 전달한다.
5. 다소 흡사한 이미지에 관해서는, 말 2:3을 보라. 여기서 하나님은 자신이 희생의 똥을 타락한 제사장들의 얼굴에 바를 것이라고 말씀하신다. 또한 빌 3:8을 보라. 여기서 바울은 이전에 성취했던 교만한 업적들을 거름(NIV "rubbish")으로 여긴다.
6. "그의 궁전에서"(in his place)라는 표현은 또 다른 해석을 가능하게 한다.

구하고[7] 그들은 스스로 구원하지 못할 것이다.

24:20에 나타난 바와 같이, 반역의 죄악의 무게가 너무나 무겁다. 우리가 신뢰하고자 하는 인간의 모든 성취들은 "티끌"로 사라질 것이다. 우리는 "모압"을 여느 다른 족속들과 다르다고 생각해서는 안 된다. 여기서 모압은 단지 창조주의 권리와 권위를 인정하지 않는 교만한 인류를 상징할 뿐이다.[8] 13-33장의 결론이 되는 34장에서 에돔도 이와 동일한 방식으로 묘사되고 있다.

상황잇기

이스라엘로 여행을 가는 사람들은 종종 예루살렘이 그 지역의 가장 높은 산에 위치하지 않음을 보고 실망하게 된다. 그들은 반복해서 예루살렘을 "이 산"으로 표현하는 말씀들로 인해 이와 같이 이해해 왔으며, 어떤 기대감을 갖게 되었다. 그러나 이것은 상징적인 표현이다. 고대에 산들은 신들의 거처로 간주되었다. 그러므로 그리스의 올림포스 산 혹은 시리아의 카시우스 산은 특별히 거룩한 처소로 인식되었다. 여기서 하나님은 "거룩한 산"은 오직 하나뿐이라고 말씀하신다. 그곳은 우주의 유일하신 하나님이 그의 이름을 두기 위해 택하신 곳이다. 그러므로 우리는 그밖의 다른 본문에서 예루살렘이 최고로 높은 산에 위치할 것이라는 점을 깨닫게 되며(참조. 슥 14:10), 이사야는 이곳에서 뿐만 아니라 다른 세 본문에서 "예루살렘의 거룩한 산"에서 하나님을 경배하기 위해 나아오는 온 열방들에 대해 소개하고 있다(2:3; 27:13; 66:20). 그러므로 예루살렘의 두드러진 특징은 지정학적인 것이 아니라 영적인 것이다.

서구 현대 사회에 도시화된 독자들은 모압에 관한 25:10-12의 표현이 충격적이고 메스꺼울 것이다. 동시에 그들은 화면에서 피가 흘러나오는 듯한 공포영화를 보면서 팝콘을 씹을 수 있다. 성경 시대의 백성들은 이와 같은 태도에 충격받을 것이다. 모압에 대한 이와 같은 묘사에 충격적인 요법의 효과가 의도되었음을 인식하는 것이 중요하지만, 우리는 또한 도시 사람들을 요동케 하는 유행에 대해 시골 사람들은 태연한 입장을 보일 수 있다는 점을 기억해야 할 것이다. 성경의 인물들이 실로 충격적으로 본 것은 종종 도시의 삶의 특징인 가변적이고 부주의한 야만적인 행동이었다.

7. NIV에서는 "교활함", 또 다른 가능한 해석으로는 "몸부림"이 있다.

8. 열방 신탁에서 "교만"이 특별히 모압에게 적용되고 있음은 주목해 볼 만하다(16:6). 이러한 사실로 인해 그 용례가 여기서 고무되었던 것 같다.

현대적 의미

사망과 부활. 이 장은 인류가 담대하게 선택해야 할 결정사항을 다루고 있다. 우리가 서로에게 어떻게 했더라도, 우리가 하나님께 나아가 그분을 신뢰한다면 우리에게는 희망이 있다. 마지막 원수인 사망은 이미 정복되었다. 그러나 우리가 구속이 필요 없으며 우리 스스로 자신을 돌볼 수 있다고 주장한다면, 하나님은 죽음의 천사가 우리를 데리러 올 때 오히려 그를 도와줄 것이다.

본문은 구약에서 가장 뚜렷한 부활의 가르침 가운데 하나로, 현대 세계의 가장 중요한 문제인 죽음의 문제에 대해 말하고 있다. 이 세상과 세상의 삶이 전부라고 주장하는 오늘날의 현대인들을 향해 사망은 이 모든 것들을 조롱한다. 우리의 모든 성취와 업적들, 우리의 모든 갈등과 고통들은 무의미하다. 왜냐하면 전도서 저자의 말대로 우리 모두는 죽기 때문이다. 성인도 죄인도, 승자도 패자도 모두 함께 죽는다(전 9:3-4). 사망은 개개인의 의미와 그 가능성을 모두 빼앗아 가 버린다. 우리가 유일하게 말할 수 있는 것은 우리가 죽어도 인류는 계속 존속될 것이며, 그러므로 그 인류의 한 부분으로서 의미를 갖는다는 점이다. 그러나 우리 존재의 의미는 단지 그것뿐이며 아주 작은 것이다.

바로 이런 상황 속에서 이방 종교가 침투한다. 개개인들은 어떤 것도 중요하게 생각하지 않는다. 오직 그들은 인간의 어떤 이상적인 개념과 부합할 때에만 중요하게 여긴다. 우리 개개인들의 차이점은 죽음을 통해 사라져 버리며, 그러기에 무의미한 것이다.

사망은 개개인의 가치를 파괴시킬 뿐만 아니라, 도덕적 가치의 개념도 파괴시킨다. 사망이 결국 우리에게 찾아온다면, 당신 혹은 내가 하는 일이 무슨 의미가 있겠는가? 한 가지 중요한 것은 가능한 오랫동안 사망으로부터 벗어날 수 있도록 안락, 쾌락, 안전, 권력을 극대화하는 일이다.[9] 만약 이 세상이 전부이며 사망이 의미 있는 존재로서 마지막이라면, 옳고 그름도 없고 어떤 참된 의미의 활동도 없을 것이다. 그러나 어리석은 우리 영혼들은 의미를 갈구하기 때문에, 할 수 있는 어떤 방법을 동원해서라도 그 의미를 만들어 내야만 한다. 하지만 우리는 그렇게 만들어 낸 의미도 언제나 무의미하다는 것을 알고 있다. 20세기 중반 실존주의 철학자

9. 여기에 나타난 아이러니를 주목해 보라. 개개인의 가치는 없다. 나 개인의 실존이야말로 내가 가진 모든 것이며, 조그마한 나의 모든 에너지들은 이 실존에 집중되어야만 한다. 그러므로 이교도적 사상은 공동체의 선을 위한 자기희생적 가치에 대해서는 알지 못한다. 하지만 개개인에 대한 성경의 부활 교리는 이런 가치를 알게 해준다.

들이 봉착했던 문제가 바로 이런 것이었다. 그들의 사상은 오늘날 일반인들에게도 스며들어 있다.

그러나 25장과 신약적 성취는 실존주의적 사상이 거짓임을 우리들에게 말해 준다. 우리는 사망이 아닌 생명을 위해 지음 받았다. 찌르는 사망의 공격은 무너졌으며, 죽음은 이김의 삼킨 바 되었다(고전 15:55). 하나님 아버지는 그의 아들 예수 그리스도의 죽음과 부활을 통해 사망을 영원히 멸하셨다. 분명 우리는 그 왕이 약속을 선포하시며 사망이 끝나는 마지막 날을 기다리고 있다. 그러나 그때까지 우리는 자신이 의미 있는 존재이며 사망이 그것을 파괴시키지 못한다는 것을 확신하면서 살아갈 수 있다. 더욱이 우리가 하나님을 신뢰하며 교만을 버리는 자세야말로 궁극적인 가치가 있으며, 이런 가치들은 우리가 사망을 정복할 것인지 혹은 사망이 우리를 정복할 것인지를 결정해 줄 것이다.

우리가 사망을 정복했다는 선포는 언제 나타날 것인가? 요한계시록은 이에 대해 더 구체적인 내용들을 제시해 준다. 본문에서 묘사된 왕의 잔치는 어린양의 혼인 잔치가 될 것이다(계 19:7-9). 어린양의 죽음과 부활에 의해 사망이 정복당하기 때문에, 그것은 어린양의 축제가 된다. 이런 이미지는 출애굽으로 확장된다. 즉 여기서 어린양의 죽음은 이스라엘의 장자가 이집트의 죽음에서 벗어나도록 만들어 준다(출 12:12-13). 그러므로 예수께서 자신을 따르는 사들에게 그의 몸을 먹고 그의 피를 마시라고 가르치신 것은 우연이 아니다(요 6:53-56). 예수님은 의도적으로 자신과 유월절 양을 연결시키셨다. 그러나 사망이 그를 이길 수 없으며 아버지께서 그를 새 생명으로 일으키셨기 때문에 "죽임 당하신 어린양"(계 5:12; 참조. 13:8)은 마지막 날에 잔치 주인과 신랑으로 나타날 것이다.

요한계시록 19장에 나오는 어린양의 혼인잔치 선언에 이어서 곧바로 사망에 대한 승리가 다루어지며, 그것은 요한계시록 20:14과 21:4에서 그 절정에 이른다. "사망과 음부도 불못에 던지우니 이것은 둘째 사망 곧 불못이라." "다시 사망이 없고 애통하는 것이나 곡하는 것이나 아픈 것이 다시 있지 아니하리니 처음 것들이 다 지나갔음이러라." 혼인잔치 선언 이후에 바로 그리스도의 이미지가 어린양에서 승리자로 변화되고 있음은 의미심장하다. 그는 백마를 타고(계 19:11) 소위 "하나님의 큰 잔치"(계 19:17)라 불리는 거대한 전투를 수행하기 위해 하늘에 있는 군대를 이끈다(계 19:14). 그때에 그 왕을 대적하던 자들의 무리는 새들의 먹이가 된다(계 19:21).

우리는 여기서 모압에 대한 이사야의 메시지를 즉시 떠올린다. 사망은 정복될 것이며 소멸될 것이다. 그러나 어린양의 초청을 거절하는 자들은 그 승리자와 부딪힐 것이며 사망보다 더 나쁜 운명, 즉 "둘째 사망"에 처할 것이다(계 2:11; 20:6, 14; 21:8). 하나님은 모든 이들에게 사망에서 구원받도록 초청하신다. 그러나 그의 초청을 거부하는 자들은 영원히 고통을 맛보게 될 것이다.

이사야 26:1-27:1

1 그날에 유다 땅에서 이 노래를 부르리라 우
리에게 견고한 성읍이 있음이여 여호와께서
구원을 성벽과 외벽으로 삼으시리로다
2 너희는 문들을 열고 신의를 지키는 의로운
나라가 들어오게 할지어다
3 주께서 심지가 견고한 자를 평강하고 평강하
도록 지키시리니 이는 그가 주를 신뢰함이니
이다
4 너희는 여호와를 영원히 신뢰하라 주 여호와
는 영원한 반석이심이로다
5 높은 데에 거주하는 자를 낮추시며 솟은 성
을 헐어 땅에 엎으시되 진토에 미치게 하셨
도다
6 발이 그것을 밟으리니 곧 빈궁한 자의 발과
곤핍한 자의 걸음이리로다
7 의인의 길은 정직함이여 정직하신 주께서 의
인의 첩경을 평탄하게 하시도다
8 여호와여 주께서 심판하시는 길에서 우리가
주를 기다렸사오며 주의 이름을 위하여 또
주를 기억하려고 우리 영혼이 사모하나이다
9 밤에 내 영혼이 주를 사모하였사온즉 내 중
심이 주를 간절히 구하오리니 이는 주께서
땅에서 심판하시는 때에 세계의 거민이 의를
배움이니이다
10 악인은 은총을 입을지라도 의를 배우지 아니
하며 정직한 자의 땅에서 불의를 행하고 여
호와의 위엄을 돌아보지 아니하는도다
11 여호와여 주의 손이 높이 들릴지라도 그들이
보지 아니하오나 백성을 위하시는 주의 열성
을 보면 부끄러워할 것이라 불이 주의 대적
들을 사르리이다

12 여호와여 주께서 우리를 위하여 평강을 베푸
시오리니 주께서 우리의 모든 일도 우리를
위하여 이루심이니이다
13 여호와 우리 하나님이시여 주 외에 다른 주
들이 우리를 관할하였사오나 우리는 주만 의
지하고 주의 이름을 부르리이다
14 그들은 죽었은즉 다시 살지 못하겠고 사망하
였은즉 일어나지 못할 것이니 이는 주께서
벌하여 그들을 멸하사 그들의 모든 기억을
없이하셨음이니이다
15 여호와여 주께서 이 나라를 더 크게 하셨고
이 나라를 더 크게 하셨나이다 스스로 영광
을 얻으시고 이 땅의 모든 경계를 확장하셨
나이다
16 여호와여 그들이 환난 중에 주를 앙모하였사
오며 주의 징벌이 그들에게 임할 때에 그들
이 간절히 주께 기도하였나이다
17 여호와여 잉태한 여인이 산기가 임박하여 산
고를 겪으며 부르짖음 같이 우리가 주 앞에
서 그와 같으니이다
18 우리가 잉태하고 산고를 당하였을지라도 바
람을 낳은 것 같아서 땅에 구원을 베풀지 못
하였고 세계의 거민을 출산하지 못하였나
이다
19 주의 죽은 자들은 살아나고 그들의 시체들은
일어나리이다 티끌에 누운 자들아 너희는 깨
어 노래하라 주의 이슬은 빛난 이슬이니 땅
이 죽은 자들을 내놓으리로다
20 내 백성아 갈지어다 네 밀실에 들어가서 네
문을 닫고 분노가 지나기까지 잠깐 숨을지
어다

21 보라 여호와께서 그의 처소에서 나오사 땅의
거민의 죄악을 벌하실 것이라 땅이 그 위에
잦았던 피를 드러내고 그 살해 당한 자를 다
시는 덮지 아니하리라

27:1 그날에 여호와께서 그의 견고하고 크고 강
한 칼로 날랜 뱀 리워야단 곧 꼬불꼬불한 뱀
리워야단을 벌하시며 바다에 있는 용을 죽
이시리라

원 의미

26장과 27장(이 장들은 노래로 분류됨, 26:1; 27:2)은 24장과 25장을 반영해 주는 듯하다. 26장은 그 도시가 스스로 어떻게 인식하고 있는지, 세상에서 그 역할이 무엇인지에 대해 초점을 맞추고 있으며, 하나님은 진실로 누구신가라는 관점에 비추어 논의하고 있다. 그러므로 백성을 통해 그분의 주권을 입증해 주는 것은 하나님을 향한 신뢰와 부르심을 확증해 준다. 27장은 특별히 포도원 비유를 사용하면서 귀환의 약속과 이스라엘의 회복으로 마무리짓는다.

26장의 구성은 사상적으로 세 개의 단락으로 나뉜다. 즉 하나님의 구원에 대한 감사(26:1-6), 하나님을 의지함(26:7-19), 신실한 자들을 향한 약속(26:20-27:1)이다.[1] 둘째 단락(26:7-19)은 하나님의 신뢰에 대한 긍정적인 논의로 시작하는 듯하지만, 세상에서 구별되지 못한 실패를 더욱 부정적으로 고백하는 방향으로 나아간다. 하나의 단일 사상이 존재하는지 아니면 관련된 몇 개 사상들이 함께 묶여졌는지를 확인하는 작업은 어려운 일이다.

하나님의 구원에 대한 감사(26:1-6)

감사의 노래는 24-25장의 주제들을 취하고 있다. 잠잠하며 황폐화된 이 땅의 성과는 달리(26:5), 하나님의 성에는 하나님을 찬양하는 신실한 자들이 거하게 된다(26:1-2). 이 성에는 하나님의 구원을 "성곽"으로 삼는다. 그러므로 이곳의 위치

1. 이와 같은 구분에 대해 광범위한 학문적 지지가 있지만, 구체적인 부분에서는 거의 일치점이 없다. Oswalt, *Isaiah 1-39*, 469-70, n. 9을 보라. Motyer(*Prophecy of Isaiah*, 212)는 네 부분으로 된 복잡한 교차 대구법을 제시한다. 그러나 이 병행 구조는 중간에 이르러 흐트러지고 있는 것 같다. 사 27:1은 26:20-21에 포함된다. 그 이유는 27:1의 내용이 27:2-11보다 26:20-21과 일치하고 있기 때문이다. 아래의 논의를 보라.

는 분명 지리적인 장소 그 이상을 의미한다. 공격에 두려워 하며 성문을 굳게 닫고 있는 성과는 달리, 이 성은 담대하게 그 문을 열어 놓는다. 그러나 이 문이 모든 이들에게 개방되는 것은 아니다. 이 문은 언약의 윤리적 의에 따라 살고자 하는 자들에게 개방된다. 시편 15:1-5; 24:3-10; 118:19-20에 나타난 바와 같이, 중요한 것은 의식적 정결이 아닌 왕의 행위를 반영하여 행하는 데 있다. 그 중심이 온전히 견고한 자는 이와 같이 행할 수 있으며, 이런 내적 견고함(*šalom*)은 하나님을 온전히 의지함, 즉 "신뢰"(26:3)로 말미암아 생겨난다.

또다시 7-39장의 주요 주제, 즉 열방이 아닌 주님을 신뢰함을 강조한다. 주님은 "영원한 반석"(26:4)처럼 견고하시며, 이 땅의 "높은 성"을 티끌로 낮추시기 때문에(26:5-6) 주님을 신뢰하는 것이야말로 바른 일이다. 주님은 영원한 반석이시지만, 이 땅의 모든 권력을 상징하는 세상의 성은 티끌로 돌아간다. 결국 성으로부터 억압을 받은 백성들에 의해 이 성은 무너질 것이다. 하나님은 이 높고 거만한 자들을 빈궁하고 곤핍한 자들의 발 아래에 두실 것이다. 온유한 자가 이 땅을 유업으로 받기 때문에(시 37:11) 이 땅의 높은 자들을 신뢰하는 것은 무의미한 일이다.

하나님을 신뢰함(26:7-19)

26:7-11에서 선지자는 징벌의 날을 앞당겨 달라고 하나님께 간구한다. 선지자는 하나님이 의인들에게 요구하신 삶의 "길" 혹은 삶의 방식에 대해 말하면서 이야기를 시작한다. 의인의 길은 구부러지거나 그릇되지 않는다. 의인의 길에는 올가미나 덫이 없다. 오히려 의인의 길은 "정직하며", "평탄하다"(26:7; 신 10:12에 나오는 모세의 말을 참조하라). 하나님은 그의 백성들에게 해롭거나 이상한 일을 하라고 요구하시지 않는다. 단지 하나님은 그들에게 정해진 삶의 방식에 따라 살아가도록 요청하실 뿐이다.

의인들은 두 가지 이유 때문에 하나님의 "계명"(*mišpaṭm*, "규례들")을 기쁘게 받아들인다. (1) "계명"은 믿음의 사람들이 주님을 믿음(기다림)을 나타내는 방법이다. 믿음의 사람들은 하나님을 신뢰한다고 말하면서 자신을 먼저 돌보는 자들이 아니다. 자신을 먼저 돌보는 것은 하나님의 뜻, 즉 열매 맺는 삶을 살라는 하나님의 계명을 어기는 것이다. (2) 믿음의 사람들은 하나님의 명성과 영광을 갈망한다(26:8).[2] 그들은 하나님께 영광을 돌리며 그분의 명예를 더럽히지 않는 삶을 살고자 한다.

이와 같은 사상은 9절에서 심화된다. 믿음의 사람들은 "아침"과 "밤"에 하나님을 갈망한다. 그러나 이 구절의 맥락은 이와 같은 갈망(사모함)이 단지 감정적인 것이 아님을 보여 준다. 오히려 그것은 하나님의 성품이 삶을 통해 드러남을 의미한다. 이 구절에서 반복되는 심판(*mišpaṭm*, NIV "judgments")은 이 점을 분명히 해준다. 이사야는 하나님의 계명이 개인의 삶뿐만 아니라 더 넓은 세상을 통해 드러나기를 기도하고 있다. 그는 하나님의 현존에 대한 윤리적 증거가 명백히 드러나기를 갈망한다. "세상의 백성들"이 의를 배울 수 있는 유일한 길은 바로 계명뿐이기 때문이다.

10-11절은 심오한 진리를 보여 준다. 회개가 부재한 상태에서 "은혜"는 실제로 역효과를 낼 수도 있다. "악인"이 하나님의 계명을 어긴 결과, 즉 심판을 경험하지 못한다면 그들은 악한 일을 계속 자행할 것이다. 그들이 그 행위에 대한 결과를 경험하지 않는다면, 그들은 변해야 할 이유를 찾지 못할 것이다. 다른 사람들의 선은 그들에게 아무런 의미가 없다. 그러므로 선지자는 하나님이 그의 백성들을 구속하심으로써 악한 민족들에게 공평하심을 보여 달라고 하나님께 간구한다. 열방의 침략을 통해 나타나듯이, 분명 수많은 하나님의 백성이 죄악을 범했으며 하나님의 진노를 초래한 바 있다. 그러나 열방은 이것을 그런 방식으로 보지 않았다. 그들은 주님을 무시한 채 그들 마음대로 행하며, 단지 자신의 능력과 권능으로 이스라엘을 정복했다고 믿는다(참조. 겔 36:18-20). 이사야의 말에 의하면, 조만간 하나님은 그것이 사실이 아님을 온 세상에 입증해 보일 것이다. 그는 그의 백성들을 위해 악인들과 맞설 것이며 죄의 결과를 분명히 보여 줄 것이다.

12-18절은 이와 같은 사상을 더욱 반영해 준다. 하나님의 백성들은 세상에서 그분의 사역을 성취하지 못하고, 하나님께 구원의 능력을 보여 달라고 요청한다. 이러한 신학적 반성(reflection)은 과거 하나님의 백성들을 향한 하나님의 은혜를 증거하는 것에서 시작된다(26:12-15). 아마도 선지자는 하나님이 그의 백성을 수많은 여러 압제자들로부터 구원하셨던 때, 즉 사사시대를 특별히 염두에 두었던 것 같다.

12절은 멋진 돋보이는 선언이다. 하나님은 모든 일을 그의 백성들을 위해 이루시는 분이다. 하나님은 그의 백성들이 "평강"을 누리고 의미 있는 것들을 성취하도록 이끌어 주셨다. 그러나 그의 은혜와 선하심을 저버린 그의 백성들은 고대 세

2. 문자적으로는 "*nepeš*(자아)의 갈망"(NIV "desire of our hearts").

계의 무의미한 백성들 중 하나로 전락하고 말았다.

13-15절은 하나님이 그의 백성들 안에서, 그의 백성들을 통해서 행하신 사역에 특별히 초점을 둔다. 하나님은 한때 그의 백성들을 통치하였던 여러 사람들에게서 그들을 구원해 주셨다. 이들은 더 이상 이스라엘 안에서 이름을 소유하지 않는다(예를 들면, 영광스런 기억 혹은 명성).[3] 그러나 하나님의 이름은 그의 백성들을 통해 언제나 영광스럽게 될 것이다. 비록 이스라엘의 대적들이 이스라엘 민족을 침략하여 그 백성들을 노예로 사로잡고자 수차례 시도해 왔으나, 하나님은 그들을 좌절시켰고 그 민족을 창대케 만드셨기 때문이다. 이 모든 것은 이스라엘과 그 왕들의 영광을 위한 것이 아니요, 하나님의 영광을 위한 것이다(26:15).

16-18절은 앞의 주제를 계속 이어간다. 그러나 초점은 하나님의 권세에서 백성들의 나약함으로 옮겨간다. 16절은 난해하다. 그러나 기본적인 논점은 다음과 같아 보인다. 즉 백성들은 열방에게 패배당한 것은 열방의 권세 때문이 아니라 하나님의 징계 때문임을 깨닫는다.[4] 그들은 심판 아래 나약한 자들이 되었다. 그들은 진통을 하지만 해산하지 못하는 가짜 임산부처럼 애쓰고 또 애쓰지만 스스로 구원할 수 없었다.

18절에 나오는 마지막 내용은 흥미롭다. 우리의 예상대로라면 이 구절은 백성들이 세상의 압제에서 자신을 구원할 수 없다고 말할 것이다. 그러나 실제로 병행을 이루는 18절은 그들이 세상 속으로 구원을 가져올 수 없다고 한다.[5] 여기서 선지자는 아마도 열방의 축복이 되어야 할 이스라엘의 더 큰 사명을 반영하고 있는 것 같다. 물론 이것은 아브라함을 향한 하나님의 약속에서 제일 먼저 등장한다(창 12:3). 그러나 앞서 우리가 살펴본 바와 같이, 이와 같은 아브라함의 약속은 이사야 자신의 메시지에서도 중요한 부분을 차지한다. 아브라함의 약속이 여기에 등장하는 이유도 이와 같은 맥락에서 이해될 수 있을 것이다. 이사야는 이스라엘로 말미암아 하나님의 의가 세상에 적용되기를 갈망할 뿐만 아니라(26:9-11) 하나님의

3. 그러나 54:4-5을 참조하라. 여기서 이사야는 만약 그들이 하나님의 언약을 준수하고자 한다면 그들에게 이름이 주어질 수 있다고 주장한다.
4. Oswalt, *Isaiah 1-39*, 483-84, n. 42의 논의를 참조하라. 나는 이 구절에 대해 다음과 같이번역한다. "오 주님! 환난 중에 그들은 당신에게 구속당했나이다. 고통 중에 그들은 당신의 징계로 낮아졌나이다."
5. 이와 같은 입장의 정확성은 히브리어의 마지막 콜론을 어떻게 번역하느냐에 달려 있다. 이 마지막 콜론을 문자적으로 번역하면, "땅의 거민들 역시 쓰러지지 않았다"가 된다. NIV는 본문의 맥락에 근거하여 이것을 아이의 "출생"과 연결시킨다. 만약 그렇다면, 이런 식으로 사용되고 있는 구약 본문은 오직 이 곳뿐이다. 대개 전투에서 "쓰러진다"는 의미가 함축되어 있다. NRSV와 REB는 출생 개념을 지지하고 있다.

구원이 이스라엘을 통해 세상에 이루어지기를 고대한다.

19절은 앞 단락 혹은 뒷 단락과 함께 읽혀질 수 있는 전환점의 또 다른 사례가 된다. 어떤 의미에서 볼 때, 19절은 앞서 언급했던 내용의 결론이 된다. 18절에서 백성들을 대변하는 선지자는 하나님의 계획을 세상에 수행함에 있어 그 백성들의 무기력함을 고백한다. 그들은 하나님을 실망시켰으며, 열방에게 멸망당함으로써 징계를 당할 수밖에 없었다. 그들은 스스로 징계에서 벗어날 수 없었다. 그들은 아이를 낳기 위해 해산의 수고를 하지만 아무런 결과를 보지 못하는 무기력한 자들이다. 그러나 19절에서 하나님을 대변하는 선지자는 그 백성들에게 절망하지 말라고 말한다. 비록 세월이 흐르고 많은 신실한 자들이 이스라엘 민족과 세상을 향한 어떤 결과도 보지 못하고 사망했다 할지라도, 죽음이 끝은 아니다. 하나님은 여전히 우리의 마지막 소망이다.

25장에서와 같이 부활은 이 땅의 모든 의문들에 대해 최종적인 답으로 제시된다. 만약 사망이 모든 것을 정복한다면, 하나님을 향한 신실하고 헌신적인 삶을 살아야 할 이유는 없을 것이다. 그렇다면 세상에서 일어나는 사건들의 결과들은 그리 다르지 않을 것이다. 그러나 사망은 모든 것을 정복하지 못한다. 사망의 "티끌"로 사라진 사람들은 다시 부활할 것이다. 이 땅은 "죽은 자들"[6]을 내어 줄 것이며, 신앙의 삶이 헛되지 않았음이 입증될 것이다.[7]

신실한 자들을 향한 약속(26:20-27:1)

그러나 19절을 20-21절과 함께 읽는 것도 가능한 일이다. 부활의 약속이라는 관점에서 볼 때, 하나님의 분노로 그의 백성을 버리셨다고 두려워할 필요가 없다(20절). 오히려 열방이 초래한 심판이 도래하여 지나갈 때까지 그들을 지키시는 하나님의 보호하심을 신뢰할 수 있다(26:9-11). 여기에 노아(창 6:13-14)와 유월절 이야기(출 12:21-24)가 인용되어 있다. 하나님은 그의 백성들을 돌보시며 최후

6. 이 부분에 대한 히브리어를 문자적으로 번역하면, "이 땅은 나태한 자들을 쓰러지게 만들 것이다"가 된다. 18절에 대한 주석에서 드러나듯이, 이 두 곳에 등장하는 "쓰러지다"는 말이 (NIV에 소개되고 있듯이) 출생을 의미하는지는 명확치 않다. 이 세상은 지금까지 백성들을 사로잡고 있었다. 그러므로 다음과 같은 뜻이 될 것이다. 즉 이 세상은 사지에서 이들을 풀어줄 것이다(21절을 보라).

7. 빛("아침")과 관련이 있는 "이슬"과 "땅"은 다음과 같은 해석을 가능하게 한다. 즉 이사야는 가나안 신화의 표현을 의식적으로 사용하고 있다는 것이다. 이 신화 가운데, 이슬과 땅은 처녀로 소개되며, 빛의 딸과 함께 등장한다. 신화적 표현의 사용에 대한 더 구체적인 논의를 살펴보려면, 27:1에 대한 주석을 보라.

의 심판으로부터 보호하실 것이다.

그러나 25:10-12에 나타난 바와 같이 또 다시 최후의 심판이 도래할 것임을 보여준다. 비록 신실한 자들에 대한 하나님의 보호하심과 새 생명의 부활에 대한 확신이 주어진다 할지라도 이 땅에 거하는 자들의 죄악(NIV "sins"), 즉 결국 살인으로 나타나는 인간 내면의 일그러진 죄성은 심판을 피할 수 없을 것이다. 하나님은 본문의 앞 부분에서 명하신 일들을 이 땅의 거민들에게 입증하실 것이다. 하나님은 자신이 존재의 한계를 규정하시는 분임을 보여 주실 것이다. 이사야서의 마지막 부분에서 보는 바와 같이(66:24) 은혜는 공의를 무시하지 않는다. 자기를 돌이켜 하나님의 규례에 따라 살기 위해 은혜를 사용하지 않는 자들은 그 공의로부터 피할 수 없을 것이다.

27:1은 또다른 모호한 전환 절(transitional verse)이라고 볼 수 있다. 히브리 본문의 장별 구분이 보여 주듯이 27:1은 뒤따르는 27:2의 서론이 될 수도 있다. 그렇다면 이 구절은 모든 대적의 멸망에 대한 서론이 된다. 그리하여 하나님은 실로 그의 포도원을 보호하실 수 있다. 그러나 동시에 이 구절은 26:21의 내용을 비유로 소개하는 형식을 취한다. 우리는 이런 형식을 앞서 여러 번 살펴본 바 있다(3:16-4:1; 5:1-25; 25:10-12). 26:21과 27:1에 나오는 "심판하다"(punish)라는 동사의 반복은 이런 사상을 뒷받침해 준다. 또한 27:1과 27:2-11의 사상적 유사성보다 26:21과 27:1의 사상적 유사성이 더 직접적으로 결부되어 있는 듯하다.

27:1에 사용된 비유는 거의 가나안 신화에서 비롯된 것임이 틀림없다. 가나안 신화에서 무질서의 괴물은 리워야단이라 불리는 바다의 뱀이다. 질서가 바로 세워지도록 하기 위해 리워야단은 신들 중의 하나에 의해 멸망당한다. 이것은 고대 근동 지역의 도처에 널리 알려진 이야기 형식으로서, 동일한 이야기 속에 서로 다른 이름의 주인공들로 등장한다. 그러나 이사야는 여기서 그와 같은 신화적 세계관을 받아들이지 않는다. 오히려 그는 자신의 논점을 제시하고자 청중에게 매우 익숙한 효과적인 이미지를 사용하고 있을 뿐이다. 이것은 오늘날 우리들이 그리스 신화를 믿지 않으면서도 "그는 헤라클레스만큼 강해"라고 말하는 것과 비슷하다.[8]

이와 같은 비유를 통해, 이사야는 어느 대적도 하나님의 계획과 목적을 무효로 할 수 없음을 말하고 있다. 그의 백성들은 언젠가 그들이 믿었던 모든 것들이 무위

8. 더 충분한 논의를 살펴보려면, Oswalt, *Isaiah 1-39*, 490-91을 보라.

로 돌아갈 것을 두려워할 필요가 없다. 하나님은 이미 승리하셨으며, 우리는 단지 마지막 종말을 기다릴 뿐이다.

상황잇기

핍박. 본문의 배경은 오늘날 세계 도처에서 핍박받는 교회의 배경과 다를 바 없다. 서구에 속한 우리는 "주 외에 다른 주들이 우리를 관할하였사오나 우리가 주만 의뢰하고 주의 이름을 부르리이다"(26:13)라는 의미를 거의 이해하지 못한다. 그러나 공산주의 체제와 이슬람 국가에서 핍박을 당해 온 크리스천들은 실로 이 말씀을 절감하게 될 것이다. 우리를 고무시키는 이야기들이 더러 있다. 악이 승리하고 신앙이 패배한 것처럼 보일 때에도, 악에게 항복하기를 거절하는 이들로 말미암아 하나님은 그분의 나라를 계속해서 확장해 나가실 수 있었다.

대개 감리교회는 소연방에서 사라지고 말았다. 유일하게 에스토니아(Estonia)에만 잔존해 있었다. 오늘날 에스토니아에 있는 감리교 크리스천에게 어떤 일이 일어났는지 물어본다면, 한 감리교 감독자의 이야기를 들려 줄 것이다. 교회의 재산증서를 소련의 지배자에게 양도하지 않으면, 시베리아 감옥에서 고통당할 수밖에 없었다. 그러나 그는 교회가 자신의 것이 아니라 하나님의 소유이며, 하나님의 소유는 결코 국가의 소유가 될 수 없다고 말하면서 이를 거절하였다. 그가 감옥으로 이송되었을 때, 몇몇 젊은 목회자들은 다음과 같이 다짐하였다. "만약 그가 죽기까지 신실할 수 있다면, 우리도 그렇게 할 수 있다."

비록 그들의 건물은 무력에 의해 빼앗겼지만, 젊은 목회자들은 그들의 소명을 포기하지 않았다. 그들은 박해와 조롱과 궁핍 가운데서도 외딴 지역의 임대건물에서 그들의 양들을 계속해서 돌보았다. 그들은 하나님의 궁극적 승리에 관한 이사야의 말을 믿었다. 그리고 하나님의 은혜로 그중 몇 명은 살아 남아 승리를 목격할 수 있었다. 체코슬로바키아 공화국의 필센(Pilsen)에 있는 교회는 정부에 의해 압수당하여 무신론의 학교로 변하고 말았다. 그러나 1990년대 초에 이 건물은 옛 교회의 남은 자들에게 다시 반환되었다. 지난날 무신론의 옛 건물에서 이 건물의 참 소유주이신 그분을 수백 명의 젊은이들이 찬양하는 것을 듣는 것은 얼마나 감동스러운 일인가!

루마니아에서도 이와 비슷한 이야기를 들을 수 있다. 비록 이곳에서 크리스천의 건물 소유가 허용되었지만, 언제나 핍박이 있었다. 교회 건물의 표시가 없는 곳에서 모이거나 전도하는 일은 허락되지 않았고, 크리스천이 전문직을 갖거나 대학교에 입학하는 것도 허락되지 않았다. 그리스도를 구주로 고백하는 자들은 점원이나 일일 노동자로 일할 수밖에 없었다. 목회자들은 매주 비밀경찰요원들과 만나야 했으며, 지난주 설교 내용이 선동적인 것이 아님을 증명해야 했다. 목회자들은 서로 격리되었다. 왜냐하면 그들 중 어떤 이가 밀고자로 알려져 있으나 누가 밀고자인지 알 수 없었기 때문이다. 그럼에도 불구하고, 목회자들은 고난을 견디며 믿음을 신실하게 지켰다. 그들은 무신론의 국가가 승리한 것처럼 보이는 상황에서도 하나님이 실패했다고 믿지 않았다.

비록 목회자들은 갖은 고초를 겪었지만, 하나님은 그들을 영광스럽게 만들어 주셨다. 교회는 다시 차고 넘치게 되었다. 확장되지 못하도록 의도적으로 고층 아파트 건물 속에 둘러싸여 있던 교회에서는 처음부터 창문을 제거하여 그곳에 고출력 확장기를 설치하였다. 주변의 모든 사람들이 교회로 달려왔다! 살인적인 겨울 날씨에도 크리스천 대부분이 교회에 출석하기 위해 눈보라와 추위를 무릅쓰고 먼 길을 걸어와서 불렀던 찬양과 기도는 결코 잊을 수 없는 경험이었다. 26장의 백성들처럼 그들도 의심과 공포감에 젖었으며, 자신의 믿음이 헛되고 지금까지 참아왔던 핍박이 무위로 돌아가지는 않을까 염려했다. 하지만 그들은 하나님이 개인이든 그룹이든 간에 이 모양 저 모양으로 악에 대해 궁극적으로 승리하신다는 것과 부활을 믿으면서 그 어려움에 굴하지 않고 끝까지 인내하였다.

현대적 의미

문화적인 변화들. 본문은 고난과 불확실성에도 불구하고 끝까지 인내하는 것에 대해 말하고 있다. 서구에 속한 우리는 이런 일에 대해 거의 알지 못한다. 200년 동안 우리는 이 땅에서 진귀한 일을 경험해 왔다. 어떤 문화는 머리부터 발끝까지 온통 기독교적 윤리에 깊은 영향을 받았다. 분명 수많은 타락이 있었다. 하지만 이런 타락이 나타날 때 묵과하지도, 당연한 것으로 받아들이지도 않았다. 그것은 정죄되어 최대한 근절되었고, 그 결과 하나님의 법을 따르고 존중하는 문화를 이어받을 수 있었다.

그렇지만 1960년대와 1970년대의 문화적 격변기 이후 부모들이 그들의 책임을 포기할 때, 예수운동(the Jesus Movement)이 도덕성 회복보다는 자기만족(feel-good) 추구를 초래할 때, 문화적 유산은 급속히 쇠퇴하고 만다. 크리스천들은 점차 자신들이 사회의 주류에서 멀어져 감을 발견하는 반면, 문화 지도자들은 한때 미국 사회를 묶어 주었으나 지금은 잃어버린 요소들을 발견하고자 (복음전도로 얻어진) 수많은 기금을 사용하고 있다.

크리스천들은 이와 같은 상황에 어떻게 대처해야 하는가? 일반적인 대처방안 가운데 하나는 "종말"에 대한 관심을 불러일으키는 것이다. 최근 『뒤에 남겨진』(*Left Behind*) 시리즈의 인기는 이에 대한 예가 된다.[9] 인기있는 것도 아니고 공공연히 박해받는 것도 아닐 때, 자신에 대해 지속적인 관심을 유지하기란 힘들기 때문에 도피주의적인 성향이 생겨난다. 그리하여 우리는 모든 것이 완전하게 드러나는 그날, 모든 이들이 알 수 있도록 분명한 윤곽이 드러나는 그날에 대해 집착한다. 그러나 이사야서 본문의 기록은 분명한 윤곽이 드러나지 않는 오늘날과 같은 불확실한 때와 관련이 있다. 본문은 오늘날 우리들에게 필요한 대처방안을 제시하고 있다. 본문은 우리에게 다음과 같은 다섯 가지를 실천하라고 말한다. (1) 능동적으로 하나님을 신뢰하라. (2) 오직 하나님의 이름만을 경외하라. (3) 하나님은 우리에게 불가능한 일을 가능케 하시는 분임을 믿어라. (4) 부활에 무관심하지 말라. (5) 진정한 원수에게 초점을 두라.

삶의 방식으로서 하나님을 신뢰하라. '하나님을 신뢰한다'는 것은 무엇을 의미하는가? 대부분은 먼저 이것을 개인적인 문제로 생각한다. 하나님을 신뢰한다는 것은 염려할 필요가 없다는 것이다. 3절에 의하면, 만약 우리의 상상력(*yēṣer*)이 하나님께 의존하고 있다면 완전한 평화를 알 수 있다. 많은 경우에 있어서 자신의 상상력이 하나님 이외의 다른 것들로 채워져 있기 때문에 하나님을 신뢰하기가 어렵다는 것을 발견한다. 대중매체를 통해 자신의 꿈을 충족시키기 위해 우리 주변의 문화를 묵인해 왔다. 그 결과 우리 가운데 많은 이들이 내적인 평화를 알지 못한다. "아무것도 염려하지 말라"는 성경의 가르침(빌 4:6)은 대부분 비웃음거리가 된다. 우리는 모든 일에 염려하게 되며, 대부분 그런 염려를 통제하지 못한다.

우리는 무엇을 해야 하는가? 먼저 자신의 생각이 어디에 더 집중해야 하는지 살펴봐야 한다. 바울은 다음과 같은 말씀을 소개하면서 이와 같은 교훈을 계속 제시한 바 있다. "종말로 형제들아 무엇에든지 참되며 무엇에든지 경건하며 무엇에든지 옳으며 무엇에든지 정결하며 무엇에든지 사랑할 만하며 무엇에든지 칭찬할 만하여 무슨 덕이 있든지 무슨 기림이 있든지 이것들을 생각하라"(빌 4:8). 이 말씀은 이와 상반되는 것들과 맞서 위험을 무릅써야 함을 뜻하지 않는다. 오히려 이

9. Timothy LaHaye and Jerry Jenkins, *Left Behind* (Carol Stream, Ill.: Tyndale, 1995). 적어도 8권이 연속적으로 이 시리즈에 출판되었으며, 각 권은 나온 즉시 베스트셀러였다.

것들을 계속 지키기 위해 우리의 모든 노력을 다해야 함을 의미한다. 이 일은 먼저 우리의 가정에서 시작되어야 한다. 우리의 가정은 온화하고 아름답고 평화로운 곳인가? 대부분 그렇지 않다. 우리의 많은 가정들은 광란의 장소이다. 이처럼 무질서한 삶의 공간에 살아가고 있음은 그들의 사고가 무질서함을 보여 준다. 언제 크리스천들은 반문화적인 실재를 받아들이고 있음을 인정할 것인가?

하지만 26장은 또한 하나님을 의지한다는 것이 사색적인 것이 아님을 깨닫게 해준다. 8절은 우리에게 주의 법에 따라 행하면서 하나님을 기다리라고 명한다. 겉으로 볼 때, 이것은 반(反)직관적으로 보인다. "행함"과 "기다림"이라는 말은 서로 상반되는 듯하다. 그렇지만 25:9에 관하여 지적한 바와 같이 "기다림"이라는 성경의 개념은 사고의 방식이다. 기다림이란 아무것도 하지 않는 것을 말하지 않는다. 오히려 기다림은 당신이 옳다고 깨닫는 바를 행하는 반면, 당신의 문제를 해결하기 위해 하나님보다 앞서 행하지 않는 것이다. 달리 말하면, 하나님을 신뢰하는 것은 하나님의 삶의 규례를 따라 그분께 순종하는 것이다. 이것이야말로 잠언 기자가 잠언 3:5-6에서 말하고자 하는 바이다.

> 너는 마음을 다하여 여호와를 의뢰하고
> 네 명철을 의지하지 말라
> 너는 범사에 그를 인정하라
> 그리하면 네 길을 지도하시리라.

하나님을 신뢰한다는 것은 삶의 여정 가운데 우리가 그분을 안다는 것을 보이는 것이다. 속이는 것이 유리한 상황 속에서도 정직할 때 하나님을 신뢰하는 것이다. 아내와 신의를 지키기 위해 참 매력적인 여자와 놀아나지 않을 때 하나님을 신뢰한다고 할 수 있다. 가난한 자들을 위해 우리의 소중한 시간을 할애할 때 우리는 하나님을 신뢰한다고 할 수 있다. 우리는 하나님이 가장 적절한 때에 우리를 위해 역사하실 것으로 믿으면서 주님을 기다린다. 우리는 스스로 무엇을 하려고 노력하기보다는 그분의 삶의 규례(*mišpaṭm*)에 순종함으로써 그분을 기다린다.

이런 관점에서 볼 때 구원의 성에서 안전하게 거하는 자들이 누구인지를 살펴보는 것은 중요한 일이다. 하나님의 성의 열린 문으로 들어가는 자는 누구일까? 그들은 믿음을 지킨 의로운 족속이다(26:2). 시편 15편을 보라.

여호와여 주의 장막에 유할 자 누구오며
　주의 성산에 거할 자 누구오니이까

정직하게 행하며
　공의를 일삼으며
그 마음에 진실을 말하며
　그 혀로 참소치 아니하고
그 벗에게 행악지 아니하며
　그 이웃을 훼방치 아니하며
그 눈은 망령된 자를 멸시하며
　여호와를 두려워하는 자를 존대하며
그 마음에 서원한 것은
　해로울지라도 변치 아니하며
변리로 대금치 아니하며
　뇌물을 받고 무죄한 자를 해치 아니하는 자니

이런 일을 행하는 자는
　영영히 요동치 아니하리이다.

여기서 피해야 할 두 가지 함정이 있다. (1) 한 가지 함정은 지나치게 의(righteousness)를 통해 하나님의 성에 들어갈 수 있다는 생각이다. 성경은 시종일관 그것이 불가능함을 분명히 밝힌다. 우리가 그렇게 할 수 있다는 생각은 바리새인처럼 구약을 잘못 해석한 것이다. 바울은 여러 구약 본문 말씀을 통해 "의인은 없나니 하나도 없으며"(롬 3:10)라는 말씀을 뒷받침한다. 하나님의 성에 들어갈 수 있는 유일한 열쇠는 어린양의 피뿐이다(계 5:9-10).

(2) 또 다른 함정은 첫째 함정의 반사적 현상이다. 즉 미국 복음주의자들과 세계 2/3의 크리스천들이 빠질 수 있는 위험이다. 바울은 로마서 6-8장에서 이런 위험을 경계시키고 있다. "그런즉 우리가 무슨 말 하리요? 은혜를 더하게 하려고 죄에 거하겠느뇨?"(6:1). 오직 그리스도를 통한 하나님의 은혜에 대해 합당하게 응하는 길은 "육신을 좇기보다는"(롬 8:4; NIV "live according to the sinful nature") 성령의 인도하심을 받는 것이다. 복음주의자들이 오직 은혜로 구원받았기 때문에 죄

를 조금 범하더라도 그리 문제될 것이 없다고 여길 때, 큰 위험에 처하게 된다. 어느 성경본문도 이런 주장을 지지해 주지 않는다.

사도 요한은 크리스천들이 습관적인 죄를 그만두었다고 말하면서 바울의 진술에 동조한다(요일 3:6). 이 구절은 믿음으로 성령에 모든 것을 의탁해야 함을 의미하는 바, 이 의미를 몰랐던 많은 젊은 크리스천들은 그 의미에 대해 무서움을 금치 못한다. 그러나 이 구절의 의도는 무서운 말씀이 아니라 희망의 말씀이 되는 데 있다. 우리의 손은 예수의 보혈로 정함을 받았으며, 성령의 능력을 통해 계속 깨끗이 유지할 수 있다.

오직 하나님의 이름만을 경외하라. 13절은 비록 주 외에 다른 것들이 통치할지라도 하나님의 백성은 하나님의 이름을 경외하였음을 말하고 있다. 비록 모든 하나님의 백성에게 해당되는 것은 아니더라도, 이것은 분명 남은 자들에게 해당되는 말이었다. 남은 자들은 하나님의 이름을 그 무엇보다도 경외했기 때문에, 하나님은 그들을 통해 승리하실 수 있었다. 또한 이것이야말로 우리가 견지해야 할 태도임에 틀림없다.

그러나 우리는 어떻게 주님의 이름을 경외할 수 있는가? 한 가지 길은, 하나님이 우리를 통해 뜻하신 바를 성취하심으로 영광을 얻으실 것으로 확신하는 것이다. 모세는 마치 자신의 능력으로 반석에서 물을 낸 것처럼 보였기 때문에, 약속의 땅에 들어가는 것을 허락 받지 못했다(민 20:10). 모세는 주님의 이름을 거룩하게 하거나 그 이름을 경외하지 못했다. 이것은 하나님의 이름이 단지 그분의 상표(label)가 아님을 우리에게 상기시켜 준다. 오히려 하나님의 이름은 그분의 본성, 성품, 명성을 의미한다.

우리가 주님의 이름을 경외할 수 있는 또 다른 길은, 우리에게 엄습하는 그 어떤 환경에서도 하나님이 우리를 구원하실 수 있음을 증거하는 것이다. 하나님은 에스겔 36:20에서 포로로 잡혀 갈 그의 백성들이 "내 거룩한 이름을 더럽혔다"고 말씀하시며, 바빌론 사람들은 그들에게 "이들은 여호와의 백성이라도 여호와의 땅에서 떠난 자라"고 말한다. 마치 하나님이 우리를 구원할 수 없는 나약한 분처럼 여기는 것은 하나님의 이름을 더럽히는 짓이다. 그 백성들은 하나님께 죄악을 범했으며 그분의 진노를 샀기 때문에, 대적들은 하나님이 그들을 구원하실 수 없다고 말한다.

그러므로 하나님의 이름을 경외할 수 있는 중요한 방법은 우리의 손을 들고 찬양을 부르는 것이다. 우리의 삶이 하나님은 홀로 거룩하신 분이며 어느 누구와도 비교할 수 없으신 분임을 보여 줄 때 우리는 그의 이름을 영화롭게 할 수 있다. 이것이야말로 주기도문의 둘째 조항과 다르지 않다. "이름이 거룩히 여김을 받으시오며"(눅 11:2). 우리는 하나님의 성품이 우리의 모든 행동과 말을 통해 나타나게 해 달라고 하나님께 간구한다. 이것이야말로 "하나님의 이름을 경외한다"는 의미이다.

하나님은 우리에게 불가능한 일을 가능케 하시는 분임을 믿어라. 말라기서는 오늘날과 같은 시대를 위해 기록되었다. 선지자는 오늘날 우리에게 '중간시대'(주전 400년에서 그리스도 초림까지)로 알려진 오랜 동안의 막간에 하나님의 백성을 준비시켰다. 그리스도의 강림을 예비하는 데 필요한 모든 계시는 말라기의 예언과 함께 끝났으며, 바로 그 강림을 위한 환경이 조성될 때까지 400년의 시간이 이어질 것이다. 대부분 이 시간 동안 유대인들은 정치적 운명을 통제할 수 없었고, 거대한 강대국의 통치를 받았다. 바빌론 포로 귀환 후에 선포된 분명한 선지자들의 약속들은 실현되지 않았다. 말라기에는 이와 같은 조롱들이 기록되어 있다. "공의의 하나님이 어디 있느냐?"(말 2:17), "하나님을 섬기는 것이 헛되다"(말 3:14). 그들은 시간이 지날수록 여러 곳에서 이런 조롱의 목소리만을 더욱 높였을 것이다.

이에 대한 말라기(와 이사야)의 대처방안은 무엇인가? 그것은 우리에게 불가능한 일을 가능케 하시는 주님의 능력을 의지하며, 그분이 역사하실 것이라는 믿음을 포기하지 않는 것이다(참조. 26:11, 20-21). 말라기는 3:16-18에서 다음과 같이 기록한다.

> 그때에 여호와를 경외하는 자들이 피차에 말하매 여호와께서 그것을 분명히 들으시고 여호와를 경외하는 자와 그 이름을 존중히 생각하는 자를 위하여 여호와 앞에 있는 기념책에 기록하셨느니라
>
> 만군의 여호와가 이르노라 내가 나의 정한 날에 그들로 나의 특별한 소유를 삼을 것이요 또 사람이 자기를 섬기는 아들을 아낌같이 내가 그들을 아끼리니 그때에 너희가 돌아와서 의인과 악인이며 하나님을 섬기는 자와 섬기지 아니하는 자를 분별하리라.

하나님이 아무 일도 하지 않은 것처럼 보일 때, 믿음의 사람들은 지난날 하나님의 신실하신 역사를 증거하며 결코 우리를 떠나지 않겠다는 그분의 약속을 붙들며

서로 격려해야 한다. 자신의 힘으로 일을 처리하려는 유혹을 거절하고 하나님을 의지할 때, 하나님이 우리에게 불가능한 일을 가능케 하신다는 것을 믿으면서 신실한 믿음의 삶을 인내로서 견디어 나간다.

부활을 견고히 붙들라. 이 모든 일의 열쇠는 부활에 있다. 이 부활에 대해 확신하지 못한다면, 하나님이 '지금' 행하고 계신지 의심할 것이다. 그러나 그러한 질문에 대해 다그칠 필요가 없다. 이것이야말로 그리스도의 말씀을 전하는 요한의 논점이다. "네가 죽도록 충성하라 그리하면 내가 생명의 면류관을 네게 주리라"(계 2:10). 만약 신실한 삶의 보상이 이곳에만 있다면, 우리는 평온한 믿음의 삶을 살아갈 수 없을 것이다. 즉 우리는 이곳에서 보상을 받기 위해 힘써야만 한다. 그러나 참된 보상이 죽음 이후에 주어진다면, 우리는 그와 같은 삶을 살아갈 수 있을 것이다. 비록 26:18에 나오는 백성들의 고백처럼 하나님 나라의 실현을 목도하지 못했다 해도, 순종의 삶과 그분을 경외하는 믿음으로 그리스도를 의지하면, 사망이 우리를 궁극적으로 해할 수 없음을 알고 확신을 갖고 살아갈 수 있다.

그렇지만 25장에 대한 주석에서 언급했다시피 부활에 대한 인식은 특히 생명 연장을 신봉하는 우리의 문화 속에서 장려해야 한다. 계속해서 다음과 같은 영적 격언을 되새겨야 한다. "이 세상은 내 집이 아니네, 나는 그저 지나갈 뿐이라네." 비록 우리를 충족시키는 모든 약속의 성취를 보지 못한다 할지라도, 우리 자신의 귀에 들리는 천국의 소리와 아울러 하나님을 위해 살아갈 수가 있다. 우리는 사망이 패배했으며, 생명이 결국 승리할 것임을 알고 있다.

진정한 원수에게 초점을 두라. 불확실하고 불명확한 시대를 살면서 한 가지 위험한 일은 원수들, 즉 우리의 고민거리들 때문에 우리가 비난할 수 있는 자들을 찾는 것이다. 오늘날 교회는 종종 영적인 세계에 관심을 돌리며 어려움을 자주 사탄의 탓으로 돌렸다. 이사야가 말한 "리워야단"(27:1)은 그와 같은 현상으로 보일지 모른다. 많은 이들은 "리워야단"을 사탄을 암시하는 이름으로 이해한다. 요한계시록은 "한 큰 붉은 용"(계 12:3)을 종종 교회와 동일시되는 "여인"(계 12:1-2, 4-6)의 원수로 묘사한다. 성경은 하나님과 그 백성의 진정한 원수는 반역한 영적인 존재가 아님을 시종일관 분명히 밝힌다.

물론 사탄은 존재하며, 하나님과 그의 백성을 대적한다(벧전 5:8). 그러나 이 세상에 나타나는 죄에 대해 책임이 없다. 우리의 첫 조상이 사탄의 의지로 하나님께 반역하는 죄를 범하고자 했다(창 3:6). 뱀은 단지 하나님의 성품에 관한 주된 질문을 하며 거짓을 말했을 뿐이다. 이 세상에서 하나님이 반드시 멸망시켜야 할 원수는 도덕적 악이며, 그것은 대개 우리 안에 있다. 우리가 '영적인 전투'에 집중한다 해도 우리 안에 있는 여러 모양의 부도덕을 용납("결국 나는 단지 인간일 뿐이야")하지 않도록 주의해야 한다.

이사야 27:2-13

2 그날에 너희는 아름다운 포도원을 두고 노래
를 부를지어다
3 나 여호와는 포도원지기가 됨이여 때때로 물
을 주며 밤낮으로 간수하여 아무든지 이를
해치지 못하게 하리로다
4 나는 포도원에 대하여 노함이 없나니 찔레와
가시가 나를 대적하여 싸운다 하자 내가 그
것을 밟고 모아 불사르리라
5 그리하지 아니하면 내 힘을 의지하고 나와
화친하며 나와 화친할 것이니라
6 후일에는 야곱의 뿌리가 박히며 이스라엘의
움이 돋고 꽃이 필 것이라 그들이 그 결실로
지면을 채우리로다
7 주께서 그 백성을 지셨던들 그 백성을 친 자
들을 치심과 같았겠으며 백성이 죽임을 당하
였던들 백성을 죽인 자가 죽임을 당함과 같
았겠느냐
8 주께서 백성을 적당하게 견책하사 쫓아내실
때에 동풍 부는 날에 폭풍으로 그들을 옮기
셨느니라
9 야곱의 불의가 속함을 얻으며 그의 죄 없이
함을 받을 결과는 이로 말미암나니 곧 그가
제단의 모든 돌을 부서진 횟돌 같게 하며 아
세라와 태양상이 다시 서지 못하게 함에 있
는 것이라
10 대저 견고한 성읍은 적막하고 거처가 황무하
며 버림 받아 광야와 같은즉 송아지가 거기
에서 먹고 거기에 누우며 그 나무 가지를 먹
어 없이하리라
11 가지가 마르면 꺾이나니 여인들이 와서 그것
을 불사를 것이라 백성이 지각이 없으므로
그들을 지으신 이가 불쌍히 여기지 아니하시
며 그들을 조성하신 이가 은혜를 베풀지 아
니하시리라
12 너희 이스라엘 자손들아 그날에 여호와께서
창일하는 하수에서부터 애굽 시내에까지 과실
을 떠는 것 같이 너희를 하나하나 모으시리라
13 그날에 큰 나팔을 불리니 앗수르 땅에서 멸
망하는 자들과 애굽 땅으로 쫓겨난 자들이
돌아와서 예루살렘 성산에서 여호와께 예배
하리라

원 의미

24-27장은 역사에 대한 하나님의 주권을 찬양하고 있다. 여기서 나타나는 노래들은 술꾼들이 슬픔을 잊으려고 부르는 노래이기도 하고(24:9), 포학한 자의 노래이기도 하며(25:5), 하나님의 안위하심에 대한 찬양(26:1)이기도 하다. 그런데 본문에 나타난 노래는 그보다 더욱 상세하다. 이 노래는 하나님이 그의 백성을 구원하신 것을 찬양하며 그의 백성과 인격적인 교제를 나누시는 것에 대해

송축하고 있다. 이런 의미에서 볼 때 이 노래는 24-27장의 결론이라 할 수 있다. 첫 번째 노래와 두 번째 노래(24장과 25장)는 만민에 대한 심판과 구원을 선언한다. 세 번째 노래(26장)에서 백성들은 하나님을 신뢰하겠다고 선언하며, 스스로를 구원할 능력이 없음과 세상에서 자기의 사명을 성취할 수도 없음을 고백한다. 그러자 이제 하나님은 그들을 구원하시겠다는 약속을 확증해 주신다.[1]

여기에서 우리는 5장과는 반대되는 묘사를 보게 된다. 5장에서 하나님은 쓴 포도를 맺은 포도원, 즉 그의 백성의 나라를 들짐승들을 불러들여 파괴시킨다. 그는 담을 헐어 버릴 것이고 거기에 "질려와 형극"이 나도록 방치하셨다(5:6). 그런데 이제 우리는 이와는 전혀 다른 "포도원"을 보게 된다. 하나님은 "노하지 않으셨으며", 오히려 "질려와 형극"이 대적하여 싸운다면(27:4) 그것을 잘라 불태워 버리기를 원하신다. 그러나 하나님은 혼유적 표현으로 질려와 형극(열방을 가리키는 것이 분명하다)이 와서 하나님과 "화친"할 수도 있다고 말씀하신다(27:5). 어쨌든 "야곱"의 포도원은 결실이 풍성해져서 "온 세상을 그 결실로 채울" 것이다(27:6).

이 급작스러운 변화에 대해 어떻게 설명할 것인가? 분명히 하나님은 그의 백성에 대해 분노하셨고, 너무 진노하신 나머지 그들을 멸망시키고자 하셨다. 그러나 이제 와서 하나님은 전혀 그런 적이 없으신 것처럼 말씀하신다. 6-11절이 그 문제에 대해 설명한다. 하나님은 그의 백성들을 멸하시려는 목적으로 그의 포도원, 즉 이스라엘을 멸망시키지 않으셨다. 만약 이와 같은 멸망을 보려면, 하나님이 도구로 사용하신 이스라엘을 친 자들의 멸망을 보면 된다(27:7).

물론 하나님은 몰아치는 폭풍 앞의 회전초(tumbleweed)와 같이(27:8) 이스라엘을 몰아치셨다. 그러나 그분의 목적은 이스라엘을 멸망시키시는 것이 아니라 정화하시려는 것이었다. 이 점이 27:9에 명백히 나타나 있다. 여기에서 하나님은 죄악을 제거하심으로 우상숭배가 종식될 것이라고 말씀하신다. 이 구절의 히브리어는 모호한 측면이 있어서 "야곱의 불의가 속함을 얻는다"는 표현이 정확하게 무엇을 뜻하지는 알 수가 없었다. 하지만 그 결과는 분명하다. 바빌론 유수의 시련을 통해 언약의 하나님께 대한 명백한 불순종의 표시인 우상숭배가 사라지게 될 것이

1. 이 장 전체는 후기 포로기적 관점으로 기록됐다. 이와 같은 사실은 본문이 포로기 이전에 기록될 수 없음을 입증해 준다. 그렇지만 예언이 미래를 예고한다는 특성을 인정한다면, 그렇게 생각할 필요는 없다. 선지자는 주전 700년에 하나님의 신뢰성에 대한 사례를 제시하고 있는 것이다. 이스라엘이 신뢰를 거부함으로써 재난을 초래했을 때, 하나님이 그들을 은혜로 구원하심으로써 자신이 얼마나 신뢰받기에 합당한가를 입증해 줄 것이라는 논증은 필수적이라고 할 수 있다.

라는 점이다.[2]

히브리어 성경에서 9절과 10절 사이에는 분명한 연관성이 있다. 10절은 ki("왜냐하면")로 시작한다. 그러므로 9절을 읽을 때 7-9절만 읽어서는 안 되고 10-11절까지 연결해서 읽어야 한다. 그러나 이 연관성이 의미하는 바가 완전히 드러나지는 않는다. 왜냐하면 "견고한 성읍"의 정체가 밝혀지지 않기 때문이다. 이 단락의 다른 구절들을 참고한다면, 이 성읍은 하나님의 백성을 압제하는 자들을 나타내는 것 같다(25:2).[3] 그렇다면 이 구절의 가장 자연스러운 의미는 이러하다. "견고한 성읍" 즉 "지각 없는 백성들"이 멸망당할 때, 하나님은 은혜로 이스라엘을 해방시키실 것이며, 이스라엘은 언약에 대한 새로운 순종으로 그 은혜에 응답할 것이다.

또다른 해석도 가능하다. 이 부분에서 비유의 전환(a shift of metaphor)이 일어났다고 보는 것이다. 그래서 10절의 "견고한 성읍"은 예루살렘을 지칭하는 것으로 보며, 이 "견고한 성읍"의 의미는 가까운 문맥을 통해 추정될 수 있다.[4] "지각이 없으므로"라는 11절 역시 1:3처럼 이스라엘을 가리키는 것으로 본다. 그렇다면 이 11절은 재앙이 왜 필요했는지에 대해 27:8의 요점을 재진술하고 있다고 보아야 한다는 것이 둘째 해석이다. 모든 것을 고려해 볼 때 비유의 전환이 일어났다는 증거를 찾을 수 없기 때문에, 나는 두 가지 해석 가운데 첫째 해석이 옳다고 본다.[5]

27:12-13은 그의 백성에 대한 하나님의 약속으로 마무리된다. 지지는 수확의 은유로 시작한다. 하나님은 곡식 한 알도, 올리브 열매 하나도 잃게 허락하시지 않을 것이다. 오히려 하나님은 부지런히 그들을 모두 땅의 먼 경계에서 모으실 것이다. 북쪽 "유브라데"와 남쪽 "애굽 시내"[6]에서 모으실 것이다. 같은 내용이 다른 비유를 통해 한 번 더 제시된다. 13절을 보면 전쟁을 위한 소집 나팔이 울려퍼진다. 북쪽과 남쪽에서 유랑하던 자들이 "거룩한 산에서 주님을 경배하기 위하여" 소집된다. 하나님은 그곳에서 마지막에 성대한 연회를 베푸실 것이다(25:6-8).

---

2. "아세라와 태양상"은 가나안 다산의 여신인 아세라 제단 주변의 포플러 나무 숲이었던 것 같다. 이 기둥들은 여신을 상징했던 것 같다.
3. 이런 식으로 이해하는 최근의 성경 해석가들은 다음과 같다. Motyer, *Prophecy of Isaiah*, 224-25; Seitz, *Isaiah 1-39*, 198-200; Childs, *Isaiah*, 198. 그러나 Seitz와 Childs는 근본적으로 다르게 해석한다. Seitz에 따르면, 이 단락은 이방 제사가 속죄받을 수 있음을 보여 주고 Childs에 따르면, 이 단락은 구약에서는 보편적 구원이 없음을 보여 준다.
4. 최근의 성경 해석가들 가운데 Watts(*Isaiah 1-33*, 349-50)는 이런 입장을 취하는 실례가 된다.
5. 세 번째 대안은 Wildberger, *Isaiah 13-27*에서 주장되고 있다. 그에 따르면, "견고한 성읍"은 우상숭배로 유명했던 사마리아를 가리킨다.
6. 역사적으로 볼 때 약속의 땅의 남부 지경(수 15:47)으로, 대략 오늘날 이스라엘의 남부를 말한다.

상황잇기

포도원을 가진 자들이 오늘날 거의 없다면, 대부분은 『오래된 집』(*This Old House*)이라는 시에 익숙할 것이다. 이 시에서 하나님이 무엇을 말씀하고 계시는지를 생각해 볼 수 있을 것이다. 하나님은 단지 오래된 집에 흰개미들을 적발하기를 바라신다. 그 흰개미들을 박멸하고, 개미들이 입힌 피해들을 말끔히 수리하면 얼마나 기쁠까! 수리된 집이 이전의 집보다는 훨씬 나을 것이다. 혹은 오래된 축대와 배선을 뜯어내는 것은 어떨까? 하나님은 오래된 집에 아낌없는 관심을 보이신다. 당신은 그분이 어떤 의도로 이 일을 시작하셨는지 인식하지 못할 것이다. 왜 하나님은 구태여 이 일을 행하시는 건가? 그 집을 팔아서 돈을 많이 벌기 위해서인가? 결코 아니다! 그가 집을 고치는 데 혼신의 노력을 쏟아 부으신 것은 바로 그 집에서 살기 원하시기 때문이다.

먼저 우상숭배를 남신과 여신들의 형상을 만드는 일로 생각해서는 안 된다는 점을 상기해야 한다. 우상숭배는 태도이다. 즉 내 필요를 충족시키기 위해 만유를 통제하는 세력들(forces)로 조작하는 방법을 찾는 태도를 가리킨다. 조각된 형상은 단순히 그 세력들을 눈에 볼 수 있게 만들어서 자기 통제 아래 두려는 것이다.

그러나 조각된 형상은 단지 증상일 뿐이다. 우상숭배자의 태도를 견지한다면 신상을 만들겠다는 생각은 결코 하지 않을 수도 있다. 피조물의 요소들을 조작함으로써 자신의 필요를 충족시키고자 할 때마다 우상숭배에 사로잡히게 된다. 하나님은 우리의 필요를 그에게 맡기라고 요청하시며, 그의 방식대로 필요들을 충족시키기 위해 그를 신뢰하라고 요청하신다. 대개 하나님은 우리의 재능과 능력을 통해 우리의 필요를 채우실 것이다. 그러나 모든 것은 우리가 취하는 태도에 달려 있다.

현대적 의미

오늘날 우리의 삶 가운데 하나님의 사역은 멸망이 아니라 정화를 위해 계속 이루어지고 있다. 고난과 역경이 우리의 여정에 엄습해 온다 하더라도 하나님에 대한 우리의 태도에 따라 그것들을 대하는 모습이 달라질 수 있다. 만약 하나님을 현재 우리의 모습과 같은 "오래된 집"을 뜨겁게 사랑하시는 분으로 생각한다면, 그분의 톱질과 망치질이 고통스러울지라도 훨씬 더 수월하게 인내할 수 있을 것이다. 그러나 하나님을 혹독한 징계를 결심한 무자비한 재판관으로 생각한다면, 우리가 당하는 고난과 역경은 정말로 견디기 힘들 것이다.

우리는 욥의 교훈을 기억해야 한다. 고난과 역경은 결코 쉽게 설명될 수 없는 것이다. 때때로 고난에 대한 그럴싸한 설명을 해주려다가 고난 자체보다 더 큰 상처를 입히는 경우도 있음을 알아야 한다. 욥의 "위로자들"이 잘 알지도 못하면서 그릇된 설명을 한 것은 결코 좋은 선택이 아니었다. 그들이 차라리 침묵을 지켰더라면 훨씬 좋았을 것이다.

우리는 위기를 기회로 삼아야 한다. 하나님과 우리 사이를 가로막는 것은 없는가? 언약의 하나님께 대한 충성심이 연약해지지는 않았는가? 자신을 그분께 헌신하며 신뢰하고자 하는 자세가 온전하지 못한 것은 아닌가? 만약 이 질문에 대한 대답 가운데 조금이라도 "그렇다"라고 생각된다면, 우리에게는 한 가지 선택만이 남아 있을 뿐이다. 즉 거룩한 탄식, 회개, 하나님의 거룩한 은혜에 내어 맡기는 것이다. 이것이 부도덕한 자를 고린도 교회 밖으로 출교시킬 것을 요구한 바울의 목적이었다. 이 출교는 처벌이 아니라 고난이 회복을 가져올 것이라는 소망에서 비롯된 것이었다(고전 5:5).

만약 성령을 통한 고난은 받을 만한 가치가 있음을 확신하지 못한다면, 베드로의 적절한 권고를 보라.

> 사랑하는 자들아 너희를 시련하려고 오는 불 시험을 이상한 일 당하는 것같이 이상히 여기지 말고 오직 너희가 그리스도의 고난에 참예하는 것으로 즐거워하라 이는 그의 영광을 나타내실 때에 너희로 즐거워하고 기뻐하게 하려 함이라(벧전 4:12-13).

어떻게 해서든 고통을 피하고자 하는 우리들에게 있어서 이러한 삶의 태도는 쉬운 일이 아니다. 그러나 하나님이 우리의 인생길에 고난을 허락하실 때에 그분이 멸망을 염두에 두고 계시지 않다는 사실을 반드시 깨달아야 한다. 만약 고난이 징계를 위한 목적이 아니라면, 그것은 악과 투쟁함으로써 하나님의 은혜를 드러내는 데 목적이 있을지 모른다. 여하튼 우리는 그리스도의 고난이 하나님의 영광으로 인도하듯이 우리의 고난도 우리를 영광으로 인도할 것임을 알 수 있다(벧전 5:10). 하나님의 궁극적인 목적은 우리로 하여금 심판을 넘어 마지막 추수의 열매로 인도하는 데 있기 때문이다.

이사야 28:1-29

1 에브라임의 술취한 자들의 교만한 면류관은
화 있을진저 술에 빠진 자의 성 곧 영화로운
관 같이 기름진 골짜기 꼭대기에 세운 성이
여 쇠잔해 가는 꽃 같으니 화 있을진저
2 보라 주께 있는 강하고 힘 있는 자가 쏟아지
는 우박 같이, 파괴하는 광풍 같이, 큰 물이
넘침 같이 손으로 그 면류관을 땅에 던지
리니
3 에브라임의 술취한 자들의 교만한 면류관이
발에 밟힐 것이라
4 그 기름진 골짜기 꼭대기에 있는 그의 영화
가 쇠잔해 가는 꽃이 여름 전에 처음 익은 무
화과와 같으리니 보는 자가 그것을 보고 얼
른 따서 먹으리로다
5 그날에 만군의 여호와께서 자기 백성의 남은
자에게 영화로운 면류관이 되시며 아름다운
화관이 되실 것이라
6 재판석에 앉은 자에게는 판결하는 영이 되시
며 성문에서 싸움을 물리치는 자에게는 힘이
되시리로다
7 그리하여도 이들은 포도주로 말미암아 옆 걸
음 치며 독주로 말미암아 비틀거리며 제사
장과 선지자도 독주로 말미암아 옆 걸음 치
며 포도주에 빠지며 독주로 말미암아 비틀거
리며 환상을 잘못 풀며 재판할 때에 실수하
나니
8 모든 상에는 토한 것, 더러운 것이 가득하고
깨끗한 곳이 없도다
9 그들이 이르기를 그가 누구에게 지식을 가르
치며 누구에게 도를 전하여 깨닫게 하려는가
젖 떨어져 품을 떠난 자들에게 하려는가
10 대저 경계에 경계를 더하며 경계에 경계를
더하며 교훈에 교훈을 더하며 교훈에 교훈을
더하되 여기서도 조금, 저기서도 조금 하는
구나 하는도다
11 그러므로 더듬는 입술과 다른 방언으로 그가
이 백성에게 말씀하시리라
12 전에 그들에게 이르시기를 이것이 너희 안식
이요 이것이 너희 상쾌함이니 너희는 곤비한
자에게 안식을 주라 하셨으나 그들이 듣지
아니하였으므로
13 여호와께서 그들에게 말씀하시되 경계에 경
계를 더하며 경계에 경계를 더하며 교훈에
교훈을 더하며 교훈에 교훈을 더하고 여기서
도 조금, 저기서도 조금 하사 그들이 가다가
뒤로 넘어져 부러지며 걸리며 붙잡히게 하시
리라
14 이러므로 예루살렘에서 이 백성을 다스리는
너희 오만한 자여 여호와의 말씀을 들을지
어다
15 너희가 말하기를 우리는 사망과 언약하였고
스올과 맹약하였은즉 넘치는 재앙이 밀려올
지라도 우리에게 미치지 못하리니 우리는 거
짓을 우리의 피난처로 삼았고 허위 아래에
우리를 숨겼음이라 하는도다
16 그러므로 주 여호와께서 이같이 이르시되 보
라 내가 한 돌을 시온에 두어 기초를 삼았노
니 곧 시험한 돌이요 귀하고 견고한 기촛돌
이라 그것을 믿는 이는 다급하게 되지 아니
하리로다
17 나는 정의를 측량줄로 삼고 공의를 저울추로
삼으니 우박이 거짓의 피난처를 소탕하며 물
이 그 숨는 곳에 넘칠 것인즉

18 너희가 사망과 더불어 세운 언약이 폐하며
스올과 더불어 맺은 맹약이 서지 못하여 넘
치는 재앙이 밀려올 때에 너희가 그것에게
밟힘을 당할 것이라
19 그것이 지나갈 때마다 너희를 잡을 것이니
아침마다 지나가며 주야로 지나가리니 소식
을 깨닫는 것이 오직 두려움이라
20 침상이 짧아서 능히 몸을 펴지 못하며 이불
이 좁아서 능히 몸을 싸지 못함 같으리라 하
셨느니라
21 대저 여호와께서 브라심 산에서와 같이 일어
나시며 기브온 골짜기에서와 같이 진노하사
자기의 일을 행하시리니 그의 일이 비상할
것이며 자기의 사역을 이루시리니 그의 사역
이 기이할 것임이라
22 그러므로 너희는 오만한 자가 되지 말라 너
희 결박이 단단해질까 하노라 대저 온 땅을
멸망시키기로 작정하신 것을 내가 만군의 주
여호와께로부터 들었느니라
23 너희는 귀를 기울여 내 목소리를 들으라 자
세히 내 말을 들으라
24 파종하려고 가는 자가 어찌 쉬지 않고 갈기
만 하겠느냐 자기 땅을 개간하며 고르게만
하겠느냐
25 지면을 이미 평평히 하였으면 소회향을 뿌리
며 대회향을 뿌리며 소맥을 줄줄이 심으며
대맥을 정한 곳에 심으며 귀리를 그 가에 심
지 아니하겠느냐
26 이는 그의 하나님이 그에게 적당한 방법을
보이사 가르치셨음이며
27 소회향은 도리깨로 떨지 아니하며 대회향에
는 수레 바퀴를 굴리지 아니하고 소회향은
작대기로 떨고 대회향은 막대기로 떨며
28 곡식은 부수는가, 아니라 늘 떨기만 하지 아
니하고 그것에 수레바퀴를 굴리고 그것을 말
굽으로 밟게 할지라도 부수지는 아니하나니
29 이도 만군의 여호와께로부터 난 것이라 그의
경영은 기묘하며 지혜는 광대하니라

원 의미

28-33장에서 선지자는 13장 이후 자료의 특징인 '신뢰'에 대해서 계속해서 가르치고 있다. 특정한 나라들(13-23장)과 열방(24-27장)에 대한 하나님의 통치권에 대해 확실히 설명한 뒤, 이제 이사야는 이스라엘과 유다의 특정한 상황으로 되돌아온다. 그들은 선지자들을 통해 자신을 끊임없이 계시하셨던 왕이신 그분 대신에 열방을 의지하는 어리석음을 저지르고 있다.

하나님을 신뢰하지 않으려는 자는 멸망에 이를 수밖에 없기에, 이사야는 몇 장을 장례 용어인 "아이고!"(woe, 개역성경에서는 "슬프다" 또는 "화 있을진저"로 번역하고 있으나, 사실상 이 표현은 죽은 이 앞에서 내뱉는 탄식어이다-옮긴이)로 시작하고 있다(28:1; 29:1, 15; 30:1; 31:1; 33:1). 28-33장의 본문은 각각 두 장씩 묶어서 구분할 수 있다. 28-29장은 어리석고 술 취한 지도자들 때문에 타락한 현실 문제를 다루고, 30-31장은 그들이 내린 해결책, 즉 이집트를 의지하는 것에 대해 비판한다. 32-33장은 참된 해결책을 제시한다. 그 해결책은 바로 참된 통치자이시며 의로운 왕이신 그분을 의지하는 것이다.

이 장들의 대부분은 유다에 초점을 맞추고 있다. 아마도 유다가 이사야의 고향이기 때문에 그런 것 같다. 그러나 28장은 "에브라임" 즉, 북이스라엘을 향한 탄식의 소리로 시작된다. 이 메시지가 얼마나 계속될지는 분명치 않다. 분명 28:14에서 초점은 예루살렘으로 옮겨지고, 그후 초점을 다시 북이스라엘로 옮기지는 않는다. 하지만 북이스라엘은 최후의 멸망에 이르렀기 때문에 28:14 이후의 내용은 북이스라엘과 관련이 있어 보인다.

이 본문은 7-8장에 기록된 사건보다 다소 후대에 일어난 사건들과 연관되어 보인다. 이 사건들은 분명히 36-37장의 사건들보다도 앞선다. 따라서 이것은 주전 730-705년경에 일어난 사건으로 보인다. 아시리아에 의한 북이스라엘의 멸망이 분명해지자, 아하스가 아시리아와 맺은 "동맹"은 이사야의 예언대로 무용지물이 되고 말았다. 그러자 마지막 남은 유일한 희망은 이집트뿐이었다. 이집트를 제외하고는 이 땅의 어떤 나라도 아시리아를 대항할 만큼의 큰 군대를 일으킬 수 있는 부와 자원을 겸비하지 못했기 때문이다. 하지만 이사야가 보기에 이집트를 의지하는 것은 아시리아를 의지하는 것 못지않게 어리석은 짓이었다. 이집트가 아시리아처럼 유다를 공격하지 않더라도 이집트 역시 순전한 사람에 불과할 뿐이며(31:3), 만유의 왕이 허락하실 수 있는 도움을 유다에게 베풀어 줄 수 없다.

28장은 네 개의 단락, 즉 1-6절, 7-13절, 14-22절, 23-29절로 구성된다. 여기서 한 가지 문제점은 7-13절이 1-6절과 더 밀접하게 연관되어 있는지 아니면 모티어 Motyer의 생각처럼 14-22절과 더 밀접한 연관성이 있는지에 관한 것이다.[1] 에브라임에 대한 선언이 14-22절에서 계속되고 있는 것인지 아니면 이미 유다와 예루살렘으로 초점이 옮겨졌는지도 논의의 대상이다.

에브라임에 대한 선언(28:1-6)

이 단락(聯) 전체에 걸쳐서 "면류관"이라는 단어가 크게 부각되고 있다. 면류관은 승자나 잔치 참여자(reveler)의 머리에 씌우는 꽃과 덩굴로 만든 원형 장식이다. 이와 동일한 관습이 그리스-로마 문화에도 존재하였다. 사마리아의 술 취한 잔치

1. Motyer, *Prophecy of Isaiah*, 229-30.

참여자들은 자기 앞에 닥쳐온 공포를 잊고자 자신의 머리에 면류관을 쓴다. 동시에 "골짜기 꼭대기"(28:1, 4)에 세운 성도 마치 이 면류관들 가운데 하나처럼 보인다. 그러나 이사야는 이 면류관들이 실제 면류관이든 상징적 면류관이든 간에, 땅에 던져지고 짓밟히게 되는 날을 바라보고 있다. 북이스라엘의 "교만"은 익은 "무화과"(28:4)와 같이 따서 먹힐 것이다.

그러나 여기 또 다른 "면류관"이 있는데 그것은 바로 주님이시다(28:5). 그분은 교만을 버리고 자신을 즐거이 순종하는 자들에게 아름다움과 영광을 선사하실 것이다. 그분은 재판관들에게 "공의"를, 군사들에게는 "힘"을 주실 것이다(28:6). 저자는 5절에서 "면류관"을 언급함으로써 논점을 명확히 드러내고 있다. 술 취한 정치 지도자들과 "전능하신 주님" 중에 누가 과연 진정한 왕이겠는가?

계속되는 에브라임을 향한 선언(28:7-13)

28:7에 등장하는 "~도"(also)라는 표현을 고려해 볼 때, 이 구절이 북이스라엘을 향해 계속 전달되고 있는 듯하다. 1-4절이 정치 지도자들과 귀족층에 대해 이야기한 반면, 7-8절은 제사장과 선지자들도 더 나을 것이 없음을 보여 준다. 제사장과 선지자들 역시 자기 자신을 기쁘게 하려고 흠뻑 술에 취해 있다. 의심할 바 없이 술의 남용은 그들에게 문젯거리였다. 그러나 그것은 더 큰 문제점의 증상에 불과하다. 즉 좀 더 큰 문젯거리는 그들의 필요와 욕구를 주님께 의탁하지 않는 태도이다(참조. 말 2:1-9).

그 결과 이와 같은 절망적인 상황 속에서 분명한 지침과 가르침을 제시해야 할 자들이 정신을 잃고 인사불성으로 허덕인다. "모든 상"(28:8)은 제사장의 재판석에 위치한 상, 혹은 잔칫꾼들이 앉았던 자리(mats)를 의미하는 듯하다. 여하튼 이사야는 이 상에는 토한 것으로 가득하다고 말한다. 이것은 이사야가 당시 상황을 얼마나 역겹게 여기고 있는지를 잘 보여 준다.

9-10절은 참 선지자를 향한 종교 지도자들의 조롱을 보여 준다. 그들은 "그가 우리를 어린아이처럼 취급하고 있지 않은가?"라고 말한다. 술은 그들을 유치하게 만들었을 뿐만 아니라 진실도 보지 못하게 만들었다. 그들은 선지자의 가르침이 반복적이면서도 간결하다고 비난한다. 그리고 종교지도자 자신들의 세련된 지성에 딱 맞는, 다소 심오하면서도 미묘한 맛이 부족하다고 본다.[2]

28:11-13에서 이사야는 그들이 지금 듣고 있는 말을 이사야가 아닌 다른 사람

에게서 정확하게 듣게 될 것이라고 말한다. 종교 지도자들은 하나님 안에서 안식하라는 그분의 초대를 거부하고서 그들의 어줍잖은 자존심과 천박한 즐거움을 붙들고 있다. 따라서 그들은 "생소한 입술과 다른 방언"으로 하나님의 진리를 배우게 될 것이다. 다시 말해 선지자가 가르쳤던 진리를 아시리아인들이 그들에게 가르쳐 줄 것이다. 아시리아 정복자들의 요구는 "정말로" 단순하고 반복적일 것이다. 백성들이 하나님을 신뢰라는 쉬운 길을 깨닫지 못한다면, 그들은 쓰라린 경험이라는 어려운 길을 걸어야 할 것이다. "그들은 가다가 뒤로 넘어질 것이다" (28:13).

예루살렘의 지도자들을 향한 메시지(28:14-22)

이제 초점은 예루살렘의 지도자들에게로 옮겨진다. "이러므로"(therefore)라고 말을 시작한 선지자는 남유다 지도자들도 북이스라엘 지도자들에게 선포된 말에 귀 기울여야 한다고 호소한다. 선지자는 남유다 지도자들도 북이스라엘을 향해 외친 선지자의 메시지에서 교훈을 얻어야 한다는 뜻을 전하고 있는 듯하다. 북이스라엘에는 심판이 임박한 상태이다. 그러나 남유다에 있다고 해서 심판을 피할 수 있는 것은 결코 아니다. 28:15이 유다 지도자들이 실제로 한 말을 인용한 것인지, 선지자가 그들의 말을 풍자적으로 재진술한 것인지는 확실치 않다. 나는 후자라고 생각하는데, 실제로 남유다 지도자들이 "우리는 거짓으로 우리 피난처를 삼았다"는 말을 했다고는 상상하기 어렵기 때문이다.

"경만한 자"(28:14)는 아마도 이사야가 남유다 지도자들에게 붙일 수 있는 가장 구약의 모멸적 어구인 것 같다. "경만한 자"는 진리를 거부할 뿐만 아니라 그것을 무시하는 사람이다.[3] 북이스라엘 지도자들과 마찬가지로, 남유다의 "경만한 자들"도 하나님을 신뢰하는 것은 어리석다며 비웃었고 결국 "사망"과 언약했다. 이것은 이집트와의 동맹을 가리키는 것으로 보인다.[4] 그들은 아시리아와 같은

---

2. 이에 대한 히브리어의 의미는 논쟁거리가 된다. 히브리어로 읽으면, "*ṣaw laṣaw ṣaw laṣaw, qaw laqaw, qaw laqaw*"이다. 이에 대한 해석은 다음과 같다. 의미 없이 중얼거리는 소리, 히브리어의 알파벳을 가르치는 한 방법, 아이의 걸음마를 가르칠 때 부모가 사용하는 아이의 언어 등. NIV는 *ṣaw*를 *miṣwah*(계명)의 축약 형태로 보는 입장이다. 그리고 *qaw*는 측량하는 줄과 추를 뜻하는 단어이다(참조. 17절). 대안적 해석에 대해 좀 더 구체적으로 살펴보려면, Oswalt, *Isaiah 1-39*, 512, n. 36을 보라.
3. 잠 1:22; 29:8을 보라. 또한 시 1:1; 잠 21:24; 22:10; 사 29:20에 나오는 "경만한 자들"을 보라.

"넘치는 재앙"이 닥치더라도 이집트가 그들의 생명과 나라를 보장해 줄 것으로 믿는다. 그러나 사실 그들의 언약은 생명이 아닌 죽음을 가져다 줄 것이다.[5] 그들은 하나님의 능력보다 인간의 능력이 더 잘 보호해 줄 것이라는 "거짓"된 생각과 동맹하였다.

"사망과의 언약"에 대한 하나님의 응답이 28:16-19b에 나타난다. 하나님은 자신만이 홀로 신뢰받을 분이라고 단언하신다. "시험한 돌"(16절)은 지도자들이 "피난처"(17절)로 삼은 "거짓"과는 정반대의 것이다. 그 돌의 치수는 하나님의 "공평"과 "의"로 이루어져 있다. 그것은 어떤 충격이 오더라도 넘어지지 않는다. 그 위에 집을 짓는 자는 "낙담하지 않을 것이다." 즉 그들은 차분하고 침착할 수가 있다. 왜냐하면 12절에서 약속된 "안식"을 경험하고 있기 때문이다. 그 "돌"은 하나님을 신뢰할 수 있는 모든 요소들의 응집체로 볼 수 있다. 그가 아닌 다른 어떤 신뢰할 만한 것이 나타나더라도, 그것은 "사망으로 더불어 세운 언약"(18절)이므로 금새 결점이 드러나고 말 것이다.

28:17c-19b에서 하나님은 지도자들이 교활하게 지어 놓은 "은신처"가 폭풍 앞의 오두막처럼 일순간 사라져 버릴 것이라고 선언하신다. "넘치는 재앙"(15절) 속에서 안전하기는커녕, 그들은 완전히 재앙에 휩쓸려 갈 것이다(18절). 재앙에서 자신들을 보호하려는 예루살렘 지도자들의 어리석은 시도는 실상 그들을 더 위태롭게 만들 것이다. 게다가 홍수는 한 번으로 그치지 않고 계속해서 (아침마다) 반복될 것이다. 이 표현은 그 지역이 함락될 때까지 전진과 후퇴를 반복하는 아시리아의 전술을 정확하게 반영하고 있다.

28:19c-22는 하나님이 말씀하신 바를 선지자가 전하고 있는 부분이다. 이 메시지를 진실로 이해하는 자는 누구든지 두려움에 사로잡힐 수밖에 없다. 왜냐하면 도무지 피할 곳이 없기 때문이다. 20절은 아마도 이런 뜻을 가진 대중적인 속담인 것 같아 보인다. 하나님이 행동을 시작하시면 이집트와의 동맹도 그들에게 아무런 유익을 가져다 줄 수가 없다. 그리고 핵심은 "넘치는 재앙"(28:15, 18)이란 실상 아시리아보다는 주님이시라는 사실이다. "경만한 자"들이 걱정해야 할 분은 오직 주님이시다. 주님이 아시리아보다 훨씬 더 무서운 적이 되실 수도 있다

4. 이것은 가나안 신화의 모트 신(죽음)을 가리킬 수도 있다. 즉 이것은 지도자들이 자신을 재앙에서 보호하기 위해 이 신과 계약을 맺었음을 암시해 준다.

5. 선지자는 또한 이집트 종교에 나오는 지하세계의 신, 오시리스(Osiris)를 암시하고 있는 듯하다.

는 것을 알아야 한다.

주께서 "브라심 산"(28:21; 참조. 삼하 5:20)에서 파도로 블레셋 사람을 치셨던 것처럼, "기브온 골짜기"(28:21; 참조. 수 10:11)에서 가나안 사람을 우박으로 흩으셨던 것처럼 자기 백성을 다루실 것이다(참조. 1:24). 이것은 "이상한 일"(strange work, 28:21)이다. 그러나 백성들이 구원받을 희망이 조금이라도 남아 있으려면 이것은 피할 수 없는 일이다. 따라서 경만한 자들은 하나님의 말씀을 "조롱하는 것을 멈추고"(28:22) "전능하신 주님"(문자적으로는 "만군의 여호와이신 주님")이 말씀하시는 것에 귀기울여야 할 것이다.

농경적 관점에서 본 실례(28:23-29)

다시 한번 이사야는 묘사로 그의 메시지를 끝맺는다. 그는 하나님의 말씀에 대해서 말하고 있었다. 그러나 경박한 자들과 술 취한 자들은 그 말씀을 들으려 하지 않았다. 영적 세계를 아우르는 아주 단순한 인과법칙들이 있는데, 그 법칙들이 무시당할 때 결국 재앙을 낳게 된다고 이사야는 말한다. 이 구절에서 선지자는 농경 세계에서 실례를 이끌어 내려고 한다.

아주 무식한 농부라도 할 일과 하지 말아야 할 일을 알고 있다. "너희는 귀를 기울여 내 목소리를 들으라"(28:23)는 말은 궁정 대신들에게 익숙한 지혜문학과 비슷하다. 또한 궁중 회의라는 활동과 농사라는 활동을 서로 비교하는 형식은 지혜 문학의 특징과 같다. 농부는 바람직한 농사 방식이 정해져 있음을 알고 있다. 농부는 마치 쟁기질하는 것이 목적인 양 계속 쟁기질만 하지 않는다. 그가 씨를 뿌릴 때에는 다른 종류의 씨앗들을 섞지 않는다. 각각의 씨앗은 따로 분리해서 재배한다. 그가 타작할 때에는 곡식의 크기에 맞는 적당한 도구를 사용한다. 자그마한 곡식인 "소회향"과 "대회향"에 육중한 타작기구(threshing sledge)를 쓰거나 돌로 된 수레바퀴를 사용한다면 알곡들은 부서지고 말 것이다. 그 대신에 농부는 "도리깨"(a jointed stick, 영어로는 flail라 불린다)를 사용한다. 또한 농부는 알곡을 갈기 위해서 타작기구를 사용하지 않는다. 곡식을 가는 것은 다른 도구이기 때문이다.

이사야는 농부들이 이런 원리들을 하나님, 즉 창조주로부터 배웠다고 말한다. 하나님의 자연 계시는 농부들에게 생명이 어떻게 작용하는지 가르쳐 주었다. 하나님은 신뢰할 만하지만 인간은 신뢰할 수 없음을 농부는 깨달았다. 자연 계시와 특별 계시의 모든 혜택을 누리고 있는 모사꾼들은 왜 교육받지 못한 농부들만큼 깨닫지 못하는 것인가?

상황잇기

면류관 사마리아. 위에서 언급한 대로 사마리아는 지중해 연안 평지에서 완만하게 솟아 있는 광활한 골짜기의 꼭대기에 위치하고 있다. 사마리아 성은 산꼭대기를 둥글게 감싸고 있는 총안(銃眼, 활 쏘는 구멍을 말함-옮긴이)이 있는 성벽 때문에 마치 승자나 잔치 참여자revelers에게 씌워진 면류관처럼 보였다. 이스라엘의 왕 오므리가 수도를 훨씬 깊숙한 내부 오지와 같은 디르사(Tirzah)에서 사마리아로 옮겨온 것은 북이스라엘이 전성기에 달했다는 것을 실제적으로 표현한 것이다. 그들은 더는 안보에 대해 걱정할 필요가 없었고, 고립되고 편협한 나라로 있을 필요가 없었다. 사마리아 계곡의 극단, 즉 사마리아 성에서 16킬로미터 떨어진 사마리아 계곡 기슭에는 이집트와 메소포타미아로 이어지는 거대한 국제 도로가 있었기 때문에, 세계 정세 속에서 그들의 위치를 누릴 수 있었다.

사마리아는 오므리의 아들 아합 시대에 더욱 영화로웠다. 아모스는 사마리아 백성들이 상아로 만든 침상에서 기지개를 켠다고 언급하고 있다(암 6:4). 실제로 아합 시대의 고고학 사료들은 사마리아에서 상아에 무늬를 넣은 정교한 세공품이 있었음을 보여 준다. 사마리아의 부와 아름다움은 분명 북이스라엘 백성들이 지니는 자부심의 원천이었을 것이다. 그러나 이사야는 그 아름다운 "면류관"이 땅에 내동댕이쳐질 것이라고 말한다. 실제로 이 같은 일은 아시리아의 왕 살만에셀과 사르곤에 의해 주전 722-721년에 이루어졌다. 헤롯 왕이 사마리아에 세바스테Sebaste라는 도시를 건설했지만, 이곳은 과거의 영광을 결코 재현할 수 없었고 오늘날에는 버려진 곳이 되었다.

에브라임. 북이스라엘의 유력한 두 지파는 에브라임과 므낫세였다. 처음에 므낫세는 에브라임보다 더 넓은 땅을 배분받았지만, 에브라임의 땅은 대부분 구릉지대에 있었기에 므낫세 지파의 땅보다 더 쉽게 가나안을 정복할 수 있었다. 에브라임이 두 지파 중에서 더 영향력 있는 지파로서 북이스라엘 전체를 가리키게 된 것은 바로 이 때문이다. 에브라임의 땅은 예루살렘에서 북쪽으로 9.6킬로미터 떨어진 곳부터 그리심 산 아래까지 약 29킬로미터 펼쳐져 있었다. 그리고 동편 요단 계곡의 정상부터 서편 해안 평지까지 약 40킬로미터를 차지하고 있었다. 사마리아도 실제로는 므낫세 지파의 영역에 속한 땅이었지만, 이사야 7:9에서는 에브라임의 수도로 언급되고 있다(9:9; 호 7:1; 옵 19에서도 그러하다).

외국 방언. 고대 근동에서 사용된 거의 모든 언어들은 (이집트어와 히타이트어를 제외하고) 셈족 계통에 속해 있었지만, 서로 너무 달라서 다른 언어를 특별히 배우지 않은 사람은 자기 언어 이외에는 거의 알아들을 수가 없었다. 이것은 마치 오늘날 프랑스어, 스페인어, 이탈리아어가 같은 라틴어에서 유래되었지만 서로 알아들을 수 없는 현상과 비슷한 것이다. 따라서 아시리아어가 히브리어와 음성학적 구조와 약간의 어휘가 동일함에도 불구하고, 일반 이스라엘 백성은 아시리아어는 도무지 알아들을 수 없었다.

아시리아 제국의 언어 문제를 해결하기 위해 아시리아는 수리아의 방언인 아람어를 공용어로서 사용하였다.[6] 이것은 아마도 지리학, 언어학적인 이유가 있었던 것으로 보인다. 지리학적으로 볼 때, 수리아는 아시리아 제국 중앙에 있었다. 언어학적으로 볼 때, 아람어는 셈족 계통의 대표적인 두 어족인 동부 셈어족과 북서부 셈어족의 중간에 있는 언어였다.

농업. 유다와 에브라임 구릉지대는 좁은 계곡에 위치하고 있었는데, 그곳에서 농사는 대체로 호구지책이었다. 사람들은 마을에 살았지만 농사를 짓기 위해서는 마을 밖으로 나와야 했다. 쟁기는 대개 금속 소재의 날카로운 도구였으며, 부유한 농부일 경우 소가 쟁기를 끌었지만, 가난한 경우는 다른 사람과 함께 그 일을 해야 했다. 이 쟁기로 3-4인치 깊이로 땅을 갈고 난 뒤 동물이나 사람이 통나무 틀에 금속 못을 달아 내린 써레라는 기구를 다시 한 번 끌고 다니면서 흙덩어리를 잘게 부순다. 경작지는 작은 구획들로 나누어져 있었고, 그 경계는 가시 울타리나 보행로로 표시되었다.

주요 재배 곡물은 밀과 보리였다. 알갱이가 작은 양념 작물인 소회향과 대회향은 더 소규모로 분리된 구획에서 재배되었다. 수확기가 되면 곡물들은 금속이나 돌로 된 돌기가 달려 있는 목재 낫으로 베였다. 그후 평평한 마당에 곡식을 쌓아 놓고서는, 큰 도리깨와 탈곡 돌 수레바퀴를 곡식더미 위에서 여기저기 끌고 다니면, 곡식의 낟알이 곡식 줄기와 겨에서 떨어져 나오는 것이다. 그 다음 바람이 부는 날에 바구니나 바구니 모양의 키질하는 도구를 사용하여 모든 곡식을 공중에 띄워 올린다. 이때 겨는 날아가 버리고 무거운 알곡은 땅에 떨어지게 될 것이다.

---

6. 히스기야의 사신들이 랍사게에게 아람 방언으로 말해 달라고 부탁하고 있음에 주목하라(36:11). 그러나 랍사게는 일반 백성들이 이해할 수 있는 히브리어로 말함으로 위협을 가한다.

그러면 알곡들을 모아서 저장해 둔다. 미세한 낟알은 키질을 하기 전에 도리깨를 가지고 줄기와 겨에서 분리해 내야 한다.

현대적 의미

술. 본 장은 술 문제에 대해 강조하고 있다. 심혈을 기울였던 금주령이 실패로 끝난 이후, 미국 교회는 음주 문제에 대해 거의 침묵을 지켜 왔다. 부분적으로 볼 때 그 이유는 늘어나는 젊은 복음주의자들의 억지 논리, 즉 음주는 세련된 것이고 술자리는 재미있고 즐겁다는 인상을 심어 주는 대중매체와 주류 산업의 성공적인 홍보 효과 때문이다. 오늘날 미국에서 약물 남용에 관심을 쏟고 있음에도 불구하고, 알코올 중독은 더욱 심각한 문제가 되고 있다. 알코올 중독이 유전적인 원인을 가진다 해도, 술을 처음부터 입에 대지 않는다면 결코 알코올 중독자가 될 수 없다는 것은 분명한 사실이다.

고대 근동에서는 포도주와 맥주는 물의 오염 문제와 물을 조달하는 부분의 어려움으로 인해 종종 생활의 필수품이 되었다. 그것은 물의 정화와 물의 대용을 위해서였던 것이다. 그러나 오늘날 상황은 그렇지 않다. 얼마든지 깨끗한 물을 구할 수가 있기 때문에, 술을 마셔야 하는 불가피한 이유가 없다. 대신에 오늘날은 기분전환을 위해서 술을 마시는 경우가 많다. 그러나 그것은 엄청난 대가를 치르는 기분전환이다. 음주운전에 대한 "무조건적인" 처벌 부과와 음주운전에 반대하는 어머니들의 모임(Mothers Against Drunk Driving)의 노력에도 불구하고, 음주운전으로 인한 사망자는 계속해서 증가하고 있다. 어떤 주립 경찰관은 음주운전이 사라진다면 현재 고속도로 사고 사망자의 50퍼센트는 예방할 수 있을 것이라고 말했다.

교회에 속한 우리들은 음주 문제에 대한 입장을 새롭게 할 필요가 있다. 현재 음주를 완전히 금지하자는 것은 어설픈 극단주의로 취급받을 수도 있다. 하지만 금주(禁酒)야말로 건강과 행복으로 이끄는 현명하고 합리적인 길이라는 사실을 역설해야 한다. 물론 술을 절제해서 마시는 것은 가능한 일이다. 하지만 크리스천들이 꼭 그렇게 해야 하는가? 어떤 사람은 음주야말로 크리스천의 자유를 보여 주는 방법이라고 말한다. 그러나 왜 파멸의 길로 나갈 수도 있는 방법을 통해 자유를 보여 주어야만 하는가? 인위적인 자극이 필수적이지 않다는 것, 다시 말해 하나님이 주신 절제력을 약화시키며 불필요한 음식물을 섭취하지 않으면서도 얼마든지 피로를 풀 수 있고 즐거운 시간을 보낼 수 있음을 증명함으로써 우리의 자유를 보여 줄 수는 없는가? 적어도 교회 안에서 이 문제에 대해 논의를 재개해야 한다. 성경적인 방법으로 이 위기에 대처해야 한다. 또한 점점 증가하는 쾌락주의 문화가 우리 젊은이들을 빼앗아 가기 전에 술의 위험에 대한 경각심을 심어 줄 수 있는 모든 노력을 다해야 할 것이다.

복음의 단순성. 술 취한 이스라엘과 유다의 지도자들이 이사야를 비난한 것 중 하나는 이사야가 그들을 어린아이처럼 취급했다는 것이었다. 이사야는 그들에게 지극히 단순한 것들만 말했던 것이다. 우리는 수리아의 장군 나아만과 엘리사에 관한 이야기를 알고 있다(왕하 5:1-14). 나아만은 그의 병이 낫기 위해서 자기 몸에 뭔가 신비로운 의식을 행할 것으로 기대했지, 요단 강에 몸을 담그는 것같이 단순한 일을 하는 것은 원치 않았다.

이런 경우는 그리스도의 복음을 전했던 초기 설교자들에게도 해당된다. 사도행전에서 사도들이 설교한 것을 보면, 단순하고 명확했다(참조. 행 2:14-36; 17:22-31). 분명 메시지는 축약되고 압축되어 있지만, 박학다식함이나 지적인 복잡성의 기미는 거의 보이지 않는다. 비록 기독교 신학은 좀 더 많은 지적인 복잡성을 보여 주고 있지만, 그 진리의 핵심은 단순하다. 이 진리는 소위 '구원의 계획' 속에 가장 명확하게 나타난다. 아래의 다섯 가지 간결한 성경 말씀 속에 그 진리의 핵심이 있다.

1. 모든 인간은 죄로 인해 하나님에게서 멀어져 있다. "모든 사람이 죄를 범하였으매 하나님의 영광에 이르지 못하더니"(롬 3:23).
2. 죄의 결과는 영원한 사망이다. 그러나 그것은 하나님이 원하시는 바가 아니다. "죄의 삯은 사망이요 하나님의 은사는 그리스도 예수 우리 주 안에 있는 영생이니라"(롬 6:23).
3. 우리는 믿음을 통해 하나님의 선물인 영생을 받아 누릴 수 있다. "너희가 그 은혜를 인하여 믿음으로 말미암아 구원을 얻었나니 이것이 너희에게서 난 것이 아니요 하나님의 선물이라 행위에서 난 것이 아니니 이는 누구든지 자랑치 못하게 함이니라"(엡 2:8-9).
4. 우리는 죄를 회개하고 그리스도가 우리를 위해 행하신 것을 받아들임으로써 믿는다. "만일 우리가 우리 죄를 자백하면 저는 미쁘시고 의로우사 우리 죄를 사하시며 모든 불의에서 우리를 깨끗케 하실 것이요"(요일 1:9), "네가 만일 네 입으로 예수를 주로 시인하며 또 하나님이 그를 죽은 자 가운데서 살리

신 것을 네 마음에 믿으면 구원을 얻으리니 사람이 마음으로 믿어 의에 이르고 입으로 시인하여 구원에 이르느니라"(롬 10:9-10).

5. 우리는 죄를 이기는 새로운 삶을 살아갈 수 있게 된다. "그런즉 누구든지 그리스도 안에 있으면 새로운 피조물이라 이전 것은 지나갔으니 보라 새 것이 되었도다"(고후 5:17), "우리가 알거니와 우리 옛 사람이 예수와 함께 십자가에 못 박힌 것은 죄의 몸이 멸하여 다시는 우리가 죄에게 종노릇하지 아니하려 함이니"(롬 6:6).

이 모든 것은 "유대인에게는 거리끼는 것이요 이방인에게는 미련한 것"(고전 1:23)이다. 다시 말해 자신의 영적인 업적을 하나님 앞에서 스스로 의롭다고 여기는 자들에게 이 단순한 메시지는 불쾌한 것이다. 왜냐하면 이 메시지는 그들이 여전히 죄인이고 그들의 힘으로 문제를 해결할 수 없다고 말하기 때문이다. 분명 이것은 이스라엘과 유다가 이사야에게 보여 준 반응과 동일하다. "조금 쾌락을 즐겼다고 해서, 하나님을 신뢰하는 어리석은 짓을 하느니 이웃 나라들과 현명하게 협상을 시도했다고 해서 죄인이라고 말할 수 있는가! 우리를 누구로 생각하는가, 우리가 어린아이인가?"

복음의 메시지는 자신의 노력으로–고린도인들의 경우 지적인 솜씨로–스스로 구원하고자 하던 교육받은 이방인들에게는 "미련한 것"이었다. 그들은 조금씩 타락해 가는 창조자들의 타락으로 인해 악한 세상을 상상하였다. 그래서 "선" 즉 세상의 진정한 창시자에게 도달하기 위해서는 수많은 암호들과 특별한 글씨를 갖고서 천사와 같은 "창조자들"을 통해 나아가야만 했다. 이와 같이 매력적이고도 복잡한 지적 체계는 끝없는 매혹을 가져다 준다. 이 체계는 또한 진정한 능력 있는 자와 미숙한 대중을 구별해 주는 방법이기도 하였다. 오직 선택된 소수만이 이 체계를 숙달할 수 있었고 악한 육체를 제어하는 영혼의 진정한 통제를 보여 줄 수 있었던 것이다.[7] 그리스도의 복음이 그리스 지식인들에게는 얼마나 어리석게 보였을까! 신비스러운 지식을 어렵게 탐구하는 지식인이 그리스도의 십자가밖에 모르는 노동자보다 나을 바 없다는 사실을 받아들이기란 얼마나 어려운가! 더군다나 누군가가 그리스도의 죽음을 통해 그리스도와 관계를 맺게 되며, 그것이야말로 지적인 성취보다 더 중요하다고 믿는 것은 분명 그들이 보기

7. K. Rudolf, "Gnosticism," *ABD*, 2:1033-40을 보라.

에 미련한 것이었다.

이와 같은 자력구원(自力救援) 사상—그것이 영적인 활동을 통해서건 지적인 성취를 통해서건 간에—은 기독교 메시지의 단순성에 대한 지속적인 대안으로 제시되고 있다. 그러나 우리는 이 사상에 대한 경계심을 잠시도 늦추지 말아야 한다. 기독교의 메시지를 계속 반복해서 전해야 하며, 세상의 지혜에 아랑곳하지 말고 그 메시지를 분명히 해야 한다. 이것이야말로 사도 바울이 고린도에 도착했을 때 자신이 하고자 결심했던 바이다.

> 지혜 있는 자가 어디 있느뇨 선비가 어디 있느뇨 이 세대에 변사가 어디 있느뇨 하나님께서 이 세상의 지혜를 미련케 하신 것이 아니뇨 하나님의 지혜에 있어서는 이 세상이 자기 지혜로 하나님을 알지 못하는 고로 하나님께서 전도의 미련한 것으로 믿는 자들을 구원하시기를 기뻐하셨도다.…내가 너희 중에서 예수 그리스도와 그의 십자가에 못 박히신 것 외에는 아무것도 알지 아니하기로 작정하였음이라(고전 1:20-21; 2:2).

이와 같은 태도 때문에 우리가 세상에서 냉소를 받는다면 그냥 냉소를 받고 말라. 그러나 십자가의 단순성은 또한 십자가의 능력이 된다. 마치 이사야의 단순한 메시지가 세기를 넘어서도 지속되었듯이, 모든 복잡하고 세련된 (때로는 타락한) 대안들은 사라질지라도 예수 그리스도의 십자가의 메시지는 영원히 지속될 것이다. 이사야는 그의 메시지에 담긴 지속성을 "시험한 돌", "기초돌"이라는 말로 표현하고 있다. 건물은 올바른 토대 위에 있을 때만 곧고 바르게 설 수가 있다. 신약의 기자들은 이사야의 표현을 그리스도의 성육신으로 이해했다(롬 9:33; 10:11; 벧전 2:6). 예수 그리스도 안에서 하나님은 그의 사랑과 미쁘심과 구원하시는 의와 공의를 영원히 보여 주신다.

하나님의 요구하심의 본질. 농부의 행동을 말하면서 이사야는 심오한 사실, 즉 창조자께서 세상을 정해진 원리대로 만드셨음과, 그 원리는 엄청난 노력을 들여야만 발견할 수 있는 것이 아님을 말한다. 하나님은 교육을 받지 못한 농부조차도 그 원리들을 깨닫게 하셨다. 우리는 하나님과 그런 원리가 아무런 상관 없으며, 그 원리는 단지 상식적인 것이라고 주장할 수도 있다. 그러나 이사야는 이렇게 대답할 것이다. "상식은 어디에서 비롯되었다고 생각하는가? 당신이 그것을 창조했는가?" 당연히 그 질문에 대한 대답은 "아니요"이다. 다시 말해 우리가 이 세상에 살면서 세상의 사물들이 인과법칙을 따라 살고 있음을 깨닫게 된다. 우리는 사물들이 왜 그렇게 돌아가는지 그 이유는 잘 모를 수도 있지만, 그렇게 돌아간다는 사실은 알 수가 있다. 당신이 만약 소회향을 돌 수레바퀴로 탈곡한다면 자그마한 낟알들은 다 부숴지고 말 것이다. 왜 그렇게 되는 걸까? 글쎄, 사물의 원리가 그렇기 때문이지.

이사야 시대와 마찬가지로, 오늘날 현대인들도 이런 원리를 좋아하지 않는다. 이 세상에는 물리적 법칙처럼 단순하면서도 깨뜨릴 수 없는 영적 법칙이 있다. 이사야 시대의 이교도들은 이러한 영적 법칙을 발견했고, 시민법에 이것을 기록했다. 그들은 어떠한 질서도 없이 거짓말, 도적질, 강도, 간음이 일어나는 인간 사회는 결코 오랫동안 지속될 수 없다는 사실을 알고 있었다. 초월에 대한 개념을 가지고 있지 않았고 창조에 대한 진실한 교리가 없었던 이교도들의 문화는 그 이유는 설명할 수 없었으나, 그럴 수밖에 없다는 점을 인식하였다. 그러므로 이와 같은 잘못된 행동들은 고대 근동의 법률 조항 안에서 금지되었다. 그에 대한 명확한 설명은 성경의 계시를 통해서 비로소 가능하게 되었다.

이 세상의 창조자는 진리, 정직, 사랑, 성실의 하나님이시다. 그분의 피조물은 그러한 하나님의 속성을 반영해 준다. 시내 산 언약은 진리, 정직, 사랑, 성실의 기준에 따라 살아가는 것이 단순히 실용적인 선택이 아니라 창조자에 대한 즐거운 헌신의 행위임을 보여 준다. 이것이 바로 모세가 다음과 같이 말할 수 있었던 이유다.

> 이스라엘아 네 하나님 여호와께서 네게 요구하시는 것이 무엇이냐 곧 네 하나님 여호와를 경외하여 그 모든 도를 행하고 그를 사랑하며 마음을 다하고 성품을 다하여 네 하나님 여호와를 섬기고 내가 오늘날 네 행복을 위하여 네게 명하는 여호와의 명령과 규례를 지킬 것이 아니냐(신 10:12-13).

다른 말로 하자면, 언약에 대한 순종은 인간 경험 밖의 어떤 이상하고 신비스러운 행위를 요구하는 것이 아니다. 그것은 다른 사람들과 같이 일상적인 삶을 살면서도 하나님의 사랑을 위해 살아가는 것이다.

현대의 법은 "자연법" 사상을 철저하게 반대한다. 우리는 할 수 있는 한 인간과 사회의 행위에 대한 법을 만들 수 있으며, 이런 법들이 단지 고안물에 불과하다고 생각한다. 이와 같지 않다고 인정하는 것은 우리가 이 세상에서 궁극적인 존재가 아님을 인정하는 것으로 우리는 그것을 허용할 수 없을 것이다. 그러나 이사야는 농부를 가리키면서 머리를 좌우로 흔들 것이다. 자연 속에 "자연법"이 있는가? 그는 이렇게 물을 것이다. 그렇다면, 왜 자연 세계 이외(즉, 영적 세계)에는 아무것도 없다고 생각해야 하는가?

이사야 29:1-14

1 슬프다 아리엘이여 아리엘이여 다윗이 진 친
성읍이여 해마다 절기가 돌아오려니와
2 내가 아리엘을 괴롭게 하리니 그가 슬퍼하고
애곡하며 내게 아리엘과 같이 되리라
3 내가 너를 사면으로 둘러 진을 치며 너를 에
워 대를 쌓아 너를 치리니
4 네가 낮아져서 땅에서 말하며 네 말소리가
나직이 티끌에서 날 것이라 네 목소리가 신
접한 자의 목소리 같이 땅에서 나며 네 말소
리가 티끌에서 지껄이리라
5 그럴지라도 네 대적의 무리는 세미한 티끌
같겠고 강포한 자의 무리는 날려 가는 겨 같
으리니 그 일이 순식간에 갑자기 일어날 것
이라
6 만군의 여호와께서 우레와 지진과 큰 소리와
회오리바람과 폭풍과 맹렬한 불꽃으로 그들
을 징벌하실 것인즉
7 아리엘을 치는 열방의 무리 곧 아리엘과 그
요새를 쳐서 그를 곤고하게 하는 모든 자는
꿈 같이, 밤의 환상 같이 되리니
8 주린 자가 꿈에 먹었을지라도 깨면 그 속은
여전히 비고 목마른 자가 꿈에 마셨을지라
도 깨면 곤비하며 그 속에 갈증이 있는 것 같
이 시온 산을 치는 열방의 무리가 그와 같으
리라
9 너희는 놀라고 놀라라 너희는 맹인이 되고
맹인이 되라 그들의 취함이 포도주로 말미암
음이 아니며 그들의 비틀거림이 독주로 말미
암음이 아니니라
10 대저 여호와께서 깊이 잠들게 하는 영을 너
희에게 부어 주사 너희의 눈을 감기셨음이니
그가 선지자들과 너희의 지도자인 선견자들
을 덮으셨음이라
11 그러므로 모든 계시가 너희에게는 봉한 책의
말처럼 되었으니 그것을 글 아는 자에게 주
며 이르기를 그대에게 청하노니 이를 읽으라
하면 그가 대답하기를 그것이 봉해졌으니 나
는 못 읽겠노라 할 것이요
12 또 그 책을 글 모르는 자에게 주며 이르기를
그대에게 청하노니 이를 읽으라 하면 그가
대답하기를 나는 글을 모른다 할 것이니라
13 주께서 이르시되 이 백성이 입으로는 나를
가까이 하며 입술로는 나를 공경하나 그들의
마음은 내게서 멀리 떠났나니 그들이 나를
경외함은 사람의 계명으로 가르침을 받았을
뿐이라
14 그러므로 내가 이 백성 중에 기이한 일 곧 기
이하고 가장 기이한 일을 다시 행하리니 그
들 중에서 지혜자의 지혜가 없어지고 명철자
의 총명이 가려지리라

원 의미

두 번째 "화" 신탁은 예루살렘을 향해 선포된다. 이런 사실은 "다윗의 진 친 성읍"(29:1)이라는 표현을 통해 분명히 드러난다. 그러나 이 성을 "아리엘"이라고도 부르나 이 단어 설명은 없다. 이 단어의 의미를 "번제단"으로 추정하기도 하는데 가장 개연성이 높은 해석이다(NIV는 29:2을 이런 식으로 해석하고 있다. 참조. 겔 43:15). 이런 해석은 예루살렘에서 행해진 제의 행위를 다루는 본문의 전반적인 강조점과 부합한다(29:1, 13).

학문적인 논쟁의 둘째 문제는 심판 신탁으로 보이는 본문 안에 약속을 다루는 내용(29:5-8)에 대한 것이다. 많은 학자들은 이 구절이 후대에 첨가한 부분이라고 믿고 있다.[1] 그러나 이 주장은 본래 이사야서는 오직 심판에 관한 책이라고 가정하는 데 있다. 하지만 현존하는 이사야(서론을 보라)의 주요 주제들 가운데 하나는 희망과 심판의 상호작용이다. 원본이 어떻든 간에 그 원본에 이러한 희망과 심판의 상호작용이 부수적으로 첨가되었다고 보는 것은 지나친 주장이다.[2] 앞서 여러 번 살펴본 바와 같이 오히려 심판(29:1-4)에서 희망(29:5-8)으로, 희망에서 다시 심판(29:9-14)으로 이동해 왔다. 심판은 궁극적인 것이 아니다. 우리에게는 희망이 남아 있다. 독자들은 다가올 희망이라는 실재 때문에 다음과 같은 실재를 간과해서는 안 된다. 즉 진정한 회개를 하지 않는다면, 심판은 희망으로 가는 피할 수 없는 노정이다.

1장에서처럼 예루살렘의 문제점은 그들이 주님의 진정한 제사의식을 소유하고 있기 때문에 심판에서 벗어날 수 있다고 믿는 것이다(29:1, 13). 그러나 이사야는 이 제사는 마음에서 우러난 것이 아니므로 무익하다고 말한다(29:13). 이사야는 한 걸음 더 나아가 그들이 하고 있는 제사행위는 계시된 것이 아니라 사람이 만들어 낸 것이라고 말한다. 토라의 제사 규정의 관점에서 볼 때, 이 말은 충격적이었을 것이다. 아마도 이사야가 말하는 핵심은 "마음"이 하나님께 바쳐지지 않았기

1. 예를 들면, Clements, *Isaiah 1-39*, 236-37을 보라.

2. Childs(*Isaiah*, 215-17)는 본문의 통일성을 주장하는 듯하지만, 어떻게 혹은 언제 이런 통일된 형태를 취하게 되었는지에 대해서는 명확하게 설명하지 않는다. 아마도 그는 이사야서가 현재의 형태를 이루기까지 오랜 기간의 편집 과정이 있었다는 학자들의 견해와 일치하기 때문에, 이전 자료의 단편들이 존재했었고, 그 자료들이 현재의 통일된 형태로 합해졌다고 본다. 그의 입장이 이와 같다면, 나는 이 단락 혹은 이사야서 전체의 문학적 통일성을 살리고자 하는 그의 시도를 성공적이라고 보지는 않는다. 만약 본문의 최종 형태가 원 저자와는 다른 의도를 초래한다면, 우리는 이 본문을 해석할 때 서로 다른 의도들을 염두에 두어야만 한다.

때문에 그들이 실제로 반응하고 있는 모든 것은 인간적인 요구에 불과하다는 것이다. 그들은 사실 제사를 드리고 있다고 볼 수 없다. 그러므로 예루살렘이 사마리아보다 멸망에서 더 안전하다고 볼 만한 근거는 하나도 없다. 예루살렘이 공식적으로 우상을 숭배하지 않는다는 점으로 애써 사마리아와 같지 않다고 할 수 없다. 예루살렘 역시 언약적 사랑의 표현으로서 제사를 드리는 것이 아니라, 제의 행위로 하나님을 조정하려고 시도했다.

2절은 예루살렘의 모든 것은 번제단이 될 것이며, 모든 백성은 이 제단의 희생제물이 될 것이라고 말한다. 죄를 고집함으로써 결국 이스라엘에 의해 제물로 하나님께 "드려졌던"(수 6:17) 가나안 백성들과 같이, 이스라엘 백성도 그 제단 위에 올려질 것이다. 우리는 진정한 회개나 믿음을 가지고 하나님의 대속을 받아들이든지 아니면 스스로 희생제물이 되어야 한다. 여기에 아시리아에 대한 언급이 전혀 없다는 점을 주목하라. 이것은 하나님이 바로 예루살렘을 포위한 원수가 되심을 의미한다(29:3).

4절에서는 사자숭배(死者崇拜)와 강신술(降神術)에 대한 암시가 나타난다(참조. 8:19; 28:1-29에 대한 주석을 보라). 예루살렘과 유다의 백성들은 순결한 제사를 자랑하면서도 비밀리에 여러 이교도적 제의에 참여한다. 이사야 이후 약 125년 지나서 발생한 성전의 일을 바라본 에스겔의 환상(겔 8-9장)은 이와 같은 제의의식이 한동안 계속 지속되었음을 강조한다. 영매와 심령술사들처럼 유다의 포로들은 폭군의 발 아래 있는 "티끌"에 누워서 중얼거리며 속삭이게 될 것이다.

그러나 그의 백성을 티끌에 두는 것은 아시리아가 아니라 하나님이시기 때문에, 하나님은 또한 예루살렘의 대적들을 "세미한 티끌"(29:5)로 사라지게 하실 수 있다. 아시리아가 하나님의 뜻에 반하여 그분의 땅을 황폐화시켰다면, 하나님은 그분의 백성을 구원하실 수 없을 것 같아 보인다. 그러나 실상은 그렇지 않다. 하나님은 언제라도 원하시면 자기 백성을 구원하실 수가 있고, 막강한 열방을 "겨"와 같이 날려 버릴 수도 있다. 실제로 모든 막강한 열방은 하나님 앞에 있다. 그들은 정말 만만치 않아 보이고 위협적인 존재로 보인다. 그러나 하나님 앞에서 그들은 "꿈"과 같이 연약하고 덧없는 존재들이다(29:7; 참조. 40:15-17). 열방은 자신이 예루살렘을 삼켜서 지상에서 완전히 사라지게 할 수 있다고 생각한다. 그러나 그것은 그들의 꿈에 불과하다(29:8). 그들은 열방의 주요 도시들이 사라지고 수천 년 후에 세계 도처의 순례자들이 예루살렘을 향해 나아갈 것임을 알지 못한다.

그러나 비극적이게도 아시리아 백성들(그리고 이후의 바빌론 백성들)과 마찬가지로 유다 백성도 이 사실을 알지 못했다. 유다 백성도 똑같이 주님의 역사하심을 보지 못한다. 9-10절에서 인과관계의 상호작용은 매우 중요하다. 백성들은 스스로 소경이 된(29:9) 동시에 하나님은 선지자들이 진리를 볼 수 없도록 만들었다. 우리는 두 가지 가운데 무엇이 먼저 일어난 일인지에 대해서는 알 수 없지만, 두 가지 원인이 없는 한 아무것도 일어나지 않는다. 그 결과 하나님의 말씀("모든 묵시")은 하나님의 백성들에게 인봉된 책이 된다(29:11-12). 하나님 편에서 볼 때 이 책은 인봉되었고, 인간 편에서 볼 때 이 책은 개봉될 수 없다. 즉 개봉되었어도 읽혀질 수 없다.

따라서 예루살렘의 종교는 그들 자신이 청중으로 관람하는 공연에 불과했다. 예배드리는 자와 예배받는 자 사이에는 실제적인 연관성이 없었다. 그들은 살아계신 하나님과 진실한 만남에 대한 아무런 기대도 없이 종교적 행위만을 수행했을 뿐이다. 그들의 종교는 경이로움에 대한 의미를 상실했다. 그래서 하나님은 기이한 일을 가지고 그들을 만나시겠다고 말씀하고 계신다(29:14). 그러나 기이한 일의 명확한 의미는 이러하다. 그들 자신이 지배하고 있다고 생각했던 하나님이 갑자기 나타나셔서 그들의 대적이 되시는 것이다(참조. 28:21). 이집트와 동맹을 주장했던 모사들과 지도자들의 모든 "지혜"는 허위로 판명될 것이다.

상황잇기

3절은 포위 상태에 있는 전투를 묘사하고 있다. 화약이 발명되기 이전에는 성벽으로 둘러싸인 성 안으로 진격해 들어갈 수 있는 확실한 방법은 없었다. 성 안에 반역자를 시켜 성문을 여는 것을 제외하면, 장기적인 포위 공격의 대안은 아무것도 없었다. 포위하는 군대는 성 주변을 무장한 진지로 둘러싼다. 종종 그들은 성 밖에 또 다른 성벽을 쌓기도 했다. 그리하여 성의 출입을 차단시켜 성 안으로 어떤 보급품이나 무기도 들여가지 못하게 했던 것이다. 더구나 포위 기간을 단축시키기 위해서 성 안으로 기습을 감행하기도 했다. 일반적으로 성들은 언덕과 옛 건축물의 잔해 꼭대기에 세워졌기 때문에, '파성퇴'(벽을 부수는 도구-옮긴이)로 성벽을 부수기 위해 흙더미로 경사로를 만들었다.

다른 장치는 조립식 '공성탑'이었다. 이 탑은 경사로를 따라 이동되어 성벽에 기대어 세울 수가 있었다. 이 공성탑에 있는 공격자들은 파성퇴를 조작하는 군사들을 적군에게서 보호할 수도 있었고, 또한 탑을 딛고 성벽을 넘어서 도시 안으로 침투할 수도 있었다. 이것을 오늘날의 상황으로 바꾸어 본다면, 하나님이 무장 헬리콥터와 전투 탱크와 탄도 미사일 등으로 무장하고 우리에게 오실 거라고 말씀하는 것이다. '토끼발'(행운의 징표로 가지고 다니는 토끼의 뒷발-옮긴이)로 생각했던 하나님이 주포(主砲)로 밝혀진다면 얼마나 끔찍하겠는가!

현대적 의미

참된 제사. 히브리 제사는 이교도의 제사와 비슷한 형태였기 때문에 히브리인들은 특정한 인간의 행위가 행해졌기 때문에 신들은 무엇이든 해야 한다는 이교도적 생각에 빠져들기가 쉬웠다. 이것은 연속성의 세계관에 근거하는 것으로서, 이 세계관은 인간의 영역, 신적인 영역, 자연의 영역이 연속되어 있어서 한 영역에서 일어나는 일은 다른 영역들에서도 되풀이된다는 견해이다. 그러므로 예배자의 마음의 태도는 집행되는 제의의 효력에 아무런 영향을 주지 않는다. 중요한 것은 제의를 정확하게 시행하는 것이고, 그럼으로써 최대한 신성한 세계와의 연계가 잘 지속될 수 있게 하는 것이다. 그 결과, 행위가 제사보다는 조정하는(manipulcate, 하나님을 자기 이익을 위해 다루다, 타협하다-옮긴이) 데 더 많은 관련을 맺게 되었다. 하나님께 값비싼 선물을 드렸으므로 하나님은 내게 복을 주셔야 한다. 혹은 어린양과 내가 제의를 통해서 연결되었으므로 하나님은 나를 죽었다고 생각하시며 이제 더는 내 죄에 대해 벌하지 않으실 것이다.

그러나 구약성경은 이러한 사상에 대해 끊임없이 경고하고 있다. 하나님은 초월하신 분이다. 말하자면 그는 근본적으로 이 세계에서 불연속적인 분이다. 그러므로 그분은 이 세계에서 행해진 어떤 일을 통해서도 조정될 수 없다. 오직 그리스도의 죽음으로 말미암은 은혜를 통해 용서하시는 분이다. 어린양을 제물로 바치는 것은 참된 회개와 믿음에 대한 상징일 뿐이다. 이러한 정신을 떠나서 어린양을 바치는 행위는 무가치한 짓이다. 이사야는 그러한 태도로 제사를 드리는 사람은 차라리 개의 목을 꺾어 하나님께 드리는 게 낫다고 했다(66:3). 이 진리를 시편 51:16-17보다 더 명료하게 제시한 곳은 없을 것이다.

주는 제사를 즐겨 아니하시나니 그렇지 않으면 내가 드렸을 것이라
　주는 번제를 기뻐 아니하시나이다
하나님의 구하시는 제사는 상한 심령이라
　하나님이여 상하고 통회하는 마음을
　주께서 멸시치 아니하시리이다.

오늘 우리는 피 흘리는 제사를 더 이상 드리지 않지만, 구약시대의 백성들과 동일한 위험이 있다. 즉 우리는 특정한 종교 행위를 계속 해 왔기 때문에 하나님이 우리의 소원을 들어주셔야만 한다고 믿는다. 오랜 시간 동안 열정적으로 기도했기 때문에 하나님이 우리 아이를 치료해 주셔야만 한다고 생각한다. 오랫동안 매주일 예배를 드렸기 때문에 하나님은 우리에게 좋은 직장을 주셔야만 한다. 며칠 동안 매일 성경을 읽고 기도했기 때문에 하나님은 우리의 불경기를 회복해 주셔야만 한다. 이러한 것들은 예배의 행위가 아닌 조정이다. 삶 속에서 하나님을 원하는 것이 아니라 자기 자신을 위해서 하나님이 하실 수 있는 것을 원하는 것이다.

그러나 예배는 실용적인 것이 아니다. 오히려 예배는 찬양과 감사의 자유로운 표현이다. 하나님은 은혜로서 우리를 죄의 정죄에서 해방시켜 주시고, 거룩한 삶을 살 수 있도록 해주심으로써 우리가 마땅히 받아야 할 죄를 이미 수차례 받으셨다. 하나님은 우리에게 훨씬 더 복을 주시기 원하시는데도 불구하고 우리는 계속 스스로 삶을 통제하려고 하면서 그분을 이용하려고 한다. 결국 이것은 하나님이 주시는 복을 받지 못하도록 막아 버리고 만다.

하나님의 말씀을 들음. 10-12절은 인간이 하나님의 말씀을 이해하지 못하고 있는 상황에 대해 말하고 있다. 이 상황은 이중적인 책임이 있다고 말한다. 한편으로는 책이 "인봉되었다", 즉 하나님이 선지자들의 눈을 가려 버리셨다. 다른 한편으로는 "읽을 줄을 모르는" 인간의 문제이다.

동일한 상황이 오늘날에도 적용된다. 우선 영적인 문제가 있다. 이사야의 시대에는 선지자들이 하나님의 말씀 듣기를 원치 않았다. 대신에 사례금을 받기 위해 그들은 왕에게 격려가 되는 징조를 제공하기를 원했다. 그래서 하나님은 그들의 영적인 눈을 가려 버리셨고 그분의 말씀을 그들에게서 빼앗아 버리셨다. 마찬가지로 만약 궁극적인 저자(하나님을 가리킴-옮긴이)의 원하시는 뜻대로 행하고자 자신을 먼저 그분께 의탁하지 않으면서 단지 지식을 쌓기 위해 성경을 읽는다면, 우리는 그 책이 인봉되었음을 발견할 것이다. 성경은 흙처럼 건조하고 지루하게 느껴질 것이다. 바울의 말을 주목하라. "육신의 생각은 하나님과 원수가 되나니 이는 하나님의 법에 굴복치 아니할 뿐 아니라 할 수도 없음이라"(롬 8:7). 우리가 성경의 저자이신 하나님과 사랑에 빠져 그분을 알고자 갈망할 때, 성경은 놀랍게도 개봉된다. 그리스도께 새롭게 회심한 사람이 성경이 얼마나 놀라운 책인지를 발견한 이야기는 더욱 많아질 것이다.

그러나 성경을 읽는 과정에 있어서 인간적인 요소도 들어 있다. 자기 자신을 잘 준비하지 않는다면, 하나님이 우리에게 말씀하시고 싶은 많은 부분을 놓쳐 버릴 수 있다. 앞의 회심자 이야기로 돌아가서 이 새롭게 된 회심자는 성경을 수개월 동안 읽은 후 그 안에서 큰 기쁨을 발견하지만, 이해하지 못하는 내용도 발견하게 된다. 무엇이 문제인가? 그것은 성경이 하늘에서 뚝 떨어진 책이 아니기 때문이다. 하나님의 말씀은 특정한 시기에 특정한 장소에서 특정한 언어를 사용한 사람들을 통해서 씌여졌다. 새로 만난 사람이 무슨 말을 하고 있는지를 잘 이해하려면 그 사람에 대해서 알아야 하듯이, 우리는 성경을 이해하기 위해서 우리 자신을 준비할 필요가 있다. 성경 저자들의 역사적 배경과 환경과 그들이 사용한 언어에 대해서도 알아야 한다.

성경 연구에 대한 기초적인 방법들을 배우고 성경 연구를 위한 참고 자료들을 구입한다면(요즘은 소프트웨어로도 사용 가능하다) 성경 연구에 대한 제법 준비한 셈이 된다. 성령께서 성경을 새 생명을 얻은 마음에 열어 보여 주시고, 또 우리가 성경읽기 훈련을 잘 받는다면, 성경은 삶과 진리에 영원한 원천이 될 것이다. 만약 그렇지 않는다면 성경은 우리가 읽을 수 없는 봉인된 책이 될 것이고, 심판이 우리도 모르는 새에 엄습할 것이다.

이사야 29:15-24

15 자기의 계획을 여호와께 깊이 숨기려 하는
자들은 화 있을진저 그들의 일을 어두운 데
에서 행하며 이르기를 누가 우리를 보랴 누
가 우리를 알랴 하니
16 너희의 패역함이 심하도다 토기장이를 어찌
진흙 같이 여기겠느냐 지음을 받은 물건이
어찌 자기를 지은 이에게 대하여 이르기를
그가 나를 짓지 아니하였다 하겠으며 빚음을
받은 물건이 자기를 빚은 이에게 대하여 이
르기를 그가 총명이 없다 하겠느냐
17 오래지 아니하여 레바논이 기름진 밭으로 변
하지 아니하겠으며 기름진 밭이 숲으로 여겨
지지 아니하겠느냐
18 그날에 못 듣는 사람이 책의 말을 들을 것이며
어둡고 캄캄한 데에서 맹인의 눈이 볼 것이며
19 겸손한 자에게 여호와로 말미암아 기쁨이 더
하겠고 사람 중 가난한 자가 이스라엘의 거
룩하신 이로 말미암아 즐거워하리니
20 이는 강포한 자가 소멸되었으며 오만한 자가
그쳤으며 죄악의 기회를 엿보던 자가 다 끊
어졌음이라
21 그들은 송사로 사람에게 죄를 씌우며 성문에
서 판단하는 자를 올무로 잡듯 하며 헛된 일
로 의인을 억울하게 하느니라
22 그러므로 아브라함을 구속하신 여호와께서
야곱 족속에 대하여 이같이 말씀하시되 야곱
이 이제는 부끄러워하지 아니하겠고 그의 얼
굴이 이제는 창백해지지 아니할 것이며
23 그의 자손은 내 손이 그 가운데에서 행한 것
을 볼 때에 내 이름을 거룩하다 하며 야곱의
거룩한 이를 거룩하다 하며 이스라엘의 하나
님을 경외할 것이며
24 마음이 혼미하던 자들도 총명하게 되며 원망
하던 자들도 교훈을 받으리라 하셨느니라

원 의미

세 번째로 등장하는 "화" 신탁은 심판(29:15-16)과 희망(29:17-24)을 모두 포함하고 있기 때문에 두 번째 신탁(29:1-14)과 유사하다. 만약 우리가 이런 상황에 대해 생각해 본다면, 선지자의 논증에 왜 미래의 구원 약속이 필수적인지 상상할 수 있다. 선지자는 유다 백성에게 궁정 대신들이 주장하는 대로 이집트의 도움을 얻기 위해 좇아가지 말고, 하나님의 구원하심을 "앙망하라"(참조. 30:15-18)고 외친다. 궁정 대신들의 자문은 어리석고 무익하다. 그의 백성을 구원하실 하나님만이 신뢰할 수 있는 분이다. 실제로 진실한 회개와 신뢰가 있다면, 하나님의 심판은 구원으로 나타날 것이다. 그러나 하나님을 신뢰하지 않는다면, 심판은 이와 반대로 나타날 것이다. 하나님은 신실하신 분이다.

첫 번째와 두 번째 화 신탁은 지도층을 향한 일반적인 표현이다. 그러나 네 번째와 다섯 번째 신탁(31:1-9; 33:1-6)은 더욱 구체적인 대상을 향하고 있는데, 특별히 이집트를 신뢰하는 궁정 대신들에게 초점을 맞추고 있다. 세 번째 화 신탁은 과도적인 것으로서 궁정 대신들의 자문 내용보다는 그 방식에 대해 관심을 갖고 있다. 선지자는 자신들의 조언을 감추려는 궁정 대신들을 고소하고 있다. 선지자의 조언을 숨김으로 하나님의 계획을 감추려는 듯하다. 분명 그 당시에 인간 세상을 신뢰하지 말라는 이사야의 뜻(동시에 하나님의 뜻)은 잘 알려져 있었다.

그럼에도 불구하고 궁정 대신들은 영적으로 눈이 멀었고, 이집트와 동맹을 맺는 것이야말로 가장 필요한 조치라고 확신했다. 그들은 주님의 선지자와는 상의하지 않은 채 비밀리에 그들의 "계획"을 진행했다. 어리석게도 그들은 선지자가 그 계획을 알지 못할 것으로 기대했다. 그러나 그것은 어리석은 기대였다! 이사야는 이것은 지음을 받은 토기가 토기장이에게 이래라 저래라 하는 것과 같다고 했다(29:16). 그들은 이치를 뒤집어 놓고 있다. 사물을 이렇게 만들지 저렇게 만들지 결정하는 것은 바로 창조자만이 하시는 일이다.

29:17-24에 나타나는 약속들은 단순히 물리적인 회복 이상이다. 그 약속들은 우선적으로 나라의 영적인 필요들을 다루고 있다. 그것은 이 나라를 어둠으로 몰아넣은 행실과 행위들이 근본적으로 변하게 될 날을 약속한다. 이 점에 있어서 이 약속들은 32:15-17에 나오는 성령 강림의 약속과 유사하다. 이 절에서와 같이 이 나라는 영적인 사막과 같아 보였으나, 이내 우거지고 "기름진 밭"(29:17)으로 변화된다. 여기에서 "레바논"은 아무것도 자랄 수 없는 땅인 레바논 산지 꼭대기에 있는 황무지를 가리키는 듯하다. 그러나 사막이 밭과 숲으로 변하는 날이 올 것이라고 약속한다. 또한 그날이 오면 "소경"이 보게 되며 "귀머거리"가 듣게 될 것이다(참조. 6:9-10).

"책"에 대한 언급(29:18)은 29:11-12의 내용과 연결되어 있다. 하나님의 말씀은 이제 더는 하나님의 백성에게 닫혀져 있지 않다. 19-21절은 하나님의 인도하심과 뜻을 깨닫게 된 사회적인 결과를 다루고 있다. 압제자들("강포한 자", "경만한 자", "죄악의 기회를 엿보던 자")이 사라짐으로 말미암아 압제 당하는 자들("겸손한 자"와 "빈핍한 자")은 "이스라엘의 거룩한 자"(최고의 구속자) 안에서 즐거워할 것이다. 21절은 이런 압제를 법적인 탄압으로 간주한다. 본래는 무력한 사람들을 보호하기 위해서 사용되어야 할 사법기관이 오히려 무력한 자들을 압제하는 기관으로 변질된 것이다. 이와 같은 변질은 하나님이 특히 싫어하시는 것이다(참조. 잠 28:21; 암 5:10, 12).

29:22-24은 "그러므로"라는 말로 시작하면서 이 모든 일의 결과를 제시한다. 그의 백성은 은혜로운 구속을 통해 거룩한 삶을 살게 되고, 하나님의 진리에 대해 변화된 태도를 가지게 될 것이다. 여기에서 구속은 이사야서의 마지막 부분에 자주 나타나는 "많은 자녀들"(참조. 54:2-3; 66:7-11)이라는 비유로 표현된다. 하나님은 아브라함과의 약속을 결코 저버리지 않으신다. 이스라엘 민족은 결코 사라지지 않을 것이다. 더욱이 하나님이 이스라엘을 구원하실 때, 그 민족이 기쁨 가운데 머리를 들 수 있는 날이 도래할 것이다. 멸망의 수치스러움은 사라질 것이다. 구원에 대한 응답으로서 하나님의 생명의 삶을 살고자 하는 새로운 의지가 생겨날 것이다.

물론 이것은 언약의 표현이다. 하나님과의 언약 속에 있는 자들은 하나님의 거룩한 성품 곧 그분의 "이름"(29:23)을 본받는 데 심혈을 기운다. 그들은 실패와 유수(幽囚)로 하나님의 이름을 더럽히고 말았다(겔 36:20). 그러나 하나님은 그들로 하여금 자신의 거룩을 드러내도록 만들 것이라고 약속하신다. 아브라함(29:22)에서 시작된 약속은 야곱(29:23)을 거쳐 이사야의 시대까지 지속되었다. 이 약속의 지속성은 "이스라엘의 거룩한 자"라는 특유의 호칭이 "야곱의 거룩한 자"라는 좀 더 개인적인 호칭으로 바뀌면서 강조된다. 야곱의 후손들은 더 이상 "거룩한 자"를 당연시 하지 않을 것이다. 그들은 이스라엘의 하나님 앞에서 떨 것이다(NIV "stand in awe of").[1] 이 일의 결과는 말씀과 하나님의 뜻에 대한 새로운 자각이다. 이스라엘뿐만 아니라 모든 인간을 특징짓는 완고함 과 고집과 냉정함 대신에 "총명함"과 진정한 배움의 능력을 얻게 될 것이다.

1. *ʿaras*는 "무서워 하는, 두려워하는"의 의미인데, 대표적인 히브리어 *yaraʾ*(두려워하다)보다 더 강한 표현이다.

상황잇기

유다 백성들. "그 자손은 나의 손으로 그 가운데서 행한 것을 볼 때에" 이스라엘 백성이 "내 이름을 거룩하다"(29:23) 할 것이라는 약속은 인구 폭발과 지구의 대혼란을 걱정하는 시대를 살아가는 우리에게는 이상하게 들리는 말이다. 그러나 성경시대에는 아니, 지난 세기까지만 하더라도 유아 사망률이 높았다. 10세를 넘긴 아이들의 비율은 아주 소수에 불과했다. 그와 같은 높은 유아 사망률은 기근과 전쟁과 깊은 관련이 있었기에 하나의 민족이 갑자기 사라지는 일도 충분히 가능했다. 그 예로 남미의 마야 문명과 미얀마의 앙코르 와트(Ankor Wat) 민족을 들 수가 있다. 그런데 하나님은 이스라엘에게는 그런 일이 결코 일어나지 않을 거라고 약속하신다. 그들의 자손들은 살아 남을 것이고 번성할 것이다. 그 자손들은 가족을 위한 노동의 원천이며 부모의 노년을 보살펴 줄 보증이 될 것이다. 그 결과 이스라엘은 하나의 민족으로 잔존할 것이다.

주위를 둘러보면 오늘날 이 약속이 성취되었음을 알 수 있다. 어떻게 유다 백성은 수천 년 동안의 증오와 부당한 대우에도 불구하고 여전히 잔존하고 있는가! 그 질문에 대한 만족스러운 대답은 없다. 모든 증거들을 볼 때 그들은 오래 전에 사라졌어야 했다. 그러나 하나님은 약속을 주셨고, 그분의 약속은 실패하시지 않는다.

이스라엘의 법률제도. 29:21에서 이사야는 "성문에서 판단하는 자"에 대해 언급한다. 히브리어 성경은 "성문에서 정의를 구하는 자"라고 되어 있다. 이스라엘에는 오늘날 우리가 알고 있는 것과 같은 조직적인 사법 제도가 존재하지 않은 것으로 알려져 있다. "재판관"은 기록된 법조항을 해석하고 집행하는 사람이라기보다는 세상 속에서 하나님의 원리를 드러내고 수행하는 사람들이었다. 그 일은 제사장들에게 해당되는 일이었던 것으로 보인다(참조. 민 5:30; 렘 18:18; 말 2:7). 시민법의 문제에 있어서 정의가 행해지고 있는지를 살피는 책임은 "장로"들이 맡았다(참조. 룻 4:1-12). 이들 대부분은 현역 생활에서 은퇴한 노인들이었다. 이러한 노인들이 주요한 도시의 성문에 앉아 있는 모습은 쉽게 눈에 띄었을 것이다.

실제로 "성문"은 여러 개의 객실이 있는 문지기 집(gatehouses)과 같은 것이었다. 이 문지기 집 안팎에서 도시의 많은 활동들이 발생했다. 노인들은 문지기 집 안쪽의 그늘에 앉아서 그들 주위에서 일어나는 혼잡한 일에 대해 관심을 갖고 지켜봤을지 모른다. 불공평함에 대해 배상을 요구하는 사람들이 장로에게 자신의 일을 처리해 달라면서 도움을 구했을 것이다. 장로의 판결이 법적으로 강제력이 있었는지는 밝혀진 증거가 없다. 하지만 장로들의 견해가 사회적으로 상당히 비중을 지니고 있었음은 분명한 사실이다. 장로들의 권위를 깔보는 사람들은 성안에서 사업을 하기가 어렵게 되었을지도 모를 일이다. 슬프게도 21절과 유사한 다른 구절들은 지금처럼 당시에도 사법제도가 "매수될" 수 있었고, 장로들의 판결은 항상 공정하지 않았음을 시사해 준다. 언제나 공정히 판단하시는 하나님에게 있어서 이런 상황은 용납될 수 없는 일이다.

현대적 의미

태초부터 인간은 하나님에게 자신의 진정한 의도와 감정을 숨기려고 노력해 왔다. 우리는, 마치 자신들이 어디에 숨어 있는지 하나님이 알지 못한다고 여기고(창 3:8) 동산에서 행한 죄를 숨기려 했던 아담과 하와를 기억한다. 하나님이 잠든 야곱을 만나 주셨을 때 오만과 자기 만족의 먹구름 아래 숨어 있던 야곱을 기억한다(창 28:16-17). 두려움과 불확실성을 숨기기 위해 과거의 삶으로 돌아가 갈릴리 바다에서 고기잡이 길에 나섰던 제자들을 기억한다(요 21:2-3).

물론 하나님은 언제나 우리를 찾아내신다. 그분은 우리를 창조하신 분이다. 그러므로 그분의 토기가 어떻게 만들어졌는지를 정확히 알고 계신다(참조. 렘 18:1-17; 롬 9:20-21; 15:21). 그분은 불순종하는 자와 교만한 자와 두려워하는 자를 찾아내신다. 그분이 우리를 위해 존재하는 것이 아니라, 우리가 그분을 위해 존재하는 것이다. 그러므로 우리가 원한다고 해서 그분을 쫓아낼 수 없다. 그렇다면 우리의 계획을 그분께 가져가 재가를 받고 바로잡지 않는 모습은 얼마나 어리석은 짓인가! 아니, 그보다 먼저 그분께 가서 우리를 향한 계획이 무엇인지를 알아내는 것이 좋지 않겠는가! 분명 그분은 목적을 가지고 우리를 만드셨다. 그러므로 그 목적을 발견하려고 노력하는 것이 좋을 것이다.

때때로 그분은 이사야와 예수께 주신 것처럼 우리에게 거시적 관점(a long view)을 제공해 주신다. 때때로 한순간에 삶의 소명을 보여 주실 것이다. 그러나 그것은 그저 다음 단계에 불과하다. 즉 우리가 마침내 정상에 도달할 때까지 다음 단계를 따라가고, 또 다음 단계를 따라가듯이 그런 다음 단계에 불과한 것이다. 그 다음에 우리는 그분이 우리를 이끌어 주신 길을 되돌아보며 경이로움을 느끼게 되는 것이다. 우리가 창조주께 귀를 막고 "당신은 무엇이 나에게 최선인지 알지 못해요. 하지만 나는 알아요. 그래서 이제는 당신의 말을 듣지 않을 겁니다!"라고 말한다면 얼마나 슬픈 일인가! 이럴 때는 바울의 말을 들어보는 것보다 더 나은 것이 없다. "나의 달려갈 길과 주 예수께 받은 사명 곧 하나님의 은혜의 복음 증거하는 일을 마치려 함에는 나의 생명을 조금도 귀한 것으로 여기지 아니하노라"(행 20:24, NLT).

하나님이 우리를 찾아내시고 훈련시키시고 회개와 믿음을 통해서 그분께로 회복시키실 때, 우리에게 어떤 변화가 일어나기를 원하실까? 본문은 회복된 이스라엘 백성이 야곱의 거룩한 자를 거룩하게 할 것이라고 말한다(29:23; NIV "acknowledge the holiness of the Holy One of Jacob"). "거룩하게 한다"는 것은 거룩하게 만든다는 의미이다. 그러나 실로 만유의 유일하신 거룩한 분을 "거룩하게 한다"는 것은 가능한 일인가? 우리가 어떻게 그분을 더욱 거룩하게 만들 수 있는가?

물론 이에 대한 대답은 우리는 그분을 더 거룩하게 만들 수 없다. 그렇다면 이 구절은 무슨 의미인가? 부정적인 관점에서 보자면, 모세의 경험이 우리에게 답을 제공한다. 백성들은 물을 요구했다. 그리고 하나님은 모세에게 가까이 있는 반석을 치면 물이 나올 것이라고 하셨다. 그러나 모세는 백성들에게 나아가서 "패역한 너희여 들으라 우리가 너희를 위하여 이 반석에서 물을 내랴?"라고 말하고 그의 지팡이로 반석을 두 번 쳤다(민 20:10-11). 모세는 그의 마술 지팡이를 가지고 백성들이 요구한 물을 만들어 낼 수 있는 것처럼 행동했다. 하나님의 반응은 모세가 "나의 이름을 거룩케 하지 않았다"는 것이었다(NIV "honor me as holy" 민 20:12). 모세는 우주 안에 오직 한 분 거룩하신 분이 계심을 보여 줄 수 있는 최고의 기회를 갖고 있었다. 그분은 전능하시고 절대 타자이시며 완전한 사랑을 베푸시는 분이다. 그러나 모세는 그 기회를 자기 자신을 멋지게 보이려는 데 사용하고 말았다.

그렇다면 우리는 어떻게 주님을 거룩하게 할 것인가? 기쁨의 순종으로 하나님을 거룩하게 할 수 있다. 거룩한 삶을 살아감으로써 하나님이 얼마나 거룩하신 분인지를 보여 줄 수 있다. 우리의 영광을 그분께 내어 드림으로써 그분을 거룩하게 할 수 있다. 요컨대 우리는 세상을 구원할 수 없다. 마치 사람들을 모든 문제를 해결할 수 있는 구원자인양 생각한다면, 금방 굉장히 실망하게 될 것이다. 그러므로 하나님은 그의 백성에게 한 날을 약속하신다. 그날에 백성들은 기쁘게 그리고 완전하게 하나님의 말씀을 순종할 수 있을 것이다. 그러한 순종은 그들에게는 영광이 되지 않지만, 하나님께는 큰 영광이 될 것이다. 확실히 이것은 언약이 요구하는 바와 정확하게 일치한다. "너희는 거룩하라 나 여호와 너희 하나님이 거룩함이니라"(레 19:1). 하나님의 백성은 개인적인 삶 속에서 하나님의 거룩한 성품대로 살면서 하나님의 성품을 보여 줄 것이다.

단 한 가지 함정이 있었다. 그들에게 이것은 불가능한 것처럼 보였다. 대체로 구약성경은 거룩한 백성이 되지 못한 이스라엘의 실패 이야기이다. 이사야서에서 하나님은 그들이 언약의 요구를 실제적으로 성취할 날이 올 거라고 약속하신다. 우리는 지금 그날을 살고 있다. 우리와 함께 계셔서 우리 각자가 옛 언약이 할 수 없었던 바를 할 수 있게 성령께서 인도해 주신다. 옛 언약은 이스라엘 백성에게 거룩한 삶을 살라고 말할 수는 있었지만, 그들이 거룩한 삶을 그렇게 살게 해주지는 못했다. 하지만 이제 바울은 로마서 8:3-4에서 다음과 같이 우리에게 말한다.

> 율법이 육신으로 말미암아 연약하여 할 수 없는 그것을 하나님은 하시나니 곧 죄를 인하여 자기 아들을 죄 있는 육신의 모양으로 보내어 육신에 죄를 정하사 육신을 좇지 않고 그 영을 좇아 행하는 우리에게 율법의 요구를 이루어지게 하려 하심이니라.

달리 말하자면, 언약을 깨뜨린 죄를 용서하고 성령을 베풀어 주시기 위해 그리스도께서 우리를 위해 행하심으로 이제 우리는 실제의 삶 속에서 모든 "율법의 의로운 요구"를 충족시킬 수 있다. 이사야의 약속과 같이, 우리는 삶 속에서 그분의 거룩함을 드러냄으로써 "거룩한 자를 거룩하게" 할 수 있다.

이사야 30:1-33

1 여호와께서 이르시되 패역한 자식들은 화 있
을진저 그들이 계교를 베푸나 나로 말미암지
아니하며 맹약을 맺으나 나의 영으로 말미암
지 아니하고 죄에 죄를 더하도다
2 그들이 바로의 세력 안에서 스스로 강하려
하며 애굽의 그늘에 피하려 하여 애굽으로
내려갔으되 나의 입에 묻지 아니하였도다
3 그러므로 바로의 세력이 너희의 수치가 되며
애굽의 그늘에 피함이 너희의 수욕이 될 것
이라
4 그 고관들이 소안에 있고 그 사신들이 하네
스에 이르렀으나
5 그들이 다 자기를 유익하게 하지 못하는 민
족으로 말미암아 수치를 당하리니 그 민족이
돕지도 못하며 유익하게도 못하고 수치가 되
게 하며 수욕이 되게 할 뿐임이니라
6 네겝 짐승들에 관한 경고라 사신들이 그들의
재물을 어린 나귀 등에 싣고 그들의 보물을
낙타 안장에 얹고 암사자와 수사자와 독사와
및 날아다니는 불뱀이 나오는 위험하고 곤고
한 땅을 지나 자기에게 무익한 민족에게로
갔으나
7 애굽의 도움은 헛되고 무익하니라 그러므로
내가 애굽을 가만히 앉은 라합이라 일컬었느
니라
8 이제 가서 백성 앞에서 서판에 기록하며 책
에 써서 후세에 영원히 있게 하라
9 대저 이는 패역한 백성이요 거짓말 하는 자
식들이요 여호와의 법을 듣기 싫어하는 자식
들이라
10 그들이 선견자들에게 이르기를 선견하지 말
라 선지자들에게 이르기를 우리에게 바른 것
을 보이지 말라 우리에게 부드러운 말을 하
라 거짓된 것을 보이라
11 너희는 바른 길을 버리며 첩경에서 돌이키라
이스라엘의 거룩하신 이를 우리 앞에서 떠나
시게 하라 하는도다
12 이러므로 이스라엘의 거룩하신 이가 이같이
말씀하시되 너희가 이 말을 업신여기고 압박
과 허망을 믿어 그것을 의지하니
13 이 죄악이 너희에게 마치 무너지려고 터진
담이 불쑥 나와 순식간에 무너짐 같게 되리
라 하셨은즉
14 그가 이 나라를 무너뜨리시되 토기장이가 그
릇을 깨뜨림 같이 아낌이 없이 부수시리니
그 조각 중에서, 아궁이에서 불을 붙이거나
물 웅덩이에서 물을 뜰 것도 얻지 못하리라
15 주 여호와 이스라엘의 거룩하신 이가 이같이
말씀하시되 너희가 돌이켜 조용히 있어야 구
원을 얻을 것이요 잠잠하고 신뢰하여야 힘을
얻을 것이거늘 너희가 원하지 아니하고
16 이르기를 아니라 우리가 말 타고 도망하리라
하였으므로 너희가 도망할 것이요 또 이르기
를 우리가 빠른 짐승을 타리라 하였으므로
너희를 쫓는 자들이 빠르리니
17 한 사람이 꾸짖은즉 천 사람이 도망하겠고
다섯이 꾸짖은즉 너희가 다 도망하고 너희
남은 자는 겨우 산 꼭대기의 깃대 같겠고 산
마루 위의 기치 같으리라 하셨느니라

18 그러나 여호와께서 기다리시나니 이는 너희
에게 은혜를 베풀려 하심이요 일어나시리니
이는 너희를 긍휼히 여기려 하심이라 대저
여호와는 정의의 하나님이심이라 그를 기다
리는 자마다 복이 있도다
19 시온에 거주하며 예루살렘에 거주하는 백성
아 너는 다시 통곡하지 아니할 것이라 그가
네 부르짖는 소리로 말미암아 네게 은혜를 베
푸시되 그가 들으실 때에 네게 응답하시리라
20 주께서 너희에게 환난의 떡과 고생의 물을
주시나 네 스승은 다시 숨기지 아니하시리니
네 눈이 네 스승을 볼 것이며
21 너희가 오른쪽으로 치우치든지 왼쪽으로 치
우치든지 네 뒤에서 말소리가 네 귀에 들려
이르기를 이것이 바른 길이니 너희는 이리로
가라 할 것이며
22 또 너희가 너희 조각한 우상에 입힌 은과 부
어 만든 우상에 올린 금을 더럽게 하여 불결
한 물건을 던짐 같이 던지며 이르기를 나가
라 하리라
23 네가 땅에 뿌린 종자에 주께서 비를 주사 땅
이 먹을 것을 내며 곡식이 풍성하고 기름지
게 하실 것이며 그날에 네 가축이 광활한 목
장에서 먹을 것이요
24 밭 가는 소와 어린 나귀도 키와 쇠스랑으로
까부르고 맛있게 한 먹이를 먹을 것이며
25 크게 살륙하는 날 망대가 무너질 때에 고산
마다 준령마다 그 위에 개울과 시냇물이 흐
를 것이며
26 여호와께서 자기 백성의 상처를 싸매시며 그
들의 맞은 자리를 고치시는 날에는 달빛은
햇빛 같겠고 햇빛은 일곱 배가 되어 일곱 날
의 빛과 같으리라
27 보라 여호와의 이름이 원방에서부터 오되 그
의 진노가 불 붙듯 하며 빽빽한 연기가 일어
나듯 하며 그의 입술에는 분노가 찼으며 그
의 혀는 맹렬한 불 같으며
28 그의 호흡은 마치 창일하여 목에까지 미치는
하수 같은즉 그가 멸하는 키로 열방을 까부
르며 여러 민족의 입에 미혹하는 재갈을 물
리시리니
29 너희가 거룩한 절기를 지키는 밤에 하듯이
노래할 것이며 피리를 불며 여호와의 산으로
가서 이스라엘의 반석에게로 나아가는 자 같
이 마음에 즐거워할 것이라
30 여호와께서 그의 장엄한 목소리를 듣게 하시
며 혁혁한 진노로 그의 팔의 치심을 보이시
되 맹렬한 화염과 폭풍과 폭우와 우박으로
하시리니
31 여호와의 목소리에 앗수르가 낙담할 것이며
주께서는 막대기로 치실 것이라
32 여호와께서 예정하신 몽둥이를 앗수르 위에
더하실 때마다 소고를 치며 수금을 탈 것이며
그는 전쟁 때에 팔을 들어 그들을 치시리라
33 대저 도벳은 이미 세워졌고 또 왕을 위하여
예비된 것이라 깊고 넓게 하였고 거기에 불
과 많은 나무가 있은즉 여호와의 호흡이 유
황 개천 같아서 이를 사르시리라

원 의미

30장은 28장과 33장 사이에 나타나는 네 번째 "화" 신탁을 포함하고 있다. 본 장은 궁정 대신들이 주장하는 이집트와의 동맹에 대해 특별히 말하는 두 개의 신탁 가운데 첫 번째 신탁이다. 여기서 이집트는 이사야에게 아무런 실제적 도움을 줄 수 없기 때문에, 이런 식의 어리석음에 대해 좀 더 예리한 어조로 말한다. 이집트는 이빨 빠진 용이다(30:1-7). 따라서 하나님이 베푸신 참된 도움을 거절했던 유다는 높은 성벽이 갑자기 무너지듯이 황폐하게 될 것이다. 그들은 산꼭대기에 달린 갈가리 찢어진 깃발처럼 버림받을 것이다. 하나님은 그들이 깨달을 때까지 기다리실 것이다(30:8-18). 그들이 깨닫게 될 때, 하나님은 그의 백성을 위한 구원과 회복(30:19-26), 대적의 멸망(30:27-33)을 약속하신다.

그러므로 우리는 여기서 이사야서의 첫 부분에 나타나는 주요 주제들의 반복을 또다시 목격한다. 하나님을 신뢰하라는 통렬한 호소, 하나님 대신 인간 세상을 의지함으로써 하나님을 대적하는 어리석은 자들에 대한 심판의 약속, 그 심판 이후라도 하나님께 돌아오는 자에게 아직도 희망이 남아 있다는 선언을 소개한다.

이집트를 바라보는 어리석음(30:1-7)

이 단락은 두 부분으로 구성되어 있다. 첫째 부분(30:1-5)은 이집트를 의지하는 어리석음을 서술하고 있으며, 둘째 부분(30:6-7)은 예를 들어, 이 메시지를 설명한다. 1절은 "패역한[완고한[1]] 자식들"에 대해 말하는 것으로 1:2을 연상시킨다. 하나님은 그들을 정성스럽게 기르셨다. 하지만 그들은 하나님의 길로 나아가기를 거부했다(참조. 겔 16장). 아비에게 자문을 구하여서 상담을 하고 조언을 받아야 하는데 그들은 그렇지 않았다. 오히려 조급하게 자기 나름의 "계교"(30:1)를 꾸며서 그들이 생각하는 최고의 이익을 얻으려고 하였다. 그들은 "마음이 혼미"했기 때문에(29:24) 하나님의 성신의 인도하심을 따르지 않으려 한다(참조. 63:10-11). 결과적으로 그들은 하지 말아야 할 일 즉 다시 이집트로 향하는 일을 하고 말았다(참조. 신 17:16).

인간적인 관점에서 볼 때 이집트와 동맹을 맺는 것은 분명 지극히 합당한 일이었다. 다른 어느 나라도 유다를 "보호"해 주겠다는 희망을 주지 않았다. 표면적으로 볼 때, 이집트는 크고 강한 나라이기 때문에 마치 큰 종려나무와 같아 보였다. 그래서 종려나무 잎은 아시리아의 타오르는 태양 아래 "그늘"(30:2)을 마련해 줄 것처럼 보였다. 하지만 하나님의 생각은 달랐다. 하나님은 외면적으로 화려한 이집트의 이면에는 실상 아무것도 없다는 것을 알고 계셨다. 나일 강 삼각주의 북동

---

1. 히브리어 어근은 *srr*로서 "완고하다"는 뜻을 지닌다. 이 단어는 1:23의 "네 방백들은 패역하여"와 65:2의 "패역한 백성들"에서도 등장한다. 이 단어는 구약에서 17회만 등장하기 때문에, 이와 같은 단어의 배열은 주목해 볼 만하다.

부에 있는 히브리 사람들이 한때 포로로 머물렀던(시 78:12, 43) 소안(Zoan)에는 "유력한 이집트의 방백들"이, "하네스"(Hanes)에는 언변이 좋은 "사신들"이 머물렀을 것이다. (하네스는 멤피스 북쪽에 있는 헤라클레오폴리스(Heracleopolis)일 것이다.)[2] 그러나 보여지는 것의 이면에는 실질적인 것이 아무것도 없었다. 큰 종려나무는 중심부가 썩어 있었다. 이집트는 진정한 도움을 줄 수가 없다. 이집트를 의지하는 자는 누구든지 수치를 당하게 될 것이다(30:5).

이와 같은 이집트의 무력함에 대한 생각을 두 구절로 된 "신탁" 혹은 "반복구"(*maśśā'*)로 설명한다. 이사야는 온갖 어려움과 위험이 도사리고 있는 지독한 사막을 필사적으로 통과하려는 대상(隊商)을 묘사한다. 이곳은 시내 사막(the Sinai Desert)과 같아 보인다. 아시리아 군대가 팔레스타인 평지에 주둔하고 있었기 때문에 해변을 따라 이집트로 내려가는 것은 매우 위험한 일이었을 것이다. 이 대상은 "보화"와 "보물"을 싣고서 이집트로 가고 있다. "사신"에 대한 언급이 있는 것으로 보아 이 대상은 외교적인 임무를 띠고 있으며, 이집트의 "도움"을 얻기 위한 막대한 조공을 운반하고 있음을 암시하고 있다.[3]

그러나 이사야는 막대한 지출뿐만 아니라 모든 노력과 수고가 헛된 것이라고 말한다. 실로 이집트는 아무런 도움을 줄 수 없다. 즉 그들은 "무익하다." 마지막 풍자의 단계에 이르러서, 이사야는 이집트를 "모순 어법"으로 묘사한다. 이집트는 "아무것도 하지 못하는 라합"이다. 라합은 무질서의 괴물을 가리키는 또 다른 이름이다(27:1의 "리워야단"에 관한 언급을 보라). 이 무시무시한 용은 인간 생활에 요구되는 질서를 파괴하고자 항상 위협한다. 그러나 여기서 묘사되는 라합은 무시무시함과는 거리가 멀다. 여기서 라합이 하는 일은 한 곳에 가만히 앉아 있는 것이 전부이다. 어느 누구도 위협하지 못하는[4] 라합은 너무 게을러 이동도 하지 못하는 이빨 빠진 늙은 괴물에 불과하다.

---

2. 관리들과 사신들이 이집트로 갔던 유다 사람들인지 아니면 이집트 사람들인지에 대해서는 분명치 않다. 만약 전자라면, 그 사람들은 "보라, 이집트 사람들은 북쪽에서 남쪽에 이르기까지 모든 곳에서 우리를 받아 주었다"라고 말하고 있는 것이다. 만약 후자라면, 새로운 누비아 왕조가 이집트 전역, 즉 델타와 강 유역의 지배권을 계속 이어나갔던 것 같다. Young(*The Book of Isaiah*, 2:338-39)은 관리들은 이집트 사람들로, 그리고 사신들은 유다 사람들로 이해하는 듯하다.

3. 물론 이것은 아하스가 아시리아에게 도움을 요청하기 위해 거대한 조공을 받쳤던 행위와 같다(왕하 16:7-9). 히스기야가 그의 부친과 동일한 행위로 인해 비난받지 않음은 주목해 볼 만하다. 아마도 이것은 이집트와 맺은 동맹으로서, 히스기야는 이 동맹에 반대했던 것 같다. Seitz(*Isaiah 1-39*, 215-17)은 이 문제들을 신중하게 논의하지만 그 문제들을 완전히 해결하지는 못했다.

다가오는 유다의 파멸(30:8-18)

이제 이사야는 또다시 "패역한 백성이요 거짓말하는 자식"으로 불리는 유다에게 임할 심판을 선언하고 있다(30:9). 그는 유다 백성의 태도를 묘사하고 난 후(30:8-11) 그 태도들로 말미암게 될 심판을 구체적으로 설명한다(30:12-14). 그 뒤 셋째 단락(30:15-18)에서는 하나님이 그들에게 권하신 바와, 그들이 하나님의 권유를 거절했을 때 발생할 결과들과, 하나님이 응답으로 반드시 하실 일을 상술하고 있다. 대부분의 주석가들은 18절을 희망적인 어조를 띄고 있다고 보고 신탁의 셋째 부분(30:19-26)과 연결시킨다. 하지만 여기에서는 18절을 심판 메시지의 결론으로 믿으며 그것을 증명해 보일 것이다.[5]

30:8에서 이사야는 예언을 기록하는 목적을 소개한다. 예언이 이루어질 때 백성들은 그 목적을 깨닫게 될 것이다(참조. 8:1, 16; 29:11, 18). 그는 백성의 반역을 더욱 명백히 규정한다. 그들은 계획을 세울 때 하나님께 아뢰기를 원치 않았을 뿐만 아니라 "여호와의 법"(30:9)과 "정직한 것"(30:10)을 듣기 싫어한다. 대신에 그들은 선지자들에게 기분 좋은 말을 해 달라고 하였고, 이사야가 자신들과 대면하는 것을 원치 않았다. 분명 그들은 "거짓된 것"(30:10)을 보여 달라고 실제로 요구하지는 않지만, "이스라엘의 거룩한 자"에 대해서 말하지 말라고 하는 것은 실제로 거짓된 것을 보여 달라는 것이라고 이사야는 말한다.

역설적이게도 그들의 요구에 대해 이사야는 "이스라엘의 거룩하신 자가 하신 말씀"(30:12)으로 응답한다. 백성의 행동과 다가오는 심판과의 연관성을 강조하는 12절은 "이러므로"로 시작해 "왜냐하면"으로 연결된다. 그들은 하나님만이 신뢰할 수 있는 분이라는 진리를 거절하고 오히려 "압박"과 "거짓"을 신뢰했으며, 무익한 이집트의 도움을 얻기 위해 조공을 바치려고 가난한 자들을 학대하였던 것이다. 그 결과 그들의 파멸은 무너지는 성벽처럼 갑자기 엄습할 것이다.

우리는 매년 조금씩 쓰러져가는 성벽을 상상할 수 있다. 따라서 사람들은 별로 신경쓰지 않고 단순히 익숙해져 갔다. 그러나 어느 날 무게 중심을 잃게 되면, 한 순간에 성벽은 무너져 내릴 것이다. 이런 일은 아시리아와 함께 발생할 것이다. 오

4. 이 곳에 나오는 히브리어 세 단어를 문자적으로 번역하면 "라합은 앉아 있다"이다. 만약 둘째와 셋째 단어를 하나로 합쳐 번역하면 "앉아있는 자 라합"이라 할 수 있다(참조. *BHS*).
5. 또한 Seitz, *Isaiah 1-39*, 219를 보라.

랫동안 아시리아는 이스라엘을 위협해 오다가, 어느 날 갑자기 이스라엘 땅을 황폐화시킬 것이다. 이스라엘 땅은 아무것도 남아 있지 않을 것이다. 유다는 어디에도 쓸모없는 산산조각난 항아리처럼 될 것이다.

하나님은 자주 반복해서 이런 상황에 대한 해결 방안을 말씀해 주셨다. 그들은 하나님에게 돌아와 "회개"해야 하며, 하나님 안에서 "안식"을 누려야 한다(30:15). 자기 힘으로 문제를 해결하려고 몸부림치는 것이 아니라 하나님을 잠잠히 신뢰함으로써 "구원"과 "능력"을 발견할 수 있을 것이다. 그러나 환자 이스라엘은 의사의 처방을 거절하였다.

30:16은 30:15과 극히 대조적이다. 이스라엘은 잠잠하고 신뢰하기보다는 재빨리 도망치려 할 것이다. 하지만 이 해결 방안에는 한 가지 문제가 있다. 즉 "추격자"가 더 빠르다는 것이다. 백성들이 하나님 안에서 안식한다면 도주할 필요가 없다. 그러나 하나님을 신뢰하지 않는다면 도주하는 것마저도 문제의 해결책이 되지 못한다. 자신들의 힘이 충분치 않다는 것을 깨닫자마자 "한 사람"의 적에게서 "천 사람"이 앞뒤를 가리지 않고 패주할 것이다. 왜냐하면 승리 이외의 다른 결과에 직면할 만한 내적인 원천이 그들에게는 없기 때문이다. 결국 이스라엘은 주변의 시체와 함께 바람에 날리는 찢어진 깃발처럼 버려질 것이다(30:17).

그렇다면 이러한 현실에 직면한 하나님의 해결 방안은 무엇인가? 하나님은 이 일에서 손을 떼실 것인가? 하나님은 정당한 분노에 대한 결과로 그들을 버리실 것인가? 아니다. 성경의 모든 위대한 진술을 통해 볼 때, 그분은 이렇게 말씀하신다. "이스라엘이 나를 기다리지(신뢰하지) 않으므로 나는 이스라엘에게 은혜를 베풀 날을 기다려야만(NIV "longs") 하노라!" 하나님은 최후 심판이 아닌 긍휼을 베푸시려고 그의 보좌에서 일어나신다. 그분은 "공의의 하나님"이시기 때문에 "그분을 기다리는 자들"은 결코 실족하지 않을 것이다. 그러나 열방을 고대하는 자들은 계속 실망하게 될 것이다. 그들은 자신만을 위할 뿐이고, 결코 정의와 진리를 위해 헌신하지 않는다. 그러나 하나님은 언제나 정직을 행하시기에 우리는 어떤 경우에라도 그분을 의지할 수 있다. 그러므로 이사야는 끈기 있게 인내하시고 기다리시는 우주의 창조자의 모습을 그려 내고 있다. 그분은 우리가 얼마나 바보같이 살았는지를 깨닫고, 돌이켜 하나님 아버지의 은혜와 긍휼을 누리기를 바라신다.[6]

하나님의 백성의 구원 약속(30:19-33)

마지막 단락은 이스라엘 백성이 마침내 깨닫고 하나님께 돌아왔을 때, 어떤 일이 일어날 것인지에 대해 자세하게 설명하고 있다. 세 가지 약속, 즉 (1) 영적인 부활(30:19-22), (2) 하나님이 그의 백성에게 부어 주시고자 하는 물질적인 복(30:23-26), (3) 이스라엘의 모든 대적들, 특별히 아시리아의 멸망(30:27-33)에 대한 예언이 주어진다.

(1) 6장에서 하나님의 말씀에 따르면, 이사야의 사역은 단순히 이스라엘 백성의 눈을 멀게 하고 듣지 못하게 하며 마음을 둔하게 하는 데 있었다. 아마도 이와 같은 이스라엘 백성의 상태를 가장 적나라하게 표현한 것은 그들이 이사야에게 "이스라엘의 거룩한 자로 우리들 앞에서 떠나시게 하라"고 요구하는 모습이다(30:11). 그러나 이사야는 이 모든 것이 변화될 한 날이 도래할 것임을 바라본다. 백성은 하나님께 울부짖을 것이고 하나님은 은혜롭게 그들에게 응답하실 것이다(30:19). 백성은 더 이상 "역경"과 "고통"에 의해 하나님에게서 쫓겨나지 않을 것이다. 오히려 그들의 영적인 눈이 열려서 하나님이 그들에게 가르치시는 모든 것을 볼 것이다(30:20).[7]

그들은 더 이상 입에 물린 재갈을 당겨도 방향을 바꾸지 않는 고집센 노새와 같지 않을 것이다. 이제 그들의 영적인 귀는 매우 민감하여서 귀에 단순히 속삭이기만 해도 우편 혹은 좌편으로 정로를 따라 행할 것이다(30:21). 이로 인해 예전에 아낌없이 관심을 쏟아 부었던, 큰 의미가 되었던 값비싼 모든 우상들을 경멸하게 될 것이다. 그들은 그러한 것들을 숭배한다는 생각 자체만으로도 역겨워할 것이다(30:22).

(2) 23-26절은 첫 번째 약속과 밀접하게 연관되어 있다. 우상을 섬기는 이유 가운데 하나는 과거나 지금이나 물질적인 복을 얻기 위해서이다. 여기서 하나님은

---

6. 30:18은 전환적 진술임에는 틀림없지만, 30:19-26의 서론으로 보기보다는 30:8-17의 결론으로 보는 것이 더 바람직하다고 생각한다. 분명 결론을 뜻하는 "그러므로"라는 표현이 이 구절에 두 차례나 등장하기 때문인데, 이스라엘이 기다리지 못하고 멸망을 경험해야만 하기 때문에, 하나님은 그의 백성들에게 은혜를 베푸시기 위해 기다리셔야만 한다.

7. "*moreyka*"는 NIV의 경우처럼 "너의 선생들"로 번역될 수 있고, NRSV의 경우처럼 단수형이 될 수도 있다. 이 선생을 하나님으로 보는 견해는 문맥상 가장 적절해 보인다. 또한 Motyer, *Prophecy of Isaiah*, 250을 보라.

그의 백성이 그에게 응답하며 자기 이익을 위해 물리적, 사회적, 영적인 세계를 조정하려는 것을 멈춘다면, 이 모든 복을 마음껏 베푸실 것이라고 약속하신다. 23-24절은 농경적 관점에서 축복을 표현하고 있다. 비가 정해진 때에 내릴 것이며, 수확이 풍성하여 일하는 짐승들조차 음식을 충분히 먹게 될 것이다.

25-26절에서는 "살육"과 "치유"를 대조한다. 이 구절은 이 땅의 마지막 전투를 언급하고 있는 듯하다. 이 전투에서 이스라엘의 대적들은 궁극적으로 멸망당할 것이며, 이스라엘은 상처입음에도 불구하고 승리하게 된다(참조. 슥 14:1-4; 말 4:1-2). 이사야서의 여러 곳에서 교만은 높은 것과 황무한 것과 어두운 것과 연관되어 있기 때문에(2:12-17; 8:21-22; 47:5) 이 전투는 또한 이스라엘과 세상의 교만이 무너질 것임을 가리키는 듯하다. 여하튼 황무한 곳은 풍부한 물로, 어두움은 찬란한 빛으로 바뀔 것이다. 하나님이야말로 복을 주시는 분이다.

(3) 마지막 약속(30:27-33)에서 이사야는 궁정 대신들이 이집트와 동맹해야 한다고 고집했던 것을 상기시킨다. 왜냐하면 탐욕스러운 아시리아에게서 그들을 구원해 줄 유일한 희망은 이집트뿐이라고 말했기 때문이다. 이사야는 유다 백성이 구원을 소망한다면 이집트가 아닌 하나님을 바라보아야만 한다고 말한다. 30:23-26과 같이 이 말은 확실한 "역사의 종말"에 대한 분위기를 보여 준다. 또한 매우 감동적이며 빛나는 영상으로 가득하다. 그렇지만 31절은 여기서 하나님의 진노의 궁극적인 대상은 아시리아임을 분명히 보여 준다. 그러므로 우리는 종말의 약속으로 규정한 단락을 다룰 때에 조심스러워야 한다.

아마도 여기서 평소와는 다르게 생동감 넘치게 표현한 이유는 청중에게 약속에 대한 확신을 심어 주기 위해서다. 여하튼 아시리아는 지상에서 가장 강력한 세력이며 그에 비해 유다는 작고 미약하다. 따라서 이사야는 백성들에게 이것이 유다와 아시리아 간의 싸움이 아니라, 아시리아와 만유를 다스리는 존재의 싸움이라는 것을 알려 주고자 이와 같이 표현한 것이다. 하나님은 자신을 대적하는 자들, 즉 그분을 대적함으로써 진실 그 자체를 대적하는 자들을 가볍게 벌하지 않겠다고 약속하신다. 그들은 홍수에 휩쓸려 갈 것이고(30:28) 불에 태워질 것이며(30:27, 30, 33) 우박과 폭우를 맞을 것이다(30:30). 또한 계속되는 지독한 폭풍에 비틀거릴 것이며(30:30, 31, 32) 결국 영원히 불타는 곳에 던져질 것이다(30:33).[8]

---

8. "토페스"는 힌놈 골짜기 남쪽과 예루살렘 서쪽에 위치했던 것 같다. 이 곳은 암몬 신 몰렉에게 아이들을 희생 제물로 바쳤던 장소를 가리킨다(왕하 23:10; 렘 7:31-32; 19:6, 11-14; 또한 겔 23:37-39을 보라).

이 모든 것 가운데 한 가지 반복되는 특징은 주님의 입과 호흡과 목소리에 대한 언급이다(30:27, 28, 30, 31, 33). 그분의 말씀은 말씀에 응답하는 자에게는 생명과 건강이 되지만, 그 말씀을 거절하는 자에게는 갑작스럽게 닥치는 끔찍한 죽음이 된다.[9] 말라기에서 상처입은 자를 치료하는 태양과, 초개로부터 마지막 남은 수분까지 살라 버리는 태양은 동일한 태양이다(4:1-2).

상황잇기

동맹. 오늘날 미국이 하나님께 선택받은 민족이 아닌 한 본문에서 "열방을 의지"하는 유다와 같이 오늘날 우리들에게도 똑같은 정치적 관련이 있는 것은 아니다. 그러나 그 원리들은 그리스도인들에게 여전히 관련있다. 우리는 왜 사람들 혹은 단체들과 의존하려고 하는지, 그리고 사람들 혹은 단체들이 실로 우리에게 무엇을 제공할 수 있는지를 자문해 보아야만 한다.

주전 8세기의 이집트는 이미 전성기가 지난 상태였다. 대략 주전 1000년 이후 이집트는 고대 근동지방에서 다시는 지배적인 세력을 주도하지 못했다. 전성기가 지난 후 이집트는 먼저 서부 리비아에게 지배를 받았다. 그 다음에는 그 당시의 통치 세력이었던 남부의 누비아에게 지배를 당했다. 이집트인들은 스스로 통치할 만한 힘이 없었고 주도권도 부족했던 것 같다. 그러므로 이집트는 겉보기에는 힘 있는 나라처럼 보였으나 실제로는 그렇지 못했다. 비록 아시리아는 이런 상황을 알고 있었지만(참조. 36:6의 랍사게의 말) 유다는 그 상황이 어느 정도인지는 명확히 알지 못한다. 여하튼 영적인 분별력을 지닌 자들은 이런 상황을 깨닫고 있었다. 이사야는 주전 700년대에, 예레미야는 주전 600년대에 그것을 간파했었다.

이러한 통찰력은 바로 오늘날 우리에게 필요한 것이다. 우리가 의지하려는 사람들도 겉보기에는 강해 보이지만, 사실 우리처럼 연약한 사람일 뿐이지 않은가! 그들은 진심으로 우리에게 관심을 가지고 있는가, 아니면 자신에 대해서만 관심을 가지고 있는가? 우리는 하나님을 의지할 때 위험을 피하기 위해 그들을 의지하고 있지는 않은가? 관계의 문제에 있어서 영적인 분별력을 가진 자들에게 도움을 구한 적이 있는가? 진정으로 하나님의 인도하심을 구해 본 적이 있는가? 여러 경우에 있어서 해로운 관계는 주변 사람에게서 나타난다. 우리의 문제는 유다 백성처럼 "상한 갈대"(36:6)를 놓지 못하는 것이며, 그로 인해 참된 분별력으로 상황을

9. 또한 사 11:4; 욥 4:9; 시 18:8; 겔 21:31; 살후 2:8; 계 19:15을 보라.

바라보지 못하는 데 있다. 만일 우리가 영적·정신적으로 상한 갈대를 먼저 놓아 버린다면, 하나님은 우리의 눈을 열어 그것들의 위험함을 깨닫게 하실 것이다.

참예언과 거짓 예언. 참예언과 거짓 예언의 주요 차이점은, 거짓 선지자들은 듣는 이에게 좋은 말만 한다는 것이다. 거짓 선지자들은 듣기 좋은 것만 말한다. 그들은 평화와 번영을 이야기하며, 하나님의 확실한 구원에 대해 이야기한다. 참선지자들도 역시 이런 말을 한다. 그러나 이런 메시지는 언제나 회개와 행동의 변화라는 배경 아래 전달되었다. 이런 특징들은 거짓 선지자들의 메시지에는 전혀 나타나지 않는다. 거짓 선지자들에게 있어 "좋은 소식"(good news)은 무조건적인 것이었다. 백성들이 "거짓된 것을 보이라"(prophesy illusions)고 요구한 사실에 대해 말할 때 이사야가 뜻하는 바가 바로 이것이다(30:10). 백성들은 이사야에게 합당한 이유도 없이 좋은 결과를 약속하라고 요구하고 있는 것이다.

이것은 오늘날 날로 심각해져 가는 문제점이다. 아이들은 삶의 결과에 대해서 배우지 못하고 있다. 원하는 것이라면 무엇이나 할 수 있고 대가를 지불할 필요도 없다. "자존감"(self-esteem)이라는 것은 실력이나 행위와 아무런 관계가 없다. 그래서 오늘날 최고의 자존감을 소유하고 있는 사람들 가운데 상당수는 도둑과 사기꾼이다. "자기 만족"(feel-good) 정신의 승리가 우리 모두를 죽이고 있다. 왜냐하면 이 모든 것은 환상에 불과하기 때문이다. 삶에는 결과가 따른다. 그러나 세상에 널리 알려져 있으면서 이와 다르게 가르치는 자들은 현대판 거짓 선지자들과 같다. 그들은 우리가 결과에 대해 책임질 필요가 없으며 우리의 원대로 무엇이나 할 수 있다고 말한다. 이러한 시대 풍조의 비극적인 예는 자기 자식에 대해 무책임한 남성들이 점차 늘어나는 데 있다. 이런 현상으로 인한 사회적 손실은 이제 시작에 불과하다. 죄악으로 가득찬 백성들이 듣고 싶어하는 것이 아닌 "정직"(what is right)을 선포할 선지자들이 필요하다.

그릇된 확신의 위험. 이사야는 유다가 하나님을 신뢰하지 않고, 대신에 이집트의 말을 의지하려고 했기 때문에, 한 명의 아시리아 인에게 천 명의 유대 백성들이 (빠른 말을 타고) 도망칠 거라고 말한다. 그들은 그릇된 것을 의지하기 때문에, 그릇된 것이 실패할 때 완전히 망하게 될 것이다.

1861년 워싱턴 D.C. 외곽에서 비슷한 일이 일어났다. 북부군은 주로 서민층인 남부군을 조속하게 패배시킬 수 있을 거라고 확신했다. 뭐니뭐니 해도 북부군은 남부군보다 말쑥한 제복을 입고 있었고 최신 장비를 갖추고 있었으며 잘 훈련되어 있었다. 그러나 사실 북부군은 규율, 결단, 용기(남부군이 가지고 있었던 것들)에 대해서는 거의 아는 바가 없었다. 전투를 치르자 아무런 전투 기술이 없는 북부군이 열등하다는 것이 분명해졌다. 곧 후퇴는 패배로 이어졌고, 패배는 퇴각으로 이어졌으며, 퇴각은 앞뒤 가리지 않는 도주로 이어졌다. "신나는 전투"를 구경 나온 소풍객과 같았던 북부군은 결국 워싱턴을 수비하기 위해서 황급히 발길을 돌려야 했다.

만일 헛된 것들을 신뢰하고 있다면, 고난과 역경이 우리를 파멸시키고 말 것이다. 우리는 그 헛된 것들에 맞설 만한 자원이 없다. 그러나 만약 우리가 우리 자신이 아닌 하나님에게 확신을 두고 있다면, 고난과 역경은 단지 우리를 그분께 더 가까이 이끌어 주는 것일 뿐이다. 하나님이 우리를 포기하지 않으신다는 것을 알고 있기에 우리는 목숨을 바치기까지 그분을 신뢰할 수 있다. 이러한 정신은 패배하더라도 완전히 주저 앉지 않는 것이다. 우리는 하나님이 우리 뒤에 계심을 알고 있기에 새로운 방어선으로 물러나 용기 있게 다시 싸울 수 있다. 자기 과신으로 가득 차 있던 북부군이 자기 우수성을 신뢰했던 것처럼 유다 백성은 이집트를 신뢰함으로써 하나님이 함께하신다는 사실을 잊어버렸다.

묵시. 본문의 예언 부분에서 이사야는 종말의 예언과 연관된 뚜렷한 이미지를, 현재의 논의와 관련된 좀 더 산문체적인 표현과 혼합한다. 이와 같은 혼합은 다소 혼란을 줄 수도 있다. 이사야는 지금 무엇을 말하려고 하는 것인가? 현재인가 종말인가? 그러나 이러한 혼합은 우리가 두 시간대에 살고 있다는 것을 상기시켜 준다는 점에서 도움이 될 수 있다. 즉 우리는 현재의 시간과 다가올 시간에 살고 있는 것이다. 종말론적 사상은 생생하고 다채로운 언어를 만들지 않지만, 오히려 이러한 언어를 통해서 가장 잘 표현된다. 성경 저자들이 미래를 내다보며 먼 훗날 격변의 사건들을 예견할 때, 이와 같은 포괄적이고 흥미로운 표현을 통해 논점을 가장 잘 전달할 수 있다.

그러나 이와 같은 표현은 다른 용도에도 쓸모가 있다. 본문의 경우가 이에 해당되는데, 여기서 이사야는 대적 아시리아의 참본성이 주님 안에 있는 이스라엘을 대적함으로써 드러나고 있음을 보여 주고자 한다. 더욱이 우리는 이러한 표현을 해석함에 있어 주의를 기울여야만 한다. 이 표현을 너무 문자적으로 해석하면 그 이미지가 제시하는 영적인 논점을 놓칠 수 있는 위험에 빠지게 된다. 하나님이 이스라엘의 대적을 치실 때마다 그 리듬에 맞춰서 하나님의 백성들도 탬버린을 치는 날이 올 것이라 기대하는 것은 잘못된 해석이라고 믿는다. 논점은, 우리의 대적이 곧 하나님의 대적이며, 이 대적을 무찌르신 하나님의 승리하심에 대해 현재에도 미래에도 기뻐할 수 있음을 약속하고 있는 것이다. 이런 사건들이 언제 정확히일어날 것인지 의심하지 말고, 오히려 하나님이 나의 대적들을 무찌르실 것을 확신하며 내가 지금 지속적으로 하나님을 신뢰하며 살아가고 있는지 질문해야 한다.

현대적 의미

이집트로 돌아감. 스스로 아시리아 문제를 해결하려던 유다 백성은 하나님이 하지 말라고 하신 그 일, 즉 영적으로 이집트를 향하지 말라는 명령을 마음으로 어겼다(호 7:11; 9:1-6). 물론 결국 그들 중 일부는 실제로 이집트로 돌아가고 말았다(렘 42-43장). 이것은 오늘날 우리에게도 종종 있는 일이다. 스스로 문제를 해결하려고 노력하다가 결국 하나님이 우리를 건져 주셨던 그 함정 속에 다시 빠지는 우(愚)를 범하는 것이다. 왜 그런 일을 저지르는 것일까?

히브리서의 저자는 이러한 것을 가리켜 "얽매이기 쉬운 죄"(히 12:1)라고 했다. 우리의 삶 가운데 특별히 유혹에 빠지기 쉬운 연약한 영역이 존재한다. 그런데 그 영역과는 상관 없이 아주 강하다고 생각하는 삶의 영역에서도 하나님을 신뢰하지 않는다면, 우리 자신을 하나님의 보호하심에서 빼내어 연약한 영역으로 던져 넣는 꼴이 된다. 하지만 즐거움과 안전과 의미를 자신이 아닌 하나님 안에서 찾고 하나님을 신뢰하는 법을 배운다면, 우리는 오랜 죄악의 사슬에서 해방됨을 경험할 수 있을 것이다. 그러나 어떤 영역에서든지 하나님을 신뢰하지 않으려 한다면, 힘의 근원을 잃어버리게 되고 우리의 모든 옛 방편들로 던져지고 만다. 그러므로 예전에 겪은 것과 같은 좌절을 경험하게 되는 것은 놀라운 일이 아니다.

하나님의 그늘을 인간의 그늘로 바꿈. 고대근동 지방에서 그늘의 중요성은 아무리 강조해도 지나치지 않다. 여러 경우에 있어서 무더운 태양 광선을 막아 주는 그늘은 삶과 죽음 사이를 구분한다. 태양은 너무나 뜨겁고 직접적으로 내려쬐기 때문에 사람이 미처 위험을 느끼기도 전에 심각하게 탈수현상을 겪을 수 있다. 그래서 시편에는 하나님을 "그림자"와 "그늘" 아래 안식처를 제공하시는 분으로 그리고 있기도 하다. 하나님은 날개를 펼쳐서 그늘을 드리우시는데(시 17:8; 36:7; 57:1; 63:7) 펼쳐진 날개는 어미가 새끼를 보살피는 것과 같은 보호의 상징이다. 그러나 다음 두 가지 경우에 있어 하나님은 직접 그늘을 만드셔서 크리스천의 안식처를 만들어 주신다.

지존자의 은밀한 곳에 거하는 자는
　전능하신 자의 그늘 아래 거하리로다(시 91:1).

여호와는 너를 지키시는 자라
　여호와께서 네 우편에서 네 그늘이 되시나니
낮의 해가 너를 상치 아니하며
　밤의 달도 너를 해치 아니하리로다(시 121:5-6).

이사야에게 하나님의 "그늘"은 매우 중요한 상징이며, 신뢰에 대해 강조한 이유를 이해할 수 있다.[10] 이사야에게 유다 백성이 하나님의 그늘 대신에 사람의 그늘을 선택한다는 것은 도무지 상상할 수 없는 일이었다. 어떻게 그들은 하나님만이 제공하실 수 있는 보호하심을 바로에게서 찾으려 하는가? 그렇지만 우리 또한 그와 동일한 우를 범하고 있다. 물론 어느 정도는 다른 사람들을 신뢰하는 것이 적절할 때도 있다. 우리는 배우자, 고용주, 목회자 등을 신뢰한다. 그러나 이들을 세상의 궁극적인 안식처로 삼고 하나님을 배제한다면, 아무리 멋진 인간이라 하더라도 실망시킬 수밖에 없기 때문에 우리는 처참한 실망감을 맛보게 될 것이다.

특히 삶 속에서 사람들을 하나님의 자리에 둔다면, 그들은 우리를 실망시키고 말 것이다. 하나님만이 주실 수 있는 것을 사람이 줄 수 있다고 기대하는 순간, 그들에게 너무 많은 것을 요구함으로 그들을 실패의 자리에 올려놓고 있는 것이다. 반대로 하나님이 진정 우리 삶의 피난처가 되심을 고백하는 단계에 이른다면, 사람들이 우리의 기대를 무너뜨리더라도 실족하지 않을 것이다. 하나님의 보호 아래 살고 있는 우리들은 다른 사람들에게 더욱 신뢰를 받게 될 것이며, 인간관계도 역시 신뢰를 받게 될 것이다. 그러나 우리는 하나님과의 관계가 먼저이고, 그 다음이 다른 사람들과의 관계라는 분명한 우선순위를 세워 두어야 한다.

이와 같은 관점에서 볼 때, 하나님이 왜 사람이나 기관을 신뢰하지 못하게 하는지 그 이유에 대해 생각해 보는 것은 중요하다. 유다가 이집트와 동맹을 맺는 것이 왜 잘못되었단 말인가? 그것은 하나님의 백성을 아시리아에게서 구원하시는 방법이 될 수도 있지 않을까? 이후에 하나님은 바빌론 유수에서 구원하는 방편으로서 페르시아를 사용하지 않으셨던가(어떤 사람들에게는 큰 충격으로 느껴졌을 것이

10. 사 4:6; 16:3; 25:4; 32:2; 49:2; 51:16.

다. 이후의 45장에 관한 내용을 보라). 그와 마찬가지로 하나님이 이집트를 사용하실 수 있다는 생각은 본질상 문제가 없어 보인다.

유다 백성의 가장 큰 문제는 하나님과 상의하지 않고 자신의 계획을 세운 것에 있다. 그들은 하나님이 이집트를 그들을 구원하는 방편으로 주셨다고 생각했기 때문에 이집트를 의지한 것이 아니었다. 반대로 "자신을" 구원할 "자신의" 방법으로서 이집트를 바라보았다. 만약 그들이 순종적이고 복종적인 태도로 하나님께 나아왔다면, 하나님은 이집트를 통해 구원해 주셨을 것이다. 그러나 때때로 하나님은 뻔히 잘못된 방향으로 나아가는 것을 막으신다. 왜냐하면 그 길은 하나님을 신뢰하는 데 방해가 되는 길이기 때문이다.

바울과 실라의 경우가 바로 이런 경우이다. 그들이 소아시아의 도처로 선교여행을 할 때, 그들의 진로는 당연히 비두니아를 거쳐 한바퀴 돌아서 본거지인 안디옥으로 돌아오는 것이었다(행 16:6-10). 요컨대 그들은 소아시아 지역에서 성공적인 사역을 이루었고, "사역을 하는 방법"을 습득하였다. 그렇다면 왜 그 지역에서 사역을 계속해서 발전시키지 않았는가? 그리스 본토로 들어가는 것은 그야말로 위험천만한 일로 여겨졌을 것이다. 그들에게 그리스는 사역해 본 경험도 없고, 그들을 지원해 줄 사람도 없는 너무나 낯선 곳이었다. 그러나 그곳이야말로 하나님이 그들을 보내시려는 곳이었기에 그들은 순종했다.

바울과 실라가 순종했을 때, 하나님이 그들의 사역을 축복해 주셨다. 그 결과 세상이 변하였다. 달리 말하면, 우리의 근본원리는 하나님을 향한 순종으로 시작하는 것이다. 또한 하나님이 우리를 "안전지대"에서 끌어 내셔서 그분만을 의지할 수밖에 없는 장소로 데려다 놓으실 수도 있다는 것을 항상 명심하는 것이다. 하나님은 분명한 방식을 사용하시겠지만, 가능한 한 전혀 분명치 않은 방식을 사용하실 것이다. 그로 인해 그분이 우리를 구원하실 때, 그분이 우리를 구원하셨고 그 외의 어느 누구도 우리를 구원하지 않았음을 명백히 드러날 것이다.

설교의 특징. 본문이 제기하는 현대 문제는 설교의 본질에 관한 것이다. 오늘날 우리는 "포스트모더니즘"의 현대인들이 "심판의 설교"를 참고 듣지 못한다는 말을 듣는다. 이사야는 이것이 오직 포스트모더니즘의 현상이 아님을 보여 준다. 이러한 경향은 2700년 전에도 마찬가지였다. 이것은 인간에게 보편적인 현상이며 어느 한 세대와 관련된 것은 아니다.

바울이 제자 디모데에게 "가려운 귀"를 가져서 "바른 교훈"을 받지 않으려는 사람들에 관해 말할 때(딤후 4:3) 21세기 미국에 대해 말한 것은 아니었다. 바울은 모든 시대와 장소를 포괄하는 전 인류(全人類)에 대해서 이야기한 것이다. 사람은 누구나 자신에 대해서 좋은 말을 듣고 싶어하며, 자신의 본성이 긍정적으로 받아들여지기를 원한다. 사람에게는 새로울 것이 없다. 만약 인간의 성향에 따라 설교를 맞춘다면, 이것은 오래 전 이스라엘과 유다에서 행한 거짓 선지자들과 동일한 위험에 빠지는 것이다. 가장 큰 위험은 결코 참된 회개 없는 개종자를 얻는다는 점이다(아래를 보라). 단지 그들은 "삶의 선택"이라는 명부에 항목 하나를 추가했을 뿐이다.

이런 상태로 인해 두 가지 비극적인 결과가 초래된다. (1) 실제적인 삶의 변화가 없다. "크리스천"은 예전과 똑같이 물질주의적이고 자기중심적이다. 그뿐 아니라 교회생활과 신앙생활에 전혀 헌신하지 않는다. 그들이 "헌신"에 대해서 뭔가를 안다 해도 아마 기독교 언어의 겉치레만을 알 뿐이고, 자기 부인에 관해서는 아는 것이 없다. (2) 인생의 위기가 닥쳤을 때 무력하다. 그들은 내릴 닻이 없고 영적인 활력을 가지고 위기를 대면할 방안이 전혀 없다.

빠른 속도로 교회는 성장하고 있지만 사회에서 소금과 빛의 역할을 실제로 해내고 있지는 못하다. 어떤 이들은 우선 사람들을 이끌어 내고, 이후에 그들이 기독교적 삶의 도덕적 요구를 이해하도록 도와주어야 한다고 주장한다. 그러나 그러한 처방은 곧 교인들의 급격한 감소를 가져오게 할 것이다. "크리스천"을 만드는 것은 쉬운 일이지만, "제자"를 만드는 것은 쉬운 일이 아니기 때문이다. 예수께서는 누구든지 과거의 모든 것을 포기하지 않는다면 결코 제자가 될 수 없다고 하셨다.

이 말은 그들을 끊임없이 혹독하고 신랄하게 비난해야 한다는 말이 아니다. 그렇게 하는 것은 성경적인 방법도 기독교 신앙의 방법도 아니다. "복음"의 메시지라는 개념은 신약의 메시지이기 이전에 구약의 메시지이다(참조. 52:7; 61:1). (본문을 포함하여) 이사야가 심판과 소망을 끊임없이 결부시키는 것은 이러한 생각이 틀렸다는 것을 말해 준다. 이사야는 백성들의 삶에서 일어나는 일들에 하나님의 거룩하신 강렬한 빛이 비추는 것으로 시작했다. 더욱이 이사야는 백성들의 소망은 하나님의 심판을 벗어나는 것이 아니라 하나님의 심판을 멈추지 않게 하는 데 있음을 일관되게 보여 준다. 우리 가운데 누군가는 "이스라엘의 거룩하신 자로 우리 앞에서 떠나시게 하라"는 말을 들었을 때 "주 여호와 이스라엘의 거룩하신 자가 말씀하시되…"(30:15)라고 응답할 수 있는 이사야의 용기를 되찾아야 한다.

회개와 안식의 연관성. 하나님이 백성에게 하신 권고에서 요점이 제시되고 있다. "회개와 안식 안에 너희의 구원이 있다"(개역성경에서는 "너희가 돌이켜 안연히 처하여야 구원을 얻을 것이요"라고 번역됨-옮긴이, 30:15). 이 두 개념은 모두 중요하다. 회개와 안식은 필수불가결하게 연결되어 있다. 회개가 없이는 진정한 안식(하나님께 완전히 의지하는 것)이 없으며, 안식으로 인도하지 않는 회개는 진정한 회개가 아니다.

구약성경에서 회개의 근본적인 의미는 방향 전환 혹은 되돌아오는 것이다.[11] 회개는 당신이 가고 있는 방향의 길, 즉 자기 의존과 자기 만족의 길을 멈추고, 그 삶에서 돌이켜 하나님을 의지하고 하나님을 만족시키는 삶을 향하여 나아가는 것이다. 자기의 삶과 그 방향을 그대로 유지하고 있으면서 하나님 안에서 안식을 누리겠다고 하는 것은 명백히 모순이다. 단지 벌받지 않기 위해 죄를 짓지 않으며 "자기 행동을 바르게 하는 것"은 하나님께 돌이키는 것과 상관이 없다. 그것은 단지 죄에서 멀어지는 것뿐이며, 어떤 행동보다 이기적인 행동일 수도 있는 것이다.

메타노이아(metanoia)[12]라는 단어에서 드러나듯이, 신약의 경우에도 회개에 대한 의미의 발전은 다를 바 없다. 회개한다는 것은 정신적으로 영적으로 실천적으로 방향을 전환하는 것이다. 예수께서 사역을 시작하시면서 회개하라 외치신 것은 전혀 놀라운 일이 아니다. "회개하라 천국이 가까웠느니라"(마 4:17). "하나님 나라가 가까웠으니 회개하고 복음을 믿으라"(막 1:15). "내가 의인을 부르러 온 것이 아니요 죄인을 불러 회개시키러 왔노라"(눅 5:32). 우리가 퇴색된 왕된 우리 모습과 죄의 길에서 벗어나지 않는다면 하나님 나라에 들어갈 수 없다.

구약에서 하나님과의 올바른 관계를, 언약을 맺은 왕에 대한 절대적인 충성의 맥락 안에서 설명하듯이, 신약에서 또한 자신에 대한 충성에서 돌이켜 하늘의 왕의 아름다운 백성이 되라고 요구한다. 하나님을 신뢰하는 것이 어렵게 느껴진다면, 삶에서 우리가 섬기는 왕이 실제적으로 바뀌지 않았기 때문일 것이다. 우리가 섬기는 왕이 근본적으로 바뀌지 않은 상황에서 하나님 나라의 은혜를 누릴 수 있다는 것은 그릇된 생각일 뿐이다.

우리 자원의 한계. 유다 백성처럼 하나님의 방법과 자기 방법을 둘 다 가지려고 한다면 사실상 자기 방법이 더 낫다고 말하고 있는 셈이다. 그래서 유다 백성은 어려움에서 벗어나기 위해서는 자신의 힘과 잔꾀에 의지할 수 있다고 믿었다(30:16). 하지만 야곱이 깨달았듯이 이런 태도에는 한 가지 문제가 있다. 야곱은

---

11. J. A. Thompson and Elmer A Marten, "שׁוּב," *NIDOTTE*, 4:55-59을 보라.
12. E. Würthwein, "μετανοέω, μετάνοια," *TDNT*, 4:975-89을 보라.

삼촌 라반을 만나기 전까지는 자기보다 더 약삭빠르고 허를 찌르는 사람이 없다고 생각했다. 야곱이 꿈 속에서 하나님을 만났을 때 하나님께 굴복하기는 커녕 하나님과 계약을 맺으려 한 것도 바로 이 때문이다(창 28:20-22). 다행히도 하나님이 야곱을 참고 기다리셨고, 그가 하나님을 찾았을 때 기꺼이 함께 일하셨다. 자기보다 더 약삭빠르고 허를 찌르는 라반을 만난 것은 야곱에게 잘된 일이었다. 하나님이 계시지 않았다면 야곱은 역사 속에서 사라졌을 것이고, 그의 이야기는 단지 약삭빠른 인간의 승리담 가운데 하나로 남고 말았을 것이다.

자신의 힘과 잔꾀를 의존하면 언제나 자신보다 더 강하고 교활한 사람이 나타날 것이다. 이것이 바로 이사야가 그의 백성들에게 준 메시지이며, 우리에게 준 메시지이다. 당신의 능력을 의지해 보라. 그러면 당신보다 더 많은 능력을 가진 사람과 맞닥뜨리게 될 것이다. 그러나 당신이 하나님의 능력을 의지한다면, 언제나 도움을 주실 수 있는 분은 하나님 아버지이시며 그보다 더 많은 능력을 가진 사람은 없음을 확신할 수 있을 것이다. 바울이 "내게 능력 주시는 자 안에서 내가 모든 것을 할 수 있느니라"(빌 4:13)고 말씀으로 이 원리를 드러내고 있었다. 바울은 자신의 업적에 대한 신뢰를 버리고 하나님의 능력이 무한하심을 깨달았다.

축복의 이중적 성격. 30:19-33에서 이사야는 신적인 축복의 핵심 원리들을 강조한다. 이 원리들은 현 시대를 위해 중요한 것들이다. 그 핵심 논점은, 축복이란 영적이면서도 물질적인 것이며, 이 두 요소는 분리될 수 없다는 것이다. 오늘날 그리스도인들은 이쪽 아니면 저쪽으로 쏠리는 경향이 있다. 어떤 이들은 구약성경이 약속하는 물질적인 축복은 모두 상징적인 것이라 하며, 그리스도인의 삶에서 영적인 축복만을 강조한다. 또 다른 이들은 성경의 모든 약속은 문자 그대로 받아들여야 하기에 구약성경의 부와 풍요에 대한 약속은 오늘날 우리들을 위한 약속이라고 주장한다.

나는 이 두 극단적 입장 사이에 중도적 입장이 있다고 믿는다. 후자의 문제점 가운데 하나는 이런 입장이 종종 또 다른 우상숭배의 형태—이사야는 참그리스천은 이런 우상숭배를 경멸할 것이라고 말한다(30:22)—를 지닌다는 점이다. 우리는 부자가 되기 위해 하나님을 섬기거나 복을 받기 위해 하나님이 제시한 조건들을 충족시킨다. 이것은 어리석게도 크리스천의 이교 요소(Christian paganism)이다. 그리스도와 그의 제자들은 부유한 사람들도 돈을 받기 위해 어떤 종교적인 일들을 행한 사람들도 아니었다. 오히려 그리스도께서는 제자들에게 그런 생각들을 내어 버리라고 하셨다. 산상수훈의 서두에 나오는 팔복(八福)은 세상이 (그리고 어떤 기독교 설교자들이) 복이라 부르는 것(마 5:1-12)을 본질적으로 거부한다. 30:19-22에서 이사야가 말한 대로, 복은 고난과 역경을 이겨내며 하나님의 손길을 볼 수 있는 변화된 마음의 문제이다.

그러나 하나님 아버지께서 그분의 자녀들에게 좋은 것을 주기 원하신다는 것 역시 사실이다. 구약성경의 약속은 단지 상징에 불과하다고 말하는 것은 하나님이 인간을 물질적인 동시에 영적인 존재로 만드셨다는 사실을 간과하는 것이다. 그리고 창세기 1:27의 약속을 이와 같은 상징 중 한 가지로 제한시키는 것은 하나님이 창조하신 일부를 임의로 제거하는 행위가 된다. 우리가 자력으로 필요한 것을 공급하려고 노력한 것을 회개할 때, 자기를 부인하고 하나님을 신뢰하여 우리 부족함을 그분께 내어 드릴 때, 하나님을 향한 사랑으로 인해 그분을 기쁨으로 섬길 때 다음과 같은 두 가지 일들이 일어날 것이다. (1) 하나님이 우리에게 주시고자 하는 모든 좋은 것들을 가로막는 방해물을 더 이상 만나지 않을 것이다. (2) 진실은 하나님에게 오는 믿을 수 없는 과분한 복임을 볼 수 있을 것이다.

물질적인 복을 추구하는 자들은 풍요 속에서도 결코 만족하지 못한다. 그러나 하나님이 주시는 것이라면 무엇이든지 받을 준비가 되어 있는 하나님을 추구하는 사람에게는 과분한 복이다. 하나님을 추구하는 사람은 "내가 부족함이 없으리로다"(시 23:1)는 말씀의 진리를 깨달은 자들이다. 즉 하나님은 부족하시지 않기 때문에 그분으로 충분하다.

하나님 나라에서의 삶. 30:27-33은 "지금"과 "아직"을 중요한 방식으로 결합시키고 있다. 그것은 앞서 제시된 논점의 또 다른 측면을 나타내고 있다. 우리는 오늘날 복을 경험하고 있지만, 죽음의 다른 편에서는 더 큰 복이 있음을 알고 있다. 모순적이게도, 보이지 않는 세상은 이 세상과 같되 단지 여러 면에서 조금 더 넓은 곳이라고 보았던 이교도적 관점은 이 세상을 가치 절하시킨다. 보이지 않는 세상이 참세계이며, 이 세상은 단지 보이지 않는 세계를 희미한 반영하는 것에 불과하다는 것이다.

현대의 비종교적 관점은 이 세상 외에 다른 세상이 존재한다는 것을 부인한다. 물리적·물질적 세상이 존재의 전부이다. 그러나 결과적으로 이러한 생각은 이 세상을 무가치하게 만든다. 세상은 어느 곳에서 오지도 않았고, 어느 곳으로 가지도 않는다. 따라서 개인의 생존을 제외하고는 실제로 중요한 것이 없다. 그러나 인간이 필연적으로 죽는다는 사실은 생존을 유지하는 것조차도 무의미하게 만든다.

성경적인 세계관은 이와는 확연히 다르다. 성경적인 세계관은 이 세상이 실재 세상이며, 이곳에서 중요한 결론이 결정된다고 주장한다. 구약성경은 특별히 이 점을 강조한다. 우리는 저편에 있는 보이지 않는 실재 세계에서 결정된 운명에 의해서 결정되지 않는다. 지금 여기서 삶을 더 낫게 혹은 더 나쁘게 만들 수 있다는 사실을 기억해야 한다. 그러나 왜 이 세상은 실재인가? 그 이유는 이 세상이 보이지 않는 창조주의 작품이기 때문이다. 이것은 우리로 하여금 다음과 같은 사실을 인식하도록 이끌어 준다. 즉 이 세계는 실재 세계이지만 그것은 보이지 않는 세계를 포함하는 더 큰 실재의 일부분에 불과하다.

그러므로 그리스도인은 두 세계에서 살고 있다. 지금 여기에 살고 있으며, 일상생활의 아시리아들을 직면한다. 우리는 바로 오늘 하나님 나라의 순종하는 백성으로 살아가고자 노력한다. 그러나 동시에 더 많은 일들이 닥쳐올 것임을 알고 있다. 오늘 아시리아가 패했더라도 내일 더 많은 아시리아가 몰려오지 않는 법은 없는 것이다. 우리는 창조자의 왕권이 아직 완전히 실행되지 않는 세계를 목도한다. 그러므로 하나님의 대적들이 영원히 멸망당하며 죽임 당하신 어린양이 보좌에 올라 그의 복된 백성을 영원토록 다스릴 그날을 바라보면서 오늘 하루를 신실하고도 담대하게 살아간다.

이와 마찬가지로, 오늘날 우리의 삶과 우리 관계 속에서 하나님의 왕권을 경험할 수 있다. 그러나 우리는 하나님의 나라가 충만하게 이루어지는 날, 하나님의 의로운 통치가 영원토록 모든 피조물 위에 실현되는 날을 고대한다. 따라서 내세만을 바라보고, 현세를 무가치한 것으로 여겨서는 안 된다. 왜냐하면 내세는 현세와 다른 실재가 아닌, 단지 더 충만한 실재이기 때문이다.

이사야 31:1-9

1 도움을 구하러 애굽으로 내려가는 자들은 화
있을진저 그들은 말을 의지하며 병거의 많음
과 마병의 심히 강함을 의지하고 이스라엘의
거룩하신 이를 앙모하지 아니하며 여호와를
구하지 아니하나니
2 여호와께서도 지혜로우신즉 재앙을 내리실
것이라 그의 말씀들을 변하게 하지 아니하시
고 일어나사 악행하는 자들의 집을 치시며
행악을 돕는 자들을 치시리니
3 애굽은 사람이요 신이 아니며 그들의 말들은
육체요 영이 아니라 여호와께서 그의 손을
펴시면 돕는 자도 넘어지며 도움을 받는 자
도 엎드러져서 다 함께 멸망하리라
4 여호와께서 이같이 내게 이르시되 큰 사자나
젊은 사자가 자기의 먹이를 움키고 으르렁거
릴 때에 그것을 치려고 여러 목자를 불러 왔
다 할지라도 그것이 그들의 소리로 말미암아
놀라지 아니할 것이요 그들의 떠듦으로 말미
암아 굴복하지 아니할 것이라 이와 같이 나
만군의 여호와가 강림하여 시온 산과 그 언
덕에서 싸울 것이라
5 새가 날개 치며 그 새끼를 보호함 같이 나 만
군의 여호와가 예루살렘을 보호할 것이라 그
것을 호위하며 건지며 뛰어넘어 구원하리라
하셨느니라
6 이스라엘 자손들아 너희는 심히 거역하던 자
에게로 돌아오라
7 너희가 자기 손으로 만들어 범죄한 은 우상,
금 우상을 그날에는 각 사람이 던져 버릴 것
이며
8 앗수르는 칼에 엎드러질 것이나 사람의 칼로
말미암음이 아니겠고 칼에 삼켜질 것이나 사
람의 칼로 말미암음이 아닐 것이며 그는 칼
앞에서 도망할 것이요 그의 장정들은 복역하
는 자가 될 것이라
9 그의 반석은 두려움으로 말미암아 물러가겠
고 그의 고관들은 기치로 말미암아 놀라리
라 이는 여호와의 말씀이라 여호와의 불은
시온에 있고 여호와의 풀무는 예루살렘에 있
느니라

원 의미

31장은 좀 더 길게 소개된 30장의 내용 중 많은 부분이 비슷하다. 31장과 32장의 구분을 없애고 이 두 장을 하나로 합친다면 30장과 같은 분량이 될 것이다. 32장은 28-33장에서 "화 있을진저!"(woe)로 시작하지 않는 유일한 장이기 때문에,[1] 이와 같이 보는 것은 저자 혹은 편집자의 의도일지도 모른다. 31장의 구조는 아마도 32:1의 시작 부분과 함께 도래하실 왕에 대한 새롭게 강조하는 듯하다.

31장은 두 단락으로 구성된다. 1-3절은 이사야서의 주요 하위구조(subdivision) 가운데 다섯 번째의 화 신탁을 포함하고 있다. 그러므로 1-3절은 일련의 장면을 절정으로 이끌어 준다. 28:1의 "화 있을진저"는 에브라임의 술 취한 지도자들을 향하여, 29:1의 탄식은 제의적 의로움을 의지하는 예루살렘의 백성을 향하여, 29:15의 탄식은 자신의 계획을 하나님께 숨기려 했던 자들을 향하여, 30:1은 이집트와 동맹을 맺기 위해 자신의 계획을 하나님께 아뢰지 않는 "패역한 자식들"을 향한 내용이다. 본문 31장의 "화 있을진저!" 탄식은 구체적으로 "도움을 구하러 이집트로 내려가는 자들"에게 선포함으로 절정(혹은 절망)에 도달한다. 그릇된 일에 집중했던 술 취한 지도자들은 터무니없는 조언을 했으며, 패역한 백성은 하나님과 상의하지도 않은 채 그 조언을 받아들였다.

그 결과가 이제 노골적으로 진술되고 있다. 그들은 "이스라엘의 거룩하신 자" 대신 인간과 말들을 의지하였다.[2] 그들은 창조주보다는 피조물을 의지하였다. 31:2-3에서 설명하다시피 이것은 어리석은 짓이다. 하나님은 공의로우시기에 악을 행하려고 그분을 거절한 자들이 도망치도록 내버려두지 않을 것이다. 세상에는 올바른 질서가 있으며, 그 질서를 무시하는 것은 치명적인 실수가 된다. 더군다나 "육체"를 가진 자가 "신"적인 존재에게 대항할 수 있다는 생각은 어리석은 것이다. 하나님이 그의 손을 올리시면("그의 손을 펼치시면")[3] 이집트가 어떤 도움을 준다 해도 무용지물이 되어 버릴 것이다. 하나님이 아시리아를 사용하여 그분의 백성을 벌하고자 하신다면, 이 세상에서 이집트인들이 이 일에 대해 할 수 있는 일은 아무것도 없을 것이다.

지금까지 이사야는 이스라엘 백성에게 이집트는 아무런 도움을 줄 수 없기 때문에 의지하지 말라고 조언했다. 31:4-9에서 이사야는 지금까지 논의와 다른 면, 즉 구원할 수 있는 유일한 분이기 때문에 주님을 신뢰하라는 면을 발전시킨다. 이사야는 세 논점, 즉 하나님이 예루살렘을 보호하실 것이다(4-5절), 우상을 버리고

---

1. Motyer(*Prophecy of Isaiah*, 253-54)는 이 본문을 이와 같은 방식으로 분석한다.
2. 1-39장에서 13회 나오는 "이스라엘의 거룩한 자"(29:23에서는 "야곱의 거룩한 자"를 포함함)는 하나님의 초월적 능력과 영광을 강조해 준다. 그러므로 그분 대신에 인간을 신뢰하는 것은 너무나 어리석은 짓이다.
3. 5:25; 9:12, 17, 21; 10:4; 14:26, 27; 23:11을 보라.

그분께로 돌아오라(6-7절), 아시리아는 주님의 적수가 될 수 없다(8-9절)는 논점을 제시한다.

어떤 사람들은 31:4를 하나님이 예루살렘을 공격한다고 보고, 부정적으로 이해한다.[4] 하지만 분명히 긍정적인 논점을 제시하는 31:5는 "사자"가 와서 "예루살렘의 대적들"을 공격한다 하더라도 그 어떤 것으로도 놀라지 않을 것이라고 말한다. "목자들"과 같은 의미의 표현을 찾으려고 애쓸 필요는 없다. 단지 논점은, 주께서 그분의 자비로운 목적에서 벗어나실 수 없다는 점이다. 5절은 주님을 묘사하기 위해 또 다른 자연의 이미지를 사용한다. 바로 둥지를 보살피고 있는 어미 새의 이미지이다. 어미 새는 불가피하다면 새끼를 지키기 위해서 자기의 목숨을 바칠 만큼 공격자를 물리치기 위해서 애를 쓴다.

이와 같은 주님의 돌보심에 대한 약속들이 분명하다면, 이스라엘은 어떻게 반응해야겠는가? 당연히 그들은 주님을 거역하던 모습을 버리고 그분께 순종하고자 돌아와야 한다(31:6). 그들이 얼마나 많은 시간과 돈을 우상숭배에 바쳤는지, 혹은 그 우상들이 얼마나 아름다운지는 중요치 않다. 실제로 우상들이 상징하는 형상과 신들은 인간의 창작물에 불과하다. 이 우상들은 죄 많은 인간의 손이 만든 것이다. 어찌 그런 인간의 창작물이 인간을 구원할 수 있겠는가? 삶과 죽음의 기로에 서 있을 때, 어떻게 그런 우상들과 창조주를 비교할 수 있겠는가?

31:1-3이 이집트를 의뢰하려는 계획을 구체적으로 책망하고 있다면, 31:8-9은 아시리아의 위협에서 구원하실 것을 구체적으로 약속하고 있다. 아시리아가 "칼에 엎더질 것이나 사람의 칼로 말미암음이 아니겠고"라는 약속(8절)은 37:36의 사건—18만 5천 명의 아시리아 군대가 하룻밤에 죽음을 당했던 사건—을 뜻하는 것 같다. 다시 말하자면 이사야의 주요 논점은, 아시리아의 위협 앞에서 이집트보다 하나님을 의지하는 것이 훨씬 더 현명하다는 것이다. 아시리아는 이집트를 물리치겠지만, 하나님은 아시리아를 물리치실 것이다. 하나님은 "시온"(이스라엘, 천국)에 타오르는 불길이시다. 그 "풀무" 안에 손을 넣는 자들은 누구든지 불타 버리고 말 것이다.

---

4. Young, *The Book of Isaiah*, 2:377-78.

상황잇기

우리가 신뢰할 곳은 어디인가? 이 당시의 고대 근동 지역에는 말들과 병거가 "최상의 무기"와 같았다. 속력과 힘을 동반한 말들이 두세 명의 군사를 태우고 가벼운 두 수레바퀴의 병거를 끌면, 무방비 상태의 보병들은 참혹하게 당할 수밖에 없다. 병거를 끄는 막강한 기수들 가운데 활을 쏘는 병사도 있었다. 팽팽한 상황 속에서 방어뿐만 아니라 공격적인 능력을 발휘할 수 있기 위해 때때로 창을 쓰는 병사도 있었다.

그 당시에 이런 것들은 정예 군대였다. 물론 이런 군대를 마련하고 유지시키기 위해서는 비용이 많이 들었다. 말은 짐을 나르는 나귀나 다른 짐승과는 달리 신경질적이고 예민한 동물이었다. 더욱이 병거는 가벼운 무게와 내구성 간의 올바른 균형을 맞추기 위해 정성들여 세밀하게 만들어야 했으며, 지속적인 수리를 해야 했다. 그러나 언덕과 골짜기가 많아 병거 사용에 제약이 따르는 유다와 같은 나라들조차도 갖고 싶어할 정도로 병거는 누구나 탐내는 무기였다.[5]

그 당시 말을 사용하는 또 다른 민족으로 주도적 역할을 한 자들은 아시리아 사람들이었다. 이 말들은 기갑부대에 사용되었다. 잘 훈련된 기갑부대는 다른 병거보다 더 강력하고 유동적인 힘을 보여 줄 수 있었다. 36:8에서 아시리아 왕이 "말을 천 필을 주어도 너는 그 탈 자를 능히 내지 못하리라"는 아시리아 군대장관의 말은 유다 백성이 그때까지도 말을 탈 수 있는 전문적인 기술을 훈련받지 않았음을 말해 준다.

오늘날 우리는 방탄 탱크, 레이더에 탐지되지 않는 전투기, 레이저 유도 미사일 등 여러 종류의 군사력으로 방어하고자 한다. 그러나 우리를 방어해 줄 곳은 어디인가? 20세기로 접어들 즈음에는 최상의 무기는 탄알이 자동으로 연결되는 대포였다. 그러나 다음에 소개될 키플링의 시는 이사야의 입장과 그 맥락을 함께한다.

악취나는 터널과 철 조각을 신뢰하는
이교도의 마음 때문에
모든 찬란한 먼지는 티끌 위에 쌓입니다.
스스로 지키면서 당신에게 지켜 달라고 요청하지 않겠습니다.

---

5. 솔로몬의 수입 중 일부분은 소아시아의 말과 이집트의 병거를 구입해서 이웃 국가들에게 파는 군 장비 판매에 의한 것이었다(왕상 10:28-29).

극도의 교만과 어리석은 말에 대해
주님, 당신의 백성을 긍휼히 여기소서![6]

타락한 세상에 거하는 나라들에게는 자신을 방어하기 위한 무기가 필요하다. 그렇지만 여전히 의문이 남는다. 과연 그 무기들은 우리에게 안전을 보장해 줄 수 있는가? 베개 아래 권총을 두고 잠자는 것은 하나님을 의지할 필요가 없다는 것을 의미하는가? 무기가 아닌 하나님을 의지한다는 것은 무엇을 의미하는가? 전통적으로 미국 사람들은 평화시 큰 부대를 유지하는 것에 대해 달갑지 않게 여겨 왔다. 그 결과 미국은 준비되지 않은 상태에서 두 차례의 세계대전을 맞이하고 말았다. 그렇다면 무기로 방어하는 것이 티끌처럼 사라지는 것보다는 낫지 않은가? 이런 질문에 답하기란 쉽지 않다. 그러나 우리는 개인적, 국가적으로 지금 무엇을 의지하고 있는지 질문해야 한다.

현대적 의미

예언의 성취. 하나님의 예루살렘을 향한 보호하심(31:5)과 진노(31:9)에 대한 진술들은 크리스천이 오늘날의 예루살렘과 이스라엘에 대해 취해야 할 적절한 태도가 무엇인지 의심이 늘게 한다. 수세기 동안 크리스천은 교회가 새 예루살렘이며 구약의 약속들은 더 이상 물리적 세계와 관계가 없다고 가르쳐 왔다. 이런 주장은 십자군 시대에 다소 변경되었다. 그때에 성지를 이슬람 군의 손에 넘겨주는 것은 죄로 여겼다. 그러나 십자군이 실패로 돌아간 후, 이전의 태도로 다시 돌아갔다.

그렇지만 19세기에 두 가지의 극적인 변화가 일어났다. (1) 하나는 시온주의(Zionism)의 등장이다. 이것은 유대인들 가운데 일어난 사상으로서 본토를 회복할 때까지는 결코 안전할 수 없다는 입장이다. (2) 다른 하나는 모든 성경 예언을 문자적으로 접근하는 다비주의(Darbyism) 혹은 세대주의의 등장이다. 이 두 사상 모두 이스라엘과 예루살렘이 크리스천에게 특별한 관심의 대상이 된다는 새로운 신념을 불어넣어 주었다.

이 문제에 대한 나의 주장은 축복과 관련하여 앞 부분에서 주장과 비슷하다. 나는 이 두 극단적인 주장을 피해야 한다고 믿는다. 한편으로 인류에 대한 하나님의

6. Kipling의 시, "Reccessional."

궁극적인 목표는 실로 영적인 것이다. 그러기에 바울은 아브라함의 참자손이 혈통적 자손이 아닌 믿음의 자손이라고 말할 수 있다(갈 3:6-9). 그러므로 대다수 아브라함과 같은 믿음을 전혀 고백하지 않는 현대 이스라엘의 행위를 항상 옹호해야 한다고 말할 필요는 없다.

다른 한편으로 바울은 하나님이 그분의 백성을 버리시기보다는 언젠가 찍힘을 받은 감람나무를 좋은 감람나무에 접붙이실 거라고 말한다(롬 11:24). 이것은 하나님이 혈통적인 백성들, 확대하자면 그들에게 약속하신 그 땅에 대해 여전히 관심을 갖고 계심을 말해 준다. 그러므로 나는 성경에 나타난 하나님의 뜻에서 벗어나 예루살렘을 왜곡시킨다면 그들에게 심각한 결과가 올 수 있다고 믿는다. 나는 혈통적 이스라엘에 대한 하나님의 약속들이 성취될 거라고 믿지만, 간단하고 문자적인 성경 해석의 방식과는 다르게 성취될 거라고 생각한다. 예수님 시대의 유대인들은 이런 방식으로 메시아의 예언을 이해하고 있었지만, 그 예언이 실제로 성취되는 방식에 대해서는 전혀 준비하지 못했다. 우리는 본문을 읽을 때 믿음과 더불어 개방적으로 견지해야 한다. 즉 하나님은 지금도 새로운 방식 안에서 사랑으로 일하시는 창조주이시다.

이사야 32:1-8

1 보라 장차 한 왕이 공의로 통치할 것이요 방
백들이 정의로 다스릴 것이며
2 또 그 사람은 광풍을 피하는 곳, 폭우를 가리
는 곳 같을 것이며 마른 땅에 냇물 같을 것이
며 곤비한 땅에 큰 바위 그늘 같으리니
3 보는 자의 눈이 감기지 아니할 것이요 듣는
자가 귀를 기울일 것이며
4 조급한 자의 마음이 지식을 깨닫고 어눌한
자의 혀가 민첩하여 말을 분명히 할 것이라
5 어리석은 자를 다시 존귀하다 부르지 아니하
겠고 우둔한 자를 다시 존귀한 자라 말하지
아니하리니
6 이는 어리석은 자는 어리석은 것을 말하며
그 마음에 불의를 품어 간사를 행하며 패역
한 말로 여호와를 거스르며 주린 자의 속을
비게 하며 목마른 자에게서 마실 것을 없어
지게 함이며
7 악한 자는 그 그릇이 악하여 악한 계획을 세
워 거짓말로 가련한 자를 멸하며 가난한 자
가 말을 바르게 할지라도 그리함이거니와
8 존귀한 자는 존귀한 일을 계획하나니 그는
항상 존귀한 일에 서리라

원 의미

28-29장은 거짓 지도자들에 대하여 30-31장은 그들의 거짓 조언자들에 대하여 이야기했다. 이제 32-33장[1]은 참지도자와 그 통치의 특징을 이야기한다. 이 단락은 네 부분으로 나누어진다. 첫째 부분(32:1-8)은 전반적인 서론으로서 참지도자의 본질을 묘사한다. 둘째 부분(32:9-20)은 그러한 지도자에게 필요한 존재로서 성령을 묘사한다. 33:1-16에서는 유다를 위해 역사하시는 하나님의 간섭하심을 설명하고, 마지막으로 33:17-24은 왕의 통치를 생생하게 묘사한다.

28-29장에서 술에 취하며 분별치 못하며 혼란에 빠진 지도자들과는 달리, 여기서 하나님이 약속하시는 "왕"은 완전히 다른 환경을 조성해 줄 것이다. 그의 통치

1. 문학적 관점에서 볼 때, 31장과 32장은 하나의 "화" 신탁으로 결합될 수도 있다. 주제적 관점에서 볼 때, 32장과 33장은 참지도자를 다루기 때문에 함께 취급할 수 있을 것이다.

는 "의"와 "공평"으로 특징지어질 것이다. 이 왕은 누구인가? 학자들은 이것이 메시아에 대한 예언인지 아닌지에 대해 논의해 왔다. 본문은 분명 메시아 본문인 9:1-6과 11:1-16보다 더 산문체 형식을 취하지만, 인간 최대 왕국 그 이상을 묘사하고 있다. 그러므로 인간 지도자들의 실패를 고려해 볼 때, 본문을 하나님의 메시아 약속으로 보는 것이 바람직하다.[2]

"그 사람"(32:2)은 아마도 메시아 왕국의 "방백들"을 가리키는 듯하다(32:1). 방백들은 28-29장에 묘사된 거짓 지도자들처럼 자신을 위해 백성들을 희생시키기보다는 그 백성들의 축복이 될 것이다. 그들의 축복은 네 가지 직유, 즉 "광풍을 피하는 곳", "폭우를 가리우는 곳", "마른 땅에 냇물", "곤비한 땅에 큰 바위 그늘"로 묘사되고 있다. 이와 같은 새 왕국에서 이사야의 사역을 초래했던 상황들(6:9-10)은 과감하게 역전될 것이다(참조. 30:20-21). 눈멀고 귀먹기보다는 보고 듣게 될 것이며(32:3), 무감각하고 둔감하기보다는 깨닫고 이해하게 될(NIV "mind") 것이다.

예레미야와 에스겔도 새로운 메시아 시대의 인간에 대해 유사한 약속들을 제시하고 있다(렘 31:33; 겔 36:26). 메시아는 자신보다는 그분의 백성들을 위해 다스릴 것이며, 그분의 백성들은 그 뜻을 알고 순종하고자 할 것이다. 더욱이 2:1-5에 암시되며 66:19에 직접적으로 언급되다시피, 이스라엘 백성은 "유창"하고 "분명"한 말로 열방을 향해 하나님의 말씀을 선포할 수 있을 것이다.

32:5-8에는 "어리석은 자"(*nbl*)와 "존귀(고명)한 자"(*ndb*)에 대하여 길게 대조한다. 히브리어 표현에서와 마찬가지로, 삶에서도 어리석은 자와 존귀한 자를 혼동하기가 쉽다. 히브리적 사고에 따르면, 어리석은 자란 말은 조롱하는 자와 같이(참조. 28:14의 주석) 매우 부정적인 말이다.[3] 그는 하나님과 그의 법도를 의도적으로 거절하는 자로(32:6; 참조. 시 14:1; 53:1) 단지 영어의 표현처럼 어리석고(stupid) 우둔한 자(ridiculous)만 뜻하지 않는다. 실제로 성경에 나타난 "어리석은 자"는 뛰어나고 매력적인 사람일 수 있다. 그는 단지 거짓으로 삶을 영위하며(나는 나 자신 외에 어느 누구에게도 책임을 지지 않는다), 그런 거짓을 선전하기 위해 삶을 헌신하는 자이다. 그 결과 성경에 나타난 윤리들은 이런 자와는 거리가 멀

---

2. 보다 폭넓은 논의를 살펴보려면, Oswalt, *Isaiah 1-39*, 579-80을 보라. 또한 Childs, *Isaiah*, 239-40을 보라. Seitz(*Isaiah 1-39*, 230-33)는 이것이 히스기야를 가리킨다고 다소 길게 주장한다. 그러나 주전 701년의 구원 이후에, 여기서 예고됐던 상황들이 발생했다는 성경적 증거는 찾아볼 수 없다.
3. Chou-Wee Pan, "נבל," *NIDOTTE*, 3:11-13을 보라.

다. 그가 이해하는 유일한 의사소통은 권력이다. 그러므로 권력이 자기의 목적을 충족시킬 때, 그는 가난한 자나 연약한 자를 위해 선을 행할 수도 있을 것이다. 그러나 만약 이런 자들이 자기의 계획에 방해가 된다면, 그들에 대해 전혀 관심을 기울이지 않을 것이다(32:7).

"어리석은 자"는 단지 그가 권력과 부를 쟁취했다는 이유로 삶에서 대부분 "존귀한 자"로 여겨진다. 그러나 메시아 왕국의 구조는 이와 같지 않다. 메시아 왕국의 존귀한 자들은 관대하고 나누어 줌으로써 존귀한 삶을 실천한다.[4] 이들 존귀한 자의 "계획"과 "행동"은 그들 자신보다는 다른 이들을 위한 것이다(32:8). 그들은 은혜로운 하나님이 그들의 필요를 공급해 주실 것으로 믿으므로, 욕심으로 움켜쥐는 자가 아닌 베푸는 자들이 될 것이다.

상황잇기

"어리석은 자"가 "존귀한 자"로 이해되는 구조는 수세기 동안 유럽에서 계속해서 반복되어 왔다. 칭송받는 해적에 불과한 자가 존귀한 왕의 반열에 오르게 되었고, 자신이 원하는 대로 일반 백성들을 다스릴 수 있는 주권과 영토를 소유했다. 1880년대에 수많은 미국으로의 이민 열풍은 이런 체제에서 비롯된 억압에서 벗어나려는 시도였다. 비극적인 사실은 이런 체제가 교회에서 축복을 받았을 뿐만 아니라, 교회를 통해 계속 존속해 왔다는 점이다. 쉽게 면제부를 살 수 있었던 돈 많은 기부자들은 죄를 계속 저지르면서도 교회에서 존경을 받았다.

아시시의 프랜시스(Francis of Assisi)는 이런 체제에서 벗어나 가난한 자들을 위한 사역에 다시 집중하는 운동을 일으켰다. 영화 'Brother Sun, Sister Moon'은 고착된 이기적인 교회의 교권에 맞선 프랜시스의 갈등을 강력하게 묘사하고 있다. 결국 교회의 교권은 성 프랜시스의 '반란'의 근거가 성경적이라는 사실을 부인할 수 없었다. 또한 영국의 부자들과 권력자들이 변화된 삶을 강조하는 존 웨슬리의 메시지에 저항하자, 웨슬리는 기존의 교회에서 벗어나 그의 메시지를 기쁨으로 받아들이는 가난한 자들에게 메시지를 전했다.

4. E. Carpenter and M. A. Grisanti, "נדב," *NIDOTTE*, 3:31-32을 보라.

현대적 의미

오늘날 교회에 속한 우리는 방금 지적한 바와 같이 동일한 위험에 직면하고 있다. 우리는 교회 시설을 운영하기 위한 돈이 필요하기 때문에 쉽게 야고보서 2:2-4에 묘사된 죄를 저지른다.

> 만일 너희 회당에 금가락지를 끼고 아름다운 옷을 입은 사람이 들어오고 또 더러운 옷을 입은 가난한 사람이 들어올 때에 너희가 아름다운 옷을 입은 자를 돌아보아 가로되 여기 좋은 자리에 앉으소서 하고 또 가난한 자에게 이르되 너는 거기 섰든지 내 발등상 아래 앉으라 하면 너희 끼리 서로 구별하며 악한 생각으로 판단하는 자가 되는 것이 아니냐.

우리는 영광을 받을 만한 가치가 없는 자들에게 영광을 돌린다. 우리는 돈이 어떤 도덕적 가치를 지니지 않는다고 우리 자신에게 말하지만, 우리가 소유한 돈은 잘못된 행위들을 유발시킨다. 말 그대로 돈은 도덕적 가치를 지니지 않지만, 사람들이 그렇게 만든다. 때때로 우리는 세상의 부유한 기부자들에게 선한 동기를 제공해 줄 수 있는 기회를 마련해 줌으로써, 그들에게 '사역'을 발견하며, 주님과 새로운 관계에 들어갈 수 있도록 도와줄 수 있을 것이다. 나는 원론적으로 이 같은 진리에 대해 의심하지 않지만, 내가 경험한 그리스도인의 더 차원 높은 교육에서는, "종종 실천은 원리에서 벗어난다"고 말한다. 실제로 "어리석은 자"는 현재 당신의 소유주로, 좀 더 현대적인 관점('덜 기독교적인 관점')으로 사업을 경영하는 방법을 말해 줄 권리가 있다고 믿는다. 우리는 이들에게 은혜를 입었다고 생각하기 때문에, 그들의 감정을 상하게 하지는 않을까 염려한다.

야고보는 이런 문제를 겪지는 않았던 것 같다. 부자를 향한 말씀은 바로 구약 선지자의 입에서 나온 것같다(약 5:1-6).

> 들으라 부한 자들아 너희에게 임할 고생을 인하여 울고 통곡하라 너희 재물은 썩었고 너희 옷은 좀먹었으며 너희 금과 은은 녹이 슬었으니 이 녹이 너희에게 증거가 되며 불같이 너희 살을 먹으리라 너희가 말세에 재물을 쌓았도다 보라 너희 밭에 추수한 품꾼에게 주지 아니한 삯이 소리 지르며 추수한 자의 우는 소리가 만군의 주의 귀에 들렸느니라
>
> 너희가 땅에서 사치하고 연락하여 도살의 날에 너희 마음을 살지게 하였도다 너

희가 옳은 자를 정죄하였도다 또 죽였도다 그는 너희에게 대항하지 아니하였느니라.

우리는 어리석은 부자들에 대한 사역을 반드시 감당해야 한다. 그러나 이런 부자들을 필요없이 존귀하게 여겨 그들로 하여금 어리석음에 빠지도록 만드는 '사역'이 되지 않게 해야 한다. 그들에게 삶의 방향과 결과를 제시하며, 그들의 발걸음이 메시아를 향하도록 도와주는 사역이 되게 하자. 메시아의 왕국에서 그들의 행위는 진실로 존귀한 자와 같이 변모하게 될 것이다.

이사야 32:9-20

9 너희 안일한 여인들아 일어나 내 목소리를
들을지어다 너희 염려 없는 딸들아 내 말에
귀를 기울일지어다
10 너희 염려 없는 여자들아 일 년 남짓 지나면
너희가 당황하리니 포도 수확이 없으며 열매
거두는 일이 이르지 않을 것임이라
11 너희 안일한 여자들아 떨지어다 너희 염려
없는 자들아 당황할지어다 옷을 벗어 몸을
드러내고 베로 허리를 동일지어다
12 그들은 좋은 밭으로 인하여 열매 많은 포도
나무로 인하여 가슴을 치게 될 것이니라
13 내 백성의 땅에 가시와 찔레가 나며 희락의
성읍, 기뻐하는 모든 집에 나리니
14 대저 궁전이 폐한 바 되며 인구 많던 성읍이 적
막하며 오벨과 망대가 영원히 굴혈이 되며 들
나귀가 즐기는 곳과 양 떼의 초장이 되려니와
15 마침내 위에서부터 영을 우리에게 부어 주시
리니 광야가 아름다운 밭이 되며 아름다운
밭을 숲으로 여기게 되리라
16 그때에 정의가 광야에 거하며 공의가 아름다
운 밭에 거하리니
17 공의의 열매는 화평이요 공의의 결과는 영원
한 평안과 안전이라
18 내 백성이 화평한 집과 안전한 거처와 조용
히 쉬는 곳에 있으려니와
19 그 숲은 우박에 상하고 성읍은 파괴되리라
20 모든 물 가에 씨를 뿌리고 소와 나귀를 그리
로 모는 너희는 복이 있느니라

원 의미

자료 문헌비평의 원리를 받아들이는 비평학자들은, 32:9-14과 32:15-20은 서로 상관없는 독립된 두 자료나 편집 과정에서 우연히 함께 연결되었다고 보았다. 좀 더 최근에는 차일즈(Chids)와 자이츠(Seitz) 같은 성경 해석가들은 본문을 현재적 통일성의 관점에서 이해하려는 해석에 만족하지 못했다.[1] 두 본문이 원

1. Childs, *Isaiah*, 237-42; Seitz, *Isaiah 1-39*, 229. Childs는 이 문제를 좀 더 직접적으로 다룬다. 그러나 나는 어떤 면에서는 중심 문제를 비켜가고 있다고 느낀다. 그는 본문의 발전과정에 대한 학자들의 견해를 수용하는 듯하나, 그와 같은 추론적 발전 과정은, 현재 단락의 메시지에 부적절하다고 취급한다. 그러나 나는 저자의 의도를 그리 쉽게 무효로 할 수 있다고 보지 않는다.

래 서로 상관 없었다면, 후대의 편집자는 무슨 이유로 두 본문을 하나로 엮은 것인가? 현재의 연결점을 설명할 수 있는 적절한 연관성을 발견할 수 있다면, 왜 원 저자는 두 본문을 함께 다루지 못했을까?[2]

본문은 7-39장의 모든 내용을 보면 궁극적으로 집약해 주는 신뢰와 안전이라는 문제를 계속해서 전달하고 있으며 일관된 사상을 보여 준다. 9-14절은 좋은 수확으로 말미암아 "안일"하고 "염려 없"[3]는 "여자"를 비난한다. 선지자는 이 여인들의 안일함은 끔찍한 길로 인도하며 일 년 만에 모든 사정이 바뀔 거라고 말한다. 이 여인들은 곧 닥쳐올 처참한 재난으로 말미암아 탄식하게 될 것이다(32:11-12).

"형극"과 "질려"라는 말이 등장하는 13절은 선지자가 물리적 재난 이상을 염두에 두고 있음을 암시한다. 이런 표현은 5장과 27장에서 민족의 영적인 상태를 이야기할 때 상징적인 방식으로 사용된 바 있다(5:6; 27:4).[4] 땅이 메마르고 황폐화할뿐만 아니라, 민족의 상태도 그와 같은 지경에 이를 것이다. "희락"과 "기뻐하던 것"이 끝날 것이며(32:13), 힘과 통치를 가져다 줄 것으로 기대받던 곳들이 버림당할 것이다(32:14). 모든 거짓된 믿음은 실패로 끝날 것이다.

그러나 이것은 하나님이 실패했음을 의미하지 않는다. 앞서 수차례 살펴본 것처럼, 비극과 멸망에 대한 예언은 즉각적으로 하나님의 희망의 약속을 수반한다(32:15-20). 이스라엘 민족이 모든 일에 그릇된 믿음을 갖고서 결국 메마르고 황폐하게 된다면, 하나님은 진정한 결실과 안전인 "성령"을 베풀어 주시려고 계획하신다(32:15).

지도자들과 모사들의 심령은 혼란과 이기심과 반역으로 나타났다. 그 결과, 재난과 불안이 닥쳐왔으며, 닥쳐올 것이다. 메시아의 왕국의 맥락에서 볼 때, 하나님은 이런 상태를 해결할 수 있는 처방책을 갖고 계신다. 하나님은 "위에서부터" 그분의 성령을 부어 주실 것이다. 마치 비가 내려 메마른 옛 땅에 생명을 불어넣듯

---

2. 이것은 이 단락들이 처음에 함께 기록되었다거나 혹은 함께 선포되었다고 주장하는 것은 아니다. 이 단락들은 원래 분리되었을 것이다. 만약 그렇다면, 이 단락들은 동일한 의도에서 비롯된 것이다. 이 두 단락에 나오는, 그러나 이사야서 밖에서는 거의 찾아볼 수 없는 *šaʾ ᵃnannot*의 용법은 이 점을 암시해 준다. 그러므로 선지자의 마음에 더 큰 구성체가 생겨나기 시작했을 때, 선지자는 자신의 더 큰 논점을 제시하기 위해 이런 단편들을 결합시키기 쉬웠을 것이다. 이것은 여러 다른 기원들과 배경들을 지닌 단편들이 기계적으로 결합되었다고 보는 다양한 편집의 차원들을 가정하는 것과는 다르다.
3. 여기서 "염려 없음"이란 단어는 "신뢰"에 해당되는 *bṭḥ*의 여성 분사형이다(또한 10, 11절을 보라).
4. 또한 7:23-25; 9:18; 10:17을 보라.

이, 성령도 메마른 심령에 부어질 것이며, 열매 맺지 못했던 언약의 요구사항인 "공의"와 "의"가 열매를 맺게 될 것이다. 성령의 부음을 받은 자들은 자기 신뢰에 사로잡힌 삶을 살기보다는 지속적인 "평온"과 신뢰(확신, NIV "confidence", 32:17)의 삶을 살아갈 수 있을 것이다. 왜냐하면 실로 자신의 삶을 언약의 주님의 손에 맡길 것이기 때문이다. 그들의 "집"은 "화평"과 신뢰(안전, NIV "secure")와 "안식"(32:18)의 거처가 될 것이다.[5]

오직 물리적인 환경을 신뢰하는 자들과 달리, 이런 안식은 물리적 재난(32:19)으로 중단되지 않을 것이다. 하나님의 성령 안에서 안식하는 자들은 변화무쌍한 물리적 물질적 세계를 초월하는 내적 축복의 원천을 소유하고 있다. 그들의 삶의 씨앗은 물가에 뿌리를 내리며, 그 물가에 거함으로 양육받는다.

상황잇기

도시 문명 속에서 살아가는 우리가 빈약했던 고대 근동의 농경 시대 삶을 제대로 인식하기란 힘든 일이다. 특별히 관개수로로 사용될 만한 큰 강이 없었던 가나안의 경우가 그러했다. 모든 것은 가을과 봄에 내리는 비에 의존했다. 이 비가 적절한 시기에 내리지 않는다면, 곧바로 기근과 가뭄이 닥치게 되었다. 더욱이 장기간 음식을 보관할 수 있는 방법이 없었기 때문에, 한 해의 풍년은 그 다음 해의 흉년에 대한 대책을 마련해 주지 못했다. 이런 현상은 풍요와 다산에 고착된 가나안 종교, 어떤 의미에서는 모든 고대 근동 종교를 부분적으로 설명해 준다. 그것은 해마다 삶과 죽음의 문제였다.

현대 문화 속에서 이와 같은 불안감과 견줄 만한 현상을 범죄가 가장 만연한 도시에서 찾을 수 있을 것이다. 문단속을 단단히 했음에도 불구하고 지난 10년간 20차례나 주거 침입을 당한 사람에 대한 신문기사를 보면, "왜 그들이 이런 짓을 계속하는지 알 수가 없어요. 이제 훔칠 만한 것은 아무것도 없어요"라고 말한다. 이것은 불안한 사회를 보여 주고 있다. 이런 일이 다시 일어나지 않겠는가? 지금 이 시간 그들은 무엇을 훔치고 있는가? 안전은 어디서 찾을 수 있겠는가? 새로운 경보장치를 통해서인가? 그런 것 같지는 않다. 이사야는 바로 이런 상황 속에서 그의 메시지를 전하고 있다. 그는 어떤 상황 속에서도 거룩한 성품을 불러일으키

5. 여기서 "쉼"(안식)으로 번역되는 히브리어 단어는 *šaʾ ᵃnannot* 인데, 9절과 11절에서는 "안일한"으로 번역된다. 여기서 여인들은 잘못된 일에 안주하고 있다.

는 내적인 안전을 제시하고 있다.

현대적 의미

우리는 11:1-16에서 성령과 메시아 약속 사이에 밀접한 연관성이 있음을 이미 살펴보았다. 주님(the Lord)의 성령이 메시아에게 임하시기 때문에, 그분은 주님과 같이 공평과 지식과 주님을 경외함으로써 통치하실 것이다. 여기서 성령과 메시아의 연관성은 확대되고 있다. 그분의 왕국 백성처럼 메시아의 특징이 성령의 삶에만 있는 것은 아니다(참조. 32:1-8). 세례 요한은 이 점으로 자신과 메시아를 차별화했다. 자신은 단지 물로 세례를 베풀지만 메시아는 성령과 불로 세례를 베푸실 거라고 했다.[6] 또한 예수께서 승천하실 때 세례 요한이 했던 말과 동일한 말씀을 남기셨다(참조. 행 1:5).

그러나 예수님은 자신의 사역과 성령의 사역을 연결시키기 위해 승천 때까지 기다리시지 않았다. 요한복음 7:37-39에 따르면, 예수께서는 그를 믿는 모든 자에게 성령을 주시겠다고 약속하신다.

> 명절 끝날 곧 큰 날에 예수께서 서서 외쳐 가라사대 누구든지 목마르거든 내게로 와서 마시라 나를 믿는 자는 성경에 이름과 같이 그 배에서 생수의 강의 흘러나리라 하시니 이는 그를 믿는 자의 받을 성령을 가리켜 말씀하신 것이라(예수께서 아직 영광을 받지 못하신 고로 성령이 아직 저희에게 계시지 아니하시더라).

그러므로 예수님은 자신을 믿는 자들이 성령 부음을 경험할 뿐만 아니라, 그로부터 흘러나오는 생명을 통해 그분의 임재를 증거할 거라고 말씀하신다.

사도 바울은 로마서 8장에서 이와 동일한 원리를 되풀이한다. 또한 7장에서 율법이 죄를 이길 수 없으며, 그러기 위해서는 그리스도와 같이 되어야 한다고 말했다(참조. 롬 6:11). 하나님이 우리를 위해 예비하시지 않았다면, 크리스천들은 경건한 삶을 살고자 노력했던 유대인들처럼 낙담하고 말 것이다. 그러나 하나님은 크리스천들을 위해 예비하셨다. 성령께서 우리 가운데 오셔서 율법이 할 수 없는

---

6. 마 34:11; 막 1:8; 눅 3:16; 요 1:33. 메시아의 희생적 죽음이 오직 세례 요한을 통해서 인용되고 있음을 주목해 보라. 분명 세례 요한은 세례(정화와 용서받음)의 궁극적 목적(성령으로 채워지는 것)을 널리 내다보았다.

일을 행하신다(롬 8:3-4). 율법은 용서를 구할 수 있지만, 의로운 삶을 살도록 이끌어 줄 수는 없다. 그러므로 이제 이사야의 약속대로 크리스천들은 메시아가 보낸 성령을 통해 고귀한 삶, 즉 관용과 자기 헌신적인 삶, 공의와 의의 삶을 실천할 수 있게 된다. 비록 우리 존재의 불확실한 것들도 궁극적으로 이와 같은 삶을 무너뜨리지는 못할 것이다. 우리에게 다가오는 어떤 문제든지 맞서 승리할 수 있는 내적인 원천이 있다.

이사야 33:1-16

1 너 학대를 당하지 아니하고도 학대하며 속이
고도 속임을 당하지 아니하는 자여 화 있을
진저 네가 학대하기를 그치면 네가 학대를
당할 것이며 네가 속이기를 그치면 사람이
너를 속이리라
2 여호와여 우리에게 은혜를 베푸소서 우리가
주를 앙망하오니 주는 아침마다 우리의 팔이
되시며 환난 때에 우리의 구원이 되소서
3 요란한 소리로 말미암아 민족들이 도망하며
주께서 일어나심으로 말미암아 나라들이 흩
어졌나이다
4 황충의 떼 같이 사람이 너희의 노략물을 모
을 것이며 메뚜기가 뛰어오름 같이 그들이
그 위로 뛰어오르리라
5 여호와께서는 지극히 존귀하시니 그는 높은
곳에 거하심이요 정의와 공의를 시온에 충만
하게 하심이라
6 네 시대에 평안함이 있으며 구원과 지혜와
지식이 풍성할 것이니 여호와를 경외함이 네
보배니라
7 보라 그들의 용사가 밖에서 부르짖으며 평화
의 사신들이 슬피 곡하며
8 대로가 황폐하여 행인이 끊어지며 대적이 조
약을 파하고 성읍들을 멸시하며 사람을 생각
하지 아니하며
9 땅이 슬퍼하고 쇠잔하며 레바논은 부끄러워
하고 마르며 사론은 사막과 같고 바산과 갈
멜은 나뭇잎을 떨어뜨리는도다
10 여호와께서 이르시되 내가 이제 일어나며 내
가 이제 나를 높이며 내가 이제 지극히 높아
지리니
11 너희가 겨를 잉태하고 짚을 해산할 것이며 너
희의 호흡은 불이 되어 너희를 삼킬 것이며
12 민족들은 불에 굽는 횟돌 같겠고 잘라서 불
에 사르는 가시나무 같으리로다
13 너희 먼 데에 있는 자들아 내가 행한 것을 들
으라 너희 가까이에 있는 자들아 나의 권능
을 알라
14 시온의 죄인들이 두려워하며 경건하지 아니
한 자들이 떨며 이르기를 우리 중에 누가 삼
키는 불과 함께 거하겠으며 우리 중에 누가
영영히 타는 것과 함께 거하리요 하도다
15 오직 공의롭게 행하는 자, 정직히 말하는 자,
토색한 재물을 가증히 여기는 자, 손을 흔들
어 뇌물을 받지 아니하는 자, 귀를 막아 피
흘리려는 꾀를 듣지 아니하는 자, 눈을 감아
악을 보지 아니하는 자,
16 그는 높은 곳에 거하리니 견고한 바위가 그
의 요새가 되며 그의 양식은 공급되고 그의
물은 끊어지지 아니하리라

원 의미

본문은 계속해서 참메시아 왕국에 대해 묘사하고 있다.[1] 이 단락은 28장에서 시작된 "화" 시리즈의 여섯 번째로 마지막 "화" 신탁이다. 본문은 이스라엘 백성이나 지도자들에게 말하고 있지 않다. 이 단락은 예루살렘의 원수, 대체로 아시리아에게 말하고 있다. 참된 왕은 구원받지 못할 술 취한 지도자들을 구원하실 수 있는 분이다. 본문은 두 부분으로 나누어진다. 첫째 부분(33:1-6)은 화 선포 그 자체(1절)와, 하나님의 성품과 권능(3-6절)을 근거로 한 호소(2절)로 구성되어 있다. 둘째 부분(33:7-16)은 가망 없는 상황에 대한 진술(7-9절)로 시작하여 하나님이 역사하실 거라는 약속으로 나아간다(10-16절). 분명 그와 같은 하나님은 신뢰받기에 합당하신 분이다.

화 그리고 하나님을 향한 호소(33:1-6)

33:1의 배신에 대한 강조는 화 신탁에 대한 구체적인 배경, 즉 히스기야의 조공을 받고도 산헤립이 유다를 공격한 상황을 암시해 준다.[2] 그러나 그것이 사실이라도 본문은 더 넓은 신학적 맥락 안에 있다. 아시리아가 언급되지 않고 있음은 이 같은 점을 시사해 준다. 근본적으로 다른 성경적 하나님과 (그가 세울) 왕국의 특성을 묘사하기 위해, 열방의 파괴적이고 기만적인 모든 특성들이 대조적으로 드러낸다.

33:2에서 우리는 본문 전체에서 갈망하는 것을 고대한다. 백성들을 대변하고 있는 선지자는 백성들이 주님을 앙망(NIV "long")할 거라고 말한다(참조. 30:18). 아마도 이스라엘 백성은 기대했던 이집트의 도움이 무산됨으로 인해 그럴 수밖에

---

1. 오늘날 많은 학자들은 33장이 예전적(liturgical) 묵시적 뉘앙스를 갖고 있다 해서 28-32장과 분리시킨다. H. Williamson, *The Book Called Isaiah* (Oxford: Clarendon, 1994), 221-39. Williamson은 최근 입장을 개관하며, 33장은 원래 "제2 이사야"이며, 이전의 예언문서를 제2 이사야의 문서와 연결시켜 주는 교량 역할을 한다고 논의했다. 이런 해석은 이론적인 가정에 불과하며, 내가 보기에 34-39장의 현 위치를 충분히 설명하지 못한다. Childs(*Isaiah*, 245-46, 249)는 33장이 상호텍스트성의 실례가 된다고 주장한 뷰컨의 이론에 호의적이다. 즉 편집자가 이전 자료들의 표현들을 재사용했다고 본다("Jesaja 33 als Spiegeltext im Jesajabuch," *ETL* 67[1991]: 5-35). 그러나 Childs는 이 이론이 주요 기능 내의 본질적 내러티브 구조를 깨뜨리지 않는다고 주장한다. 이 경우에 있어서, 저자와 편집자를 구별하기란 어려워 보인다.
2. 왕하 18:13-16을 보라. Smith, *Isaiah 1-39*, 2 vols., rev. ed. (Expositor's Bible; London: Hodder & Stoughton, 1927), 331-32를 보라.

없었던 것 같다. 그렇지만 그들은 이제 구원을 얻기 위해 더는 열방을 의지하지 않을 것이다. 그들은 하나님 외에 어느 곳에도 관심을 기울이지 않고, 이사야는 구원하시는 하나님의 능력에 대해서 아무런 의심도 하지 않는다. 하나님이 말씀하실 때 "열방"(the nations)과 "민족"(the peoples)은 "흩어질" 것이다. 그들이 다른 족속들에게서 약탈해 왔던 모든 "노략물"들은 마치 메뚜기 떼에 의한 것처럼 사라져 없어질 것이다.

그 이유는 실로 주님만이 지존하신 분이기 때문이다(33:5). 하나님은 홀로 높은 데 거하시기 때문에(참조. 14:4-21) 힘과 속임으로 자신을 높이려는 인간의 모든 노력들은 결국 실패할 것이다. 그렇지만 하나님은 고난을 정당화하기 위해 자신의 지위를 사용하시지 않는다. 오히려 하나님의 성품은 백성들이 확신을 갖고 살 수 있는 "토대"를 마련해 주는 것이다(참조. 28:16-17). 그 토대는 "공평"과 "의"이며(33:5) 이 토대 위에 "구원"과 "지혜와 지식"이 풍성할 것이다. 이 모든 것들은 하나님을 주님(the Lord)으로 인정하며, "여호와를 경외함"(33:6)으로 순종하는 자에게 가능하다.

하나님에게서 오는 구원(33:7-16)

앞에서 살펴보았듯이, 본문은 먼저 구원의 절대적 필요성을 설명한다. 7-9절은 절망의 모습을 보여 준다. 또다시 여기에 묘사되고 있는 배경은 산헤립이 히스기야의 조공을 받고도 떠나지 않는 상황과 같다. 돌이킬 수 있는 여지가 없다. 군사들은 울부짖으며 평화의 "사신들"은 슬피 울고 있다. 군사력이나 외교책도 이제 소용이 없다. "대적이 조약을 파한" 이후로 더는 협상의 가능성도 없다. 오직 경험이 부족한 대비만이 마지막 희망이었다. 그 결과 도로는 비어 있고, 모든 이들이 숨을 죽인 채 그 공격을 기다리고 있다.

9절은 가뭄과 관련된 상황을 묘사하고 있다. 눈앞에는 구제의 가망이 없으며, 시원한 산들바람이나 회복의 빗줄기도 없다. 그 결과 비가 가장 풍족히 내리던 기름진 땅 "레바논", "사론", "바산", "갈멜"에도 비가 내리지 않는다. 나뭇잎들이 나뭇가지에서 떨어지고 있다.

그러나 희망은 있다. 하나님보다 아시리아가 위대하지 않고, 하나님은 그 사실을 분명히 드러내실 것이다. 그분 홀로 "높임"을 받으실 것이다. 언젠가 파괴자들의 거대한 계획들은 그들 자신이 그대로 돌려받을 것이다. 그 파멸의 시간에 침략자가 다른 민족들에게서 탈취한 모든 노략물의 창고는 겨와 짚으로 채워질 것이며, 침략자의 호흡은 불이 되어 그곳을 불사를 것이다(33:11). 아시리아는 제국주의적인 침략과 억압으로 고대 근동 전역을 불지피기 시작했다. 그리고 이사야는 하나님이 불지폈던 자에게 언젠가 그 불길을 되돌려 주실 것이다. 아시리아의 "민족들"(33:12)은 불길 가운데 삼킴을 당할 것이다. 유다를 침공한 산헤립 군대의 멸망은 100년 내에 엄습할 아시리아 제국의 멸망(주전 621-609년)을 예언해 준다.

역사 무대에 등장하는 주연은 주님이시지, 아시리아인이나 지상의 강력한 나라들이 아니다. 하나님은 "권능"(33:13)으로 세상을 다스리며 제국들을 티끌로 보내신다. 만약 열방이 부싯돌과 불꽃을 생기게 할 수 있다면, 주님은 "삼키는 불" 그 자체이시다. 주님은 "꺼지지 않는 불길"이시며, 백성들은 그분과 반드시 교제해야 한다. 그러나 어떻게 그런 일이 가능한가? 만약 그분이 태양을 밝히며 열방을 삼키는 불이시라면, 그분과 함께 거하기 위해서는 인간에게 놀라운 초자연적인 역사가 필요할 것이다(33:14).

사실상 비밀스런 신비적 의식이 필요한 것은 아니다. 이사야가 6장의 환상에서 깨달았던 것처럼, 우리를 하나님에게서 분리시키는 것은 하나님의 신비적 요소가 아닌, 오히려 하나님의 성품이다. 그러므로 "죄인들"과 "불경건한 자들"은 유한한 자 혹은 죽을 수밖에 없는 자들이 아니라, 하나님 앞에서 두려워 떤다. 따라서 우리가 "삼키는 불"과 함께 거하기 위해 필요한 것은 무엇인가? 겉으로 보기에 아무것도 필요한 것 같지 않다. 오직 우리에게 필요한 것은 우리의 성품의 변화이다.

33:15의 첫째 표현은 이런 성품을 전반적으로 묘사해 주고 있다. '의롭게 행하고 정직히 말하라' 즉 어떤 기준을 준수하라. 이 기준은 성경에서 분명 하나님이 결정하신 것이다. 33:15하-16절은 의로운 행위를 구체적으로 설명한다. 대개 이와 같은 목록에서는 각각의 행위들은 서로 연관되어 있다. 불길에서 살아남은 자들은 그들보다 약한 자들에게 돈을 탈취하지 않는다. 그들은 정의를 왜곡시키는 뇌물을 받지 않는다. 그들은 살인자의 모의를 듣지 않을 것이고, 어떤 악에도 관심을 기울이지 않을 것이다. 즉 그들은 하나님과 같이 다른 이들을 존귀히 여긴다. 이와 같은 사람이 높은 곳에서 하나님과 함께 거할 수 있다. 이곳에서 그들은 안전히 거하며("보장이 되며", refuge) 그들의 필요한 것을 공급받을 것이다. 하나님은 인간 지도자들과 이집트에게 불가능 했던 일을 하실 수 있는 분이다. 그분은 신뢰받기에 합당하신 분이다.

상황잇기

하나님은 노략자들에게 여러 나라를 멸망시켜 축적한 노략물을 빼앗을 거라고 약속하셨다. 이 약속의 성취 가운데 하나는 예루살렘 성전의 기물과 관련이 있다. 느부갓네살은 성전 기물을 바빌론으로 가져 왔다(왕하 24:13). 벨사살은 그 기물로 그의 신들을 향해 축배를 들려고 했다(단 5:2-3). 분명 벨사살은 자신과 그의 신들이 주님의 정복자임을 입증해 보이려고 이같이 행했던 것이다. 그러나 페르시아 제국의 고레스가 바빌론을 멸망시킨 후 처음 한 일은 예루살렘의 성전 재건을 허락한 것이었다(대하 36:33; 스 1:2-4; 참조. *ANET*, 316). 성전 재건에 필요한 재정은 어떻게 충당했는가? 대부분은 정복당한 바빌론의 재정에서 충당했다. 바빌론이 예루살렘 성전과 같은 곳에서 벗겨온 금이 되돌아 온 것이다. 고레스는 또한 성전 기물을 귀환자들에게 돌려 주라고 지시하여 그 기물이 적절한 장소에 다시 안치될 수 있도록 하였다(스 1:8-11).

오늘날 계속되는 유럽의 문제 가운데 하나는 나치가 약탈한 물건들을 원래 소유주에게 반환해 주는 것이다. 왜 약탈물은 반환되어야 하는가? 사실상 소유에 대한 권리는 하나님의 피조물에 대한 마음에 있다. 진정한 의미에서 소유권은 개인의 정체성을 알려 주는 표지이다. 약탈로 인해 고통받았던 사람들은 종종 그 약탈을 당한 후에 인격적 침해를 맛보게 된다고 말한다. 이것은 이 세상의 주인이신 하나님의 주되심에 대한 또 하나의 표지가 된다. 삼위 하나님은 인격적이시기 때문에 개인적 특성을 존귀히 여기신다. 그러므로 하나님은 우리에게 이와 같은 개인적인 소유권을 허락해 주셨다. 이런 소유권은 세계 도처에 시민법의 근간을 이룬다. 권력은 이런 창조의 법을 깨뜨릴 수 있을 거라 생각할 것이고, 어느 정도는 깨뜨리려 할지도 모른다. 그러나 하나님은 창조주이시기에 권력은 영원히 이 창조의 법을 깨뜨릴 수 없다. 의와 공의가 주도하게 될 것이다. 이런 모습은 지금 우리 가까운 곳에서 나타나고 있으며, 천국에서는 완전히 이루어질 것이다.

고대와 현대의 정치적 특징 가운데 하나는 양자를 저울질하는 태도이다. 우리는 대가를 치르지 않으면 얼마나 많은 일을 이루어 낼 수 있는가? 산헤립은 히스기야와 합의한 것을 깨뜨림으로 국제적 불만을 초래하면 얼마나 손실이 큰지 생각해야 했다. 그러나 산헤립은 결과를 좌우하는 유일한 권력자는 자기 자신이기에 원대로 행할 수 있다고 보았다.

일본이 1941년에 진주만을 폭격하여 현대의 전쟁 규칙을 깨뜨렸을 때 산헤립과 유사한 판단을 내렸다. 도박을 하고 있던 일본인들은 미국의 태평양 함대를 몇 년 안에 무력하게 한다면 미국이 깨뜨리기에 힘든 극동지역과 유대를 강화할 수 있다고 보았다. 만약 그들이 미 해군 항공모함과 큰 구식 전함을 파괴할 수 있었다면 역사가 어떻게 달라졌을지 누가 알겠는가? 그러나 그들은 그렇게 할 수 없었고, 결국 그들의 약탈물은 그 손아귀에서 빼앗기고 말았다. 하나님은 지금도 하나님이시다. 그리고 배반자들은 지금도 배반을 당한다. 그리고 파괴자는 지금도 파괴를 당한다.

현대적 의미

오늘날 서구에서는 국가적인 윤리뿐만 아니라 개인의 윤리도 대개 실용주의적이다. 1941년의 오만한 일본처럼, 우리는 대가를 치르지 않고 무엇을 해낼 수 있다는 생각에 빠져 자신이 옳다고 여기는 대로 행하려고 한다. 지금 이순간 내게 좋아 보이면, 그것이 다른 사람에게 어떤 결과를 초래할지 신경 쓰지 않는다. 그러나 이사야는 우리에게 이와 같은 개인적 혹은 국가적 자기 교만이 위험하다고 말한다. 오직 그분만이 진실로 존귀하시며, 시작부터 종말까지 보실 수 있다. 오직 그분만이 의를 세우시며, 그분의 성품에서 의는 온다. 그런 기준들을 어기는 것은, 결국 자신에게 해를 끼친다.

특히 크리스천들은 오늘날의 실용주의가 얼마나 우리의 행동 속에 침투해 있는지 재고해야 한다. 이와 같은 것으로 우리가 살고 있는 공동체의 법규에 복종하는 것이다. 교통법규는 단지 인간이 만든 것에 불과한 것이지 신적인 구속력이 없다고 해서 내가 그것을 지킬 수 있고 아니면 지키지 않을 수도 있다고 생각하기 쉽다. 그러나 이런 태도는 불가피하게 윤리적 중요성을 손상시킨다. 그 이유는 이런 인간의 법규가 권위적인 하나님 법규의 연장선상에서 그 권위를 지니기 때문이다. 이것이야말로 바울이 로마서 13장에서 주장한 것이다. 하나님의 권위에 대한 태도와, 우리가 살고 있는 인간 통치의 권위에 대한 태도를 분리하기란 불가능하다.

물론 인간의 권위는 절대적이지 않고, 오직 하나님의 권위만이 절대적이다. 만약 국가가 하나님의 영역을 침해한다면, 무엇이 우선하는지는 의심의 여지가 없다. 그러나 하나님께 순종하는 태도는 날마다 우리의 행동 속에서 나타나기도 하며 다른 형태로 드러나기도 한다. 현대 법규 안에 사는 우리는 반드시 하나님에 대한 법규를 더욱 중시해야 한다. 33:6에서 "여호와를 경외함"으로 "구원"과 "지혜"와 "지식"이라는 보배의 열쇠가 된다는 것은 우연이 아니다. 만약 우리가 철저히 순종함으로 주님을 전능의 하나님으로 경외하지 않는다면, 우리는 그분과 의미 있는 관계를 맺을 수 없을 것이다.

30:19-20과 같이 33:16은 이사야서와 인류의 근본적인 문제들을 말한다. 기본적인 필요를 채울 수 있는 가장 좋은 길은 무엇인가? 앞에서 여러 번 말했듯이 인간의 기본적인 필요는 안전, 기본적인 물질적 필요들, 안락과 쾌락으로 이 세 필요들은 서로 연관되어 있다. 예를 들면, 기본적인 물리적 필요들이 불안전하고 압박하는 상황 속에서 공급된다면, 결국 질병이 찾아올 것이다. 에덴동산의 문제는 오늘날과도 동일한 문제이다. 누가 나의 필요를 채워 주는가? 사람들은 "나 자신이야. 그밖에 누가 그럴 수 있어?"라고 확고히 말한다. 그리고 그 필요를 충족시키는 방법에 대해서도 동일한 견해를 보인다. "나 자신을 발견하는 환경을 잘 조절하여 나의 노력으로 이런 필요를 충족시킬 수 있지."

그러나 이사야와 그외 성경 본문의 주장은 다르다. 예수 그리스도만큼 극적으로 제시한 자는 없다. "너희는 먼저 그의 나라와 그의 의를 구하라 그리하면 이 모든 것을 너희에게 더하시리라"(마 6:33). 우리 중 대부분은 이 말씀에 익숙한 나머지 그 말씀의 근본적 의미를 놓친다. 예수는 하나님이 우리의 필요를 채워 주시되 선물로서 내려 주신다고 말씀하신다. 더욱이 우리의 필요들은 직접적인 결과로서 주이지기보다는 부차적인 결과로서 주어진다. 하나의 일을 행하면 다른 일도 생겨날 것이다. 이런 필요들은 자신의 노력보다는 하나님의 통치에 충성함으로 언제든지 주어지는 것이다.

이것이야말로 이사야가 말하는 바이다. "이집트 혹은 아시리아와 협상함으로써 너희의 목숨을 구하려 하지 말고 먼저 하나님을 기쁘시게 하라. 다른 모든 문제를 그의 손에 맡기고 그분이 원하시는 것이 무엇인지에 관심을 쏟아라. 그러면 결코 상상할 수 없는 은혜로운 방식을 통해 필요가 채워진다는 것을 발견하게 될 것이다."

이것은 물론 당신이 이 시간과 관계없다는 것을 뜻하지는 않는다. 예를 들면, 가나안 땅을 하나님이 그분의 백성에게 주신 것이지 이스라엘 백성이 취한 것이 아니다. 이 논지는 계속해서 제시된다(수 1:2-3; 2:9 등). 여호수아 1-5장에서 백성들이 가나안 정복을 위해 영적으로 어떻게 준비했는지를 주목해 보라. 이때에 백성들은 그 땅을 취하는 것에 열중하였다. 모든 것은 우선순위에 집중되어 있다. 당신의 관계를 유지하는 데 있어 당신의 왕이신 그분은 당신에게 최우선인 분인가, 아니면 당신 자신을 챙기기 위해 당신이 조정하고자 하는 수단에 불과한 분인가? 전자라면, 주님의 목전에서 당신에게 상(a table)이 베풀어질 것이며, 어느 누구도 당신을 그 상에서 쫓아낼 수 없을 것이다. 후자라면, 당신이 얼마나 많이 축적하든지 결코 만족을 느끼지 못할 될 것이다.

> 여호와는 나의 목자시니
> 　내가 부족함이 없으리로다…
> 주께서 내 원수의 목전에
> 　내게 상을 베푸시고…
> 내가 여호와의 집에
> 　영원히 거하리로다(시 23:1, 5, 6).

이사야는 33:14-16과 그 밖의 다른 본문에서 하나님 나라의 왕을 본받아 행동하는 것이야말로 하나님 나라의 백성임을 보여 주는 표지가 된다는 점을 분명히 밝힌다. 이것은 시내 산 언약에 제시된 원리와 동일하다. 너희는 내 백성이 되기를 원하는가? 그러면 나와 같이 살아야만 한다. 너희는 내가 거룩한 것과 같이 거룩해야만 한다. 무엇보다도 이와 같은 거룩은 신적 본질에 관한 문제가 아니다.[3] 오히려 그것은 성품과 삶의 양식의 문제이다. 시편 15편에서와 같이, 의식적 청결은 제물과 기도가 드려지는 지성소의 출입과 아무런 관련이 없다. 오히려 그것은 행위의 문제이다. 하나님과 같이 행하는 자들은 그분 앞에서 살 수 있을 것이요, 다른 것들은 필요치 않다.

그러나 이런 진리가 오늘날 우리에게도 중대한 의미라면, 이 진리를 전체 성경의 맥락 속에서 살펴보는 것이 중요하다. 이것은 현대의 '죄악된 종교'(sinning religion)를 바로잡는 데 중요하다. 나는 현대어 성경 번역을 위한 편집자 회의에 참여하다가 로마서 6:17-18의 번역에 반대하는 한 노인이 "우리는 항상 죄에 사로잡혀 있기 때문에 우리가 더는 죄의 종이 아니다"라고 말하는 것을 들었다. 나는 이 노인과 같지 않은 것에 대해 하나님께 감사한다. 왜냐하면 하나님은 우리가 그

---

3. 이런 관점에서 볼 때, Rudolph Otto는 *The Idea of the Holy*, 2d ed. (London: Oxford Univ. Press, 1950)에서 심각한 해악을 끼쳤다. 그는 자신의 주요 연구에서 성경의 사상을 배제시켜 버리고 이교도적 종교 사상을 사용하였다. 여기서 거룩이라는 개념은 성경적 사상의 기초를 형성하는 데 별로 중요하게 취급되지 않는다. J. Wells, *God's Holy People: A Theme in Biblical Theology*(JOSTSup 305; Sheffield: Sheffield Academic Press, 2000)를 보라. 또한 J. Oswalt, *Called to Be Holy*(Nappanee, Ind.: Evangel, 1999)를 보라.

분의 성품에 참여하기를 원하며, 우리는 그렇게 할 수 있기 때문이다.

그렇지만 신약성경은 우리가 하나님처럼 살기 때문에 하나님의 처소에 거할(a place in God's house) 수 있다고는 결코 말하지 않을 것이다. 어느 누구도 의로운 행위로 하나님의 처소에 거할 수 없다. 마치 이스라엘 백성이 이집트에서 자유를 받은 것처럼, 오히려 처소는 하나님께 받는 것이다. 예수 그리스도께서 우리를 대신하여 죽으셨기 때문에 하나님은 그 처소를 우리에게 주신다. 그러나 그때까지 우리는 어떻게 살아야 하는가? 이스라엘 백성은 자신의 힘으로 그 계명을 지킬 수 있다고 생각했지만, 처참하게 실패하고 말았다. 그러나 하나님은 우리에게 영원한 생명을 주실 뿐만 아니라, 이스라엘 백성이 할 수 없었던 바를 행할 수 있도록 성령을 보내어 주신다.

> 너희가 육신대로 살면 반드시 죽을 것이로되 영으로써 몸의 행실을 죽이면 살리니 무릇 하나님의 영으로 인도함을 받는 그들은 곧 하나님의 아들이라(롬 8:13-14).

이사야 33:17-24

17 네 눈은 왕을 그의 아름다운 가운데에서 보
며 광활한 땅을 눈으로 보겠고
18 네 마음은 두려워하던 것을 생각해 내리라
계산하던 자가 어디 있느냐 공세를 계량하던
자가 어디 있느냐 망대를 계수하던 자가 어
디 있느냐
19 네가 강포한 백성을 보지 아니하리라 그 백
성은 방언이 어려워 네가 알아듣지 못하며
말이 이상하여 네가 깨닫지 못하는 자니라
20 우리 절기의 시온 성을 보라 네 눈이 안정된
처소인 예루살렘을 보리니 그것은 옮겨지지
아니할 장막이라 그 말뚝이 영영히 뽑히지
아니할 것이요 그 줄이 하나도 끊어지지 아
니할 것이며
21 여호와는 거기에 위엄 중에 우리와 함께 계
시리니 그곳에는 여러 강과 큰 호수가 있으
나 노 젓는 배나 큰 배가 통행하지 못하리라
22 대저 여호와는 우리 재판장이시요 여호와는
우리에게 율법을 세우신 이요 여호와는 우리
의 왕이시니 그가 우리를 구원하실 것임이라
23 네 돛대 줄이 풀렸으니 돛대의 밑을 튼튼히
하지 못하였고 돛을 달지 못하였느니라 때가
되면 많은 재물을 탈취하여 나누리니 저는
자도 그 재물을 취할 것이며
24 그 거주민은 내가 병들었노라 하지 아니할
것이라 거기에 사는 백성이 사죄함을 받으
리라

원 의미

본문은 하나님이 예비하신 지도자가 술 취하고 혼란에 빠진 지도자들이 결코 하지 못했던 일을 이스라엘을 위해 행할 것임을 강조하는 32-33장의 결론이다. 이 지도자는 이스라엘이 고대하는 은혜의 약속이다(33:2). 즉 이스라엘 역사 속에서 여러 방식으로 성취되었다. 이 약속은 기름 부음 받은 왕 히스기야가 하나님의 구원을 신뢰하며 극적으로 구원을 체험할 때 바로 성취되었다. 이후에 하나님이 그분의 백성을 바빌론 포로에서 구원하시고 그들의 땅으로 다시 회복시키실 때 성취되었다. 또 먼 미래에 하나님이 예수 그리스도를 통해 메시아로 나타내실 때에 성취되었다. 그리고 메시아가 그 입의 막대기로 이 세상을 통치하실 종말의 날에 궁극적으로 성취될 것이다.

33장에서 언급되는 "왕"은 주님(the Lord, 개역성경에는 "여호와"로 번역됨-옮긴이)을 가리키고 있음에 의심의 여지가 거의 없다. 주님은 1-16절에서 세상의 왕으로 소개될 뿐만 아니라, 22절에서는 구체적으로 "우리의 왕"으로 간주되고 있다. 이사야가 17절에서는 히스기야—후기 7세기의 유일한 메시아 후보자로 추론됨—를 염두에 두고, 22절에서 구체적으로 소개한다고 보기는 힘들다. 더욱이 히스기야의 통치 영역은 매우 제한되어 있었지 결코 멀리 뻗어 있지 않았다.

오히려 "왕"은 히스기야가 겸손히 의지할 때(37:16-20) 아시리아의 망대와 예루살렘의 공세(NIV "revenue")를 칭량하던 자를 제거하시는 분이다(33:18). 이 거룩하신 왕은 낯선 아시리아의 방언이 오랫동안 유다에서 들리지 않도록 하실 것이다(33:19; 참조. 28:11). 이제 평화로운(안전한, peaceful)[1] "시온"에서 거행되는 모든 절기들은 더는 하나님께 혐오감을 주지 않을 것이다(참조. 29:1-2). 선지자는 모순어법(oxymoron)으로 이 도시를 영원한 천막으로 묘사한다. 아마도 이런 사상은 인간의 모든 처소가 천막처럼 연약하며, 항상 연약할 것을 말해 준다. 그러나 그와 같은 천막이 하나님께 주어진다면, 그분은 단지 인간의 힘에 달려 있는 어떤 막강한 요새보다 이 천막을 더 안전하게 만드실 수 있다(참조. 54:2).

저자는 천막 비유에서 물 비유로 옮긴다. 이 도시에는 평화로운 하수나 강(revers and streams)이 흐를 것이다. 시편 46편에서와 같이 강물은 평화와 풍요를 상징한다. 바다의 파도는 서로 부딪히며 파괴적인 힘을 발하지만, 강은 조용히 흘러나와 여러 가지 건설적인 용도에 물을 제공한다. 이사야는 군함(돛"배", galley)이 시온의 강을 항해하지 못할 거라고 말한다. 이것은 평화로이 공급하시는 하나님의 특성을 강조해 준다. 그 이유는 무엇인가? 그것은 이스라엘의 왕이신 주님의 의로우신 성품 때문이다(33:22). 그분은 질서를 가져다 주실 것이며("재판장") 토라에 순종하도록 이끌어 주실 것이다("율법을 세우신 자"). 그분은 모세, 사무엘, 다윗 모두를 포괄하신다. 이와 같은 분이라면 평안과 번영이 보장될 뿐 아니라 구원도 보장된다. 그분은 어떤 삶의 역경 속에서도 우리를 구원하실 수 있다. 그것이 원수의 공격이든, 깨어진 법이든 혹은 세상의 무질서이든 간에 우리를 구원하실 것이다.

33:23 상반절의 대상이 누구인지는 명확치 않다. 그렇지만 전체적인 맥락에서

---

1. 보기 드문 히브리어, *ša'ᵃnan*은 32장에 세 번, 그 밖의 이사야서에서 한 번 다른 구약본문에는 다섯 번 나올 뿐이다.

볼 때, 33장의 서두에 나타난 파괴적이고 반역적인 민족으로 보인다. 군함은 시온을 공격하러 항해에 올랐지만, 예상보다 훨씬 더 큰 대적과 맞서게 되었다. 주님은 거대한 광풍처럼 그들을 날려 버렸고, 그들의 돛은 내려앉았다. 그리하여 그들이 모은 노략물은 피해자에게 돌아갔다(참조. 33:4).[2]

메시아가 통치하실 시온에 대한 최종적인 약속은, 시온이 육체적으로나 영적으로나 치유받는 곳이 된다는 것이다. 모든 죄의 영향력은 사라질 것이며, 피조물은 처음 의도된 대로 다시 나타나게 될 것이다.

상황잇기

백성에 의한 통치체제라는 민주주의의 오랜 전통을 유지한 우리에게 이와 같이 왕을 강조하는 것은 힘든 일이다. 그렇지만 왕정체제는 강력한 통치자를 요구하는 원성이 있기 전까지는 그다지 무질서하진 않다. 이런 현상은 1930년대에 독일에서 발생하였다. 비록 독일 사람들은 민주주의를 제한적으로 경험했지만, 그들은 강력하고 유능한 백성들이었다. 그럼에도 불구하고 바이마르 공화국(the Weimar Republic)이 치솟는 물가상승과 늘어나는 실직으로 인해 혼란을 겪기 시작할 때, 히틀러는 대중에게서 왕국의 권력을 부여받는 데 어렵지 않았다.

이와 동일한 상황은 러시아에서 좀 더 일찍 발생했다. 어리석은 니콜라스 황제가 결국 왕위에서 물러났을 때, 러시아는 혼란에 빠지고 말았다. 이런 상황 속에서 레닌은 국가를 향해 자신의 뜻을 강화시킬 수 있었고, 사실상 새로운 황제가 되었다. 안타깝게도 그는 니콜라스보다 더 심한 독재정치를 펼쳤다. 1930년대에 미국에서는 많은 사람들이 활력을 위해 루스벨트를 대통령으로 삼고자 했다. 분명 그의 권력은 헌법과 의회에 의해 명백히 제한되었다. 그럼에도 불구하고 이 상황은 분명 유사한 점이 있다. 즉 사회와 정부가 파산하기 시작하면, 우리는 책임질 강력한 지도자를 원한다. 이것이야말로 이사야가 그의 백성에게 약속하고 있는 것이다. 하나님은 그분의 백성에게 강하고 의로우면서도 비전과 긍휼을 베푸는 지도자를 허락해 주실 것이다.

2. 다른 해석으로 이것은 오직 메시아만이 변화시킬 수 있는 이스라엘의 현재 상태를 가리킨다고 본다 (Oswalt, *Isaiah 1-39*, 605를 보라).

현대적 의미

앞서 언급했다시피 본문의 메시지는 네 가지 다른 역사적 상황에 적용시킬 수 있다. 첫째는 이사야의 시대이다. 이때 경건한 히스기야는 그의 백성을 하나님을 신뢰하도록 인도했으며, 그로 인해 신뢰받기에 합당하신 하나님의 놀라운 능력을 경험하도록 이끌었다. 둘째는 느헤미야, 에스라, 말라기 시대에 성취된 바벨론에서의 구원과 관련이 있다. 유다 백성은 하나님이 풍성히 채워 주시는 시온의 안전을 다시 경험하게 된다. 셋째는 모든 만물의 성취의 때와 관련이 있다. 이 때에 하나님의 나라에는 대적이 없을 것이다. 넷째는 우리가 살고 있는 오늘날과 관련이 있다. 오늘날 하나님의 메시아는 완전히 알려졌으며, 우리는 하나님의 약속이 물질적인 약속이기에 앞서 영적인 약속임을 알게 된다.

본문과 다른 구약의 메시아 약속에 나타난 잠재적 문제는 그리스도의 신성으로 해결된다. 한편 우리는 인간인 왕을 바라본다. 32:1-8은 인간들이 활동하는 세계를 묘사하고 있다. 분명 인간들은 놀라운 방식으로 활동하지만, 여기에 묘사되고 있는 곳은 여전히 인간 세계이다.[3] 이와는 달리 33장에 묘사되는 왕은 주님이시라고 볼 수 있다. 그러나 그분은 앞서 인간들이 수행한 심판자, 법 수여자, 왕으로서의 역할을 성취하시는 주님으로 나타난다.

소위 첫 기독교 신조("예수는 주님이시다", 참조. 롬 10:9)를 생각하고, 예수를 신-인으로 인식할 때, 외견상 모순적으로 보이는 이와 같은 현상은 해결된다. 하나님은 땅과 하늘에서 다스리신다. 그분은 부재한 상태에서 하늘을 다스리지 않는다. 또한 그분은 제한적이고 유한한 인간으로서 이 땅을 다스리는 것도 아니다.[4] 우리는 선지자가 자신이 했던 말에 대해 당혹감을 감추지 못했을 거라고 생각해 볼 수 있다. 그는 수세기 후에 "어떻게 이런 일이 일어날 수 있을까?"라고 말했던 마리아처럼 의아해했을 것이다. 그러나 인간 메시아가 또한 신적인 왕이시라면 그것은 가능한 일이다.

그리스도는 오늘날 우리에게 무엇을 제공해 주시는가? 본문에서는 몇 가지가 나타나고 있다. 그분은 아름다움과 폭넓은 기회를 제공해 주신다(33:17). 안전을 제공해 주신다(33:18-20). 우리에게 구원을 베풀어 주신다(33:22). 가장 포괄적인

---

3. 그러므로 Seitz(*Isaiah 1-39*, 229)는 이 표현이 의도적으로 히스기야를 가리킨다고 주장한다.
4. 말 3:1에 나타나는 동일한 문제에 주목하라. "언약의 사자"가 도래할 것이다. 그러나 그 다음에 주님 자신이 도래할 거라고 말한다. 누가 도래할 자인가? 주님의 사자인가, 아니면 주님 자신인가? 물론 대답은 두 가지 모두를 포함한다.

형태로 우리에게 건강을 허락해 주신다(33 : 24). 우리는 아름다움을 비본질적인 것으로 생각할지 모른다. 그러나 그것은 분명 하나님의 관점이 아니다. 왜 아름다움은 하늘과 천상의 왕의 특성이 되는가? 아름다움을 만들어 주는 여러 요소들 가운데에는 조화, 균형, 리듬, 안정 등이 있다. 그리스도께서 우리의 삶의 왕이 되실 때, 그분은 이런 요소들을 우리들에게 허락해 주신다. 그리스도는 균형 잡힌 삶의 리듬으로 성부 하나님과 완전한 조화를 이루고 있다. 그분은 자신의 뜻을 확고히 하면서 결코 균형을 잃지 않으신다. 성부의 보호하심을 잠잠히 확신할 때, 그분은 성부께서 주어지는 평온과 온전함을 누리신다. 그리스도께서도 이와 동일한 아름다움을 우리에게 베풀어 주신다.

그리스도 안에 영원한 기회를 얻는다. 그리스도는 자신을 섬기는 로봇을 만들기 위해 어떤 틀 속에 우리를 주형화(鑄型化)시키지 않으신다. 오히려 우리를 친구로 부르시며, 우리를 향한 계획을 최대한 성취하도록 인도해 주신다. 왕이신 그분은 우리의 섬김을 기뻐하시기 때문에, 우리가 각자 자신의 방식을 통해 성장하게 하신다. 이와 같은 관계를 맺으며 하늘의 권세를 누리게 될 때, 이 땅의 가장 제한적인 상황 속에서도 영원한 가능성의 기회를 얻는다.

그리스도 안에 완전한 평화(안전)를 얻는다. 가장 암울한 때에도 그분이 우리를 사랑하신다는 것을 깨달을 때, 우리는 그분의 사랑을 막을 실이 없음을 알게 된다. 그 어느 것도 우리를 그분 손에서 끄집어 낼 수 없다. 우리가 그분에게 놓아 달라고 말할 때가 올 것인가? 물론 그럴 수 있을 것이다. 그러나 그때까지 우리를 놓지 않으시는 그분의 손에 붙들린다. 비록 가장 비극적인 실패를 경험한다 할지라도 우리는 그분의 것이요, 그분은 우리의 것임을 알기에 우리는 피난처 안에서 담대해질 수 있다.

그리스도 안에 건강을 얻는다. 아름다움과 마찬가지로, 건강에도 외적 건강과 내적 건강이 있다. 그리고 이 두 가지는 서로 밀접하게 연결되어 있다. 우리의 죄가 용서받고 우리의 미래가 보증될 때, 우리의 필요가 온전히 충족될 것으로 확신할 때, 우리는 그분 안에서 안식할 수 있다. 그와 같은 안식을 통해 얻는 영적 건강은 우리의 육체의 건강에도 영향을 미칠 것이다. 비록 그리스도께서 재림하실 때까지는 '이 땅의 성전'이 부패하고 썩어진다 할지라도, 우리의 내적인 생명은 그리스도를 통해 건강과 온전함으로 드러날 것이다.

이사야 34:1-17

1 열국이여 너희는 나아와 들을지어다 민족들
이여 귀를 기울일지어다 땅과 땅에 충만한
것, 세계와 세계에서 나는 모든 것이여 들을
지어다
2 대저 여호와께서 열방을 향하여 진노하시며
그들의 만군을 향하여 분내사 그들을 진멸하
시며 살륙 당하게 하셨은즉
3 그 살륙 당한 자는 내던진 바 되며 그 사체의
악취가 솟아오르고 그 피에 산들이 녹을 것
이며
4 하늘의 만상이 사라지고 하늘들이 두루마리
같이 말리되 그 만상의 쇠잔함이 포도나무
잎이 마름 같고 무화과나무 잎이 마름 같으
리라
5 여호와의 칼이 하늘에서 족하게 마셨은즉 보
라 이것이 에돔 위에 내리며 진멸하시기로
한 백성 위에 내려 그를 심판할 것이라
6 여호와의 칼이 피 곧 어린 양과 염소의 피에
만족하고 기름 곧 숫양의 콩팥 기름으로 윤
택하니 이는 여호와를 위한 희생이 보스라에
있고 큰 살륙이 에돔 땅에 있음이라
7 들소와 송아지와 수소가 함께 도살장에 내려
가니 그들의 땅이 피에 취하며 흙이 기름으
로 윤택하리라
8 이것은 여호와께서 보복하시는 날이요 시온
의 송사를 위하여 신원하시는 해라
9 에돔의 시내들은 변하여 역청이 되고 그 티끌
은 유황이 되고 그 땅은 불 붙는 역청이 되며
10 낮에나 밤에나 꺼지지 아니하고 그 연기가
끊임없이 떠오를 것이며 세세에 황무하여 그
리로 지날 자가 영영히 없겠고
11 당아새와 고슴도치가 그 땅을 차지하며 부엉
이와 까마귀가 거기에 살 것이라 여호와께서
그 위에 혼란의 줄과 공허의 추를 드리우실
것인즉
12 그들이 국가를 이으려 하여 귀인들을 부르
되 아무도 없겠고 그 모든 방백도 없게 될
것이요
13 그 궁궐에는 가시나무가 나며 그 견고한 성
에는 엉겅퀴와 새품이 자라서 승냥이의 굴과
타조의 처소가 될 것이니
14 들짐승이 이리와 만나며 숫염소가 그 동류를
부르며 올빼미가 거기에 살면서 쉬는 처소로
삼으며
15 부엉이가 거기에 깃들이고 알을 낳아 까서
그 그늘에 모으며 솔개들도 각각 제 짝과 함
께 거기에 모이리라
16 너희는 여호와의 책에서 찾아 읽어보라 이것
들 가운데서 빠진 것이 하나도 없고 제 짝이
없는 것이 없으리니 이는 여호와의 입이 이
를 명령하셨고 그의 영이 이것들을 모으셨음
이라
17 여호와께서 그것들을 위하여 제비를 뽑으시
며 그의 손으로 줄을 띠어 그 땅을 그것들에
게 나누어 주셨으니 그들이 영원히 차지하며
대대로 거기에 살리라

원 의미

34-35장은 28-33장뿐만 아니라 13-33장의 결론이다.[1] 7-39장(신뢰에 대한 교훈)에서 하나님은 선지자를 통해 이스라엘 백성이 왜 열방을 의지하지 말고 하나님을 의지해야 하는지를 알려 주셨다. 이제 34-35장에서는 이 두 방향이 서로 대조를 이루며 묘사되고 있다. 열방을 신뢰한다는 것은 광야가 된다는 것을 말한다(34장). 그러나 비록 우리가 열방을 선택했다 할지라도 하나님은 그 광야에 꽃이 피어나게 하신다. 그러므로 하나님은 신뢰할 만한 분이다(35장). 논점은 '하나님을 신뢰하라!'이다.

34장은 두 부분으로 구성되어 있다. 첫째 부분(1-4절)은 세상 열방을 향한 전반적인 심판 선언이다. 둘째 부분(5-17절)은 구체적으로 에돔 족속에게 적용된다. 여기서는 세 번의 비유가 나온다.

전반적인 심판 선언(34:1-4)

전반적인 심판 선언은 13장과 24장의 첫 절과 같이 인상깊다. 이 표현은 법정과 관련이 있다. 하나님은 판결을 들려 주기 위해 "열국"과 "민족들"을 피고로 부르신다. 그러나 그 심판은 단지 "땅"(earth, 이 세상)에만 국한되는 것이 아니라 전 우주에 영향을 미친다. 그러므로 "만상"(stars)이 "사라지며" "하늘들"이 "말린다"(34:4).[2]

특히 하나님은 "만국"을 향해 진노하신다. 이 "만국"은 "열국"의 교만과 오만을 적절히 상징해 준다. 하나님은 그들을 완전히 진멸하실 것이다(34:2). 여기서 사용된 동사(와 5절에 등장하는 명사)는 *ḥrm* 인데, 이 동사는 하나님께 대한 범죄를 심판하는 의식적인 절차를 말하고 있다. 여호수아 6:17의 가나안 족속과 사무엘상 15:3의 아멜렉 족속의 경우에도 동일한 단어가 사용되고 있다. 이것은 단지 누가 더 강한지를 보여 주는 힘겨루기가 아니다. 즉 이것은 창조주와 그에 대적하는 자

1. 학자들 가운데 34-35장을, 1-33장과 40-66장을 잇는 연결장으로 이해하는 자들이 점차 늘어나고 있다. 이에 대한 간단한 논의를 살펴보려면, Childs, *Isaiah*, 252-56을 보라. 나는 이와 같은 입장이 36-39장의 위치에 대한 어려운 문제를 야기한다고 생각한다.
2. 이사야서 전체에 걸쳐 나오는 "하늘의 만상"이라는 표현은 물리적인 별들뿐만 아니라 이방 신들의 만신전을 가리키고 있다. 그러므로 여기서 "하늘의 만상이 사라지고"라는 표현은 물리적 우주를 뜻할 뿐만 아니라 신학적 의의도 지니고 있다.

사이의 우주적으로 확대되는 충돌이다.

심판의 실례로서의 에돔(34:5-17)

왜 하나님을 대적하여 영원한 멸망을 당하는 세상의 열국을 대변하는 족속으로서 에돔이 선정되었는지 묻는다면, 그 대답은 분명해 보인다. 이스라엘이 가나안 땅에 처음 들어갈 때부터 에돔은 하나님의 계획에 적대적이었다(민 20:14-21). 이와 같은 적대감은 왕정시대에도 계속되어, 여러 왕들은 에돔과의 전투에 직면해야 했다.[3] 시편 60:9에서 에돔은 대리적인 방식(representative way)으로 사용된다. 이와 같은 적대감으로 말미암아 결국 에돔은 예루살렘을 멸망시킨 바빌론을 도왔다(시 137:7; 옵 10-14절).

에돔에 대한 단락은 두 부분으로 나누어질 수 있다. 첫째 부분(34:5-8)은 원인 접속사 ki('~때문에'; 이 전치사는 NIV에는 번역되지 않는다)로 시작하고 끝을 맺는다. 이 첫 부분은 시온을 위해 에돔에게 임할 처참한 멸망을 이야기하고 있다. 둘째 부분(34:9-17)은 광야로 변할 에돔에 대해 말하고 있다. 에돔은 부정한 새들과 짐승들의 거처가 될 것이다.

앞서 이미 언급했다시피 *ḥrm* 라는 단어가 5절에 나시 등장함으로 열방을 대표하는 에돔의 역할을 강조해 준다. 희생제사에 일반적으로 쓰이는 "피"와 "기름"이라는 말의 반복(6-7절)은 제사에 대한 배경을 더욱 분명히 해준다. 하나님의 은혜를 거절한 세상의 열방은 자신의 죄에 대한 희생이 되었다. "들소"와 "수소"는 강인한 힘과 의지를 거칠게 나타내려는 사나운 태도를 상징한다. 그러나 주님은 피조물들에게 그 행위에 대한 책임을 추궁하실 것이다. 보응의 심판이 임할 것이다. 이것은 죄에 대한 부정적 심판일 뿐만 아니라 이 땅을 구속하시려는 하나님의 계획에 반드시 필요한 의로운 자들을 위한 심판이기도 하다. 열방의 심판은 "시온의 송사"를 신원하기 위해서이다.

34:9-17의 표현은 이와 같은 논점을 구체적으로 고찰한다. 9-10절은 창세기 19장에 나오는 소돔과 고모라의 멸망을 연상하게 한다. 또한 이 절은 에돔이 위치한 사해 남단 지역을 적절히 설명하고 있다. 이곳은 "역청"과 "유황"이 나는 불모의 땅이 될 것이다. 이것은 에돔이 심판당하는 열방의 대표로 선택된 또 다른 이유가 될

3. 이런 증거에 대한 개관으로는, Motyer, *Prophecy of Isaiah*, 268-69가 도움을 준다.

지도 모른다. 에돔 지역은 대부분 광야이며 사람이 거의 살 수 없는 곳이다. 그러므로 에돔의 운명은 이사야가 인간의 영광을 신뢰한 결과에 대해 말하고 있는 것과 일치한다.

광야가 인간이 거주할 수 없는 곳임을 나타내기 위해, 선지자는 이곳이 부정한 새들과 짐승들의 거처가 될 거라고 강조한다(34:11-15). 여기서 나열되는 많은 새들과 짐승들의 정확한 실체에 대한 중요한 논의들이 있어 왔다. 그리고 그 논의들은 매우 다양하다. 그러나 전반적인 논점은 분명하다. 즉 인간은 그곳에 살 수 없으며, 비록 인간이 살 수 있다 해도 그곳에 거주하기를 원치 않을 것이다. 창조주는 그 땅을 인간보다는 동물들에게 다시 맡기셨다. 11절에서 "줄"과 "추"는 반어적(irony) 방식으로 사용된다. 이러한 도구들은 보통 긍정적인 결과를 얻는 것으로 건축할 때 사용되었다. 그러나 하나님이 창조주이시기 때문에, 다른 방식으로 이 도구를 사용하실 수 있다. 에돔은 창조주의 기준에 따라 살지 않았다. 그러므로 이런 기준들은 멸망을 가늠하는 척도로 사용될 것이다.[4]

16-17절은 에돔에 거하는 새와 짐승에 대한 예언이 확실하다고 주장한다. 이러한 주장을 확고히 하기 위해, 선지자는 "여호와의 책"(the scroll of the LORD)에 호소한다. 여기서 청중은 언급된 각각의 짐승들이 그곳에 거할 것을 알 수 있을 것이다.[5] 하나님의 말씀으로 만들어진 자연의 책에는, 분명 짐승의 짝과 같은 정해진 실재들이 있다. 하나님은 짐승의 장소와 환경을 지정하셨던 것처럼, 또한 인간의 장소와 환경도 지정하셨다. 그분은 자신의 뜻대로 땅을 나눌 수 있는 소유주(landowner)이시다. 그러므로 도덕적 세계에도 정해진 규칙이 있고, 그것은 자연의 법칙처럼 가변적이지 않다. 이 땅의 열국은 스스럼 없이 반역을 선택했고, 이에 상응하는 대가를 반드시 치러야 한다.

---

4. 12절의 히브리어 표현은 난해하다. 문자적으로 번역하면 다음과 같다. "백성들이 국가를 이으려 하여 귀인들을 부르나 아무도 없겠고 모든 왕들은 종말을 고할 것이다." 이 구절의 첫 부분에 나오는 "귀인들"을 이 절의 마지막 부분에 두는 BHS의 시도는 70인경에 기초하고 있지만, 70인경의 지지를 받지 못한다. NIV는 좋은 의미로 번역하고 있다. 다른 번역들에 관해서는, Oswalt, *Isaiah 1-39*, 616, n. 14를 보라.
5. "여호와의 책"이 무엇인지는 명확치 않다. 어떤 학자들은 이것을, 이사야의 이전 예언으로 이해한다. 그러나 그와 같은 예언이 문서로 존재한 것은 아니다. 다른 이들은 포로기 이후에 편집자가 이전 장들을 가리키고 있으며, 이 예언이 에돔의 멸망으로 성취되었고 장차 대대적으로 버림받게 될 것이라는 점에 대해 주목하고 있다고 이해한다. 그러나 본문은 그 자체의 진정성을 증명하기 위해 사용될 수는 없다. 대부분 이것은 모든 것이 기록되어 있는, 가상의 여호와의 책을 가리키는 수사적 표현이다(말 3:16을 보라). 그러므로 저자는 단순히 다음과 같이 말하고 있다. "당신은 이것을 믿을 수 있습니다. 그것은 자연법칙만큼이나 확실합니다."

상황잇기

34장의 중요한 부분은 오늘날 우리에게 문제를 제기한다. 우리는 대부분 피의 세계에서 멀리 떨어져 있다. 만약 이 피의 세계를 만난다면, 텔레비전이나 영화 카메라를 통해 멀리서 바라볼 뿐이다. 피의 세계는 우리 삶의 일부가 아니다. 우리는 고기를 먹는다. 그러나 도살과정에 대해서는 전혀 생각하지 않는다. 더욱이 남북전쟁의 끔찍한 살육현장은 제쳐 둔다 하더라도, 미국 사람들은 미국 내에서 벌어지는 전쟁과 유혈참사와는 대부분 거리가 멀다.

그러나 이사야 시대의 청중은 달랐다. 피 흘림과 핏덩이는 그들의 일상생활의 일부였다. 그들은 이것을 당연한 일로 여겼다. 전 가족이 살육의 과정에 연루되어, 안타깝게도 잔인한 전쟁의 실재를 직접 목격했다. 그리하여 그들은 언젠가 가족을 무참히 살육한 사람들을 같은 수법으로 앙갚음하기를 간절히 갈망하게 됐다. 우리가 보기에 무섭고 공격적인 표현들일지라도 많은 당시 청중에게는 실제로 위안이 되었을 것이다. 결국 이 세상은 공평해진다. 비록 유다의 "가난한 자들"과 "약자들"이 공의의 균형을 회복하는 데 연약하고 무기력하다 할지라도, 하나님이 그들을 위해 이 일을 이루실 것이다. 그리고 이 세상의 에돔은 그들이 자행한 일에 대해 값을 치를 것이다.

분명 이런 이유로 인해 요나는 니느웨로 향하는 것을 원치 않았을 것이다. 요나는 아시리아가 이스라엘에게 행했던 모든 고통에 대한 대가를 맛보기를 원했다. 그러나 요나는 하나님이 얼마나 긍휼하시며, 심지어 아시리아가 회개할 때 그들에게 심판을 허락하시지 않을 것임을 알고 있었다. 그는 아시리아가 대가를 치르기를 원했다.

우리는 이것을 어떻게 우리 시대에 적용할 수 있는가? 오클라호마 시의 연방정부 건물 폭파사건을 떠오를지 모른다. 흥미롭게도 우리는 이 폭파사건으로 가족을 잃은 사람들이 폭파범의 사형에 대해 말하는 것을 접할 수 있었다. 그들의 목소리는 그리 크게 격양되지 않았으며, 떼를 지어 피의 대가를 호소하지도 않았다. 그러나 그들은 이 폭파범이 그 범죄에 대한 완전한 대가를 치를 때까지 이 문제를 마무리 지을 수 없다고 했다. 그러므로 비록 이사야가 사용하는 피와 살육의 표현에 대해 그다지 편안한 느낌을 받지 않지만, 이와 같은 경험에 닥치면, 공의가 균형있게 시행되기를 원한다. 이런 공의의 균형을 위해 하나님의 아들이 그 대가를 치르시지 않는다면, 우리는 그 대가를 치러야 하며 에돔과 함께 멸망으로 나아갈 수밖에 없다고 말한다.

현대적 의미

피조물을 의지함. 이와 같은 잔혹한 본문을 어떻게 현대에 적용할 수 있는가? 첫째, 우리는 본문을 문학적 맥락에서 이해해야 한다. 앞서 증명한 바와 같이, 본문은 앞장에서 열방을 의지하는 어리석음에 관해 말했던 내용을 모두 보여 준다. 그러므로 오늘날 우리는 본문을 읽을 때, 우리의 신뢰가 진정 어디에 있는지를 반드시 물어야 한다. 우리의 신뢰는 세상의 에돔 사람들에게 있는가? 만약 그렇다면, 우리는 그 에돔 사람들과 함께 광야로 향하게 될 것이다. 창조주 대신 피조물을 궁극적 대상으로 삼는 것은 실로 어리석은 짓이다. 그것은 실재에 대항하는 것이며 궁극적으로 그 실재와 부딪혀 심각한 결과를 초래하는 것이다.

그러나 우리가 피조물을 의지하는지 의지하지 않는지를 어떻게 알 수 있는가? 우리는 대부분 동맹과 관련된 국가 정책에 영향을 행사할 수 있는 위치에 있지 않다. 그렇다면 이 모든 경고들은 우리와 무슨 관계가 있는가? 이 경고들은 교회와 우리 자신의 개인적인 행동이라는 두 가지 관점에서 우리의 삶과 관련이 있다.

(1) 열방을 신뢰하는 것은 인간의 영광을 신뢰하는 것이다. 우리 교회는 무엇을 신뢰하고 있는가? 많은 예산, 감동적인 계획, 강력한 설교를 신뢰하고 있지는 않은가? 만약 그렇다면, 우리는 피조물을 신뢰하고 있는 것이다. 지역 교회에서 기도의 위치는 교회가 정말로 어디에 신뢰를 두고 있는지를 알 수 있다. 만약 크리스천이 주일 아침 목회자의 기도에만 집중한다면, 그 크리스천은 광야로 향하게 될 것이다. 그들이 무슨 말을 할지언정, 교회로서의 그들은 피조물을 신뢰하고 있는 것이다. 반대로 브룩클린 태버니클 교회(Brooklyn Tabernacle)처럼 크리스천이 간절한 기도를 최우선으로 삼을 때, 그것은 하나님을 향한 신뢰를 실제로 실천하는 것이며, 기름진 정원으로 향하게 되는 것이다. 회중에게 기도를 가르치는 목회자와 목회자에게 기도를 가르치는 회중은 세상으로부터 하나님을 향해 충성을 바꾸는 데 공헌한 바가 크다.

(2) 34장은 또한 우리 개인의 삶과도 관련이 있다. 내 삶은 많은 광야의 특징을 지니고 있지는 않은가? 하나님은 단지 나 자신을 위해 무엇을 할 수 있는가? 나 자신을 포함해서 인간을 신뢰해 오지 않았는가? 근본적으로 하나님을 신뢰한다는 것은 무엇을 의미하는가? 때때로 그것은 나 자신을 위해 할 수 있는 것을 내가 하기보다는 오히려 하나님이 그 일을 하도록 의도적으로 맡기는 것이다. 때때로 그것은 내디딜 만한 확실한 보장이 없어도 신앙의 단계를 내딛는 것을 의미한다. 우리는 영화 '인디아나 존스—최후의 성전'(*Indiana Jones and the Last Crusade*)의

주연 배우를 연상할지 모른다. 여기서 그는 건널 수 없는 깊은 구렁을 만난다. 그는 이전에 들었던 말을 기억하면서 그 깊은 구렁을 향해 발을 내딛는다. 그때 갑자기 그의 발밑에 길이 생겨난다.

삶 가운데 하나님이 그와 같은 일을 하시도록 기회를 부여한 적이 있는가? 주도면밀하게 모든 일을 계획하고 준비하여 하나님이 일하실 수 있는 여지를 남겨두지 않은 것은 아닌가? 만약 그렇다면 우리의 계획, 준비, 노력으로 해결할 수 없는 문제가 닥쳐올 때가 있을 것이다. 우리는 "하나님, 왜 당신은 나를 버리셨습니까?" 라고 외칠 것이다. 그리고 하나님의 대답은 다음과 같을 것이다. "나는 버리지 않았단다. 그러나 네가 평소에 나를 신뢰하는 법을 결코 배우지 않았기 때문에, 너는 지금 나를 신뢰하는 법을 알지 못하고 있단다."

보응. 격렬한 보응의 약속을 현대 그리스도인의 삶에 어떻게 적용할 수 있는가? 오른빰을 치거든 왼빰마저 돌려대며 원수를 사랑하라는 예수님의 말씀은 이와 같은 이사야의 말씀과 근본적으로 반대되는 것이 아닌가? 실제로 이사야는 신약에서는 유효하지 않는 '기독교 이전'(pre-christian)의 본문이라고 말할 수 있는가? 이 두 질문에 대한 대답은 "그렇지 않다"이다. 이사야서와 신약은 서로 밀접하게 연관되어 있다.

이런 주요 사상은 로마서 12:19에서 발견되는 바울의 말씀을 통해 나다난다. "내 사랑하는 자들아 너희가 친히 원수를 갚지 말고 진노하심에 맡기라 기록되었으되 원수 갚는 것이 내게 있으니 내가 갚으리라고 주께서 말씀하시니라." 어떻게 우리는 보응을 구하지 않고 은혜를 발견할 수 있는가? 의로우신 만물의 재판장께서 종말에 공의를 이루실 것임을 깨달을 때, 분명 이와 같은 태도를 취할 수 있다. 우리는 발로 짓밟는 에돔을 파멸시킬 필요가 없다. 왜냐하면 종말에 하나님이 에돔과 우리 모두에게 공의를 시행하실 것임을 믿기 때문이다.

이와 같은 믿음은 우리를 얼마나 자유롭게 하는가? 그것은 우리 어깨에 짊어진 세상의 공의라는 멍에를 내려 놓고, 진노와 분노라는 무거운 짐에서 우리를 자유롭게 한다. 결국 닉슨 대통령을 파멸시킨 것들 가운데 하나는 '원수들의 목록'(list of enemies)이었다. 만약 닉슨과 그의 간부들이 하나님이 균형을 회복시켜 주심을 확신하면서 그들의 원수에 관심 갖지 않고, 정직한 일을 행하는 데 더 많은 관심을 가졌다면, 워터게이트 사건은 결코 발생하지 않았을 것이다.

이사야 35:1-10

1 광야와 메마른 땅이 기뻐하며 사막이 백합화
같이 피어 즐거워하며
2 무성하게 피어 기쁜 노래로 즐거워하며 레바
논의 영광과 갈멜과 사론의 아름다움을 얻을
것이라 그것들이 여호와의 영광 곧 우리 하
나님의 아름다움을 보리로다
3 너희는 약한 손을 강하게 하며 떨리는 무릎
을 굳게 하며
4 겁내는 자들에게 이르기를 굳세어라, 두려워
하지 말라, 보라 너희 하나님이 오사 보복하
시며 갚아 주실 것이라 하나님이 오사 너희
를 구하시리라 하라
5 그때에 맹인의 눈이 밝을 것이며 못 듣는 사
람의 귀가 열릴 것이며
6 그때에 저는 자는 사슴 같이 뛸 것이며 말 못
하는 자의 혀는 노래하리니 이는 광야에서
물이 솟겠고 사막에서 시내가 흐를 것임이라
7 뜨거운 사막이 변하여 못이 될 것이며 메마
른 땅이 변하여 원천이 될 것이며 승냥이의
눕던 곳에 풀과 갈대와 부들이 날 것이며
8 거기에 대로가 있어 그 길을 거룩한 길이라
일컫는 바 되리니 깨끗하지 못한 자는 지나
가지 못하겠고 오직 구속함을 입은 자들을
위하여 있게 될 것이라 우매한 행인은 그 길
로 다니지 못할 것이며
9 거기에는 사자가 없고 사나운 짐승이 그리로
올라가지 아니하므로 그것을 만나지 못하겠
고 오직 구속함을 받은 자만 그리로 행할 것
이며
10 여호와의 속량함을 받은 자들이 돌아오되 노
래하며 시온에 이르러 그들의 머리 위에 영
영한 희락을 띠고 기쁨과 슬거움을 읻으리니
슬픔과 탄식이 사라지리로다

원 의미

35장은 34장의 반영체(mirror image)이다. 34장은 교만한 열국과 그들을 신뢰했던 이들의 운명에 대해 이야기했다. 35장은 전적으로 하나님을 신뢰하기 위해 하나님께 돌이킨 자들의 운명에 대해 이야기한다. 어떤 이들은 35장(혹은 34장)에는 신뢰에 대한 언급이 없다고 주장할지 모른다. 분명 그런 주장은 옳다. 그렇지만 이 두 장을 좀 더 큰 맥락에서 보면 이 논점은 실로 명확하다. 28-33장 전체의 핵심 문제는 유다가 이집트를 신뢰해야 한다는 지도자들의 어리석은 조언이다. 36장에서는 아시리아 군대장관은 하나님을 신뢰하는 것을 조롱한다. 그러므로 비록 신뢰라는 말이 여기서 언급되지는 않지만, 신뢰의 문제는 근본적인 개념이라고 볼 수 있다. 만약 우리가 열국 대신 하나님을 신뢰한다면 어떤 일이 일어나는가? 이런 질문에 대한 대답이 여기서 아름답게 제시되고 있다.

먼저 강력한 대조를 통해 드러나는 것은, 하나님이 "광야"를 정원으로 변화시키신다는 것이다(35:1).[1] "뜨거운 사막이 변하여 못이 될 것이며", "시랑의 눕던 곳"에 풀과 갈대와 부들이 날 것이다(35:7). 후반부의 진술은 앞장(34장)의 내용을 직접적으로 가리키고 있다. 심지어 대대로 감내해 왔던 슬픔(34:10, 17)조차도 하나님이 변화시킬 것이다. 하나님은 그의 백성들을 회복시켜 영광을 보여 줄 것이다. 그리하여 "레바논"과 "갈멜"의 수목이나 "사론"의 초목처럼 풍성하게 채워 줄 것이다(35:2; 참조. 33:9). 하나님의 비가 내릴 때, 하룻밤에 불모의 황무지는 다채로운 색채를 띄게 될 것이다.

3-6a절과 8절은 이것이 영적인 회복을 분명히 해준다. 낙망하며 공포에 사로잡힌 자들이 용기와 힘을 얻을 것이다. 이스라엘은 계속 나락으로 떨어졌지만, 그들은 언제나 신실함을 지켜 왔다. 그들은 악의 승리를 계속 목도해 왔으며, 하나님의 날이 과연 임할지 의아해했다. 그러나 34장에서 살펴보았듯이, 주님은 공의의 균형을 이루실 것이며, 그들은 악인과 의인이 하나님에게 진리의 대가를 받게 되는 그날을 목도할 것이다. 더욱이 6장에서 명백히 언급하듯이, 신실하지 못했던 자들 "소경"과 "귀머거리", 영적인 "저는 자"와 "벙어리" 등의 고통에서 벗어날 것이며, 온전한 신앙 공동체에 참여할 것이다.

이런 사상은 35:8-10에서 "대로"(highway)[2]의 이미지에서 한층 강화된다. 유다와 에브라임의 고르지 못한 산악지대와 유다의 중앙 산맥의 동남쪽 광야에서, 곧고 평탄한 대로가 생기는 것은 놀라운 일이다. 이것이야말로 하나님이 믿는 자들에게 주신 약속이다. 그분은 가장 힘든 환경을 통과하는 대로를 만드실 것이다.

---

1. 이것은 시이기 때문에, 여기서 사용된 이미지들에 대한 정확한 문자적 지시물을 찾고자 하는 것은 현명하지 못하다. 달리 말하면, 광야가 문자적으로 무엇을 가리키는지 물을 필요는 없다. 또한 백성들이 어디로부터 귀환하는지에 대한 여러 해석들 가운데 어느 하나의 해석만으로 제한되어서도 안 된다. 내가 보기에, 저자는 동시에 다음과 같은 여러 가지 일들, 즉 주전 539년과 그 이후의 바빌론 귀환, 종말에 있을 모든 크리스천의 연합, 믿음과 회복과 치유로 향하는 불신자들의 여정에 대해서 이야기하고 있는 것 같다. 성경에 나온 시를 올바로 읽는 법에 관해서는, R. Alter, *The Art of Biblical Poetry*(New York: Basic Books, 1985), 186을 보라.
2. 이사야에서 "대로"는 11:16; 19:23; 40:3; 43:19; 49:11; 62:10에서도 등장한다. 각각 백성들이 하나님의 도래를 위해 길을 예비하거나 하나님이 그의 백성들의 도래를 위해 준비하고 있다.

이 약속은 34장과 또 다른 대조를 보여 주고 있음에 주목하라. 34:10에서 선지자는 광야의 환경이 모든 통행의 걸림돌이 될 거라고 말했다. 그러나 이것은 하나님의 땅에는 해당되지 않는다. 그분의 땅에 있으면 그분에게로 나아갈 수 있으며, 그분의 피조물에게 주신 모든 복을 누릴 수 있다.

"거룩한 길"(the Way of Holiness)이라는 이름에서 알 수 있듯이, 대로는 하나님께로 가는 길이다. 이 단어의 의미는 35:8-9에서 더욱 구체적으로 설명된다. 부정적으로 볼 때, "깨끗지 못한 자"[3]와 "우매한 행인", "사나운 짐승"은 대로를 지나지 못할 것이다. 긍정적으로 볼 때, 하나님의 길은 정결, 순종, 안전의 길이다. 이 길은 "구속함을 얻은 자"들이 지나는 거룩한 길이다. 10절은 광야를 통과하는 여정의 마지막 결과를 묘사하고 있다. 이 여정으로 하나님의 도시인 시온에 이르게 되며, 이곳에는 "슬픔"과 "탄식"이 "기쁨"과 "즐거움"으로 영원히 변화될 것이다(참조. 25:7-8).

상황잇기

현대의 고속도로 체계 속에서 살아가는 우리에게 이런 대로의 이미지는 생동감이 넘친다. 우리는 대여섯 시간 동안 300킬로미터를 여행할 때, 작은 마을들을 서행하면서 많은 신호들을 만나거나, 큰 트럭의 뒤를 따라 긴 언덕을 천천히 지나가던 때를 기억한다. 새로운 고속도로 진입로를 발견하여 세 시간 만에 그 여행을 끝마칠 때 실로 멋지다. 이와 같은 사상이 여기서 표현되고 있다. 하나님은 백성들이 그에게로 나아오는 길에 어떤 장애물을 놓아 두기를 원치 않는다. 만약 장애물이 있다면, 그것은 우리가 만든 것이지 하나님이 만든 장애물이 아니다. 그분은 우리가 마치 마약에 중독된 것처럼 산이 많은 사막의 거친 2차선 도로를 따라 꾸불꾸불하게 여행하기를 원치 않는다. 이전보다 더 멋진 새로운 경치가 돋보이는 정원을 거쳐 4차선 대로를 따라 기쁨으로 그에게 나아오기를 원한다. 이것이야말로 인간을 신뢰하기를 거부하고 자신을 하나님께 내어 맡고자 하는 자들에 대한 하나님의 약속이다.

3. *ʾewil*, 즉 도덕적으로 타락한 사람을 말한다. 19:11을 보라(32:5-6에 나오는 동일한 단어에 주목하라).

현대적 의미

35장에는 두 종류의 도래(coming)가 묘사되고 있다. 백성들에게 오시는 하나님의 도래, 그리고 하나님 집으로 오는 백성들의 도래이다. 이 둘은 필수적이며, 이것이 적절한 순서이다. 인간들은 세상을 광야로 만들었으며, 광야 같은 세상에서 무기력할 뿐이다. 우리는 우리가 책임을 다해야 할 하나님이 계신다는 것을 직관할 수 있다. 그러나 우리는 그분이 누구인지 혹은 어떤 분인지 알지 못한다. 그에게 도달하고자 하는, 심지어 그를 설명하고자 하는 모든 시도들은 우리 본성의 타락과 의사소통의 무능력 앞에 무너지고 만다(예를 들면, 바벨탑, 창 11:1-9). 하나님은 우리와 다르다. 심지어 우리는 하나님이 우리와 닮은 존재라는 것 외에는 그분에 대해서 상상조차 할 수 없다.

그러나 그와 같은 길은 불모의 광야에 위치하고 있다. 만약 하나님이 단지 위대하게 묘사된 인간에 불과하다면, 우리와 같은 운명일 것이다. 그분의 미래는 우리와 같이 어두울 것이며, 그분의 도덕적 행동은 변할 수 없을 것이다. 그 역시 생존 즉, 권력이 어디서 오는지 어떻게 권력을 붙들고 유지할 수 있는지를 올바로 평가하고 결정하는 일이 중요하다. 나는 다시 말한다. 그와 같은 길은 광야에 있다.

그러나 하나님은 근본적으로 우리와 다른 분이다. 그분이 먼저 우리에게 오시지 않는 한 우리가 그분을 알 수 있는 길은 없다. 그분은 자신을 우리에게 알리시며 광야에서 우리를 구원하시기 위해 먼저 주도권을 취하셔야 한다. 우리는 무지와 죄로 인해 나약할 뿐이다. 이것이야말로 다음과 같은 요한복음 서두에서 의미하는 바다.

> 태초에 말씀이 계시니라 이 말씀이 하나님과 함께 계셨으니 이 말씀은 곧 하나님이시니라 그가 태초에 하나님과 함께 계셨고 만물이 그로 말미암아 지은바 되었으니 지은 것이 하나도 그가 없이는 된 것이 없느니라 그 안에 생명이 있었으니 이 생명은 사람들의 빛이라 빛이 어두움에 비취되 어두움이 깨닫지 못하더라.…
>
> 말씀이 육신이 되어 우리 가운데 거하시며 우리가 그 영광을 보니 아버지 독생자의 영광이요 은혜와 진리가 충만하더라(요 1:1-5, 14).

하나님의 중심에는 친밀한 교제(communication)가 있다. 그것은 '추가 조항'이나 재고사항이 아니다. 하나님이 계신 곳에는 친밀한 교제가 있다. 피조물은 이런 친밀한 교제의 현시(expression)다. 피조물이 타락하여 유한해지고, 죄의 장애물

사이에 놓여 있게 됨으로써, 하나님은 우리들 가운데 하나가 되셔서 세상에 오셨다. 우리가 그분의 참영광을 볼 수 있는 어떤 길도 없었기 때문에 그분은 이렇게 세상에 오셨다(참조. 35:2).

그러나 그분의 자기 계시는 단지 참지식을 전달하는 것만이 아니다. 왜냐하면 지식의 전달은 그저 친밀한 교제의 변두리에 속할 뿐이기 때문이다. 참된 교제는 인격의 나눔과 연관이 있다. 그것은 절망과 낙담에 빠진 자들에게는 불가능하다(35:3-4). 그것은 자신의 죄로 인해 영적으로 절름발이가 된 자들에게도 불가능하다(35:5-6). 하나님이 그분의 인격을 우리에게 전달해 주신다면, 그런 걸림돌들은 무너지게 될 것이다. 이것이야말로 하나님의 말씀 즉 예수 그리스도를 통해 행하신 일이다. 바울은 고린도후서 5:19에서 "하나님께서 그리스도 안에 계시사 세상을 자기와 화목하게 하시며"라고 말한다. 하나님은 우리에게 오셔서 세상을 그 자신과 화목하게 하셨다.

왜 그분은 오셨는가? 우리가 그분에게 나아오도록 하기 위해서이다. 성경 전체에서 볼 때, 하나님과 함께하는 삶은 동행으로 묘사되고 있다. 아브라함은 "하나님 앞에서 행하여 완전한 자"로 소개되었다(창 17:1). 모세는 히브리인들에게 하나님 계명의 성취는 "그의 법도에 따라" 행하는 것이라고 말했다. 이런 계명은 온 마음을 다해 하나님을 섬기고 사랑하는 것이다(신 10:12). 히스기야는 자신이 온 정성을 다해 하나님 앞에서 성실히 행했기 때문에, 하나님께 생명을 연장해 달라고 구했다(왕하 20:3). 예수는 그의 제자들에게 "빛이 있을 동안에 행하라"고 말씀하셨다(요 12:35). 요한1서 2:6은 "저 안에 거한다 하는 자는 그의 행하시는 대로 자기도 행할지니라"고 말한다. 바울은 좀 더 이상적인 "삶의 방식"을 선호한다(참조. 빌 1:27). 그러나 그는 동일한 개념을 염두에 두고 있다(참조. 엡 5:2, "사랑 가운데서 행하라"). 하나님과 함께하는 삶은 정적이지 않다.

달리 말하면, 하나님은 죽을 때까지 그저 앉아서 우리가 구원받은 상태를 묵상하라고 우리를 죄에서 구원하시지 않았다. 오히려 하나님은 점진적인 방식으로 그의 삶과 성품에 참여하라고 우리를 죄에서 구원하셨다. 바울은 이것을 염두에 두고 "항상 복종하여 두렵고 떨림으로 너희 구원을 이루라 너희 안에서 행하시는 이는 하나님이시니 자기의 기쁘신 뜻을 위하여 너희로 소원을 두고 행하게 하시나니"(빌 2:12-13)라고 말했다. 하나님은 우리에게 오셨으며, 슬픔이 기쁨으로 영원히 변하게 하늘의 도성에 도착하는 그날까지 그분을 더욱더 닮아 감으로써 날마다 그분과 동행하도록 이끌어 주신다.

이사야 36:1-37:7

1 히스기야 왕 십사년에 앗수르 왕 산헤립이
올라와서 유다의 모든 견고한 성을 쳐서 취
하니라
2 앗수르 왕이 라기스에서부터 랍사게를 예루
살렘으로 보내되 대군을 거느리고 히스기야
왕에게로 가게 하매 그가 윗못 수도 곁 세탁
자의 밭 큰 길에 서매
3 힐기야의 아들 왕궁 맡은 자 엘리아김과 서
기관 셉나와 아삽의 아들 사관 요아가 그에
게 나아가니라
4 랍사게가 그들에게 이르되 이제 히스기야에
게 말하라 대왕 앗수르 왕이 이같이 말씀하
시기를 네가 믿는 바 그 믿는 것이 무엇이냐
5 내가 말하노니 네가 족히 싸울 계략과 용맹
이 있노라 함은 입술에 붙은 말뿐이니라 네
가 이제 누구를 믿고 나를 반역하느냐
6 보라 네가 애굽을 믿는도다 그것은 상한 갈
대 지팡이와 같은 것이라 사람이 그것을 의
지하면 손이 찔리리니 애굽 왕 바로는 그를
믿는 모든 자에게 이와 같으니라
7 혹시 네가 내게 이르기를 우리는 우리 하나
님 여호와를 신뢰하노라 하리라마는 그는 그
의 산당과 제단을 히스기야가 제하여 버리고
유다와 예루살렘에 명령하기를 너희는 이 제
단 앞에서만 예배하라 하던 그 신이 아니냐
하셨느니라
8 그러므로 이제 청하노니 내 주 앗수르 왕과
내기하라 내가 네게 말 이천 필을 주어도 너
는 그 탈 자를 능히 내지 못하리라
9 그런즉 네가 어찌 내 주의 종 가운데 극히 작
은 총독 한 사람인들 물리칠 수 있으랴 어찌
애굽을 믿고 병거와 기병을 얻으려 하느냐
10 내가 이제 올라와서 이 땅을 멸하는 것이 여
호와의 뜻이 없음이겠느냐 여호와께서 내게
이르시기를 올라가 그 땅을 쳐서 멸하라 하
셨느니라 하니라
11 이에 엘리아김과 셉나와 요아가 랍사게에게
이르되 우리가 아람 방언을 아오니 청하건대
그 방언으로 당신의 종들에게 말하고 성 위
에 있는 백성이 듣는 데에서 우리에게 유다
방언으로 말하지 마소서 하니
12 랍사게가 이르되 내 주께서 이 일을 네 주와
네게만 말하라고 나를 보내신 것이냐 너희와
함께 자기의 대변을 먹으며 자기의 소변을
마실 성 위에 앉은 사람들에게도 하라고 보
내신 것이 아니냐 하더라
13 이에 랍사게가 일어서서 유다 방언으로 크게
외쳐 이르되 너희는 대왕 앗수르 왕의 말씀
을 들으라
14 왕의 말씀에 너희는 히스기야에게 미혹되지
말라 그가 능히 너희를 건지지 못할 것이니라
15 히스기야가 너희에게 여호와를 신뢰하게 하
려는 것을 따르지 말라 그가 말하기를 여호
와께서 반드시 우리를 건지시리니 이 성이
앗수르 왕의 손에 넘어가지 아니하리라 할지
라도
16 히스기야의 말을 듣지 말라 앗수르 왕이 또
이같이 말씀하시기를 너희는 내게 항복하고
내게로 나아오라 그리하면 너희가 각각 자기
의 포도와 자기의 무화과를 먹을 것이며 각
각 자기의 우물 물을 마실 것이요
17 내가 와서 너희를 너희 본토와 같이 곡식과
포도주와 떡과 포도원이 있는 땅에 옮기기까
지 하리라

18 혹시 히스기야가 너희에게 이르기를 여호와께서 우리를 건지시리라 할지라도 속지 말라 열국의 신들 중에 자기의 땅을 앗수르 왕의 손에서 건진 자가 있느냐
19 하맛과 아르밧의 신들이 어디 있느냐 스발와임의 신들이 어디 있느냐 그들이 사마리아를 내 손에서 건졌느냐
20 이 열방의 신들 중에 어떤 신이 자기의 나라를 내 손에서 건져냈기에 여호와가 능히 예루살렘을 내 손에서 건지겠느냐 하셨느니라 하니라
21 그러나 그들이 잠잠하여 한 말도 대답하지 아니하였으니 이는 왕이 그들에게 명령하여 대답하지 말라 하였음이었더라
22 그때에 힐기야의 아들 왕궁 맡은 자 엘리아김과 서기관 셉나와 아삽의 아들 사관 요아가 자기의 옷을 찢고 히스기야에게 나아가서 랍사게의 말을 그에게 전하니라

37:1 히스기야 왕이 듣고 자기의 옷을 찢고 굵은 베 옷을 입고 여호와의 전으로 갔고
2 왕궁 맡은 자 엘리아김과 서기관 셉나와 제사장 중 어른들도 굵은 베 옷을 입으니라 왕이 그들을 아모스의 아들 선지자 이사야에게로 보내매
3 그들이 이사야에게 이르되 히스기야의 말씀에 오늘은 환난과 책벌과 능욕의 날이라 아이를 낳으려 하나 해산할 힘이 없음 같도다
4 당신의 하나님 여호와께서 랍사게의 말을 들으셨을 것이라 그가 그의 상전 앗수르 왕의 보냄을 받고 살아 계시는 하나님을 훼방하였은즉 당신의 하나님 여호와께서 혹시 그 말로 말미암아 견책하실까 하노라 그런즉 바라건대 당신은 이 남아 있는 자를 위하여 기도하라 하시더이다 하니라
5 그리하여 히스기야 왕의 신하들이 이사야에게 나아가매
6 이사야가 그들에게 이르되 너희는 너희 주에게 이렇게 말하라 여호와께서 이같이 말씀하시되 너희가 들은 바 앗수르 왕의 종들이 나를 능욕한 말로 말미암아 두려워하지 말라
7 보라 내가 영을 그의 속에 두리니 그가 소문을 듣고 그의 고국으로 돌아갈 것이며 또 내가 그를 그의 고국에서 칼에 죽게 하리라 하셨느니라 하니라

원 의미

36-39장은 이사야서의 두 번째 주요 하부단락(7-39장, 개요를 보라)의 마지막 부분이다. 36-39장의 세 장은 모두 "우리는 하나님을 신뢰해야 할 것인가, 아니면 열방을 신뢰해야 할 것인가?"라는 질문에 초점을 두고 있다.[1] (1) 7-

1. 많은 해석가들은 36-39장을, 역사적 부록으로 이야기한다. 어떤 면에서 그것은 사실이다. 왜냐하면 본문이 왕하에 나오는 히스기야 단락과 유사하기 때문이다. 그러므로 Bernard Duhm은 본문이 후기 편집자가 단순히 왕하 본문에서 취한 것이라고 주장한다. 아마도 편집자는 1-35장(제2 이사야)과 40-55장(제2 이사야)을 잇기 위한 연결점이 필요했기 때문에, 그렇게 했을지도 모른다. 현대의 편집비평은 이와 같은

12장에서, 아하스는 이사야에게 잘못된 대답을 한다. 아하스의 이 같은 반응과 그 함축적 의미는 단기적 관점과 장기적 관점에서 고찰될 것이며, 특히 도래할 메시아 왕국의 근거를 마련해 준다. (2) 13-35장은 열방을 신뢰하는 것이 왜 그토록 어리석은 것인지 설명한다. 모든 인간은 이스라엘의 거룩하신 자의 심판 아래 놓여 있다(13-23장). 이스라엘의 거룩하신 자는 역사를 통해 그의 백성들뿐만 아니라 모든 열방의 신실한 자들을 구속하실 것이다(24-27장). 이와 같은 전반적인 진리들은 주전 701년 아시리아인 산헤립의 침략이라는 구체적인 상황 속에 적용된다(28-35장). 이사야는 이런 상황 속에서 하나님보다 이집트를 신뢰하는 어리석음에 대해 강력하게 선언한다.

(3) 이와 같은 신뢰에 대한 교훈 이후에, 하나님을 신뢰할 것인지 아니면 열방을 신뢰할 것인지에 대한 시험이 아하스의 아들, 히스기야의 시대에 다시 치러진다. 그러므로 36-39장은 결코 역사적인 부록이 아니다. 어떤 의미에서 36-39장은 이사야서 전체 논증의 절정을 이룬다. 선지자는 하나님이 신뢰받을 수 있는 분임을 재차 강조한다. 그러나 이 모든 주장들은 단지 말장난에 불과한가? 이런 이사야의 선포는 역사적인 의의를 갖지 않는가? 아니다. 선지자가 선포한 모든 말씀은 진리이다. 단지 궁금한 것은 과연 그의 말씀을 들을 자가 있느냐 하는 점이다. 결론적으로 대답하자면, 단기적으로 볼 때는 "그렇다"이지만, 장기적 관점으로 볼 때는 "그렇지 못하다"이다.

이 두 대답의 결합은 이 단락의 배경을 마련해 준다. 히스기야는 선지자의 말씀을 진리로 받아들이기 때문에, 하나님의 전능한 권세와 그 유일한 신뢰성이 중요하지 더 이상의 설명은 필요하지 않는다. 하나님은 세상을 통치하시며 그를 신뢰하는 자들을 돌보신다. 그리고 이제 하나님과 선지자의 신학적 계획에 따라 더 구체적인 논의로 전환된다.

그렇지만 이런 진리들을 바빌론 사신들에게 증거하지 못한 히스기야의 실패는 다음 내용에 중요한 의미를 지닌다. 지금까지 경건하며 신실한 히스기야는 약속된

기계적 편집 이해와는 다소 거리가 멀다. 그리고 오늘날 이사야서의 복수 저작설을 수용한 많은 학자들은 본문이 현재의 이사야서 형태에 특별한 기능을 수행하도록 편집되었다고 계속 주장한다. 본문과 왕하의 본문의 관계를 설명하는 세 가지 입장이 있다. 1) 왕하 본문이 우선(참조. Childs, *Isaiah*, 260-66), 2) 이사야 본문이 우선(참조. Seitz, *Isaiah 1-39*, 243-44), 3) 둘 다 동일 자료에 의존함(참조. Motyer, *Prophecy of Isaiah*, 285-86). 나의 견해로는, 36-39장의 사건의 순서는 오직 이사야서의 맥락 안에서 이해될 수 있으며, 왕하 본문이 적어도 이사야에 의해 영향을 받았음을 입증해 준다(Motyer도 이 점을 인정한다).

임마누엘로 여겨졌을지 모른다(7:14). 아마도 히스기야는 백성을 구원할 자이며, 그의 왕국은 9, 11장 및 32-33장에 약속된 왕국을 뜻할지 모른다. 하지만 저자는 이러한 히스기야의 실패를 이 단락의 마지막에 둠으로(39장) 단지 도래할 바빌론의 침략을 암시하고 있는 것만은 아니다. 좀 더 중요한 점은, 저자는 히스기야가 임마누엘이 아니며 메시아 약속의 성취를 위해 아직 도래하지 않은 누군가를 고대해야만 한다고 말하고 있는 것이다. 이런 해석이야말로 시대적으로 뒤바뀐 36-37장과 38-39장의 위치를 만족스럽게 설명할 수 있다고 본다.[2]

아시리아의 문헌들과 성경에 발견된 기록들에 근거해 볼 때, 36-37장에 묘사된 사건의 시대는 분명 주전 701년일 것이다. 그러나 이 시대는 한 가지 심각한 문제를 야기한다. 열왕기하 18:1에서 히스기야는 북이스라엘의 호세아 3년, 즉 약 주전 727년에 통치를 시작했다고 분명히 말한다. 그러나 본문의 사건은 히스기야 왕 "14년" 즉, 주전 715년에 발생했다고 소개되고 있기 때문에, 사실상 이것은 불가능한 일이다. 이 문제를 풀어 보는 해결안으로는, 히스기야가 아하스가 사망했던 주전 716년까지 그의 부친 아하스와 섭정 통치자(coregent)로 있었으며, 그의 통치 시기는 다른 섭정 통치자들과는 달리 오직 그가 왕위에 완전히 등극한 때부터 계산되었다고 보는 것이다. 틸레(Thiele)는 이런 제안을 받아들이지 않으며, 12년이나 모순 된 연도는 전혀 조화되지 않는다고 주장한다.[3]

전투 사령관 랍사게의 말(36:1-22)

"전투 사령관"(the field commander, 36:2; 한글개역성경에는 이런 표현이 없다–옮긴이)은 아시리아 군대 가운데 제3서열에 있는 관리이다. 그러므로 그가 예루살렘을 공격하는 것은 심각한 것이다. 주요 부대는 예루살렘 남서부의 해안 평지에서 대략 48킬로미터 떨어진 라기스를 포위하고 있었다. 나머지 모든 도시들은 아시리아에게 무너지고 말았지만(36:1), 라기스는 예루살렘 외에 성벽으로 무장

2. 므로닥발라단이 주전 701년에도 여전히 활동했는지에 대한 문제는 접어 두고라도, 하나님이 예루살렘 성을 아시리아 왕에게서 구원하실 것이라는 38:6의 약속은 히스기야의 질병과 바빌론 사신의 방문이 적어도 37:36-38에 묘사된 아시리아 군대의 멸망 이전에 발생했음을 의미한다. 더 구체적인 논의를 위해, Oswalt, *Isaiah 1-39*, 626-30을 보라.

3. 더 구체적인 논의를 위해, E. R. Thiele, *The Mysterious Numbers of the Hebrew Kings*, 3d ed., 118-54을 보라. Young(*The Book of Isaiah*, 2:540-42)이 "14년"은 "24년"을 잘못 표기한 것이라고 강력하게 주장한다.

한 마지막 남아 있는 도시였다. 라기스가 견고히 버티고 있는 한, 예루살렘을 공격하는 군대 배후에는 위험이 도사리고 있었다. 왜냐하면 라기스는 큰 도성이었고 수많은 군대를 보유할 수 있었기 때문이다. 동시에 예루살렘이 방어되고 있는 한, 라기스 주위를 둘러싼 군대들에게는 위험이 발생할 수 있었다. 그러므로 산헤립은 예루살렘의 지도자들에게 그들의 상황이 절망적이며 오직 항복하는 길밖에 없다고 설득하는 편이 더 유리하였다. 이것은 예루살렘을 향한 또 다른 포위 공격의 희생과 심각성을 경감시키면서, 라기스를 전멸하는 데 도움이 되었을 것이다.

전투 사령관이 서 있는 곳은 24년 혹은 25년 전 이사야가 아하스와 대면했던 곳과 정확히 동일한 장소이다(36:2; 참조. 7:3). 하나님 대신에 아시리아를 신뢰하는 어리석음을 꾸짖는 이사야가 경고했던 것이 심판과 함께 모두 이루어지고 있다. 이사야는 아시리아가 유다의 목에까지 미칠 것이며(8:7-8), 그 홍수의 물결이 그들 위를 덮을 거라고 말한 바 있다. 아하스는 단지 북쪽의 두 나라, 즉 북이스라엘과 시리아(아람-옮긴이)와 대면했을 뿐이다. 그러나 히스기야는 이제 더 크고 치명적인 원수와 대면한다. 지난 35년 간 이사야가 선포한 메시지의 교훈에는 어떤 변화가 있었는가? 부친이 하나님을 신뢰하지 못했던 상황보다 더 위험한 상황 속에서 히스기야는 하나님을 신뢰할 것인가?[4]

전투 사령관 랍사게의 말은 논리적으로 전개되지 않는다. 그는 주님이 자기를 보내어 예루살렘을 공격하게 하셨다고 말한다(36:10). 그러나 또 다른 관점에서 그는 주께서 예루살렘을 산헤립의 손에서 보호하실 수 없다고 말한다(36:18-20). 아마도 그는 유다 백성들의 믿음과 이 싸움이 어떻게 될 것인지에 대한 믿음을 무너뜨리는 모든 가능한 논증을 동원하여 백성들의 두려워하는 마음을 두드리고 있는 듯하다. 그의 첫 발언은 이 점을 분명히 보여 준다. "네가 의뢰하니 무엇을 의뢰하느냐?"(36:4) 그 다음 랍사게는 그의 관점에서 각각의 여러 근거들을 계속 만들어간다. 그는 군사력에 대한 이야기로 말문을 연다. 그리고 유다 백성들이 "상한 갈대"인 이집트의 힘을 신뢰한다고 말한다. 만약 그들이 이 갈대를 의지한다면 그 갈대는 부러질 것이다(36:5-6). 아시리아 군대가 디르하가 핸딜리(Tirhakah handily)가 이끄는 이집트 군대의 침략을 무찌를 때, 이것은 사실로 입증되었다.[5]

4. 비록 셉나는 대신으로서 왕의 궁정에 있지만, 이사야의 예언대로 궁내대신 혹은 총리대신의 자리는 엘리아김에게 주어진다(참조. 22:20-21).

5. *ANET*, 287-88을 보라.

랍사게는 유다의 또 다른 신뢰할 곳 하나님께로 방향을 돌린다(36:7). 여기서 랍사게는 간략히 배경을 설명하면서, 예루살렘 밖에서 백성들의 우상숭배 장소였던 높은 처소들을 파괴했던 것을 하나님이 불쾌하게 여긴다고 하면서 어떤 결함을 드러내고자 한다. 아시리아의 이교도들은 예루살렘 밖에서 하나님을 경배하는 행위가 하나님의 통일성을 훼손시킨다는 점을 이해할 수 없다. 더욱이 이스라엘 밖의 높은 처소들은 이전에 이방 제의의 중심지였다. 그러므로 주님의 예배는 종종 이교도적 관습에 의해 오염되었다. 하나님이 모세를 통해 오직 자신이 선택하신 곳에서만 경배를 받겠다고 명하신 것은 바로 이 때문이었다(신 12:2-5). 그러나 아시리아인들은 그것을 이해할 수 없었기에, 하나님은 이런 파괴행위에 진노하시며, 이런 파괴를 꾀한 히스기야 같은 자들을 돕지 않는다고 생각한다.

그 다음 랍사게는 군사력에 대한 언급으로 다시 돌아오며, 유다의 연약함을 조롱한다. 아시리아는 너무도 막강하여 유다에게 2,000필의 말을 제공해 줄 수도 있으며, 그래도 여전히 그들을 무찌를 수 있다고 자신한다. 랍사게는 2,000필의 말을 유다에게 주더라도 작은 유다가 그 말들을 탈 수 있는 2,000명의 훈련된 기수들을 불러 모을 수 없다는 점을 잘 알고 있기 때문에 염려하지 않는다. 이런 관점에서 볼 때, 유다는 어떤 군사적 도움을 받는다 하더라도 그것을 잘 사용할 수 없기 때문에, 이집트의 도움은 무익하다(36:9).

랍사게는 또 다시 방향을 바꾸어 이스라엘의 하나님이신 "주님"이 그들을 향해 유다 땅의 멸망을 명하셨다고 주장한다. 이런 주장이 어디서 비롯된 것인지를 아는 것은 흥미로운 일일 것이다. 분명 이것은 우리가 생각하는 아시리아의 전형적인 생각은 아니다. 아시리아의 외무 담당자는 사전 조사를 통해, 이스라엘의 선지자들이 이와 같은 말을 했음을 알게 되었을 것이다. 그렇지만 대왕 산헤립이 다른 모든 왕들과 마찬가지로 유다의 하나님을 물리칠 수 있다는 랍사게의 억지 주장(36:18-20)은 오로지 자기 힘을 믿고 있다는 것을 분명히 보여 준다.

본문이 교차되는 36:11-12에서 분명히 드러나듯이, 랍사게의 원정 목적 가운데 하나는 예루살렘의 사기를 약화시키는 데 있었다. 히스기야의 사신들이 랍사게에게 유다 관료들은 알아들을 수 있으나 일반 유다 백성들은 알아듣지 못하는 아시리아 제국의 공용어인 아람어로 말해 달라고 하자, 랍사게는 매정하게 거절한다. 랍사게는 만약 유다의 지도자들이 너무 어리석어 항복하지 않는다면 유다 백성들에게 어떤 끔찍한 일이 일어날지 알려주기 원한다. 백성들이 너무 당황한 나머지 지도자들은 최상의 판단이 아니라 할지라도 항복하게 될지도 모른다.

여기서 랍사게가 그의 주인을 여러 차례 "대왕"이라고 말하면서도 히스기야에게는 결코 왕이라는 명칭을 쓰지 않고 있는 것은 흥미롭다(36:8, 13, 14, 16, 18). 랍사게는 유다의 왕을 가리킬 때 단지 그 왕의 이름을 사용할 뿐이다. 여기에 또 하나의 실력행사가 나타난다. 이 하찮은 국가의 통치자는 대왕 산헤립과 대등하게 왕으로 불릴 수는 없는 것이다. 어떻게 유다의 통치자가 감히 대왕의 뜻을 거스를 수 있는가?

본질적인 이슈는 36:14-20에 나타난다. 여기에 주님과 아시리아 왕 간의 경쟁이 묘사되고 있다. 이것은 주님과 아시리아 신들의 경쟁이 아니다. 오히려 당대의 가장 막강하고 영광스런 인간과 주 하나님의 경쟁이다. 여기서 이사야서 전체에 걸쳐 비난했던 인간의 교만이 극치를 보여 주고 있으며, 이사야서의 가르침의 절정에 도달한다. 우리는 인간의 영광을 신뢰해야 하는가? 감히 인간이 자신을 "왕"이라고 부를 수 있는가? 아니면 영광의 왕, 열방을 위한 희망의 메시지를 전해 주시는 왕이신 하나님을 신뢰할 것인가?

랍사게는 "주님이 유다 백성들을 구원하시지 못하기 때문에(36:18-20) 히스기야가 그들을 구원하지 못할 것"이라고 말한다(36:14). 그러나 랍사게는 이런 설득에 앞서 유다 백성들에게 그의 주인 산헤립을 신뢰하라고 요청한다. 만약 유다 백성들이 하나님 대신에 독재자 산헤립을 신뢰한다면, 그는 모든 포위망을 해제시킬 것이며, 본토와 같이 좋은 땅으로 그들을 유배할 것이다(36:16). 혹자는 이런 유배를 태연하게 처리하는 랍사게의 능력에 경탄을 금하지 못할 것이다. 현재 유다와 아시리아의 관계 속에서 볼 때, 이것은 항복을 의미한다.

랍사게는 돌변하여 회유적인 표현에서 공격적인 표현으로 변하여 강경하게 말한다. 만약 유다 백성들이 주님이 구원하실 것이라는 히스기야의 약속을 믿는다면 그들에게 어떤 일이 발생할 것인가?(36:18) 유다 백성들은 지중해 동부 해안 남부와 북부 지역의 다른 도시들 가운데 발생했던 모든 끔찍한 일들을 전해들었다. 이 도시들의 신들은 아시리아의 왕 앞에 무기력했다. 그렇다면 유다 백성들의 하나님은 뭐가 다르다고 생각할 수 있겠는가? 흥미롭게도, 랍사게는 결코 하나님이 구원할 수 없다고 직설적으로 말하지 않는다. 오히려 그는 다른 신들이 구원할 수 없었는데 어떻게 하나님이 그럴 수 있는가라고 말한다.

아마도 랍사게는 하나님이 구원할 수 없다고 말할 만큼 자신에게 대담한 용기가 있음을 열정적으로 나타내 보이고자 했을 것이다. 그러나 만약 랍사게가 순전히 유다 백성들에게 사실만을 말했다면, 백성들은 랍사게의 뜻을 따를 수밖에 없었을 것이다. 하지만 랍사게의 주장은 치명적인 결점을 지니고 있었다. 랍사게는 하나님은 또 다른 신에 불과하다고 생각한다. 그러나 이것은 사실이 아니다. 이사야가 항상 말해 왔듯이, 주님은 신들 가운데 하나가 아니요, 그와는 전혀 다른 분이다.

히스기야 왕의 사신들은 이런 주장에 아무 말도 하지 않는다.[6] 분명 그것은 그들이 대답할 생각이 없었기 때문이다. 이것은 심리적인 전투이다. 즉 저항하려는 대적의 의지를 꺾으려는 시도인 것이다. 옷을 찢은 사신들의 행동에서 나타나듯이, 그들은 충격과 슬픔을 안고 히스기야 왕에게로 돌아갔기 때문에, 이런 심리적 전투는 효력이 있었던 것 같다.

히스기야의 반응(37:1-7)

그의 사신들로부터 보고를 받은 히스기야의 반응은 본받을 만하다. 또한 옷을 찢으며(37:1), 굵은 베 옷(슬픔에 대한 전통적인 표시)을 입고 성전으로 향한다. 그는 자신의 참모들과 은밀하게 의논하지 않고, 사건의 진행과정을 숙고한다. 만약 열왕기하 본문과 이 사건의 진행과정이 일치한다면, 히스기야는 이미 산헤립에게 수많은 조공을 바치면서 이런 상황으로부터 벗어나려 했으며, 어떤 면에서 이것은 최후의 수단이 된다. 우리는 히스기야를 본래보다 더 좋게 바라볼 필요는 없다. 그러나 백 년 후 바벨론의 위기가 닥쳤을 때 공개적이든 비공개적인 간에 여호야김이나 시드기야가 히스기야처럼 하나님께로 나아간다는 것은 상상하기 힘든 일이다.

히스기야는 하나님을 향할 뿐만 아니라, 사신을 이사야에게 보내 이 문제를 의논한다(37:2). 이사야에게 보낸 히스기야의 메시지는 이후의 37장에 나오는 그의 기도와 매우 동일하다. 특히 히스기야는 이런 사태로 인해 하나님께 돌아갈 불명예를 염려한다. 히스기야와 그의 몇몇 백성들은 하나님이 그들을 아시리아에게 쓰러지도록 허락하시지 않을 거라는 믿음을 공개적으로 선언했었다. 그러나 하나님이 기적적으로 간섭하지 않는다면, 이제 그들은 멸망당하게 될 것이다. 유다 백성

6. NIV는 "그들이 잠잠하여 한 말도 대답지 아니하였다"로 번역하지만, 히브리 성경은 동사의 대상을 구체적으로 밝히지 않는다. 아마도 그 대상은 사신을 가리킬 가능성이 더 크다. 왜냐하면 성 위에서 듣고 있는 모든 사람들이 왕이 명령했다고 해서 그 명령에 따랐다고 생각하기는 힘들기 때문이다.

들은 스스로 구원할 만한 힘이 없다. 37:3의 논점이 바로 이것이다. 유다는 해산하려고 하지만 힘이 없어 지쳐 버린 여인과 같다(참조. 26:16-18; 54:1; 66:9). 그러나 랍사게는 유다 백성들의 신뢰가 실패로 돌아갈 것이라고 비웃을 뿐만 아니라 "살아계신 하나님"도 비웃는다. 오히려 머뭇거리는 히스기야는 하나님이 이대로 내버려 두실지 의아해 한다(37:4).

하나님이 이사야에게 전해 준 응답은 분명하다. 즉 하나님은 이런 도전을 그냥 내버려두지 않을 것이다. 여기서 주저하는 히스기야의 어조와 다른 뉘앙스가 부각된다. 히스기야는 두려워할지 모른다. 그러나 이사야를 통해 선포하시는 하나님은 그렇지 않다. 하나님의 말씀은 힘 있고 실제적이다. 하나님은 랍사게를 "종"으로 지칭하면서 그의 비웃음을 되받아치신다(37:6).[7] 그러나 하나님은 랍사게에게 비웃음을 당했을 뿐만 아니라 모욕을 당했다고 말씀하신다. 그 결과, 하나님은 랍사게의 계획이 성공하지 못하게 하실 것이며, 신(a spirit)을 그 속에 두어 그들을 본토로 보낼 것이다.[8] 자신의 요새에서는 안전하다고 여겼던 산헤립은 결국 그곳에서 칼로 죽임을 당하게 될 것이다. 하나님은 조롱당하시지 않는다.

상황잇기

오늘날 우리는 이와 비슷한 사건을 생각할지 모른다. 1944년 12월, 히틀러는 남은 병력을 벨기에 아르덴(Ardennes) 산림에 있는 가장 약한 연합군 전선에 투입시켰다. 그는 앤트워프(Antwerp) 해안 북서쪽을 재빨리 공격함으로써 영국과 미국의 연합군 전선을 분리시킨 후, 그의 비밀 병기인 V-2 로켓 사용하기 위해 필요한 시간을 벌어보려고 했다. 그리하여 영국군을 약화시켜서 연합군과 협상을 유도하려고 했다. 그 결과로 발생한 전투를 "벌지 전투"(Battle of the Bulge)라고 한다.

처음에 독일군들이 연합군 전선의 전방을 뚫고 큰 타격을 가했을 때 그들의 전투는 성공적이었다. 혹독한 겨울은 독일군에게 유익했다. 왜냐하면 연합군의 전투

7. *naʿar*, "젊은이."

8. 이사야가 아시리아 군대에게 멸망을 예고하지도 않았고 보고받은 내용(37:7)에 대한 어떤 말도 하지 않는 것은 흥미롭다. 그로 인해 어떤 학자들은 아시리아 군대의 멸망 기사를 후대의 전설로 주장한다(37:36-38에 대한 아래의 주석을 참조하라). Moyter(*Prophecy of Isaiah*, 279)는 아시리아 군대의 멸망이 이미 14:24-27에서 예고되었으며, 여기서의 초점은 망령된 산헤립에게 일어날 사건에 있다고 주장한다. 우리가 이 같은 14:24-27의 해석에 동의하든 동의하지 않던 간에 후자의 주장은 분명 옳다.

기들은 혹독한 겨울 날씨에는 계속 지상에 대기할 수밖에 없었기 때문이다. 비록 전방의 전선이 무너졌지만 제2, 제3 전선은 단지 뒤로 후퇴할 뿐이었다. 독일군에 포위된 벌지(Bulge)의 중심에는 바스토뉴(Bastogne)라는 중요한 십자로(crossroads) 마을이 있었다. 바스토뉴가 연합군에게 속해 있는 한, 그것은 독일군의 보급로에 심각한 위협이 되었다. 대부분 독일군 병력은 이곳을 차지하는 데 집중되어 서쪽부터 공격해 갔다.

일주일 이상 전투가 계속되자, 바스토뉴를 사수하고 있는 미군들도 점점 위축되었다. 그때 독일 사절단이 백기를 들고 항복을 요구하였다. 이와 같은 항복 요구에 대해 앤터니 매콜리프(Anthony McAuliffe) 장군은 전 역사상 항복 요구에 대한 가장 간결한 대답 중 하나로 "가소롭군!"하고 말했다. 독일 사절단은 항복하지 않을 것임을 깨닫고, 다소 당황한 채 물러났다. 며칠 후 바스토뉴는 벌지 등성이를 통해 북진해 온 미국 군대에 의해 구출되었다. 매콜리프 장군과는 달리, 히스기야는 어떤 부대가 자신을 구원하기 위해 달려온다는 보장도 없었다. 그에게는 오직 주님밖에 없었다. 그러나 그것만으로도 아시리아인들에 대한 응답으로 충분하였다. 이것은 매콜리프의 대답만큼이나 매우 훌륭한 대답임에 틀림없을 것이다.

유다의 저항의지를 꺾으려는 랍사게와 오늘날 행해지는 태도 사이에는 뚜렷한 유사성이 있다. 그중 하나는 비록 어떤 주장이 실제로 서로 모순된다 할지라도 퍼부어 주장하는 태도이다. 그러므로 "하나님이 우리를 보내셨다"(36:10)와 "하나님은 우리의 적수가 되지 못한다"(36:18-20)는 말이 서로 일치되지 않아도 문제되지 않았다. 이런 경우에 진리는 그 논점에서 벗어나 있다. 이런 논증은 포로된 자들에게 혼란을 가져다 주는데, 상대방이 앞선 주장에 대해 대답도 하기 전에 또 다른 주장을 퍼붓기 때문이다. 그 결과 상대방은 이런 주장의 중압감 아래서 무기력함과 절망감을 느끼게 된다.

두 번째 유사성은 호의로운 태도에서 잔인한 태도로 갑작스레 변하는 현상이다. 압박이 갑자기 느슨해지고 심지어 호의로운 태도로 대할 때에, 상대방은 저항하기 위해 엄청난 에너지를 소모하고 있던 상태이다. 그러므로 상대방은 최악의 상황은 지나갔다고 믿으면서 큰 안도감을 느낀다. 그러나 이 순간에 공격자는 이전보다 더 혹독하게 공격을 재개한다. 대부분 이런 경우에, 무장을 해제한 상대방은 다시 무장할 수 없게 된다. 루마니아 목사인 조지프 트슨(Joseph Tson)은 몇 달 간 질문공세를 받은 후 이와 같은 일을 경험하였다. 심문관은 갑자기 그의 옷자락을 붙잡아 벽면으로 집어 올려 머리를 흔들기 시작했다. 트슨 목사는 건물에 있는 모든 사람들에 지금 무슨 일이 일어나고 있는지 알려 주기 위해 최대한 큰소리로 외쳤다고 말했다. 그러나 그는 히스기야처럼 그런 압력에 굴하지 않았다. 그는 심문관보다 더 뛰어난 내면의 원천을 소유하고 있었다.

"2,000필"과 그 말을 탈 수 있는 기마병(36:8)은 최고의 군사기술을 자랑하는 랍사게의 모습을 엿보여 준다. 그 당시 수레사용과 함께 기마 기갑부대가 처음으로 도입되었다. 기갑부대는 지난 500년간 전쟁을 누비고 다녔던 전차부대보다 더 유연하고 유동적이었다. 랍사게가 이런 기갑부대를 언급하는 것은, 유다가 이런 최신의 기술을 감당조차 하지 못한다는 것을 조롱하는 것이다. 만약 그들이 아시리아를 막기 위해 군사 기술에 의존하려고 한다면, 최신 기술장비를 겸비해야만 했다. 그러나 그들은 분명 그것을 갖추지 못했다. 비록 그들이 그런 장비를 갖추고 있다 하더라도, 그들에게는 그 말을 탈 수 있는 훈련된 병사도 아무도 없었다.

오늘날에도 기술 의존적 태도는 동일한 결점을 지닌다. 기술은 도구인가 아니면 힘의 원천인가? 만약 후자라면, 비록 쓸모있는 이전의 기술을 버리는 한이 있더라도 최신 기술에 전념할 수밖에 없다. 만약 우리의 정체성이 기술과 연결되어 있다면, 한시도 뒤쳐질 만한 시간적 여유가 없다. 유다 백성들이 아시리아인들로 인해 당황할 때, 히스기야는 군사 기술에 의존하지 않고 하나님을 신뢰하였다. 이것은 우리가 반(反)기술지향적 태도를 지녀야 한다는 주장이 아니다. 그러나 만약 우리의 참된 정체성이 기술 이외의 것에 있다면, 우리는 최신 전투 기술에 의해 통제당할 필요는 없을 것이다. 급속한 변화의 시대에 최신 기술문명이 막다른 길에 들어섰을 때, 이런 태도는 진정한 축복이 될 수 있다.

현대적 의미

온 마음을 다한 헌신. 세상의 모든 세력들이 우리의 저항의지를 꺾고 우리를 땅으로 내동댕이치려고 에워싸고 있을 때, 우리의 힘의 근원은 어디에 있는가? 히스기야에게 있어서 이 상황은 선택하는 데 가장 중대한 시점이었다. 우리는 히스기야가 수년 동안 얼마나 이사야의 말을 신중히 받아들였는지 알지 못한다. 그러나 성경에서는 히스기야를 처음부터 하나님의 뜻을 행하려고 했던 자로 묘사하고 있다. 이런 위기에 직면했을 때, 그는 이미 이런 상황을 충분히 인식하고 있었다. 그는 우상 제단을 깨뜨렸고 하나님이 정하신 예배를 재정립하였으며, 북이스라엘 백성들을 예루살렘 성전 제사에 통합시키기 위해 노력하였다. 그는 제사장직을 정화시키려고 했다(참조. 왕하 18:2-8; 대하 29:1-31:21). 히스기야가 38:3

에서 증거하고 있다시피, 그는 하나님을 위해 "전심"으로 행하였다.[9]

이것은 우리에게 무엇을 의미하는가? 그것은 앞서 소개한 트슨 목사의 계속되는 이야기를 통해 드러날 것이다. 트슨은 자신에게 일어났던 일에 대해 분개했던 그날 밤, 예수께서 자신에게 말씀하고 있음을 느꼈다. 예수께서 말씀하셨다. "요셉아, 나는 네가 나를 알기 원한다고 생각했다."

트슨은 대답했다. "예 주님, 나는 그러길 원합니다!"

주님은 대답하셨다. "내 종 바울이 말했듯이, 그것은 네가 내 고난에 동참하기 원한다는 것을 의미한단다. 그러나 네가 지금 하고 있는 방식은 네가 나를 정말로 알기 원하지 않는 것 같아 보이는구나."

그 다음날 아침, 심문관이 말문을 열기도 전에, 트슨 목사는 그에게 "당신에게 사과드리기 원합니다"라고 말했다. 심문관은 불쑥 "무엇을 사과한다는 거요?"라고 말했다.

"당신을 향한 적개심을 숨긴 채 마음속에서 미워했던 것을 사과합니다. 지난 밤 예수께서는 당신을 그의 고난에 동참함으로써 그분을 더 잘 알 수 있게 도와주는 도구임을 보여 주셨습니다. 나를 제발 용서해 주세요."

심문관은 뭔가 중얼거리고 있었다. 그리고 트슨은 말했다. "그는 그후로 다시는 나를 공격하지 않았습니다." 나는 그 심문관이 예수님을 돕기 원했다고 생각지 않는다. 논점은 바로 이것이다. 트슨은 인격적으로나 영적으로나 자신에게 발생할 일을 대해 준비된 자였다. 그는 오래 전에 자신의 삶 가운데 누가 왕이신지 결정했었다. 그는 오래 전에 예수님을 온전히 알지 못하게 막는 것은 아무것도 없다고 믿었다. 그러므로 어떤 거짓 왕이 그 모습을 드러냈을 때, 그것은 새롭게 부딪힌 문제가 아니었다. 그것은 이미 부딪힌 문제였다. 더욱이 살아 있는 예수님과의 관계로 말미암아, 트슨은 예수님의 음성을 들을 수 있었으며, 영적인 관점을 통해 그 사건을 실로 창조적으로 변화시킬 수 있었다. 그렇다면 우리에게 던져진 질문은 다음과 같다. 오늘날 그리스도는 내 삶의 왕이신가? 만약 그렇다면, 역경과 핍박은 우리를 잡아 흔들지 못할 것이다.

이런 관점에 근거하여 신약의 기자들은 계속해서 우리에게 권고한다. 베드로는 "사랑하는 자들아 너희를 시련하려고 오는 불 시험을 이상한 일 당하는 것 같이 여기지 말고"(벧전 4:12-13a)라고 말한다. 또한 "너희 마음에 그리스도를 주로 삼

---

9. 문자적으로는 "온전한[흠 없는] 마음."

아 거룩하게 하고 너희 속에 있는 소망에 관한 이유를 묻는 자에게는 대답할 것을 항상 예비하되 온유와 두려움으로 하라(벧전 3:15)"고 말한다. 요한은 일곱 교회들을 향해 그들이 역경을 극복할 수 있고 또한 극복해야 하며, 그들이 이겨낼 때 영원한 보상이 기다리고 있다고 말한다.[10] 바울은 에베소 교회의 장로들에게 안팎의 원수들이 그들을 무너뜨리려 할 것이기에 자신과 "양 무리"를 잘 살피라고 충고한다(행 20:28-31). 달리 말하면 우리는 역경을 예상해야 하며, 그 역경이 찾아올 때 영적으로 준비되어야만 한다.

하나님을 신뢰함. 하나님 대신에 다른 것을 신뢰하라는 도전을 받을 때 우리가 확고하게 서있음을 보여 주는 두 번째 중요한 요소가 있다. 이것이 바로 시편 46:10의 진리이다. 이것은 전통적으로 "너희는 가만히 있어 내가 하나님 됨을 알지어다"로 번역해 왔다. 보다 구어체적으로는 "긴장을 풀고 내가 하나님 됨을 깨달을지어다"로 번역할 수 있다. 우리는 삶의 작은 부분조차도 하나님을 신뢰해야 한다. 왜냐하면 위기가 찾아올 때, 그분을 계속 신뢰하는 것이 쉬워지기 때문이다. 우리는 하나님이 그 사랑을 나타내시도록, 그리고 매일 매일 우리를 돌보시도록 맡겨야 하며, 스스로 충족하려는 요소들을 끊어버리고 그분의 방식과 시간에 필요를 충족시키시도록 맡겨야 한다.

나는 신학교 교수로서 언제나 이런 방식으로 살아가는 학생들을 봐 왔다. 직업도 없고, 살 집도 없는 그들은 이삿짐 운송 차에 짐을 싣고 신학교가 있는 이곳으로 발걸음을 옮긴다. 단지 그들은 여기가 하나님이 원하시는 곳이라고 확신할 뿐이다. 교수들은 때때로 머리를 흔들면서 "여기 또 다른 미친 사람이 있군!"이라고 말한다. 그렇지만 나는 언제나 하나님이 특별한 방식으로 그들의 필요를 채워 주심을 목격해 왔다. 신학교 정규과정을 끝마칠 때, 그들은 하나님이 신뢰할 분임을 깨닫게 된다. 그들은 그분의 역사를 경험해 왔다. 하지만 주의 깊게 계획을 세우며 온전히 자신의 필요를 채우려고 하는 인생들은 하나님이 우리를 위해 역사하시는지를 결코 시험해 보려 하지 않는다. 그러므로 그분은 자신이 특별히 신뢰할 분임을 결코 나타내실 수 없다. 그러므로 우리를 비웃는 아시리아와 직면하는 그날이 오면, 아마도 오래전 위기의 순간에 자신을 하나님께 내어맡긴 사람보다 하나님을 더 신뢰함으로써 훨씬 더 큰 믿음의 도약을 내딛을지 모른다. 오스월드 챔버스(Oswald Chambers)는 다음과 같이 말한다.

---

10. 계 2:7, 11, 17, 26-29; 3:5, 12, 21.

> 전적으로 하나님을 신뢰하라. 그리고 그분이 당신을 위험으로 몰아넣을 때, 당신이 그 위험을 어떻게 대처하는지를 보라. 우리는 위기의 순간에 이교도들처럼 처신한다. 많은 사람 가운데 오직 한 사람만이 담대히 하나님의 성품을 의지한다.[11]

신뢰와 관련된 이 이야기의 또 다른 측면은 유다 백성들이 이집트를 의지한다는 아시리아의 비난과 그 타당성과 관련이 있다. 때때로 하나님을 신뢰하기보다는 세상을 신뢰함으로 말미암아 대적들에게 우리를 공격할 빌미를 제공해 준다. 유다의 경우에, 하나님은 이집트를 의지하는 것을 금하셨다. 그로 인해 아시리아는 유다 백성들에게 그와 같은 어리석은 짓을 조롱할 수 있었다.

그러기에 자신이 신뢰하고 있는 것은 무엇인지, 이런 것들이 하나님을 믿는다고 생각했던 우리의 신앙을 부인하고 있지는 않은지 살펴보자. 만약 우리의 삶 가운데 어떤 관습들 혹은 관계들이 다른 사람들로 하여금 "겉보기에는 좋아보여도 실제로는 우리가 사는 세상과 다를 바 없다"고 말하도록 빌미를 제공한다면, 우리는 지금 당장 그것들을 제거해야 한다. 또 합당하고 허용된 것들이라 하더라도 우리의 필요를 채워주시는 하나님을 신뢰하지 못하도록 영향을 줄 수도 있는 것들에게 영향을 받아서는 안 된다. 따라서 우리의 신뢰가 어디에 있는지를 분명히 드러내야 한다. 이와 같은 결정은 우리와 주님 사이에서 이루어지는 개인적인 결정이지만, 우리 모두를 위한 실질적인 문제가 된다. 나의 필요를 충족시켜 주시는 주님을 진심으로 신뢰하고 있는가? 혹시 나의 행위를 보면 거짓으로 신뢰하지는 않은가?

11. O. Chambers, *My Utmost for His Highest* (New York: Dodd, Mead, 1935), 151.

이사야 37:8-38

8 앗수르 왕이 라기스를 떠났다 함을 듣고 랍
사게가 돌아가다가 그 왕을 만나니 립나를
치고 있더라
9 그때에 앗수르 왕이 구스 왕 디르하가의 일
에 관하여 들은즉 사람들이 이르기를 그가
나와서 왕과 싸우려 한다 하는지라 이 말
을 듣고 사자들을 히스기야에게 보내며 이
르되
10 너희는 유다의 히스기야 왕에게 이같이 말하
여 이르기를 너는 네가 신뢰하는 하나님이
예루살렘이 앗수르 왕의 손에 넘어가지 아니
하리라 하는 말에 속지 말라
11 앗수르 왕들이 모든 나라에 어떤 일을 행하
였으며 그것을 어떻게 멸절시켰는지 네가 들
었으리니 네가 구원을 받겠느냐
12 나의 조상들이 멸하신 열방 고산과 하란과
레셉과 및 들라살에 있는 에덴 자손을 그 나
라들의 신들이 건졌더냐
13 하맛 왕과 아르밧 왕과 스발와임 성의 왕과
헤나 왕과 이와 왕이 어디 있느냐 하라 하였
더라
14 히스기야가 그 사자들의 손에서 글을 받아
보고 여호와의 전에 올라가서 그 글을 여호
와 앞에 펴 놓고
15 여호와께 기도하여 이르되
16 그룹사이에 계신 이스라엘 하나님 만군의 여
호와여 주는 천하 만국에 유일하신 하나님이
시라 주께서 천지를 만드셨나이다
17 여호와여 귀를 기울여 들으시옵소서 여호와
여 눈을 뜨고 보시옵소서 산헤립이 사람을
보내어 살아 계시는 하나님을 훼방한 모든
말을 들으시옵소서
18 여호와여 앗수르 왕들이 과연 열국과 그들의
땅을 황폐하게 하였고
19 그들의 신들을 불에 던졌사오나 그들은 신이
아니라 사람의 손으로 만든 것일 뿐이요 나
무와 돌이라 그러므로 멸망을 당하였나이다
20 우리 하나님 여호와여 이제 우리를 그의 손
에서 구원하사 천하 만국이 주만이 여호와이
신 줄을 알게 하옵소서 하니라
21 아모스의 아들 이사야가 사람을 보내어 히스
기야에게 이르되 이스라엘의 하나님 여호와
께서 말씀하시되 네가 앗수르의 산헤립 왕의
일로 내게 기도하였도다 하시고
22 여호와께서 그에 대하여 이같이 이르시되 처
녀 딸 시온이 너를 멸시하며 조소하였고 딸 예
루살렘이 너를 향하여 머리를 흔들었느니라
23 네가 훼방하며 능욕한 것은 누구에게냐 네
가 소리를 높이며 눈을 높이 들어 향한 것은
누구에게냐 곧 이스라엘의 거룩하신 이에게
니라
24 네가 네 종을 통해서 주를 훼방하여 이르기
를 내가 나의 허다한 병거를 거느리고 산들
의 꼭대기에 올라가며 레바논의 깊은 곳에
이르렀으니 높은 백향목과 아름다운 향나무
를 베고 또 그 제일 높은 곳에 들어가 살진
땅의 수풀에 이를 것이며
25 내가 우물을 파서 물을 마셨으니 내 발바닥
으로 애굽의 모든 하수를 말리리라 하였도다
26 네가 어찌하여 듣지 못하였느냐 이 일들은
내가 태초부터 행한 바요 상고부터 정한 바
로서 이제 내가 이루어 네가 견고한 성읍들
을 헐어 돌무더기가 되게 하였노라

27 그러므로 그 주민들이 힘이 약하여 놀라며
수치를 당하여 들의 풀 같이, 푸른 나물 같
이, 지붕의 풀 같이, 자라지 못한 곡초 같이
되었느니라
28 네 거처와 네 출입과 네가 나를 거슬러 분노
함을 내가 아노라
29 네가 나를 거슬러 분노함과 네 오만함이 내
귀에 들렸으므로 내가 갈고리로 네 코를 꿰
며 재갈을 네 입에 물려 너를 오던 길로 돌아
가게 하리라 하셨나이다
30 왕이여 이것이 왕에게 징조가 되리니 올해는
스스로 난 것을 먹을 것이요 둘째 해에는 또
거기에서 난 것을 먹을 것이요 셋째 해에는
심고 거두며 포도나무를 심고 그 열매를 먹
을 것이니이다
31 유다 족속 중에 피하여 남은 자는 다시 아래
로 뿌리를 박고 위로 열매를 맺으리니
32 이는 남은 자가 예루살렘에서 나오며 피하는
자가 시온 산에서 나올 것임이라 만군의 여
호와의 열심이 이를 이루시리이다
33 그러므로 여호와께서 앗수르 왕에 대하여 이
같이 이르시되 그가 이 성에 이르지 못하며
화살 하나도 이리로 쏘지 못하며 방패를 가
지고 성에 가까이 오지도 못하며 흉벽을 쌓
고 치지도 못할 것이요
34 그가 오던 길 곧 그 길로 돌아가고 이 성에
이르지 못하리라 나 여호와의 말이니라
35 대저 내가 나를 위하며 내 종 다윗을 위하여
이 성을 보호하며 구원하리라 하셨나이다 하
니라
36 여호와의 사자가 나가서 앗수르 진중에서 십
팔만 오천인을 쳤으므로 아침에 일찍이 일어
나 본즉 시체뿐이라
37 이에 앗수르의 산헤립 왕이 떠나 돌아가서
니느웨에 거주하더니
38 자기 신 니스록의 신전에서 경배할 때에 그
의 아들 아드람멜렉과 사레셀이 그를 칼로
죽이고 아라랏 땅으로 도망하였으므로 그의
아들 에살핫돈이 이어 왕이 되니라

원 의미

어떤 학자들은 37:9-38, 36:1-37:8과 동일 사건을 말하는 두 번째 기사로 이해하지만,[1] 이 두 본문의 명확한 차이점은 그런 가능성을 배제시킨다. 특히 우리는 랍사게의 도전이 전적으로 하나님의 구원능력에 대한 초점으로 옮겨졌으며, 히스기야의 헌신이 훨씬 더 즉각적이고 직접적으로 나타나며, 하나님의 신탁이 훨씬 더 강력하게 직접적으로 전달되고 있음을 주목할 수 있을 것이다. 모티어(Motyer)는 37:6-7에서 이사야는 고무된 히스기야가 머뭇거리는 신앙에서 벗어나고, 주님이 예루살렘을 구원하실 것이라 주장함으로 랍사게의 도전에 맞서고 있다고 제안했었다(참조. 37:10). 그러므로 산헤립의 서신은 히스기야에 대한 응답이

1. 이런 논의를 위해, Childs, *Isaiah*, 272-76; Seitz, *Isaiah 1-39*, 250을 보라.

며, 히스기야의 기도는 지금 그가 하나님을 전적으로 의지하고 있음을 암시한다.[2] 이것은 이러한 사실을 그럴듯하게 설명하고 있는 듯하다.

히스기야의 기도(37:8-20)

우리는 "립나"(Libnah, 37:8)가 어디에 위치했는지 정확하게 알지 못한다. 립나는 서로 다른 두 지역으로 해석되어 왔다. 한 지역은 라기스 북쪽으로 9.6킬로미터 가량 떨어진 곳이며, 또 다른 지역은 남쪽으로 16킬로미터 가량 떨어진 곳이다. 아마도 라기스는 이미 함락당했던 것 같다.[3] 그리고 아시리아 군대는 마지막 저항 세력을 소탕하고 있었던 것 같다. 그러나 이집트에게 공격당한다는 소문(참조. 37:7)과 지속적인 바빌론의 내정 불안이 아시리아 왕으로 하여금 조심스런 태도를 취하게 했으며, 결국 예루살렘 후방에서 철수하여 북쪽으로 회군했을 거라는 입장은 가능하다.[4]

여하튼 산헤립은 히스기야에 대한 압박을 늦추고 싶어하지 않는다. 그 당시 최고의 통치자들을 살려둘 수 없었던 산헤립은 사신들을 통해 그의 친서를 전달한다. 이제 더는 히스기야가 백성들에게 하나님이 구원하신다는 거짓을 말한다는 문제는 제기하지 않는다(36:14). 이제 산헤립은 하나님을 향해 직접 도전한다. "네가 의뢰하는 하나님이 너를 속이도록 내버려두지 말라"(37:10). 아시리아의 왕은 "싸움은 끝났다"고 보며, 자신이 다른 모든 신들의 나라를 멸망시켰으며 유다의 하나님의 나라도 멸망시킬 것이라고 말한다. 다시 말하자면, 이것은 아시리아 신들과 유다의 하나님 간의 대결이 아니다. 이것은 한 인간과 유다의 하나님 간의 대결이다. 산헤립의 치명적인 실수는 하나님이 다른 모든 것들처럼 인간이 만든 피조물이 아니라는 사실을 깨닫지 못했다는 데 있다.

여기서 산헤립은 히스기야를 "왕"이라고 부른다(37:10). 그러나 그것은 히스기야를, 앞서 함락된 도성들의 "왕들"과 연결시키고 있을 뿐이다(37:13). 아시리아

2. Motyer, *Prophecy of Isaiah*, 280-81.

3. 라기스의 멸망에 대해 크게 안심하는 니느웨의 산헤립 궁정의 모습은 패자의 자세로 보일 수 있었다. 분명 아시리아는 다소 예루살렘의 멸망을 고대했을 것이다.

4. 실제로 주전 701년에 디르하가는 이집트의 "왕"이 아니었다고 지적된다. 그는 여러 해가 지나도록 왕위에 오르지 못했다. 그렇지만 37장의 마지막 부분은 주전 681년 산헤립의 사망 이후에 기록되었기 때문에, 디르하가가 이런 호칭을 쓰는 것은 가능했을 것이다. 즉 저자는 그가 결국 왕위에 올랐음을 알고 있었다. 이것은 고대 문헌에는 일상적인 관습이었다. Young, *The Book of Isaiah*, 2:478-79을 보라.

인들은 반역한 왕들을 특별히 잔인하게 다루었기 때문에, 여기에 소개되는 아시리아 왕의 위협은 개인적인 성격을 띠고 있었다. 만약 히스기야가 하나님을 의지하려고 고집한다면, 하나님이 실패할 경우 일어날 일들을 생각해 보아야 했다. 그는 껍질만 남아 있는 존재처럼 될 것을 예상할 수 있다. 그러므로 가장 막강한 아시리아 왕에게 대항하기 전에 다시 생각해 보는 편이 낳을 것이다.

이때 히스기야는 "남은 자"(37:4)를 위해 기도해 달라고 이사야에게 부탁하지 않는다. 오히려 그는 하나님께 직접 찾아간다. 37:16에 나오는 그의 찬양은 하나님의 속성과 성품을 놀라운 방식으로 잘 요약해 주고 있다. 하나님은 "전능하신 주님" 즉 "만군의 여호와"이시다. 하늘의 천군은 그분을 호위하며 그분의 명령에 따른다. 그분은 자신의 원대로 행하실 수 있다. 그분은 "이스라엘의 하나님"이시며, 시공간에 들어오셔서 은혜로 백성들을 창조하시며 그 백성을 통해 이 세상을 구원하실 수 있는 분이다. 그분은 "천사들 가운데 좌정"해 계신다. 하나님이 천사들 가운데 좌정해 계신다는 표현은 접근 불가능한 거룩성과 언약의 신실성을 암시해 주고 있다. 그분은 "세상의 모든 나라들을 다스리는 유일하신 하나님"이시다. 유다 주변이 혼합주의적 문화로 둘러싸여 있었기 때문에 이와 같은 진술은 놀라운 신앙고백이라고 할 수 있다. 그러나 그와 같은 신앙고백적 진술에는 근거가 있다. 그것은 히스기야의 주께서 "천지를 조성하셨나이다!"라는 마지막 찬양에 나타난다. 하나님 홀로 창조주이시기 때문에 그분 홀로 온 우주의 하나님이 되신다.

히스기야의 간구(37:17)는 하나님은 우상이 아닌 "살아계신 하나님"[5]이라는 사실을 특별히 강조한다. 우상은 귀가 있지만 들을 수 없다. 우상은 눈이 있지만 볼 수가 없다(참조. 시 115:4-8; 135:15-18). 하나님은 눈이 없지만, 그의 눈길은 언제나 그의 피조물을 향하고 있다. 하나님은 귀가 없지만, 그의 "귀"는 언제나 그의 백성들의 부르짖음에 열려 있다. 히스기야는 갈멜 산의 엘리야처럼 하나님이 자신의 기도를 들어 주실 뿐만 아니라 그 기도를 듣기 원하신다는 것을 확신하면서 기도한다(왕상 18:36-37).

그의 기도는 백성들의 구원보다도 하나님의 신원하심에 초점을 두는 것이 인상적이다. 히스기야는 하나님을 모욕하는 산헤립의 말을 들으시라고 촉구한다. 여기

---

5. 성경에서 30회 등장하는 이 표현은 대개 우상과 대조시키는 맥락으로 나타난다. 신 5:26; 삼상 17:26; 렘 10:10; 단 6:20, 26; 행 14:15.

서 가장 중요한 문제는 예루살렘의 도성이 함락될 것인지의 여부에 있지 않다. 오히려 여호와께서 단지 인간에 의해 만들어지고 마음대로 파멸될 수 있는 또 다른 신에 불과하다는 주장이 맞는지 여부에 있다. 나중에 예루살렘 도성은 무너지고 말았다. 그러나 하나님의 본성과 성품은 그곳에서 나타날 수 없었다. 예레미야는 하나님이 예루살렘을 멸망시킬 거라고 주장하면서 이 사건을 예고했었다(참조. 렘 37:6-10).

그러나 여기서 하나님은 산헤립의 말대로 지금 예루살렘이 멸망하지 않을 거라고 말씀하신다. 누구의 말이 맞는가? 히스기야는 다른 나라들과 도시들과 신들에 관한 산헤립의 말이 옳다고 인정하지만(37:18-19), 그러한 신들은 결코 신이 아니라고 주장한다. 그것들은 인간의 창작품, 즉 인간의 기술과 재주의 산물에 불과하다. 물론, 이러한 주장은 본질상 우상숭배의 실재를 드러내고 있는 것이다. 그러나 이것은 이교도 사상에 대한 심오한 진리를 보여 준다. 우상은 자연에 대한 인간의 산물이다. 그러므로 우상은 인간의 창작품인 것이다. 우리에게 찾아오셔서 우리의 생각과는 다른 극적인 방식으로 자신을 계시하셨던 성경의 하나님과 비교해 볼 때, 우상들은 "신"으로 불릴 만한 가치도 없다.

37:20에서 히스기야의 기도는 절정에 이른다. 왜 히스기야는 예루살렘을 구원하기 위해 기도하는가? 놀랍게도 이 기도는 38장에서 자기 자신을 위해서 기도할 때와는 다르다. 그는 예루살렘 성이 의롭거나 하나님이 특별히 계획한 성이기에 구원받을 자격이 있다고 주장하지 않는다. 그 이유는 단지 한 가지다. "천하만국으로 주만 여호와이신 줄을 알게 하옵소서."

여러 가지 면에서 볼 때, 이 기도는 7-35장에 나타난 모든 가르침의 절정을 이룬다. 두려움에 빠져 하나님보다 열방을 신뢰한 아하스와는 달리, 히스기야는 이전의 장들에 소개된 가르침의 교훈들을 깨달았으며, 자신의 생명을 포함한 모든 운명을 살아 계신 하나님께 맡기려고 한다. 여기서 최상의 신뢰가 나타난다. 여기서 히스기야의 신뢰는, 마음대로 살아 계신 하나님의 군대를 모욕하는 골리앗을 간과할 수 없었던(삼상 17:26) 다윗의 후손다운 면모를 보여 준다. 만약 열방이 이스라엘을 통해 참하나님을 알게 된다면(2:1-5), 이와 같은 신뢰는 절대적으로 필요한 것이다. 이스라엘은 하나님의 유일성과 구원하심을 보여 줄 수 있는 위치에서 있어야만 한다. 위기의 상황에서, 히스기야는 당당히 성공한다.

히스기야의 기도에 대한 하나님의 응답(37:21-38)

37:21-35에서 하나님은 이사야를 통해 히스기야의 기도에 응답하신다.[6] 하나님의 응답은 세 부분으로 나뉜다. 첫째 부분의 직접적인 대상은 산헤립이고(37:22-29), 둘째 부분의 대상은 히스기야이며(37:30-32), 셋째 부분은 산헤립에 관해서이다(37:33-35). 랍사게가 그의 메시지를 통해 자신이 유다의 삶과 사상에 정통해 있음을 보여 주고 있다면, 하나님은 이 신탁에서 놀랍도록 아시리아 왕조 실록에 정통해 있음을 보여 주고 있다. 특히 산헤립의 교만을 언급하는 24-25절은 아시리아 실록에 등장하는 표현과 매우 흡사하다. 아마도 아시리아 군대 가운데 아시리아의 위엄을 찬양하는 시를 공개적으로 유포시킨 자들이 있었을 것이다. 만약 그렇다면, 이사야는 하나님의 관점에서 볼 때 그런 찬양들이 얼마나 어리석은지를 보여 주기 위해 그런 표현을 사용하고 있는 것이다.

하나님이 맨처음 응답하신 말씀 "처녀 딸 시온"(37:22)은 예루살렘을 향한 산헤립의 공격이 아리따운 여인을 강탈하려는 강한 남성과 비슷하다는 점을 암시하고 있다. 표면적으로 볼 때, 그의 뜻을 막을 길이 없어 보인다. 그러나 여인을 강탈하는 자와 같은 산헤립은 "이스라엘의 거룩하신 자"를 고려하지 않았다(37:23). 산헤립은 "주님"을 고려하지 않고 무시하고 말았다. 그는 자신을 하나님의 위치에 올려놓았다. 그의 눈은 자고했으며, 하나님을 자신의 수준으로 끌어내리고자 모욕하였다. 여기서 우리는 피조물에 불과한 자신을 스스로 높이고자 하는 인간의 어리석음이라는 주제를 다시 접하게 된다(참조. 2:6-22; 14:4-22 등). "높이 올리움을 받는 자"는 오직 한 분이다. 그분 외에 이와 같은 위치에 오르려고 하는 자는 파멸을 초래하는 것이다. 결과적으로 "딸 예루살렘"은 산헤립을 향해 "머리를 흔들며" 조롱할 것이며, 그는 수치스럽게 도망할 것이다.

24-25절은 산헤립을 극도로 칭찬하고 있다. 24절은 산헤립이 북쪽의 "산들의 꼭대기"(레바논)에 올라갔다고 말하는 반면, 25절은 남쪽으로 깊은 "우물"(이집트)을 팠다고 말한다. 분명 산헤립은 북쪽에서 남쪽, 꼭대기에서 밑바닥까지 온 세상의 주인이었다. 그는 가장 큰 나무를 쓰러뜨릴 수 있으며 가장 거대한 강을 멈추게 할 수 있었다. 아무것도 그를 막을 수 없다.

그러나 그가 깨닫지 못하는 것은 그가 모욕적으로 짓밟은 나라, 즉 가장 미약한

---

6. "아모스의 아들 이사야"에게 전달된 진술의 진정성에 관한 논의로 Oswalt, *Isaiah 1-39*, 658-59를 보라.

나라 가운데 하나인 유다의 하나님에 의해 이 모든 일들이 "오래전에 계획되었다"는 사실이다(37:26). 우리는 아시리아에 대한 하나님의 계획이라는 주제를 이전에 최소한 두 번 정도 접했었다(10:6, 15; 14:24-27). 이것은 이스라엘의 하나님이 원하시는 것과 아시리아가 원하는 것의 경쟁도 아니며, 아시리아가 자신의 뜻에 따라 역사의 무대 위에 서 있는 것도 아님을 말해 주고 있다. 그는 이스라엘의 하나님에 의해 작동되는 꼭두각시에 불과하다! 아시리아가 요새들을 정복하고 그 거민들을 시든 풀같이 무너뜨린 모두가 하나님이 이루신 일이다(37:27). 그러므로 산헤립은 하나님에게서 도망칠 수 없다. 하나님이 산헤립을 역사의 무대 위에 올려놓으셨던 것같이, 그를 다시 그 무대 위에서 끌어내릴 수 있기 때문이다(37:28-29). 하나님에게 막강한 아시리아 왕은 코를 꿰인 소[7]나 자갈을 물린 말에 불과할 뿐이다.

30-32절은 히스기야에게 징조가 되며, 실로 하나님이 하신 말씀이다. 이사야서의 다른 징조들과 마찬가지로(7:14; 8:3; 16:14), 이것은 미래지향적이다. 이 징조는 믿음을 만들어 내지는 않지만, 그 믿음을 신장시킨다. 즉 하나님은 자신이 말한 바를 행할 것을 선언하셨고, 그 말한 바의 확실성을 확인할 수 있는 방법을 알려 주셨다. 아마도 "삼 년"이라는 말은 예언 이후의 완전한 삼 년을 말하는 것이 아니라, 서로 다른 세 역년(calendar years) 가운데 한 해를 가리키는 듯하다. 아시리아가 식물이 자라기에는 너무 늦은 "이 해"(this year)의 가을에 물러갈 것이라는 해석은 가능하다. 그러므로 비록 아시리아가 그 다음 해 혹은 "제2년"에 물러간다 할지라도, 스스로 자라난 식물을 먹을 것이다. 마지막으로 식물을 심는 것은 제2년의 가을에 가능할 것이며, 제3년에는 충분한 식물을 거둘 수 있을 것이다.[8]

그러나 하나님의 관점에서 볼 때, 더욱 중요한 논점은 하나님이 자신을 위해 그의 백성들 가운데 수확의 결실을 보존하실 거라는 점이다(37:32). 아시리아 왕은 하나님의 밭을 황폐화시켜 모든 수확을 자신이 취하려고 했다. 그러나 하나님이 엄청난 재난의 발생을 허용하셨다 하더라도, 완전히 멸망하도록 허용치 않을 것이다. 그분은 자신의 백성들을 매우 열정적으로 사랑하시기 때문에 그런 일이 발생하도록 허용하시지 않을 것이다. 그분은 자신을 위해 "남은 자"를 보존하실 것이다.

---

7. 겔 29:4에서, "갈고리"는 낚시 바늘을 뜻하는 것 같다. 그러나 겔 19:4과 38:4에 나오는 갈고리는 본문처럼 "재갈"과 유사한 코뚜레를 가리키는 것 같다.

8. Delitzsch, *Commentary on Isaiah*, 2:30을 보라.

하나님의 약속들은 모두 37:33-35에 요약되고 있다. 여기서 이사야는 장차 발생할 일들인 소극적인 주장(33절)과, 적극적인 주장(34절) 두 가지를 제시한다. 그리고 그와 같은 주장을 뒷받침할 만한 근거를 마련해 준다(35절). 소극적인 주장은 아시리아가 예루살렘 성을 공격하지 못할 거라는 주장이다. 아시리아는 하나님의 도성을 정복하지 못할 뿐만 아니라 심지어 화살조차 쏘지 못할 것이다. 표면적으로 볼 때, 그것은 놀라운 일이다. 히스기야는 반역의 우두머리이므로 아시리아의 관점에 볼 때, 히스기야를 심판하지 않고 내버려 두는 것은 반역을 도모할 만한 다른 모든 사람들에게 악영향을 끼칠 것이다. 그러나 아시리아 인들은 예루살렘을 포위하여 공격하지 않을 뿐만 아니라 그 지역에서 완전히 철수할 것이다(37:34). 이 놀라운 사건이 발생하는 이유는 하나님이 이스라엘을 지키시고 구원하실 것이기 때문이다. 산헤립이 파괴할 수 있다고 했던 이스라엘은 하나님이 구원하신다. 이제 우리는 누가 옳은지를 알게 될 것이다.

36-38절의 기록은 놀라울 만큼 간결하면서도 사실적이다. 실로 36-38절은 사건의 반전을 매우 명백하고 사실적으로 나타내고 있다. 아마도 이 구절의 논점은, 여기서 전투가 일어나지 않다는 데 있다.[9] 즉 이것은 대등한 경쟁자 간에 벌어진, 세상을 뒤흔들 만한 어떤 전투가 아니다. 실로 이것은 전투라고 말할 수 없다. 단지 하나님은 죽음의 천사를 보내신다. 또한 죽음의 천사는 블레셋 평지에서 멈추지 않는다. 그리하여 산헤립은 지상에서 가장 안전한 곳으로 여기는 본토로 돌아가면서, 하나님의 말씀은 사실대로 이루어진다(37:7). 그리고 그는 그곳에서 계속 통치를 수행한다. 그러나 그의 자식들은 그를 살해한 후 도망치고 만다(37:38).[10] 산헤립은 그의 허풍에도 불구하고 살아계신 하나님께 대항하지 못한다.[11] 히스기야는 살아계신 하나님, 즉 "이스라엘의 거룩한 자"(37:23) 대신에 열방을 신뢰하는 것이 어리석다는 것을 입증해 주었다.[12]

9. 이와 유사한 표현으로는 단 5:30을 보라. 1-29절에서 벨사살에 대한 심판을 길게 선언한 것에 반해, 실제 사건은 단 한 구절에만 기록되어 있다.

10. 14:21을 참조하라. 또한 10:15-19, 28-34을 보라.

11. 그의 역사 사료에서 보면, 산헤립은 히스기야가 예루살렘에 생포했던 블레셋 왕을 다시 돌려보내라고 강요하며 자신을 과시했다. 또한 그는 히스기야에게 무거운 조공을 강요했으며, "그를 새장에 갇힌 새처럼 가두어 버렸다"고 말한다. 그러나 이것은 그 전투에 대한 마지막 기록이다. 그후 16년 동안 서부의 전투에 대해서는 다시 기록하지 않는다. 성경은 왜 그가 히스기야를 사로잡고 처형하지 못했는지, 왜 그가 이집트의 점령하지 못했는지를 설명하고 있다(참조. *ANET*, 288).

12. 오늘날 대개 36-37장은 역사의 우연한 사건에 대한 전설로 설명되고 있다(참조. R. Clements, *Isaiah 1-39*, 288-89). Childs(*Isaiah*, 276-78)는 이 사건이 본문의 신학적 가치를 살려 주려 하는 것을 높이 사고

상황잇기

실재에 대한 이교도적 관점. 본문의 중심에는 실재에 대한 성경적 관점과 이교도적 관점의 갈등이 있다. 카우프만(Yehezkel Kaufmann)은 실재에 대한 이교도적 관점이 다음과 같은 사상에 근거해 있다고 보았다. 즉 물질에서 생겨난 우상들은 다양한 물질의 형태와 동일시되며 그 물질에 의해 제한받는다고 본다. 그러므로 우상들은 자연 세계와 부합하며, 실로 그 세계와 연속선상에 있다.[13] 물질 이전에 우상들이 존재했다는 사상은 고려할 가치조차 없는 것이다. 무질서의 형태로 존재하는 물질은 이제까지 항상 존재했으며 앞으로도 항상 존재할 것이다. 신들은 이런 물질의 긴장구도에 의한 산물이다. 당신이 이런 긴장구도를 "음"과 "양", 혹은 "선"과 "악", "긍정"과 "부정"으로 부르든지 간에 논점은 동일하다.

그러므로 우상들에게는 진정한 자유가 없다. 그들은 주어진 운명에 따라 그 역할을 수행할 뿐이다. 태양의 신은 밤에 빛을 발할 수 없고, 달의 여신은 낮에 빛을 발할 수 없다. 더욱이 우상들은 무엇을 창조할 때, 더 정확히 말해 무엇을 만들어낼 때(procreate) 그에 대한 어떠한 목적도 갖고 있지 않다. 이런 우상들은 자연 세계와 유사하다. 자연이 목적도 없이 생명을 생산하듯이, 우상들에게 또한 목적이 없다. 목적이 없기 때문에, 그들이 지향하고자 하는 목표도 없다. 인생이 모르는 곳에서 와서 모르는 곳으로 간다.

이와 같은 자연과의 연속성은 결국 우상숭배를 초래한다. 만약 우상들이 물질에서 생겨났으며 물질에 의해 제한받는다면, 물질의 형태로 신들을 묘사하는 것보다 더 현명한 일이 어디 있겠는가? 더욱이 신들과 물질이 서로 교류한다는 생각은 우상을 조작함으로써 신들을 조작할 수 있으며, 그리하여 신들 배후의 자연을 조작할 수 있음을 의미한다.

카우프만은 성경 저자들이 결코 우상 배후의 신들에게 관심을 쏟지 않았다고 보며, 이런 태도는 성경에 나오는 신화적 사상에 대한 완전한 무지를 드러내고 있

있다. 즉 그는 비록 이 사건이 일어나지 않았다 하더라도, 이 기사는 역사 속에서 일하시는 하나님 역사하심에 대한 "진정한" 증거가 된다고 주장한다. 고전 15:17에서 바울의 "그리스도께서 다시 사는 것이 없으면, 너희의 믿음도 헛되다"라는 바울의 말은 역사적 사실과 믿음 간의 연관성을 보여 준다. 성경은 시작부터 끝까지 이런 연관성을 제시하고 있다. 산헤립의 죽음을 전설로 보는 입장은 지지받지 못함을 주목해 보라. 만약 아시리아 군대가 멸망한 것이 전설이라면, 아시라아 왕의 죽음도 같이 취급되어야 할 것이다.

13. Y. Kaufmann, *The Religion of Israel*, trans. M. Greenberg(Chicago: Univ. of Chicago Press, 1960), 21, 29.

다고 강력하게 주장한다.[14] 그렇지만 내가 보기에 카우프만의 주장은 지나친 감이 있다. 이스라엘 백성들이 주변 문화로부터 격리되어 문화적 사상조차도 이해하지 못했다고 생각하는 것은 지나친 주장이다. 엘리야와 엘리사가 바알종교의 기능을 이해하지 못했다고 생각하는 것은 그들의 이해력이 엄청나게 둔감하다는 것을 전제하는 것이다. 더욱이 이스라엘 백성이 우상숭배에 빠졌을 때, 이웃의 이방 나라들과는 다른 이유로 우상과 교류하는 자연의 세력을 조작하려는 태도를 보였다는 것은 상상할 수 없는 일이다.

분명 그렇지 않다. 성경의 선지자들이 우상을 만드는 것의 어리석음을 강조한 이유(40:18-20; 42:17; 44:9-20의 주해를 참조하라)는 그것이 이교도 사상의 약점(Achilles heel)이기 때문이다. 선지자들은 초월성과 연속성의 본질에 대해 복잡하게(그리고 추상적인) 논증하기보다는 나무 조각 혹은 돌 조각이 어떻게 우리를 구원할 수 있는지를 질문한다. 비록 이 논증이 단순해 보이지만, 그것은 심오한 함축적 의미를 지닌다. 왜냐하면 그 배후에는 어떻게 자연계가 그 자연계에서 우리를 구원할 수 있는지라는 좀 더 중요한 질문이 기다리고 있기 때문이다. 어떻게 목적도 없는 존재가 우리의 삶에 목적을 부여할 수 있는가? 어떻게 의미도 없는 존재가 우리에게 의미를 가져다 줄 수 있는가? 그런 존재들은 "신"이라는 호칭을 받을 만한 가치도 없다. 그러므로 우상숭배는 증상이다. 성경 저자들은 이런 증상을 알려 줌으로써 우리로 하여금 그 질병에 초점을 맞추도록 이끌어 준다.

오늘날 이런 질병은 우리 주변을 둘러싸고 있다. 그리고 그 증상이 다시 나타나기 시작하고 있다. 많은 지적인 사람들은 물질의 영원성을 주장한다. "영"은 물질에서 생겨난, 단지 전기화학적 힘의 산물에 불과하다. 그들은 이런 힘들을 "적극적인 힘"과 "소극적인 힘"으로 설명할지 모른다. 그들은 모든 생명이 진화하고 있다고 믿지만 그 이유와 목적에 대해서는 알지 못한다고 인정한다. 그러나 단지 전기화학적 힘보다 더 고차원적인 실재가 있으며, 이런 힘들을 다소 인격화할 필요가 있다는 인식이 점차 늘어나고 있다. 무감각하고 비인격적인 근거가 더는 만족스러운 삶의 기초가 되지 못한다. 그렇다면 우리는 히스기야가 당면했던 동일한 갈등과 같은 현실에 직면하고 있다. 우리는 살아계신 하나님이 이 세상에 "신"이라 불리는 존재와 다른지 혹은 더 뛰어난지 또다시 질문해야만 한다.

14. Ibid., 146, etc.

인간의 거만함. 아시리아의 왕들은 거짓된 겸손으로 고민하지 않았다. 사르곤 2세(주전 724-705)가 신 아슈르(Ashur)에게 말했던 아래의 내용은 이사야가 말한 것과 매우 흡사하다.

> 나는 수로처럼 건너기 힘든 남부 자브(Lower Zab)를 건너 샤마스(Shamash)와 마르둑(Marduk)의 군대를 이동시켰습니다. 나는 자무아(Zamua)라 불리는 룰루미(Lulumi) 땅의 높은 산 쿨라르(Kullar)의 길을 거쳐 그곳으로 진입했습니다.…나는 수목으로 덮여 있는 니키파(Nikipa)와 우파(Upa)라는 큰 산의 중앙을 가로질러 건너갔습니다. 산들의 중앙은 혼란스럽고 길의 상태는 심각했으며, 숲의 그늘은 삼목의 숲처럼 그 지역을 모두 뒤덮고 있었습니다. 그리하여 이곳을 통과하는 자는 샤마스의 빛을 보지 못했습니다. 나는 이 산들 중앙에 있는 부야(Buya)라는 강을 26번 건넜습니다. 나의 군대는 그 높은 강물을 두려워하지 않았습니다.[15]

그러나 우리가 세계 레슬링 대회의 경기장에서 벌어지는 선수들의 경기를 생각해 볼 때, 이와 같은 표현은 그리 지나친 것 같지는 않다. 레슬링의 경기처럼 레슬링 선수들이 속기 쉬운 관람객들에게 분위기와 거짓 동작을 지나치게 사용한다고 평하면서도 능글맞게 웃을지 모른다. 그러나 이런 광경을 쉽게 폄하하기에 앞서 사람들이 이 경기를 보려고 비싼 입장료를 지불하고 있음을 유념해야만 한다. 이것은 어떤 면에서 사람들이 그런 행위들을 즐기고 있음을 암시해 준다. 그것은 사실상 우리가 그런 경기를 통해 무엇을 갈망하고 있는지 암시해 준다. 그리고 우리는 이런 경기를 보면서 몰래 자기 자신을 자랑하고픈 욕망에 사로잡혀 있는지도 모른다.

현대적 의미

겸손. 성경은 하나님이 낮은 자를 더 좋아하신다고 항상 말한다. 이사야는 57:15에서 다음과 같이 말한다.

> 지존무상하며 영원히 거하며

15. D. Luckenbill, ed., *Ancient Records of Assyria and Babylonia* (Chicago: Univ. of Chicago Press, 1927), 2:42-43.

거룩하다 이름하는 자가 이같이 말씀하시되
내가 높고 거룩한 곳에 거하며
또한 통회하고 마음이 겸손한 자와 함께 거하나니
이는 겸손한 자의 영을 소성케 하며
통회하는 자의 마음을 소성케 하려 함이라.

예수는 구약(참조. 시 37:11)을 인용하면서 "온유한 자는 복이 있나니 저희가 땅을 기업으로 받을 것임이라"(마 5:5)고 말씀하신다. 그분은 자신에 대해 "나는 마음이 온유하고 겸손하다"(11:29)고 말씀하신다. 베드로는 이에 발맞추어 "그러므로 하나님의 능하신 손 아래서 겸손하라 때가 되면 너희를 높이시리라"(벧전 5:6)라고 말한다. 그렇지만 우리는 산헤립과 같은 세상의 "승자들"이 종종 자신을 찬양하고 위협하는 데 정통한 자들임을 깨닫게 된다. 몇 년 전 베스트셀러였던 『위협을 통해 승리함』(*Winning Through Intimidation*)을 통해 많은 사람들이 협박의 기술을 사용하는 법을 습득한 바 있다.[16] 성경으로는 가망이 없는가? 우리는 성경의 원리에 대해서는 고개를 끄덕이면서도 "실제 세계"에서는 그 원리대로 실천하지 않고 있지는 않은가?

모든 것은 정말로 하나님을 만났느냐의 여부에 달려 있다. 산헤립과 세계 레슬링 경기 선수들의 삶과 미래는 그들의 손에 놓여 있다. 성공은 전적으로 그들 자신에게 달려 있다. 그래서 "만약 당신이 스스로를 자랑하지 않는다면, 아무도 당신을 알아주지 않을 것이다"라는 격언도 있다. 이것은 우리 모두에게도 해당될 것이다. 우리는 세계 레슬링 경기의 허풍보다는 다소 사회적으로 수용적인 방법을 모색하려고 할 것이다. 그렇지만 결국 우리는 자신의 명성을 조심스럽게 신장시키고 스스로 향상시켜야만 한다. 그것은 "자존심"의 문제이다. 이것은 "척추"가 없으면서도 다른 사람의 부축에 의해 걸음을 내딛는 인간과도 같다.

분명 자기 자신을 무가치하게 여기는 자들도 있다. 그들은 자신이 가치 있는 존재가 아니기 때문에 상처를 받을 필요도 없다고 여긴다. 또한 거짓된 겸손으로 동정을 사려는 자들도 있다. 그들은 현재의 모습보다 훨씬 더 가치 있고 유능한 자로 인식시키기 위해 언제나 자기 자신을 낮춤으로써 관심을 얻으려 한다. 이런 것들은 성경에서 가르치는 겸손의 모습이 아니다. 히스기야의 반응은 교훈을 준다. 그

16. Robert J. Ringer, *Winning Through Intimidation* (New York: Random House, 1976).

는 압제자와 말다툼을 벌이지 않는다. 그는 사신들에게 먼저 잠잠하라고 명령하였다(36:21). 그는 큰소리치는 싸움에 뛰어들지 않는다. 그는 자신이 낫다거나 사신들의 말이 틀렸다고 말하지 않는다. 그는 술책을 꾸미는 경기를 거절한다.

그러기에 히스기야의 관심은 주님께 향한다. 그는 자신의 명예를 주님의 손에 맡긴다. 이것이 열쇠이다. 요한1서 5장에 따르면, 하나님의 사랑에 반응하는 자는 많은 것들을 알게 된다. 생명이 하나님의 아들 안에 있는(요일 5:11-12) 우리가 얼마나 가치 있는 존재인지를 알게 된다. 영생이 우리 안에 고동치고 있음을 알게 된다(5:13). 우리는 하나님의 보좌 앞에 즉시 나아가 구하게 된다(요일 5:14-15). 우리는 하나님과 같이 살 수 있음을 알게 된다(요일 5:18). 우리는 이 세상을 다스리는 악한 세력과 맞서 삶과 죽음의 전투를 벌이고 있음을 알게 된다(요일 5:19). 우리는 예수께서 이 전투의 문제들을 이해하고 진리를 향해 나갈 수 있는 능력을 허락해 주셨음을 알고 있다(요일 5:20).

이 모든 것을 알고 있는 사람은 잘난 체 하거나 허세를 부리지 말아야 한다. 또한 비굴한 표정을 지으며 인생을 살아서도 안 된다. 우리는 실로 하나님께 가치 있는 존재이다. 그리고 가까운 미래와 먼 미래를 모두 포함한 우리의 장래는 하나님의 손 안에 보장되어 있다. 만약 하나님이 스스로 있는 분이라면, 우리는 우리의 "형상"에 대해 염려할 필요가 없다. 오히려 우리는 "그리스도의 장성한 분량이 충만한 데까지 이르는"(엡 4:13) 실재에 관심을 기울일 수 있다.

바울은 이러한 태도를 "성숙"이라고 규정한다. 다른 사람의 말에 의존하기보다는 당신의 능력과 책임감을 올바로 판단하는 태도, 그리고 자신이 누구이며 어떤 존재로 성장할 것인지를 확신하는 태도 등은 분명 성숙한 태도이다. 그러나 이와 같은 태도는 하늘의 관점이 없이는 정말 불가능하다. 우리 자신의 손을 버리고 하나님의 손을 잡을 때, 우리가 다른 사람들에게 어떻게 보이는지에 대해서 더 이상 염려할 필요가 없다. 이제 우리에게 중요한 것은 하나님의 명예이다. 점점 쇠약하게 만들어 결국 우리를 삼켜 버리는 걱정에서 자유하게 된다. 이것이야말로 히스기야의 기도가 보여 주고 있는 것이다. 히스기야에게 더는 개인의 성공과 생존은 중요치 않다. 이런 사람이야말로 자유인이다.

기도 대 의식적 조작. 이교도적 사고는 우리가 부주의한 상태에서 제의의식에 빠지게 만드는 교활한 방식을 지니고 있다. 그 이유는 우리가 최고의 영적인 성취를 이룬다 해도 여전히 우리는 아담과 하와의 타락한 자손이기 때문인 듯하다. 나는 경제학 이론이 본질상 악하다고 주장하려는 것이 아니다. 그러나 최소의 경비로 최대의 수익을 얻으려고 하는 우리가 지속적으로 희망하는 것은 다소 왜곡되어 보인다. 우리는 쉽게 스스럼없이 "내가 어디서 가장 큰 기여를 할 수 있는가?"라고 질문하지 않는다. 오히려 "내가 어디서 최소의 지출로 최대의 수익을 얻을 수 있는가?"라고 질문한다.

이것이야말로 도박의 본능을 충동질하는 요소이다. 그리고 이것은 이교도의 사상으로 이끈다. 이교도적 사상은 "나는 내 필요가 무엇인지 알고 있어. 최소의 희생으로 내 필요를 충족할 수 있는 길을 모색해야만 해"라고 말한다. 성경적 사상은 "당신의 초월하신 창조주 아버지는 당신의 필요가 무엇인지 알고 계시며 그의 풍성하심으로 그것들을 채워 주시기를 원하신다. 하나님에게 공급을 받기 위해 지체치 말고 당신 자신을 그분께 맡기라"고 말한다. 우리의 반응은 아담과 하와, 그리고 한 달란트 받은 자가 "우리는 당신을 두려워하나이다"하고 반응했던 것과 동일하다(마 25:25). 하나님은 우리에게 너무 큰 희생을 요구하시는 것처럼 보인다. 그분은 우리의 모든 소유를 취하시고는 아무것도 돌려 주시지 않을 수도 있다. 그렇다면 이교도의 입장이 좋아 보인다. 우리는 우리 자신을 지키기 위해 원하는 것을 허락받도록 하나님을 조작하는 방법을 모색할 것이다.

우리가 이와 같은 일을 시작할 때, 대다수 종교적 삶은 그 색채를 변질시키기 시작한다. 우리가 교회에 나가며 성경을 읽으며 십일조를 바치며 기도를 하며 죄를 거부하는 모든 것들이 하나님을 조작하는 수단으로 사용된다. 이런 행동들은 천천히 그러나 분명하게 우상숭배의 형태를 취한다. 육체적인 행위들은 영적인 실재가 된다. 최근 기도에 관한 베스트셀러들은 이와 같은 문제의 가능성을 지니고 있다. 우리는 정확한 성경 본문을 사용하면서 특정한 성경구절의 기도를 계속 반복한다. 그렇게 함으로써 하나님의 복을 받을 거라는 약속을 의지한다. 아마도 그것은 그 성경 저자의 의도가 아닐 것이다. 그러나 인간들은 재빨리 그와 같은 기도를 기계적인 장치로 바라본다. 그리하여 이런 기도로 하나님께 최소의 투자로 최대의 결과를 얻어내려 한다.

히브리 선지자들은 그와 같은 사상을 파괴시킨다. 그들은 언제나 그와 같은 사상을 비교 검토한다. 이사야는 이미 1장에서 이 작업을 수행했으며, 58장에서 다시 이것을 수행한다. 이교도의 종교적 행위와는 달리, 성경의 제의의식은 그 자체 속에 그리고 그 자체에 대해 어떤 효험을 지니고 있지 않다. 성경의 제의의식은 하나님과 예배자 간의 대인 관계(interpersonal relationship)를 상징한다. 예수님은 기계적으로 기도문을 외기 때문에 기도의 응답을 받을 것이라고 믿었던 이방인들처럼 기도하지 말라고 말씀하시며 이와 같은 논점을 제시하고 있다(마 6:7).

또 다른 예를 바리새인과 세리의 비유에서 발견할 수 있다. 어떤 이의 기도는 응답되었으나 어떤 이의 기도는 응답되지 않았다. 응답과 무응답은 그 사람의 마음가짐에 달려 있다(눅 18:14-19). 선지자들이 참종교의 표지로서 가난한 자들을 위한 사역을 요구한 이유 가운데 하나는, 이와 같은 사역은 조작하기 힘들기 때문이다. 이것은 너무 많은 투자를 요구하는 반면 확실한 수익은 거의 없다.

히스기야의 기도는 이교도의 기도에 대한 교정안이 된다. 그는 하나님을 조작하는 것과 거리가 멀다. 그는 하나님이 그에게 혹은 그의 백성들에게 빚을 졌다고 생각하지 않는다. 그는 하나님의 성품과 본성에 초점을 둔다. 그는 하나님이 그를 구원하신다면 무엇을 하겠다고 약속하지 않는다. 그의 관심은 산헤립이 교만하던 상황에서 하나님이 이 세상에 올바로 알려지시는 데 있다. 왜냐하면 이 싸움이 그 지경까지 이르렀기 때문이다. 히스기야는 그 자신과 백성들을 순전한 신뢰의 자리에 앉게 한다. 그는 하나님이 백성들을 축복하도록 강요하지 않으며, 그런 시도조차 하지 않는다. 오히려 히스기야는 무조건 자신을 하나님께 의탁한다.

우리도 역시 이와 같은 방식으로 기도하며 삶을 살아갈 수 있다. 우리는 무조건 자신을 하나님께 전적으로 드릴 수 있다. 그리스도의 삶을 지속해 나갈 때, 우리는 이전보다 더 깊은 신앙의 차원을 발견하게 될 것이다. 즉 이전에 하나님께 의탁했던 것이 현실로 이루어지겠지만, 처음에 전적으로 신뢰했던 믿음의 실재나 충만함은 약해지지 않을 것이다. 그러한 관계 속에서, 우리는 자신의 필요를 하나님께 의탁할 수 있다. 분명 하나님은 우리가 생각하는 필요를 자신에게 말하라고 요청하실 것이다. 왜냐하면 하나님을 우리가 요구하는 필요들을 채워 주시는 분으로 이해할 때, 신뢰가 더욱 깊어지기 때문이다. 그러나 그것은 하나님께 우리를 위해 일하라고 요구하는 것을 의미하지 않는다. 그것은 그분이 최상의 방식으로 채워 주시도록 필요를 그분의 발 앞에 놓아 두는 것을 의미한다. 이와 같은 기도는 더 이상 조작적인 행위가 될 수 없다. 기도는 신뢰하는 자녀와 사랑하는 아버지와의 대화이다.

역사의 하나님. 성경에서 인간의 역사적 경험은 하나님의 계시의 장이다. 이것은 이교도의 이해와 놀라울 만큼 다르다. 이방인들은 신들이 필요에 따라 역사 속에서 일한다고 믿지만, 전체적인 계획 혹은 목적이라는 개념은 없다. 또한 신들의 본성이 경험될 수 있다고 믿지도 않는다. 신들은 실로 자연의 반복적인 순환을 통해 이해될 뿐이다. 그러므로 인간의 역사 속에 나타난 하나님의 사역을 기록하는 것과 그러한 사역의 의미에 대해 영감으로 해석한 것을 보존하는 것은 성경만의 독특성이다.

진정한 의미에 있어서, 하나님은 예수 그리스도께서 태어나시기 오래 전에 성육신으로 자신을 계시하셨다. 예수는 처음부터 지금까지 하나님이 행하신 것의 절정을 이룬다. 히브리인들은 우리에게 다음과 같이 말할 수 있을 것이다. "우리는 하나님을 알며 당신에게 그분을 추천한다. 왜냐하면 우리의 경험 속에서 일하시는 그분을 봐 왔기 때문이다." 어떤 학자들은 하나님이 이스라엘의 역사 속에서 일하신 것은 가나안의 역사 속에서 일하신 것과 다를 바 없지만, 이스라엘 백성들이 그들의 신앙을 표현하고자 인간의 역사를 수단으로 삼은 것뿐이라고 말할 것이다.[17] 지면 관계상 이 주제를 길게 논의할 여유가 없지만 다음과 같이 말하는 것으로도 충분할 것이다. 즉 히브리인들이 하나님이 행하신다는 것을 지속적으로 확신하지 않았다면, 왜 이와 같은 표현양식을 선택했는지에 대해 충분히 설명할 수 없을 것이다. 히브리인들보다 더 섬세하고 사려 깊은 이웃나라들도 그와 같은 일을 하지 않았다.

그러므로 성경 기자들이 제시한 역사적 선포가 옳은지의 여부는 계속해서 중요한 문제가 되고 있다. 만약 그 선포가 틀리다면, 성경의 진리들을 포기할 이유가 생겨날 것이다. 결국 실재란 세상에서 다른 방식으로 이해되어 왔다는 입장이 성경의 사상을 정면으로 공격한다. 그리고 성경이 이스라엘 백성이 만든 창작물에 불과하다면, 우리는 바울의 말대로 그것을 포기해야만 할 것이다. 그렇지만 성경 기자들의 증거가 그들이 만든 창작물이 아니라 실제로 일어났던 사건에 대해 정직하게 기록한 거라면, 대중적인 관점 혹은 대다수의 관점과는 상관없이, 결론은 필수적이다. 즉 우리는 콜로세움(Colosseum)의 그리스도인들처럼 성경의 증거 위에 확고히 서 있어야 한다.

17. W. T. Stevenson, *History As Myth* (New York: Harper, 1969)을 보라.

이사야 38:1-22

1 그때에 히스기야가 병들어 죽게 되니 아모스
의 아들 선지자 이사야가 나아가 그에게 이
르되 여호와께서 이같이 말씀하시기를 너는
네 집에 유언하라 네가 죽고 살지 못하리라
하셨나이다 하니
2 히스기야가 얼굴을 벽으로 향하고 여호와께
기도하여
3 이르되 여호와여 구하오니 내가 주 앞에서
진실과 전심으로 행하며 주의 목전에서 선하
게 행한 것을 기억하옵소서 하고 히스기야가
심히 통곡하니
4 이에 여호와의 말씀이 이사야에게 임하여 이
르시되
5 너는 가서 히스기야에게 이르기를 네 조상
다윗의 하나님 여호와께서 이같이 말씀하시
기를 내가 네 기도를 들었고 네 눈물을 보았
노라 내가 네 수한에 십오 년을 더하고
6 너와 이 성을 앗수르 왕의 손에서 건져내겠
고 내가 또 이 성을 보호하리라
7 이는 여호와께로 말미암는 너를 위한 징조이
니 곧 여호와께서 하신 말씀을 그가 이루신
다는 증거이니라
8 보라 아하스의 해시계에 나아갔던 해 그림자
를 뒤로 십 도를 물러가게 하리라 하셨다 하
라 하시더니 이에 해시계에 나아갔던 해의
그림자가 십 도를 물러가니라
9 유다 왕 히스기야가 병들었다가 그의 병이
나은 때에 기록한 글이 이러하니라
10 내가 말하기를 나의 중년에 스올의 문에 들
어가고 나의 여생을 빼앗기게 되리라 하였
도다
11 내가 또 말하기를 내가 다시는 여호와를 뵈
옵지 못하리니 산 자의 땅에서 다시는 여호
와를 뵈옵지 못하겠고 내가 세상의 거민 중
에서 한 사람도 다시는 보지 못하리라 하였
도다
12 나의 거처는 목자의 장막을 걷음 같이 나를
떠나 옮겨졌고 직공이 베를 걷어 말음 같
이 내가 내 생명을 말았도다 주께서 나를
틀에서 끊으시리니 조석간에 나를 끝내시
리라
13 내가 아침까지 견디었사오나 주께서 사자 같
이 나의 모든 뼈를 꺾으시오니 조석간에 나
를 끝내시리라
14 나는 제비 같이, 학 같이 지저귀며 비둘기 같
이 슬피 울며 내 눈이 쇠하도록 앙망하나이
다 여호와여 내가 압제를 받사오니 나의 중
보가 되옵소서
15 주께서 내게 말씀하시고 또 친히 이루셨사오
니 내가 무슨 말씀을 하오리이까 내 영혼의
고통으로 말미암아 내가 종신토록 방황하리
이다
16 주여 사람이 사는 것이 이에 있고 내 심령의
생명도 온전히 거기에 있사오니 원하건대 나
를 치료하시며 나를 살려 주옵소서
17 보옵소서 내게 큰 고통을 더하신 것은 내게
평안을 주려 하심이라 주께서 내 영혼을 사
랑하사 멸망의 구덩이에서 건지셨고 내 모든
죄를 주의 등 뒤에 던지셨나이다
18 스올이 주께 감사하지 못하며 사망이 주를
찬양하지 못하며 구덩이에 들어간 자가 주의
신실을 바라지 못하되

19 오직 산 자 곧 산 자는 오늘 내가 하는 것과
같이 주께 감사하며 주의 신실을 아버지가
그의 자녀에게 알게 하리이다
20 여호와께서 나를 구원하시리니 우리가 종신
토록 여호와의 전에서 수금으로 나의 노래를
노래하리로다
21 이사야가 이르기를 한 뭉치 무화과를 가져다
가 종처에 붙이면 왕이 나으리라 하였고
22 히스기야도 말하기를 내가 여호와의 전에 올
라갈 징조가 무엇이냐 하였더라

원 의미

나는 36-39장은 7-12장을 반영한다고 주장한 바 있다. 7-12장은 하나님을 신뢰하지 않고 오히려 열방(특히 아시리아)을 신뢰한 아하스의 불신의 결과를 보여 준다. 그 결과 아하스가 의지했던 나라에게 멸망받고 만다. 그러나 7-12장은 희망적인 진술로 결론짓는다. 왜냐하면 하나님이 백성들과 다윗의 왕조와 맺은 약속을 깨뜨리지 않을 것이기 때문이다. 그분은 자신의 백성들을 회복시키고 평화와 공의로 그들을 다스리기 위해 다윗과 같은 메시아를 보내실 것이다. 36-37장은 이와 같은 모습을 반전시킨다. 이사야의 예언대로 유다는 아시리아에 의해 황폐화하고 만다. 그러나 아하스의 아들 히스기야는 하나님을 신뢰하며, 아시리아에게 항복하지 않는다. 그 결과 하나님은 그의 말씀을 지키시며 산헤립에게서 유다를 구원하심으로써 자신이 신뢰받을 분임을 입증하신다.

그러나 7-12장을 반영하는 효과는 계속해서 나타난다. 7-12장은 나쁘게 시작해서 좋게 끝나는 반면, 36-39장은 좋게 시작해서 나쁘게 끝난다. 서로 깊이 연관되어 있는 38-39장은 히스기야를 죽을 수밖에 없고 오류를 범할 수밖에 없는 사람으로 묘사하고 있다. 본문은 바빌론 유수와 다윗 왕조의 후손들이 바빌론 왕의 환관으로 일하게 될 것임을 예언하면서 끝맺는다. 적어도 38장의 사건들이 주전 701년의 구원 이전에 발생했다는 사실일 때, 도대체 이게 무슨 일인지 의심하지 않을 수 없다. 달리 말하면, 어떤 이유로 인해 38-39장의 연대기적 순서가 바뀌진 것이다. 그 이유는 무엇일까?

성경은 이런 질문에 뚜렷한 대답을 하지 않는다. 그러므로 우리가 제시하는 대답은 임시적인 가설일 뿐이다. 많은 해석가들은 바빌론 예고를 38장의 마지막에 두어서 아시리아에 대한 이야기에서 바빌론에 대한 이야기로 전환하기 위해 38-

39장의 연대기 순서가 바뀌었다고 주장해 왔다. 아마도 그것은 옳을 수 있다. 그러나 나는 이런 연대기적 순서를 바꾸게 된 데 더 복잡한 이유가 있을 거라고 생각한다. 이런 시도는 연대기적 전환뿐만 아니라 신학적 전환도 마련해 준다. 약속된 다윗과 같은 메시아는 누구인가? 그는 히스기야가 아닌가? 히스기야는 그의 신실함으로 나라의 생명을 지속적으로 보장해 주었다. 그는 참된 지도력을 가능하게 하는 기질을 보여 주었다. 또한 열왕기서와 역대기서에서 히스기야는 유다에서 공의와 종교적 신앙을 회복시켰다. 분명 그는 9장의 아기, 11장의 이새의 줄기, 16장의 보좌에 앉은 이, 32-33장의 의롭고 아름다운 왕임에 틀림없다.[1]

38-39장은 히스기야가 다윗의 메시아가 아님을 말해 준다. 비록 그가 선한 사람이었다 하더라도, 그는 단지 인간일 뿐이다. 비록 히스기야가 생명을 연장받지만(38장), 38:9-20의 찬양시에서 볼 때 그는 죽을 수밖에 없는 운명이다. 히스기야는 영원한 왕국으로 인도할 자가 아니다. 그는 전능하신 하나님도 아니다(9:6). 그의 행동은 칭찬받을 만하지만 오류를 피할 수 없다(39:1-8). 히스기야는 바벨론 사신들의 방문을, 자신을 죽음에서 구해 주신 하나님을 영화롭게 하는 기회로 삼기보다는 자신의 부와 군사력을 자랑하는 기회로 삼고 말았다. 신뢰는 삶의 방식이지, 순간적인 일이 아니다. 따라서 38-39장은 도래할 바벨론 유수를 준비시켜 줄 뿐만 아니라 약속된 메시아의 본질과 성품에 대한 더 구체적인 사실을 마련해 준다. 만약 메시아는 히스기야가 아니라면, 그는 누구인가? 40-66장은 이런 질문을 다루고 있으며, 38-39장은 바벨론 유수를 준비시켜 주고 있다.

히스기야의 기도(38:1-8)

자이츠(Seitz)는 38장이 36-37장의 흐름을 반전한다고 지적한다. 36-37장에서 하나님을 조롱했던 자는 생명에서 죽음으로 향한다. 38장에서 하나님을 신뢰하는 자는 죽음에서 생명으로 향한다. 그 이유는 기도 때문이다. 비록 38:3의 히스기야의 기도는 37장의 기도만큼 고차원적이고 이타적인 기도는 아니라 하더라도, 신뢰하는 자가 위기의 순간에 취해야 할 올바른 모델이 된다. 히스기야는 이사야에게 "죽을 것이다"라는 하나님의 말씀을 전해 듣는다. 이것은 심판의 말씀이 아니라 단순한 사실이다. 그러나 히스기야는 그와 같은 선언을 순순히 받아들이지 않는

1. 이것은 Seitz(*Isaiah 1-39*, 255, etc)의 입장이다.

다. 그는 하나님의 마음, 즉 하나님은 위기에 처한 백성들의 상황이 변경되기 힘든 지경에 이르렀다 하더라도 그들의 소리를 들으시고 귀 기울이신다는 것을 알고 있다(참조. 38:5). 그러므로 히스기야는 하나님께로 나아간다. 명백히 증거가 드러나지는 않지만, 아하스와는 거리가 멀었던 하나님과의 교통을 통해 드러난 인격적인 신뢰가 히스기야에게는 매우 자연스러웠던 것 같다.

히스기야가 실로 생명의 연장을 간구하지 않았다는 것은 흥미로운 일이다. 히스기야는 단지 그의 일생을 성실과 온전한 헌신으로 살아왔음을 하나님께 상기시키고 있을 뿐이다. 이것은 창세기 17:1에서 하나님이 아브라함에게 말씀하신 명령을 연상시킨다. "너는 내 앞에서 행하여 완전하라." 간략히 말하면, 그 당시 39세에 지나지 않았던 히스기야는 자신이 장수에 필요한 하나님의 요구를 충족시켰다고 말하고 있으며(참조. 시 34:11-14), 마치 자신이 악인처럼 단명하는 것(참조. 시 37:35-36)이 공정한 것인지 암시적으로 묻고 있는 것이다.

하나님은 이와 같은 논증에 응답하시며 이사야를 통해 15년의 생명을 연장시켜 주겠다고 말씀하신다.[2] 또한 하나님은 아시리아에서 "너와 너의 도성을 구원하겠노라"고 약속하신다. 이 약속은 이 사건이 산헤립이 침략했을 때 발생했음을 암시해 주고 있는 것 같다. 물론 산헤립의 위협은 주전 721년 사마리아의 멸망 때와 분리될 수 없다. 그러므로 이 표현의 역사적 배경은 그보다 앞선 주전 710년, 즉 므로닥 발라단(참조. 39:1)이 처음으로 등장한 시기였을 것이다. 여하튼 또다시 하나님을 신뢰하고 열방을 신뢰치 말라, 하나님만이 우리를 구원하실 수 있다는 논점이 제시된다.[3]

히스기야는 선대의 부친처럼 징조를 받는다. 그 징조는 하나님이 은혜로 구원하실 것임을 확증해 준다. 아하스는 자신을 지키기 위해 이미 동맹을 체결했기 때문에 그 징조를 거절하였다. 히스기야에게는 그와 같은 방해물이 없다. 그러므로

2. 히스기야의 아들, 므낫세는 히스기야가 사망할 때에 단지 12세에 불과했다(왕하 21:1). 이것은 히스기야가 질병을 앓았던 당시에 자손이 없었음을 의미한다. 만약 그렇다면, 히스기야의 슬픔과 비탄은 더욱 잘 설명될 수 있을 것이다. 다윗 왕조의 종말은 너무도 두려운 나머지 상상조차 할 수 없는 일이다. 이것은 38:5에서 하나님의 응답을 통해 소개되는 "네 조상 다윗의 하나님"이라는 말도 이 점을 설명해 주고 있는 듯하다.

3. 히스기야의 수명과 나라의 수명 사이에는 어떤 유사점이 있는 것 같다. 단지 인간의 관점에서 본다면, 독립 국가로서 유다는 수명을 다했다. 더 부유하고 막강한 이스라엘이 무너졌다면, 유다 역시 곧 멸망할 것이다. 그러나 그것을 하나님을 배제시키는 것이다. 만약 하나님이 유다의 수명을 더 연장시키시면, 아시리아의 위협에도 불구하고 유다의 수명이 연장될 것이다. P. Ackroyd, "An Interpretation of the Babylonian Exile: A Study of II King 20 and Isaiah 38-39," *SJT* 27 (1974): 329-52를 보라.

히스기야는 하나님이 보호하신다는 증거는 무엇이든 흔쾌히 받아들인다. 태양의 그림자가 뒤로 물러가는 특별한 징조를 선택한 목적은 하나님이 시간을 뒤로 이동시키실 수 있듯이 우리의 생명을 연장시키실 수 있음을 알려 주시기 위함인 듯하다.[4]

히스기야의 애가(38:9-20)

본문은 종종 사망에서 구원받은 히스기야의 감사의 시로 불려진다. 그렇지만 이 히브리 시는 탄식의 운율을 취한다. 모두 그런 것은 아니지만 탄식의 몇 가지 특징들이 나타나고 있다. 오직 38:16, 17, 19만이 감사와 찬양으로 보인다.

실제로 이 시는 대체로 죽음에 대한 묵상처럼 보인다. 38:10-14에서 히스기야는 불시에 찾아온 죽음의 선언에 대해 이야기한다. "중년에"(10절)라는 표현은 "여년을 빼앗기게 되리라"는 표현과 함께 상황에 잘 연결되고 있다. 특히 히스기야는 "생존 세계에서" 하나님과 다른 사람들과의 교제를 놓치기 싫어한다(11절). 그러나 기껏해야 인생은 덧없을 뿐이다. 그리고 히스기야는 이와 같은 덧없음을 표현하기 위해 서로 다른 두 개의 비유, 즉 "목자의 장막"과 베틀의 "천"(베, 12절)을 사용한다. 목자는 양 무리를 따라 계속 이동하기 때문에, 장막은 결코 한 곳에 오래 머물 수 없다. 비록 천이 오랫동안 베틀에 붙어 있다 하더라도, 그 천이 베틀에서 끊어질 날이 올 것이다. 인생은 이처럼 일시적인 것이다.

12-13절에서 히스기야는 "나의 명이 조석간에 마치리이다"라고 반복한다. 이것은 우리의 생명이 언제나 하나님의 손안에 있음을 강조한다. 그러나 또한 이 표현은 죽음의 불가피성을 강조한다. 빛으로든 어둠으로든 하나님에게서 벗어날 길은 없다. 히스기야는 낮이 밝아오면 더 나아질 거라고 생각하지만(38:13), 구원은 일어나지 않는다. 그러나 죽음이 주님에게서 오듯이, 생명도 주님에게서 온다. 희망이 있다면, 그것은 하늘에서 오는 것이요, 도움이 있다면 주님에게서 오는 것이다(38:14).

38:15을 부정적으로 보아야 할지 아니면 긍정적으로 보아야 할지는 분명치 않다.[5] 만약 이 구절이 감사로 시작한다면, 그것은 약화된 논조를 띠고 있는 것이

4. 왕하 20:9-11에서, 히스기야는 일영표를 이동하는 데 선택권을 받았다. 그는 일영표를 물러가게 하는 것을 선택함으로 더 어려움에 처하게 된다.

다. 논점은 질병과 치유 이 모든 것이 히스기야의 역사가 아닌, 하나님의 역사임을 말해 주는 듯하다. 히스기야가 관심을 쏟아야 할 교훈은 무엇인가? 히스기야는 생명이 자신의 것인양 교만한 태도로 인생을 살아서는 안 된다. 히스기야는 "영혼의 큰 고뇌"를 겪었으며 그 질병에서 해방되었기에 감사와 책임을 느끼며 살아야만 한다.

"사람의 사는 것이 이에 있고"에는 "이에 있고"(such things)라는 의미가 분명치 않기 때문에 16절은 다소 모호한 감이 있다. 아마도 이것은 해로운 질병과 은혜로운 구원을 모두 암시해 주는 듯하다. 히스기야는 매일의 새 날이 하나님의 선물이라고 생각하며 살아가고자 결심한다. 그리고 자신이 겪었던 고뇌가 유익했던 것이라고 믿는다(38:17). 아마도 그런 유익 가운데 하나는 하나님의 사랑과 자비를 새롭게 깨닫게 된다는 것이다. 38:3에서 히스기야가 지금까지 하나님께 온전히 충성했다 할지라도, 하나님이 공의로 철저하게 다루신다면 죄로 죽을 수밖에 없음을 깨닫는다(참조. 시 130:3).

18-19절은 음부(*šᵉʾol*, 무덤)에 있는 자들이 하나님의 성실하심을 찬양할 수 없기 때문에 신실한 자가 계속 살아 있는 것은 하나님의 은혜라고 말한다. 그러므로 산 자들은 하나님을 찬양하며 하나님의 성실하심을 그의 자녀들에게 증거한다(38:19). 이러한 사상은 시편에 나타난 사상과 부합하는 듯하다.[6] 사후에 하나님과 복된 삶을 누린다는 개념은 아직 구약의 사상에서 발전되지 않는다. 특히 그 당시 구약에서 죽음은 무서운 것으로 묘사된다.

20절에서는 뚜렷한 찬양 형식으로 바뀐다. 대체로 탄식의 형태는 20절과 같이 "찬양의 맹세"로 끝을 맺는다. 저자는 하나님의 구원이 이루어지기 전, 혹은 구원이 성취되기 전에 구원을 확신한다. 여기서 히스기야는 자신이 살아 있는 동안 성전에서 구원의 하나님께 기쁨의 노래를 받칠 거라고 약속한다. 이와 같은 히스기야의 찬양 사역은 레위 찬양자들과 유사하다(대하 29:25-26).

---

5. Calvin은 이것을 부정적으로 해석한다. 대부분 현대 해석가들은 이것을 긍정적으로 해석한다.
6. 시 6:5; 30:9; 88:10-12; 115-18을 보라. Motyer(*Prophecy of Israel*, 295)는 이 모든 표현들이 용서받지 못할 죄로 죽어가는 것, 즉 그러므로 하나님의 은혜에서 멀어짐을 가리킨다고 주장한다. 그렇지만 여기서 죄를 용서받음은 사망에서 구원받음을 말한다. 용서받은 죄로 죽어간다는 표현은 없다.

첨가 부분(38:21-22)

내가 생각하기에 21절과 22절은 이사야의 원 저서에 속하지 않는 듯하다. 이 구절은 서로 부합하지 않으며, 문맥에서 벗어나 있는 듯하다. 특히 이 같은 점은 우리가 본문과 유사한 열왕기하 20장—이 구절의 내용은 열왕기하 20장의 전체 이야기의 흐름과 잘 연결되어 있다—을 살펴볼 때, 더욱 분명히 드러난다. 나는 이사야의 기사와 열왕기의 기사가 동일한 자료에 기초하고 있으며, 원 저자 이사야는 히스기야의 찬양시를 강조하기 위해 21, 22절 포함하지 않았을 거라고 해석한다. 그러나 이 두 기사를 비교하던 후대의 편집자는 본문의 내용이 무심결에 빠뜨려졌다고 생각하고 마지막 부분에 추가시켰다. 그러나 그는 이런 작업이 원 저작의 전체적 흐름에 방해가 되기를 원치 않았다.[7]

20절은 비록 치유를 위해 어떤 수단이 사용되긴 하지만 그 치유가 주님에게서 말미암는다는 것을 보여 주고 있다. 21절은 왜 징조가 38:8의 "아하스의 일영표"와 연관이 있는지를 설명해 주는 듯하다. 태양이 아하스의 일영표를 앞뒤로 이동시키듯이, 히스기야도 또다시 성전 계단에 올라갔다가 내려올 것이다.

상황잇기

질병과 죄. "그의 등 뒤에 있는 모든 죄를 하나님께 던졌다"는 히스기야의 말(38:17)은 우리가 질병을 다룰 때의 공통된 이슈를 제시하고 있다. 우리는 종종 아플 때, 이런 일을 당할 만큼 무슨 잘못을 저질렀는지 의문을 갖는다. 죄의 결과로 병을 앓게 되는 성경의 인물들을 볼 때 더욱 의문이 강해진다. 예를 들면, 엘리사의 종 게하시를 보라. 엘리사가 시리아의 장군 나아만의 후한 선물을 거절하자, 게하시는 자신이 그 선물을 취할 수 있을 거라고 생각했다. 그리하여 그는 시리아인들을 따라가 자신의 주인의 마음이 바뀌었다고 말했다. 그 결과 게하시는 문둥병에 걸리고 말았다(왕하 5:16-27). 이와 비슷한 일이 웃시아 왕에게도 발생하였다. 웃시아 왕은 성전에서 분향하다가 문둥병에 걸리고 말았다(대하 26:16-20).

7. 이러한 논점을 더 구체적으로 살펴보려면, Oswalt, *Isaiah 1-39*, 690-91을 보라. Seitz(*Isaiah 1-39*, 260-61)은 본문은 원 자료이며 의도적인 신학적 구성을 보여 주고 있다고 주장한다. 그러나 그의 주장은 자연스럽지 않은 듯하다.

동시에, 성경에는 고난에 대한 이야기가 등장하는데 그 전형적인 예는 욥의 이야기이다. 여기서 욥의 고난은 분명 죄와 관련이 없다. 예수도 이와 동일한 논점을 제시한 바 있다. 예수는 "한 사람이 소경이 된 것은 누구의 죄 때문인가?"라는 질문에 "죄 때문이 아니라, 하나님의 영광을 나타나기 위해 소경이 되었다"고 응답하셨다(요 9:2). 이와 같은 이야기들은 죄가 어떤 질병에는 영향을 미치지만, 항상 그런 것은 아니라고 말해 준다. 질병의 원인은 우리가 알 수 있는 것보다 훨씬 더 복잡하다.

더 중요한 이슈는 질병에는 그럴 만한 가치가 있다는 점이다. 욥과 소경은 질병의 형벌을 받을 만한 자들이 아니었다. 히스기야의 기도를 들은 하나님의 응답에서 나타나듯이, 히스기야 또한 질병의 형법을 받을 자가 아니었다. 그러므로 질병은 자기를 성찰할 수 있는 자극제가 된다. 그리고 하나님께 불순종한 모습을 발견할 수 없다면, 그것은 하나님을 신뢰하는 우리의 신앙을 더욱 심화시키며, 그분을 의지함으로써 질병을 통해 승리할 수 있는 기회가 될 것이다.

내세. 어떤 이들은 구약에서 내세에 대해 분명히 발견하기 어려울 것이다. 히브리인들은 죽음의 세계(sheol)를, 육체를 떠난 영혼이 쓸쓸하게 살고 있는 어둠의 장소로 생각한 것 같다(참조. 14:9-11). 이런 사상은 난해한 점이 있다. 왜냐하면 천국의 교리가 사실이라면 이러한 교리가 성경의 모든 부분에 나타나야만 한다고 생각되기 때문이다. 그러나 이러한 생각은 성경의 본질을 고려하지 못하고 있다. 성경은 하늘에서부터 이 땅 위로 떨어진 하늘의 창작품이 아니다. 회교도들은 쿰란을 그런 방식으로 이해한다. 그러나 우리가 성경을 소유하게 된 것은 그런 방식과는 거리가 멀다. 성경은 특정한 시간과 공간 속에서 특정한 백성들과 하나님과의 상호작용에 의한 결실이다. 이것은 하나님이 그 백성들의 이해와 성장에 맞도록 자신을 그들의 수준에 맞추셨음을 의미한다.

또한 이것은 하나님의 계시에 점진적인 특징이 있음을 의미한다. 예를 들면, 메시아의 신성을 꼽을 수 있다. 하나님이 메시아의 신성을 계시하기에 앞서, 다신론 사상을 제거해야만 했다. 사실상 이런 임무는 전 구약 시대에 요구되었다. 백성들에게 하나님의 유일성을 의식 속에 고정한 후에야 비로소 한 분 하나님 안에 존재하는 다원성을 계시할 수 있었다.

내세의 경우도 이와 동일하다. 이교도의 관점에서 볼 때, 물리적 세계는 실재 세계가 아니다. 물리적 세계는 실재가 존재하는 곳, 지상의 모든 사건을 결정짓는 곳인 비가시적 세계를 희미하게 반영하는 것에 불과하다. 하나님이 이런 사상에 젖어 있는 백성들에게 이런 사상이 틀렸다는 것을 증명해 주는 것은 커다란 노력이 따랐다. 이 세계는 실재 세계이다. 그리고 우리는 이 세계에서 궁극적 의의를 지니는 것을 선택할 수 있는 자유를 가지고 있다. 우리는 하나님의 생명에 참여할 수 있다. 그로 인해 우리의 행동은 계속 변화되어 간다. 이와 같은 사상이 백성들의 의식 속에 확고히 자리잡지 않고서, 내세의 축복에 대해 말하는 것은 위험할 수 있을 것이다. 그러나 이 세상의 실재가 의식 속에 심어졌다면, 그 실재의 보다 더 고차원적인 측면들은 계시될 수 있을 것이다.

현대적 의미

하나님의 주권적 의지. 확실히 크리스천이 격렬하게 토론하는 이슈 중 하나는, 하나님은 그분의 뜻을 변경할 수 있다는 사상이다. 대개 그런 사상은 불가능하다고 주장한다. 결국 하나님은 모든 것을 아시며 그분은 완전하시기 때문에, 하나님이 그의 뜻을 변경하시는 것은 불가능하다고 보는 것이다. 사무엘상 15:29과 같은 구절이 종종 인용된다. "이스라엘의 지존자는 거짓이나 변개함이 없으시니 그는 사람이 아니시므로 결코 변개치 않으심이니이다."

그러나 우리는 여기서 중요한 것을 구별해야 한다. 하나님은 만물의 근본적 특성과 관련하여 자신의 뜻을 변경하지 않는다. 하나님은 어느 날에는 간음을 정죄하고 어느 날에는 그것을 권하시는 분이 아니다. 하나님이 보시기에 간음을 저지른 다윗을 사랑했다고 해서 간음이 용납될 수 있는 행위는 아니었다. 더욱이, 인류를 향한 하나님의 근본적인 목적은 변하지 않는다. 하나님은 자신의 임재를 우리와 함께 공유하기를 원하신다. 이것을 위해 그는 자신의 성품과 형상으로 우리는 다시 새롭게 만드시기를 원하신다. 그러므로 하나님은 사울에게 선포한 심판에 대한 뜻을 바꾸시지 않으신다. 사무엘상 13-15장에 소개된 사건들에서, 우리는 점차 자신과 자신의 성공에 집착한 나머지 하나님이 사용하실 가능성의 여지를 더 이상 남겨 두지 않은 사울을 발견한다.

그러나 "하나님이 그분의 백성들을 위해 결코 변개치 않는다"는 말에는 그분이 우리에게 말씀하신 것을 기쁘게 바꾸실 거라는 뜻이 있다. 즉 그것이 우리에게 더 큰 복이 될 수 있다면 그렇게 하실 것이다. 요나는 니느웨로 가라는 명령을 받을 때 그것을 알고 있었다(욘 4:1-3). 이런 상황이 여기서도 나타난다. 아무 문제 없던 히스기야가 생애의 종말을 의미하는 질병에 걸렸다. 그러나 히스기야는 하나님께 부르짖는다. 그리고 하나님은 자신의 간섭으로 히스기야와 백성들에게 더 큰 복이 될 것임을 알고 계신다. 하나님은 이전에 그것을 알고 계셨는가? 물론이다. 그러나 문제는 히스기야가 그 순간에 믿음으로 하나님께 나아갈 것이냐의 여부에 있다. 만약 히스기야가 그리하지 않는다면, 하나님이 그를 위해, 그를 통해 하실 수 있는 일은 거의 없다.

최근 논의되는 "하나님의 개방성"(openness of God)은 지나친 인간의 이성을 사용해서 이런 문제를 해결하려고 하는 것 같다. 어떤 이성적 입장에서는 만약 하나님이 미래의 모든 것을 알고 계신다면 인간의 자유란 환상에 불과하다고 말한다. 우리의 모든 선택은 제한되어 있으며, 우리가 자유롭게 선택한다고 생각하더라도 그렇지 않다. 이런 입장의 문제점은, 성경에서 사람들은 스스로 선택할 수 있으며 그 결과를 경험하는 자들이라는 데 있다. 그리하여 만약 인간이 진정 자유롭다면, 하나님의 선지식은 제거되어야 한다는 또 다른 이성적 입장이 대두된다.

만약 전자의 입장이 하나님을 로봇의 주인으로 만든다면, 후자의 입장은 하나님을 무력한 분으로 만든다. 더욱이 이런 입장은 하나님에 대해 가르치는, 특히 이사야의 가르침과 정면으로 대치된다. 하나님이 홀로 하나님이신 특별한 증거는 그분 홀로 미래를 말씀하실 수 있다는 점이다(참조. 43:8-13; 48:5-8). 성경에서 가르치는 단순한 사실은, 하나님은 주권적이시며, 인간은 선택할 수 있는 능력을 소유하고 있다는 것이다. 우리의 단순한 논리적 이성으로 이런 가르침을 축소시키려는 시도는 불가피하게 모든 요소를 손상시킬 수 있다. 우리는 그저 모든 진리를 강조해야만 하며, 성경의 가르침에 신실한 삶을 살아야만 한다. 히스기야와 같이, 우리는 열정과 확신을 갖고 하나님께 간구해야 한다. 즉 우리는 하나님이 자신의 본성과 일관된 분이며, 언제나 우리를 위해 최선을 다하고 계심을 확신해야 한다.

온전한 마음. 자신이 "온전한 마음"으로 "진실"된 삶을 살았다고 말하는 히스기야의 주장은 현대인이 듣기에는 당혹스럽다. 우리는 의로움을 지나치게 강조하는 태도에 대해 의구심을 가졌다. 예수의 가르침은 자신이 성취한 의로움을 자랑하는 자들에게 비판적이다.

그러나 우리는 반대로 너무 많이 기울어졌다는 느낌을 갖는다. 우리는 기독교 대중음악에서, 하나님과의 완전한 관계 속에서 삶의 기쁨을 노래하기보다는 하나님의 용서를 위해 끊임없이 반복되는 죄와 상실을 노래하는 것을 듣는다. 비록 로마서 7장을 절대화할 수 있으나, 이 부분이 로마서 6장과 8장 사이에 있다는 사실은 잊어버리기 쉽다.

또한 예수께서 그의 제자들의 의가 바리새인의 의보다 나아야 한다고 말씀하신 것을 잊어버린다(마 5:20). 실제로 바리새인은 충분히 의롭지 않다. 그들은 자신이 행한 의로움, 즉 외적인 의로움으로 충분하다고 믿었다. 그렇지만 하나님은 외적인 행동으로 나타나는 내적인 순종을 원하신다(참조. 렘 31:33). 결국 이것은 오직 그분의 은혜를 통해서만 가능한 것이다. 모세가 "네 마음을 다하고 네 정성을 다하고 네 힘을 다하여"(신 6:4) 주님을 사랑하라고 말한 것은 이런 내적 순종을 요청했던 것이다.

그렇다면 히스기야는 무엇을 말하고 있는가? 그의 말을 오늘날 어떻게 해석할 수 있는가? 첫째, 히스기야는 그의 무오성(infallibility)을 주장하지 않으며, 자신의 완전한 행위를 주장하지도 않는다. 하나님이 그의 죄를 지신다는 말씀(38:17)은 이 점을 충분히 보여 준다. 그러나 히스기야는 의식적으로, 의도적으로 자신이 하나님과의 약속을 지켰음을 말하고 있다. 이것이야말로 "진실로 행하다"(walking in truth)는 말의 의미이다. 히스기야는 하나님이나 다른 사람들을 속이려 하지 않는다. 그는 하나님이 약속하신 것을 신중히 여겼으며, 그 약속을 지킬 수 있는 하나님의 은혜를 발견하였다. 어떻게 이런 일이 가능했는가? 그 해답은 그의 "마음"이 전적으로 하나님을 향하고 있기 때문이다. "마음"은 히브리인에게 삶의 "제어판"이라는 개념이다. 생각, 감정 및 의지는 모두 마음에서 나온다. 히브리인들은 이와 같은 인격의 세 가지 면들이 마치 독자적으로 서로 분리되어 있다고 보지 않는다. 히스기야는 그의 "마음"이 오직 한 가지 하나님을 기쁘시게 하며 순종하는[8] 일에만 집중되어 왔다고 말한다.

이런 삶이 구약의 크리스천에게 가능했다면, 분명 성령이 내주하는 우리에게도 가능할 것이다(롬 8:12-14; 갈 5:16-18). 이것은 우리가 항상 모든 것을 올바르게 행한다거나 결코 용서를 구할 필요가 없음을 의미하지 않는다. 아사가 그런 "마음"을 가졌으나 여호와를 경배하던 예루살렘 밖의 산당을 제거하지 않은 것은 시사하는 바가 있다(왕상 15:14). 아사가 여호와께 순종하지 못한 것은 분명 반항이 아닌, 무지로 말미암은 것이었다. 즉 그의 마음은 전적으로 하나님을 향하였지만 아사의 행위는 잘못되었다. 솔로몬의 비극은 결국 마음이 나뉘어 더는 온전히 하나님을 향하지 못했다는데 있다(왕상 11:4). 오늘날 모든 크리스천은 죽음의 자리에서 히스기야와 같은 고백을 할 수 있기를 열망해야만 할 것이다. 분명, 우리는

8. KJV에서 "온전한"으로 번역된 이 말은 히브리어로는 *šalem*인데, 전체 혹은 완전한 상태라는 뜻이다.

점차 분열하고 타락한 사회 속에서 살아가고 있다. 이런 곳에서 우리의 조상들처럼 진실하고 온전한 마음으로 살아가기란 쉽지 않다. 히스기야가 살았던 그 사회 또한 분열되고 타락한 사회였다. 그리스도의 자녀인 우리들은 히스기야의 모범에 따라 살아야 하지 않겠는가?

이사야 39:1-8

1 그때에 발라단의 아들 바벨론 왕 므로닥
발라단이 히스기야가 병 들었다가 나았다
함을 듣고 히스기야에게 글과 예물을 보낸
지라
2 히스기야가 사자들로 말미암아 기뻐하여
그들에게 보물 창고 곧 은금과 향료와 보배
로운 기름과 모든 무기고에 있는 것을 다
보여 주었으니 히스기야가 궁중의 소유와
전 국내의 소유를 보이지 아니한 것이 없는
지라
3 이에 선지자 이사야가 히스기야 왕에게 나아
와 묻되 그 사람들이 무슨 말을 하였으며 어
디서 왕에게 왔나이까 하니 히스기야가 이르
되 그들이 원방 곧 바벨론에서 내게 왔나이
다 하니라
4 이사야가 이르되 그들이 왕의 궁전에서 무엇
을 보았나이까 하니 히스기야가 대답하되 그
들이 내 궁전에 있는 것을 다 보았나이다 내
창고에 있는 것으로 보이지 아니한 보물이
하나도 없나이다 하니라
5 이사야가 히스기야에게 이르되 왕은 만군의
여호와의 말씀을 들으소서
6 보라 날이 이르리니 네 집에 있는 모든 소유
와 네 조상들이 오늘까지 쌓아 둔 것이 모두
바벨론으로 옮긴 바 되고 남을 것이 없으리
라 여호와의 말이니라
7 또 네게서 태어날 자손 중에서 몇이 사로잡혀
바벨론 왕궁의 환관이 되리라 하셨나이다 하니
8 히스기야가 이사야에게 이르되 당신이 이른
바 여호와의 말씀이 좋소이다 하고 또 이르
되 내 생전에는 평안과 견고함이 있으리로다
하니라

원 의미

"므로닥발라단"은 아시리아와 맞서 두 차례(주전 721-710년과 주전 705-703년) 왕위에 올랐던 바빌론의 통치자였다. 주전 703년 산헤립에게서 쫓겨난 후, 그는 엘람(현재의 이란)으로 도피하여 죽을 때까지 아시리아를 대적하기 위한 계략을 모의하였다. 분명 그는 아시리아 제국 안에서 동맹을 맺을 수 있는 자이나 아시리아인들이 관심을 가질 수 있을 만한 자를 고무시키는 데 집중했다. 히스기야의 병과 회복에 관해 들었다는 사실은 그가 좋은 정보망을 갖고 있었으며, 지역주의에 젖은 우리가 상상하는 것보다 더 나은 전달 체계가 다양한 고대 근동 세계에서 이루어지고 있었음을 말해 준다.[1]

왜 히스기야가 사절단을 기쁘게 받아들였는지는 쉽게 이해가 된다(39:2). 아무튼, 세계적인 대 통치자가 조그마한 유다에 관심을 기울이고 있지 않은가! 누군가 우리 자신보다 더 중요하다고 여길 때에 엄청난 아부가 생긴다. 그러나 또한 거기에는 위험도 뒤따른다. 즉, 중요한 사람이 관심의 대상이 되는 것은 당연하다고 확신할 때, 우리는 유혹에 빠질 수 있다.

안타깝게도, 히스기야는 그런 유혹에 빠지고 만다. 지금 히스기야에게는 하나님의 영광을 열방에게 선포할 수 있는 놀라운 기회가 왔다. 므로닥발라단에게 있어서 히스기야의 질병과 회복은 정치적 방어막을 쌓기 위한 구실에 불과했을 것이다. 그러나 표면상으로는 방문이 목적이었다. 그러므로 히스기야는 이런 방문을, 만유의 유일하신 하나님이 자신에게 행하신 일을 이야기할 수 있는 기회로 삼을 수 있었다. 그러나 하나님을 좋으신 분으로 높이기보다는 오래 전 모세처럼(민 20:9-12) 자신을 드러내려는 기회로 삼고 말았다. 히스기야가 바빌론 사신들에 보여준 구체적인 항목들과 "히스기야가 그들에게 보여 주지 않은 것이 없더라"는 짧은 표현은 히스기야가 얼마나 완전히 그 유혹에 빠져들었는지를 강조하고 있다.[2]

확정적으로 말하기는 불가능하지만, 39:3-4에서 히스기야와 이사야의 대화는 히스기야의 곤경을 강조하고 있는 듯하다. 히스기야의 요청과 상관없이 자발적으로 나타난 이사야는 직설적이고 퉁명스럽게 사신들이 무슨 말을 했으며 어디서 왔는지 묻는다. 흥미롭게도, 히스기야는 그들이 무슨 말을 했는지에 대해서는 말하지 않는다. 정치적 동맹에 관한 이야기가 있지 않았을까? 히스기야는 단지 그들이 먼 바빌론에서 온 자들이라고 말할 뿐이다. 아마도 바빌론과의 동맹이 가까운 이집트와의 동맹과는 다르다는 점을 암시하고 있는 듯하다. 이사야는 이 점에 대해 반응하지 않는다. 그러나 그는 그 사신들이 "궁전"에서 무엇을 보았는지에 대해 질문을 던진다. 이것은 히스기야가 자기 과시에 빠져 있었음을 이사야가 정확하게 잘 알고 있음을 암시한다.[3] 히스기야는 자신의 명성에 걸맞게 거짓말을 하지 않는다. 오히려 그는 사신들에게 "모든 것을" 보여 주었노라고 말하면서 자신의 태도

---

1. 현대에 므로닥발라단과 비슷한 자는 아라파트(Yasser Arafat)일 것이다. 아라파트는 바빌론 사람들처럼 지치지 않고 활력에 넘치는 자처럼 보인다. 얼마나 많은 전투에 패배했든지 간에, 그는 다시 일어나 계속 투쟁을 하고 있다.
2. 대하 32:31에서, 우리는 하나님이 히스기야를 시험하고 있음을 깨달을 수 있다.
3. 게하시가 나아만으로 인해 무엇을 얻고자 떠난 후, 엘리사가 게하시에게 유사한 질문을 했다는 데 주목해 보라. 게하시가 거짓말을 했을 때, 엘리사는 초자연적으로 그 모든 일을 다 보았다고 그에게 말했다(왕하 5:25-27).

에 대해 뻔뻔스럽게 말했다.[4]

또다시 이사야는 히스기야에게 직접적으로 반응하지 않는다. 그러나 단지 "만군의 여호와"(39:5)의 권위로 선포한다. 즉 그 사람들이 보았던 "궁전의 모든 것"이 어느 날 바빌론의 소유가 될 것(39:6)이라고 선포한다. 그 뿐만 아니라, 히스기야의 "후손들"도 바빌론 왕궁의 환관이 될 것이다. 히스기야에게 날 자손 몇이 환관이 될 것이라는 이사야의 말은 이 점을 특별히 강조하고 있다(39:7). 그의 소유뿐만 아니라 그의 가문 역시 바빌론으로 옮겨질 것이다. 히스기야에게는 아무것도 남아 있지 않을 것이다.

"여호와의 말씀이 좋소이다"(39:8)라는 히스기야의 답변만을 본다면, 이것을 긍정적으로 이해할 수도 있을 것이다. 이것을 하나님의 심판에 대한 겸허한 태도로 생각할지 모른다. 그러나 왜 히스기야가 그런 말을 했는지 생각해 본다면, 그의 문제를 해결할 만한 길은 찾을 수 없음을 알게 된다.[5] 히스기야는 심판이 그에게 임하지는 않기 때문에 주님의 말씀이 좋다고 말한다. 이 얼마나 안타까운 근시안적 태도인가! 우리는 그와 같은 인간을 기억하고 싶지 않을 것이다. 그러나 이사야는 우리가 그와 같은 사람을 기억하기를 바라고 있다. 이 사건이 아마도 36-37장보다 이전의 사건임을 생각할 때, 우리는 왜 이런 방식으로 분문이 배열되었는지를 묻지 않을 수 없다. 실제로 히스기야는 산헤립과 직면했을 때, 하나님을 신뢰함으로써 문제에서 벗어난다. 그렇다면 왜 우리는 여기서 히스기야를 신실한 왕이 아닌 실패한 왕으로서 기억해야만 하는가?

이 질문의 답에 대한 내 생각은 이러하다. 즉 이사야는 우리에게 그의 책이 여기서 끝날 수 없으며, 이 사건을 통해 후속장들에 나오는 미래 사건을 미리 예고해 줄 필요가 있음을 알려 주려고 한다. 그렇다. 하나님은 아시리아 침략과 관련하여 자신이 전적으로 신뢰받기에 합당하신 분임을 보여 주셨다. 그러나 대적이 더는 아시리아가 아닌, 바빌론이라면 이와 같은 신뢰에 대한 교훈은 어떻게 이해해야 하는가? 예루살렘이 바빌론에게 구원받지 못할 때, 이런 교훈들은 가치가 있겠는가? 만약 이사야서가 37장에서 끝났다면, 미래의 독자들은 하나님의 백성들이 바

4. "모든 것"과 "아무것도 없다"는 표현이 히브리어에서 강조되고 있다.

5. Seitz(*Isaiah 1-39*, 264-66)는 "제1 이사야"의 마지막이 긍정적인 결론을 필요로 한다고 보기 때문에 이와 같이 해석하려고 시도한다. 그렇지만 그는 히스기야에 대한 직접적인 심판이 없다는 점과 역대하가 그의 부를 신적인 축복의 상징으로 본다는 점에 대해서만 그렇게 주장할 수 있을 것이다. 이런 주장은 본문 자체를 뒤집기에는 충분치 못한다.

빌론을 통해 산헤립보다 더 막강한 세력을 만나게 되었다고 말할 수 있을 것이다. 더욱이 미래의 독자들은 이사야가 예고한 메시아가 히스기야의 인격을 통해 도래했기에, 그 약속은 자신들과 아무 관계가 없다고 말할 수 있을 것이다.

그렇지만, 이사야는 히스기야가 죽을 수밖에 없으며 오류를 지닌 존재임을 보여 줌으로써, 두 가지를 제시하고 있다. (1) 그는 신뢰라는 것이 일시적인 경험이 아닌, 삶의 방식에 있음을 보여 준다. 이것은 히스기야뿐만 아니라 이스라엘 민족에게도 해당된다. 신뢰의 가능성이 입증되었다 하더라도, 그와 같은 신뢰를 무조건적으로 실천하기 위해 더욱 필요한 것들이 있다. 그것들은 후속 장들을 통해 드러날 것이다. (2) 이사야는 인간이 얼마나 선하든 간에 인간에게는 궁극적인 구원이 없음을 보여 주고 있다. 우리의 희망은 인간의 완전성에 있지 않다. 그보다 나은 희망이 우리가 고대하는 메시아에게 있다.

상황잇기

바빌론 유수는 바빌론 사신들 앞에서 하나님의 영광을 높일 수 있는 기회를 파악하지 못한 히스기야의 실패로 말미암아 발생한 것은 아니다. 물론 히스기야가 그런 기회를 포착했다면 역사는 분명 달라졌을 거라고 보는 것은 흥미로운 생각이다. 그러나 그것은 이사야가 제시하고 있는 논점이 아니다. 히스기야의 행동은 원인을 설명하는 것이 아니라, 실례로 소개되고 있는 것이다. 왜 바빌론 유수가 발생했는가? 그것은 히스기야와 같이 이스라엘 민족이 신뢰를, 삶의 방식이 아닌 일시적 문제로 이해했기 때문이다. 그러므로 아마도 유다 역사상 최고의 전성기였던 히스기야의 통치 이후에는 최악으로 치달았던 므낫세의 통치가 뒤따른 듯하다(참조. 왕하 21:10-15).[6] 이것은 이스라엘 백성들의 성품을 부분적으로 증거해 준다. 만약 히스기야 통치 아래 이루어졌던 갱신으로 말미암아 백성들의 성품이 변화되었다면, 그들의 왕도 다르게 처신했을 것이다.

이런 일은 므낫세의 손자 요시야에게 동일하게 해당된다. 본문에는 그 이유가 구체적으로 나타나지 않지만, 요시야는 하나님을 향하는 마음으로 그의 민족을 놀랍게 부흥시켰다(참조. 왕하 23:1-3). 그렇지만 결국 그가 사망하자 부흥은 한 순

6. "내 생전에는 평화와 안전이 있을 것이다"는 히스기야의 태도가 므낫세를 설명할 수 있는 근거가 된다면, 의구심이 생긴다. 미래에 무관심한 히스기야의 태도는, 그의 아들과 아들의 영적인 삶의 성장에 관심을 기울이지 않았음을 의미하는가?

간에 사라져 버렸던 것 같다. 그리고 우리가 상상할 수 있듯이 그의 아들 여호야김은 냉소적인 태도로 나라를 통치했다.[7] 다시 말하자면, 신뢰하지 못한 자들은 백성들이었다. 그들은 신뢰를, 일생동안 나타내야 할 언약 관계의 표현으로 보기보다는 위기로부터 벗어나는 수단으로 이해했다.

한 가지 더 지적하자면, 그들은 신뢰를 단지 그들의 필요를 충족시켜 주는 수단으로 보았던 것 같다. 그러나 그것은 신뢰를 조작을 위한 장치로 전락시킬 뿐이다. 신뢰가 이와 같은 방식으로 사용될 때 그것은 실패할 수밖에 없다. 왜냐하면 하나님은 조작될 수 없기 때문이다. 유다와 이스라엘에게 일어났던 결과는 오늘날에도 마찬가지이다. 우리는 자신의 필요를 채우기 위해 다른 조작적인 수단으로 향한다. 그런 경우에는 그것이 우상숭배가 된다.

앞서 종종 말했다시피, 우상숭배는 우리의 필요를 충족시키기 위해 우리의 환경을 조작하려는 시도를 말한다. 이와 같은 우상숭배적 본성은 오늘날 우리에게도 존재한다. 그리고 하나님을 향한 신뢰를 포기하자마자 우상숭배는 이 모양 저 모양으로 도사리고 있을 것이다. 만약 히스기야처럼 자신의 소유를 성공의 척도로 삼는다면, 그럴 가능성은 더욱 커질 것이다. 우리는 목적과 수단을 계속 혼동하고 있다. 우리의 삶에 의도된 목적은 풍성한 삶, 즉 하나님의 충만함이 우리에게 부어지는 삶에 있다. 그런 풍성함에 뒤따르는 부산물이 물질적, 유형적 축복이다. 그러나 그것은 단지 부산물에 불과하다. 이런 부산물을 목적으로 삼고 그것을 성공의 증거로 바라볼 때, 그런 목적을 성취하기 위해 하나님을 조작하는 일은 거의 피할 수 없게 된다. 조작과 신뢰는 양립할 수 없다.

현대적 의미

39장이 우리에게 제기하는 질문은 "누가 영광을 받는가"이다. 모세와 히스기야가 결정적인 순간에 실패했다면, 우리도 역시 그런 위험에서 예외는 아니다. 언뜻 보기에 모세와 히스기야는 불가능한 상황에 직면해 있었다. 모세에게는 돌과 자갈뿐이었고, 그의 백성들은 갈증으로 쓰러져 있었다. 히스기야는 피할 수 없는 죽음에 직면하였다. 이 두 사람은 어려움 속에서도 하나님을 향해 올바른 일을 행하였다. 기도는 어떤 초능력적인 믿음을 가지고 하나님께 무엇을 해 달라고 말하거나 조정하려는 것이 아니다. 이런 것들은 단지 간청에 지나지 않는다. 이때

7. 자신의 예언이 씌어 있는 두루마리를 없애 버리는 예레미야의 행위를 주목해 보라(렘 36:22-23).

하나님은 즉각적으로 반응하셨다. 그러나 여기서 비극이 발생한다. 모세는 "패역한 너희여 들으라 우리가 너희를 위하여 이 반석에서 물을 내랴?"라고 말한다. 그리고 그는 지팡이로 반석을 쳐서 마치 자신이 물을 솟아나게 하는 것처럼 행세하였다. 우리는 히스기야의 행위도 알고 있다.

주기도문으로 "당신의 이름이 거룩히 여김을 받으시오며"라고 말할 때, 우리는 무엇을 말하고 있는 것인가? 우리는 하나님이 이 세상을 통해 권능과 성품으로 높이 올리움을 받으시는 분으로 드러나기를 간구하고 있다. 그렇지만 종종 잘 되는 것은 우리의 공로로 돌리면서도, 잘못된 것은 하나님의 탓으로 돌리지는 않는가? 우리가 불가능한 상황을 맞닥드렸다가 벗어났을 때, 그것은 세상의 관점에서 볼 때 누구의 공로인가? 우리의 공로인가 아니면 하나님의 공로인가?

그 밖에도, 우리는 세상에 무엇을 알리고 싶어 하는가? 세상을 향해 우리의 성취, 심지어 우리의 영성을 나타내 보이고 있지는 않는가? 누가 영광을 받고 있는가? 물론 자신에게 관심을 집중시켜 지속적으로 하나님을 모든 대화에 끌어들이는 방식도 있다. 나는 그것에 대해 말하고 있는 것이 아니다. 하지만 신뢰의 삶을 경주해 왔으며 자신의 모든 소유가 하나님의 선물임을 알고 있는 자는 찬양과 명성을 하나님께 돌릴 것이다. 만약 이와 같이 하나님께 영광을 돌리지 않는다면, 스스로에게 다음과 같은 질문을 던져봐야 한다. "현재의 내 모습과 소유가 하나님의 선물이라는 것을 진실로 믿고 있는가 아니면 육체적 노력 혹은 영적인 노력을 통해 그것을 이뤄냈다고 믿는가?" 히스기야와 그의 성취는 세상을 구원할 수 없고, 오직 그리스도만 세상을 구원할 수 있다. 당신과 나의 성취도 이 세상을 구원할 수 없다. 누가 영광을 받고 있는가?

이사야 40:1-31

1 너희의 하나님이 이르시되 너희는 위로하라
내 백성을 위로하라
2 너희는 예루살렘의 마음에 닿도록 말하며 그
것에게 외치라 그 노역의 때가 끝났고 그 죄
악이 사함을 받았느니라 그의 모든 죄로 말
미암아 여호와의 손에서 벌을 배나 받았느니
라 할지니라 하시니라
3 외치는 자의 소리여 이르되 너희는 광야에서
여호와의 길을 예비하라 사막에서 우리 하나
님의 대로를 평탄하게 하라
4 골짜기마다 돋우어지며 산마다, 언덕마다 낮
아지며 고르지 아니한 곳이 평탄하게 되며
험한 곳이 평지가 될 것이요
5 여호와의 영광이 나타나고 모든 육체가 그것
을 함께 보리라 이는 여호와의 입이 말씀하
셨느니라
6 말하는 자의 소리여 이르되 외치라 대답하되
내가 무엇이라 외치리이까 하니 이르되 모든
육체는 풀이요 그의 모든 아름다움은 들의
꽃과 같으니
7 풀은 마르고 꽃이 시듦은 여호와의 기운이
그 위에 붊이라 이 백성은 실로 풀이로다
8 풀은 마르고 꽃은 시드나 우리 하나님의 말
씀은 영원히 서리라 하라
9 아름다운 소식을 시온에 전하는 자여 너는
높은 산에 오르라 아름다운 소식을 예루살렘
에 전하는 자여 너는 힘써 소리를 높이라 두
려워하지 말고 소리를 높여 유다의 성읍들에
게 이르기를 너희의 하나님을 보라 하라
10 보라 주 여호와께서 장차 강한 자로 임하실
것이요 친히 그의 팔로 다스리실 것이라 보라
상급이 그에게 있고 보응이 그의 앞에 있으며
11 그는 목자 같이 양 떼를 먹이시며 어린 양을
그 팔로 모아 품에 안으시며 젖먹이는 암컷
들을 온순히 인도하시리로다
12 누가 손바닥으로 바닷물을 헤아렸으며 뼘으
로 하늘을 쟀으며 땅의 티끌을 되에 담아 보
았으며 접시 저울로 산들을, 막대 저울로 언
덕들을 달아 보았으랴
13 누가 여호와의 영을 지도하였으며 그의 모사
가 되어 그를 가르쳤으랴
14 그가 누구와 더불어 의논하셨으며 누가 그를
교훈하였으며 그에게 정의의 길로 가르쳤으
며 지식을 가르쳤으며 통달의 도를 보여 주
었느냐
15 보라 그에게는 열방이 통의 한 방울 물과 같
고 저울의 작은 티끌 같으며 섬들은 떠오르
는 먼지 같으리니
16 레바논은 땔감에도 부족하겠고 그 짐승들은
번제에도 부족할 것이라
17 그의 앞에는 모든 열방이 아무것도 아니라
그는 그들을 없는 것 같이, 빈 것 같이 여기
시느니라
18 그런즉 너희가 하나님을 누구와 같다 하겠으
며 무슨 형상을 그에게 비기겠느냐
19 우상은 장인이 부어 만들었고 장색이 금으로
입혔고 또 은 사슬을 만든 것이니라
20 궁핍한 자는 거제를 드릴 때에 썩지 아니하는
나무를 택하고 지혜로운 장인을 구하여 우상
을 만들어 흔들리지 아니하도록 세우느니라
21 너희가 알지 못하였느냐 너희가 듣지 못하였
느냐 태초부터 너희에게 전하지 아니하였느
냐 땅의 기초가 창조될 때부터 너희가 깨닫
지 못하였느냐

22 그는 땅 위 궁창에 앉으시나니 땅에 사는 사람들은 메뚜기 같으니라 그가 하늘을 차일 같이 펴셨으며 거주할 천막 같이 치셨고

23 귀인들을 폐하시며 세상의 사사들을 헛되게 하시나니

24 그들은 겨우 심기고 겨우 뿌려졌으며 그 줄기가 겨우 땅에 뿌리를 박자 곧 하나님이 입김을 부시니 그들은 말라 회오리바람에 불려 가는 초개 같도다

25 거룩하신 이가 이르시되 그런즉 너희가 나를 누구에게 비교하여 나를 그와 동등하게 하겠느냐 하시니라

26 너희는 눈을 높이 들어 누가 이 모든 것을 창조하였나 보라 주께서는 수효대로 만상을 이끌어 내시고 그들의 모든 이름을 부르시나니 그의 권세가 크고 그의 능력이 강하므로 하나도 빠짐이 없느니라

27 야곱아 어찌하여 네가 말하며 이스라엘아 네가 이르기를 내 길은 여호와께 숨겨졌으며 내 송사는 내 하나님에게서 벗어난다 하느냐

28 너는 알지 못하였느냐 듣지 못하였느냐 영원하신 하나님 여호와, 땅 끝까지 창조하신 이는 피곤하지 않으시며 곤비하지 않으시며 명철이 한이 없으시며

29 피곤한 자에게는 능력을 주시며 무능한 자에게는 힘을 더하시나니

30 소년이라도 피곤하며 곤비하며 장정이라도 넘어지며 쓰러지되

31 오직 여호와를 앙망하는 자는 새 힘을 얻으리니 독수리가 날개치며 올라감 같을 것이요 달음박질하여도 곤비하지 아니하겠고 걸어가도 피곤하지 아니하리로다

원 의미

40장은 이사야에서 셋째로 중요한 곳으로 분류되는 40-55장의 도입부이다. 주의 신실하심에 대해 제기된 문제들이 여기에서 완벽한 답을 얻는다. 그러나 하나님의 백성이 실제로 하나님을 신뢰하고 헌신하는 종이 되게 하는 것은 무엇이냐는 문제가 아직 남아 있다. 게다가 죄 많은 이스라엘이 하나님의 종이 되는 것이 어떻게 가능한가? 이스라엘 백성을 하나님과 멀어지게 한 죄에 대해서 어떤 조치가 내려지는가?

이런 질문들은 장차 미래에 충분히 답해질 수 있기 때문에, 선지자는 미래의 세계를 내다본다. 바벨론 유수가 오고 있는 상황에서, 선지자는 자신이 알고 있는 그 문제들 때문에 생긴 위기가 바벨론 유수를 촉발할 거라고 말한다. 40-55장은 이 문제에 대한 답을 두 부분으로 나누어 제시한다. (1) 41-48장은 이스라엘의 바벨론 포로생활에 대한 내용이다. 이스라엘이 주의 종에게 구속을 받는다면 약속의 땅에서 하나님을 경배하기 위해서 풀려나게 될 것이다. 41-48장은 이스라엘을 구원해 낼 하나님의 능력과 그렇게 하시고자 하는 그분의 바람을 말한다. (2) 49-55장은

우선 하나님의 백성을 곤경에 빠뜨린 죄를 어떻게 할 것인지를 주요 쟁점으로 다루고 있다.

이사야는 바벨론 유수가 이 주제에 대한 의문을 불러일으킬 거라고 생각한다. 이 문제가 특별히 언급되지는 않지만 대답이 질문에 포함되어 반복해서 제시된다. 첫 번째 대답은 "나는 하나님이라 나 외에 다른 이가 없느니라 나는 하나님이라 나 같은 이가 없느니라"(46:9)이다. 두 번째 대답은 "두려워 말라 내가 너와 함께 함이니라 놀라지 말라 나는 네 하나님이 됨이니라"(41:10)이다. 그러면 여기서 제기되는 문제들은 무엇인가? 바로 "하나님이 바벨론의 신들에게 패배하지 않았는가?", "우리의 죄가 하나님에게서 우리를 영원히 분리시키지 않는가?"하는 것이다. 이사야는 이 두 문제에 대해 "아니다!"라고 되풀이해서 대답한다. 하나님은 바벨론의 어떤 신들에게도 패배하신 적이 없으며 그의 백성이 저지른 죄 때문에 패배하신 적도 없다. 사실 하나님은 이스라엘의 삶을 통해서 그분의 유일하심을 나타내려고 하신다. 이스라엘은 그들 자신의 배역과는 상관없이 우상들을 물리치시는 하나님을 목격하게 될 것이다.

이 두 주제가 40장에 동시에 나타난다. 40장은 두 가지 중요한 내용을 담고 있는 1-11절과 12-26절, 결론을 요약하고 있는 27-31절로 나뉜다. 첫 단락에서는 하나님이 그분의 백성을 버리셨느냐는 문제가 제기된다. 하나님은 이 사건이 예언된 12장의 말씀을 되풀이하시면서 심판이 아닌 평강을 선언하신다. 하나님은 이스라엘을 구원하실 것이며 이스라엘은 열방에 하나님의 구원을 말할 위치에 서게 될 것이다. 40:12-26에서는 하나님이 이스라엘을 구원해 내실 능력이 있다고 말씀하신다. 하나님은 다른 어떤 것과도 비교할 수 없는 분이다. 열방은 하나님께 아무것도 아니기 때문에 이스라엘이 유기되었다고 해서 두려워할 이유가 없다. 이스라엘은 그때가 오기만을 바라고 기다리기만 하면 된다(40:27-31).

여기서 중요한 것은 분에 넘치는 하나님의 은혜이다. 12장과 밀접하게 관련되어 있는 것처럼 하나님의 백성에게는 하나님의 은혜가 그분을 신뢰하는 근원이 된다. 하나님은 그분의 백성을 구원하실 때 그들에게 어떤 대가도 바라시지 않는다. 마침내 하나님의 백성은 기꺼이 하나님께 무조건적으로 자신을 헌신할 것이다. 7-39장은 종이 되는 근본 원리로 신뢰를 들어 이야기하고 40-55장은 종이 되는 동기와 방법인 은혜에 대해서 이야기하고 있다.

하나님이 약속하신 구원(40:1-11)

이 구절(1-11절)은 종종 "제2 이사야"의 "서론"으로 언급된다. 어떤 사람들은 이 본문을, 이사야서에 책임을 지고 있는 익명의 선지자의 소명으로 본다.[1] 최근에는 새로운 소명이 아니라 6장을 확대하고 발전시킨 것이 훨씬 더 중요하다고 주장한다.[2] 예언의 메시지가 원래 심판의 메시지인 것은 결코 아니었다. 이러한 관점은 바벨론 유수라는 시련을 거치면서 만들어지고 확정될 것이다. 어쨌든 지금은 희망의 메시지이다. 이 구절에 아주 특별한 말씀이 나온다. 이 백성들은 시들고 마른 풀과 같이 쓰러지지만, 하나님의 선지자가 말한 하나님의 말씀은 없어지지 않을 것이다. 하나님의 선지자가 심판이 올 거라고 말한 후 심판이 왔듯이 선지자는 이제 회복된다고 말하고 있고 그렇게 될 것이다!

1절과 2절은 뒤에 나오는 33개 구절에 대한 서론이며 그 구절의 성격을 보여준다. "위로"(1절)는 "희망을 주는 것", "정다이 말하는 것"(2절)을 뜻한다.[3] 이사야는 하나님의 종이 이스라엘의 죄짐을 땅에서 부숴 버리는 날을 예언한다. 이스라엘은 모든 것을 잃어버렸다고 생각하고 자신들의 배역 때문에 모든 약속들이 파기되었다고 분명히 느낄 것이다. 그러나 이들에게 선포된 메시지는 모든 약속들이 지금은 파기되지 않는다는 것이다.[4] 바벨론 유수는 이스라엘을 파괴하는 것이 아니라 단지 이스라엘에 벌을 내리는 방법일 뿐이다. 죄의 복역이 찼고("두 배나") 하나님은 이스라엘에 희망의 말씀을 주신다.

---

1. 참조. Westmann, *Isaiah 40-66: A Commentary*, D. Stalker 역(OTL: Philadelphia: Westminster, 1969), 32; N. Habel, "Form and Significance of the Call Narrative." *ZAW* 77(1965): 314-16.
2. 참조. C. Seitz, "The Divine Council: Temporal Transition and New Prophecy in the Book of Isaiah," *JBL* 109(1990): 229-47. Hanson, *Isaiah 40-66*(Louisville: John Knox, 1995), 15-24, 이 구절에 있는 하나님의 총회를 확대 해석하여 하나님의 총회의 중요성을 부각시키지만, 사실 하나님의 총회라는 말은 언급되어 있지는 않고 하나님의 총회라는 말이 함축되어 있을 것이라고 추측할 뿐이다. Oswalt, *Isaiah 40-66*[NICOT: Grand Rapids: Eerdmans, 1998]에서 48, 50을 보라.
3. 문자적으로는 "정다이 말하라"는 뜻이다. 참조. 창 34:3; 50:21; 룻 2:13; 삼하 19:8; 고후 30:22.
4. 이 명령을 하는 화자의 정체성이 확실하지 않다는 점과 3절과 6절에 나오는 "소리"가 누구의 소리인지 정확하지 않다는 사실이 흥미롭다. Childs는 *Isaiah* 302-3에서 예루살렘과 도시들에 했던 이사야의 말씀들과 이 말씀들을 연장선상에 두기 위해서라고 이렇게 했다고 말한다. Delitzsch는 이사야가 "눈에 보이는 형체가 없는 영"으로 다루었다는 의견에 호의적으로 반응한다. 그것이 사실이 아니라 저자의 의도에 불과하다면 왜 후대의 저자가 이 개념을 삽입시켜야 했는지 의심할 수밖에 없다. 또 다른 견해는 이사야가 이사야 시대가 아닌 다른 역사적 정황에 있는 먼 미래의 사람들에게 말하고 있었기 때문에 이사야 자신의 역사적 배경은 더 이상 중요하지 않다고 말한다. 사실 이 의견이 사실이라고 하면 역사적 배경이 구체적으로 언급되지 않았던 이유를 우리가 예측한 것과 정확하게 맞아 떨어지게 될 것이다.

첫째 단락(40:3-5)에서는 35장에 나온 말들이 반복된다. "광야, 사막"에 "대로"가 있다. 그러나 여기서 대로는 "하나님"을 위해서 준비된 것이다. 52:7과 63:1에서 얽매여 있는 시온을 자유롭게 하시는 것은 바로 하나님이시다. 그 어떤 것도 하나님이 그분의 백성을 돕기 위해 급하게 오시는 것을 막을 수 없다. 대로는 평탄해지고 곧게 될 것이며 하나님은 그 길로 속히 오실 것이다. 하나님의 백성에게 구원이 주어진다면 구원은 하나님의 직접적인 개입에서 시작될 것이다. 하나님 아닌 다른 것에는 희망이 없다.

이 사실이 둘째 단락(40:6-8)에서 강조되는데, 어쩌면 6-8절에 있는 또 다른 소리(3-5절의 소리와 같은 소리일 수 있지만)는 "모든 사람"(히브리어로는 육체, 개역성경은 "모든 육체"로 번역하였음-옮긴이)은 풀과 같다고 외친다. 이 말씀은 두 가지 의미를 함축하고 있다. 한편으로 유다의 육체는 풀과 같다. 자신들의 죄로 파괴된 이들에게는 영존이 없을 뿐만 아니라 자신을 돕기 위해 할 수 있는 것도 없다. 또 바빌론 사람의 육체가 풀과 같은 것도 사실이다. 유다가 구원을 받게 된다면 하나님이 구원하셔야 할 것이다. 그러나 하나님이 유다를 구원하시기로 작정하셨다면, 바빌론이 하나님의 구원을 방해하기 위해 할 수 있는 것은 없다. 사람 안에 있는 모든 것은 소멸하지만, 하나님이 약속하신 그 "말씀"은 영영히 서 있을 것이고 땅에서 이 말씀을 대체할 수 있는 것은 아무것도 없다.

그렇기 때문에 "시온"에는 에워싼 골짜기에 외칠 말씀이 있다. 이 마지막 단락(40:9-11)에 나오는 화자가 누구인지에 대해서는 논쟁의 소지가 있다. NIV 본문이 선택한 대로 제3의 인물, 정체를 알 수 없는 인물이 "시온에 아름다운 소식"을 가져가라고 명령을 받았을 수 있다.[5] 앞 단락에서도 계속 시온에 대해서 말하고 있기 때문에 이 주장은 일리가 있다.

어쨌든 시온은 히브리 백성에게 아름다운 소식을 전하는 사자로 해석하는 것이 가장 자연스럽다. 이렇게 생각하는 것은 시온이라는 장소가 하나님의 은혜를 받아들이는 자일 뿐만 아니라 열방에 그 은혜를 전하는 사자이기도 하다는 점에서 일관성이 있다. 아름다운 소식은 나중에 52:7에서 언급되는데, 이 아름다운 소식은 열방에 하나님이 개입하신다는(하나님이 "오신다") 것이다. 창조주께서 그분의 강

5. Motyer는 *Prophecy of Isaiah*, 301에서 처음의 두 목소리가 누구인지 정확하지 않기 때문에 세 번째 목소리 역시 정확하지 않다고 예상할 수 있다고 주장하면서, 잘 알려지지 않은 여인, "아름다운 소식을 전하는 자"는 *m*ᵉ*baśśeret*이기 때문에 여성이라고 주장한다.

한 "팔"(40:10)로 악의 세력을 타파하시고 흩어진 무리들을 "목자같이" 그 포근한 "팔"로 모아들이실 것이다.

백성을 구원하시는 하나님의 능력(40:12-26)

첫째 단락(40:1-11)에서는 백성을 구원하시려는 하나님의 소망과 의지를 확인하지만, 하나님이 그렇게 하실 수 있는가? 하나님은 바빌론 사람들이 땅과 도시를 약탈하는 것을 막지 못한 것을 보았는데, 우리가 왜 하나님이 바빌론 사람들의 손에서 그분의 백성을 구해 낼 수 있다고 생각해야 하는가?[6] 우리가 이전에 사람들이 포로에서 풀려나 집으로 돌아갔다는 사실이 없었다는 것을 떠올릴 때 이 질문은 훨씬 더 심각해진다. 포로생활을 했던 긴 역사에서 바빌론 유수 때까지 그런 일이 일어났다는 기록은 없다. 그래서 하나님은 이스라엘 선민들이 자신에게 더 큰 요청을 할 거라고 말씀하신다.

하나님이 바빌론에서 이스라엘을 구원해 내실 수 있느냐는 질문에 이사야는 하나님은 유일하신 분이라고 답한다. 하나님이 바빌론의 신들보다 더 위대하기 때문에 이스라엘을 구원하실 수 있는 것이 아니다. 하나님은 단 한 분, 그 하나님이시기 때문에 그들을 구원하실 수 있다. 히스기야는 그 이웃나라의 신들(37:19)을 이야기하면서 바빌론 사람들은 전혀 신이 아닌 것들을 경배하고 있다고 말했다.

40:12-26은 12-20절과 21-26절로 나눌 수 있는데 이 부분들은 일반적으로 각각 평행을 이룬다. 각 단락은 여호와는 단 한 분인 창조자(40:12-14, 21)라고 주장하는 수사 의문문 형식으로 시작한다. 다음에는 여호와가 열방과 세상의 사사들(40:15-17, 22-24)의 통치자라는 주장이 뒤따라 나온다. 그후 하나님을 세상의 그 어떤 것과 비교할 수 있는지 말로 싸워 보자는 제안이 나온다(40:18a, 25). 마침내 신상(40:18b-20)이나 일월성신으로 여기던 모든 신들(40:26)보다 절대적인 우위에 있다고 주장한다.[7]

---

6. 우리는 유다와 예루살렘이 바빌론에 함락되는 것이 하나님의 "뜻"이었다는 예레미야의 메시지에 초점을 맞추는 경향이 있지만, 예레미야 시대에 주의 이름으로 행해진 수없이 다른 예언들은 하나님이 바빌론 사람들의 손에 예루살렘을 함락시키지 않는다고 했던 것처럼 보인다. 따라서 사람들이 하나님이 패배했다고 생각하기 쉬웠을 것이다.

7. Motyer의 *Prophecy of Isaiah*, 302-303을 보라. 약간 비슷한 분석을 볼 수 있다. 다른 주석자들은 많은 견해 차이를 보인다. 한 가지 예로 John. D. W. Watts는 *Isaiah 34-66*(Waco, Tex: Word, 1987)에서 10절에서 31절까지를 한 단락으로 보고 대단히 복잡한 다섯 개의 고리들로 이어져 있다고 주장한다.

40:12-14에서 선지자는 여호와가 단 한 분인 창조자라는 사실을 독자들에게 부각하기 위해서 의도적으로 수사 의문문을 배치한다. 창조 교리는 이 부분의 논쟁에서 매우 중요하다.[8] 창조의 교훈에 대한 가설이 만들어지고 주장되지만 그 교훈을 충분하게 논리적으로 증명하는 단계에는 이르지 못하고 있다.[9] 선지자는 그것을 받아서 그의 자료의 일부로 기쁘게 받아들인다. 여기에서 선지자는 하나님은 피조물과는 다르다고 주장하면서 이 논점을 발전시킨다. 하나님은 산도 아니며 바다나 하늘도 아니다. 하나님은 이 모든 것들과는 다르다. 하나님은 피조물이 아니시며 그분의 손 안에 피조물들을 두고 계신다. 하나님은 세계의 근원이시지만 세상은 아니다.

13-14절은 특히 다신론을 비판하고 있는데, 다신론은 신들 사이에서 모사가와 마술사들이 그들의 존재 이유를 깨닫게 해 준다. 이사야는 그런 존재는 없으며 그 "지혜"는 만물을 창조하신 분에게서 비롯되었다고 말한다. 이와 반대로 생각하는 것은 하나님의 초월성을 포기하는 것이며, 그것을 포기해 버리면 오도 가도 못하는 결정론적 순환론에 삶이 휘둘리게 되는 난항에 빠지게 된다.

바다를 그 손에 쥐고 있는 분과 비교할 때 열방은 "아무것"도 아니다(40:17). 다른 신들과 달리 이스라엘의 하나님은 이스라엘만의 하나님이 아니다. 하나님은 모든 민족을 존재케 하신 분이지만 결코 이 민족들 중의 일부가 아니다. 열방 중 가장 강력한 나라라고 해도 하나님과 비교할 수 없는 약한 존재일 뿐이다. 바빌론과 아시리아와 이집트는 스스로 위대해 보일지 모르지만 말씀으로 빛을 만드신 유일하신 분이 보기에 아무것도 아니다. 16절은 세상의 의견을 옹호하면서 드리는 어떤 희생제물도 결코 하나님을 움직일 수 없다고 강조한다. 레바논의 모든 숲을 불태우고 모든 동물들을 불태워도 전혀 하나님을 만족시키지 못한다.

따라서 여호와가 유일하신 창조자이시며, 열방의 주인이시라면 우리는 하나님이 우상과 비교된다고 말할 것인가? 결코 아니다! 40:18b-20에 있는 우상에 대한 비판은 이사야서 몇몇 부분에 나타나는 비판들(41:6-7; 42:17; 44:9-20; 46:5-7; 48:5) 가운데 제일 처음 나오는 것이다. 이 비판은 하나님의 초월성을 강조하는 선지자의 주장을 뒷받침해 준다. 하나님이 세상이 아니라면 하나님을 이 세상에서

8. '창조하다'는 히브리어 *br'*는 구약에서 Qal과 Niphal 형태로 구약에서 54회 나온다. 54회 중 21회는 이사야서에서 나오는데 여기서 13회가 40:26; 45:18 사이에서 나온다.

9. 참조. C. Stuthlmueller, "'First and Last' and 'Yahweh-Creator' in Deutero-Isaiah," *CBQ 29*(1967): 495-511.

어떤 형체를 가진 분으로 나타내고자 하는 시도는 치명적인 결과를 가져온다. 그것은 바로 하나님을 세상과 연결하고 궁극적으로 하나님을 세상과 동일한 것으로 취급하는 것이다. 분명 의도적으로 우상을 만드는 것을 강조한다. 사람이 만든 우상이 어떻게 자신을 만들어 준 사람을 만들 수 있는가?

선지자는 40:21에서 하나님은 세상과 다를 뿐만 아니라 하늘과 다른 존재, "하늘을 차일같이 펴신"(40:22) 존재라고 주장하면서 다시 말을 시작한다. 결국 하나님은 "세상의 사사들"(40:23)에게 굴복하시지 않는다. 사실상 세상의 사사들(산헤드립과 같이)의 운명은 하나님의 손에 있다(참조. 단 4:34-35). 24절은 땅에 심긴 나무와 왕을 비교하는데, 이것은 40:6-8을 재현한 것처럼 보인다. 왕은 풀처럼 빨리 자라지만 시들고 만다. 이는 하나님의 말씀(40:8)과 관련이 있는 하나님의 호흡("불다")에 연결될 수 있다. 풀처럼 연약한 사람은 하나님의 영원한 심판의 적수가 되지 못한다.

따라서 독자들은 지금 하나님에게서 필적할 만한 다른 것을 알고 있느냐는 질문을 받는다. 장인이 만든 우상도 비교가 안 된다면 이교도들이 신을 나타내는 것이라고 믿던(참조. 왕하 17:16; 21:3) 하늘의 별들과 "일월성신"도 마찬가지일 것이다. 이사야는 하나님이 별들을 "창조하셨고" 목자가 양 무리를 부르듯이 하나님이 별들의 "이름을 부르시며" 밤마다 빛나게 하셨다고 말한다. 물건을 만드신 분과 그 물건이 똑같을 수 있는가? 양이 목자와 같을 수 있는가? 아니다! 별들은 오직 유다의 하나님의 "전능하신 능력" 때문에 존재한다.

희망을 품고 기다리기(40:27-31)

바빌론 유수에 대해서 제기된 문제가 완벽하게 해결되고 있다. 바빌론 유수에 대한 적절한 반응은 무엇인가? 그 답이 마지막 단락에 나와 있다. 40:27에서 선지자는 바빌론 유수에 대해 어떤 반응을 보일지 예언하고 있는데, 이스라엘은 그들을 향한 하나님의 계획에서 제외되었고("내 사정은 숨겨졌으며") 하나님은 이스라엘을 포기하셨다고 한다("나의 원통한 것은 수리하심을 받지 못한다"). 이런 반응에 대해 이사야는 미천한 이스라엘이 하나님의 계획을 알 수 없다고 말한다. 이사야는 40:28-29을 다루면서 28절에서는 하나님의 무한한 권능과 지혜를 이야기하고, 29절에서는 "무능하고"(the weak) "피곤한 자들"(the weary)과 함께 나누고자 하시는 하나님의 놀라운 소망과 능력을 이야기하면서, 이스라엘에게 하나님이 어떤 분인지 상기시킨다. 이사야는 그렇게 하나님의 존재와 인격을 이야기한다.

따라서 40:28에 나온 이사야의 질문은 오히려 의심스럽다. 당신이 어떻게 하나님이 어떤 분인지, 무엇을 좋아하시는지, 그분과 관련된 것들을 완벽하게 알고 있다고 말할 수 있는가? 하나님은 당신의 상황을 잘 아시고 그 상황에 대해서 무언가를 하실 수 있고 또 하실 것이다. 피조물 중 가장 혈기왕성한 것들("젊은이들")은 스스로 움직일 수 없다. 이들은 스스로 만들어지지도 않았고 이들의 능력을 초월하여 계시는 존재의 근원을 의지하고 있다. 그러나 하나님은 그렇지 않다. 하나님은 스스로 계신 분이고 이것은 하나님을 기다리고 있을 사람들(NIV "hope in")에게 선물을 주실 만큼 위대한 능력을 지니셨다는 의미이다.

여기서 신뢰라는 주제로 다시 돌아가 보자. 이 기다림에 보이는 신뢰의 개념은 이사야서에서 전에 세 번 나왔고(8:17; 25:9; 33:2) 앞으로 두 번 더 나온다(49:23; 64:4).[10] 하나님을 "기다리는 것"은 단순히 시간을 때우면서 기다리는 것을 말하는 것이 아니라 오히려 우리를 위해서 하나님이 베풀어 주실 것을 분명히 기대하면서 살아가는 것이다. 우리 자신의 문제를 스스로 해결하려고 애쓰면서 하나님 앞에 달려 나가는 것은 금물이다. 따라서 이사야가 이스라엘의 문제를 해결하기 위해 하나님을 신뢰해야 한다고 그가 살던 시대에 이스라엘 백성에게 요구한 것처럼, 이사야는 포로기에도 하나님을 의지해야 한다고 말한다. 이스라엘이 파괴되고 약해졌다면 그들에게 어떤 미래가 존재할 거라고 믿기는 정말 힘들지만, 전능하신 하나님은 이스라엘에게 필요한 바로 그 순간에 그들에게 꼭 필요한 것, "(하늘로) 날개치며 올라가는 것", "달음박질하는 것", "걷는 것"을 선택하여 주실 것이다.

상황잇기

하나님의 초월과 내재. '하나님의 내재'(God's coming) 사상은 성경 메시지의 중심이다. 하나님은 창조의 "바깥에" 존재하시는 분으로 여겨졌기 때문에 하나님이 창조 속으로 들어오실 수 있는지 비판을 받기도 한다. 어쨌든 하나님이 세상과 정말로 다른 존재라면 하나님이 세상 속에 존재하고 세상살이에 동참하는 것이 가능한가? 이 질문은 플로티누스(Plotinus, 기원전 203-169, 이집트 출생, 신플라톤주의의 창시자, 플라톤의 '일자' 개념을 받아들여, 유출설 즉 일자가 이 세계

10. 히브리어 원형은 *qwh*이다. 비슷한 말은 *ḥkh*인데 이것은 8:17; 30:18; 64:4에 나타난다.

로 넘쳐서 '존재'들을 떠받친다는 가설을 주장, 기독교적 창조이해에 도움을 줌-옮긴이)가 "선한 원동자"(Good Mover) 개념을 만들어 낸 계기이기도 하다. 플로티누스는 정말로 일자(a first cause, 플라톤의 '이데아 중의 이데아' 개념-옮긴이)가 있다면 이 일자는 다른 유출물들(any other cause)에 영향을 받을 수 없다고 주장한다. 이와 비슷하게, 초기 기독교 시대의 영지주의는 전적으로 선한 신이 어둡고 죄 많은 세상 속으로 들어올 수도 없고 그런 세상을 창조하지도 않았다(영지주의에서는 구약의 악한 신이 피조 세계를 창조했다고 생각한다-옮긴이)고 주장한다. 이와 같이 영지주의는 우리와 일자(One) 사이를 중재해 줄 완전한 이가 있어야 한다고 주장한다.

가장 최근의 학파들 중에서, 화이트헤드(A. N. Whitehead)가 구체적으로 설명한 과정신학(process theology)으로 알려진 학파는 동일한 문제를 진지하게 연구했다. 과정신학자들은 하나님이, 전개되고 있는 과정의 일부가 아니라면 우리와 관계되어 있다고 하는 하나님과 관계된 개념들을 모두 포기할 수밖에 없다고 주장한다. 따라서 과정신학자들은 그 과정을 인도하는 사랑과 하나님을 동일한 것으로 인식하고, 그 과정이 도달해야 할 목표지점에 이르는 과정으로 하나님을 인식한다.

그러나 이것은 우리의 논리 구조 속으로 성경의 자료를 인위적으로 끼워 맞추는 위험한 일을 저지르는 대표적인 예이다. 하나님의 주권과 인간의 자유가 공존하는 것처럼, 성경은 하나님의 절대적 타자성과 피조계에 임하시는 그분의 내재성을 모두 가르치고 있는데, 우리가 이것들 중 어느 하나를 무시하여 우리의 논리 구조에 맞게 변형하려 한다면 성경 전체 계시에 심각한 손상을 입히는 것이다. 예를 들어, 하나님이 초월자가 아니라면 하나님은 우리의 환경을 바꾸시기에는 역부족이다. 이보다 더 중요한 것은 우리의 환경들은 시작도 끝도 없는 존재의 수레바퀴에 붙잡힌, 피할 수 없는 운명의 일부에 불과하기 때문에 우리는 이 환경들을 바꾸어야 할 이유를 잃어버리게 된다는 점이다. 그러나 하나님이 그저 초월자에 불과하다면 하나님은 우리의 삶에서 무엇이 일어나고 있는지 알지도 못하고 우리를 돌보지도 못할 것이다. 하나님은 우리와 조금 다를 뿐이고 우리를 존재케 하고 우주가 운행하는 힘을 제공했지만, 세상을 바꾸지도 세상을 움직이지도 못할 것이다.

성경은 이 두 가지 전제가 똑같이 진실이라고 말한다. 한편으로 하나님은 "땅 위 궁창에 앉아 계신다"(40:22). 하나님은 태양도 아니고 달이나 별도 아니며 세상에 존재하는 육체적, 정치적, 심리적인 과정의 일부는 더더욱 아니다. 하나님은 이 모든 것들 위에, 이 모든 것들을 초월하여 존재하신다. 그러나 이와 동시에 하나님은 사랑이시다. 하나님은 사랑이시다라고 말하는 것이 곧 우리가 사랑이라 부르는 모든 것들의 수준으로 하나님을 격하하는 것은 아니다. 나에게는 바로 이것이 과정신학이 지닌 위험 중의 하나로 보인다. 이교도들은 신들을 시간과 공간의 자연 체계와 동일한 것으로 여기지만, 과정신학은 하나님을 시간과 공간의 심리적, 역사적 체계와 동일한 것으로 여긴다. 게다가 과정신학은 역사적 과정이 2001년에 존재하고 있는 사랑보다 1901년에 존재한 사랑으로 우리를 인도하고 있었다고 말하기 훨씬 더 쉬웠다. 아니다! 하나님은 사랑이다라고 말하는 것은 이와는 반대 방향으로 진행하는 것이다. 우리가 사랑에 대해서 알고 있고 생각하고 있는 모든 것은 하나님의 사랑에 비하면 지극히 부분적인 것이며 우리의 사랑도 그분에게서 비롯되었다. 이것은 하나님이 그 피조물의 삶과 밀접하게 관련되어 있지만 피조물의 삶을 그저 지켜보기만 하시는 분이 아니라는 것을 의미한다.

이 진리는 40장에 나타나 있다. 하나님은 시간과 공간 바깥에서 존재하시는데 이것은 시간과 공간의 제약을 받지 않으신다는 것을 의미한다. 하나님은 그분의 의지대로 시간과 공간에 개입하실 수 있고 그분의 큰 계획에 맞춰 적당히 바꾸실 수도 있다. 이것은 더 나아가 하나님이 원대한 계획을 가지실 수 있는 분임을 의미한다. 하나님은 나타내실 뿐만 아니라 그 존재를 시켜 나갈 수 있는 계획을 지닐 수 있다. 하나님은 시간과 공간 바깥에 존재하시지만 시간과 공간에 제한을 받으시지는 않는다. 하나님은 우리의 고통과 억눌림과 기쁨과 업적을 다 알고 계시고 우리에게 와서 기쁨을 함께 나누시고 고통을 없애 주신다. 하나님은 우리를 충분히 도우실 수 있고 우리를 도우실 수 있을 만큼 우리 가까이 계신다.

이 모든 것들은 예수 안에서 집약된다. 신약성경이 광야에서 하나님이 오실 길을 준비하는(막 1:2-3) 세례 요한을 이 본문에 있는 두 번째 소리로 보는 것은 매우 적합하다. 이 본문에서 익명의 목소리가 메시지의 주요한 핵심을 강조한 것처럼 요한은 "그는 흥하여야 하겠고 나는 쇠하여야 하리라"(요 3:30)고 강조하면서 중요한 역할을 감당하고 있다. 말씀을 외치는 사자의 정체성보다 오실 이의 정체성과 영원한 말씀이 더 중요하다. 사복음서는 전혀 논리적 모순을 보이지 않으면서 전부 예수가 하나님이며 동시에 사람이라고 주장한다. 예수의 인성도 주장할 뿐 아니라 내포되어 있는 예수의 신성도 주장한다. 마태복음은 베드로의 고백—"주는 그리스도시요 살아 계신 하나님의 아들이시니이다"(마 16:16)—을 말한다. 마가복음은 '그가 누구인가?'라는 질문에 대해, 그가 "하나님의 복을 받은 아들"

이며 예수가 "내가 그니라 인자가 권능자의 우편에 앉은 것과 하늘 구름을 타고 오는 것을 너희가 보리라"(막 14:62)고 대답한 내용을 소개하면서 답하고 있다. 누가복음은 질문도 하고 대답도 한다. 백성의 장로들이 "네가 하나님의 아들이냐?"고 묻는다. 예수는 "너의 말과 같이 내가 그니라"(눅 22:70)고 대답한다. 그러나 인성과 신성을 명쾌하게 설명한 사람은 요한이다. 신성과 인성을 증명하려면 복잡한 말을 해야 하지만 단 두 마디면 족하다. 요한복음 10:30에서 예수는 "나와 아버지는 하나이니라"고 말하고 14:9에서 "나를 본 자는 아버지를 보았다"고 말한다. 바울은 예수의 신성과 인성의 원리를 빌립보서 2:6-11에서 분명하게 이야기한다.

> 그는 근본 하나님의 본체시나
> 　하나님과 동등됨을 취할 것으로 여기지 아니하시고
> 오히려 자기를 비어
> 　종의 형체를 가져 사람들과 같이 되었고
> 사람의 모양으로 나타나셨으매 자기를 낮추시고 죽기까지 복종하셨으니
> 　곧 십자가에 죽으심이라
> 이러므로 하나님이 그를 지극히 높여
> 　모든 이름 위에 뛰어난 이름을 주사
> 하늘에 있는 자들과 땅에 있는 자들과 땅 아래 있는 자들로
> 　모든 무릎을 예수의 이름에 꿇게 하시고
> 모든 입으로 예수 그리스도를 주라 시인하여
> 　하나님 아버지께 영광을 돌리게 하셨느니라.

하나님의 초월성과 내재성이 예수 그리스도 안에서 연결되어 절정에 이른다. 예수 그리스도 안에서, 예수 그리스도의 낮아지심과 능력 안에서 하나님의 초월하심이 우리에게 임한다. 예수 그리스도는 우리의 상황을 아실 뿐만 아니라 우리의 상황을 바꾸시기도 하고 그 상황에 직접 들어오시기도 한다. 예수 그리스도께서 오고 계신다!

창조 교리. 하나님의 초월성과 깊이 관련되어 있는 것이 창조 교리이다. 어떤 면에서 보면 성경을 믿는 문제가 이 창조 교리 안에서 무너지기도 하고 세워지기도 한다. 이 말은 특정 창조 신학을 지지하는 것이 아니다. 오늘날 세상이 6천 년

전에 하루 24시간에 걸쳐서 7일 동안 창조되었다는 것을 받아들이지 않는다면, 창조를 정말로 믿는 것이 아니라고 말하는 사람들이 있다. 이렇게 말하는 사람들은 표현과 진리를 혼동하는 것이다. 창조의 진리는 세상이 선과 악의 영원한 힘의 충돌로 생긴 것이 아니라 세상 이전에 존재하고 계시던 영이신 하나님이다. 그분의 말씀으로 만드셨고, 창세 전부터 존재하고 있던 계획으로 창조가 시작되어 질서정연하게 진행되었으며, 하나님이 창조의 모든 단계를 지휘하셨다는 것이다. 그리고 하나님이 인성을 입으신 것이 창조의 절정이다.

수없이 많은 가능성을 열어 두고 이러한 원리를 과학적으로 설명하기 위해 창세기 기사들의 원문의 성격을 옹호하는 데 많은 시간을 보내다가는 정작 중요한 것을 놓치고 만다. 창세기 기사에서 정말로 중요한 핵심은 성경의 창조가, 고대 근동 아시아와 세상 다른 지역에서 말하는 우주의 기원 이야기와 정반대라는 점이다. 성경의 창조는 전대미문의 것이며 성경적 믿음의 전체 구조가 창조에 근거하고 있다.

창조의 성경적 교리에 대한 몇 가지 함의, 특히 이 장과 관련된 함의를 간략하게 이야기해 보자. (1) 물질이 영에 선행한다면 사람의 인격에는 비본질적인 속성이 있게 되므로 결국 중요하지 않게 된다. (2) 세상이 우연히 만들어진 것이라면 삶은 의미도 없고 목적도 없게 된다. (3) 세상이 영원한 충돌로 유출된 것이라면 "선"과 "악"이라고 부르는 것이든 "긍정적인 것"과 "부정적인 것"이라고 부르는 것이든, 사람들이 평화를 구하고 사람들과 서로 화평하게 지내는 것은 쓸모없고 바람을 잡는 것과 같이 된다. (4) 우주의 현재 상태가 지배 계층과 피지배 계층의 상호작용 아래 진행되어 온 발전의 산물이라면 사람의 변화 가능성은 전혀 없다. "구원"은 결코 자기 잠재능력 실현보다 훨씬 더 중요한 일이 될 수 없다.

사실, 성경의 창조 교리가 잘못되었다면 성경이 우리에게 말하고 있는 모든 것이 잘못되었을 뿐만 아니라 정말 엉뚱한 것이 된다. 성경은 공기 속에서 터져 버리는 비누방울처럼 우리가 품고 있는 아름다운 희망을 아무것도 아닌 것이 되게 해 버리고 만다. 그러나 사실 성경이 우리에게 교훈하는 것은 성경 기자가 하나님의 가르침을 받아 우리에게 가르쳐 준 것과 다른 방식으로 이 가르침을 설명할 수 없다는 것이다. 성경 기자들의 몸에서 떨어져 나와 수세기를 거쳐 우리에게 온 목소리는 바로 하나님의 말씀이며 이 말씀은 영원토록 시들지 않는다.

현대적 의미

서구 세계에 존재하는 모순. 오늘날 우리는 자기모순의 세계에 살고 있다. 자기모순의 세계는 성경 말씀 중에 어떤 것들은 무시하고 어떤 것들은 받아들인 결과이다. 예를 들어, 우리는 개인의 가치를 맹렬하게 신봉하면서 사람의 절대적인 선택의 권리를 묵살하는 것에 기꺼이 맞서 싸운다.

이런 생각들은 어디서 비롯되는가? 이것들은 분명히 사람들이 그들의 이름을 알고 계시는 영원하신 하나님과 자연적으로 관계를 맺도록 요청받는 성경에서 뽑아 낸 것이다. 성경은 "시민 운동"이나 "국가 개발"을 이야기하는 책이 아니다. 성경은 정말로 아브라함에서 사도 바울까지의 특별한 개개인에 대한 이야기이다. 이들이 민족의 일원이며 국가의 일원인 것은 확실하지만, 성경 이야기는 처음에 국가에 대한 것부터 시작하지 않는다. 성경은 국가 속에 존재하는 사람들에 대한 이야기이다.

고대 근동 아시아에서 가장 위대한 이야기는 길가메시 서사시(Gilgamesh Epic)이다. 이 이야기는 이런 저런 형태로 여러 곳에서 발견된다. 길가메시 서사시에서 길가메시는 인생의 의미를 찾는 데 주력하고 있다. 그러나 길가메시는 역사적 인물이 아니다. 길가메시는 사람을 대표하는 인물이다. 그러나 성경은 이와 달리 실존 인물들의 이야기를 담고 있다. 성경이 지나가지 않은 곳에는 개개의 인간성이 존재하지 않는다.

우리는 발전을 믿는다. 우리는 지금 갇혀 있지만 어떤 곳으로 갈 수 있고 무언가를 할 수 있다는 것을 믿는다. 다시 말해서 지금은 귀에 쏙 들어오지 않지만 우리는 "더 나은 자신"을 보게 될 것이다. 이 생각은 어디서 비롯되었는가? 이것은 성경에서 비롯된다. 하나님은 아브라함, 모세, 다윗을 위한 계획을 가지고 계셨고, 우리는 우리를 위한 계획에 따라 때로는 발전하면서 때로는 퇴보를 거듭하면서 더듬거리며 나아갈 수 있다. 하나님은 죄짐에 눌려 있는 사람들을 그 위대한 능력으로 해방할 날을 계획하고 계신다. 우리는 죄짐에 억눌린 사람들을 위해 준비된 계획이 이들에게 남아 있는 과거의 흔적을 벗기고 새롭게 바꿀 것을 안다. 이 세상 어디에 이런 변화가 존재하는가? 성경이 지나온 곳은 어디나 이런 변화가 존재한다!

그러나 지금 성경은 서구 사회에서 점점 자리를 잃고 있으며 성경의 중심 사상, 변화의 사상이 도태되고 있다. 그래서 우리가 사회와 가족과 비관적인 환경과 우리의 출생 때문에 제약을 받아 왔다고 주장하면서 개인의 권리를 위해 싸우지만, 우리가 선택한 것에 대해서는 점점 그 어떤 책임도 지지 않으려 한다. 무슨 일이 벌어지고 있는가? 우리는 성경의 결론은 받아들이지만 성경에 전제로 깔려 있는 생각들은 부인한다. 우리는 인류 발전에 결정적으로 중요해 보이는 것만 받아들인다.

그러나 그렇게 하는 것은 발전에 도움이 되지 않는다. 실제로 우리가 스스로 선택하지 않았는데도 거부할 수 없는 세력이 만든 최종 상품이라면 우리에게는 그 어떤 자유나 가치도 없을 것이다. 반면 살인자가 살인을 할 수밖에 없는 상황이었다고 정말로 믿는다면, 어쩔 수 없이 살인을 한 이 사람에게 벌을 주는 것은 부당하기 때문에 우리는 이 살인자를 풀어줘야 한다. 그렇게 하면 이 땅에 살면서 우리가 평생 출생으로 제약을 받는 환경과 사회적 환경이 바뀌도록 "교정하는 영향력"(corrective influences)은 없을 것이다. 다른 한편으로는 사회 통념상 그의 행위가 발전 과정에 기여하지 않는다면 정의나 시시비비에 대한 그의 잘못에 너무 많은 도덕적 자책을 주지 않고 그 사람 안에 있는 흠집을 말끔히 제거해 줄 수 있어야 한다. 이러한 원리도 창조가 없었다면 세상에 존재하지 못했을 것이다.

이와 똑같은 일이 우리의 발전관에도 생기고 있다. 성경의 세계관은 완전히 직선적이다. 신앙인들은 그들이 출발한 지점으로 다시 돌아가려고 하지 않는다. 에덴을 한 번 잃어버렸고 그것은 다시 회복될 수 없었다. 그러나 훨씬 더 좋은 것을 갖는 것은 가능하다! 새 하늘과 새 땅은 에덴보다 훨씬 좋으며 성경에서 종말론적으로 묘사하는 부분에 나오는 구속받은 백성들이 받는 복은 에덴의 복보다 훨씬 더 좋다.[11] 그것이 바로 우리가 섬기고 있는 하나님의 성품이다. 그러나 창조자가 새로운 일을 할 수 없다고 한다면 변화는 일어날 수 있지만 발전은 불가능하다.

이것이 바로 우리에게 일어나고 있는 일이다. 우리는 정말로 우리의 과거를 초월할 수 있다는 사실을 좀체 믿지 않는다. 우리는 우리에게 드리워진 죽음의 손길에서 벗어날 수 있다는 사실을 절대로 믿지 않는다. 우리는 변화하기 위해서 미친 듯이 노력하지만 우리의 잘못된 지식이 그 모든 것을 다른 방법으로 다시 되풀이하게 할 뿐이다. 그래서 우리는 진정한 발전이 일어날 수 있는 단 하나의 근본 원리, 초월자이신 하나님이 바깥에서 우리에게 들어와 우리를 바꾸실 가능성을 배제

11. 분명히 과거와 미래가 조화된다. 따라서 에덴에 서 있었던 "생명나무"(창 2:9)는 새 예루살렘에 다시 나타난다(계 22:2, 14, 19). 이것이 말하고 있는 것은 하나님이 하시는 새로운 일들은 항상 하나님이 과거에 하셨던 일들과 일치된다는 것이다. 그러나 이것은 과거로 다시 되돌아가 재창조한다는 순환을 이야기하는 것이 아니다. 43:16-19에 대한 주석을 보라.

하면서 "발전"을 외친다.

하지만 피조물이 존재하도록 창조된 세상에 대해서 어떻게 생각하는가? 하나님의 형상으로 창조된 사람들이 창조된 세상에 대해서 어떻게 생각하는가? 세상이 아무리 악해져도 여전히 하나님의, 세상을 향한 청사진에 따라 움직이게 되어 있는 세상에 대해서 어떻게 생각하는가? 무소부재한 창조자가 그분을 받아들이는 모든 사람들에게 풍성한 삶을 주시겠다고 결정한 세상에 대해서 어떻게 생각하는가? 유다는 바로 우리처럼 포로로 잡혀 있었다. 유다는 하나님이 자신과 그들의 환경을 바꾸실 방법을 가지고 계신다는 것을 믿지 않았다. 유다는 개인적으로 "자유"를 누리기를 바랐지만, 실제로 자유를 누릴 수 없을 거라고 믿는 한 자유를 누리는 변화는 일어날 수 없었다.

희망. 이사야가 하나님의 영에 감동되어 선포한 말씀은 오늘날 우리가 처한 상황에서도 그대로 적용된다. 이사야는 희망을 잃어버린 사람들에게 말한다. 도저히 일어날 수 없을 것 같던 일들이 일어나고 있다. 이스라엘은 그들의 나라가 절대 망하지 않고, 성전도 훼파되지 않을 거라고 확신했다. 그러나 절대 일어나지 않을 거라고 생각한 일들이 일어났다. 앞으로 다가올 미래에 어떤 일이 생기든지 상관없이, 지금 일어난 이 일들은 사람들을 항상 비탄에 젖게 했다. 그렇다. 하나님은 과거에 다른 사람들에게 일말의 조치를 취하시기도 했지만 지금 이 상황은 하나님을 떠났다. 이러한 상황은 하나님의 연민("그는 나를 잊어버린 바 되었으며") 밖에 있었고 하나님의 능력 밖에 있는 것처럼 보인다("나의 길은 그에게 숨겨진 바 되었고").

이사야는 이스라엘 백성에게 말한 것처럼 우리에게 말한다. "아니다. 하나님의 연민이나 하나님의 능력을 초월하는 그 어떤 것도 없다! 너는 알지 못하느냐? 너는 듣지 못하느냐?" 돌보시는 하나님이 바꾸지 못하시는 것은 아무것도 없다. 우리는 하나님에게 소중한 사람이며, 이것은 우리가 정말로 하나님의 택함을 입은 사람이고 우리가 지금과 다르게 행동해야 한다는 것을 의미한다. 유다가 겪어야 했던 포로생활처럼 우리를 옭아매는 사슬이 있는가? 물론 있다. 그러나 창조자가 이 사슬들을 깨뜨리실 수 있다. 분명히 하나님은 그 사슬들을 깨뜨리는 사역을 선택하셨다. 다음에 나오는 장들에서 계속 반복되는 주제는 하나님이 이스라엘 백성을 위해서 행하시기로 선택한 방법들이 이스라엘 백성을 고통스럽게 한다는 사실이다. 우리는 하나님의 방법이나 수단이 무엇인지 말할 수 없지만 희망을 확신하며 하나님을 의지할 수는 있다.

그렇게 해서 우리는 하나님이 우리의 환경을 바꾸실 수 있다고 믿는 것이다. 이보다 더 나은 변화가 생길 수 있다. 우리가 역사를 초월하여, 역사에 내재하셔서 일하시는 하나님을 믿을 때 변화가 일어날 수 있다. 분명 과정신학은 잘못된 신학이다. 하나님은 역사의 과정에 존재하시는 분이 아니라 역사의 과정에 개입하실 수 있고 역사를 바꾸실 수 있는 분이다. 우리가 이것을 믿는지 여부에 아주 많은 것들이 달려 있다. 나는 여기서 우리가 어떤 생각을 가지게 되어 이것이 정말로 일어날 거라고 우리가 믿게 될 때까지, 우리의 생각을 우리의 정신 구조에 고착시켜야 한다고 말하는 것이 아니다. 나는 지금 하나님을 믿는 믿음의 삶, 대가 없이 하나님의 손 안에서 우리를 해방할 수 있는 삶, 우리가 계속 우리 자신을 하나님께 드리고 우리의 관심사를 돌보시는 하나님의 손 안에서 거할 수 있는 삶에 대해서 이야기하고 있는 것이다.

유다가 바빌론 유수의 위기 속에서 하나님을 믿는 데에는 분명히 많은 어려움이 있었고 이사야도 이 사실을 알고 있다. 정말로 이사야가 당대의 문제에 대해서 이야기한 것과 미래의 문제에 대해 이야기한 것이 똑같다. 이사야 시대에 유다는 하나님이 그들을 다른 민족에게서 구원해 낼 수 있다는 것을 믿지 않았고 하나님 아닌 다른 민족을 의지했다. 바빌론 유수 때도 유다는 하나님이 그들을 구원해 내실 수 있다고 믿지 않았다! 유다가 하나님의 구원을 믿지 않았기 때문에 유다에게 "외치고" "소리를 높이고" "말하는 것"이 그리도 중요했다.

이 백성들은 그들의 사고방식을 바꾸시는 하나님의 말씀을 들어야 했다. 마찬가지로 우리도 하나님의 말씀을 들어야 한다. 우리는 하나님의 말씀이 기초가 된 믿음의 삶을 살아야 하며 하나님의 말씀의 원리로 세상을 바라보아야 한다. 내가 하나님을 "믿을 수 없고" 하나님 안에서 "희망"을 품고 하나님을 기쁘게 하는 삶으로 하나님께 복종할 수 없다면 하나님의 능력이라 해도 나를 바꾸실 수 없다. 그러나 내가 하나님의 말씀을 적극적으로 믿는다면 하나님은 나를 위해, 내 가족을 위해, 사회를 위해 하시는 일에 제한을 두시지 않을 것이다.

이사야 41:1-20

1 섬들아 내 앞에 잠잠하라 민족들아 힘을 새
롭게 하라 가까이 나아오라 그리고 말하라
우리가 서로 재판 자리에 가까이 나아가자
2 누가 동방에서 사람을 일깨워서 공의로 그를
불러 자기 발 앞에 이르게 하였느냐 열국을
그의 앞에 넘겨 주며 그가 왕들을 다스리게
하되 그들이 그의 칼에 티끌 같게, 그의 활에
불리는 초개 같게 하매
3 그가 그들을 쫓아가서 그의 발로 가 보지 못
한 길을 안전히 지났나니
4 이 일을 누가 행하였느냐 누가 이루었느냐
누가 처음부터 만대를 불러내었느냐 나 여호
와라 처음에도 나요 나중 있을 자에게도 내
가 곧 그니라
5 섬들이 보고 두려워하며 땅 끝이 무서워 떨
며 함께 모여 와서
6 각기 이웃을 도우며 그 형제에게 이르기를
너는 힘을 내라 하고
7 목공은 금장색을 격려하며 망치로 고르게 하
는 자는 메질꾼을 격려하며 이르되 땜질이
잘 된다 하니 그가 못을 단단히 박아 우상을
흔들리지 아니하게 하는도다
8 그러나 나의 종 너 이스라엘아 내가 택한 야
곱아 나의 벗 아브라함의 자손아
9 내가 땅 끝에서부터 너를 붙들며 땅 모퉁이
에서부터 너를 부르고 네게 이르기를 너는
나의 종이라 내가 너를 택하고 싫어하여 버
리지 아니하였다 하였노라
10 두려워하지 말라 내가 너와 함께 함이라 놀
라지 말라 나는 네 하나님이 됨이라 내가 너
를 굳세게 하리라 참으로 너를 도와 주리라
참으로 나의 의로운 오른손으로 너를 붙들
리라
11 보라 네게 노하던 자들이 수치와 욕을 당할
것이요 너와 다투는 자들이 아무것도 아닌
것 같이 될 것이며 멸망할 것이라
12 네가 찾아도 너와 싸우던 자들을 만나지 못
할 것이요 너를 치는 자들은 아무것도 아닌
것 같고 허무한 것 같이 되리니
13 이는 나 여호와 너의 하나님이 네 오른손을
붙들고 네게 이르기를 두려워하지 말라 내가
너를 도우리라 할 것임이니라
14 버러지 같은 너 야곱아, 너희 이스라엘 사람
들아 두려워하지 말라 나 여호와가 말하노니
내가 너를 도울 것이라 네 구속자는 이스라
엘의 거룩한 이이니라
15 보라 내가 너를 이가 날카로운 새 타작기로
삼으리니 네가 산들을 쳐서 부스러기를 만들
것이며 작은 산들을 겨 같이 만들 것이라
16 네가 그들을 까부른즉 바람이 그들을 날리겠
고 회오리바람이 그들을 흩어 버릴 것이로되
너는 여호와로 말미암아 즐거워하겠고 이스
라엘의 거룩한 이로 말미암아 자랑하리라
17 가련하고 가난한 자가 물을 구하되 물이 없
어서 갈증으로 그들의 혀가 마를 때에 나 여
호와가 그들에게 응답하겠고 나 이스라엘의
하나님이 그들을 버리지 아니할 것이라
18 내가 헐벗은 산에 강을 내며 골짜기 가운데
에 샘이 나게 하며 광야가 못이 되게 하며 마
른 땅이 샘 근원이 되게 할 것이며
19 내가 광야에는 백향목과 싯딤 나무와 화석류
와 들감람나무를 심고 사막에는 잣나무와 소
나무와 황양목을 함께 두리니
20 무리가 보고 여호와의 손이 지으신 바요 이
스라엘의 거룩한 이가 이것을 창조하신 바인
줄 알며 함께 헤아리며 깨달으리라

원 의미

41장에서 46장의 구조를 이야기하는 학자들의 의견이 분분하다. 41장에서 46장까지는 어떤 구조도 없다는 의견에서부터 아주 복잡한 평행구절들로 짜여져 있다는 의견까지 아주 다양한 주장들이 제시되고 토론되었다.[1] 이것은 이 본문이 아주 복잡하기 때문에 의견 차이가 생기는 것이 당연하다는 것을 알려 준다. 선지자는 41-46장에서 아주 다양한 방식으로 핵심 주제를 심층적으로 표현한다. 47장은 바빌론에 대해서 해 온 이야기들의 결론이며 48장은 백성들에게 신뢰와 믿음을 요구한다.

많은 주석가들이 관심을 기울이며 구조를 찾아내기 위해 노력하는 본문은 42:10-13과 44:23에 있는 찬송 부분이다. 주석가들은 이 단락을 앞 단락에 대한 결론으로 이야기하기도 하고 새로운 단락의 서론으로 이해하기도 한다. 그러나 이 본문을 이런 방식으로 (결론이나 새로운 단락의 도입으로) 보는 주석가들은 이 단락들을 앞 단원의 결론으로 보아야 하는지 아니면 다음 단락의 서론으로 보아야 하는지엔 의견이 일치하지 않는다.[2] 이 본문 분석에서 생기는 미묘한 의견 차이를 위에서 서술한 바 있다. 나는 이 본문들을 뒤이어 나오는 단원의 서론으로 간주하며, 본문의 구조를 41:1-42:9; 42:10-44:22; 44:23-47:15로 나눈다.

41:1-42:9은 다시 두 부분으로 나뉘는데 각 부분은 우상을 섬기는 사람들에게 섬기는 신이 참신인지 최선을 다해 변호해 보라는 도전으로 시작된다. (1) 41:1-20은 하나님의 사역이 우상숭배자들 사이에 불러일으키는 공포에 대해서 말하며(2-7절) 하나님의 종 이스라엘에게 전혀 두려워하지 않아도 된다는 확신을 주기 위한 말을 계속한다(8-20절). (2) 41:21-42:9은 하나님만 미래를 예언하실 수 있기 때문에 다른 우상들보다 절대적으로 우월하다고 강력하게 주장하면서 시작한다(41:21-29). 그리고 하나님이 이상적인 종을 통해서 세상에 정의를 도래하게 한다고 결론짓는다(42:1-9).

---

1 A. Schoors, *I Am Your Saviour: A Form-Critical Study of the Main Genres in Is. XL-LV*(VTSup 24; Leiden: Brill, 1973); R. Melugin, *The Formation of Isaiah 40-55*(BZAW 141; Berlin: de Gruyter, 1976); R. Merendino, *Der Erste und Letz: Eine Untersuchung von Je. 40-48*(VTSup 31; Leiden: Brill, 1981); J. Goldingay, "The Arrangement of Isaiah 41-45," *VT* 29(1979): 289-99.

2. 어떤 주석가들은 이 본문을 앞 단락의 마지막 부분이라고 생각한다. Childs, Motyer, Watts. 이 본문을 다음 단락의 첫 시작 부분이라고 생각하는 학자들은 C. North, J. Mckenzie, P. Bonnard, *Le Second Isïe: Son disciple et leurs éiteurs(Isaïe 40-66)*(Paris: Gabalda, 1972) 등이다. C. Westermann과 P. Hanson은 이 찬송을 독립 단락으로 본다.

열방을 향한 하나님의 도전(41:1)

1절은 이 단락의 주요한 특징인 하나님과 우상들 사이에서 누가 참신인지 결정하기 위해 벌어지는 모의 법정 소송을 소개한다. 쌍방은 서로 참신인 것을 증명하기 위해 증인들을 불러들인다. 여기서 하나님은 세상의 끝("섬들")에 있는 열방들을 불러 모으고 우주의 심판자의 증거를 듣게 하시려고 "조용히 하라"고 요구하신다.

하나님의 사역의 증거(41:2-7)

하나님은 첫 증거(41:2-4)를 제시하시면서 2절에서 수사 의문문으로 시작하고 4절에서도 다시 수사 의문문을 반복하고 이 질문에 대답하신다. "동방에서 온 사람"을 부른 이와 관련된 질문을 던지신다. 하나님은 자신만 동방에서 온 사람을 부를 수 있다고 주장하신다. 여기서 언급된 동방에서 온 사람은 바빌론 제국을 굴복시킬 페르시아의 고레스(45:1)가 분명하다. 그래서 하나님은 홀로 하나님이심을 증명하시기 위해 역사상 하나님만 유일하게 하신 일들에 호소하신다. 하나님은 자연계의 순환이나 신화의 세계에서 괴물을 정복한 것 따위로 호소하시지 않는다. 이 법정 논쟁은 다음에 이어지는 몇 장에서 계속 반복되어 그 논쟁이 더욱 격렬해질 것이다.

이사야는 고레스를 불러내신 분이 바로 하나님이시며 "열방"을 그 손에 붙이시는 분(41:2)도 바로 하나님이시라고 말한다. 고레스는 고레스가 상대하는 민족들을 곡식을 타작하듯이 쉽게 굴복시킬 수 있는데 이것은 하나님이 그렇게 계획하셨기 때문이다. 41:4에서 처음으로 나타난 또 다른 사상이 다음 몇 장에서 더욱 두드러지는데 그것은 바로 하나님은 시작과 끝을 아신다는 것이다. 하나님은 "첫" 세대를 불러내셨고 하나님은 세상이 끝나는 때 "마지막" 세대와 함께 계실 것이다(참조. 43:10; 44:6; 46:10; 48:12). 하나님은 범신들처럼 과정의 일부로 존재하시지 않는다. 오히려 하나님은 시간을 초월하여 존재하시면서 세상을 존재케 하셨고 세상의 길을 이끌며 세상의 종말이 오게 하신다. "내가 그다"라는 말씀은 하나님의 자존(自存)과 자기 정체성을 드러낸다. 출애굽기 6:3을 보면 하나님은 "스스로 존재"(the One who is, 개역성경은 같은 뜻인 "여호와"로 번역함-옮긴이)하시는 분이라고 말한다. 땅 위에 사는 모든 생명은 소멸한다. 그러나 스스로 존재하시는 분은 시작도 없으시고 끝도 없으시다. 하나님은 그저 "존재하신다."

"열방"은 고레스가 정복하기 위해 지축을 울리며 달려오는 소리를 듣고 무서워 떨 것이다(41:5-7). 그러나 열방이 할 수 있는 일은 무엇인가? 그들은 어떤 신도 올바른 계획에 근거하여 통치할 수 없다는 것을 안다. 그래서 열방은 이들이 할 수 있는 단 한 가지, 더 나은 우상을 만드는 일을 한다. 이런 일을 하는 것은 이미 40:25-26에 나왔고, 다음 장(41:22-24; 44:9-20; 46:6-7)에서도 반복되어 나타난다. 그러나 열방의 신들에게서는 그 어떤 위로도 받을 수 없기 때문에 우상숭배자들은 서로 위로해야 한다(41:6-7).

성경 기자는 신을 만들어 내기 위해 4단계의 복잡한 공정을 거쳐야 한다고 말한다. 당신을 만든 자를 만들어 내는 것은 힘든 일이다. "좋다"는 말(41:7b, 개역성경은 "잘 된다"로 표현하고 있다—옮긴이)은 우리에게 창세기 1장에 있는 창조자 하나님이 창조를 진행하시면서 반복하신 말이 생각나게 한다.

이사야는 대개 "이 상황에서 지금 누가 창조자이고 누가 피조물인가?"라고 묻는다. 우리가 우리에게 자신을 보여 주신 하나님을 받아들이지 않는다면, 우리는 우리 자신을 위해서 신을 만들게 될 것이다.

두려워할 이유가 없는 하나님의 백성(41:8-20)

이 단락에서 하나님은 이스라엘 주변에 있는 강대국들과는 달리 유다 포로들은 아무것도 두려워하지 않아도 된다고 주장하신다. 유다가 섬기는 하나님은 그들이 만든 우상이 아니다. 물론 하나님은 유다가 처한 상황에서 어떤 일을 충분히 하실 능력을 지니신 분이라는 사실만 말하고 있지 않다. 또 다른 주제는 하나님이 유다를 위해서 어떤 일을 하시기를 원하시는지 여부다. 이 절에서 하나님은 유다의 죄 때문에 유다를 버리시지는 않는다고 말씀하신다. 사실 유다는 하나님의 "종"이며 하나님의 "선택을 받은 자"이다(41:8, 9). 하나님은 "아브라함"에게 하신 약속을 잊어버리시지 않는다.

주 하나님이 아브라함을 갈대아 우르에서 불러내시고 야곱의 자손들을 애굽에서 불러내신 것처럼 이 세대를 또 불러내실 수 있다. 하나님은 유다와 "함께" 계시고 "힘을 주시며" "도와주시고" 유다를 "붙들어 주신다"(41:10). 하나님은 멀찍이서 방관자로 계시지 않고 가르쳐 주시기 위해서 외치신다. 하나님은 그의 백성에게 인격적으로 나타나시므로 유다는 전혀 "두려워하지" 않아도 된다. "두려워 말라"는 구절이 이 단락에서 자주 반복되는 것으로 보아 이것이 포로로 잡힌 이들에게 주는 핵심 주제임을 알 수 있다. 유다는 하나님이 이들을 버리셨을까 봐 두려워하지만, 이사야는 이들에게 하나님이 유다를 버리는 일은 일어나지 않을 것을 반복해서 상기시킨다.

물론 유다는 하나님이 그들을 떠날까 봐 또 많은 적들에게 제압당할까 봐 두렵기도 하다. 바로 이것이 41:11-16에서 말하는 주제이다. 하나님은 유다를 보호하실 것이며 유다의 적들은 하나님 앞에서 그냥 시들어 버릴 것이다(41:11-12). 왜 그런가? 하나님은 "나는 주"(출애굽 때부터 전해져 내려오는)이시며 그분의 백성들을 도와서 그들의 주인임을 증명하실 것이기 때문이다(41:13-14). 하나님은 유다를 보호하는 적극적인 손길을 펼치실 것이다. 하나님이 유다의 고통 속에서도 인격적으로 함께하시며 하나님이 그 결과에 적극적으로 개입하신다는 사실을 알게 될 때 유다는 용기가 생길 것이다.

41:14에 있는 "구속자"(Redeemer)는 이사야서에서 처음 나오는 말이며 이 장과 이사야서의 끝부분에 13회 더 나타난다(54:9 전에 10회 나타난다).[3] 여기서 구속자는 특히 "이스라엘의 거룩하신 분"과 관련이 있다. 1-39장에서 하나님을 "이스라엘의 거룩하신 분"이라고 표현한 것은 하나님의 초월성과 하나님의 영광을 가장 잘 드러내 준다. 이사야서에서 이 부분은 특히 하나님의 백성을 하나님께 돌아오게 하는 하나님의 능력과 관계되어 있다.

41:15-16에서 하나님은 그분의 백성을 대적에게서 계속 보호하신다고 말씀하시는데, 이 구절의 주안점은 하나님이 방어를 하시다가 공격으로 전환하신다는 점이다. 고레스가 그의 대적들을 무찌르기 위해 칼을 사용하는 것처럼(41:2) 하나님은 이스라엘을 사용하실 것이다. 이스라엘을 괴롭히던 자들은 나무와 날카로운 돌("이빨")로 만들어진 "타작 기계" 속으로 들어갈 것이다. 쌓여 있는 곡식들이 타작 기계로 들어가면 돌이라도 잘라내는 날카로운 기계와 알맹이의 무게 때문에 쭉정이와 알곡이 분리될 것이다. 하나님은 세계 역사를 주관하는 이 계획에 이스라엘을 사용하실 것이다. 이스라엘은 방관자로서 수동적으로 있지 않을 것이며 무익한 "지렁이"처럼 있지 않고(41:14) 하나님과 함께 그분의 사역에 적극적으로 동참할

---

3. *go'el*이라는 단어는 보아스가 룻과 나오미에게 사용한 말이다(룻 2:20). 보아스는 룻과 결혼하여 아들을 낳아 길러 나오미의 남편 엘리멜렉 가문을 잇게 할 것이다. 따라서 구속자는 가능한 노예를 고통에서 보호해 주고 미래를 보장해 주고 미래에 태어날 자손들을 보호해 주고 재산을 증식시켜 준다.

것이다. 우리는 이 부분에서 바벨론과 페르시아에 영향을 미친 다니엘(단 6:25-28)과, 에스더와 모르드개(에 10:1-3)를 떠올릴 수 있다.

17-20절은 이 점에 대해서 이야기된 것을 생생하게 요약하고 있다. 이사야는 하나님께는 불가능한 것이 없다는 것을 자연이라는 언어를 사용하여 묘사하고 있다. 하나님의 백성은 영적으로 메마르고 황폐하다. 이들의 소망은 날아가 버리고 이들의 꿈은 깨졌다. 그러나 우주의 일원도 아니고 우주에 종속되어 있지도 않은 이 하나님이 들어보지도 못한 새로운 일을 행하실 것이다. 하나님은 산에 "강"이 흐르게 하실 수 있고 "사막"에 "우물"이 샘솟게 하실 수 있다.

여기에서 사용된 언어는 주의 깊은 독자들에게 정말로 하나님이 사막을 정원이 되게 하실 수 있고 울창한 숲이 되게 하실 수 있다고 말한 34장을 떠올리게 한다. 하나님은 이 약속을 되풀이하시지만 더 나아가 20절에서는 그분의 백성에게 이것을 행하는 이유를 설명하신다. 세상은 하나님이 이스라엘을 위해서 하신 일에서 하나님이 참신, 거룩한 분인 것을 볼 것이기 때문이라는 것이다. 에스겔은 하나님이 누구신지 세상이 알게 하기 위해서 그분의 백성에게 하나님 자신을 보여 주실 것(겔 36:23)이라고 말하면서 이와 유사한 견해를 피력한다.

상황잇기

하나님과 역사. 하나님과 역사에 대한 논쟁이 이 구절의 핵심이며, 이사야서 전체는 하나님이 역사의 과정 중 일부가 아니라고 이야기한다. 여기서는 이 주제를 두고 우상과 논쟁을 벌인다. 이교도들은 그들의 신이 세상과 연결되어 있다고 생각한다. 따라서 그들은 세상의 시작이 어땠는지 어떻게 세상이 끝날지 알 수가 없다. 사실상 실재하는 모든 사물에는 시작도 없고 과정의 끝도 없다. 우리가 아는 생명은 출생과 삶, 죽음이라는 끝없는 순환으로 이루어져 영원히 그렇게 흘러 간다. 이들은 사건이 왜 일어나는지, 그들이 얼마나 견딜 수 있는지, 무엇을 이룩할지 모른다.

우리가 우주에서 시작되었고 우주에서 궁극적 실체의 이유를 밝히려 한다면 우리가 최후에 존재하게 되는 곳은 우주가 될 것이다. 만물은 모든 다른 것들에 부수적으로 존재하고, 거기에는 존재의 의미나 목적도 없다. 우주의 세력은 근본적으로 인격이 없으며 그들의 행동은 완전히 다른 것들과의 관계로 결정된다. 이 우주는 삶을 우연히 맞닥뜨려지는 것으로 설명하기 위해서 사람들이 만들어 낸 구조이다. 이교도들은 이 세력을 더 잘 이해하고 통제하기 위해 의인화하지만 결국 이 신들은 자연 속에서, 사회 속에서, 사람의 영혼 속에서, 사람 같은 가면을 쓰고 단순히 존재할 뿐이다.

그러나 이사야는 이 세력은 신이 아니라고 대답한다. 이것들은 "거룩하다"라고 불릴 자격이 없다. 거룩은 "다르다"인데, 이 존재들은 다르지 않다. 이들은 우주 의 일부일 뿐이다. 우상들에 대한 통렬한 비판은 정확하게 이 핵심과 관련되어 있다. 이사야는 우상에 대해서 추상적인 진술을 하기보다 훨씬 더 구체적으로 묘사한다. 이사야는 "너는 자신의 환경에서 너 자신의 신들을 만들고 있다. 네가 그것들을 만들었지만 그것들이 너를 위해 무엇을 할 수 있는가?"라고 말한다. 그것들은 당신에게 삶이 어디서 시작되었는지, 삶의 의미가 무엇인지 말해 줄 수 없다. 당신이 그 신들을 만들었기 때문이다!

우주 바깥에 존재하시는 분만이 우주를 존재케 하시고 방향을 지시하실 수 있다. 그분만이 사건이 발생하기 전에 무슨 일이 생길지 당신에게 말해 주실 수 있다. 우주가 시작된 날부터 그분이 존재하기 시작한 것은 아니다. 확실히 그분의 안내로 우주가 당신에게 그분에 대한 부수적인 정보를 줄 수는 있지만 우주가 그분이 아니기 때문에 그것이 우주 외 영역까지 가르쳐 줄 수는 없다. 결국 초월하여 계신 하나님이 자신을 드러내셔야 한다.[4] 그것은 분명 하나님이 하신 일이다. 우주를 초월하여 하나님이 존재하신다는 것은 하나님이 앞으로 어떤 일이 일어날지 말씀하실 수 있다는 증거이다. 하나님은 동방에서 한 사람을 부르실 수 있는 분이다.

두려움. 이사야는 두려움으로 쇠약해진 사람들에게 말하고 있다. 그들은 그들의 눈에 완벽하게 이교도로 비쳐지는 상황에 빠져 있다. 이들은 자신들의 땅에서 안전하게 자라며 살아 계신 하나님을 섬겼고, 중앙에는 하나님의 성전이 있었기 때문에 아무 일도 그들에게 일어나지 않는다고 확신했다. 분명히 히스기야 시대에 일어난 구원이 그런 안도감을 마음에 품게 했다. 게다가 포로가 되면 그 누구도 하나님이 그들에게 준다고 약속하신 땅으로 돌아갈 수 없기 때문에 포로가 되는 일은 일어날 수 없는 일이었다. 그래서 포로로 잡혀갈 때 그들은 완전히 절망했다.

우리는 이에 대해서 에스겔 선지자를 통해서 이것을 잠시 살펴본다. 에스겔 1-24장은 바빌론 유수 이전에 기록되었기 때문에 1-24장에서 에스겔이 그의 청중에

---

4. 22, 23, 26절에서 동사 *ngd*("드러내다, 밝히다")의 히필형이 5회 나타난다. 하나님은 신들에게 몇 가지 앞일을 말할 수 있으면 해보라고 한다. 앞일을 말할 수 있는 신은 오직 하나님 한 분뿐이시다.

게 예루살렘이 함락될 것이라는 사실을 확신시키는 데 난항을 겪었으리라는 것을 추측할 수 있다. 33-48장은 예루살렘 함락 후에 기록되었다. 여기서 우리는 에스겔이 그의 청중에게 예루살렘 함락을 확신시키는 데 어려움을 겪은 것과 마찬가지로 예루살렘이 재건될 것을 확신시키는 데도 어려움을 겪었음을 알 수 있다.[5] 오랫동안 익숙한 땅 지계표가 사라지고 불안이 팽배한 상황에서 사람들은 두려움에 온통 뒤덮여 쇠약해져 있었다.

톨킨(J. R. R. Tolkien)은 그의 3부작 중 『반지의 제왕』(*The Lord of the Rings*)에서 늙은 왕 세오덴(Theoden)이 실제로는 적의 수하인 세오덴의 모사가 웜통(Wormtongue)이 희망이 없다고 확신하는 이야기를 듣게 된다. 그래서 늙은 왕은 낙담하여 어두운 궁전에 앉아 있으면서 적들이 와서 그의 궁전을 파괴하고 그의 목숨을 앗아가기를 기다린다. 그러나 반지 원정대의 일원인 간달프(Gandalf)는 세오덴에게 와서 정말로 죽을지도 모른다고 하면서, 어두침침한 방에서 의미 없는 왕관을 쓰고 앉아 있는 것보다 자신을 위해서라도 적들을 맞아 싸우다 죽는 것이 훨씬 더 낫다고 말한다. 세오덴의 마음은 바로 움직이지 않지만 결국 간달프의 일격으로 웜통의 실체를 깨닫게 된다. 세오덴은 분연히 일어서서, 병사들을 모으고 전쟁터로 달려간다. 가장 어두운 시기에 기적이 일어나고 전쟁에서 승리한다. 그러나 두려움이 팽배하다면 그 어떤 전쟁에서도 기적이 일어나지 않을 것이다.[6]

현대적 의미

새 시대의 종교. 소위 계몽주의 시대의 가장 큰 특징은 이성의 지배이다. 모든 것이 이성의 심판에 고개를 숙여야 했고 인간의 이성에 맞지 않는 것은 무시당했다. 이런 이유로 토마스 제퍼슨(Thomas Jefferson)은 기적에 관한 기록을 모두 삭제해서 신약성경 요약본을 만들 필요를 느꼈다. 이 연장선상에서 20세기 중초반 독일의 신약 학자였던 루돌프 불트만(Rudolf Bultmann)은 "새 시대를 맞은" 인류를 위해서 성경에서 초월성을 말한 부분은 삭제해 버리고 신약성경을 "비신화화" 해야 한다고 주장했다.

그러나 이성을 강조해서 중대한 위험이 발생한다면 그것은 단순히 상상에만 근거한 이성의 발호를 결코 막을 수 없다는 점이다. 아무튼 지금은 상황이 변하고 있

5. I. Duguid, *Ezkiel*(NIVAC: Grand Rapids: Zondervan, 1999), 20을 보라.
6. J. R. R. Tolkien, *The Two Towers*(New York: Ballantien, 1965), 147-53.

다. 기술 영역을 제외한 모든 이성의 영역에 환멸을 느끼고 있다. 궁극적 의미의 영역에서 이성은 회의적으로 보인다. 이성과 감정의 전쟁은 이성과 밀접한 관계가 있지만, 이성은 삶을 더 의미 있고 가치 있게 만드는 데 실패했고 감정을 질식시키고 자유로운 표현을 저지했다고 보는 이들도 있다.

그 결과 사상과 공식은 결코 논리에 부합될 필요가 없게 되었다. 사상과 공식이 누군가에게 좋고 유용한 것처럼 보인다면 그것이 곧 진리이다. 이 사실은 오랫동안 이성으로 궁지에 몰려 있던 이교도의 관습이 새로운 활력으로 우리에게 돌아온다는 것을 의미한다. 지금 어떤 사람들은 순수 논리의 산물이자 그 논리의 원칙에 따라 사용할 때만 반응하는 컴퓨터를 사용하지만, 전 시대 아서 왕(King Arthur)의 왕실 기사였던 사람이 어떻게 컴퓨터와 대화할 수 있었겠는가!

이 새로운 상황은 이사야의 주장이 현대의 중요한 사회 문제도 포함하고 있다는 것을 의미한다. 중심 주제는 우리가 어떻게 진리를 알아보느냐는 것이다. 우주 안에서 진리가 우리에게 오는가, 아니면 바깥에서 오는가? 이성은, 우주 안에서 진리가 오는 것이며 인간 이성이 진리의 모든 핵심을 발견할 수 있다고 강력하게 주장한다. 그러나 이성이 그 왕좌를 내어주었어도 우리는 여전히 진리가 우주 안에서 온다고 믿고 있고, "진리"가 논리적 일치나 일관성을 가지지 않아도 된다고 믿고 있다. 지금 진리는 직관으로 오기 때문에 어떤 것이 나를 위해 "일한다면" 그것이 곧 "진리"이다.

이 생각은 분명 이교도들의 토대를 이루는 것이다. 우주 안에서 진리가 일한다면, 우리는 그 방법이 무엇이든지 간에 우주를 내가 통제하기에 가장 좋은 방식으로 이에 부응하는 진리의 다양한 역할을 상상한다. 이러한 상상은 서로 일치하지 않아도 되고 논리적으로 변호하지 않아도 된다. 사실 우리가 이성에 영향을 받지 않을수록 우리는 우리가 좋아하는 방식으로 더 많이 신과 조우할 것이다.

이사야는 이에 대답하면서 철학적 이성으로 후퇴하지 않는다. 오히려 경험에 호소한다. 이사야는 진리가 우주의 바깥에서 오며 하나님이 이 우주의 구조 속으로 뚫고 들어와 그 자신을 신실한 증인들에게 보이신다고 말한다. 더 나아가 하나님은 완전히 일치된 논리 정연한 방법으로 우리에게 그 자신을 보여 주신다. 결국 성경은 이성의 중요성을 보여 준다. 성경은 이성을 사용하여 하나님의 사역을 끊임없이 원인과 결과로 연결지어 설명한다. 계몽주의자들의 문제는 사람의 이성을 하나님보다 더 우수한 것으로 여겼다는 점이다. 이사야서에 나타난 거룩하신 분은 비이성적인 방식으로 일하시지는 않지만 동시에 인간 이성으로 완벽하게 설명될 수 있는 방법으로도 일하시지 않는다. 도대체 우리는 왜 하나님이 거룩하신 분으로 존재할 수 있다고 생각하는가?

오늘날 우리에게 필요한 것은 하나님의 말씀의 회복, 기록되고 경험된 그대로 말씀을 회복하는 것이다. 우리는 우주 바깥에 존재하시는 하나님, 미래를 미리 볼 수 있고 자신이 계획한 대로 우주에 지시할 수 있고, 우주가 무엇을 해야 하는지 말할 수 있는 하나님을 성경에서 발견해야 한다. 그러고 나서 우리는 신실하고 언제나 한결같으며 진실하신 하나님, 세상 속으로 들어와 우리와 함께하시고 "이 일을 하신"(41:20; NIV "has done this", 개역성경은 "지은 바"로 번역함-옮긴이) 하나님을 세상에 전할 변화된 삶의 증거가 필요하다. 하나님은 우리가 자신의 계획에 따라 세상과 분리되지 않고 우리 자신에게서 벗어나 세상과 관계 맺기를 원하신다.

두려움. 2차 세계대전 중 미합중국의 대통령이었던 루스벨트(Franklin D. Roosevelt)는 "우리에게는 두려워할 그 어떤 것도 없지만 두려움 자체를 두려워해야 한다"고 말했다. 물론 이 말은 수사적 과장법을 쓴 말이지만 이 말 안에 아주 큰 진리가 숨어 있다. 우리가 두려워하고 의기소침해지면 어떤 목표에 미처 도전하기도 전에 우리는 실패하게 된다. 우리가 시작하지도 못하기 때문에 그 어떤 것도 이룰 수 없다. 두려움을 극복하여 일을 시작하기만 해도 좋은 결과가 생길 때가 많다. 그러나 어떻게 하면 두려움을 극복할 수 있는가? 두려움은 우리가 두려움을 극복할 수 없다고 두려워하기 때문에 생긴다!

오늘날 우리가 두려움에 대해 얻을 수 있는 하나님의 대답은 이사야 시대의 것과 같다. 이사야는 우리가 혼자가 아니라는 점을 상기시킨다. 하나님은 우리와 함께 계신다(41:10). 하나님은 이방종교처럼 단순히 우리 자신을 보호하기 위해서 우리와 함께 계시는 분이 아니다. 우리를 만드신 분, 만물의 바깥에 존재하시면서 만물을 명령하시는 분이 우주 속으로 들어와 우리와 함께 계신다. 이것은 단순한 수사에 불과한 것이 아니다. 임마누엘(7:14)의 약속은 예수 그리스도 안에서 완성되었다(마 1:23). 하나님은 우리의 시간과 공간 속으로, 우리 육체 속으로 들어오셔서 우리의 삶의 모든 면에서 우리와 함께하신다.

요한복음에서 예수님이 "나다"(I am)라고 말씀하신 것은 중요하다. 예수님은 하나님과 엇비슷한 분도 멀찍이 떨어져 계시는 중재자도 아니다. 예수님은 하나님 자신이시다. 하나님이 이 단락에서 "내가 그니라"(41:4)고 말씀하신 것처럼 예수님도 "내가 그다"(요 8:58; 18:5)라고 말씀하셨다. 하나님은 우리에게 오시기 위해서 그의 능력과 거룩하심을 조금도 잃어버리시지 않는다. 오히려 우리에게 오셔서 우리를 하나님의 수준까지 끌어올리신다. 하나님의 임재는 우리가 애쓴 모든 일의 성공을 보장하지 않는다. 그러나 우리는 하나님의 임재가 성공을 조건으로 하지 않고, 하나님이 우리를 결코 떠나시지 않으며 용서하신다고 약속하셨음을 알기(히 13:5) 때문에, 시도하는 것을 두려워할 이유는 없다. 이 약속의 인은 성령의 임재이다. 예수께서는 그의 제자들에게 자신은 떠나지만 곧 그들에게 올 것이라고 말씀하셨다(요 14:17-20). 예수님은 그분의 영으로 이것을 하셨다. 그분은 우리와 함께하신다.

그분은 우리와 함께 계실 뿐만 아니라 우리를 돕겠다고 약속하신다(41:14). 천지만물이 우리의 등 뒤에서 우리를 돕고 있는데 우리가 무엇 때문에 두려워하겠는가? 이것은 단순히 우리의 뜻을 이루기 위해서 우주의 힘을 주술적으로 사용해도 된다는 말이 아니다. 우리 편에 서 계시고 우리가 할 수 없는 것을 우리를 통해 행하시는 분은 바로 전능하신 하나님, 독립해서 존재하시는 창조자이시다.

정말로 믿기 어려운 겸손이 여기에 있다. 하나님이 왜 "우리를" 도우셔야 하는가? 하나님은 우리를 위해 도우실 필요가 있는가? 하나님은 왜 길 밖에 서서 자신이 그 일을 하는 것을 지켜보라고만 하시지 않는가? 그렇다. 하나님은 우리를 그의 조작에 따라 움식이는 단순한 로봇이 되게 하시지 않고, 우리에게 그의 형상을 나누어 주셔서 우리를 고결하게 하실 것이다. 하나님이 우리에게 이와 같은 고귀함을 주셨는데 우리가 무엇 때문에 두려워하겠는가? 그리스도께서는 그분의 제자들에게 세상으로 가서 다른 제자들을 만들라(마 28:18-20)는 불가능한 임무를 주셨다. 상상도 못할 일이다! 하지만 얼마나 놀라운 영광인가! 하나님이 그분의 사역을 완성하시기 위해 우리를 사용하신다. 그분이 우리와 함께하시고 우리를 돕는다면 이것들이 왜 안 되겠는가!

이사야 41:21-42:9

21 나 여호와가 말하노니 너희 우상들은 소송하
라 야곱의 왕이 말하노니 너희는 확실한 증
거를 보이라
22 장차 당할 일을 우리에게 진술하라 또 이전
일이 어떠한 것도 알게 하라 우리가 마음에
두고 그 결말을 알아보리라 혹 앞으로 올 일
을 듣게 하며
23 뒤에 올 일을 알게 하라 그리하면 너희가 신
들인 줄 우리가 알리라 또 복을 내리든지 재
난을 내리든지 하라 우리가 함께 보고 놀라
리라
24 보라 너희는 아무것도 아니며 너희 일은 허
망하며 너희를 택한 자는 가증하니라
25 내가 한 사람을 일으켜 북방에서 오게 하며
내 이름을 부르는 자를 해 돋는 곳에서 오게
하였나니 그가 이르러 고관들을 석회 같이,
토기장이가 진흙을 밟음 같이 하리니
26 누가 처음부터 이 일을 알게 하여 우리가 알
았느냐 누가 이전부터 알게 하여 우리가 옳
다고 말하게 하였느냐 알게 하는 자도 없고
들려 주는 자도 없고 너희 말을 듣는 자도 없
도다
27 내가 비로소 시온에게 너희는 이제 그들을
보라 하였노라 내가 기쁜 소식을 전할 자를
예루살렘에 주리라
28 내가 본즉 한 사람도 없으며 내가 물어도 그
들 가운데에 한 말도 대답할 조언자가 없도다
29 보라 그들은 다 헛되며 그들의 행사는 허무
하며 그들이 부어 만든 우상들은 바람이요
공허한 것뿐이니라

42:1 내가 붙드는 나의 종, 내 마음에 기뻐하는
자 곧 내가 택한 사람을 보라 내가 나의 영
을 그에게 주었은즉 그가 이방에 정의를 베
풀리라
2 그는 외치지 아니하며 목소리를 높이지 아
니하며 그 소리를 거리에 들리게 하지 아니
하며
3 상한 갈대를 꺾지 아니하며 꺼져가는 등불을
끄지 아니하고 진실로 정의를 시행할 것이며
4 그는 쇠하지 아니하며 낙담하지 아니하고 세
상에 정의를 세우기에 이르리니 섬들이 그
교훈을 앙망하리라
5 하늘을 창조하여 펴시고 땅과 그 소산을 내
시며 땅 위의 백성에게 호흡을 주시며 땅에
행하는 자에게 영을 주시는 하나님 여호와께
서 이같이 말씀하시되
6 나 여호와가 의로 너를 불렀은즉 내가 네 손
을 잡아 너를 보호하며 너를 세워 백성의 언
약과 이방의 빛이 되게 하리니
7 네가 눈먼 자들의 눈을 밝히며 갇힌 자를 감
옥에서 이끌어 내며 흑암에 앉은 자를 감방
에서 나오게 하리라
8 나는 여호와이니 이는 내 이름이라 나는 내
영광을 다른 자에게, 내 찬송을 우상에게 주
지 아니하리라
9 보라 전에 예언한 일이 이미 이루어졌느니라
이제 내가 새 일을 알리노라 그 일이 시작되
기 전에라도 너희에게 이르노라

원 의미

우리는 이제 우상에 대한 이사야의 두 번째 법정 진술(41:21-29)과 주의 종에 대한 두 번째 언급(42:1-9)을 살펴본다. 우상에 대한 소송은 좀 더 집요해졌다는 점을 빼고는 첫 번째 소송과 비슷하다. 종에 관한 언급은 첫 번째 언급과 상당히 다르기 때문에 우리는 또 다른 종이 언급되고 있다는 결론을 내려야 한다.

우상과 벌인 소송(41:21-29)

하나님은 그들이 섬기고 있는 신들이 참신인지 한 번 더 증명하기 위해 우상숭배자들을 불러 변론의 기회를 주신다. 41:22은 무엇이 "불려 나오는지" 구체적으로 언급하지 않는다. NIV는 "우상들"이라고 말하는데, 이것은 일리 있는 가설이다. 또 다른 주장은 21절에 있는 대로 우상들이 논쟁을 일으키도록 도전받았다는 사실이다. 여기서 이사야는 이교도들의 세계관의 핵심을 정면으로 공격한다. 선지자는 우상숭배자들을 불러서 그들이 섬기는 신들이 미래를 확실하게 예언한 적이 있는지 증거를 대라고 말한다. "장차 당할 일"(41:22)은 두 가지 중 하나를 말한 것으로 이해할 수 있다. 한 부류는 과거의 사건이 예언대로 실현되었다는 것으로 본다. 또 다른 부류는 이사야가 왜 지금과 같은 일들이 발생했는지 그 과거부터 이유를 들어 설명해 보라고 말했다고 본다. 나는 후자의 설명이 더 그럴 듯해 보인다. 세상이 계속된다고 보는 세계관에서는 목적의 개념이나 전 영역에 영향을 미친다는 의미를 찾아보기 힘들기 때문에 어떤 일이 발생하는 이유를 설명하지 못한다. 과거를 설명할 수 없는데 어떻게 "미래"를 알 수 있겠는가? 신들 중 어떤 신이 전에 일어나지 않은 일이 일어난다고 구체적으로 예언하고 나서 그 사건이 일어난 적이 있었는가?

이 질문에 대한 대답은 "물론 아니다"이다. 천둥이 어디로 가고 무엇을 할지 예언할 수 없는 것처럼 우상도 그러하다. 사실 신들은 그 어떤 예언도 할 수 없고 자연을 자유롭게 구속할 수도 없다(41:23). 이 신들은 우주의 순환 작용의 일부이기 때문에 순환 원리가 요구하는 것을 해야 한다. 이 신들은 순환 원리에서 벗어날 수 없다. 그래서 하나님은 이 신들을 비웃으시면서 할 수 있는 모든 것을 해보라고 말씀하신다. 이 신들이 자신들을 숭배하는 자들을 위해서 어떤 것도 할 수 없다면 대적들을 깜짝 놀라게 할 만한 어떤 것도 할 수 없다.

신들은 대답이 없다. 그래서 하나님은 심판을 선포하신다(41:24). 이 신들은 "아무것"도 아니며 이 신들의 일은 "허망하며" 이 신들을 경배하는 자들은 창조를 대적하는(NIV "detestable", KJV "abomination") 자들이다. 이교도들은 피조물을 신격화하기 위해서 창조에 대항하는 범죄를 저지른다.

41:25-27에서 하나님은 이 도전에 응하신다. 하나님은 역사에 대한 계획을 가지고 계시고, 포로로 잡힌 자들의 눈에 그 증거가 드러나기 전에 그것이 접히지는 않을 것이다. 하나님은 벽돌을 만드는 사람, "토기장이"가 통위에 뛰어올라 점토를 짓밟아 진흙으로 만드는 것처럼 정복자를 일으켜서 바빌론을 멸망시키실 것이다.[1]

고레스가 오는 것이 "야곱의 왕"(41:21)의 말 때문이라고 주장하는 것과 이 주장이 맞다고 증명하는 것은 별개의 문제이다. 누구나 사건이 일어난 후 그렇게 될 줄 알았다고 주장할 수 있다. 그러나 이사야는 그런 접근법으로 부정적, 긍정적 증거를 제시한다. 무엇보다도 우상은 고레스가 올 것이라고 전혀 예언하지 못했다(41:26). 아무도 앞으로 나와서 "그래 맞아! 나의 신이 일어날 거라고 말한 것과 똑같아!"라고 말하지 못한다. 반대로 이사야는 이스라엘의 하나님은 미리 예언하실 수 있다고 말한다(41:27). 사실 이 예언은 하나님이 이사야를 통해서 하신 일, 이 본문이 기록될 당시에 "기쁜 소식 전할 자"의 역할을 정확하게 나타내고 있다. 이 예언은 이사야가 평생 이 본문을 기록하는 동안 만들어졌다. 그 저술이 열린 눈을 가진 자들에게 읽힐 때("봉함"한 것이 열릴 때, 8:16; 29:11-12), 이 말씀은 바빌론 유수 동안 실현되고(150년 후) 스스로 확증될 것이다.[2]

41:28-29은 우상숭배자들에 대한 심판 선언이다. 이들은 하나님의 질문에 어떤 "대답"도 할 수 없다. 그들의 신이 여호와와 같은 범주에 있다는 증거를 가져올 수

1. 정복자가 "북쪽에서" 오는 것과 "동방에서" 온다고 하는 말은 약간 혼동스럽다. 이렇게 말하는 한 가지 이유는 선지자가 이스라엘 땅을 예언하여 말한 것일 수 있다. 동쪽 땅에서 온 공격자는 항상 사막이 동쪽에 있기 때문에(참조. 렘 1:13-14) 북쪽에서 와야 한다. 따라서 이사야는 진술의 관행대로 말하는 것이다. 또 다른 이유는 고레스가 페르시아에서 바빌론의 동쪽까지 환영을 받았으나 바빌론을 공격하기 위한 그의 행동 접근은 북쪽에서 시작되었다는 것이다.

2. 이 진술은 예언이 미래를 알려 주는 가능성을 부정하는 주석가들을 당황하게 만든다. 이 주석가는 "제2 이사야"가 이 말씀이 기록되던 때, 제2 이사야가 바빌론 제국에 대항하여 쫓겨 가기 전에 고레스의 최종 승리를 예언했지만 고레스의 최종 승리 예언이 삭제되었다고 주장한다. Childs는 *Isaiah*, 322에서 "제2 이사야"는 "제1 이사야"의 진술, 13장에 있는 구절들에 대해서 이야기하고 있다고 주장한다. 아무튼 이 말씀들이 13장에 있는 것을 "제2 이사야"가 실제로 사용한 것이라면 그의 주장대로 "제2 이사야"가 그것을 알고 있다는 주장은 허구에 불과하다. Oswalt의 *Isaiah 40-66*, 99-103을 보라.

있는 이가 "한 사람도" 없다. 진실로 여호와 한 분만 다르신 분이며 따라서 그분만 홀로 거룩하시다. 진실한 하나님 대신 다른 것들을 숭배하는 모든 이들은 그들의 신들과 같이 아무것도 아니며, 허망하고 바람 같으며 혼돈[3] 속에 있게 될 것이다. 이들은 그들의 신들이 그렇듯이 허무하게 될 운명인 것이다.

종에 대한 언급(42:1-9)

41:1-21에는 신들에 대항한 법정 소송 뒤에 주의 종 이야기가 나온다. 진술 내용은 앞에 나온 소송처럼 법정 소송 때 나타난 내용을 따르는 듯하다. 여기에 두려워 떠는 종들이 있다. 그들은, 우상숭배자들은 고레스가 오기 때문에 두려워 떨지만 하나님의 종은 전혀 두려워하지 않아도 된다는 것을 다시 확인시켜 주어야 하는 자들이다. 이 구절에 언급된 말들은 확실하지 않지만 역사를 지배하시는 여호와를 심도 깊게 고찰한 것처럼 보인다. 하나님이 고레스를 들어서 바빌론 제국을 멸망시키실 수 있듯이 그의 "종"을 들어서 세상에 "공의"(42:1, 3, 4)를 실현하실 것이다.

이 "종"의 정체는 끊임없는 논쟁거리를 제공하고 있다.[4] 그분과 그 종 이스라엘[5]의 차이점은 현저하다. 종 이스라엘은 공포에 떨고 눈이 멀었지만 하나님은 자신이 참신인 것을 열방에 알리는 하나님의 증거가 되게 하시려고 이스라엘을 구원하시고 사랑하실 것이다. 그러나 40-48장에 한 번 나오고 49-50장에서 세 번 나오는 이 종은 이스라엘과 서로 다른 종이다. 그는 항상 하나님께 순종하고 하나님께 반응하며, 그의 사명은 하나님을 위해 열방에 공의를 실현하는 것이다. 그는 열방의 "빛"이 되고 (이스라엘) 백성에게 "언약"이 될 것이다(49:6을 보라). 신의 축복의 약속들이 끊임없이 종 이스라엘에게 주어지고 있는 반면에, 이 종은 그의 사역

3. Motyer는 *Prophecy of Isaiah* 318에서 24절과 29절은 구조적 평행일 뿐만 아니라 단어적으로도 평행되어 있다고 말한다. 또한 "바람"이라는 말을 제외하고는 40:17에서 열방을 동일한 관점으로 묘사한다. 히브리어 *tobu*("혼돈"[chaos], NIV "혼동"[confusion])는 이사야가 좋아하는 말인데, *tobu*는 41장에서 45장까지 4회 나타나고 그밖의 부분에서 7회 나타난다. 신들이 혼돈 속에서 질서를 잡았다는 고대근동 아시아의 창조 신화가 선지자의 마음속에 있었을 가능성이 엿보인다. 그는 그런 것을 하는 것과 거리가 멀다고 주장하지만 그들 스스로 혼돈 자체이며 그들을 섬기는 숭배자들을 혼돈 속으로 밀어 넣는다. 그것이 주 하나님이 하신 일은 아니다(45:18-19을 보라).

4. 더 깊은 논의를 위해서 Oswalt의 *Isaiah 1-39*, 49-52; *Isaiah 40-66*, 107-8, 113-15을 보라.

5. 43:18-19; 44:1-2, 21; 45:4; 48:20과 각각의 경우 연관된 묘사를 보라.

을 통해 어떤 은혜도 받지 못할 뿐 아니라 어려움만 겪는다.[6] 요컨대 이 종이 누구이든지 간에 이 종은 이스라엘 민족이 아니며 이 종은 전혀 다른 인물이다.

이 사람은 세상에 정의를 가져올 것이며 하나님의 영이 그에게 부어지고(42:1) 이 마지막 사역이 압제를 통해서 완성되지 않을 것이라고(42:3) 되풀이되는 말은, 이사야 9, 11, 32장에 나타난 메시아 예언을 떠올리게 한다. 따라서 우리는 이사야 9, 11, 32장에서 상호 보충되는 인물의 이미지를 만들어 낼 수 있다. 왕으로서의 종을 그릴 수 있다. 종으로서의 왕을 그릴 수 있다. 그들의 신들에게 신성이 있다고 변론하지 못한(41:1) 땅 끝("섬들")이 "그 교훈을 앙망하리라"(문자적으로는 '기다린다', '믿는다'라는 의미이다. NIV "put their hope in his law")는 생각은 이 인물이 메시아적 인물이라는 것을 한층 더 암시한다(2:1-5과 그에 대한 주석을 참조하라).

42:6-7에 있는 이 종의 사역에 대한 더 깊은 묘사는 이 종이 민족이 아니라 어떤 누군가가 민족을 위해 일하고 정말로 세계를 위해 일할 것이라는 사실을 분명하게 한다. 이 세상의 힘에 사로잡힌 이스라엘이 눈멀고 귀 먹은 세상에 이 종은 빛을 주고 자유를 줄 것이다. 이 종의 사역은 궁극적으로는 하나님의 "영광"을 나타낼 것이며, 이 영광은 세상(6:3)을 채우고 우상에게 넘어가지 않을 것이다(42:8).

상황잇기

미래를 말하는 예언. 이사야는 여호와는 단 한 분뿐인 존재, 미래를 말하는 예언을 정확하게 말씀하실 수 있는 하나님이시라고 주장한다. 하나님의 예언 능력을 믿지 않는 주석가들은 스스로 큰 혼란 속에 빠져 있다.[7] 예를 들어, 차일즈는 "투시력"을 믿는 생각을 배격한다.[8] 그러나 동시에 차일즈는 이사야서의 둘째

6. 49:1-7; 50:4-9; 52:13-53:12에 있는 묘사를 보라.

7. 어떤 주석가들은 저자가 신들이 미래를 예언할 수 없다고 주장한 것에 분노한다. B. Duhm은 *Das Buch Jesaja*(HKAT: Göttingen: Vandenhoeck & Ruprecht, 1892)에서 "허구의 이사야"가 신들이 일반적으로는 미래를 예언한다는 사실을 완벽하게 알았지만 그 사실을 그냥 부정하기로 했다고 주장한다. 그러나 이사야는 신들이나 신들의 대리인들이 미래를 말하기 위해 애쓰고 있다는 사실을 부정하지 않는다. 이사야가 부정하고 있는 것은 신들과 신들의 대리인이 아주 정확한 예언(고레스라는 이름까지)을 할 수 없다는 것이며, 신들과 신들의 대리인이 하는 예언은 계속 정확하게 맞아 떨어지지 않는다고 강력하게 주장한다. Westermann은 *Isaiah 40-66*, 91에서 이사야가 고레스라는 이름을 "제1 이사야"에서 따오지 않았다는 일반적인 견해를 지지한다.

8. *Isaiah*, 3-4.

부분은 독자들이 바벨론 유수를 정말로 이사야가 예언한 것이라고 믿기 원한다고 분명히 인정한다. 그렇게 되면 그러한 일이 일어날 수 있다고 믿느냐 혹은 믿지 않느냐에 모든 것이 달려 있다. 그러한 일이 일어날 수 없다고 결론을 내리면 40-55장의 고귀한 신학을 의심해야 한다. 이 책의 익명의 저자가 그의 주장대로 하나님의 존재를 옹호하기 위해서 증거를 거짓으로 꾸며야 했다면 이 사람이 말한 하나님의 어떤 부분도 믿을 수 없다.

그러나 이사야가 말한 것처럼 이사야에게 스스로 자신을 드러내신 하나님이 계시다면 하나님이 미래를 말할 수 있다고 믿는 것이 왜 어려운가? 하나님이 세상을 그의 계획대로 창조하시고 모든 역사를 계획대로 이끌어 가시며, 시공간을 초월해 계시면서도 언제든지 이 시공간의 세계와 교통하실 수 있는 능력을 충분히 지니고 계신다면, 왜 우리는 하나님이 장차 일어날 일들을 우리에게 미리 말해 주신다는 것을 불가능하다고 생각하는가?

이것은 주술적이고 미신적인 관점으로 설명할 수 있지만 그것은 사실과 많이 다르다. 성경적 선지자는 미래를 알아내기 위해서 주술적 제의를 행하지 않는다. 주술적 제의는 유출의 개념에 기초를 두고 있다. 고대인들은 별의 위치와 양羊의 간肝 모양이 인간사와 직접 관련이 있다고 믿었고 어떤 징후가 발견될 때마다 사건이 발생한다고 믿었다. 이것은 성경적 선지자와 거리가 멀다. 하나님은 환영받지 못하는 선지자들이 하나님과 관계를 맺도록 하나님의 말씀 속으로 부르셨다. 하나님의 말씀은 특히 하나님의 백성이 하나님의 언약에 순종해야 하는 일반 규정에 대해서 이야기하고 있고, 언약에 순종하느냐 불순종하느냐에 따라 달라지는 미래에 대해서 말하고 있다. 자신의 고객을 유익하게 하기 위해 미래를 보려고 하는 모습은 찾아 볼 수 없다.

성경에서 예언은 세 가지 중요한 기능을 가지고 있다. (1) 예언은 사람들을 순종하도록 부르는 방법이다. 왜냐하면 이런 순종은 미래에 긍정적인 결과를 낳기 때문이다. (2) 예언은 믿음을 북돋는 수단이다. 우리가 섬기는 하나님은 그가 다스리지 못할 사건 때문에 놀라실 수 없는 분이기 때문이다. (3) 예언은 예언된 사건이 발생했을 때 하나님의 신실하심을 확고하게 해준다.

올바른 질서로서의 정의. 42:1, 3, 4에 "공의"로 번역된 히브리어 단어는 *mišpaṭ*이다. 여러 면에서 이 말은 *tohu*("혼돈" 각주 3번을 보라)의 반대말이다. "공의"라는 영어 단어가 뜻하는 단순한 율법 존중보다는 훨씬 더 많은 의미를 포함하고 있다. 오히려 이것은 "질서를 바로 세운다"는 의미이다. 이 사실은 왜 이 말이 자주

*ṣᵉdqah*와 평행되어 사용되는지, 이 말이 대개 "올바른 것을 행한다"는 단순한 의미를 나타내는 것으로 생각되었는지 설명해 준다. 이것은 *mišpaṭ*가 우리가 사용하고 있는 "공의"보다 훨씬 더 심오한 뜻을 가지고 있다는 것을 의미한다. 무고한 자가 벌을 받고 압제자가 활개 치는 세상은 확실히 *mišpaṭ*가 부족한 세상이다. 이 말은 우리가 "공의"라고 생각하는 모든 개념들을 포함하고 있으면서 "공의"를 훨씬 넘어서는 큰 뜻을 포함하고 있다.

*mišpaṭ*의 더 깊은 의미는 "심판"(judge)과 관련되어서 사용된 예를 찾아보면 알 수 있다. 많은 사람들은 삼손이 "심판자"사사로 불리는 것을 들으며 약간의 혼란을 경험했다. 어떻게 이 힘센 사나이가 "사사"라고 불릴 수 있었는가? 사사들은 오늘날처럼 행하지 않는다! 물론 사사기의 핵심은 사람들이 불순종하면 압제자에게 괴롭힘을 당하고 하나님이 그분의 세상에 세우시려는 바른 질서를 체험하지 못하게 된다는 것이다. 그래서 하나님은 회개하고 믿음의 반응을 보이면 이들에게 주시려 한 삶으로 회복할 용사를 보내신다. *mišpaṭ*가 이 땅에서 회복되는 것이다.[9] 그러므로 이사야는 오실 메시아가 이 땅에 하나님의 올바른 질서를 회복하는 데 필요한 모든 것을 하실 거라고 이야기하고 있다.

현대적 의미

미래를 말하는 예언. 신앙인들은 성경에 있는 예언의 주제를 파악하는 데 정도를 걸어야 한다. 다음은 내가 몇 년 전에 장년 주일학교 반을 가르쳤을 때 깨달은 것이다. 우리가 한 가지 공부를 마칠 무렵 나는 반 학생들에게 다음에는 어느 성경 본문을 공부할지 물었다. 이들은 "예언서"를 공부하고 싶다고 입을 모았다. 나는 기뻤고 다음 주에 아모스, 더 나갈 수 있으면 호세아와 미가서를 공부할 계획이라고 했다. 그러나 나는 학생들의 눈에 비친 어떤 의문들을 보았다. 이들은 아주 정중하게 말하고 있기는 했지만 무언가가 잘못되어 가고 있었다.

마침내 나는 멈추고 그들에게 무엇이 문제인지 물어보았다. 많이 망설이고 주저한 끝에 학생들 중 한 사람이 불쑥 "글쎄요. 우리가 예언을 할 수 있게 될지 의심스러워서요"라고 말했다. 그 순간 나는 깨달았다. 이들이 "예언"이라고 말했을 때 이들은 종말과 관계된 예언, "종말론적 예언", 구약에서 에스겔, 다니엘, 스가랴의 마지막 장에 국한된 본문들을 이야기하고 있었던 것이다. 이들이 정말로 원했던

9. 참조. Richard Schultz, "שׁפט," *NIDOTTE*, 4:213-20.

것은 구약을 보충자료로 삼아 계시록을 공부하는 것이었다.

이것은 우리가 주의해야 할 점이다. 종말론적 예언을 사용하여 예상 일람표를 만들거나 미래 사건의 지도를 만들려는 모든 시도는 난항을 겪게 될 것이다. 그 모든 시도가 백해무익하다면 최근 200년 동안 종말론적 예언이 만들어 낸 폐해에 대한 연구는 우리에게 유익한 경고가 될 것이다. 게다가 위에서 지적한 것처럼 미래에 대한 단순한 지식을 얻는 것은 성경에 나타난 예언의 목적이 아니다. 예를 들어, 예수 재림 예언의 핵심은 그 일이 언제 일어날지 우리가 정확하게 알 수 있다는 것이 아니다.[10] 오히려 이 예언은 우리가 위에서 이야기한 예언의 세 가지 기능을 감당하고 있다. 이 예언은 그분이 어느 때라도 재림할 수 있다는 것을 알고 우리가 그분의 모든 말씀에 복종케 한다. 그리고 악은 결국 패할 것이라는 것을 알고 힘든 시기를 확신 가운데 살 수 있게 하며, 우리의 믿음이 결정적으로 견고해질 것을 알고 예수가 재림하실 때를 흥미진진하게 기다릴 수 있게 한다.

그러나 종말론적 예언을 맹신하지 말아야 하며 정반대로 종말론적 예언을 부인하지 않도록 지속적으로 노력해야 한다. 후자는 성경이 실제로 예언을 포함하고 있다는 것을 부인하는 추세를 말하는 것이며, 전자는 이성주의가 비논리적으로 계몽시킨 것을 말한다. 오늘날 우리는 한편으로는 우리 자신이 진리를 만들어 낼 수 있다고 주장하는 사람들을 볼 수 있고, 또 다른 한편으로는 구약 저자가 그리스도의 오심을 예언하는 것은 불가능하다고 주장하는 사람들을 볼 수 있다. 신약의 저자들이 말하기를, 그들이 예언이라고 부른 것들은 그들이 구약을 면밀하게 살피고 예수 그리스도가 미리 예언되어 있었다는 그들의 믿음을 뒷받침하는 것은 무엇이든지 사용한 결과라고 말한다.

여기서 제기되는 첫째 질문은 신약 저자가 왜 그렇게 생각했느냐는 것이다. 이들은 예수님이 오시는 것이 왜 미리 예언되어 있다고 생각했는가? 하나님이 예언을 사용하시는 것은 하나님의 신성을 드러내 주는 중요한 증거라고 말하는 이사야 41-42장에 있는 관련 구절들이 이 질문의 답이다. 신약의 저자들은 구약의 말씀들이 신약의 저자들을 인도했기 때문에 메시아 예언이 있을 거라고 생각했다.

둘째 질문은 실제로 그리스도에 대한 예언이 정당한 예언인지 결정해 주는 기

10. 1988년 봄, 많은 목사들에게 배포되었던 *88 Reasons Why Jesus Will Return in 1988*이라는 제목의 소책자를 기억하라. 저자의 말대로 예수가 1988년 9월에 재림하지 않았을 때 그는 '어떻게 예수가 1년의 오차도 일으키지 않을 수 있느냐? 예수는 1989년에 온다'고 해명하는 책자를 출판했다.

준으로 구약이 쓰일 수 있느냐는 것이다. 예를 들어, 하나님이 저자에게 계시했다고 믿는다고 해서, 모든 저자가 자기가 말한 것이 정당한 예언임을 밝히기 위해 반드시 예수와 관련된 모든 함의들을 완벽하게 이해하고 있어야 하는 것은 아니다. 미가는 베들레헴 출신의 "이스라엘을 다스릴 자"(미 5:2)를 말하면서 그 모든 역사적 함의들을 이해하고 있었을까? 나는 그 사실이 상당히 의심스럽다. 그렇다고 해서 메시아가 존재하는 장소는 베들레헴이라는 결론(마 2:4-6)을 내린 사람들이 구약성경을 오용하고 있다는 의미는 아니다.

신약 저자들이 예언된 장소를 직접 말할 때 구약을 암시적으로 사용하는지, 정확하게 사용하는지 구분하는 것도 중요하다. 이 모든 것을 말하고 실행할 때 우리는 이 본문으로 다시 돌아와야 한다. 예언이 정말로 있다는 것을 부인하면 성경에서 하나님의 유일무이한 신성을 중요시하는 주장과, 하나님과 그 아들의 또 다른 부분에 대해서 말하고 있는 많은 내용들은 격하된다.

종(the Servant)의 사역. 42:1-9이 그리스도의 사역을 예언한 것이라고 결론짓는다면 나는 그것이 매우 정당하다고 생각한다. 우리는 그리스도의 사역과 그 성격의 중요성에 대한 수많은 예들을 이 구절에서 볼 수 있다. (1) 우리가 위에서 말한 것처럼 종의 사역은 무엇보다도 세상에서 하나님의 올바른 질서를 확립하는 데 최우선을 두고 있다. 이 점은 짧은 명령으로 세 번 나타난다. 이 명령은 그리스도의 십자가가 오직 죄를 용서하는 데 있다고 주장하는 것이 옳지 않다는 것을 우리에게 상기시킨다. 그리스도의 십자가는 분명히 죄의 속량을 위한 것이지만 그것 이상의 의미가 있다. 그것은 죄의 영향 아래 있던 모든 것들을 다루고 사회의 모든 수준을 하나님의 사역으로 회복하는 데 그 의미가 있다.

이 메시지는 처음부터 교회의 진리로 여겨져 왔다. 세상에 학교와 병원을 남겨두어 세상을 깨우던 교회의 발자취를 추적할 수 있다. 분명 교회는 고통과 보혈을 나누고 있다. 그러나 또 다른 유익함들도 부정할 수 없다. 종의 사역은 세상에서 하나님의 질서를 회복하는 것이다.

(2) 더 나아가 종의 사역은 전 세계적인 사역이다. 그리스도께 부어진 영(42:1; 참조. 요 1:32-34)은 사람들이 어디서나 율법을 기다리고 있기 때문에 예수님의 제자들이 그분의 "율법"(torah, "가르침, 지도")을 들고 동방 끝까지 가게 한다. 그분의 빛은 제자들을 통해서 열방에서 빛나게 될 것이다(사 2:2; 66:23; 마 28:19-20). 다문화주의(multiculturalism)의 새로운 이해가 복음을 전할 때 복음이 단순히 문화에 불과하다는 생각을 계속 배격해야 한다는 것을 의미한다면, 그것은 그리스

도의 복음을 세계만방에 전하고자 하는 우리의 열망을 식게 해서는 안 된다. 포스트모던적 견해는 모든 사람들이 빛을 가지고 있지만 단지 그 빛을 구성하고 있는 것이 다를 뿐이라고 주장한다. 이사야가 더 잘 안다. 그들 자신의 형상으로 하나님을 만든 사람들은 어둠 속에 있기 때문에 십자가와 빈 무덤에서 흘러나오는 빛이 반드시 필요하다.

(3) 특히 현대에 의미있는 종의 사역의 셋째 양상은 그것의 방식(manner)에 있다. 고대 왕들은 왕국에 "정의"를 실현하려고 난폭한 방법을 쓰고, 그들이 정복한 사람들에게 과중한 멍에를 씌운 것을 자랑한다. 그러나 하나님의 종은 세상의 힘이 아닌 온유함으로 세상에 하나님의 올바른 질서를 세운다. 그 종은 이미 등이 휘어진 갈대를 꺾지 않고 이미 심지가 꺼져가는 촛불을 끄지 않는다. 그리스도는 적들을 사랑과 은혜와 온화함으로 끌어안으신다.

우리는 그리스도와 같은 방법으로 사역해야 한다. 우리 중 대다수에게는 그리스도의 사역대로 하는 것이 굉장히 어려운 일이다. 우리는 날 때부터 지니고 있는 드센 고집을 포기하는 것이 굉장히 어렵다는 것을 안다. 우리는 갖고 싶은 것을 원할 때 갖기 원하고, 이때 우리는 기독교 정신 위에 군림하고 있는 우리의 고집을 정당화하기 위해서 갖가지 변명들을 한다. 그러나 하나님의 말씀은 여전히 서 있다.

> 오히려 자기를 비어 종의 형체를 가져 사람들과 같이 되었고
> 사람의 모양으로 나타나셨으매 자기를 낮추시고 죽기까지 복종하셨으니 곧 십자가에 죽으심이라(빌 2:7-8).

> 제자가 그 선생보다, 또는 종이 그 상전보다 높지 못하나니(마 10:24).

이사야 42:10-43:7

10 항해하는 자들과 바다 가운데의 만물과 섬들
과 거기에 사는 사람들아 여호와께 새 노래
로 노래하며 땅 끝에서부터 찬송하라
11 광야와 거기에 있는 성읍들과 게달 사람이
사는 마을들은 소리를 높이라 셀라의 주민들
은 노래하며 산 꼭대기에서 즐거이 부르라
12 여호와께 영광을 돌리며 섬들 중에서 그의
찬송을 전할지어다
13 여호와께서 용사 같이 나가시며 전사 같이
분발하여 외쳐 크게 부르시며 그 대적을 크
게 치시리로다
14 내가 오랫동안 조용하며 잠잠하고 참았으나
내가 해산하는 여인 같이 부르짖으리니 숨이
차서 심히 헐떡일 것이라
15 내가 산들과 언덕들을 황폐하게 하며 그 모
든 초목들을 마르게 하며 강들이 섬이 되게
하며 못들을 마르게 할 것이며
16 내가 맹인들을 그들이 알지 못하는 길로 이
끌며 그들이 알지 못하는 지름길로 인도하며
암흑이 그 앞에서 광명이 되게 하며 굽은 데
를 곧게 할 것이라 내가 이 일을 행하여 그들
을 버리지 아니하리니
17 조각한 우상을 의지하며 부어 만든 우상을
향하여 너희는 우리의 신이라 하는 자는 물
리침을 받아 크게 수치를 당하리라
18 너희 못 듣는 자들아 들으라 너희 맹인들아
밝히 보라
19 맹인이 누구냐 내 종이 아니냐 누가 내가 보
내는 내 사자 같이 못 듣는 자겠느냐 누가 내
게 충성된 자 같이 맹인이겠느냐 누가 여호
와의 종 같이 맹인이겠느냐
20 네가 많은 것을 볼지라도 유의하지 아니하며
귀가 열려 있을지라도 듣지 아니하는도다
21 여호와께서 그의 의로 말미암아 기쁨으로 교
훈을 크게 하며 존귀하게 하려 하셨으나
22 이 백성이 도둑 맞으며 탈취를 당하며 다 굴
속에 잡히며 옥에 갇히도다 노략을 당하되
구할 자가 없고 탈취를 당하되 되돌려 주라
말할 자가 없도다
23 너희 중에 누가 이 일에 귀를 기울이겠느냐
누가 뒤에 올 일을 삼가 듣겠느냐
24 야곱이 탈취를 당하게 하신 자가 누구냐 이
스라엘을 약탈자들에게 넘기신 자가 누구냐
여호와가 아니시냐 우리가 그에게 범죄하
였도다 그들이 그의 길로 다니기를 원하지
아니하며 그의 교훈을 순종하지 아니하였
도다
25 그러므로 여호와께서 맹렬한 진노와 전쟁의
위력을 이스라엘에게 쏟아 부으시매 그 사방
에서 불타오르나 깨닫지 못하며 몸이 타나
마음에 두지 아니하는도다

43:1 야곱아 너를 창조하신 여호와께서 지금 말
씀하시느니라 이스라엘아 너를 지으신 이가
말씀하시느니라 너는 두려워하지 말라 내가
너를 구속하였고 내가 너를 지명하여 불렀
나니 너는 내 것이라
2 네가 물 가운데로 지날 때에 내가 너와 함께
할 것이라 강을 건널 때에 물이 너를 침몰하
지 못할 것이며 네가 불 가운데로 지날 때에
타지도 아니할 것이요 불꽃이 너를 사르지
도 못하리니
3 대저 나는 여호와 네 하나님이요 이스라엘
의 거룩한 이요 네 구원자임이라 내가 애굽
을 너의 속량물로, 구스와 스바를 너를 대신
하여 주었노라

4 내가 내 눈에 보배롭고 존귀하며 내가 너를
사랑하였은즉 내가 네 대신 사람들을 내어
주며 백성들이 네 생명을 대신하리니
5 두려워하지 말라 내가 너와 함께 하여 네 자
손을 동쪽에서부터 오게 하며 서쪽에서부터
너를 모을 것이며
6 내가 북쪽에게 이르기를 내놓으라 남쪽에게
이르기를 가두어 두지 말라 내 아들들을 먼 곳
에서 이끌며 내 딸들을 땅 끝에서 오게 하며
7 내 이름으로 불려지는 모든 자 곧 내가 내 영
광을 위하여 창조한 자를 오게 하라 그를 내
가 지었고 그를 내가 만들었느니라

원 의미

어떤 의미에서, 이 단락 앞에 있는 40-42장은 서론에 해당한다고 볼 수 있다. 40장은 두 가지 큰 주제, 하나님의 사랑과 하나님의 유일한 능력을 전반적으로 소개한다. 41:1-42:9은 우상과 벌이는 하나님의 송사를 구체적으로 설명하고, 두려워 떠는 종과 하나님의 공의를 세상에 실현하는 사역을 하는 종에 대해서 자세히 설명하고 있다. 여기 42:10-44:22에서는 이것들이 더 상세하게 묘사되어 있는데, 하나님은 그분의 백성을 비탄에서 건져내시며 그들을 우상에 맞서는 그분의 증인으로 사용할 거라고 선언한다. 이 단락은 두 부분으로 나뉘는데, 대개 다음 두 가지 주제로 구별된다. 42:10-43:7은 하나님의 구원의 확실성을, 43:8-44:22은 구원이 어떻게 하나님이 우상과 대항하는 증거가 되는지 다루고 있다.

찬송의 노래(42:10-17)

앞에서 살펴보았듯이(41:1-20에 대한 주석을 보라) 42:10-13이 앞 단락에 이어지는 것인지, 다음 단락과 연결된 것인지, 아니면 독자적인 단락인지 의견 차이가 있다. 나는 이 단락이 독자적인 단락이라고 믿지 않지만, 이 단락을 앞 단락에 이어서 읽을지 아니면 다음 단락과 연결해서 읽을지에 대한 유익한 논의들은 진행되고 있다. 나는 다음 단락과 연결된 것으로 보는 것이 가장 적합하다고 믿는다.[1]

1. 이 단락을 앞 단락과 이어서 읽어야 한다고 주장하는 학자들은 이 단락이 하나님이 고레스와 그 종을 통해서 약속하신 것을 이행하신다는 내용을 찬양한 것이기 때문에 앞 단락에 이어서 읽어야 한다고 주장한

이사야는 전 세계가 하나님을 찬양할 것을 요청한다(42:10-12). 이런 요청 다음에 하나님을 찬양하는 이유를 일반적으로 진술하고(참조. 42:13), 이어서 찬양하는 이유를 토론하는 데까지 나아간다(참조. 42:14-17). 특별히 땅 끝(가령 "동방의 끝"과 "섬들")이 강조되었는데, 이것은 어쩌면 온 우주 전체(참조. 41:5; 42:4)를 강조하기 위해서인지도 모른다. 게다가 "바다"와 "사막", "산꼭대기들"은 땅 끝 사상을 잘 전달해 준다. 이사야는 주가 유다만의 하나님이 아니라고 강조하고 있다. 주는 온 세상의 하나님이며, 하나님이 유다를 위해서 하시려는 것들에는 온 세상에 기쁨을 주시려는 의도도 포함되어 있다. 하나님이 유다를 포로에서 구해 내실 수 있다면 하나님의 보호와 구원의 힘이 미치지 못하여 비참함과 어려움에 빠지게 되는 사람도 없을 것이다.

14-17절은 13절의 약속을 확대하는데, 여기서 하나님은 백성을 지키기 위해 오시는 "용사"로 묘사된다.[2] 백성이 포로생활을 견뎌 내는 동안 하나님은 오랫동안 "고요히" 있으신 것(14절)처럼 보이지만 포로생활이 끝날 때가 급속하게 다가오고 있다. 임신한 후 아홉 달이 차면 갑자기 출산의 고통이 찾아오는 것처럼 하나님은 그분의 백성을 위해서 새로운 것을 탄생시키실 것이다. 그 길에 어떤 장애물이 서 있든지, 우거진 산들이나 물살이 빠른 강이든지 간에 하나님께는 걸림돌이 되지 않을 것이다(15절). 하나님은 그분의 백성이 여행할 수 있도록 길을 "완만하게" 만드시며(참조. 35:8-10), 그들이 "눈멀어도" 하나님은 어둠에 "빛"을 비추어 그들을 인도하실 것이다(42:6). 이것은 백성이 가지고 있는 최악의 공포, 하나님이 그들을 포기하셨다거나 하나님이 아무런 도움을 줄 수 없다는 공포가 아무 근거가 없음을 의미한다.

반대로 바빌론의 신들은 그들의 백성을 도울 수 없을 것이다(42:17). 유다는 그들이 바빌론에 포로로 잡혀갈 때부터 바빌론 신들은 승리했고 그래서 바빌론 신들을 믿어야 한다고 생각하는 실수를 범하지 말았어야 했다. 바빌론 신들을 믿는 자는 누구든지 "수치"를 당할 것이며 이것은 이들이 잘못된 것들을 믿었음을 보여 줄 것이다. 이 신들은 그들의 백성을 위해 아무것도 해줄 수 없고 오히려 망하게

다. 어떤 면에서 보면 이것은 7-12장의 결론에 해당되는 12장과 유사하다. 대다수의 주석가들은 이 의견을 지지한다. 하여튼 42:10-12은 시편에 있는 찬송가 형식으로 찬송을 부르라는 공개 요청을 하고 있으며 다음 장은 왜 이런 요청을 하는지 그 이유를 설명한다.

2. Childs는 *Isaiah* 332에서 "14-17절이 한 단락인지 분명하지 않다"고 말한다. 나는 14-17절이 한 단락인지 분명하지 않기 때문에 그가 그 절들을 10-13절과 분리했다고 생각한다.

한다. 이렇게 신들과의 논쟁은 새로운 국면으로 접어든다. 이 신들은 인생의 의미를 설명할 수 없을 뿐만 아니라 미래를 말할 수도 없고, 더구나 이 신들을 숭배하는 자들을 돌보지도 구원하지도 못한다.

하나님의 구원의 주제(42:18-43:7)

찬양을 요청한 앞 단락(42:10-17)에 소개된 하나님의 구원의 약속이 이 단락에서 더 확대된다. 42:18-25은 유다가 바벨론 유수를 겪게 된 것이 정확히 말하자면 하나님이 유다를 구원하는 데 실패해서가 아니라, 하나님이 유다를 바벨론에 보냈기 때문이라는 사실을 알아야 한다는 요청으로 시작한다. 바벨론 사람들이 하나님의 뜻과 반대로 하나님의 손에서 그 백성을 취했다면 하나님은 지금 그분의 백성을 귀환시킬 만한 충분한 힘이 없다는 얘기가 된다. 그러나 그렇지 않다. 하나님은 이들을 포로로 보내신 분이기 때문에 하나님이 정하신 때에 언제라도 충분히 이들을 돌아가게 하실 수 있다.

18-20절은 종 이스라엘이 그 자신을 위해서나 세상을 위해서 어떤 것을 할 처지가 아니라는 사실을 상기시켜 준다. 6:9-10에 예언된 것처럼 이스라엘은 이사야와 모든 선지자들의 사역 아래 있으면서도 "소경"이고 "귀머거리"였다. 이들은 하나님의 훈계와 교훈을 들으면 들을수록 더 "소경"과 "귀머거리"가 되었다. 하나님은 옳은 것("하나님의 의를 위해서")을 하시기 때문에 그의 진리(torah, NIV "law")를 가능한 "크고 존귀케" 하셨다(42:21). 하나님은 놀람과 두려움에 가득 차 있는 백성에게 그 진리를 시내 산에서 주셨고, 천사들과 선지자들의 평생에 걸친 증언으로 진리에 생명을 불어넣게 하셨다. 그러나 하나님이 하신 이 모든 것들이 소용없는 듯 보인다. 그 백성은 모두 힘겨운 상황에 빠지기 전까지, 결국 그들 스스로 노략질과 약탈을 당하기 전까지 점점 더 죄의 수렁 속으로 빠져들었다(42:22).

그러나 지금 선지자는 "귀머거리" 백성에게 "들으라"고 말한다. 어쩌면 바벨론 유수의 비극이 잘 듣지 못하는 귀를 열 것이다. 선지자는 그들에게 포로생활을 하게 된 이유를 물어보라고 요구한다(42:22-24). 바벨론 유수는 우연히 일어나거나 바벨론의 강대한 힘 때문에 일어난 것이 아니다. 오히려 그들이 하나님께 죄를 지었기 때문에 포로생활을 하게 된 것이다. 이들은 하나님과 맺은 언약에 조인한 그분의 "율법"과 가르침에 순종하지 않았고, 그 결과 하나님은 백성이 노략질과 약탈을 당하게 하신 것이다. 그러나 예레미야, 에스겔과 같은 선지자들이 말했고 이사야가 이 말씀들을 읽어 주면서 바벨론 유수가 계획되어 있다고 말했지만, 아무도 이 명백한 교훈을 받아들이지 않는다(42:25). 하나님은 백성의 죄 때문에 그들을 치시지만 아무도 그 점을 깨닫지 못하는 것 같다.

하나님은 약탈과 노략질 후에 어떤 일을 벌일 작정이신가? 42:25에서 43:1로 변화될 어조가 장관이다. 하나님이 지금 베푸시려고 하는 것은 은혜이다. 흥미롭게도 유다를 이롭게 하는 은혜를 받기 위해서 유다가 먼저 할 수 있는 일은 아무것도 없다. 유다는 회개하거나 그들의 길을 바꾸겠다고 약속할 필요가 없다. 하나님은 40:1-2에 있는 것처럼 이들을 단순히 "구속하신다"고 선언하신다. 이것은 완벽하게 이루어진 사실이다. 43:1에서 피조물과의 관계는 중요하다. 하나님이 이들을 구속하실 수 있는 것은 하나님이 유다를 창조하셨기 때문이다. 창조주 하나님은 그분이 만드신 우주에 그 어떤 제약도 받지 않고 자유로우시다. 그러므로 하나님은 새로운 것을 하실 수 있고 그분의 백성을 포로생활과 죄에서 모두 구해 내실 수 있다. 그래서 하나님은 그분의 백성에게 임한 심판이 그들을 상하게 하지도, 상하게 할 그 어떤 힘을 갖지 못할 거라고 주장하신다(43:2). 이 백성에게 단 한 가지 희망의 길은 심판의 불을 통과하는 것이다(5장에 대한 주석을 보라). 그러나 심판의 불은 이들이 무서워하는 것처럼 파멸의 길이 아니라 희망의 길이다.

이 모든 것들의 핵심은 하나님과 그 백성의 인격적인 관계이다. 43:1-7에 나온 "나"와 "너"라는 인칭대명사가 반복되는 것이 인상적이다. 하나님은 두 번 말씀하신다. "내가 너와 함께할 것이라/ 함께하여"(2절, 5절). 하나님은 자신을 "주, 너의 하나님, 이스라엘의 거룩하신 분, 너의 구원자"(3절)로 부르시면서 그 백성과 관계를 맺으심으로 자신의 정체성을 확인하신다. 세상의 창조자는 그분이 이스라엘을 사랑하시기 때문에, 이스라엘이 그에게 "소중하기" 때문에 자신을 이스라엘의 개인적 소유물로 주려고 하신다. 이것은 다시 의문을 자아낸다. 혹성들을 초월하여 존재하시는 분이 왜 이 작은 혹성에 붙어 사는 반역자에게 지대한 관심을 가지시는가? 그러나 하나님은 특별한 그분의 백성이 비록 언약을 깨뜨리고 또 깨뜨려도 관심을 가지실 것이고 이 계약을 혼자서라도 지키실 것이다.

이스라엘을 위해 이집트와 구스를 대신 주었다고 말한 것은(43:3) 페르시아의 이집트 정복을 의미한다. 그러므로 하나님은 고레스와 그의 후손들이 그 땅을 정복하는 것을 허락하여 하나님의 백성을 고향으로 귀환하게 하실 것이다. 그러나 대부분의 주석가들은 이 계시가 포로귀환 자체보다 훨씬 더 웅장하고 시적으로 묘사되고 있다는[3] 데 동의한다. 하나님은 그의 백성을 구해 내기 위해서라면 어떤 대가도 치를 거라고 분명히 주장하고 계신다.

43:5-7에는 11:11에서 처음 한 약속이 반복된다. 하나님은 이스라엘이 끌려간 그 모든 땅에서 하나님의 백성을 회복하실 것이다. 여기서 특별히 강조된 "네 자손들"은 이사야서의 이 부분[4]에서 특히 도드라져 보이는 주제이다. 마침내 이스라엘의 전통이 멸절되고 다음 세대에는 바빌론인과 혼합된 사람들이 점점 늘어날 것인가? 아브라함에게 하신 오래된 약속들은 결국 깨졌는가? 하나님은 그렇지 않다고 주장하신다. 바빌론 유수로 이스라엘은 본국에 가지 못했지만 하나님 자신의 "아들들"이자 "딸들"(43:6)인 이스라엘의 후손은 본국으로 돌아갈 것이다. 하나님의 약속은 어긋나지 않을 것이다. 하나님은 이스라엘을 그분의 "영광"을 위해 "창조하셨고" 그 목적은 실현될 것이다.

상황잇기

예언을 해석하기. 이 구절은 예언을 해석하는 데 생기는 몇 가지 어려움을 보여 주는데, 특히 성경 예언일 경우 그것이 시어로 표현되었을 때는 더 많은 어려움이 존재한다. 어떤 해석가들은 예언을 "문자적으로" 해석해야 한다고 하고 그렇지 않은 사람들은 모두 성경을 정말로 믿지 않는 것이라고 주장한다. 그러나 어떻게 예언을 문자적으로 해석한다는 것을 받아들인단 말인가? 사실로 밝혀지기 전까지는 모른다고 고백해야 할 때가 많이 있다. 그러나 그런 자신없는 태도로는 책을 많이 팔 수 없다. 대중은 훨씬 더 많은 의문보다는 정확한 것을 요구하기 때문이다. 그럼에도 잘 모르는 것은 분명 사실이며 모르는 사실을 밝혀야 하는 것이 해석가의 의무이다.

이와 관련된 경우가 42:15-16 본문에 자리잡고 있다. 어떻게 하나님이 그분의 백성을 바빌론에서 구원할 것인가? 이 본문에서는 확실히 우상을 섬기는 자들은 할 수 없다고 주장한다. 하나님은 산을 없애시고 유프라테스 강을 마르게 하며, 낮에는 햇빛이 들게 하시고 눈먼 유다가 걸어갈 수 있도록 평평한 도로를 만드실 것이다. 우리는 "예언을 가르치는 선생들"이 유배자들에게 이와 같은 것들을 말했을 것이라고 쉽게 상상할 수 있다. 하여튼 성경은 그렇게 말하고 있다.

---

3. 참조. 가령 Young, *The Book of Isaiah*, 3:143.
4. 가령 45:11; 47:8-9; 49:20, 25; 51:18, 20; 54:1, 13; 60:9; 65:23; 66:8을 보라.

사실 에스라와 느헤미야에 따르면 이 모든 일들은 하나도 일어나지 않았다. 바벨론에서 돌아오는 그 어떤 일도 분명히 서술된 기적으로 성취되지 않았다. 그래서 예언이 실패했는가? 전혀 그렇지 않다! 유다는 본국으로 돌아왔고 고레스의 구체적인 사역 덕분에 귀환할 수 있었다. 하나님은 역사 속에서 행하셨다. 이사야와 다른 선지자들이 예언했고 선지자 당대에는 불가능한 것처럼 보인 것들을 행하셨다. 하나님은 개입하셨다. 그러나 하나님은 이 시적인 구절이 묘사하는 그대로 개입하시지는 않았다.

그렇다면 선지자는 왜 그런 과장된 말을 사용하는가? 나는 선지자가 냉랭함 속에 빠져 있는 사람들의 감정과 의지를 움직여야 한다는 것을 알았기 때문에 그렇게 했다고 믿는다. 하나님을 믿고, 전 생애를 빼앗아 간 포로생활을 청산하고, 그렇게 순종하기만 하면 되는 것인가? 아니다. 옛 생활을 끝내고 내 안에 있는 과거의 믿음을 버려야 할 뿐만 아니라 떠나가게 해야 한다. 그런 상황에서 감정을 누르는 이성적 표출로는 그 일을 이루지 못한다. 오히려 진실은 과거의 냉담한 장벽들과 의지를 사로잡고 있는 것들을 깨뜨리는 감정적 충격으로 표출되어야 한다.

이와 유사하게, 오늘날 예언들이 아직 다 성취되지 않은 때에 우리는 다음과 같은 덫에 걸려들어서는 안 된다. 하나님의 약속은 성취될 것인가? 그렇다. 반드시 성취된다. 그리고 선포된 주요한 단언들이 완벽하게 일치해서 이행될 것인가? 그렇다! 그러나 하나님의 약속은 약속의 핵심을 표현하는 데 쓰인 모든 인물들과 특징들의 문자적 의미 그대로 성취될 것인가? 이것은 해석가들에게 더 많은 겸손을 요구하는 별개의 질문이다. 확실히 문자적 성취를 긍정적으로 고려해 볼 만하다. 그러나 다른 의견들이 제시될 가능성도 있는데, 해석에서 핵심은 항상 문학작품으로 다루어야 하는 예언에 유의해야 한다는 사실이다. 우리의 해석과 미묘한 차이를 보인다고 해서, 우리와 다른 방법으로 이미지를 중요하게 해석하는 사람들을 비난해서는 안 된다.

역사 속에서 일하시는 하나님. 이사야는 이 단락을 통해 하나님이 역사를 다스리신다는 사실이 하나님의 신성을 나타내는 증거라고 주장한다. 오늘날 우리가 힘들어 하는 것은 우리에게 확신을 줄 영감 있는 선지자가 없다는 것이다. 이것이 하나님의 역사인가, 아니면 저것이 하나님의 역사인가? 사람들은 단순히 자신의 지식에 근거한 주장을 광범위한 견해들을 수렴한 것이라고 주장하지만, 이런 주장들을 뒷받침하는 그 어떤 증거도 없다. 그래서 역사는 여전히 하나님의 통치 아래 있는가, 아닌가?

물론 하나님의 통치 아래 있다. 우리에게 있는 구약과 신약의 증거들이 우리에게 확신을 주기 때문에 우리는 오늘날 믿음 안에 살 수 있다. 예수 그리스도의 오심과 교회의 성장은 분명 하나님의 통치의 증거이다. 이와 마찬가지로 모든 역경에도 살아남은 유대인들의 생존은 강력한 증거이다. 근대에서 독일 나치군과 일본의 군국주의가 패배한 것은 하나님의 통치를 증명하는 것이며 소련 공산주의의 갑작스러운 몰락 또한 하나님의 통치를 증명하는 것이다. 지금 하나님의 계시가 완료되고 우리에게 하나님의 사역들을 구체적으로 가르쳐 줄 영감 있는 선지자가 부족하다면, 하나님의 말씀이 오늘날 역사 가운데 임하시는 그분의 중요한 계획을 알아볼 수 있도록 충분히 우리를 인도한다.

현대적 의미

역경을 이겨내기. 성경의 어떤 구절은 우리에게 역경을 극복할 수 있는 방법을 제시해 준다. 우리는 좋은 일은 하나님의 손길에서 비롯되고 나쁜 일은 사탄의 손에서 비롯되는 것으로 생각하는 이원론적 세계관에 너무 자주 굴복하고 만다. 우리가 그렇게 하는 것은 이교도들의 사고방식으로 다시 돌아가는 것이다. 우리는 영원한 선과 악이 우리의 사유의 세계를 선점하기 위해 우리를 사용하여 치열한 전투를 벌이고 있는 곳에 살고 있는 듯한 느낌을 받는다. 이것은 바빌론 사람들이 사건을 바라보던 기본적인 관점이었고 유다인들이 그렇게 믿게끔 시험을 받은 관점이기도 하다.

우리는 좋은 일보다 나쁜 일이 더 많이 생기면 악신들이 이겼기 때문이라고 생각한다. 그래서 좋은 신이 악신들을 이기게 하려면 종교적인 행위를 더 많이 해야 한다고 생각한다. 이것은 성경적 관점이 아니다.

성경적 관점의 첫 시작은 하나님을 유일한 창조자이시자 주(43:1, 7)로 바라보는 것이다. 하나님 바깥에서는 그 어떤 것도 존재하지 않는다. 악은 스스로 존재하는 영원한 원리가 아니다. 악은 좋으신 하나님께 순종하고 항복하는 데 실패한 것에 불과하다. 이것은 하나님의 의지와 상관없는 그 어떤 일도 우리에게 발생하지 않는다는 것을 의미한다. 논리적으로 보면, 이렇게 생각하는 것은 하나님이 모든 일들을 생기게 하는 원인이기 때문에 우리는 그냥 좋은 것이든 나쁜 것이든 우리가 하고 싶은 것을 하면 된다고 하는 결정론(determinism)을 초래할 수 있다. 그러나 성경은 사람을 자신이 내린 결정에 완전히 책임을 지는 존재로 묘사하여 이 생각과는 다른 관점을 제시한다.[5]

결정론과 책임론, 두 가지 양극단의 정 중앙에 효과적으로 설 수 있는 방법은 없다. 그런 길이 있다면 이 주제에 대한 논쟁은 이미 오래 전에 중단되었을 것이다. 결국 다른 신들이나 반신(半神)들이 하나님의 계획과 반대되는 일을 일으킬 수 있는 존재라는 생각은 절대로 받아들여질 수 없기 때문에 구약은 기꺼이 이 문제를 배제하고 있다.

이것은 내 인생의 난관이 하나님의 다스림과 무관하게 존재하지 않음을 의미한다. 여기서 하나님이 허용하는 의지나 제2, 제3의 원인 사상에 대해 생각하는 것이 도움이 된다. 하나님은 원인과 결과가 있는 세상을 만드셨다. 다시 말해 하나님이 모든 일에 직접적인 원인이 되시지는 않는다. 내가 손가락을 톱날에 밀어 넣는다면 하나님은 밀어 넣지 못하게 막지 않으시며, 분명히 내 손가락을 자르고 있는 톱날에만 전혀 다른 인과관계를 적용하시지도 않을 것이다. 하나님은 분명히 톱날에 내 손가락이 잘리는 것을 허용하시고 그런 방법으로 하나님이 만든 세상이 존속케 하신다.

그러나 하나님이 이 사건을 직접 일으키시지 않는 분이라고 한다면, 하나님은 이 사건이 발생하지 않도록 중지시키실 능력이 있지만(어쩌면 우리가 알고 있는 것보다 더 많이 그렇게 했는지 모른다), 이 사건이 일어나지 않게 하기 위해서 일부러 개입하시지 않는다. 하나님은 그렇게 하는 대신, 일반적인 원인과 결과의 법칙이 작용하도록 하셨다. 그래서 우리는 하나님이 특별히 그런 일이 발생하게 의도하신다고 생각할 필요가 없다. 어쨌든 하나님은 그런 일이 일어나는 것을 허용하셨고 이것은 여전히 하나님의 통제 아래 있다는 것을 나타낸다. 그것은 다른 의미에서 내가 사건을 다룰 수 있고 긍정적인 목적을 위해서 그것을 사용할 수 있도록 허락하셨다는 것을 의미한다.

그러나 여기서 묘사된 상황은 하나님이 허용하신 범위를 넘어선 것이다. 이사야의 예언에 나오는 히브리 백성은 인생을 위한 하나님의 가르침(하나님의 토라)인 "율법"을 무시하며 살기로 했다. 자연 세계와 마찬가지로 그런 행동엔 몇 가지 결과들이 따랐다. 우주의 창조자는 우주가 인과관계에 따라 운행되도록 만들었다. 그래서 내가 역경에 처하게 되면 내가 죄 가운데 살고 있는지 자신에게 물어본다.

5. 로마서 9-11장에서 어떻게 이런 모순이 생기는지 주의하라. 로마서 9장만 읽는다면 유다인들은 예수를 배척할 운명이었기 때문에 예수를 배척한 것으로 결론을 내릴 수 있다. 그러나 11장만 읽는다면 유다인들이 예수를 배척하기로 결정했기 때문에 독자적으로 예수를 배척한 것으로 결론을 내릴 수 있다. 두 가지 다 사실이다.

이것은 오늘날 흔한 질문이 아니다. 그러나 이사야와 예레미야 시대 중 어느 시대에도 이 질문이 성행하지는 않았다. 우리는 자신이 선택한 길이 틀렸음을 믿고 싶어 하지 않는다. 결국 나는 내가 원하는 것을 하고 있고 내가 원하는 것은 나쁜 것이 될 수 없다. 그렇지 않은가? 그러나 이사야의 말씀이 우리에게 전해진다. "너희 중에 누가 이 일에 귀를 기울이겠느냐 누가 장래사를 삼가 듣겠느냐"(42:23). 우리가 불로 소멸하는 사람들처럼 될 것인데 "이것을 마음에 두지 아니하는가?"(42:25) 자기 죄를 인정한다면 우리가 겪고 있는 여러 가지 역경들이 하나님에게서 비롯되었다는 사실을 인정할 수 있다. 하나님에게서 비롯된 일이라면 우리는 하나님께 우리를 구원하시거나 역경을 통과할 수 있게 해 달라고 할 수 있다. 사탄이 정말로 우리가 겪는 어려운 일들의 궁극적인 원인이라면, 정말로 심각한 문제가 생긴다. 그러나 하나님의 손길을 떠나서는 그 어떤 어려움도 우리에게 일어날 수 없다면, 우리가 항상 사랑으로 하나님의 손길이 움직이신다는 것을 안다면, 그때 우리는 그 어떤 것도 우리를 하나님의 사랑에서 떼어 놓을 수 없다는 것을 깨닫는다(롬 8:35-39).

은혜의 우선성. 하나님 나라의 궁극적 원리 중 하나는 하나님의 은혜가 모든 것보다 앞선다는 점이다. 43:1-7에서 강조된 이 내용은 우리에게 진리를 상기시킨다. 이것은 뱀이라는 이름을 가진 자가 에덴동산에서 제기한 의문이기도 하다. 뱀은 하나님이 무료로 그 어떤 것도 해주시지 않는다고 주장했다. 하나님이 그의 자녀들에게 선과 악을 알게 하는 나무의 열매를 먹지 말라고 하신 것은 자녀들을 돌보기 위해서가 아니라 하나님 자신을 보호하기 위해서라는 것이다. 하지만 아브라함 이야기가 조건 없는 약속, 공짜에서 시작한다는 것을(12:3) 주목하라. 인류에게 소망이 있다면 그것은 우리에게서 나오는 것이 아니라 하나님 편에서 나와야 할 것이다. 한때 아담과 하와의 죄로 관계가 어려워졌을 때 아담과 하와나 우리가 그 관계를 다시 세울 수 있는 길은 없었다. 하나님의 거룩하신 속성은 계속 침해당했고 오직 그분만이 그 상황을 개선하실 수 있었다. 하나님은 아브라함과 사라에게 은혜의 약속을 펼쳐 주셔서 상황을 개선하기 시작하셨다.

그 상황은 이집트에서도 계속되었다. 시내 산 언약이 출애굽보다 먼저 있지 않았다는 사실을 기억하라. 오히려 시내 산에서 율법을 주신 것은 출애굽 후에 진행된 일이었다. 이 사실은 야곱의 후손들이 그들의 순종으로 애굽에서 구원받지 않았다는 것을 말해 준다. 야곱의 후손들은 오직 은혜로 무거운 죄짐에서 구원을 받았다. 그때, 오직 하나님의 은혜가 임하는 그때라야 순종하라고 요구하신다. 순종은 결코 구원을 낳지 못하지만 은혜로운 구원은 순종을 낳는다.

그것이 이 단락에 나타난 범례(paradigm)이다. 하나님은 그분의 백성이 분명히 하나님이 그들을 구원해 주신다는 약속에 귀 기울이고 그 약속을 믿게 하려고 부르신다. 그러나 하나님의 은혜는 하나님의 백성이 약속을 믿고 이 약속에 귀 기울이기 전에 그들에게 선포된다. 순종에 조건을 다는 것은 결코 성경에 나타난 은혜가 아니다. 하나님은 선지자를 통해 하나님이 백성을 구원하실 거라고 선언하신다. 이 사실을 말씀하신다.

신약성경에서 이 진리를 가장 구체적으로 언급한 곳은 로마서 5:8, "우리가 아직 죄인 되었을 때에 그리스도께서 우리를 위하여 죽으심으로"에서 찾아볼 수 있다. 이것은 우리가 하나님이 거저 주시는 행동을 받아들인다는 어떤 암시를 주기도 전에 이미 우리 죄의 결과에서 우리를 구원하시는 데 필요한 모든 일을 해 놓으셨다는 뜻이다. 사탄의 중상모략에 대한 반증이 있다면 바로 이것이다. 삼위일체 하나님의 속성은 거저 주시는 희생적인 사랑, "나를 위한 그 어떤 것에도" 전혀 오점이 없는 사랑이시다. 이 사실을 근본적으로 증명해 주는 것은 예수님의 십자가이다. 우리에게 그리스도로 오신 하나님은 우리에게 자신을 주신다(53:10에 대한 주석을 보라). 그리스도를 우리에게 주신 대가로 우리가 드릴 수 있는 것이나 할 수 있는 것은 아무것도 없다. 공짜다.

하나님과의 인격적 관계. 내가 다른 곳에서도 서술했듯이 성경은 초월자이신 하나님의 속성만 이야기하지 않고 사람처럼 돌보시고 고통당하시고 동정하시는 인격적인 하나님의 속성도 이야기한다. 하나님은 이 두 가지를 다 지니고 계신다. 그 어떤 종교나 철학적 사고에서도 이런 종류의 결합을 찾아볼 수 없다. 하나님의 주권과 자유 의지가 논리적으로는 모순처럼 보이지만, 거의 모든 성경에서는 이것을 지속하고 있다. 창조자는 당신의 구속자이시며 더 나아가 당신을 사랑하는 분이기도 하다. 하나님의 초월성은 하나님의 열정으로 손상되지 않고 또 하나님의 열정은 그의 초월성으로 손상되지 않는다.

이것은 놀라운 소식이다. 이 세상의 절대적 원리가 무감각하고 냉정하며 무자비한 능력을 소유했다면 우리의 상황은 정말로 삭막해질 것이다. 많은 우주론자들이 관심을 기울이고 있는 것 중의 하나는 우주 어디에서든지 사유의 능력이 있는 생명을 찾는 것이다. 우주론자들은 진화의 가능성을 증명할 기회를 찾으려고 애쓸 뿐 아니라, 우주의 기원을 "힘"(force) 이론으로 설명하면 봉착하게 되는 절대적 고독 때문에 사유의 능력이 있는 생명을 찾는다.

그러나 성경은 우주에 거하시는 분이 계시며, 이분은 자기의 피조물에 깊은 관심을 기울이시며 아주 놀랍게도 이 피조물들이 자신을 알아주기를 원한다고 말한다. 이 말은 표면적으로만 보면 아주 놀랍다. 삼위일체이신 분이 그런 관계를 통해서 얻어낼 수 있는 유익이 무엇인가? 하나님은 혼자 계시지 않는다. 그분 안에 완벽한 교제가 있다. 그러나 어쩌면 그 자체가 문제의 답일지 모른다. 하나님은 우리가 없었더라면 하나님 스스로 우리에게 알리시려고 하지 않았을 것이다. 하나님의 형상대로 만들어진 피조물은 서로 교제하도록 만들어졌고 이 피조물은 하나님과 궁극적인 교제를 나누도록 만들어졌다. 따라서 우리가 하나님과 나누는 영원한 교제 안에 속하기 전까지는 불완전한 존재로 남아 있게 될 것이다.

하나님은 우리의 행복(well-being)에도 관심이 많으시다. 하나님은 우리를 가치 있게 여기시기 때문에 우리를 위해 무엇을 하신다. 하나님은 우리를 "귀하게" 보시고 우리는 그의 특별한 상속자이다. 물론 하나님이 우리를 대신해서 주신 것은 결국 이집트도, 스바도, 구스 왕국도 아닌 그 자신, 사람의 몸을 입으신 그의 아들, 예수 그리스도이시다. 이는 성경적 믿음이 무엇보다도 먼저 지적 원리의 총체를 고수하는 것도 아니며, 어떤 사람의 독재 행위를 수용하거나 도덕규범들을 채택하는 것도 아니라는 것을 의미한다. 분명히 성경의 믿음은 이 모든 것들에 대해서 이야기하고 있지만 그 믿음이 최우선적으로 그 부분에 대해서 이야기하고 있는 것은 아니다. 오히려 성경의 믿음은 무엇보다 창조자와의 인격적인 관계에 대한 것이다. 어떤 복음주의, 예를 들어, 프로테스탄트 그룹에게는 "인격적 관계"라는 말이 굉장히 인상적일 것이다. 그러나 나는 우리에게 "인격적 관계"를 보여 주는 구절들, "인격적 관계"의 핵심에 더 근접한 개념들이 기독교회의 한 진영만의 전유물이라고 생각하지 않는다. 오히려 "인격적 관계"는 구약에서조차 성경적 근간을 이루고 있는 말이다.

에덴동산에서 아담과 하와와 함께 거니시는 하나님, 가인을 점잖게 타이르시는 하나님, 아브라함과 함께 식사를 하시는 하나님, 야곱과 씨름을 하시는 하나님, 모세와 "입에 입을 맞대고" 말씀하시는 하나님, 사무엘의 이름을 부르시는 하나님, 다윗에게 집을 주시는 하나님, 그분의 백성과 인격적인 관계를 맺으시려고 선지자를 통해 외치고 웃고 노래 부르시는 하나님, 이 하나님을 과연 의심할 수 있을까? 분명 이 모든 것들은 하나님이 육을 입고 오셔서 보통 사람들에게 "와서 나와 함께 있자"고 말씀하실 때 정점에 도달한다. 이것은 새롭고 낯선 개념이 아니다. 이것은 구약성경 전체에 존재해 오던 인격적 관계의 절정이다.

오늘날 이 모든 것들이 왜 중요한가? 너무 많은 현대 크리스천들이 믿음의 인격적 관계는 사실보다 이론에 가깝다고 하면서 인격적 관계에 관심을 나타낸다. 우리 중 너무 많은 사람들은 우리를 향한 하나님의 열정이 현실보다는 이상에 가깝다고 생각한다. 우리의 신앙은 믿음이지 논리가 아니며 뒤따르는 습성도 아니다. 그러나 많은 이들에게 하루하루 쌓아 가는 하나님과의 인격적인 관계는 낯설다. 우리는 성경을 읽지 않고 기도하지 않고 하루를 살면서 하나님의 목소리에 의식적으로 귀 기울이지 않는다. 그렇게 하는 것은 하나님이 원하시는 것이 아니다. 우리는 하나님의 특별한 보물이며 할 수 있는 한 그분의 보물로서 하나님이 원하시는 삶을 실제로 살아야 한다.

이사야 43:8-44:5

8 눈이 있어도 보지 못하고 귀가 있어도 듣지
못하는 백성을 이끌어 내라
9 열방은 모였으며 민족들이 회집하였는데 그
들 중에 누가 이 일을 알려 주며 이전 일들을
우리에게 들려 주겠느냐 그들이 그들의 증인
을 세워서 자기들의 옳음을 나타내고 듣는
자들이 옳다고 말하게 하여 보라
10 나 여호와가 말하노라 너희는 나의 증인, 나
의 종으로 택함을 입었나니 이는 너희가 나
를 알고 믿으며 내가 그인 줄 깨닫게 하려 함
이라 나의 전에 지음을 받은 신이 없었느니
라 나의 후에도 없으리라
11 나 곧 나는 여호와라 나 외에 구원자가 없느
니라
12 내가 알려 주었으며 구원하였으며 보였고 너
희 중에 다른 신이 없었나니 그러므로 너희
는 나의 증인이요 나는 하나님이니라 여호와
의 말씀이니라
13 과연 태초로부터 나는 그이니 내 손에서 건질
자가 없도다 내가 행하리니 누가 막으리요
14 너희의 구속자요 이스라엘의 거룩한 이 여호
와가 말하노라 너희를 위하여 내가 바벨론에
사람을 보내어 모든 갈대아 사람에게 자기들
이 연락하던 배를 타고 도망하여 내려가게
하리라
15 나는 여호와 너희의 거룩한 이요 이스라엘의
창조자요 너희의 왕이니라
16 나 여호와가 이같이 말하노라 바다 가운데에
길을, 큰 물 가운데에 지름길을 내고
17 병거와 말과 군대의 용사를 이끌어 내어 그
들이 일시에 엎드러져 일어나지 못하고 소멸
하기를 꺼져가는 등불 같게 하였느니라

18 너희는 이전 일을 기억하지 말며 옛날 일을
생각하지 말라
19 보라 내가 새 일을 행하리니 이제 나타낼 것
이라 너희가 그것을 알지 못하겠느냐 반드시
내가 광야에 길을 사막에 강을 내리니
20 장차 들짐승 곧 승냥이와 타조도 나를 존경
할 것은 내가 광야에 물을, 사막에 강들을 내
어 내 백성, 내가 택한 자에게 마시게 할 것
임이라
21 이 백성은 내가 나를 위하여 지었나니 나를
찬송하게 하려 함이니라
22 그러나 야곱아 너는 나를 부르지 아니하였고
이스라엘아 너는 나를 괴롭게 여겼으며
23 네 번제의 양을 내게로 가져오지 아니하였고
네 제물로 나를 공경하지 아니하였느니라 나
는 제물로 말미암아 너를 수고롭게 하지 아
니하였고 유향으로 말미암아 너를 괴롭게 하
지 아니하였거늘
24 너는 나를 위하여 돈으로 향품을 사지 아니
하며 희생의 기름으로 나를 흡족하게 하지
아니하고 네 죄짐으로 나를 수고롭게 하며
네 죄악으로 나를 괴롭게 하였느니라
25 나 곧 나는 나를 위하여 네 허물을 도말하는
자니 네 죄를 기억하지 아니하리라
26 너는 나에게 기억이 나게 하라 우리가 함께
변론하자 너는 말하여 네가 의로움을 나타
내라
27 네 시조가 범죄하였고 너의 교사들이 나를
배반하였나니
28 그러므로 내가 성소의 어른들을 욕되게 하며
야곱이 진멸 당하도록 내어 주며 이스라엘이
비방거리가 되게 하리라

44:1 나의 종 야곱, 내가 택한 이스라엘아 이제 들
으라
2 너를 만들고 너를 모태에서부터 지어 낸 너를
도와 줄 여호와가 이같이 말하노라 나의 종
야곱, 내가 택한 여수룬아 두려워하지 말라
3 나는 목마른 자에게 물을 주며 마른 땅에 시
내가 흐르게 하며 나의 영을 네 자손에게, 나
의 복을 네 후손에게 부어 주리니
4 그들이 풀 가운데에서 솟아나기를 시냇가의
버들 같이 할 것이라
5 한 사람은 이르기를 나는 여호와께 속하였다
할 것이며 또 한 사람은 야곱의 이름으로 자
기를 부를 것이며 또 다른 사람은 자기가 여
호와께 속하였음을 그의 손으로 기록하고 이
스라엘의 이름으로 존귀히 여김을 받으리라

원 의미

이 구절은 42:10에서 44:22로 구분되는 큰 단원 중의 일부이다. 이 단락(42:10-43:7)의 첫 부분은 바빌론 포로에서 풀려날 것이 분명하다는 것을 이야기하고 있다. 둘째 부분은 하나님 한 분만 하나님이신 증거로 구원을 어떻게 사용하시는지 보여 준다. 이 단락은 43:8-44:5과 44:6-20로 나뉘는데, 43:8-44:5은 하나님의 증인 역할을 하는 이스라엘을, 44:6-20은 무익한 신들에 대한 통렬한 비판을 담고 있다.

하나님의 법정 현장(43:8-13)

43:8은 분명히 종 이스라엘에 대해서 이야기하고 있는데, 의심할 여지없이 희망은 그들 자신에게 있지 않다. 이스라엘은 "소경"이고 "귀머거리"이다(참조. 42:18-19). 이스라엘은 도움을 줄 상황(42:1-9에 나온 것처럼)이 아니라 도움을 받아야 할 처지였다. 이스라엘은 "열방"과 "민족들"과 함께 한 번 더 법정으로 불려 나온다(43:9). 이들은 다시 한 번 질문을 받는다. 어떤 우상이 "이것을 예언하고 있는가?" 여기서 말하는 "이것"이 무엇인지 정확하지 않다. 고레스의 출현과 바빌론의 멸망을 뜻할 수도 있지만, 주석가들은 다양한 의견을 제시한다.[1] "이것"

1. Motyer는 *Prophecy of Isaiah*, 334에서 43:1-7은 출애굽을 언급한 것으로 보고 "이것"은 출애굽 사건을 말하는 것이라고 믿는다. Young은 *The Book of Isaiah*의 3장 148에서 "이것"을 민족들 간의 대화로 본다. Childs는 *Isaiah*, 335에서 "이것"은 "전에 발생한 일"과 평행을 이루어 과거를 설명할 수 있는 신들이 불려 나오고 있다고 말한다.

의 무한성은 세상에 행하는 하나님의 구속 사역 전부를 포함할 수도 있다.

열방이 섬기는 신 중 어느 신이 지난 날("전에 발생한 일") 예언을 했고 그 예언대로 된 증거를 댈 수 있는 "증인"을 내는지 열방이 불려 나온다. 열방의 침묵은 그 증거가 없다는 사실을 증명한다. 그러나 지금 심판자이시며, 변호자이기도 한 분이 눈멀고 귀 먹은 종에게 "너는 내 증인이다"라고 말씀하신다. 하나님의 변론이 그 같은 증인들에 의존하고 있다는 것이 얼마나 놀라운 사실인가! 이 사실은, 하나님이 그들을 그분의 증거로 삼으시려고 그들을 위해 놀라운 일을 하셔야 한다는 것을 의미한다.

10-13절은 일관적인 관점으로 이스라엘과 하나님의 관계를 설명하는데, 이스라엘이 알고 있는 하나님과의 관계는 마음과 귀를 열 때 현실이 될 것이다. 이스라엘은 "내가 그니라"고 하신 말을 "알고"(情) "믿고"(意) "이해하여"(知) 하나님과 관계를 맺도록 부르심을 받았다.

우리는 "내가 그다"라는 말을 이미 41:4에서 살펴보았는데 이 구절을 이 장(43:13, 25; 46:4; 48:12; 51:12을 보라)에서 두 번 더 볼 것이다. 이 말은 하나님의 궁극적인 실체를 서술하는 말이다. 좀 더 구어체에 가까운 번역을 한다면 "내가 유일한 사람이다"라고 할 수 있다. 그는 모든 사회가 기다리던 유일한 분이고, 만물을 만드신 유일한 분이며, 만물이 돌아갈 유일한 분이며, 구원하실 수 있는 유일한 분이다(43:11). 그의 범주 바깥에 존재하는 이는 아무도 없으며 이스라엘 민족은 그 진리를 경험하고 세상의 민족들에게 경험한 진리를 증거하기 위해서 부르심을 받고 있다.

이것이 어쩌면 43:12에 나오는 동사의 재미있는 조합을 설명할 수 있을지 모른다. 하나님은 그 자신에 대한 진리를 이스라엘에게 "드러내실" 뿐만 아니라 이스라엘을 "구원하시고" 하나님이 행하시는 일의 의미를 "선포"하시기도 한다. 하나님은 그의 계시가 총체적으로 사람의 전 인격을 건드리게 하시기 위해 "드러내시고", "구원하시고", "선포"하시는 것을 동시에 시행하신다. 주님 외에 다른 어떤 누구도 이것을 할 수 없다는 것을 히브리 사람들은 안다. 그들은 모든 것을 경험하고 있다—"'내가 하나님이다'라는 사실의 증인"이다. 여기서 "하나님"이라고 번역된 말은 *ʾel*이며 설교 용어에 포함되어 사용될 때는 항상 "신성"이라는 의미로 사용된다. 하나님은 세상에 행하시는 일들과 이스라엘을 통해서 드러나는 것들로써 자신만 진정한 신이라고 말씀하신다. 43:13의 결론은, 하나님의 뜻에 성공적으로 맞설 수 있는 존재는 아무도 없다는 것이다. 그분이 "결론"이다. 그분 외에 다른 어떤 것도 아니다.

구원의 약속(43:14-21)

이 구절에서 하나님은 그분의 백성에게 한 번 더 하나님이 그들을 바빌론에서 구원해 내실 것이라고 말씀하신다. 이들은 하나님이 과거에 이들을 어떻게 구원하셨는지 증거가 되고 미래에 이 일에 대한 증거가 될 것이다. 한 번 더 관계와 관련된 용어가 눈에 띈다. 그분은 "당신의 구속자", "당신의 거룩한 자", "당신의 왕"이시다. 그들은 "내 백성, 내가 택한 자", "나를 위해 지은 자"이다. 전능하신 하나님이 바빌론을 "멸망시킨 것"은 하나님의 백성 때문이다. 하나님은 어떤 추상적인 신학 주제를 증명하시려고 이들을 구원하시지 않을 것이다. 오히려 하나님은 43:4에서 말한 대로 하나님이 이들을 사랑하시기 때문에 구원하실 것이다.

그러나 어떻게 이들을 구원하실 것인가?[2] 16-17절은 하나님이 출애굽 때 하신 일을 기억하는 사람들을 초청한다. 출애굽에서 하나님은 자연과 열방을 다 통치하시는 하나님의 주권을 증명하셨다. 또한 하나님은 구원의 계획과 능력을 보여주셨다. 그러나 이 모든 일들을 그들에게 상기시키고 나서 하나님은 갑자기 43:18에서 이들에게 그 모든 것을 "잊어버리라"고 말씀하신다. 어찌 된 일인가? 우리는 사람들이 구원의 예언에 흥미를 가지기 시작했고 하나님이 그 구원을 어떻게 이루실지 막 알아 가고 있었다고 상상할 수 있다. 하나님은 그들 중에서 구원자를 일으키시고, 이 사람으로 하여금 유프라테스 강물을 가르게 하여 마른 땅으로 건너가게 하시고, 다시 강물을 제자리로 오게 해서 바빌론 군사들 위에 넘치게 하여 그들을 죽게 하실 것이다. 보통 사람들처럼 우리는 이렇게 모든 것이 예측되는 걸 좋아한다.

그러나 하나님은 여느 신들처럼 우리가 예측할 수 있는 분이 아니다. 하나님은 창조자이시며 "새로운" 방법(43:19)으로 일하시는 것을 좋아하신다. 이전에 하나님은 "바다 가운데 길"을 내셨지만(43:19) 지금 하나님은 "광야에 길"(43:19)을 내실 것이다. 앞에 나온 이사야서의 몇 부분(가령 13, 32, 34, 35장)에 나온 말에서

---

2. 점점 구체적으로 이야기한다는 사실에 유의하라. 41장에서는 동방에서 오는 자가 민족들을 두려워 떨게 할 것이라고만 이야기한다. 42장은 구원을 약속하는데, 바빌론은 패망할 것이고 하나님은 백성들이 예상했던 것과 다른 방법으로 구원하실 것이다. 47장에서 이 방법을 더 구체적으로 설명하고 있다.

하나님은 교만과 잘못된 믿음으로 창조된 사막, 불결한 짐승들이 사는 사막을 "물"이 솟고 "시냇물"이 흐르는 곳, 하나님의 택함을 받은 자들에게 필요한 모든 것을 공급하는 곳으로 바꾸겠다고 약속하신다(43:20).[3] 그 결과 하나님의 백성은 하나님의 신성을 증명할 것이고 "하나님을 찬양하는 찬송을 부를 것"(43:21)이다.

현재 상황(43:22-28)

우리가 1-39장에서 몇 번 본 방식대로 선지자는 말씀을 회고하면서 영광스러운 미래로 갔다가 다시 되돌아와 현재 상황에 대해서 말한다. 여기에서 이 현실은 두 가지로 초점이 맞춰진 듯하다. 이사야는 포로생활 동안 많은 사람들의 특징이었던 불신앙을 지적하고, 또 심판이 여전히 예비된(43:28)[4] 이사야 당대의 사람들이 다시 불신앙의 늪에서 허우적거리고 있다는 것을 지적한다. 대답으로 제시된 이 구절들에서 하나님을 고소하는 것이 암시되어 있는데, 그 고소 내용은 다음과 같다. 하나님이 그분의 백성을 바벨론으로 유배 보내는 것은 부당해보이기 때문에 바벨론 유수에 행하신 하나님의 구원을 격찬하는 것은 핵심을 비껴간다는 것이다. 결국 하나님의 백성이 그분이 말씀하신 모든 제의를 실행하는 것에 열심을 냈는데도 하나님이 진짜로 이들을 포로로 보내신다면 하나님은 뭔가 잘못된 일을 하는 분이다.[5]

이 책망에 대한 하나님의 응답은 일종의 과장된 반어적 어법인데 이것은 선지자들이 의식을 토론하고 제의적 행위에 대해서 호소할 때 자주 쓰던 방법이기도 하다.[6] 예를 들어, 아모스는 사막에서 드리는 이스라엘의 어떤 희생제물도 실제로는 하나님께 드려지지 않는다고 이야기했고(암 5:25), 예레미야는 하나님은 성전에 아무 관심도 없으시다(렘 7:1-9)고 말했으며, 이사야는 만물이 하나님을 아프

---

3. R. P. Carroll은 "Second Isaiah and the Failure of Prophey" *ST 32*(1978), 119-31에서 "제2 이사야"가 바벨론에서 기적 같은 구원이 일어난다고 예언했지만 이 예언이 실패했다는 것을 보여 주기 위해서 이 구절과 같은 구절을 인용한다. 42:15-16에 대한 주석을 보라.
4. NIV는 이 절에 있는 불완전 동사를 다른 형을 선택할 수 있었지만 동사형은 미래형으로 선택한다. Motyer, *Prophet of Isaiah*, 341 각주 1번을 보라.
5. Westermann, *Isaiah 40-66*, 130을 보라.
6. 이것은 J. Wellhausen을 비롯한 다른 학자들이 선지자와 제사장들은 공공연한 적들이었으나 현재에는 선지자와 제사장들의 관계가 상당히 수정된 관계로 나타난다고 결론을 내리는 고등비평의 전성기를 열게 한 요소 중 하나였다. J. Sawyer, *Prophecy and the Prophets of the Old Testament*(Oxford: Oxford Univ. Press, 1987), 19-22을 보라.

게 한다고 이미 말했다(사 1:11-15). 이렇게 강력하게 말하는 것은 제의적 행위가 하나님께 자동적으로 영향을 미치게 된다는 함정에 그들이 쉽게 빠져 버린다는 점 때문이다. 그래서 하나님은 이스라엘이 결코 하나님께 간구하지 않았고(개역성경, "나를 부르지 아니하였고"-옮긴이) 오히려 그들이 드린 희생제물 때문에 하나님께 싫증을 냈다(개역성경, "나를 괴로워했다"-옮긴이)고 말씀하신다(43:22; 참조. 말 1:13). 그들이 희생제물을 드릴 때 실제로는 하나님께 희생제물을 가져오지도 않았고 하나님은 결코 그런 것을 원한다고 말씀하시지도 않았다(43:23). 이들은 무엇을 행하고 있는가? 이스라엘은 하나님이 더는 참으실 수 없을 정도로 죄를 점점 많이 쌓아 올리고 있다.

이 사실에 대해서 우리는 뭐라 말할 수 있는가? 분명히 하나님은 이스라엘 사람들에게 희생제물을 드리라고 말씀하셨고(레 1-6장), 희생제물을 드리지 않거나 잘못된 방식으로 드리는 사람들을 벌하신다고 말씀하셨다(참조. 레 10:1-3). 그러면 이사야의 핵심은 무엇인가? 이사야는 초월세계에 대한 진리, 즉 우리가 자연세계를 조종함으로써 하나님을 조종할 수는 없다는 진리를 충분히 이해시키려고 애쓰고 있다. 결국 히브리인들은 그 이웃 사람들의 세계관 속으로 계속 퇴보하고 있는 것이다. 신들은 우주의 일부이므로 히브리인들이 우주에 행한 것들은 곧 신들에게 행한 것이 되기 때문이다. 그러나 하나님은 우주의 일부가 아니시기 때문에 자동적으로 영향을 끼친다고 생각하는 제의 대신 인격적 관계의 변화를 원하신다.

하나님은 우리를 용서하도록 조종당하시는 분이 아니다. 사실 하나님은 조종당하실 수 없다. 하나님은 이미 그 일을 행하셨고(43:25) 하나님은 그 자신을 위해서 그 일을 행하신다. 우리는 단지 그가 행하신 것을 받아들이기만 하면 된다. 희생제물은 변화된 마음과 삶의 상징이다. 그래서 하나님은 진실로 그들의 희생제물을 원하지 않으셨고 희생제물로 상징화한 그들, 이스라엘을 원하셨다. 그러나 많은 이스라엘 백성은 그들 자신만을 지키며, 희생제물과 제의만을 짊어질 뿐, 정작 하나님은 배제하려는 유혹에 빠려 버렸다. 그래서 실제로 이스라엘은 가져온 모든 제물을 드리고 준비한 모든 종교의식을 치르면서도 하나님이 이것들을 요구하심으로 그들에게 짐을 더 지웠다고 여기며 그분을 비난했다. 이것은 오히려 하나님의 등에 산더미같이 쌓아 올린 회개하지 않은 죄 위에 그들의 죄를 계속 쌓아 올리는 것이었다.

그래서 하나님은 43:26에서, 하나님의 백성에게 과거의 "일"을 다시 살펴보기를 원한다면 하나님께 대항할 어떤 것을 만들어 보라고 주장하신다. 이스라엘이 정성들여 제의를 치르는 것과는 별개로, 이스라엘 때문에라도 바빌론 유수는 점점 더 필요하게 되었다. 이스라엘의 "조상" 야곱(신 26:5; 호 12:2-4)부터 현재 세대에 이르기까지 이스라엘은 죄 속에 살고 있다. 불가피한 결과가 주전 586년, 하나님이 "야곱을 파멸"에 붙이신 때에 일어났다.

하나님의 새 일(44:1-5)

그러나 이사야서에서 항상 말하듯이 파멸은 하나님이 의도하신 마지막 말씀이 아니다. 하나님은 그의 백성에게 다시 한 번 "들으라"[7]고 간청하신다. 기계적인 제의에 의존하지 말고, 태초부터 계속 말씀하고 계신 하나님께 귀를 기울여 관계를 회복하라!

이 호소는 다시 피조물에게 주어졌다. 포로로 갇힌 이스라엘이 하나님은 그들을 포기하셨고 그분이 어떤 일을 하시기에는 그들의 죄가 너무 많다고 생각하도록 유혹을 받는다면, 그들은 하나님이 이스라엘에게 특별한 관심을 가지고 계신다는 사실을 기억해야 한다. 하나님은 이스라엘을 "지으며" 그들을 "모태에서" 조성하셨다. 어머니가 그 자식을 잊을 수 없듯이(참조. 49:15) 하나님은 자신이 창조한 이스라엘을 잊을 수 없으시다.

하나님이 이스라엘의 육체적 속박(포로생활)에 대해 행동을 취하실 만큼 위대한 힘을 지니셨듯이 이스라엘이 계속 짓는 죄에 대해서도 마찬가지이시다. 하나님은 세상이 의지하고 있는 그분의 공의를 손상시키지 않고서도 이스라엘의 죄를 사할 방법을 알고 계실 뿐 아니라, 도무지 그들 자신을 포기할 수 없을 것처럼 보이는 교만하며 이기적인 사람들이 아버지께 순종하여 그들의 중요한 정체성을 발견하도록 바꾸실 수 있다. 하나님의 영이 이런 변화를 불러일으키신다(44:3).

이미 32:15에서 보았듯이 이 영의 사역은 하나님의 사람들이 할 수 없는 일들을 가능케 한다. 32:15에서 하나님은 공의와 의의 삶을 살 수 없었던 이들에게 그의 영이 그렇게 살게 해줄 것을 약속하셨다. 여기서 하나님의 사람들은 자랑으로 여기는 자기 소유권을 하나님께 맡기지 못하고, 완전히 하나님과 관계를 맺는 것에 헌신하지도 못한다. 그러나 하나님은 그의 영이 그들 자손의 "마른 땅"에 내리면 하나님의 사람들은 그들이 하나님께 속하였다는 사실을 확인하고 기뻐할 거라

7. 40:28; 42:18, 23; 43:1, 14을 보라.

고 말씀하신다(44:5). 그들은 더는 하나님을 희생제물로 조종하려 들면서 스스로 주인으로 계속 남아 있으려고 노력하지 않을 것이다.

상황잇기

증인들. 예수님이 제자들에게 "너는 내 증인이 되리라"(행 1:8)고 말씀하셨을 때 이사야 43:10을 인용하셨고, 이사야가 말한 것과 같은 의미로 이 말을 사용하셨다. 예수 그리스도는 제자들에게 그분이 말씀하신 존재가 바로 자신이라는 것을 그들의 경험을 바탕으로 증명하라고 요청하셨다. 제자들은 설교를 할 것이 아니라, 제일 먼저 예수님의 삶이 어떠했는지 알고 있는 것을 말해야 한다. 예수님의 삶에 대한 증거는 요한의 첫 편지의 시작 부분에서 나타나는데, 요한은 그의 독자들에게 요한이 만졌고, 보았고, 들은 삶(요일 1:1-3)을 이야기한다. 이것은 살아 계신 예수님을 직접 체험하지 않으면 아무것도 증명할 수 없음을 의미한다. 스게와의 아들들이 이 사실을 증명하는데, 사도행전 19:14-16에서 이들은 분명 그리스도에 대한 간접적인 지식으로 악귀를 몰아내려고 했다.

> 유대의 한 제사장 스게와의 일곱 아들도 이 일을 행하더니 악귀가 대답하여 가로되 예수도 내가 알고 바울도 내가 알거니와 너희는 누구냐 하며 악귀 들린 사람이 그 두 사람에게 뛰어올라 억제하여 이기니 저희가 상하여 벗은 몸으로 그 집에서 도망하는지라.

한 분뿐인 구속자. 43:11의 핵심은 단 한 분의 구속자이신 하나님의 존재가 강력하게 주장되고 있는 것처럼 보인다. 그러나 이 단락의 중심이자 이사야서의 중심인 이 구절, 즉 이교도에게는 구원이 없다는 말씀이 세계적인 문제거리가 되고 있다. 우주는 그 자체로 우리를 구원할 수 없다. 한편 우주 중 일부가 다른 일부를 구원할 수 있을 것 같아도 결국 그렇게 할 수 없고, 우주의 어떤 부분도 다른 것과 독립하여 존재할 수 없다. 자기 의지대로 우주에 개입할 수 있는, 우주를 초월하여 존재하시는 분이 계시지 않는다면 구원도 없다. 우리는 우리 자신이나 과거에서, 혹은 우리 죄의 영향에서 스스로 해방될 수 없다. 이 요소들은 우리가 모두 피할 수 없기 때문에 모두 피해자이거나 가해자라는 사실을 인식하면서 이것들을 그럭저럭 헤쳐 나가야 한다.

고대이든 현대이든 간에 이교도가 제공할 수 있는 유일한 "구원" 사상은 금욕주의(stoicism)이거나 아니면 쾌락주의(Epicureanism)이다. 금욕주의는 현실의 상황을 잘 파악하고 현실에 최선을 다하자는 것이고, 쾌락주의는 "내일은 우리가 죽기 때문에 마음껏 먹고 마시고 결혼하자"는 것이다. 금욕주의와 쾌락주의의 현대적 결합이 "자기실현"이며, 이것으로 내가 누구인지 발견하고 자기 가치를 평가한다. 그러나 자기실현을 추종하는 사람들이 깨닫지 못하고 있는 것은 우리가 만날 수 있는 사람들 중 자기실현을 가장 잘한 사람은 연쇄 살인범이라는 사실이다. 우리가 정말로 단지 우리가 결정 내린 모든 것들의 산물이며, 그것에 순응하는 것 외에 다른 선택을 할 수 없다면, 그때 "자기실현"은 냉혹한 통제 아래 내린 모든 결정들을 신봉하는 것이고, 결국 나락 속으로 떨어지는 것이다.

성경 계시의 본질. 43:12은 계시가 형성되는 과정을 잘 속사(速寫)하여 보여 준다. 때때로 계시의 친구들과 적들이 모두 계시를 너무 복잡하게 만들어 버린다는데 의견을 같이한다. 즉 하나님이 그 말씀에 어떤 "지역적 색깔"을 입혀서 형식을 다양하게 변조하여 인간 비서에게 말씀하셨다는 것이다. 우리가 이 계시를 하나님이 주신 것으로 받아들이지 않으면, 우리가 들은 대로 우리는 사람들이 성경을 거짓된 "증거"로 꾸며서 만들었다고 믿어야 할 것이다. 그러면 이것은 거짓 증거로 만들어진 가나안 종교와 별 차이가 없다.

이 관점에서는 하나님은 실제로 사람의 경험 속에서 행하시지만, 그분의 행동을 전하는 것은 오직 사람이라고 단정한다. 이 생각의 치명적 결함은 하나님이 행하신 것인지, 오류투성이인 사람들이 하나님이 행하셨다고 거짓말하는 것인지 우리가 알 수 없다는 사실이다. 사람의 영원한 운명을 주장하는 곳은 없다. 그러나 사실 성경이 계시를 설명할 때 너무 간단히 설명하기보다 비유적으로, 관계를 나타내는 과정으로 설명하는 측면이 훨씬 많다. 이사야는 이 과정을 이해시키기 위해 여기서 "고하였으며"(revealed), "구원하였으며"(saved), "보였고"(proclaimed)라는 단어를 사용한다. 성경의 구성은 계시에 있는 다음의 네 구절에서 볼 수 있는데 이 과정에 하나님이 직접 개입하신다.

하나님은 사람의 경험에 개입하신다.
하나님은 사람이나 경험을 해석하는 사람에게 영감을 주신다.
하나님은 해석된 기록을 기록하거나 전달하는 것도 지휘하신다.
하나님은 해석된 기록의 의미를 듣는 자들과 읽는 자들의 마음에 적용시키신다.

이 모든 과정이 계시이며 이것의 어떤 부분도 빠뜨릴 수 없다. 그래서 하나님은 여기서 그의 행동("구원하였다")과 그의 해석("보였다") 둘 다 그분 자신을 "고하는" 과정 중의 일부라고 말씀하신다.

새로운 것. 우리 인간들은 놀라는 걸 매우 좋아하지 않는다. 우리는 말쑥하게 포장되고 예측할 수 있는 모든 것을 갖는 것을 좋아한다. 이것은 여느 신들이 존재하는 방식이다. 신들은 항상 해온 것을 하고 다른 것은 할 수 없다. 우주가 보여 주듯이 신들은 어떤 것을 반복해서 하게 되어 있다. 태양은 서쪽에서 뜨는 선택을 하지 못한다.

그러나 여호와는 창조자이시며 다른 방법으로 행하시는 것을 좋아하신다. 하나님은 신실하시고 항상 변함이 없으시기 때문에 독단적이거나 잔인하지도 않으실 테지만, 그렇다고 해서 항상 하나님이 그 모습으로만 있어야 한다는 의미는 아니다. 하나님은 새로운 방식으로 일하실 것이다. 백성들이 출애굽 사건에 주목하도록 부르신(43:16-17) 것과 "이전 일을 기억하지 말라"(43:18)고 말씀하신 것은 하나님이 우리가 과거의 방법들을 마음에 깊이 새기게 하기 위해서가 아니라 과거 일을 통해 하나님의 성품과 속성을 배우기를 원하시기 때문이다. 비극적인 일이지만 우리는 반대로 하기 쉬운데, 처음에 가르침을 받은 신학적 진리는 잊어버리는 반면 가르침의 방법들은 마음에 깊이 새기기 쉽다.

종교의식. 이 세상에서 종교의식을 바라보는 세 가지 공통된 의견들이 있다. (1) 이교도들은 내가 "연속성"(continuity)이라고 부르는 것과 같다. 이 관점으로 보면 상징과 실재는 동일하다. 사람이 상징에게 한 것은 곧 사람이 실재에 한 것이 된다. 이것은 다신교와 다른 형태의 유사한 주술에도 있는 원리이다. 이 견해로 보면 내가 여기서 한 것은 자동적으로 신적인 세계에 영향을 미치게 될 것이다. 내가 회개하든지 신을 믿든지 그것은 중요하지 않다. 내가 의식을 바로 행한다면, 신은 의식을 통해 우리가 요구하는 것을 들어주셔야 한다.

(2) 상징과 실재 사이에 근본적인 균열이 있다고 가정한다. 첫째 견해가 플라톤 철학에 가깝다면 이 견해는 아리스토텔레스 철학에 더 가깝다. 단지 상징은 실재의 정신적 표현에 불과하므로 당신이 상징에게 원하는 것을 무엇이든 할 수 있어도 그것은 실재에는 전혀 영향을 미치지 못할 것이다. 이 견해는 18세기 이래 서구 사상을 지배해 왔다.

(3) 그러나 성경은 위의 두 가지 방법을 중용하는 것처럼 보인다. 한편으로는 이 구절이 증명하듯이, 희생제물과 같은 상징을 조작하는 것은 하나님께 자동적으로

어떤 영향을 미칠 수 없다고 분명히 말한다. 또 다른 한편으로는 정확한 상징은 이것들이 상징화한 실재와 더불어 형식적 이야기보다 훨씬 많은 것을 담고 있다고 이야기한다.

몇 년 전 성경 번역이 이런 부분 때문에 곤경에 빠졌다. 번역자들은 "그리스도의 보혈"을 그리스도의 죽음을 나타내는 단순한 상징으로 여겼고 그리스도의 보혈의 힘은 전혀 존재하지 않았다고 보았다. 그러나 이들의 번역에서 "그리스도의 보혈"이 나와야 할 자리에 "그리스도의 죽음"이 나왔을 때 번역가들 뿐만 아니라 상징을 소중히 여기지 않는 사람들까지 가세하여 엄청나게 시끄러웠다. 번역을 비판하는 사람들이 표현했든지 하지 않았든지 간에, 번역을 비판하는 사람들은 현실 세계가 다차원적인 구성이라 어떤 상징들은 동일한 것을 나타내는 추상적 관념보다 훨씬 더 강력한 의미를 지닌다는 것을 알고 있었다. "보혈"은 단순히 "죽음"만으로는 설명할 수 없는 희생적인 대속의 죽음을 말한다. 이것은 우리 믿음의 상징들이 우리 안에 어떤 영향력을 가지고 있는 것처럼 다루어질 수도 없고 우리가 상징으로 형벌을 대할 수도 없다는 것을 의미한다. 콜라와 도넛이 주의 만찬의 포도주와 빵을 대신할 수 없듯이 말이다.

현대적 의미

증인들. 오늘날 많은 사람들은 그리스도의 증인이 되어야 한다는 요청에 공포를 느낀다. 그들은 집집마다 찾아다니며 종교 간행물을 배포하거나 버스 터미널에서 사람들을 붙잡고 "사영리"(The Four spiritual Law)를 설명해야 하는 것으로 생각한다. 이것은 어느 정도 복음 증거의 메시지를 강조하기 위해 설교에서 사람들의 죄책감을 이용한 결과이다. 두렵다고 하는 사람들은 "글쎄요. 저는 그럭저럭 증인의 삶을 살고 있는데요"라고 말하면서 자신을 정당화하려고 한다. 그러나 거의 모든 경우에 이것은 증인의 삶을 살고 있지 않다는 것을 의미한다.

나는 본문의 구절이 우리가 막다른 골목을 벗어나는 데 도움을 줄 수 있다고 본다. (1) 여기서는 증인이 되라는 명령이 없다. 오히려 하나님은 단순한 사실을 선언하신다—"너희는 내 증인이다." 예수님도 같은 사실을 말씀하신다. 이스라엘 백성과 제자들은 그들을 영원히 변화시킨 어떤 것을 경험했다. 그것은 사실이었다. 우리가 진실로 그리스도를 우리의 삶에서 만난다면 그와 똑같은 일이 우리에게 일어난다. 그렇게 되든지 안 되든지 우리는 변화하고 있다. 우리는 그분의 신성, 구원, 변화시키는 힘의 증거이다. 이것은 우리가 해야 할 어떤 것이 아니라 우리가 존재하는 어떤 것이다.

(2) 이 과정에서 믿을 수 없을 만큼 놀라운 하나님의 겸손에 주목하라. 하나님이 그분의 신성을 이스라엘과 같은 민족들, 제자들, 우리의 속성에 근거하여 주장하신다는 것은 믿을 수 없는 일이다. 그러나 하나님은 우리의 결점을 완전히 아시면서도 그렇게 하신다. 게다가 그의 증인들은 "소경"에다 "귀머거리"였고, 제자들이나 우리들은 훨씬 더 많은 것을 들을 수 없다. 하나님은 이 모든 것을 알고 계신다. 하나님은 여전히 우상들에게 증인들을 불러내라고 요구하시며, 우리는 하나님의 변론을 지지하기 위해 그분이 지목하신 사람들이다. 하나님의 이런 행동은 우리에게 얼마나 큰 사랑과 존귀와 가치를 부여해 주는가! 바벨론 유수는 이스라엘을 버린 것이 아니다. 이 사실은 우리에게도 동일하게 적용된다. 증인이 되는 것은 부담스러운 요구가 아니라 놀라운 특권이다.

(3) 어떤 사람의 증거는 그 사람의 경험의 표현이다. 바벨론 유수가 선포되리라고는 아무도 예상하지 못했고 그들이 알고 있는 풍설들은 그들의 삶과는 무관하게 존재한다고 생각했다. 그들은 하나님이 정말 바벨론 유수를 예언하셨다는 사실을 그 일이 일어나기 전, 오랜 시간이 지난 후에야 모세가 이스라엘에게 마지막으로 말한 때를 뒤돌아보면서(참조. 신 4:25-31) 말할 수 있었다. 이스라엘은 그들이 어떻게 죄를 끈덕지게 되풀이하여 지었는지, 어떻게 하나님이 계속 돌아오라고 반복해서 간청했는지, 더는 희망이 없고 바벨론 유수가 불가피하다는 것을 말할 수 있게 되었다. 그러나 이스라엘은 또 하나님이 구원을 약속하셨고 그 이름, 고레스까지 아셨다고 말할 수 있게 되었다. 이스라엘의 마지막 증인은 이스라엘이 바벨론 관문을 걸어 나오는 것을 보게 될 것이고 그날이 속히 올 것이며 그것은 우리에게도 마찬가지이다. 성경은 우리가 가지고 있는 영원한 소망(벧전 3:15)에 대한 이유가 준비되어 있다고 말한다. 이것은 극적일 필요도 없고 세심한 주의를 가질 필요도 없다. 성경의 이야기가 그리스도의 실제와 구원의 능력을 이야기하는 것은 간단히 말해 우리의 이야기이다.

(4) 마지막으로 증인의 개념에는 그리스도 안에서 하나님이 우리의 삶에 어떤 것을 행하시는 것이 필요하다. 에스겔 36장에서 하나님은 그 백성이 포로로 잡혀간 곳에서 "내 이름을 더럽혔다"고 말씀하시고 이스라엘을 구원하는 데 분명히 도움을 주시지 않는다. 이스라엘이 하나님의 유일하신 거룩의 증거가 될 것이라면 하나님은 그들의 죄의 결과뿐만 아니라 죄의 원인, 우상을 좋아하는 것과 마음의 완악함까지 포함해서 구원하셔야 한다. 이 주제가 이사야 44:1-5에서 조금씩 암시

되어 있다. 하나님은 하나님의 유일하심의 증거를 우리의 삶에 의지하고 있는 놀라운 겸손을 보이신다. 우리가 매일 걷는 삶에서 실제로 증인의 삶을 살고 있는지 물어 보아야 한다. 우리는 하나님이 우리를 구원하시는 것을 인정할 것인가, 인정하지 않을 것인가?

과거에 훈련받은 방식은 잊되 과거의 교훈은 기억하라. 우리는 대부분 이 교훈을 배우는 데 매우 힘든 시간을 보낸다. 우리가 교훈을 배우려면 유연함과 관대함을 지녀야 하는데, 우리는 대부분 이것을 지니고 있지 않다. 삶은 복잡한 것이다. 우리가 그 세계에 발을 들여놓은 순간부터 이어지는 고통스러운 경험은 삶이 복잡하다는 것을 각인시킨다. 우리가 원하는 것들을 얻으려면 즉시 삶의 복잡함을 통제할 수 있는 방법을 반드시 찾아야 한다. 그래서 우리는 자신을 위해 영향을 미치는 어떤 것들을 찾을 때마다 온 힘을 다해 그것에 거머리처럼 착 달라붙는다. 어떤 면에서 성숙은 우리를 위해서 영향을 미치는 것들은 쌓아 올리고 그렇지 않은 것들은 버리는 과정이다. 당신이 지혜 문학을 본다는 것은 당신이 지혜를 깨닫고 있다는 것이다. 지혜로운 사람은 삶에 영향을 미치는 것이 무엇인지 알지만 바보들은 모른다.

지금 어떤 사람이 당신을 따라와서 "과거에 영향을 미치던 이 모든 것들을 놓아 버리자"고 말한다. 무엇을 놓아야 하는가? 왜 그렇게 해야 하는가? 당신과 나는 하나님이 아니기 때문이다. 성숙의 가장 큰 위험은 경직되는 것이다. 우리는 마침내 이 모든 것을 깨닫는다. 우리는 자신이 원하는 것이 무엇인지 알고 그것을 어떻게 얻을 수 있는지도 알게 된다. 그 결과 우리에게 더는 믿음이 필요 없게 된다. 우리는 질문도 답도 알고 있다. 그래서 우리의 안락을 방해하는 것을 즐기시는 듯 보이는 하나님은 거리를 두셔야 한다. 하나님은 복잡한 우리의 삶에 오셔서 우리가 하나님을 믿어 새로운 피조물로 거듭나게 하시고, 우리가 정말로 힘들게 얻은 통제의 끈을 버리라고 강하게 요구하시며, 우리의 비전을 펼치게 하실 것이다. 이것은 갈렙이 여든 살에 말한 비전이다. "이 산지를 (정복하게) 내게 주소서"(수 14:12).

그러나 그 자신을 위해서 새로운 것이 필요한 것은 아니다. 성숙이 과거에 선한 영향을 미친 방법에 너무 자주 몰두하는 것이라고 한다면 젊은이들은 반대로 "새롭다면 옳은 거예요"라고 말하기 쉬울 것이다. 그러나 새로운 것이 반드시 옳은 것은 아니다. 모든 현대의 찬양곡들이 웨슬리(wesley)나 왓츠(watts)의 찬송가보다 훌륭한 것은 아니다. 그래서 하나님은 새 일을 시작하시면서 과거에 그 백성들에게 일어난 일들이 그들에게 하나님에 대한 가르침을 준다는 사실을 상기시키신다. 새로운 것으로 말미암아 우리가 일종의 영적인 기억상실증에 빠지게 된다면 뭔가 잘못되고 있는 것이다. 교회에 "우리는 전에 그런 방식으로 한 적이 없다"라는 말이 유행하고 있는 것은 사실이다. 그러나 새로운 방식이 오래된 진리들을 없애버리고 있는 것도 사실이며, 진리를 없애버리는 것은 교회나 진리를 잃어버린 세상에 좋은 소식이 아니다.

참종교의 속성. 성경을 통해서 "참종교"에 아주 큰 위험이 도사리고 있다는 것을 알 수 있는데, 그 위험은 우리가 성례주의라고 불리는 것으로서 종교적인 형식이 살아 계신 하나님과의 인격적인 관계를 대신하는 것이다. 하나님과의 인격적인 관계는 하나님을 성경적으로 체험하는 증표이다. 서늘한 저녁 무렵 하나님과 함께 걸은 아담과 하와(창 3:8), 하나님과 동행한 에녹(창 5:22-23), 아브라함(창 17:1), 찬양시들(참조. 시 27:8), 예수님과 그 제자들(막 3:14), 예수님을 알기 위해 열정적으로 부르짖는 바울(빌 3:10), 계시록에서 보좌 주위에 있는 천국 사람들(계 7:9-11)의 이야기는, 성경적인 종교관이 곧 하나님과 인격적인 관계를 맺는 것임을 보여 준다.

미가가 하나님의 요구를 다음의 세 가지, "공의를 행하며 인자를 사랑하며 겸손히 네 하나님과 함께 행하는 것"(미 6:8)으로 다 요약될 수 있다고 말한 것은 그리 놀랄 만한 일이 아니다. 이와 마찬가지로 예수님은 성경이 요구하는 것을 "네 마음을 다하고 목숨을 다하고 뜻을 다하여 주 너의 하나님을 사랑하라 하셨으니 이것이 크고 첫째 되는 계명이요 둘째는 이와 같으니 네 이웃을 네 몸과 같이 사랑하라 하셨으니"(마 22:37-39)라는 한 절로 요약하신다.

그러나 인격적 관계는 쉽게 이럭저럭 유지해 가거나 계량해 낼 수 있는 것이 아니다. 내가 어제보다 오늘 더 하나님을 사랑하는가? 어제보다 오늘 더 그리스도를 좋아하는가? 종교적 행위들을 계량하는 것은 훨씬 더 쉽다. 적극적으로 내 죄를 회개하고 있고 공동체에 참여하고 있다거나 세례를 받았다거나 매달 헌신의 날을 놓치지 않았다거나 가난한 사람들을 위해서 몇 시간을 보내고 있다고 말하기는 훨씬 더 쉽다. 그래서 우리는 유대인들처럼 우리의 창조자이시며 구속자이신 하나님과 날마다 맺는 사랑의 관계보다 종교적 행위에 근거하여 우리의 종교적 공적들을 계량하기를 더 좋아한다. 우리가 정당하게 종교적 행위를 수행하여 아주 높은 경지에 이르렀기 때문에 우리의 삶을 스스로 계속 통제하면서 하나님이 우리 삶에 복을 부으셔야 한다고 요구한다.

이와 동시에 우리는 삶의 근거가 되는 실재와 아무런 관련이 없다고 말할 수 없다. 내가 아내를 정열적으로 사랑한다고 말하고서 주말마다 밤에 집에 들어가지 않는다면, 내가 아내에게 말을 건네지 않는다면, 아내에게 선물을 주지 않는다면, 아내가 나에게 해 달라고 한 것을 해주지 않는다면, 나는 착각하고 있었다고 말하면서 자신을 정당화할 것이다. 내가 아내를 사랑하지 않으면 실제로 우리는 어떤 관계도 맺고 있지 않은 것이다. 우리가 단순히 교회에 가기 때문에 하나님과 위대한 관계를 맺고 있다며 자축할 수 없는 것은, 우리의 관계가 공적에 바탕을 두고 있지 않으며 교회에 가고 안 가는 문제가 중요한 것이 아니기 때문이다. 결국 방법이 아니라 관계 그 자체가 중요하며 관계와 방법을 혼동해서는 안 된다는 것이다.

성령으로 사는 삶. 43:22-28과 44:1-5 사이에는 우연한 관계, 그 이상의 것이 있다. 첫 구절에서 제시된 문제는 우리가 이미 알고 있는 형식주의가 진정한 인격적 의탁(genuine personal surrender)을 대신했다는 것이다. 이것은 구약에서 줄곧 제시되어 온 문제이다. 해결책은 있지만 이것은 인간이 아무리 애써 노력해도 알 수 없다. 구약에서 많은 성인들이 부단히 노력했지만 아무것도 찾지 못하고 더욱 좌절했다. 이것은 바울이 로마서 7장에서 증언하는 것이다. 해결책은 여기, 하나님이 그분의 자녀들에게 성령을 부어 주신다고 약속하신 사실에 있다. 이 약속이 오늘날 우리에게도 주어진다.

로마서 8장은 이 사실을 분명히 한다. 언약(율법)은 우리 안에 있는 고집스러운 배반의 문제를 해결할 수 없었다. 바울이 "육"이라고 부르는(NIV는 보통 "죄 많은 본성"이라고 번역한다), 자기 본위적이고 자기중심적인 성향이 너무 강해서 언약을 지킬 수 없었다. 그래서 하나님은 모든 사람들이 도움을 받을 수 있도록 그의 영을 그분의 아들인 메시아를 통해 주셨다. 성령이 우리 안에 내주하시는 것을 우리가 받아들인다면 성령은 우리를 위해서 무엇을 하실 것인가? 이사야는 44:4-5에서 이 문제를 해결했다. 성령은 우리에게 아무런 대가 없이 주님을 인식할 수 있게 할 것이다. 야고보가 말했듯이(약 1:8; 4:8) "두 마음을 품은 자들"은 한편으로는 하나님을 위해 살고 또 한편으로는 나 자신을 위해 살며, 한편으로는 하나님과 한 편이 되고 또 한편으로는 세상과 한 편이 되며, 나 자신을 위해 내 마음에 품고 있는 수단을 사용하여 하나님께 복 받기를 기대한다. 우리 자신의 힘으로는 이 충돌을 해결하는 것이 불가능하다. 그러나 성령이 오시면 우리는 어떤 대가 없이도 "나는 주께 속하였다"(사 44:5)고 말할 수 있게 된다.

이사야 44:6-22

6 이스라엘의 왕인 여호와, 이스라엘의 구원자
인 만군의 여호와가 이같이 말하노라 나는
처음이요 나는 마지막이라 나 외에 다른 신
이 없느니라
7 내가 영원한 백성을 세운 이후로 나처럼 외치
며 알리며 나에게 설명할 자가 누구냐 있거든
될 일과 장차 올 일을 그들에게 알릴지어다
8 너희는 두려워하지 말며 겁내지 말라 내가
예로부터 너희에게 듣게 하지 아니하였느냐
알리지 아니하였느냐 너희는 나의 증인이라
나 외에 신이 있겠느냐 과연 반석은 없나니
다른 신이 있음을 내가 알지 못하노라
9 우상을 만드는 자는 다 허망하도다 그들이
원하는 것들은 무익한 것이거늘 그것들의 증
인들은 보지도 못하며 알지도 못하니 그러므
로 수치를 당하리라
10 신상을 만들며 무익한 우상을 부어 만든 자
가 누구냐
11 보라 그와 같은 무리들이 다 수치를 당할 것
이라 그 대장장이들은 사람일 뿐이라 그들이
다 모여 서서 두려워하며 함께 수치를 당할
것이니라
12 철공은 철로 연장을 만들고 숯불로 일하며
망치를 가지고 그것을 만들며 그의 힘센 팔
로 그 일을 하나 배가 고프면 기운이 없고 물
을 마시지 아니하면 피로하니라
13 목공은 줄을 늘여 재고 붓으로 긋고 대패로
밀고 곡선자로 그어 사람의 아름다움을 따라
사람의 모양을 만들어 집에 두게 하며
14 그는 자기를 위하여 백향목을 베며 디르사
나무와 상수리나무를 취하며 숲의 나무들 가
운데에서 자기를 위하여 한 나무를 정하며
나무를 심고 비를 맞고 자라게도 하느니라
15 이 나무는 사람이 땔감을 삼는 것이거늘 그
가 그것을 가지고 자기 몸을 덥게도 하고 불
을 피워 떡을 굽기도 하고 신상을 만들어 경
배하며 우상을 만들고 그 앞에 엎드리기도
하는구나
16 그 중의 절반은 불에 사르고 그 절반으로는
고기를 구워 먹고 배불리며 또 몸을 덥게 하
여 이르기를 아하 따뜻하다 내가 불을 보았
구나 하면서
17 그 나머지로 신상 곧 자기의 우상을 만들고
그 앞에 엎드려 경배하며 그것에게 기도하여
이르기를 너는 나의 신이니 나를 구원하라
하는도다
18 그들이 알지도 못하고 깨닫지도 못함은 그들
의 눈이 가려서 보지 못하며 그들의 마음이
어두워져서 깨닫지 못함이니라
19 마음에 생각도 없고 지식도 없고 총명도 없
으므로 내가 그것의 절반을 불 사르고 또한
그 숯불 위에서 떡도 굽고 고기도 구워 먹었
거늘 내가 어찌 그 나머지로 가증한 물건을
만들겠으며 내가 어찌 그 나무 토막 앞에 굴
복하리요 말하지 아니하니
20 그는 재를 먹고 허탄한 마음에 미혹되어 자
기의 영혼을 구원하지 못하며 나의 오른손에
거짓 것이 있지 아니하냐 하지도 못하느니라
21 야곱아 이스라엘아 이 일을 기억하라 너는
내 종이니라 내가 너를 지었으니 너는 내 종
이니라 이스라엘아 너는 나에게 잊혀지지 아
니하리라
22 내가 네 허물을 빽빽한 구름 같이, 네 죄를
안개 같이 없이하였으니 너는 내게로 돌아오
라 내가 너를 구속하였음이니라

원 의미

이 단락은 우상들에 대한 최후 고소로 42:10-44:22의 결론이다. 이사야 46:1-7도 우상을 고소하고 있지만 이 단락처럼 절정에 달하거나 비장한 어조로 우상에게 결투를 신청하지는 않는다. 이 단락에 있는 통렬한 비판은 이미 앞에서도 비판하고 있다는 사실을 반영한다. 처음 우상들에 대한 소송은 과거 사건의 의미를 설명하지 못하고 앞으로 일어날 일을 예견하지 못하는 우상들의 무능함에서 시작되었다(41:21-29). 둘째 소송(43:8-13)에서는 또 다른 요소가 추가된다. 즉 여호와께서 그분의 백성을 우상들에게서 구원하시는 것을 막지 못하거나 그들의 백성을 구원하지 못하는 우상들의 무능함이다. 이 단락에 나타난 셋째 소송에서, 우상들이 미래에 일어날 사건을 예언하지 못하는 것은(44:7-8) 바로 구원하지 못하는 무능력으로 이어지고 이와 관련된 주제는 이 소송의 나머지 부분에서 제기된다.

44:6-8에서 소송은 절대적으로 유일하신 하나님이 다른 주장을 펼치시면서 시작된다. 44:9-20에서 이 소송의 본론이 시작된다. 최종적으로 44:21-22은 하나님이 이스라엘을 위해 행하시는 것들, 앞으로 하실 것들, 그분이 하실 수 있는 이 모든 방법들을 이스라엘의 마음에 새기라고 요청하는 명령으로 마무리된다. 우상에 대해서 벌이는 다른 소송들처럼 이 소송은 "복음적" 역할을 담당하고 있다. 이 소송은 논리 정연한 철학 논문이 아니라, 무기력하고 낙담한 사람들이 그들을 결국 파멸시키고 말 것들에 결코 희망을 두지 않게 하시려는 시도들이다. 즉 무기력하고 낙담한 사람들이 그들의 거룩하신 분이며, 유일하신 하나님이 자신들을 위해서 하실 일을 확신 가운데 기대하며 기다려야 한다[1]는 것을 말하고 있다.

하나님의 절대 유일성(44:6-8)

이사야서 전체를 성실하게 연구하는 모든 사람들에게 친숙한 이 단락의 말씀들과 구절들은 여호와께서 그분의 절대 유일성을 선포하신다는 내용을 담고 있다. 그러나 여호와는 그 자신이 처음에 이스라엘과 복잡하게 얽힌 관계를 맺고 있다고

---

1. 여러 곳에서 살펴보았듯이(Oswalt, *Isaiah 40-66*, 170-71), 이것은 graphic summary의 방법을 사용한 또 다른 예이다. 이 예는 전 세계적으로 학자들이 9-20절이 본래의 것이 아니라고 주장하는 것과 상반된다. 또한 Motyer, *Prophecy of Isaiah*, 343, 각주 1번과 Oswalt, *Isaiah 40-66*, 174, 각주 36번을 보라.

밝힌다. 그는 오직 한 분 하나님, "처음이자…마지막이신 분"이지만, 친히 작고 보잘것없는 백성과 관계를 맺으셔서 자신을 알리는 분이기도 하다. 신들은 하나님이 그 백성과 관계를 맺으시는지, 이 관계가 미래에 어떤 영향을 미칠 것인지 설명할 수 없다. 그러나 하나님은 이스라엘 백성이 그 사실의 "증인들"이라고 말씀하신다. 항상 변하는 불안한 세상에서 변하시지 않는 "바위 같은 분", 매달려 있는 사람들을 두드리지도 깨뜨리지도 않으시는 "바위" 같은 분이 계신다.

우상들에 대한 고소(44:9-20)

이 바위와 전혀 다른 그 어떤 것에 다른 민족들은 매달려 있는가? 그들은 아무것도 아닌 것, 가치 없는 것, 하찮은 것들을 "보물로 여기고" 그 결과 그들 자신도 "무익하게" 되고 만다(44:9).[2] 이 생각은 44:10-11에서 전체적으로 더 깊게 논의된다. 여느 신들은 사람인 "장인들"이 만들었기 때문에 아무것도 아니다. 이런 신들은 그들을 경배하는 자들을 파멸시키고, "수치"를 당하게 하며, 경배를 받은 우상들처럼 가치 없는 자들로 만들어 버린다. 다시 한 번 떠오른 문제(40:18-20; 43:8-13에 대한 주석을 보라)는 이것이다. 어떻게 사람이 만든 물건들이 사람들을 구원할 수 있단 말인가?

44:12-17에서 선지자는 진짜 하나님은 그렇게 쉽게 발견할 수 있는 반면, 자신의 신들을 만드는 것은 얼마나 어려운지 우상을 만드는 과정을 아주 자세하게 묘사하면서 보여 준다. 이사야는 우리를 우상을 만드는 복잡한 공정으로 되돌아가게 하여 나무 형상에 귀금속을 입히는 마지막 단계부터 설명하기 시작한다(12절). 다음에 선지자는 어떻게 나무 형상을 만들었는지 설명한다(13절). 그러고 나서 형상을 위해 나무를 고르는 과정을 서술한다(14절). 선지자는 이 모든 과정을 설명하면서 그 과정의 어려움과 복잡함을 말한다.

44:15-17에서 이사야는 그의 논증의 핵심 주장을 말한다. 우상을 만든 자가 그의 신들의 형상을 위해 나무를 잘라내고, 또한 불을 피우기 위해 같은 나무를 사용한다. 나무 조각이, 또 다른 한편으로 요리하고 난방을 위해 쓰는 나무 조각이 어떻게 이 세상에서 사람을 구원할 수 있는지, 사람들이 그렇게 많은 공을 아낌없이

2. Motyer는 *Prophecy of Isaiah*, 343에서 우상들은 인간의 마음을 적절하게 변화시킬 능력이 없다고 주장한다.

들여서 만든 우상이 무엇을 할 수 있는지 선지자는 묻는다.[3] 물론 아무것도 할 수 없다. 무엇을 할 수 있다고 생각하는 사람들은 정신적으로나 영적으로 눈먼 사람들이다(44:18).

44:19-20은 이교도들이 야기하는, 근본적으로 심각한 문제들을 이야기하고 있다. 하나님은 사람을 "무익한" 존재로 만들어 버리고 합리적으로 생각할 수 있는 사람들의 능력을 파괴하는 우상들을 미워하신다. 그래서 하나님이 우상들을 "가증한 물건"(NIV "detestable", 19절)으로 부르는 것은 단순한 과장이 아니다. 구약에서 "가증한 물건"(*toʿebah*)은 하나님의 창조 질서를 어기는 것이다.[4] 이는 피조물의 고유한 특징을 피조물을 사용하는 것이다. 분명 우상숭배가 그와 같은 경우에 해당한다. 하나님은 모든 자연을 사람에게 주시고 복을 생산하는 방식으로 자연을 돌보라고 하셨다(창 1:28-30). 우리가 자연을 하나님의 자리까지 높혀 우리를 위해 창조된 것에 절하는 것은 창조명령을 어기는 것이다. 영적으로 말해서 그것은 "재"를 먹는 것이다(44:20).

마음에 새기라는 요구(44:21-22)

하나님은 이 두 절에서 하나님이 이미 말씀하신 것들을 근거로 하나님의 백성에게 호소하신다. 하나님의 백성은 그들의 하나님을 만들지 않았고 오히려 하나님이 그들을 "지으셨다." 그러므로 하나님은 피조물의 포로가 아니며 하나님의 백성도 하나님의 포로가 아니다. 하나님의 백성이 그분이 하신 모든 일이나 앞으로 하실 일들을 기억하고 있다면, 그들은 하나님이 그들을 "잊어버리실까 봐" 두려워하지 않아도 된다. 하나님의 백성은 그들의 운명에서 죄가 제거되지 않을까 봐 두려워하지 않아도 된다. 하나님은 운명의 구속을 받는 분이 아니시며 하나님이 이스

3. 많은 현대 주해가들은 선지자 때문에 당황스러워하는데 그것은 주해가들이 선지자가 이교도들의 복잡한 사상을 모르거나 잘못 알고 있으며, 알고 있다 해도 우상숭배자들을 공격할 정도로만 알고 있다고 생각했기 때문이다. 가령 Hanson이 *Isaiah 40-66*, 90-93에서 "제2 이사야"가 다른 문화가 신성을 표현하는 것을 견디라고 "제2 이사야"가 가르쳤다고 주장한 것을 보라. 이것은 다른 문화가 잘못된 개념을 버리고 이스라엘의 거룩하신 분에게로 돌아오는 날을 간구하는 것이다. 내가 이 부분과 또 다른 부분에서 주장한 것처럼 이사야가 우상들이 어떻게 만들어지는지 세세하게 알고, 이교도들의 가치관을 이해하지 못할 이유가 없다. 이사야는 이교도들의 사상에서 가장 모호하고 가장 공격당하기 쉬운, 흠이 있는 부분과 현실 개념이 가장 모호한 곳의 정곡을 찔러 공격한다.

4. 가령 레 7:18; 11:10; 18:22; 신 7:25-26; 12:31; 18:9-13을 보라.

라엘의 죄들을 용서하시고 그들을 포로생활에서 구속하기로 결정하신다면, 하나님은 그렇게 하실 방법을 찾으실 것이다. 하나님을 멈추게 할 수 있는 것은 아무것도 없다(참조. 43:13).

상황잇기

진리에 대한 접근. 이 단락과 다른 부분에서 우상숭배자들에게 아주 거친 용어들이 사용되는데, 이것은 현대인이 듣기에 아주 거북한 말들이다. 왜냐하면 우리가 살아가는 곳에서는 수용적이지 못할 때만 거친 언어를 사용하기 때문이다. 현대 서구 사회에 남아 있는 유일한 죄는 수용적이지 못한 태도와 정치적 성격을 띤 그릇된 말이다. '수용적이지 못함'이라는 말을 가능한 한 가장 폭넓게 정의하면 '다른 이는 모두 틀렸다고 믿는 것'이다. 우리는 근본적으로 어떤 것이 진리라고 확신할 수 없게 되었다. 당신이 믿고 있는 것이 당신이 믿는 대로 진리일 수 있는가? 그렇다면 어떻게 감히 우리 중 누군가가 다른 사람들을 비난할 수 있는가? 당신이 그것을 믿어야 한다고 주장하지 않는 한 내가 원하는 어떤 낯선 교리든 신봉할 수 있다.

기독교 세계의 초기 150년 동안 교회는 옳고 그른 것을 결정하는 권위들을 계속 지속해 왔다. 그후 다음 300년 동안 성경은 권위 그 자체였다. 그후 계몽주의가 이성으로 성경을 대신했다. 지금 우리는 우리에게 진리를 보여 주는 이성의 능력을 신뢰하지 않는다. 이것은 개인이 지금 중요한 합의 절차 없이 스스로 진리를 결정하고 있다는 것을 의미한다. 사회가 결정한 모든 것은 절대적 가치로 영향을 미칠 것이며 개인의 자유는 엄중한 힘의 공격을 받게 될 것이다.

그러면 소위 이사야는 어디서 "굴러먹던" 사람인가? 어떻게 이사야는 사람들이 소중하게 진리로 품고 있는 것에 대해서 그렇게 거칠게 말할 수 있는가? 이사야가 그렇게 할 수 있는 것은 이사야가 "진리"에 접근했다고 믿었기 때문이다. 이것은 비판의 여지가 있는 문제이다. 이사야가 진리에 접근한 것인가? 아니면 가나안 사람들이나 바빌론 사람들의 진리처럼 전혀 진리가 될 가치가 없는 그만의 "진리"에 접근한 것인가? 만약 후자가 참이라면, 우리도 창피해 하면서 이사야에게 "조용히 해"라고 말해야 한다. 이사야가 정말 참진리를 안다면 그는 침묵해서는 안 된다. 몇 킬로미터 앞에 고속도로 다리가 붕괴되었다는 사실을 아는 사람이 가만히 있을 수 있는가? 그렇다면 이것은 형사상 직무 유기이다. 그에게는 모든 사람들이 처한 위험을 경고하여 구해 낼 책임이 있다.

따라서 이 모든 것들 중에서 가장 중요한 주제는 삶에 대한 "진리", 삶의 의미, 삶의 목적을 과연 알아 낼 수 있느냐는 것이다. 그렇다면 어떤 방법으로 이 진리를 알아 낼 수 있는가? 인생이 무의미하다면 이런 토론은 필요 없다. "옳다", "그르다"는 말은 우리 어휘 사전에서 없애 버려야 할 의미 없는 말들이다. 아직까지 가장 열렬한 세속주의자들은 특히 그들이 "옳다"고 여기는 것들이 모독당하고 있다고 느낄 때 '옳다' '그르다'는 말을 포기하려 들지 않는다. 우리는 어떤 것들은 '옳다'고 생각하지만, 그렇다면 문제는 '어떻게 우리가 옳은 것들을 알 수 있는가?'라는 것이다. 오늘날 모든 영역에서 옳은 것을 판별하는 기준은 우리의 경험이다. 개인적이든지 집단적이든지 우리의 경험은 어떤 것이 옳은지 가르쳐 준다. 그러나 어떤 보편 법칙 이외의 영역에서 모든 사람들의 경험은 다 다르다. 그래서 모든 사람에게 진리인 어떤 특별한 원리가 존재한다고 말하는 것은 불가능하다.

그러나 우리가 진리에서 너무 멀리 떨어져 추락하기 전에 오늘날까지 내려온 오천 년 역사를 살펴보아야 한다. 독자적인 인간의 경험이 "진리"를 발견하는 수단이 되었을 때, 놀랍게도 세계 도처에서 비슷한 결과를 얻었다. 나는 이 주석서의 여러 부분에서 이 결과들을 이야기했지만 한 번 더 간략하게 말하겠다. 세상은 신이다. 모든 육체적, 심리적, 사회적 세력들이 다 신이다. 충돌은 영원히 계속되고, 성적인 능력이 삶의 근원이며, 신들을 조종하고 신들과 한 편이 되게 하는 주술에 끌린다. 모든 윤리학은 상대적이며(어떤 사회도 윤리적 규정 없이 오랫동안 존재하지 못하며, 효과적이라고 여겨지는 사회 윤리가 무력으로 권력을 행사하게 될 것이다), 모든 시간은 순환하고, 발전은 환상에 불과하다. 개인은 특별한 가치를 지닌 존재로 여겨지지 않고 전체 인류의 한 부분일 때만 가치 있는 존재로 여겨질 뿐이다. 인류 종족의 역사는 다음과 같이 우리에게 말한다. 위에서 나열한 모습들이 바로 서구 사회가 지금 신봉하고 있는 지식이론이 우리를 데려다 줄 세상이다. 그곳은 정말로 우리가 가기 원하는 곳인가?

이 지식이론에서 실제로 선택 가능한 한 가지는 성경에서 제공하는 것이다. 우리가 다른 곳에서도 이야기한 이 한 가지는 바로 성경 계시의 원리이다. 진리는 우리 자신을 초월하는 곳에서 주어졌다. 진리는 특별한 모든 부분에서 우리를 초월하시고 우리가 처한 상황 속으로 들어와 우리에게 개입하시는 하나님의 말씀과 행동으로 주어졌다.

이런 지식은 우리가 현실에 대해서 놀랍도록 다른 결론을 내리게 한다. 인격적인 영이시고 우주를 초월하여 존재하시는 창조자가 계신다. 그는 그 자신의 창조적인 사랑의 표현으로 우주를 자유롭고 기쁘게 만드셨다. 정말로 한 사람 한 사람이 그분의 성품과 속성의 표현이며 그래서 사람들은 하나님께 가장 소중한 존재이다. 하나님이 초월자이시기 때문에 그분은 사람들에게 끌리는 주술로 조정당하시지 않는다. 하나님은 인격적 관계를 맺으셔서 우리와 한 편이 되실 수 있으며 우리를 도우신다. 하나님은 한 분뿐인 창조자이시기 때문에 그 말씀이 모순되지 않고, 세상에는 존재 이유와 목적이 분명히 있다. 이 사실은, 세상의 목표에 도달하는 데 무엇이 유익하며 무엇이 해로운지 결정하는 것이 가능하다는 것을 차례로 의미한다. 하나님이 인격적인 관계를 맺으신다는 것은 세상의 목표를 향해 전진하는 궤도를 쭉 따라가는 것이 가능하다는 것을 의미한다. 따라서 만물의 속성에 뿌리를 두고 있는 절대적 윤리가 있는데 이 윤리를 지키면 인류에게 복이 임할 것이고, 이 윤리를 거부하면 재앙이 내릴 것이다.

이것이 바로 이사야 주장의 근원이다. 그리고 이것은 예수 그리스도께서 니고데모에게 "내가 땅의 일을 말하여도 너희가 믿지 아니하거든 하물며 하늘 일을 말하면 어떻게 믿겠느냐 하늘에서 내려온 자 곧 인자 외에는 하늘에 올라간 자가 없느니라"(요 3:12-13)고 말씀하셨을 때 나오는 예수님의 근원과 동일한 것이기도 하다. 예수님은 진리에 바로 다가서라고 수상하신다. 이에 더 나아가 진리의 존재를 세상에 드러내는 수단이 되라고 요구하신다. 진리를 드러내는 것은 이사야와 예수께서 수난 받으신 이유이기도 하다. 자연과 삶에 대한 진리가 우리에게 나타났다고 확신하면 우리는 삶의 올바른 방식과 그른 방식에 대해서 분명한 확신을 가지고 이야기할 수 있게 된다. 그것이 바로 이 단락과 같은 단락에서의 이슈이다.

현대적 의미

우리 시대를 직면하면서 시대를 만들어 가기. 이 시대의 그리스도인들, 특히 젊은 그리스도인들에게 이 단락과 같은 구절들이 던지는 도전은 이사야와, 다른 선지자들이 한 것처럼 시대를 정확하게 직면하고 있느냐는 것이다. 젊은이들은 오늘의 주류가 된 문화에 적응하는 데 공포에 가까운 압박을 받는다. 이 압박의 일부는 그 자신에게서 시작된다. 나는 얼마나 나 자신을 부모(성숙에 꼭 필요한 단계)와 다르게 할 수 있는가? 부모에 대한 모든 것—사고방식, 옷 입는 방식, 부모가 지닌 기호들을 부정하고 새로운 유행을 좇아가는 것이면 무엇이나 받아들이려는 경향이 있다.

그러나 1960년대 이후 가속도로 발전해 온 미국 문화가 붕괴하면서부터 외부에서 오는 이와 같은 내면의 압박이 더 심해지고 있다. 젊은이들은 과거를, 특히 그들의 부모를 멸시의 눈길로 바라보도록 부추김을 받았다. 권위 그 자체가 악한 것처럼 모든 권위들을 경멸하고 무시하도록 장려되고 있었다. 윤리학이 없이는 사회가 존재할 수 없는데도(십계명에 가장 잘 집약되어 있다) 대중음악, 음악 비평가들이 "예술가"들의 "도발적인 솔직함"을 찬양하기 시작하면서 "예술가"들은 항상 웃으면서 윤리학을 의식적으로 공격하고 있다. 이 사람들은 모두 가능한 한 엉뚱하고 거친 형식으로 충격을 주려고 했다.

이러한 상황에서 불가피하게 젊은 그리스도인들이 기꺼이 신사와 숙녀로 보여야 하는 일이 발생했다. 한편으로 이들은 그들 부모의 모든 것들을 무시하라는 내면의 압력에 유혹당하고 있었다. 이들은 자신에게 생명을 준 부모를 비판적으로 보기도 하지만 감사하게 바라보아야 한다. 이것은 분명히 처음에 제5계명이 주어진 이유이기도 하다.

자신의 부모를 존경하는 것이 쉽고 자연스러운 일이라면 제5계명은 주어지지 않았을 것이다. 자신의 부모를 무시하기 쉽기 때문에 5계명이 필요한 것이다. 부모 세대의 기독교 정신이 모순으로 가득 찼다고 해서 이 모순된 기독교 정신을 폐기해서는 안 된다. 하나님의 은혜로 기독교 정신을 더 건강하게 만들어야 한다. 기독교 정신을 성경으로 돌아가게 하고 하나님의 권위로 돌아가게 하라. 바빌론에서 포로생활을 했던 자녀들은, 부모가 믿지 않아서 수치를 당한 상황에서 하나님을 믿을 기회를 얻었다. 그리고 그분의 은혜로 그 자녀들은 믿게 되었다. 오늘날 그리스도인 부모의 자녀들이 그 부모의 신앙을 넘어서서 더 잘 믿게 하자.

또 다른 한편으로 오늘날 젊은 그리스도인들이 2700년 전 바빌론에서 그랬던 것처럼 이 세상의 엉터리 신들에게 절하지 않게 하자. 오늘날 모든 대중매체는 하나님의 초월성을 외면한 채 세상에서의 삶이 의미 없고 목적이 없는 것으로 활발하게 그려내고 있다. 우리는 세상이 모두 그렇게 존재하고 있다는 관점의 씁쓸한 열매를 거둬들이고 있다. 사람의 손으로 만든 것들이 오늘날 우리를 구원할 수 있고 실제로 할 수 있는 그 이상의 것을 해낼 수 있는가? 결코 그렇지 않다. 무한한 섹스의 신과 여신들, 막강한 부의 신들, 술에 찌들어 있는 신들과 미의 여신들은 모두 오늘날 그 무엇보다 하나님의 얼굴을 구하는 그리스도인들이 퇴출시켜야 한다. 오직 하나님만이 마지막 날에 결국 이 신들이 우리를 버리고 간 지하 감옥에서 우리를 구원해 내실 수 있다.

여기엔 더욱 강한 용기와 기꺼이 배척당하겠다는 의지, 궁극적으로 권리를 박탈당해도 좋다는 각오가 필요하다. 우리 사회가 중요한 부흥을 경험하지 않으면 그리스도인들은 곧 나라의 적으로 보일 것이다. 그러나 하나님은 어느 누구도 아닌, 바로 우리의 역사를 쓰고 계시고, 그렇게 하셔서 어둠 속에서 길 잃은 사람들이 본향으로 돌아가는 길을 찾을 수 있도록 진리를 계속 비추고 계신다.

이사야 44:23-45:13

23 여호와께서 이 일을 행하셨으니 하늘아 노래
할지어다 땅의 깊은 곳들아 높이 부를지어다
산들아 숲과 그 가운데의 모든 나무들아 소
리내어 노래할지어다 여호와께서 야곱을 구
속하셨으니 이스라엘 중에 자기의 영광을 나
타내실 것임이로다
24 네 구속자요 모태에서 너를 지은 나 여호와
가 이같이 말하노라 나는 만물을 지은 여호
와라 홀로 하늘을 폈으며 나와 함께 한 자 없
이 땅을 펼쳤고
25 헛된 말을 하는 자들의 징표를 폐하며 점 치
는 자들을 미치게 하며 지혜로운 자들을 물
리쳐 그들의 지식을 어리석게 하며
26 그의 종의 말을 세워 주며 그의 사자들의 계
획을 성취하게 하며 예루살렘에 대하여는 이
르기를 거기에 사람이 살리라 하며 유다 성
읍들에 대하여는 중건될 것이라 내가 그 황
폐한 곳들을 복구시키리라 하며
27 깊음에 대하여는 이르기를 마르라 내가 네
강물들을 마르게 하리라 하며
28 고레스에 대하여는 이르기를 내 목자라 그가
나의 모든 기쁨을 성취하리라 하며 예루살렘
에 대하여는 이르기를 중건되리라 하며 성전에
대하여는 네 기초가 놓여지리라 하는 자니라

45:1 여호와께서 그의 기름 부음을 받은 고레스에
게 이같이 말씀하시되 내가 그의 오른손을
붙들고 그 앞에 열국을 항복하게 하며 내가
왕들의 허리를 풀어 그 앞에 문들을 열고 성
문들이 닫히지 못하게 하리라
2 내가 너보다 앞서 가서 험한 곳을 평탄하게
하며 놋문을 쳐서 부수며 쇠빗장을 꺾고
3 네게 흑암 중의 보화와 은밀한 곳에 숨은
재물을 주어 네 이름을 부르는 자가 나 여호
와 이스라엘의 하나님인 줄을 네가 알게 하
리라
4 내가 나의 종 야곱, 내가 택한 자 이스라엘을
위하여 네 이름을 불러 너는 나를 알지 못하
였을지라도 네게 칭호를 주었노라
5 나는 여호와라 나 외에 다른 이가 없나니 나
밖에 신이 없느니라 너는 나를 알지 못하였
을지라도 나는 네 띠를 동일 것이요
6 해 뜨는 곳에서든지 지는 곳에서든지 나 밖
에 다른 이가 없는 줄을 알게 하리라 나는 여
호와라 다른 이가 없느니라
7 나는 빛도 짓고 어둠도 창조하며 나는 평안
도 짓고 환난도 창조하나니 나는 여호와라
이 모든 일들을 행하는 자니라 하였노라
8 하늘이여 위로부터 공의를 뿌리며 구름이여
의를 부을지어다 땅이여 열려서 구원을 싹트
게 하고 공의도 함께 움돋게 할지어다 나 여
호와가 이 일을 창조하였느니라
9 질그릇 조각 중 한 조각 같은 자가 자기를 지
으신 이와 더불어 다툴진대 화 있을진저 진
흙이 토기장이에게 너는 무엇을 만드느냐 또
는 네가 만든 것이 그는 손이 없다 말할 수
있겠느냐
10 아버지에게는 무엇을 낳았소 하고 묻고 어머
니에게는 무엇을 낳으려고 해산의 수고를 하
였소 하고 묻는 자는 화 있을진저
11 이스라엘의 거룩하신 이 곧 이스라엘을 지으
신 여호와께서 이같이 이르시되 너희가 장래
일을 내게 물으며 또 내 아들들과 내 손으로
한 일에 관하여 내게 명령하려느냐

12 내가 땅을 만들고 그 위에 사람을 창조하였으며 내가 내 손으로 하늘을 펴고 하늘의 모든 군대에게 명령하였노라

13 내가 공의로 그를 일으킨지라 그의 모든 길을 곧게 하리니 그가 나의 성읍을 건축할 것이며 사로잡힌 내 백성을 값이나 갚음이 없이 놓으리라 만군의 여호와의 말이니라 하셨느니라

원 의미

42:10-44:22에 이어지는 단락인 44:23-46:13은 앞 단락처럼 두 단원으로 구성되어 있는 것처럼 보이는데, 찬양을 요청하는 것으로 시작하여 하나님이 그분의 종들을 참여시키시고(44:23-45:13), 우상들에 비해 하나님이 절대적으로 우월하다는 선언이 뒤따라 나온다(45:14-46:13).[1]

44:23-45:13에서 바빌론의 포로에서 하나님의 백성을 구원해 내기 위해 하나님께 "기름받은" 사람의 이름이 드러난다. 나는 이 두 부분을 따로 이야기하겠지만 기본적인 사상은 이 두 단락에 공통적으로 흐른다고 믿는다. 찬양을 요청하는 것으로 시작한 후(44:23), 선지자는 하나님이 뜻하신 대로 하시는 그 능력을 기념하면서 고레스의 이름을 선포하는 것으로 끝맺는다(44:24-28). 그후 하나님이 고레스에게 위임하신다(45:1-8). 마침내 하나님은 이교도들의 정면 도전에 대하여 이교도인 고레스를 적법하게 사용하여, 자신이 선택한 것을 들어 사용하실 완벽한 권리를 가지고 있다고 주장하신다(45:9-13). 한슨(Hanson)은 이 단락에서 일인칭 대명사와 동사가 하나님을 언급할 때 등장한다고 지적한다.[2] 고레스의 이름이 이야기의 주인공처럼 보이지만 이 구절의 주인공은 고레스가 아니라 바로 하나님이시다.

1. 42:10-43:7 주석에서 말했듯이 이 단락의 구조에 대해서 학자들 사이에 의견이 분분하다. 이 본문을 동일하게 구분하는 학자 두 명도 찾아보기 힘들 지경이다. 처음에 나온 사상들이 동일 어법으로 다시 등장하지만, 이 사상들은 점점 더 발전하면서 처음에 나온 사상보다 상당히 구체적인 내용으로 진전된다. 이 의견에 대해서 Schoors는 *I Am God Your Savior*에서, R. Kratz는 *Kyros im Deuterojesaja Buch*(FAT 1; Tübingen: Mohr Siebeck, 1991)에서 이 본문의 구조는 원래 없었으나 여러 독립된 양식들이 편집과정을 거치면서 하나로 짜깁기되었다고 주장한다. Childs는 *Isaiah*, 349-50에서 그렇게 접근하는 것은 본문의 최종 형태와는 전혀 관계가 없는 접근법이라고 말하면서, 적절한 표현을 사용하여 이 접근법에 대해서 우려를 표한다.
2. Hanson, *Isaiah 40-66*, 96. 여기에서 40회 이상 이런 현상이 나타난다.

찬양의 요청(44:23)

이 구절은 42:10-17이 그랬듯이 앞 단락과 다음 단락의 다리 역할을 한다. 이 구절은 찬양을 요청하고 있는데 "하늘"과 "땅"도 찬양하라고 요청하고 있다. "하늘"과 "땅"은 이사야 첫 장에서 이스라엘의 배반에 대한 증인으로 불려 나왔지만, 지금 44:21-22과 44:24-45:7에서는 더 분명히 나타나는 약속된 구원을 함께 기뻐하라는 요청을 받는다. 나머지 자연들("산들", "숲들", "나무들")은 구속의 노래를 함께 부르라는 명령을 받는다. 이 시각적인(청각적인) 방법으로 이사야는 세상의 창조자 하나님이 세상을 구속하실 수 있는 유일한 분이라는 사실을 다시 강조한다. 또한 자연 속에서 하나님의 창조의 "영광"이 보일 것이며, 자연은 하나님이 "이스라엘에" 베푸실 위대한 구속의 "영광"을 위해 하나님을 찬양하라는 요청을 받는다. 진실로 하나님의 영광이 온 땅에 충만하다(참조. 6:3).

하나님의 구속 계획(44:24-28)

하나님의 구속 계획이 무엇인지를 설명하면서 "구속자"라는 말이 아주 상세하게 설명되어 있다. 여기서 하나님이 "동방에서 온 사람"(41:2)이라고 부르는 사람이 이스라엘의 구원자가 될 것이다. 게다가 하나님은 예루살렘이 왜 둘러싼 성읍들과 나눌 아름다운 소식을 가지게 되는지 구체적으로 설명하고 있다(참조. 40:9). "고레스"라는 페르시아 왕은 바빌론을 정복할 것이고, 예루살렘 성전이 다시 세워지는 것을 볼 것이다(44:28).

그러나 고레스의 이름을 부르는 것은 긴 명단 중에 있는 마지막 이름을 부르는 행동이다. NIV는 시제를 정확하게 보여 주는데, 44:24-28은 44:24에 있는 "나는 여호와라"(I am the Lord)는 말은 분사(participles)로 이어진 단문으로 구성되어 있다.[3] 여기서 하나님은 자기 자신의 신원을 확인하시고 행한 일들로 그분이 주이심을 증명하신다. 그분은 만물을 "만드신" 창조자이시며 "하늘"을 펼치시고 "땅"을 베푸신 분이다. 역사의 주인이신(44:25-26a) 하나님은 주술적 연속성으로 미래

---

3. 반면 히브리어 부정사는 순전히 불분명한 행동("달리기")을 나타내고, 분사는 하고 있는 행동이나 행동을 하는 사람("달리고 있는 사람")에 초점을 맞춘다. 참조. B. Waltke and M. O'Connor, *An Introduction to Biblical Hebrew Syntax*(Winona Lake, Ind.: Eisenbrauns, 1990). 614-15.

를 예언하려 하는 자들을 "미치게"(NIV "fools") 하시고, "하나님의 종" 선지자들에게 자신이 역사에 하시는 일을 보여 주신다. 구속자이신(44:26b-28) 하나님은 황폐한 "예루살렘"과 그것을 둘러싸고 있는 성읍을[4] 재건하실 수 있는 분이다. 그분은 창조자이시고 역사의 주인이시고 구속자이시기 때문에 이교도의 황제를 사용해 목적을 달성하실 수 있다.

고레스에게 위임하다(45:1-8)

고레스는 지금 하나님께 임무를 받는다. 고레스는 특별히 하나님의 "기름 부음을 받은 자" 혹은 "메시아"(45:1)로 불린다. 그는 승리할 것이고 이는 하나님의 손에서 선물로 받을 것이다(45:1-3). 이 승리는 자신의 힘으로 성취하는 것이 아니라 두 가지 목적 때문에 하나님께 받은 것이다. 즉 고레스 자신은 여호와, "이스라엘의 하나님"이 "주이심"과 역사에 행하신 그분의 일은 "나의 종 야곱을 위한" 것임을 알게 될 것이다.

여기에는 하나님이 고레스를 "지명하여" 부르셨다는 말이 두 번 나온다. 이는 미래를 예언하는 행위로서 고레스를 지명하신 것의 중요성을 강조한다. 이사야는 반복해서 하나님만 미래를 말할 수 있고[5] 신들을 섬기는 자들이 미래를 예언하기 위해서 하는 시도는 그들을 미치게 한다고 주장한다(44:25). 먼 미래에 올 구원자의 이름을 말씀하실 수 있는 하나님의 능력은 하나님만 예언하실 수 있다는 결정적 증거이다. 예루살렘의 이사야가 선포한 이 분명한 예언을 부정하고, 익명의 사람이 고레스가 하나님의 사람이었다는 사실이 드러난 후 이것을 선포했다고 단정하면, 이는 익명의 선지자가 주장한 그 사실을 그가 스스로 부정하게 하는 것이 된다. 그러면 하나님은 미리 구원자를 지명하시지 않은 것이 되고, 그 선지자가 이를 알고 있다는 것이 된다. 이것은 정말로 잘못된 신학이며 이 사실들에 대한 허위진술이다.[6]

---

4. 구속의 상황에서 왜 "깊음"이 마르다는 말이 나왔는지 분명하지 않다. 현대의 많은 주석가들은 이것을 혼돈을 이긴 "창조자"인 신의 승리를 넌지시 암시한다고 보며(참조. Hanson, *Isaiah 40-66*, 99-101), 27:1과 51:9을 분명히 암시한다고 볼 수도 있다고 말한다. 어쨌든 출애굽이 암시되었을 가능성도 있으며 출애굽의 암시는 구속 상황에 더 많은 의미를 부여한다(참조. 출 15:5; 시 106:9). Motyer, *Porphecy of Isaiah*, 375.

5. 41:21-24, 26-27; 43:12; 44:7, 26을 보라. 45:20-21; 46:10; 48:3을 보라.

하나님이 주님이신 증거들 중 하나는 그분이 자신의 이름을 모르는 사람의 이름을 아신다는 점이다(45:4-5). 고레스는 이스라엘 하나님의 이름을 들어본 적이 없지만 여호와는 고레스가 태어나기 전부터 고레스의 이름을 알고 계셨다. 세상의 시간과 공간을 다스리시는 분은 페르시아의 아후라 마즈다(Ahura-Mazda)도 아니고 바빌론의 마르둑(Marduk)도 아닌 바로 여호와이시다. 고레스가 결국 이것을 알게 될 것이라는 진술이 흥미롭다. 이것은 다니엘서에서 다리오가 설명한 하나님의 정체와[7] 관련되어 있는데, 다니엘서는 그 약속이 실현되었다는 증거를 보여 준다(참조. 단 6:26-27). 동시에 고레스는 주님이 그분의 백성을 구원하시기 위해 자신을 불렀다고 인정하고 있으며(참조. 스 1:2), 이것은 고레스의 사역에 초점을 둔 이사야의 진술과 잘 부합하고 있는 듯하다.

앞 단락인 44:23-28이 시작할 때처럼 이 단락에서도 하나님의 절대적 유일성에 대한 많은 내용들이 선포되고 있다(45:5-8). 하나님과 같은 존재는 없고, 하나님의 목적은 전 세계 사람들이 하나님의 유일성을 아는 것이다. 세 개의 다른 시간대를 사용하여 하나님은 그분 외에 다른 신이 없다는 사실을 진술하신다(45:5-6).

이 모든 것들은 45:7에서 이 땅에 하나님과 상관없이 그 어떤 일도 일어날 수 없다는 극적인 진술로 요약되어 있다. 이 주장에서 이사야는, 선과 악(혹은 빛과 어두움)은 우주에서 충돌하면서 영원히 공존하고 있다고 이해하는 이교도들의 생각을 부인한다. 하나님이 빛이시며 선이라는 제일 원리가 있을 뿐이다. 어두움과 악이 존재한다면 하나님이 그것들이 존재하도록 허락하셨기 때문에 존재하는 것이다. 그런 의미에서 하나님은 그것들의 존재를 책임지신다.[8]

그러나 생각을 정리하면, 우리는 하나님은 세상을 다스리는 데 일종의 중립적 태도를 취하신다는 결론지을 수도 있다. 하지만 8절은 그렇지 않다는 것을 보여 준다. 하나님은 그가 창조하신 창조물이 나아가는 길을 적극적으로 돌보신다. 하

---

6. 더 깊은 논의를 위해서 Oswalt가 쓴 *Isaiah 40-66*, 192, 196-97을 보라. 또한 Motyer, *Prophecy of Isaiah*, 355-56, Young, *The Book of Isaiah*, 3장 192을 보라. Hanson은 *Isaiah 40-66*, 98-99에서 "제2 이사야"가 상상력을 발휘하여 고레스를 선택하여 재구성했다고 주장하는데, 이 주장은 전체 주제를 무시하는 것이다.
7. T. Longman III , *Daniel* (NIVAC: Grand Rapids: Zondervan, 1999), 157-58을 보라.
8. 여기에서 페르시아의 이원론이 구체적으로 각인되어 있다는 생각에 대한 좋은 반박을 위해서 Motyer, *Prophecy of Isaiah*, 359을 보라. 히브리어 *raʿ*를 포괄적으로 보면, 영어의 "나쁜"(bad)과 같은 뜻이며 라아는 항상 "불행"이라는 의미에서 "지긋지긋한 도덕"이라는 의미까지 분류할 수 있다. NIV가 "재앙"(disaster)이라고 번역한 것은 여기서 일반적 의미에서의 도덕 개념을 추가시키려는 훌륭한 시도이며, 불행(calamity)도 또 다른 번역이 될 수 있다. 더 자세한 토론을 위해 Oswalt, *Isaiah 40-66*, 203-5을 보라.

나님은, "정의"(하나님 자신의 성품을 표현하는 것으로 이해된다)가 편만하고 "구원"(어떤 의미에서는 모든 악의 영향에서의 구원)이 통치할 것을 예정하신다. 이것이 하나님이 "창조하신" 땅을 위해서 하시는 일들이다.

한 분뿐인 창조자와 구속자이신 하나님(45:9-13)

그러나 하나님이 이렇게 하시는 것은 그가 단지 그렇게 하기로 약속하셨기 때문인가? 하나님은 심지어 하나님을 모르는 사람들을 이용하여 하나님을 믿는 백성을 구원하실 권리가 있으신가? 이 단락은 그 질문에 답한다. 하나님은 유일한 창조자이자 구속자로서 이 모든 것을 할 권리를 가지고 계신다. 여기서 우리는 이전 일을 잊어버리라는 43:18의 권고를 떠올린다. 이전 일을 잊어버리는 것은 신실한 남은 자들에게 쉽지 않은 일이었을 것이다. 우리가 생각하기에 분명 하나님이 그들 가운데서 구원자를 일으키셨다면 모세와 같은 사람이었을 것이며, 그 사람은 주를 알고 사랑하는 사람이며 하나님은 그를 통해 그의 백성에게 자신을 나타내셨을 것이다.[9]

그러나 하나님은 이 생각에 대해 아주 강경한 어조로 대답하신다. 하나님은 그분의 행동의 권리에 도전하는 자들에게 재앙("화", 45:9-10)을 선포하신다. 하나님은 토기가 토기를 만드는 방법을 비판하고 아기가 부모에게 나를 왜 이렇게 낳았느냐고 원망하는 것에 빗대어 말씀하신다. 우리는 하나님이 왜 이리도 강력하게 반응하시는지 의아해 할 수도 있다.

사실 미래의 예언이 40-48장을 지날수록 더욱 구체적으로 이야기되는 것처럼, 듣는 사람들을 향한 도전도 마찬가지이다. 48장에서 가장 강력한 말씀들을 볼 수 있다. 유배생활이 하나님의 방식대로 유배자들을 구원하지 못하게 한다면 그들은 하나님의 주이심에 대해서 배울 수 없게 된다. 하나님은 여전히 그들이 선택한 대로 행하시는 그들의 "틀 안에 갇힌 하나님"이시다. 그래서 45:11-12에서 하

9. Childs는 *Isaiah*, 354에서 "유사 심리학적 해(a quasi-psychological interpretation)와 같은 해석을 이 부분의 결론이 뒷받침해 주지 않으며" 9-13절은 열방들에 대해서 말한다고 주장한다. 나는 그가 이 정황에서 말한 "유사 심리학"이 무엇을 의미하고자 했는지 모르며, 바벨론의 압제에서 사람들을 구원하러 오는 고레스를 부르는 것을 열방이 반대하는 이유를 상상할 수 없다. 13절이 보여 주듯이, 바로 이 부분이 쟁점이다. 나는 열방에 대해 말씀하신 그 어떤 부분보다도 이 단락의 결론 부분에서 하나님이 훨씬 더 인격적으로 솔직하게 말씀하신다고 주장한다.

나님은 이스라엘의 "거룩하신 분"이자 "창조자"이시며 전 우주와 모든 "인류"의 창조자이심을 한 번 더 주장하신다. 하나님이 그 자신의 "의"로 표현된 공의를 가지고 있지 않다면 하나님이 선택한 "포로에서 자유케 하는" 일은 대체 누가 한단 말인가?

상황잇기

"나는 여호와라"(NIV "I am the Lord"). 이 구절은 이 단원의 첫 두 단락(44:24; 45:3, 5, 6)에서 네 번 반복된다. 어떤 면에서 보면 성경은 사람이 누가 "주님"인지 알아 가는 것에 대한 것일 수 있다. 출애굽기에서 역병들이 발발하고 이스라엘이 구원을 받은 것은 누가 주님인지 알게 하는 것이 중심 목적이었고, 레위기에서 하나님의 정체성은 하나님의 계명들의 기초이며, 열왕기상·하에서 엘리야는 누가 주님인지 갈멜 산에서 증명하였으며, 에스겔서에서 이 구절은 65회 이상 나온다. 즉 하나님의 진정한 정체성이다.

이 구절이 우리에게 명확하게 핵심이 전달되지 않는 것은 어쩌면 히브리어로 "여호와"라고 선포된 하나님의 개인적인 이름을 실제 영어 "주님"(the Lord)으로 대체했기 때문이며, 그래서 영어로 읽는 우리에게 이 구절은 복잡해 보인다. 이것은 "나는 여호와이다"라는 말이다. "나는 여호와이다"라는 말은 하나님의 지배권과 절대적인 통치권을 의미한다. 그러나 "나는 여호와인 것을 네가 알 것이다"는 말은 무엇을 의미하는가? 지금 우리가 그 이름을 올바르게 고친다면 그 이름에는 동사적 의미, "하나님은 (모든 것들의) 존재의 근원이 된다"로 고칠 수 있다. 이것은 하나님이 근원이며 기초이자 만물의 끝이라는 의미이다. 하나님이 이 모든 것이며, 또 나를 위해서 이렇게 계신다는 것을 알면, 내 모든 인격이 바뀐다. 하나님은 내 주님이실 뿐만 아니라 내가 살아 숨 쉬는 동안 내 전부이시다.

이것은 신약에서 믿음을 진술하는 것이 왜 그렇게 충격적인지 보여 준다. 예수 그리스도는 누구인가? 그는 "주님"이시다!(롬 10:9-10) 구약은 이집트와 바빌론에서 그들을 구출하신 것과(출애굽기와 에스겔서), 그들의 삶에 행해 오신 하나님의 도덕적 성품들을 근거로(레위기), 하나님이 여호와이신 것을 히브리인들이 알았다고 말했다. 신약은 그와 살고 있는 모든 사람들에 대해서 같은 것을 말하는데, 그분이 죄에서 우리를 구원하시고 우리에게 유익한 성령을 부으셔서 우리 안에 아버지의 성품을 심어 줄 때, 예수가 여호와이신 것을 알게 된다고 말한다.

불신앙에 도전하기. 여기서 하나님의 방법에 이의를 제기하던 자들에게 통렬하게 항의한 것을 생각할 때, 우리는 또한 바리새인에 도전한 예수를 생각한다. 이 바리새인 무리에게 말할 때 분명히 성경에서 가장 거친 말들 중 몇 마디가 예수님의 입에서 튀어나왔다. 우리가 이 현상을 생각하면 약간 이상하다. 바리새인들은 나라에서 가장 경건한 유다인들이 아닌가? 바리새인들 중 일부가 차갑고 깐깐한 자기 의가 가득하다고 상상한다면 바리새인들 중에 전심을 다해 하나님을 섬기기에 애쓴 니고데모와 아리마대 요셉과 같은 사람들이 있다는 것도 생각해야 한다. 바리새인들은 대부분 그들 자신의 권력과 지위를 더 얻기 위해 혼신의 힘을 다하는 사두개인들과는 달랐다. 이상하게도 복음에 관한 한 예수님은 거의 사두개인들에게 아무 말씀도 하지 않으신다.

이사야와 예수께 일어난 이 사건을 우리는 어떻게 이해해야 할까? 우리가 편견에 사로잡히지 않는다면, 어쩌면 그것은 가장 신실한 사람들이 "하나님을 틀 안에 가두는" 가장 큰 위험에 빠져서 하나님이 하실 수 있는 일을 그들 안에서, 그들을 통해서 못 하시게 제한하기 때문에, 이 사건이 일어났는지도 모른다. 파렴치한 죄인은 하나님을 완전히 무시하거나, 절망에 빠져 하나님께 "무엇이든지" 해 달라고 하거나, 사람들의 영혼의 위기를 맡아 달라고 요구한다. 피상적인 신앙인들은 하나님에 대해서 학문적인 관심만 가지고 있다. 그들은 정당한 근거를 가지고 종교에 심취되어 현실을 결코 편협하게 보지 않는다고 확신한다. 그러나 그들의 믿음에 도취되어 있는 사람들이 더 큰 위험 속에 있는 자들이다. 피상적인 신앙인들은 그들에게 무한한 능력이 있어도, 그들 자신의 연구 업적과 그들에게 연관된 것에 얽매인 것을 깨뜨리지 못한다면 그들의 무한한 가능성은 결국 허사로 끝나고 말 것이다.

축구 감독이 우리 축구선수팀에 이렇게 말한 적이 있다. "내가 너희들 중 누구에게 소리치는 것을 멈추고 걱정하기 시작한다면 그것은 내가 너를 포기하고 있다는 것을 의미한다." 어쩌면 이것은 여기서나 예수님의 사역에서도 적용되고 있는지 모른다. 진리 아니면 착각의 기로에 서 있을 가장 중요한 일이었기 때문에 하나님은 이 사람들에게 그렇게 거칠고 직설적으로 말씀하신 것이다. 바리새인들은 전능하신 창조자를 아주 잘 알고 있어서 하나님이 다음에 하실 일이 무엇인지 하나님께 말할 수 있다는 그들의 위험한 확신에서 벗어나야 한다.

현대적 의미

현대의 바리새인들. 우리 복음주의 크리스천들은 바리새인이 빠진 함정에 빠지지 않도록 조심해야 한다. 또한 우리는 자신을 자동적으로, 부당하게 복음주의 그룹에서 제외시키지 않도록 조심해야 한다. 율법과 은혜의 논쟁은 우리를 그렇게 만들 수도 있다. 바른 행동으로 하나님을 만족시킬 수 있다고 믿는 사람이 바리새인이라면, 우리 복음주의자들은 그 그룹에 속하지 않는다고 즉시 주장할 수 있다. 결국 우리는 개혁주의 강령인 오직 은혜(sola gratia)의 원리를 따르는 사람들이다. 우리가 십자가 앞에서 무릎을 꿇을 때 스스로 공로가 있다고 자랑할 수 있는 사람은 아무도 없다는 것을 우리는 알고 있다. 이것은 우리가 바리새인으로 분류되지 않는다는 것을 의미한다.

그러나 우리가 "바리새인"의 정의를, 성경을 열심히 공부하고 하나님을 열심히 알기 원하고 하나님을 기쁘게 하는 데 열심인 사람들에게까지 확대한다고 가정한다면 어떤가? 우리들 중 많은 사람들이 이 범주에 들어가지 않는가? 나는 더 합당한 정의가 있다고 믿지만, 적어도 우리의 계획들이 이 범위에 다 포함되어 있다고 믿는다. 바리새인들은 성경을 열심히 공부하지만, 예수님이 약속된 메시아라고는 믿지 못한다. 바리새인들은 하나님이 악명 높은 죄인들과 교제를 나눈다는 사실을 인정하지 못하면서, 하나님을 기쁘게 해 드리기를 원하는 사람들이다. 바리새인들은 항상 하나님의 방법을 공부하는 일과표를 만들지만, 하나님이 하시리라고 예상하지 못한 방법으로 예수께서 사람들을 구원하신다는 사실을 인정하지 못하는 사람들이다. 우리는 바리새인들이 성경을 제대로 배우지 못했거나, 성경을 마음 중심에 적용하기보다 하나님의 방법을 자기 자신을 합리화하는 데 이용하고 있다고 말할 수 있다. 그러나 여기서 중요한 것은 이 행동이 내 행동을 묘사한 것은 아닌지, 이사야와 예수의 거친 말이 혹 나를 향하고 있는 것은 아닌가 하는 것이다.

포괄주의(Inclusivism). 나는 앞 단락에서 관용을 지키려는 현대 사회의 압박에 대해서 이야기했다. 이 단락 자체가 앞 논의를 더 깊이 다룬다. 우리가 오늘날 포스트모던적 사고를 바빌론 포로로 잡혀 있던 유다인들에게 적용한다면, 그 경험이 유다인들에게 가르쳐 준 것은 무엇이라고 그들이 말할지 예상할 수 있을까? 분명 다음과 같을 것이다.

1. 우리의 신(our god)이 유일한 신(the only god)이라고 주장하면서 우리의 죄 많은 우상숭배를 회개하자.

2. 하나님의 편만하심의 증거를 우리가 본 바빌론 종교와 다른 종교에서도 볼 수 있다는 것을 환영하자.
3. 다른 믿음의 표현들을 가능한 한 좋게, 어떤 경우에는 우리의 편협한 생각보다 더 좋은 것으로 인정하자.
4. 우리의 신은 흠 많은 다른 신들과 같다는 것을 인정하고 우리 신을 만물로 (가장 흠이 많은 신으로) 폄하해 버리자.

그러나 사실상 이사야가 분명히 주장하는 것이며 우리가 받아들여야 할 것은 다음과 같다.

1. 우리의 죄는 분명히 하나님의 절대적 유일성을 충분히 주장하지 못하게 한다.
2. 바빌론 사람들이 "신"(gods)이라고 부른 것들은 전혀 신이 아니며 이 세상에서 사용되는 사람의 발명품이다.
3. 이 "신"(gods)은 우리가 어디서 오고 어디로 가는지 알지 못하지만 하나님은 이것을 모두 아시며 또 우리에게 이야기해 주실 수 있다.
4. 우리의 하나님은 만물과는 다른 분이며 하나님은 우리와 우리의 경험과 명백히 구별되시는 다른 존재이시다.

이사야는 바빌론 유수가 유다인들을 더 "포괄적으로" 만들지 않는다고 생각한다. 이사야는 오늘 우리의 관심사인 포괄주의 문제를 공유하고 있다. 지금은 우리의 믿음을 희석하여 다른 믿음도 "역시 많은 진리를 포함하고 있다"고 용인할 때가 아니다. 이사야가 가나안이나 바빌론 종교에 대해서 그렇게 말했을까? 아니다! 비그리스도인의 종교에 있는 모든 개념이 틀리거나 사악하다고 말할 수는 없다. C. S. 루이스(C. S. Lewis)가 "부활이 진짜라면, 우리는 이교도들의 종교에 있는 죽었다가 일어나는 신적 요소를 발견하고 깜짝 놀랄 이유가 없다"고 했다.[10] 그러나 이것은 다신(多神)교가 진리라는 것을 의미하지 않는다. 이것은 기독교가 진리라는 것을 의미한다. 이것은 다신교를 받아들이는 사람이 그리스도의 부활의 진리를

10. C. S. Lewis, "Myth Became Fact," in *God in the Dock: Essays on Theology and Ethics*, ed. W. Hooper(Grand Rapids: Eerdmans, 1970), 63-67.

훨씬 더 잘 받아들일 준비가 되어 있다는 것을 의미한다. 그러나 결코 우리는 그 사람에게 "보세요. 당신은 역시 부활 신앙을 가지고 있군요. 당신은 이미 신앙인입니다"라고 말해서는 안 된다. 그리스도인은 부활을 믿는 것이 아니라 그리스도의 부활을 믿는 것이다. 이 둘 사이에는 큰 차이가 있다.

이 말은 우리가 다른 믿음을 가지고 있거나 믿음을 가지지 않은 사람과 교제할 때 무례하게 굴거나 심술궂게 대해도 된다는 말이 아니다. 우리는 그들을 아버지의 창조물로 인정하고, 그리스도께서 그들을 위해서도 죽으셨음을 받아들여야 한다. 우리가 하나님 안에 있는 은혜를 누린다는 사실은, 하나님의 은혜가 주어졌는데도 아직까지 그 은혜에 반응하고 있지 않은 사람들에게 생색을 내거나 우월감을 느껴도 된다는 말이 결코 아니다. 그리스도께서 이웃을 사랑하라고 하신 명령은 믿는 이웃에게만 적용되는 것이 아니다. 또 그들을 사랑하라는 명령은 그들을 멸망케 하는 잘못들을 그대로 묵인해도 된다는 것을 의미하지 않는다. 가장 강력하게 포괄주의(Inclusivism)를 주장하는 사람들 중 일부가, 치명상을 입힌다는 이유로 담배를 피우지 말라고 주장하며 가장 먼저 흡연가들과 격렬히 논쟁하는 것은 재미있는 일이다. 결국 물질세계에서도 배타주의는 완벽하게 허용되는 셈이다. 오직 영적인 세계에서만 이런 배타주의가 '수용적이지 못함'을 드러내는 것처럼 보인다.

이사야 45:14-46:13

14 여호와께서 이같이 말씀하시되 애굽의 소득
과 구스가 무역한 것과 스바의 장대한 남자
들이 네게로 건너와서 네게 속할 것이요 그
들이 너를 따를 것이라 사슬에 매여 건너와
서 네게 굴복하고 간구하기를 하나님이 과연
네게 계시고 그 외에는 다른 하나님이 없다
하리라 하시니라
15 구원자 이스라엘의 하나님이여 진실로 주는
스스로 숨어 계시는 하나님이시니이다
16 우상을 만드는 자는 부끄러움을 당하며 욕을
받아 다 함께 수욕 중에 들어갈 것이로되
17 이스라엘은 여호와께 구원을 받아 영원한 구
원을 얻으리니 너희가 영원히 부끄러움을 당
하거나 욕을 받지 아니하리로다
18 대저 여호와께서 이같이 말씀하시되 하늘을
창조하신 이 그는 하나님이시니 그가 땅을
지으시고 그것을 만드셨으며 그것을 견고하
게 하시되 혼돈하게 창조하지 아니하시고 사
람이 거주하게 그것을 지으셨으니 나는 여호
와라 나 외에 다른 이가 없느니라
19 나는 감추어진 곳과 캄캄한 땅에서 말하지
아니하였으며 야곱 자손에게 너희가 나를 혼
돈 중에서 찾으라고 이르지 아니하였노라
나 여호와는 의를 말하고 정직한 것을 알리
느니라
20 열방 중에서 피난한 자들아 너희는 모여 오
라 함께 가까이 나아오라 나무 우상을 가지
고 다니며 구원하지 못하는 신에게 기도하는
자들은 무지한 자들이니라
21 너희는 알리며 진술하고 또 함께 의논하여
보라 이 일을 옛부터 듣게 한 자가 누구냐 이
전부터 그것을 알게 한 자가 누구냐 나 여호
와가 아니냐 나 외에 다른 신이 없나니 나는
공의를 행하며 구원을 베푸는 하나님이라 나
외에 다른 이가 없느니라
22 땅의 모든 끝이여 내게로 돌이켜 구원을 받
으라 나는 하나님이라 다른 이가 없느니라
23 내가 나를 두고 맹세하기를 내 입에서 공의
로운 말이 나갔은즉 돌아오지 아니하나니 내
게 모든 무릎이 꿇겠고 모든 혀가 맹세하리
라 하였노라
24 내게 대한 어떤 자의 말에 공의와 힘은 여호
와께만 있나니 사람들이 그에게로 나아갈 것
이라 무릇 그에게 노하는 자는 부끄러움을
당하리라 그러나
25 이스라엘 자손은 다 여호와로 말미암아 의롭
다 함을 얻고 자랑하리라 하느니라

46:1 벨은 엎드러졌고 느보는 구부러졌도다 그들
의 우상들은 짐승과 가축에게 실렸으니 너희
가 떠메고 다니던 그것들이 피곤한 짐승의
무거운 짐이 되었도다
2 그들은 구부러졌고 그들은 일제히 엎드러졌
으므로 그 짐을 구하여 내지 못하고 자기들
도 잡혀 갔느니라
3 야곱의 집이여 이스라엘 집에 남은 모든 자
여 내게 들을지어다 배에서 태어남으로부터
내게 안겼고 태에서 남으로부터 내게 업힌
너희여

4 너희가 노년에 이르기까지 내가 그리하겠고
백발이 되기까지 내가 너희를 품을 것이라
내가 지었은즉 내가 업을 것이요 내가 품고
구하여 내리라
5 너희가 나를 누구에게 비기며 누구와 짝하며
누구와 비교하여 서로 같다 하겠느냐
6 사람들이 주머니에서 금을 쏟아 내며 은을
저울에 달아 도금장이에게 주고 그것으로
신을 만들게 하고 그것에게 엎드려 경배
하며
7 그것을 들어 어깨에 메어다가 그의 처소에
두면 그것이 서 있고 거기에서 능히 움직이
지 못하며 그에게 부르짖어도 능히 응답하
지 못하며 고난에서 구하여 내지도 못하느
니라
8 너희 패역한 자들아 이 일을 기억하고 장부
가 되라 이 일을 마음에 두라
9 너희는 옛적 일을 기억하라 나는 하나님이라
나 외에 다른 이가 없느니라 나는 하나님이
라 나 같은 이가 없느니라
10 내가 시초부터 종말을 알리며 아직 이루지
아니한 일을 옛적부터 보이고 이르기를 나의
뜻이 설 것이니 내가 나의 모든 기뻐하는 것
을 이루리라 하였노라
11 내가 동쪽에서 사나운 날짐승을 부르며 먼
나라에서 나의 뜻을 이룰 사람을 부를 것이
라 내가 말하였은즉 반드시 이룰 것이요 계
획하였은즉 반드시 시행하리라
12 마음이 완악하여 공의에서 멀리 떠난 너희여
내게 들으라
13 내가 나의 공의를 가깝게 할 것인즉 그것이
멀지 아니하나니 나의 구원이 지체하지 아니
할 것이라 내가 나의 영광인 이스라엘을 위
하여 구원을 시온에 베풀리라

원 의미

44:23-46:13에서 둘째 부분에 해당하는 이 단락은 우상들에 비해 월등한 하나님의 우월성을 변론하는 것으로 요약된다. 첫째 단락(45:14-25)은 우상들의 구원의 능력과 하나님의 구원의 능력을 대조한다. 둘째 단락(46:1-7)에서는 더욱 구체적인 이미지로 하나님의 구원의 능력과 우상들의 구원의 능력을 대조한다. 두 단락에서 "품는다"는 주제가 눈에 띈다. 마지막 단락(46:8-13)에서 이사야는 청중에게 이 모든 것을 마음에 새기고 하나님이 그들을 구원해 줄 거라는 희망을 버리지 말라고 당부한다.

하나님의 구원의 능력(45:14-25)

이 단락은 땅 끝에서 온 사람들이[1] 이스라엘의 하나님이 한 분뿐인 하나님인

1. 당시 "구스"(에티오피아)는 남방의 제일 끝에 위치한 것으로 여겨졌고, 제일 먼 곳을 대표했다.

것을 인정하면서(45:14) 이스라엘에 굴복하는 광경으로 시작한다. 다음 15-17절은 이 광경에 대해서 몇 가지를 고찰한다. 우상을 만든 자들의 신들은 그들을 파멸시키고 그들이 포로로 "들어갈" 때 그들을 "수욕" 속에 버려 둘 것이다. 그러나 하나님의 백성은 "부끄러움"을 당하지 않을 것이며 우상을 만든 자들이 겪는 것과는 정반대로 이스라엘은 포로에서 "구원될" 것이다(45:17).

18-19절은 이 약속을 확신할 수 있는 이유를 설명하는데, 그것은 하나님이 우주의 유일한 창조자이시며 목적을 가지고 우주를 지으신 분이기 때문이다. 하나님이 "야곱의 자손들"에게 하신 약속에서 보듯이 하나님의 목적은 이들을 구원하시는 것이다. 하나님은 초월하여 계시는 속성을 숨기시는 듯해도(참조. 45:15) 인간 피조물과 관계를 맺는 하나님의 소망은 결코 숨기시지 않는다. 하나님은 사람들에게 그분을 "찾으라"(45:19)고 요청하시면서[2] 누누이 "말씀하시며" 이 소망을 나타내셨다.

위와 같이 본문이 시작된 후 우상을 만든 자들은 한 번 더 하나님 앞에 그들을 드러내라는 요청을 받는다(45:20). 그러나 그들의 모습이 이례적이다. 그들은 (45:14에 나타난 것처럼) "민족들에게서 도피해 온 사람들"이다. 다시 말해서 우상들이 지금 패배하고 있다는 주제로 벌이는 토론의 논쟁은 결론에 점점 가까이 다가가고 있고, 우상을 숭배하던 자들도 이 사실을 일게 된다. 따라서 사람들은 아무짝에도 쓸모없는 그들의 우상들을 가지고 집회에 들어온다. 45:21에서 주님은 한 번 누가 이 상황을 예언했는지 묻고 주님만이 홀로 그렇게 하셨다고 대답하신다. 그러므로 그분은 한 분뿐인 하나님이시다.

뒤 이어 나오는 말씀이 우리를 놀라게 한다. 우리는 44:9-20처럼 심판의 말이 나올 거라고 생각하지만, "땅 끝"의 모든 백성이 주를 "앙망하여" "구원을 얻도록" 초청하는 말이다. 이것은 우상들과 싸우신 하나님의 궁극적인 목적이 무엇인지 알려 준다. 하나님은 우상을 만든 자들의 파멸을 원하시는 것이 아니라 그들의 구원을 원하신다. 이스라엘에게 하신 것처럼 심판에서 하나님의 궁극적인 목적은 파멸이 아니라 구속이다. 하나님이 한 분뿐인 하나님이라면 하나님은 또한 한 분뿐인 구원자이시다. 하나님이 세상을 창조하시고 세상에 사람이 살게 하시고 좋게 여기

2. 이사야는 히브리인들이 이해하고 있는 창조와 이교도들이 이해하고 있는 창조를 의도적으로 대조하는 것 같다. 이교도들은 "혼돈"(45:18; NIV "empty," 히브리어 *tohu*)이 신들이 출현하는 제일 원리이며, 신들이 다시 궁리한 후에 자신들을 섬기게 하기 위해 사람들을 창조했다고 믿었다.

셨다면, 그분은 모든 사람들이 인생의 목적을 깨달아 알도록 최후에 바꾸실 수 있는 단 한 분이다. 그러나 차일즈가 말한 대로[3] 이것은 전 우주적 구원을 말하는 것이 아니다. 하나님의 초청을 받아들여 오는 사람들이 있고, 거절하는 사람들이 있다. 거절하는 많은 사람들이 "부끄러움"과 패배를 맛볼 것이다.

하나님을 오직 한 분뿐인 구원자로 그리기(46:1-7)

하나님은 오직 한 분뿐인 구원자라는 주제가 이 단락에서 그림을 보듯이 생생하게 그려지고 있다. 바빌론의 신 "벨"과 "느보"를 의지하던 사람들은 그들의 우상 들을 수레에 싣고 "잡혀" "떠메어" 가게 되었다(46:1-2). 우상숭배자들은 그들의 신에게 구원받는 대신 그들이 그 신들을 구원해야 한다! 하나님은 그분의 백성에게 그들이 태에서 생기던 때부터 그들을 "품은"(46:3) 유일한 존재라는 사실을 특히 날카로운 답변으로 상기시키며 "노년"에 이르기까지 그들을 계속 품고 있을 것(46:4)이라고 약속하신다. 하나님은 백성의 창조자이시자 그들을 품으시는 분이다.

46:5-7에서는 둘 중 하나를 선택하라고 구체적으로 설명한다. 사람들이 그들 자신의 신들을 택한다면 그들은 많은 신들을 짊어져야 할 것이다. 그들이 이 신들을 땅에 내려놓아도 서 있는 곳에서 조금도 움직이지 못할 것이다. 우리가 세상을 창조하시고 세상을 구원하실 단 한 분을 이 신들과 비교할 수 있겠는가? 결코 그럴 수 없다!

우상숭배자들에게 하는 마지막 탄원(46:8-13)

이 구절은 최종 요약으로 우상들과 논쟁하는 중에 우상숭배자들을 탄원하는 구절이다. 이 소송이 몇 차례 나타났으나 소송의 주제는 과거를 설명할 수 없고 미래를 예언할 수 없는 무능함에서 우상숭배자들을 구원할 수 없는 무능함으로 옮아간다.[4] 지금 하나님은 그분의 백성에게 결정하라고 요구하신다. 하나님의 백성은 선조들의 성경적 신앙을 버리고 이교도주의의 "블랙홀"에 빠질 것인가? 아니면 의

3. Childs, *Isaiah*, 356.
4. 40:25-26; 41:6-7, 21-29; 43:8-13; 44:9-20; 45:20-21; 46:1-7을 보라.

기소침과 절망에 굴복하는 대신 하나님 안에 있는 희망과 그들을 구원하신다는 하나님의 약속들을 다시 확신할 것인가?

하나님의 백성은 하나님이 "예전에" 지금 이 맘 때쯤 무슨 일이 생길지 예언하신 것과 과거에 하신 약속을 지키고 계신다는 것을 기억해야 한다. "동방에서 온" "독수리"(the bird of prey) 고레스가 바로 하나님의 예언과 계획을 이행할 것이다. 이 사실들은 여호와가 한 분뿐인 하나님이시며 그분과 "같은 이가 없다"는 사실을 보여 준다. 이 단락의 핵심은 유배자들이 이 사실을 믿고, 언제 고레스가 나타날지 모르는 불확실한 45년의 암울한 시기 동안 그들의 믿음을 유지할 수 있을지, 그리고 여전히 그 손을 뻗어서 하나님의 손을 잡는 남은 자들이 있을지에 관한 것이다. 그때 하나님을 믿음으로써 의로워진(의를 행한; 참조. 창 15:6) 남은 자들이 있을 것인가?

상황잇기

한 분뿐인 세상의 구원자. 45:22-25은 신약이 하나님의 구원을 잘 적용하고 있다는 사실을 우리에게 상기시킨다. 바울은 여기서 여호와께서 말씀하신 바로 그것, 모든 무릎을 예수님의 이름에 꿇게 하시고 모든 입으로 그에게 충성을 맹세하게 하셨다(빌 2:10-11)는 것을 말한다. 어떻게 바울은 이렇게 말할 수 있었을까? 바울은 하나님이 세상을 구원하실 능력을 확실히 보여 주는 길은 예수님이라고 확신했기 때문이다. 예수 그리스도 안에서, 예수 그리스도를 통해서 사람들은 "의와 힘은 여호와께만 있다"(45:24)고 말할 수 있다.

'여호와와 예수님이 어떤 분인가?'라는 주제는 회심 직후 바울의 설교의 알맹이이며(행 9:20) 바울의 남은 생애(참조. 가령 딛 2:13; 딤후 4:1) 동안 계속 그의 심중에 있던 주제였다. 바울은 그를 사로잡은 예수님이 신이라는 진리가 얼마나 깊은 것인지 분명히 보여 주기 위해 "나는 하나님이라 다른 이가 없음이니라"(45:22)는 구절을 예수께 적용한다.

때때로 기독교의 선교적 취지는 구약성경 믿음에 근거한 민족적인 것들에 더욱 바탕을 두고 있다고 주장된다. 분명 구약의 믿음은 민족적인 것에 바탕을 두고 있다. 이것은 믿음이 한 세대에서 다음 세대로 효과적으로 전해지도록 보장하는 유일한 방법이었다. 이것이 바로 모세가 하나님의 토라를 자녀들에게 가르쳐야 하고, 매일 토라에 비추어 그들의 존재를 묵상하며 살아야 한다고(신 6:6-9) 그렇게도 주장한 이유이다. 그러나 처음부터 이것은 비그리스도인들을 배제하고 있지는 않았다. 이방인이나 외국인들의 지역은 이스라엘 공동체에 특별한 곳이었다. 어떤 "낯선 사람"이라도 그 공동체에 참여하기를 원하고 그들 자신이 토라의 의무를 받아들인다면 공동체에 참여할 수 있었다. 이것은 남자들에게 할례를 의미했고, 룻기가 보여 주듯이 여자들도 역시 환영을 받았다.

솔로몬의 성전에서 드린 헌납 기도는 이와 같은 진리를 보여 준다. 그 성전은 모든 열방들이 기도하는 집으로 예정되었다. 이사야와 미가가 모든 민족들이 예루살렘에 와서 토라를 배우게 된다고 말한 것은 이 생각을 미리 보여 준 것이다(2:1-4; 미 4:1-3). 바리새인들이 개종자 한 명을 얻기 위해 세상 곳곳을 돌아다닌다는 예수의 한마디는, 바리새인들이 다른 유다인들을 그들 편으로 끌어들이려고 노력했다는 것과 이방인들을 유다인의 믿음으로 데려오려고 노력했다는 것을 암시한다. 그러므로 구약의 믿음이 민족적인 것에 기초를 두고 있기는 하지만 그렇게 배타적이지는 않았다고 말할 수 있다.

우리가 바로 앞에서 살펴본 이사야서 몇몇 장에서 벌어진 논쟁들은 복음(biblical religion)이 왜 세계만방에 뻗쳐지고 편만하게 되었는지를 이해하는 데 도움이 된다. 정말로 여호와가 세상의 유일하신 하나님이며 세상의 유일한 창조자라면, 여호와가 사람들이 순종하여 하나님과 축복의 관계를 맺게 하기 위해서 세상을 창조하셨다면, 온 민족들이 죄로 타락한 세상에서 원래 목적대로 사람을 회복하실 수 있는 이스라엘의 유일한 존재는 바로 여호와이시다. 따라서 여호와는 이스라엘의 유일한 구원자이시자 세상의 유일한 구원자이시다. 다시 말해서 하나님의 목적은 이스라엘뿐만 아니라 전 세계에 있는 사람들을 위해 존재하며, 이스라엘은 하나님의 목적들이 실현되는 수단으로 선택되고 있는 것이다.

기독교가 받아들인 새로운 생각은 이제 하나님과 관계를 맺기 위해서 민족 공동체에 가입할 필요가 없다는 것이다. 게다가 예수 그리스도를 직접 만나는 것도 가능하다. 그리스도를 믿는 사람들에게 토라가 가르친 원리가 강하게 남아 있지만 학습한 토라의 구체적 항목들은 진리의 핵심이 아니라 외형상의 형식에 불과하다. 그리스도인들을 땅 끝으로 가게 하는 동기는 구약성경에서 말하고 있는 오직 한 분 하나님이 유일한 구원자라는 점이다. 세상의 땅 끝은 모두 바로 그분을 기다리고 있다. 이 마지막 날에 구원자는 하나님의 아들로 밝혀지고, 우리는 하나님의 아들 안에서 보이지 않는 하나님의 형상을 본다.

현대적 의미

신들의 짐. 서구사회에서 우상을 짊어지고 이리 저리 옮겨 다니는 사람은 거의 없다(성자들과 성상들을 짊어지고 다니면 이사야는 어떤 반응을 보일지 궁금해 하는 사람도 있을 수 있다). 개신교 개혁가들이 성상들과 스테인드글라스를 부숴 버렸을 때 우리는 예술품을 잃어버렸다고 유감스러워하겠지만, 구약성경의 선지자들에게도 종교 개혁가들처럼 행동하고 싶은 충동이 있었다는 것을 알 수 있다. 이 구절은 우리에게 이런 사실에 대해서 말하고 있는가? 현대의 많은 사람들은 온갖 잡신을 짊어지고 있어서 그 짐이 사람들을 죽이고 있다고 분명히 말하고 있다.

나는 우리의 삶에서 하나님의 자리를 빼앗아 버린 일, 집, 차, 사랑하는 사람, 심지어 어떤 이의 자아상을 포함한 모든 것들에 대해 이야기하고 있다. 이교도들은 이 모든 것들을 개인의 전유물로 삼되, 이런 것들을 신들을 통해 얻고자 했다. 소유물은 우리의 정체성을 확립해 주고 우리에게 인생의 의미를 부여해 준다. 그래서 우리 중 많은 사람들은 이 소유물을 가지고 있어야 하고, 소유물이 이 사람들에게 너무 소중한 것이 되어 버렸기 때문에 화재로 이것을 잃어버리거나 기계가 고장나서 작동되지 않는 일이 벌어지면 너무 고통스러워한다. 이 소유물은 요긴하게 쓰일 때 필요하지만 이것들이 우리에게 올려놓은 짐들은 더는 견디기 힘들 만큼 버겁다. 우리가 이것들을 사용하는 대신, 이것들이 우리를 사용한 결과가 도처에 있다. 우리는 소유물들에서 벗어나기 위해서 점점 더 자극적이고 재미있는 오락을 찾지만 이 오락 자체도 짐이 된다.

이런 시대적 문제에 대한 이사야의 대답은 2700년 전에 한 대답과 같다. 우리는 소유물에 대한 욕심을 버리고, 실제로 우리를 품고 계시는 유일한 하나님이 어떻게 해서라도 우리를 위해 소유의 욕심을 버리게 하시도록 내어드려야 한다. 여기서 핵심은 우리가 우리 삶에 필요하다고 생각되는 모든 부분을 기꺼이 하나님 손에 맡길 수 있느냐는 것이다. 우리가 기꺼이 하나님의 손에 맡길 수 없다면 우리는 실제로 우상들을 만들고 우상들이 해결할 수 없는 것들을 해결하도록 그것들을 이용하려고 할 것이다.

의미, 목적, 정체성, 성취와 같은 것들은 하나님만 제공하실 수 있는 것들이다. 우리가 손에서 이것들을 놓고 하나님께 맡기면 우리는 진실로 우리를 품고 계신 하나님을 경험하기 시작한다. 그런데 왜 그렇게 할 수 없는가? 그것은 두려움, 우리가 할 수 있는 것과 비교해 볼 때 하나님이 우리의 인생의 행보에 더 나쁜 것들을 주시지는 않을까 하는 두려움 때문이다. 표면적으로 보면 이것은 우스꽝스러운 생각이지만 그러나 사실이다. 바빌론 유수 때 남은 자들이 한 것처럼 결국 우리의 생존을 하나님의 손에 맡기지 못하면, 우리는 두려움이 하나님의 돌보심과 구원을 아는 것을 방해하도록 허락한 셈이 된다.

믿음의 의. "의"라는 말이 이 단락에서 눈에 띄는데, 45:24-25과 46:12-13에서 두 번 나타난다. 두 곳에서 각각 하나님의 의와 사람의 의가 같은 것으로 나타난다. 첫째 구절에서 우리는 의가 주님 안에 있으며 주님 안에 있는 의가 이스라엘 자손에게서 발견된다는 소리를 듣는다. 둘째 구절에서 하나님은 그의 백성이 결코 의롭지 않지만 하나님의 의가 나타날 것이라고 말씀하신다.

여기서 무엇이 위험에 처해 있는가? 무엇보다 여기에 나타난 구원과 하나님의 의가 같다고 보는 것은 옳지 않다.[5] 하나님은 그분의 백성이 죄를 지었음에도 백성을 구원하실 만큼 "의로우신데" 하나님의 구원 행위는 하나님의 은혜로운 성품을 잘 드러낸다. 그러나 하나님 백성의 의가 곧 그들의 구원이라고 말하는 것은 훨씬 더 많은 문제가 있다. 오히려 이사야는 하나님이 그분의 백성을 구원하시는 데 의롭게 행동하실 수 있는 것처럼 우리도 의롭게 행동할 수 있다고 말한다. 그러나 이 상황에서 하나님의 의로운 행동은 무엇이며 우리의 의로운 행동은 무엇인가? 나는 이것이 아브라함이 가나안에서 한 행위, 곧 아브라함이 도저히 믿기지 않는 하나님의 약속을 믿었을 때 의로 여겨진(창 15:6) 것과 비슷하다고 믿는다. 다시 말해 아브라함은 사람이 할 수 있는 한 가지 의로운 일을 했다. 그것은 바로 하나님을 믿은 것이다. 유배자들은 그들의 믿음을 버리지 않고 하나님을 믿는 행위를 하라는 요청을 받았다. 46:12에 따르면 이스라엘 백성은 믿음을 버릴 위기에 처해 있다. 이스라엘 백성은 "결코 의롭지 않다." 그러나 하나님 안에서 이스라엘 백성이 하나님이 말씀하신 것을 믿는다면 이스라엘 백성들은 "의롭다 함"을 받을 수 있다(45:25).

오늘을 사는 우리가 적용해야 할 것은 무엇보다 그리스도와 맺는 모든 관계이다. 바울은 우리가 그리스도 안에서 영생을 발견하게 하신다는 하나님의 약속을 믿는다면 "의"의 옷을 넘치도록 입을 수 있다고 말한다. 우리가 의로운 일을 해서 하나님과 같이 의롭게 되려고 한다면, 우리는 우리가 하는 모든 일에 절망뿐인 죄

5. NRSV는 처음 네 번만 "의"(righteousness)로 번역했고, 나머지는 "승리"(triumph, 45:25)와 "구원"(deliverance, 46:12, 13)으로 번역했다는 사실에 유의하라.

가 많다고 하시는 하나님이 틀렸다고 말하면서 자신을 하나님에게서 단절시키려고 할 것이다. 우리는 하나님의 약속을 믿는 것이 아니라 "의롭지" 않은 우리 자신을 믿고 있는 것이다. 그러나 우리 안에는 그 어떤 희망도 없다는 하나님의 말씀에 동의하고, 그리스도 안에서 우리의 모든 죄들이 용서받는다는 그분의 말씀을 믿을 때 우리는 하나님과 함께 "의로워"진다.

그러나 이 "의"는 또한 믿음으로 전진하는 삶이다. 우리가 불가능해 보이는 장벽을 만날 때 하나님이 이 장벽을 통과할 수 있게 하시거나, 돌아서 가게 하시거나, 뛰어넘을 수 있게 하실 것이라고 믿으면서 하나님께로 나아가면, 우리는 "의로운" 일을 하는 것이다. 우리 자신의 힘으로 장벽을 뛰어넘으려고 하거나 장벽이 우리를 패배시키도록 내버려두는 것은 분명히 "의롭지" 않은 일이다. 하나님의 계획은 우리가 정복자보다 훨씬 더 큰 존재가 되는 것이기 때문이다. 그래서 믿음의 삶은 의의 삶이다. 우리가 끊임없이 하나님께 굴복하고 그분의 약속을 신뢰하면 우리를 바꾸시는 하나님의 계획을 발견하게 되고 우리의 행동이 점점 의로우신 하나님을 닮아 갈 것이다.

이사야 47:1-15

1 처녀 딸 바벨론이여 내려와서 티끌에 앉으라
딸 갈대아여 보좌가 없어졌으니 땅에 앉으라
네가 다시는 곱고 아리땁다 일컬음을 받지
못할 것임이라
2 맷돌을 가지고 가루를 갈고 너울을 벗으며
치마를 걷어 다리를 드러내고 강을 건너라
3 네 속살이 드러나고 네 부끄러운 것이 보일 것
이라 내가 보복하되 사람을 아끼지 아니하리라
4 우리의 구원자는 그의 이름이 만군의 여호와
이스라엘의 거룩한 이시니라
5 딸 갈대아여 잠잠히 앉으라 흑암으로 들어가
라 네가 다시는 여러 왕국의 여주인이라 일
컬음을 받지 못하리라
6 전에 내가 내 백성에게 노하여 내 기업을 욕
되게 하여 그들을 네 손에 넘겨 주었거늘 네
가 그들을 긍휼히 여기지 아니하고 늙은이에
게 네 멍에를 심히 무겁게 메우며
7 말하기를 내가 영영히 여주인이 되리라 하고
이 일을 네 마음에 두지도 아니하며 그들의
종말도 생각하지 아니하였도다
8 그러므로 사치하고 평안히 지내며 마음에 이
르기를 나뿐이라 나 외에 다른 이가 없도다
나는 과부로 지내지도 아니하며 자녀를 잃어
버리는 일도 모르리라 하는 자여 너는 이제
들을지어다
9 한 날에 갑자기 자녀를 잃으며 과부가 되는
이 두 가지 일이 네게 임할 것이라 네가 무수
한 주술과 많은 주문을 빌릴지라도 이 일이
온전히 네게 임하리라
10 네가 네 악을 의지하고 스스로 이르기를 나
를 보는 자가 없다 하나니 네 지혜와 네 지
식이 너를 유혹하였음이라 네 마음에 이르
기를 나뿐이라 나 외에 다른 이가 없다 하였
으므로
11 재앙이 네게 임하리라 그러나 네가 그 근원
을 알지 못할 것이며 손해가 네게 이르리라
그러나 이를 물리칠 능력이 없을 것이며 파
멸이 홀연히 네게 임하리라 그러나 네가 알
지 못할 것이니라
12 이제 너는 젊어서부터 힘쓰던 주문과 많은
주술을 가지고 맞서 보라 혹시 유익을 얻을
수 있을는지, 혹시 놀라게 할 수 있을는지,
13 네가 많은 계략으로 말미암아 피곤하게 되었
도다 하늘을 살피는 자와 별을 보는 자와 초
하룻날에 예고하는 자들에게 일어나 네게 임
할 그 일에서 너를 구원하게 하여 보라
14 보라 그들은 초개 같아서 불에 타리니 그 불
꽃의 세력에서 스스로 구원하지 못할 것이라
이 불은 덥게 할 숯불이 아니요 그 앞에 앉을
만한 불도 아니니라
15 네가 같이 힘쓰던 자들이 네게 이같이 되리
니 어려서부터 너와 함께 장사하던 자들이
각기 제 길로 흩어지고 너를 구원할 자가 없
으리라

원 의미

47-48장은, 40-48장의 최종 결론으로 함께 묶어서 살펴보아야 한다.[1] 하나님이 그분의 약속들을 지키신다면 두 가지 일, 곧 바빌론 멸망과 포로 귀환이 일어나야 한다. 바빌론은 멸망해야 하고(47장), 포로로 잡혀 있는 백성은 바빌론이 멸망했을 때 귀환하는 기회를 얻도록 하나님께 귀를 기울이고 하나님을 믿어야 한다. 기꺼이 그 기회를 맞이하게 될 것이다(48장).

대부분의 주석가들은 47장을 열방들에 반대하는 신탁의 양식으로 구성된 하나의 독립된 시라고 본다.[2] 47장은 가혹한 기세로 교만한 바빌론의 멸망을 선언한다. 바빌론 멸망을 세 단락으로 표현하는데 바빌론의 굴욕(1-4절), 바빌론의 그릇된 자만심(5-11절), 바빌론의 무력함(12-17절)이다.[3] 이 시의 중심 주제는 바빌론의 굴욕과 이에 대해 그 어떤 것도 할 수 없는 그들의 무기력함이다. 최종 주제는 자만심이며 열방들과 관련된 자만심이라는 주제를 이 책 앞부분에서 다루었다.[4] 이 땅 어떤 민족이 이스라엘의 거룩하신 분과 비교될 수 있는가? 그 어떤 것도 비교될 수 없다는 대답이 다시 한 번 되풀이된다.

바빌론의 굴욕(47:1-4)

세상의 여왕이었던 바빌론, 강대한 자 중의 강대한 자였던 바빌론은, 곧 자신보다 더 강대한 자, 바빌론에게 "보좌"를 떠나 "땅에 앉으라"(47:1)고 말씀하시는 분을 만날 것이다. 바빌론은 왕들의 "처녀 딸"처럼 곱고 "아리따웠지만", 강제로 하인의 일을 하게 될 것이다(47:2). 거기에다 바빌론은 성적 굴욕을 당할 것이다. 앞에 나오는 표현들은 포로로 끌려가는 것을 묘사하고(참조. 20:4) 다른 나라들과 동맹을 맺은 나라들에 패배하거나 동맹국들에 학대당하는 것[5]을 표현하기 위해

1. Motyer가 *Prophecy of Isaiah*, 371에서 주장한 내용에 동의하지만, 내 초기 저작인 *Isaiah 40-66*, 17, 190에서 나는 44:23에서 시작하는 단원의 결론으로 47장을 보았다는 것이 그와 다른 점이다.
2. 가령 Westermann, *Isaiah 40-66*, 188-89을 보라.
3. NIV는 본질적으로 5-11절을 5-7절, 8-11절로 나누는 데 동의한다. Motyer는 *Prophecy of Isaiah*, 371에서 1-7절, 8-11절, 12-15절로 나뉜다고 주장한다. Childs는 학자들 간의 분분한 의견을 의식하면서 *Isaiah*, 365-66에서 의도적으로 여기서 옹호되는 구조로 결론을 내린다.
4. 14장과 47장의 유사한 점과 그렇지 않은 점을 더 깊이 연구하려면, Chris Franke의 "The Function of the Oracles against Babylon in Isaiah 14 and 47"(SBLSP 32: Atlanta: Scholars Press, 1993), 250-59을 보라.
5. 사 57:8; 렘 1:8; 겔 16:37; 미 1:11; 나 3:5.

구약의 곳곳에서 사용되는 표현이다.

오랫동안 유지해 온 동맹 관계가 학대의 관계로 끝나게 되고 바벨론이 다른 나라에 가한 일을 고스란히 되받아 겪게 되는 때가 다가오고 있다. 47:1-4은 모든 일들을 일으키시고 진행하시는 분, "이스라엘의 거룩한 자"를 찬양하는 소리로 마무리된다. 하나님은 위대한 바벨론보다 더 위대하지 않으신 것처럼 보였지만 그분은 "만군의 여호와"(NIV "Lord Almighty")이시고, 어느 누구도 하나님과 위대함을 겨룰 수 없으며 바벨론은 위대함을 겨룰 기회조차 얻지 못한다.

바벨론의 그릇된 자만심(47:5-11)

바벨론 사람들은 자기들보다 더 위대한 민족은 없다고 생각했기 때문에 그들이 민족들을 포로로 잡기로(47:6) 마음만 먹으면 어떤 민족이든지 그렇게 할 수 있다고 생각했다. 그들은 스스로 존재하며 스스로 영생할 수 있다고 생각했고 "나 뿐이라 나 외에 다른 이가 없도다"(47:8, 10)라고 생각하는 치명적인 잘못을 하고 있었다. 바벨론 사람들이 해 온 활동들보다 훨씬 더 큰 일, 곧 영영히 주모(the agents of One, NIV "gueen")가 되는 일은 그들에게 결코 발생하지 않는다(47:7). 그러나 바벨론이 그의 왕위를 찬탈하려고 한 일이 치명적인 실수가 되게 하시는 그런 분이 계신다(참조. 43:10; 44:6; 45:5, 21; 46:8).

이 치명적인 실수는 자기도취이다. 바벨론 여왕은 자신이 과부가 되거나 자식을 잃어버리는 일은 상상도 할 수 없다면서 바벨론의 우월성을 확신했다(47:8-9). 바벨론 여왕의 우월감은 우리가 하고 있는 것들이 나쁜 결과를 거두지 않을까 하는 생각에서 나오는 유익한 자기비판을 막는다. 바벨론은 나쁜 일을 겪은 적이 없었기 때문에 "악"이 미쳐 날뛸 것이다(47:10). 이 악의 일부는 "진언"과 "사술"로(47:9-11) 영의 세계를 통제하려 드는 것이다. 바벨론 사람들은 똑똑했고 온 지혜를 쏟아 주술을 터득했기 때문에 그들을 위협하는 어떤 "재앙"이라도 피해 갈 수 있다고 확신했다. 바벨론 사람들은 모든 주술적 통제를 초월하여 계시는 하나님, 홀로 완전하시며 운명이나 숙명에 지배받지 않으시는 하나님을 알지 못했다(참조. 65:11).

바빌론의 무력함(47:12-15)

이 마지막 단락은 바로 앞 단락에 나온 사상을 더욱 확대 발전시킨다. 선지자들은 빈정대며 바빌론이 그녀의 주술로 앞날을 예언한다고 말한다. 어쩌면 결국 바빌론은 앞날을 예언할지 모른다(47:12). 그러나 물론 그것은 허사이다. 신이 알려주는 미래와 미래에 일어날 사건들을 통제하느라 모든 에너지들이 소비되고 낭비된다(47:13). 마술사들이 행하고 있는 것들은 이롭지 않은 불과 같으며 이것은 그 불을 일으킨 사람들을 다 태워 버릴 것이다(47:14). 바빌론은 이 마술사들과 주술사들과 함께 여러 해 동안 무역을 해 왔다. 그러나 마지막 위기가 닥칠 때 마술사들과 주술사들은 그 도시를 버리고 그들의 길을 갈 것이다.[6]

상황잇기

주술과 점은 바빌론에서 큰 사업이었다. 제물로 드린 동물들의 내장의 형태를 보고 미래의 의미를 읽어 내는 사업을 하는 제사장 계층이 있었다. 이 예언의 목록들은 주의 깊게 분류되고 기록되었으며 그들의 공식적 목록은 70개의 서판에 적혀 있었다. 서판을 편찬하고 목록을 만드는 데 들인 어마어마한 노력을 생각할 때 우리는 이사야가 서판과 목록에 대해 말하고 있는 몇 가지 생각들을 떠올린다. 이 일과 더불어 그들이 징조들을 해석하는 전문가가 되기 위해, 주어진 현상들을 논의한 서판들이 어디에 있었는지 기억하는 전문가가 되기 위해 얼마나 노력했는지 상상해 볼 수 있다. 오늘날 박사 학위를 얻는 데 필요한 노력과 비교해 볼 때 그보다 조금도 덜해 보이지 않는다. 동시에 제사장들은 징조가 틀렸을 때를 대비하여 나머지 51퍼센트를 다루려고 난제들의 근소한 차이를 알아내기 위해 대단한 기술을 습득해야 했다.

이처럼 믿을 수 없는 노력을 점성술 연구에도 쏟았다. 최근에 일어난 사건과 별들의 위치의 상관관계를 찾기 위해서 밤하늘을 보는 데 얼마나 많은 시간을 들였겠는가! 이와 더불어 왕들과 통치자들이 어떤 행동을 시작해야 할지 말해 주기 위해, 목록들을 사용하는 사람들을 위해 목록들을 모으고 분류하는 데도 엄청난 노력을 기울였다. 어떤 면에서는 제사장들이 그렇게 많은 지식을 가지고 있지 않았

6. 문자적으로는 "그 자신의 지역에서 벗어나다"라는 뜻이며, 현대적 의미로 적용하면 "자기 스스로 사는 모든 사람들"과 같은 의미일지도 모른다.

다면 그들에게 훨씬 더 좋았을지도 모른다. 제사장들은 그들이 운명을 통제할 수 있고 삶을 다스릴 수 있다는, 제사장에게 부어진 환상이 허구에 불과하다는 것을 깨닫지 못했다.

놀라운 사실은 점성술이 오늘날에도 성행한다는 것이다. 예수께서 기적을 행했다는 사실을 부인하는 사람들은 날마다 신문의 점성술 면을 펼쳐 본다. 이것은 이미 실패한 바빌론의 연장선상에 불과하다. 하늘의 구조는 바빌론 사람들의 구조를 본 딴 것이며 황도십이궁(황도대를 12도씩 배치한 별자리. 백양궁, 금우궁, 쌍자궁 등 12개 별자리 이름이 있다-옮긴이)에 있는 이름들은 바빌론 사람들의 이름들을 그리스어로 번역한 것이다. 징조가 희미하고 평범해서 어떤 일이 일어나는지 가려져 있는데, 날마다 그 의미라고 착각한 어떤 것을 말해 주느라고 얼마나 많은 노력을 들였을 것인가!

미래를 미리 보는 매력은 무엇인가? 5000년 동안 이와 같은 매력이 존재하고 있다. 나는 오늘 무슨 일이 일어날지 어렴풋이 알아 내 삶을 통제할 수 있다. 하나님은 내 삶과 미래를 하나님의 손에 맡기고 그분이 이끄시는 대로 번성하고 복을 받으라고 하지만, 우리 인간은 순종하지 못한다. 오히려 우리는 아주 우수한 지능을 우리 자신을 위해 세상을 통제하는 데 사용한다.

현대적 의미

바빌론의 지혜와 지식이 바빌론을 잘못된 방향으로 인도했다는 이야기는 오늘날 끊임없이 적용할 교훈을 제공해 준다. 우리는 지구상에서 가장 영리하고 원기 왕성한 독일인과 일본인을 생각해 볼 수 있다. 그들의 지혜와 지식이 1945년에 그들을 어디로 인도했는가? 폐허이다. 얼마나 많은 세계의 자원들이 1914년과 1945년에 소멸되고 파괴되었는지 생각해 보라. 사람들을 죽이는 효과적인 방법을 찾는 데 훌륭한 지성이 얼마나 많이 소진되었는지 생각해 보라. 훌륭하고 창의적인 지성이 전쟁의 무기로 얼마나 많이 파괴되었는지 생각해 보라.

그러나 평화로울 때에도 지성은 사람들에게 무서운 저주를 내리실 수 있는 하나님께 굴복하지 않는다. "물질의 부자, 영혼의 가난뱅이"라는 포즈딕(Harry Emerson Fosdick)의 금언은 우리의 존재를 잘 정의하고 있다. 바빌론 사람들이 그런 것처럼 우리의 무시무시한 지성은 자기 존재와 자기 영속을 만드는 것을 목표로 하고 있다. 모든 사람에게 잊혀진, 중요한 윤리적 의무를 이미 오래 전에 부인한 연구자들이 있는 세상에서, 인간 복제는 무엇을 의도하고 있는가?

국영공영라디오(NPR)의 한 인터뷰에서는, 태아 조직 연구를 옹호하는 사람이 윤리적인 문제가 있다는 사실을 인정하면서 그 연구를 위해 장려 기금을 정치적 정책으로 마련할 필요가 있다는 데 온통 초점을 맞추었다. 왜 한 번도 그들은 강한 자의 생명을 무한정으로 유지하기 위해 약한 자를 죽이는 윤리에 대해 토론하지 않는 것인가?[7] 그들의 주장은 우리에게 지금 이것을 할 수 있는 기술이 있으니까 그저 해야 한다는 식이다. 우리의 지혜와 지식이 우리를 잘못 인도하고 있다. 구속자, 그 이름 만군의 여호와, 이스라엘의 오직 한 분뿐인 거룩하신 분이 우리에게 보좌에서 내려와 먼지 속에 자리를 잡으라고 말하기 전까지 얼마나 오랫동안 그것이 존재할 것인가?

---

7. 이 인터뷰는 2001년 6월 22일, *Morning Edition*에서 방송되었다.

이사야 48:1-22

1 야곱의 집이여 이를 들을지어다 너희는 이스
라엘의 이름으로 일컬음을 받으며 유다의 허
리에서 나왔으며 여호와의 이름으로 맹세하
며 이스라엘의 하나님을 기념하면서도 진실
이 없고 공의가 없도다
2 그들은 거룩한 성 출신이라고 스스로 부르며
이스라엘의 하나님을 의지한다 하며 그의 이
름이 만군의 여호와라고 하나
3 내가 예로부터 처음 일들을 알게 하였고 내
입에서 그것들이 나갔으며 또 내가 그것들을
듣게 하였고 내가 홀연히 행하여 그 일들이
이루어졌느니라
4 내가 알거니와 너는 완고하며 네 목은 쇠의
힘줄이요 네 이마는 놋이라
5 그러므로 내가 이 일을 예로부터 네게 알게
하였고 일이 이루어지기 전에 그것을 네게
듣게 하였느니라 그것을 네가 듣게 하여 네
가 이것을 내 신이 행한 바요 내가 새긴 신상
과 부어 만든 신상이 명령한 바라 말하지 못
하게 하였느니라
6 네가 들었으니 이 모든 것을 보라 너희가 선
전하지 아니하겠느냐 이제부터 내가 새 일
곧 네가 알지 못하던 은비한 일을 네게 듣게
하노니
7 이 일들은 지금 창조된 것이요 옛 것이 아니
라 오늘 이전에는 네가 듣지 못하였으니 이
는 네가 말하기를 내가 이미 알았노라 하지
못하게 하려 함이라
8 네가 과연 듣지도 못하였고 알지도 못하였으
며 네 귀가 옛적부터 열리지 못하였나니 이
는 네가 정녕 배신하여 모태에서부터 네가
배역한 자라 불린 줄을 내가 알았음이라
9 내 이름을 위하여 내가 노하기를 더디 할 것
이며 내 영광을 위하여 내가 참고 너를 멸절
하지 아니하리라
10 보라 내가 너를 연단하였으나 은처럼 하지 아
니하고 너를 고난의 풀무 불에서 택하였노라
11 나는 나를 위하며 나를 위하여 이를 이룰 것
이라 어찌 내 이름을 욕되게 하리요 내 영광
을 다른 자에게 주지 아니하리라
12 야곱아 내가 부른 이스라엘아 내게 들으라
나는 그니 나는 처음이요 또 나는 마지막
이라
13 과연 내 손이 땅의 기초를 정하였고 내 오른
손이 하늘을 폈나니 내가 그들을 부르면 그
것들이 일제히 서느니라
14 너희는 다 모여 들으라 나 여호와가 사랑하
는 자는 나의 기뻐하는 뜻을 바벨론에 행하
리니 그의 팔이 갈대아인에게 임할 것이라
그들 중에 누가 이 일들을 알게 하였느냐
15 나 곧 내가 말하였고 또 내가 그를 부르며 그
를 인도하였나니 그 길이 형통하리라
16 너희는 내게 가까이 나아와 이것을 들으라
내가 처음부터 비밀히 말하지 아니하였나니
그것이 있을 때부터 내가 거기에 있었노라
하셨느니라 이제는 주 여호와께서 나와 그의
영을 보내셨느니라
17 너희의 구속자시요 이스라엘의 거룩하신 이
이신 여호와께서 이르시되 나는 네게 유익하
도록 가르치고 너를 마땅히 행할 길로 인도
하는 네 하나님 여호와라
18 네가 나의 명령에 주의하였더라면 네 평강이
강과 같았겠고 네 공의가 바다 물결 같았을
것이며

19 네 자손이 모래 같았겠고 네 몸의 소생이 모래 알 같아서 그의 이름이 내 앞에서 끊어지지 아니하였겠고 없어지지 아니하였으리라 하셨느니라
20 너희는 바벨론에서 나와서 갈대아인을 피하고 즐거운 소리로 이를 알게 하여 들려 주며 땅 끝까지 반포하여 이르기를 여호와께서 그의 종 야곱을 구속하셨다 하라
21 여호와께서 그들을 사막으로 통과하게 하시던 때에 그들이 목마르지 아니하게 하시되 그들을 위하여 바위에서 물이 흘러나게 하시며 바위를 쪼개사 물이 솟아나게 하셨느니라
22 여호와께서 말씀하시되 악인에게는 평강이 없다 하셨느니라

원 의미

이미 우리가 살펴본 것처럼, 40-55장은 유배자들이 제기한 두 가지 문제를 주요하게 다루고 있다. 여기서 두 가지 내용이 포함된 광범위한 질문 하나를 던진다. 바벨론 유수는 하나님의 패배를 증명하는 것은 아닌가? 이는 하나님이 바벨론 신들에게 패배당했거나 아니면 우리의 죄 때문에 패배당하신 것이다. 이 두 주제가 모두 41-47장에 언급되어 있는데, 중요한 논쟁은 신들이 조금이라도 하나님을 패배시키지 못했다는 것을 증명하는 데 있다. 바벨론에 대해 심판을 선포하여 그 논쟁은 절정에 이른다. 그러나 유배자들이 그들에게 주어진 약속들을 믿을 것인가? 아니면 구원의 예언이 실현된다는 믿음의 길 걷기를 포기하여, 구원의 예언에 따라 움직이는 남은 자가 하나도 없게 할 것인가?

분명히 이사야는 그 자신의 경험을 면밀하게 들여다보면서(참조. 48:8) 그것이 정말로 실현 가능하다고 본다. 그래서 이 장은 믿음이 필요하다고 부추긴다. 이 장에서 '들으라'는 말이 열 번 나타나는데 선지자는 과거에 그들이 듣지 않았기 때문에 현재의 상황에 이르게 된 것이라고 이야기하면서, 그들이 포로로 있는 지금 그 약속에 귀를 기울이라고 권고한다.

여는 말(48:1-2)

이 두 절은 굉장히 부정적이다. 백성은 그들 자신을 "야곱"의 자손이자 "유다의 근원에서 난" 자들로 여긴다. 그들은 자신들이 하나님의 백성이라고 생각한다. 그러나 이사야는 그렇지 않다고 말한다. 이사야가 왜 그렇게 말하는지 1-2절에서는

설명하지 않지만 48:4, 8에서 나타난다. 그들은 순종하는 백성이 아니라 오히려 완악하며 패역한 자들이다. 그들은 하나님의 백성으로 불렸지만, 그들의 행위는 하나님과 관계를 맺고 있지 않다는 것을 보여 주었다.[1]

이스라엘 하나님의 성품(48:3-11)

1-2절에서 주의를 집중시킨 후, 하나님은 자신의 주장은 신들의 주장과는 완전히 다르다는 결론을 내리신다. 하나님은 과거를 말씀하기 시작하신다. 백성은 하나님이 예언하신 모든 것을 들어 왔고 그들은 모든 예언들이 이루어진다는 것을 안다(48:3). 하나님은 사건이 발생하기 전에 그때를 정확하게 예언하셨지만, 어떤 우상도 사건이 발생하기 전에 예언하는 것은 불가능하다(48:4-5). 48:6a에서 이사야는 그 백성이 경험한 "진리"를 인정하라고 요청하고 그 경험에서 적합한 결론을 이끌어 내라고 요청한다.

48:6b에서 선지자는 미래를 향한다. 선지자는 전에 듣지도 못한 새로운 일을 예언할 것이다. 구체적으로 언급되지 않은 이 새로운 일들은 실제 이야기의 핵심이 아니다.[2] 이야기의 핵심은 하나님은 새로운 일을 하실 수 있고 우상들은 할 수 없다는 사실이다. 하나님은 창조자이시기 때문에 전에 일어나지 않은 일을 말씀하시고 하실 수 있다. 하나님은 아무도 하나님을 우상과 비교하여 "욕되게" 하지 못하게 하시려고, 어떤 우상도 하나님의 "영광"을 나누어 가지지 못하게 하시려고 새로운 일을 예언하고 구체적으로 시행하신다(48:11).[3]

백성을 향한 하나님의 호소(48:12-22)

12-22절에서 하나님은 백성에게 간곡히 권고하신다. 이스라엘 백성은 들으라는

1. B. Duhm은 "제2 이사야"의 저작에서 이 장 전체나 일부분을 삭제하는데, 그렇게 하는 것은 제2 이사야가 은혜를 이해하는 방식으로 은혜를 이해하지 않는다고 여겼기 때문이다. 여하튼 주의 깊게 본문을 읽어 보면, 그 교훈이 지금 40-48장을 구성하고 있는 자료들에 원래 있었고 그것이 이 장에서 절정에 이른다는 사실을 발견하게 된다.
2. Motyer는 *Prophecy of Isaiah*, 377에서, Young은 *The Book of Isaiah*, 3장 251에서 "새 일"은 하나님이 그의 종을 통해서 사람들의 죄를 새로운 방법으로 다루시는 것으로 본다. 새 일이 49-55장의 주제이기 때문에 이러한 주장은 신빙성이 있어 보인다.
3. 이사야가 이 단락에서 무엇을 의도하려고 했는지 더 깊은 논의를 위해서 Oswalt, *Isaiah 40-66*, 270-72을 보라.

명령을 세 번 받는다(48:12, 14, 16). 어떤 히브리어 단어들처럼, *šamaʿ*("들으라")는 지식과 행동의 분리를 허용하지 않는다. 따라서 당신이 정말로 권고를 "듣는다"면 당신은 그 권고에 순종한다. 당신이 권고에 순종하지 않으면 당신은 분명히 권고를 "듣지" 않은 것이다. 그러므로 여기서 하나님의 백성이 하나님의 말씀하신 것을 "듣는다"면 그들은 그분의 말씀을 믿고 말씀에 따라 행동할 것이다. 하나님의 백성은 불행한 상황이 닥쳐도 하나님을 계속 믿으면서, 바벨론에서 익숙해진 것들을 떠날 준비를 하고 때가 되어 유다에 되돌아 와서 위험을 감수하고서라도 낯선 것들에 도전할 것이다.

12-16절은 이스라엘 백성이 하나님께 귀를 기울여야 하는(하나님을 믿어야 하는) 이유를 간단히 말하고 있다. 하나님은 만물이 생기기 전에도, 만물이 없어진 후에도 계시는 유일한 창조자이시다(12-13절). 하나님은 역사의 주인이시다(14-15절). 하나님이 하늘의 별들에게 명령을 내리고 별들이 순종하듯이(13절), 하나님은 또한 바벨론 황제에게 명령을 내리시고 바벨론 황제는 하나님의 모든 계획에 따라 행동할 것이다(14절). 어떤 우상도 이 같은 일을 미리 예언하신 하나님처럼 예언하지 못한다. 그것은 우상들이 시간과 운명의 주기에 묶여 있기 때문이다. 우상들은 항상 해 오던 것들만 할 수 있다. 하나님은 지금까지 들어보지 못한 것을 예언하시고 그 일이 일어나게 하시지만 우상들은 할 수 없다.

'하나님은 말씀하시는 하나님'이라는 주장을 반복하면서, 48:16은 들으라는 도전을 요약한다. 태초부터 하나님은 사람이 알아들을 수 있는 방식으로 말씀하셨다. 하나님은 점쟁이들과 무당들의 중얼거림 속에 자신을 숨기시지 않았지만(8:19-20; 29:4) 평범하고 정직한 말을 사용하신다(45:19). 사람들의 말이 하나님의 바로 그 말씀이 되게 하기 위해서 하나님은 그의 "신"(spirit)으로 감동받은 사람들을 통해서 이 일을 하신다.[4] 하나님이 말씀하시면 분명히 사람들은 들어야 한다.

17-22절은 48:1-22의 요약이기도 하고 어떤 면에서는 40-48장의 요약이기도 하다. 이 요약을 하면서 17절은 "주…너의 구속자, 이스라엘의 거룩하신 자, "너희

4. 16절 마지막 문장은 대명사 "나"(me)의 선행사가 무엇인지 정확하지 않아 주석가들을 당황하게 만든다. 첫 두 문장의 화자는 분명히 하나님이지만, 마지막 문장의 화자가 하나님이지 않은 것만은 분명하다. 이사야서 몇몇 부분(참조. 11:2; 42:1; 61:1)에서 하나님의 신은 메시아와 관계가 있기 때문에, 16절에서 하나님의 신이 언급되어 있는 것으로 보아 몇몇 주석가들(Delitzsch, Young, Motyer를 포함한)이 메시아를 말하고 있는 것이라고 주장한다. 여하튼 그런 주장들과는 별도로 여기서 언급하는 것이 메시아를 가리키고 있다고 할 만한 그 어떤 근거도 없다. 나는 (칼빈처럼) "나"는 선지자를 언급하고 있다고 믿는다. 선지자는 과거에 말씀하시는 하나님이 선지자 자신을 통해 지금까지 쭉 말씀하신다고 말한다.

하나님"으로 불리는 하나님의 이름과 명칭을 한데 모아 하나님의 정체성을 설명한다. 마지막 세 명칭은 하나님과 이스라엘의 특별한 관계를 나타내고 있다. 그분은 말씀하시는 하나님이실 뿐만 아니라 은혜와 사랑의 하나님이시기도 하다. 하나님은 우리가 내린 선택과 우리 삶이 나아가고 있는 방향에 깊은 관심을 갖고 계신다. 그래서 하나님은 하나님의 의도를 이스라엘에게 알리시고 이스라엘이 그 의도를 따를 것을 요구하신다. 그들이 과거에 "주의를 기울였다"면(참조. 28:23; 32:3) 그들에게 바빌론 유수와 같은 비극은 없었을 것이다. 대신 하나님이 그들에게 하신 모든 약속들은 실현되었을 것이다(48:18-19).

그들이 과거에 귀를 기울이지 않았다 하더라도, 이 사실이 하나님이 이스라엘의 죄에 패배당하시고 이스라엘을 포기하셨다는 뜻은 아니다. 그들이 지금 하나님을 믿는다면 그들은 바빌론에서 구원받을 수 있고 그들의 닫힌 귀와 강퍅해진 마음은 구원받을 것이다. 세상을 만드신 분께는 그분이 창조하신 사람들을 구원하실 수 있는 능력이 있으시기 때문이다. 신들의 세계, 순환론의 세계에서 만물은 항상 있던 대로 존재하고, 결정된 운명의 지배를 받으며, 구속받을 가능성은 거의 없다. 신들은 그 어떤 변화도 일으키지 못한다. 그러나 하나님의 창조 세계는 계속 같은 일이 되풀이되는 신들의 세계와는 다르다. 전에 포로에서 풀려나 고향으로 간 사람이 없었다는 사실이 포로 귀환이 일어날 수 없음을 의미하지는 않는다. 창조자는 그분이 원하시면 바위를 깨고 바위에서 "물이 흐르게" 하실 수 있다.

여기에서 출애굽을 인용하고 있음이 분명하다. 과거에 하나님이 하신 일은 그분의 백성을 창조적으로 다시 구원해 내실 수 있다는 것을 보여 준다. "즐거운 소리로 이를 선파하라!" 그러나 이 기쁨을 누리라는 것이 논쟁의 최종 결론은 아니다. 이사야서에서는 언제나 그랬듯이(참조. 5장; 25:10-12 등) 선지자는 청중이 현재 상황을 떠날 수 있다는 망상에 사로잡혀, 미래에 대해 말하지도 않은 놀라운 약속을 믿지 않도록 주의를 준다(48:22).이스라엘이 계속 악을 고집한다면 이 약속의 말씀은 하나도 그들에게 주어지지 않을 것이다. 다가올 기쁨에 참여하고 싶다면 이스라엘은 다른 방식으로 반응해야 한다.

상황잇기

반역의 본질. 처음부터(1:2) 끝까지(66:24) 이사야서는 반역을 이야기하고 있다. 성경의 대부분이 그와 같은 이야기를 하고 있다. 반역은 아담과 하와가 에덴동산에서 그런 것처럼(창 2-3장) "하나님의 방식 안에 거하는" 것을 거절하는 것이다. 이런 행동이 요한계시록 21:8; 22:18-19에서 이야기되고 있다. 하나님은 우리를 일정한 방식에 따라 살도록 창조하셨고 그렇게 하는 것을 거절한 결과는 재앙에 빠지는 것이다.

"거절"이라는 말은 이 모든 것에서 중요하다. 반역은 하나님의 방법을 무심결에 놓쳐 버리는 것이 아니다. 반역은 우리가 해야 한다고 알고 있는 것을 의도적으로 주도면밀하게 거절하는 것이며, 이면에 우리에게 무엇이 옳고 그른지 하나님이 선포할 권리를 가지고 계신다고 알고 있으면서 하나님을 의지하는 관계를 거부하는 것이다. 의지하는 관계는 시내 산 언약의 의의(significance)의 일부이다. 사람인 우리는 사실상 하나님과의 관계에 의지하여 존재한다(참조. 롬 1:18-23). 그러나 하나님은 분명히 하나님과 우리의 관계가 단순히 실제적인 관계이기보다 인격적인 관계이기를 원하신다. "(내가) 네 가운데 거한다"(dwelling in your midst, 참조. 민 5:3)는 주제는 궁극적으로는 "내 안에 거하라"(remain in me, 요 15:7)는 말이다. 다시 말해서 이 언약은 복종과 의지의 모든 요소를 바로 관계의 영역에 둔다는 말이다.

따라서 48:8에서의 정의에 따르면 히브리인들이 하나님께 반역할 때 한 행위는 불복종이 아니라 믿음을 깨는 "배신"이었다. 하나님은 추상적인 법률 목록에 순응하며 살아가는 것을 의도하시지 않는다. 오히려 하나님은 우리가 우리 아버지이신 언약의 주님의 성품을 더욱더 닮아가는 삶을 기쁘게 추구하는 가운데 우리 삶을 빚어가신다.

그러므로 결국 "반역", "완악함", "배신"은 죄가 무엇인지 알려 주는 모든 것들이다. 태초 이래로 하나님의 권속(family)이 하나님을 배신해 왔기 때문에 예수의 제자들 중 한 명이 예수를 배신하는 것은 지극히 당연한 일이다. 우리는 지금 우연히 수렁에 빠지게 된 것이 아니다. 가파른 계단을 혼자 내려가지 말라는 말을 듣고도 누군가 자기를 쳐다보고 있다고 확신하며 계단을 내려가는 두 살배기 아기처럼, 우리는 의식적으로, 의도적으로 수렁을 향해 걸어가는 것을 택하고 있다.

계시의 중요성. 이 장의 핵심 사상은 하나님이 자신을 실제 자연에 계시하시고 하나님의 뜻을 사람의 행동에 계시하신다는 것이다. 이 전제가 틀렸다면 이 장은 삭제되어야 할 뿐만 아니라 성경과 기독교 신앙의 모든 것은 버려져야 한다. 결국 계시의 사상, 즉 하나님이 우리에게 말씀하고 계신다는 것은 성경 주장의 핵심이다.

이것은 초월성의 교리를 받아들여야 한다는 말과 같다. 하나님이 피조물과 정말로 다르다면 피조물의 일부인 우리가 피조물을 통해 궁극적인 방법으로 하나님을 아는 것은 불가능하다. 분명히 시편 19편이 우리에게 말하듯이 피조물은 우리에게 창조자에 대한 어떤 것을 말해 준다(시 19:1-6). 그러나 우리가 하나님의 진정한 성품과 속성과 의지를 알 수 있다면 하나님은 그의 성품과 속성과 의지로 우리와 의사소통하실 것이다. 그 방식은 우리가 알고 있는 것인데, 곧 '말'이다(19:7-14). 따라서 성경이 하나님의 영감으로 기록된 말씀이 아니고, 하나님의 말씀을 담고 있지도 않으며, 단지 사람이 신을 더듬거리면서 찾아낸 것을 표현하려는 시도에 불과하다고 말한다면, 그것은 틀린 것이며 다른 사람을 속이는 것이다.

성경이 정말로 하나님에게서 비롯되었다는 한 가지 증거는 초월성의 세계관 개념이 성경 전반에 흐르고 있다는 점이다. 초월하여 존재하시는 하나님이 초월하여 임재하시는 방식으로 내주하신다는 것을 설명하시지 않는다면 유일신론이 어디서 비롯되었는지, 어떤 근거로 우상을 금하는지 설명하는 것이 불가능할 것이다. 최근에 성경의 유일성과 유일하신 하나님을 주장하는 견해들이 구체적으로 공격을 받고 있다. 사람들이 지나치게 유일성을 주장하기 때문에 이런 공격을 받을 만도 하다. 그러나 어쨌든 하나님의 유일성을 공격하는 사람들은 유일성의 반대편으로 너무 많이 가 버렸다.

한 예가 스미스(Mark Smith)의 연구인데, 그는 여호와의 종교가 가나안 신화에서 혁명적으로 발전한 것이라고 주장한다.[5] 그는 여호와 숭배와 가나안 신화 사이에 있는 유사성, 언어와 관습과 같은 확실한 유사성에 근거를 두고 이런 결론을 도출한다. 그러나 스미스는 여호와 숭배와 가나안 신화가 빚어내는 엄청나게 다른 결과에는 깊은 관심을 보이지 않는다. 이것은 개와 사람 사이에 있는 공통적인 특징을 잠시 보여 준 후 사람과 개 사이에 본질적인 차이가 전혀 없다고 주장하는 것과 같다.

이것은 곧, 계시란 결국 그리스도인의 믿음이 하나님에 대해 다른 여러 방식으로 생각하는 다른 종교들과 공존할 수 없다는 것을 의미한다고 주장한다. 하나님이 유일한 창조자이시며 그 자신을 이스라엘에게만 나타내시고 그의 계시를 예수 그리스도 안에서 정점에 이르게 하신다면 예수는 하나님께 접근할 수 있는 유일한 매개이다. 물론 이것은 성경이 주장하는 것이다. 이 주장들이 옳지 않다면 기독교

---

5. M. Smith, *The Early History of God: Yahweh and the Other Deities in Ancient Israel*(San Francisco: Harper & Row, 1990).

신앙은 머리부터 발끝까지 분명히 잘못된 것이다.

C. S. 루이스(C. S. Lewis)는 "인간에 불과한 사람이 예수와 같은 주장을 했다면 그는 결코 위대한 도덕적 스승이 될 수 없다. 그는 자신을 수란(달걀을 깨뜨려 수란짜에 담고 끓는 물에 넣어 흰자만 익힌 음식-옮긴이)이라고 말하는 사람과 수준이 같은 정신병자이거나 아니면 지옥의 악마일 것이다"[6]라는 유명한 주장을 펼친다. 우리는 예수의 신성을 인정하지 않고는 그의 가르침을 받아들일 수 없다. 예수가 성경에서 세상의 창조자, 처음이자 나중인 분, 언약의 주요 거룩하신 분, 한 분뿐인 구속자라고 주장해 오던 바로 그 사람이든지, 아니면 우리가 착각 속에 살고 있는 것이든지 둘 중 하나다. 중립은 없다. 성경이 최종적으로 하나님의 말씀이 아니라면, 성경이 요구하는 신앙은 다른 견해들과 나란히 공존할 수 없기 때문에 성경이 요구하는 믿음을 버려야 한다. 세상에서 신이 나왔든지, 아니면 이스라엘의 거룩하신 분이 세상을 창조하셨든지 둘 중 하나이다. 두 견해가 다 옳을 수 없으며 전자가 옳으면 신은 우리 내부에서 나오는 말을 한다. 결국 우리 자신을 초월하는 존재는 아무도 없기 때문에, 우리 자신을 초월하여 우리에게 말하는 그 어떤 신도 존재하지 않는다.

믿음의 훈련. 바울은 말씀을 들음에서 믿음이 난다고 말한다(롬 10:17). 사실은 이사야가 말한 것이다. 믿음은 계시에 순종하는 반응이다. 위에서 설명한 능동적 의미로 하나님의 말씀을 "듣는 것"이다. 이것은 그냥 듣고 아무것도 행하지 않는 것이 아니다. 그렇게 하는 것은 결국 반역 행위이다. 오히려 듣는 것은 들은 것을 행동으로 옮기는 것이다. 따라서 믿음을 단순한 신앙의 집합으로 설명하는 것은 잘못이다. 그것은 믿음이 아니다. 우리가 듣기로는 사탄들도 하나님을 "믿는다"(약 2:19). 사탄들은 하나님이 존재하신다는 것을 지식으로 알고 있다. 심지어 사탄들은 예수가 약속된 메시아라는 사실을 알았기 때문에(눅 4:34) 하나님의 말씀이 무엇을 말하는지도 안다. 사탄들은 정통적인 신앙을 가지고 있었지만 믿음은 가지고 있지 않았다.

다른 한편으로, 믿음은 오늘날 흔히 "영성"이라고 불리는, 신비로운 감정과 경험의 집합으로 엉성하게 정의되지 않는다. 신과 함께하기 위해서 사람의 지성과 의지를 직관과 분리하는 것은 믿음이 아니다. 사실상 그것은 우리 자신을 초월하

---

6. C. S. Lewis, *Mere Christianity* (New York: Macmillan, 1952), 56. (본문의 해당 내용은 『순전한 기독교』, 홍성사, 93에 나와 있다-옮긴이).

여 존재하시는 분이 내린 말씀에 대한 순종을 포함하지 않기 때문에 믿음에서 더 멀어지는 것이 된다. 오히려 그것은 하나님과 피조물 사이에 존재하는 현실적인 차이를 부인하고 어떤 명령에도 순종하지 않아도 되는 신이 되는 길을 찾으려고 애쓴다. 우리가 흠뻑 빠져들고 있는 그 길은 하나님이 아니기 때문에 그 길에는 재앙이 놓여 있으며, 피조물은 하나님께 순종하지 않고도 하나님의 능력에 접근하는 방법을 알려고 애쓴다.

아니다! 믿음을 갖는 것은 초청의 말씀, 희망의 말씀, 우리 자신을 초월하여 전적으로 다른 곳에 계신 하나님의 명령을 정말로 듣는 것이다. 그러나 또한 우리의 어둠에 빛이시며 우리의 타락을 정결하게 하시고 연약한 우리에게 힘이 되시는 분의 책망과 절망의 말씀을 듣는 것이다. 이 말씀들은 우리를 다른 곳으로 떠나 가게 만든다. 눈멀어 갇혀 지내던 바디매오는 "안심하고 일어나라 너를 부르신다"는 말을 들었고, 그래서 그는 겉옷을 내어 버리고 예수께 나아왔다(막 10:46-52). 이와 반대로 행동했더라면 자신을 저주하면서 나머지 인생을 어둠 속에서 지냈을 것이다. 그것이 믿음이다. 믿음은 하나님의 계시에 능동적으로 반응하여 당신의 삶을 만들어 가는 것이다. 믿음은 하나님이 말씀하신 것과 성경에서 말씀하시고 있는 것대로 사는 것이다.

현대적 의미

성경과 세계관. 서구 세계가 점차 자기 세계를 뒷받침하고 있는 성경을 잃어버리고 있다는 것은 분명한 사실이다. 이 현상의 증거는 어린이용 책인 『그린 북』(*The Green Book*)에서[7] 찾아볼 수 있다. 이 책에는 한 무리의 사람들이 죽어 가는 지구를 떠나 먼 혹성을 식민지로 만든다는 이야기이다. 무게 제한 때문에 사람들은 각각 책 한 권만 가져갈 수 있다. 줄거리는 가져온 책을 중심으로 전개되며 믿을 수 없을 만큼 중요한 위치를 차지하게 된 이 책들은 공동체의 삶에 깊이 자리 잡게 된다. 이 책의 저자는 "이야기"(story, 책과 관련된 '이야기'를 의미함-옮긴이)가 그 자신의 직관이나 세계를 바라보는 직관을 형성하는 데 근본적으로 중요한 역할을 한다는 것을 전제로 하고 있다.

이것은 분명히 올바른 통찰이다. 그러나 흥미로운 것은 『오디세이』(*The Odyssey*)와 『그림동화』(*Grimms' Fairy Tales*)—그림 형제가 1812년에 독일에 전해지던 민

7. J. Walsh, *The Green Book* (New York: Farrer, Straus & Giroux, 1982).

간 설화와 옛 이야기를 수집하고 다시 예술적으로 표현한 동화집이다-옮긴이)와 같은 작품의 맥락에서 볼 때, 저자는 성경을 선택한 것을 무시하고 있다. 이런 태도의 무례함은 믿을 수 없을 지경이다. 작가들도 작가들이지만 사회에서도 이런 무례함은 상당히 많다. 서구 사회를 형성한 유일한 이야기(story)가 성경이라는 것은 분명한 사실이다. 성경은 역사 이래로 제일 잘 팔리는 책이다. 그러나 20세기의 마지막에 이르러 성경을 무시하는 인류 문화가 영원히 존재한다는 책의 내용을 쓸 수 있게 되었다.

이 현상의 또 다른 증거는 비성경적 세계관이 우리에게 점점 더 영향을 미치고 있다는 점이다. 초월성에 대해서 아무것도 모르는 이 연속성의 세계관은 진정한 변화 가능성을 보지 못한다. 모든 것이 변하지만 아무것도 달라지지 않는 곳, 인류는 계속되는 시간의 순환 속에 사로잡혀 있다. 격언에도 있듯이, 우리가 변하면 변할수록 우리는 전과 더욱 같아진다. 결정론적 자연주의는 고대 신화가 말한 것, 선택은 허상에 불과하다는 것을 추상적인 학문의 방법으로 포장한 것에 불과하다. 우리는 각자 우리 삶에서 발생하는 모든 현상의 결과 우리가 해야 하는 것들을 한다.

고대 세계에서는 이것을 운명으로 여겼다. 당신은 운명을 바꿀 수 없으며 운명에 순응해야 한다. 이것은 그리스 비극(悲劇)의 중심 사상이었다. 운명의 그물에 걸려 있는 주인공이 어떻게 뛰어난 방법으로 이 운명에 맞서는지를 중심으로 이야기가 전개된다. 오이디푸스(Oedipus)가 그의 어머니와 성관계를 맺을 운명이다. 그는 이 끔찍한 일을 피하기 위해 그의 나라를 떠나 그의 신분을 바꾼다. 몇 년이 지난 후 다른 장소에서 그는 나이 많은 아름다운 부인과 사랑에 빠지게 된다. 그들의 사랑이 절정에 달했을 때 그들이 어머니와 아들 사이라는 것이 밝혀진다.

운명론은 현대의 생각이기도 하다. 2001년에 한 정기 제트 여객기에 이런 문구가 적혀 있었다. “당신의 운명을 바꿀 수 없다면 당신의 태도를 바꾸라!” 다시 말해서 당신의 과거를 뛰어넘는 어떤 희망도 실제로 존재하지 않는다. 당신은 반응하고 행동하는 양식을 바꿀 수 없다. 당신은 뿌리 깊은 습성과 성향들을 바꿀 수 없다. 당신이 할 수 있는 모든 것은 불평과 불만 없이 운명을 받아들이고 당신의 머리를 높이 세우고 당신의 운명과 함께 가는 것이다.

당신이 성경적 세계관을 거부한다면 당신이 선택할 수 있는 것은 고대 바빌론 사람들과 그리스인들, 힌두교도와 불교도들이 지닌 것과 같은 세계관이며, 이것은 오늘날 서구 사회에서 조장되고 있는 무종교와도 같은 것이다. 우리가 성경 이야기에 귀를 기울이지 않을 거라면 우리는 성경 아닌 다른 세계에 귀를 기울일 것이다. 다른 이야기에 귀를 기울이는 것은 우리가 성경 아닌 다른 것을 선택한 결과이다.

성경적 세계관이 결코 우리 정신에 박혀 있는 수많은 지식들 중 일부에 불과한 것이 아니라면, 그것은 우리가 계속 선택하는 놀라운 것이 될 것이다. 성경적 세계관에는 시간과 존재의 순환 주기만 있는 것이 아니며 그것은 심리적 조건의 제약을 받지도 않는다. "땅 위 궁창에 앉아 계신"(40:22; NIV "sits above the circle of the earth"-옮긴이) 분이 계시며 이분은 땅의 순환이나 조건에 좌지우지되지 않으신다. 그분은 순환을 깨실 수 있고 전에 한 적이 없는 일을 하신다. 이스라엘이 오랫동안 반항과 배신의 역사를 가졌다는 것 때문에 계속 그렇게 되는 운명으로 결정되었다거나 이스라엘 백성 각자가 계속 그렇게 살도록 운명이 결정된 것은 아니다. 초월자인 구속자의 능력은 이스라엘을 바꿀 수 있다. 이스라엘은 하나님의 토라의 지시를 따라서 하나님의 길로 걸으며 하나님께 응답하고 순종할 수 있게 된다. 하나님은 이스라엘이 지금 듣기만 한다면 그들의 변화에 필요한 모든 것을 하신다.

오늘날 우리에게도 이와 같은 진실이 적용된다. 우리는 우리를 노예로 삼고 있는 "바벨론"을 떠날 수 있다. 우리는 과거에 지은 모든 죄의 수치와 그 죄에서 구원받을 수 있다. 하나님은 예수 그리스도 안에서 우리를 위한 길을 만드신다. 새로운 것이 있다면 오실 그리스도가 바로 그것이다. 불멸의 하나님이 죽을 수 있는가? 영원한 영이 육체의 몸을 입을 수 있는가? 어느 곳에서나 존재하시는 유일한 분이 장소의 제한을 받고 자궁 속에 들어가 있을 수 있는가? 우리가 하나님의 초월성을 이해하지 못한다면 그 대답은 '그렇게 할 수 없다'이다. 이런 일들은 전에 일어나지도 않았고 우리가 알고 있는 대로 삶에서 계속 반복해서 일어나는 이야기의 일부가 아니다.

그러나 우주만물의 창조자가 하나님의 피조물에 제한을 받지 않는다는 사실을 믿는다면, 그 대답은 '그렇게 할 수 있다'이다. 하나님은 불가능한 일을 하실 수 있고 진정한 변화를 일으키실 수 있다. 하나님은 우리 스스로 할 수 없는 일을 우리를 위해 하실 수 있다. 그래서 하나님은 우리를 하나님 자신과 화목하게 하셨고(고후 5:19) 그리스도의 십자가에 우리의 죽음 증서를 못 박으셨다(골 2:14). 이것은 "내게 능력 주시는 자 안에서 내가 모든 것을 할 수 있느니라"(빌 4:13)는 의미이다. 그리고 하나님이 그리스도 안에서 행하신 것을 하실 수 있다면 그는 우리를

"운명 짓던" 모든 것에서 우리를 구원하시는 것을 포함한 모든 것을 하실 수 있다. 우리는 영웅처럼 고결한 것들만 우리의 운명으로 받아들이도록 되어 있지 않다. 우리의 운명은 바뀔 수 있다. 하나님이 새로운 피조물로 만드실 수 있다.

그러나 우리가 새로운 피조물이 될 수 있다는 것을 믿을 것인지 여부는, 고대 이스라엘 백성이 그랬듯이 다음 우리에게도 문제이다. 우리가 하나님이 계시하신 말씀 속에서 하나님이 말씀하신 것을 "들을" 것인가? 우리가 듣지 않는다면 모든 하나님의 계시는 헛되다. 이것은 충격적인 생각이다. 초월하여 계시는 구속자 하나님의 능력은 우리의 반응에 따라 제약을 받는다. 포로로 갇힌 많은 유다인들은 선지자의 말을 믿지 않았고, 뜻밖에 고향으로 돌아가는 일이 발생하자 미처 고향으로 돌아갈 준비를 하지 못하고 있었다. 우리는 하나님의 말씀에 적극적으로 반응하고 그 말씀에 순종하여 하나님의 계시를 "들어야" 한다. 기독교의 구원은 하나님이 우리를 위해 새로운 일을 하셔서 우리의 삶에 진정한 변화를 일으키는 가능성을 우리에게 제공한다. 그러나 변화는 "듣는" 사람들에게만 일어날 수 있다.

이사야 49:1-13

1 섬들아 내게 들으라 먼 곳 백성들아 귀를 기
울이라 여호와께서 태에서부터 나를 부르셨
고 내 어머니의 복중에서부터 내 이름을 기
억하셨으며
2 내 입을 날카로운 칼 같이 만드시고 나를 그
의 손 그늘에 숨기시며 나를 갈고 닦은 화살
로 만드사 그의 화살통에 감추시고
3 내게 이르시되 너는 나의 종이요 내 영광을
네 속에 나타낼 이스라엘이라 하셨느니라
4 그러나 나는 말하기를 내가 헛되이 수고하
였으며 무익하게 공연히 내 힘을 다하였다
하였도다 참으로 나에 대한 판단이 여호와
께 있고 나의 보응이 나의 하나님께 있느
니라
5 이제 여호와께서 말씀하시나니 그는 태에서
부터 나를 그의 종으로 지으신 이시요 야곱
을 그에게로 돌아오게 하시는 이시니 이스라
엘이 그에게로 모이는도다 그러므로 내가 여
호와 보시기에 영화롭게 되었으며 나의 하나
님은 나의 힘이 되셨도다
6 그가 이르시되 네가 나의 종이 되어 야곱의
지파들을 일으키며 이스라엘 중에 보전된 자
를 돌아오게 할 것은 매우 쉬운 일이라 내가
또 너를 이방의 빛으로 삼아 나의 구원을 베
풀어서 땅 끝까지 이르게 하리라
7 이스라엘의 구속자 이스라엘의 거룩한 이이
신 여호와께서 사람에게 멸시를 당하는 자,
백성에게 미움을 받는 자, 관원들에게 종이
된 자에게 이같이 이르시되 왕들이 보고 일
어서며 고관들이 경배하리니 이는 이스라엘
의 거룩하신 이 신실하신 여호와 그가 너를
택하였음이니라
8 여호와께서 이같이 이르시되 은혜의 때에 내
가 네게 응답하였고 구원의 날에 내가 너를 도
왔도다 내가 장차 너를 보호하여 너를 백성의
언약으로 삼으며 나라를 일으켜 그들에게 그
황무하였던 땅을 기업으로 상속하게 하리라
9 내가 잡혀 있는 자에게 이르기를 나오라 하
며 흑암에 있는 자에게 나타나라 하리라 그
들이 길에서 먹겠고 모든 헐벗은 산에도 그
들의 풀밭이 있을 것인즉
10 그들이 주리거나 목마르지 아니할 것이며 더
위와 볕이 그들을 상하지 아니하리니 이는
그들을 긍휼히 여기는 이가 그들을 이끌되
샘물 근원으로 인도할 것임이라
11 내가 나의 모든 산을 길로 삼고 나의 대로를
돋우리니
12 어떤 사람은 먼 곳에서, 어떤 사람은 북쪽과
서쪽에서, 어떤 사람은 시님 땅에서 오리라
13 하늘이여 노래하라 땅이여 기뻐하라 산들이
여 즐거이 노래하라 여호와께서 그의 백성을
위로하셨은즉 그의 고난 당한 자를 긍휼히
여기실 것임이라

원 의미

49-55장은 포로로 있는 백성들이 직면하는 둘째 문제를 말한다. 첫째 문제는 바빌론 포로이다. 백성들이 주의 종으로 구속받는다면, 백성들은 자유를 찾고 하나님의 약속의 땅에서 살면서 그 임무를 다할 수 있어야 한다. 41-48장에서 이 문제를 다루었다. 즉 하나님은 그분의 백성을 구원할 계획을 가지고 계시며, 바빌론에 비극이 이르기 전에 바빌론의 우상들이나 바빌론 권력이 하나님의 계획이 이루어지지 못하게 방해하지 못한다.

그러나 하나님과 백성에게 직면하는 둘째 문제가 있다. 무엇보다도 백성들을 궁지에 빠뜨리게 한 죄를 어떻게 해야 하는가? 하나님은 계속해서 그분의 백성이 하나님의 선택받은 종들이라고 선언하신다. 그러나 어떻게 선택받은 종이 될 수 있는가? 어떻게 죄 많은 백성들이 공의롭고 거룩한 하나님을 섬길 수 있는가? 하나님이 그들의 죄를 단순히 무시하실 수 없다면 죄를 어떻게 하실 것인가? 죄 때문에 하나님과 단절되는 것은 바빌론에서 포로로 잡혀 있던 것보다 훨씬 더 심각한 문제이다. 그렇다면 죄의 문제를 해결하는 데 하나님의 은혜가 무엇을 할 수 있는가?

이 문제에 대한 답이 49-55장에서 제시된다. 포로에 대한 묘사와 언급은 계속되지만 고레스에 대해 더 심도 깊게 이야기하면서 바빌론과 그들이 섬긴 우상에 대한 구체적 언급은 눈에 띄게 없어졌다. 포로에서 구원하실 분은 42:1-9에서 처음 소개된 여호와의 종이시다. 그 종은 스스로 존재할 수 없었던 이스라엘을 위해 존재하실 것이다. 그분은 이스라엘, 즉 우리를 위해 종이 되신 것이다. 그분은 이스라엘을 하나님께 회복하는 매개가 되셔서, 이스라엘을 모든 세상이 회복되는 것을 보여 주는 원형으로 삼을 것이다.

본문은 세 부분으로 나뉜다. 49:1-52:12에서 하나님은 그분의 백성을 버리지 않는다고 계속 반복해서 말씀하신다. 즉 세상의 희망은 그분의 백성을 버려 두지 않는 창조자의 마음에서 시작된다. 그러나 본문에서는 기대가 점점 강해진다. 웬일인지 하나님은 그분의 백성을 죄의 포로에서 구원해 내려고 하신다. 이 기대의 강도는 포로생활에서 풀려 날 때가 이르렀다는 외침이 울려퍼지면서 52장에서 절정에 달한다. 셋째 부분(54:1-55:13)은 완성되어 가고 있는 구원에 동참하라고 초청한다.

기대에서 동참으로 전환을 설명하는 곳은 어디인가? 앞에 나온 "종의 노래"(49:1-13; 50:4-9)가 우리를 기대하게 했듯이, 둘째 부분(52:13-53:12)과, "고통

받는 종"에 대한 넷째와 마지막 절이 이 점을 밝혀 준다. 하나님과 단절되었던 그 분의 백성을 하나님과 교제하고 하나님을 섬길 수 있게 회복하시려고 주의 종은 자신의 목숨을 주실 것이다.

그 종이 맡은 구원의 임무(49:1-6)

41-48장은 오직 한 부분만 제외하고 이스라엘 민족의 종 됨을 강조한다. 이사야서 많은 부분에서 눈멀고 반항적인 이스라엘이, 하나님이 그들을 버리시지 않으며 우상을 상대로 증거로 사용하신다는 사실을 믿고 하나님을 믿도록 용기를 준다. 한 가지 특이한 점은 "종"(42:1-9)에 대한 둘째 진술이다. 여기서 그 종은 하나님의 공의를 백성에게 가져오며 "그 백성"에게 언약이 되시는, 순종하는 분으로 선포되어 있다. 나는 전에 다시 바빌론에서 포로로 갇힌 문제에 대해 언급하면서, 42:1-9에서 이 종이 이스라엘 민족이 아니라 이스라엘의 궁극적인 구원자라고 주장했다.

지금 바빌론 유수의 문제가 다루어졌기 때문에 어쨌든 우리는 그 종이 해결할 둘째 문제에 대해서 다시 이야기할 수 있다.[1] 우리는 이사야의 독자들이 48장의 마지막 부분에 이르렀을 때 "좋다 이사야. 하나님이 고레스를 통해 바빌론에서 우리를 회복하실 수 있다는 것을 우리가 듣고 있고 또 믿을 수 있어. 그러나 누가 우리를 하나님께 회복하실 수 있지? 그게 진짜 문제야"라고 이야기했을 거라고 상상할 수 있다. 이사야의 대답은 본문에 있다. 본문은 계속해서 "들으라"고 요청하면서 시작된다. 선지자는 계속 하나님의 계획을 보여 주면서 더 깊은 순종과 믿음의 반응을 요구한다. 그러나 지금 그가 나타날 것에 대해 들으라고 전 세계를 향해 요구하는 분은 여호와의 종이시다.

첫째 계시는 부름과 확신이다. 그 종은 그분의 소명(49:1), 거룩한 능력(49:2-3), 본질 증명(49:4)에 대해서 아무런 의심도 않는다. 그 종은 태에서 부름을 받았기 때문에 그의 소명은 이차적인 것이 아니다. 게다가 하나님께서 명한 과업이 어떠하든지 그분은 완벽히 이루실 수 있다. 그분은 "날카로운 검"이나 "마광한 살"같이 하나님과 약속한 정확한 때에 정확하게 일을 완성하실 것이다. 이 종은 전혀 눈이 머시거나 배반하시지 않을 것이다. 심지어 종되는 것이 쓸데없는 것처럼 보일

---

1. 42:1-9; 49:1-13의 관계를 보려면 Childs, *Isaiah*, 383을 보라.

지라도(이 주제는 50:4-9에서 처음 언급된 후, 52:13-53:12로 갈수록 더욱 확장된다) 그는 하나님이 그를 실패하게 하시지 않을 것을 알고 있다.

여기서는 열방들과의 대조가 명백하다. 그렇다면 그 종이 왜 특별히 49:3에서 "이스라엘"이라고 불리고 있는가? 이 문제가 많은 논란을 일으키고 있는데 여기서 이 문제에 대해 상세히 이야기할 수는 없다. 일반적으로 세 가지 입장이 있다. 즉 민족들에 대해서, 선지자들에 대해서, 또는 어떤 이상적인 이스라엘에 대해서 이야기하고 있다는 것이다.[2] 내가 말했듯이 여기서 이스라엘을 말한다고 설명하는 것은 어울리지 않다. 49:5-6이 분명히 제기하고 있는 문제는 이스라엘은 이스라엘을 하나님께 회복하는 중개자가 될 수 없다는 점이다. 더구나 이 사람이 선지자를 일컫는 말이라면, 여기서 묘사된 인물은 너무 완벽해서 보통 사람들에게는 적용될 수 없다는 데 문제가 있다.

이제 이미 앞에서 증명한 마지막 입장을 남겨 두고 있는데, 메시아는 "이스라엘"이 될 것이다. 메시아는 순종하는 이스라엘과 같이 주의 "영광"(49:3)을 드러내실 것이고, 주께서 "야곱 족속을 회복하실" 것이다.

어떻게 이 일이 진행될 것인지 여기서는 나오지 않지만 다음 장에서 이에 대한 대답이 나올 것이다. "이방인"일지라도 구원받아 땅끝까지 이를 것이다(49:6).[3] 여기서 "구원"은 42:1의 "공의"와 일치한다. 42:1에서 말했듯이 구원은 "공의"의 의미를 거룩한 질서로 확대한다. 하나님이 세상을 "구원"하시는 것은 그분이 의도한 질서에 공의를 가져오는 것을 의미한다. 질서를 회복하시려면 하나님은 세상에 만연한 죄의 속박에서 세상을 구원해 내셔야 한다.

언약의 대리인으로서의 종의 역할(49:7-12)

7-12절에서 하나님은 시편 2편의 말씀을 상기시키시면서 그 종에 대해 말씀하

---

2. Childs는 *Isaiah*, 383-85에서 이상적 이스라엘이라고 아주 강력하게 주장하지만 그가 구체적으로 누구인지 밝히는 것은 피하고 있다. Hanson은 *Isaiah 40-66*, 128에서 "'이스라엘'이라는 이름은 개인을 일컫는 말이기도 하고 집단을 일컫는 말이기도 하기 때문에 이 구절에서 구체적인 의미를 끄집어내기가 힘들다"고 말한다.

3. Motyer는 *Prophecy of Isaiah*, 388에서, 히브리어로 6절은 그 종(the Servant)이 땅 끝에 "구원"을 가져오는 것을 의미하는 게 아니라, 오히려 그 자신이 구원자라는 것을 의미한다고 주장한다. 모티어는 구원에 대한 말씀이 공통적으로 사용되고 있지만 구약성경의 다른 부분에서는 무척 상대적으로 사용되고 있다는 흥미로운 주장을 한다.

신다. 하나님은 그 종이 비록 "멸시받고" 노예와 같이 낮아지지만 열왕과 방백들이 신실하신 하나님을 존경하는 날이 올 거라고 선포하신다(49:7; 참조. 빌 2:5-11).[4] 특히 종의 임무는 하나님의 백성과 하나님의 "언약"을 맺는 대리인이 되는 것이다. 그분은 여호수아처럼 자유롭고 풍족한 땅에 그 백성을 정착시키시고, 목자가 양떼들을 돌보듯이 "긍휼"로 그의 백성을 돌보실 것이다(49:8-11). 49:12이 사방에서 돌아온 남은 자들을 이야기하면서 그 종의 사역은 전 세계를 향하고 있다는 것을 나타낸다. 사방에서 온 다양한 사람들은 하나님이 그 종을 통해 그들을 회복하신다는 것을 알게 될 것이다.[5]

찬양이 시작됨(49:13)

42:10-17처럼 그 종의 사역을 알림으로써 찬양이 시작된다. 42:10-17처럼 자연은 창조자와 구속자를 찬양하라고 요청을 받는다. 자연은 부득이하게 사람이 지은 죄의 영향을 받기에(창 3:17) 우리의 구속의 영향을 받게 될 것이다(참조. 44:23; 55:12-13; 65:17에 있는 약속을 유의하라). 40장에서 처음으로 나온 이후 여기에서 다시 소개되는 "그 백성"이라는 말과 함께 나오는 "위로"라는 말은, 바로 다음 장에서 몇 번 더 언급될 것이다.[6] 유배자들이 하나님에 대해서 제기한 문제들을 다루면서, 선지자는 거룩성(40-55장)으로 돌아와 40-55장에서 이상적인 종이 어떻게 문제들을 가능케 할지 보여 준다.

상황잇기

종의 개념. 오늘날 우리가 쉽게 "종"이라는 개념을 다룰 수 없는 몇 가지 이유가 있다. 첫째, 미국 노예제도와 관계된다는 점이다. 그 결과 종이라는 말은 야만성과 착취, 불법이 포함된 것으로 인식되었다. 둘째, 유럽의 하인들과 관계된 점이다. 종이라는 말에는 강요의 요소가 없었는데도 여전히 하층민과 노역의 개념

4. 48:17처럼(다시 한 번 더) 주님은 "구속자, 이스라엘의 거룩하신 분"으로 확인된다. 원래 1-39장에서 "이스라엘의 거룩하신 분"은 열방을 통치하시는 주님을 나타내기 위해서 사용되었다. 여기에서 열방을 통치하시는 주님의 능력이 나타난 근본적인 목적은 구속의 능력을 나타내기 위해서이다.

5. 49:12에서 Aswan으로 번역된 말은 *sinim*이다. DSS는 *synym*으로 읽히는데, 이 사실은 초기에 Syene(Aswan)가 의도되었다고 한 제안을 지지하는 것이다. 구약의 다른 부분에서 "시님"이 언급되었던 적은 없다.

6. 51:3, 12, 19; 52:9; 54:11의 "위로"를 보라. 51:4, 16, 22; 52:4, 5, 6, 9의 "그의/ 내 백성"을 보라.

이 담겨 있다. 이러한 이유들로 우리가 그 말 속에서 의미의 모든 것을 그려내기가 어렵다.

분명히 종은 더 낮은 신분에 속한다는 뜻을 포함하고 있다. 또한 종은 소유의 개념도 포함하고 있다. 그러나 고대 세계에서 노예는 미국 남부 농장의 노예들과는 전혀 달랐다. 예를 들어, 그리스와 로마에서는 귀족의 자녀들을 가르치는 교사는 대부분 노예였다. 따라서 교육을 받고 상류층이었던 사람들이 잠시 노예가 되기도 했다. 구약에서는 빚이 너무 많아 감당하기 힘들면 잠시 빚진 자에게 자발적으로 종이 되기도 했다(레 25:39-41). 이렇게 하는 것은 재기의 기회를 줄 뿐만 아니라 채권자들을 보호하는 방편이기도 했다. 미국과 유럽에서는 노예제도가 "고용된 노예"의 형태로 계속되었다.

그러나 "종"은 우리가 일반적으로 생각하는 것보다 훨씬 더 많은 문제, 노예제도 이상의 문제를 지니고 있다. "종"의 개념은 사람들이 200년 전에 "당신의 충성스러운 종"(Your obedient servant)이라고 편지의 맺음말을 쓰던 것과 같다. 본래 이것은 형식적인 미사여구였지만, 신분이 무엇이든지 간에 각자 다른 사람의 종이 될 수도 있다는 것을 나타낸 것이기도 하다. 따라서 정부의 고위 관리들은 왕의 "종"(이 말이 "수상"으로 발전했다)이라고 불렸다. 따라서 하나님이 어떤 사람을 그의 "종"이라고 부르시는 것은 "너는 내 구두닦이야", 혹은 "너는 어려운 일, 내가 하고 싶지 않은 비천한 일을 하는 사람이야"라고 말하는 것이 아니다. "종"은 기꺼이 주인이며 구원자로 인정하는 누군가를 위해서 봉사하는 자이다. 그 종은 자신보다 훨씬 능력 있고 실력 있는 자와 관계를 맺으면서 보호받고 희망을 얻으려 한다. 그 종은 세상에서 주인의 일을 완성하는 데 중요한 대리인이다.

마침내 왕이 "나는 네가 내 수상(으뜸가는 종)이 되었으면 한다"고 말할 때 종의 직위는 아주 영예로운 자리에 이르게 된다. 하늘나라 행정부의 수상 자리는 하나님의 아들이 차지하고 있지만, 하늘나라의 행정부에 어떤 직위를 맡게 되든 초대되는 것 자체가 얼마나 영광스러운 일인가! 따라서 종의 신분을 받아들인다는 것은 잘못된 자율성을 신념처럼 여기지 않도록 제한해야 한다는 것이다. 자신의 자율성을 제한하면 그 대가로 구원과 보호를 받게 되며, 왕을 위해서 값진 봉사를 할 수 있는 신분을 얻게 된다.

현대적 의미

예수의 사역을 경험하기. 우리가 본문에서 살펴본 바와 같이 하나님의 종으로서 예수의 사역을 경험한다는 것은 무엇을 의미하는가? 신약성경에 따르면 이것은 유익하고도 특별하다는 것을 의미한다. 이 경험들은 그리스도와 신비한 합일을 이루는 데 유익하다. 우리는 그의 포도나무 가지이며 우리에게 예수의 생명이 흐른다고 예수님은 말씀하신다(요 15:5-8). 그리스도와 오래된 죄를 십자가에 못 박고 예수 그리스도의 "마음"을 품어 새 생명으로 일어나라고 말씀하신다(롬 6:1-4; 갈 2:20; 빌 2:1-5).

48장 주석에서, 계시된 하나님의 말씀을 성실하게 "듣지" 않는 단순한 "영성"의 위험성을 이야기했다. "영성"이 그리스도인의 삶을 일련의 정신 구조나 도덕적 이상에 집착하는 것으로 축소되지 않는다는 것을 다시 강조하고 싶다. 하나님이 말씀 안에서 주시는 가르침에 따라 살아갈 때 우리는 하나님의 삶에 참여하는 특권을 누리게 된다.

우리는 그 종의 삶을 공유함으로써 하나님의 종이 될 수 있다. 이러한 참여로 우리는 소명과 더불어 능력, 자신감 등의 유익한 경험을 하게 된다. 그리스도가 태에서 부름 받은 것처럼(49:1, 5) 크리스천 역시 각자 부르심을 받았다는 사실을 알 수 있다. 이 사실은 반드시 다른 세대가 공통적으로 한 것과 같은 일을 해야 한다는 것을 의미하지는 않는다. 그러나 하나님은 분명한 방법으로 우리를 빚고 계시며, 하나님의 뜻과 소명을 우리 삶에서 이루신다는 것을 의미한다.

"프로테스탄트 직업윤리"라는 신조어를 만든 사회학자 막스 베버(Max Weber)는, 루터(Martin Luther)가 강조한 것과 같이 신의 소명 진리의 영향을 연구했다. 루터는 로마 가톨릭 교회의 전통같이 성직자들에게만 소명이 있는 것이 아니라는 사실을 발견했고 신의 소명 진리의 영향을 연구했다. 하나님은 모든 사람들을 부르시기에 우리 한 사람 한 사람은 소명을 받아 기쁨으로 하루하루를 살 수 있다.

게다가 그 종의 삶에 참여하는 자들인 우리는 하나님께 능력을 얻는다. 또한 하나님의 손에서 "날카로운 검"이나 "마광한 살"(49:2)이 된다는 사실을 깨닫는다. 날카로운 검이나 마광한 살이 된다는 것은 그 종, 예수 그리스도가 하신 것처럼 세상의 중대한 일을 반드시 해야 한다는 것을 의미하지 않는다. 아무리 우리가 하는 일이 단순한 일처럼 보여도, 이 일들은 죽음에 대해서 알게 되는 것보다 훨씬 더 중요한 의미를 지닌다. 우리는 반복되는 일상에서 하고 있는 것이 바로 하나님이 적합하게 주신 소명임을 알 수 있게 된다.

이것은 결코 삶에서 무의미함과 허무감을 느끼지 않는다는 것을 의미하지는 않는다. 49:4, 7에서 그리스도는 이와 같이 느낀다는 것이다. 가장 완고한 종교 지도자들과 하루 종일 입씨름을 한 후에 그리스도는 무의미함과 허무감을 느꼈을 것이다. 이와 비슷하게 제자들이 열네 번이나 들은 간단한 영적 진리조차 깨닫지 못했을 때 이와 같았을 것이다. 그리스도의 초기 사역에 군중이 흩어지려 할 때 "너희도 가려느냐?(요 6:67-옮긴이)라고 질문한 것에는 슬픔을 자아내는 어떤 것이 있다. 다시 말해 소명과 하나님의 능력을 안다는 것이 당신이 항상 "최상의 상태"를 느껴야 한다고 생각하지 말라. 그리스도도 그렇게 하지 않았는데 우리가 왜 그렇게 해야 하는가?

그러나 예수는 그 낙담과 허무함의 속에서 자신이 누구인지, 그것이 무엇을 의미하는지 결코 잊지 않으셨다. 그는 하나님의 것이고 하나님은 그의 것임을 알고 있었다(참조. 49:4의 "나의 하나님"). 예수는 하나님이 정말로 신실하시다는 것을 알고 계셨고 하나님의 손에 있는 그의 사역의 결과를 신뢰하실 수 있었다. 그분은 사람들에게 멸시당하고 미움을 받고(49:7) 경배를 받기도 하셨지만, 그들은 보응의 궁극적인 관리자가 아니었다. 우리가 알 수 있듯이 그분은 "나의 보응이 나의 하나님께 있다"는 것을 알고 계셨다(49:4). 이는 시편 56:4의 말씀과 같다.

> 내가 하나님을 의지하고 그 말씀을 찬송하올지라
> 　내가 하나님을 의지하였은즉 두려워 아니하리니
> 　혈육 있는 사람이 내게 어찌하리이까.

이사야 49:14-50:3

14 오직 시온이 이르기를 여호와께서 나를 버리
시며 주께서 나를 잊으셨다 하였거니와
15 여인이 어찌 그 젖 먹는 자식을 잊겠으며 자
기 태에서 난 아들을 긍휼히 여기지 않겠느
냐 그들은 혹시 잊을지라도 나는 너를 잊지
아니할 것이라
16 내가 너를 내 손바닥에 새겼고 너의 성벽이
항상 내 앞에 있나니
17 네 자녀들은 빨리 걸으며 너를 헐며 너를 황
폐하게 하던 자들은 너를 떠나가리라
18 네 눈을 들어 사방을 보라 그들이 다 모여 네
게로 오느니라 나 여호와가 이르노라 내가
나의 삶으로 맹세하노니 네가 반드시 그 모
든 무리를 장식처럼 몸에 차며 그것을 띠기
를 신부처럼 할 것이라
19 이는 네 황폐하고 적막한 곳들과 네 파멸을
당하였던 땅이 이제는 주민이 많아 좁게 될
것이며 너를 삼켰던 자들이 멀리 떠날 것이
니라
20 자식을 잃었을 때에 낳은 자녀가 후일에 네
귀에 말하기를 이곳이 내게 좁으니 넓혀서
내가 거주하게 하라 하리니
21 그때에 네가 네 마음에 이르기를 누가 나를
위하여 이들을 낳았는고 나는 자녀를 잃고
외로워졌으며 사로잡혀 유리하였거늘 이들
을 누가 양육하였는고 나는 홀로 남았거늘
이들은 어디서 생겼는고 하리라
22 주 여호와가 이같이 이르노라 내가 뭇 나라
를 향하여 나의 손을 들고 민족들을 향하여
나의 기치를 세울 것이라 그들이 네 아들들
을 품에 안고 네 딸들을 어깨에 메고 올 것
이며
23 왕들은 네 양부가 되며 왕비들은 네 유모가
될 것이며 그들이 얼굴을 땅에 대고 네게 절
하고 네 발의 티끌을 핥을 것이니 네가 나를
여호와인 줄을 알리라 나를 바라는 자는 수
치를 당하지 아니하리라
24 용사가 빼앗은 것을 어떻게 도로 빼앗으며
승리자에게 사로잡힌 자를 어떻게 건져낼 수
있으랴
25 여호와가 이같이 말하노라 용사의 포로도 빼
앗을 것이요 두려운 자의 빼앗은 것도 건져
낼 것이니 이는 내가 너를 대적하는 자를 대
적하고 네 자녀를 내가 구원할 것임이라
26 내가 너를 억압하는 자들에게 자기의 살을 먹
게 하며 새 술에 취함 같이 자기의 피에 취하
게 하리니 모든 육체가 나 여호와는 네 구원
자요 네 구속자요 야곱의 전능자인 줄 알리라

50:1 나 여호와가 이같이 말하노라 내가 너희의
어미를 내보낸 이혼 증서가 어디 있느냐 내
가 어느 채주에게 너희를 팔았느냐 보라 너
희는 너희의 죄악으로 말미암아 팔렸고 너희
의 어미는 너희의 배역함으로 말미암아 내보
냄을 받았느니라
2 내가 왔어도 사람이 없었으며 내가 불러도
대답하는 자가 없었음은 어찌 됨이냐 내 손
이 어찌 짧아 구속하지 못하겠느냐 내게 어
찌 건질 능력이 없겠느냐 보라 내가 꾸짖어
바다를 마르게 하며 강들을 사막이 되게 하
며 물이 없어졌으므로 그 물고기들이 악취를
내며 갈하여 죽으리라
3 내가 흑암으로 하늘을 입히며 굵은 베로 덮
느니라

원 의미

본문은 그 종이 구속의 사역을 선포하는 것에 부정적인 반응을 보이는 백성에게(49:14) 하나님이 답변하시는 것으로(49:15-50:3) 이루어져 있다. 40:27에 있는 말씀을 상기하면 "주가 그들을 잊어버리셨기에" 백성들은 종의 사역에 대한 원대한 약속이 결국 헛되게 될 것이라고 한다. 이에 하나님은 여인이 젖 먹는 자식을 잊어버릴 수 있을지언정(49:15-16) 하나님은 결코 그들을 잊을 수 없다고 답하신다. 하나님은 사랑의 증거로 메마른 땅(49:17-21)에 시온에서 태어날 "자녀"로 넘쳐나게 하실 것임을 선언하신다. 하나님은 그의 백성, 잃어버린 자녀를 고향으로 돌아오게 하실 것이다(49:22-23).

그러나 이 약속들은 또 다른 비관적인 반응을 불러일으킨다. 즉 승리자에게 사로잡힌 자를 누가 건져 낼 수 있는가?(49:24) 다시 하나님은 자신이 바로 그 일을 행하신다고 대답하신다(49:25-26). 세 번째 반응은 함축되어 있는데, 50:1-3에 있는 하나님의 반응을 기초로 해서 보면, 다음과 같다. "그러나 당신은 (당신 멋대로) 우리를 제일 먼저 승리자에게 팔아 넘긴 자가 아닌가요?" 이 반응에 대해 하나님은 그들을 버리지 않으셨고 그분의 뜻대로 백성을 회복하실 능력이 있으시다고 다시 대답하신다.[1]

여기서 사용된 돌아온다는 말이 주전 538년과 445년에 실제로 일어난 귀환을 일컫는다고 하는 것은 분명히 잘못된 판단이다. 이 사건들은 비교적 사소한 일들이었다. 모티어가 말한 대로 바빌론 유수 때 "인구가 급증"해서 처음으로 포로로 끌려가던 자들보다 더 많은 사람들이 돌아온 것은[2] 아니다. 이 말들이 문자 그대로의 사건을 예언하기 위해서 나왔다면 예언에 대해 오해한 것이다.[3]

이 진술들을 결코 문자 그대로 받아들여서는 안 되는 이유가 있다. 내가 위에서 말했듯이 지금 여기서 초점은 하나님께 돌아가는 것이다. 이사야는 그 종의 사역을 통해서 세계가 하나님과 화해한다는 것을 비유적으로 말하고 있다. 하나님은 옛날 아브라함에게 하신 약속을 잊지 않으신다. 아브라함은 하늘의 별들보다, 바닷가의 모래보다 더 많은 자손을 얻게 될 것이다. 시온의 죄와 유배 생활이 아브라함의 혈통이 끊어진 것처럼 보이게 하지만 그렇지 않다. 바빌론에서 실제로 귀환

1. 50:1-3이 49:14-26과 함께 제시될 수 있는 한 가지 증거는 "이것은 주 여호와가 말한 것이다"라는 말이 반복되어 나타난다는 점이다(49:22, 25; 51:1).
2. Motyer, *Prophecy of Isaiah*, 394.
3. R. N. Whybray, *Isaiah 40-66*(NCBC: Grand Rapids: Eerdmans, 1975), 144, 146을 보라.

한 것으로 볼 수 없는 또 다른 증거는, 역사적으로 포로 후기 시대였는데도 56-66장에서 같은 말이 나타난다는 점이다. 이미 귀환이 일어났지만 시온이 모성으로 풍족하게 된다고 계속 약속하고 있다(참조. 60:9; 66:7-11, 20).

다시 한 번 가능과 불가능이라는 주제가 문제의 핵심이 된다. 이 세상의 관점으로 보면 이스라엘이 회복되어 하나님과 관계를 맺는 것은 불가능하다. 이스라엘은 하나님께 이혼당했고 이스라엘의 자녀들은 죽거나 포로로 팔려 갔다(49:21). 빼앗기고 황폐한 여인은 인생에서 남자 없이 자녀를 가질 수 없다. 이것이 자연의 섭리이다. 그러나 하나님은 포로로 잡힌 자녀가 돌아올 뿐만 아니라(49:17-18) 더 많은 자녀가 그 어미에게서 태어날 거라고(49:19-21) 주장하신다. 아무도 "이 무리는 어디서 생겼는고?"(49:21) 하고 의심하지 않을 것이다.

바빌론이 포로들을 포기하게 하시는 초월적인 하나님은, 이스라엘을 위협하던 나라가 만방에 복이 되는, 이스라엘의 소명을 행하는 데 돕게 하신다. 전에 하나님이 약속하신 것처럼(11:10, 12) 그 종 메시아는 민족들을 향하여 세우는 깃발이 될 것이다(49:22). 그들은 기쁘게 와서 그들의 죄를 하나님의 백성인 이스라엘에게 고백할 것이다(49:23)[4] 이 모든 것들은 이스라엘 사람들에게 두 가지를 확신케 한다. 즉 여호와는 진정한 주님이시며 만물을 존재케 하시는 분이라는 것과, "하나님을 기다리는"(NIV "hope in"; 참소. 30:18) 사람들을 "실망시키지 않으시는"(49:23) 분이라는 것이다. 세상의 모든 아시리아와 바빌론의 세력을 이기실 수 있는 하나님은 죄의 세력을 이기실 수 있다.

그러나 백성이 하나님을 믿지 않아서 그분께 기회를 주지 않는다면, 하나님은 그들을 위해서 이 일들을 하실 수 없다. 우리가 이미 살펴보았듯이 40-55장은 하나님을 신뢰하라고 촉구한다. 7-39장은 하나님은 신뢰받을 분이시며 신뢰받아야 한다고 설명하고 있다. 그러나 궁극적으로 오직 하나님의 은혜로 하나님의 말씀과 신뢰를 경험할 수 있다(참조. 12:1-2). 본문은 이러한 은혜에 대해 설명하면서 표현한 것이며, 하나님이 그분의 백성을 구원하실 의지와 능력을 가지고 계시다는

4. 49:26과 관련해서 이 절에서 사용된 말은 상당히 비유적이라는 것을 다시 인지하는 것이 중요하다. 하나님은 그분의 백성을 터무니없이 압제하는 사람들은 그들 스스로 파멸의 길로 몰아가는 것이라고 말씀하신다. 그보다 더 어떤 죄를 계속 고집하는 사람들도 자신을 스스로 파멸로 몰아가고 있는 것이다. 이와 같은 구절을 지금 이스라엘 정부가 그의 적국을 짓밟아도 된다는 보증이 아니며 그리스도인이 그러한 일을 해도 된다는 보증도 아니다. 오히려 이것은 그것이 역사에서 계속 반복해서 보인다는 단순한 사실을 말하는 것이다. Robespierre를 예로 들 수 있는데, 그는 프랑스 혁명 "공포 정치"를 주창하다가 그 결과 그 자신이 폭력의 먹이가 되어 쓰러졌다.

50:1-3의 말씀에서 절정을 이룬다.

유다인들이 바벨론 유수를 경험한 것은 우연한 역사의 사건이 아니라 그들의 죄 때문에 발생한 것이다(50:1). 그러나 이 땅 위의 어떤 민족도 하나님 앞에 설 수 없는 것처럼 어떤 죄도 하나님 앞에 설 수 없다. 하나님이 그들과 이혼하고 계신다고 생각하는가? 이혼증서는 어디에 있는가? 이혼증서는 없다. 하나님이 자신의 뜻에 반대한 사람들을 강제로 "파셨다"고 생각하는가? 물론 아니다. 하나님은 열방에게서 그의 백성을 구원하실 수 있듯이 죄에서 그들을 구원해 내실 수 있으시다. 하나님의 "팔"은 "짧고" 약하지 않으며, 길고 힘이 있다. "바다를 마르게" 하실 수 있고 해를 멈추게 하실 수 있는 하나님께서 죄를 이기시는 것이 뭐가 그리 어려우시겠는가?

상황잇기

주님을 기다리기. 49:14-50:3에서 하나님의 말씀을 믿지 않으려는 사람들을 이기신다. 특히 대조를 이루는 49:13, 14에서는 이 증거가 분명하게 나타난다. 하나님은 "위로"와 "긍휼히 여김"을 약속하시지만, 사람들은 하나님이 그들을 잊으셨기 때문에 그 약속은 진실이 아니라고 말한다. 이 태도는 이사야가 당시에 직면한 일을 생각나게 한다. 하나님은 유다 백성이 오직 하나님만을 "기다린다"면, 아시리아의 위협에서 구원해 주시겠다고 약속하셨다. 그러나 유다 백성은 그렇게 하지 않고, 시리아의 위협에서 아시리아가, 아시리아의 위협에서 이집트가 그들을 구원해 줄 거라고 믿었다. 이와 같은 성향은 바벨론 유수 때도 지속되어, 그곳에 있는 사람들은 하나님을 믿는 것을 포기하고 스스로 바벨론 문화에 적응하기 시작했다.

다니엘서는 모든 유다인들이 이 압력에 굴복한 것은 아니었지만, 이 압력이 얼마나 집요하고 광범위했는지 보여 준다. 만국의 왕인 느부갓네살은 자신보다 더 위대한 왕이 존재한다고 주장하면서, "제5열"(fifth column, 적과 내통하여 국내에서 파괴행위를 하는 사람들-옮긴이)을 제국의 중심부에 가까이 오지 못하게 했다. 그래서 주께서 그의 약속을 성취하시는 것을"기다리는" 것은 쉽지 않았다. 메시아는 죄의 세력을 이기고 의의 하나님 나라가 오게 할 것이다. 처음 포로로 잡힌 주전 605년에서 주전 538년에 첫 귀환까지 70년이 넘는 시간이 걸렸지만, 그 종이 보좌를 차지하는 데는 수 백년이 걸렸다. 왜 하나님은 이 약속이 이루어지기까지 그렇게 오랜 시간을 기다리게 하셨는가?

우리는 메시아가 오시기 전에 계시가 필요했고, 로마 제국을 통해서 그 메시지를 전할 수 있다고 이야기할 수 있지만, 그 질문에 대한 궁극적인 대답은 하나님께 있다. 오직 한 가지 중요한 점은 이 약속을 맺은 사람들은 그것들이 이행되는 것을 결코 보지 못했다는 것이다. 그래서 그리스도가 오실 때 그리스도를 알아볼 준비가 되어 있던(눅 2:25-38) 안나와 시므온 같은 사람들만이 볼 수 있었다. 그들은 확신에 차서 오래 기다린 마지막 사람들이었고, 결국 그들의 믿음으로 수치를 당하지 않게 되었다(49:23).

현대적 의미

기다리기. 우리는 믿음과 신뢰를 갖고, 확실한 기대로 살라고 부름 받았다. 믿음으로 기다린다는 것은 우리의 삶을 통제하는 방식을 포기하는 것이다(32장 주석을 보라). 하나님이 우리의 문제들을 어떻게 다루기를 원하시는지 보여 주시기를 기다리지 않고 자기 방식대로 풀려 하는 것은 사실상 하나님보다 우리가 더 잘 알고 더 잘 해결할 수 있다고 말하는 것과 다름없다. 예수께서 그의 제자들에게 성령으로 채워질 때까지 예루살렘에서 기다리라고 하신 이유가 바로 이것이다. 모든 민족을 제자로 삼으라는 예수의 명령은 제자들의 계획으로 이루어지지 않는다. 하나님은 그 목적을 이루기 위해서 그들의 방식이 아닌 하나님의 방식과 능력으로 제자들을 극적으로 사용하신다.

우리는 일상생활 속에서 하나님을 기다리라는 요청을 받는다. 하나님은 본문에서 유배자들에게 기다리라고 하신 것보다 더 오랫동안 우리에게 기다리라고 하신다. 유배자들이 맺은 약속들이 궁극적으로 실현되기를 기다렸듯이 우리에게도 기다리라고 하신다. 우리는 여러 가지 방법으로 이 약속들이 실현된 것을 본다. 모든 민족들이 예루살렘에 와서 고개를 숙이고 헌금하며 살아 계신 하나님의 교회, 시온의 도시에 헌신한다. 아브라함 자손들의 수가 어마어마하게 늘어나고 있는 중이다. 하나님의 백성을 망하게 하려고 하던 사람들은 망하고 있다.

그러나 우리는 여전히 이 땅에 하나님의 나라가 최종적으로 세워지는 것을 기다리고 있다. 이것은 그리스도께서 그를 따르는 자들에게 확신 가운데 하나님의 나라를 기다리라고 요청하신 것이다. 오늘날 우리에게 누가복음 18:8의 "그러나 인자가 올 때에 세상에서 믿음을 보겠느냐?"라는 질문은 여전히 제기되고 있다. 다른 곳에서, 예수님은 우리에게 그의 재림을 기다리면서 초점을 잃어서는 안 된다고 말씀하신다. 예수님은 신랑이 오는 것을 준비하지 못한 "어리석은 처녀"에 대해서 이야기하신다(마 25:1-13). 예수님은 다른 일을 하느라 바빠서 준비하지 못하는 사람들에 대해서도 이야기하신다(마 24:36-44).

예수님이 하늘나라로 돌아가신 해에 이미 희망을 잃고, 예수님은 돌아오시지 않는다고 이야기하는 사람들이 있었다. 문제는 우리가 안나와 시므온과 같이 정점에 이를 것인지, 아니면 마지막 자손이 되어 희망을 잃어버린 자로 남을 것인지이다. 하나님은 하나님을 기다리는 사람들을 실망시키시지 않으신다고 약속하신다. 그러나 하나님을 기다린다는 것은 그때까지 희망을 잃지 않고 하나님이 명하신 것을 기다린다는 것을 의미한다.

하나님의 사랑을 받아들이기. 유배자들이 희망을 잃어버린 이유 중 하나는 그들을 향한 하나님의 사랑을 믿지 못했기 때문이다. 확실히 그 무리 가운데는 서로 다른 몇몇 생각들이 존재했다. (1) 어떤 사람들은 하나님이 그들을 불공평하게 다루신다고 생각했다. 어쨌든 주위엔 유다 백성보다 훨씬 나쁜 사람들이 있었고 그들과 비교하면 유다 백성은 그렇게 나쁘지 않았다(참조. 합 1장). 더구나 선지자가 주장한 만큼 그들의 조상이 그렇게 나빴다면, 하나님은 "무죄한" 후손이 아닌, 그 조상들을 심판하셔야 한다(겔 18장). 그래서 이 사람들은 "하나님이 우리를 사랑하신다면 우리는 이런 곤경에 결코 빠지지 않았을 거야"라고 말했을 것이다(참조. 사 40:27).

(2) 다른 사람들은 하나님이 그들을 공평하게 다룬다는 사실을 인정한다. 이 세대는 앞 세대가 그랬던 것처럼 부정직하지만, 하나님은 그들에게 일어날 일이 무엇인지 정확하게 이야기하신다. 하나님이 죄악을 행하고 하나님의 마음을 아프게 하는 그들을 앞 세대만큼 사랑하실 거라고 상상할 수 없다.

(3) 마침내 "그래서 뭘?"이라고 말하는 사람들이 생기게 된다. 이 사람들은 그들의 상황이 희망이 없다는 결론을 내린다. 이것을 공평하게 보든지 불공평하게 보든지 간에 그것은 핵심이 아니다. 핵심은 빠져나갈 방법이 없다는 것이다. 결국 하나님은 그분이 원하시는 그들을 모두 사랑한다고 말씀하시겠지만 그 말은 아무런 유익이 되지 않는다.

오늘날 이와 같은 무리가 존재한다. 하나님은 가능한 한 모든 방법을 동원해서 우리를 사랑하시고 우리와 함께 교제하기를 원하신다고 말씀하신다. 하나님은 우리에게 영적인 풍성함과 열매를 준다고 약속하신다. 그러나 그 말씀을 받아들여야 하는 우리는 그것을 "듣지" 않고 있다. (1) 우리 중 어떤 이들은 "하나님이 정말로 나를 사랑하신다면 이렇게 학대하는 가정에 태어나게 하실 수 없어"라고 하거나,

"하나님이 정말로 나를 사랑하신다면 이렇게 가난하게 하실 수는 없어"라고 하거나, "하나님이 정말로 나를 사랑하신다면 결혼도 하기 전에 임신하게 하실 수 없어"라고 말한다. (2) 다른 사람들은 "하나님은 나를 사랑하실 수 없어. 이미 일을 저질러 버렸어"라고 하거나, "내가 다시 이 일을 하지 않겠다고 했는데 또 죄를 저질러 버렸어. 하나님은 나를 사랑하실 수 없어"라고 하거나, "하나님은 나를 사랑하실 수 없어. 나는 가치 없는 존재야. 내가 하는 말이나 일들은 아무 가치가 없어"라고 말한다. (3) 마지막으로 또 다른 사람들은 "하나님이 나를 사랑하시든지 아니든지 별 차이가 없어. 상황은 희망이 없어. 하나님은 이 일에 대해서 아무것도 하실 수 없어"라고 말한다.

이 모든 이들에게 하나님은 2700년 전에 하신 것과 똑같은 이야기를 하신다. 즉 젖을 먹이는 여인이 그 아기를 잊어버릴 수 있을지언정 하나님은 결코 그들을 잊을 수 없다고 말씀하신다. 그리고 우리는 이사야가 말한 진리보다 더 확실한 증거가 될 것이고, 하나님이 우리의 이름을 "내 손바닥에…새겼고"(49:16)라고 말씀하실 때 우리는 하나님의 아들의 손에 있는 못 자국을 생각하게 될 것이다. 하나님이 우리를 위해 그 일을 하시고 있는데 어떻게 하나님이 우리를 잊으실 수 있겠는가?

(1) 우리 가운데 불공평하게 다루어지고 있다고 믿는 사람들에게 하나님은 그런 상황을 만든 자신의 책임을 돌아보라고 요구하신다. 정말로 바빌론 유수를 경험하지 않은 독특한 유다인들이 분명히 있었다. 그들은 하나님의 말씀에 순종하며 산 믿음의 사람들이었는데(다니엘과 그의 세 친구들, 에스겔), 그들에게도 머지않아 무시무시한 일이 일어날 예정이었다. 그 상황에서 문제는 "왜?"라고 하면서 하나님을 붙잡고 대답을 강요하는 것이 아니라, 오히려 "지금 무엇을 할까요?"라고 하면서 하나님을 구하고 앞으로 해야 할 것을 찾는 것이다. 그런 사람에게는 하나님의 사랑을 확신하는 것이 인생의 "불공평"과 맞서 싸우는 데 필요한 활력소가 될 것이다. 사실 우리는 우리의 행동 자체보다 더욱 거대한 환경(그 행동의 원인과 결과로 형성되는 환경)에 복잡하게 얽혀 있어서, 바라던 대로 되지 않으면 하나님이 우리를 사랑하신다거나 우리를 돌보고 계신다는 것을 전혀 깨닫지 못한다.

(2) 하나님의 사랑과 용서를 갈망하는 둘째 그룹은 그들이 어떤 행동을 해도 하나님이 용서해 주신다는 사실을 그냥 믿을 수 없다. 이것은 자긍심의 반대 양상으로 나타나는데 그들은 자주 "내가 하고 있는 것은 하나님께 너무한 거야"라고 생각한다. 이것은 주로 자기 자신을 용서할 능력이 없을 때 나타난다. 내가 내 자신에 대해 실망한다면 하나님은 얼마나 끝도 없이 실망하고 계실지 생각해 보라고

말한다. 이런 사람들에게는 자기 자신을 하나님의 손 안에 철저하게 내어 맡기는 것이 필요하다. 물론 하나님은 실망하시지만 그 사실이 하나님의 사랑을 변하게 할 수는 없다. 우리가 허용하고 있는 자기 비하의 감정 안에서, 우리의 죄가 세상에서 가장 나쁜 죄가 아니라는 것, 자신에 대한 실망은 문제가 되지 않는다는 점을 받아들인다면, 하나님이 우리를 용서하길 원하신다는 것을 깨닫게 되고 그분께 자신을 맡길 것이다. 하나님의 용서를 받아들이면 결국 우리 자신을 용서할 수 있게 된다.

(3) 셋째 그룹의 상황은 둘째 그룹의 상황과 같은데, 하나님의 사랑을 체험한다면 그 문제는 해결될 것이다. "내 상황은 희망이 없어"라고 말하는 교만은 하나님이 이 세상 어떤 것보다 더 위대하시다는 것을 믿기를 거절하는 것이다. 하나님은 시도할 기회를 잡으라고 요청하신다. 하나님은 우리에게 의심이 아닌 믿음으로 하나님을 시험해 보라고 하시고, 우리를 위한 사랑을 보여 주시며 그 사랑이 맞닥뜨리게 된 어떤 걸림돌이라도 정복하실 수 있다고 주장하신다. 그의 팔이 너무 짧아서 우리를 구해 내시지 못하는 것도 아니며 그분이 우리를 구해 내시지 못할 만큼 힘이 없는 것도 아니다(50:2).

이사야 50:4-51:8

4 주 여호와께서 학자들의 혀를 내게 주사 나
로 곤고한 자를 말로 어떻게 도와 줄 줄을 알
게 하시고 아침마다 깨우치시되 나의 귀를
깨우치사 학자들 같이 알아듣게 하시도다
5 주 여호와께서 나의 귀를 여셨으므로 내가
거역하지도 아니하며 뒤로 물러가지도 아니
하며
6 나를 때리는 자들에게 내 등을 맡기며 나의
수염을 뽑는 자들에게 나의 뺨을 맡기며 모
욕과 침 뱉음을 당하여도 내 얼굴을 가리지
아니하였느니라
7 주 여호와께서 나를 도우시므로 내가 부끄러
워하지 아니하고 내 얼굴을 부싯돌 같이 굳
게 하였으므로 내가 수치를 당하지 아니할
줄 아노라
8 나를 의롭다 하시는 이가 가까이 계시니 나
와 다툴 자가 누구냐 나와 함께 설지어다 나
의 대적이 누구냐 내게 가까이 나아올지어다
9 보라 주 여호와께서 나를 도우시리니 나를
정죄할 자 누구냐 보라 그들은 다 옷과 같이
해어지며 좀이 그들을 먹으리라
10 너희 중에 여호와를 경외하며 그의 종의 목
소리를 청종하는 자가 누구냐 흑암 중에 행
하여 빛이 없는 자라도 여호와의 이름을 의
뢰하며 자기 하나님께 의지할지어다
11 보라 불을 피우고 횃불을 둘러 띤 자여 너희
가 다 너희의 불꽃 가운데로 걸어가며 너희
가 피운 횃불 가운데로 걸어갈지어다 너희가
내 손에서 얻을 것이 이것이라 너희가 고통
이 있는 곳에 누우리라

51:1 의를 따르며 여호와를 찾아 구하는 너희는
내게 들을지어다 너희를 떠낸 반석과 너희를
파낸 우묵한 구덩이를 생각하여 보라
2 너희의 조상 아브라함과 너희를 낳은 사라를
생각하여 보라 아브라함이 혼자 있을 때에
내가 그를 부르고 그에게 복을 주어 창성하
게 하였느니라
3 나 여호와가 시온의 모든 황폐한 곳들을 위
로하여 그 사막을 에덴 같게, 그 광야를 여호
와의 동산 같게 하였나니 그 가운데에 기뻐
함과 즐거워함과 감사함과 창화하는 소리가
있으리라
4 내 백성이여 내게 주의하라 내 나라여 내게
귀를 기울이라 이는 율법이 내게서부터 나갈
것임이라 내가 내 공의를 만민의 빛으로 세
우리라
5 내 공의가 가깝고 내 구원이 나갔은즉 내 팔
이 만민을 심판하리니 섬들이 나를 앙망하여
내 팔에 의지하리라
6 너희는 하늘로 눈을 들며 그 아래의 땅을 살
피라 하늘이 연기 같이 사라지고 땅이 옷 같
이 해어지며 거기에 사는 자들이 하루살이
같이 죽으려니와 나의 구원은 영원히 있고
나의 공의는 폐하여지지 아니하리라
7 의를 아는 자들아, 마음에 내 율법이 있는 백
성들아, 너희는 내게 듣고 그들의 비방을 두
려워하지 말라 그들의 비방에 놀라지 말라
8 옷 같이 좀이 그들을 먹을 것이며 양털 같이
좀벌레가 그들을 먹을 것이나 나의 공의는
영원히 있겠고 나의 구원은 세세에 미치리라

원 의미

49:1-6에서 그랬던 것처럼 다시 한 번 종이 소개되는데, 그 종은 1인칭으로 말한다(50:4-9). 42장과 49장에서 처럼, 이 단락 다음에 설명이 뒤따른다(50:10-51:8).[1] 앞에 나온 단락과 두 가지 관련이 있는데, 이스라엘의 배반(50:1)과 그 종의 순종(50:5)이 대조되는 점과, "주 여호와"(the Sovereign Lord)가 4중으로 반복되는 점이다.

50:4-51:8과 관련되어 있는 49:14-50:3은 주 여호와께서(참조. 49:22) 그의 백성을 죄에서 구원하실 힘과 의지를 둘 다 지녔다고 주장하고 있다. 그러나 주님이 어떻게 그렇게 하실 수 있는가? 50:4-9에 따르면 주 여호와의 목적을 완성하기 위해 심지어 그 종이 고통을 받아야 한다는 것을 의미한다고 해도 주님은 순종하시는 주의 종을 통해서 구원을 이루실 것이다. 그 종의 말을 설명하면서 50:10-11은 이 주석의 본론(51:1-8)으로 접어든다. "그 종의 말을 순종하는"(문자적으로는 "그 종의 목소리를 듣는 것"이다. 51:1, 4, 7에 있는 "듣는다"는 부분을 다시 살펴보라) 사람들은 빛을 가지게 되는 반면 그들 자신의 빛을 만든 사람들은 파멸을 보게 될 것이다. 그 종은 하나님의 "의"를 좇는 자들에게 메시지를 말할 것이며 그들은 들을 것이다(51:1). 하나님의 "공의"(그들의 것이 아닌)가 민족들에게 비칠 것이며(51:4; 참조. 42:1; 49:6) 그 안에서 그들은 "구원"을 보게 될 것이다(51:8).

그 종의 순종(50:4-9)

소위 "종의 노래"의 셋째에 해당하는 이 단락은 주님을 향한 종의 순종이 그 자신을 고통스럽게 할 거라고 더욱 분명하게 말한다. 이 "종"은 분명히 이스라엘 민족은 아니다. 왜냐하면 그들은 순종해서 고통을 받은 것이 아니라 배반해서 고통을 받았기 때문이다.[2]

그 종이 말씀을 통해 하나님을 드러낼 거라는 더 깊은 암시도 있다(참조. 49:2).

---

1. 많은 주석가들이 51:1-52:12을 한 단원으로 본다. 예를 들어, Motyer는 *Prophecy of Isaiah*, 402ff에서 한 단원이라고 주장하지만, 50장에서 51장으로는 "쉽게 진행한다"고 주장한다. 이 단락의 구조에 대해서 여기서 제시된 것과 비슷하게 이해하고 있는 사람들을 보려면 Watts, *Isaiah 34-66*, 193ff; Hanson, *Isaiah 40-66*, 144-45을 보라. Westermann은 *Isaiah 40-66*, 233-34에서 50:10-51:8은 "제2 이사야"가 51:9에서 한 말에 잡다한 자료들이 어우러진 것이라고 주장한다.
2. 이 점을 더 깊이 논의하기 위해 Oswalt, *Isaiah 40-66*, 322-23을 보라.

그의 "귀"가 "열려져서" 신탁을 듣게 되고(50:5) 그의 "혀"가 "풀려서"(50:4) 그것을 선포하게 된다. 그러나 메시지가 선포되면 수욕이 있을 것이며(50:6) 그 종은 하나님이 결국 종의 명예를 회복하실 거라는 것을 알기에 기꺼이 참을 것이다(50:7-9). 아무도 그 종이 메시지를 엉터리로 전한다거나 하나님께 불순종한다고 고소하지 못할 것이다. 그를 "때리고" 그의 "수염"을 뽑는 자들은 그가 하나님께 순종하는 것을 멈추게 하지 못할 것이다. 사실 그 종을 고소하던 자들은 서 있지 못하게 될 것이다.

주님이 결국 종의 "명예를 회복해" 주실 것이 분명하다는 것은 그 종이 주인의 뜻을 이루기 위해 "부싯돌같이 얼굴을 굳게" 하면서 순종하는 용기를 가지고 있다는 것을 의미한다. 그 종의 말에 대한 강조는 다른 곳에서 메시아에 대해 말한 것을 생각나게 한다. 그는 "그 입의 막대기로 세상을 칠 것"이며(11:4) "여호와께서 내게 기름을 부으사 가난한 자에게 아름다운 소식을 전하게 하려 하실" 것이다(61:1).

장면전환의 말씀(50:10-11)

종의 말에 대한 주석을 간략히게 소개하는 이 단락은 51:1-9의 주석에서 본격적으로 드러날 그의 신탁에 대한 순종을 매우 강조하고 부각한다. 주님과 그 종 사이에는 중요한 유사 의미가 평행하여 존재한다. "주님을 두려워하는 것"은 "그 종의 말"에 순종하는 것과 동의어이며 그 반대도 마찬가지이다(50:10). 재삼 되풀이하지만, 이 "종"은 이스라엘이 아닌 다른 인물이며 이 민족에게 하나님의 말씀을 가져 온다. 이 사람은 선지자도 아니다. 선지자의 말에 순종하는 것이 주님을 두려워하는 것과 동의어가 아니기 때문이다. 점점 더 분명해지는 것은 이 종이 아주 특별한 지위에 있다는 사실이다.

분명 이 종에 대한 사람들의 반응이 분기점을 이룬다. "아무런 빛"도 가지지 못한 사람들이 하나님이 계시하신 길에 자기 자신을 맡긴다면 그 길을 안전하게 걸을 수 있게 될 것이다. 그러나 하나님이 계시하신 방법을 거절하고 그들 자신의 빛을 만들려고 하던 사람들은 그들이 선택한 길이 "고통"을 초래한다는 것을 알게 될 것이다(50:11).[3] 종의 말을 듣는 것은 하나님을 "신뢰하는 것"인 반면 종

3. NIV가 선택하고 있는 "너 자신에게 불타는 횃불을 준다"는 말은 히브리어가 가진 뜻 "너 자신을 졸라매

이 말한 것을 듣기를 거절하는 사람들은 하나님을 신뢰하는 것을 거절하는 것과 같다.

그 종의 말에 대한 주석(51:1-8)

이 구절들은 그 종의 말들, "순종, 청종"이라는 주제를 발전시킨다. 여기서 언급하고 있는 한 부류는 유다인들 가운데 하나님을 신뢰하고 싶어 하는 사람들이다. 또 다른 부류는 50:10에서 빠져 있다. 그러나 "의를 좇는 자들"과 "여호와를 찾아 구하는" 자들(51:1)이 "의를 아는 자들"과 "마음에 내 율법이 있는" 자들(51:7)로 언급되어 있다. 그 종이 나타난다는 메시지는 그들을 위한 구원의 메시지이다. 그러나 49-55장의 도입 주석에서 관찰한 대로 이 단락에서의 구원은 본질적으로 바빌론에서의 구원이 아니다. 대신, 이 구원은 우주적인 구원(51:4-6)이며 영원히 지속되는 구원(51:6, 8)이다.

이 사실은 이스라엘의 중요한 문제가 이방 땅에서 포로로 잡혀 있는 것이 아님을 다시 강조한다. 오히려 이스라엘의 궁극적인 문제는 전 인류가 지닌 문제, 하나님에게서 단절되어 있다는 것이다. 이런 구원 없이는 바빌론에서의 구원도 실현되지 않을 것이다. 하나님이 불의와 압제를 만들어 내는 죄의 속박에서 구원할 방법을 찾지 못하신다면 인류에게 마지막 희망이 사라지는 것이다. 게다가 하나님의 구원은 우리의 동기와 순종을 초월하여 진행되는 것이 분명하다. 이런 삶의 질이 하나님과의 단절을 없애 버릴 수 있다면 그 이상의 구원은 필요하지도 않을 것이다. 그러나 사실 이런 특성을 지닌 사람들이 본질적인 구원을 받게 될 것이다. 하나님의 율법을 그들의 마음에 새기고 있다는 사실이 하나님과의 단절에서 그들을 구원해 내지 못하지만 그들이 구원을 받게 된다면 그들이 그 구원 받을 신분에 있다는 것을 의미한다.

이 주석은 51:1-3, 4-6, 7-8로 나누어 볼 수 있다.[4] (1) 1-3절에서 하나님과 그

다"라는 말보다 훨씬 그 의미가 약하고, 심지어 횃불을 (손을 자유롭게 사용하기 위해서) 그 허리에 졸라 매는 것보다 그 의미가 약하다.

4. Westermann은 *Isaiah 40-66*, 233에서, 소위 "종의 노래"(42:1-9; 49:1-7)의 처음 두 부분은 여기에 나온 이 종의 노래처럼 주석이 뒤이어 나오지만 노래로 끝나는 반면 이 종의 노래는 노래로 끝나지 않는다고 주장하는 것은 옳아 보인다. 그 결과 그는 51:3을 끄집어내어 51:8 뒤에 두고 이것을 "노래 한 편"(a fragment of a song)이라고 부른다. 이렇게 하는 것은 불필요해 보인다. 노래의 형식을 갖추지 않았다고 하는 것은 거짓말처럼 보이며, 전체 단락은 시적 노래의 특징을 가지고 있다(54:1-17 주석을 보라).

종은 의("나를 들을지어다")를 되돌아 볼 것을 요청한다. 그들은 하나님이 아브라함을 선택하시고 사랑하셔서 그와 교제하신 것을 기억하라는 요구를 받고(2절) 세상을 존재케 하신 하나님의 창조의 능력을 깨달으라는 요구를 받는다. 이스라엘 백성이 시험을 받아 하나님이 그들을 회복하신다는 것에 절망한다면 하나님은 그들 민족의 기원이 어떻게 시작되었지 지적하실 것이다. 하나님은 그들 중에서 한 쌍을 데리고 나와 완전한 민족이 되게 하셨다. 분명 하나님은 지금 이스라엘을 포기하지 않으실 것이다. 그렇게 하실 수 있는 하나님의 능력에 어떤 의심도 없을 것이다. 세상을 존재케 하신 하나님이 "폐허"가 된 "시온"을 회복하시는 데 아무런 문제가 생기지 않을 것이다.

51:3에서 사용된 창조에 대한 특별한 영상이 중요하다. 이사야서의 이 부분에서 종종 사용된, 땅의 기초를 놓으시고 하늘을 펴신 영상이 여기에는 없다. 대신 동산을 만든 창조적 행동이 강조된다. 이사야는 창조자가 원래 세상을 아름답게, 조화롭게, 복되게 만들었다는 점을 강조한다. 여호와는 단순한 창조자가 아니라 세상에 복을 주는 마음을 실어서 특별한 계획을 가지고 세상을 만드셨다. 그래서 하나님이 예정하신 사랑을 베푸시고 복을 주시는 창조의 능력을 지닌 분이시라면 그분의 백성은 그들이 폐허 가운데 남겨질까봐 두려워하고 그들이 지은 죄로 인해서 절망하지 않아도 된다. 과거의 교훈은 분명하다. 주님은 "위로"와 "긍휼히 여김"과 능력의 하나님이시며, 그분은 세상이 다시 한 번 더 "기뻐함과 즐거워함", "감사함"과 "창화"(唱和)함이 있을 때까지 쉬지 않으신다는 것이다.

(2) 다음 단락은 첫째 단락이 그러했듯이 "귀를 기울이라"는 요청으로 시작한다. 여기서 강조하는 것은 그 종의 우주적이고 영원한 사역이다. 완성될 이 구원은 아브라함 자손들을 위한 것일 뿐만 아니라 아담의 자손들을 위한 것이기도 한데 49:6은 이 사실을 분명하게 한다. 이스라엘 백성이 전능하신 하나님의 구원의 손이 나타나기를 기다리게 될 뿐 아니라(51:5; 참조. 50:2; 51:9; 52:10; 53:1) 정말로 온 땅도 기다린다.

하나님의 구원의 결과로 하나님의 "율법"과 "공의"가 모든 민족에게 퍼져나가고 그 종은 "이방인들"에게 빛을 가져다 줄 것이다(42:6; 49:6). 하나님이 그분의 백성을 위해 하실 일은 정말로 우주적인 영향을 끼친다.

게다가 하나님이 이루실 "구원"은 시간과 공간의 제한을 초월한다. 심지어 "하늘"과 "땅"이 존재하지 않게 되고 땅에 있는 모든 거주자들이 죽는다 해도 이 구원은 이루어질 것이다. 이 말은 단순한 비유에 불과하다고 주장할 수 있지만, 비록 그럴지라도 바빌론에서의 구원과 시온 땅의 회복을 초월한 무엇이 이야기되고 있는 사실은 분명 부인할 수 없을 것이다.[5]

(3) 세 번째 '종의 노래'에 대한 주석의 셋째 단락은 또 다시 들으라는 요청으로 시작된다(51:7). 이 단락에는 특히 하나님을 구하는 사람들이 귀 담아 들어야 할 종에 대한 말씀과 종이 하는 말씀이 다 들어가 있다. 하나님을 구하는 사람들은 하나님이 그들을 버리지 아니하시고, 하나님을 알고 하나님의 뜻대로 하겠다는 그들의 헌신이 헛되지 않을 것이라는 사실을 확신하면서 용기를 얻어야 한다.

결점투성이 세상은 거룩하신 하나님의 삶을 집요하게 "비난"하고 "모욕"하기 때문에 하나님을 구하는 자들에게는 이 용기가 필요하다.

하나님은 하나님을 구하는 그들이 좀에게 먹히는 옷같이 사라져 버릴 사람들에게 비난받고 모욕당하는 말을 듣고 두려워하지 않기를 원하신다(51:8). 다시 말해서 이 모든 말들은 지나가며 하나님을 구하는 자들이 생각한 것보다 훨씬 더 빨리 지나간다. 그러나 하나님의 의로운 구원은 영원히 지속될 것이다(참조. 40:8). 우리가 명심해야 할 것은 이같은 비유가 그 종에게도 똑같이 사용되었다는 점이다(50:9). 이스라엘은 그 종처럼 세상에서 웃음거리가 되고 불안함 가운데 있을지라도 희망을 잃지 말아야 한다.

상황잇기

하나님을 사랑하고 하나님에 대해서 말하는 것은 다른 어떤 것들보다도 훨씬 더 많은 비난을 불러일으킨다. 이 단락은 시종일관 이 사실에 대해서 말한다. 그 종은 순종하기만 하면서 그가 말하라고 가르침을 받은 말씀을 전하고(50:4-5) 그를 때리는 사람들에게 등까지 대어 주는 일이 일어난다(50:6). 이 둘이 분명하게 관련되어 있는 것은 아니지만 사실상 관계가 있다.

하나님에 대해서 말하면 비방을 받게 된다. 이 단락의 끝(51:7-8)에서 하나님의 율법을 사랑하는 사람들이 이와 꼭 같은 경험을 한다. 그 종과 하나님의 율법을 사랑하는 자들을 지지해 주기 위해서 제공되는 지지대는 하나님의 의이며, 최종적으로 하나님의 의가 그의 명예를 회복할 것이다.

크리스천들은 성경 전체에 걸쳐서 지금까지 박해를 받고 있다. 불신 세계가 박해를 하는 것은 전혀 놀랍지 않은 일이지만 그들 스스로 신앙인이라고 생각하

5. 참조. Childs, *Isaiah*, 402: Delitzsch, *Isaiah*, 2:250

는 사람들에게 비방을 받을 때 엄청난 좌절을 겪는다. 그것이 실제 우리의 삶이다. 에덴동산에서 인류가 타락한 후에 처음으로 기록된 사건은 아벨의 믿음은 영예롭게 인정을 받았고 가인의 믿음은 인정을 받지 못하게 되어서 가인이 아벨을 죽인 사건이다(창 4장). 이 사건은 요셉 때도 일어나는데, 하나님의 약속을 받은 요셉은 형들의 시기와 공격을 받아 노예로 팔리게 된다(창 37:19-20). 하나님이 여호수아와 갈렙의 목숨을 구하시려고 개입하시지 않았다면 그들은 하나님이 도우시면 그 땅을 취할 수 있다고(민 14:10) 말한 이유로 돌에 맞아 죽었을 것이다.

이러한 유형은 이스라엘 역사에서 계속 되풀이되고 있고 특히 선지자들은 비난을 받고 살해되기도 한다. 따라서 예수는 유다인들에게 창세 이후로 지금까지 선지자들이 흘린 피에 대한 책임이 있다고 말할 수 있었다(눅 11:51). 예수께서 제자들에게 "나를 인하여 너희를 욕하고 핍박하고 거짓으로 너희를 거슬러 모든 악한 말을 할 때 너희에게 복이 있나니"(마 5:11)라고 한 것은 바로 그런 관점으로 말한 것이다. 예수님은 제자들이 받는 핍박에서 그들의 신실함의 증거를 찾았다(참조. 요 15:18-16:14).

사도 바울의 경우에도 분명 그러했다. 바울은 그의 믿음 때문에 매를 맞고 돌에 맞고 감옥에 갇힌 것으로 믿음을 검증할 수 있었다(고후 11:23-26). 이 시대를 살아가는 크리스천들에게도 이 사실은 분명한 진리이다. 우리는 콜로세움에서 순전한 순교자로 죽은 사람들을 생각하지만, 그 사람들은 분명 끝없는 행렬, 심지어 이 말씀들이 기록되고 있을 당시에도 학살당하고 노예가 된 수단제족의 크리스천(수단 지역에 거주하는 사람들로 어느 정도 공통된 신체적 특징을 가지고 있다. 아라비아인들이 자기들과 다른 피부색을 가진 아프리카인을 일컫는 명칭이다-옮긴이)을 포함한 행렬의 시작에 불과하다.

이사야 50:4-9의 정황에서 예수님은 그분의 행동보다는 말 때문에 훨씬 더 많은 비난을 받는다. 예수님이 하나님의 아들이라고 주장하지 않았다면, 종교 지도자들에게 심판을 선포하지 않았다면, 오직 자신만이 그 길이라고 말하지 않았다면 사형에 처해지지는 않았을 것이다. 말과 언어는 하나님 계시의 핵심이다.

하나님은 피조물에게 복 주시는 말씀을 하셨고(창 1:28) 에덴동산에 있는 생명들에게 구체적인 언어의 생기를 불어넣으셨다. 선지자가 하나님을 경험하는 것은 그 속성상 순전히 언어적인 경험인데, 하나님은 그분의 백성에게 전하실 메시지가 있고 선지자는 이 메시지를 백성들에게 전한다. 그 종, 예수 그리스도는 하나님이 사람과 의사소통을 하는 궁극적인 통로이시다.

따라서 요한이 예수를 "그 말씀"의 단계로 분류하는 것은 정말로 타당한 일이었다. 그럼에도 불구하고 이 사실은 예수 안에 있는 의사소통은 오직 예수 그 존재이기 때문에 더 이상 언어로 의사소통을 하는 것이 필요 없다고 말하지 않는다. 결코 아니다. 그 누구도 복음서를 읽지 않고서 복음서를 믿을 수는 없다. 예수님은 그의 죽으심에 대해 말씀하셨기 때문에 그 말씀대로 하셨다. 그러나 예수님은 하나님의 말씀은 영원한 구원의 말씀이고 그것은 영영히 사라지지 않는다는 것을 알았기 때문에 확신 가운데 죽으실 수 있었다.

현대적 의미

오늘날 우리가 핍박을 복의 징조로 생각하기란 거의 불가능하다. 우리는 모든 사람들이 우리가 잘된다고 말할 때 복을 받고 있다고 생각한다. 그러나 예수님은 산상설교에서 그것은 좋은 징조가 아니라 더 이상 우리가 빛과 소금이 아니라는 것을 드러내는 거라고 말씀하신다. 우리는 믿지 않는 무리와 결코 반대편에 서지 못하고 그들이 행하고 말하는 것을 확실하게 비난하지 못한다.

북미에 사는 크리스천들은 300년 동안 지속된 박해에서 대부분 자유롭게 되자 삶이 무뎌지게 되었다. 분명히 서구의 크리스천들 중의 일부는 그들의 믿음 때문에 고통당하고 있지만 그들은 고립된 경우이다. 우리 대부분은 정부 기관의 고위직에 있는 사람들이 어쨌든 수 년 동안 명목상 신앙인들로 채워지는 것을 경험하고 있다. 이것이 오늘날 일어난 변화이며 우리 대부분은 이것에 잘 대처하지 못하고 있다. 어떤 설교가들은 여전히 부자가 되고 유명해지고 편안해지기 위해서 크리스천이 되라고 사람들을 부른다. 성경적 "주문"을 날마다 반복하기만 하면 부유해질 수 있다는 것을 알려 줄 것처럼 보이는 책들이 수도 없이 많이 팔린다.

그것은 이사야 50:4-51:8의 메시지가 아니며 그리스도의 메시지도 결코 아니라고 나는 확신한다. 이것은 분명 세상에 있는 수많은 그리스도인들이 경험하는 것은 아니다. 우리는 순종하면서 충성하라는 부르심을 받았는데 간단히 말해 이것이 우리가 편안하게, 부유하게, 능력있게 살고, 유명해진다는 것을 의미하는 것이 아니라 그 반대로 살아야 한다는 것인지도 모른다는 사실을 우리는 완벽하게 알고 있다. 그러나 우리 주인의 발자국을 따라가면서 어떤 대가를 치르더라도 하나님께 순종하기 위해서 "내 얼굴을 부싯돌같이" 해야 한다(참조. 50:7). 그렇게 하면 우리는 자기가 자초한 굴욕으로 우울한 얼굴을 하지 않고 기쁨의 얼굴을 할 것이다. 그 기쁨은 우리의 창조자가 의도하신 방법대로 우리가 살고 있다는 것을 아는 것이며, 결국 믿음은 그 명예를 회복하며 불신앙의 가면을 벗고 그 비극의 실체를 보여 줄 것이라는 사실을 알고 있는 것이다.

오늘 우리는 이사야 시대의 사람들보다 믿는 것이 훨씬 더 쉬워졌다. 우리는 그 종, 메시아의 약속이 성취된 것을 보고 있다. 이사야는 그 종의 순종이 명예를 회복할 것이라는 사실을 알고 있었다고 말하며, 우리는 그 종의 명예가 회복된 것을 알고 있다. 약속된 종이 오셨을 뿐만 아니라 이사야와 다른 선지자들이 예언한 대로 사셨고 또한 믿을 수 없는 방법으로 그의 명예를 회복해 주셨다. 그가 이 땅을 떠날 때 대략 120명의 제자들을 남겨 두고 떠나셨다. 이성적인 법칙에 따르면 수개월 후에 이 그룹의 숫자는 점점 줄어 들었을 것이다. 그러나 결코 그렇게 되지 않았다! 오늘날 그분을 따르는 자들의 숫자는 10억을 훨씬 넘으며 모든 대륙에서 찾아볼 수 있다. 그분의 믿음과 순종의 진실함이 입증되었고 그래서 우리는 확신을 가지고 그 길을 걸을 수 있게 되었다.

그러나 이 구절은 우리에게 더 많은 것을 말한다. 이 구절은 우리가 따라야 할 예시로 그 종을 제시하기만 하는 것이 아니다. 그 종이 선포한 전 세계적인, 영원한 구원은 우리의 것이다. 분명 우리는 에덴이 죄의 저주가 없는 창조물로 되돌아가는 복을 받는 때, 창조의 최종적인 완성을 기대하면서 믿음의 길을 계속 걸어간다. 그러나 우리는 아브라함에게 약속된 씨가 태어나는 것을 보았고 그 복의 최종 보증이신 성령을 받았다. 그러므로 오늘날 하나님을 구하고 하나님의 언약 명령의 빛 가운데 살려고 하는 사람들은 여기서 배우는 교훈에서 더 강력한 힘을 받는다. 우리는 또 아브라함을 사랑으로 선택하여 친구로 삼으신 창조자의 선하신 의도를 뒤돌아볼 수 있다. 그러나 우리는 또 약속된 종, 하나님의 아들이 오신 것을 뒤돌아 볼 수 있다. 이런 것들을 뒤돌아보면서 우리는 확신 가운데 앞을 바라볼 수 있다.

우리는 바빌론의 유배자들이 확신한 것보다 훨씬 더 굳건한 확신을 가지고 앞을 바라볼 수 있어야 한다. 우리는 우주적이고 영원한 구원의 보증을 보고 있 있다. 죄는 죽었다가 다시 살아나신 그리스도에게 패배당했고, 사람을 하나님과 화해시키는 데 필요한 그 모든 것들이 성취되고 있었다. 그 빛 안에 거하면 모든 무릎을 꿇고 예수님을 주로 선포하는 그 마지막 날을 믿는 것이 몇 배나 더 쉬워지게 된다. 이사야가 우리에게 약속한 새 하늘과 새 땅(65:17-25)을 확신에 차서 기대하는 것이 훨씬 더 쉬워진다. 우리는 이 같은 확신으로, 정복한 사람의 교만한 확신이 아닌 구속받은 자의 겸손한 확신으로, 다른 세상에 살고 있는 형제나 자매들이 계속 견디어 내고 있는, 고요한 인내와 같은 어떤 박해와 미움도 대면할 수 있어야 한다.

이사야 51:9-16

9 여호와의 팔이여 깨소서 깨소서 능력을 베푸
소서 옛날 옛시대에 깨신 것 같이 하소서 라
합을 저미시고 용을 찌르신 이가 어찌 주가
아니시며
10 바다를, 넓고 깊은 물을 말리시고 바다 깊은
곳에 길을 내어 구속 받은 자들을 건너게 하
신 이가 어찌 주가 아니시니이까
11 여호와께 구속 받은 자들이 돌아와 노래하며
시온으로 돌아오니 영원한 기쁨이 그들의 머
리 위에 있고 즐거움과 기쁨을 얻으리니 슬
픔과 탄식이 달아나리이다
12 이르시되 너희를 위로하는 자는 나 곧 나이
니라 너는 어떠한 자이기에 죽을 사람을 두
려워하며 풀 같이 될 사람의 아들을 두려워
하느냐
13 하늘을 펴고 땅의 기초를 정하고 너를 지은
자 여호와를 어찌하여 잊어버렸느냐 너를 멸
하려고 준비하는 저 학대자의 분노를 어찌하
여 항상 종일 두려워하느냐 학대자의 분노가
어디 있느냐
14 결박된 포로가 속히 놓일 것이니 죽지도 아
니할 것이요 구덩이로 내려가지도 아니할 것
이며 그의 양식이 부족하지도 아니하리라
15 나는 네 하나님 여호와라 바다를 휘저어서
그 물결을 뒤흔들게 하는 자이니 그의 이름
은 만군의 여호와니라
16 내가 내 말을 네 입에 두고 내 손 그늘로 너
를 덮었나니 이는 내가 하늘을 펴며 땅의 기
초를 정하며 시온에게 이르기를 너는 내 백
성이라 말하기 위함이니라

원 의미

50:10-51:8이 50:4-9에 대한 주석이라는 설명이 맞다고 가정하면[1] 51:9-16은 소위 "종의 노래"의 세 번째와 네 번째 사이에서 그 단락이 시작된다. 이 단락(51:9-52:12)은 질문에서 확신의 3단계를 거치는데 51:9-16은 왜 아직까지 하나님이 행동하시지 않느냐는 의심을 다루고, 57:17-23은 시온을 압제하던 자가 이제 고통당할 거라는 사실을 확신하고, 52:1-12은 사로잡힘에서 구원이 임박하다는 것을 선포한다. 각 부분은 "깨소서, 깨소서"가 계속 반복되어 시작되며 "여

1. 이 위치의 논의를 위해 50:4-51:10에 대한 주석을 보라.

호와의 팔"의 모티프가 이 단락을 열고 닫는다(51:9; 52:10).

51:9-11은 질문을 제기하고 51:12-16은 여호와의 답변이 주어진다. 이 시작 절은 의심과 희망을 다 표현하며 공동체 애가의 성격을 띠고 있다. 주님이 개입하시고 그분의 백성을 그들의 죄와 죄의 영향에서 구원해 내실 거라는 희망과 확신이 있다(11절). 40:27과 49:14에서 보이던 절망과 낙담이 어느 정도 누그러진다. 그러나 계속되는 질문이 남아 있다. "왜 주님은 우리를 위해 지금보다 훨씬 오래 전에 행하시지 않았는가?" 어쨌든 그분은 이스라엘을 애굽에서 구원해 내신 유일한 분이시며 그래서 그분의 능력에 어떤 의심이 있을 수 없다. 세상에 있는 어떤 악의 세력도 그분을 멈추게 할 수 없으며, 전능하신 팔(참조. 51:5)을 움직여 행하실 때가 왔다.[2]

동시에 애가의 형식을 빌려 하나님이 정말 행하실 거라는 확신을 담는다. 35:10을 연상시키는 말을 사용하여 이사야 51:11은 "구속된 자들"이 "노래하며 시온으로" 되돌아오는 그 날을 즐거운 마음으로 고대한다. 그래서 죄에 사로잡힌 자들은 하나님이 행하실 거라는 것을 더는 의심하지 않지만 왜 하나님이 그렇게 오래 기다리셨는지 의아해 한다.

하나님은 이 질문에 바로 응답하시지 않고 포로들에게 그들의 학대자들이 아니라 하나님께 초점을 맞추라고 요청하신다.[3] 51:12에서 "나"가 두 번 나타나 하나님의 요청을 강조한다. 그분은 만물의 창조자이시다. 포로로 잡힌 자들은 왜 영원한 창조자, 그들에게 "위로"를 주시는 단 한 분이 아닌 "풀"(51:12; 참조. 40:6-8; 시 56:4, 11)보다 연약한 사람에게 더 관심을 두는가?

"압제자"(51:13)는 사라지기 때문에 그에게 초점을 맞추는 것은 부질없다. 그는 "구부러져 파멸되고" 말 테지만, 진정한 통치자이신 단 한 분이 "포로들은…그들의 구덩이에서 죽지 않을 것"(51:14)이라고 확언하신다. 눈에 보이는 세계와 눈

2. 27:1과 30:7에서 보이듯이 이사야는 바다 괴물의 신화적 이미지를 사용한다. 특히 바벨론과 가나안 신화에서, 우두머리 신은 이 세상을 존재하게 하기 전에 혼돈의 바다 괴물을 물리친다. 그 이미지가 이곳과 다른 곳에서 넌지시 암시되어 있지만, 만들어진 신화 그 자체를 사용한 것은 아니다. 오히려 애굽은 괴물로 보이고 홍해는 물리쳐진다. 악은 순환론적 세계관을 기초로 하고 있는 다른 현실 세계에서는 패배하지 않고, 하나님이 딱 한 번 베푸시는 은혜와 구속이 베풀어지는 경험을 하는 사람의 상황에는 오히려 패배한다. 더 깊은 토의를 위해 Motyer, *Prophecy of Isaiah*, 408과 Oswalt, *Isaiah 40-66*, 341-42을 보라.

3. 51:12-16에서 일어나는 주어와 목적어의 성과 수의 변화는 학자들이 이 구절의 이면에 있는 것들을 무수히 다른 방법으로 다루도록 재촉했다. 12a에서 남성 복수가 12b에서는 여성 단수로, 13-16절에서는 남성 단수로 변한다. 그러나 포로에서 시온, 시온에서 이스라엘, 이스라엘에서 그 종으로 이동했다고 이해한다면 이 결과가 이해된다.

에 보이지 않는 세계가 순종하여 절하는(51:15) 이 위로자에게 초점을 맞추는 것이 훨씬 낫다. 하나님이 창조의 능력과 예정하신 사랑으로 시온을 죄에서도 구속해 내심은 그 종에게서도 보인다. 이사야서 다른 부분에서도 그 종의 임무는 하나님을 드러내는 거라고 말한다. 그 종은 하나님의 말씀을 선포할 것이며 그 어떤 것도 그 종에 대한 하나님의 계획들을 좌절시키지 못할 것이다.

상황잇기

공의와 구원을 억압당하는 사람들의 함성은 20세기처럼 그렇게 크게 들리지 않는다. 압제자들의 야만성은 새로울 것이 없지만 과학과 산업은 전에 들어보지도 못한 방법으로 압제자들의 압제하는 힘을 더 강하게 하고 증대시키는 능력을 주었다. 그 결과 우리는 아우슈비츠와 캄보디아 "킬링필드"(1975년 캄보디아 혁명에 성공한 크메르 루즈가 약 200만 명 정도 숙청한 사건-옮긴이)의 공포를 가지게 되었다.

이런 상황 속에서 "깨소서! 깨소서. 오, 주의 팔이여!"라는 외침이 다시 들린다. 다시 또 질문이 생긴다. "주님은 왜 그렇게 오래도록 가만히 계시는가?" 하나님은 왜 그분의 백성을 위해 행동하시지 않는가? 그들이 특별한 하나님의 백성이 아니라 해도 적어도 성경이 선언한 힘없고 탄압받는 사람들을 위하는 것이 하나님의 마음 중심에 있다고 선언하시지 않았는가?

이 질문에 쉽게 대답할 수 있다면 이미 오래 전에 그 해답을 얻었을 것이고 악의 문제에 대한 책들이 더는 쏟아져 나오지도 않았을 것이다. 그러나 욥기에서 보는 것처럼 성경은 이 문제에 답하지 않는다. 성경이 답하는 것은 우리에게 한 가지를 선택하라는 것이다. 우리는 선하시고 전능하신 하나님, 오랜 기간에 걸쳐서 정의롭게 행하시고 성경의 모든 책들에서 본질적으로 모순되지 않는 하나님을 섬기는 길을 택할 수 있다. 그리고 우리가 할 수 있는 또 다른 선택은 우리와 우리의 능력이 최고인 세상을 가지는 것이다. 지혜로운 사람은 욥이 그랬듯이 결국 하나님을 섬기는 것을 선택하지만, 우리가 최고인 세상을 선택하는 사람은 "주님이 왜 그렇게 오래 계시는가?"라며 횡설수설하는 말들에 굴복해 버리고 말 것이다. 선하시고 공의로우신 하나님이 계시다면 우리는 정말로 압제가 극복될 수 있고 앞으로 그렇게 될 거라는 희망을 가질 수 있다. 그러나 우리가 궁극적인 존재라고 생각한다면 역사의 정직한 관점에서 볼 때 더는 우리에게 희망이 없다고 말해야 한다.

현대적 의미

성경의 애가는 의심과 희망이라는 서로 배타적인 삶의 태도를 기가 막히게 하나로 이어 주는 놀라운 문학작품이다. 의심과 희망이 서로 배척하는 결과는 종종 사람들의 용기와 확신을 박탈해 간다.

우리는 의심을 품으면 믿음을 가질 수 없고 희망은 우리를 위해 아무것도 할 수 없다는 소리를 자주 듣는다. 결과적으로 그들의 의심에 대항하지 못하고 부정적이고 피상적인 삶으로 끌려가는 사람들이 있다. 반대로 그들의 의심을 받아들이고 그 결과 믿음이 불가능하다고 결론짓는 사람들도 있다. 이 모든 사람들은 이와 같은 구절들과 시편에 있는 훨씬 긴 애가들(가령 시편 6편; 22편 등)을 자세하게 살펴보아야 한다.

이 애가들이 우리에게 보여 주는 것은 의심과 믿음이 서로 배타적이지 않다는 것이다. 그러나 의심과 믿음을 구분하는 것이 차라리 도움이 될 수 있다. 항복하기 전에 증거를 보여 달라고 요구하는 의심도 있다. 어쩌면 야고보 저자는 이것을 염두에 두고 "오직 믿음으로 구하고 조금도 의심하지 말라"(약 1:6)고 말했는지 모른다. 그러나 불확실한 믿음을 드러내보이고 진심으로 믿어야 할 이유를 찾는 의심이 있다. 그래서 남자는 예수께 "내가 믿나이다 나의 믿음 없는 것을 도와주소서"(막 9:24)라고 말했다. 후자의 경우에 애가가 생기게 된다.

하나님에 대해서, 그의 행동에 대해서 어떤 의문을 갖는 것은 믿음이 없는 것이라고 생각할 때가 너무 많다. 반대로 우리가 정말로 믿음을 가지고 있다면 우리는 근심이 없어야 한다고 생각한다. 이사야서에 있는 이와 같은 애가는 우리에게 그렇지 않다는 것을 보여 준다. 우리는 하나님이 결국 우리의 모든 기도에 응답하시고 우리가 찬양하면서 시온으로 돌아오게 해주실 것임을 확신할 수 있다. 그러나 동시에 우리는 하나님이 오랫동안 행하시지 않는 것을 깊이 우려할 수도 있다. 이 우려는 우리의 희망이 가짜라는 의미도 아니고 진짜 희망은 우리가 전혀 걱정하지 않게 한다는 의미도 아니다. 우리는 그 희망이 진실로 우리의 것이라는 사실을 부인하지 않고서도 우리의 감정에 대해서 정직해질 수 있다.

그러나 우리가 어떻게 우리의 질문과 의심이 희망을 흔들지 않도록 확신할 수 있을까? 이사야는 우리에게 해결책을 준다. 그것은 우리의 초점에 있다. 우리는 세상과 세상이 제기하는 모든 문제들을 부정하지 말아야 한다. 우리는 모든 것이 잘되지 않을 때 모든 것이 잘되고 있는 척 해서는 안 된다. 그러나 이런 것들이 우리의 초점이 되어서는 안 된다. 이것들이 우리의 초점이 되어버리면 이것들이 우리를 당황하게 만들 것이다. "압제자"와 그의 악한 목적은 우리를 짓누를 것이다. 오히려 우리의 초점은 우리의 창조자이시며, 구속자이신 분과 그분의 성품과 속성과 의지에 대해 계시된 모든 것들에 있어야 한다. 분명히 우리에게 여전히 의문이 있을 것이고, 그 중 많은 것들이 해결되지 않은 채로 있을 테지만 우리는 우리가 그분 안에서 거할 때 인생의 모든 의문들이 "예!"가 된다는 것을 알 때(참조. 고후 1:20) 이 의문들과 함께 살 수 있을 것이다.

의심할 여지없이, 이 통찰력은 이사야 자신이 경험한 혹독한 시련(furnace)에서 나온 것이다. 이사야는 왜 실제로 하나님에게서 눈을 돌려 당대의 사람들에게 설교를 하는가? 그 이유를 설명할 만한 쉬운 대답이 없다. 그러나 하나님은 이사야에게 해결책을 주신다. "나와 나의 거룩에 초점을 맞춰라!" 하나님은 말씀하셨다. "그러면 나는 너의 피난처가 될 것이다. 너의 동무들이 하고 있는 대로 네가 세상에 초점을 맞추면 내가 그들에게 하듯이 나는 너에게 거치는 돌이 될 것이다"(참조. 8:12-14).

이사야 51:17-52:12

17 여호와의 손에서 그의 분노의 잔을 마신 예
루살렘이여 깰지어다 깰지어다 일어설지어
다 네가 이미 비틀걸음 치게 하는 큰 잔을 마
셔 다 비웠도다
18 네가 낳은 모든 아들 중에 너를 인도할 자가
없고 네가 양육한 모든 아들 중에 그 손으로
너를 이끌 자도 없도다
19 이 두 가지 일이 네게 닥쳤으니 누가 너를 위
하여 슬퍼하랴 곧 황폐와 멸망이요 기근과
칼이라 누가 너를 위로하랴
20 네 아들들이 곤비하여 그물에 걸린 영양 같
이 온 거리 모퉁이에 누웠으니 그들에게 여
호와의 분노와 네 하나님의 견책이 가득하
도다
21 그러므로 너 곤고하며 포도주가 아니라도 취
한 자여 이 말을 들으라
22 네 주 여호와, 그의 백성의 억울함을 풀어 주
시는 네 하나님이 이같이 말씀하시되 보라
내가 비틀걸음 치게 하는 잔 곧 나의 분노의
큰 잔을 네 손에서 거두어서 네가 다시는 마
시지 못하게 하고
23 그 잔을 너를 괴롭게 하던 자들의 손에 두리
라 그들은 일찍이 네게 이르기를 엎드리라
우리가 넘어가리라 하던 자들이라 너를 넘어
가려는 그들에게 네가 네 허리를 땅과 같게,
길거리와 같게 하였느니라 하시니라

52:1 시온이여 깰지어다 깰지어다 네 힘을 낼지어
다 거룩한 성 예루살렘이여 네 아름다운 옷
을 입을지어다 이제부터 할례 받지 아니한
자와 부정한 자가 다시는 네게로 들어옴이
없을 것임이라
2 너는 티끌을 털어 버릴지어다 예루살렘이여
일어나 앉을지어다 사로잡힌 딸 시온이여 네
목의 줄을 스스로 풀지어다
3 여호와께서 이와 같이 말씀하시되 너희가 값
없이 팔렸으니 돈 없이 속량되리라
4 주 여호와께서 이와 같이 말씀하시되 내 백
성이 전에 애굽에 내려가서 거기에 거류하였
고 앗수르인은 공연히 그들을 압박하였도다
5 그러므로 이제 여호와께서 말씀하시되 내 백
성이 까닭 없이 잡혀갔으니 내가 여기서 어
떻게 하랴 여호와께서 말씀하시되 그들을 관
할하는 자들이 떠들며 내 이름을 항상 종일
토록 더럽히도다
6 그러므로 내 백성은 내 이름을 알리라 그러
므로 그날에는 그들이 이 말을 하는 자가 나
인 줄을 알리라 내가 여기 있느니라
7 좋은 소식을 전하며 평화를 공포하며 복된
좋은 소식을 가져오며 구원을 공포하며 시온
을 향하여 이르기를 네 하나님이 통치하신다
하는 자의 산을 넘는 발이 어찌 그리 아름다
운가
8 네 파수꾼들의 소리로다 그들이 소리를 높여
일제히 노래하니 이는 여호와께서 시온으로
돌아오실 때에 그들의 눈이 마주 보리로다
9 너 예루살렘의 황폐한 곳들아 기쁜 소리를
내어 함께 노래할지어다 이는 여호와께서 그
의 백성을 위로하셨고 예루살렘을 구속하셨
음이라
10 여호와께서 열방의 목전에서 그의 거룩한 팔
을 나타내셨으므로 땅 끝까지도 모두 우리
하나님의 구원을 보았도다

11 너희는 떠날지어다 떠날지어다 거기서 나오
고 부정한 것을 만지지 말지어다 그 가운데
에서 나올지어다 여호와의 기구를 메는 자들
이여 스스로 정결하게 할지어다

12 여호와께서 너희 앞에서 행하시며 이스라엘
의 하나님이 너희 뒤에서 호위하시리니 너희
가 황급히 나오지 아니하며 도망하듯 다니지
아니하리라

원 의미

이 단락에서 하나님은 하나님의 백성의 형세를 역전시키신다. 51:9에서 하나님의 백성은 하나님께 전면에 나서서 전에 약속하신 말씀들을 현실이 되게 하라고 요구하고 있다. "하나님이 백성의 죄를 정말로 물리치실 수 있고, 하나님의 백성이 하나님의 사랑으로 회복될 수 있다면 그렇게 되게 해주십시오! 깨십시오! 깨십시오!"라고 백성이 외치고 있다. 그러나 이 단락에서 하나님은 하나님이 깰 때가 아니라 백성이 깰 때라고 말씀하신다. 하나님은 깨어서 그들에게 주신 것을 믿음으로 받아야 하는 사람들은 바로 하나님의 백성이라고 두 차례에(51:17; 52:1) 걸쳐서 말씀하신다. 이 문제는 하나님이 하기 싫어하는 것을 하실 수 있도록 설득하기만 하면 해결되는 것이 아님을 보여 준다. 오히려 이 문제는 하나님이 어떤 일을 행하실 때 하나님이 행하시는 것을 받아들일 수 있도록 하나님의 백성이 성숙한 믿음을 가지고 있어야 해결되는 것이다.

51:9-16에 대한 주석에서 살펴본 것처럼, 51:17-23과 52:1-12 단락은 51:9-10에서 하나님의 백성이 요구한 행동에 대한 반응으로, 한층 더 발전된 하나님의 약속이다. 51:17-23에서 하나님은 이제 시온의 형벌이 끝나고 열방이 시온에게 행한 행위들을 열방에게 행하실 거라고 선언하신다. 52:1-12에서 하나님은 47장에서 바빌론에게 요구하신 것과 정반대의 것을 예루살렘에게 요청하심에 따라 기대는 점점 고조되어 간다. 그곳에서 바빌론은 보좌에서 내려와 넝마 조각의 먼지 속에 앉으라는 요구를 받는다. 52:1-12에서 예루살렘은 "네 아름다운 옷을 입고", "네 티끌을 떨어버리고", "보좌에 앉게"(52:1-2)된다. 이 부분에서 열방들이 하나님이 그분의 백성들을 구원해 낼 수 없다고 주장하기 때문에(52:5-6) 그분의 명예는 위기를 맞이한다고까지 말한다. 그래서 하나님은 "그의 거룩한 팔을 나타내고"(52:10) "모든 땅 끝"이 보는 가운데 하나님의 백성을 구원하신다. 결론의 최

고조에 이르러 하나님은 그분의 백성들에게 앞뒤에서 하나님이 그들을 호위하시고 계신다는 사실을 기억하면서 천천히, 완만한 속도로 "떠나라"고 요청하신다(52:11-12).

성경에서 반복되는 영상 중의 하나는 "진노의 잔"인데, 이것은 시편에서 계시록까지 다 나타난다.[1] 진노의 잔 영상의 첫 시작은 사람들의 성적인 금욕을 풀어주기 위해서 다른 사람을 의도적으로 취하게 하려는 생각에서 비롯되었을 수도 있다(참조. 합 2:15).

그러나 잔은 한 사람에게 할당된 경험의 총체를 상징한다(시 16:5). 그래서 하나님에게 대항하여 죄를 지은 사람들은 그들의 죄악이 가득 찬 잔을 마셔야 한다. 이스라엘에게 그 잔은 그들이 물려받은 분명한 파멸이었다. 북왕국이 망하고 남왕국이 망한 것은 자녀들이 죽고 망한 가운데 어미가 홀로 죽는 것처럼(51:18-20) 보인다. 그러나 지금은 파멸의 날이 지나고 하나님의 진노의 잔이 "곤고케 하는 자들"의 손에 놓여져 있고 그들이 이 잔을 마셔야 한다고(51:23) 하나님은 말씀하신다. 성경 다른 곳에서도 마찬가지지만 하나님이 그분의 백성들에게 벌을 주시기 위해 그 적국들을 사용하시고 그들에게도 그들의 교만과 잔인한 행동들에 대한 책임이 있다.[2]

52:1-12에서 하나님의 백성을 하나님과 단절된 상태로 두지 않으시겠다는 하나님의 약속의 절정이 나타난다. 하나님의 약속의 핵심은 포로와 해방의 이미지인데도 바빌론 그 자체는 언급되어 있지 않다는 것이 중요하다.

이것은 하나님이 해결해야 할 문제는 단순한 육체적인 포로의 문제가 아니라는 점을 다시 생각나게 한다. 이 단락은 자연스럽게 다음 두 단락으로 연결된다.

52:1-6에서 하나님은 애굽에서 그분의 백성들을 구원하셔서 유일하신 신성을 증명하신 것처럼 이 새로운 속박에서 그들을 다시 구원하실 것이다(52:4-6). 이 모든 일들을 미리 예언하시는 하나님의 능력(52:6)이 다시 한 번 그 유일한 신성의 증거 중 중요한 부분이 된다. 예루살렘은 노예에서 여왕으로 변할 것이며(52:1-2), 이 변화는 하나님과 승리자 사이의 거래에 의한 것이 아니다(52:3). 하나님은 우선 그들을 억지로 노예로 판 것이 아니며 감히 그 누구도 하나님 앞에 설 자가

1. 시 75:8; 렘 25:15, 17, 28; 51:7; 애 4:21; 겔 23:32-33; 합 2:16; 슥 12:2; 마 26:42(마가와 누가에서도 유사함); 계 14:10; 16:19; 17:4; 18:6을 보라.
2. 사 10:12-19; 14:24-27; 34:1-8; 47:4-7을 보라.

없고 그들이 돌아오도록 보상하라고 요구할 수도 없다.

이 절정의 둘째 부분(52:7-12)은 49:1 이후뿐 아니라 40:1 이후에 계속 이야기하는 모든 구원에 대해서 결론을 내린다.[3] 백성들을 하나님에게로 되돌리시려는 그분의 소망과 능력이 충분히 입증된다. 즉 이제는 승리의 찬가(52:9)를 부르기 시작하는 것만 남은 것이다. 이사야는 이사야서의 전형적인 특성이기도 한, 그림을 그리는 듯한 묘사 기법을 사용하여 결론을 내린다. 이것은 이사야서의 대표적 유형인데 이사야는 그림을 그리는 듯한 예시를 사용하여 요점을 결론짓는다. 이사야는 구원병이 가져 오는 소식을 기다리는 포위된 도시를 묘사한다. 구원병이 적군들의 포위벽을 뚫을 수 있을 것인가? 뚫을 수 있다면 희망이 생기지만 뚫을 수 없다면 모든 것이 절망이다.

성벽에 있던 파수꾼이 갑자기 "기쁨의 소리를 외치기" 시작한다(52:8). 파수꾼들은 산을 넘어 오는 사자를 보고 있으며, 사자는 승리의 "좋은 소식"(52:7)을 신호로 알리고 있다. 하나님은 "그의 거룩한 팔"을 드러내시고 적군을 물리치고 "예루살렘을 구속하신다." 이스라엘이 믿음 안에서 약속을 붙잡지 않고 죄와 부정을 저질렀던 옛 방식에서 떠나지 않았더라면 그들에게 아무것도 남지 않았을 것이다. 이스라엘은 적들에게 발각되지 않도록 몰래 도망치지 않아도 된다. 그렇다. 적군은 완전히 패배하고 그 전에 사로잡은 포로들이 도망치지 못하게 하기 위해 그 어떤 것도 할 수 없다. 그들은 하나님의 능력으로 자유롭게, 진정 자유롭게 된다.

상황잇기

현대와 견주기. 이스라엘의 적군이 이스라엘에게 강제로 마시게 한 잔을 하나님이 이스라엘 적군에게 마시게 하는 더 분명한 예를 현대 독일에서 생각해 볼 수 있다. 유대인들이 소유한 상점의 창문을 부수고 상품들을 약탈한 1930년대의 크리스탈나흐트(Krystallnacht, 1938년 11월에 발생한 사건. 국외추방당한 독일계 유대인이 파리 주재 독일 대사를 살해하는 사건이 발생하자 SS와 SA는 한밤중에 200여 회당과 7,500여 개의 유대인 사업장과 상품 창고를 불태워 없애 버렸다-옮긴이), 바르샤바 유대인 거주 지역 게토(the Warsaw ghetto, 나치가 폴란드의 수

3. 이런 말들은 "위로", "주의 팔", "산"에서 "아름다운 소식"을 전하는 사자로 반복되어 나타나는 것에 유의하라.

도 바르샤바를 침공한 후 1939년 10월 12일 철조망으로 403만 헥타르에 이르는 게토지역을 만들었다-옮긴이)에 일어난 무시무시한 파괴, 죽음의 캠프(게토에 있던 유대인이 트럭이나 배로 이송되던 트레블링카 실험 캠프-옮긴이)에서 파멸과 만행을 저질러 유대인들에게 거의 상상하기 조차 힘든 공포의 잔을 마시게 했다.

유대인들이 예수를 메시아로 인정하지 않았기 때문에 하나님이 이 사건을 하도록 허용하셨다는 주장은 논란이 많지만, 이 사건은 아시리아와 바벨론의 포로에 견줄 만하다. 하나님이 독일 사람들이 행한 것에 대해 책임을 지게 하는 것은 분명하다. 유럽 문명의 꽃이던 대독일 도시들은 함부르크에서 드레스덴까지 뿌리째 파괴되었다. 이 잔은 힘 없는 유대인의 손에서 모든 나라를 무력으로 정복하려 했던 독일의 손에 넘겨졌다. 그 종말은 소련군이 약탈하면서 베를린으로 들어갈 때 찾아왔다. 베를린은 결국 치욕적인 굴종과 굴욕을 맛보게 되었다. 독일이 그렇게 되도록 하나님이 허용하셨다면 결국 독일은 하나님의 심판을 피할 수 없었던 것이다.

이사야가 유대인의 상태를 인식하며 묘사한 구절들과 1930년에서 1950년 사이에 일어난 사건에서 더 깊이 견줄 만한 내용을 찾아볼 수 있다. 서구의 열강들이 홀로코스트(Holocaust, 유대인 학살-옮긴이)에 대해서 침묵하는 것을 부끄럽게 여기지 않았거나 2차 세계대전 후에 유대인 생존자들이 팔레스타인으로 흘러 들어가지 않았다면 유대인의 상태가 전혀 알려지지 않았을 것이다. 따라서 나치는 유대인들이 거의 2000년이라는 시간 동안 떠돌아다닌 후 그들의 소유인 땅에 실제로 다시 국가를 수립하려는 유대인을 몰살하려고 한다. 적군이 파멸시키려고 한 것이 실제로는 희망으로 변했고, 적군이 목표로 삼은 파멸은 그들 자신을 덮치게 되었다.

이사야가 52:7-9에서 묘사한 사건에 견줄 만한 사건이 2차 세계대전 중에 발생했다. 1944년 12월에 발생한 발지 전투(Battle of the Bulge)에서 미군은 바스통의 발지 시에서 독일 군대에게 포위되어 있었다. 미국의 상황은 희망이 없어 보였지만 그들은 항복하지 않았다. 그들의 희망은 바스통의 남쪽에서 수백 마일 떨어진 곳에 있는 미군 제3대가 눈으로 꽉 막힌 길과 필사적인 독일군의 방어에도 아랑곳하지 않고 북쪽으로 진군을 강행할 수 있느냐에 달려 있었다. 제3대의 사령관, 조지 패튼(George Patton) 장군은 탱크를 모는 중령에게 "네가 해야 할 것은 무엇이든지 하라! 그냥 가기만 하라!"고 말했다고 한다. 그들에겐 그 방법뿐이었고 미군이 도저히 길을 건널 수 없으리라고 간주하고 방비를 강화하지 않은 독일군의 도로를 점령하고 독일군을 포위할 수 있었다. 방어하고 있던 미군이 바스통 외곽에서 공격해 오는 미군을 만났을 때 환호성을 질렀다. 포위망은 부숴졌고, 항복하지 않은 이들의 믿음은 그대로 입증되었다.

현대적 의미

하나님의 보호. 이 구절은 자기 자신을 보호할 힘이 없는 사람들에 대한 내용이다. 이 절은 억지로 술잔의 내용물을 마시도록 강요받아 비틀거리고 있을 때 그녀를 도와 줄 자녀들에게 의지하기를 바라지만 그녀의 손을 잡아 줄 자녀들이 없는 과부의 이미지를 사용하고 있다. 과부의 자녀들 역시 일격을 당해 쓰러지고 혼자 남겨진 과부는 무력하기만 하다. 그러나 사실은 그렇지 않다. 51:21에 시작되는 "그러므로"라는 말이 중요하다. 분명히 도움을 받을 다른 곳이 없기 때문에 "너의 하나님, 그분의 백성을 보호하시는 하나님"이 도와주실 것이다. 이 사실은 중요한 영적인 원리를 나타낸다. 유명한 격언, "하늘은 스스로 돕는 자를 돕는다"라는 말과는 반대로 성경은 우리에게 "하나님은 그 스스로 도울 수 없는 사람을 돕는다"라고 말한다. "여호와를 기다리라"는 것은 이사야서의 다른 부분에서도 계속 반복되는 권고이다. 우리는 너무 자주 우리가 할 수 있는 데까지 해보고 나서야 믿음으로 주님을 바라보게 되고 하나님이 우리를 위해 하시기를 원하는 것을 받을 수 있게 된다. 이것은 분명히 아브라함과 사라를 정말로 하나님을 의지할 수밖에 없는 상황으로 몰아가신 이유, 심지어 아브라함과 사라가 어디로 가고 있는지 모르게 하시기까지 한 이유 중의 하나이기도 하다.

왜 그렇게 하시는가? 왜 하나님은 우리가 무력해지거나 아니면 적어도 우리가 무력하다는 사실을 깨달을 때까지 기다리셨다가 행하시는가? 중요한 이유 중 하나는 대개 상황이 극단적인 상황에 이르기 전까지는 우리가 이 상황을 통제하려는 것을 기꺼이 포기하지 않는 것이다. 이런 일이 야곱에게 일어났다. 야곱은 그가 할 수 있는 모든 일을 했고 마침내 그가 할 수 있는 방법이 아무것도 없게 되자 아주 진지하게 하나님을 의지할 수 있었다(창 32:22-32). 어떤 의미에서 이것은 히스기야의 경우와 같다. 산헤드립이 히스기야의 공물을 받은 후에도 예루살렘 공격을 그치지 않자 히스기야는 하나님의 도움을 받을 수 있었다. 기드온은 우리에게 이와 유사한 예를 보여 준다. 3만 명으로 10만 명에 대항하여 싸워야 하는 어려운 상황이었지만 정말로 희망이 없는 상황은 아니었다. 300명으로는 희망이 없었다. 무력했다. 이런 경우들에서 파국에 이르기 전에 하나님의 능력이 발휘되지만, 그 상황을 주도하는 인물이 자기 손에서 통제권을 놓아 버리고 나서야 하나님의 능력이 발휘된다.

이와 같은 원리는 오늘날에도 진리이다. 우리가 문제를 어떻게 해서라도 우리 안에서 해결하려고 할수록 우리는 하나님을 조수나 대체 장치로 생각하기 쉽다. 그러나 전능하신 하나님을 그런 식으로 생각하는 것은 우리가 하나님의 도움을 받을 수 있는 기회를 빼앗기는 것이다. 하나님은 우리의 종이 아니다. 이 사실은 하나님과 우리의 관계에서 특히 더 진실이다. 우리가 하나님의 호의를 얻기 위해서 무엇을 할 수 있다고 생각하는 한, 우리는 하나님이 주신 구원자에게 우리 자신을 맡길 수 없게 될 것이다. 우리에게는 구원자가 필요 없고 구원자가 아닌 선생이나 본이 되는 사람이나 친구가 필요하다고 생각할지 모른다. 이 사실은 바울이 로마서의 첫 세 장에서 우리 안에 어떤 의가 있다고 생각하는 것을 버리라고 하는 이유이기도 하다. 우리가 우리 죄와 거듭 죄를 짓는 것을 없애기 위해 할 수 있는 것은 아무것도 없다는 사실을 인정할 때, 우리는 구원자를 바라보게 되고 구원자가 우리에게 항상 주시기를 원하시는 용서, 정결함, 능력을 받을 것이다.

하나님이 행하시는 이유. 어떤 사람은 교회 안에 사람이 없다면 교회는 놀라운 기관이 될 것이라고 말한다. 루이스(C. S. Lewis)는 이 생각을 『스크루테이프의 편지』(*The Screwtape Letters*)에서 나타낸다. 고참 사단인 스크루테이프가 그의 어린 부하 웜우드에게 교회에 출석하기 시작한 사람들이 그와 나란히 앉아 예배를 드리는 사람들의 인간적 약점들에 주목하게 하라고 가르치는 장면이 바로 그것이다. 이 사실은 하나님을 어떤 다른 논리로 알려고 하는 사람들의 행동 때문에 하나님이 자주 모욕을 당한다는 것(52:5)을 나타낸다. 따라서 여기 이사야서에서 하나님은 이스라엘을 포로로 잡은 자들이 이것을 하나님을 모독하는 기회로 삼기 때문에 그분의 백성을 포로에서 구원해 내야 한다고 말씀하신다. 에스겔도 이와 같은 것들을 많이 말한다(겔 36:19-20). 따라서 하나님은 하나님이 실제로 어떤 분인지 열방에게 알리기 위해서 예루살렘을 먼지에서 일으켜 세우고 아름다운 옷을 입혀야 한다고 여기에서 말씀하신다. 이와 유사한 사상이 에베소서 5:25-27에서 나타난다.

> 그리스도께서 교회를 사랑하시고 위하여 자신을 주심같이 하라 이는 곧 물로 씻어 말씀으로 깨끗하게 하사 거룩하게 하시고 자기 앞에 영광스러운 교회로 세우사 티나 주름잡힌 것이나 이런 것들이 없이 거룩하고 흠이 없게 하려 하심이니라.

우리가 죄에 사로잡혀 살 때 우리는 하나님이 우리를 구원하실 수 없다는 생각으로 세상을 바라보게 된다. 우리의 삶에 거룩하신 하나님의 흔적이 나타나지 않을 때 우리는 하나님이 세상의 유일한 창조자나 구속자가 아닌 무수히 많은 신들 중 하나인 듯, 하나님의 도덕적 성품이 소위 신들의 성품과 별로 다르지 않은 듯 여긴다. 우리가 "하나님의 이름을 아는 것"(52:6)은 단순히 하나님과 그의 성품에 대한 사실을 안다는 의미가 아니다. 오히려 이것은 하나님의 성품과 인격이 우리의 것이 되는, 하나님의 삶에 참여한다는 의미이다. 이것은 예수가 "거룩하신 아버지여 내게 주신 아버지의 이름으로 저희를 보전하사 우리와 같이 저희도 하나가 되게 하옵소서"(요 17:11)라고 기도했을 때 의미이기도 하다.

구속의 기쁨. 이사야 52:7-12은 구속의 "복음"에 대한 놀라움과 기쁨을 다루고 있다. 초기 그리스도인들은 예수 그리스도에 대한 그들의 메시지가 원래 "아름다운 소식"이었음을 이해했고, 구약의 구절에서 언급된 "아름다운 소식"이 그리스도 안에서 그 원래 의미가 발견된다는 것을 깨달았다. 그러나 하나님이 오신다는 이 메시지가 왜 "복음"인가? 그것은 포위된 성에 있는 이 백성들이 그들이 처한 상황에 대해 끔찍한 공포를 느꼈기 때문이다. 그들이 어떤 위험에 처해 있다는 것을 분명하게 부정했다면 하나님이 적진을 깨고 온다는 소식은 복음이 아니라 쓸데없는 소식으로, 혹은 더 소용없는 소식으로, 심지어 나쁜 소식으로 취급되었을 것이다. 하나님은 무슨 권리로 우리의 도시에 참견하시는가? 우리는 고맙게도 아주 잘 지내고 있는데 말이다. 즉 복음을 듣는 전제 조건은 우리가 정말로 나쁜 소식도 받아들이는 존재가 된다는 것일지도 모른다. 그래서 웨슬리(John Wesley)는 젊은 설교자들에게 "그들이 죄를 깨달을 때까지 율법을 설교하고 그후 그들이 회심할 때까지 은혜를 설교하라"고 말했다. 비행기가 추락하고 있다는 것을 알고 있는 어떤 사람이 낙하산이 있다는 말을 듣는 것은 대단한 복음이다. 반대로 그 사람이 자기에게 무슨 일이 일어나고 있는지 모르고, 엄청난 속도로 땅으로 곤두박질치고 있다는 사실을 깨닫지 못한다면 낙하산에 대한 소식은 가장 관계가 없는 것처럼 보일 것이다.

착하고 열성적인 여신도가 왜 그녀의 삶에 하나님의 은혜를 거의 느낄 수 없는지 궁금해 했다. 그녀는 지혜로운 상담자에게 이 문제를 말했고 상담자는 그녀에게 "당신이 타락했다는 사실을 언제 처음으로 알았나요?"라고 물었다. 그녀는 분개하여 "나는 지금까지 타락해 본 적이 없어요! 나는 아주 어렸을 때부터 하나님을 언제나 알고 있었어요!"라고 응답했다. 상담자는 그녀를 압박하지 않고 다른 문제들에 대해서 계속 이야기했다. 몇 주가 지난 어느 날 밤, 그녀는 갑자기 공포에 질려 잠이 깼다. 그녀는 어두운 나락으로 떨어지는 자신을 보았고 멈출 수가 없었다. 그것을 꿈이라고 확신했지만 완전히 깨어 있었다. 그녀는 침대 한 모서리에 엎드려 외쳤다. "예수님! 저를 구원해 주세요!" 갑자기 나락으로 떨어지는 모습이 사라졌고 믿을 수 없는 강한 팔 안에 안겨 있다는 생각이 들었다. 후에 그녀가 이 이야기를 할 때 얼굴은 웃음으로 빛났다. "나는 내게 하나님의 은혜가 필요하다고 생각하지 않았기 때문에 전에는 하나님의 은혜를 알지 못했어요. 당신도 당신이 타락했다는 것을 알기 전까지는 깨닫지 못할 거예요!"

이사야 52:13-53:12

13 보라 내 종이 형통하리니 받들어 높이 들려
서 지극히 존귀하게 되리라
14 전에는 그의 모양이 타인보다 상하였고 그의
모습이 사람들보다 상하였으므로 많은 사람
이 그에 대하여 놀랐거니와
15 그가 나라들을 놀라게 할 것이며 왕들은 그로
말미암아 그들의 입을 봉하리니 이는 그들이
아직 그들에게 전파되지 아니한 것을 볼 것이
요 아직 듣지 못한 것을 깨달을 것임이라

53:1 우리가 전한 것을 누가 믿었느냐 여호와의
팔이 누구에게 나타났느냐
2 그는 주 앞에서 자라나기를 연한 순 같고 마
른 땅에서 나온 뿌리 같아서 고운 모양도 없
고 풍채도 없은즉 우리가 보기에 흠모할 만
한 아름다운 것이 없도다
3 그는 멸시를 받아 사람들에게 버림 받았으며
간고를 많이 겪었으며 질고를 아는 자라 마
치 사람들이 그에게서 얼굴을 가리는 것 같
이 멸시를 당하였고 우리도 그를 귀히 여기
지 아니하였도다
4 그는 실로 우리의 질고를 지고 우리의 슬픔
을 당하였거늘 우리는 생각하기를 그는 징벌
을 받아 하나님께 맞으며 고난을 당한다 하
였노라
5 그가 찔림은 우리의 허물 때문이요 그가 상
함은 우리의 죄악 때문이라 그가 징계를 받
으므로 우리는 평화를 누리고 그가 채찍에
맞으므로 우리는 나음을 받았도다
6 우리는 다 양 같아서 그릇 행하여 각기 제 길
로 갔거늘 여호와께서는 우리 모두의 죄악을
그에게 담당시키셨도다
7 그가 곤욕을 당하여 괴로울 때에도 그의 입
을 열지 아니하였음이여 마치 도수장으로 끌
려 가는 어린 양과 털 깎는 자 앞에서 잠잠한
양 같이 그의 입을 열지 아니하였도다
8 그는 곤욕과 심문을 당하고 끌려 갔으나 그
세대 중에 누가 생각하기를 그가 살아 있는
자들의 땅에서 끊어짐은 마땅히 형벌 받을
내 백성의 허물 때문이라 하였으리요
9 그는 강포를 행하지 아니하였고 그의 입에
거짓이 없었으나 그의 무덤이 악인들과 함께
있었으며 그가 죽은 후에 부자와 함께 있었
도다
10 여호와께서 그에게 상함을 받게 하시기를
원하사 질고를 당하게 하셨은즉 그의 영혼
을 속건제물로 드리기에 이르면 그가 씨를
보게 되며 그의 날은 길 것이요 또 그의 손
으로 여호와께서 기뻐하시는 뜻을 성취하리
로다
11 그가 자기 영혼의 수고한 것을 보고 만족하
게 여길 것이라 나의 의로운 종이 자기 지식
으로 많은 사람을 의롭게 하며 또 그들의 죄
악을 친히 담당하리로다
12 그러므로 내가 그에게 존귀한 자와 함께 몫
을 받게 하며 강한 자와 함께 탈취한 것을 나
누게 하리니 이는 그가 자기 영혼을 버려 사
망에 이르게 하며 범죄자 중 하나로 헤아림
을 받았음이니라 그러나 그가 많은 사람의
죄를 담당하며 범죄자를 위하여 기도하였느
니라

원 의미

52:1-12은 하나님이 그분의 백성에게 하시는 "위로"(49:13; 51:3, 12, 19; 52:9)의 절정인데, 하나님은 하나님의 백성이 저지른 죄가 하나님과 그들을 멀어지지 않게 하며 그들이 하나님에게로 다시 돌아오게 하는 방법을 찾고 있다고 주장하신다. 특히 50-52장은 하나님의 백성과 모든 사람들을 회복하시는 능력을 무엇과도 비교할 수 없는 힘의 이미지(50:2; 51:5, 9; 52:10)인 주의 "팔"로 묘사하고 있다. 그래서 우리는 특히 52:11-12에 있는 마지막 요청으로, 주님이 주도하신 결과 모든 속박에서 풀려나고 부정한 것에서 떠나게 된다는 들뜬 기대감들을 발견하게 된다. 분명히 "주의 팔"은 나타날 것이다.

우리는 42:1-6; 49:1-6; 50:4-9에서 이 팔에 대한 몇 가지 암시를 발견할 수 있는데, 여기에서 하나님은 그분의 백성뿐만 아니라 하나님께 순종하는 종을 통해서 전 세계가 구원을 얻게 된다고 약속하신다. 그러나 이 구절들에서는 혼란스럽게 하는 함축된 의미들이 증가하고 있다. 이것들은 승리의 찬가처럼 들리지 않는다. 분명히 궁극적인 승리가 약속되어 있지만 산산조각 내는 정복자를 통해서 승리가 이루어지는 것처럼 보이지 않는다. 오히려 승리는 배척과 무시를 당하는 가운데서 하나님의 계시[1]에 순종하는 종을 통해 이루어진다.

이러한 함의는 52:13-53:12에서 구체적으로 확증되고 있다. 주의 팔은 우리의 진부한 정복 영웅과는 다르게 아무것도 아닌 것처럼 보인다. 특히 52:7-12의 기뻐 날뛰는 어조 뒤에 나오는 52:13-53:12의 암울한 음조는 충격적이다. 그러나 이것이 이 단락이 의도적으로 대체되었다는 것을 의미하지는 않는다. 우연히 이 단락이 자리 잡게 되었다거나 어떤 모호한 말들이 앞단락이나 뒷단락에 연결되어 있기 때문이라고 주장하는 것은 핵심을 깨뜨리는 일을 넘어서서, 믿기 쉬운 쪽으로 억지로 하는 해석이다. 어떤 사람들은 저자나 편집자가 52장 본문과 54장 본문 사이에 이 시를 넣으려고 했다고 주장한다.

이 주장은 분명히 52:13-53:12 앞에 나오는 단락과 뒤에 나오는 단락이 서로 도와주는 관계임을 증명한다. 54장과 55장에서 보이는 영광스러운 초청을 가능하게 하는 주의 전능한 팔(49:1-52:12)은 누구인가? 죄의 단절을 극복하게 하는 방법은 무엇인가? 주의 팔은 이스라엘의 이상적인 종을 뜻한다.

이 시는 각각 세 구절씩 5단락으로 되어 있다. 서론(52:13-15)에서 배척당하는

---

1. 소위 "고난 받는 종"의 둘째, 셋째 구절(49:2; 50:4)에서 말하고 있는 말씀들에 유의하라.

종(53:1-3)을 이야기한 후, "우리의" 죄와 허물을 짊어짐(53:4-6), 그 결과(53:7-9), 그 짊어짐이 구속의 성격을 나타냄(53:10-12)으로 나뉜다. 이렇게 세심하게 구조를 짜 놓은 것은 선지자가 이 특별한 진술을 하기 위해서 세심한 주의를 기울였다는 것과 이 단락을 첨가하는 것이 중요하다는 것을 보여 준다.

서론(52:13-15)

이 시는 승리의 노래로 시작한다. "지혜롭게 행한다"(개역성경은 이 부분을 "형통하리니"라고 번역하였다-옮긴이)는 것은 성공할 수 있는 방식으로 행한다는 것이다(그래서 NASB는 "번영할 것이다"[will prosper]라고 하였다). 그 종의 사역이 가져온 결과에 대해서 추호의 의심도 없다. 이사야서 다른 부분에 하나님에게만 사용된(6:1; 57:15) 것과 꼭 같은 말들이 그 종에게 사용되는 날이 올 것이다("높이 들린다"). 이 시가 "존귀한 자와 함께 분깃을 얻게 하고…강한 자와 함께 탈취한 것을 나누게 하는"(53:12) 것과 유사한, 승리의 통첩과도 같은, 시라는 사실에 유의하는 것이 중요하다. 탈취물은 승리자의 것이 된다. 이러한 요점이 이 시의 시작과 끝, 두 부분에 놓인 데는 이유가 있다. 이 구절들 사이에는 승리처럼 보이는 것이 전혀 없고 우위를 차지한 사람이 상상할 수 있는 영광스러운 승리도 분명히 없기 때문이다.

말씀이 시작된 이후에 즉시 이 파격적인 관점이 나타난다. 이 종의 상한 모습은 정말로 충격적이다.[2] 그는 거의 사람의 모습으로 보이지 않는다. 그는 세상에 허다한 정복자들의 모습이나 이들이 가장하려고 한 매력적인 모습이 아니다. 14절에 있는 중요한 동사에서 처음으로 이 모습이 드러났는데 이 구절에 따라서 52:15에서도 이 모습이 계속 나타난다. 히브리어 동사 *nzb*는 어떤 것을 다른 어떤 것에 흩뿌리는 것을 의미한다. 그러나 이 말이 사용될 때마다 흩뿌려지는 것과 간접 목적어(그 위에 흩뿌려지는 것)가 뒤따라 나온다. 따라서 일반 구문론에 따르면 이

2. NIV가 52:14 첫 절의 끝에서 "그"로 번역한 대명사는 사실상 "너"이다. NIV와 NASB가 번역하는 두 가지 해석이 가능하다. 첫째(참조. NIV)는 그 종을 말할 때 1인칭과 3인칭 대명사를 혼합해서 쓰고 있다는 것이다. 이렇게 대명사를 혼합해서 쓰는 것이 예언서에서는 드물지 않은 일이었다. *Gesenius' Hebrew Grammar*, ed. E. Kautzsch, tr. A. Cowley(Oxford: Clarendon, 1910), 462을 보라. 또 다른 해석의 가능성은 "너"가 포로로 잡힌 사람들을 말하는 것이기 때문에 NASB는 "너" 뒤에 "내 백성들"을 삽입한다. 나는 첫째 해석이 옳다고 믿는다. Motyer, *Prophecy of Isaiah*, 425을 보라.

부분은 열방에게 흩뿌려질 무언가를 요구한다.

이 모순적인 영상에서 이 자음들의 또 다른 어원을 가진 아라비아어를 찾아내어 "소스라치게 놀람"이라는 의미를 이내 발견하게 되었다. 이 말은 (놀라서) "입을 다문다"와 의미가 잘 통하는데 "흩뿌림"은 그렇지 않다. "흩뿌림"(NIV와 NASB)의 의미가 계속 사용되고 있으며 흩뿌려지는 목적어가 언급되어 있지 않다고 가정한다면, 52:15의 의미는 그 왕들이 예상한 정복자가 무엇을(피? 거룩한 물?) 그들에게 뿌려 실제로 열방을 정화한다는 생각에 충격을 받아 왕들이 말을 못하게 된다는 뜻이 될 것이다.[3] "소스라치게 놀람"(NRSV, REB, JB, CB, "startle")이 옳다면 이 생각은 14절에서 15절까지 관통하게 된다. 그 종은 이들이 놀랄 만한 공의를 가져올 것이며 그 자신이 상처입고 멸시받는 것으로 이를 이룰 것이다. 그들은 전혀 "듣지"도 못한 그것을 지금 "보고" 있다.

배척당하는 종(53:1-3)

둘째 단락은 구원자의 계시에 대한 반응이 계속된다. 그러나 지금 우리는 처음에 놀란 반응이 노골적인 배척이 되는 것을 본다. 이사야는 이 종이 약속된 "여호와의 팔"(53:1)이라는 사실을 구체적으로 설명한다. 그러나 이 주장은 분명히 믿기지 않았다. 왜 그런가? 세 가지 이유가 있다. (1) 그 종은 조용하고도 전혀 예상치 못한 장면으로 오신다(53:2). (2) 그는 사람들이 그에게 이끌릴 만한 특별한 아름다움이나 매력도 없고 "외모"는 지극히 평범하다. (3) 마지막으로 그 종은 고통과 세상의 "질고"를 그 자신이 지게 되기 때문에 사람들에게 버림을 받았다(53:3).

이 시의 다른 부분에서 말하는 것처럼 이 고통은 육체적 고통에 국한되지 않으며 그렇다고 해서 죄의 결과로 잦은 살인과 전쟁을 벌이는 고통을 배제한다고 해석되어서도 안 된다. 그러나 우리는 고통과 질고가 우리를 불안하게 한다는 것을 발견한다. 그것이 우리 자신의 상처받기 쉬운 속성을 떠올리게 하기 때문이다. 그래서 우리는 이것을 무시하려고 하며("[우리의] 얼굴을 가리우고") 그것에 대해서 생각하지 않으려고 한다("그를 귀히 여기기 아니하였도다"). 그 종은 세상의 죄를

3. 이 견해를 지지하기 위해서 Motyer, *Prophecy of Isaiah*, 425-26을 보라. 반대 의견으로는 Oswalt, *Isaiah 40-66*, 374, 각주 56번을 보라.

감당하지만 아무도 그 종을 주목하지 않는다.

죄를 짊어지는 그 종(53:4-6)

종이 왜 이 고난을 당하느냐고 묻는다면 이 단락이 단번에 시원한 답을 준다. "우리"가 생각한 대로 그 종은 하나님이 그에게 벌을 줄 만한 것이 있었기 때문에 고통을 받는 것이 아니다(53:4). 그 종이 짊어진 것은 우리의 고통이며 그 종이 고통당하는 것은 바로 "우리의 허물"과 "우리의 죄악" 때문이다(53:5). 1인칭 복수 대명사가 반복되어 그 종이 "우리"를 대신해서 고통을 받고 있다는 사실을 각인시킨다.

첫 독자가 "우리"에 대해서 이해한 것에 대해서 끊임없는 논쟁이 벌어지고 있다.[4] 내가 보기에는 선지자가 언급하고 있는 대상은 선지자와 그 백성인 것임에 틀림없다. 이 사람들은 하나님의 구원의 능력을 입증하기 위해서 남아있는 하나님의 종들인 반면 (어떤 사람들이 주장하는 것처럼) 이 땅에 공의와 구원을 가져올 주의 종은 아니라는 사실을 더욱 명백하게 한다. 6절은 이 사실을 영상으로 각인시킨다. "우리"는 눈멀고 하나님을 반역하는 사람들(참조. 42:18-25)이며 길을 잃어버린 양과 같은 존재들이지만 그는 세밋대로인 우리를 맞이하시는 유일하신 분이다.

우리의 죄를 짊어진 결과(53:7-9)

이 단락은 그 종의 무죄와 순종, 그가 받는 대우의 부당함을 상세하게 묘사하고 있다. 그 종은 양처럼 순하고 연약한 성품이 양과 비교되지만 아주 다른 결과를 맞이한다. 그의 고통은 명백하게 부당한 것이지만 그는 이것을 어떤 항의도 없이 받아들인다(53:7). 이 시에 나타난 유일한 비유에서 희생제물로 드리는 동물인 양을 사용했다는 사실이 중요하다.

이 종이 고통당하는 것이 부당하다는 사실을 53:8-9에서 한층 더 강조한다. 그

4. D. Clines, *I, He, We and They: A Literary Approach to Isaiah 53*(JSOTSup 1; Sheffield: JSOT Press, 1976)을 보라. 또 E. J. Young, *Isaiah Fifty-three: A Devotional and Expository Study*(Grand Rapids: Eerdmans, 1952)를 보라.

종은 공의를 빼앗기고 또한 "자손"들을 빼앗기고 인생의 전성기 때 분명히 "끊어진다."[5] 마지막 모욕으로 그는 부자와 함께 묻히게 된다. 그러나 부자와 함께 묻히는 것이 모욕인가? 구약은 분명히 부자를 하나님께 복 받을 사람으로 자주 묘사한다.[6] 그러나 부자를 바라보는 데 몇 가지 모호한 점들이 있는데 특히 예언서에서 그렇다. 이사야는 5:8에서 "가옥에 가옥을 연하여 전토에 전토를 더하여 빈틈이 없도록 하고 이 땅 가운데서 홀로 거하려 하는 그들은 화 있을진저"라고 했는데, 이것보다 이런 관점을 더 정확하게 나타내는 선지자는 호세아와 아모스 같은 선지자(그리고 예수)였다. 이들의 관점으로 볼 때 부자는 폭력과 속임수를 너무 자주 사용하여 그들의 부를 쌓아 왔다.[7] 반대의 의미 "그럼에도 불구하고"가 이 본문에서의 의미를 더 확실하게 해준다. 그 종은 부자와 함께 묻히지만 "그럼에도 불구하고" 예수는 부자들이 행한 일을 하지 않았다.[8] 그는 자기를 방어하려고 입을 열지는 않았으며(53:7) "궤사"로 그 입을 열지도 않았다(53:9).

짊어짐으로 하는 속죄의 성격(53:10-12)

이런 일들이 왜 그 종에게 일어났을까? 그 대답은 이 마지막 단락에 있다. 이 일들은 우연히 일어난 것이 아니라 의도된 것이다. 더구나 이 일은 하나님이 의도하신 것이다. 이 단락이 시작되는 53:10 내용은 무시무시하다. 선하신 아버지가 어떻게 아들이 저주 받기를 기원할 수 있는가? 이것은 의심할 여지없이 엄청나게 좋은 것이 얻어질 수 있을 때에만 가능하다. 그리고 엄청나게 좋은 것은 그 종의 저주를 정당화할 수 있는가? 그 대답은 10절 중반에 있다. 이 종의 "목숨"(life)이[9]

---

5. NASB는 히브리에서 선택한 해석을 보여 준다. "그의 세대에서 그가 끊어진다는 말로 간주되는가?" 이 이해가 옳다고 한다면 이것은 3절에서처럼, 아무도 그에게 세밀한 관심을 갖고 있지 않으며, 아무도 그의 운명이 부당하다고 간주하지 않을 거라는 생각을 나타낸다.

6. 이 관점은 분명히 신 6:10-12; 잠 10:22; 14:24; 19:4과 같은 구절들에서 만들어진다. 여하튼 이 구절들에는 부가 하나님에게서 온 선물이라는 주제가 강조되고 이러한 관점이 계속 상용되고 있다.

7. 시 37:16; 잠 11:4, 28; 13:7-8; 16:8; 호 12:7-8, 암 3:14-4:1; 마 6:19-21을 보라.

8. NASB는 9a의 "악인"과 9b의 "부자"를 대조시켜 이 문제를 해결하려고 하지만 히브리어는 이것을 지지하지 않는다.

9. 히브리어 단어 *nepeš*("생명, 영혼, 존재, 자기 자신)는 이 연에 있는 모든 세 개의 절(NIV "생명"[life], 10절; 영혼[soul], 11절; "생명"[life], 12절-개역성경에서는 모두 "영혼"으로 번역하고 있다-옮긴이)에서 그 종과 관련되어 있다. 세 절에서 모두 다른 사람들의 죄와 범죄를 위해 그 종은 그 생명을 준다고 강조하고 있다.

죄의 제물로 드려질 때 종을 이 땅에 오게 하신 하나님의 목적이 실현되는("성공하는") 것이다. 그러면 자녀를 부당하게 빼앗기는 일과 삶의 잘못된 여러 가지 부분들이 고쳐질 것이다. 이 종은 사람들에게 하나님이 원하시는 것을 말하지 않고 오히려, 하나님이 우리를 위해서 하기를 원하시는 존재로 오셨다.[10] 후손들도 없이 산 자의 땅에서 끊어지는 어떤 사람이 이 일들을 어떻게 할 수 있겠는가? 이는 분명히 부활이 유일한 답인 것처럼 보인다.[11]

11절은 이 종의 죽음으로 완성된 것을 좀 더 신학적으로 진술한다. 이것은 앞에 나온 진술을 다시 서술하는 것으로 시작하지만, 지금은 이 종의 관점으로 말하는데, 그의 삶은 다른 사람들을 위해 드려졌고 그가 이것을 "보고" "만족히 여길 것이다."[12] 이 처절한 싸움은 그럴 만한 가치가 있는 싸움이 될 것이다.

그러나 사람들이 그가 백성들을 위해 고통당했다는 것을 인정하도록 이 힘든 싸움을 완성하게 하는 것은 무엇인가? 11절 중반에 이 질문의 답이 아주 밀접하게 연관되어 있다. 왜냐하면 그 종은 하나님이 ("그의 지식으로") 친밀한 관계를 맺고 있다는 것을 알고 있었고(42:1-6; 49:1-6; 50:4-9을 보라) 정말로 하나님이 가지고 있는 의를 나누어 가졌기 때문에(문자적으로 "나의 의로운 종") 많은 사람들을 차례로 의롭게 만들 수 있을 것이다. 하지만 어떻게 그럴 수 있는가? 11절 첫 부분에 언급한 "자기 영혼의 수고"와 같이 "그들의 죄고"를 짊어짐으로써 그 일을 하신다.

---

10. 불행하게도 NIV는 이 말의 능력을 모호하게 만들어 버린다. 접속사 *ʾim*은 "그럼에도 불구하고"(though)로 번역되는 것보다는 "만약 -이라면"(if)이나 "-할 때"(when)로 번역되는 것이 훨씬 더 좋다. 그 종이 제물로 바쳐질 때 하나님의 목표는 이루어진다. 동사의 형식이 약간 모호한데, 동사의 형식에 따라 세 가지 다른 번역이 가능하다. 동사가 3인칭 여성 단수형이거나 2인칭 남성 단수형일 수 있다. 3인칭 여성 단수라면 분명 "영혼"(여성형)이 주어이며, 여성형이 주어라고 볼 때 "그녀가 그 영혼을(그녀 자신을) 제물로 드릴 때…"라는 해석이 가능하다. 앞의 경우처럼 해석하게 되면 어떤 학자들이 즉시 "그가(그 종이) 그의 영혼을 제물로 드릴 때…"라고 올바르게 해석할 것이다(참조. NRSV, 2인칭 남성 단수형이 맞다면 "너"는 청자이거나 하나님이다. NIV는 하나님을 선택하고 있지만 나는 청자를 선택한다. 참조. Oswalt, *Isaiah 40-66*, 401-2).

11. R. N. Whybray는 그 종이 실제로는 죽는 것으로 묘사되지 않았다는 것을 증명하기 위해서 애쓰지 않고, 그 종이 정말로 죽었다면 부활은 필연적인 결론이라는 것을 인정한다(*Thanksgiving for a Liberated Prophet: An Interpretation of Isaiah 53*[JSOTSup 4; Sheffield: JSOT Press, 1978], 79-105). 이것은 증거를 찾고 있는 결론인 것처럼 보인다.

12. 맛소라(MT)는 분명히 "그가 보시고 만족하실 것이다"라고 말한다. 70인경은 "보시고" 뒤에 "빛"을 추가시켰는데 이 사실을 이사야서의 모든 쿰란 문서가 입증하고 있다. 특히 "빛"(*ʾor*)을 나타내는 히브리어 자음은 "보다"(*rʾh*) 자음과 혼동될 수 있기 때문에 원래의 본문을 지지한다고 강력하게 주장한다. NIV가 추가한 "빛의"라는 말은 본문의 입증을 전혀 받지 못하는 말이다.

모든 것은 53:12에 요약되어 있는데 "이러므로"로 시작되는 말이 이 사실을 나타낸다. 그러나 저자는 하나님("I")이 그 종에게 승리의 분깃을 주시는 이유를 놓치지 않기를 원하며 53:4-11에서 그 이유를 완전히 이야기하고 있음에도 불구하고 그 이유를 이 절과 마지막 관련 구절에서 다시 설명한다. 하나님은 왜 그 종에게 승리자의 화관을 씌워 주시는가? "왜냐하면" 그가 죄인이 아닐 때 범죄자의 하나로 헤아림을 받아 그들의 형벌을 짊어지고 그들을 위해 중재자가 되었기 때문이다. 이 종이 어떻게 이 세상에 하나님의 공의를 가져 왔는지 약간의 의문이 남아 있다면 12절이 명확하게 그 이유를 설명해 준다.

상황잇기

다른 사람들을 위한 희생 제물. 초기 기독교 시대에 빌립이 에티오피아 내시를 만났을 때만 해도(행 8:26-40) 그리스도인들이 이사야가 이 장에서 말한 종이 예수님으로 이해하던 것이 보통이었다.[13] 주전 6세기에 이 구절과 관련된 참조 인물을 찾으려는 무수한 시도가 있었지만 아무도 성공하지 못했다.[14] 반대로 범상치 않은 예수님의 삶이 그와 일치했고 너무 같아서 예언의 가능성을 부인하던 사람들조차 예수님을 이사야가 말한 그 종의 원형으로 삼고 그 예언을 성취한 사람임이 분명하다고 말해야 했다. 사람의 입술에서 나온 이 말이 사기가 아니었다.

예수님은 어떤 과시나 권위적인 모습도 없이 (천사들의 찬양과는 별도로) 이 땅에 나타나신다. 그분은 끔찍할 정도로 추하게 되었으며 십자가에 못 박히게 된 사실을 묘사하는 모든 것들이 이 사실을 분명하게 드러내 준다. 예수님은 자신이 사형을 당하는 것은 분명히 부당한 일이었는데도 어떤 이의도 제기하시지 않고, 자신을 변호하시지도 않고, 베드로가 아버지의 뜻을 거스르면 안 되느냐고 요청했을 때(요 18:11)조차도 죽음으로 다가가셨다. 겟세마네 동산에서 드린 기도는 예수님의 죽음이 천부의 뜻이었음을 분명히 나타내 준다. 최후의 만찬에서 예수님이 하신 말씀, "이것은 죄 사함을 얻게 하려고 많은 사람을 위하여 흘리는바 나의 피 곧

13. Childs의 주석에서 빌립이 예수를 그 종으로 증거했을 뿐만 아니라 예수 그리스도의 복음을 내시에게 전하는 데 이 구절을 사용했다고 한 것은(*Isaiah*, 423) 20세기 후반의 성경 비평가들에게 유일하게 의미심장한 의미를 던져줄 수 있는 굉장히 좋은 해석으로 보인다.

14. 최근에 그렇게 하려고 했던 가장 구체적인 시도는 Whybray의 *Thanksgiving for a Liberated Prophet*에서 볼 수 있다. 그러나 이 본문의 명백한 의미가 정확하지 않다는 것을 보여 주기 위해 그가 아주 큰 고생을 감내해야 했다는 사실은 그 수고가 결국 쓸데없다는 것을 보여 준다.

언약의 피니라"(마 26:28)에서도 그분의 죽음을 대속의 죽음으로 이해하고 있었음이 증명된다.

예수님에 대해 세례 요한은 "세상 죄를 지고 가는 하나님의 양"(요 1:29)으로 예수님의 정체성을 이해했다. 이와 마찬가지로 기독교 교회의 시작이 된 베드로의 설교에서는 "죄사함을 받기 위해서"(행 2:38) 예수님의 이름으로 세례를 받으라고 강조하고 있다. 바울도 역시 이 점을 더 구체적으로 설명하고 있는데 골로새서 1:19-20에서 다음과 같이 말한다.

> 아버지께서는 모든 충만으로 예수 안에 거하게 하시고 그의 십자가의 피로 화평을 이루사 만물 곧 땅에 있는 것들이나 하늘에 있는 것들을 그로 말미암아 자기와 화목케 되기를 기뻐하심이라.

빌립보서 2:5-11의 유명한 "자기 비움"("self-emptying") 찬송의 영감은 분명 이사야 53장—이 본문은 종의 뛰어난 영광으로 시작하여 끝맺고 있으며, 이 중간에는 십자가의 고난이 위치하고 있다—에서 비롯된 듯 하다.

그러나 빌립보서 이 구절들은 우리와 신약을 이어줄 뿐만 아니라 바울이 그의 청중에게 예수님이 지녔던 태도를 따라하라고 요구하는 구절이기도 하며, 우리에게도 적용된다는 것을 깨닫게 해준다. 이 태도는 분명 다른 사람들을 위해서 자신을 부인하는 것이다. 그 종이 자신의 "권리"를 주장하지 않고 기꺼이 다른 사람들을 살리기 위해서 이 권리를 포기했던 것처럼, 우리도 그와 같은 길을 걸어야 한다고 요청받는다. 우리는 다른 사람들을 살리기 위해서 우리 자신보다 다른 사람들을 더 잘 배려해야 한다.

실제로 일어난 일들을 살펴보면 우리는 비행기가 포토맥 강(the Potomac River)의 얼음으로 덮인 물에 추락했을 때 다른 사람들을 도와주느라고 자신이 구조되기를 거절한 사람을 생각할 수 있다. 내 기억으로는 결국 그 사람은 죽음을 맞은 것 같다. 실제로 일어난 또 다른 예를 살펴보면 에콰도르의 어카 부족(the Auca tribe)에게 복음을 전하기 위해서 필사적으로 매달린 다섯 청년이 있다. 이 청년들은 권총을 가지고 있었지만 그들을 살해하려는 사람들에게 권총을 쏘는 것을 거부했다. 그러나 이 젊은이들의 이타적인 삶은 헤아릴 수 없이 많은 다른 사람들을 이 청년들처럼 살도록 북돋으며, 오늘날 그리스도를 알지 못한 수천, 수만의 헤아릴 수 없는 사람들에게 다른 방법으로 그분을 전했다. 그래서 바울은 우리가 다른 사람들을 위해서 우리의 생명을 포기하고 있는지 아닌지 의심스러운, 예수를 따르는 자들에게 질문을 던진 것이다.

현대적 의미

제물을 받아들임. 이 종에 대한 넷째 계시는 오늘 두 가지 차원에서 중요하다. 두 차원 다 우리가 예수 그리스도, 그 종, 주의 전능하신 팔이 하신 일에 어떻게 반응하는지와 관계되어 있다. 첫째 차원은 그 자신이 제물이 되신 것에 대한 우리의 반응이다. 4-6절은 7-9절에서 서술된 그가 멸시와 부당한 대우로 고통을 받는 이유를 정확하게 설명하는데, 그것은 바로 "우리의" 죄 때문이다. "우리"라는 말에는 익명성이 있다. 그렇다. "우리"는 죄를 짓고 있고 "우리"는 회개하고 더 잘해야 한다. 그러나 우리는 각자 실제로 자주 죄와 죄의 결과에 대해서 책임이 있다는 사실을 받아들이지 않는다.

내가 10절을 정확하게 이해했다면(앞에 나온 주해를 보라) 선지자는 복수의 익명성에 편안하게 묻혀 있는 우리를 이끌어 내어 이인칭 단수 대명사인 바로 "너"에 집중하게 한다. 자손을 보며, 오래 살고 자기를 향한 아버지의 계획이 성공하는 것을 볼 수 있을 법한 예수님의 삶을 속죄제물로 드리게 한 것은 바로 우리 한 사람, 한 사람이라고 선지자는 말한다. 그럼에도 예수님은 그의 팔에 상처 입은 몸으로 우리에게 와서 "여기, 너를 대신해서 나를 아버지께 제물로 드리라"고 말씀하신다. 우리가 무슨 말을 할 수 있겠는가?

또 다른 영상이 11절에서 제시된다. 그의 전 존재(*nepeš*)가 고통당한 후에 "그가 보고서…만족히 여겼다"는 사실을 우리는 듣는다. 이 말이 "수고"로 번역된 것은 출산의 진통을 나타내는 의미로 사용된 것이 아니라 극심한 고통이나 쉼 없는 고투를 함축하는 의미가 있다는 것을 나타내기 위해서지만 여전히 출산의 의미와 견줄 만한 점이 있다. 나는 셋째가 태어날 때 분만실에 있었다. 자연 분만이 "고통 없이" 아이를 낳은 것과 같지 않다는 것을 인식하는 데 그렇게 많은 논리적 이유들이 필요하지 않았다. 내 아내 카렌은 올바른 것을 모두 알고 있었고 올바른 것을 하고 있었지만 극심한 고통과의 싸움이 고스란히 아내의 얼굴과 몸에 나타났다. 마침내 피터가 태어나는 위대한 순간이 왔다. 나는 솔직히 피터를 그렇게 매력적으로 생각하지 않았다는 것을 고백한다. 피터는 빨갛고 쭈글쭈글했으며 가는 울음소리를 냈다. 그러나 산부인과 의사가 피터를 아내의 가슴에 내려놓자 놀랍게도 아내의 얼굴에서 극심한 고통과 싸운 흔적이 사라지는 것을 보았고, 아내는 그 작은 꼬마를 향한 사랑으로 빛나고 있었다. 그 고통속으로 다시 들어가라면 싫다고 할 것이다. 그럼에도 그럴 가치는 있는가? 있다. 그는 새로 태어난 그리스도인을 "보고" "만족한다." 그는 우리를 구속하기 위해 그가 희생한 모든 것이 너무 지나치다고 생각하지 않는다.

그러나 예수님이 우리 자신을 위해 그 자신을 제물로 드렸을 때 우리가 죄의 제물을 드릴 필요가 없다고 반응한다고 가정해 보라. 우리가 죄의 개념을 "구닥다리"라고 배척하고 우리 자신이 하나님의 복을 받을 만한 충분한 가치가 있다고 생각한다고 가정해 보라. 그러면 무슨 일이 생기는가? 비록 모든 노력과 극심한 싸움이 있었지만 결국 아기는 사산하고 말 것이다. 그러면 정말 이 모든 것이 허사로 끝나게 된다. 그러면 구원자는 정말 그가 제물로 드린 것에서 그 어떤 만족도 찾을 수 없게 된다.

인류는 하나님의 뜻을 방해할 수 있는가? 궁극적인 의미에서 살펴보면 방해하지 못한다. 새 하늘과 새 땅이 있을 것이고 구속받은 사람 모두 새 하늘과 새 땅에서 살게 될 것이다. 그곳에는 구속받은 엄청난 무리가 있게 될 것이다. 그러나 처음에 초대받은 사람들은 들어올 수 없게 될 것이다(눅 14:16-24). 하나님의 편에서 보면 하나님은 필요한 모든 것을 하고 계시고 "누구나 들어올 수 있을 것이다." 그러나 우리는 우리를 위해 마련된 그 제물(예수 그리스도의 희생제물)을 받아들여야 한다. 만약 "예복"을 입지 않는다면, 잔치집의 문은 여전히 닫혀 있을 것이다(마 22:11-12).

인생살이. 그리스도가 우리를 대신해서 제물로 드려진 것을 우리가 받아들인다면 우리는 우리에게 부과된 더 깊은 반응을 보여야 하는데, 바울이 그 반응 중 하나를 빌립보서 2:5-11에서 표현한다. 우리 역시 종의 삶을 살라는 부름을 받는다. 이 삶은 승리의 기쁨으로 시작하고 승리의 기쁨으로 마무리된다. 이것은 분명 예수님이 자신이 누구인지, 어디서 왔는지, 어디로 가고 있는지 알고 있었고, 하늘에서 마구간으로, 모든 것을 아는 것에서 아무것도 아님을 아는 것까지 모든 세상 필요를 채울 수 있는 데서 피난민 처녀의 가슴에 의지하여 그 생명을 부지하는 데까지 이를 수 있다는 것을 알고 있었기 때문에 이 기쁨이 가능했다. 예수님은 자신이 누구인지 알고 있었기 때문에 영광의 예복을 포기하실 수 있었다.

우리도 이와 꼭 같은 절대적인 확신이 필요하다. 어떤 사람이 어느 날 저녁에 교회로 달려가서 예배를 드리기 위해서 모여 있는 사람들에게 외쳤다. "제가 성경의 끝부분을 읽고 있습니다! 우리가 이깁니다!" 이 사람들은 성령이 하나님의 자녀라고 증명하는 사람들이며(롬 8:16), 그들의 죄가 용서받았다는 것을 알고 있는 사람들은 이 세상을 사랑으로 극복할 수 있는 사람들이다(요일 5:1-5). 그들은 자기의 "이미지"나 "위치"를 걱정할 이유가 없다. 그들은 자유롭게 가장 낮은 위치에 처하고 그곳에서 "성공"할 수 있다. 그들의 집중적인 관심은 아버지의 뜻과 그들의 삶이 좋은 화음을 내고 있느냐이다. 그들은 아무런 대가 없이 자신을 신뢰하는 가운데 줄 수 있고, 겸손하게 성공을 대할 수 있고, 안정적으로 실패를 대할 수 있고, 결국 모든 것이 그들의 소유가 된다는 것을 알고 있다.

종들에게 이와 같은 확신이 필요한데, 놀람과 거절과 같은 것들이 그 종들의 몫이기 때문이다. 우리는 모두 종의 위안을 원하지만 누가 이 뒤틀어진 얼굴을 견딜 수 있겠는가? 사람들은 아낌없이 주는 사람을 항상 의심의 눈길로 쳐다본다. "그녀가 무슨 꿍꿍이 속이지? 그가 뭘 증명하려고 그러는 거야?" 대체 어느 누가 "좋은 사람인 체하는 사람"으로 알려지기를 원하는가? 당신이 정말로 예수님의 가르침을 실천하려고 한다면 당신의 원수를 사랑하는 것과 같은 사랑을 하면 머지않아 사람들이 당신을 낯설고 부자연스럽게 볼 뿐만 아니라 약간 파괴적인 사람으로 볼 것이다.

어쩌면 우리가 꼭 견뎌내야 한다고 요청받은 십자가의 가장 나쁜 측면은 주위 사람들이 우리가 진 십자가를 그냥 당연하게 여긴다는 점이다. 당신은 당신의 삶을 다른 사람들을 위해 쏟아 붓고 있지만 그들은 당신이 그렇게 많은 시간을 들여서 퍼 올려 컵에 채워 놓은 물을 바닥까지 쭉 들이켜 버리고는 "고맙다"는 말은 한 마디도 없이 컵을 던져 버리고 당신이 있는 곳을 쳐다보지도 않고 가 버린다. 그들은 "그를 높이 평가하지 않는다." 이것이 종들이 그 주인에게 했던 행동이라면 우리 종들은 왜 더 잘 대접받아야 하는가?(요 15:20-21) 우리가 잘 견디고 냉소적이거나 마음을 상하지 않고 신앙심이 깊고 고상해지면 우리에게서 흘러나오는 노래가 있고 최후 승리의 찬가가 우리 안에 있게 될 것이다.

우리가 종이 되면 어떤 짐을 지게 되는가? 우리가 그 종의 이미지를 살펴본다면 어떤 짐을 지게 되는지 명백해진다. 우리는 고난과 슬픔, 우리 주위에 있는 이 모든 짐들을 견디라는 요청을 받는다. 이것은 힘들다. 그들에게 그들이 겪고 있는 어려움들을 치료하라고 말하는 것이 훨씬 쉽다. 우리가 짐을 지는 방법으로 우리가 그들과 관계를 맺어야 할 필요가 없다. 그러나 그것은 그 종의 방법이 아니다. 그는 우리에게 어디에서 우리의 짐을 지는지 말하지 않았다. 하지만 그는 그 짐들을 졌다.

우리의 실제 삶에서 에이즈 환자들이 겪고 있는 비통과 슬픔, 홀로된 부모들의 고투, 임신한 십대들의 혼란을 부지런히 노력하면서 도와줘야 한다는 것을 의미한다. 그는 우리의 비통과 슬픔을 견디셨다. 분명 우리는 구세주께서 하셨고 하실 수 있는 방식대로 견뎌내지는 못하지만 우리 주위에 있는 사람들을 예수께 데려와 그들의 마음의 짐을 다 토로할 수 있도록 도와줄 수는 있다. 바리새인들이 세상의 죄와 배신으로 얼룩지게 하지 않으려고 한 것처럼 우리 자신을 높여서 얼룩 하나 없는 바리새인의 옷처럼 보여야 하는 때가 최악의 악몽이다.

사실 그 종의 사역은 단기적으로 보면 분명한 실패였다. 53:7-9에 따르면 그 종은 한창 때 아이도 없이 죽었고, 공의를 박탈당하고, 폭력과 사기를 친 것처럼 대우를 받았다. 그러나 그 종은 아버지의 뜻을 행하고 있다는 사실에 그저 만족했다. 이것은 오늘날 종 된 우리들에게도 마찬가지이다. 우리가 세상이 중요하게 여기는 성공에 우리의 목표를 두고 그것을 이룬다면 우리는 모든 것을 잃어버리는 위험에 직면하게 될 것이다. 우리가 이사야와 하나님의 아들의 발자취를 따라 걷는다면 우리 안에 있는 모든 것을 궁극적으로 신뢰할 만한 존재에 굴복시키면서, 하나님의 손 안에 우리의 종 됨의 결과를 남길 준비를 하고 있어야 한다.

하나님을 위해서 성공을 구하려고 한다는 것보다 더 나쁜 것은 없으며 그럴 바엔 차라리 하나님을 위해 실패를 구하는 것이 훨씬 낫다! 여기서 제기된 한 가지 주제는 엄밀한 "성공"의 의미이다. 성공이 순종의 의미라는 것과 성공이 세상적인 관점에서 순종의 증거라고 보는 것은 각각 별개의 문제이다. 어떤 사람은 당신이 대형교회의 성공적인 목사가 되려고 한다면 죄나 돈에 대해서 말할 수 없다고 말한다. 그러나 성경이 대개 죄와 돈에 대해서 말하는 것은 두 가지 요소가 있다. 이사야와 다른 선지자들이 결코 죄에 대해서 말하지 않았다고 가정해 보라. 이스라엘도 교회도 오늘날 존재할 수 없었을 것이다. 그 종이 신실하게 되기로 결정하고 하나님께 그 종의 섬김의 결과를 남겨 드리기로 한 것처럼 우리도 그렇게 해야 한다.

물론 우리의 종 됨이 그리스도가 그랬듯이 궁극적으로 죄를 속량할 수는 없다. 그리스도만이 구속자이시다. 그것이 "개인"과 "사회" 복음을 분리시키는 것이 불가능하다는 점을 우리에게 일깨워 준다. 우리를 사회 속으로 침투시키지 못하는 "개인" 복음이 불완전하듯이 변화하지 않은 개인에서 싹트지 않은 "사회" 복음도 불완전하다. 한편 우리가 상처 입은 세상의 짐을 감당할 때 우리의 목표는 이 짐들을 그리스도께 가져가는 것이다. 사람들에게 옷을 입혀 주고 먹여 주고 도움을 주지만 십자가에 못 박힌 그리스도를 통해 하나님을 인격적으로 알게 하지 않는 것은 맨 먼저 복음이 무엇에 대한 것인가라는 부분을 놓치고 있는 것이다. 또 다른 한편으로는 사람들이 단순히 그들의 죄를 취급하도록 도와주는 한편, 죄가 어떻게 삶의 구석구석까지 영향을 미치고 있는지를 보여 주지 않고 사람들이 죄의 영향을 다루는 것을 돕지 않는 것은 그 종의 방식대로 섬기지 않는 것이다.

이사야 54:1-17

1 잉태하지 못하며 출산하지 못한 너는 노래할
지어다 산고를 겪지 못한 너는 외쳐 노래할
지어다 이는 홀로 된 여인의 자식이 남편 있
는 자의 자식보다 많음이라 여호와께서 말씀
하셨느니라
2 네 장막터를 넓히며 네 처소의 휘장을 아끼
지 말고 널리 펴되 너의 줄을 길게 하며 너의
말뚝을 견고히 할지어다
3 이는 네가 좌우로 퍼지며 네 자손은 열방을
얻으며 황폐한 성읍들을 사람 살 곳이 되게
할 것임이라
4 두려워하지 말라 네가 수치를 당하지 아니
하리라 놀라지 말라 네가 부끄러움을 보지
아니하리라 네가 네 젊었을 때의 수치를 잊
겠고 과부 때의 치욕을 다시 기억함이 없으
리니
5 이는 너를 지으신 이가 네 남편이시라 그의
이름은 만군의 여호와이시며 네 구속자는 이
스라엘의 거룩한 이시라 그는 온 땅의 하나
님이라 일컬음을 받으실 것이라
6 여호와께서 너를 부르시되 마치 버림을 받
아 마음에 근심하는 아내 곧 어릴 때에 아내
가 되었다가 버림을 받은 자에게 함과 같이
하실 것임이라 네 하나님께서 말씀하셨느
니라
7 내가 잠시 너를 버렸으나 큰 긍휼로 너를 모
을 것이요
8 내가 넘치는 진노로 내 얼굴을 네게서 잠시
가렸으나 영원한 자비로 너를 긍휼히 여
기리라 네 구속자 여호와께서 말씀하셨느
니라
9 이는 내게 노아의 홍수와 같도다 내가 다시
는 노아의 홍수로 땅 위에 범람하지 못하게
하리라 맹세한 것 같이 내가 네게 노하지 아
니하며 너를 책망하지 아니하기로 맹세하였
노니
10 산들이 떠나며 언덕들은 옮겨질지라도 나의
자비는 네게서 떠나지 아니하며 나의 화평의
언약은 흔들리지 아니하리라 너를 긍휼히 여
기시는 여호와께서 말씀하셨느니라
11 너 곤고하며 광풍에 요동하여 안위를 받지
못한 자여 보라 내가 화려한 채색으로 네 돌
사이에 더하며 청옥으로 네 기초를 쌓으며
12 홍보석으로 네 성벽을 지으며 석류석으로 네
성문을 만들고 네 지경을 다 보석으로 꾸밀
것이며
13 네 모든 자녀는 여호와의 교훈을 받을 것이
니 네 자녀에게는 큰 평안이 있을 것이며
14 너는 공의로 설 것이며 학대가 네게서 멀어
질 것인즉 네가 두려워하지 아니할 것이며
공포도 네게 가까이하지 못할 것이라
15 보라 그들이 분쟁을 일으킬지라도 나로 말미
암지 아니한 것이니 누구든지 너와 분쟁을
일으키는 자는 너로 말미암아 패망하리라
16 보라 숯불을 불어서 자기가 쓸 만한 연장을
제조하는 장인도 내가 창조하였고 파괴하며
진멸하는 자도 내가 창조하였은즉
17 너를 치려고 제조된 모든 연장이 쓸모가 없
을 것이라 일어나 너를 대적하여 송사하는
모든 혀는 네게 정죄를 당하리니 이는 여호
와의 종들의 기업이요 이는 그들이 내게서
얻은 공의니라 여호와의 말씀이니라

원 의미

다른 세 종의 노래처럼 넷째 종의 노래에도 주석이 따라 나온다. 그러나 다른 것들과 다르게 찬송의 노래가 주석의 결론 역할을 하고 있는데(참조. 42:10-13; 49:13; 어쩌면 51:7-8도 관련이 있을 수 있다), 여기서는 전체 주석(54-55장)이 서정시와 같은 노래의 특징을 지니고 있다. 내가 이사야 49-55장을 구분하면서(49장에 대한 주석을 보라.) 제일 처음에 살펴보았듯이 54-55장은 49-52장에서 하나님의 백성을 하나님께 회복하신다는 약속이 지켜지게 된다고 확실한 어조로 말한다. 기대가 초청과 찬양으로 바뀐다. 분명히 하나님의 아들 안에 있는 계시는 거의 700여 년 동안 일어나지 않은 이 화해를 가능하게 한다. 그럼에도 이 계시는 지금 완성되었으며 이 약속을 받아들이는 사람들은 이 화해를 누릴 수 있게 된다.

실제로 이사야 54-55장은 하나인데 두 부분으로 이루어져 있다. 54장은 하나님이 시온을 향해 부르는 사랑의 노래이며 그와 멀어진 신부를 신랑에게 회복하기 위해서 하고 있는 모든 일을 말한다. 55장은 진심어린 초청인데, 신부에게 그녀의 것을 의심하여 놓쳐 버리는 일이 없게 하라고 요청하고 있다. 이 본문들은 다 함께 성경에서 가장 아름다운 문학작품 중 하나다.

수치를 당하는 여인에게 베풀어진 회복과 희망(54:1-10)

하나님은 이 열 구절에서 수치를 당하는 여인의 영상으로 이스라엘에게 말씀하신다. 그녀는 잉태치 못하고(1-3절) 과부이며(4-5절) 이혼을 당한 사람(6-8절)이다. 하나님은 이들 한 사람, 한 사람에게 회복과 희망을 약속하시고 이 약속들은 9-10절에서 절정에 이른다. 이 절정에 이른 구절들에서 하나님은 이 단락에서 언급된 문제는 바빌론 포로가 아니라 하나님의 면전에서 단절되어 있다는 사실이라는 점을 다시 분명하게 한다. 여기서 하나님은 "하나님의 실패하지 않는 사랑"과 "하나님의 화평 언약"이 영원하다고 말씀하신다.

이것은 나중에 역사가 보여 주듯 이스라엘이 결코 책망과 형벌의 주인공이 아니라는 것을 의미하지 않는다. 이것은 오히려 하나님이 어떻게 해서라도 하나님 안에서 그분의 백성과 지금 화해하려고 한다는 것을 의미한다. 사람의 죄를 향한 하나님의 의로운 분노를 만족시키는 데 필요한 일은 무엇이든지 행해지고 있었고, 하나님은 사람들이 하나님과 화해를 경험하는 데 더는 장벽이 없다고 선언하신다.

사람들은 이제 더는 하나님과 단절된 상태로 있지 않아도 된다. 분명히 52:13-53:12에서 묘사된 것은 하나님과 멀어지지 않아도 된다는 결과를 뜻한다.

대부분의 고대 근동 아시아에서 여인의 가장 처참한 운명은 자녀가 없는 것이다. 이러한 사상은 창세기에서 갈라디아서까지 흐르고 있는데 이것은 사람이 가지고 있는 문제들을 자력으로 해결할 수 없는 무능함의 상징이다.[1] 여기(54:1-3)에서 하나님은 하나님의 은혜를 체험한 사람들은 결코 열매를 맺는 일이 생기지 않을 것이며 예상치 못한 풍성한 삶, 그들이 헤아릴 수 있는 수보다 훨씬 더 많은 수의 "후손"들과 함께 풍성한 삶을 누리게 된다고 말씀하신다.

또한 과부가 되는 것은 고대 세계의 많은 부분에서 수치라고 여겼다(54:4). 여인은 남편을 통해 사회에 기여할 수 있는데 지금 그녀는 홀로 남아 더는 기여자가 되지 못하고 한 사람의 장애인으로 간주될 뿐이었다. 그러나 하나님은 이스라엘은 이제 이 여인을 과부로 여겨서는 안 된다고 말씀하신다. 이 여인을 "만든 자"가 여인의 "남편"이다.

이 여인과 "결혼하여" 수치에서 구원하는 바로 이 사람은 누구인가? 5절은 하나님의 칭호로 둘러싸여 있다. 그분은 창조자이실 뿐만 아니라 모든 천군 천사들이 명령을 받는 유일한 분이다("만군의 여호와"; NIV "Lord Almighty"). 그분은 이스라엘의 "거룩하신 분"이며 그분의 거룩한 성품은 심판(1-39장에서 많이 볼 수 있는 것처럼)을 향하지 않고 구속을 향한다("구속자"). 하나님의 창조적, 구속의 능력은 특정 지역이나 특정 무리에 국한되지 않는다. 하나님은 "온 땅의 하나님"이시다. 이 분이 바로 당신을 하나님의 것으로 취하신 유일하신 분이다! 누가 슬퍼하겠는가?

그러나 자녀가 없거나 과부가 되는 것보다 더한 수치가 있으니 그것은 이혼이다. 적어도 과부가 되는 것은 당신의 남편이 본의 아니게 당신을 홀로 남겨 두고 떠난 것이다. 이혼당한 여인은 어떤 면에서 이혼을 원하고 있던 것으로 보이고 의도적으로 "배척당한 것"으로 보인다(54:6). 이 여인은 바로 이스라엘이었다. 그녀는 하나님을 실망시키고 그녀의 집에서 쫓겨났다. 그러나 하나님은 그녀를 다시 그분께 돌아오게 하는 방법을 찾고 계신다. 하나님의 "분노"는 "잠시"지만 그분의 "긍휼"은 "영원하다"(54:7-8). 그 종의 사역으로 하나님의 의로운 분노(공의)가 만족되고 이 종의 사역을 받으실 하나님의 "인자"(NIV "unfailing love")를 보여 준다.

1. 불임과 생산의 능력이 없는 것은 이사야서의 핵심 주제이다(26:16-18; 29:22-23; 37:3; 66:9을 보라).

폐허가 된 도시에 베풀어진 회복과 희망(54:11-17)

이 단락은 수치를 받는 여인에서 폐허가 된 도시로 영상이 변하고 있다. 사람들은 "광풍으로 요동하는"(54:11) 도시와 같으며 "학대"와 "공포"(54:14)의 지배 아래 있고 그 도시가 "파괴"(54:16)되고 있다. 그러나 하나님이 이 모든 것들을 만드시고 진행하시는 유일한 분(54:16)이기 때문에 그분은 이 모든 것들을 바꾸실 수 있는 유일한 분이다(54:15, 17).[2]

한편 이 약속은 서정시와 같은 노래이다. 비바람을 맞고 깨진 벽이 연기로 얼룩져 있던 곳에 햇빛에 반짝이는 "홍보석의 성첩"이 될 것이다. 학살과 공포가 있던 곳에 진정한 "평강"(*šalom*, 샬롬), "의"와 안전이 존재하게 될 것이다. 이 복은 "주의 종"의 역할을 기쁘게 받아들이는 사람들에게 주어진다. 배신하고 죄 많은 이스라엘이 주의 종이라는 역할을 맡을 수 있는가? 주의 그 종의 사역을 통해 가능하다. 그분은 자기 자신을 내어주심으로써 40-48장에서 그의 종들에게 하신 모든 약속을 성취할 수 있다.[3]

상황잇기

한 노인이 병원 침대에 누워 있었다. 그의 인생 여정이 노인의 얼굴에 깊은 주름을 새겼고 코에는 깊은 주름이 있고 눈은 빨갛게 충혈되어 있었다. 그러나 겉으로 보이는 흔적들보다 더 깊은 주름이 노인의 두 눈에서 한없는 쓸쓸함으로 보이고 있었다. 그는 인생의 쓴맛을 다 보았다. 노인의 침대 한 쪽으로 여인이 다가온다. 인생은 이 여인에게도 역시 녹록치 않았다. 그녀의 옷은 유행에 한참 뒤떨어져 있었고 머리 모양도 유행에 뒤져 있었다. 피부는 누렇게 떠 있었고 화장으로 피부를 가리려고 했지만 그것도 여의치 않았다. 그러나 인생의 끝 지점에 와 있는 거의 비슷한 두 인물이지만 그녀의 눈은 열정과 웃음과 희망과 사랑으로 빛나고 있었다. "잘 계셨어요? 아빠." 그녀가 웃으면서 말한다.

---

2. 모든 선지자들은 이 방법이나 다른 방법을 사용해서 이 점을 중요하게 부각시킨다. 맨 처음 재앙을 일으키게 하신 분이 바로 하나님이시기 때문에 하나님은 이런 구속의 조건에 부딪쳤던 사람들을 구원할 수 있는 능력을 지니셨다(예를 들어, 사 10:5-6, 17-19을 보라). 이 재앙이 하나님을 거슬러서 발생했다면 하나님이 그들을 구원할 능력을 갖는 것이 거의 힘들었을 것이다.
3. 40-48장에 있는 대부분의 "종"에 대한 언급은 전체 열방인 것이 분명하지만 이 비율이 49-55장에서 확실히 역전되는데 49-55장에서는 딱 한 번(54:17에 있는 것) 열방이 언급되어 있다.

노인은 머리를 조금 돌려서 딸을 바라보다가 이내 외면한다. "나는 네가 나에게 뭘 말하려고 하는지 알고 있다. 네 영혼이나 구하는 것이 훨씬 나을 게다. 너무 늦었다. 하나님께 용서를 구하기엔 너무 늦어 버렸고 새 출발을 하기에도 과거를 바꾸기에도 너무 늦어 버렸다."

"아빠, 너무 늦지 않았어요. 그리스도께서 저를 위해 하신 것을 보세요! 저는 빈민가에 있었고 술을 마시고 죽으려고 했어요. 아빠가 말한 대로 제가 그러려고 했다고요. 그러나 그리스도께서는 저를 사랑으로 바라보셨어요. 다른 모든 사람들이 저를 아무짝에도 쓸모없다고 했지만 그리스도께서는 그들에게 입을 다물라고 하셨어요."

"딸아, 너는 내가 뭘 했는지 모른다. 나는 설교자였다! 나는 지금 내가 말할 수조차 없는 것들을 하고 있다. 네 하나님이 그렇게 좋고 사랑이 넘치신다 해도 나와 결코 어떤 관계를 맺지 않으실 게다. 나는 너무 멀리 와 버렸다."

"아빠, 절 좀 보세요. 그 누구도 예수 그리스도께 너무 멀어져 버린 사람은 없어요! 예수 그리스도는 전에 지었거나 이 땅에서 앞으로 지을 모든 죄를 감당하셨어요. 아빠가 세상에 있는 가장 나쁜 죄인이라고 생각하신다면 또 다른 생각을 불러들이는 거예요. 예수 그리스도는 히틀러(Hitler)를 위해서도 죽으셨어요! 아빠는 자신이 히틀러보다 더 나쁘다고 생각하세요? 아니죠. 히틀러 같지 않아요. 아빠의 얼굴을 숙여 하나님께 용서해 달라고 하지 못할 만큼 교만하지는 않아요. 하나님은 아빠를 용서하실 거예요. 아빠 그렇게 하실 거라고요! 아빠가 그냥 하나님께 잘못했다고 용서를 구해 보세요!"

노인은 머리를 돌려 다 커 버린 딸을 바라보았다. 딸을 꼭 껴안으며 잠시 딸을 바라보았다. 딸을 보면서 노인은 부인할 수 없는 진실, 딸이 내면에서부터 달라져 있었음을 보았다. 갑자기 노인은 참을 수 없는 열망에 압도되었다. 노인은 폐인이었고 그의 삶은 파괴의 잔해였고 이제 곧 끝장이 날 판이었다. 이렇게 늦게라도 딸의 얼굴에 깃든 빛이 노인의 것이 되는 게 가능한가? 그렇다. 즉시 그렇게 된다. 노인은 시트 아래에서 손을 뻗어 딸의 손을 잡았다. 다음 순간 노인은 고백하지 않았던 자신의 죄와 탐욕을 고백했고, 딸의 입맞춤에 격려되어 아주 작은 믿음을 고백했다. 그러자 황무지가 열매를 풍성하게 맺게 되었고, 홀로 은혜 받지 못한 가운데 있던 자가 세상의 창조자를 기쁨으로 안게 되었으며, 배척하던 자가 기쁘게 받아들이는 자가 되었다. 노인이 눈을 열었을 때 깨진 벽 같은 노인의 삶은 홍보석의 성첩이 되었다.

현대적 의미

이 구절들은 복음의 중심이 그리스도라는 것을 우리에게 보여 준다. 하나님이 그분의 잃어버린 세계와 그 자신이 화해하도록 하신다. 하나님은 자기 자신이 의로우시기 때문에 우리가 하나님과 우리 사이에 놓여진 틈을 이어주는 길을 우리가 찾는 것을 바라지 않으신다. 결국 우리는 하나님과 우리 사이에 틈을 만든 사람들이며 그래서 우리는 그 틈을 가로지르는 방법을 찾아보아야 한다. 그러나 당연히 우리 쪽에서 갈 수 있는 방법은 없다. 하나님 편에서 보면, 하나님 혼자 도덕적으로 완전한 상태로 고립되어 계시면서 우리가 하나님께 오기를 기다리셔야 한다면, 하나님은 영원히 기다리셔야 할 것이다. 죄 많은 우리는 하나님이 불태워 정화하시고 살게 하신 후에야 우리가 설 수 있는 곳에 도달하게 될 것이다. "범죄하는 그 영혼이…죽으리라"(겔 18:4).

게다가 하나님에 관해 놀라운 사실은 그분이 죄인들의 죽음을 매우 당연한 것으로 여기며 만족해 하시지 않는다는 것이다(겔 18:32; 33:11). 티모시 맥베이(Timothy Mcveigh)가 일으킨 오클라호마 시 연방청사 폭탄테러 사건(Oklahoma City bomber, 1995년 4월 19일 맥베이와 유나버머가 오클라호마 알프레드 연방청사에서 차량에 가득 실은 폭탄을 터트려 168명이 사망하고 500여 명의 사상자를 낸 미국 최대의 테러사건-옮긴이)의 피해자 가족들이 맥베이의 죽음을 참관하는 것을 저지당하자 실망했다. 피해자들은 맥베이가 죽는 것을 보는 것으로 만족하기를 원했다. 그러나 하나님은 그런 방식으로 만족하시지 않는다.

가장 흉악한 범죄자가 죽었다 해도 하나님의 얼굴에는 만족하시는 냉혹한 웃음이 깃들지 않는다. 오히려 조금도 거리낌 없이 아버지를 죽이려 한 압살롬을 잃었을 때 "오! 압살롬, 내 아들 압살롬"이라고 외치면서 비통해 한 다윗의 그 슬픔이 하나님의 중심에 있다.

그래서 하나님이 "하나님의 실패하지 않는 사랑"과 "영원한 자비"와 "화평케 하시는 (하나님의) 언약"을 표현하신 것인가? 하나님은 "잉태치 못하는 여인"이 자녀들의 웃음소리에 둘러싸일 수 있게 하기 위해서, "과부"가 세상에서 가장 멋진 남편과 결혼하게 하기 위해서, "배척당한" 이혼녀가 배척당하는 것은 순간이요 받아들여지는 것은 영원하다는 것을 알게 하기 위해서 그렇게 하신 것인가? 하나님은 결국 공허한 교만, 혼자서 느끼는 자기만족, 우리 자신의 방법대로 하고자 하는 이 모든 것을 가져가시고 하나님만 의지케 하신다.

이것이 하나님의 진짜 얼굴이다. 하나님은 우리가 지은 끝없는 범죄 목록들을 열거하시며 냉정하고 잔혹하게 심판하시면서 최종적으로 우리가 받아야 할 형벌을 집행하시는 분이 아니다. 결코 그런 분이 아니다. 이 "창조자", "이 땅 만물의 하나님"은 우리의 아버지이시며, 우리 아버지는 우리가 형벌을 받지않게 하시려고 무엇이든지 하실 분이다. 심판자가 심판을 하고 있지만 이 심판자는 지금 피고인에게 더는 주목할 만한 심판이 없다고 선언한다.

따라서 하나님은 다시는 심판을 선포하지 않겠다고 하신다(54:9). 하나님은 하나님의 백성을 "치려고 제조된 기계가 날카롭지 못하다"고 하시면서 백성이 다시 성공할 것을 말씀하신다(54:17). 이것은 형벌이나 훈련이 더는 필요하지 않다는 것을 나타내는데, 하나님 자신이 이 모든 것들을 취하셨기 때문이다.

그러나 그것은 하나님 편에서의 이야기이다. 그같은 하나님의 은혜와 자비의 조항이 끊임없이 우리에게 도움이 되지 못한다는 것을 생각하라. 죄악된 생활을 고집하기 위해서 하나님의 은혜를 이용할 수 있겠는가? 우리가 이 은혜를 사용하기로 결정하면 죄된 삶에서 살아남을 수 있다고 가정해 보자. 이것은 우리가 살고 있는, 쓰레기같이 황폐한 집을 하나님이 깨끗하게 청소하시고 싱싱한 채소가 있는 정원으로 바꾸시고 난 후 하나님이 우리에게 "너는 이제 절대로 아프지도 않고 다시 배고프지도 않을 거야"라고 말씀하시는 것과 같다. 이것은 하나님이 보시기에 진실이다. 그러나 이것은 우리가 그 정원의 한 가운데서 계속 살기로 결정할 때 우리의 것이 된다. 우리가 쓰레기같이 황폐한 옆집으로 이사하기로 결정하고 여전히 그 약속들을 요구한다면 그것은 우리가 하나님의 은혜 바깥에서 살기로 결정한 것이기 때문에 하나님이 우리를 위해 하신 것들, 그분 자신을 주신 것을 볼 수 없게 될 것이다.

이제는 하나님의 "화평케 하는 언약"이 영원히 우리의 것이 되게 하기 위해서 하나님이 하셔야 할 것은 없다. "그가 징계를 받음으로 우리가 평화를 누리고 그가 채찍에 맞음으로 우리가 나음을 입었도다"(53:5). 우리는 "그 사랑을 입어 선택받은 자"이다. 그러나 이 언약을 영원히 경험하기 위해서 우리가 해야 할 것이 있는데, 그것은 계속 이 언약 아래 살기로 결정하는 것이다.

이사야 55:1-13

1 오호라 너희 모든 목마른 자들아 물로 나아
오라 돈 없는 자도 오라 너희는 와서 사 먹되
돈 없이, 값 없이 와서 포도주와 젖을 사라
2 너희가 어찌하여 양식이 아닌 것을 위하여
은을 달아 주며 배부르게 하지 못할 것을 위
하여 수고하느냐 내게 듣고 들을지어다 그리
하면 너희가 좋은 것을 먹을 것이며 너희 자
신들이 기름진 것으로 즐거움을 얻으리라
3 너희는 귀를 기울이고 내게로 나아와 들으라
그리하면 너희의 영혼이 살리라 내가 너희를
위하여 영원한 언약을 맺으리니 곧 다윗에게
허락한 확실한 은혜이니라
4 보라 내가 그를 만민에게 증인으로 세웠고
만민의 인도자와 명령자로 삼았나니
5 보라 네가 알지 못하는 나라를 네가 부를 것
이며 너를 알지 못하는 나라가 네게로 달려
올 것은 여호와 네 하나님 곧 이스라엘의 거
룩하신 이로 말미암음이니라 이는 그가 너를
영화롭게 하였느니라
6 너희는 여호와를 만날 만한 때에 찾으라 가
까이 계실 때에 그를 부르라
7 악인은 그의 길을, 불의한 자는 그의 생각을
버리고 여호와께로 돌아오라 그리하면 그가
긍휼히 여기시리라 우리 하나님께로 돌아오
라 그가 너그럽게 용서하시리라
8 이는 내 생각이 너희의 생각과 다르며 내 길
은 너희의 길과 다름이니라 여호와의 말씀이
니라
9 이는 하늘이 땅보다 높음 같이 내 길은 너희
의 길보다 높으며 내 생각은 너희의 생각보
다 높음이니라
10 이는 비와 눈이 하늘로부터 내려서 그리로
되돌아가지 아니하고 땅을 적셔서 소출이
나게 하며 싹이 나게 하여 파종하는 자에게
는 종자를 주며 먹는 자에게는 양식을 줌과
같이
11 내 입에서 나가는 말도 이와 같이 헛되이 내
게로 되돌아오지 아니하고 나의 기뻐하는 뜻
을 이루며 내가 보낸 일에 형통함이니라
12 너희는 기쁨으로 나아가며 평안히 인도함을
받을 것이요 산들과 언덕들이 너희 앞에서
노래를 발하고 들의 모든 나무가 손뼉을 칠
것이며
13 잣나무는 가시나무를 대신하여 나며 화석류
는 찔레를 대신하여 날 것이라 이것이 여호
와의 기념이 되며 영영한 표징이 되어 끊어
지지 아니하리라

원 의미

우리는 지금 모든 것을 용서해 준다는 54장의 공지에서 용서를 경험하라는 초대로 바뀌는 것을 본다. 처음 일곱 절에서 20개가 넘는 명령형이나 명령형 동사(jussive verbs)로 간곡하게 호소하고 있다. 모든 것이 다 완료되었고 연회 식탁이 차려졌고 모든 준비가 끝났다. 초대받은 사람이 오지 못한다면 얼마나 비극적인 일인가! 다시 한 번 우리는 53장에서 예언된 것 중 무엇이 가장 중요한지 되짚어 본다. 뒤따라 나오는 말의 어조가 약간 바뀐 것이 보인다. 신부는 회복되고 도시는 재건되었다. 이들을 위한 모든 것이 준비되었는데 이들이 들어오는 데 실패한다면 이 얼마나 비극적인 일인가! 그들은 반드시 들어와야만 한다.

55:1-5에서 자기 자신 안에 자생 능력을 가지고 있지 않은 사람들을 매우 강한 어조로 초대한다. 이것은 물질적인 영상으로 시작지만("물로 나아오라", "와서 사 먹으라", 1-2절) 점점 영적인 국면으로 나아간다("그리하면 너희 영혼이 살리라", 3절). 하나님의 초대는 육신의 필요를 채울 뿐만 아니라 사람의 전 존재(네페스, *nepeš*; NIV "Soul")를 진정한 생명으로 만족시킨다. 54:10에서 다시 한 번 "영원한 언약"을 말한다. 구형된 죄 값이 치러진 후에 옛 언약은 깨어졌고 법적으로도 폐기되었다. 그러나 하나님은 또 다른 언약을 약속하시고 이 언약은 "다윗"에게 절대적으로 허락하신(55:3) 언약이다. 그러나 옛 언약과 영원한 언약은 비슷한 것 그 이상이다. 어떤 의미에서 "영원한 언약"은 다윗과 맺은 "언약"이 분명하다. 다윗의 역할은 "만민의 증인"(55:4)이 되는 것이며, 열방에게 언약이 성취될 수 있게 하는 것이다(참조. 43:8-13).[1] 열방은 하나님에 의해 회복된 이스라엘에게로 모여들 것이다(55:5).

이것은 물론 이사야 2장에서 정확하게 예언된 일이다. 분명히 53장에서 묘사한 대로, 영원한 언약은 하나님의 백성은 이사야서 서두에 약속했던 종된 삶을 살게 한다는 것을 의미한다. 그러나 하나님의 백성은 하나님이 그들을 위해서 하신 일을 받아들여야 한다. 너무 교만하거나 수줍은 나머지 연회 식탁에 와서 먹을 수 없는 사람들에게는 연회 식탁이 쓸모없다.

6-11절은 하나님의 초대를 명확하게 듣는 사람들의 우주적인 문제를 말한다. 그들은 그들의 현실을 선택해야 하는 기로에 서 있다. 즉 불신의 상태로 계속 머물러 있을 것인가? 아니면 어마어마하게 불확실한 세계로 나아갈 것인가? 분명 이사

1. Westermann, *Isaiah 40-66*, 283.

야 당대의 사람들에게나, 바벨론 유수 때 이 말씀을 읽던 사람들과 마찬가지로, 지금 읽는 사람들에게 52:13-53:12의 메시지는 거대한 수수께끼였다. 이 세상에서 하나님은 무엇에 대해서 말씀하시는가? 이분은 누구이시며 이 세상에서 행하신 것이 어떻게 그분의 백성과 영원히 화해하게 하는가?

하나님은 이 사람들에게 먼저 믿음을 경험하고 나서 이해하게 하신다. 하나님은 이르시되(그의 "말씀", 55:11) 백성들이 진심으로, 무조건적으로 하나님만 구하고 믿으면 현재와 미래에 용서와 풍성함으로 채워진다고 약속하신다. 여기서 핵심은 육체적 포로 상태에서의 구원이 아니라 하나님에게, 소외된 상태에서의 구원을 말한다. "악인"이 그들의 "길"과 "생각"에서(55:7) 하나님의 "길"과 "생각"으로 돌아서면(55:8-9) 완벽하게 이 "길"과 "생각"을 알지 못해도 그들은 용서를 받을 것이고 회복될 것이다.

이 모든 것들이 55:12-13 결론에 나와 있다. 단순한 육체적 포로에서의 그 구원 이상의 바벨론 유수에 있는 사람들에게 즉시 전달된다. 모든 자연은 사람들의 구속으로 즐거워하며(참조. 42:10; 44:23; 49:13) 포로들은 하나님께 다시 돌아와 슬픔과 탄식 대신 "기쁨"과 "평강"(참조. 35:10; 51:11)을 누릴 것이다.

상황잇기

예수님은 이와 같은 상렬한 초대를 왕의 잔치 비유(눅 14:23)에서 사용한다. 처음 잔치에 초대받은 사람이 오기를 거절했을 때, 왕은 그의 종들에게 "길과 산울가로 나가서 왕의 집이 꽉 차도록 사람들을 들어오게 하라"고 말한다. 하나님은 모든 준비를 끝내시고 초대에 반응하는 사람들을 찾으실 것이다. 바울이 말한 대로, 세상이 강하고 현명하고 고귀하다고 정의한 많은 것들이 실제로는 그렇지 않다(고전 1:26-29). 강한 것, 현명한 것, 고귀한 것은 하나님의 길과 방법을 먼저 아는 것이다. 그러나 천하고 힘없고 약한 것은 하나님의 길과 방법에 대해서 알지 못하고 그냥 열려 있는 문과 식탁 가득 쌓여 있는 것을 볼 뿐이다.

초대의 중요성과 간절함은, 홍수와 같이 비극적인 일을 맞이했을 때와 같다고 설명할 수 있다. 어머니와 아들, 딸이 거세게 일렁이는 물결에 휩싸여 큰 나무 꼭대기에 매달려 있었다. 구조 대원들은 거센 물결 때문에 나무로 올라가지 못하고 있었지만, 보트와 나무 사이의 간격은 뛰려고 마음만 먹으면 뛸 수 있을 정도로 별 문제가 되지 않았다. 보트에 있는 구조대원들은 절박하게 외쳤다. "뛰어요, 뛰어." 그러나 그 가족들은 무서웠다. 마침내 있는 용기를 다해 아들이 뛰었고 보트에 안전하게 뛰어내렸다. 그후 딸이 뛰었고, 비록 물 속으로 빠졌지만 구조대원들이 준비하고 있다가 곧 바로 보트 속으로 끌어올렸다. 지금 아들과 딸, 구조대원들이 다 함께 어머니에게 "뛰어요. 뛰어! 당신은 할 수 있어요! 당신이 빠지면 금방 우리가 당신을 붙잡을 수 있어요!"라고 외친다. 이 초대는 정말로 긴박한 요구이다. 그러나 무서워서 뛰어내릴지 아니면 그냥 확실히 안전해 보이는 나무에 남아 있을지 고민하는 순간, 무시무시하게 부러지는 소리와 함께 나무는 쓰러지고 그녀는 나무와 함께 휩쓸려 가 버리고 만다. "주를 볼 수 있을 때 주를 구하라."

현대적 의미

신뢰와 항복. 아브라함 때부터 지금까지 믿음의 특징은 똑같다. 우리는 왜 하나님이 아브라함에게 정확한 행선지도 모른 채 여행을 하라고 하셨는지(창 12:1) 의아해한다. 이것은 사람의 문제이기 때문이다. 우리는 우리 스스로 옳고 그른 것을 결정하기를 원한다. 에덴동산 이후로 아무것도 달라진 게 없다. 모든 것이 좋아 보이는 때에 창조자가 우리에게 어떤 잘못이 있다고 말씀하시는 것을 듣고 싶어하지 않는다. 많은 노력이 필요하고 실제적으로 어떤 고통을 안겨 줄 것 같아 보이면, 우리에게 유익한 어떤 것이라도 듣고 싶어하지 않는다. 우리는 삶에서 하나님의 자리를 차지하고 싶어하며, 하나님이 우리가 조종하는 대로 필요로 하는 것들을 채우게 하면서 우리를 섬기게 하고 싶어한다. 그래서 믿음은 항상 안전한 터전을 떠나서 하나님의 방법으로 분명하게(확실히) 어떤 것을 하는 것이다.

이것은 스룹바벨이 스가랴서 4:6에서 확인한 것이다. "이는 힘으로 되지 아니하며 능으로 되지 아니하고 오직 나의 신으로 되느니라." 그리고 이 믿음은 베드로가 배에서 내려 출렁이는 물 위로 걸었던 때(마 14:29) 이해했던 것이기도 하다. 하나님의 초청을 받아들이기로 결정하기 전에, 먼저 하나님의 길과 계획에 대한 모든 것들을 하나님이 완벽하게 이해시켜야 한다고 주장한다면 우리는 초청을 수락할 수 없다.

우리에게 최고인 것을 결정하는 권리를 포기하고 하나님이 그것을 결정하도록 한다면 우리는 자신의 집으로 돌아가는 것이다. 우리는 가장 비판적인 길모퉁이, 항복이라는 길모퉁이를 만나게 된다. 지금 하나님이 창조자가 되고 우리에게 명령을 내리도록 허락했고 이 명령 아래에서 우리는 움직여지게 된다. 그래서 하나님은 하나님과 어떤 관계를 맺고 있지 않던 사람들뿐만 아니라 우리 모두에게 초대하신다.

분명 하나님은 우리 눈에 안전해 보이는 교만과 자기 만족의 나무에서 하나님의 팔로 뛰어내리라고 필사적으로 호소하신다. 이것은 겉으로 보이는 모습에서 현실로 뛰어내리라는 호소이다. 하나님 바깥에 있는 인생은 안전하고 풍성해 보이지만 결국 아무것도 제공받지 못한다. 이러한 인생을 끝까지 붙잡고 있는 것은 손해와 빈곤을 선택하는 것이요, 우리를 만드신 거룩하신 분을 무시하면서 사는 것이다. 이 인생은 어떤 다른 방향으로 가지 못하게 하고 결국 마지막에 손해만 보게 될 것이다. 그래서 하나님은 겉으로 보이는 모습에서 나와 실제인 것, 즉 굶주림에서 배부름으로, 갈증에서 해갈로, 슬픔에서 기쁨으로, 죽음에서 생명으로 뛰어내리라고 요구하시는 것이다. 뛰어내릴지 말지 논쟁하고 있는 사람은 "나는 이미 배부르고, 기쁘게 살아가고 있다"고 말한다. 믿음의 열매는 당신이 뛰어내린 후에야 분명해진다. 그때서야 되돌아보면서 "오! 이런 내가 환상에 불과한 것에 잡혀 있었다니!"라고 말할 수 있다.

그러나 이 초대는 오랫동안 믿음의 삶을 살고 있는 사람들에게도 해당된다. 이 땅에 살면서 만나는 문제는 우리가 더 오래 살면 살수록, 점점 더 많은 삶의 방법들이 생긴다는 점이다. 어린이는 보이지 않는 세계를 믿는 데 별 어려움이 없다. 보이지 않는 세계를 "업신여기는 것"은 바로 어른들이다. 이처럼 어린이가 하나님이 불가능한 것을 하실 수 있다는 것을 믿는 것은 그다지 어렵지 않다. "어린아이 같은 광신"이라고 격하하는 이들은 바로 어른이다.

여기서 나는 점점 늘어나는 자신의 목적대로 영의 세계를 통제하는 방법을 알 수 있다고 주장하는 이교도의 "마음이 문제를 지배하는" 철학을 말하는 것이 아니다. 그것은 죽음의 문이다. 오히려 안락한 세계를 떠나서 섬김의 여정으로 뛰어들어, 자신의 힘을 의지하지 말고 하나님의 힘을 의지하면서 살라는 하나님의 긴급한 초청을 말한다. 하나님이 이르실 때, 하나님의 말씀은 우리의 삶에서 그분이 계획하신 놀라운 방법으로 열매를 맺을 것이다.

이사야 56:1-8

1 여호와께서 이와 같이 말씀하시기를 너희는
정의를 지키며 의를 행하라 이는 나의 구원
이 가까이 왔고 나의 공의가 나타날 것임이
라 하셨도다
2 안식일을 지켜 더럽히지 아니하며 그의 손을
금하여 모든 악을 행하지 아니하여야 하나니
이와 같이 하는 사람, 이와 같이 굳게 잡는
사람은 복이 있느니라
3 여호와께 연합한 이방인은 말하기를 여호와
께서 나를 그의 백성 중에서 반드시 갈라내
시리라 하지 말며 고자도 말하기를 나는 마
른 나무라 하지 말라
4 여호와께서 이와 같이 말씀하시기를 나의 안
식일을 지키며 내가 기뻐하는 일을 선택하며
나의 언약을 굳게 잡는 고자들에게는
5 내가 내 집에서, 내 성 안에서 아들이나 딸보
다 나은 기념물과 이름을 그들에게 주며 영원
한 이름을 주어 끊어지지 아니하게 할 것이며
6 또 여호와와 연합하여 그를 섬기며 여호와의
이름을 사랑하며 그의 종이 되며 안식일을
지켜 더럽히지 아니하며 나의 언약을 굳게
지키는 이방인마다
7 내가 곧 그들을 나의 성산으로 인도하여 기
도하는 내 집에서 그들을 기쁘게 할 것이며
그들의 번제와 희생을 나의 제단에서 기꺼이
받게 되리니 이는 내 집은 만민이 기도하는
집이라 일컬음이 될 것임이라
8 이스라엘의 쫓겨난 자를 모으시는 주 여호와
가 말하노니 내가 이미 모은 백성 외에 또 모
아 그에게 속하게 하리라 하셨느니라

원 의미

언뜻 보면 이사야서가 55장에서 끝나는 것처럼 보일 수도 있다. 간절한 초대를 받아들이는 모든 사람에게 하나님의 은혜가 아낌없이 부어진다는 감동적인 약속 이후에 무엇이 더 남겠는가? 영적인 관계를 맺는 사람이 받을 축복에 대해 말하는 55:12-13은 축복에 대한 설명의 극에 이른 것처럼 들린다.

아직 이사야서는 끝나지 않았다. 본문 이후에 11장 이상이 남아 있다. 19세기 후반의 주석가 둠(Bernard Duhm)은 40-55장은 56-66장과 뚜렷히 구분되므로 이사야서의 세 번째 편집자나 저자, 즉 "제3의 이사야"가 있다고 주장했다.[1]

이사야서를 이렇게 구분해서 보는 것과, 전체적으로 보았을 때 생기는 문제를 이해하기 위해서 그렇게 애쓸 필요는 없다. 주의깊은 독자는 1-39장의 가르침과 40-55장의 가르침이 분명히 모순이 있다는 것을 알 것이다. 이렇게 보이는 것은 "의"라는 말을 다르게 사용하여 서술했기 때문인 듯하다. 1-39장에서 "의"는 하나님의 법령들을 계속 시행해 나가는 행동들을 나타낼 때만 사용된다. 그러나 40-55장에서는 두 곳을 제외하면 "의"는 백성들이 지은 죄에도 불구하고 하나님이 신실하게 구원하심을 서술하는 데 사용된다. 다시 말해 이사야서가 55장에서 끝난다고 하면, 독자들은 사람이 의를 행하는 것은 기본적으로 불가능하기 때문에, 하나님의 은혜로 하나님의 종이 됨으로 구원을 받아 의로운 "신분"을 얻게 되고, 이사야서 서두에서 강조하는 의로운 삶은 은혜로 살아가는 것이 아니라고 생각할 수 있다.

56-66장은 앞의 두 부분의 가르침, 즉 하나님의 종은 실제로 의로운 삶을 살아야 하지만(1-39장) 의로운 삶은 오직 하나님의 은혜로 가능하다는 것(40-55장)을 통합하고 있다. 따라서 이 부분은 "참 이사야서"에 적절하지 않은, 잡다하게 붙은 부록이 아니라 필수적인 결론으로 이사야서 가르침의 절정이다. 여기서 우리는 주의 종된 삶에 예언된 특징을 볼 수 있다.[2]

또한 이사야서의 단락의 구조에 대한 두 번째 문제를 살펴봐야 한다. 현대의 수많은 주석가들은 교차 구조나 동심원 구조가 60-62장의 주요 특징이라고 주장한다.[3] 나는 이 주장들이 옳다고 믿는다. 교차 구조는 가운데 절을 특별히 돋보이게 한다. 따라서 우리는 60-62장에서 회복된 예루살렘이 열방에 빛이 된다고 약속한 사역을 이행하는 것에 초점을 둔 종들과 그 종의 사역이 정점을 이루고 있는 것을 발견한다.

그러나 이 본문을 이사야서의 끝부분(65장에 있는 새 하늘과 새 땅에 대한 약속을 유의하라)에 두는 것은 어떨까? 나는 이것이 이사야서에 있는 일반적인 특징

---

1. Duhm, *Das Buch Jesaja*. Duhm은 56-66장의 본문 자료의 대부분이 한 사람의 작품이라고 생각해 오다 이후 본문의 자료들이 바벨론 유수 공동체의 수많은 사람들의 서로 다른 저작물들을 하나로 모아 놓은 집합물이라고 생각을 전환했다. 이 주제의 참고 목록은 Childs, *Isaiah*, 439을 보라. Childs가 이 본문 자료들을 신학적 통일성의 관점에서 해석하려고 했을 때 내가 믿기 어려웠던 것들을 믿을 수 있게 되었다.
2. 이 점을 더 깊이 토론하기 위해서 나의 "Rightousness in Isaiah," 177-91을 보라. 나는 Motyer가 이 장을 "기름부음을 받은 정복자의 책"(*Prophecy of Isaiah*, 461)으로 분류하는 데 동의하지 않지만 이 본문 자료의 중심 주제는 분명히 메시아의 최종적인 모습이다. 나는 그 제목이 주의 종들의 의를 주제로 한 커다란 구역에 충분히 정당한지 아니면 부족한지 의심스럽다.
3. 이 사람들은 Westermann의 *Isaiah 40-66*에서 Motyer의 *Prophecy of Isaiah*까지 확대된다. 더 깊은 논의를 위해서 Oswalt, *Isaiah 40-66*, 461-65을 보라.

과 직접 연관되어 있다고 믿는다. 이사야는 독자들이 미래에 축복이 부어질 것이 분명하기 때문에 현재의 행위는 중요하지 않다고 느끼도록 방치하는 약속으로 이사야서를 이해하기 원하지 않았을 것이다. 그러므로 결론적으로 "세상의 빛, 예루살렘"이 문학적 구조의 중심에서 부각되고 있음에도 불구하고 모든 종족, 방언, 열방 중 경배하는 무리 속에 있으려면 하나님께 순종하는 필연적인 관계를 맺고 있어야 한다. 교차 구조는 다음과 같다.

A. 순종하는 이방인들(56:1-8)
B. 윤리적 의의 필연성(56:9-59:15a)
C. 신적 군사(59:15b-21)
D. 예루살렘, 세상의 빛(60:1-62:12)
C′ 신적 군사(63:1-6)
B′ 윤리적 의의 필연성(63:7-66:17)
A′ 순종하는 이방인들(66:18-24)

B′가 단순한 B의 좌우대칭이 아니라는 것을 관찰하는 것이 중요하다. 즉 동일한 일반 주제보다 더 진전된 사상이 있다는 사실이 중요하다(이 책 서론에 나와 있는 결론에 대한 개요를 보라).

1절은 위에서 말한 것들을 종합하면서 설명한다. 독자들에게 "공평을 지키며 의를 행하라"고 하는 1절과 비슷한 말이 1-39장에서 반복된다. 그러나 1-39장에서는 하나님의 "의", 즉 하나님의 "구원"이 가까이 있기 때문에 의를 행해야 한다고 말한다. 우리는 하나님의 의를 사용할 수 있게 될 때만 의를 행할 수 있게 된다.

40-55장을 언뜻 해석하면, 우리는 의를 행할 수 없기 때문에 하나님이 은혜를 베푸시는 의로운 행위로 의를 행하는 데 실패한 우리를 구원하시고, 실제 삶에서 의를 행할 책임이 우리에게 없고, 의를 행하는 것은 비현실적인 이상에 불과하다고 믿게 만든다. 그러나 결코 그렇지 않다. 의로운 삶, 안식일을 지키고 "악"을 배척하는 것은(56:2) 하나님의 의로운 구원을 드러내는 데 절대적으로 필요하다고 이사야는 말한다.

다음에 나오는 절에서 이 생각은 극적으로 한층 더 강력해지고 심지어 충격적이다. 40-55장을 읽는 사람들은 구원을 확증할 어떤 사람이 정말로 태어난다고 결론내리기 쉽다. 왜 이스라엘 선민들은 포로에서 구원을 받았는가? 이스라엘 선민이 구원받을 만한 가치가 있기 때문도 분명 아니요, 이 장에서 변화된 삶을 요구하는 것도 아니다. 백성들의 구원은 오직 한 가지 이유, 즉 하나님이 그들의 조상 "아브라함"과 한 약속을 지키시기 위해서이다. 어떤 사람들은 "그러니까 어떻게 사느냐의 문제는 전혀 중요하지 않아요. 나는 그냥 내 출생의 특혜를 받아들이기만 하면 되고 하나님 안에 있는 희망을 포기하지 않으면 되요"라고 말할지 모른다.

그러나 3-8절은 이런 생각을 맹렬하게 반박한다. 하나님을 기쁘게 하는 사람은 아브라함의 육체적 혈통을 계속 이으면서 이 역할을 감당하고 있는, 순수한 혈통의 이스라엘 선민들이 아니다. 아브라함 혈통이 아닌 "이방인"과, 그 혈통에 들어올 수도 없는 "고자"가 하나님의 "언약"에 순종하면서 산다면(4, 6절) 하나님의 언약을 깨뜨리며 사는 이스라엘 선민보다 훨씬 더 많이 하나님을 기쁘게 할 것이다. 하나님은 고자에게 하나님의 자녀들보다 더 좋은 유산, "영영한 이름"(5절)을 주신다.

그러나 의로움은 율법주의가 유지하고 있는 법보다 훨씬 더 중요하다. 6절은 어떤 사람이 사랑과 섬김과 경배로 하나님과 연합하는 관계를 말한다. "모든 민족들"을 하나님께로 모으는 하나님의 목적대로 이렇게 행하는 사람들은 하나님의 "기도하는 집"에 이르고 기도하는 집에서 경배에 참여한다(7-8절).

충격적이라 할 수 있는 이사야서 마지막 부분의 시작인 본문에서 선지자는 이사야서의 맨처음 부분으로 되돌리면서, 주의 구속받은 종들은 온 세상을 "거룩한 산"으로 모으는 사명(56:7; 참조. 2:2-3)을 지니고 있음을 상기시키고, 언약 공동체의 일원이 되는 것은 유전이 아닌 순종임을 말해 준다.

상황잇기

초기 기독교 교회의 노력은 여기서 언급된 문제를 예증한다. 신·구약 중간기에 유대인 공동체는 이 구렁에서 다른 구렁으로 바로 방향을 바꾸었다. 한 세기가 지난 후 포로에서 귀환한 사람들은 그들 자신과 주위에 있는 이교도 국가를 구별하지 않는 경향이 있었다(참조. 에스라, 느헤미야, 말라기). 열방들을 하나님 앞으로 이끌어 오는 열방의 빛이 되는 대신 보편주의와 열방 이교도들의 혼합주의 속으로 빨려들어가 버리고 말았다. 제사장(에스라), 통치자(느헤미야), 선지자(말라기)의 사역의 영향으로, 이스라엘 공동체는 마침내 혼합주의의 위험을 인식하고 주위에 있는 사람들의 영향을 받는 것을 엄격히 제한하기 시작했다. 그러나 그들은 혼합주의의 구렁에서 빠져나오자마자 고립주의의 구렁 속으로 빠져버렸다. 유대주의는 둘러싸고 있는 세상에서 끊어졌고, 하나님 앞에서 유대인 공동체의 정결함을 맹목적으로 숭배하고 있었다.

그 결과, 교회에서 엄청난 격변이 일어난 후에야 초대 그리스도인들이 본문에서 가르치고 있는 이사야의 가르침을 받아들일 수 있게 되었다. 베드로는 하늘로부터 환상을 보고 나서야 유대인 아닌 사람들에게 복음을 나누는 것이 합당한 일임을 확신하게 되었다(행 10:9-16). 그럼에도 불구하고 바울은 이방인들과의 관계에서 베드로가 옛날 방식에서 돌이키지 않고 있다며 공식적으로 충돌해야 했다(갈 2:11-14). 이방인들이 유대의 메시아, 예수의 사역을 받아들이고 하나님의 언약에 순종하는 사랑으로 그들 자신을 구속했다는 사실은 실제로 두드러지게 표현되어 있지 않다. 이방인들에게는 상속권이 없었다. 다행스럽게도 "다른 사람들을 모으는 것"이 하나님의 영원한 계획(사 56:8)이라는 오랜 진실이 특히 바울의 사역(엡 3:4-13)으로 널리 퍼졌다.

이것은 오늘날에도 거의 변화가 없다. 어떤 그리스도인이 예배를 드릴 때 외부에서 온 두 청년이 들어왔다. 청년들의 옷차림은 이상했고 아주 더러웠으며, 머리는 가늘고 길었다. 그들의 팔은 문신으로 뒤덮여 있었다. 그들은 분명 복음적인 문화의 특징들을 가지고 있지 않았다. 그들은 열심히 구원을 추구하고 있는가? 그들은 그리스도를 따르기 위해 모든 것을 버리고 떠난 믿음의 사람들인가? 도대체 누가 그것을 아는가? 도대체 누가 관심을 기울이는가? 그들은 우리와 다르기 때문에 일원이 되지 못한다. 그래서 경비원이 빠르고 거칠게 다가가서 그들은 여기서 환영받을 수 없다고 말한다. 그들은 바른 가족증명서를 가지고 있지 않기 때문에 가족의 일원이 될 수 없다. 그러나 하나님은 우리에게 귀환한 이스라엘 선민에게 말씀하셨듯이 "네가 함부로 그들을 내 집에서 쫓아내지 마라. 그들은 너보다 훨씬 더 많이 나를 사랑하고 있고 너는 시간이 조금 지나면 그들의 삶에서 그 사실을 알 수 있게 된다. 순종을 사랑하는 것이 나에게는 중요한 단 하나의 가족증명서이다"라고 하신다.

현대적 의미

본문에는 기독교 복음주의 진영에 주는 이사야서 전체에 걸친 분명한 메시지가 있다. 우리는 정말로 이와 같은 잘못을 저지를 위험이 있다. 우리는 자신에게 누가 하나님의 예정된 사랑을 입은 사람인지 묻는다. 분명히 "주 예수 그리스도를 믿고 있는" 사람들이다. 그들은 하나님의 자녀이며 하나님의 종이다. 그들은 하나님의 가족으로 입양되고 상속권을 갖게 된다. 이것에는 긍정적인 측면이 있지만, 몇몇 비복음주의적인 교회에서는 하나님과의 관계에 대해 확신하지 못하게 한다. 어떤 사람이 "당신은 천국으로 가고 있습니까?"라는 질문을 받는다면 "글쎄요, 그렇게 되었으면 해요. 나는 최선을 다하고 있는 중이에요"라고 대답한다. 물론 기독교의 모든 교파에서 "내가 최선을 다하고 있다"고 말하는 것은 아니다. 요한이 말했던 것처럼 이것은 예수 그리스도가 있느냐에 대한 문제이다(요일 5:12). 그래서 그리스도를 통해 하나님을 믿는 것을 인격적으로 경험한다는 것을 알고 하나님이 여자나 남자의 죄에 대한 형벌에서 구원하신다는 것을 확신하는 것이다.

그러나 "어떤 수준 이하로" 믿음이 이해되곤 하는데, 즉 그리스도를 믿는 믿음을 한 번 경험한 후 능동적으로 믿음의 고백을 부인하는 자들이 어떻게 사는지 상관없이 구원받았다고 확신하는 것이다. 로마서 6, 8장과 구분하여 로마서 7장을 읽을 때 이와 같은 확신을 보게 되는데, 이것은 바울이 말하려 하던 핵심과 정면으로 모순된다. 바울은 우리가 그리스도의 영을 가지고 있기 때문에 죄의 삶을 계속 살지 말아야 한다고 말한다(6:15-18). 우리는 성령으로 우리의 죄된 습성을 "죽일" 수 있다(8:13). 그러나 아직도 영향력 있는 그리스도인 목회자와 지도자들은 로마서 7장은 유대인과 같은 사람들이 경험한 죄의 속박이며, 그들 자신의 힘으로 죄를 이기려고 하는 시도라고 말하면서, 보통 그리스도인의 삶으로 묘사하고 있다고 말한다. 이것은 그리스도인이 되는 것은 사실상 상속권, 양자 입양의 문제에 국한되며 우리의 실제 삶의 방법에는 아무런 영향도 미치지 않는다는 뜻을 함축하고 있다. 따라서 우리는 윤리적 삶이 세상의 사람들과 조금도 다르지 않는 그리스도인들은 "다시 태어나야" 한다고 주장하는 북아메리카 사람들의 독특한 사고방식을 보게 된다.

그것은 진리와 정반대이다. 양자로 입양되어 새로운 가족이 되었는데, 그 가족 구성원들의 습관처럼 변화되지 않는다면, 정말로 양자가 되었는지 의심할 만한 근거가 되는 것이다. 히틀러를 암살하는 계획에 가담하다 나치의 손에 죽은 독일의 목사이자 교수인 본회퍼(Dietrich Bohnhoeffer)는 『나를 따르라』(*The Cost of Discipleship*, 1973, 대한기독교서회)에서 이에 대해 말한다. 그는 현재 어떤 비용도 지불하지 않고 영원한 천국을 약속받고, 변화된 삶을 기대하지 않는 "값싼 은혜"에 대해 이야기한다.[4] 하나님은 귀환한 이스라엘 선민에게 말씀하셨듯이 우리에게도 "너의 혈통을 증명하는 것이 중요한 것이 아니라 기쁘게 순종하는 너의 삶이 너의 진정한 혈통을 증명한다"고 말씀하신다. 선한 일을 위해 지음받은(엡 2:10) 오늘날 그리스도인은 행위가 아니라 믿음으로 구원을 얻는다는 것을(엡 2:8-9) 다시 깨달아야 한다. 우리의 의로움으로는 하나님의 모든 은혜를 받을 수 없다. 이 의로움은 흑암에서 빛의 왕국으로 옮겨진 것을(골 1:12-13) 긍정적으로 증명하는 증거일 뿐이다.

4. D.Bonhoeffer, *The Cost of Discipleship*(New York: Macmillan, 1963), 45-46.

이사야 56:9-57:13

9 들의 모든 짐승들아 숲 가운데의 모든 짐승
들아 와서 먹으라
10 이스라엘의 파수꾼들은 맹인이요 다 무지하
며 벙어리 개들이라 짖지 못하며 다 꿈꾸는
자들이요 누워 있는 자들이요 잠자기를 좋아
하는 자들이니
11 이 개들은 탐욕이 심하여 족한 줄을 알지 못
하는 자들이요 그들은 몰지각한 목자들이라
다 제 길로 돌아가며 사람마다 자기 이익만
추구하며
12 오라 내가 포도주를 가져오리라 우리가 독주
를 잔뜩 마시자 내일도 오늘 같이 크게 넘치
리라 하느니라

57:1 의인이 죽을지라도 마음에 두는 자가 없고
진실한 이들이 거두어 감을 당할지라도 깨닫
는 자가 없도다 의인들은 악한 자들 앞에서
불리어가도다
2 그들은 평안에 들어갔나니 바른 길로 가는
자들은 그들의 침상에서 편히 쉬리라
3 무당의 자식, 간음자와 음녀의 자식들아 너
희는 가까이 오라
4 너희가 누구를 희롱하느냐 누구를 향하여 입
을 크게 벌리며 혀를 내미느냐 너희는 패역
의 자식, 거짓의 후손이 아니냐
5 너희가 상수리나무 사이, 모든 푸른 나무 아
래에서 음욕을 피우며 골짜기 가운데 바위
틈에서 자녀를 도살하는도다
6 골짜기 가운데 매끄러운 돌들 중에 네 몫이
있으니 그것들이 곧 네가 제비 뽑아 얻은 것
이라 또한 네가 전제와 예물을 그것들에게
드리니 내가 어찌 위로를 받겠느냐
7 네가 높고 높은 산 위에 네 침상을 베풀었고
네가 또 거기에 올라가서 제사를 드렸으며
8 네가 또 네 기념표를 문과 문설주 뒤에 두었
으며 네가 나를 떠나 벗고 올라가서 네 침상
을 넓히고 그들과 언약하며 또 네가 그들의
침상을 사랑하여 그 벌거벗은 것을 보았으며
9 네가 기름을 가지고 몰렉에게 나아가되 향품
을 더하였으며 네가 또 사신을 먼 곳에 보내
고 스올에까지 내려가게 하였으며
10 네가 길이 멀어서 피곤할지라도 헛되다 말하
지 아니함은 네 힘이 살아났으므로 쇠약하여
지지 아니함이라
11 네가 누구를 두려워하며 누구로 말미암아 놀
랐기에 거짓을 말하며 나를 생각하지 아니하
며 이를 마음에 두지 아니하였느냐 네가 나
를 경외하지 아니함은 내가 오랫동안 잠잠했
기 때문이 아니냐
12 네 공의를 내가 보이리라 네가 행한 일이 네
게 무익하니라
13 네가 부르짖을 때에 네가 모은 우상들에게
너를 구원하게 하라 그것들은 다 바람에 날
려 가겠고 기운에 불려갈 것이로되 나를 의
뢰하는 자는 땅을 차지하겠고 나의 거룩한
산을 기업으로 얻으리라

원 의미

언약을 지키고 있는 이방인들과 고자들에 대한 칭찬으로 앞부분이 시작된 후 이 부분은 이사야서에서 34장 이후에 찾아볼 수 없었던 심판과 관련해서 말한다. 이 본문에서 무엇을 말하고 있는가?

지도자들에게 주어진 심판의 말씀(56:9-57:2)

본문은 "이스라엘의 파수꾼"(56:10)에 대한 공격으로 시작하는데, 파수꾼은 배가 불러 잠자고 있기 때문에 짖지 못하는 "개"와 같다고 한다(56:10-11). 그들은 멍청한 "목자"로 자신을 돌보는 데만 관심이 있고 양 무리에게는 관심이 없다. 이것은 분명히 민족의 지도력으로, 다음 절에도 나오는 바 같이 분명 종교 지도자들을 말한다. 이 민족은 영적으로 처참한 상황에 있음에도 불구하고 지도자들은 관심이 없다. 이것은 아모스가 북이스라엘의 지도자들이 게걸스럽게 그들의 욕심만 채우고 요셉 집이 망하는 것은 전혀 알지 못하고 있다고(암 6:6) 말했던 때와 비슷하다.[1]

이사야는 그가 당대에 경험한 지도자들의 행동과 태도에 변화가 없다면 단순히 포로에서 귀환했다는 사실만으로 백성들이 새롭게 태도가 변화한다고 확신할 수 없다고 말한다(참조. 26-28장). 지도자들이 계속해서 자기 중심적이고 배고픈 자를 착취한다면, 그들을 신뢰하던 무리는 그들의 영적인 적들로 돌변하게 될 것이다(56:9). 더구나 지도자들에게는 영적인 자각이 거의 없어서 그들 가운데 있는 "의"가 사라져도 알지 못할 것이다(57:1-2). 나이 많고 신실한 세대가 사라져도 전혀 놀라지 않을 것이다. 타락한 세대가 더욱 타락하는 혼란이 가중되는 중에 다행스럽게도 구원을 받는 일은 퇴락한 세대에 있는 지도자들이나 그를 따르는 자들에

1. 여기(그리고 전체 부분에서)에서 말하고 있는 것은 분명히 다수 저작설을 믿는 사람들이 제기하고 있는 포로 전의 종교적인 상황과 관련이 있다. Westermann은 포로 전에 있었던 예언을 다시 사용한 것이라고 가정한다(*Isaiah 40-66*, 325). Childs(*Isaiah*, 463)는 본문 간의 "상호 교직"(intertextuality)으로 이 문제를 해결하려고 한다. 그는 이사야서 이 부분의 편집자가 새로운 예언의 시대에도 그와 똑같은 영적 태도(실제로는 그와 똑같은 일이 벌어지지 않았지만)가 지속된다는 것을 강조하기 위해서 의도적으로 "제1 이사야"의 말을 사용했다고 주장한다. 훨씬 더 간략하게 설명하면, 이사야는 자신에게 익숙한 말을 사용하여 이사야 당대 **그리고** 미래의 영적인 상황을 이야기하고 있는 것이다. 이사야만이 그가 말하고 있는 하나님의 계시와 먼 미래에 대한 구체적 예언들이 직접 관련되어 있다고 본다. 그 점이 현대의 주석가들이 "제3 이사야"의 실제 역사적 배경을 결정하는 데 어려움을 겪는 이유이다. 이사야는 그가 예언한 일반적 배경을 이야기하고 있다. 이 본문의 역사적 배경은 구체적으로 설명하지 않는다.

게는 결코 일어나지 않을 것이다.

백성들에게 주어진 심판의 말씀(57:3-13)

지금 이사야는 백성들을 "너희"라고 말하고 있다. 이사야는 그들이 "선택받은 자"이고, 제의적 의가 요구되는 전부라고 믿고 있는 자들에게 강한 어조로 말하고 있다. 이사야는 실제 마음 중심으로는 우상을 섬기고 있다고 그들을 고소한다. 바다와 나무들을 숭배하는 사람들처럼(57:5-7), 의식의 매춘을 하고 있는 사람들처럼(57:8), 그들의 자녀를 희생제물로 드리는 사람들처럼(57:5, 9) 그들의 유일한 소망은 그들 자신의 유익을 위하여 신의 힘을 조종하는 것이다. 그들은 하나님의 근엄한 언약을 순종하는 데 열심인 사람들을 조롱하고(57:3-4), 그들 자신이 고주망태가 되기를 좋아하고, 특색이 뚜렷하지 않은 혼합주의를 좋아한다.[2] 결국 그들은 선택받은 자들이지만 방종하는 자들이다.

물론 자기 자신의 유익을 위해서 신의 힘을 조작하려고 하는 것은 힘들다(57:10). 사람은 불가사의한 종교성에 대해 많이 배워야 하고 지루하고 따분한 것을 견뎌내야 한다. 그러나 결국에는 예배하는 자들은 그럴 만한 충분한 가치를 알고 싸울 수 있게 된다.

하나님은 백성들의 행위를 열거하시며 심판을 선포하신다. 하나님은 질문으로 시작하신다. "네가 누구를 두려워하며 누구로 하여 놀랐기에 거짓을 말하느냐?"(57:11) 하나님은 이집트의 포로에서 그들을 인자하게 구원하셨고, 오랫동안 저지른 배교에도 불구하고 그들을 지켜 주셨고, 결국 바빌론 포로에서 한 번 더 구원하신 분이다. 어떻게 그들은 이 모든 일들을 "기억하지" 않을 수 있으며, 그렇게 쉽게 그들이 만든 종교로 돌아설 수 있는가?

하나님은 역설적으로 백성들이 하나님을 두려워하지 않는 이유가 그분이 백성

---

2. 귀향한 유대인들에게 실제로 얼마나 많은 이교도의 관습들이 있었는지 분명하지 않지만, 느헤미야와 에스라가 이교도의 세계 속으로 통합되어 버린 것과 맹렬하게 싸웠던 관습들이 포함되어 있었을 것이다. 즉 여호와는 바알이고 바알은 여호와이고 몰렉은 여호와이고 여호와는 몰렉이므로 몰렉과 바알의 관습은 여호와의 관습과 마찬가지라는 혼합주의 논쟁이 격렬했다. 귀환한 사람들은 세상의 빛이 되고, 한 분뿐인 창조자와 구원자에 대한 아름다운 소식을 이방인들에게 전해 주지 않고, 이방인의 종교에 빨려 들어가 있었다. 이사야가 당대의 행동들을 보는 관점으로 미래에 일어날 배교를 설명하고 있을 수도 있다. J. Payne, "The Eighth Century Background of Isaiah 40-66," *WTJ* 29(1967): 179-90; 30(1968): 50-58, 185-203을 보라.

들에게 말씀하시지 않았기 때문인지 묻는다. 물론 하나님은 백성들에게 계속 반복해서 말씀하셨기에 결코 그렇지 않다. 이 두 가지 질문들에 대한 대답은 사람의 마음이 타락한 데 있다. 하나님은 백성들이 알기 원하는 모든 것을 드러내셨고 그들이 알고 있는 것을 포기하라고 하며 그들을 두렵게 하는 다른 신은 없음을 알려주셨다. 이것은 하나님이 너무 많이 요구하시는 것이다. 하나님은 백성들에게 그들의 삶을 통제하는 것을 포기하고 그들 자신을 버리고 하나님께 즐겁게 순종하여 하나님 손으로 들어오라고 요구하신다(57:13b). 그렇게 하는 것은 너무 버겁다. 그래서 백성들은 오히려 그들의 운명을 통제할 수 있게 해주는 것처럼 보이는 종교, 그들 스스로 옳고 그른 것을 결정하게 허락해 주는 것처럼 보이는 종교, 나쁜 것은 피하게 하고 가장 적당한 것을 만들어 주는 것처럼 보이는 종교를 만들었다. 그러나 이런 종교는 결국 아무짝에도 쓸모없게 된다.[3] 인생의 반대방향에서 바람이 불기만 해도 서 있을 수 없고, 결국 무너지고 부는 바람에 사라져 버릴 것이다(57:13a).

상황잇기

영으로 우상숭배자가 되는 것. 우리는 우상숭배를 이해하는 데 너무 자주 숭배와 관련된 모습으로 제한시키려는 경향이 있다. 예배드릴 때 개인적으로나, 공적으로 형상을 사용하지 않기 때문에 이교도의 종교에 대해서 말하는 형상이 우리와 어떤 관련이 있는지 모른다. 물론 "우상"은 "우상숭배"의 일부인 것은 분명하다. 그러나 형상 자체와는 다르게 형상을 숭배하게 하는 태도가 있다. 우리는 바울이 "탐심"을 "우상숭배"라고 말하는 골로새서 3:5과 에베소서 5:5에서 이것이 무엇인지 해결의 실마리를 찾을 수 있게 된다.

여기서 바울 사도는 무엇을 의미하는가? 바울은 탐심의 배후에는 '원하는 모든 것들을 가질 수만 있다면 행복할 텐데'라고 말하는 태도가 있다는 뜻으로 말한 것이다. 어떤 것이 좋으면 점점 더 좋아진다. 여기서 실제로 증명되는 태도들도 있다. 내가 정말로 원하는 것은 물질적인 것, 육체적인 것들과 관련이 있다. 형상들을 숭배하는 것은 이 태도에서 나온 것이다. 물질적 풍요를 스스로 보증하기 위해서 물

3. 57:13의 히브리어는 "네가 모은 우상으로 너를 구원하게 하라"("우상"이 아니라)고 나와 있는 것이 흥미롭다. 이것은 선지자가 우상을 숭배하는 것에 국한시킨 것이 아니라, 사람이 신을 조종하기 위해서 사람이 모아 놓은 온갖 우상숭배 소장품까지 생각하는 것이 확실하다.

질세계를 조작하는 방법을 알고만 있다 해도 인생의 수수께끼를 해결할 수 있을 것이다.

이런 태도를 가지고 있다면 그리스도인이 될 수 있지만 영으로는 우상숭배자가 될 가능성이 농후하다. 정신적으로 올바른 모든 것들을 믿을 수 있지만, 여전히 종교를 이용하여 내 목표를 이루고, 내 목적을 위해 이롭게 하고, 내 욕구를 충족시키려고 한다. 앞에 있는 마지막 세 구절에 나오는 대명사 "내"(my)가 중요하다. 그러므로 기도와 헌신, 경배와 예배 등 모든 것들은 내 목표를 이루게 하는 장치가 되고, 목표를 위해서 신을 조종하려고 하는 시도에 불과한 이교도와 다른 형태의 기독교가 된다. 그 결과 바울이 "경건의 모양은 있으나 경건의 능력은 부인하는 자"(딤후 3:5)라고 말한 것처럼 종교는 형식적으로 변해 가고 점점 더 생명이 없어진다.

특별히 이 같은 환경에 처한 지도력은 점점 죽어간다(참조. 사 56:9-12). 지도자들이 보수이든지 아첨이든지 그들의 지위에서 얻을 수 있는 것에 흥미를 느끼기 시작하면 백성의 영적인 삶에 대해서는 전혀 관심을 가지지 않게 될 것이다. 사실 백성은 지도자를 자주 무의식적으로 모방하게 될 것이다. 무리는 이 태도들과 지도자들의 태도를 흡수하고 똑같은 방식으로 살게 될 것이다. 그 결과 세상에 많은 이들이 죽게 될 것이며, 지도자들은 무슨 일이 일어나고 있는지조차 모를 것이다.

현대적 의미

목회의 지도력. 본문은 적어도 세 부분에서 현대의 삶과 관련되어 있다. 첫째, 목회의 지도력이다. 혹자는 오늘날 목사들이 과거 목사들보다 훨씬 더 도덕적으로 실패하지 않는다고 말한다. 과거보다 즉각적인 의사소통이 이루어고 있고 많은 사람들이 사실을 더 잘 알고 있다. 과거엔 도덕적 실수가 거의 감추어져 있었지만 오늘날은 그렇지 않다. 우리가 이런 주장을 펼치는 곳 어디에서나, 호돈(Nathaniel Hawthorn)의 『주홍글씨』(*The Scarlet Letter*)나 그와 비슷한 다른 작품들은 목회자의 도덕적 실패가 최근 20세기에 나타난 것이 아니라는 것을 보여 준다. 그러나 본문은 문제는 어떤 도덕적 실패를 했느냐가 아니라고 하면서 몇 가지 도움이 될 만한 지침을 제공한다. 지도자들의 특징은 자기 자신과 그들 자신의 만족에 대해서 지나치게 관심을 쏟는다는 것이다. 그들은 잠을 사랑하고, 먹는 것을 사랑하고, 마시는 것을 사랑하고, 무엇보다 그들 자신의 방식을 사랑한다. 이 사람들은 사울 왕처럼 자신의 손에서 자기 자신을 절대로 놓아 버리지 않는다. 다윗 왕과 달리 그들은 하나님과 다른 사람들을 사랑함으로 자기 자신을 잊어버리라는 가르침을 결코 배우지 않는다.[4]

목사인 나 자신이 가진 죄의 성향에 정직할 수 있고 명성, 업적, 지위, 성공, 권리를 하나님의 제단에 올려 드리고 날마다 새롭게 된다면, 하나님을 기쁨으로 섬기면서 나를 잊어버리는 일이 실제로 일어날 것이다. 그러면 목사인 나도 아니요 교인들도 아닌 다른 것이 내 필요를 만족시키는 것을 알 수 있게 된다. 그러면 나는 필요를 하나님께 굴복시켜야 하고 하나님이 필요를 채우실 것을 믿을 수 있게 된다. 자기 망각의 자유는 하나님이 양 무리에 대해서 주신 책임감을 깨닫는 것과 짝을 이루게 되고, 심지어 십자가로 인도된다 해도 정말로 신실함을 사랑하는 진정한 본보기가 될 수 있을 것이다.

폭식과 금욕주의 사이에 있는 마지막 경계. 이사야 시대의 지도자들뿐만 아니라 백성들 또한 우선 원초적 욕구들을 채웠다. 내가 위에서 말한 것처럼 원초적 욕구들을 채우는 것은 종교를 이교도 형태로 변형하는 것이다. 나는 내 욕구를 채우기 위해서 종교를 가지고 있다. 오늘날 우리들도 그렇게 하고 있다는 깜짝 놀랄 만한 증거가 있다. 그렇게 다양한 방법으로 요구되는 욕구를 채우는 것이 우리에게 중요한 것이 되어 버렸다. 우리는 과음, 과식하고, 어떤 섹스에도 만족하지 못하고, 돈을 더 많이 벌고, 더 많은 물건을 사고, 창고에 더 많은 기계를 쌓아 놓기 위해 거짓말하고 속이며, 이 모든 욕구를 만족시키기 위해서 태어나지 않은 자녀와 살아 있는 자녀 모두를 희생하게 한다.

무엇이 대답인가? 오랫동안 교회는 그 대답을 "금욕", 즉 "금욕주의"라고 말하고 있다. 그것은 진정한 성자들, 자기 부인을 하고 생명을 유지하는 데 필요한 것 외에 욕구를 만족시키는 것을 거절하는, 아주 인상적인 모습을 보여 주었던 성자들의 방법이었다. 이것이 전부냐 아니면 아무것도 아니냐는 식의 접근법이다. 욕구에 대해서 영적으로 승리할 수 있는 방법은 오직 욕구들을 완전히 부인하는 것이다.

그러나 바울은 사실 그런 금욕주의는 욕구들에 대한 욕구를 다루는 데 아무런 능력을 발휘하지 못한다고 말한다(골 2:23). 그러면 어떻게 승리할 수 있는가? 승리는 하나님이 우리의 욕구를 만드셨고 그것들이 선하다고 인식하는 것에서 시작

4. 다윗에게 기억되는 가장 큰 실패는 밧세바와의 간음인데, 이는 다윗의 삶에서 상당히 치밀하게 이루어졌기 때문에 상당히 주목된다. 다윗은 자기 자신을 보호하기 위해 이득을 꾀하는 수준까지 추락했다.

된다. 하나님은 욕구들을 만족하는 데서 기쁨을 찾을 수 있게 하셨다. 그 핵심은 자기 포기이다. 바울은 이것을 "자신을 죽이는 것"(롬 6:11; 갈 2:20; 골 3:3-5)이라고 부른다. 우리는 욕구를 포기하고, 다른 어떤 것보다 더 하나님이 신실하심을 깨닫고, 우리의 욕구를 만족시키는 것을 하나님의 손 안에 맡긴다. 결국 우리가 원하는 것은 하나님이시며, 아이스크림을 한 통 더 먹는다 해도 그 욕구를 결코 만족시킬 수 없다는 것을 알기 때문에 지나치지 않은 자유가 있고 갈증 없는 만족이 있다.

금욕주의적 종교. 페르시아 제국에서 바빌론 유수에서 돌아오던 때(주전 538년경) 이교도들이 높은 위치에 있었다. 주도면밀한 제국의 조직과 이와 관련된 의사소통의 증가는 그것을 다루는 데 어떤 관계가 있었다. 그 결과 다양한 형태로 표현된 종교가 점점 더 많아졌고 종교적 개념도 본질적으로 그와 같아졌다. 의심할 여지없이 고대 근동 아시아의 이교도의 종교에 대해서 이것은 진실이었다. 기본 세계관과 그에 대한 표현이 똑같으며, 주전 2000년 동양의 수메르에서부터 주전 2년 서양의 로마에 이르기까지 세계관이 깜짝 놀랄 만큼 비슷하다.

그래서 그리스 제우스를 시리아의 바알로, 바빌론의 마르둑을 로마의 주피터로, 페니키아의 아낫을 그리스의 아테네로 표현하는 데 어떤 문제도 생기지 않을 것으로 보인다. 그러나 여호와의 종교에서 야기되는 문제는 나머지 다른 종교들과 중요한 모든 부분에서 깜짝 놀랄 만큼 다르다는 점이다. 여호와는 바알과 같지 않고 여호와를 섬기는 것은 마르둑을 섬기는 것과 같지 않다. 이것은 유대인 하나냐, 미사엘, 아사랴(바빌론 이름 사드락, 메삭, 아벳느고)에게는 기꺼이 목숨을 버릴 수도 있는 진실이었다. 분명 회복된 유대인들이 페르시아 제국과 후대 그리스 제국에 팽배한 세계관들에 기쁘게 굴복할 수 없었다는 것은 진실이었다.

우리도 비슷한 압박을 받고 있다. 오늘날 많은 사람들은 모든 사고의 방법이 하나님에게 귀결되어야 한다고 주장하며(모든 종교는 인간이 단지 하나님을 더듬는 거에 불과하다고 엉터리로 가정하면서), 하나님에 대한 모든 것들은 편파적인 동시에 부분적인 진실이라고 주장한다. 따라서 어떤 한 종교에서만 하나님을 알 수 있는 유일한 길이 있다고 주장하는 것은 건방진 태도일 뿐만 아니라 죄를 짓는 것이다.

그러나 물질세계에서 진실하다면 영적인 세계에서도 진실하다. 즉 절대적인 것과 절대적이지 않는 것도 있다. 까만 것은 흰 것이 아니기에, 이성적 판단을 수없이 흐리게 만든다 해도 까만 것은 결코 흰 것이 되게 할 수 없을 것이다. 간절히 바란다 해도 흰 것으로 만들 수 없게 될 것이다. 그렇게 되면 우리가 하나님이 아니라는 사실과, 우리를 돌보기 위해서 하나님을 조종할 수도 없고, 하나님께 가는 방법을 찾을 수도 없다는 사실을 인정해야 하기 때문에, 이교도들은 이것을 믿기를 거부한다. 이교도들은 자신이 하나님을 찾을 수 있고, 어떤 영적인 것도 절대적인 것이지 않기 때문에 자신의 방법은 다른 이의 방법만큼 훌륭하다고 주장해야 한다.

페르시아 제국의 시대처럼 오늘날 우리는 불편한 현실에 있다. 창조된 우주와는 다른 하나님이 계시다. 그렇기 때문에 사람의 이성은 하나님을 이해할 수 없다. 하나님의 존재에 대한 증거를 볼 수는 있지만, 우리가 하나님을 이해시키거나 조작할 수 있지 않다. 따라서 우리가 하나님을 알 수 있는 유일한 방법은 하나님이 우리에게 이해할 수 있는 방법으로 보여 주시는 것이다. 하나님은 육체를 만드신 후 영을 불어넣은 아브라함의 조상들의 삶에서 이와 같이 하셨다. 그 계시는 예수 그리스도의 삶과 죽음, 부활에서 정점에 달한다.

오직 한 분뿐인 창조자가 계시듯이 오직 한 분뿐인 구원자가 계신다. 진리가 있기에 우리는 진리 가운데 서야만 한다. 당시에 알고 있던 진리에 서 있었던 유대인들과 예수님이 오신 계시에 서 있었던 초기 그리스도인들 때문에, 오늘날 기독교의 믿음이 존재한다. 이들이 당시에 존재한 혼합주의에게 압력을 받아 굴복했다면 오늘날 기독교의 믿음은 존재하지 않았을 것이다. 기독교는 세상의 방대한 종교들, 무수히 많은 것들 중에 하나의 종교가 아니라, 오직 하나뿐인 종교이다.[5]

5. 이 진리에 대한 단호한 선언을 더 깊이 살펴보려면 A. Fernando, *Sharing the truth in Love: How to Relate to People of Other Faiths*(Grand Rapids: Discovery House, 2001)를 보라.

이사야 57:14-21

14 그가 말하기를 돋우고 돋우어 길을 수축하여
내 백성의 길에서 거치는 것을 제하여 버리
라 하리라
15 지극히 존귀하며 영원히 거하시며 거룩하다
이름하는 이가 이와 같이 말씀하시되 내가
높고 거룩한 곳에 있으며 또한 통회하고 마
음이 겸손한 자와 함께 있나니 이는 겸손한
자의 영을 소생시키며 통회하는 자의 마음을
소생시키려 함이라
16 내가 영원히 다투지 아니하며 내가 끊임없이
노하지 아니할 것은 내가 지은 그의 영과 혼
이 내 앞에서 피곤할까 함이라
17 그의 탐심의 죄악으로 말미암아 내가 노하여
그를 쳤으며 또 내 얼굴을 가리고 노하였으
나 그가 아직도 패역하여 자기 마음의 길로
걸어가도다
18 내가 그의 길을 보았은즉 그를 고쳐 줄 것이
라 그를 인도하며 그와 그를 슬퍼하는 자들
에게 위로를 다시 얻게 하리라
19 입술의 열매를 창조하는 자 여호와가 말
하노라 먼 데 있는 자에게든지 가까운 데
있는 자에게든지 평강이 있을지어다 평강
이 있을지어다 내가 그를 고치리라 하셨느
니라
20 그러나 악인은 평온함을 얻지 못하고 그 물
이 진흙과 더러운 것을 늘 솟구쳐 내는 요동
하는 바다와 같으니라
21 내 하나님의 말씀에 악인에게는 평강이 없다
하셨느니라

원 의미

본문은 56:9-57:13과 극히 대조된다. 56:9-57:13에서는 구속받은 사람들에게 요구되는 의로운 삶을 살 수 없는 인간의 무능력함을 강조하고 있지만, 이 단락에서는 사람들을 "소성케 하시고"(57:15) "고쳐 주시는"(57:18-19) 하나님의 활동에 초점을 맞추고 있다. 56:9-57:13은 "너"("너", "너의", "너의 것"이라는 말이 57:3-13에서 25회 이상 나온다)의 실패에 초점을 맞추고 있지만 여기서는 "내가" 할 것이라는 데 초점을 맞추고 있다("나"와 "나의"라는 말이 20회 이상 나온다). 하나님은 백성들이 할 수 없는 일들을 그들을 위해서 하실 것이다. 57:13의 마지막에 나오는 (우상 대신에) 하나님을 "의뢰"하는 자가 기업으로 받을 땅이 이미 마련되어 있다.[1] 하나님의 백성에게 의가 요구되지만, 그들 자신의 힘으로 의를 만들어 내려고 하는 것은 가장 타락한 영적 교만에서 비롯된 것이다. 오직 희망은 하나님이 백성들을 포로 상태에서 구원해 내신 것처럼 그들을 죄에서 구원하는 것이다.

전에 나왔던 길에 대한 표현이 다시 나온다. 그러나 이것은 하나님을 위해서 준비된 대로가 아니며(참조. 40:3-5) 포로에서 귀환한 백성들을 위해 준비된 대로도 아니다(참조. 11:16). 오히려 이것은 그들 자신의 능력으로는 바르게(참조. "거룩한 길", 35:8) 행할 능력이 없다는 것을 인정하는 "통회"(57:15)로 하나님께 되돌아갈 수 있는 대로이다.

"높고 거룩한"이라는 말이 57:15(참조. 6:1; 52:13)에서 세 번째로 나타난다. 성경에 있는 가장 아름다운 표현 중 하나인, 땅의 사람들과 완전히 구별된 "거룩한" 곳에 거하시는 분이 통회하고 마음이 겸손한 자와 함께 거하신다는 말씀을 하신다. 이것은 하나님이 덜 초월하시고 덜 거룩해진다는 뜻이 아니라 오히려 하나님이 사람들에게 그분의 성품을 나누어 주신다는 의미이다. 하나님은 사람들을 "창조하셨고" 그들과 "다투는"(NIV "accuse" 57:16; 참조. 호 11:10-13) 것 말고는 아무것도 할 수 없는 것을 견딜 수 없어 하신다. 오히려 하나님의 의도는 단순히 벌을 주시는 것(사 57:17)이 아니라 그분 백성의 성품을 변화시키고, 배반과 교만이 "찬양"과 "평강"으로 바뀌게 하는 것이다.

우리는 여기서 문제는 포로가 아니라 의로운 삶을 살 수 없는 거라는 것을 다시 한 번 살펴본다. 하나님은 죄를 용서해 줄 뿐만 아니라 "슬퍼하는 자"(57:19; 개역성경은 18절-옮긴이)를 위로해 준다고 약속하신다. 그들은 이스라엘 공동체 뿐만 아니라 그들 자신의 삶에 의가 없는 것을 슬퍼한다(59:1-15a를 보라). 이렇게 그들은 "악인"(57:20-21)과 극히 대조된다. 악인은 그들이 죄가 많다는 것을 인정하지

1. 56-66장의 구체적 역사 배경을 결정하기 어렵다는 사실은, 이 부분이 대략적으로 포로 귀환자들을 언급하고 있음에도 불구하고 포로 귀환자들의 실제 정황은 이사야서 이 단락에 있는 문학적이고 신학적인 문제라는 사실(40장과 56장에 대한 주석을 보라)을 뒷받침해 준다. Hanson은 *Isaiah 40-66*, 202-3에서 이 문제에 대해서 설명한다. 그는 포로 귀환 직후 "제2 이사야"의 제자가 기록했기 때문에 이 단락은 원래 용기를 잃은 귀환자들에게 용기를 주는 말이었다고 한다. 하여튼 그는 후대의 편집자가 지배층과 꿈꾸는 사람들이 극렬히 충돌하자 꿈꾸는 사람들에게 용기를 주기 위해서 여기에서 이 말들을 다시 사용한 것이라고 주장한다. 재구성된 배경은 상상의 소산물이다. childs는 *Isaiah*, 473에서 신학적인 의도가 중요한 배경을 제공한다는 주장에 동의하면서, Hanson과 다른 학자들이 "전체 이사야서가 정경적으로 형성되어 있음에도 불구하고, 제3의 이사야 자신의 편집판을 사회학적 신학을 추구하는 그룹들이 치열하게 전투를 벌이고 있는 사회학적 신학으로 대체시키려 한다"고 맹렬하게 비난하면서 대응한다.

않고 죄에서 돌이키지 않기 때문에 하나님이 약속한 "평강"(샬롬, *šalom*)을 경험할 수 없다. 단지 야곱의 자손이라는 이유로 하나된 민족 뿐만 아니라 외부에서 이 민족으로 들어온 사람들, 하나님께 통회하면서 돌아와야 한다는 필요를 느끼는 사람들에게도 하나님의 약속이 주어진다는 것을 마지막 구절들에서 다시 한 번 강조하고 있다.

상황잇기

본문은 사람의 행위를 다스리시는 하나님을 이야기하면서, 여기에어떤 결정적인 요소가 있다고 말하지 않는다. 그러나 문제는 "어떻게 사람이 하나님과 언약을 맺을 수 있냐는 것이다. 56:1-8에서 가장 천한 사람으로 여겨지는 자가 언약 맺음을 찬양하면서 필요조건을 확립하고 있다. 그러나 56:9-57:13에서는 스스로 의를 만들려고 하는 사람들이 의라고 생각하여 취하는 것은 무엇이든 불가피하게 거짓 의가 될 것이라고(57:12) 확언한다. 바리새인과 세리의 비유(눅 18:10-14)가 이 사실을 반증한다. 바리새인은 자기가 이룬 업적을 자랑스러워하지만, 세리는 자신이 실패하고 탐욕스러운 자임을 알고 하나님에게 나아온다. 이 비유의 주제는 무엇인가? 교만과 자기 신뢰를 말하고 있는가? 아니면 하나님을 신뢰하고 하나님을 의지하는 관계를 맺기를 말하고 있는가, 사람의 죄가 치유되었다면 하나님이 원하셔서 하나님을 의지하는 사람들을 위해서 치유하신 것이다. 여기서 57:15에 있는 "거한다"는 말은 "나는 포도나무요 너희는 가지니 저가 내 안에, 내가 저 안에 있으면 이 사람을 과실을 많이 맺나니 나를 떠나서는 너희가 아무것도 할 수 없음이라"(요 15:5)는 말씀과 관련해서 중요한 의미이다.

의로움 그 자체가 목적이 아니다. 의가 목적이 될 때마다 의가 또 다른 우상이 되어버리고 복을 얻기 위한 수단으로 전락하고 만다. "높고 거룩한 곳에 계시는 그분"은 우리와 함께 우리 안에 살기를 원하신다. 그렇게 될 때에 우리는 그분의 성품을 반영하는 삶을 살 수 있다. 그래서 다시 이사야 56-66장은 1-39장과 40-55장에 있는 주제들에 대한 해결책을 제시한다. 첫째 부분에서 우리에게 의가 필수적이며 의가 없으면 심판을 불러온다고 말한다. 둘째 부분에서 우리에게 구원은 오직 하나님의 은혜의 사역이며, 하나님이 구원하실 것을 계속 믿는 것 외에 다른 어떤 것이 필요하지 않다고 이야기한다. 그후 본문에서 반복해서 의를 요구하지만, 의는 오직 하나님의 지속적인 은혜로만 가능하다는 것을 보여 준다.

현대적 의미

오늘날 미국은 복음주의 신학의 실패로 진통을 겪고 있다. 1970년대와 1980년대는 복음주의 시대로 대부분 알려져 있었다. 복음주의 운동은 광범위하게 일어났고 국영방송의 관심을 얻을 정도로 영향력이 있었다. 또한 그 운동을 주도하는 인물은 점점 하나의 세력으로 인식되어 갔다. 하지만 동시에 일어난 세속주의는 부패를 재촉했다. 세속주의와 부패가 연관되는 것은 우연의 일치가 아니다. 비싼 대가를 치러서라도 "좋은 느낌"을 원하는 세대에게 우리는 느낌 좋은 종교를 선언했다. 하늘의 복과 땅에서 풍성한 삶을 누리기 위해 사람들이 해야 하는 전부는 삶에 대한 예수님의 놀라운 계획에 대해 "예"라고 말하는 것이다. 이 같은 주장은 인내를 불필요한 것으로 만들었다.

예수님처럼 살기 원하지만 그렇게 사는 것이 실제로 가능하지 않는 것을 깨닫게 된다. 하나님과 믿는 자와의 거래는 완전히 법률적 관계이다. 예수님에게 "예"라고 하는 것은 한 사람이 다른 사람에게 지배권을 옮기는 것이며 이곳에서 저곳으로 상속권을 옮기는 것이다. 하지만 우리는 계속 죄 속에 있다고 생각한다. 오늘날 그리스도인의 삶이 우리 주변 세상과 구별되지 않게 살고 있다는 것을 보여 주는 국가의 여론조사는 그리 놀랄 만한 일도 아니다.[2]

우리의 "의"는 세상의 "의"와 꼭 같은 것처럼 보인다. 이 사실은 56-57장에서 "상속권" 그 자체는 아무런 의미도 없다고 묘사한 상황과 너무 꼭 같다. 하나님은 정말로 우리가 육체적인 야곱의 자손인지 아닌지, 혹은 우리가 믿음의 고백을 하고 있는 지에 대해 신경 쓰지 않으신다. 하나님은 하나님을 알고 있다고 말하는 사람들의 삶 속에서 반복해서 나타나는 행위와 태도, 그 열정의 증거를 보기를 원하신다. 야보고서에서 나타나는 것처럼 이것이 진짜 믿음이다.

그래서 복음주의자들은 통회하면서 하나님께 나아와야 한다. 영적 교만, 우리가 부당하게 요구했던 것, 하나님의 이름을 빌어 비난했던 것, 하나님이 우리를 치유하지 못하게 했던 것, 개인적으로나 집단적으로 계속 죄를 지은 것, 하나님이 정말로 그의 의를 우리에게 나누어 주셨다는 것을 믿지 않은 것, 하나님께 전적으로 굴복하지 않았던 것, 우리가 하나님과 관계 맺는 것을 중요하게 여기는 것보다 하나님이 우리와 관계 맺으시는 것을 훨씬 중요하게 생각하면서 하나님 앞에 "서 있던 것" 등을 통회해야 한다.

---

2. G. Barna, *Boiling Point: It Only Takes One Degree*(Ventura, Calif.: Regal, 2001), 79.

그러나 복음은 하나님이 자비로우시다는 것이다. 하나님은 우리와 함께 우리 안에 살기를 원하신다. 그러나 우리가 할 수 있는 가장 나쁜 일은 앞세대와 같이 법률적인 의로 돌아서는 것이다. 정말로 그렇다. 본문의 메시지와 이사야서 마지막 부분은, 하나님은 우리 삶에서 진정한 의와 정의를 기대하시지만, 또한 우리 안에서 하나님과 우리가 사랑의 관계를 맺은 결과로 행하는 삶을 기대하신다고 말한다. 우리가 하나님을 원할 때, 가지가 열매를 맺는 것처럼 의가 우리에게 자연스럽게 존재하게 될 것이다. 의식하지 못한 사이에 교만의 악취 대신에 그윽한 향취가 풍겨져 나올 것이다.

이사야 58:1-14

1 크게 외치라 목소리를 아끼지 말라 네 목소
리를 나팔 같이 높여 내 백성에게 그들의 허
물을, 야곱의 집에 그들의 죄를 알리라
2 그들이 날마다 나를 찾아 나의 길 알기를 즐
거워함이 마치 공의를 행하여 그의 하나님의
규례를 저버리지 아니하는 나라 같아서 의로
운 판단을 내게 구하며 하나님과 가까이 하
기를 즐거워하는도다
3 우리가 금식하되 어찌하여 주께서 보지 아니
하시오며 우리가 마음을 괴롭게 하되 어찌하
여 주께서 알아 주지 아니하시나이까 보라
너희가 금식하는 날에 오락을 구하며 온갖
일을 시키는도다
4 보라 너희가 금식하면서 논쟁하며 다투며 악
한 주먹으로 치는도다 너희가 오늘 금식하는
것은 너희의 목소리를 상달하게 하려는 것이
아니니라
5 이것이 어찌 내가 기뻐하는 금식이 되겠으며
이것이 어찌 사람이 자기의 마음을 괴롭게
하는 날이 되겠느냐 그의 머리를 갈대 같이
숙이고 굵은 베와 재를 펴는 것을 어찌 금식
이라 하겠으며 여호와께 열납될 날이라 하겠
느냐
6 내가 기뻐하는 금식은 흉악의 결박을 풀어
주며 멍에의 줄을 끌러 주며 압제 당하는 자
를 자유하게 하며 모든 멍에를 꺾는 것이 아
니겠느냐
7 또 주린 자에게 네 양식을 나누어 주며 유리
하는 빈민을 집에 들이며 헐벗은 자를 보면
입히며 또 네 골육을 피하여 스스로 숨지 아
니하는 것이 아니겠느냐
8 그리하면 네 빛이 새벽 같이 비칠 것이며 네
치유가 급속할 것이며 네 공의가 네 앞에 행
하고 여호와의 영광이 네 뒤에 호위하리니
9 네가 부를 때에는 나 여호와가 응답하겠고
네가 부르짖을 때에는 내가 여기 있다 하리
라 만일 네가 너희 중에서 멍에와 손가락질
과 허망한 말을 제하여 버리고
10 주린 자에게 네 심정이 동하며 괴로워하는
자의 심정을 만족하게 하면 네 빛이 흑암 중
에서 떠올라 네 어둠이 낮과 같이 될 것이며
11 여호와가 너를 항상 인도하여 메마른 곳에서
도 네 영혼을 만족하게 하며 네 뼈를 견고하
게 하리니 너는 물 댄 동산 같겠고 물이 끊어
지지 아니하는 샘 같을 것이라
12 네게서 날 자들이 오래 황폐된 곳들을 다시
세울 것이며 너는 역대의 파괴된 기초를 쌓
으리니 너를 일컬어 무너진 데를 보수하는
자라 할 것이며 길을 수축하여 거할 곳이 되
게 하는 자라 하리라
13 만일 안식일에 네 발을 금하여 내 성일에 오
락을 행하지 아니하고 안식일을 일컬어 즐거
운 날이라, 여호와의 성일을 존귀한 날이라
하여 이를 존귀하게 여기고 네 길로 행하지
아니하며 네 오락을 구하지 아니하며 사사로
운 말을 하지 아니하면
14 네가 여호와 안에서 즐거움을 얻을 것이라
내가 너를 땅의 높은 곳에 올리고 네 조상 야
곱의 기업으로 기르리라 여호와의 입의 말씀
이니라

원 의미

56:1에서 사람들은 명령을 받은 것, 의를 행하는 능력을 가지고 있지 않다고 다시 언급한다. 사람들 스스로 의를 이루려는 것을 56:9-57:13에서는 우상을 숭배하는 것으로 간주했으며, 본문에서는 이기적이고 도가 지나친 것으로 보인다. 종교는 복을 주는 대신에 하나님이 의도하신 대로 저주를 받게 한다. 흥미롭게도 사람들은 하나님이 특별하게 명령하시지 않은, 금식[1]에 사로잡혀 있다. 그리고 하나님이 특별히 명령하신 안식일을 지키는 것은 소홀하게 여긴다.

1-3절에서 이 주제를 다룬다. 사람들은 겉으로는 항상 신앙심이 깊고 정말로 하나님의 뜻을 아는 데 관심이 있는 것처럼 보인다. 그러나 실상 이 사람들은 하나님의 "명령을 버리고" "배신"하고 있다고 이사야는 말한다. 제의적 행위에 접근하는 그들의 태도에 이 사실에 대한 증거가 있다. 그들은 왜 이렇게 제의를 드리는 데 얽매여 있는가? 그것이 하나님께 기쁨과 순종을 표현하는 것인가? 아니다. 3절에서 그들이 한 말에서 보여 주는 것처럼, 이교도들이 행하는 것과 같은 이유로 하나님이 그들 마음에 들게 행하시도록 조종하기 위해서 제의를 드리는 것이다.

4-12절은 이 주제에 대해 더 깊이 다룬다. 하나님은 그분의 백성에게 정말 복 주시기를 원하시지만(58:8-9, 10b-12), 그 복은 제의를 통해 조종하는 것으로 얻을 수 없다. 복은 하나님과 맺은 언약을 깨뜨리지 않은 사람들에게 거저 주어진다. 이스라엘 선민이 이와 같은 관계에 있다는 것을 보여 줄 수 있는 증거는 무엇인가? 바로 윤리적 행동이다. 구약에서 하나님은 딱 두 번 사람들에게 금식하라고 명령하셨다. 그러나 수많은 곳에서 하나님은 그분의 백성에게 다른 사람들, 특히 그들보다 연약한 사람들을 존경과 공평과 친절로 환대하라고 명하셨다.

사실 그들은 하나님이 그분의 백성을 향해 의도하시는 것과 정반대로 금식한다. 그들의 종교적 활동은 자기 자신과 욕구를 포기하고 그것을 하나님의 손 안에 두거나 다른 사람들에게 주는 것 대신, 이기적이다. 5절에서 "그 자신을 숙이는 사람"(문자적으로는 "자신을 몹시 괴롭게 하는 것")은 이 이기적인 면을 드러낸다.

1. 율법에서 딱 한 번 특별히 금식이 명해졌던 것은 속죄의 날과 관계가 있다(레 16:29). 하나님은 또 요엘서에서 금식을 명하셨다(1:14; 2:12, 15). 다른 금식들은 지도자들이 금식을 하라고 하거나 위기를 맞아 자발적으로 한 것이다(삼하 12:23; 왕상 21:9; 대하 20:3; 스 8:21; 느 9:1; 에 4:3; 9:31; 시 35:13; 69:10; 109:24; 렘 14:12; 36:6, 9; 단 9:3; 슥 7:3; 8:19). Westermann이 *Isaiah 40-66*, 335에서 스가랴 7장과 8장에서 금식에 대한 관심을 표현하고 있다고 주장한 것은 옳지만, 금식에 대한 관심이 포로 후기의 특징이라고 한 것은 옳지 않다. Robert J. Way, "צום," *NIDOTTE*, 3:780-83을 보라.

자신이 얼마나 헌신되어 있는지를 보여 주기 위해 금식을 하고 있을 뿐이다. 3절에서 "오락을 찾아 얻으며"는 이에 대해 더 구체적으로 설명한다. 이런 종교적 행위가 압제하고 폭력을 행사하고 증오를 일으키는 것은 그렇게 놀랄 만한 일이 아니다. 모든 사람들이 높여지기를 바랄 때 이 욕구를 충족시키려고 무슨 짓이라도 다 정당화할 것이다.

하나님은 자기를 잊고 외부를 돌아보라고 요구하신다. 우리 자신의 유익을 위해서가 아니라 다른 사람의 유익을 위해서 자기 부인을 해 보자. "압제당하는 자를 자유롭게"(58:6) 하자. "배고픈 자들"에게 음식을 나누어 주기 위해 덜 먹자. "벗은 자"(58:7, 10)를 입히기 위해 비싸지 않은 옷을 입자. 이것은 하나님이 "선택하신" 죽음과 자기 고난과 같은 종류이다.

8절과 10절에 있는 "빛"은 앞부분과 뒷부분에 연관되어 보인다. "빛"은 42:6과 49:6에 있는 종에 대한 약속을 되돌아보게 한다. 하나님의 공의의 빛은 종된 그분의 백성을 통해 열방의 빛으로 비칠 것이다. 이 주제는 이사야 초반부인 2:5에서 언급되고 30:26과 51:4에서도 이어진다. 이 주제는 60:1-3에서 절정에 이르면서 이 일을 고대한다. 하나님의 백성을 통해서 하나님의 언약의 복이 온 땅에 퍼지게 될 것이다. 그때 흑암에 행하던 백성이 "큰 빛"을 볼 것이다(9:2).

13절과 14절은 안식일에 대해서 이야기하면서 하나님이 무엇을 좋아하시는지 이미 앞에서 언급한 것을 더 깊이 다룬다. 하나님은 백성들이 일을 멈추고 안식일에 "기뻐하는 것"을 원하신다(참조. 58:3). 다시 사람이 "자기 방식"대로 행하는 것이 중심 주제가 된다. 아무리 값비싸고 자기 부인을 하는 제사라 할지라도 우리가 원하는 것을 하나님이 하시게 하는 방법을 제공해 주는 것처럼 보이기 때문에 매력적이다. 그러나 일을 멈추고 (우리 스스로) 자기를 증진시키는 행동들을 멈추는 것은 결코 매력적이지 않다. 그럼에도 불구하고 안식일은 축제의 날로 즐거워해야 하고 주 안에서 기뻐하고 주께서 복 주시는 기쁜 시간으로 여겨야 한다. 이것은 하나님을 조종하는 것이 아니라 하나님과 모든 중요한 관계를 맺는 방법이다.

상황잇기

골로새서 2:20-23에서 바울은 엄격한 자기 수양과 제의로는 정욕을 억제할 수 없으며 실패한다고 말한다. 오늘날 수난주일의 성묘교회(Church of the Holy Sepulcher, 예수가 부활한 장소에 세워진 교회-옮긴이)는 이에 대한 증거를 잘 보여 준다. 사람들은 일주일 내내 금식하면서 부활절을 준비한다. 여러 기독교 교파에서 온 사람들이 행렬을 지어 휘황찬란하고 값비싼 예복을 차려입은 제사장들의 인도를 받으면서 서로 좋은 자리를 차지하겠다고 밀고 당긴다. 황금으로 만든 십자가를 받드는 사람과 전부(戰斧, 도끼처럼 생긴 옛날 무기-옮긴이)로 쓰였던 목자의 지팡이에 서로 가까이 가려고 밀치다 거친 욕설이 오가는 모습이 그야말로 야단법석이다. 이것이 그의 원수를 위해서 목숨을 기꺼이 바친 그리스도를 믿는 종교인가? 결코 아니다! 우리는 그리스도가 눈물을 흘리며 감람 산 위에 다시 서 있는 모습을 그려볼 수 있다.

그러나 보기 고통스러운 광경은 아낌없이 주라는 사명을 받은 부유한 복음주의 고용주가 고용인에게 최소 임금 이상을 주려고 하지 않고 퇴직연금제도와 건강보험 제도를 실시하려고 하지 않는 것이다. 분명 주님은 고용주가 사명을 수행하는 것을 중단하기를 원하시지 않기에 고용주가 사람들을 혹사시키는 것은 결코 정당화할 수 없는 일이다.

현대적 의미

위에서 열거한 예들은 2700년 전에도 오늘날 우리와 같은 문제들이 있었음을 입증한다. 이스라엘 선민처럼 우리는 여전히 이기적인 목적을 위해 하나님을 조종하려고 종교적인 행동들을 이용한다. 오늘날 절제하는 삶을 추구하는 그리스도인들이 계속 금식을 하고 있으므로 이사야가 금식에 대해 이야기한 것은 흥미롭다. 여하튼 교회 출석, 매일의 헌신, 기도, 십일조와 같은 다른 행위들이 이스라엘 선민의 제의적 행위들을 대신하게 되었는데, 이런 것들은 금식과 같이 위험하다.

왜냐하면 우리가 하나님에게 복을 받으려고 이것들에 얽매이게 되고, 이 방법을 써서 하나님을 조종하지 않으면 하나님이 복을 주시지 않을 것 같다고 느끼게 되기 때문에 위험하다. 이런 태도를 가지고 있다면, 의식적으로든지 무의식적으로든지 이 태도가 우리의 행동을 통제하고, 종교는 우상숭배 같은 지경에 이른다. 반대로, 우리의 종교적 삶이 그 어떤 대가도 기대하지 않으면서 자기를 잊어버리는 섬김으로 하나님의 삶을 비춘다면, 복은 거저 주어질 것이다. 그 결과 하나님의 삶에 유입되어 있는 사람들에게 복은 자연스럽고 풍성하게 주어질 것이다. 우리가 얻기 위해 하나님과 관계를 맺는 것이 아니라 사랑 때문에 하나님과 관계를 맺는 것임을 위와 같은 행동에서 볼 수 있다.

여하튼 이와 같은 내용이 신약에서도 언급되기 때문에 여기에서 이사야가 처한 전체적 정황을 기억하는 것이 중요하다. 자기 자신의 힘으로는 이러한 언약의 삶을 살아갈 수 없다. 오직 하나님이 하나님의 은혜로 덧입혀 주실 때 우리는 이기적인 태도를 버리고 자기 자신을 포기하고 하나님과 다른 사람들을 사랑할 수 있게 된다.

이와 관련하여 오늘날 소위 "야베스의 기도"(대상 4:9-10)가 놀랄 만큼 인기를 끄는 중요한 원인이 있다. 누군가가 의도적으로 유행시키고 있다는 증거는 없지만, 야베스의 기도를 우상숭배처럼 사용하는 것은 위험한 일이다. 신이 베풀어 주는 것을 반복하여 보증하는 것만으로 기도문들을 반복하는 것은 성경적 믿음과 거리가 멀다. 사람들은 아직도 무엇을 이루어 달라고 조르는 기도로 이와 같은 기도문의 많은 부분을 사용한다. "나는 한 달 동안 하루도 빠지지 않고 기도를 하고 있지만 사업은 그렇게 좋아지지 않았어요"와 같이 말한다. 분명히 이러한 생각은 야베스의 기도에서 나타나지 않았던 것이며 하나님께 자신을 위탁하는 야베스의 태도만을 모방한 것에 지나지 않는다. 우리는 기도문을 반복하는 것으로 자기 자신을 부인하고 성령의 삶을 사는 능력을 깨닫지 못한다. 자기 자신을 포기하고 하나님의 은혜를 입게 될 때, 자기 부인과 성령의 삶을 사는 능력을 발견하게 된다.

이사야 59:1-15a

1 여호와의 손이 짧아 구원하지 못하심도 아니
요 귀가 둔하여 듣지 못하심도 아니라
2 오직 너희 죄악이 너희와 너희 하나님 사이
를 갈라 놓았고 너희 죄가 그의 얼굴을 가리
어서 너희에게서 듣지 않으시게 함이니라
3 이는 너희 손이 피에, 너희 손가락이 죄악에
더러워졌으며 너희 입술은 거짓을 말하며 너
희 혀는 악독을 냄이라
4 공의대로 소송하는 자도 없고 진실하게 판결
하는 자도 없으며 허망한 것을 의뢰하며 거
짓을 말하며 악행을 잉태하여 죄악을 낳으며
5 독사의 알을 품으며 거미줄을 짜나니 그 알
을 먹는 자는 죽을 것이요 그 알이 밟힌즉 터
져서 독사가 나올 것이니라
6 그 짠 것으로는 옷을 이룰 수 없을 것이요 그
행위로는 자기를 가릴 수 없을 것이며 그 행
위는 죄악의 행위라 그 손에는 포악한 행동
이 있으며
7 그 발은 행악하기에 빠르고 무죄한 피를 흘
리기에 신속하며 그 생각은 악한 생각이라
황폐와 파멸이 그 길에 있으며
8 그들은 평강의 길을 알지 못하며 그들이 행
하는 곳에는 정의가 없으며 굽은 길을 스스
로 만드나니 무릇 이 길을 밟는 자는 평강을
알지 못하느니라
9 그러므로 정의가 우리에게서 멀고 공의가 우
리에게 미치지 못한즉 우리가 빛을 바라나
어둠뿐이요 밝은 것을 바라나 캄캄한 가운데
에 행하므로
10 우리가 맹인 같이 담을 더듬으며 눈 없는 자
같이 두루 더듬으며 낮에도 황혼 때 같이 넘
어지니 우리는 강장한 자 중에서도 죽은 자
같은지라
11 우리가 곰 같이 부르짖으며 비둘기 같이 슬
피 울며 정의를 바라나 없고 구원을 바라나
우리에게서 멀도다
12 이는 우리의 허물이 주의 앞에 심히 많으며
우리의 죄가 우리를 쳐서 증언하오니 이는
우리의 허물이 우리와 함께 있음이니라 우리
의 죄악을 우리가 아나이다
13 우리가 여호와를 배반하고 속였으며 우리 하
나님을 따르는 데에서 돌이켜 포학과 패역을
말하며 거짓말을 마음에 잉태하여 낳으니
14 정의가 뒤로 물리침이 되고 공의가 멀리 섰
으며 성실이 거리에 엎드러지고 정직이 나타
나지 못하는도다
15a 성실이 없어지므로 악을 떠나는 자가 탈취를
당하는도다

원 의미

본문은 성경 전체에서 인간의 죄악과 오류들을 가장 통렬하게 비판하는 부분 중 하나이다. 흥미롭게도 본문은 2인칭 복수형을 사용하여 다른 사람들을 책망하는 것으로 시작해(59:2-3) 3인칭 복수였다가(59:4-8) 1인칭 복수형으로 고백하는 것으로 마무리된다(59:9-15a). 선지자는 다른 사람들에 대한 정죄가 아무리 사실을 기초로 한다 하더라도 결국 선지자 자신도 그 정죄의 대상에서 예외가 아님을 알고 있는 것 같다. 다른 모든 사람들처럼 선지자도 하나님이 요구하시는 의를 자기 스스로 만들 수 없다.

1절과 2절은 이사야 58장의 서론으로 거슬러 올라가는 듯하다. 사람들은 하나님의 복을 획득하기 위해 필요한 것은 무엇이든 자신들의 노력으로 이루고자 했다. 그러나 어떤 축복은 일어나는 것처럼 보이지 않는다. 하나님에게 무슨 문제가 있는 걸까? 하나님이 허약하신가?(그의 "팔이 너무 짧으신가?") 아니면 하나님이 마음을 쓰시지 않는 것인가?("그의 귀가 너무 어두우신가?") 물론 아니다! 그들이 복을 받지 못하는 것은 하나님에게 흠이 있어서가 아니라 그들에게 흠이 있기 때문이다. "부정"과 "죄"는 그들과 하나님 사이를 갈라 놓았다(59:2).[1] 그리고 57-58장이 보여 주는 것처럼 이 죄 중 어떤 것은 그들의 종교성 자체였다.

폭력과 부정 두 요소가, 사회구조를 망가뜨렸다고 증명하고 있다(59:3-4).[2] 앞에서 반복하여 이야기한 것처럼 언약의 목적은 인간 관계 속에서 창조주의 윤리가 실현되는 사회를 만드는 것이다. 그러나 이사야는 당대의 사람들처럼 언약의 종교적 형식을 지키는 것에 열심이지만 언약의 내용들은 무시하는 시대를 묘사한다.

59:4의 마지막에서 이사야는 한 번 더 생생하게 묘사함으로 이사야 설명의 근거를 제공해 주는 듯하다. 59:4은 악은 회복된 공동체에서 하찮은 문제를 야기하는 것이 아니라 잔해를 잉태하고 죄악을 생산한다고 주장하면서 마무리된다. 그들이 잉태하고 생산한 것들은 "독사의 알들"과 같고 "거미줄과 같다(59:5-6a). 그것들은 "쓸모없을" 뿐만 아니라 해롭고 치명적이다.

이 사상은 59:6b-7에서 한층 더 깊어진다. 이 사람들의 모든 재능들이 악에게

1. 사실 1-2절은 58:3에서 제기한 문제에 2인칭 대명사를 사용하여 바로 반응하는 것처럼 보인다. 4-8절에서 3인칭 대명사가 나타나는 것은 죄의 문제를 더 광범위하게 고찰한 표시이다.
2. Hanson은 *Isaiah 40-66*, 210에서 "사회에 기여하는 것을 추구하는 정직한 사람에게는 상이 주어지지 않고 자기 자신의 소유를 위해서 사회에서 도둑질하는 사람들에게 상이 주어진다"면서 사회에 대해 적절하게 통찰한다.

넘겨질 것이다. 그들의 "손들"은 "폭력을 행사"하고, "그들의 발"은 "무죄한 자의 피"를 흘리고, "그들의 사상"은 "악"의 사상이다. 따라서 그들의 삶의 특징적 행동과 "그들의 방법"이 황폐하고 파괴적인 것은 별로 놀랍지도 않은 일이다. 이 사상은 59:8에서 더 깊어진다. 59:7d에서 길에 대해 상세하게 설명하면서, 8절은 이사야서 전체에 걸쳐서 사용되는 "영광의 길", "굽은 길", "길"이라는 중요 단어를 말한다.[3] 하나님이 그분의 백성을 위해서 준비할 평강의 길(35:8)이나 하나님이 그분의 백성을 구원하러 오시는 평탄한 대로(40:3-4)와는 반대로, 이 "길"은 "구부러졌고", 이 길에서 걷는 사람들은 하나님이 주시는 "평강"(*šalom*) 대신 파괴와 분열을 보게 될 것이다(52:7; 57:19).

위에서 살펴본 것처럼 선지자는 제3자의 입장에서 유죄판결을 하다가 59:9-15에서 1인칭 복수형을 사용하여 9-15절의 고백들을 함께 나눈다. 여기서 선지자는 이 땅의 신실한 사람들, 자신의 성향과 욕구를 깨달아 하나님과 가까이 있는 사람들에 대한 모든 것을 말하고 있다. 의심할 여지 없이 선지자로 부름을 받은 것은 영적으로 위험한 것이었다. 거룩한 하나님과 밀접한 관계를 맺어, 백성들이 얼마나 끔찍한 죄를 저지르고 있는지 알게 된다 해도 그들의 죄와 자기 자신은 상관없다고 생각하기 쉬웠을지 모른다. 그러나 선지자가 하나님과 밀접한 관계를 맺고 있다 하더라도 그 역시 자기가 속한 인간 공동체에서 빠져나올 수 없다. 비극적이게도 공동체 누구라도 자기 혼자만 남겨진다면 상상할 수 있는 가장 나쁜 죄를 저지를 수 있다는 점이다. 위대한 선지자의 진실의 표징은 공동체에서의 역할에만 열중하다 자신도 가장 나쁜 죄를 지을 수 있다는 것을 잊어버리지 않는 것이다.

이것은 사람의 속성에 대해 주도면밀하게 고찰한 사람의 고백이다. 경미한 "실책"에 대해 약간 후회하는 고백이 아니다. 오히려 하나님이 56:1에서 요구하고 있는 "공의"와 "의"를 행할 능력이 없다는 근본적인 사실을 인식하는 고백이다. "공의"뿐만 아니라(59:9, 11, 14) "진리"(59:14-15)나 "정직"(59:14)도 찾아볼 수 없다. 이 상황은 "어두움"(59:9)뿐이며 이 속으로 "빛"이 들 수 없다. 그 이유는 선지

3. 히브리어 *m^esillah*(59:7d, "길"[way])는 7:3; 11:16; 19:23; 33:8; 36:2; 40:3; 49:11; 62:10과, 구약의 다른 곳에는 15회 나온다. *derek*(59:8a, "길"[way])은 이사야서에서 48회 나온다(구약에서는 총 706회 나온다). *ma'gal*(59:8b, "길"[path])은 여기에서와 26:7에서 나온다(구약에서는 총 16회 나오고 잠언에서는 7회 나온다). *n^etibah*(59:8c, "길"[road])는 이사야서에서 이 곳 외에 42:16; 43:16; 58:12에서 나온다(총 21회 나온다).

자가 고백한 대로 "우리"는 빛을 볼 수 있는 도덕적인 "눈"을[4] 가지고 있지 않기 때문이다.

시편 51:4의 말씀과 같은 59:12에서 선지자는 부정과 불의가 인류를 상대로 저지르는 범죄가 아니라 우리를 만드신 창조자에게 대항하는 것이기 때문에 심각한 죄가 된다고 말한다. 부정과 불의는 우주의 주인에 대항하는 "반역" 행위이다. 이 점이 바로 부정과 불의가 무서운 죄인 이유이다. 우리를 책임져 달라고 할 창조자가 없다면 강자가 생존을 위해 약자의 재산을 탈취한다고 해도 그것이 잘못된 일이라고 논리적으로 설명할 수 없다. 사실 진화론은 "상위의 고등생물"이 출현하려면 강자가 약자를 탈취하는 것은 반드시 필요하다고 주장한다. 그러나 이사야는 약자를 탈취하는 것은 하나님께 극악무도한 죄를 짓는 것이기 때문에 그래서는 안 된다고 말한다. 실존의 "진리"를 부인하고 하나님에게 대항하여 반란을 일으킨다면, 우리의 관계 속에는 진실이 전혀 존재하지 않을 것이며, "악"에 맞서는 사람들이 오히려 공격받게 될 것이다.

따라서 선지자는 정말로 그 어떤 희망도 없는 것처럼 말한다. 이것이 하나님의 백성이 포로에서 귀환한 후에 벌어진 상황이라면 무슨 희망이 있겠는가? 하나님은 계속해서 회복의 열매로 의와 공의를 요구하시지만 그들은 이것을 만들어 낼 능력이 없다. 사람들이 의와 공의를 행할 수 없다는 것은 사람의 속성에 대해 가장 잘 고찰하여 실제적으로 묘사한 것이라고 말할지 모른다. 그러나 그렇게 말하는 것은 만족스럽지 않다. 사람들은 그들의 행동을 바꿔야 한다는 것을 알고 있지만 천성적으로 그렇게 할 수 없음을 인정하고 계속 죄를 지어야만 하는 운명인가? 이사야는 이것에 대해서 분명히 이야기하지 않는다. 오히려 그는 하나님의 명령을 이행하기 위해서 엄격한 훈련과 선한 의도가 아닌 다른 것들이 요구된다는 것을 보여 준다. 그것이 무엇인지는 다음 장에서 밝힐 것이다.

상황잇기

부흥. 부흥은 결코 하나님과 멀리 떨어져 있는 사람들에게서 시작되지 않는다는 것은 역사의 사실 중 하나이다. 부흥은 전통적으로 하나님과 가장 가까이 있는 사람들에게서 시작된다. 따라서 부흥 장으로 잘 알려진 역대하 7:14은

4. Motyer는 *Prophecy of Isaiah*, 487에서 육체적으로 눈이 먼 것은 치료를 받을 희망이 있지만 사람에게 눈이 없다면 그 상황은 절망적이라고 주장한다.

"내 이름으로 일컫는 내 백성이 그 악한 길에서 떠나 스스로 겸비하고 기도하여…"라고 시작한다. 부흥은 하나님의 백성이 아닌 사람들이 아니라 자신을 하나님의 백성이라고 부르고 하나님의 백성으로 존재하는 사람들에게서 시작된다.

1970년 2월, 부흥은 켄터키 주 윌모어에 있는 애즈베리 대학(Asbury College)에서 1970년대 "예수 운동"(Jesus Movement)이 태동되어, 1년 이상 기도 모임에서 믿음으로 하나님이 캠퍼스에 임재하기를 기도한 학생들에 의해서 시작되었다. 대학 내와 주변에서 어려운 상황과 상당히 많은 쓰라림과 적개심이 있었다. 그러나 같이 기도하던 학생이 전체 학생 앞에서 "가장 우수한 학생"으로 채플에서 연설할 기회를 얻어서 하나님에 대해서 자신이 가진 소망을 고백하면서 하나님은 이 기도에 응답하셨다.

그 고백은 학생들에게 불을 질러 몇 주간 학교에서 계속 타올랐고, 도시로 뿔뿔이 흩어진 "증인팀"들이 수천 수만 명의 사람들에게 하나님이 하신 일을 나누도록 감동시켰다. 이들의 메시지는 "당신"이 변하고 "그들"이 죄의 길에서 돌아서야 한다고 강조하지 않았다. 오히려 "우리"가 변해야 하고 "우리"가 죄의 길에서 돌아서야 하며, 하나님의 신실하심이 그 소망을 만족시켜 줄 것이라고 강조했다.

현대적 의미

우리가 다른 사람들을 잔혹하게 대하는 것은 어디에서 비롯되었는가? 이것은 인류의 문학에서 볼 수 있는 가장 간결한 어조로 사람의 상태에 대해 가장 솔직하게 표현한 문장이다. 철학자들이 설명하려고 몸부림쳤던 인간 존재의 실제, "왜 우리는 결국 우리 자신에게 이로운 것조차 파괴하려는 행동을 하고 있는가?"라는 문제를 적나라하게 드러낸다. 왜 이기적이며 지독하게 악랄하고 잔인한 것들을 할 수밖에 없는가? 폭력과 잔혹한 일에 매료되는 성향은 어디서 온 것인가?

이것이 전인적인 문제라는 것을 인정할 수 없는 사람들은 환경적인 측면에서 설명한다. 근대의 두 학자, 막스(Karl Marx)와 듀이(Dewey)는 각각 이것은 경제적인 문제, 무지의 문제라고 주장한다. 이 두 가지 주장 모두 허위라는 것이 20세기에 밝혀졌다. 생산 수단이 노동자의 손에 넘어가고 비열한 자본가 계급이 생산 현장에서 추방되면 모든 악의 문제와 탄압 정치가 사라진다는 공산주의는 인간 속성을 잘 꿰뚫었던 가장 잔인한 허구로 밝혀지고 있다. 2차 세계대전 공포의 소용돌이 속에서 간과되어 온 한 가지 사실은 1930년대에 3,000만 명 이상의 목숨을 앗아간 책임이 공산주의에게 있다는 것이다.

경제적인 문제는 전혀 아니다. 무지의 문제도 아니다. 1930년대에 독일 국민들보다 더 고등교육을 받은 국민이 있었는가? 히틀러를 열광적으로 환영한 것도, 괴벨스(Goebbels)의 선동정책(라디오, 신문, 영화, 연극, 출판을 통해서 유대인들을 학대했던 정책-옮긴이)을 곧이곧대로 받아들인 것도, 히틀러와 괴벨스가 그들에게 억지로 떠안기는 악의 체계에 스스로 눈을 감아 버린 것도 바로 독일인들이었다. 미국의 놀라운 교육 체계가 베트남에서 일어난 끔찍한 비극에서 우리를 구원하지 않는다. 사실상 악을 구축하고 더욱 끔찍한 무기를 사용하는 구조를 만드는데 20세기에 행해진 부르주아적인 교육이 일익을 담당했다는 주장이 제기될 수 있을 것이다.

사실상 세상의 많은 사상가들의 주장과 달리, 성경이 주장하는 대로 악의 문제는 전인적인 문제이다. 세상의 사상가들은 "선"과 "악"이 우주에서 영원히 존재한다고 믿는다. 즉 보이지 않는 선과 악이 끊임없이 충돌한 결과 세상이 만들어졌고 선과 악이 존재하게 되었다. 불교와 힌두교처럼 존재의 수레바퀴에서 해방되지 않으면 사람은 선과 악의 충돌에서 벗어날 수 없다.

성경은 이것과 다른 양상을 보여 준다. 창조는 악보다 먼저 일어났다. 하나님은 빛이시며 하나님 안에서는 그 어떤 어두움도 없다(요일 1:5). 하나님은 우주를 창조하시고 그 자신이 보기에 좋다고 하셨다(창 1:4 등). 그러나 하나님은 그분의 피조물이 하나님의 뜻대로 살지 않는 것을 선택하게 허용하셨고, 우리의 첫 조상이 선택한 것은 마치 우리 몸 속에 바이러스를 투입시킨 것같이 되었다. 투입된 바이러스가 전체 세계에 병균을 주입시켰고, 인간 전체에 가장 강력한 효력을 발휘했으며, 사람의 주요한 특징인 상상의 능력 자체를 부패시켰다는 것은 명백한 사실이다. 창세기 6:5에서 사람의 마음의 생각의 모든 계획이(히브리인들은 바로 마음에서 지, 정, 의가 결합된다고 여겼다) 항상 악하다고 말한다. 따라서 암 세포가 주위 세포들을 포로로 잡아 주위 세포들을 파괴시키듯이, 성경은 인간을 망치는 도덕적 암이 있다고 주장한다. 이것은 이사야가 독자들에게 묘사하고 있는 모습이다.

정직하게 우리의 삶과 사회의 모습을 정확하게 받아들이자. 어느 누구도 보통 인간 경험과 무관하다고 자신있게 말할 수 없다. 우리가 자신의 힘으로 약간이라도 하나님의 의에 도달할 수 있는 체한다면 미혹하거나 속이는 것이다. 미혹한다는 것은 사실에 우리 스스로 눈을 감아 버리는 것이고, 속이는 것은 우리의 영혼이 깊숙한 곳에서 그 사실을 알고 있지만 대면하지 않는 것이다. 우리는 "자기 자신을 위해 기도하는" 바리새인과 같으며(NIV "margin") "다른 사람들과 같지 아니함을 감사하나이다"(눅 18:11)라고 말하고 있는 바리새인과 같다.

질병의 치유책이 있다면, 암의 치유책이 암환자 자신에게 있는 것이 아니듯이 그 치유책도 자기 자신 안에 있는 것이 아니다. 우리의 희망은 세리의 비유에서 말한 바와 같다. 희망은 우리의 외부, 즉 창조주의 "자비"(눅 18:13)에서 찾을 수 있다. 해결할 수 없는 문제를 우리를 만드신 분이 어떻게 해서라도 해결하실 수 있다는 것이 희망이다. 공의가 값비싼 것이기 때문에 창조자는 우리가 공의에 비싼 가치를 지불하게 하셔야 한다. 다른 사람들을 이용하지 않고 다른 사람에게 우리의 의무를 다하는 것은 공의를 행하는 사람이 차례로 이용당할 걱정을 하지 않아도 되는 내적 확신을 전제로 한다.[5] 이것이 자유이다. 그러나 인류의 문제를 심도깊게 바라보면 정말로 이와 같은 자유가 정말로 가능할까? 그것이 바로 오늘날 이사야의 현실주의가 우리에게 제기하는 문제이다.

5. 가난한 사람들을 위한 정의를 옹호하는 데 세상의 인문주의가 창조질서의 모든 원리를 부인하는 진화론을 받아들인다는 사실을 발견하는 것은 흥미롭다. 대신 그들은 "빼앗을 수 없는 권리"(unalienable rights)에 그들 이론의 근거를 두고 있다. 그러나 이런 권리들이 어디서 나오는가? 미국의 독립선언은 창조자가 이 권리들을 부여하신다고 말한다. 창조자가 없다면 어떤 권리도 있을 수 없고 "적자생존"만 있게 될 뿐이다.

이사야 59:15b-21

15b 여호와께서 이를 살피시고 그 정의가 없는
것을 기뻐하지 아니하시고
16 사람이 없음을 보시며 중재자가 없음을 이
상히 여기셨으므로 자기 팔로 스스로 구원
을 베푸시며 자기의 공의를 스스로 의지
하사
17 공의를 갑옷으로 삼으시며 구원을 자기의
머리에 써서 투구로 삼으시며 보복을 속옷
으로 삼으시며 열심을 입어 겉옷으로 삼으
시고
18 그들의 행위대로 갚으시되 그 원수에게 분노
하시며 그 원수에게 보응하시며 섬들에게 보
복하실 것이라
19 서쪽에서 여호와의 이름을 두려워하겠고 해
돋는 쪽에서 그의 영광을 두려워할 것은 여
호와께서 그 기운에 몰려 급히 흐르는 강물
같이 오실 것임이로다
20 여호와의 말씀이니라 구속자가 시온에 임
하며 야곱의 자손 가운데에서 죄과를 떠나
는 자에게 임하리라
21 여호와께서 이르시되 내가 그들과 세운 나
의 언약이 이러하니 곧 네 위에 있는 나의
영과 네 입에 둔 나의 말이 이제부터 영원하
도록 네 입에서와 네 후손의 입에서와 네 후
손의 후손의 입에서 떠나지 아니하리라 하
시니라 여호와의 말씀이니라

원 의미

본문은 59:1-15a뿐만 아니라 56:1에서 시작되는 부분의 결론이기도 하다. 백성들은 의를 행하고 공평을 지키라는 명령을 받았고(56:1), 의와 공평을 행했던 고자나 이방인들은 공동체의 완벽한 일원(56:3-8)으로 받아들여진다는 사실이 중요한 명령으로 강조되었다. 그러나 하나님이 회개하는 자를 고치신다고 약속하는 57:14-21과는 다르게 56:9-59:15a은 비극적 진술을 하며 59:9-15a에서는 비극적 진술의 극에 이른다. 백성들이 하나님의 명령을 지킬 수 없는 것처럼 보이기 때문에 의와 공평은 짐스럽게 느껴진다. 어떤 경우에 그들은 잘못된 방식으로 하나님의 명령들을 지키려고 한다. 그러나 결국 최선의 선을 행한다 해도 하나님의 명령이나 하나님과 언약을 행할 능력이 없음을 인정한다.[1]

그래서 무엇이 행해지고 있는가? 그 대답은 59:15b-21에서 찾아볼 수 있다. 하나님이 오셔서 그분의 백성이 할 수 없고 다른 누군가가 대신해서 할 수 없는 일을 하실 것이다. 즉 백성들과 하나님의 교제를 회복하는(53:1) "팔"(59:16)로 백성들을 지배하고 있는 죄를 물리치고 진정한 주의 종(이사야서 2:1-5과 다른 곳에서 약속되어 있는 것처럼)이 되게 할 것이다. 52:13-53:12에서 종은 범죄한 양무리가 당할 형벌을 대신 감당하는 순종적인 모습인 반면, 본문에서 주님의 팔은 정복하는 용사로 나타나 있다(59:17).[2]

문학적, 역사적 정황들로 하나님이 물리치실 "대적"은 외부에 있는 학대자가 아니라, 오히려 이스라엘 안에 있는 죄인들이다. 그러나 하나님은 이스라엘의 의인들을 위해서 사람들을 정복하지 않는다. 하나님은 "그들의 죄과를 떠나는 자"(59:20)를 위해서 정복하신다. 따라서 하나님이 실제로 물리치신 것은 하나님의 백성을 지배하고 있는 죄 자체이다. 하나님은 의인을 변호하시기 위해 이곳에 오시지 않는다(59:1-15a에서 의인이 없다는 것을 분명하게 보여 준다). 하나님은 그 백성들, 죄인이나 의인 모두 할 수 없는 일들을 위해서, 즉 그들 자신의 삶 가운데 있는 악의 힘을 물리치시기 위해서 오셨다. 더구나 이러한 하나님의 승리는 전세계("서방에서…해 돋는 편에서")에 영향을 미친다. 세상에 있는 모든 사람들은 의로운 이스라엘의 증거를 보고 감동받아(참조. 겔 36:21-27), 하나님께 "영광"을 돌릴("주의 이름을 두려워하면서", 59:19) 것이다.[3]

21절은 56-59장 내용의 결론이다. 백성들에 대한 하나님의 목적은 한 분뿐인 하나님, 구원자로 하나님의 속성과 성품에 대해서 세상에 증거하는 것이다. 그러

---

1. 많은 주석가들은 59:15b-21이 이 본문 앞 단락과 전체적으로 연결되어 있다고 보지 않는다. 더 깊은 논의를 위해서 Oswalt의 *Isaiah 40-66*, 525-32을 보라. Childs도 *Isaiah*, 484-91에서 비슷한 입장을 취하고 있다.

2. Hanson은 *Isaiah 40-66*, 212-17에서 이 구절은 예언적 환상이 아닌 역사 시대에서 구원받을 가망성이 전혀 없어 보이는, 뒤떨어지고 의기소침한 소수 사람들에게 예언적 환상으로의 피난처를 설명한다고 정의한다. 사실 주님의 팔에 대한 설명은 40-55장에서 이상적인 종을 묘사한 네 구절처럼 분명 예언적 어조이다. 다섯 구절 모두 비유로 핵심 인물에 대해 이야기하고 그 인물이 미래에 할 행동에 대해 지적하고 있다. 앞에서는 순종으로 악을 이겨내는 반면 여기서는(그리고 63:1-6에서) 승리로 이겨낸다. 그것은 예언적 본문으로 만들지 않는다. 예언에 대한 토론을 위해서 J. Oswalt, "Recent Studies in Old Testament Apocalyptic," in *The Face of Old Testament Studies*, ed. D. Baker and B. Arnold(Grand Rapids: Baker, 1999), 369-90을 보라.

3. 59:19에 있는 두 번째 문장은 문제를 일으킨다. NIV와 다른 현대 번역들은 *ṣar*, 즉 "압제하다"(oppress), "방해하다"(constrict)로 번역하여 형용사 한정용법으로 "하수"를 수식하게 한다(따라서 "급히 흐르는 하수"[a pent-up flood]와 같은 의미가 된다). KJV는 이와 동의하기 때문에 *ṣar*를 "압제자"(oppressor)로 읽는다. 두 번째 쉼표에서 문제는 보기 드물게 나타나는 동사 *nosᵉsab*의 의미가 무엇인가이다. "따라 움직인다"(drive along)는 뜻은 "깃발을 올린다"보다 "그 가운데 몰려 흐르는 하수"로 해석하는 것이 낫다.

나 선지자가 자신의 부정한 입술로 인해 입을 열지 못했던 것처럼 증인은 부정한 백성의 입술로 인해 침묵했다(6:5). 거룩한 용사의 목적은 사람들이 하나님의 거룩한 삶을 즐기려 함이 아니요, 하나님의 "영"이 그들의 삶과 입술을 만족시키고, 2:1-5에 약속된 증거가 가능성에서 그치는 것이 아니라 실제로 이루어지게 하는 것이다. 즉 "화평케 하는 언약"(54:10; 55:3-5)이 성취되는 것이다.

상황잇기

암스테르담 2000대회(Amsterdam 2000)에서 런던 만인교회의 블랙햄(Paul Blackham) 목사는 "포스트모더니즘 시대에 주어진 사명"이라는 연설을 했다. 그가 연설한 것 중에 핵심은 포스트모더니즘에서 논리와 논증은 무가치하다는 것이다. 일련의 포스트모더니즘 정신은 항상 끝없는 회의주의로 접근한다. 그러나 사람의 경험은 존경받는다. 따라서 증인의 삶의 질이 논쟁의 질보다 훨씬 더 많은 신뢰를 받게 된다. 이어서 블랙햄은 증거와 선교에 대한 성경 전체적 접근이 증인의 삶을 중심으로 이루어지기 때문에 이것은 기독교 복음전도자에게 복음이라고 말한다. 따라서 하나님의 구속의 힘을 증명하는 변화된 삶을 살라는 이사야의 외침은 오늘날에도 계속 메아리쳐 울린다. 삶이 변하지 않는다면 변화하라는 말씀은 아무 쓸모가 없다.

현대적 의미

현대교회는 필사적으로 본문에서 지적하고 있는 진리를 구하고 경험을 되찾아야 한다. 로마서 7장(그리고 이사야 59:1-15a)은 우리가 기대할 수 있는 모든 것이다. 하나님은 죄를 용서해 주시지만(바빌론에서 우리를 구원하셨다) 죄에서 우리를 구원하시는 데는 도움을 주시지 않는가? "그럴 수 없느니라!"(롬 6:2).

분명히 하나님의 기대에 맞추기 위해 훈련에만 의존한다면 우리는 바울이 지적한 대로 로마서 7장의 상태로 남을 것이다. 바울은 로마서 6장에서는 죄를 물리쳐야 한다는 것을, 로마서 7장에서는 자신도 유대인 중 한 사람이었지만 유대인들이 왜 죄를 물리칠 수 없었는지 보여 준다. 율법으로는 확고하게 자리잡고 있는 자기중심성을 극복할 수 없다. 그러나 이 모든 것은 로마서 8장의 서론에 해당한다. 하나님이 우리를 위해서 거룩한 용사, 그리스도를 보내 싸우심으로, 행동과 관계에서 짓는 우리의 죄를 물리치실 것이다. 그분은 율법이 할 수 없는 일, 즉 죄[4]에서 우리를 구원하시는 일을 하신다.

그는 성령의 능력으로 이와 같이 하신다. 로마서 8:1-16에서 17회 언급되는 성령은 로마서 8장의 지배적인 특징으로 나타난다. 이곳에서 이사야 59:21의 언약이 상세하게 설명된다. 그리스도는 성령으로 우리 안에 거하실 것이고, 우리는 골로새서 3:12-16와 같이 풍요로운 삶을 누릴 수 있을 것이다.

> 그러므로 너희는 하나님의 택하신 거룩하고 사랑하신 자처럼 긍휼과 자비와 겸손과 온유와 오래 참음을 옷 입고 누가 뉘게 혐의가 있거든 서로 용납하여 피차 용서하되 주께서 너희를 용서하신 것과 같이 너희도 그리하고 이 모든 것 위에 사랑을 더하라 이는 온전하게 매는 띠니라
>
> 그리스도의 평강이 너희 마음을 주장하게 하라 평강을 위하여 너희가 한 몸으로 부르심을 받았나니 또한 너희는 감사하는 자가 되라 그리스도의 말씀이 너희 속에 풍성히 거하여 모든 지혜로 피차 가르치며 권면하고 시와 찬미와 신령한 노래를 부르며 마음에 감사함으로 하나님을 찬양하고.

단지 용서받은 자라고 해서 이러한 삶을 누리는 것이 가능한 것은 아니다. 그러나 풍요로운 삶을 살 수 없다면, 그것은 믿는 사람들이 짊어져야 할 또 하나의 짐에 불과하다. 우리는 할 수 없는 것을 하라는 명령을 받지 않았다. 이사야와 바울이 말하고 있는 것은 그리스도께서 성령의 선물을 통하여 이것이 가능하게 하기 위해서 오셨다는 것이다. 우리는 정복자 그리스도께 돌려드릴 영광 외에 우리에게 신뢰할 만한 공적이 없어도 하나님과 언약을 유지할 수 있다. 그분은 그리스도께서 오실 때까지[5] 우리가 "흠 없는" 삶을 살아가게(살전 5:23) 하시며, "완전히" 행하게(창 17:1) 하신다.

---

4. 율법은 사람들이 하나님과 관계를 계속 맺게 할 수 있었다. 바울이 "육체"라고 부른 율법은 확고히 자리 잡고 있는 자기중심성의 힘 때문에 사람들이 죄를 짓는 것을 멈추게 하지 못했다. 그러나 그리스도의 영은 하실 수 있다. 따라서 로마서 8:4-8의 삶은 7:14-25의 삶과 완벽히 대조된다.
5. 이 생각에 대한 더 깊은 논의는 J. Oswalt, *Called to Be Holy* (Nappanee, Ind.: Evangel, 1999)를 보라.

이사야 60:1-22

1 일어나라 빛을 발하라 이는 네 빛이 이르
렀고 여호와의 영광이 네 위에 임하였음이
니라
2 보라 어둠이 땅을 덮을 것이며 캄캄함이 만
민을 가리려니와 오직 여호와께서 네 위에
임하실 것이며 그의 영광이 네 위에 나타나
리니
3 나라들은 네 빛으로, 왕들은 비치는 네 광명
으로 나아오리라
4 네 눈을 들어 사방을 보라 무리가 다 모여 네
게로 오느니라 네 아들들은 먼 곳에서 오겠
고 네 딸들은 안기어 올 것이라
5 그때에 네가 보고 기쁜 빛을 내며 네 마음이
놀라고 또 화창하리니 이는 바나의 부가 네
게로 돌아오며 이방 나라들의 재물이 네게로
옴이라
6 허다한 낙타, 미디안과 에바의 어린 낙타가
네 가운데에 가득할 것이며 스바 사람들은
다 금과 유향을 가지고 와서 여호와의 찬송
을 전파할 것이며
7 게달의 양 무리는 다 네게로 모일 것이요 느
바욧의 숫양은 네게 공급되고 내 제단에 올
라 기꺼이 받음이 되리니 내가 내 영광의 집
을 영화롭게 하리라
8 저 구름 같이, 비둘기들이 그 보금자리로 날
아가는 것 같이 날아오는 자들이 누구냐
9 곧 섬들이 나를 앙망하고 다시스의 배들이
먼저 이르되 먼 곳에서 네 자손과 그들의 은
금을 아울러 싣고 와서 네 하나님 여호와의
이름에 드리려 하며 이스라엘의 거룩한 이에
게 드리려 하는 자들이라 이는 내가 너를 영
화롭게 하였음이라
10 내가 노하여 너를 쳤으나 이제는 나의 은혜로
너를 불쌍히 여겼은즉 이방인들이 네 성벽을
쌓을 것이요 그들의 왕들이 너를 섬길 것이며
11 네 성문이 항상 열려 주야로 닫히지 아니하
리니 이는 사람들이 네게로 이방 나라들의
재물을 가져오며 그들의 왕들을 포로로 이끌
어 옴이라
12 너를 섬기지 아니하는 백성과 나라는 파멸하
리니 그 백성들은 반드시 진멸되리라
13 레바논의 영광 곧 잣나무와 소나무와 황양목
이 함께 네게 이르러 내 거룩한 곳을 아름답
게 할 것이며 내가 나의 발 둘 곳을 영화롭게
할 것이라
14 너를 괴롭히던 자의 자손이 몸을 굽혀 네게
나아오며 너를 멸시하던 모든 자가 네 발 아
래에 엎드려 너를 일컬어 여호와의 성읍이라,
이스라엘의 거룩한 이의 시온이라 하리라
15 전에는 네가 버림을 당하며 미움을 당하였으
므로 네게로 가는 자가 없었으나 이제는 내
가 너를 영원한 아름다움과 대대의 기쁨이
되게 하리니
16 네가 이방 나라들의 젖을 빨며 뭇 왕의 젖을
빨고 나 여호와는 네 구원자, 네 구속자, 야곱
의 전능자인 줄 알리라
17 내가 금을 가지고 놋을 대신하며 은을 가지
고 철을 대신하며 놋으로 나무를 대신하며
철로 돌을 대신하며 화평을 세워 관원으로
삼으며 공의를 세워 감독으로 삼으리니
18 다시는 강포한 일이 네 땅에 들리지 않을 것
이요 황폐와 파멸이 네 국경 안에 다시 없을
것이며 네가 네 성벽을 구원이라, 네 성문을
찬송이라 부를 것이라

19 다시는 낮에 해가 네 빛이 되지 아니하며 달
도 네게 빛을 비추지 않을 것이요 오직 여호
와가 네게 영원한 빛이 되며 네 하나님이 네
영광이 되리니
20 다시는 네 해가 지지 아니하며 네 달이 물러
가지 아니할 것은 여호와가 네 영원한 빛이
되고 네 슬픔의 날이 끝날 것임이라

21 네 백성이 다 의롭게 되어 영원히 땅을 차지
하리니 그들은 내가 심은 가지요 내가 손으로
만든 것으로서 나의 영광을 나타낼 것인즉
22 그 작은 자가 천 명을 이루겠고 그 약한 자가
강국을 이룰 것이라 때가 되면 나 여호와가
속히 이루리라

원 의미

60-62장은 56-66장의 교차 대구법 구조의 중심 부분이다(56:1-8 주석을 보라). 60-62장에서는 하나님의 기름 부은 종을 통해 하나님의 영광이 빛을 발하는 예루살렘의 영광스러운 미래를 보여 준다(61:1-3). 그 영광은 거룩한 용사가 죄를 완전히 정복했을 때 존재할 현실을 말한다. 그러나 최후의 종말에 앞서 이미 많은 부분들이 현실에서 이루어지고 있다. 예수 그리스도를 통해 시온에 하나님의 여명이 밝았고 그 결과 열방들이 예루살렘에 오게 되었다. 이러한 중에 흩어져 있던 이스라엘의 백성들이 고향으로 돌아오게 되었다. 한 명의 예루살렘의 증인이 세상에 증인으로 나갔고, 그 증인이 지금도 계속해서 뻗어 나가고 있다.

60장은 네 부분으로 나누어진다. (1) 1-3절은 시적인 서론이다. (2) 4-9절은 흩어졌던 시온의 아들과 딸이 세상의 부를 가지고 귀환하는 것을 보여 준다. (3) 10-14절은 열방의 압제자 왕들이 시온에 복종하는 것을 보여 준다. (4) 15-22절은 어떻게 하나님이 이스라엘을 영원히 버리지 않으시고 완전히 회복시키시는지 보여 준다.

시적인 서론(60:1-3)

본문에서 "빛"을 강조하는 것은 59:9과 대조되기에 더 인상적이다. 완전 "어둠"만 있던 곳에 이제 떠오르는 해와 같은 "빛"이 있을 것이다. 이 빛이 어디에서 왔는지 의심할 필요가 없다. 이 빛은 시온에서 비롯된 것이 아니라 "주님의 영광"[1]을 반영하는 것이다. 이 빛은 주의 백성들이 주의 영광을 보게 한다. 이 빛은 거룩한 용사가 죄를 정복하는 것이다. 42:6과 49:6에서 말하듯이 그 종은 "이방인들[열방]에게 빛"이, 시온은 그 빛을 열방(60:3)에게 비추는 등불이 될 것이다.

하나님의 영광을 백성들과 함께 나누는 목적은 60:2-3에서 명쾌해진다. 이스라엘은 사명을 가지고 있다. "열방"은 한 분뿐인 창조자이시며 유일한 구원자이신 분을 모르기 때문에 "어둠" 속에 있다. 하나님의 빛이 이스라엘에 떠오를 때 열방은 그 빛이 무엇을 위해 존재하는지, 어디에서 "오는지" 알게 된다. 시온의 빛은 시온을 위한 것이 아니라 다른 이들을 위한 것이다.

흩어졌던 시온의 아들과 딸의 귀환(60:4-9)

마지막 부분 서론의 결론은 두 가지로 전개된다. 즉 열방이 예루살렘에게 재물을 바치는 60:4-9과, 한때 이스라엘을 압제했던 열방들이 복종하게 된다는 60:10-16로 결론이 나뉜다. 두 가지 결론 모두 열방들이 시온의 흩어졌던 자녀들을 되돌려 보낼 것이라는 사실을 언급하고 있다.

60:4-9에서 이사야는 가장 먼 남방("스바")과 가장 먼 서방에서("다시스")도 열방들이 온다고 말하며 예루살렘 순례가 전세계적임을 말한다.[2] 열방들은 약대에서 배에 이르기까지 온갖 물건을 갖고 올 것이다. 재물에는 유향, 양떼, 젊은 약대, 은과 금 등 온갖 물건이 포함되어 있다. 이 재물은 의심할 바 없이 "여호와의 찬송을 전파"(60:6)하고 "하나님을 영화롭게"(60:9) 하기 위함이다. 시온은 빛을 비추는 등잔일 뿐이기에 시온은 찬양할 수도, 영화롭게 할 수도 없다. 하나님은 사람의 삶 속에 자신을 나타내기로 하셨기 때문에, 등잔이 없다면 빛을 비출 수 있는 수단도 분명 없다. 그래서 하나님이 백성들에게 "아름다운" 옷을 입히시는 것은 넘치

---

1. "영광"과 "주의 영광"은 이사야서에서 중요한 주제이다. 사람들이 자신을 영화롭게 하려고 공적을 쌓거나(3:8) 인간의 속성을 본떠 신을 만드는 것 등은 결국 실패하게 되어 있는데, 이는 다른 어떤 것(참조. 24:15; 26:15; 35:2; 40:5; 41:16; 42:8, 12; 58:8; 59:19; 60:19; 66:18, 19)도 채울 수 없는 "[주님의] 영광이 온 땅에 충만"하기(6:3) 때문이다. 그러나 놀라운 일은 주님은 본문에서(참조. 4:2, 5; 44:23; 60:19)에서 말하는 것처럼 그분의 백성과 영광을 함께 나눈다는 사실이다.
2. 아라비아와 유다의 남동쪽에 있는 미디안, 에바, 게달, 느바욧(6-7절) 사람들을 특히 강조하고 있는 이유는 분명하지 않다. 창세기에서 미디안, 에바, 느바욧 사람들은 모두 아브라함의 자손으로 불리고 있으며(창 25:2, 4, 13), 모든 아브라함 자손들이 다시 하나가 되게 한다는 어떤 구체적인 목적을 나타내는 것일 수도 있다. 창세기 본문에서는 사사기 6-8장의 사건에 대한 암시도 있다.

는 충만함을 나타내는 것이기도 하지만 무엇보다 세상이 하나님을 알아 볼 수 있게 하기 위함이다.

재물과 함께 열방은 시온의 "아들"과 "딸"(60:4, 9)을 다시 돌아오게 할 것이다. 이것은 시온을 빼앗긴 아내와 어미로[3] 비유하고 있다. 시온은 하나님이 영원히 사라졌던 것을 회복시키실 거라고 생각한다. 하나님은 모든 삶의 영역에서 하나님의 백성이 다시 생산하고 열매를 맺을 수 있게 하실 수 있다. 이스라엘의 흩어진 백성들이 회복된다는 것에 주의하라. 아브라함에게 주어진 약속이 중요한 의미라면 아브라함의 후손들이 흩어진다는 것은 허락될 수 없다. 도래할 날에 돌아오기를 바라는 사람들이 정말로 돌아오게 될 것이요, 그들을 흩어지게 했던 열방이 그들을 고향으로 돌아오게 할 것이다(60:4, 9).

시온에 복종(60:10-14)

열방은 시온에 재물을 가져올 뿐만 아니라 또한 시온을 섬기게 된다. "그 왕들이 너를 봉사할 것이며"(60:10), 그렇게 하지 않는 "백성과 나라는 진멸될 것이다"(60:12). 이것은 열방은 같이 주를 경배하는 데 참여한다는 2:1-5; 56:1-8; 66:20-23(60:6, 9은 말할 것도 없고)과 모순되는 것처럼 보인다. 어쩌면 두 가지 주장이 제기될 수 있다. (1) 이사야가 이사야서에서 계속해서 말했듯이(가령 10:5-32), 하나님의 백성을 압제한 사람들은 비록 하나님의 도구로 쓰임 받았다 하더라도 그들의 행위에 대한 책임을 지게 될 것이다. 따라서 압제자가 구속받은 백성들의 종이 되는 상황이 역전되는 날에 죄는 형벌받게 될 것이다.

(2) 본문은 선택의 의미가 내포되어 있다. 이방인이 구속받은 하나님의 백성과 함께 경배하는 것을 받아들일 수 없다면, 이스라엘의 종이 되는 길 외에는 선택의 여지가 없다. 이방인이 이스라엘의 압제자가 될 길이 더는 존재할 수 없게 될 것이다. 그러나 이방인이 시온을 섬기는 이유는 궁극적으로 시온을 높이기 위한 것이 아니라는 점에 다시 주의하라. 오히려 섬김은 "내 거룩한 곳을 아름답게 하기"(60:13; 참조. 60:7) 위한 것이다. "이스라엘의 거룩하신 분의 시온"이기 때문에 주를 위해 시온이 섬김받는 것이다. 거룩한 용사의 사역으로(59:15a-21; 63:1-6) 하나님의 백성이 자기 자신의 유익을 구하는 것을 그만두고 하나님의 영광을 위해

---

3. 참조. 49:21; 51:18-20; 54:1-8; 66:7-9.

서 살 때 이 모든 영광이 이스라엘 백성들에게 흘러넘치게 될 것이다.

하나님께 다시 돌아온 이스라엘(60:15-22)

마지막 부분의 특징은 계속해서 주님이 1인칭 대명사로 언급되고 있다는 점이다(60:15, 16, 17, 21, 22). 이사야는 모든 유익들은 오직 하나님의 은혜로우신 능력에 의해 누리게 된다고 결론 맺는다. 이사야는 "주님이 네게 영영한 빛이 될 것이다"(60:19, 20)라고 주장한다. 전에는 "버림받고" 미움을 당한(60:15) 시온이 열왕의 "유방"(60:16)을 빨도록[4] 변화시키는 분은 바로 주님이시다. 놋을 금으로, 나무를 놋으로 대신하실 분도 바로 주님이시다(60:17). 황폐와 파멸은 물러가고(60:18) 화평과 의(60:17)가 오게 하시고 구원과 찬양(60:18)을 하게 하실 분도 바로 주님이시다.

이사야는 이스라엘이 "마침내 하나가 되어" 하나님의 나라에 들어오는 날을 예언하지 않는다. 오히려 이사야는 하나님이 이스라엘 안에 하나님의 사역을이스라엘을 통해서 하시는 날을 바라본다. 이것은 이사야 9-11장에서 하나님은 자비가 넘치는 구원을 신실하게 행하실 것임을 분명히 하신 것과 유사하다. 60:16은 이사야 12장과 똑같진 않지만 주제는 동일하다. 하나님이 사람들을 변화시키시는 은혜의 사역을 하실 때 사람들은 "주께서 나의 주님이시고 나의 구속자이시고 야곱의 전능하신 분"이라는 것을 알게 될 것이다.

그러나 구원자는 궁극적으로 놋을 금으로, 철을 은으로 변화시키시는 것이 아니다. 오히려 죄에서 무기력한 사람들, 의롭게 행동할 수 없는 사람들을 "의로운" 사람들(60:21)로 변화시키신다. 이때 사람들은 주님이 뜨거운 열정으로 관심을 기울이고 있는 "심은 가지"로 변화할 것이다. 이들은 해와 달보다 더 빛나는 "빛"(60:19)을 갖게 될 것이다. 창조자이신 이스라엘의 홀로 거룩하신 분이 그들의 삶을 빛나게 하실 것이다.[5] "나의 손으로 만든 것으로서 나의 영광을 나타내는 이"

---

4. 이를 묘사하고 있는 인물로 이시스 여신의 무릎에 앉아서 유방을 빠는 이집트 사람들의 대표인 파라오를 들 수 있다. 이런 방식으로 파라오가 신적 존재임을 말하고 있다. 그래서 본문에서 이사야는 시온은 고아에서 왕손으로 신분이 변하게 된다고 말한다.

5. Westermann은 *Isaiah 40-66*, 363-64에서, Whybray는 *Isaiah 40-66*, 237에서 60:19-20은 후대 예언의 특징으로 추정되는 해나 달이 없는 때를 이야기하고 있기 때문에 이 부분이 삽입되었다고 주장한다. 여하튼 60:1-2에서 이미 "여호와의 영광이 네 위에 임하였다"고 말하고 있는 것에 유의하라. 이 구절의 시적 운율은 하나님을 해로 묘사하고 있다. 이에서 조금 더 나아가 해와 달이 필요 없다고 말한다.

(60 : 21)보다 실제로 더 높은 위치에 있는 자가 있는가? 따라서 이스라엘은 진실한 주님의 종이 될 것이다.

상황잇기

신학적 배경. 이사야 60-62장에서 선지자의 역사적 배경을 알기란 쉽지 않다. 56-66장이 포로 후기 시대를 살던 사람들에 대해서 이야기한다면, 본문은 바빌론 귀환을 이야기하는 것이 아니다. 56-66장과 40-48장을 비교해 보면 그 결론이 나타난다. 본문에서 분명 육체적 속박을 언급하고 있지는 않다. 이 사실은 선지자가 1차 귀환 후 바로 다시 귀환할 거라고 상상하지 않았음을 보여 준다. 이방 나라에서 구원 받는 것은 그당시 사람들에게 중요한 문제가 아니었다.

그러나 이사야는 먼 미래에 이루어질 특별한 사건을 염두에 두고 있었던 것은 아닐까? 이사야가 미래에 일어날 특별한 사건을 이야기했다고 하면 그 사실을 확인해야 한다. 바빌론 포로 생활, 고레스에 의한 해방, 약속의 땅으로 귀환(이 모든 것들이 분명히 이행되었다)이라는 이사야의 초기 예언들과는 반대로 이사야 60장에 있는 예언은 성취되지 않았다. 분명 61 : 1-3의 메시아가 죄에서 구원을 선포하며 오셨고, 그분의 오심으로 열방의 재물이 그리스도 안에서 하나님의 영광을 찬양하는 실제 예루살렘으로 흘러들어 왔다. 심지어 최근 125년 사이에는 상상조차 하지 못했던 유대 정부가 팔레스타인에 건립되는 일이 일어났다. 그러나 이것은 2000년이라는 기간에 걸쳐서 산발적으로 일어난 사건들이다.

그러나 아직 우리는 이 모든 예언들이 궁극적으로 이루어졌다고 말할 수 없다. 그럼에도 불구하고 모든 것이 최후에 그리스도의 최후 승리에 맞추어서 이와 같은 일들 중 몇몇이 놀랍게도 이미 이루어졌다. 어쩌면 본문은 역사적 배경 때문이 아니라 마지막까지 이스라엘의 믿음에 확신을 주기 위해 편집한 것인지 모른다.

다시 말해서, 본문의 주된 배경은 역사적인 문제가 아니라 신학적인 문제이다. 핵심은 하나님의 은혜가 종들의 삶을 자유롭게 할 때 하나님의 의로우신 성품을 확신하여 하나님이 바라던 대로 세상의 열방이 하나님을 보고 온다는 것이다. 이 사건들이 언제, 어떻게 발생하는지 밝히는 것은 신학적인 부분에서[6] 부차적인 문

6. Whybrary는 *Isaiah 40-66*, 229에서 이 말씀들이 "구체적인 예언으로 정확하게 요점을 지적하는 기능을 잃어버렸다"고 말하면서, "구원의 구체적인 **행위**[저자가 강조한 것임]"보다 "예루살렘의 미래의 **상태**[저

제이다. 나는 여기에서 언급된 사건들의 발생 여부는 중요하지 않다고 주장하는 것이 아니다. 그러나 선지자에게 언급된 사건들이 무엇인지 구체적으로 예언하는 것은 하나님이 말씀하신 핵심을 이해하는 것만큼 중요하지는 않다.

따라서 현대 우리들은 사람들의 영적인 상황이 60장 이전에 언급된 것들과 같은지, 아니면 60장에서 언급된 것과 같은지 의문을 제기해야 한다. 삶을 밝히 비출 수 있는 등불이 되라는 하나님의 요구는 오늘날 하나님의 백성에게 더욱 강력히 요구된다.

현대적 의미

하나님의 영광이 우리 안에 있다. 이사야 60장의 메시지가 현대적 삶에 적용된 중요한 곳은 요한복음 17장에 기록된 예수님의 기도일 것이다. 예수의 "대제사장적 기도"라고 불리는 요한복음 17장에서 "영광"이라는 주제가 반복되어 나타나고 있다. 이 반복의 핵심은 영광의 상호관계이다. 그리스도는 하나님을 "더 영화롭게" 할 수 있도록 자신을 "더 영화롭게" 해 달라(요 17:1, 5)고 한다. 창세 전부터(17:5) 하나님의 세 신격은 자유롭게 공유하시며, 그리스도의 지상 사역은 하나님을 "영화롭게" 하시는 것이다(17:4). 그러나 제자들의 삶을 통해서 "영광"을 받으셨고(17:10) 하나님께 받은 "영광"을 제자들과 함께 공유하셨다(17:22, 24). 최후에 예수님은 제자들이 자신과 천부가 공유하고 있는 "영광"[7]을 보기를 원하셨다.

이와 관련된 모든 것을 논리의 하나로 이해하려고 하면 혼란스럽게 된다. 그러나 나는 그것이 핵심이라고 생각하지 않는다. 분명 "영광"은 결코 스스로 존재할 수 없다는 핵심을 매우 다양한 방식으로 이야기하고 있을 뿐이다. 영광은 항상 공유되었고 선물로 주어졌고 나타나졌다. 히브리어 단어 "영광"(*kabod*)은 영어 단어 "영광"(glory)처럼 일시적이라는 의미를 함축하고 있지 않다. 사실 정반대의 의미로 "무겁고, 중요하고 심지어 진정한"이라는 뜻을 함축하고 있다. 이것이 예수 그리스도께서 우리에게 오신 이유이다. 그러나 예수님이 하나님의 영광을 우리에게 주신 것처럼 우리는 영광을 그분께 돌려드려야 한다. 하나님의 실재의 빛이 빛

자가 강조한 것임]"를 묘사하고 있다고 말한다.

7. 이 기도에 대한 더 깊은 토론을 위해서 G. Burge, *John* (NIVAC: Grand Rapids: Zonder-van, 2000), 458-80을 보라.

나고 있을 때, 그 빛은 우리를 사람들에게로가 아니라 하나님에게로 이끌어 간다. 그 영광은 우리에게가 아닌 우리를 통해 빛을 비추시는 하나님에게로 가게 해야 한다.

예수께서 우리와 공유하시기 위해서 오셨던 하나님의 중요한 실재는 무엇인가? 천사가 "그 영광이 온 땅에 충만하도다"라고 외쳤던 말은 "전조"(aura)나 "후광"(halo)을 의미하는 것이 아니었다. 앞서 나온 문장에서 "영광"이라는 단어의 의미는 하나님은 오직 한 분뿐인 진실로 거룩하신 분으로 정의한다. 레위기 18-25장에서 하나님이 요구하시는 거룩은 의심할 바 없이 분리가 아닌 윤리를 의미한다. 그래서 백성을 초월하고 열방들을 하나님에게로 이끌어 오는 하나님의 "영광"은, 하나님의 거룩하신 성품의 견고한 실재이다. 항상 매력적으로 보이지는 않는 등불을 밝히 비추는 하나님의 성품은 등불들이 깨끗하고 아주 청결하다면 그들의 빛을 흐리게 하는 것은 아무것도 하시지 않을 것이다.

우리가 등불을 치워 버린다면 오늘날 우리에게 무엇이 남는가? 주 예수께서 우리에게 부여한 사명, 즉 모든 열방을 그에게로 이끌고 그들을 예수의 제자들로 삼아야 한다는 사명이다. 어떻게 하는가? 이사야는 열방에게 우리 안에 하나님이 "빛나는 것"이 보일 때 열방이 하나님에게 나올 것이라고 말한다. 어떻게 하나님이 우리를 빛나게 하실 것인가? 이사야 56-59장에서 우리를 빛나게 하시는 방법을 명확하게 설명하고 있다. 즉 하나님은 은혜로 그의 윤리적 삶을 우리 안에서 재생산되도록 하여 우리를 "빛나게 하실" 것이다.

하나님께 순종하여 교만을 굴복할 때(57:15), 자기 자신의 종교적인 업적들보다 다른 사람들의 선함을 더 가치 있게 둘 때(58:1-14), 하나님의 진리와 공평을 덧입는 삶을 살 때(59:1-15a) 어둠 속에 빛이 있게 된다. 이 빛은 우리 자신을 나타내는 것이 아니라 창세 전부터 공유하고 있는 삼위일체 하나님의 영광을 나타내게 될 것이다.

삼위일체 하나님의 영광을 드러내야 한다. 그리스도인은 오직 은혜로 하나님과 관계를 맺는 것처럼, 오직 은혜로 세상에 하나님의 영광을 나타낸다. 하나님의 삶은 우리 안에서 은혜롭게 재생산된다.

갈라디아서에서 나타난 이단이 여전히 우리에게도 있다. 즉 우리가 은혜로 살아가며 이 삶을 유지하려 노력하면서도 그것은 실패하기 마련이라고 생각하는 것이다. 바울은 그렇지 않다고 굉장히 단호하게 주장한다(갈 3:1-5). 우리에게 하나님의 삶을 시작하게 하시는 성령은, 무거운 짐과 같은 삶이 아니라 자유케 하시는 하나님의 삶을 살게 하신다(갈 5:16-26). 나아가 열방은 우리에게 이끌려 오는 것이 아니라 하나님에게 이끌려 간다. "거룩하신 주님이 그의 백성에게 임재하실 때 세상은 움직인다"[8]는 모티어의 말은 이를 잘 설명하고 있다.

8. Motyer, *Prophecy of Isaiah*, 497.

이사야 61:1-11

1 주 여호와의 영이 내게 내리셨으니 이는 여
호와께서 내게 기름을 부으사 가난한 자에
게 아름다운 소식을 전하게 하려 하심이라
나를 보내사 마음이 상한 자를 고치며 포로
된 자에게 자유를, 갇힌 자에게 놓임을 선포
하며
2 여호와의 은혜의 해와 우리 하나님의 보
복의 날을 선포하여 모든 슬픈 자를 위로
하되
3 무릇 시온에서 슬퍼하는 자에게 화관을 주어
그 재를 대신하며 기쁨의 기름으로 그 슬픔
을 대신하며 찬송의 옷으로 그 근심을 대신
하시고 그들이 의의 나무 곧 여호와께서 심
으신 그 영광을 나타낼 자라 일컬음을 받게
하려 하심이라
4 그들은 오래 황폐하였던 곳을 다시 쌓을 것
이며 옛부터 무너진 곳을 다시 일으킬 것이
며 황폐한 성읍 곧 대대로 무너져 있던 것들
을 중수할 것이며
5 외인은 서서 너희 양 떼를 칠 것이요 이방
사람은 너희 농부와 포도원지기가 될 것
이나
6 오직 너희는 여호와의 제사장이라 일컬음을
받을 것이라 사람들이 너희를 우리 하나님의
봉사자라 할 것이며 너희가 이방 나라들의
재물을 먹으며 그들의 영광을 얻어 자랑할
것이니라
7 너희가 수치 대신에 보상을 배나 얻으며 능
욕 대신에 몫으로 말미암아 즐거워할 것이라
그리하여 그들의 땅에서 갑절이나 얻고 영원
한 기쁨이 있으리라
8 무릇 나 여호와는 정의를 사랑하며 불의의
강탈을 미워하여 성실히 그들에게 갚아 주고
그들과 영원한 언약을 맺을 것이라
9 그들의 자손을 뭇 나라 가운데에, 그들의 후
손을 만민 가운데에 알리리니 무릇 이를 보
는 자가 그들은 여호와께 복 받은 자손이라
인정하리라
10 내가 여호와로 말미암아 크게 기뻐하며 내
영혼이 나의 하나님으로 말미암아 즐거워하
리니 이는 그가 구원의 옷을 내게 입히시며
공의의 겉옷을 내게 더하심이 신랑이 사모를
쓰며 신부가 자기 보석으로 단장함 같게 하
셨음이라
11 땅이 싹을 내며 동산이 거기 뿌린 것을 움돋
게 함 같이 주 여호와께서 공의와 찬송을 모
든 나라 앞에 솟아나게 하시리라

원 의미

본문은 하나님의 백성이 무엇에 의해 하나님 앞에 나오게 하는 의의 삶을 살게 하는지 다시 소개한다. 그것은 기름부음을 받은 분 메시아를 의미한다(61:1-3a). 그후 메시아의 백성들이 누리게 될 은혜를 나열한 목록들이 뒤따라 나온다(61:3a-7). 61:8-9에서 하나님은 의로운 언약을 바라시며 그 의를 실현시키는 오직 한 분임을 구체적으로 말씀하신다. 마침내 종된 백성들은 열방의 눈에 그들을 의로운 백성들로 보이도록 하신 하나님께 찬양의 시편을 부르면서 앞으로 나아온다(61:10-11).

학자들은 61:1-3에 나온 사람이 누구인지에 대해서 오랫동안 논쟁을 벌이고 있다. 이 사람은 40-55장에 나오는 종과 동일 인물이라고 하기도 하고, 포로 후기 시대에 살았던 신실한 사람이었던 안 알려진 제자인 제3 이사야를 일컫는다고 하기도 하고, 에스라 같은 사람들이라고도 한다.[1]

와이브레이(Whybray)는 열방에 주어진 종의 사명에 대한 언급이 없다며 첫째 입장을 반대한다. 그러나 그것은 분명히 옳지 않다. 분명히 본문에서 종이 직접 열방을 다스리지는 않지만 열방에 대한 사명을 가지고 있다. 하나님이 그 종을 통해서 백성들의 삶에 개입하실 때 그들은 죄의 속박에서 벗어나게 되고 열방 앞에서 의로운 삶을 살 수 있게 된다. 그렇게 될 때 열방을 향한 그 종의 사명은 이루어질 것이다(61:9, 11을 보라).

화자의 정체보다 더 중요한 것은 화자에게 주어진 소명을 밝히는 것이다. 그가 하나님의 영으로 기름부음을 받았고 "아름다운 소식을 전하고"(61:1) "재" 대신 "화관"을, "슬픔" 대신 "희락"을, "근심" 대신 "찬송"을 주시는(61:3) 이유는 하나님의 백성이 "의의 나무"가 되게 하기 위함이다. 그것은 인간 선지자의 사역이 아니라 줄곧 이사야서가 예언하고 있던 기름부음을 받은 메시아의 사역이며(11:2에 있는 성령에 대한 언급을 보라.)[2] 메시아는 백성들 스스로 할 수 없는 것들을 할

---

1. Delitzsch, *Commentary on Isaiah*, 2:396-99; Whybray, *Isaiah 40-66*, 240; Hanson, *Isaiah 40-66*, 223-24; Watts, *Isaiah 34-66*, 301-2.

2. 9:1-7; 11:1-16; 16:5; 32:1-7; 33:13-19을 보라. Childs는 *Isaiah*, 505에서 초기 그리스도인들이 종과 메시아를 관련지은 것은 "합당하게 독자가 반응하는 것"이라고 말하며 이 입장을 지지했지만, 그렇다고 해서 우리가 종이 메시아라는 생각을 가지고 이사야 61장을 다시 읽어서는 안 된다. 이와 관련하여 나는 이 두 가지 진술이 서로 공존할 수 있다고 믿지 않는다. 저자의 의도와 일치하지 않는 독자가 반응하는 것은 합당하지 않다. Childs가 본문에 대해 말하고 있는 내용은 예수 그리스도를 반영하는 것이 아니라면, 나는 이 의견에 전적으로 동의한다. 그러나 Childs가 이렇게 말하는 것은 메시아가 아닌 다른 인물을

수 있게 하실 것이다.

메시아 사역의 결과를 상세하게 기록하고 있는 61:3b-7은 하나님의 백성이 "의의 나무"가 되는 것으로 시작한다. 이 부분은 불의와 부정이 팽배하여(1:21) 하나님의 백성들이 "나뭇잎들이 시들어 가는 나무"가 된다는 1:27-31의 내용과 정반대이다. 그러나 1:27-31에서 하나님은 예루살렘이 "의의 도시, 신실한 도시로 불려지는 날"이 올 거라고(1:26) 약속하셨다. 지금 하나님은 어떻게 그것이 현실이 되게 하실지를 드러내신다. 그 종 메시아의 사역은 구원하는 것 뿐만 아니라 변화시키는 것이다.

구원과 변화는 61:4에서 재건으로, 61:5에서 자유라는 말로 나타난다. 열방은 이스라엘 백성들이 오래 전에 받은 소명인, 하나님을 그 거룩한 아름다움으로 섬기는 충성된 제사장이 되라는 소명(출 19:6)을 완수하게 할 것이다(61:5-6). 이스라엘 백성들은 "수치"에서 떠나 장자의 "분깃"(사 61:7)을 "두 배"나 받게 될 것이다.

61:8-9의 하나님의 말씀은 이사야서의 마지막 부분의 중심 주제를 다시 강조한다. 왜 하나님의 백성은 장자로서 받은 분깃으로 인해 즐거워하게 되는가? 왜냐하면 "주님은 공의를 사랑하시기" 때문이다. 이 말씀은 어떤 논리인가? 이것은 단순히 이스라엘 사람들이 부성하더라도 열방이 압제하는 것을 무한정 허락하지 않으신다는 뜻인가? "강탈과 불의"로는 그럴 수 없다. 하나님은 공의를 사랑하시고 백성의 강탈과 불의를 미워하시며, "영영한 언약"(61:8)으로 그분의 백성들이 하나님의 진실한 자녀의 삶을 살 수 있도록 하신다. "그들을 보는 모든 이들"(61:9)이 이 사실을 알게 될 것이다.

그 종이신 메시아의 사역이 실현될 때 이미 준비된 찬송으로 화답하게 될 것이다.[3] 이스라엘은 아름다운 결혼 예복을 입은 신랑을 바라보는 신부이다. 예복은 무엇인가? 예복은 "구원"과 "의"(61:10)이다. 61:11에서 이 모습이 바뀐다. 지금 이스라엘은"의"와 "찬양"이라 불리는 하나님이 꽃의 씨앗을 심으면 열매 맺는 땅이다. 이사야 56-66장의 전반적 상황에서 이 말씀이 함축되어 있다. 하나님은 백성들에게 그들 자신이 할 수 없었던 의로운 행동을 하게 하실 것이다. 또한 열방이

이야기하는 것은 아니다. 메시아를 말하고 있다고 분명하게 주장하고 있는 Motyer의 *Prophecy of Isaiah*, 499을 보라.

3. 12:1-6; 42:10-13; 49:13-21; 54:1-17을 보라.

하나님의 전능하신 능력을 증거하는 증인이 되기 전에 하나님의 찬송과 영광을 위해서 백성이 의를 행하게 하실 것이다.

상황잇기

결혼식이 상징하는 것. 신약에서 이사야가 사용했던 결혼 예복이라는 말을 사용하여 이사야가 말했던 바와 같은 주제를 이야기한다. 교회를 그리스도의 신부로 비유한 바울은 그리스도 앞에 교회가 "티나 주름 잡힌 것이나 이런 것들이 없이 거룩하고 흠이 없게"(엡 5:27) 하실 것이라고 말한다. 요한계시록 19:7-8에서 이와 같이 보며 "어린 양의 혼인 기약이 이르렀고 그 아내가 예비하였으니 그에게 허락하사 빛나고 깨끗한 세마포를 입게 하였은즉 (이 세마포는 성도들의 옳은 행실이로다)"이라고 말한다.

바울은 다른 두 가지 말씀에서 결혼 예복에 대해 특별히 지칭하지 않되 이와 같은 의미를 말하고 있다. 데살로니가전서 3:13에서 "너희 마음을 굳게 하시고 우리 주 예수께서 그의 모든 성도와 함께 강림하실 때에 하나님 우리 아버지 앞에서 거룩함에 흠이 없게 하시기를 원하노라"고 바울은 말한다. 그리고 데살로니가전서 끝 부분에서 다시 이와 같은 주장을 되풀이한다. "평강의 하나님이 친히 너희로 온전히 거룩하게 하시고 또 너희 온 영과 혼과 몸이 우리 주 예수 그리스도 강림하실 때에 흠 없게 보전되기를 원하노라"(5:23).

신약에 있는 이와 같은 모사와 서술은 이사야가 말한 것과 같이 우리 스스로 할 수 없는 것들을 하나님이 해주심으로서 우리는 하나님과 친밀한 관계를 공유하게 된다. 즉 하나님은 우리를 하나님처럼 되게 하시고 하나님처럼 행동하게 되는 것을 원하신다. 고대에서는 한 주 동안 남자들이 한쪽 마당에서 축하를 하고 여자들이 또 다른 마당에서 축하를 해야 혼례가 끝났다. 결혼식이 치러지는 날에 신랑은 신부를 위해 예복을 준비하고 그녀를 신랑의 집으로 인도한다.[4] 신랑과 신부가 결혼식장에 들어가기 전에 다시 또 다른 축제 마당이 열린다.

교회는 지금 이와 같은 축제의 자리이다. 하나님은 그분의 아들이신 예수님을 통해 우리에게 "찬양의 옷"을 보내셨다. 따라서 예수님의 집으로 가기 위해 우리가 길을 걸어가고 있을 때 이 옷을 보는 모든 사람들이 "아아!", "오오!"라고 탄성을 지를 것이다. 죄에 패배당한 삶을 살아서 실패의 넝마조각을 걸치고 신랑에게

4. J. Thompson, *Handbook of Life in Bible Times* (Downers Grove, Ill.: InterVarsity Press, 1986), 89.

갈 것인가? 분명히 그렇게 할 수 없다! 우리는 하나님이 가능하게 하신 의로운 행위의 예복을 입고 신랑에게 갈 수 있다.

현대적 의미

의로운 삶. 현대 교회에게 그리스도를 믿으라는 도전은 언뜻 보면 단순해 보인다. 분명히 이 도전은 교회에 존재해야 할, 그리스도를 믿어야 하는 모습이다. 오늘날 가장 자유주의적인 교회조차 그리스도를 믿는 "믿음"이 교회의 기초라고 인정한다. 그러나 그것이 바로 문제이다. "그리스도를 믿는다"는 것은 무엇인가? 그것은 예수님을 단순히 우리의 모델(어떤 모델이 되는지 여러 가지 서술이 있을 수 있다)로 삼아야 한다는 것을 의미하는가? 많은 사람들이 기꺼이 "아니다, 그것은 그 의미보다 훨씬 더 더 깊은 의미를 지니고 있다", 즉 우리가 죄에서 구원받는 인격적 구원자이실 뿐만 아니라 세상의 구원자로 그리스도를 믿는 거라고 말할 것이다.

그러나 "죄에서 구원받는 것"은 무엇을 의미하는가? 오늘날 많은 단체에서 단지 믿는 사람이 지은 죄와 형벌에서 구원받는 것을 의미한다고 한다. 계속되는 죄의 힘을 부수는 그리스도의 삶과 죽음, 부활이 지닌 궁극적 목적은 현대 그리스도인의 귀에 이상하게 들린다. 아식도 본문에서는 구워이 목적이라고 아주 분명하게 밝히고 있다. 메시아는 하나님의 백성에게 "여호와의 은혜의 해"(61:2)를 선포한다. 하나님의 인격이 아닌 하나님의 영광은 무엇인가?

"그리스도인으로 다시 태어난 사람"이 교만하고 이기적인 사람이라면, 이 사람이 하나님의 영광을 보여 준다고 어느 누가 믿을 수 있겠는가? 그렇게 믿을 수 있다면 아래의 신약에 나타난 명백한 진술을 부인하는 것이다.

> 우리를 양육하시되 경건치 않은 것과 이 세상 정욕을 다 버리고 근신함과 의로움과 경건함으로 이 세상에 살고 복스러운 소망과 우리의 크신 하나님 구주 예수 그리스도의 영광이 나타나심을 기다리게 하셨으니(딛 2:13-14).

> 내 형제들아 만일 사람이 믿음이 있노라 하고 행함이 없으면 무슨 이익이 있으리요 그 믿음이 능히 자기를 구원하겠느냐(약 2:14).

> 대저 하나님께로서 난 자마다 세상을 이기느니라 세상을 이긴 이김은 이것이니 우리

의 믿음이니라(요일 5:4).

현대의 그리스도인들은 믿음과 행위를 분리하고, 믿음과 그리스도인의 삶을 분리함으로, 야고보서 2:14과 요한일서 5:4의 중요한 사실을 놓쳐 버린다. 다시 말해서 그들은 그리스도를 믿음으로 하나님과 관계를 맺게 된다고 믿는다. 이런 믿음의 관계로 우리는 죄의 용서를 체험한다. 그러면 우리는 믿음에 대해 말하기를 "좋은 행위"를 쌓으면 용서받는다고 하지만, 대부분 결국 실패하게 될 것이다. 이렇게 이해하는 것이 우리 이해의 맹점이다. 신약은 다른 여러 가지 방법으로 우리에게 예수님을 믿는 것은 우리가 예수님을 닮게(따라서 하나님과 닮게) 하려는 데[5] 목적이 있다고 말한다. 죄를 용서받는 것은 최종 목표가 아니라 단지 수단에 불과하다. 최종 목표는 우리가 믿음으로 하나님의 의를 드러내며 사는 것이다. 예수님이 우리의 인성을 그리스도의 인성과 같이 만들려고 한다는 것을 믿지 못하고, 오직 우리 자신의 힘으로 그리스도의 인성을 닮아가려고 한다면 우리는 실패할 것이다.

어떤 사람은 예수님처럼 되기를 기도했지만 삶에 약간의 변화만 있을 뿐, 예수께서 바라는 모습으로 변화하는데 여전히 실패하고 있다"고 말할 것이다. 이것은 이 부분에서 처음에 했던 말을 되돌아보게 한다. 우리가 믿고 있기나 한 것인지 스스로에게 질문한다. "믿음"은 우리가 모든 다른 조력자들을 버리고 주님을 완전히 신뢰하는 것이다. 우리는 정말로 자신의 방법, 자신의 소망, 자신의 의지를 구원자의 손에 맡기면서 굴복하고 있는가?

우리들 대부분은 거룩한 삶을 위해 하나님의 능력에 우리 인생의 바퀴가 붙잡혀 계속 굴러가기를 원한다. 우리는 "더 나은" 그리스도인이 되기를 원하지만 사로잡힌 노예가 되고 싶어하지 않는다. 하나님은 위대한 능력으로 사랑받지 못할 때 사랑을 주시고, 잔인하게 당할 때 위로해 주시고, 더러울 때 깨끗케 하시고, "자기 자신이 가장 중요해"라고 주변에서 말할 때 헌신하게 하셨고, 그 사람들에게서 우리를 지켜 주셨다.

두 번째 요소는 너무 자주 비난하는 자가 우리를 이기게 한다는 것이다. 우리는 즉시 고통을 겪지 않고서 변화하는 모습을 볼 수 없기 때문에 의심이 믿음의 자리를 대신하도록 허락한다. 그러나 실패의 핵심은 하나님의 능력이 우리 안에서 자

5. 참조. 롬 12:1-2; 갈 5:22-25; 엡 2:10; 4:17-24; 골 2:20-3:11; 히 9:14.

유롭게 펼쳐지지 못하게 하는 것이 무엇인지 보여 달라고 요청해야 하는 데 있다. 하나님이 자유롭게 사람들 안에 있는 것을 정밀하게 살펴보시게 하고, 우리를 죽이고 있는 것을 하나님이 잘라내게 하는 것은 고통스러운 과정이다. 그러나 이 고통의 과정은 또한 놀라운 자유와 기쁜 성장을 이루어 내는 과정이다.

결국 문제는 오직 믿음의 문제이다. 그리스도가 습관적으로 죄를 짓는 우리를 구원해 내기를 원하신다고 믿는가? 그리스도가 구원해 내실 수 있다고 믿는가? 그리스도가 인격적으로, 의도적으로 삶에서 구원해 내신다고 믿는가? 실패와 어려움이 있더라도 그리스도는 바른 길로 인도하시고 그의 형상으로 다시 만드신다고 믿는가?

이사야 62:1-12

1 나는 시온의 의가 빛 같이, 예루살렘의 구원이 횃불 같이 나타나도록 시온을 위하여 잠잠하지 아니하며 예루살렘을 위하여 쉬지 아니할 것인즉
2 이방 나라들이 네 공의를, 뭇 왕이 다 네 영광을 볼 것이요 너는 여호와의 입으로 정하실 새 이름으로 일컬음이 될 것이며
3 너는 또 여호와의 손의 아름다운 관, 네 하나님의 손의 왕관이 될 것이라
4 다시는 너를 버림 받은 자라 부르지 아니하며 다시는 네 땅을 황무지라 부르지 아니하고 오직 너를 헵시바라 하며 네 땅을 쁄라라 하리니 이는 여호와께서 너를 기뻐하실 것이며 네 땅이 결혼한 것처럼 될 것임이라
5 마치 청년이 처녀와 결혼함 같이 네 아들들이 너를 취하겠고 신랑이 신부를 기뻐함 같이 네 하나님이 너를 기뻐하시리라
6 예루살렘이여 내가 너의 성벽 위에 파수꾼을 세우고 그들로 하여금 주야로 계속 잠잠하지 않게 하였느니라 너희 여호와로 기억하시게 하는 자들아 너희는 쉬지 말며
7 또 여호와께서 예루살렘을 세워 세상에서 찬송을 받게 하시기까지 그로 쉬지 못하시게 하라
8 여호와께서 그 오른손, 그 능력의 팔로 맹세하시되 내가 다시는 네 곡식을 네 원수들에게 양식으로 주지 아니하겠고 네가 수고하여 얻은 포도주를 이방인이 마시지 못하게 할 것인즉
9 오직 추수한 자가 그것을 먹고 나 여호와를 찬송할 것이요 거둔 자가 그것을 나의 성소 뜰에서 마시리라 하셨느니라
10 성문으로 나아가라 나아가라 백성이 올 길을 닦으라 큰 길을 수축하고 수축하라 돌을 제하라 만민을 위하여 기치를 들라
11 여호와께서 땅 끝까지 선포하시되 너희는 딸 시온에게 이르라 보라 네 구원이 이르렀느니라 보라 상급이 그에게 있고 보응이 그 앞에 있느니라 하셨느니라
12 사람들이 너를 일컬어 거룩한 백성이라 여호와께서 구속하신 자라 하겠고 또 너를 일컬어 찾은 바 된 자요 버림 받지 아니한 성읍이라 하리라

원 의미

61:4-11(60:1-22과 나란히)의 주제가 본문에서도 계속 이어지고 있다. 62:1에서 하나님은 시온에 대한 계획을 선포한다. "의"와 "구원"이 평행을 이루고 있는 것은 두 가지 면에서 중요하다. (1) 이스라엘의 의는 자기 스스로 생산해 내

는 게 아니라 하나님의 구원 사역으로만 가능하다는 것을 독자에게 알려 준다. (2) 동시에 하나님의 구원 사역의 목적은 오직 의로운 삶을 살게 하는 것이라는 사실을 분명히 한다.

뒤따라오는 여덟 절(62:2-9)은 이스라엘에게 바로 말씀하시는 것이다. 여기서 학자들은 화자가 누구인지에 대해 많은 논쟁을 해 왔다. 1절과 6절에서 하나님이 화자라면, 2-5절과 7-9절은 선지자가 1절과 6절의 주제를 부연 설명한 것처럼 보일 수도 있다. 하나님과 선지자를 구분하지 않는 것은 성경적 예언의 특징이다. 49-52장의 약속들[1]을 상기케 하는, 여기에서 말하는 주제는 하나님은 시온을 버리지 않으시고(62:4) 오히려 시온을 신부로 맞아들이는 신랑(이 이미지는 61:10에서 계속 이어진다)[2]이 되어 시온을 "기뻐하신다"(62:5)는 것이다.

하나님이 그분의 백성을 기뻐하신다고 하신 말씀에는, 열방은 하나님이 진행하시는 일을 볼 수 있다는 것이다. "열방"이 이스라엘의 의인 그 "영광"을 "볼 것이다"(62:2). 시온은 하나님의 "손"에 있는 아름다운 "왕관"이 될 것이다(62:3). 열방은 그 땅을 찬양하게 될 것이다. 이 생각은 "보응" 사상(62:11)을 반영한다. 즉 이스라엘이 이방인들의 놀림감이 되었으나 이스라엘은 이방인들이 찬양하고 경의를 표하는 대상이 될 것이다. 이와 같은 말씀인 62:8-9에서 전에는 이 땅의 소산물들을 "원수"(참조. 신 28:33, 39)가 탈취해 갔으나 이제 결코 빼앗기지 않을 것이며 땅에[3] 씨를 뿌린 사람이 그 소산물을 먹게 되며, 이러한 사실들이 "성소"에서 "찬양"하는 이유가 될 것이라고 하나님은 신부에게 말씀하신다.

62:10-12은 60:1에서 시작된 부분의 결론을 내린다. 이미 말했던 것처럼 10-12절은 "대로를 수축하고" "만민을 위해 기를 든다"고 외치는 것은 흥미롭게 40장과

---

1. 이 부분에서 40-55장을 상기하게 하는 것들로는 "파수꾼"(62:6; 참조. 52:8); "대로"(62:10; 참조. 40:3); "상급…보응"(62:11; 참조. 40:10)이 있다. 이런 사실로 볼 때 이사야의 단일 저작의 증거로 여겨졌으나, 이사야서의 복수 저작설을 주장하고 있는 현대의 대부분의 학자들은 이 부분은 후대의 저자가 초기 저자를 넌지시 언급하는 현저한 예로, 상호 교직intertextuality 형식이라고 주장한다. 참조. B. Sommers, *A Prophet Reads Scripture: Allusion in Isaiah 40-66*(Stanford, Calif.: Stanford Univ. Press, 1998). 그는 이사야 35장과 40-66장에 언급된 공통된 형식을 근거로 하여 단일 저작설을 주장한다. 그는 이사야서의 앞부분이 이사야서 전체의 단일 저작설을 뒷받침해 주지는 않는다고 주장한다.
2. 본문의 증거는 5절에 있는 "아들들"을 지지해 주는 역할을 한다. 근친상간법은 아들이 어머니와 결혼하는 것이 금지하고 있기 때문에 이 사실은 이미지상 문제를 야기한다. 어쩌면 땅에 돌아온 자손들의 기쁨을 결혼식의 기쁨에 비유함으로써, 비유와 문학적 표현들이 혼재되어 있을 수도 있다(참조 62:4, "네 땅이 결혼한 바 될 것임이라").
3. 사 37:30; 65:20-21; 렘 31:5; 암 9:14.

평행을 이룬다. 이것은 11장에 있는 메시아 왕국의 논쟁에서 쓰인 말과 같다. 여기서 이사야는 하나님이 백성들에게 하신 약속들을 받아들이게 하기 위한 노력으로, 이사야서 전체를 하나로 종합하려 한다. 그들은 모든 민족들을 하나님 앞으로 이끌어 오는 하나님의 의로운 백성들, "하나님의 거룩한 백성들"(62:12)이 될 수 있다.

본문을 40:10과 비교해 볼 때, 오시는 분은 "통치자"가 아니라 바로 "구원자"(62:11)이시다. "땅 끝"에서 구원자가 시온에 오셨고 그들의 보응에 따라 행하신다는 주님의 "선포"를 듣게 될 것이다. 그들은 지금은 "찾게 된" 성에서 구원을 공유하게 되거나, 구원에 반대하여 시온의 종들의 신분으로 떨어질 것이다.

상황잇기

본문에서 완전히 버림받고 거부를 당한 상황에 처해 있어도 놀랍게 우리는 환영받고 받아들여진다는 것을 이해할 수 있다. 나는 대학에서 그와 같은 경험을 했다. 우리 과에 자신이 훌륭하다고 생각한 여학생이 있었다. 그녀는 예쁘고 재치 있고 인기가 많았고 키도 컸다. 무슨 일이 있든지, 그 일이 무엇이든지 간에 그녀는 항상 중심에 있었다. 나는 그 반대였다. 나는 별로 잘 생기지 않았고 웃기려고 하면 대개 썰렁해졌고 안 해도 되는 말을 지껄였고 항상 아웃사이더였다.

이 여학생과 내가 회화 시간을 같이 듣게 되었다. 각자가 다른 과 학생을 한 명 선정하여 그 학생의 됨됨이에 대해 가치를 평가하는 과제가 있었다. 사람의 특징을 잘 잡아냄으로써 연설가인 우리에게 재산(자산)임을 알려 주기 위한 것이었다. 어느 날 과제의 기한이 가까워 오자, 우리는 자신이 평가한 사람들에 대해서 (개인적으로) 같이 이야기를 해야만 했다. 그녀가 평가하기로 정한 사람이 바로 나라는 것을 알았을 때 내가 느낀 두려움은 말로 표현하기 힘들 지경이었다. 나는 그녀가 생선뼈를 발라내는 것처럼 나를 평가할 것이라고 알고 있었다. 그녀가 나에 대한 평가를 마무리했을 때 나는 쥐구멍에라도 숨고 싶었다. 그러나 놀랍게도 그녀는 내가 지닌 매력적이고 칭찬할 만한 특징들을 뽑았다. 그녀는 재치 있는 통찰력으로 고쳐야 할 부분에 대해 다뤘다. 사실 내가 교실을 떠날 때 나는 하늘 위로 둥둥 떠 있는 느낌이었다. 그녀는 내 안에 있는 어떤 것들의 가치를 발견해 주었다. 나는 그 선물을 결코 잊을 수 없다.

이것은 본문에서 하나님이 하고 계신 것들이다. 하나님이 우리를 소중하고 가치 있게 보신다는 것에 대해 이사야서에서 처음으로 말씀하신 것은 아니다. 하나님은 우리와 함께 있기를 원하시고 우리를 좋아하시고 중요한 존재로 여기신다. 더 깊은 의미로는 이것은 우리 때문이 아니라 하나님 때문이다. 하나님은 인격적인 분이기에 우리 안에 죄와 수치로 더렵혀져 있는 것들을 보실 수 있다. 하나님은 다른 사람들이 보기에 실패뿐인 아무것도 아닌 곳에 가능성을 불어넣으실 수 있다. 더욱이 하나님은 모든 실패, 죄와 수치를 하나님에게로 가져가시기 때문에 이 감추어진 것들을 드러내시고, 이 가능성들이 마음껏 발휘되게 하실 수 있다. 그래서 하나님은 우리 안에 있는 것이 무엇인지 보여 주실 뿐만 아니라 우리 안에 있는 것들을 자유롭게 하실 수 있다. 오래 전 회화 시간에 한 여학생이 나에게 주었던 선물과 같은, 우주적이며 영원한 차원의 선물을 하나님은 우리 각자에게 주실 수 있다.

현대적 의미

우리는 기이한 모순의 시대에 살고 있다. 그중 하나는 결코 자만심과 높은 자살률을 연결하는 것을 중요하게 생각하지 않는다는 점이다. 이것은 무엇을 설명하고 있는가? 나는 물론 우리가 자만심이 자살의 원인이 된다는 주장을 하고 있는 것이 아니다. 그러나 나는 (인위적인) 자만심을 일으키려 하는 시도가 늘어나는 것은 문제가 아니라고 제안한다. 무엇이 자신의 가치를 느끼게 하는가? 문제가 산더미처럼 쌓여 있을 때 무엇이 계속 살아갈 수 있게 해주는가? 반대로 무엇이 우리의 자만심을 떨어뜨리는가? 그 문제를 넘어서, 무엇이 이사야 62장과 관계가 있는가?

스위스 정신의학자인 폴 투르니에(Paul Tournier)는 다음과 같이 말한다.

> 우리가 우리의 모든 사회적 외양을 벗어 버리려고 한다면, 우리는 인간이 아니라 개인(여기서 인간은 사회 공동체에 소속된 사람을 말하고 개인은 사회 공동체와 상관없이 존재하는 사람을 일컫는다-옮긴이)이 되려는 경향이 있다. 사람의 생각은 인류 공동체, 정신적인 결속, 공공의 재산과 결부되어 있기 때문에 이런 것들에 따라 사람의 인격적인 속성이 형성되는 것이다.[4]

40년도 훨씬 전에 투르니에는 한 사람의 인식이 어느 정도는 관계망의 부산물

4. P. Tournier, *The Meaning of Persons*, trans. E. Hudson(New York: Harper & Row, 1957), 75.

이라는 사실을 알아냈다. 우리는 아직도 그 교훈을 배우지 못했다. 서구 사회, 특별히 북미 사회는 점점 분열되고 있다. 세 번째 만난 새엄마와 피 한 방울도 섞이지 않는 것과 같과 같은 복잡한 가족 문제는 형제, 자매들은 점점 내가 어디에 속해 있는지 말하기 어렵게 만든다. 나는 인간이 아니라 개인일 뿐이다.

관계에서 느끼는 열등감을 외부로 표출하는 자만심은 좋은 것이 아니라 나쁜 것이다. 연쇄 살인범은 대부분 그 자신에 대해서는 좋게 생각하지만 그가 죽인 사람들에 대해서는 경멸한다. 다시 말해서 우리는 나쁜 점에만 초점을 두고 있다. 우리는 그들이 간과해 왔던 그들 자신의 가치를 발견하도록 도와주는 사람이 되어야 한다. 우리 자신을 다른 사람들에게 내어줄 때 "자신"에게서 발견할 수 있는 문제는 무엇인가?

물론 이것은 삼위일체 신학의 바로 "위격"의 개념인 핵심이다. 삼위일체 하나님의 위격은 상호 의존적이다. "성자"가 없다면 "성부"가 없고 "성부"가 없이는 "성자"도 존재할 수 없다. 그리고 "성령"은 "성부와 성자의 영"이다. 그것이 하나님이 삼위로 존재하시는 이유이다. 하나님은 팔을 벌려 우리를 맞으시고 우리를 그 품에 끌어안으신다. 우리는 하나님의 "면류관"이며 "신부"이며 "하나님을 기쁘게 하는 자"이며 "거룩한 백성"이며 "결코 버림받지 않는 사람들"이다. 삼위일체 하나님은 하나님의 사랑 안에 우리 자신을 찾을 수 있는 삼위일체 하나님의 세계로 이끄시기를 원하신다. 요한은 독자들이 서로 교제—아버지와 그 아들 예수 그리스도의 교제(요일 1:3)하게 하기 위해서 예수님에 대해 한 이야기를 말하는 이유를 기록할 때 이 진리를 아름답게 표현했다.

이것은 분열되고 오점투성이인 교회에 대한 모든 것이다. 하나님의 백성이 될 때 우리가 얼마나 중요하고 소중한지 발견한다. 교회가 교회다워질 때 자신의 역할을 각자 감당하고 있는 자신을 깨닫게 된다. 우리는 가치 있다고 말하지 않아도 된다. 우리는 그것을 알고 있다. 장막을 짓기 위해서 헌물을 바치는 이스라엘 백성들처럼 성령의 인도를 받는 우리 각자는 헌물로 바칠 어떤 것을 가지고 있다(출 35:20-29). 노래를 하지 못하는 자들은 계산을 하거나, 가르칠 수 없는 사람들은 식탁 교제를 준비할 수 있다. 이와 같이 각자 교회를 완전하게 하는 데 꼭 필요한 역할을 담당한다(참조. 고전 12:4-11; 엡 4:11-16). 하나님이 말씀하셨던 것처럼, 열방들은 놀라움과 부러움으로 하나님의 구속받은 백성들을 볼 것이다.

이사야 63:1-6

1 에돔에서 오는 이 누구며 붉은 옷을 입고 보스
라에서 오는 이 누구냐 그의 화려한 의복 큰
능력으로 걷는 이가 누구냐 그는 나이니 공의
를 말하는 이요 구원하는 능력을 가진 이니라
2 어찌하여 네 의복이 붉으며 네 옷이 포도즙
틀을 밟는 자 같으냐
3 만민 가운데 나와 함께 한 자가 없이 내가 홀
로 포도즙틀을 밟았는데 내가 노함으로 말미
암아 무리를 밟았고 분함으로 말미암아 짓밟
았으므로 그들의 선혈이 내 옷에 튀어 내 의
복을 다 더럽혔음이니
4 이는 내 원수 갚는 날이 내 마음에 있고 내가
구속할 해가 왔으나
5 내가 본즉 도와 주는 자도 없고 붙들어 주는
자도 없으므로 이상하게 여겨 내 팔이 나를
구원하며 내 분이 나를 붙들었음이라
6 내가 노함으로 말미암아 만민을 밟았으며
내가 분함으로 말미암아 그들을 취하게
하고 그들의 선혈이 땅에 쏟아지게 하였느
니라

원 의미

이스라엘과 이스라엘을 통해 온 열방에 빛이 비취는 미래에 대한 이야기에서, 암울한 현재로 되돌아와 그 빛이 비추면 무슨 일이 생길지를 말한다. 55-66장 주석을 시작하면서 말했듯이, 본문의 자료는 교차 구조로 배열되어 있다(56:1-8에 대한 주석을 보라). 백성들은 의를 행할 능력이 없다는 내용인 56-59장은, 최종적으로 하나님이 원하시는 의를 백성들이 행할 수 있도록 하신다고 결론을 내린다(59:15b-21). 이 주제를 다시 이야기하는 63-66장은 하나님이 개입하신다는 약속으로 시작되어, 이 두 가지 주제들(백성들은 의를 행할 능력이 없다는 것과 하나님이 의를 행할 수 있게 하신다는 것)의 차례가 바뀌어 나타난다.[1] 여기서 하나님의 종들에게 의로운 삶을 살 수 있게 하는 하나님의 능력이 주로 강조된다.

1. 하나님의 능력은 63:1-6; 65:6-25; 66:7-16, 18-24에 나타나며 사람의 무능력은 63:7-65:5; 66:1-6에 나타난다.

어떻게 불의한 백성들이 열방들에게 하나님의 빛을 나타낼 수 있는가? 그것은 바로 거룩한 용사를 통해서이다. 하나님은 죄를 포함한 모든 백성의 대적들을 패배시키실 것이다. 본문은 하나님이 이스라엘을 압제하던 모든 열방들을 패배시킬 미래를 말한다고 생각하기 쉽다. 그것은 분명한 사실이지만 여기에는 그 이상의 의미가 담겨 있다.

다음에 나오는 정황들을 살펴보면 그 의미가 분명해진다. 이스라엘의 문제는 죄를 많이 짓기 때문에 연약하다는 것이다. 이에 대해 하나님은 63:1-66:24에서 이스라엘이 죄를 많이 지었음에도 불구하고 이스라엘의 육체적인 대적들을 물리치신다고 반응하시지 않는다. 오히려 하나님은 하나님의 백성 가운데 있는 죄인은 망하게 하시고, 하나님이 그들 가운데 의를 행하시게 받아들인 하나님의 백성들은 의로우신 하나님을 경배하도록 열방들을 불러모으는 데 사용하실 것이다. 이 백성들은 하나님의 진실된 종이다(65:13-16; 참조. 54:17).

따라서 정복자의 의복에 묻은 피(63:1, 3)는 하나님을 받아들이지 않는 그분의 백성들을 포함한 모든 열방의 죄인들의 피이다. 에돔 족속은 하나님을 받아들이지 않는 사람들의 특징을 상징하고 있다(63:1; 참조. 34:5-15; 오바댜도 마찬가지이다). 왜 만민 중에 이 일을 할 자가 아무도 없었을까?(사 63:3, 5) 하나님 한 분만이 자신의 죄로 인해 죽지 않으셔도 되는 분이기 때문이다(53:4-10). 그분은 유일하게 죄 없는 의로운 재판관이시기 때문이다. 그러나 이 일은 자기 자신을 위한 것이 아니라, "구속"과 "구원"(63:4-5)을 이루시기 위함이다. 죄와 그것을 널리 퍼뜨리는 자들을 쳐부수기 전까지는 어떤 진정한 구원도 일어날 수 없다. 구속과 계속되는 죄가 공존할 수 있다는 생각은 성경적이지도 않고 이사야의 생각도 아니다.

상황잇기

대부분 시체를 밟고 서서, 피를 튀기며 싸우는 전쟁터는 끔찍하다고 생각한다. 특히 다른 나라들과 비교해 거의 피를 흘린 적이 없는 북아메리카의 사람들은 더욱 끔찍히 여긴다. 어쨌든 우리는 전투를 다른 관점에서 생각해야 한다. 나치의 유태인 수용소에 있는 포로들을 생각해 보라. 독일 병사가 연기와 피로 얼룩진 철조망으로 친 출입문 자물쇠를 기관총으로 쏴 버린다. 이 독일 병사는 포로들에게 혐오스러워 보이는가? 절대 그렇지 않다! 그는 포로들이 몇 년 동안 본 것 중 가장 아름다운 일을 했다. 그것은 자유를 의미한다. 즉 그는 죽음에서 포로들의 생명을 구원한 것이다. 그러나 포로들이 "미국 사람들아, 나치는 정말로 좋은 사람들이야. 만약 당신들이 나치에게 신사적으로, 이성적으로 말했다면 이 모든 끔찍한 폭력들이 불필요했다고 생각해"라고 말하는 것을 상상할 수 있는가? 상상하기 힘들 것이다! 전쟁터에서는 거의 승자만이 모든 것을 취한다.

영적인 세계에서도 이 원리는 마찬가지이다. 하나님은 죄를 절대 용서하실 수 없기 때문에 죄와 어떤 협상도 벌일 수 없다. 하나님의 아들을 죽인 것도, 최대한 하나님의 피조물을 모두 죽이려고 하는 것도 바로 죄이다. 하나님과 죄를 두고 평화를 협상할 수 있다는 생각은 우스운 것이다. 결국 하나님의 의가 세상을 통치하든지, 아니면 죄가 세상을 통치하든지 둘중 하나이다. 이와 같은 원리는 사람의 마음에도 동일하게 적용된다. 그리스도를 죽이는 행위를 계속하면서, 그리스도의 보혈의 피로 죄 용서를 받았다는 생각은 우스운 일이다. 그리스도는 죄를 물리치시고 우리를 자유롭게 하시기 위해서 오신 용사이시다.

현대적 의미

우리는 그리스도인으로서 이 땅에 죄가 없어질 그 날을 꿈꾼다. 신·구약성경은 그 날을 약속한다. 우리는 거룩한 용사가 완전히 승리하는 날이 언제인지 알지 못하지만, 그 날이 온다는 것은 안다.

그러나 믿음은 현재와 밀접한 관련이 있다. 그것은 죄를 허용하지 않는다는 것을 의미한다. 어떤 사람들은 "공화당은 성적인 범죄와 개인의 자유를 제한하는 데는 목숨을 걸고 싸우지만 불평등의 문제에는 무관심한 반면, 민주당은 불평등을 없애기 위해서 목숨을 걸고 싸우지만 난잡한 성관계를 가진다고 했다. 결국 공화당과 민주당 모두 탐욕적인 사람들이다"라고 말한다. 이 말은 어느 정도 사실이며 서글픈 현실이기도 하다. 어떻게 해야 삶에서 확신하고 있는 것들이 결국 깨어져 그리스도께서 통치하실 수 있게 할 수 있는가? 어떻게 개인적인 죄는 사소한 것으로 취급하고 구조적인 죄는 심각한 범죄인양 행할 수 있는가? 어떻게 가난한 사람들을 착취하는 사람들에 대해 눈감아 주면서 성직자들에 대해 비판할 수 있는가? 어떻게 다른 사람들의 죄를 비난하면서 내가 지은 죄를 용서해 달라고 할 수 있는가? 어떻게 우리가 소중하게 여기는 모든 것들에게 치명적인 피해를 끼치는, 절대 용서 못할 죄를 아무것도 아닌 것처럼 행할 수 있는가?

포스딕(Harry Emerson Fosdick)은 "악을 뉘우치면서도 쉽게 포기하려 하는 우리를 구원하소서!" 하며 이 상황을 표현했다. 그리스도께서 최후에 세상의 악에게 승리하시는 거룩한 용사라면, 이제 삶에서 죄를 물리치게 하시며, 완전히 증오하게 하실 때이다. 바울은 서신마다 이것을 강조했다. "당신은 은혜를 베푸신 그리스도를 모셔야 한다. 이 사실은 당신이 더는 죄된 삶을 살 수 없다는 것을 의미한다"고 말한다. 훔치지 말고, 거짓말하지 말고, 서로 분내지 말고, 간음하지 말고, 가난한 자를 압제하지 말고, 교만하지 말라. 죄를 짓지 말고 삶의 자리에 죄를 파괴시킨 분이 앉게 해야 한다.[2]

---

2. 바울의 서신들에서 이런 가르침을 주고 있는 본문들은 다음과 같다. 롬 6:15-18; 고전 5:6-11; 고후 6:14-7:1; 갈 5:13-26; 엡 4:17-5:20; 빌 2:12-18; 골 3:1-17; 살전 3:11-4:12; 5:12-24; 살후 3:6-15; 딤전 6:6-16; 딤후 3:1-17; 딛 3:3-8; 몬 1:8-14을 보라. 또한 요일 1:6-7; 3:6을 보라.

이사야 63:7-14

7 내가 여호와께서 우리에게 베푸신 모든 자비
와 그의 찬송을 말하며 그의 사랑을 따라, 그
의 많은 자비를 따라 이스라엘 집에 베푸신
큰 은총을 말하리라
8 그가 말씀하시되 그들은 실로 나의 백성이요
거짓을 행하지 아니하는 자녀라 하시고 그들
의 구원자가 되사
9 그들의 모든 환난에 동참하사 자기 앞의 사
자로 하여금 그들을 구원하시며 그의 사랑과
그의 자비로 그들을 구원하시고 옛적 모든
날에 그들을 드시며 안으셨으나
10 그들이 반역하여 주의 성령을 근심하게 하였
으므로 그가 돌이켜 그들의 대적이 되사 친
히 그들을 치셨더니
11 백성이 옛적 모세의 때를 기억하여 이르되
백성과 양 떼의 목자를 바다에서 올라오게
하신 이가 이제 어디 계시냐 그들 가운데에
성령을 두신 이가 이제 어디 계시냐
12 그의 영광의 팔이 모세의 오른손을 이끄시며
그의 이름을 영원하게 하려 하사 그들 앞에
서 물을 갈라지게 하시고
13 그들을 깊음으로 인도하시되 광야에 있는 말
같이 넘어지지 않게 하신 이가 이제 어디 계
시냐
14 여호와의 영이 그들을 골짜기로 내려가는 가
축 같이 편히 쉬게 하셨도다 주께서 이와 같
이 주의 백성을 인도하사 이름을 영화롭게
하셨나이다 하였느니라

원 의미

이사야는 모든 죄를 심판하시는 전능하신 하나님을 소개한 후, 옳은 일이라고는 행할 수 없는 무능력한 사람에 대하여 이야기한다(63:7-65:16). 그리고 57-59장에서 언급했던 '하나님이 함께하시지 않는 사람은 실패할 수밖에 없다'라는 주제를 다시 한 번 다룬다. 그러나 이번에는 단순히 인간의 실패에 대한 애가뿐만 아니라 하나님이 왜 이런 상황을 계속 허락하시는지 질문을 던지고 있다.

이 질문에 대한 배경은 63:7-14에, 질문의 내용은 63:15-64:12에 나타나 있으며,[1] 65:1-5에서는 이 질문에 대한 하나님의 대답을 소개하고 있다. 이사야는

1. Whybray는 *Isaiah 40-66*, 255에서 63:7-64:12이 공동체의 애가 형식에 적당하다고 이야기하는데(시 80

63:7-14에서 출애굽 사건에 나타난 하나님의 성품들을 강조하며 이야기를 시작한다. 하나님의 "자비"[2]와 "긍휼"(compassion, 63:7), 하나님의 "사랑"과 "긍휼"(mercy, 63:9)에 대해 말하며, 하나님은 그의 백성들을 구원하시고 구속하시는(63:9) "좋은 일"(63:7)을 하시는 분이라고 소개한다.

이사야는 또한 출애굽 때 하나님의 백성들이 반역한 모습을 드러내는데, 그들이 하나님과의 언약을 파기했다거나 하나님께 충성하지 않았다고 표현하지 않고, "하나님의 성령을 슬프게 했다"(63:10)라고 말한다. 여기서 "성령"은 인격적인 관계를 나타내는 말로서, 백성들 사이에 인격적으로 임재하시는 분이며, 백성들에게 쉼을 주시는 분이다(63:14). 하나님은 "성령"을 통하여 사람들과 인격적인 관계를 맺으시는 것이다.

이사야는 하나님이 "그들을 드시며 안으셨다"(63:9; 참조. 46:3-4)라고 하면서 이스라엘 백성들이 하나님을 배반한다는 것은 말도 안 되는 일이었음을 지적한다. 그것은 왕이나 권위자에게 불충성하는 정도의 문제가 아니라, 아버지이신 하나님의 사랑과 보호를 무시하는 행위였던 것이다. 그리고 그 결과, 그들을 사랑하시는 하나님을 그들의 대적으로 만들고 말았다(63:10).

출애굽 사건은 하나님을 배반하고 하나님의 은혜를 받을만한 자격이 없는 백성들을 보여주는 동시에, 하나님의 온유하심(biddability) 또한 잘 보여 준다. 하나님은 이스라엘 백성들의 반역에도 불구하고 그의 백성들을 포기하지 않으셨다. 끊임없이 언약을 어기는 백성들을 즉시 심판하실 수 있었음에도 불구하고, 그렇게 하지 않으셨다(63:11-14). 하나님이 과거에 이렇게 은혜를 베푸시고 참으셨다면, 장래에는 어떻게 하시겠는가? 하나님이 타락한 백성들에게 "하나님의 팔"(63:12; 참조. 52:10; 53:1)로 사용하실 새로운 모세를 보내시지 않겠는가? 성령을 근심시키고 끊임 없이 반역하는 자기 백성들을 구원하시지 않겠는가?

편), 공동체 애가 형식은 과거에 구원하셨던 하나님의 사역을 다시 언급하고(63:7-14), 도움을 요청하고(63:15-64:5), 죄를 고백하고(64:6-7), 새롭게 해 달라고 도움을 요청하는 것이다(64:8-12).

2. 7절에 있는 "자비" 둘 다 히브리어 *ḥesed*가 사용되었다. 히브리어 단어 헤세드의 뉘앙스를 표현해 내는 단수 영어 단어가 없기 때문이다. 이 단어의 중심 뜻은 "죄를 범하지 않은 사람이 죄를 저지른 사람의 범행에 관심을 가지는 것"이다(D. A. Baer and R. P. Gorden, "חסד," *NIDOTTE*, 2:211-18을 보라).

상황잇기

본문에서 이사야가 언급한 세 가지 주제들은 교회사에서도 그대로 나타났다. 첫째는 '하나님의 은혜'에 대한 것이다. 교회는 하나님의 전적인 은혜로 세워졌으며, 초대교회 교인들이 당시 어떤 지배층이나 엘리트들보다도 더 강력하게 세상 가운데 영향을 미칠 수 있었던 것도 하나님의 은혜 때문이었다. 바울 역시 자신이 이방인들에게 복음의 비밀을 전하게 된 것이 오직 하나님의 은혜 때문이라고 거듭 고백했다. 그리고 하나님의 은혜로 성령을 받은 사람들마다 하나님의 말씀을 온 세상에 전하는 통로로 쓰임 받았다.

둘째 주제는 '배교'에 대한 것이다. 구약 시대처럼 신약의 교회에서도 인간의 배교는 계속되고 있다. 중세 시대를 생각해 보라. 중세 교회는 교회라는 합법적인 틀 안에서 엄청난 죄악들을 그리스도의 이름으로 자행하였다. 그 시대에는 악을 제어하는 은혜조차 주어지지 않았다.

셋째 주제는 '회복'에 대한 것이다. 오랫동안 많은 사람들이 교회는 더 이상 회복될 소망이 없다고 이야기할 그때, 교회의 회복이 시작되었다. 아시시(Assisi)의 프란시스(Francis)가 나타났고, 클레어보(Clairvaux)의 버나드(Bernard), 마틴루터(Martin Luther), 진젠도르프(Count von Zinzendorf), 존 웨슬리(John Wesley)가 나타났다. 이들 뿐만 아니라 수많은 사람들이 실패와 좌절과 수치 가운데서 하나님께 돌아와서 하나님의 은혜로 회복되고, 정결케 되며 새 생명을 얻었다. 그리고 오늘날 우리 역시 하나님을 배반하고 쫓겨난 척박한 땅에서 기도할 때, 그 기도를 들으시고 본향으로 돌아가게 하시는 하나님의 은혜를 체험하고 있다.

현대적 의미

본문은 오늘날 급속도로 쇠퇴하고 있는 서구 교회들에게 꼭 필요한 말씀이다. 서구 국가들이 대부분 기독교를 인정하고 있기는 하지만, 기독교는 더 이상 그들의 마음을 사로잡지 못 하고 있다. 많은 사람들은 기독교를 삶의 원리로 받아들이기를 거부하고 있다. 북미의 주요 교회들 역시 크리스천 수가 급감하고 있기는 마찬가지이다. 교회 지도자들은 교회를 새롭게 하자고 외치지만, 해마다 수백만 명이 교회를 떠나고 있다. 최근에 나온 책 제목 『기독교 그 이후』(*after Christianity*)는[3] 이런 현상을 단편적으로 보여 주고 있다.

3. Gianni Vattimo, *After Christianity* (Italian Academy Lectures; New York: Columbia Univ. Press, 2002).

이사야는 우리를 향해 첫 사랑으로 돌아가라고 한다. 우리를 부르시는 분은 엄격한 재판관이나 냉정한 왕이 아니라 우리를 품어 오신 분이라고 한다(46:3-4). 그분은 우리에게 생명을 주신 분이며 우리가 첫 걸음을 뗄 때 우리의 팔을 잡아주신 분이며 사막에서 이끌어 내어 푸른 초장으로 신실하게 인도하시는 분이다. 성령은 우리에게 상처받은 연인인 그분의 품으로 어서 돌아가라고 말씀하신다.

그분은 전능하신 하나님이시며 그의 길은 진리이시며 그의 법은 영원하다. 그의 마음을 슬프게 하는 것은 스스로 추락하는 것이다. 하나님이 우리의 대적이 되신다면 우리의 삶 전체가 무너지고 말 것이다. 그러므로 하나님을 감상적으로만 생각하고 있는 그리스도인들은 이제 정신을 바짝 차리고 현실에 눈을 떠야한다.

하나님이 우리를 위해서 하실 일들은 참으로 끝이 없다. 이전에 교회에게 새 생명을 주셨던 하나님은 다시 교회를 살리실 것이다. 어떤 이들은 교회가 점차 쇠퇴하여 미래에는 혼합 종교(hybrid religion)가 생겨날 거라고 한다. 그러나 역사를 돌아볼 때 그들의 상상대로 되지 않을 것이다. 하나님이 교회를 그냥 버리지 않으실 것임을 역사가 보여 주고 있기 때문이다.

이사야 63:15-64:12

15 주여 하늘에서 굽어 살피시며 주의 거룩하고
영화로운 처소에서 보옵소서 주의 열성과 주
의 능하신 행동이 이제 어디 있나이까 주께
서 베푸시던 간곡한 자비와 사랑이 내게 그
쳤나이다
16 주는 우리 아버지시라 아브라함은 우리를 모
르고 이스라엘은 우리를 인정하지 아니할지
라도 여호와여, 주는 우리의 아버지시라 옛날
부터 주의 이름을 우리의 구속자라 하셨거늘
17 여호와여 어찌하여 우리로 주의 길에서 떠나
게 하시며 우리의 마음을 완고하게 하사 주
를 경외하지 않게 하시나이까 원하건대 주의
종들 곧 주의 기업인 지파들을 위하사 돌아
오시옵소서
18 주의 거룩한 백성이 땅을 차지한 지 오래지
아니하여서 우리의 원수가 주의 성소를 유린
하였사오니
19 우리는 주의 다스림을 받지 못하는 자 같으
며 주의 이름으로 일컬음을 받지 못하는 자
같이 되었나이다

64:1 원하건대 주는 하늘을 가르고 강림하시고 주
앞에서 산들이 진동하기를
2 불이 섶을 사르며 불이 물을 끓임 같게 하사
주의 원수들이 주의 이름을 알게 하시며 이
방 나라들로 주 앞에서 떨게 하옵소서
3 주께서 강림하사 우리가 생각하지 못한 두려
운 일을 행하시던 그때에 산들이 주 앞에서
진동하였사오니
4 주 외에는 자기를 앙망하는 자를 위하여 이런
일을 행한 신을 옛부터 들은 자도 없고 귀로
들은 자도 없고 눈으로 본 자도 없었나이다
5 주께서 기쁘게 공의를 행하는 자와 주의 길
에서 주를 기억하는 자를 선대하시거늘 우리
가 범죄하므로 주께서 진노하셨사오며 이 현
상이 이미 오래 되었사오니 우리가 어찌 구
원을 얻을 수 있으리이까
6 무릇 우리는 다 부정한 자 같아서 우리의 의
는 다 더러운 옷 같으며 우리는 다 잎사귀 같
이 시들므로 우리의 죄악이 바람 같이 우리
를 몰아가나이다
7 주의 이름을 부르는 자가 없으며 스스로 분
발하여 주를 붙잡는 자가 없사오니 이는 주
께서 우리에게 얼굴을 숨기시며 우리의 죄악
으로 말미암아 우리가 소멸되게 하셨음이니
이다
8 그러나 여호와여, 이제 주는 우리 아버지시
니이다 우리는 진흙이요 주는 토기장이시니
우리는 다 주의 손으로 지으신 것이니이다
9 여호와여, 너무 분노하지 마시오며 죄악을
영원히 기억하지 마시옵소서 구하오니 보시
옵소서 보시옵소서 우리는 다 주의 백성이니
이다
10 주의 거룩한 성읍들이 광야가 되었으며 시온
이 광야가 되었으며 예루살렘이 황폐하였나
이다
11 우리 조상들이 주를 찬송하던 우리의 거룩하
고 아름다운 성전이 불에 탔으며 우리가 즐
거워하던 곳이 다 황폐하였나이다
12 여호와여 일이 이러하거늘 주께서 아직도 가
만히 계시려 하시나이까 주께서 아직도 잠잠
하시고 우리에게 심한 괴로움을 받게 하시려
나이까

원 의미

앞 단락에서 우리는 63:7-65:12이 강조하는 주제가 의를 행하는 데 실패한 사람에 대한 애가이자 하나님이 왜 이러한 상황을 두고 보시는지에 대한 질문이라는 점을 살펴보았다. 이번 단락은 이사야가 하나님께 직접 말하는 애가를 소개한다.[1] 63:15-19; 64:1-5; 64:6-7; 64:8-12 네 부분으로 나눌 수 있다.[2]

불평(63:15-19)

선지자가 하나님의 백성의 대표로 말한 이 구절들은 애가의 한 요소인 불평을 토로하고 있다. 요컨대 하나님이 그에게 접근할 수조차 없는 거룩하고 영광스러운 곳에 홀로 고립되어 계신다는 것이다. 하나님은 그의 "전능"과 "긍휼"을 그 백성들에게서 "거두어들이신다"(63:15). 그런데 이것은 하나님이 단순한 혈통적 조상인 "아브라함"과 야곱("이스라엘")보다 훨씬 더 중요한 이스라엘의 진정한 "아버지"(63:16)이시기 때문에 옳지 않은 행동이라고 한다. 이사야는 이스라엘이 단순히 윤리적, 언어적, 민족적 공동체가 아니라 가장 소중한 영적 공동체라고 한다. 그런데 "아버지"일 뿐만 아니라 "구속자"인 하나님이 그 사랑이 거둬들여진다면 그들의 존재 이유는 의문에 빠지게 되는 것이다.

백성들은 하나님의 "길"에서 떠나 하나님을 경외하지 않는 완악한 마음으로 "방황하고 있다." 선지자는 죄에 대한 책임을 부인하는 사람들에 대해서 말한다. 그들이 "하나님이 죄를 짓지 못하도록 막지 않았기 때문에 죄를 짓고 있다"라고 말하는 것은 하나님을 욕되게 하는 것이라고 한다.

하나님이 부패하고 완악한 사람들의 마음을 온유하게 하시지 않으신다면 우리가 하나님께 되돌아갈 방법이 없다(참조. 1:9). 그러나 사실 하나님은 이미 마음을 온유하게 하는 데 필요한 모든 일들을 다 해 놓고 계신다. 남은 것이 있다면 하나님이 하신 것을 사람들이 인정하는 것이다. 하나님은 그분의 백성에게 "돌아오라"(63:17)고 애원하시지 않는다. 말라기가 말했듯이(말 3:6) 하나님은 변함이 없으시므로 하나님의 백성이 그분께 돌아온다면 하나님도 그들에게 돌아가실 것이다.

---

1. 이 단원에서는 복잡한 원문의 복잡한 문제가 발견된다. 이에 대한 더 깊은 논의를 위해서 Oswalt, *Isaiah 40-66*, 609-11, 617-20, 627-28을 보라.
2. Motyer는 *Prophecy of Isaiah*, 516에서 이사야서에 많은 교차 대구 구조가 있다고 주장하면서, 이 애가도 7연으로 나누어 교차 대구적 구조로 배열한다.

이사야의 불평은 63:18-19에서 계속된다. "당신의 백성"인 이스라엘, 한 때 "당신의 거룩한 곳을 소유했고", "상고부터 당신의 것"이었던 이스라엘이 지금은 "주의 이름으로 칭함을 받지 못하는 자"같이 되고[3] "대적들이 당신의 성소를 유린하는" 일들이 일어나고 있는데, 이 모든 일들은 하나님이 자기 백성들을 돕지 않으시고 관심갖지 않으셨기 때문이라고 말하고 있다.

간청(64:1-5)

불평하던 이사야는 이제 하나님이 "하늘"을 가르시고 백성들을 도와주시러 와 달라고 요청하고 있다(64:1). 자기 백성을 친히 도우셔서 하나님이 온 우주의 통치자시라는 사실을 열방이 알게 해 달라는 이러한 구절은 이사야서에 반복적으로 나타나고 있다. 하나님이 이스라엘을 도와주실 때에만 열방은 하나님의 복을 받은 백성들을 보면서 하나님을 제대로 알게 된다는 것이다.

하나님은 과거에 그렇게 행한 적이 있으시다(64:3-4). 드라마처럼 홍해를 가르셨고(출 14:21-22) 삼 년 동안 비를 내리지 않기도 하셨다(왕상 17:1). 주님은 다른 신들과는 다르게, 이 기적을 그의 백성들을 위해서 행하셨다. 요컨대 하나님은 행하실 수 있고 행하시고 계신다. 그래서 이사야는 하나님께 다시 행해 주시라고 요청하는 것이다.

그러나 이사야는 하나님이 행하시기 위해서는 조건이 필요하다는 것도 알았다(64:4-5). 하나님은 "하나님을 기다리는 자들" 즉 하나님을 신뢰하고, 그 자신의 계획을 신뢰하지 않는 자들(참조. 30:18; 40:31)을 위해서 행하신다. 하나님을 신뢰한다는 증거는 하나님의 뜻에 순종하는 삶을 사는 것이다. 또한 "하나님의 길을 기억"하는 것은 하나님의 성품과 예언을 지적으로 알거나 동의하는 것이 아니라 신명기가 보여 주듯이 하나님의 길을 따라 사는 것이다(참조. 신 8:10-20).

그것은 "기쁘게 의를 행하는 것"(사 64:5)과 평행 구절을 이룬다. 그러나 하나님의 성품과 반대로 살면서 거룩하신 하나님과 관계를 맺는다는 것은 모순이다. 당시 하나님의 백성은 하나님의 길을 거스르며 죄를 짓고 있었다. 그들에게 하나

---

3. 19절을 문자적으로 번역하면 다음과 같다. "우리를 지켜보십시오. 오래 전부터 당신은 그들을 통치하지 않고 있습니다. 당신의 이름은 그들 위에 불려지지 않았습니다." 비교 접두 관계사 *ka'ăšer*가 포함되어 있으므로 "우리는 당신이 전혀 통치하지 않는 사람들 위에 군림하는 사람들과 같으며 이 사람들은 당신의 이름으로 결코 불려지지 않습니다"라고 번역할 수 있다. 참조. NASB, NRSV, NLT 등.

님의 임재는 복이 아니라 저주였다.[4] 따라서 그들이 하나님께 이스라엘에 임재하셔서 이스라엘을 의로운 백성으로 만들어 달라고 부탁한다고 해도, 하나님은 그들의 죄 때문에 그 기도에 응답할 수 없으셨다.

모순(64:6-7)

64:5의 끝부분에 나타난 모순은 더욱 커진다. 하나님의 백성이 계속 하나님의 거룩하신 성품을 비난하면서 사는 한, 그들은 하나님과 관계를 맺을 수 없고 열방에 빛이 되라는 임무를 수행해 내지 못한다. 그들은 "부정하다." 심지어 그들이 의로운 일을 행하더라도 그것은 부정하고 타락한 일이 된다(64:6).[5]

64:7은 사람이 어떻게 평생 믿음의 삶을 살 수 있는지 더 깊이 통찰한다. 사람이 어떻게 평생 믿음의 삶을 살 수 있는가? 그것은 하나님의 "이름"을 부르면서 하나님을 "붙잡고" 있느냐는 문제다. 믿음의 삶은 하나님을 의지하고 하나님과 중요한 관계를 맺으며 사는 것이다. 그러면 의의 행동은 나중에 뒤따라 온다. 그러나 의의 행동이 초점이 되면 그 행동은 자기 섬김이 되어 버리고 아무것도 아닌 것으로 전락하고 말 것이다. 하나님의 "얼굴"은 그런 사람들에게 "숨겨질" 것이고 그들은 그들의 "죄"로 인하여 "소멸할" 것이다(64:7). 여기서 우리는 난제에 부딪힌다. 우리가 하나님께 향하지 않아서 멸망하게 되는데 하나님을 향하지 않은 이유가 하나님이 먼저 우리에게서 자기 얼굴을 숨기셨기 때문이라면 어떻게 하겠느냐는 것이다.

재간청(64:8-12)

이사야는 하나님께 강권적으로 은혜를 베풀어 달라고 다시 한 번 간구한다.[6] 하나님은 그 순환을 깨뜨리실 수 있으며 형벌을 멈추고 그분의 백성을 하나님에게

4. 하나님이 모세에게 반역하는 민족들과 함께 가실 수 없다고 말씀하신 이유는 하나님이 임재하셔서 백성들을 죽이지 않게 하기 위해서이다(출 33:3).
5. "더러운 넝마"(Filthy rags)는 문자적으로 "월경한 옷"(menstrual clothes)을 말한다.
6. 선지자는 백성들이 죄를 많이 짓고 있는 상황을 다시 한 번 부각하면서, 잘못된 방법으로 문제를 해결하려고 한다는 사실을 나타내고, 죄인인 그들의 손에서 문제의 해결책들을 빼앗아 하나님께 두기 위해서 의도적으로 이 애가를 만들어 냈다면 놀라운 일이다. 65장에 있는 하나님의 반응으로 보아 아마 그렇지 않을까 추측한다.

회복시키실 수 있다고 한다. 다시 한 번 이사야는 오직 "아버지"이신 하나님, 진흙인 그들을 빚으시는 "토기장이" 하나님 때문에 이 민족이 존재한다고 단언한다(64:8). 이사야는 그 백성들이 하나님의 피조물이라는 사실을 잊지 말아달라고 하며, 하나님이 소중하게 여겼던 "거룩한" 곳이 모두 "폐허"가 되었다는 사실도 기억해 달라고 부탁한다(64:10-11). 마지막 구절은 63:15의 원래 청원을 끄집어 낸다. 주님은 "[스스로] 억제"하지 마시고 주의 대적이 괴롭힐 때 "침묵"하지 마시기를 구한다.

상황잇기

허수아비인가? 각주 6번에서 언급했다시피, 우리는 이 단락의 본문(63:15-64:12)이 잘 짜여진 구성체의 일부인지에 대해 의아해 할 것이다. 왜냐하면 이 단락에서는 하나님을 "허수아비"로 묘사하지만 그 다음 단락부터는 그런 표현이 나타나지 않기 때문이다. 65:1-16에서 하나님은 백성들이 처한 상황에 대한 책임이 자신이 아닌 그 백성들에게 있다고 하시며 이 탄식에 대하여 단호한 입장을 취하신다. 만약 이 단락의 본문이 잘 짜여진 구성의 일부가 맞다면, 이사야는 바빌론 귀환자들이 하나님께 탄식하고 싶을 때 이사야 자신은 이미 그들보다 더 처절하게 탄식했었다는 사실을 깨닫게 하기 위하여 이런 탄식의 표현을 의식적으로 표현했을 듯하다.

그러나 비록 이런 구성형식이 옳다하더라도, 이 단락은 하나님이 단지 "허수아비"에 불과한 분이 아님을 암시해 준다. 이 본문에는 더 깊은 진리가 담겨져 있다. 인간의 의지와 하나님 의지 사이의 관계는 복잡하다. 현대의 신학 교파들은 이런 복잡한 이슈를 각각 자기 교파의 신학을 대변하는 "선전물"로 축소시키는 경향이 있다. 알미니안주의자들에 따르면, 하나님은 손을 꼭 잡고 걱정스럽게 인간을 바라보시면서 우리가 다음에 어떻게 행동할 것인지에 대하여 호기심을 갖고 계신 분이다. 그러나 칼빈주의자들에 따르면, 하나님은 우리 각자가 다음에 어떤 행동을 취해야만 하는지를 결정하기 위해 그저 그의 방대한 청사진을 바라보아야 하는 분이다.

그러나 성경을 좀 더 자세히 살핀다면 이렇게 극단적인 단순화 작업이 성경의 입장을 왜곡하는 것임을 깨닫게 된다. 성경 말씀을 인간의 사고로 충분히 이해할 수 있는 완성체계로 축소하려는 시도는 결국 불완전한 체계로 전락하게 되는 것이다. 이 부분에 관한 가장 최근의 예로는 과정 신학과 또 그와 비슷한 복음주의적 입장, 소위 "하나님의 개방성" 이론이 있다. 이 두 입장은 주장하기를, 인간의 자유

의지라는 실제를 보전할 수 있는 유일한 길은 '하나님이 미래를 알지 못하며 현재 우리처럼 발전과정 속에 있는 존재'라고 가정하는 것이라고 한다. 비록 이런 개방적 유신론자들이 좋은 의도를 가진다 해도,[7] 하나님이 미래를 아시고 예고할 수 있다는 사실을 제한시키면서까지 자유의지를 위한 여지를 남겨두려는 시도는 성경이 말하는 하나님에 대하여 과소평가하는 결과를 낳는다.

이 양극단의 단순화현상에 나타난 문제점은 너무 단순화(oversimplifications)한다는 데 있다. 이런 양극단의 단순화는 무한하신 하나님을 인간 이성의 한계에 순응하는 분으로 만들 수 있다. 만약 하나님의 방식들이 나의 유한한 두뇌로 완전히 이해될 수 있다면, 그는 더 이상 하나님이 아니다. 그러나 우리의 한계 때문에 서로 모순처럼 보이는 이 두 입장을 동시에 수용하는 자세가 필요하다. 제한된 인간의 관점에서 볼 때는 하나님이 전능하시던지 아니면 인간이 자유로운 존재이어야 하지만 성경은 이 두 입장을 모두 취하고 있기 때문이다. 우리는 이 두 입장을 위한 여지를 남겨두어야만 한다.

역설적인 실제. 이 두 입장을 모두 견지한다는 것은 실제적으로 무엇을 의미하는가? 그것은 내 행동에 대한 책임에서 벗어날 수 없다는 것을 의미한다. 나는 "내 잘못이 아니라 하나님이 그렇게 하도록 만드셨어"라고 말할 수 없다. 동시에 하나님은 앞으로 펼쳐질 사람의 선택이라는 드라마를 단순히 재미있어 하는 방관자가 아니라는 것을 의미한다. 나를 통해서 역사하시든지 아니면 나를 무시하고 역사하시든지 하나님의 거룩한 구속의 뜻은 반드시 실현될 것이며, 하나님의 의지와 나의 선택은 계속 상호 작용을 한다는 것을 의미한다.

"강퍅해진" 바로의 마음(출 4:21 등)을 설명하는 이야기보다 이 같은 점을 더 잘 보여주는 곳은 없다. 하나님이 바로나 다른 이집트 왕들의 원래 마음을 악하게 바꾸신 것인가? 결코 그렇지 않다! 바로는 원래부터 "소수 민족들"에게 친절하고 온화했던 왕이 아니었다. 오히려 자기 권력의 기초를 다지려고 소수 민족들의 대량 학살을 준비하던 통치자였다. 하나님이 그의 마음을 강퍅하게 하셨기 때문이 아니라 그 자신의 선택으로 스스로 악한 왕이 된 것이다.

하나님이 만드신 이 세상 속에서 우리 역시 선택의 상황에 직면한다. 성경은 기록하기를, 하나님은 바로의 마음이 강퍅해질 것을 알고 계셨고(출 3:19), 바로는 그의 마음을 강퍅케 했으며(8:15), 바로의 마음은 굳어졌으며(7:13), 하나님은 바

7. G. Boyd가 *God of the Possible*(Grand Rapids: Baker, 2000)에서 최근에 이런 입장을 표명했다.

로의 마음을 강퍅케 하셨다(7:3)고 한다. 모든 것이 진실이다. 논점은 바로가 스스로를, 마음대로 선택할 수 있는 절대적인 하나님으로 여겼다는 점이다. 그러나 사실은 그렇지가 않았다. 바로는 그가 직접 만들지 않은 세상에 존재하는 피조물일 뿐이며, 세상에서 할 수 있는 바로의 선택과 능력은 엄격하게 제한되어 있었다.[8]

따라서 이 구절에서 하나님이 그 백성들을 죄 짓게 만들었다는 것은 옳지 않다. 하나님은 그 백성들로 하여금 죄를 짓게 하지 않으셨으며 지금도 우리가 죄 짓도록 하지 않으신다. 하나님의 뜻이 무엇인지 분명히 나타났음에도 불구하고 하나님의 뜻을 거역하고 죄 짓기를 선택했던 것은 그들이었다. 한편 일단 죄를 선택하면 죄 짓기는 더 쉬워지고, 죄를 멈추는 것은 더 어려워진다.

따라서 하나님이 죄 가운데 직접 개입하셔서 멈추시지 않기로 작정하신다면 이 죄를 깨뜨릴 수 있는 방법은 없다. 사람들은 계속 죄를 지을 것이고, 그 결과 하나님과 그 피조물과, 신실한 자들의 사이는 단절될 것이다. 여기서 문제는 하나님이 이 문제에 개입하실 것인지, 말 것인지를 결정하는 데 있는 것이 아니다. 문제는 사람 편에서 하나님이 개입하시는 데 필요한 조건들을 충족시킬 것이냐 하는 것이다. 사람들은 수백 년 후의 갈릴리 사람처럼 "내가 믿나이다. 나의 믿음 없는 것을 도와주소서!"(막 9:24)라고 외칠 것인가? 즉 하나님이 그들의 행동 양식을 기꺼이 깨뜨리시도록 요청할 것인가? 아니면 늘 하던 대로 계속 행동하면서 하나님의 복만 바라고 있을 것인가? 사실 우리는 우리 방식을 그대로 유지하면서 하나님의 복도 얻길 원한다. 그러나 그런 일은 결코 일어나지 않는다.

현대적 의미

가능성. 오늘날 이민자들이 새 땅으로 이주하는 이유 가운데 하나는 선택의 자유를 얻기 위해서이다. 아직도 많은 나라에서는 태어날 때부터 신분과 계급이 결정되어서 평생 동안 그것에 얽매어 고통 받으며 살고 있기 때문이다. 그러나 또 다른 나라들에서는 각 사람들에게 선택의 자유를 무제한 제공하고 있다. 그들은 모든 피조물들이 동일한 기회를 갖도록 지음 받았다고 믿는다.

미국에서는 그렇지 않았다. "하늘의 제한"은 단순히 진부적인 것들로 인해 방해를 받고 있지 않다. 전적으로 사실은 아닐지라도, 여기서 사람들에 관한 유일한 제한은 그 사람 자신이 스스로 두고 있는 제한이다. 유일한 제한은 비전과 노력의

8. Motyer, *Prophecy of Isaiah*, 517에서 이 핵심과 관련된 부분을 보라.

제한일뿐이다. 우리는 모든 사람들이 기회의 측면에서 동등하게 창조되었음을 참으로 믿는다. 물론 이런 꿈에 도달하는 데는 비극적인 출발이 있었다. 아프리카의 노예들은 당시에 많은 여성들처럼 제한을 받고 있었다. 하지만 미국의 여성들을 위한 기회가 미국의 남성들을 위한 기회보다 확실히 적었을지라도, 미국 여성들의 삶은 많은 유럽의 여성들보다 아주 향상되어 있었다.

성경 역시 가능성이 제한되어 있지 않다고 말한다. 성경의 메시지는 모든 인생이 운명에 의해서 결정된다거나 태어난 날의 별 자리가 남은 생애를 결정한다고 하는 이교도들의 가치관과 정면으로 대치된다. 성경은 모든 사람들이 인생의 의미와 목적에 대하여 선택권을 가지고 있고, 그 선택에 대한 분명한 책임을 가지고 있다고 선포한다.[9] 이 선택들이 잘된 것이면 가능성은 무한히 열릴 것이다. 그러나 선택들이 잘못된 것이면 어떤 변화도 일어나지 않을 것이다.

새 시대에는 누구나 과거의 삶과 상관없이 변화되어 그리스도 안에서 새 사람이 된다. 사람들이 무엇을 하고 있거나 어떤 비참한 배경에서 태어났느냐는 전혀 중요하지 않다. 오직 하나님이 그들을 새롭게 하시고, 빛을 비추시고 깨끗하고 새롭게 하신다. 하나님의 말씀이 우리 삶의 어떤 부분에 대해서는 충분하지 못하다거나 우리를 구원할 수 없을 것 같은 때도 있다. 그럼에도 불구하고 우리가 많이 기대해야 하는 이유는 우리가 기대하는 것만큼 현실로 나타나기 때문이다. 조금만 기대하는 사람은 그가 기대하는 것 이상 얻을 수 없을 것이다. 그러나 많이 기대하는 사람은 한없이 많은 것으로 얻게될 것이다.

과거로의 회귀를 극복하기. 오늘날 현대인들은 운명론적인 믿음으로 다시 회귀하고 있다. 많은 이유들이 있다. 첫째 요소는 인생을 더 쉬운 방법으로 살려고 하기 때문이다. 노력해서 받으려고 하는 대신, 그것을 거저 얻기를 원한다. 따라서 내 상황은 모두 결정되어 있고 나에게는 그 상황을 이겨 낼 능력이 없다고 믿어 버리기 쉽다.

둘째 요소는 자연주의적인 행동 과학(the naturalistic behavioral sciences)에 근거한 것이다. 자연주의적 행동 과학은 사람의 삶을 기계주의적인 과학으로만 설명하며, 사람을 생물학적 조건과 사회적 조건의 총합과 별로 다르지 않은 하찮은 것

9. 이것은 하나님이 왜 그렇게 자주 사회에서 거부당한 사람, 서자나 불임 여성과 같은 사람들을 하나님의 특별한 은혜를 받는 대상으로 선택하시는지에 대한 이유이다. 하나님이 은혜를 주시는 것에 그들이 믿음과 순종으로 반응한다면, 하나님은 그들을 통해 하나님의 능력을 세상에 보여 주실 것이다.

으로 본다. 그러나 모든 사람들이 이 조건을 초월하고 통제할 수 있다는 생각은 계량화할 수 없는 요인들을 공식에 그대로 대입시킨 것에 불과한 것이다.

셋째 요소는 우리의 삶이 매우 복잡하다는 사실이다. 성공이나 실패가 더는 우리 자신의 노력과 의지에 달려 있지 않고 성공이나 실패에는 외부 요인이 훨씬 더 많이 작용하는 것처럼 보인다.[10]

이러한 태도는 종교적인 사고에 치명적인 영향을 미친다. 고대 유대인들처럼 우리는 자신을 무력한 희생자로 바라본다. 죄를 많이 짓는 것은 하나님이 결코 바라시지도, 우리가 원하지도 않은 것임을 받아들이면서도 스스로 변화하기에는 무력하다고 느낀다. 하나님은 나를 깨뜨리고 나를 다른 사람으로 만드실 수 있지만 하나님이 나를 다른 사람으로 만들어 주실 것처럼 보이지는 않는다. 이것이 종교적인 숙명론을 느끼는 사람들의 모습이다.

그러나 하나님은 우리의 존재에 다른 사람을 주입시키시지 않다. 하나님이 우리 인격을 파괴하고 구속하시는 분이라고 생각한다면 우리는 창조자 하나님을 잘못 이해하고 있는 것이다. 하나님은 이 땅에 존재하는 모든 사람들의 독특한 특징들을 사랑하신다. 하나님이 특별히 만드신 것들을 왜 파괴하시겠는가?

하나님이 만드신 것들은 매우 타락했다. 그러나 그렇다고 하나님의 피조물이 파괴되어야 한다는 것을 의미하지는 않는다. 하나님의 피조물은 정결해져야 하는 것이지 파괴되어야 할 것이 아니다. 하나님은 우리 속에 우리의 존재와 다른 어떤 사람을 주입하기를 원하시지 않는다. 하나님은 우리의 독특성을 없애고 다른 죄 많은 사람들과 꼭 같이 만들어 버려서 우리의 인격을 파괴하지 않으신다.

그러나 우리를 정결하게 하게 만들기 위해서는 어려움이 따른다. 우리는 하나님과 관계를 맺는데 우리가 더 노력하지 않아도 되도록 하나님이 우리를 "굴복"시키시기를 원한다. 그러나 하나님은 그런 방법을 쓰시지 않는다. 우리는 사도 바울이 "이기기를 다투는 자마다 모든 일에 절제하나니…그러므로 내가 달음질하기를 향방 없는 것같이 아니하고…싸우기를 허공을 치는 것같이 아니하여…자기가 도리어 버림이 될까 두려워함이로라"(고전 9:25-27)고 말하는 것을 듣는다. 사도 바울은 우리가 "육체"(자기 뜻대로 사는 삶; NIV "죄 많은 본성"[the sinful nature], 갈 5:24)를 십자가에 못 박고 그리스도에게 속한 사람들이라고 이야기하고 있다.

---

10. 개척자 가족들이, 궁극적인 성공의 가능성 속에서, 그들 자신과 하나님에 대한 믿음을 여전히 보유하고 있는 동안에 겪었던 모든 좌절과 실망에 관해 읽을 때, 우리는 그때에도 역시 인생이 참으로 복잡하였다고 말해야 한다.

다시 말해서 십자가와 성령 안에서 영적인 능력을 우리의 것으로 적용하는 것은 바로 우리의 몫이라는 것이다.

하나님은 이미 그의 성령을 모든 믿는 자들에게 부어 주셨다(롬 8:9). 그래서 우리는 성령을 "받을" 필요가 없다. 그러므로 이제 우리가 해야 하는 것은 하나님을 믿으면서 하나님이 우리를 하나님 자신처럼 만드실 수 있도록 하나님이 우리 안에서 마음껏 사역하실 수 있게 하는 것이다. 또한 우리가 하나님께 대항하는 행동들을 분명히 분별하고, 대항하게 하는 원인들을 제거하며, 하나님께 대항하지 못하게 하는 제동 장치를 익히고, 하나님께 쉽게 반항하는 데 빠지지 않도록 노력하는 것이다. 우리의 실패를 자책하지 않고 성공을 축하하면서 계속 걸어가는 것이다. 우리가 믿음으로 하나님을 향하여 한 걸음 나아갈 때 우리 안에 있는 하나님의 능력이 자유롭게 발휘될 것이다. 그러므로 손에 망치를 들고 하나님께 대적하는 자신의 의지를 십자가에 못 박자.

이사야 65:1-16

1 나는 나를 구하지 아니하던 자에게 물음을 받
았으며 나를 찾지 아니하던 자에게 찾아냄이
되었으며 내 이름을 부르지 아니하던 나라에
내가 여기 있노라 내가 여기 있노라 하였노라
2 내가 종일 손을 펴서 자기 생각을 따라 옳지 않
은 길을 걸어가는 패역한 백성들을 불렀나니
3 곧 동산에서 제사하며 벽돌 위에서 분향하여
내 앞에서 항상 내 노를 일으키는 백성이라
4 그들이 무덤 사이에 앉으며 은밀한 처소에서
밤을 지내며 돼지고기를 먹으며 가증한 것들
의 국을 그릇에 담으면서
5 사람에게 이르기를 너는 네 자리에 서 있고
내게 가까이 하지 말라 나는 너보다 거룩함
이라 하나니 이런 자들은 내 코의 연기요 종
일 타는 불이로다
6 보라 이것이 내 앞에 기록되었으니 내가 잠
잠하지 아니하고 반드시 보응하되 그들의 품
에 보응하리라
7 너희의 죄악과 너희 조상들의 죄악은 한 가
지니 그들이 산 위에서 분향하며 작은 산 위
에서 나를 능욕하였음이라 그러므로 내가 먼
저 그들의 행위를 헤아리고 그들의 품에 보
응하리라 여호와가 말하였느니라
8 여호와께서 이와 같이 말씀하시되 포도송이
에는 즙이 있으므로 사람들이 말하기를 그것
을 상하지 말라 거기 복이 있느니라 하나니
나도 내 종들을 위하여 그와 같이 행하여 다
멸하지 아니하고
9 내가 야곱에게서 씨를 내며 유다에게서 나의
산들을 기업으로 얻을 자를 내리니 내가 택
한 자가 이를 기업으로 얻을 것이요 나의 종
들이 거기에 살 것이라
10 사론은 양 떼의 우리가 되겠고 아골 골짜기
는 소 떼가 눕는 곳이 되어 나를 찾은 내 백
성의 소유가 되려니와
11 오직 나 여호와를 버리며 나의 성산을 잊고
갓에게 상을 베풀며 므니에게 섞은 술을 가
득히 붓는 너희여
12 내가 너희를 칼에 붙일 것인즉 다 구푸리고
죽임을 당하리니 이는 내가 불러도 너희가
대답하지 아니하며 내가 말하여도 듣지 아니
하고 나의 눈에 악을 행하였으며 내가 즐겨
하지 아니하는 일을 택하였음이니라
13 이러므로 주 여호와께서 이와 같이 말씀하시
니라 보라 나의 종들은 먹을 것이로되 너희
는 주릴 것이니라 보라 나의 종들은 마실 것
이로되 너희는 갈할 것이니라 보라 나의 종
들은 기뻐할 것이로되 너희는 수치를 당할
것이니라
14 보라 나의 종들은 마음이 즐거우므로 노래할
것이로되 너희는 마음이 슬프므로 울며 심령
이 상하므로 통곡할 것이며
15 또 너희가 남겨 놓은 이름은 내가 택한 자
의 저줏거리가 될 것이니라 주 여호와 내가
너를 죽이고 내 종들은 다른 이름으로 부르
리라
16 이러므로 땅에서 자기를 위하여 복을 구하는
자는 진리의 하나님을 향하여 복을 구할 것
이요 땅에서 맹세하는 자는 진리의 하나님으
로 맹세하리니 이는 이전 환난이 잊어졌고
내 눈 앞에 숨겨졌음이라

원 의미

본문 열여섯 절은 앞에 나온 애가에 대한 하나님의 응답이다. 어떤 학자들은 하나님이 계속 배반하는 백성들에게 침묵으로 답하신다고 말하면서[1] 논쟁을 불러일으킨다. 그들은 이교도 예배 형식으로 제의와 예배의식에 의지하여 하나님을 조종하고자 했다. 하나님의 선택을 입었다는 데 의지하여 계속 자기 의지대로 자기 자신을 섬기는 죄의 삶을 살았다. 자신을 "하나님의 종"이라고 불렀지만 그들은 하나님의 종이 아니었다.

계속되는 하나님의 계시(65:1)

본문 맨처음 절은 정확하게 이 주제에 대해 이야기한다.[2] 앞 장의 64:7은 "주께서 우리에게 얼굴을 숨기셨기 때문에" "[주의] 이름을 부르는 자가 없다"고 진술한다. 이사야 65:1은 사실, 하나님이 주의 이름을 부르지 아니하던 사람들에게 자신을 "보이셨다"고 하면서 앞의 진술을 반박한다. 다시 말해서 주의 이름을 부르지 않은 이유는 하나님이 자신을 보여 주시지 않았기 때문이 아니었다. 하나님은 계속 그 자신을 보이셨다. 문제는 하나님이 아니라 그 백성들에게 있었다.

이스라엘의 문제(65:2-7)

그렇다면 이스라엘의 문제는 무엇이었는가? 이스라엘은 "완악했고"(sorer, 1:23; 30:1을 보라) 스스로 고안해 낸 "선하지 않은" 길을 걸었다. 즉 사람들의 문제를 완악함, 자기 길을 고안해 내는 것, 선하지 않은 길 등 세 가지로 간략하게 설명하고 있다. 창조자께서 우리를 위해 고안해 내신 방식에 순종하기보다 오히려 스스로 살아가는 방법을 고안해 내려고 노력했다. 이와 같은 정의에 의하면 하나님의 계획을 대신하려는 것은 무엇이든지 "선하지 않다."[3]

그러면 사람들이 고안해 낸 것은 무엇인가? 우리는 삶의 선택권을 가지고 있는

1. Whybray, *Isaiah 40-66*, 266-67.
2. Motyer는 *Prophecy of Isaiah*, 523-24에서 1절은 실제로 마지막 두 장을 소개하고 있고 마지막 두 장은 하나님이 이방인들을 부르시는 내용이라고 말한다.
3. 사람이 도덕적으로 타락한 것을 처음으로 묘사한 창 6:5은 사람 마음의 계획이 악하고 사람이 완전히 타락했음을 나타낸다. 사람 자신을 위해서 계획한 방법들은 부패하기 마련이다.

반면 하나님은 우리를 위해 행하시게 조종할 수 있다고 믿는 예배의식을 고안해 내고 있다. 이것은 이교도들의 제의가 담당하는 기능이다. 이교도들은 이 땅에서의 행위를 통해 신들의 태도와 행동이 자동적으로 바뀐다고 믿었다. 예배자의 태도는 중요하지 않다. 정말로 중요한 것은 예배가 올바르게 드려졌느냐이다. 그렇게 하면 바라던 결과를 기대할 수 있었다.

이사야는 이런 태도를 그의 신실한 독자들에게서도 발견했다. 하나님은 왜 사회적, 개인적 삶에서 더 많은 증거를 주시지 않는가? 왜 하나님은 정의롭고 바른 방법을 행하게 만드시지 않는가? 그 이유는, 즉 요엘서를 들어 설명한다면, 하나님과의 언약에는 불순종한 반면, 그들은 회개의 의식으로 옷을 찢지만(참조. 욜 2:12-13), 마음의 중심은 자기 자신에게 있기 때문이다. 그들은 하나님의 백성이라는 신분과 하나님을 조종할 수 있는 제의적 종교에 의존한다.

65:3-5, 7의 예배의식은 분명 이스라엘 선민을 끄는 포로 이전의 가나안 의식으로 보인다. 본문에서 그들은 무엇을 하고 있었는가? 본문에 대한 세 가지 견해가 있다. (1) 포로에서 돌아온 귀환자들이 여전히 의식에 얽매여 있었다. 그러나 이렇게 설명하는 사람들도 이사야 56-66장 외에서 이 의견을 지지해 주는 확실한 증거를 찾을 수 없다는 것을 인정한다. (2) 다른 학자들은 본문은 이사야서가 포로 전의 선지자가 기록한 증거로, 포로 전 사람들에 대해서 기록했다고 본다. 그러나 우리가 본문에서 언급되고 있는 것들의 일반적 상황이 포로 후기라고 이해한다면 뜻은 훨씬 더 분명해진다. (3) 포로 전 선지자가 포로 후기의 의식주의(ritualism)에 대해 하나님이 어떻게 반응하시는지 대해 이야기한다는 것이다. 마지막 설명이 나에게 가장 설득력이 있어 보인다.

선지자는 본문을 문자적으로 해석하려 하지 않는다. 오히려 하나님은 중요하게 여기시는 마음의 변화가 없는 의식에 대해서 분노하신다는 것을 선지자는 말하고 있다. 따라서 나는 귀환자들이 실제로 이러한 행위들에 얽매여 있었는지 의심스럽다. 그러나 계속 죄를 지으면서도 죄를 용서받고 복을 받고자 레위기에 묘사된 것과 같은 방법으로 번제를 드렸다면 선지자는 그들이 무덤에 앉아서 국을 먹는 것과 같다고(이 주제가 서술된 66:3을 보라) 말한다.

이러한 상황에서 백성들이 제의적인 주술로 거룩한 체 하는 것은 우스운 일이다(65:5). 백성들이 거룩한 체 하는 경우, 하나님은 백성들에게 백성들의 마음을 찢는 말씀으로 대답하시기 보다는 차라리 침묵하고 계실 것이다! 그러나 선지자는 하나님은 "잠잠치 아니한다"(65:6)고 말한다. 그들은 하나님이 행동하시기를 원할까? 하나님은 그들의 행위대로 보응하실 것이다(65:7).

신실한 남은 자(65:8-11)

그러나 백성들이 의식으로 하나님을 조종할 수 있다고 생각하는 거짓 거룩함을 하나님이 벌하신다고 해서 그것이 백성들 중에 신실한 사람들이 아무도 남아 있지 않다는 의미는 아니다. 엘리야 시대처럼(왕상 19:18) 포로 후에 이스라엘 민족 중에는 진리를 포기한 사람들도 있었지만 진리를 포기하지 않은 사람들도 있었다. 하나님이 하신 약속들은 하나님께 헛되이 돌아오지 않을 것이다(55:11). 이 사람들은 하나님이 "종들"로 부른 사람들이다. 본문에서 이 사람들이 하나님의 종으로서 행동이 구체적으로 언급되어 있지 않지만 그 내용은 분명히 암시되고 있다. 이 사람들은 여호와를 "찾는" 사람들이다(65:10).

여호와를 구한다는 것은 무엇을 의미하는가? 신명기에서는 "그러나 네가 거기서 네 하나님 여호와를 구하게 되리니 만일 마음을 다하고 성품을 다하여 그를 구하면 만나리라"(신 4:29)라고 말한다. 여호와를 구하는 것은 주의 길을 구하는 것이며, 주를 기쁘시게 하는 것을 구하는 것이며, 주의 임재를 구하는 것이다. 크리스천의 근본적인 목표는 복을 구하는 것이 아니라 여호와의 길을 구하는 것이다. 궁극적으로 이것은 "너는 마음을 다하고 성품을 다하고 성품을 다하고 힘을 다하여 네 하나님 여호와를 사랑하라"(신 6:5)는 말이다. 하나님께 순종치 아니하고 종교적인 의식으로 "운명"을 조절하고자 하는 사람들(65:11)과 완전히 다르다.

하나님의 남은 약속(65:12-16)

하나님은 그분의 약속을 철회하시지 않는다. "야곱" 중에서 "씨"를 내며 "유다" 중에서 "기업"을 얻을 것이다(참조. 65:9). 그러나 그것은 야곱이나 유다의 이름으로 불리는 모든 사람들이 그 약속을 함께 나눈다는 것을 의미하지 않는다. 56:1에서 이미 말했고 66:18-24에서 다시 반복되겠지만, 그것은 상속권이 아니라 하나님의 종들로 드러나는 행동이다. 따라서 65:13-16에서 "너희"(가령 복을 받으려고 계속해서 하나님을 조종하려는 사람들)와 "나의 종들"(예를 들어, 하나님을 위해 변화된 삶으로 하나님을 구하는 사람들)의 차이점이 상세하게 묘사되어 있다. 사실 하나님을 조종하려고 함으로 종으로서 받을 복을 잃어버리게 된다.[4]

상황잇기

종교의 본질. 어떤 시대이든지 사람들의 문제는 동일해 보인다. 우리는 개인적으로 대가를 치르지 않고서 이익을 얻기를 원한다. 마침내 스스로 옳고("선") 그른 것("악")이 무엇인지 결정하는 권리를 갖게 되는 것을 가장 큰 개인적 자유로, 가장 좋은 것으로 보인다. 이것은 우리가 피조물이라는 사실을 거부하는 것이다. 우리는 인간 존재의 규범을 정하신 창조자가 계시다는 사실과, 이 규범은 타협이 불가능하다는 사실을 인정하려고 하지 않는다. 그 결과 하나님은 계속해서 우리를 부르시지만(65:1, 12) 우리는 듣지 않는다. 동시에 하나님이 우리의 요구에 응답하지 않는다고 비난한다. 우리는 하나님이 우리의 관점으로 이야기해 주시기를 바라기 때문에 하나님의 말씀을 듣지 못한다. 우리는 죄 많은 자기 신뢰를 승인해 주시기를 바라며, 하나님이 왜 침묵하시는지 의아해 한다.

사실 하나님은 전혀 침묵하시지 않는다. 이것은 우리가 케이블 텔레비전 서비스를 신청하지 않고 73번에서 나오는 프로그램을 볼 수 없다고 해서 방송국을 고소하는 것과 같다. 즉 모든 송신 신호가 그곳에 있었지만, 우리가 그것을 받을 수 있는 조건들을 갖추고 있지 않는 것과 같다.

문제는 우리가 종교를 화면 속으로 집어넣을 때 복잡해진다. 2001년 9월 11일의 비극적 사건(뉴욕의 세계무역센터 비행기 자폭 테러, 미국에서 동시다발로 동원된 납치 비행기 네 대 가운데 두 대가 뉴욕 세계무역센터에, 한 대는 워싱턴 국방부 건물에 충돌하고 한 대는 펜실베니아 주 피츠버그 시 인근에 추락한 사건을 일컫는다-옮긴이)이 분명히 보여 주는 것처럼 순수 비종교적인 문화는 허구일 수 있다. 위기에 처하면, 인간은 타고난 인간의 종교성을 스스로 드러내어 철저한 세속주의자들에 대해 염증을 느끼게 된다. 종교는 무엇인가? 폴 틸리히(Paul Tillich)는 종교는 궁극적인 이슈들에 관심을 갖는 것이라고 말한다.[5] 솔직히 말하면 나의 종교관은 틸리히의 종교관보다 더 세속적이라고 생각한다. 종교는 내가 내 운명을 훨씬 더 쉽고 간단하게 통제할 수 있는 방법을 갖게 하는 어떤 좋은 면만을 획득하려 한다는 의미를 포함하고 있다고 믿는다.

종교의 특성이 이와 같다면 우리 존재의 핵심을 조절하는 것이 필요하게 되고,

---

4. 이와 꼭 같은 주장이 말라기에서 발견되는데 말라기 선지자는 백성들이 하나님을 구하지 않고, 복을 구하고 있기 때문에 하나님의 복이 백성들에게서 빠져나가고 있다고 주장한다. 참조. J. Oswalt, *Where Are You, God*(Nappanee, Ind.: Evangel, 1999).

5. D. M. Brown, *Ultimate Concern: Tillich in Dialogue*(New York: Harper & Row. 1965), 49-51.

종교 생활에서 외적으로 드러나는 행동들이 중요한 역할을 차지할 것이다. 하나님이 찬송을 좋아하신다면 나는 찬송할 것이다. 하나님이 기도하기를 원하신다면 나는 기도할 것이다. 하나님이 제물을 원하신다면 나는 제물을 드릴 것이다. 하나님이 금욕을 원하신다면 나는 절제할 것이다. 하나님이 순종을 원하신다면 나는 순종할 것이다. 그러나 이 행위 중 어떤 것도 자기 자신을 위한 것이 아니다. 이 행위들은 복을 받는 모든 수단이다. 그러므로 나는 내가 드릴 수 있는 최소한의 행위로 가장 좋은 복을 받을 수 있다고 기대할 것이다.

문제는 하나님은 이런 것들을 원하시지 않는다는 사실이다. 그것들로 인해서 하나님은 사람들이 하나님을 모욕하고 있다는 것을 발견하신다. 그들은 그런 식으로 자신의 교만함을 더 많이 드러낸다. 그것은 우리가 "그래요, 하나님! 당신은 내가 원하는 것을 가지고 있고 나는 당신이 원하는 것들을 가지고 있어요. 그러니까 좀 거래를 해 보자고요. 나는 당신에게 당신이 원하는 것을 주고 당신은 나에게 내가 원하는 것을 주세요. 그러나 하나님, 당신은 명심하셔야 합니다. 당신이 내게 원하는 것을 주지 않는다면 당신이 원하시는 것을 얻으실 수 없어요"라고 말하는 것과 같다.

그런 행동은 하나님의 종이 해야 할 행동이 아니다. 하나님의 종은 이미 내가 필요하거나 원하던 것을 모두 받았기에 아무것도 필요치 않으며 내가 얻을 수 있는 것은 아무것도 없다는 것을 안다. 우리가 할 수 있는 일은 없고, 모든 것들이 앞으로도 없을 것이다. 내가 원하는 것은 내 삶에 임하시는 하나님의 임재이며, 그 임재는 나의 권리를 버리고 나 자신을 그의 팔에 내던질 때 가능하다.

현대적 의미

태도는 행동보다 더 크게 말한다. 그리스도인이 된다는 것은 무엇을 의미하는가? 우리는 이사야가 본문에서 말하고 있는 것과 같다는 것을 발견한다. 우리는 외부로 드러나는 것에 기초하여 믿음을 평가한다.

- 첫째 사람이 말한다. "나는 사람들이 그리스도인의 교회로 알고 있는 교회의 몸을 이루는 정식 일원이기 때문에 그리스도인이야. 유대인들이 하나님의 백성이었던 것과 같이 나는 그리스도인이야. 우리는 양자로 입양되었고 양자와 같은 관계를 맺고 있다고 말할 수 있어. 우리는 선택받은 집단의 일원들이야."

- 또 다른 사람이 말한다. "그것은 진실이 아니야. 교회 일원이라는 것은 아무런 의미가 없어. 너는 그리스도를 너의 개인적인 구원자로 받아들여야 해. 그러면 너는 우주적인 교회의 일원이 되는 거야. 너는 영원한 가족의 일원이 되는 거야."
- 셋째 사람이 말한다. "그리스도를 개인적인 구원자로 받아들이는 것은 실제로 너의 마음을 보여 주는 데 꼭 필요한 것들은 아니야. 그리스도인은 정기적인 모임에 몸이 와서 참석해야 해. 그리스도인은 성례와 찬양과 기도와 하나님의 말씀을 들으며 하나님을 경배해야 해."
- 다른 사람이 말한다. "주중 어떤 다른 날보다 주일 오전 11시에 예배를 드리는 것은 매우 케케묵은 형식이야. 그리스도인들은 하나님을 자발적으로, 열정적으로 찬양할 때 하나님의 임재를 느끼는 거야."
- 마지막 사람이 말한다. "자네들이 즐겁게 경배한다고 느끼는 것을 경배하고 있군. 그리스도인은 그리스도를 위해서 목마른 사람에게 시원한 물 한 잔을 주고 추워서 떠는 사람에게 외투를 주고 낙담해 있는 사람에게 용기의 말을 해주는 거야."

글쎄, 천국을 구하는 것은 그리스도인에게 무엇일까? 나는 천국을 구하는 것은 위에서 말한 모든 것이기도 하고 위에서 말한 모든 것이 아니기도 하다고 믿는다. 이 말은 무슨 뜻인가? 위에서 사람들이 말한 올바른 태도도, 위에서 사람들이 비평한 나쁜 태도도 그리스도인의 특징이다. 즉 우리가 그리스도인의 믿음의 기준을 오직 겉으로 드러나는 행동 즉, 외부적인 행동으로 평가한다면, 그것은 모두 먼지와 재와 같다. 그래서 말라기는 하나님이 "내가 너의 경배를 기뻐하지 않는다. 네가 문을 닫고 멀리 가 버렸으면 좋겠다"(참조. 말 1:10)고 말한다. 우리가 기쁜 종의 마음으로 하나님께 예배드리지 않는다면, 예배는 전부 허사가 된다. 신랑이 억지로 결혼생활을 유지하지 위해서 신부와 얼마나 많은 시간을, 어떻게 보내야 하는지 목사에게 물어보는 것을 상상할 수 있는가? 신랑이 그런 질문을 했다면 신부에 대한 신랑의 헌신에서 뭔가 심각하게 부족하고, 신랑과 신부의 관계가 파멸을 맞을 거라는 것을 알 수 있다.

반대로, 우리가 주님과 사랑으로 계약 관계를 맺는다면, 주님을 경배하고, 다른 사람들에게 주님을 전하고, 주님을 위해 학대받는 자들에게 손을 내밀고, 주님의 나라의 의를 위해 일하기 위해 모인 그리스도인 형제와 자매들이 다 함께 만나서 그 사랑을 가능한 방법으로 표현하기를 원할 것이다. 그래서 말라기는 백성들이 진심으로 하나님을 사랑한다면 백성들이 최선을 다하는 것은 문제가 되지 않을 것이라고 말하며, 학개는 정말로 하나님의 종이라면 하나님의 집을 지어서 그 사랑을 보이라고 말하는 것이다. 그렇다면 핵심은 바로 이것이다. 겉으로 보이는 행위로 종의 사랑하는 마음을 대신하려 한다면 종을 사랑하는 마음은 쓸모없어질 것이며, 종의 사랑하는 마음이 겉으로 보이는 행위로 나타나지 않는다면 우리는 우리 자신을 속이고 있는 것이다.

이사야 65:17-25

17 보라 내가 새 하늘과 새 땅을 창조하나니 이
전 것은 기억되거나 마음에 생각나지 아니할
것이라
18 너희는 내가 창조하는 것으로 말미암아 영원
히 기뻐하며 즐거워할지니라 보라 내가 예루
살렘을 즐거운 성으로 창조하며 그 백성을
기쁨으로 삼고
19 내가 예루살렘을 즐거워하며 나의 백성을 기
뻐하리니 우는 소리와 부르짖는 소리가 그
가운데에서 다시는 들리지 아니할 것이며
20 거기는 날 수가 많지 못하여 죽는 어린이와
수한이 차지 못한 노인이 다시는 없을 것이
라 곧 백 세에 죽는 자를 젊은이라 하겠고 백
세가 못되어 죽는 자는 저주 받은 자이리라
21 그들이 가옥을 건축하고 그 안에 살겠고 포
도나무를 심고 열매를 먹을 것이며
22 그들이 건축한 데에 타인이 살지 아니할 것
이며 그들이 심은 것을 타인이 먹지 아니하
리니 이는 내 백성의 수한이 나무의 수한과
같겠고 내가 택한 자가 그 손으로 일한 것을
길이 누릴 것이며
23 그들의 수고가 헛되지 않겠고 그들이 생산한
것이 재난을 당하지 아니하리니 그들은 여호
와의 복된 자의 자손이요 그들의 후손도 그
들과 같을 것임이라
24 그들이 부르기 전에 내가 응답하겠고 그들이
말을 마치기 전에 내가 들을 것이며
25 이리와 어린 양이 함께 먹을 것이며 사자가
소처럼 짚을 먹을 것이며 뱀은 흙을 양식으
로 삼을 것이니 나의 성산에서는 해함도 없
겠고 상함도 없으리라 여호와께서 말씀하시
니라

원 의미

이 구절들은 성경 계시 중 비판적 계시로 시작한다. 하나님은 자신을 히브리 백성에게 계시하실 때 근본적인 문제에 직면하셨다. 당시 히브리 백성의 주변 민족들은 눈에 보이는 세계가 보이지 않는 신들의 세계를 어렴풋이 반영한 것이라고 믿고 있었다. 신들의 세계에서 일어난 일들이 중요한 것은 그것이 이 세상에서 발생하는 모든 일들을 미리 결정하기 때문이라고 생각했다. 따라서 그들은 사람들이 스스로 선택할 수 없고 오직 신들의 행위를 따라할 수밖에 없다고 했다.

물론 그것은 진실이 아니다. 이 세상은 실제로 존재하는 세계이며 사람들 스스로 선택하고, 그 선택들에는 무한한 영향력이 있다. 구약성경은 이 세상을 초월하는 실제 세상에 대해 어떤 말도 하지 않는다. 우리는 이 세상에서 선택하면서 살고 선택한 영향력을 이 세상에 미친다. 이것이 실제 세상이다.

사실 이 땅에 살면서 선택한 모든 것의 효과를 경험할 수 있는 것은 아니다. 누군가가 행한 정의는 이 세상에서 완전히 구현되지 못하며, 이 세상의 모든 선이 상을 받거나, 세상의 모든 악이 처벌받는 것은 아니다. 그러므로 하나님이 65:13-16에서처럼 하나님의 종들이 복을 받을 거라고 말씀하신다면, 하나님이 거짓말쟁이든지 아니면 이 세상이 실제의 전부가 아닐 것이다. 이 단락은 우리에게 후자의 경우를 말해 주고 있다.

그러나 후자라고 이야기하는 것은 몇몇 묵시 전공자들이 주장하듯이 이교도들의 가치관을 수용하는 것은 아니다.[1] 지금 이 단락에서 나타나는 것은 실제 하늘과 땅이 아니며, 하늘에서 내려오는 실제 예루살렘도 아니다. 그것들은 전혀 새로운 것들이다(65:17). 하나님이 "창조하실" 것들은 존재하고 있던 것들과 연속성을 가지면서도 전혀 새로운 것으로 나타난다는 것을 의미한다(43:14-21에 대한 주석을 보라). 지상의 실재는 하늘에서 이미 존재하는 것들을 단순히 복사만 하는 것이 아니라 완전히 새로운 실재로 거듭날 것이다. 이 하나님의 창조물은 새로운 것이기 때문에 이 세상의 비극을 계속 반복할 필요가 없다. 우리는 쓰라린 현실을 경험하지 않고 기쁨의 현실을 경험하게 될 것이다(65:18-19). 또한 사망의 고통 없이 태어나는 기쁨을 누릴 것이며(65:20), 건축할 때에도 파멸과 공격의 두려움을 느끼지 않고 만족을 누릴 것이다(65:21-23).

하나님은 하나님이 말씀하신 것이 진실이라고 하신다. 하나님의 말씀을 믿고 하나님께 순종하는 사람들은 "복된" 삶을 누리게 될 것이다(65:23). 우리의 선택에는 결과가 따르기 마련이다. 우리는 장차 마지막 때 우리가 선택한 최종 결과를 보게 될 것이다.

65:25은 11장에서 메시아적 왕을 묘사한 것과 아주 밀접하게 관련되어 있으며, 11:9의 처음 구절을 그대로 복사한 것이다. 분명한 것은 이 구절이 공의를 말하기 위한 시적 표현이 아니라 다가올 시대에 일어날 실제적인 사건들을 예언하고 있다는 점이다.

1. J. Oswalt, "Recent Studies in Old Testament Apocalyptic," 369-90을 보라.

상황잇기

이교도들의 이원론과 운명론은 결코 우리와 동떨어져 있지 않다. 이 세상에 존재하는 선과 악에 대한 우리의 생각에도 이원론과 운명론이 드러나고 있는 것이다. 우리는 사탄 때문에 이 세상에 죄가 존재한다고 생각하기 쉽다. 하나님은 선하신 신이고 사탄은 악한 신이며 이 두 신이 전쟁을 벌이고 있고, 그 전쟁에서 사람들은 하나님과 사탄의 체커판에 있는 체스 말들이라는 것이다. 선과 악은 우주적인 실체이며 사람은 맡은 역할을 감당해야 하는 운명을 가진다고 생각한다.

그러나 그것은 진리가 아니다. 성경은 인간이 선택했기 때문에 이 세상에 죄가 존재한다고 말하고 있다. 사탄은 하와가 죄를 짓게 만들지 않았다. 또한 창세기는 유혹하는 자가 죄 많은 자라고 하지않고, 다른 피조물들보다 훨씬 "간교하다"고 말하고 있을 뿐이다. 이 땅이 시작되기 전에 사탄이 무엇을 했든지 간에 그것이 하와와 아담의 선택에 결정적인 영향을 미친 것이 아니라는 것이다. 피조물이 처음에 죄를 짓지 않은 상태에 있었을 때도 사탄은 있었다. 인류의 조상이 죄를 짓지 않았다면 아마 인간은 오늘날에도 죄를 짓지 않은 처음 상태로 여전히 존재했을 것이다.

현실의 상황을 결정하는 것은 사람의 선택인 것이며, 그러한 선택을 결정짓는 것은 우주적 실체가 아니라는 것이다. 사람의 죄 때문에 어린양이 죽임을 당한 것이지, 하늘 보좌에 죽음당한 어린 양이 있어야 했기 때문에 사람이 죄를 지은 것이 아니라는 말이다.

우리는 새 하늘과 새 땅이 오고 있기 때문에 우리가 하는 일들을 중요하지 않게 생각하면 안 된다. 오히려 새 하늘과 새 땅이 오고 있기 때문에 신실하게 살기로 선택하며, 우리가 청빈하게 산다면 공의가 도래할 거라고 확신해야 한다. 우리가 바른 선택을 하는 한 장래에 좋은 결과가 있을 것이므로 현재의 결과를 보면서 근심하지 말아야 한다. 마찬가지로 악한 행위들이 지금 드러나지 않았다고 해서 장래에까지 잊혀질 거라고 생각하지 말아야 한다. 우리가 우리의 미래를 결정한다.

현대적 의미

복음주의자들은 상당히 오랫동안 "천년설"(the Millennium)에 대해서 논쟁을 벌여 왔다.

오늘날 어떤 교파에서는 전천년설이 믿음의 항목이라고 말하기도 한다. 물론 이 땅에 하나님의 통치가 완성되기 이전에 그리스도가 오느냐, 이후에 오느냐는 사실에 대한 구체적인 논쟁이 벌어지고 있는 것은 사실이다. 그러나 더 근본적인 논쟁은 성경 해석의 문제이다. 시적인 이미지를 어떻게 문자적으로 취급해야 하는가? 정통주의에 속해 있음을 아무도 의심하지 않는 이들도 이 주제에 관한 한 매우 다른 입장을 보인다. 모든 정통주의자들은 그리스도가 육체를 입고 다시 오신다는 데 동의한다. 그들이 동의하지 않는 점은 최후 심판이나 새 하늘과 새 땅이 이루어지기 전에 그리스도의 지상 통치가 이루어 질 것인지에 대한 여부이다. 요한계시록 19-21장의 표현이 어떤 문자적인 여지를 남겨둔다면, 그것은 그리스도의 지상 통치가 최후 심판 이전에 이루어질 것임을 보여 주는 듯 하다. 나는 개인적으로 이 주장을 취한다.[2]

이런 논쟁들이 우리들 중 어떤 이들에게 흥미를 가져다주겠지만 그보다 우리에게 가장 중요한 이슈는 우리의 일상생활에 이 천년왕국의 신학이 갖는 의미에 대해 생각해 보는 것이다. 다가올 시대에서 우리가 경험할 실재들이 지금 우리의 선택으로 결정되는 것이라면, 지금의 선택들은 매우 중요한 것이다. 우리의 행동들은 미리 결정되어 있지 않다. 대신 우리의 행동은 지금부터 영원까지 열매 맺어 갈 것이다. 이 사실은 우리의 행위에 대해 훨씬 더 진지하게 생각하게 한다. 우리는 이미 존재해 온 것들을 반복만 하는 것이 아니라 다가올 현실을 결정할 수 있다. 이것은 바울이 디도서 2:11-13에서 디도에게 한 말이기도 하다.

> 모든 사람에게 구원을 주시는 하나님의 은혜가 나타나 우리를 양육하시되 경건치 않은 것과 이 세상 정욕을 다 버리고 근신함과 의로움과 경건함으로 이 세상에 살고 복스러운 소망과 우리의 크신 하나님 구주 예수 그리스도의 영광이 나타나심을 기다리게 하셨으니.

---

2. 이 구절들이 구속받은 이 땅에서 이루어지는 그리스도의 통치에 대해 문자적으로 말한 것이라는 나의 견해가 옳다면, 우리는 20절에 언급된 사망을 어떻게 이해해야하는가? 적어도 두 가지로 이해할 수 있다. (1) 천년왕국시대에는 지상에서의 삶이 계속 정지될 것이다. 그러나 더는 두려움의 시간이 아닐 것이다(C. S. Lewis, *Out of the Silent Panet*[New York: Macmillan, 1972]를 보라). (2) 이 말은 충만하며 성취적인 삶을 묘사하기 위해 사용된 비유적인 표현이다.

우리는 하나님의 은혜로 다가올 날을 기대하고 있다. 그렇다면 우리가 만들어 가는 미래가 기쁜 날이 될 거라는 사실을 확신하면서 우리는 어떻게 살아야 하는가? "천국에 가도록 정해져 있는 사람들은 이 땅에서 선하게 살지 않아도 된다"라는 말대로 사는 사람은, 죽음 너머에 있는 최종 종착지인 천국을 잊게 될 것이다.

이사야 66:1-24

1 여호와께서 이와 같이 말씀하시되 하늘은 나의
보좌요 땅은 나의 발판이니 너희가 나를 위하여
무슨 집을 지으랴 내가 안식할 처소가 어디랴
2 나 여호와가 말하노라 내 손이 이 모든 것을
지었으므로 그들이 생겼느니라 무릇 마음이
가난하고 심령에 통회하며 내 말을 듣고 떠
는 자 그 사람은 내가 돌보려니와
3 소를 잡아 드리는 것은 살인함과 다름이 없
이 하고 어린 양으로 제사드리는 것은 개의
목을 꺾음과 다름이 없이 하며 드리는 예물
은 돼지의 피와 다름이 없이 하고 분향하는
것은 우상을 찬송함과 다름이 없이 행하는
그들은 자기의 길을 택하며 그들의 마음은
가증한 것을 기뻐한즉
4 나 또한 유혹을 그들에게 택하여 주며 그들
이 무서워하는 것을 그들에게 임하게 하리니
이는 내가 불러도 대답하는 자가 없으며 내
가 말하여도 그들이 듣지 않고 오직 나의 목
전에서 악을 행하며 내가 기뻐하지 아니하는
것을 택하였음이라 하시니라
5 여호와의 말씀으로 말미암아 떠는 자들아 그
의 말씀을 들을지어다 이르시되 너희 형제가
너희를 미워하며 내 이름으로 말미암아 너희
를 쫓아내며 이르기를 여호와께서는 영광을
나타내사 너희 기쁨을 우리에게 보이시기를
원하노라 하였으나 그들은 수치를 당하리라
하셨느니라
6 떠드는 소리가 성읍에서부터 들려 오며 목소
리가 성전에서부터 들리니 이는 여호와께서
그의 원수에게 보응하시는 목소리로다
7 시온은 진통을 하기 전에 해산하며 고통을
당하기 전에 남아를 낳았으니
8 이러한 일을 들은 자가 누구이며 이러한 일을
본 자가 누구이냐 나라가 어찌 하루에 생기겠
으며 민족이 어찌 한 순간에 태어나겠느냐 그
러나 시온은 진통하는 즉시 그 아들을 순산하
였도다
9 여호와께서 이르시되 내가 아이를 갖도록 하
였은즉 해산하게 하지 아니하겠느냐 네 하나
님이 이르시되 나는 해산하게 하는 이인즉
어찌 태를 닫겠느냐 하시니라
10 예루살렘을 사랑하는 자들이여 다 그 성읍과
함께 기뻐하라 다 그 성읍과 함께 즐거워하라
그 성을 위하여 슬퍼하는 자들이여 다 그 성
의 기쁨으로 말미암아 그 성과 함께 기뻐하라
11 너희가 젖을 빠는 것 같이 그 위로하는 품에
서 만족하겠고 젖을 넉넉히 빤 것 같이 그 영
광의 풍성함으로 말미암아 즐거워하리라
12 여호와께서 이와 같이 말씀하시되 보라 내가
그에게 평강을 강 같이, 그에게 뭇 나라의 영
광을 넘치는 시내 같이 주리니 너희가 그 성
읍의 젖을 빨 것이며 너희가 옆에 안기며 그
무릎에서 놀 것이라
13 어머니가 자식을 위로함 같이 내가 너희를
위로할 것인즉 너희가 예루살렘에서 위로를
받으리니
14 너희가 이를 보고 마음이 기뻐서 너희 뼈가
연한 풀의 무성함 같으리라 여호와의 손은
그의 종들에게 나타나겠고 그의 진노는 그의
원수에게 더하리라
15 보라 여호와께서 불에 둘러싸여 강림하시리
니 그의 수레들은 회오리바람 같으리로다 그
가 혁혁한 위세로 노여움을 나타내시며 맹렬
한 화염으로 책망하실 것이라

16 여호와께서 불과 칼로 모든 혈육에게 심판
을 베푸신즉 여호와께 죽임 당할 자가 많으
리니
17 스스로 거룩하게 구별하며 스스로 정결하게
하고 동산에 들어가서 그 가운데에 있는 자
를 따라 돼지 고기와 가증한 물건과 쥐를 먹
는 자가 다 함께 망하리라 여호와의 말씀이
니라
18 내가 그들의 행위와 사상을 아노라 때가 이
르면 뭇 나라와 언어가 다른 민족들을 모으
리니 그들이 와서 나의 영광을 볼 것이며
19 내가 그들 가운데에서 징조를 세워서 그들
가운데에서 도피한 자를 여러 나라 곧 다시
스와 뿔과 활을 당기는 룻과 및 두발과 야완
과 또 나의 명성을 듣지도 못하고 나의 영광
을 보지도 못한 먼 섬들로 보내리니 그들이
나의 영광을 뭇 나라에 전파하리라
20 나 여호와가 말하노라 이스라엘 자손이 예물
을 깨끗한 그릇에 담아 여호와의 집에 드림
같이 그들이 너희 모든 형제를 뭇 나라에서
나의 성산 예루살렘으로 말과 수레와 교자와
노새와 낙타에 태워다가 여호와께 예물로 드
릴 것이요
21 나는 그 가운데에서 택하여 제사장과 레위인
을 삼으리라 여호와의 말이니라
22 내가 지을 새 하늘과 새 땅이 내 앞에 항상
있는 것 같이 너희 자손과 너희 이름이 항상
있으리라 여호와의 말이니라
23 여호와가 말하노라 매월 초하루와 매 안식일
에 모든 혈육이 내 앞에 나아와 예배하리라
24 그들이 나가서 내게 패역한 자들의 시체들을
볼 것이라 그 벌레가 죽지 아니하며 그 불이
꺼지지 아니하여 모든 혈육에게 가증함이 되
리라

원 의미

마지막 장의 구조에 대해서 주석가들 사이에 의견이 상당히 분분하다. 꽤 여러 부분에서 의견이 분분한 이유는 66:5-6, 15-16의 위치와 기능이 정확하지 않기 때문이다. 어떤 학자들은 이 구절들이 앞에 나오는 단락에 포함되어야 한다고 하고, 다른 학자들은 뒤따라 나오는 단락에 포함되어야 한다고 하고, 또 다른 학자들은 독립 단락으로 구분해야 한다고 주장한다.[1] 어쨌든 이 단락은 최근에 (항상 같은 이유에서 비롯된 것은 아니지만) 1-6절, 7-14절, 그리고 15-24절로 구분될 수 있다는 데 의견의 일치를 보았다.[2]

1. 이 의견들에 대해서 J. Oswalt, *Isaiah 40-66*, 665, 각주 13번을 보라.
2. W. Beuken, "Isaiah Chapters LXV-LXVI: Trio-Isaiah and the Closure of the Book of Isaiah," *Congress Volume, Leuven 1989*(VTSup 34; Leiden: Brill, 1991), 204-21; Childs, *Isaiah*, 539; Oswalt, *Isaiah 40-66*, 664-65; E. Webster, "A Rhetorical Study of Isaiah 66," *JSOT* 34(1986): 93-108을 보라.

제의주의에 대한 마지막 통렬한 비판(66:1-6)

어떤 사람들은 66:1이 포로에서 귀환한 일부 사람들의 성전 재건축을 반대하는 것을 말한다고 하지만 이 주장을 뒷받침해 줄 성경적 기록은 없다.[3] 오히려 이 구절은 66:1-6의 전체적인 정황에서 파악되어야 하며 이 구절에서 선지자는 제의주의에 대해서 마지막으로 통렬하게 비판하고 있다. 하나님은 성전을 짓는 것을 본질적으로 반대하신 것이 아니었다. 사실 하나님은 재건축하는 일을 진행하도록 냉담한 백성을 독려하라고 학개 선지자와 스가랴 선지자에게 영감을 불어넣으셨다. 마찬가지로 하나님은 본질적으로 희생제물을 드리는 것을 반대하시지 않았다. 하나님은 백성이 가진 가장 좋은 동물을 제물로 드리지 않는 것을 책망하도록 말라기에게 영감을 불어넣으셨다. 결코 반대하시지 않았다. 57:3-13과 65:1-5의 주제는 이 본문과 같다. 그러나 진심으로 뉘우치는 마음이 없고 순종하는 마음이 없는 공허한 제의주의는 쓸모없다 못해 나쁘다.

이사야서에서 처음부터 끝까지 제기하는 인간의 본질적인 문제는 자성(自省)하라는 것이다. 우리는 육체와 정신이 극한에 이르렀을 때 이 문제를 근본적으로 해결하기 위한 권력을 얻기 위해 우리 자신을 높이려고 한다. 우리는 권력을 통해서 우리 자신을 보호할 수 있고 우리가 갖고 싶어 하는 것은 무엇이나 만족스럽게 가질 수 있다고 확신한다. 지금 말한 모든 것들은 제의적 종교를 말한 것이다. 종교 지도자들은 신의 힘을 조종할 수 있는 방법을 찾는다.

그러나 사실 그런 방법에 접근하는 것은 모두 잘못된 것이다. 우주에서 오직 하나님만 고귀하시기 때문에 그들 자신이 고귀해지려고 하고 스스로 하나님의 힘을 강탈하려고 하는 모든 사람들의 시도는 반드시 실패하게 되어 있다. 그래서 하나님은 이 본문에서 하나님의 말씀에 떨고, 하나님을 경외하는 사람들은 "마음이 가난하고 심령에 통회하는 자"라고 말씀하신다(66:2). 자신의 욕구를 만족시키는 권력을 강화하기 위해 제의를 사용하려는 시도는 비록 하나님이 이 제의를 시행하라고 선포하셨다고 해도 "자기의 길"을 선택하는 것과 같다(66:3). 64:12에서 드러나듯이, 하나님은 그들이 외쳤을 때 침묵하고 있었던 것은 자신이 아니며 그들에게 책임이 있다고 다시 한 번 말씀하신다. 사실은 이와 반대로, 오히려 그들이 침묵했다. 하나님이 "불러도" 그들은 듣지 않았다. 그들은 하나님과 관계된 것에 자

---

3. 참조. Hanson, *Isaiah 40-66*, 250.

기의 길을 고안해 내었고, 하나님이 그들에게 다른 방법으로 응답하라고 외치셨을 때 듣지 않았다.

66:5-6에서 하나님은 65장에서 하나님의 "종들"이라고 부르던 남은 자들을 향하여 한 번 더 말씀하신다. 남은 자들은 66:2에서 말하고 있는 사람들이며 "여호와의 말씀을 인하여 떠는 사람들"(66:5)이다. 그들은 낮아지고 권력을 소유하지 않았기 때문에 그들이 지닌 완전한 경건을 공격하는 힘 있는 자들에게 피해당하기 쉽다. 그러나 하나님은 낮아진 자에게는 그들을 대신해서 싸우는 가장 힘 있는 존재, 바로 하나님이 있다고 말씀하신다. 하나님은 이 남은 자들은 자신의 욕구를 충족시키기보다 하나님이 말씀하신 것에 훨씬 더 많은 관심을 가지고 있다고 남은 자들을 옹호하실 것이다. 제의주의자들이 하나님께 명령을 내릴 수 있다고 생각하던 바로 그 성전에서 하나님은 그 "대적"들을 부르시고(참조. 1:24) 그들의 배신을 되갚아 주실 것이다.

희망과 풍성함(66:7-14)

이사야서 전체에서 심판과 파괴는 재빨리 희망과 풍성함으로 바뀐다. 다음 단락은 여인 시온에 대해서 묘사한다. 이 단락에서는 1장에서 주어진 약속이 이루어진다. 찌끼는 깨끗이 씻기고 시온은 매춘부가 되는 대신 신실한 도시, 열방의 어미가 된다(참조. 1:25-27). 아이를 많이 낳는 어미의 이미지는, 주의 깊은 독자들이 이사야서 전체에서 잉태하지 못하고 자녀가 없는 것이 암시된 구절들을 떠올리게 한다.[4] 다산을 비는 이교도들의 제의는, 이 세상에서 인생이 죽음을 정복하려면 계속 소출과 태의 열매를 풍성하게 해야 한다는 중요한 욕구에 초점이 맞추어져 있다. 그러나 이사야는 진정한 삶은 하나님께 굴복하고 순종하는 사람들이 공짜로 받는 선물이라고 말한다.

하나님은 "그대로 되갚아 주는 데" 열을 내시는 분이 아니다. 하나님은 우리가 하고 있는 어떤 일보다 훨씬 많은 선물을 주신다. 사람들이 그들 자신의 욕구를 채우려고 할 때는 아이를 낳는 것처럼 고통스럽다. 그러나 하나님의 선물은 고통 없이 아이를 낳는 것과 같다(66:7-9). 우리의 욕구는 자신의 노력으로는 결코 채워지지 않으며 우리가 하나님의 사역의 결과를 누리게 되는 위치에 있을 때 비로소 채

4. 26:16-18; 29:23; 37:3; 49:19-21; 51:17-20; 54:1-3을 보라.

워진다. 이것이 시온의 "젖"을 빠는 것의 의미이다(66:11). 아기는 그 자신의 욕구를 만족시키는 그 어떤 것도 할 수 없고 오직 공급되는 젖을 절대적으로 의지하고 받는다.

그런 상황에 처할 때 쉼이 있고 기쁨을 누리게 되고 전부 "평강" 중에 있게 된다(66:12). 12:1과 다른 곳[5]에서처럼 "위로"(66:13)라는 말 속에 담긴 뜻은 용기를 북돋워 주는 것이다. 그들이 지은 죄의 무게를 감지하고 있는 사람들, 그들 자신이 이 죄를 감당할 능력이 없다는 것을 알고서 계속 하나님을 기다리며 하나님이 죄를 감당하실 수 있다고 믿는 사람들은 어미의 무릎에 있는 아이처럼, 그들 자신의 용기가 북돋워지는 것을 깨닫게 될 것이다. 희망이 없고 모든 것을 잃어버린 상황이 발생한다 해도 다시 회복될 것이다. 그것이 위로이다.

그러나 심판이 하나님의 최후 말씀이 아니라면, 조건이 없는 곳엔 희망도 없다. 이사야는 독자들이 하나님의 선택을 받은 사랑에 굳건하게 서 있는 신분을 가지고 있다고 여기면서, 그들이 실제로 심판을 받는다는 사실을 잊어버리지 않길 원한다. "하나님의 종들"에게는 주의 구속과 능력의 "손"(66:14)이 나타나지만, "하나님의 원수들"에게는 하나님의 "진노가 보일 것이다." 다시 한 번 질문한다. 나는 하나님의 종인가, 아니면 하나님의 원수인가?

심판과 희망(66:15-24)

이 단락은 심판과 희망이라는 두 가지 쌍둥이 주제가 상호작용을 하는 특징을 보여 주는 양식으로 이사야서의 결론을 내린다. 심판과 희망의 두 주제가 이사야서 전체에 같이 짜여 있는 것처럼 이 단락에서도 그렇다. 처음(66:15-17)과 마지막(66:24) 부분은 하나님께 반역을 꾀하고 그들 스스로 하나님을 통제하는 힘을 얻으려 한 자들을 먼저 심판하신다고 말한다. 당분간 하나님은 사람의 몸을 입은 그의 종(그리스도)에게 심판의 불을 맡기실 것이다. 그러나 항상 그렇게 하시지는 않는다. "불"(66:15-16, 24)이 회개하지 않은 세상에 부어질 그날이 올 것이다.

심판은 사람들이 평가받아야 할 현실이다. 자연계와 마찬가지로 영적인 세계에서도 우리가 선택한 것들에 대해 피할 수 없는 결과들이 있다. 따라서 65:17-25의

---

5. 40:1; 49:13; 51:3, 12, 19; 52:9; 54:11; 57:18; 61:2을 보라.

새 하늘과 새 땅을 그리는 것으로 마무리 짓는 대신, 60-62장의 시온에서 발하는 빛을 그리는 것으로 하는 대신, 앞에서 말한 준엄한 심판에 대해서 냉정하게 이야기하면서 이사야서를 마무리한다.

그러나 심판은 창조자 하나님이 원하시는 것이 아니며 그 사실은 이 마지막 단락에서도 분명하게 나타난다. 이사야 66:18-23은 이사야서의 결론으로서 죄 많은 세상에 우주적인 구속이 도래하기를 하나님이 원하신다고 말한다. 이와 관련하여 18절은 특히 흥미롭다. 본문은 이해하기 어렵지만[6] 본문의 의미는 하나님의 구속의 영광을 드러내기 위해서 반역자들이 지은 바로 그 죄와 모략까지도 사용하신다는 것 같다. 악한 세상이 그들을 파멸시키려고 갖은 애를 썼지만 "살아남은"(참조. 4:2) 시온의 백성(19절에 있는 "그들")은 하나님의 "영광"의 "징조"로 모든 "열방들"에게 보내질 것이다. 어떤 의미에서 살아남은 백성은 바로 하나님의 영광의 징조가 되지만, 그리스도의 사역에서 "징조"의 중요성의 관점으로 보면 그리스도가 곧 백성에게 주어진 징조이자 하나님의 영광을 가장 분명하게 드러내 주는 증거라는 결론을 피하기 어렵다.[7] 이것은 물론 2장의 사상, 이스라엘이 열방을 하나님께 이끌어 와 하나님의 영광을 선포할 사명을 가지고 있다는 사상과 밀접한 관계가 있다.

이스라엘의 사명에 반응하여 열방은 마지막 큰 무리 속에 이스라엘에게 나아오는 최후의 이스라엘 선민으로 회복될 것이다("너희 형제", 66:20). 회복의 한계와 범위가 열방에까지 미친다는 것을 매우 다양한 방법으로 강조하고 있다. 가장 좋고 가장 정결한 "제물"을 가지고 나아오는 것과 비교함으로써 중요성을 강조하고 있다.

그후 가장 충격적인 말이 뒤따라 나온다—"나는 그 중에서 택하여 제사장과 레위인을 삼으리라"(66:21). 이 말에 있는 "그"가 누구를 말하는지 우리는 정확하게 알 수 없지만, 가장 확실한 사람은 "열방"이다. 대부분의 주석가들은 열방이 맞다고 동의하며,[8] 이스라엘이 택함을 받은 것은 이스라엘을 위해서가 아니라

6. 첫째 부분의 문자적인 뜻은 다음과 같다. "그러나 나는-그들의 행위와 그들의 계획을-이것을(여성형) 다 같이 모으고 있다." 이 말의 의미는 다음과 같다. "그러나 나는 그들의 행위와 그들의 계획과 [그때]가 다 같이 오고 있는 것을 [안다]…" 이 번역에 대해서는 일치된 의견이 없다. 더 깊은 논의를 위해서 Oswalt, *Isaiah 40-66*, 681, 각주 1번을 보라.

7. 특히 마 24:30; 눅 11:30; 요 1:14; 12:18을 보라.

8. 참조. Childs, *Isaiah*, 542; Motyer, *Prophecy of Isaiah*, 542-43; Westermann, *Isaiah 40-66*, 426; whybray, *Isaiah 40-66*, 291-92.

세상을 위해서라고 이사야서에서 가장 강력하게 말하고 있다. 이러한 이해는 66:22-23에서 더 깊어지는데 이 단락의 화자는 전 인류가 하나님께 경배를 드리기 위해서 나아온다고 말한다. 전 인류의 경배는 하나님이 이 땅에서 이루고자 하시는 목표이며, 하나님의 피조물인 우리는 하나님과 함께 교제를 나눌 수 있게 될 것이다.

그렇다면 66:24을 어떻게 이해해야 하는가? 마지막 절은 왜 이렇게 무시무시한 구절로 끝나는가? 1장으로 되돌아가면 그 대답이 나온다. 1장에서 이사야는 신실하지 않은 성읍이 지은 죄를 하나님이 일일이 열거하는 날이 오고, 의와 공평을 통해 "신실한 성읍"으로 바뀌는 날이 올 거라고 말한다(1:21). 그러나 마지막 절에서 회개하지 않은 사람들에게 파멸이 기다리고 있다고 선포하고 있지만, 하나님은 1장에서 그분의 청중을 떠나지 않으신 것처럼 마지막 절에서도 희망을 버리시지 않고 그들을 여전히 떠나시지 않는다. 하지만 하나님의 놀라운 약속은 계속 반역을 꾀하는 사람들과는 전혀 상관이 없다. 반역자가 이 좋은 약속들을 거짓으로 받아들여 그들이 평안함을 얻는다면 그들은 망할 것이다.

한편 하나님의 약속을 진심으로 인정하고 아멘으로 받아들인다면(고후 1:20) 새 하늘과 새 땅이 주어질 것이고(사 66:22), 오직 한 분 진실하신 하나님을 경배하며 기뻐하는 자들은 새 하늘과 새 땅에 참여하게 될 것이다. 다른 한편으로, 우리가 이 약속들에 참여하게 될지 여부는, 엄격하게 말하면 우리에게 달려 있나는 사실을 결코 잊어버리지 않기를 이사야는 바란다.

상황잇기

마지막 장에서 이사야서에 있는 수많은 중심 주제들이 나타난다—제의주의와 반역과 반대되는 겸손과 통회, 하나님이 여인 시온에게 선물로 주시는 풍성함(열방의 땅의 어미에게 있는 근본적인 불임과는 반대로), 하나님의 거룩함의 상징인 불이 시온을 파멸시키거나 정화시키는 것, 하나님을 경배하고 하나님께 예배를 드리는 열방의 신분, 창조주를 경배하고 하나님과 교제를 나누는 피조물의 궁극적인 목적. 이 대부분의 주제는 최근에 나온 장들에서 어느 정도까지는 다루어진 것들이다. 여기서 나는 다음과 같은 세 부분에 초점을 맞추려고 한다. 그것은 겸손과 반역, 풍성함의 근원, 인생의 목적이다.

겸손과 반역. 어떤 의미에서 보면 미합중국은 반역의 결과로 태어났다. 그 전에 독일에서 소작농들의 폭동이 있었다. 미합중국의 탄생과 독일 농민의 폭동에서 정통주의 크리스천 지도자들은 권력자 편에 서서 강력하게 말했다. 예를 들어, 루터(Luther)는 그들의 주인에게 반항하고 있는 농부들은 하나님께 죄를 짓고 있는 것이라고 맹렬하게 주장했다. 미국 혁명 당시에 존 웨슬리(John Wesley)는 미국 식민주의자들은 그들의 기름부음 받은 왕에게 대항하는 폭동을 그쳐야 한다고 요구하면서 상당한 논리와 달변으로 소논문을 썼다. 그 소논문은 미국에 있는 웨슬리 추종자들에게 반대하는 적대자들을 낳았고, 몇몇 감리교 설교자들은 영국과 다른 나라로 귀향해야 했으며, 애즈베리(Francis Asbury) 같은 사람은 혁명 기간 내내 숨어 있어야 했다. 이 사건들은 미국인들이 그 마음에 반역에 대한 애착을 가지고 있다는 것을 보여 주고 권력을 가진 이기적인 통치자들에게 구속받기 싫어한다는 것을 보여 준다.

이 사실이 이사야가 계속 반역자들을 책망하는 것과 무슨 관련이 있을까? 두 가지 반역이 있는 것처럼 보인다. (1) "좋은" 반역이 있다. 미국을 설립한 대부분의 사람들은 불의와 부정에 대항하여 행동한 사람들이었다. 그들은, 항상 그렇게 해 왔기 때문에 하나만 고집하는 옛 방식대로 행하는 것을 반대하던 발명가와 같은 사람들이었다. 이 사람들은 오로지 자기 방식만을 고집하지 않고, 그들의 방식외에 그 어떤 구속으로도 제한받기를 거부한 사람들이었다. 그들은 분명히 더 나은 방식을 찾으려는 사람들이다. (2) "나쁜" 반역자들은 더 나은 방식을 찾지 않는다. 그들은 다른 사람들의 상황에는 관심이 없다. 그들은 자기 방식이 어떤 대가를 치르거나 어떤 파괴를 불러오거나 상관하지 않고 오직 그 방식만을 원한다.

이 두 반역자들의 차이는 겸손과 교만에 있다. 나는 이것이 이사야가 계속해서 반역자들은 "그들 자신의 길"을 만들고 있다고 강조한 이유라고 생각한다.[9] 그러나 반역의 길로 행하는 사람들에게는, 하나님의 길이 아닌 다른 길로 행하는 것이 꼭 그렇게 나쁜 길은 아니며, 그것은 단지 그들 자신의 길대로 행하기를 원하는 것일 뿐이다. 바로 여기에 치명적인 교만이 있다. 교만은 "그것이 나를 죽인다 해도 나는 원하는 것을 할 거야"라고 말한다. 사실 하나님은 교만이 정말로 죽음을 부르도록 세상을 운행하고 계신다. 교만은 매우 광범위한 방면에서 죽음을 부른다. 교만은 관계를 죽이고 가족들을 죽이며 교회를 죽이고 동료들을 죽인다. 몇 년 전 한 경영학도가 놀라운 연구 결과를 내놓았는데, 그것은 미국에서 가장 우수

9. 59:7; 65:2; 66:3을 보라.

한 회사들의 특징이 "사랑"을 나눈다는 것이었다. 그들은 제품을 사랑하고 직원들을 사랑하고 그들의 제품을 사용하는 소비자들을 사랑했다.[10] 어쨌든 우리가 사랑에 대해 정의를 내린다면, 사랑은 적어도 나 자신을 초월한 어떤 것에 초점을 둔다는 것이다.

그것이 바로 이사야가 그의 청중에게 요구한 것이다. 그러한 겸손은 근본적으로 무엇이 내게 유익한지에 집중하지 않고 무엇이 내 주위 사람들에게 유익한지에 집중하며 살게 만든다(롬 12:5-6). 나보다 먼저 다른 사람들에게 관심을 두는 이것이 바로 겸손이다. 이렇게 사는 사람은 교만한 권력으로 다른 사람들을 비하하고 억압하는 자리에 앉는 것을 거부하는 "좋은" 반역자이다. 이런 굴복을 거부하는 그 "좋은 반역"은 자신을 드러내려는 욕구, 내 방식대로 하려는 욕구, "나를 지배할 수 없다"는 것을 주위 사람들에게 보여 주려는 욕구와는 아무런 관계가 없다. 겸손과 깊은 가치와 깊은 평안에서 비롯되는 무욕은 이 모든 것들의 핵심이다. 다른 사람들은 잠깐 칭송을 받고 "특권"을 누릴 수 있지만, 정말로 신실한 사람들은 결국 칭송을 받고 특권을 누리는 것이 중요하지 않음을 알게 된다.

풍성함의 근원. 누가 우리의 필요를 채우는지를 묻는 질문이 이사야서와 성경 전체를 통해서 강조된다. 그 대답은 성경에 기록되어 있는 하나님의 역설, 얻고자 하는 자는 잃을 것이요 잃고자 하는 자는 얻을 것이라는 말씀에 있다. 즉 내 존재의 목적을 내 소유가 풍성해지는 것으로 삼는다면, 내가 풍성하게 얻는 소유물들이 아무것도 아닌 것이 된다는 사실을 분명하게 발견하게 될 것이다.

어떤 노동자가 그 회사를 소유하는 날이 올 때까지 다니는 회사의 말단 직원에서 시작하여 승진하려고 애썼다. 후에 그는 "나는 이 산적한 더미들의 제일 꼭대기에 오르기 위해서 내 모든 것을 던졌습니다. 그런데 알고 봤더니 내가 올라온 이 더미는 거름 더미였습니다"라고 말했다. 이 이야기는 수천 배로 증가될 수 있다. 그래서 47장에서는 세상을 바라보면서 "나 뿐이라 나 외에는 다른 이가 없도다"(47:8, 10)라고 말한 여인 바빌론이 멸망하게 된다고 한다. 바빌론은 결국 얻은 모든 것이 아무것도 남지 않게 되었다는 것을 너무 늦게 깨달았다. 이 장면은 더 발전되어 계시록 18장에서 나타나는데, 바빌론은 완전히 멸망하게 된다.

이렇게 되는 것은 세상이 스스로 유지될 수 없기 때문이다. 내가 고등학생이었

10. Thomas J. Peters and Robert H. Waterman Jr., *In Search of Excellent*(New York: Harper & Row, 1982), 76ff.

을 때 영구 운동 기계(a perpetual motion machine)를 만들려고 엄청난 시간을 투자했다. 나는 세상의 그 어떤 사람도 이 기계를 만들어 내지 못했지만 나는 충분히 할 수 있다는 교만에 가득 차 있었으며 이 기계를 만들어 낼 수 있을 것 같았다. 결국 나는 포기하고 이 기계를 만들어 내겠다는 것과 같은 수준의 공허한 사업 계획을 추진했다. 나는 그 시스템이 계속 작동을 하려면 주어진 시스템의 외부에서 언제나 에너지가 공급되어야 한다는 사실을 인정해야만 했다.

그때 나는 내가 발견한 것이 심오한 의미라는 것을 깨닫지 못했다. 영구 운동 기계는 존재하지 않는다. 이것이 바로 우주의 자연 법칙이었다. 에너지는 모든 단계에서 에너지가 작용하는 단계를 넘어선 어떤 곳에서 에너지를 공급받아야 한다. 그러나 아직 우리 교만한 인간들은 자기 자원 안에서 자신의 필요를 완벽하게 충족할 수 있고 우리 스스로 완성된다고 믿고 있다. 우리가 어미를 믿는 아기처럼 시온의 품 안에서 쉴 때 우리의 필요는 우리 자신을 넘어선 곳에서 충족될 수 있다. 그럼 누가 어미 시온이 되는가? 그는 바로 시온의 창조자 주님, 모든 것의 근원이신 주님이시다. 주님께 모든 것을 맡기면 우리는 모든 것을 얻는다.

인생의 목적. 이사야서는 세상이 하나님을 경배하는 것으로 끝난다. 흥미롭게도 구약성경에 있는 구원의 성격을 분명히 정의하고 있는 출애굽기도 이사야서와 같은 경배로 끝난다. 무엇보다 흥미로운 것은 성경의 마지막 부분인 계시록도 이 경배로 끝난다는 점이다.

핵심은 무엇인가? 출애굽기에서 시작해 보자. 하나님은 왜 그분의 백성을 이집트에서 나오게 하셨는가? 하나님이 그분의 백성을 가나안 땅에 들어가게 하시기 위해서 그렇게 하셨다고 대답하는 것은 경솔하다. 그러면 출애굽기 19-40장의 목적은 도대체 무엇인가? 출애굽의 궁극적인 목표가 정복이라고 하면 언약과 장막에 관계된 모든 것들은 단지 "간지"(filler)에 불과한 것이 된다. 사실 기업(inheritance)이라는 단어를 연구하다 보면 다른 방향으로 가게 된다. 가나안은 이스라엘의 "기업"(어쩌면 "특별한 소유물"이라고 하는 것이 더 나을지 모른다)이었고 이스라엘은 주님의 기업이었다.[11] 하나님은 이스라엘 백성을 이집트에서 나오게 하시고 이스라엘 백성을 불러 모아서 그들을 통해서 세상이 하나님께 모이게 하셨다(참조. 출 19:4). 그것이 성막 주위에 진치고 있던 사람들과 함께 성막에 주의 영광이 가득 차는 것으로 출애굽기가 끝나는 이유이다. 우리의 축복과

---

11. 시 78:71; 사 19:25; 렘 10:16; 욜 3:2.

기쁨인 "가나안"이 종착지가 아니라 가나안은 종착지로 가는 수단일 뿐이며, 그 종착지는 하나님을 경배하면서 하나님과 교제를 나누는 것임을 이미 40장에서 선포했다.

그것이 성경이 그와 같은 내용으로 끝나는 이유이다. 계시록 4-22장은 궁극적으로 계속되는 경배 의식을 묘사한다. 무슨 일이 진행되는가? 우주를 다스리시는 하나님은, 그가 얼마나 위대한 존재인지 끊임없이 들어야 하는 과대망상증 환자인가? 결코 그렇지 않다! 핵심은 삼위일체 하나님 중 각 위 하나님이 그 자신만의 것이 아니듯이 우리의 삶도 우리만의 것이 아니라는 점이다. 우리는 대부분 너무 쉽게 내세를, 우리가 보상받고 우리가 마침내 "즐거움"을 누리고 우리가 복을 받게 되는 곳으로 생각한다.[12] 이것은 진실이 아니다. 이 땅에서도 내세와 마찬가지로, 우리 자신보다 훨씬 더 위대한 어떤 부분을 감당하고 있을 때 삶에서 누리는 더 큰 복이 있으며 내세에서도 그렇게 될 것이다. 우리가 창조자의 영광과 놀라움 속으로 빠져들 때, 하나님이 주신 기쁨과 사랑 속으로 몰입할 때, 그리고 하나님의 큰 기쁨에 우리가 흡수되는 것이 아니라 하나님의 큰 기쁨이 우리와 함께 결합된다는 것을 알게 될 때, 하나님이 주신 큰 기쁨이 우리 안에 있게 되고 우리는 우리 자신이 영원히 그 기쁨을 누리게 될 것이다.

현대적 의미

피할 수 없는 선택. 이 주일학교 찬송은 이 장의 핵심을 잘 표현한다.

> 문은 하나뿐인데 샛문은 두 개가 있어요.
> 나는 들어와 있는데 당신은 어디에 있나요?

이 장은 사람들이 직면하는 본질적인 문제를 이야기한다. 이스라엘의 하나님이 우주의 창조자이심을 고백하는 사람들과, 겸손하게 하나님의 피조물임을 받아들이는 사람들은 새 하늘과 새 땅에서 하나님과 교제를 나누며 즐거워할 것이다. 그렇게 하는 것을 부인하고 교만하게 그들의 존재 의미를 스스로 찾으려고 하는 사람들은 영원히 멸망하게 될 것이다.

12. 천국에 대한 이런 환상이 훨씬 더 잘 나타난 곳은 Qur'an이다. 천국은 모든 것을 보상받는 곳이다. 심지어 천국에서 알라(Allah)와 함께 친밀한 교제를 나눈다는 생각조차도 기절할 만큼 충격적인 것이다.

이러한 사실은 오늘날 우리에게 몇 가지 중요한 의미를 던져 준다. (1) 우리는 성경적인 메시지를 표현하는 데 이러한 선택의 현실을 최소화하지 않도록 세심한 주의를 기울여야 한다. 오늘날 사람들은 자주 부정적인 메시지보다 긍정적인 메시지에 더 잘 반응하는 경향이 있다. 나는 그렇게 반응하는 것이 존재하는 진리에서 많이 빗나가는 것이 아닌지 의구심이 생긴다. 그러나 우리가 처한 위험은 사람들에게 긍정적인 메시지를 거절해야 하는 모험을 감행해야 한다고 경고하지 못하고 있다는 점이다. 우리는 어쩌면 이 문제가 삶과 죽음의 문제라는 것을 사람들에게 알릴 수 없을지도 모른다. 우리는 사람들에게 하나님은 그들을 사랑하시고 그들의 삶에 놀라운 계획을 가지고 계신다고 말한다. 하지만 사람들에게 하나님의 놀라운 계획을 거부할 때 일어나는 일들도 말하는가? 조금만 틀어도 깎아지른 절벽 아래로 떨어지는, 운전이 불가능한 찌그러진 차 안 뒷좌석에 어떤 사람들이 앉아 있다. 우리는 그들에게 뛰어내리기만 하면 생명은 위태롭지 않을 거라고 말하면 되는가? 우리는 뛰어내리면 된다는 결정을 하면서 우리의 선택이 만들어 낼 현실을 신중하게 고려하는가?

(2) 현대의 육아론(child-rearing theory)의 비극 중 하나는, 어린아이가 "제멋대로 하도록" 항상 허락하는 것이 궁극적으로 치명타가 된다는 것을 망각한다는 사실이다. 왜냐하면 그것은 우리의 선택이 불가피한 결정이라는 것을 아이에게 가르치는 데 실패했음을 뜻하기 때문이다. 그러나 이것은 어렵다. 어린아이들을 교육하려고 시도해 본 사람들만이, 어린아이가 제멋대로 하려는 의지가 얼마나 강한지 안다. 어쨌든 부모인 우리는 자녀들의 의지를 꺾으려고 할 때나 그 결과에 직면하게 될 때 반드시 생기는 충돌을 감수하고서라도 굳게 결심을 해야 한다. 이것이 훨씬 더 진지하게 아이를 강인한 성품으로 키우는 유일한 방법이며, 천국에 이르게 하는 유일한 방법이다.

항상 제멋대로 하면서 자란 사람들과, 자신의 선택으로 빚어진 결과를 응석으로 받아 주던 부모들이 그것을 책임지는 과정을 겪으면서 자란 사람들은 대부분 그리스도의 복음에 영향을 받지 않는다. 그들은 그들이 한 행동에 대한 책임을 지려 하지 않기 때문에 회개하려 들지 않는다. 그들에게 예수께서 그분을 경배하며 섬기는 일에 그들의 삶을 드리라고 요구하신다는 인상은, 이런 사람들에게는 더더욱 불쾌한 것이다. 그저 사회에 공헌할 우리 자녀들의 미래가 걸린 문제가 아니라, 그들의 영원한 운명이 걸린 문제라는 것을 기억하자.

풍성함의 근원. 우리가 자신의 필요를 충족할 수 없다는 사실은, 오늘날 세상에 존재하는 철저한 개인주의와 확고한 자기만족주의(자신의 필요를 스스로 충족할 수 있다는 주의-옮긴이)에 대항하는 문화로 보인다. 그러나 이것은 성경을 관류하는 주제이다. 아담과 하와가 유혹에 빠진 것은 자기만족주의를 고수한 결과이며, 아브라함은 자기만족주의를 포기하여 세상에 희망을 가져왔다. 모든 세대가 광야에서 죽게 된 것도 하나님의 능력에 의지하지 못하는 그들의 무능함 때문이었다. 그렇게 많은 이스라엘 선민들이 바알과 아세라의 감언이설에 속아 넘어간 것도 바로 스스로 필요를 충족하려는 그들의 욕구 때문이었다. 결국 바리새인들이 하나님과 같은 자리에 설 권리를 위한 방편을 간구한 것도 바로 스스로 필요를 충족하려는 욕구 때문이었다.

우리도 이 사람들과 다르지 않다. 우리의 필요를 하나님에게 맡기는 것과, 젖을 먹는 아기처럼 평온히 하나님의 무릎을 베고 쉬는 것은 정말로 어려운 일이다. 어떻게 하면 그렇게 살 수 있을까? (1) 우리에게는 스스로 꽉 쥐려 하는, 자기만족주의의 경향이 있다는 것을 알아야 한다. (2) 우리는 하나님을 의지하지 않고 우리 자신의 필요를 만족시키려고 하는 그 모든 시도들, 이런저런 종류의 제의를 드려서 하나님을 조종하려고 하는 것까지 포함한 모든 시도들에 민감하게 해 달라고 하나님께 요청해야 한다. (3) 우리는 하나님께 우리의 필요가 정말로 무엇인지 보여 달라고 요청해야 한다. (4) 마지막으로 우리는 하나님이 어떻게 우리의 필요를 만족시켜 주시는지 인내를 가지고 기다려야 한다. 대부분 그것은 이미 우리의 손에 놓여 있는데, 평범한 방식으로 우리에게 쥐어 주실 것이다. 그러나 우리가 하나님이 주시는 만족에 얽매여 있다면 그것은 전에 주어진 방식과 전혀 다른 방식으로 우리에게 주어질 것이다. 지금 우리는 하나님이 우리 안에서 일하시는 것을 깨닫게 될 것이다. 우리는 결코 우리가 한 일에 대해서 우리 자신을 찬양해서는 안 된다(하나님이 우리에게 그런 일을 할 수 있도록 주신 재능에 대해 먼저 우리 자신에게 감사해서도 안 된다!). 그리고 하나님은 때때로 우리 자신을 훨씬 능가하는 방식으로 우리의 필요를 완벽하게 만족시키실 것이다. 이 순간들은 우리 인생에 아주 소중한 시간으로 기억될 것이며, 하나님이 우리를 돌보시고, 우리를 위해 무엇이든 하시며, 또한 하실 수 있다는 것을 깨닫는 순간들이 될 것이다.

인생의 목적. 이 사상은 앞에 나온 단락과 밀접한 관련이 있다. 우리가 끊임없이 우리의 필요를 하나님께 맡기며 살 때, 결국 우리에게 실제로 필요한 것은 바로 하나님이심을 배우게 된다. 하나님과 함께 있으면 우리는 모든 것을 가지는 것이요, 하나님이 없다면 우리가 가진 모든 것은 아무것도 아닌 것이 되어 버린다.

그리도 많은 사람들이 복을 받기 위한 수단으로 하나님을 이용한다. 그들은 무엇을 얻기 위해 하나님을 섬긴다. 그렇게 하나님을 섬기면 결국 천국을 부자가 되게 해주는 곳으로 잘못 생각하는 가치관이 생긴다. 하나님? 예수님? 성령님? 다 좋다. 그들은 어딘가 주변에 계실 것이다. 그러나 그들은 아브라함, 모세, 다윗과 엘리야, 베드로와 바울 같은 거물들과 함께 이야기를 나눌 것이다. 내게 그분이 필요하지 않지만 그분의 복은 받을 것이다. 이 얼마나 끔찍한가! 천국은 하나님 안에서 우리가 빚어지는 대로 존재하게 될 것이다.

어떻게 땅에서 구속받은 모든 사람들이 한꺼번에 하나님을 경배하면서 하나님과 친밀한 교제를 나눌 수 있는가? 나는 분명히 확신하건대 그러한 일은 하나님께 전혀 문제가 되지 않을 것이다.

그 사실은 오늘을 사는 우리에게 무엇을 의미하는가? 그것은 그리스도인이 어떻게 살아야 하는지에 대한 우리의 가치관을 전부 바꾼다. 우리는 그리스도인으로 살면 분명히 유익을 보장받는다고 너무 쉽게 믿어 버린다. 그렇지 않다! 사실 그러한 생각은 이사야가 이사야서를 통해서, 특히 56-66장에서 지적한 것이다. 바빌론 유수의 생존자들은, 그들이 살아남은 것은 분명히 하나님의 특별하신 사랑을 입은 그들의 특별한 신분 때문이라고 믿었다. 그렇기 때문에 그들이 무슨 짓을 하든지 그 약속은 보장되었다. 선택받은 신분을 분명하게 하는 모든 종교적인 행위들을 하는 한, 그들은 그 신분을 유지할 수 있었다.

그러나 주님은 이와 다르게 반응하신다. 하나님을 아는 사람은 하나님의 삶을 그들의 행동으로 겸손하고 기쁘게 증명하는 사람이다. 그렇게 하는 것은 사람의 노력이나 공적의 결과로 가능한 것이 아니라 오직 하나님을 완전히 의지할 때 가능하다. 하나님은 오늘날 우리에게 관계로 하나님의 의로운 삶을 증명하라고 요구하신다. 우리를 통해서 하나님의 삶을 나타내기 위해서 우리의 의지를 성령에 굴복시키며, 하나님께 순종하는 관계를 맺는 삶을 살 때 하나님의 의로운 삶을 증명하는 것이 가능해진다. 그것이 천국이 존재하는 방식이며 천국은 지금 시작되었다.

하나님은 우리 각자가 처해 있는 이집트에서 예수 그리스도의 피로 우리를 구원하셨다. 하나님은 하나님의 언약을 성령으로 우리 마음 중심에 새기시고, 그분이 무엇보다도 바라시던, 우리 마음의 성막에 거주하시기 위해서 이 구원을 행하셨다. 하나님은 이 땅을 가득 채우는 영광으로 우리 마음의 성막을 채우기를 갈망하신다. 하나님은 우리가 공포에 질려 "화로다 나여!…나는 입술이 부정한 사람이요…입술이 부정한 사람 중에 거하면서 만군의 여호와이신 왕을 뵈었음이로다"(6:5)라고 소리치는 곳에서 우리 각자를 우리가 "와서 (하나님의) 영광을 볼 수 있는" 곳으로(66:18) 옮기기를 원하시며 우리가 살아남는 것을 경험할 뿐만 아니라 실제로 하나님의 영광이 우리 안에 거하기를 원하신다.

그것이 인생의 목표이다.